Thomas Olk · Ansgar Klein · Birger Hartnuß (Hrsg.)

Engagementpolitik

PARITÄTISCHE
Freiwilligendienste Sachsen gGmbH
Freiwilligendienst aller Generationen
Am Brauhaus 8 • 01099 Dresden
Tel. 0351/ 4 91 66-25
Fax 0351/ 4 91 66 14

Bürgergesellschaft und Demokratie
Band 32

Herausgegeben von
Ansgar Klein
Ralf Kleinfeld
Frank Nullmeier
Dieter Rucht
Heike Walk
Ulrich Willems
Annette Zimmer

Die Schriftenreihe wird unterstützt von Aktive Bürgerschaft e.V. (Berlin).

Thomas Olk · Ansgar Klein
Birger Hartnuß (Hrsg.)

Engagement-
politik

Die Entwicklung der Zivilgesellschaft
als politische Aufgabe

VS VERLAG FÜR SOZIALWISSENSCHAFTEN

Bibliografische Information der Deutschen Nationalbibliothek
Die Deutsche Nationalbibliothek verzeichnet diese Publikation in der
Deutschen Nationalbibliografie; detaillierte bibliografische Daten sind im Internet über
<http://dnb.d-nb.de> abrufbar.

1. Auflage 2010

Alle Rechte vorbehalten
© VS Verlag für Sozialwissenschaften | GWV Fachverlage GmbH, Wiesbaden 2010

Lektorat: Frank Schindler

VS Verlag für Sozialwissenschaften ist Teil der Fachverlagsgruppe Springer Science+Business Media.
www.vs-verlag.de

Das Werk einschließlich aller seiner Teile ist urheberrechtlich geschützt. Jede Verwertung außerhalb der engen Grenzen des Urheberrechtsgesetzes ist ohne Zustimmung des Verlags unzulässig und strafbar. Das gilt insbesondere für Vervielfältigungen, Übersetzungen, Mikroverfilmungen und die Einspeicherung und Verarbeitung in elektronischen Systemen.

Die Wiedergabe von Gebrauchsnamen, Handelsnamen, Warenbezeichnungen usw. in diesem Werk berechtigt auch ohne besondere Kennzeichnung nicht zu der Annahme, dass solche Namen im Sinne der Warenzeichen- und Markenschutz-Gesetzgebung als frei zu betrachten wären und daher von jedermann benutzt werden dürften.

Umschlaggestaltung: KünkelLopka Medienentwicklung, Heidelberg
Druck und buchbinderische Verarbeitung: Ten Brink, Meppel
Gedruckt auf säurefreiem und chlorfrei gebleichtem Papier
Printed in the Netherlands

ISBN 978-3-531-16232-4

Inhalt

1. Einführende Überlegungen

Birger Hartnuß/Ansgar Klein/Thomas Olk
Einleitung ... 11

Ansgar Klein/Thomas Olk/Birger Hartnuß
Engagementpolitik als Politikfeld: Entwicklungserfordernisse und Perspektiven ... 24

2. Zeitgeschichtliche Zugänge, ideengeschichtliche Bezüge und Leitbilder der Engagementpolitik

Kirsten Aner/Peter Hammerschmidt
Zivilgesellschaftliches Engagement des Bürgertums vom Anfang des 19. Jahrhunderts bis zur Weimarer Republik ... 63

Arnd Bauerkämper
Bürgerschaftliches Engagement zwischen Erneuerung und Abbruch. Die Entwicklung in der Bundesrepublik Deutschland und in der DDR in vergleichender Perspektive ... 97

Karl-Werner Brand
Die Neuerfindung des Bürgers. Soziale Bewegungen und bürgerschaftliches Engagement in der Bundesrepublik ... 123

Wolfgang Maaser
Reformpolitische Leitbilder des Engagementbegriffs: Systematisch-historische Dimensionen ... 153

3. Herausforderungen politischer Steuerung: Mitwirkung gesellschaftlicher Akteure an Entscheidungsprozessen

Gerhard Igl
Bürgerengagement und Recht ... 175

Michael Haus
Von government zu governance? Bürgergesellschaft und
Engagementpolitik im Kontext neuer Formen des Regierens … 210

Gisela Jakob
Infrastrukturen und Anlaufstellen zur Engagementförderung
in den Kommunen … 233

Reinhard Liebig/Thomas Rauschenbach
Die engagementpolitische Rolle von Akteuren des Dritten Sektors … 260

Adalbert Evers
Zivilgesellschaft, Engagement und soziale Dienste … 282

Holger Backhaus-Maul/Sebastian Braun
Gesellschaftliches Engagement von Unternehmen in Deutschland.
Theoretische Überlegungen, empirische Befunde und
engagementpolitische Perspektiven … 303

4. Engagementpolitik im föderalen System der Bundesrepublik

Susanne Lang
Und sie bewegt sich doch … Eine Dekade der Engagementpolitik auf
Bundesebene … 329

Josef Schmid unter Mitarbeit von Christine Brickenstein
Engagementpolitik auf Landesebene – Genese und Strukturierung eines
Politikfeldes … 352

Jörg Bogumil/Lars Holtkamp
Die kommunale Ebene … 382

5. Engagementpolitik im europäischen Vergleich

Markus Held
Engagementpolitik der EU – Flickwerk oder Strategie? … 407

Matthias Freise
Zivilgesellschaft und Engagementpolitik in den neuen Mitgliedsstaaten
der EU … 437

Inhalt 7

6. Felder der Engagementpolitik

Birger Hartnuß/Frank W. Heuberger
Ganzheitliche Bildung in Zeiten der Globalisierung.
Bürgergesellschaftliche Perspektiven für die Bildungspolitik   459

Martina Heitkötter/Karin Jurczyk
Freiwilliges Engagement von und für Familien: Politische Rahmungen   491

Dietrich Thränhardt
Engagement und Integration   510

Dietmar Dathe/Eckhard Priller
Der Dritte Sektor in der Arbeitsmarkt- und Beschäftigungspolitik   525

Jürgen Matzat
Ehrenamtliches Engagement, kollektive Selbsthilfe und politische
Beteiligung im Gesundheitswesen   547

Thomas Klie
Bürgerschaftliches Engagement in der Pflege   571

Heike Walk
Umweltengagement: Im Spannungsfeld zwischen nachhaltiger
Entwicklung und ökologischer Modernisierung   592

7. Engagementpolitik als Demokratiepolitik

Roland Roth
Engagementförderung als Demokratiepolitik: Besichtigung einer
Reformbaustelle   611

Autorinnen und Autoren   637

1. Einführende Überlegungen

Birger Hartnuß/Ansgar Klein/Thomas Olk

Einleitung

2002 erschien der Bericht der Enquete-Kommission des Deutschen Bundestages „Zukunft des Bürgerschaftlichen Engagements", der mit seinen Analysen und Handlungsempfehlungen eine neue Phase bürgergesellschaftlicher Reformpolitik einläutete. Dies jedenfalls war Anspruch und Ziel der Kommission. Die von ihr entwickelten Perspektiven für staatliches Handeln, zivilgesellschaftliche Akteure und Wirtschaftsunternehmen wiesen in Richtung eines „neuen Gesellschaftsvertrages", der Basis einer veränderten Verantwortungsteilung, einer Stärkung von Selbstorganisation, Mitbestimmung und Mitgestaltung der Bürgerinnen und Bürger sowie einer Demokratisierung der Institutionen sein sollte. Sieben Jahre danach gibt es Anlass für eine Bilanz des „Projektes Bürgergesellschaft" und des bürgerschaftlichen Engagements in Deutschland, für eine Reflektionen des bisher Erreichten und die Identifizierung anstehender Aufgaben. Hat sich die Idee der Bürgergesellschaft Geltung verschaffen können? Haben bürgerschaftliches Engagement und Partizipation Eingang gefunden in politisches Handeln, sodass es angemessen ist, von einer eigenständigen „Engagementpolitik" zu sprechen?

Bisherige Bilanzierungen fallen in der Regel skeptisch aus. Positiv wird hervorgehoben, dass es sich bei einer bürgergesellschaftlich orientierten Reformpolitik um ein wichtiges, aber anspruchsvolles Vorhaben handelt. Im Hinblick auf dessen Umsetzung könne jedoch noch nicht von einem echten Durchbruch gesprochen werden. Regierungspolitik halte letztlich bei der Lösungssuche für aktuelle Herausforderungen doch bei den traditionellen Strategien fest und konzentriere sich weiterhin auf staatliche Institutionen und ihre Interventionsmöglichkeiten. Allein den Mechanismen von Markt und Wettbewerb werde vermehrt Vertrauen geschenkt. Zivilgesellschaftliche Akteure wie gemeinnützige Organisationen, soziale Initiativen, Stiftungen etc. und zivilgesellschaftliche Handlungsformen wie Verantwortungsübernahme, freiwillige Selbstverpflichtung, Solidarität werden dagegen auf die Nischen und Ränder eines gesellschaftlichen Institutionensystems verwiesen, bei dem Markt und Staat den Ton angeben und die Bürgergesellschaft willkommen ist, wo diese nicht hinreichen.

Wenn diese Diagnose auch sicher nicht unzutreffend ist und der „große Durchbruch" des Projektes Bürgergesellschaft längst noch nicht gelungen ist, so ist die bescheidene Bilanz angesichts einer langen Tradition staatsfixierten Denkens uns des relativ kurzen Zeitraums „zivilgesellschaftlicher Offensive" in Deutschland doch alles andere als überraschend. Überraschend hingegen ist der Sachverhalt, dass sich unterhalb der Ebene großer politischer Entwürfe und programmatischer Absichtserklärungen spätestens seit Übergang in des 21. Jahrhundert auf allen Ebenen des föderalen Staates eine engagementpolitische Agenda herauszubilden beginnt, die es zunehmend gerechtfertigt erscheinen lässt, von Engagementpolitik als einem sich neu konstituierenden Politikfeld zu sprechen. Engagementpolitische

Anliegen und Vorhaben finden im politischen Tagesgeschäft verstärkt Berücksichtigung und auch im politischen Institutionensystem sind sie inzwischen erstaunlich fest verankert.

Diese positive Einschätzung ist Ausgangspunkt dafür, Grundlagen, Bezüge und Konturen des sich entwickelnden Feldes der Engagementpolitik zu beschreiben. Der vorliegende Band legt daher aus historischer, politikwissenschaftlicher und soziologischer Sicht Kriterien und Zugänge eines Begriffsverständnisses von Engagementpolitik zugrunde. Durch Reflektion der aktuellen Entwicklungen wird das Verständnis eines eigenständigen Politikfeldes „Engagementpolitik", seiner zentralen Entwicklungslinien, seiner Agenda, seiner Akteure, seiner Instrumente und seines institutionellen Rahmens skizziert. Damit werden zugleich zentrale Referenzpunkte für die aktuelle reformpolitische Diskussion offen gelegt. Der Band versammelt Autorinnen und Autoren, die von Seiten der Wissenschaft die neueren Entwicklungen der Engagementpolitik nicht nur begleitet, sondern zum Teil auch als Akteure oder politische Berater mit geprägt haben. In der Folge geben wir einen Überblick über die Beiträge des Bandes.

Zunächst nähern sich die Herausgeber des Bandes *Ansgar Klein, Thomas Olk und Birger Hartnuß* im einführenden Kapitel aus einer politikwissenschaftlichen Perspektive dem Begriff und der Empirie der Engagementpolitik. Als Begriff reflektiert Engagementpolitik ein sich entwickelndes eigenständiges reformpolitisches Politikfeld. So wie sich der Zusammenhang der praktischen Dimensionen erst allmählich herausbildet, gilt es die konzeptionellen Konturen von Engagementpolitik erst noch zu profilieren. Zurückgegriffen werden kann dabei insbesondere auf die Diskussionen um die Zivil- oder Bürgergesellschaft und um freiwilliges bzw. bürgerschaftliches Engagement sowie über die Modernisierung des Staates. Aus der Perspektive normativer Demokratietheorie erscheint insbesondere der Zusammenhang von Engagement- und Demokratiepolitik von besonderem Interesse.

Der einführende Beitrag gibt einen Rückblick auf reformpolitische Maßnahmen seit den 1990er Jahren, skizziert die Rolle engagementpolitischer Akteure und zeichnet die Entwicklung spezieller institutioneller Rahmungen der Engagementpolitik nach. Vor dem Hintergrund der globalen Wirtschaftskrise werden normative Gesichtspunkte der Engagementpolitik im Kontext von Staatsaufgaben und Steuerungsfragen erörtert und wird ein Ausblick auf eine neue Verantwortungsbalance zwischen Staat, Bürgergesellschaft und Wirtschaft versucht.

Die Entwicklung engagementpolitischer Ziele und Interventionsformen hat im nationalen Rahmen seit der Jahrtausendwende in besonderem Maße an Dynamik gewonnen: Das Internationale Jahr der Freiwilligen 2001, die Arbeit der Enquete-Kommission „Zukunft des Bürgerschaftlichen Engagements" des 14. Deutschen Bundestages 1999 bis 2002, der direkt im Anschluss an diese Kommission eingerichtete Unterausschuss „Bürgerschaftliches Engagement" im Deutschen Bundestag, das auf Empfehlung der Enquete-Kommission 2002 gegründete „Bundesnetzwerk Bürgerschaftliches Engagement" und das 2009 vom BBE veranstaltete „Nationale Forum für Engagement und Partizipation" haben die Ausgangslage in Deutschland für ein eigenständiges Politikfeld „Engagementpolitik" deutlich verbessert. Über lange Zeit war die Förderung des Engagements, seiner rechtlichen Rahmenbedingungen und engagementförderlicher organisatorischer und institutioneller Kontexte nur als (Neben-) Aspekt bereits etablierter Bereichspolitiken – etwa Sozial-, Familien- oder Gesundheitspolitik – behandelt worden. Doch mehr und mehr wird der Zusammenhang von bereichsspezifischen (Soziales, Umwelt, Sport, Kultur, Kommunen etc.) und bereichsübergreifenden, aus einer Querschnittsperspektive deutlich werdenden Entwicklungen von Zivilgesellschaft und bürgerschaftlichem Engagement (Demokratisierung und Partizipation, Organisations- und Institutionenentwicklung, Infrastruktur und Infrastruktureinrichtungen der Engagementförderung, nationale und europäische Rahmungen etc.) evident.

Im zweiten Kapitel werden die grundlegenden gesellschaftlichen Akteure, Organisationsformen und Zielsetzungen des zivilgesellschaftlichen Bereichs in ihrer historischen Entwicklung und ihrer Einbettung in jeweils konkrete zeitgeschichtliche Gegebenheiten und Zusammenhänge beleuchtet. Dabei spielen zentrale Leitbilder und ordnungspolitische Ideen und die Dynamik zivilgesellschaftlicher Bewegungen eine prominente Rolle.

Kirsten Aner und Peter Hammerschmidt setzen sich mit dem zivilgesellschaftlichen Engagement des Bürgertums im Zeitraum vom Anfang des 19. Jahrhunderts bis zur Weimarer Republik auseinander. Sie fragen nach den Akteuren mit ihren jeweiligen Zielen, Leitbildern und ordnungspolitischen Vorstellungen, ihren Handlungs- und Organisationsformen sowie den wichtigsten Tätigkeitsbereichen. Dabei geht es ihnen nicht nur um eine ideengeschichtliche Rekonstruktion, sondern ebenso um eine empirisch abgesicherte Skizze zivilgesellschaftlicher Praxis im Verlauf des ereignisreichen „langen Jahrhunderts". Nach einer begrifflichen Bestimmung und Eingrenzung des Gegenstandes werden im Hauptteil des Beitrages, der nach Epochen untergliedert ist, die jeweiligen großen und wirkmächtigen Akteursgruppen und ihre jeweiligen Aktivitäten untersucht. Der Beitrag endet mit verallgemeinernden Schlussbemerkungen, die den Ertrag der zeitgeschichtlichen Betrachtung für die heutige Engagementpolitik zur Diskussion stellt.

Dass das Konzept der „Engagementpolitik" einer empirischen Fundierung bedarf, ist auch Ausgangspunkt für *And Bauerkämper*. Erst konkrete sozial-, politik- und geschichtswissenschaftliche Untersuchungen können das heuristische und analytische Potential dieses Begriffs zeigen. Der Autor analysiert die Akteure und Ressourcen zivilgesellschaftlichen Handels unter Bezugnahme auf eine langfristige Entwicklung von Bürgerlichkeit. Vor dem Hintergrund der empirischen Untersuchung der Voraussetzungen und der Träger bürgerschaftlichen Engagements nach 1945 skizziert er die neuere Forschung zur „bürgerlichen Gesellschaft" und. zur „Zivilgesellschaft".

Im Beitrag von *Karl-Werner Brand* werden die konzeptionellen Grundlagen der Analyse sozialer Bewegungen und ihr Verhältnis zu bürgerschaftlichem Engagement geklärt werden. Der Autor zeichnet die zentralen Aspekte der „partizipatorischen Revolution" der 1960er Jahre nach, die durch den antiautoritären Protest, durch APO und Studentenbewegung vorangetrieben wurde. Die in diesem Rahmen durch die neuen sozialen Bewegungen der 1970er und 1980er Jahre entwickelten „unkonventionellen" Beteiligungsformen haben mittlerweile einen mehr oder weniger alltäglichen Charakter angenommen und die Grundlage für eine partizipative Bürgergesellschaft geschaffen. Schließlich diskutiert der Autor die Frage, inwieweit die Bürgerbewegungen der „Wendezeit" auch für die ehemalige DDR einen partizipativen Schub bewirkt haben und worin die immer noch konstatierten Differenzen im politischen Engagement zwischen ost- und westdeutschen Bürgerinnen und Bürgern bestehen. Abschließend zieht Brand ein Resümee der Effekte, die die sozialen Bewegungen auf die Entwicklung bürgerschaftlichen Engagements in der Bundesrepublik hatten. Er verweist auf die Probleme, die sich mit der Verschiebung der Bewegungskonstellationen

– im Gefolge ökonomischer Globalisierungsprozesse und der Konflikte um die Restrukturierung eines neuen globalen Ordnungsmodells – für die Stabilisierung ziviler, bürgergesellschaftlicher Formen des Engagements stellen.

Reformleitbilder verbinden abstrakte sozialphilosophische Entwürfe mit unterschiedlichen, zumeist widersprüchlichen Entwicklungsprozessen der Wirklichkeit in normativen Interpretationen. Dabei erfüllen sie eine orientierende und legitimierende Funktion im Kontext politischer Reformdiskurse. *Wolfgang Maaser* zeichnet in seinem Beitrag zentrale reformpolitische Leitbilder des Engagementbegriffs nach und bereitet sie für die aktuelle Reformdiskussion auf. Der Streit über Zuständigkeiten der gesellschaftlichen Akteure, ihre Rollen und Einflussmöglichkeiten, ihre legitimen beziehungsweise unlegitimen Erwartungen, ihre Pflichten und Rechte generiert unterschiedliche Öffentlichkeitsphilosophien, die bis heute grundlegend in das Verständnis von Engagement eingreifen. Weitreichende Bedeutung kommt hierbei der unterschiedlichen Bewertung der Unterscheidung von Staat und Gesellschaft, ihrem Zuordnungsverhältnis sowie den funktionalen wie normativen Bestimmungen zu. Maaser rekonstruiert idealtypisch und in systematischer Absicht einflussreiche und typische Traditionslinien im Hinblick auf deren anthropologische, sozialphilosophisch-normative und sozialpolitische Rahmenvorstellungen.

Im Mittelpunkt des dritten Kapitels stehen Herausforderungen politischer Steuerung, die sich an eine moderne und effektive Engagementpolitik richten. Analysiert werden die Steuerungsmedien Recht und Governance, die Infrastrukturen der Engagementförderung auf kommunaler Ebene, aber auch die engagementpolitische Rolle von Akteuren des Dritten Sektors sowie die gesellschaftliche Verantwortung von Wirtschaftsunternehmen.

Gerhard Igl beschreibt Einfluss und Dimensionen rechtlicher Regelungen für zivilgesellschaftliche Organisationen und bürgerschaftliches Engagement. Die Umwelt, in der Bürgerengagement stattfindet, wird von zahlreichen Rechtsvorschriften direkt und indirekt bestimmt. Diese beeinflussen dessen Gestaltung und Ausübung. Die wichtigsten Rechtsgebiete sind das Steuerrecht, das Vereins- und Stiftungsrecht, das Kommunalrecht, das Haushaltsrecht in Form des Zuwendungsrechts, das Wettbewerbsrecht (vom Europarecht bis hin zu berufsständisch geprägten Normen wie dem Rechtsberatungsgesetz), das zivilrechtliche Haftungsrecht sowie das Sozialrecht. Die Vorschriften auf diesen Rechtsgebieten prägen die Handlungsräume für Bürgerengagement. Auch die Akteure des Bürgerengagements werden in ihrem individuellen Status von Rechtsvorschriften wesentlich bestimmt und geprägt. Ein Teil dieser Vorschriften wirkt dabei direkt, so die Vorschriften, die sich explizit mit Bürgerengagement, meist in Form des Ehrenamtes, befassen. Ein anderer Teil der Vorschriften hat nur indirekt mit dem Bürgerengagement zu tun. Dies gilt vor allem für das Privat- und das Wirtschaftsrecht. Während bei den Rechtsnormen, die die einzelnen Akteure des Bürgerengagements in ihrem Handeln betreffen, zumindest die Wahrnehmung einer bestimmten Erscheinungsform des bürgerschaftlichen Engagements, nämlich des Ehrenamtes, gegeben ist, ist dies anders bei den Rechtsnormen, die die Umwelt des bürgerschaftlichen Engagements beeinflussen. Teilweise wird das Bürgerengagement von diesen Rechtsnormen überhaupt nicht wahrgenommen. Teilweise sind jedoch Ansätze zu verzeichnen, die zwar nicht explizit, aber doch in der Sache mit Bürgerengagement zu tun haben.

Die verschiedenen Handlungsfelder, auf denen Bürgerengagement wirken kann und soll (Soziales, Sport, Kultur etc.), lassen eine rechtliche Verfassung vermissen, in der Bürgerengagement einen gesicherten Ort und klare Rahmenbedingungen vorfinden könnte. Allgemeiner gesagt fehlt es bislang an einer kohärenten rechtlichen Ordnung für das Bürgerengagement. Die rechtliche Diskussion hat lange Zeit nur vereinzelt und vor allem mit dem Fokus auf das Steuer- und Stiftungsrecht stattgefunden. Im Rahmen der Arbeit der Enquete-Kommission „Zukunft des bürgerschaftlichen Engagements" ist es gelungen, den rechtlichen Diskussionshorizont in Richtung auf die mit dem Bürgerengagement verbundenen Fragen über die des Ehrenamtes hinaus zu erweitern. Darauf folgten Arbeiten zur verfassungs- und europarechtlichen Dimension. Die jüngere Gesetzgebungstätigkeit hat auf dem Gebiet des bürgerschaftlichen Engagements schrittweise notwendige Verbesserungen gebracht. Dies gilt insbesondere für das steuerrechtliche Gemeinnützigkeitsrecht, das Unfallversicherungsrecht, das Rechtsdienstleistungsrecht und für die Weiterentwicklung der Pflegeversicherung.

Michael Haus setzt sich mit Engagementpolitik im Kontext neuer Formen des Regierens auseinander, deren Dynamik in der Politik- und Verwaltungswissenschaft meist in der Formel „von Government zu Governance" zusammengefasst wird. Über die wissenschaftliche Analyse dieses Wandels hinaus haben Beobachter dem Begriff „Governance" inzwischen die Rolle einer neuen normativen und konzeptionellen Leitbegrifflichkeit des Regierens und der Verwaltungspolitik zugeschrieben, die Orientierung in der Reform öffentlicher Politiken und Institutionen stiften soll. Statt mit hoheitlichen Entscheidungen der Gesellschaft bestimmte Verhaltensnormen aufzuerlegen und „Werte zuzuweisen" oder Verteilungsfragen der „unsichtbaren Hand" des Marktes zu unterstellen, sei es sinnvoll, dass staatliche Instanzen Ausschau nach Möglichkeiten der Kooperation mit gesellschaftlichen Partnern halten. In netzwerkförmigen Konstellationen könnten komplexe Probleme besser verstanden werden, erfolgsträchtigere Strategien zu ihrer Lösung ausgearbeitet und diese schließlich effektiver umgesetzt werden. Die Bürgergesellschaft spielt in diesen Leitbildern fraglos eine prominente Rolle. Sie soll dem Staat dabei helfen, innovative Lösungsansätze für schwierige gesellschaftliche Probleme zu finden, und sie soll qua Engagement zusätzliche Ressourcen mobilisieren. Die Frage ist allerdings, inwiefern diese Einbindung nicht auch problematische Seiten aufweist im Hinblick auf die mit dem Konzept der Bürgergesellschaft verbundenen Hoffnungen einer Erneuerung der Demokratie.

Gisela Jakob rekonstruiert in ihrem Beitrag die „Landschaft" engagementfördernder Einrichtungen, die in den letzten Jahren in den Kommunen entstanden ist, anhand zentraler Einrichtungstypen. Darüber hinaus beschreibt sie die politischen und fachlichen Herausforderungen, die sich aus der Ausdifferenzierung und Pluralisierung von Einrichtungen und Zusammenschlüssen lokaler Engagementförderung ergeben. Mit Mehrgenerationenhäusern, Bürgerstiftungen und Lokalen Bündnissen sind neue Organisationen und Netzwerke lokaler Engagementförderung entstanden. Zugleich haben die bestehenden Einrichtungen wie Freiwilligenagenturen, Seniorenbüros, Selbsthilfekontaktstellen und Bürgerzentren ihre Aufgabenprofile ausgeweitet und präzisiert. In Kommunalverwaltungen sind zusätzlich lokale Anlaufstellen geschaffen worden, die im Auftrag der Kommune und in Zusammenarbeit mit zivilgesellschaftlichen Akteuren bürgerschaftliches Engagement anregen und koordinieren. Neben den Instrumenten der klassischen Vereinsförderung hat sich ein vielfältiges und ausdifferenziertes Spektrum an engagementfördernden Infrastrukturen herausgebildet. Dies ist zugleich Ausdruck für neue Formen lokaler Governance, die auf neuen Kooperationsmodellen, zivilgesellschaftlichen Strukturen und einem veränderten Politikstil basieren. In den Kommunen lassen sich eine verstärkte Aufmerksamkeit für das bürgerschaftliche Engagement und entsprechende förderpolitische Aktivitäten beobachten. Darüber hinaus wird der Prozess durch die Förderpolitik des Bundes und neue Modellprogramme gesteuert. Bundesweite Modellprojekte, die mit finanziellen Zuwendungen ausgestattet sind, haben allerdings auch nichtintendierte Nebenwirkungen zur Folge. Wenn sich die Aufgabenprofile mit bereits bestehenden Einrichtungen überschneiden, entstehen Konkurrenzsituationen, die eine koordinierte Engagementpolitik erschweren und die lokalen Akteure vor neue Herausforderungen stellen.

In der Entstehungs- und Entwicklungsgeschichte des Dritten Sektors (der gemeinnützigen Nonprofit-Organisationen) kommt der freien Kooperation von Menschen zur Verfolgung bestimmter Ziele ein besonderer Stellenwert zu. Darum sind diese gesellschaftliche Sphäre und die diesem Sektor zuzurechnenden kollektiven Akteure eng mit dem freiwilligen Engagement der Bürger bzw. dem zivilgesellschaftlichen Projekt verbunden – auch wenn diese Beziehung keine exklusive darstellt. In dem Beitrag von *Reinhard Liebig* und *Thomas Rauschenbach* wird diese engagementpolitische Rolle der Akteure genauer in den Blick genommen. Im Vordergrund der Analyse steht dabei das Bemühen, unter Berücksichtigung von Forschungsbefunden das Engagement im Dritten Sektor zu beschreiben. Die Autoren fragen nach den Wirkungen des facettenreichen Wandels der Rahmenbedingungen für die kollektiven Akteure und deren zivilgesellschaftliche Funktion. Diese Veränderungen betreffen auf der Ebene der wirtschaftlich tätigen Nonprofit-Organisationen auch die Rekrutierung und Einbindung von ehrenamtlich tätigen Mitarbeiter/-innen.

Grundsätzlich verleihen die Organisationen des Dritten Sektors als Agenturen der Zivilgesellschaft dem freiwilligen Engagement der Bürger Ausdruck und Stabilität. Dabei erfüllen sie gleichzeitig mehrere gesellschaftliche Funktionen: Inklusions-, Bildungs-, advokatorische, Innovations-, Problemlösungs- und Rekrutierungsfunktion. Allerdings scheint sich die Erfüllung dieser Funktionen für bestimmte „Dienstleistungsorganisationen" – vor allem aufgrund des Wandels der traditionellen sozialstaatlichen Versorgung zu einem zum Teil nach Marktprinzipien funktionierenden „Gewährleistungsstaat" – zunehmend schwieriger zu gestalten. Für diese kollektiven Akteure zeichnet sich dementsprechend ein Dilemma ab: Allem Anschein nach haben sie sich zu entscheiden, ob sie dem Wettbewerb mit effizienten Betriebsgrößen und einer betriebswirtschaftlich inspirierten Logik begegnen oder ob sie als wertgebundener, zivilgesellschaftlicher Akteur im Sinne einer traditionellen Mitglieder- und Interessensvertretungsorganisation agieren wollen. So offenbart der Blick auf die Programme und Strategien der Vereine und Verbände zurzeit vor allem zwei Tendenzen: Einerseits wird die „Sorge" um die Ehrenamtlichen und die zum freiwilligen Engagement bereiten Bürger ausgeweitet und als Managementaufgabe aufgewertet; andererseits geht es um eine „Entflechtung" bestimmter Funktionsbereiche, in deren Nachfolge auch die Rolle der freiwillig tätigen Mitarbeiter in neuer Weise definiert wird.

Adalbert Evers diskutiert in seinem Beitrag „Zivilgesellschaft, Engagement und soziale Dienste" Definitionsfragen der Zivilgesellschaft. Diese wird hier nicht gleichgesetzt mit einem Dritten Sektor, sondern als Qualitätsmerkmal einer Gesellschaft insgesamt verstanden. Zu mehr zivilen Orientierungen in der Gesellschaft und den sozialen Diensten können damit nicht nur Dritte-Sektor-Organisationen, sondern auch staatliche Akteure und Institutionen beitragen. Vor diesem Hintergrund stellt Evers dar, wie mit der Entstehung des

Wohlfahrtsstaates verschiedene Diskurse – und damit auch das, was man bei ihnen jeweils als „zivil" und „engagiert" versteht – die heutige Gestalt sozialer Dienste mitgeprägt haben. Zunächst wird skizziert, inwiefern in Deutschland historische Sozialstaatskonzeptionen, die sozialdemokratische Geschichte, aber auch die damit verquickten konservativen und christlichen Traditionen das Verhältnis von Zivilgesellschaft und sozialen Diensten beeinflusst haben. Im Zusammenhang sozialer Dienste geht es hier bis heute vor allem um die Schaffung von sozialen Rechten, um den Sozialbürger und seine großflächige Versorgung, aber auch um „ehrenamtliches" Engagement. Im Anschluss daran wird die jüngere Geschichte von sozialen Bewegungen aufgegriffen, bei denen Selbstverwirklichung, Emanzipation, demokratische Selbstorganisation und damit Vorstellungen einer aktiven Zivilgesellschaft und einer starken politischen Rolle der Akteure prägend waren. Darauf aufbauend wird auf jene Diskurse aus den letzten Jahren Bezug genommen, die soziale Dienste vor allem als ein Gebiet verstanden wissen wollen, auf dem es um mehr Effizienz, Markt, Wettbewerb und Konsumentenfreiheiten geht und somit für Engagement und Zivilgesellschaft nicht viel Raum bleibt. Evers argumentiert, dass es in der gegenwärtigen Auseinandersetzung um neue Leitbilder von Sozialstaat, Engagement und „zivilen" Diensten um unterschiedliche neue Kompromisse und „Legierungen" der dargestellten Diskurse gehen wird.

Holger Backhaus-Maul und *Sebastian Braun* präsentieren in ihrem Beitrag zum gesellschaftlichen Engagement von Unternehmen in Deutschland theoretische Überlegungen, empirische Befunde und engagementpolitische Perspektiven. Die internationale Diskussion über das gesellschaftliche Engagement von Unternehmen hat unter Begriffen wie „Corporate Social Responsibility" und „Corporate Citizenship" in den letzten Jahren auch in Deutschland erheblich an Bedeutung gewonnen. Vor dem Hintergrund einer verändernden Sozialstaatlichkeit und einer dynamisierten Globalisierung des Wirtschaftens geht es dabei um eine Neujustierung der in Deutschland etablierten Aufgabenteilung – den „Wohlfahrtsmix" – zwischen Staat, Wirtschaft und Bürgern. Die mittlerweile sehr facettenreiche und bisweilen auch disparate Diskussion über das gesellschaftliche Engagement von Unternehmen bildet den inhaltlichen Bezugspunkt des Beitrags. Ziel der Autoren ist es, auf der Grundlage theoretisch-konzeptioneller Überlegungen sowie empirischer Ergebnisse einer im Jahr 2006 durchgeführten Unternehmensbefragung das Selbstverständnis und die tätige Praxis des freiwilligen gesellschaftlichen Engagements von Unternehmen – außerhalb der Sphäre betrieblicher Produktions- und Distributionsprozesse – zu rekonstruieren. Auf dieser Grundlage werden „Elemente eines nationalen Musters" des freiwilligen gesellschaftlichen Unternehmensengagements herausgearbeitet. Dieser empirisch fundierte Rekonstruktionsversuch bildet die Grundlage, um Potenziale und Grenzen des gesellschaftlichen Engagements von Unternehmen in Deutschland zu erörtern sowie deren gesellschafts- und förderpolitische Besonderheiten zu diskutieren.

Die Beiträge in Kapitel 4 analysieren entlang föderaler Kompetenzen die bereits entwickelten politischen Förderprofile von Bund, Ländern und Kommunen, deren engagementpolitische Praxis sowie Entwicklungspotenziale und -agenden. Die Beiträge machen deutlich, dass Engagementpolitik nicht nur Fördermaßnahmen des Engagements im engeren Sinne umfasst, sondern vielmehr wesentliche Konsequenzen für Leitbilder, Organisationsstrukturen und Handlungsformen in anderen Politikfeldern hat.

Bürgerschaftliches Engagement und dessen Förderung haben in der Bundespolitik stark an Bedeutung gewonnen. Die kontinuierlichen Versuche von Regierung und Parlament, die politischen und rechtlichen Rahmenbedingungen für das bürgerschaftliche Engagement zu verbessern, sind unübersehbar und unbestreitbar. Wer allerdings nach Engagementpolitik im Sinne eines eigenständigen Politikfeldes mit einer klaren Agenda sucht, nach einer systematischen Ausschöpfung des reformpolitischen Potentials von Engagementförderung als Querschnittsaufgabe, nach Ansätzen eines ressortübergreifenden Mainstreaming oder gar nach einem breiten, sektorenübergreifenden Bündnis für bürgergesellschaftliche Reformpolitik, sucht – jedenfalls bislang[1] – vergebens.

Es gibt allerdings hier und da sinnvolle Ansätze, die den innovativen Namen „Engagementpolitik" verdienen. Das Politikfeld entwickelt sich, auch und gerade im Zusammenspiel zwischen staatlichen und nichtstaatlichen Akteuren. Dieses Fazit nach einer Dekade Engagementpolitik auf Bundesebene zieht Susanne Lang in ihrem Beitrag. Mit ihrer Rekonstruktion gelingt es, Programm(e) und Wirklichkeit(en) von Engagementpolitik nachzuvollziehen, Diskrepanzen aufzuspüren und Ambivalenzen auszuloten. Die Autorin zeichnet die Entwicklung nach von der traditionellen Orientierung auf das Ehrenamt, das bis ins Jahr 2002 das herrschende Paradigma freiwilligen Engagements bildete, hin zu einem Paradigmenwechsel zum bürgerschaftlichen Engagement, der durch die Enquete-Kommission „Zukunft des bürgerschaftlichen Engagements" eingeleitet worden ist. Die Autorin analysiert neuere Koalitionsvereinbarungen und Regierungserklärungen und diskutiert die Rolle des Staates bei der systematischen Förderung bürgerschaftlichen Engagements im Sinne einer kritischen Bestimmung von Standort, Aufgabe und Reichweite staatlicher Engagementpolitik. Schließlich stellt sie exemplarisch das engagementpolitische Potenzial am Beispiel der Gesundheitspolitik dar und weist auf Möglichkeiten hin, dieses Potential zumindest partiell zu aktivieren.

Josef Schmid und *Christine Brickenstein* nehmen die Engagementpolitik der Länder unter die Lupe. Der Beitrag beschäftigt sich mit bürgerschaftlichem Engagement als staatlichem Politikfeld. Die Autoren behandeln einen die politische Genese und Ausgestaltungen staatlicher Förderung und Regulierung und erfassen zum anderen die konkreten Aktivitäten mehrerer Bundesländer. Dabei zeigen sich bemerkenswerte Unterschiede, die sich zu Idealtypen verdichten lassen. Differenziert wird zwischen einem integriert-prozeduralen, einem segmentiert-feldspezifischen und einem symbolisch-diskursiven Typ der Engagementförderung. Dabei zeigt sich insgesamt, dass alle Bundesländer eine positive Grundhaltung gegenüber dem Thema bürgerschaftliches Engagement einnehmen, denn – so die gemeinsame Einsicht – bürgerschaftliches Engagement hält die Gesellschaft zusammen. Allerdings unterscheiden sich die konkreten Positionen der Länder dabei durchaus. Gründe sind parteipolitischer, soziokultureller und auch personaler Art. Zugleich hat sich überall ein entsprechendes Poli-

---

[1] Neuland betritt eine gemeinsame Initiative des Bundesministerium für Familie, Frauen, Senioren und Jugend (BMFSFJ) und des Bundesnetzwerks Bürgerschaftliches Engagement (BBE) allerdings im Frühjahr 2009. Während das BMFSF erstmalig im Rahmen eines Kabinett-Prozesses alle Ressorts der Bundesregierung veranlassen möchte, ihre Beiträge zur Engagementförderung wie auch zur künftigen Planung ihrer Engagementförderung darzustellen, richtete das BBE am 27. April und am 15. Mai 2009 ein „Nationales Forum für Engagement und Partizipation" aus, um in 10 Dialogforen erste Eckpunkte einer bundesweiten engagementpolitischen Agenda zusammenzustellen. Dabei wirkten Akteure aus Zivilgesellschaft, aus Bund, Ländern und Kommunen, aus der Wirtschaft sowie Experten aus der Wissenschaft mit. Die Ergebnisse dieses Forums gingen in die Überlegungen der Bundesregierung zum Aufbau einer „nationalen Engagementstrategie" ein. Das BBE plant, dieses Forum nach der Bundestagswahl im Jahr 2010 fortzusetzen.

tikfeld etabliert, in dem ein rechtlicher und politischer Rahmen geboten wird, Programme formuliert und umgesetzt werden und auch konkrete Projekte gefördert werden.

Die Kommune ist aufgrund der Erfahrungsnähe von besonderer Bedeutung für das Engagement der Bürgerinnen und Bürger. Sie steht im Zentrum des Beitrags von *Jörg Bogumil* und *Lars Holtkamp*. Mit dem Reformleitbild der „Bürgerkommune" existiert auf dieser Ebene bereits der Ansatz einer bereichsübergreifenden Engagementförderung, der auch mit demokratiepolitischen Anliegen eng verknüpft wird. Im Mittelpunkt des Beitrags steht ein Vergleich der Umsetzungserfahrungen mit den beiden Verwaltungsreformleitbildern der letzten Jahre – dem „Neuen Steuerungsmodell" und der „Bürgerkommune". Hierbei wird auf die Ergebnisse zweier Forschungsprojekte zurückgegriffen, in denen die Autoren die Implementation der Reformen durch landesweite Befragungen der kommunalen Entscheidungsträger und durch intensivere Fallstudien analysiert haben. Im Ergebnis zeigen sich bei den beiden Verwaltungsreformen durchaus ähnliche Umsetzungsprobleme, wobei allerdings das Konzept der Bürgerkommune durch gravierende Veränderungen der kommunalen Rahmenbedingungen (Haushaltskrise und Einführung der Direktwahl des Bürgermeisters) stärker unterstützt wird als das Neue Steuerungsmodell.

Die Konstituierung eines engagementpolitischen Feldes ist nicht auf Deutschland beschränkt. Kapitel 5 bilanziert daher die Entwicklungen auf Ebene der Europäischen Union und vergleicht den Stand innerhalb der Mitgliedsstaaten der EU.

Markus Held untersucht in seinem Beitrag, ob und inwieweit sich auf europäischer Ebene eine eigenständige Engagementpolitik zu konstituieren beginnt. Welche Anstrengungen unternimmt die EU, das Engagement ihrer Bürgerinnen und Bürger zu fördern? Welche Annahmen bzw. Gründe lassen sich für das Handeln der EU in diesem Bereich finden? Warum sollte die EU überhaupt Engagementpolitik betreiben, die generell eher als nationale, regionale und in starkem Maße sogar lokale Angelegenheit betrachtet wird? Der Autor beleuchtet dafür zunächst das freiwillige Engagement der Bürgerinnen und Bürgern sowie die bestehenden zivilgesellschaftlichen Organisationen in den Mitgliedsstaaten der EU. Im Mittelpunkt des Beitrags steht dann die Frage, welche Politik die europäischen Institutionen gegenüber der organisierten Zivilgesellschaft sowie der europäischen Bürgerschaft entwickelt haben und welche Rolle freiwilligem Engagement für die europäische Integration beigemessen wird.

Ein starker Indikator für den zivilgesellschaftlichen Nachholbedarf der Gesellschaften des ehemaligen Ostblocks war dort der Gründungsboom insbesondere von Vereinen und Stiftungen nach 1989. Das bürgerschaftliche Engagement erlebte im Anschluss an den Erosionsprozess der abgewirtschafteten kommunistischen Regime einen enormen Aufschwung. Inzwischen hat sich der Gründungsboom aber abgeschwächt bzw. normalisiert und entspricht nicht mehr dem Niveau der späten 1980er und frühen 1990er Jahre. Es haben sich Strukturbesonderheiten postsozialistischer Zivilgesellschaften herausgebildet, die für Engagementpolitik in Ostmitteleuropa nicht unproblematisch sind. Gleichzeitig sind in den neuen Ländern der EU aber auch eine Reihe von innovativen Strategien zur Förderung bürgerschaftlichen Engagements entwickelt worden, insbesondere im Steuer- und Organisationsrecht. Der Beitrag von *Matthias Freise* zeichnet die Entwicklungslinien in den neuen Mitgliedsstaaten der EU zunächst im Überblick nach und zeigt die Ursachen auf, die den Strukturbesonderheiten der postsozialistischen Zivilgesellschaften zugrunde liegen. Anschließend werden verschiedene Strategien zur Engagementförderung in Mittel- und Osteuropa vergleichend dargestellt und hinsichtlich ihrer Effektivität diskutiert.

Kapitel 6 stellt Engagementpolitik an Hand exemplarischer Handlungsfelder und Ressortpolitiken dar. Für Engagementpolitik gilt, dass sie sowohl als Querschnittspolitik als auch als zivilgesellschaftlicher Umbau von Ressortpolitiken zu gestalten ist. Engagementpolitik ist daher nicht ausschließlich einem politischen Ressort zuzuordnen, sondern eine übergreifende Querschnittsaufgabe. Dies hat die Konsequenz, dass Anliegen der Engagementpolitik in ressortübergreifenden Organisationseinheiten formuliert und gestaltet werden müssen. Engagementpolitik wirkt sich ihrerseits jedoch auch in den verschiedenen Ressorts aus und erfährt von dort wichtige Impulse. In allen Politikbereichen ist deshalb danach zu fragen, inwiefern vorhandene Zielsetzungen, Organisationsstrukturen und Handlungsinstrumente bürgerschaftliches Engagement befördern oder verhindern.

Dass die Entwicklung einer aktiven Bürgergesellschaft viel mit Bildung und Erziehung zu tun hat, ist gegenwärtig kaum noch strittig. In den vergangenen Jahren haben daher auch bildungspolitische Fragen vermehrt Eingang in die Überlegungen darüber gefunden, wie eine moderne Engagementförderung aussehen sollte. Diese verstärkte Aufmerksamkeit für Bildungsfragen auf Seiten der Bürgergesellschaft findet bislang allerdings kaum eine Entsprechung auf Seiten der Bildungspolitik. Trotz zahlreicher Beispiele guter Praxis steht die Debatte um eine Verknüpfung von Bürgergesellschaft und Bildungsreform erst am Anfang. *Birger Hartnuß* und *Frank Heuberger* stellen in ihrem Beitrag daher zunächst grundsätzliche Überlegungen zum Verhältnis von Bildung und bürgerschaftlichem Engagement an. Dabei wird herausgearbeitet, welcher Stellenwert bürgerschaftlichen Kompetenzen für ein modernes Bildungsverständnis zukommt, was diese Kompetenzen ausmacht und wie sie erworben werden können. Hierbei stehen Fragen der Öffnung der Bildungseinrichtungen gegenüber dem lokalen Gemeinwesen, der Kooperation und Vernetzung sowie neue Partnerschaften etwa mit Unternehmen im Mittelpunkt. Welche Ansätze und Entwicklungen sich dabei bislang beobachten lassen, wird in einem Durchgang durch die Institutionen des öffentlichen Bildungssystems – von den Kindertagestätten über die Schulen bis hin zu den Fachhochschulen und Universitäten – illustriert. Ein kritisches Resümee der Entwicklungen und Fortschritte in Theorie, Praxis und Politik im Überschneidungsbereich von Bildung und bürgerschaftlichem Engagement ist schließlich Ausgangspunkt für die Beschreibung von Herausforderungen an eine bürgergesellschaftlich orientierte Bildungspolitik.

Ein enges Wechselverhältnis besteht auch zwischen freiwilligem Engagement und Familie: Freiwilliges Engagement ist Ressource für Familienpolitik und Familie Ressource für Engagementpolitik. Im Beitrag von Martina Heitkötter und Karin Jurczyk wird dieses Wechselverhältnis in seiner empirischen Ausgestaltung sowie seiner politischen Rahmung beleuchtet. Ihre These lautet, dass der derzeit aktuelle Vereinbarkeitstopos nicht auf die Frage der Verbindung von Beruf und Familie reduziert werden kann, sondern im Sinn demokratischer Praxis dreipolig zu verstehen ist: Bürgerrechte umschließen für beide Geschlechter das Recht auf gesellschaftliche Teilhabe an Familie, Erwerbsleben sowie an Zivilgesellschaft und Öffentlichkeit. Der Beitrag zeigt, wie sich Familie wandelt und in welchen aktuellen und zukunftsorientierten familienpolitischen Feldern derzeit freiwilliges Engagement voraus- bzw. eingesetzt wird und ob ein "Umbau der Ressortpolitik(en)" stattfindet. Es wird dargestellt, wie die aktuelle Familienpolitik das Engagement von und für Familien beeinflusst.

Anhand beispielhafter Initiativen und Projekte wird der Zusammenhang zwischen Familien- und Engagementpolitik in seinen Möglichkeiten und Grenzen konkretisiert. Auf der Grundlage der beiden Freiwilligensurveys von 1999 und 2004 werden unterschiedliche Aspekte freiwilligen Engagements von Familien bzw. von Eltern beschrieben und familienpolitische Schlussfolgerungen gezogen. Das Fazit zeigt die Notwendigkeit eines erweiterten Vereinbarkeitsmodells als zentrale Voraussetzung für engagementfördernde Familienpolitik auf.

Dietrich Thränhardt setzt sich mit den Zusammenhängen und Wechselwirkungen von bürgerschaftlichem Engagement und gesellschaftlicher Integration von Migrantinnen und Migranten auseinander. Unterschiedliche kulturelle Haltungen und der Bezug auf unterschiedliche Herkunft sind legitime Bestandteile der Pluralität der Gesellschaft, auch wenn dies in der Bundesrepublik noch zu wenig anerkannt wird. Herkunftshomogene Organisationen können in der Einwanderungssituation wichtige integrative Wirkungen erzielen, wenn sie ein sinnvolles Programm und eine große Mitgliederzahl haben. Gegenwärtig sind die Zuwanderer in ähnlicher Größenordnung wie die Einheimischen organisiert, sowohl in besonderen wie in allgemeinen Organisationen. Ihr Aktivitätsspektrum ist aber entsprechend ihrer Schichtzugehörigkeit noch geringer. Organisationen wie die Freiwillige Feuerwehr werden in Zukunft in steigendem Maße darauf angewiesen sein, stärker um Migrantinnen und Migranten als Mitglieder zu werben.

Der Beitrag von *Dietmar Dathe* und *Eckhard Priller* analysiert aktuelle Beschäftigungstendenzen im Dritten Sektor. Er geht der Frage nach, ob der Dritte Sektor weiterhin neue Arbeitsplätze schafft. Gleichzeitig wird zu klären versucht, wie die gegenwärtigen Beschäftigungsverhältnisse qualitativ zu charakterisieren sind. Die Autoren setzen sich in diesem Zusammenhang kritisch mit den Auswirkungen der Arbeitsmarkt- und Beschäftigungspolitik im Rahmen der Hartz-Reformen auf den Dritten Sektor auseinander. Es wird dabei die Frage aufgeworfen, welche Rolle Dritte Sektor-Organisationen bei der Umsetzung der Hartz-Reformen innehaben und welche Folgen dies für sie selbst und für die betroffenen Beschäftigten hat. Angesichts des gewachsenen beschäftigungspolitischen Gewichts des Dritten Sektors und der gleichzeitig durchaus problematischen Folgen für seinen zivilgesellschaftlichen Charakter plädieren die Autoren dafür, künftig stärker die qualitativen Aspekte der Beschäftigung im Dritten Sektor zu beachten. Viel intensiver als bisher, so ihre Schlussfolgerung, sei das Problem der Beschäftigungs- und Einsatzfelder zu diskutieren. Generell müssten die Grenzen des Dritten Sektors als sozialer Arbeitsmarkt stärker thematisiert werden.

Auch im Gesundheitswesen hat sich ein äußerst vielfältiges Spektrum von bürgerschaftlichem Engagement entwickelt. Das Spektrum unterschiedlicher Formen – vom traditionellen ehrenamtlichen Engagement über die kollektive Selbsthilfe bis hin zur politischen Beteiligung – beschreibt *Jürgen Matzat* in seinem Beitrag. Neben der quasi privaten Einzelfallhilfe organisieren sich Tausende in Gruppen und Verbänden, um ehrenamtliche Hilfeleistungen zu erbringen. Wie in anderen Engagementbereichen ist auch hier neben eine humanitäre, manchmal religiöse Motivation mit langfristiger Bindung und Selbstverpflichtung ein spontanes, eher begrenztes und anlassbezogenes Engagement getreten. Eine Besonderheit im Gesundheitswesen ist die Selbsthilfe, in der das Engagement aus unmittelbarer eigener Betroffenheit von einer chronischen Erkrankung oder Behinderung (ggf. auch als Angehöriger) resultiert. Egoistische und altruistische Motive bilden hier eine unlösbare Einheit. Information von und für Patienten, Kommunikation zwischen Betroffenen (aber auch mit Fachleuten und anderen relevanten gesellschaftlichen Kräften) und die Vertretung von Patienteninteressen bilden die zentralen Elemente der kollektiven Selbsthilfe. Sie wird in Form von Selbsthilfegruppen und Selbsthilfeorganisationen, einschließlich der Selbsthilfe-Kontaktstellen als zentraler Infrastruktur für diese Art des Bürgerengagements, schwerpunktmäßig dargestellt.

Zu den großen gesellschafts-, familien- und sozialpolitischen Herausforderungen der nächsten Jahrzehnte gehört das Thema Pflege: „Who cares?". Der demografische, aber insbesondere auch der soziale Wandel lassen bisherige traditionale Bewältigungsmuster in der Breite nicht mehr als realistisch und erwartbar erscheinen. Nun zeigt sich aber gerade bei dem Thema Pflege, insbesondere bei der Pflege hochbetagter Menschen, die kulturelle Reife und Leistungsfähigkeit einer Gesellschaft. *Thomas Klie* wirft die Frage auf, wie es künftig gelingen kann, Pflegeaufgaben fair zwischen den Generationen, zwischen den Geschlechtern und intelligent zwischen Markt, Staat, Familie und Dritten Sektor zu gestalten. Die Beantwortung dieser Frage verlangt nach einer neuen Grammatik und Architektur der sozialen Sicherung der Pflege: Die Pflegeversicherung als solche ist nicht auf Nachhaltigkeit hin angelegt. Das gilt nicht nur finanziell, sondern insbesondere hinsichtlich der Wirkungen ihrer Leistungen. Die Gestaltung von Pflegeaufgaben als Herausforderung für die Bürgergesellschaft verlangt einerseits die Neuformulierung des Subsidiaritätsprinzips und andererseits einen strukturellen Beitrag bürgerschaftlichen Engagements, das nicht nur additiv als „Sahnehäubchen", sondern konstitutiv in der Architektur der Pflegesicherung verankert werden muss: Teilhabesicherung von Menschen mit Behinderung und Pflegebedarf ist keine Aufgabe, die allein Familien oder ersatzweise Professionellen überantwortet werden kann. Sie fordert mehr als rhetorisch die gesamte Gesellschaft heraus.

Zunehmender Ökonomisierungsdruck, Auswirkungen globaler Verhandlungssysteme sowie sicherheitspolitische Erwägungen haben auch im umweltpolitischen Engagementfeld starke Spuren hinterlassen. Die Themenbereiche Klima- und Energiepolitik haben an Bedeutung gewonnen und setzen dementsprechend als wichtige Handlungsfelder der Umweltpolitik viele neue Akzente für bürgerschaftliches Engagement. Im Beitrag von *Heike Walk*, der das Engagementfeld Umwelt, Klima und Energie absteckt, werden zunächst die historischen Stationen der Umweltbewegung in Deutschland (West und Ost) nachgezeichnet. Anschließend Diskurse, die dieses Engagementfeld prägen, und deren öffentliche Wahrnehmung analysiert. Wer engagiert sich eigentlich für die Umwelt und welche Organisationsformen bilden sich im Verlauf der Zeit heraus. Hintergrundinformationen zu diesen Aspekten sind ein notwendiger Bestandteil, um das Engagementfeld hinreichend beschreiben zu können. Von daher wird auch ein knapper Einstieg in die Klima- bzw. Energiepolitik, die grundsätzlich neue gesellschaftliche Bearbeitungsformen hervorgerufen hat, präsentiert.

Das Abschlusskapitel wirft Licht auf Herausforderungen und Perspektiven künftiger Engagement- und Demokratiepolitik. Dabei werden institutionenpolitische Bedarfe sowie demokratiepolitische Voraussetzungen, Implikationen und Herausforderungen einer engagementpolitischen Agenda thematisiert. Demokratiepolitik kann sich nicht in Engagementpolitik erschöpfen, sondern benötigt zusätzlich andere Wege und Instrumente. Dennoch gibt es systematische Zusammenhänge zwischen beiden.

Gemeinsamer Nenner von Demokratiepolitik ist die Annahme, dass es demokratieförderliche Gestaltungsoptionen in der Wahl politischer Verfahren und Institutionen gibt, die auf veränderte gesellschaftliche Anforderungen, Proteste, Gestaltungsansprüche und Bedürfnisse antworten. Sie ist angemessen nur als Mehrebenenansatz zu konzipieren. Ihr Leitbild ist eine starke bzw. gestärkte Demokratie, die sich u.a. daran ausweist, wie weit es gelingt, Bürgerrechte und Teilhabegarantien zu stärken, eine möglichst breite Palette demokratischer Verfahren und Formen zu etablieren, die sich wechselseitig stärken und nicht blockieren, demokratische Gestaltungsspielräume in möglichst vielen/allen Lebensbereichen erhalten bzw. eröffnen, Empowerment für bislang politisch und sozial randständige gesellschaftliche Gruppen zu betreiben und dadurch die soziale und politische Inklusion zu steigern und die Beschränkung von demokratischer Beteiligung auf nachrangige politische Ebenen und Politikbereiche aufzubrechen.

Roland Roth weist darauf hin, dass es ohne weiter reichende institutionelle Reformen kaum gelingen dürfte, den demokratischen Schatz des „freiwilligen Engagement" zu heben. Ohne institutionelle Reformen, die neue Wege der Beteiligung ermöglichen, und den Ausbau von Engagementmöglichkeiten, die eigensinnige Gestaltungsmöglichkeiten erlauben, wird die Kluft zur konventionellen Politik nicht kleiner werden. Zwar gebe es durchaus anspruchsvolle Großversuche, wie z.B. das Programm „soziale Stadt", das gerade auf das Engagement von üblicherweise partizipationsfernen benachteiligten Bevölkerungsgruppen setzt. Doch gerade die großen Reformen („Agenda 2010", Föderalismusreform, Gesundheitsreform etc.) und die seit Mitte 2008 angesagte Krisenpolitik seien durch einen fast vollständigen Verzicht auf die Mobilisierung bürgerschaftlichen Engagements geprägt. Stattdessen, so der Autor, drohe die Abwrackprämie zur krisenpolitischen Botschaft zu werden, die Bürgerinnen und Bürger nur in ihrer Konsumentenrolle anspricht. Je stärker Kernbereiche politischer Machtentfaltung ins Spiel kommen, desto bürgerferner und etatistischer sind bislang die politischen Strategien ausgefallen.

Der vorliegende Band verdankt sein Zustandekommen der aktiven Mitwirkung der hier versammelten Autorinnen und Autoren, denen an dieser Stelle für ihr Engagement, ihre kompetenten Fachbeiträge und nicht zuletzt ihre Geduld bis zum Abschluss des Projektes gedankt sei.[2] Hilfreich war den Herausgebern, die seit der Enquete-Kommission „Zukunft des Bürgerschaftlichen Engagements" in verschiedenen Rollen eng kooperiert haben und diese enge Zusammenarbeit dann im Bundesnetzwerk Bürgerschaftliches Engagement fortsetzen konnten, ihre langjährige eigene wissenschaftliche wie engagementpolitische Arbeit.

Unser Dank gilt darüber hinaus Christine Dotterweich, Anne Wellingerhof, Julia Dobat, Susanne Beyer und Lea Fenner, die den Band im Rahmen ihre Praktikums in der Geschäftsstelle des Bundesnetzwerks Bürgerschaftliches Engagement organisatorisch begleitet haben. Für ihre organisatorische Unterstützung und das Endlektorat aller Beiträge danken wir schließlich Petra Essebier.

Die Herausgeber

---

[2] Redaktionsschluss für die Beiträge war Anfang Juni 2009. Wir bitten um Verständnis dafür, dass aus Gründen der Vereinfachung in den Beiträgen zumeist darauf verzichtet worden ist, eine Differenzierung geschlechtsspezifischer Begriffsformulierungen vorzunehmen. Auch wenn aus Gründen der besseren Lesbarkeit die männliche Form verwendet wird, so sind stets beide Geschlechter gemeint.

Ansgar Klein/Thomas Olk/Birger Hartnuß

Engagementpolitik als Politikfeld: Entwicklungserfordernisse und Perspektiven

1 Das Projekt „Bürgergesellschaft": Ein reformpolitisches Konzept zwischen Vision und Realpolitik[1]

Im Jahre 2002 erschien der Bericht der Enquete-Kommission des Deutschen Bundestages „Zukunft des bürgerschaftlichen Engagements". In diesem Bericht wird nicht nur eine Bestandaufnahme des bürgerschaftlichen Engagement in unterschiedlichen gesellschaftlichen Bereich vorgelegt, sondern vor allem auch eine engagementpolitische Agenda entworfen, die Zivilgesellschaft und bürgerschaftliches Engagement als ein umfassendes Konzept zur Reform der bundesdeutschen Gesellschaft und ihres Institutionensystems entwirft. Danach ist die Stärkung von Zivilgesellschaft und bürgerschaftlichem Engagement mehr als eine eingeschränkte Ressortpolitik, die die Rahmenbedingungen für das Ehrenamt verbessern hilft. Vielmehr geht es um eine ganzheitliche, „holistische" Variante von zivilgesellschaftlicher Reformpolitik, die sich sowohl auf die einzelnen Bürger als auch auf die politische Kultur und das Staatsverständnis bezieht. Es geht um einen Entwurf von Gesellschaft, in der die Bürgerinnen und Bürger über erweiterte Einfluss- und Handlungsmöglichkeiten im öffentlichem Raum verfügen, in der eine beteiligungsorientierte politische Kultur dominiert, in der das sozialstaatliche Institutionensystem ein breites Spektrum von Beteiligungs- und Mitwirkungschancen eröffnet und der Staat sich als ein Engagement und Partizipation ermöglichender Akteur versteht.

Im Hinblick auf die Umsetzung eines solchen anspruchsvollen reformpolitischen Entwurfs stehen wir derzeit freilich erst an einem Anfang. Es bleibt dabei – so die Mehrzahl der Kommentatoren –, dass sich Regierungspolitik bei der Bewältigung aktueller Herausforderungen letztlich doch entweder den eigenen Organisationsmitteln – also staatlichen Institutionen und ihren Interventionsmöglichkeiten – zuwendet oder aber den Mechanismen von Markt und Wettbewerb vertraut. Auch wenn die globale Finanzmarktkrise und in deren Folge die globale Wirtschaftskrise das Marktversagen drastisch deutlich gemacht haben, ist hierzulande eine reformpolitische Orientierung, die auf Zivilgesellschaft und Engagement setzt, ohne damit nur Ausfallbürgschaften für einen sich zurückziehenden Sozialstaat zu verbinden, immer noch randständig.

Zivilgesellschaftliche Akteure – wie gemeinnützige Organisationen, soziale Initiativen, Stiftungen etc. – und zivilgesellschaftliche Handlungsformen – wie Verantwortungsüber-

---

[1] Der vorliegende Beitrag ist eine überarbeitete und erweiterte Version des Beitrags von Thomas Olk und Ansgar Klein im Band „Bürgergesellschaft als Projekt", der 2009 erschienen ist.

nahme, freiwillige Selbstverpflichtung, Solidarität – werden auf die Nischen und Ränder eines gesellschaftlichen Institutionensystems verwiesen, bei dem Markt und Staat den Ton angeben und die Bürgergesellschaft willkommen ist, wo diese nicht hinreichen. Für diese Misere werden unterschiedliche Gründe verantwortlich gemacht. Während die Einen die fehlende Bereitschaft in allen Bereichen der Gesellschaft brandmarken, Macht abzugeben bzw. zu teilen und strukturelle Innovationen zuzulassen, geißeln Andere die Verzagtheit und Selbstmarginalisierung der Protagonisten der Bürgergesellschaft, die ständig befürchten, als Lückenbüßer eines sich zurückziehenden Sozialstaates instrumentalisiert zu werden, und daher lieber gar nichts ändern wollen als Gefahr zu laufen, irgendwann einmal für den Abbau sozialer Standards verantwortlich gemacht zu werden.

Der Diagnose soll hier nicht widersprochen werden. In der Tat trifft zu, dass der „große Durchbruch" des Projekts der Bürgergesellschaft bislang nicht gelungen ist. Dies kommt allerdings nicht überraschend. Ein Rückblick in die jüngere deutsche Geschichte[2] belegt, dass demokratisches Denken und eine selbstbewusste zivile Bürgerschaft auf schmaler Basis und zerbrechlichem Fundament operieren. Während die Demokratie als staats- und zivile Lebensform erst nach dem Zweiten Weltkrieg Fuß fassen konnte, war die Sphäre der Zivilgesellschaft – also das breite Spektrum an Vereinen und freiwilligen bürgerschaftlichen Assoziationsformen – bis in die Weimarer Republik hinein von autoritärem und demokratiefeindlichem Denken dominiert. Und auch in den unmittelbaren Nachkriegsjahrzehnten wurde mit dem gesellschaftspolitischen Leitbild der „formierten Gesellschaft" ein von Autoritätshörigkeit und Unterordnungsbereitschaft geprägtes gesellschaftliches Konsensmodell beschworen. Die deutsche Einheit wurde zwar nicht zuletzt durch die Bürgerbewegungen auf den Weg gebracht, doch der Modus der Vereinigung führte diese Bewegungen rasch wieder in die Bedeutungslosigkeit. Auf dieser Grundlage ist es unwahrscheinlich, dass sich ein so anspruchsvolles und umfassendes Leitbild wie die Bürgergesellschaft als demokratiepolitisches Projekt und als umfassende Neuordnung der Beziehungen zwischen Staat, Wirtschaft und Zivilgesellschaft von heute auf morgen, quasi in einem Kraftakt wird durchsetzen lassen.

Hier soll die These vertreten werden, dass das Projekt der Bürgergesellschaft vor dem Hintergrund der spezifischen politisch-sozialen Traditionen in Deutschland nicht im großen Sprung, sondern wohl eher in kleinen Trippelschritten umgesetzt werden kann.[3] Insofern ist es als ermutigend zu bewerten, dass sich unterhalb der Ebene großer politischer Entwürfe und programmatischer Absichtserklärungen spätestens seit dem Übergang in das 21. Jahrhundert auf allen Ebenen des föderalen Staates eine engagementpolitische Agenda herauszubilden beginnt, die es zunehmend gerechtfertigt erscheinen lässt, von Engagementpolitik als einem sich neu konstituierenden Politikfeld zu sprechen. Dies ist der eigentlich bemerkenswerte Sachverhalt. Vor einigen Jahren war keineswegs absehbar, dass es gelingen würde, engagementpolitische Anliegen und Vorhaben sowohl im politischen Tagesgeschäft als auch im politischen Institutionensystem erstaunlich stabil zu verorten und institutionell zu verfestigen.

---
[2] Zu den historischen und ideengeschichtlichen Bezügen der Engagementpolitik siehe die Beiträge von Kirsten Aner / Peter Hammerschmidt, Arnd Bauerkämper, Karl-Werner Brandt und Wolfgang Maaser in Kapitel 2 dieses Bandes.
[3] Zur Engagementpolitik im europäischen Vergleich siehe die Beiträge von Markus Held und Matthias Freise in diesem Band.

Die Markierungspunkte dieser Entwicklung auf der bundespolitischen Ebene lassen sich etwa folgendermaßen benennen: Nach der „Großen Anfrage" der Regierungsfraktionen von CDU/CSU und FDP vom 01.Oktober 1996 im Deutschen Bundestag, an die sich eine erste bundespolitische Diskussion um dieses Thema anschloss, war es insbesondere die Einrichtung der Enquete-Kommission „Zukunft des Bürgerschaftlichen Engagements" im Jahre 1999, die als Meilenstein bei der Herausbildung von Engagementpolitik als Handlungsfeld genannt werden muss. Die Bedeutung der Arbeit der Enquete-Kommission für die Herausbildung eines engagementpolitischen Handlungsfeldes lässt sich keineswegs auf den Bericht reduzieren. Die Vernetzung engagementpolitischer Akteure aus unterschiedlichen gesellschaftlichen Bereichen und die direkten Auswirkungen der Anhörungen und Debatten auf die öffentliche Meinungsbildung sind mindestens genauso relevant.

Vor allem ist aber hervorzuheben, dass mit dem Bericht der Enquete-Kommission zum ersten Mal in dieser Form eine umfassende Programmatik für die engagementpolitische Agenda und die Umrisse der Leitidee bürgergesellschaftlicher Reformpolitik formuliert worden sind. Die Enquete-Kommission bricht dabei mit herkömmlichen Denkkonventionen und definiert ein engagementpolitisches Leitbild, das weit über das bisherige Verständnis einer Förderung des Ehrenamtes hinaus weist. Engagementpolitik wird als reformpolitisches Projekt definiert, dessen Realisierung einen weit reichenden Umbau der Institutionen in Staat und Gesellschaft erfordert. Dabei wird bürgerschaftliches Engagement nicht auf das individuelle ‚Spenden von Zeit und Geld' reduziert, sondern als ein Komplex von zivilgesellschaftlichen Orientierungen und Handlungsweisen identifiziert, der sowohl auf der Ebene der Individuen (Verantwortungsübernahme, Mit-Tun und Mit-Entscheiden, Einbringen von Zeit und Geld etc.) als auch auf der Ebene von Organisationen (Eingehen von Partnerschaften, systematischer Einbezug zivilgesellschaftlicher Handlungslogiken in Leitbilder, Öffnung von Organisationsstrukturen und Handlungsabläufen für zivilgesellschaftliche Beiträge etc.) und nicht zuletzt in anderen Formen des Regierens (beteiligungsoffene Formen des Aushandelns von Zielen statt hierarchischer Steuerung) zum Ausdruck kommen kann.

Eng hiermit verbunden ist die Vorstellung, dass die Stärkung der Bürgergesellschaft nicht gleichzusetzen ist mit der quantitativen Ausweitung des Dritten Sektors gemeinnütziger Organisationen,[4] sondern vor allem bedeutet, die zivilgesellschaftliche Handlungslogik der beteiligungsorientierten Aushandlung, der Verantwortungsübernahme, der Kooperation und Koproduktion auf alle Bereiche der Gesellschaft – also auch auf Staat, Politik und Wirtschaft – im Sinne einer Zivilisierung wirtschaftlichen und politischen Handelns auszuweiten. Gemeint ist damit eine Verhaltenskodex, dem sich Akteure der Zivilgesellschaft verpflichtet fühlen (sollten) und der Verhaltensformen wie Verantwortungsübernahme, Selbstbeschränkung, Gewaltfreiheit, Respekt und Sensibilität für die Anliegen anderer einschließt. Aktuelle gesellschaftliche Probleme wie die aktuelle Finanz- und Wirtschaftskrise als sichtbares Zeichen für die Grenzen von Markt und Marktlogiken, oder auch Herausforderungen, die sich mit starken Formen von ethnischen und religiösen Gemeinschaften stellen, deren Organisationen nicht ohne weiteres als freiwillige Zusammenschlüsse verstanden werden können, verweisen darauf, dass eine starke Zivilgesellschaft und die Geltendma-

---

[4] Siehe den Beitrag von Reinhard Liebig und Thomas Rauschenbach zur „engagementpolitischen Rolle von Akteuren des Dritten Sektors" in diesem Band.

chung ihrer von „Zivilität" geprägten Handlungslogik auch auf andere gesellschaftliche Bereiche und Sphären einen starken Gegenpol zu destruktiven Tendenzen wie rücksichtslosem Machtstreben, Kommerzialisierung der Gesellschaft oder neuem Fundamentalismus darstellen können (vgl. auch Evers 2004, 2009a; Seubert 2009).

Engagementpolitik hat, so die Botschaft der Enquete-Kommission, immer auch eine demokratiepolitische Dimension. Bürgerschaftliches Engagement findet nicht in einer nur vorpolitischen Sphäre des gemeinwohlorientierten Handelns statt, sondern ist ein Beitrag für das demokratische Gemeinwesen. Ein bürgergesellschaftliches Politikverständnis geht über ein auf den staatlichen Raum beschränktes Konzept der Politik hinaus und orientiert sich in einem Modus der Ergänzung an der Zielperspektive einer Demokratisierung der repräsentativen Demokratie (Klein 2001).

Das bürgerschaftliche Engagement ist in all seiner Formenvielfalt immer mit einem individuellen Anspruch auf Einbezug in Entscheidungsprozesse versehen, der den Eigensinn dieser freiwilligen Tätigkeit prägt. Oftmals werden die Dienstleistungsdimensionen des Engagements und dessen ökonomische Verrechenbarkeit in den Vordergrund gerückt (siehe dazu die Ausführungen in Kapitel 2.1 dieses Beitrags), doch bleibt der grundlegende Anspruch auf Mitentscheidung und Partizipation ein konstitutives Kennzeichen des bürgerschaftlichen Engagements. Der Anspruch auf Einbezug in Entscheidungsprozesse in Einrichtungen, in der Kommune oder in überregionalen Kontexten setzt institutionelle Voraussetzungen und Bereitschaften voraus, eine entsprechende Partizipationskultur und -praxis zu entwickeln. Politische Handlungsfelder und Programme sollten zur Stärkung demokratischer Teilhabe systematisch beitragen. Während Engagementpolitik immer auch demokratiepolitische Dimensionen hat, erschöpft sich Demokratiepolitik nicht in Engagementpolitik, sondern benötigt zusätzliche Wege und Instrumente (dazu ausführlich der Beitrag von Roland Roth in diesem Band).

Eine Politik zur Förderung des bürgerschaftlichen Engagements lässt sich nicht auf ein spezifisches politisches Ressort – wie etwa das Sozial- oder Gesundheitsressort – beschränken, sondern ist eine Querschnittsaufgabe, die in allen Politikbereichen relevant wird. Engagementpolitik hat damit – unabhängig davon, ob sie auf kommunaler, Landes- oder Bundesebene operiert – eine doppelte strategische Ausrichtung. Es muss sowohl ein übergreifendes Leitbild einer engagementpolitischen Weiterentwicklung des Gemeinwesens entwickelt als auch dafür Sorge getragen werden, dass in den einzelnen politischen Ressorts Maßnahmen und Programme entwickelt und umgesetzt werden, die sich an diesem übergreifenden Leitbild orientieren (zur reformpolitischen Debatte siehe Klein 2005 und 2007).

Aus diesem umfassenden und anspruchsvollen Gesamtkonzept entwickelte die Enquete-Kommission (vgl. 2002) ein breites Spektrum an Handlungsempfehlungen, die zumindest die folgenden Bestandteile umfassen:

- Institutionen und Organisationen zivilgesellschaftlich weiterentwickeln und in die Bürgergesellschaft einbetten,
- Direktdemokratische Beteiligungsformen auf allen Ebenen des föderalen Staates ausweiten (Bürgerbegehren, Bürgerentscheide etc.),
- Verwaltungen bürgerorientiert gestalten und für die Bürgergesellschaft dialogfähig machen,

- Beteiligungsmöglichkeiten schaffen (z.B. in Form von runden Tischen, Beiräten, Planungszellen),
- Anerkennungskultur weiterentwickeln,
- Netzwerke auf allen Ebenen unter Einbezug von Akteuren aus allen gesellschaftlichen Bereichen schaffen und engagementfördernde Infrastrukturen weiterentwickeln,
- Verantwortungsübernahme und freiwillige Selbstverpflichtungen von Unternehmen im Gemeinwesen stärken,
- Schutz- und Nachteilsausgleich für Engagierte verbessern (z.B. Haftpflicht- und Versicherungsschutz etc.),
- Gemeinnützigkeits- und Spendenrecht reformieren sowie nicht zuletzt
- das Wissen über bürgerschaftliches Engagement (Grundlagenforschung, Evaluation, Qualitätssicherung etc.) erweitern.

Nimmt man die programmatischen Aussagen des Berichts der Enquete-Kommission ernst, dann ist Engagementpolitik alles andere als ein „diffuses Konzept", wie Steffen Hebestreit in der Frankfurter Rundschau anlässlich der Aktionswoche des Bundesnetzwerks Bürgerschaftliches Engagement im Jahre 2006 anzumerken meinte, und ist bürgergesellschaftliche Reformpolitik alles andere als theorielos (Nährlich 2007). Selbstverständlich muss das Projekt bürgergesellschaftlicher Reformpolitik noch weiter programmatisch geschärft und theoretisch fundiert werden. Aber insgesamt gesehen haben wir weniger ein Theoriedefizit als vielmehr ein Umsetzungsdefizit. Dieses Umsetzungsdefizit, also „die große Lücke" (Speth 2006) zwischen Anspruch und Wirklichkeit, ist allerdings alles andere als eine große Überraschung. Diese Lücke ist eine Folge des banalen Sachverhalts, dass das Projekt der Bürgergesellschaft radikal mit eingefahrenen Denktraditionen und institutionellen Wirklichkeiten bricht, so dass bei dessen Realisierung widerständige Interessenkonstellationen, institutionelle Strukturen und Handlungsroutinen überwunden, also alles in allem „dicke Bretter" gebohrt werden müssen.

Ein Beispiel aus dem Bereich von Bildungssystem und Schule mag veranschaulichen, worum es hierbei geht: Wenn das Ziel erreicht werden soll, die deutsche Schule bürgergesellschaftlich zu reformieren, dann ist wenig erreicht, wenn die Vorteile einer solchen zivilgesellschaftlichen Einbettung von Einzelschulen lediglich als eine „gute Sache", gegen die kein wohlmeinender Mensch etwas haben könne, beschworen wird. Vielmehr muss klar und für die Entscheidungsträger im Bildungssystem nachvollziehbar belegt werden, dass der originäre Bildungsauftrag des Schulsystems unter gegebenen gesellschaftlichen Bedingungen nur unter der Voraussetzung realisiert werden kann, dass sich Einzelschulen gegenüber ihrem Umfeld öffnen, Kooperationen mit dem umliegenden Gemeinwesen intensivieren und zivilgesellschaftliche Beiträge unterschiedlicher Akteure im schulischen Alltag zulassen (vgl. Hartnuß / Heuberger in diesem Band, Olk 2007b). Wenn die bürgergesellschaftliche Öffnung von Schulen als eine zusätzliche Aufgabe verstanden wird, die dem eigentlichen gesellschaftlichen Auftrag der Schule hinzugefügt werden soll, dann wird eine solche Strategie nicht mehr als einige Modellschulen erreichen. Dass die Umsetzung dieser Idee angesichts der Tradition der deutschen Schule als einer am Gängelband der Ministerialbürokratie geführten „öffentlichen Anstalt" trotzdem noch lange Zeit in Anspruch nehmen wird, liegt dabei auf der Hand.[5]

Hieraus lässt sich folgendes ableiten: Wer eine bürgergesellschaftliche Reformpolitik voranbringen will, muss nicht nur ein klares Konzept haben und überkommene Vorurteile überwinden, sondern muss vor allem bemüht sein, gesellschaftliche Akteure zu überzeugen und als Bündnispartner zu gewinnen, die sehr genau abwägen, was sie mit einer solchen Politik gewinnen oder verlieren würden. Und selbstverständlich müssen die positiven Wirkungen einer solchen Politik glaubhaft nachgewiesen werden können.

2   Engagementpolitik: Wie ein neues politisches Handlungsfeld entsteht

Mit der Übergabe des Berichts der Enquete-Kommission „Zukunft des bürgerschaftlichen Engagements an den Deutschen Bundestag im Juni 2002 beginnt – so die hier verfolgte zentrale These – der Übergang von einer ersten Phase der Entwicklung eines umfassenden Leitbilds von Bürgergesellschaft als gesellschaftspolitischer Reformpolitik hin zu einer kleinteiligen Engagementpolitik als einem neu entstehenden politischen Handlungsfeld. Man könnte diese Entwicklung zur Normalisierung und Institutionalisierung als Zerfallsprozess deuten und damit das Ende aller Hoffnungen auf die Umsetzung dieses umfassenden demokratiepolitischen Projekts beklagen. Hier soll jedoch eine andere Deutung vorgeschlagen werden: Vor dem Hintergrund des spezifischen Verlaufs der deutschen Gesellschaftsgeschichte, des hiermit verbundenen Staats- und Verwaltungsdenkens und der relativ jungen demokratischen und zivilgesellschaftlichen Tradition bedarf die Umsetzung von Zivilgesellschaft als reformpolitischer Leitidee offensichtlich einer spezifischen Implementationsstrategie. Während auf der einen Seite programmatisch an den Zielen und Prinzipien eines umfassenden zivilgesellschaftlichen Umbaus gesellschaftlicher Institutionen festzuhalten ist, bedarf es auf der anderen Seiten einer flankierenden Verankerung von Prinzipien und Verfahren der Partizipation und des bürgerschaftlichen Engagements durch die Etablierung von Engagementpolitik als eines neuen politischen Handlungsfeldes. Während die politische Unterstützung für das Projekt einer zivilgesellschaftlichen Öffnung von Institutionen zurzeit nur auf schwache politische Bataillone zurückgreifen kann, scheint die Etablierung von Engagementpolitik als eines spezifischen Politikfeldes gute Fortschritte zu machen. Inwiefern von der Entstehung eines neuen Handlungsfeldes Engagementpolitik gesprochen werden kann, soll im Folgenden näher erläutert werden.

Obwohl bis zum gegenwärtigen Zeitpunkt die Mehrzahl der Empfehlungen der Enquete-Kommissionen immer noch nicht umgesetzt worden ist, war die Kommission dennoch überaus erfolgreich und stellt damit eine Ausnahme unter den zumeist wirkungsarmen Enquete-Kommissionen (Altenhof 2002) dar. Im Gegensatz zu vielen anderen Enquete-Kommissionen des Deutschen Bundestag ist es nämlich dieser Kommission gelungen, ihr

---
[5] In diesem Band werden ausgewählte „Felder der Engagementpolitik" dargestellt: Neben der Bildungspolitik (Birger Hartnuß / Frank Heuberger) sind dies die Familienpolitik (Martina Heitkötter / Karin Jurczyk), die Integrationspolitik (Dietrich Thränhardt), die Arbeitsmarkt- und Beschäftigungspolitik (Dietmar Dathe / Eckhard Priller), die Gesundheitspolitik (Jürgen Matzat), die Pflege (Thomas Klie) und die Umweltpolitik (Heike Walk) sowie den Beitrag von Adalbert Evers zu den sozialen Diensten.

politisches Anliegen und die dahinter liegende Programmatik institutionell auf Dauer zu stellen. Entsprechend ihren Empfehlungen wurde zu Beginn der 15. Legislaturperiode (die von 2002 bis 2005 dauerte) ein Parlamentarischer Unterausschuss ‚Bürgerschaftliches Engagement' eingesetzt, dessen zentrale Aufgabe darin besteht, die Empfehlungen der Enquete-Kommission schrittweise umzusetzen. In der 16. Legislaturperiode gelang die Wiedereinsetzung dieses Unterausschusses, der zum Abschluss einen umfassenden Tätigkeitsbericht vorgelegt hat (Deutscher Bundestag 2009). Darüber hinaus hat sich im Juni 2002 das Bundesnetzwerk Bürgerschaftliches Engagement (BBE) gegründet, das sich – als ein Zusammenschluss von inzwischen mehr als 200 Mitgliedsorganisationen aus Bürgergesellschaft, Politik und Verwaltung sowie Wirtschaft – das Ziel gesetzt hat, das Leitbild der Bürgergesellschaft im politischen Diskurs zu verankern und die rechtlichen, institutionellen und organisatorischen Rahmenbedingungen für das breite Spektrum unterschiedlicher Formen bürgerschaftlichen Engagements zu verbessern (als Überblick siehe BBE 2009b).

Im Jahr 2009 wird der erste Engagementbericht der Bundesregierung vorgelegt, erstellt vom Wissenschaftszentrum Berlin für Sozialforschung (WZB 2009). Der Deutsche Bundestag beschloss zudem, künftig in jeder Legislaturperiode einen unabhängigen wissenschaftlichen Engagementbericht erstellen zu lassen. Ebenfalls 2009 wird in Kooperation der Bundesregierung mit dem BBE ein „Nationales Forum für Engagement und Partizipation" ins Leben gerufen, dessen Arbeit mit Vertretern aus Zivilgesellschaft, Wirtschaft, Staat und Kommunen in 10 Dialogforen in einem Beschluss der Bundeskabinetts von Juli 2009 mündet, der den Aufbau einer ressortübergreifenden „nationalen Engagementstrategie" unter fortlaufender Beratung des Nationalen Forums beschließt (siehe unten). Das Bundesarbeitsministerium koordiniert parallel den Aufbau einer „Nationalen CSR-Strategie", d.h. einer Strategie zu Corporate Social Responsibility als einem „wesentlichen Beitrag der Unternehmen zu einer nachhaltigen Entwicklung in den Handlungsfeldern Markt, Umwelt, Arbeitsplatz und Gemeinwesen" (BMAS 2009: 2).

Für die Herausbildung eines nun auch bundespolitisch verankerten Handlungsfeldes Engagementpolitik (als Überblick auch WZB 2009: 177-219; siehe auch den Beitrag von Susanne Lang in diesem Band) sind die genannten institutionellen Innovationen von nicht zu unterschätzender Bedeutung. Gemeinsam mit der entsprechenden Abteilung im querschnittsverantwortlichen Ministerium für Familie, Senioren, Frauen und Jugend, den organisatorischen Spitzen der Non-Profit-Organisationen aus allen gesellschaftlichen Bereichen, den überörtlich wirkenden Stiftungen (wie etwa die Bertelsmann Stiftung oder die Robert Bosch Stiftung etc.) und sowohl kommunalen wie landesweiten Netzwerken für bürgerschaftliches Engagement bilden sie das institutionelle Gerüst dieses neu entstehenden Politikfeldes. Zugleich sind durch die enge Zusammenarbeit zwischen diesen Institutionen Akteursnetzwerke entstanden, die dazu beitragen, dass sich dieser Politikbereich nach innen konsolidiert und seine Grenzen nach außen markiert.

Schaubild 1

Übersicht: Wegmarken im Prozess der Entwicklung von Engagementpolitik seit Mitte der 1990er Jahre[6]

- 01.10.1996: Große Anfrage der CDU/CSU zum Ehrenamt im Deutschen Bundestag
- Dezember 1999: Einsetzung der Enquete-Kommission „Zukunft des Bürgerschaftlichen Engagements" in der 14. Legislaturperiode
- 1999: 1. Freiwilligensurvey der Bundesregierung
- 2001: Internationales Jahr der Freiwilligen (IJF) – deutsche Kampagnenumsetzung
- 2001: Gründung des Gesprächskreises „Bürgergesellschaft und aktivierender Staat" der Friedrich-Ebert-Stiftung
- 2002: Abschlussbericht der Enquete-Kommission
- 2002: Steuerrechtliche Stiftungsreform
- 2002: das BMFSFJ bekommt die Querschnittskompetenz für das Thema zugesprochen
- 2002: Gründung des Bundesnetzwerks Bürgerschaftliches Engagement (BBE) durch die Mitglieder des Nationalen Beirats des IJF (2007: über 200 Mitglieder)
- Seit 2002: verstärkt Einrichtung von Referaten und Stabsstellen für Engagementförderung in den Ländern
- 2003 (9.4.2003): Einsetzung eines Unterausschusses Bürgerschaftliches Engagement (zugeordnet dem Familienausschuss) in der 15. Legislaturperiode
- 2004: Regierungskommission „Impulse für die Zivilgesellschaft"
- 2004: 2. Freiwilligensurvey der Bundesregierung
- 2004: Zivilrechtliche Stiftungsreform (Datum prüfen)
- 2004: Erste „Woche des Bürgerschaftlichen Engagements" des BBE
- 2005: Erneute Einsetzung des Unterausschusses in der 16. Legislaturperiode
- 2005: verbesserte Unfallversicherungsregelung für Engagierte
- 2006: Konstituierung der Projektgruppe zur Reform des Gemeinnützigkeits- und Spendenrechts (Große Dachverbände und BBE, Wissenschaft, Politik)
- September 2006: Zweite „Woche des bürgerschaftlichen Engagements"
- 2007: „Gesetz zur weiteren Stärkung des bürgerschaftlichen Engagements" (Spenden- und Gemeinnützigkeitsrecht)
- 2007: Gesetz zur Förderung der Jugendfreiwilligendienste
- August 2007: Regierungsinitiative „ZivilEngagement Miteinander – Füreinander", in diesem Zusammenhang; Benennung eines Beauftragten für „ZivilEngagement" durch das BMFSFJ
- September 2007: Dritte „Woche des bürgerschaftlichen Engagements"
- 2008: Neuer Freiwilligendienst des Bundesministeriums für Wirtschaftliche Zusammenarbeit (BMZ) „weltwärts"
- 2008: Pflege-Weiterentwicklungsgesetzes (PfWG) (mit Bezügen auch zur Förderung von Engagierten in der Pflege)
- September 2008: Vierte „Woche des bürgerschaftlichen Engagements"
- November 2008: Verankerung der ersten Legaldefinition für den „Freiwilligendienst aller Generationen" in Artikel 4a des SGB VII
- April/Mai 2009: Nationales Forum für Engagement und Partizipation erarbeitet Agenda für eine Nationale Strategie zur Förderung bürgerschaftlichen Engagements
- Juli 2009: Bundeskabinett beschließt Eckpunkt zur Erarbeitung einer nationalen Engagement-förderstrategie
- Juli 2009: Erster im Auftrag der Bundesregierung vom WZB Berlin erstellter Engagementbericht wird veröffentlicht
- Oktober 2009: Fünfte „Woche des bürgerschaftlichen Engagements"

---

[6] Siehe auch den Überblick im Engagementbericht des WZB zur „Engagementgesetzgebung des Bundes seit 2002 (15. und 16. Legislaturperiode)" (WZB 2009: 184-186).

Es gibt – mit den hier stichwortartig aufgelisteten größeren und kleineren Schritten – starke Indizien für die Herausbildung eines eigenständigen Politikfeldes ‚Engagementpolitik' in Deutschland: Mit den programmatischen Aussagen des Berichts der Enquete-Kommission sind die übergreifenden (aber auch spezifischen) Ziele und Gegenstandsbestimmungen dieses Politikbereichs definiert, mit der Zuordnung von Zuständigkeiten und der Bildung neuer Institutionen sind politische Akteure und Akteurskonstellationen etabliert und in verschiedenen Politikfeldern auch konkrete Politikprogramme (wie z.B. das Bund-Länder-Programm „Die Soziale Stadt", Initiativen gegen rechtsextremistische Strömungen, „Bündnisse für Familie", seniorenpolitische Programme zur Etablierung aktiver Beteiligungsrollen für ältere Menschen etc.) benannt.

Die konkreten Handlungsansätze und Politikprogramme können nach ihrem Innovations- und Verallgemeinerungsgrad unterschieden werden: So finden wir z.B. auf der einen Seite Handlungsansätze, die sich an eng eingegrenzte Zielgruppen (z.B. Kinder und Jugendliche, Senioren etc.) richten, sehr konkrete Funktionserwartungen an das Engagement formulieren z. B. (Schließung von Versorgungslücken), eine geringe Anzahl von Akteuren adressieren, mit herkömmlichen Instrumenten (z. B. Modellprojektförderung) arbeiten und sich auf bestimmte Politikressorts (wie Wohlfahrtspflege, Gesundheit etc.) beschränken. Auf der anderen Seite finden wir anspruchsvolle Mobilisierungsprogramme, die – wie etwa die Handlungsansätze im Rahmen der Programme zur „Sozialen Stadt" – ressortübergreifend angelegt sind, unterschiedliche Akteursgruppen aktivieren und vernetzen und komplexe Zielbündel mit zum Teil experimentellen Instrumenten verknüpfen.

2.1 Engagementpolitische Anliegen und Handlungsstrategien auf der bundespolitischen Ebene

Engagementpolitische Handlungsstrategien und Maßnahmen sind zunächst auf kommunaler Ebene – zumeist in größeren Städten (zur Engagementpolitik auf kommunaler Ebene siehe den Beitrag von Bogumil und Holtkamp in diesem Band)[7] und dann auch, wenn zunächst auch nur vereinzelt, auf Länderebene – entwickelt und erprobt worden (siehe zur Länderebene den Beitrag von Schmid und Brickenstein in diesem Band). Viele Städte und einige Bundesländer (Pionier ist das Land Baden-Württemberg) können als Vorreiter einer Entwicklung zur Herausbildung einer engagementpolitischen Politikarena verstanden wer-

---

[7] Eine kritische Zwischenbilanz für die kommunale Ebene zieht Roland Roth. Er sieht zwar Fortschritte im Kleinen, aber insgesamt auf der Ebene einer integrierten Engagement- und Demokratiepolitik unter dem Leitbild der „Bürgerkommune" eher Stagnation und Rückgang: „Zum einen gibt es vermehrt Zweifel am Zukunftspotential des Leitbilds Bürgerkommune. Kritische Nachfragen reichen von verbreiteten Vorbehalten gegenüber der vielfach beteuerten hohen Engagementbereitschaft in der Bevölkerung bis zu den Grenzen der realen Belastbarkeit von Engagierten, von den sozialstrukturellen Verwerfungen in der Verteilung von Fähigkeiten und Ressourcen zum Engagement über dessen Steuerbarkeit bis hin zu den demokratisch fragwürdigen Extraprofiten, die Engagierte auf Kosten engagementferner Bevölkerungsgruppen einstreichen können. Es geht bei diesen Vorbehalten um mehr als eine wohlfeile Abwehrsemantik, die – fest dem Status Quo verhaftet – die Debatte über die Stärkung des bürgerschaftlichen Engagements von Anbeginn begleitet. Wer auf bürgerschaftliches Engagement setzt, um die Zukunftsfähigkeit der Kommunen zu steigern, wird sich gerade mit jenen Zweifeln über dessen politischen und sozialen Gebrauchswert auseinandersetzen müssen, die aus den praktischen Erfahrungen mit Engagementpolitik vor Ort resultieren" (Roth 2009).

den. Demgegenüber lief die Entwicklung auf der bundespolitischen Ebene eher zeitlich verzögert und beschränkte sich auf isolierte Handlungsprogramme und fragmentierte Politikansätze. Erst durch den Bericht der Enquete-Kommission wurde das Projekt der Bürgergesellschaft und eine Politik der Förderung des bürgerschaftlichen Engagements bundespolitisch handhabbar gemacht (siehe auch Zimmer 2003), eine politische Programmatik mit reformpolitischer Orientierungsfunktion angeboten sowie Empfehlungen und Instrumente vorgeschlagen. Gleichzeitig wurden mit dem Unterausschuss Bürgerschaftliches Engagement und dem Bundesnetzwerk Bürgerschaftliches Engagement politische Institutionen geschaffen, die in der Lage sind, das Thema Bürgergesellschaft und bürgerschaftliches Engagement auf Dauer zu stellen und als Kern eines politischen Akteursnetzwerkes zu wirken, das praktisch wie eine Koalition der Themenanwälte wirkt und infolge der Verteilung dieses Personals auf unterschiedliche Handlungs- und Entscheidungsebenen als „Fachbruderschaft" fungiert (Schneider/Janning 2006: 96ff.).

Wie ist nun die bundespolitische Bedeutung des Themas Bürgergesellschaft und bürgerschaftliches Engagement seit 2002 zu bewerten? Die engagementpolitischen Entwicklungen und Diskurse in der 15. Legislaturperiode (2002 bis 2005) standen noch stark unter dem Einfluss des Berichts der Enquete-Kommission. Dem entspricht, dass das bürgerschaftliche Engagement im Koalitionsvertrag der 2. Legislaturperiode der rot-grünen Regierungskoalition in der Präambel Erwähnung findet. Abgesehen von konkreten Politikempfehlungen in den Einzelkapiteln findet sich also in der Selbstdefinition der Grundorientierungen der Politik der rot-grünen Koalition das Thema bürgerschaftliches Engagement noch wieder. Im Bundesministerium für Familie, Senioren, Frauen und Jugend (BMFSFJ), das die Querschnittsverantwortung für dieses Thema auf der Bundesebene hat, wurde zwar in der 16. Legislaturperiode eine Abteilung eingerichtet, in deren Titel „Familie, Wohlfahrtspflege, Engagementpolitik" das bürgerschaftliche Engagement explizit aufgenommen worden ist, aber das Anliegen bürgergesellschaftlicher Politik stand in der politischen Agenda dieses Hauses zunächst im Schatten der seinerzeit von der Bundesfamilienministerin Renate Schmidt aus der Taufe gehobenen ‚neuen Familienpolitik'. Mit der im August 2007 gestarteten Initiative „ZivilEngagement. Miteinander – Füreinander" und der damit verbundenen Einsetzung eines vom BMFSFJ ernannten „Beauftragten für ZivilEngagement" hat das Thema jedoch im Ministerium an Bedeutung gewonnen (ausführlicher siehe unten).

Im Jahre 2005 kam es zur Ablösung der rot-grünen Koalition unter Kanzler Gerhard Schröder durch eine Große Koalition unter Kanzlerin Angela Merkel. Inzwischen hatte sich die politische Großwetterlage erneut verändert. Die exorbitanten Schulden der öffentlichen Haushalte, die niedrigen wirtschaftlichen Wachstumsraten und die hohe Arbeitslosigkeit diktierten die politische Tagesordnung. Im Gegensatz zur vorherigen Koalitionsvereinbarung spielte daher in der Koalitionsvereinbarung von 2005 der Themenbereich „Bürgergesellschaft" und „bürgerschaftliches Engagement" nur noch eine Nebenrolle, während politische Anliegen wie die Sanierung der Staatsfinanzen, der Umbau der sozialen Sicherungssysteme und die Bekämpfung der Massenarbeitslosigkeit als Topthemen der politischen Tagesordnung rangierten. Der Trend, in einzelnen Politikbereichen bürgerschaftliche Elemente zu stärken, aber im Großen und Ganzen doch lieber auf den Staat zu vertrauen, setzte sich auch unter der schwarz-roten Regierungskoalition fort. Während in der Präambel und in allgemeinen Programmsätzen des neuen Koalitionsvertrages die Bürgergesellschaft nicht mehr vorkam, wurden einzelne konkrete Vorhaben, wie etwa die Reform des Gemeinnützigkeitsrechts, die Weiterentwicklung des Stiftungsrechts, Mehrgenerationenhäuser und die Förderung des bürgerschaftlichen Engagements von Migrantinnen und Migranten angekündigt. Soweit also überhaupt noch von bürgerschaftlichem Engagement die Rede ist, wird weniger an die Leitidee einer bürgergesellschaftlichen Reformpolitik angeknüpft, sondern vornehmlich das „freiwillige" Engagement einzelner Bürgerinnen und Bürger adressiert.

Dennoch – und man könnte hinzufügen: trotz der politischen Absichten der meisten bundespolitischen Akteure – spielen Bürgergesellschaft und bürgerschaftliches Engagement in der 16. Legislaturperiode (2005 bis 2009) eine insgesamt vielleicht sogar zunehmende Rolle. Entsprechend der veränderten politischen Tagesordnung werden nun durchaus wichtige bundespolitische Anliegen wie die Integration von Migrantinnen und Migranten, die Bildungspolitik nach PISA und die Politik der Stärkung des Zusammenhalts zwischen den Generationen konzeptionell mit dem bürgerschaftlichen Engagement verknüpft. Gleichzeitig verstetigt sich der politische Konsens dahingehend, dass Fachpolitiken wie etwa Aktionsprogramme gegen Rechtsextremismus und Gewalt, Programme für ältere Menschen und Programme zu Revitalisierung von Stadtteilen ohne den Einbezug zivilgesellschaftlicher Ressourcen und Akteure kaum zielführend wirken können.

Vorläufiger Höhepunkt der Entwicklung einer Engagementpolitik auf Bundesebene ist die Einberufung eines „Nationales Forums für Engagement und Partizipation" im Frühjahr 2009., Die Empfehlungen seiner 10 thematischen Dialogforen haben Eingang gefunden haben in einen Beschluss des Bundeskabinetts zur Erarbeitung einer nationalen Engagementstrategie. Mehr als 300 unabhängige Expertinnen und Experten aus Staat, Wirtschaft und Zivilgesellschaft haben im Rahmen des Nationalen Forums Eckpunkte einer engagementpolitischen Agenda erarbeitet. Sie stoßen damit einen breiten gesellschaftlichen Diskurs über eine ressortübergreifende Politik zur Förderung des bürgerschaftlichen Engagements an. Initiiert und durchgeführt vom Bundesnetzwerk Bürgerschaftliches Engagement (BBE), wurde in zwei Fachkongressen im April und Mai 2009 der Grundstein für diesen einmaligen Prozess gelegt. Das BBE als nationales Netzwerk hat die Koordinierung und Durchführung des Forumsprozesses übernommen, um die von der Bundesregierung geplante Entwicklung einer „nationalen Engagementstrategie" fachlich zu begleiten. In zehn engagementpolitischen Dialogforen wurden zentrale Handlungsschwerpunkte und Entwicklungsziele einer engagementpolitischen Agenda diskutiert und herausgearbeitet.

Die Themenvielfalt der Dialogforen reichte von den sozialen, ökonomischen und kulturellen Bedingungsfaktoren bürgerschaftlichen Engagements über rechtliche und finanzielle Rahmenbedingungen bis zu der Frage, welche Rolle Engagement für den gesellschaftlichen Zusammenhalt und die Demokratie in Zukunft spielen kann. Ebenso wurden die Potenziale der Engagementförderung für die Bildungspolitik, Fragen der Qualifizierung und Organisationsentwicklung und die Möglichkeiten für eine Stärkung des bürgerschaftlichen Engagements von Migrantinnen und Migranten behandelt. Auch die Bedeutung der europäischen Ebene für die Engagementpolitik, die Verbesserung der Zusammenarbeit von Unternehmen mit Organisationen und Akteuren der Zivilgesellschaft sowie ein bestehender Forschungsbedarf und der Aufbau eines Wissenschaftsnetzwerkes wurden diskutiert. Am 16. Juni 2009 wurden die ersten Ergebnisse des Nationalen Forums vom Sprecherrat des Bundesnetzwerks Bürgerschaftliches Engagement (BBE) an Bundesministerin Ursula von der Leyen als zuständige Vertreterin der Bundesregierung übergeben (BBE 2009a). Dieser erste Zwischenbericht liefert über 100 Handlungsvorschläge zur Stärkung des bürgerschaftlichen Engagements. Zudem bietet der Bericht eine aktuelle Übersicht über die Aktivitäten der verschiedenen Bundesressorts und der Länder zur Engagementförderung. Der Bericht bildet den Auftakt für die Entwicklung einer nationalen Engagementstrategie der Bundesregierung, die laut Beschluss des Bundeskabinetts vom Juli 2009 durch das Nationale Forum begleitet werden soll. Ein zentraler Vorschlag des Nationalen Forums ist etwa ein Gesetz zur nachhaltigen Förderung des bürgerschaftlichen Engagements. Weiterhin wird für die Öffnung von Kitas, Schulen und Universitäten zur Förderung bürgerschaftlichen Engagements plädiert. Aber auch eine stärkere interkulturelle Öffnung im Dritten Sektor und von Migrantenorganisationen wird für eine bessere Zusammenarbeit angemahnt. (Der vollständige Bericht, sowie weitere Informationen finden sich unter www.b-b-e.de/nationales-forum).

Das Bundeskabinett hat in seiner Sitzung am 15. Juli 2009 den Eckpunkten einer nationalen Engagementstrategie zugestimmt. Die Ergebnisse und Empfehlungen des vorausgegangenen Konsultationsprozesses des Nationalen Forums haben darin maßgeblich Eingang gefunden. Zentrales Anliegen des Kabinettsbeschlusses ist es, die Förderung des bürgerschaftlichen Engagements als Querschnittsaufgabe aller Bundesressorts zu verankern und auch die Koordinationen zwischen Bundes-, Landes- und kommunaler Ebene weiterzuentwickeln. Dafür ist es notwendig, die Rahmenbedingungen für bürgerschaftliche Aktivitäten zu verbessern, die Bereitschaft für ein Engagement zu stärken und die Qualifikationen der Freiwilligen zu erweitern. Unter Koordinierung des BBE soll das Nationale Forum für Engagement und Partizipation den Konsultationsprozess in der 17. Legislaturperiode fortsetzen und die Bundesregierung fortlaufend bei der Weiterentwicklung ihrer Engagementpolitik beraten (zu Bürgergesellschaft und Engagementpolitik im Kontext neuer Formen des Regierens siehe den Beitrag von Michael Haus in diesem Band).

Gerade diese jüngsten Entwicklungen auf Bundesebene markieren hoffnungsvolle Ansätze einer Entwicklung hin zu einer integrierten, querschnittig angelegten und koordinierten Engagementpolitik, die von einem breiten Diskurs zwischen Politik, Zivilgesellschaft und Wirtschaft getragen wird. Dennoch bleibt natürlich noch vieles offen, undeutlich und im Fluss. Viele Institutionen befinden sich noch im Auf- oder Umbau, manche Neugründungen gehen auch wieder verloren und manches Modellprogramm erweist sich als Fehlschlag. Auch bleibt der Charakter dieses neu entstandenen Politikfeldes auf absehbare Zeit innovativ und experimentell und gibt es ein vergleichsweise geringes Wissen über die Wirkungszusammenhänge in diesem Bereich.

2.1.1 Bürger-/Zivilgesellschaft als Thema der parteipolitischen Agenden und der Wahlkampfprogramme 2009

Ein Blick in die Programme der Parteien macht deutlich: Das Thema Bürger-/ Zivilgesellschaft hat in den vergangenen Jahren quer durch die Parteien Eingang in deren programmatische Diskussionen und Rhetorik gefunden. Interessant sind die jeweiligen Schwerpunktsetzungen und Begriffsverständnisse, die sich oft erst im Gesamtzusammenhang des jeweiligen Programms erschließen lassen.

Im „Hamburger Programm" der *SPD* von 2007 findet sich der Abschnitt „Solidarische Bürgergesellschaft und demokratischer Staat (SPD 2007: 30-33)). Dort ist u. a. zu lesen: „Die Demokratie lebt durch das Engagement der Bürgerinnen und Bürger. Darum wollen wir eine starke, lebendige Bürgergesellschaft, in der die Menschen die Freiheiten der Meinung, der Vereinigung und Versammlung nutzen. Der demokratische Staat ist die politische Selbstorganisation der Bürgerinnen und Bürger. Eine lebendige Bürgergesellschaft kann und soll staatliches Handeln kontrollieren, korrigieren, anspornen, entlasten und ergänzen. Ersetzen kann sie es nicht. Nur wo der Staat seinen Pflichten nachkommt, kann sich eine vitale Zivilgesellschaft bilden. Ohne eine wache Zivilgesellschaft ist der demokratische Staat immer gefährdet. Beide brauchen einander." Die SPD spricht sind daher für die Unterstützung des Engagements und der Vereine, NGOs und Stiftungen, für eine bürgernahe Verwaltung, aber auch für die Ergänzung der repräsentativen Demokratie durch direktdemokratische Verfahren aus. Bezüge zu Bürgergesellschaft und bürgerschaftlichem Engagement finden sich auch in den Abschnitten „Das demokratische Europa", „Starke Kommunen" und „Soziale Stadtpolitik" sowie „Sicher und aktiv im Alter".

Im Wahlprogramm der SPD für die Bundestagswahl 2009 ist der Bezug auf die Bürgergesellschaft weniger stark ausgeprägt als im Grundsatzprogramm. Der Zusammenhang von Bürgergesellschaft und Demokratie wird nicht ausgeleuchtet und für die Reformpolitik fruchtbar gemacht. Ausgeblendet bleiben auch die Auswirkungen einer wachsenden sozialen Ungleichheit auf das Engagement. Mit Blick auf die weltweite Wirtschafts- und Finanzkrise hätten Themen wie „Mitbestimmung, Wirtschaftsdemokratie, Bürgerbewegungen und Verbraucherrechte" sehr viel deutlicher als integrale Teile einer „Politik der Bürgergesellschaft" hervorgehoben werden können (Embacher 2009).

Das Verständnis der Bürgergesellschaft bei CDU/CSU ist stark geprägt vom Leitbild der Subsidiarität, das vor allem in der katholischen Soziallehre geprägt worden ist. Zudem wird hier der Bezug zu Wirtschaft und Eigeninitiative hervorgehoben. Im neuen Grundsatzprogramm der *CDU* vom Dezember 2007 wird die Bürgergesellschaft allgemein als Grundlage für Demokratie, Rechtsstaat und soziale Marktwirtschaft bezeichnet: „Nur eine funktionierende Bürgergesellschaft kann für den Wirtschaftsaufschwung und die Stabilität unserer freiheitlich-demokratischen Gesellschaft sorgen." (CDU 2007: 72). In einem Teilkapitel des Programms „Bürgergesellschaft stärken – Eigeninitiative fördern" heißt es: „In einer stark sich verändernden Welt hängt die Zukunftsfähigkeit unseres Landes davon ab, dass Bürgerinnen und Bürger Verantwortung für andere übernehmen und dies als Ausdruck ihrer persönlichen und gesellschaftlichen Freiheit verstehen. Wir wollen ein partnerschaftliches und vertrauensvolles Verhältnis zwischen Bürgern und Staat. Wir wollen einen Staat, der dem Bürger zur Seite steht, der gewährleistet, sichert, hilft, befähigt und der jeweils kleineren Einheit Freiheit und Selbstverantwortung ermöglicht". Ehrenamtliches Engagement und dessen Infrastruktur soll daher gefördert werden, das soziale Engagement von Unternehmen gepflegt und Vereine, Verbände und Stiftungen mit einer weiteren Verbesserung des Stiftungs-, Gemeinnützigkeits- und Steuerrechts verbessert gefördert werden (CDU 2007: 83-84).

Im Grundsatzprogramm der *CSU* vom 28. September 2007 „Chancen für alle" wird der Zusammenhang zwischen Bürgerrechten und Bürgerpflichten akzentuiert. Dort findet sich ein größeres Kapitel „Starker Staat – aktive Bürgergesellschaft" (CSU 2007: 45-58) heißt es u.a.: Die „Aktive Bürgergesellschaft" ist ein Modell für die Menschen, sich zu entfalten. Die Christlich-Soziale Union will zusammen mit allen Bürgern für ein starkes und solidarisches Gemeinwesen arbeiten, in dem sich die Staatsbürger als eine Verantwortungsgemeinschaft verstehen. Starker Staat und „Aktive Bürgergesellschaft" gehören zusammen. In der Demokratie ist das Volk der Souverän. Deshalb ist der demokratische Staat Ausdruck der Werte- und Schicksalsgemeinschaft aller Bürger. Bürgerrechte und Bürgerpflichten sind eine Einheit." Der Rekurs auf die Bürgerpflichten stellt eine besondere republikanische Note dar. Vor diesem Hintergrund sollen eine weitere Öffnung für die Mitwirkung der Bürger, moderne Beteiligungsverfahren, neue Chancen für das Engagement im politischen Meinungs- und Entscheidungsprozess sowie bürgerschaftliche und ehrenamtliche Initiativen der Selbstorganisation und Selbstverantwortung gefördert werden. Auch sollen „die Türen in staatlichen Einrichtungen wie Schulen, Hochschulen oder Museen noch weiter für bürgerschaftliche Mitwirkung, für Stifter und Mäzene (geöffnet werden)" (CSU 2007: 56-58). Im Deutschlandprogramm 2009 der CSU ist ein Kapitel „Mehr Bürgerfreiheit durch mehr Vertrauen, Zusammenhalt und Toleranz" verankert.

Im Wahlkampfprogramm 2009 haben CDU/CSU das „Zukunftsprojekt Förderung und Ausbau des Ehrenamtes" hervorgehoben. Der „Ermutigung zur aktiven Bürgergesellschaft" wird ein eigenes Kapitel gewidmet. Dort heißt es: „Wir wollen eine neue Partnerschaft von Bürgern und staatlichen Institutionen nach dem Konzept der ‚aktiven Bürgergesellschaft'." Nach konkretisierenden Ausführungen dieser Zielsetzung sucht man freilich vergeblich. Es finden sich vielmehr im Anschluss Würdigungen des traditionellen Ehrenamtes. Für die Union, so Bernward Baule, steht die „Erarbeitung einer Gesamtstrategie des bürgerschaftlichen Engagements" als eines zentralen gesellschaftspolitischen Reformansatzes noch aus (Baule 2009).

Bündnis 90/Die Grünen haben wohl den sichtbarsten demokratiepolitischen Zugang zum Thema Bürgergesellschaft. Vor diesem Hintergrund wird der Freiheitsbegriff aufgenommen. Im Grundsatzprogramm von *Bündnis 90/Die Grünen* „Die Zukunft ist grün" von 2002 heißt es: „Den Begriff der Freiheit überlassen wir nicht jenen, die ihn mit Vorliebe verengen auf reine Marktfreiheit, die Freiheit des Ellenbogens. Freiheit ist die Chance zur Emanzipation und Selbstbestimmung über soziale und ethnische Grenzen oder Unterschiede der Geschlechter hinweg. Dazu müssen sich die Menschen in frei gewählten Zusammenschlüssen engagieren können. Das gilt gerade auch für Minderheiten. Verantwortung für die Zukunft kann nur durch selbstbestimmte Individuen gewährleistet werden." (Bündnis 90/Die Grünen 2002: 13). Mit Blick auf eine ökologische wie soziale Marktwirtschaft heißt es: „Ohne Freiheit der gesellschaftlichen Kräfte, ohne Selbstbestimmung der Bürgerinnen und Bürger, ohne Subsidiarität erstarrt soziale Solidarität in Bürokratie. Es geht uns um die Förderung der zivilen Gesellschaft mit Mitteln des Staates bei gleichzeitiger Begrenzung des Staates. Das unterscheidet uns von staatssozialistischen, konservativen wie marktliberalen Politikmodellen." (Ebenda: 43). Die Grünen akzentuieren deutlich stärker und auch im Zusammenhang mit der Behandlung zahlreicher Politikfelder die demokratiepolitische Dimension: „Demokratische Einmischung ist nicht nur erlaubt – sie wird von uns gewünscht und gefördert. Dabei orientieren wir uns an den Leitideen der gerechten Beteiligung an Entscheidungsprozessen, der Selbstbestimmung der Individuen sowie der Nachhaltigkeit als Maßstab demokratischer Entscheidungen …. Unsere Ziele sind die Stärkung des liberalen

Rechtsstaates als Inbegriff von Freiheits- und Bürgerrechten, der Ausbau der Bürgerbeteiligung, die Ausgestaltung der multikulturellen Demokratie, die Reform der demokratischen Institutionen, die Belebung des Föderalismus und neue Wege der demokratischen Mitbestimmung in Wirtschaft und Gesellschaft."

Im umfangreichen Wahlprogramm 2009 findet sich folgendes Eingangsstatement mit Bezug auf einen „neuen Gesellschaftsvertrag": Er „verbindet ökologische Fairness und eine Politik der Teilhabe und der sozialen Sicherheit, die allen ein selbstbestimmtes Leben ermöglicht und ihnen neue Chancen der Entfaltung gibt. Der neue Gesellschaftsvertrag will mehr Demokratie und weniger Lobbyismus und er bezieht dabei alle ein, die Verantwortung tragen: Staat, Unternehmen und Gewerkschaften, Verbände und die Bürgergesellschaft." Bürgergesellschaft ist aber im Wahlkampfprogramm kein wirklicher Bezugspunkt (zum Folgenden Evers 2009b) – hier reduziert dich die Perspektive auf die einzelnen Bürgerinnen und Bürger und deren Bürgerrechte. Die einzelnen Fachpolitiken sind nicht rückgekoppelt mit einem integrierten engagement- und demokratiepolitischen Ansatz. Ein Konzept für eine „Erneuerung der traditionellen Formen von Beteiligung und Mitbestimmung oder gar für so etwas wie eine neue Kultur der Beteiligung" sucht man vergebens (Evers 2009b).

In ihren „Wiesbadener Grundsätzen. Für eine liberale Bürgergesellschaft" verdeutlicht die *F.D.P* bereits im Mai 1997 ihr Verständnis von Bürgergesellschaft und Engagement: „Nicht der Staat gewährt den Bürgern Freiheit, sondern die Bürger gewähren dem Staat Einschränkungen ihrer Freiheit. ... In der liberalen Bürgergesellschaft entscheidet der einzelne Bürger aus eigener Initiative. ... Der liberale Staat ist ein Bürgerstaat, weil die Bürger ihrem Staat bestimmte Aufgaben übertragen und ihn selbst demokratisch organisieren. Die liberale Wirtschaftsordnung ist eine Wirtschaft von Teilhabern. Marktwirtschaft vermittelt Chancen auf Teilhabe. Wer nicht teilhaben kann, ist nicht frei. Umgekehrt setzt Teilhabe die Freiheit des Einzelnen voraus." Aufgemacht wird – in deutlicher Abgrenzung von den anderen Parteiprogrammen – ein schroffer Gegensatz zwischen „einer Gesellschaft der Funktionäre" und einer „Gesellschaft der Bürger" und vor diesem Hintergrund wird eine „Befreiung der Gesellschaft aus der Zwangsjacke der Vernormung und Verregelung" angestrebt, um zu einem „Wettbewerb von Phantasie und Kreativität, den wir angesichts unserer komplexen Wirklichkeit überlebensnotwendig brauchen", zu gelangen. Gefordert wird neben dem „notwendige(n) Abbau des staatlichen Engagements und staatlicher Regulierung" allerdings auch „Solidarität für diejenigen, die des Schutzes und der Hilfe besonders bedürfen"; damit erst ergebe sich die Ermöglichung der „Chance zur Wahrnehmung von Freiheit. Der Vorrang der kleineren Einheiten im Sinne der Subsidiarität wird von F.D.P ähnlich wie von den christdemokratischen Parteien hervorgehoben."

Das Wahlprogramm der FDP für 2009 weist Bürgerengagement und Zivilgesellschaft keinerlei Querschnitts- oder gar Zentralfunktion zu. Sofern in einzelnen Politikfeldern auf Engagement und Bürgerbeteiligung Bezug genommen wird, bleibt es randständig: „Wenn das, was in der Präambel steht, ernst gemeint ist, kommt es nicht so sehr auf Seniorenbüros und Zertifikate an, sondern darauf, dass die Politik Zivilgesellschaft und Engagement von der Randzone des Netten und Nützlichen in die Kernzone des Notwendigen, Wichtigen, Unverzichtbaren holt" (Strachwitz 2009).

Die LINKE tut sich offenbar in ihrem Grundsatzprogramm noch schwer mit dem Begriff der Bürger-/ Zivilgesellschaft, bezieht sich aber explizit auf das zivilgesellschaftliche Engagement. Als noch ungelöst bezeichnet werden etwa folgende Fragen: „Was gilt der neuen linken Partei als erstrebenswertes Verhältnis von zivilgesellschaftlichem Engagement, Marktregulation, nationalem Sozialstaat und internationalen Institutionen? ... Welches sind die besonderen Aufgaben einer Partei im Unterschied zu sozialen Bewegungen? Wie ist das Verhältnis zwischen außerparlamentarischer und parlamentarischer Arbeit zu gestalten? Die LINKE fordert unter dem Titel „Demokratisierung der Demokratie" die Stärkung der Kommunen im föderalen System – hier findet sich auch der Bezug auf das Leitbild der „Bürgerkommune" –, Geschlechterdemokratie, eine aktive Gleichstellungs- und Antidiskriminierungspolitik, eine enge Verbindung von parlamentarischer und direkter Demokratie sowie die Stärkung demokratischer Mitwirkung für Umweltorganisationen, Verbraucherverbände, Gewerkschaften, Vereine und andere zivilgesellschaftliche Kräfte sowie demokratische Planungs-, Kontroll- und Einspruchsrechte für die Bürgerinnen und Bürger. Besonders hervorgehoben wird zudem die Stärkung zivilgesellschaftliche Strukturen gegen Rechtsextremismus.

Im Wahlkampfprogramm 2009 der Linken (Reinke 2009) dominiert die Skepsis gegenüber einem Engagement, das staatlicherseits zur Kostenersparnis instrumentalisiert wird und reguläre Arbeit verdrängt. Unterstrichen wird: „Engagement muss man sich auch leisten können" – und dabei seien Erwerbslose, Sozialhilfebezieher, Alleinerziehende, Menschen mit Behinderung und Seniorinnen und Senioren deutlich benachteiligt. Daher wird auch eine stärkere monetäre Anreizstrategie befürwortet (etwa durch Ausweitung der Übungsleiterpauschale).

Wie beim Begriff der Demokratie scheinen der Topos „Bürger-/Zivilgesellschaft" und das „bürgerschaftliche Engagement"/„ehrenamtliche Engagement" mittlerweile bei den politischen Akteuren allgemein an Bedeutung gewonnen zu haben. Die Auseinandersetzungen beginnen jedoch bei der Auseinandersetzung um das Was und Wie ihrer Ausdeutung. Offen bleibt vor allem, welche konkreten Konsequenzen die hier dargestellten Grundsätze der Programmebenen für die reformpolitische Agenda in den zentralen Politikfeldern haben. Integrierte engagementpolitische Ansätze mit Folgen für die einzelnen Fachpolitiken sucht man derzeit freilich vergeblich.

2.1.2 Der Unterausschuss „Bürgerschaftliches Engagement im Deutschen Bundestag

Die Gründung eines eigenen Unterausschusses[8] für „Bürgerschaftliches Engagement" zu Beginn der 15. Legislaturperiode verdankte sich dem starken fraktionsübergreifenden Impuls der Enquete-Kommission „Zukunft des Bürgerschaftlichen Engagements", deren zahlreiche politische Handlungsempfehlungen durch den Unterausschuss abgearbeitet werden

---

[8] Der Unterausschuss ist dem Hauptausschuss „Familie, Senioren, Frauen und Jugend" des Deutschen Bundestages zugeordnet, weil das entsprechende Bundesministerium (BMFSFJ) in der Bundesregierung federführend für Engagementförderung ist. Ein eigener Unterausschuss garantiert eine höhere Aufmerksamkeit, eine größere Durchdringungstiefe und eine Kontinuität bei der Behandlung von Fachthemen und stellt sicher, dass Engagementthemen und -anliegen ihre Randständigkeit verlieren. Der operative Einfluss eines solchen Unterausschusses im Gefüge der Ausschüsse darf freilich nicht zu hoch veranschlagt werden.

sollten. Die Arbeitsform des Unterausschusses ‚Bürgerschaftliches Engagement' wird durch seine strukturelle Einbindung in den Deutschen Bundestag geprägt; im Vordergrund steht die Vorbereitung von gesetzgeberischen Maßnahmen im Bereich des bürgerschaftlichen Engagements. Was die inhaltlichen Schwerpunktsetzungen der 15. Legislaturperiode anbelangt, so ging es im Unterausschuss vor allem um Fragen, die sich in den Anhörungen und Diskussionen der Enquete-Kommission als besonders vordringlich herausgestellt hatten. Hierzu zählt vor allem die Verbesserung des Haftpflicht- und Unfallversicherungsschutzes freiwillig Engagierter, die Verbesserung der steuerrechtlichen Rahmenbedingungen für bürgerschaftliches Engagement, die Verwaltungs- und Verfahrensvereinfachung sowie die Zukunft der Freiwilligendienste/ generationsübergreifenden Freiwilligendienste und die Auswirkungen der seinerzeit neu eingeführten Ein-Euro-Jobs auf das bürgerschaftliche Engagement. Im Arbeitsbericht des Unterausschusses aus dieser Legislaturperiode wird vor allem die Verbesserung des Sozialschutzes freiwillig Engagierter als zentraler Erfolg hervorgehoben. So wurde durch das Gesetz zur Erweiterung der gesetzlichen Unfallversicherung (das am 01.01.2005 in Kraft trat) der Unfallschutz für bestimmte Kategorien von freiwillig Engagierten verbessert. In Kombination mit freiwilligen Sammelversicherungsregelungen in vielen Bundesländern konnte daher eine echte Verbesserung des Unfall- und Haftpflichtschutzes für Engagierte durchgesetzt werden.

Im Mittelpunkt der Arbeit des Unterausschusses „Bürgerschaftliches Engagement" in der 16. Legislaturperiode stand das Thema „Reform des Gemeinnützigkeits- und Spendenrechts", das generell die wichtigste bundespolitische Initiative in diesem Themenbereich für die laufende Legislatur darstellen soll. Das Gesetz geht mit einer Reihe von Vereinfachungen und Verbesserungen der Rahmenbedingungen bürgerschaftlichen Engagements einher. Dazu gehören beispielsweise die Einführung eines allgemeinen steuerlichen Freibetrags für Aufwandsentschädigungen, die Erhöhung des Übungsleiterfreibetrags und größere Freibeträge bei Stiftungen. Insbesondere erwähnenswert ist die Aufnahme der Förderung des bürgerschaftlichen Engagements in den Katalog der steuerbegünstigten Zwecke der Abgabenordnung (§ 52 AO). Von dieser Neuregelung könnten alle engagementfördernden Einrichtungen, etwa Freiwilligenagenturen und -zentren, Selbsthilfekontaktstellen oder Seniorenbüros profitieren, aber auch Netzwerke der Engagementförderung auf lokaler, regionaler und nationaler Ebene.[9] Daneben stehen Themenbereiche wie das bürgerschaftliche Engagement von Migrantinnen und Migranten, das gesellschaftliche Engagement von Unternehmen, die Auswirkungen der Arbeitsmarktreformen auf das bürgerschaftliche Engagement (BBE 2008) sowie das bürgerschaftliche Engagement als Bildungsziel in der Schule auf der Tagesordnung.

Der Bericht des Unterausschusses über seine Tätigkeit in der 16. Legislaturperiode (Deutscher Bundestag 2009) informiert ausführlich auch über weitere Verbesserungen beim Versicherungsschutz von Engagierten, über die Erfolge der Engagementförderung im Rahmen der Pflegeversicherung, die dynamischen Entwicklungen im Bereich der Freiwilligen-

---

[9] In den Anwendungsrichtlinien zur Reform des Gemeinnützigkeitsrechts wird dieser Erfolg derzeit bereits wieder völlig kassiert: Die Ergänzung der gemeinnützigen Zwecke um den Zweck der Engagementförderung wird dort als rein deklaratorischer Akt verstanden, dem keinerlei reale Bedeutung bei der Förderung engagementfördernder Infrastruktureinrichtungen zukomme. Abzusehen ist in Folge dieser restriktiven Auslegung eine Welle von Widerspruchsverfahren.

dienste (etwa den neuen Freiwilligendienst „weltwärts" in der Entwicklungshilfe, Freiwilligendienst aller Generationen), über vereinsrechtliche Verbesserungen bei der Haftung ehrenamtlicher Vorstände und über Verbesserungen der Selbsthilfeförderung. Der Unterausschuss hält einen größeren Teil seiner Sitzungen als öffentliche Sitzungen ab, an denen sich zahlreiche Vertreter der Fachöffentlichkeit beteiligen (einen dichten Überblick über die engagementpolitischen Reformen aus rechtlicher Sicht gibt Gerhard Igl in diesem Band).

Schaubild 2: Engagementpolitik als Politikfeld

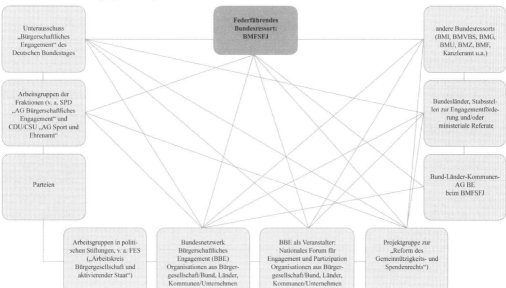

2.1.3 Die Engagementförderung des Bundesministeriums für Frauen, Senioren, Familie und Jugend (BMFSFJ)

Im BMFSFJ spielen zu Beginn der 16. Legislaturperiode insbesondere Themen und Handlungsprogramme wie das Aktionsprogramm „Mehrgenerationenhäuser", der Ausbau der Initiative „Lokale Bündnisse für Familien" sowie die letzte Phase des Modellprogramms „Erfahrungswissen für Initiativen" (EFI) eine prominente Rolle. Hinzu kommen neue Handlungsansätze wie ein seniorenpolitisches Programm („Aktiv im Alter"), das auf die Aktivierung älterer Menschen für die Gestaltung von Angeboten und Maßnahmen der Daseinsvorsorge in den Städten abzielt. Bedeutsamer aber ist vielleicht, dass in diesem Ministerium neben der Weiterentwicklung der neuen Familienpolitik (Stichwort Krippenbetreuung für unter dreijährige Kinder) dem Thema Zivilgesellschaft eine neue strategische Relevanz beigemessen wird.

Familienministerin Ursula von der Leyen hat im August 2007 die Initiative „ZivilEngagement Miteinander – Füreinander" vorgestellt (*BMFSFJ 2007*), die dem Thema Bürgergesellschaft und bürgerschaftliches Engagement einen höheren Stellenwert in der politischen

Prioritätensetzung und Kommunikation des Hauses verleiht. Die Initiative weist sechs Maßnahmefelder aus. Bei näherem Hinsehen verbergen sich unter diesen Maßnahmen auch bereits laufende Programme des Hauses, doch werden diese durch den Rahmen der Initiative insgesamt aufgewertet:

- Freiwilligendienste sollen flexibilisiert und für alle Altersgruppen stärker zugängig gemacht werden; generationsoffene Angebote werden besonders hervorgehoben;
- Die „Anerkennung und Wertschätzung" des Engagements soll mittels eines neuen Kampagnenformats gestärkt werden;
- Vernetzende, beratende, qualifizierende Funktion der engagementfördernden Infrastruktur sollen gestärkt werden;
- Förderung des Engagements von Migrantinnen und Migranten, Stärkung von Migrantenorganisationen und interkulturelle Öffnung der Organisationen;
- Aufbau von Zentren für Corporate Citizenship von Unternehmen sowie einer neuen Plattform für den Austausch von Zivilgesellschaft mit Spitzenvertretern der Wirtschaft;
- Stärkung der Zivilgesellschaft in Ostdeutschland durch laufende Förderprogramme („Vielfalt tut gut; siehe dazu im Überblick Klein 2007) zur Stärkung zivilgesellschaftlichen Engagements gegen Rechtsextremismus, Fremdenfeindlichkeit und Antisemitismus einerseits, durch die Stärkung der Bürgerstiftungen in Ostdeutschland andererseits;
- Neben diesen 6 Themenfeldern wird die Funktion eines ehrenamtlichen „Beauftragten ZivilEngagement" mit einem eigenen Arbeitsstab im Ministerium neu geschaffen. Benannt wurde der Geschäftsführer des Bundesverbandes Deutscher Stiftungen, Herr Dr. Hans Fleisch.

Wirklich neu sind in diesem Programm – neben dem neuen Kunstwort „ZivilEngagement" – die Akzente Migration, Corporate Citizenship, Bürgerstiftungen und die Ankündigung einer weiteren Kampagne (sie wird neben der „Woche des Bürgerschaftlichen Engagements" mit dem Slogan ‚Engagement macht stark', die das Bundesnetzwerk Bürgerschaftliches Engagement seit 2004 durchführt, unter dem Titel ‚Geben gibt' realisiert). Die ebenfalls aufgenommene Infrastrukturförderung wird derzeit nicht durch entsprechende Haushaltsansätze gedeckt; die bestehenden engagementfördernden Infrastruktureinrichtungen (Freiwilligenagenturen und -zentren, Selbsthilfekontaktstellen, Seniorenbüros etc.) sind chronisch unterfinanziert, noch nicht einmal mittelfristig abgesichert (einen Überblick über die engagementfördernden Infrastruktureinrichtungen in den Kommunen gibt Gisela Jakob in diesem Band).

Es bleibt offen, ob eine staatliche Finanzierung der engagementfördernden Infrastruktureinrichtungen grundsätzlich in Frage gestellt wird. Alternativ genannte Förderer – Stiftungen und Unternehmen – fördern zwar Projekte, kommen aber für eine nachhaltige Infrastrukturfinanzierung kaum in Betracht. Die Infrastrukturförderung ist und bleibt vor allem eine öffentliche – und damit eine staatliche Aufgabe. So scheint der Umgang mit den engagementfördernden Infrastrukturen zu einer Nagelprobe der Engagementpolitik zu werden. Auch eine Stärkung der Zivilgesellschaft in Ostdeutschland setzt eine Stärkung der engagementfördernden Infrastrukturen voraus – und dies kann sich nicht auf das Thema Bürgerstiftungen beschränken (Gensicke / Olk / Reim / Schmithals 2009).

Grundsätzlich stellt die Einrichtung eines Beauftragten für bürgerschaftliches Engagement eine Chance dar, Vernetzung und fachliche Förderbedarfe des Engagements im Fachministerium zu stärken. Es bleibt abzuwarten, ob solche Erwartungen eingelöst werden können. Es gibt derzeit erste Hinweise dafür, dass jenseits der durch das Bundesnetzwerk Bürgerschaftliches Engagement geschaffenen Abstimmungs- und Vernetzungsstrukturen verstärkt auf eine engere Abstimmung des Fachministeriums mit einzelnen Dachverbänden gesetzt wird. Dies könnte einer auf Transparenz und Vernetzung ausgerichteten bereichsübergreifenden Förderpolitik, die in den Fachdiskussionen als notwendig hervorgehoben wird, entgegenwirken und demgegenüber bereichsbezogene korporatistische Arrangements herkömmlicher Art privilegieren. Eine solche Entwicklung wäre als Rückschritt zu werten.

Die Förderung des bürgerschaftlichen Engagements von Migrantinnen und Migranten sowie die stärkere Unterstützung von Migrantenorganisationen sind im Themenfeld 9 des Nationalen Integrationsplans als Reformanliegen aufgenommen worden (Die Beauftragte der Bundesregierung für Migration, Flüchtlinge und Integration 2007: 173-181). Vor diesem Hintergrund ist die Übernahme dieses Anliegens in die Initiative des BMFSFJ konsequent. Es wird darauf ankommen, Migrantenen(selbst)organisationen strukturell zu stärken, ihre Vernetzung zu fördern und insgesamt eine interkulturelle Öffnung der zivilgesellschaftlichen Organisationen zu befördern. In diesem Zusammenhang müssten bereits bestehende Förderaktivitäten gestärkt werden. Auffällig sind die in allen Fachkommentaren ersichtlichen Desiderate an Forschung zum bürgerschaftlichen Engagement von Migrantinnen und Migranten und zu Migrantenorganisationen. Im zweiten Freiwilligensurveys wurden methodische Probleme einer repräsentativen Erfassung des bürgerschaftlichen Engagements von Migrantinnen und Migranten deutlich (Gensicke u.a. 2006: 308ff.). Auf diese Probleme reagierte das BMFSFJ mit einer Parallelstudie zum zweiten Freiwilligensurvey, die das Zentrum für Türkeistudien bei „türkeistämmigen Migranten" durchgeführt hat (Halm/ Sauer 2007). Diese Studien müssen fortgeführt werden, um Feldentwicklungen beobachten zu können. Noch schwieriger stellt sich die Forschungslage bei den Migrantenorganisationen dar.

Das Thema Freiwilligendienste gehört sicher zu den dynamischsten Themen der Engagementförderung der letzten Jahre. Mit dem „Gesetz zur Förderung der Jugendfreiwilligendienste" werden die vormals getrennten Gesetze zum Freiwilligen Sozialen Jahr und zum Freiwilligen Ökologischen Jahr zusammengefasst. Vor allem werden auf der Grundlage des neuen Gesetzes die Einsatzzeiten flexibilisiert, d.h. Jugendliche können sich im Rahmen der Dienste für mindestens sechs und höchstens 24 Monate freiwillig engagieren. Es werden Möglichkeiten eröffnet, im Inland mehrere kürzere Freiwilligendienste nacheinander in Abschnitten von mindestens 3 Monaten zu absolvieren sowie In- und Auslandsdienste zu kombinieren. Die mögliche Einsatzzeit auch für Freiwilligendienste im Ausland ist ab 2009 auf 24 Monate erhöht.

Das BMFSFJ hat 2007 ein Programm mit dem Titel „Freiwilligendienste machen kompetent" aufgelegt. Ziel ist es, benachteiligten Jugendlichen einen Zugang zu freiwilligem Engagement, informeller Bildung und sozialer Teilhabe zu eröffnen. Damit knüpft das Programm unter anderem an die Erkenntnisse des zweiten Freiwilligensurveys von 2004 an

(Gensicke / Picot / Geiss 2006), dem zufolge bildungsferne und sozial benachteiligte Bevölkerungsgruppen sowie Menschen mit Migrationshintergrund im freiwilligen Engagement deutlich unterrepräsentiert sind. Im Rahmen des Freiwilligen Sozialen und Freiwilligen Ökologischen Jahres sollen Maßnahmen für benachteiligte Jugendliche angeboten werden, die in Kombination unterschiedlicher Bildungsformen darauf zielen, dass die Teilnehmer/innen einen höheren Schulabschluss erreichen und Kompetenzen erwerben, die ihnen einen Einstieg in das Erwerbsleben erleichtern. Als mögliche Einsatzfelder werden beispielsweise genannt: Unfall- und Rettungsdienste, Sport und Bewegung, handwerkliche Bereiche, Schule und Kindergarten sowie Natur und Umwelt. Im September 2007 haben erste Projekte ihre Arbeit aufgenommen.

Zum Beginn des Jahres 2008 hat das Bundesministerium für wirtschaftliche Zusammenarbeit und Entwicklung einen neuen entwicklungspolitischen Freiwilligendienst mit Namen „weltwärts" (http://www.weltwaerts.de/) gestartet. Jugendliche zwischen 18 und 28 Jahren können sich im Rahmen dieses Dienstes zwischen 3 und 24 Monaten in Entwicklungsländern engagieren. Das mittelfristige Volumen umfasst 10.000 Plätze (70 Millionen Euro).

Das von 2005 bis 2008 umgesetzte und vom ZZE Freiburg evaluierte bundesweite Modellprogramm des BMFSFJ zur Förderung „Generationsübergreifender Freiwilligendienste", das auf Empfehlung der Regierungskommission „Impulse für die Zivilgesellschaft" aufgelegt wurde und neue Formen von Freiwilligendiensten mit flexiblem Zeitrahmen für neue Altersgruppen und in neuen Handlungsfeldern erproben sollte, findet ab 2009 mit dem Programm „Freiwilligendienste aller Generationen" eine Fortführung. Teil des Programms sind verschiedene Bausteine, zu denen unter anderem die Förderung von „Leuchtturmprojekten", die Schaffung von sog. "Mobilen Kompetenzteams" zur Beratung und Einrichtung des neuen Dienstes in den Kommunen, Qualifizierungsangebote sowie internetbasierte Informations- und Vermittlungsangebote zählen. Das Programm wird in Zusammenarbeit mit den Ländern realisiert und setzt deren Kofinanzierung voraus.

Auch andere Fachressorts des Bundes haben neue Freiwilligendienste eingerichtet bzw. denken derzeit darüber nach. So bietet inzwischen auch das Auswärtige Amt unter dem Titel „Kulturweit" (www.kulturweit.de/der_freiwilligendienst.html) einen eigenen Freiwilligendienst an, in dem junge Menschen aus Deutschland für sechs oder zwölf Monate einen Dienst in Entwicklungsländern Afrikas, Asiens, Lateinamerikas sowie in Staaten Mittel- und Südosteuropas absolvieren und sich dabei in vielfältigen sozialen und kulturellen Projekten engagieren können. Das Innenministerium denkt über ein Angebot im Bereich Katastrophenschutz oder das Forschungsministerium über einen Dienst im Bereich Technik und Bildung nach.

Bestrebungen zur Ausweitung von Freiwilligendiensten sind einerseits zu begrüßen. Andererseits ist die Gefahr einer Verwässerung der ursprünglichen Ziele und Konzepte von Freiwilligendiensten nicht zu übersehen. Um zu verhindern, dass Freiwilligendienste als bloße Berufspraktika oder auch als rein nachholende Berufsausbildung instrumentalisiert werden, ist eine engagementpolitische Debatte über Qualitätskriterien von Freiwilligendiensten erforderlich.

Neue Aufmerksamkeit erfährt das Verhältnis von Erwerbsarbeit und Engagement (Hessisches Sozialministerium/Landesehrenamtsagentur Hessen 2007; BBE 2008). Ein Grund dafür dürften die Risiken einer Monetarisierung des Engagements mit Blick auf den „Eigensinn" des Engagements sein. Zwar wäre es ein Missverständnis, bürgerschaftliches Engagement auf altruistisches Handeln im engeren Sinne einzuschränken; freiwilliges und unentgeltliches Engagement entsteht in der Regel aus einer Gemengelage von gemeinwohlbezogenen und selbstbezogenen Orientierungen und Motivlagen. Allerdings beziehen sich diese selbstbezogenen Motive keineswegs auf materielle Gewinnerwartungen, sondern vielmehr auf Anerkennung, Kompetenzgewinn, Netzwerkkontakte und die Bildung von Sozialkapital. Das schließt Aufwandsentschädigungen nicht aus. Doch kann eine immer stärkere Angebotsstruktur materieller Anreize eine Verschiebung im Eigensinn des bürgerschaftlichen Engagements zur Folge haben. In England hat bereits in den 1990er Jahren eine sehr differenzierte Diskussion über „paid volunteers" gezeigt, dass die Aufgabe des Kriteriums der Unentgeltlichkeit zu einem Dammbruch gegenüber einem anwachsenden Niedriglohnbereich führen würde. Durch Ausweitungen von Aufwandsentschädigungen und unechten Aufwandspauschalen, aber auch durch arbeitsmarktpolitische Instrumente wie die sogenannten „1 Euro-Jobs" wird ein Trend zur Monetarisierung des Engagements ausgelöst (Farago/Ammann 2006).

Kann bürgerschaftliches Engagement in ökonomischen Kennziffern ausgedrückt werden? Laut Freiwilligensurvey wissen wir, dass sich ca. 23 Millionen Menschen bundesweit engagieren. Interessant für die Engagementförderung seitens der öffentlichen Hand werden solche Zahlen oft erst mit Blick auf die ökonomischen Werte, die auf diese Weise geschaffen werden. In der Diskussion des Deutschen Bundestages am 10. Mai 2007 wies etwa die Bundestagsabgeordnete Petra Hinz darauf hin: „Ehrenamtliche leisten durchschnittlich zwei Arbeitsstunden pro Woche. Dies sind somit (bei 23 Millionen Engagierten) 46 Millionen Arbeitsstunden pro Woche. Für ganz Deutschland ergeben sich somit rund 2,4 Milliarden Arbeitsstunden pro Jahr. Setzt man nun den angestrebten Mindestlohn von 7 Euro an, dann lässt sich aus der Tätigkeit der Ehrenamtlichen ein geldwerter Vorteil in einer Größenordnung von 17 Milliarden Euro pro Jahr errechnen." (zitiert nach dem Bundestagsprotokoll).

Auch der „Engagementatlas 2009", eine aktuelle Studie, die von der Prognos AG im Auftrag des Versicherungskonzern AMB Generali durchgeführt wurde, versucht den wirtschaftlichen Wert bürgerschaftlichen Engagements aufzurechnen. Engagierte Menschen wenden danach im Bundesdurchschnitt monatlich 16,2 Stunden für ihre freiwillig geleistete „Arbeit" auf. Für ganz Deutschland hochgerechnet sind es 4,6 Milliarden Stunden pro Jahr. Die Autoren der Studie „verrechnen" das Engagement mit einem Stundenlohn von 7,50 Euro und beziffern auf diese Weise den Wert der von engagierten Bürgern jährlich erbrachten Arbeitsleistung auf rund 35 Milliarden Euro. Gemessen am Volkseinkommen der Bundesrepublik sei dies ein Anteil von 2 Prozent.

Ohne Frage geht ein solcher Zugang am Eigensinn und der besonderen Qualität des freiwilligen und unentgeltlichen Engagements vorbei, doch kann sich auch die Engagementförderdebatte nicht der Frage nach einer ökonomischen Übersetzung der im Engagement erbrachten Leistungen entziehen. Für die Zukunft ist zu erwarten, dass vorliegende volkswirtschaftliche Modellrechnungen des ökonomischen Werts von informeller Arbeit, wie sie etwa für den Bereich der Hausarbeit und der Betreuung und Erziehung von Kindern im 5. Familienbericht von 1994 oder für den Bereich des Freiwilligenengagements in Österreich

(Badelt 1980) vorliegen, aufgegriffen und für eine Kalkulation der ökonomischen Wertschätzung im Bereich des bürgerschaftlichen Engagements genutzt werden.

Neben der Monetarisierung und Ökonomisierung des Engagements bilden die Gestaltungsbedarfe im Überlappungsfeld von Beschäftigungspolitik, Arbeitsmarktpolitik und Engagementförderung einen drittes Motivbündel für die Aufwertung des Themas „Erwerbsarbeit und Engagement" (BBE 2008). Mit Hartz IV verbunden ist die Einsicht, dass der gemeinnützige Bereich und die Infrastrukturen, in denen sehr viel Engagement wirkt, von den Folgen arbeitsmarktpolitischer Instrumente stark betroffen sind – die Stichworte reichen von einer möglichen Verdrängung des Engagements bis hin zu einem Wandel von auf Freiwilligkeit beruhenden Organisationskulturen in gemeinnützigen Einrichtungen. Andererseits besteht die Gefahr der Verdrängung von Hauptamtlichen sowohl durch diese arbeitsmarktpolitischen Instrumente als auch durch die Ausdehnung ehrenamtlichen Engagements in bestimmten Bereichen. Immer mehr von Arbeitslosigkeit Betroffene praktizieren Engagement, um darüber in Arbeit zu kommen. Hier wirkt Engagement als Übergang. Vor diesem Hintergrund gilt es, im Anschluss etwa an die Forderungen der stellv. DGB-Vorsitzenden, Annelie Buntenbach, einen „ehrlichen 2. und 3. Arbeitsmarkt" und auch mit Blick auf die strukturschwachen Regionen in Deutschland die Synergien und die Spannungen zwischen Arbeitsmarktpolitik, Beschäftigungspolitik und Engagementförderung näher in den Blick zu nehmen (siehe auch den Beitrag von Dathe und Priller in diesem Band).

Mit der Förderung des vom BBE veranstalteten „Nationalen Forums für Engagement und Partizipation" geht das BMFSFJ neue Wege bei der Einbindung von Akteuren aus Zivilgesellschaft und Wirtschaft. Das Bundeskabinett hat im Juli 2009 auf Initiative des BMFSFJ den Beschluss zum Aufbau einer nationalen Engagementstrategie gefasst, die die Unterstützung aller Bundesressorts beanspruchen kann. Die 17. Legislaturperiode muss erweisen, ob und wie dieser Beschluss praktisch wirksam wird.

2.2 Das Bundesnetzwerk Bürgerschaftliches Engagement (BBE)

Das Bundesnetzwerk Bürgerschaftliches Engagement wurde im Juni 2002 durch die 31 Mitgliedsorganisationen des „Nationalen Beirats" des Internationalen Jahres der Freiwilligen (IJF) gegründet. Das besondere Handlungspotenzial des BBE ergibt sich aus seiner trisektoralen Zusammensetzung: In diesem Netzwerk sind alle drei großen gesellschaftlichen Sektoren – Bürgergesellschaft, Staat und Kommunen sowie Wirtschaft/ Arbeitsleben – mit dem Ziel vernetzt, bürgerschaftliches Engagement und Bürgergesellschaft zu fördern. Die konzeptionelle Begründung für ein solches komplexes Netzwerk aller drei gesellschaftlichen Sektoren ergibt sich aus der Programmatik der Enquete-Kommission. Wenn es zutrifft, dass zivilgesellschaftliches Handeln und zivilgesellschaftliche Orientierungen nicht nur im Dritten Sektor, sondern auch in staatlichen Institutionen und Wirtschaftsunternehmen wirksam werden können, und wenn eine Stärkung der Bürgergesellschaft nicht einfach gleichgesetzt werden kann mit der Stärkung von Dritte-Sektor-Organisationen, dann ist es folgerichtig, die Akteure und Institutionen aus allen gesellschaftlichen Bereichen in dieses Netzwerk mit einzubeziehen, um die Vernetzung zwischen gemeinnützigen Organisationen verschiedener

Größenordnungen, Wirtschaftsunternehmen sowie Politik und Verwaltung auf lokaler und überlokaler Ebene zu intensivieren.

Generell zeigt die sprunghaft ansteigende Anzahl von Mitgliedern (von ursprünglich 31 Gründungsmitgliedern auf inzwischen über 220 Mitgliedsorganisationen), dass der Bedarf an Kooperation und Abstimmung sowie Förderung des bürgerschaftlichen Engagements von vielen gesellschaftlichen Akteuren erkannt wird. Inzwischen hat das BBE eine dynamische Entwicklung genommen, die sich nicht nur auf die rein quantitative Vermehrung der Mitgliedsorganisationen beschränkt. In praktisch allen Prozessen der Feldentwicklung, der Erprobung neuer Institutionen und Vernetzungsformen, der politischen Erörterung von einschlägigen Handlungsprogrammen auf allen Ebenen des föderalen Staates und der Vorbereitung von Gesetzesvorhaben, der Koordination und Kooperation zwischen Akteuren unterschiedlichster Bereiche werden die Leistungen und Kompetenzen des BBE gerne und in wachsender Intensität in Anspruch genommen. Zugleich bündelt das BBE in seinen Arbeitsgruppen ein enormes Potenzial an Fachkompetenz und Netzwerkbeziehungen, die durch das freiwillige und unentgeltliche Engagement der Beteiligten zur Verfügung gestellt wird.

Diese dynamische Entwicklung hat nicht nur positive Reaktionen ausgelöst. So musste das Netzwerk seine Verortung im etablierten System von Verbänden, Organisationen und Netzwerken erst suchen und vertrauensvolle Beziehungen zu anderen Akteuren entwickeln. Dabei mussten und müssen überkommene Handlungsroutinen und Denkschablonen überwunden werden. So ist es seit Gründung des BBE zum Beispiel umstritten, ob nicht ein Netzwerk aus gemeinnützigen Organisationen einem trisektoralen Netzwerk vorzuziehen wäre, weil dies eingeschliffenen Ritualen der Lobbypolitik im Verhältnis zwischen Interessenorganisationen und (zuwendendem) Staat eher entsprechen würde. Auch müssen manche Verbände ihren Anspruch, die legitimen Interessenvertreter der Bürgergesellschaft und des bürgerschaftlichen Engagements zu sein, nun mit dem BBE teilen. Die Spitzenverbände der Wirtschaft sind im BBE – im Gegensatz zu einzelnen Wirtschaftsunternehmen – noch nicht vertreten, was insbesondere darauf hinweist, dass eine Vernetzung zwischen verschiedenen Sektoren viel weniger selbstverständlich ist als die Vernetzung innerhalb des eigenen Sektors. Während sich inzwischen mehrere Unternehmensnetzwerke zum Themenbereich Corporate Citizenship herausgebildet haben, gibt es in Deutschland keine nennenswerte überlokale Vernetzung von Wirtschaftsunternehmen und Wirtschaftsverbänden mit Akteuren aus Gesellschaft und Staat (siehe aber BMAS 2009).

Das BBE agiert daher in einer komplexen Gemengelage: Es muss sowohl verhindern, dass sich der überkommene verbändepolitische Korporatismus, der sich in einem Teil der Mitgliedschaft des BBE widerspiegelt, als Blockade innovativer Handlungsansätze und Vorgehensweisen auswirkt, als auch vermeiden, dass ein solches zivilgesellschaftliches Netzwerk als verlängerter Arm des Staates operiert. Zugleich muss erreicht werden, dass gesellschaftliche Akteure und Bereiche, die bislang noch wenig mit anderen Bereichen vernetzt sind, die strategischen Vorzüge einer Mitgliedschaft im BBE erkennen und dazu beitragen, die übergreifende Idee des trisektoralen Netzwerkes mit Leben zu erfüllen. Andererseits zeigt die Erfahrung mit der Arbeit des BBE, dass das Anliegen der Beförderung des „Projekts der Bürgergesellschaft" ohne eine solche trisektorale Vernetzungsstruktur kaum nachhaltig vorangebracht werden könnte. So ist zu erwarten, dass rein staatliche Initiativen das

Misstrauen gesellschaftlicher Akteure hervorrufen würden, da dann der Vorwurf der Staatsentlastung durch freiwillige Einsätze der Bürger nicht lange auf sich warten lassen würde. Ohne Berücksichtigung aller drei Sektoren würden Initiativen aus dem Dritten Sektor sehr bald die Erfahrung machen, dass sie kaum Veränderungen im politisch-administrativen Institutionensystem des Sozialstaates auslösen könnten und würden rein unternehmensbezogene Netzwerke in ihrer Wirkung eng begrenzt bleiben, da die Umsetzung von Initiativen der gesellschaftlichen Verantwortungsübernahme von Unternehmen die Mitwirkung gesellschaftlicher Akteuren aus dem gemeinnützigen Bereich erforderlich macht.

Mit dem neuen Format des „Nationalen Forums für Engagement und Partizipation" hat das BBE einen weiteren Entwicklungsschritt vollzogen. Nur gut die Hälfte der 300 im Nationalen Forum mitwirkenden Expertinnen und Experten kommen aus BBE-Mitgliedsorganisationen. So bietet das „Nationale Forum" eine große Beteiligungschance auch für nicht im BBE organisierte Akteure und erlaubt den dort Mitwirkenden bei einer rein fachlich-themenbezogenen Binnenstruktur insgesamt eine vor allem expertiseorientierte Arbeit. Im BBE mit seinen binnendemokratischen Verfahren der Meinungs- und Willensbildung wiederum gilt es, die Positionen mit den Organisationen der Bürgergesellschaft, mit Bund, Ländern und Kommunen und wirtschaftlichen Akteuren engagementpolitisch abzustimmen. Das Zusammenspiel von BBE und Nationalem Forum bietet in der kommenden Legislaturperiode eine Chance für eine wachsende Dynamik in der Engagementpolitik.

3 Wirtschaftskrise, Staatshandeln und Bürgergesellschaft

Die weltweite Finanzkrise und die in ihrer Folge eingetretene globale Wirtschaftskrise haben die Grenzen des Marktes deutlich gemacht und zugleich in einem für zuvor unmöglich gehaltenen Ausmaß neue Anforderungen an staatliche Regulierung und Finanzierung auf die Tagesordnung gebracht. Vor diesem Hintergrund verliert die hegemonial gewordene Vorstellung eines sich selbst steuernden Kapitalismus rapide an Überzeugungskraft. In der Krise gewinnt daher die Einsicht wieder an Gewicht, dass „selbst Marktwirtschaften für ihr Funktionieren individuelle Befähigungen und soziales Kapital voraussetzen, die nur solidarisch und nicht im Wettbewerb aufgebaut, wohl aber durch ihre Nutzung für rational-egoistische Nutzenmaximierung aufgezehrt oder untergraben werden können" (Streeck 2009: 29). Politik muss ausgleichen, einhegen, sozial rekonstruktiv wirken. Die Sozialwissenschaften, so Wolfgang Streeck in einer umfassenden Bilanz langjähriger Debatten über staatliche Steuerungspolitik, sollten sich in Zukunft wieder verstärkt als ein gesellschaftlich-kulturelles „Projekt zur Verteidigung sozialer Integration gegen den rationalen Egoismus des ökonomischen Handlungsmodells" verstehen. Auf staatliche Maßnahmen in der Krise hat sich diese Einsicht freilich bislang nicht ausgewirkt. Während „Abwrackprämien" ohne weitere Diskussionen finanziert werden, findet sich hierzulande keinerlei Ansatz, Infrastrukturprogramme für die Bürgergesellschaft – in der sich ja die Krise drastisch auswirkt und weiter auswirken wird – auch nur in Erwägung zu ziehen.

Wie reagieren die Akteure der Wirtschaft auf die neue Situation?[10] Zahlreiche Unternehmen und Stiftungen müssen angesichts dramatischer Aktienverluste in ihren Förderpolitiken für die Bürgergesellschaft aktuell zurückstecken. Die Krise dürfte ein besonders interessanter Kontext zur Überprüfung der Frage sein, ob die viel diskutierte „gesellschaftliche Verantwortung" der Unternehmen mehr ist als eine nur taktische Maßnahme der Image-Steigerung. Da die empirische Forschung in diesem Feld an Fahrt aufgenommen hat, können erste Tendenzen erkannt werden: Vor dem Hintergrund der Finanzkrise und einer damit einhergehenden Neujustierungen von Gesellschaftsbildern und Rollenverständnissen ist eine Studie des Centrums für Corporate Citizenship Deutschland der Frage nachgegangen, welche Rolle dem Unternehmertum, Staat und Politik sowie der Zivilgesellschaft aus der Perspektive von Vorstandsvorsitzenden (CEOs) zukommt. Die Studie zeigt, dass Unternehmen nicht nur im Selbstverständnis des „homo oeconomicus" agieren, dass aber gleichwohl ein traditionelles Bild gesellschaftlicher Rollenverteilung vorherrscht: Die Wirtschaft stellt demzufolge die Basis dar, die den gesellschaftlichen Wohlstand schafft, dessen Verteilung dann der Staat regelt. Die konzeptionelle Reichweite gesellschaftlicher Unternehmensverantwortung als nachhaltiges Wirtschaften unter ökonomischen, ökologischen und gesellschaftlichen Gesichtspunkten ist hingegen noch nicht hinreichend erkannt. Allerdings zeichnet sich in den Bereichen „work-life-balance", Klima- und Umweltschutz, Bildung und Qualifizierung sowie Gesundheitsförderung ab, dass Unternehmen eine Führungsrolle jenseits wirtschaftlicher Kernkompetenzen zu übernehmen bereit sind. Der Begriff der Bürgergesellschaft ist den CEOs indes wenig vertraut. Die Studie kommt zu dem Schluss, dass Kooperationen auf Augenhöhe ein angemessenes Verständnis von Bürgergesellschaft und Drittem Sektor als gesellschaftlicher Sphäre erfordern.

Holger Backhaus-Maul, Stefan Nährlich und Rudolf Speth haben im Frühjahr 2009 ein „Plädoyer für eine bessere (Selbst-)Steuerungs- und Leistungsfähigkeit der Bürgergesellschaft" vorgelegt. Das Ziel, „dass sich die Bürgergesellschaft als dritte gesellschaftliche Kraft neben Staat und Wirtschaft selbst organisiert" (2009: 4), ist aus Sicht der Autoren nur möglich, wenn die „fatale Staatabhängigkeit" bei der Finanzierung der Bürgergesellschaft durchbrochen werden könne: „Nach wie vor ist die Einnahmeseite gemeinnütziger Organisationen durch staatliche Zuwendungen und ein geringes Spendenaufkommen geprägt. Die Finanzierung gemeinnütziger Organisationen über den Markt ist in Deutschland nach wie vor ein seltener Ausnahmefall. Durch den hohen Anteil öffentlicher Mittel an der Gesamtfinanzierung der Bürgergesellschaft und allenfalls rudimentär entwickelte Alternativen sind öffentliche Zuwendungen nach wie vor ein wesentliches Lenkungs- und „Zähmungs"instrument. Noch immer gilt, dass organisierte Bürger durch das Zuwendungsrecht zu Zuwendungsempfängern degradiert werden. Eine ergebnisorientierte, die Eigenständigkeit und den Eigensinn der Bürgergesellschaft begünstigende Förderung hätte anders auszusehen." (2009: 10).

Die Ressourcenfrage gehört ohne Zweifel ins Zentrum engagementpolitischer Diskussionen. Seit langem schon kann bei staatlichen Zuwendungen ein sich ausweitender staatlicher Steuerungsanspruch einerseits, eine am Leistungswettbewerb orientierte Mittelvergabe

---

[10] Zum gesellschaftlichen Engagement von Unternehmen in Deutschland siehe den Beitrag von Holger Backhaus Maul und Sebastian Braun in diesem Band.

andererseits beobachtet werden. Die Empfehlungen der Autoren der Denkschrift setzen zum einen bei Effektivität, Effizienz und Wirkungsmessung bürgergesellschaftlicher Aktivitäten an. Förderung soll nach ihrer Meinung „leistungsgerecht" (2009: 10) erfolgen. „Dafür wird es notwendig sein, unabhängige Agenturen zu gründen, die in besonderer Art und Weise dafür qualifiziert sind, eine Evaluierung, ein Rating und ein Benchmarking von gemeinnützigen Organisationen vornehmen zu können." Vor dem Hintergrund einer Verankerung der Autonomieansprüche des bürgerschaftlichen Engagements im Grundgesetz, so die Denkschrift, sollen alle staatlichen Mittel der Engagementförderung in einen „Fonds Bürgergesellschaft" zusammengeführt werden. Die Vergabe dieser staatlichen Mittel solle dann leistungsbezogen durch eine unabhängige „Vergabekommission" erfolgen, die durch Benennung bspw. seitens des Bundespräsidenten als eine Art platonischen Rat der Weisen fungiert.

Der Vorschlag der Denkschrift wendet sich damit zum anderen ausdrücklich gegen überbordende staatliche Steuerungsansprüche und gegen eine Instrumentalisierung der Bürgergesellschaft. Diese Kritik trifft die Engagementpolitik in der Tat an einen empfindlichen Punkt: Bei einer evidenten Abhängigkeit von staatlichen Mitteln gilt es autonomieschonende Formen der staatlichen Förderung fortzuentwickeln, die die Spielräume der bürgergesellschaftlichen Organisationen und Akteure bei der Realisierung je eigener Ziele respektieren und entwickeln. Auch die Autoren der Denkschrift räumen ein, dass die Bürgergesellschaft auf staatliche Ressourcen weiterhin angewiesen bleibt (ihre Kritik der Staatsabhängigkeit präzisiert sich so auf eine Kritik staatlicher „top down"- Steuerung und Instrumentalisierung). Erforderlich für die Engagementpolitik ist ein Modus der Steuerung, der die Akteure der Bürgergesellschaft in die Steuerung einbindet (Governance) und dirigistische Modi der Steuerung in Koppelung an Zuwendungsvergaben vermeidet. Es bleibt daher auch eine Herausforderung der Engagementpolitik, Leitbilder des „ermöglichenden", „aktivierenden" oder „kooperativen" Staates (Enquete-Kommission 2002: 60ff.) bei der Förderung der Bürgergesellschaft im Sinne bürgergesellschaftlicher Autonomieansprüche – und eben nicht in einem die Organisationen der Bürgergesellschaft instrumentalisierenden und die Individuen sanktionierenden Zugriff des „Förderns" und „Forderns", wie es bei der Agenda 2010 zu besichtigen war – konsequent fortzuentwickeln und praktisch umzusetzen. Auf die Dringlichkeit dieser Aufgabe hingewiesen zu haben, ist ohne Zweifel ein Verdienst der Denkschrift.

Allerdings ist die Orientierung der Denkschrift an Leistung und Wettbewerb als Kriterien für finanzielle Ressourcensteuerung in der Bürgergesellschaft keine überzeugende Lösung. Sie trägt zu einer Ausweitung der Marktlogik in der Bürgergesellschaft zu einem Zeitpunkt bei, in dem die Grenzen des Marktes vielerorts schmerzhaft sichtbar werden. Anstatt also auf eine Ausweitung der Marktlogik in der Zivilgesellschaft zu setzen, gilt es – ganz im Sinne des Eigensinns der Bürgergesellschaft – eine nicht nur deren Autonomie schonende und an den Besonderheiten der bürgergesellschaftlichen Aufgaben orientierte, sondern zugleich auch ausgleichende, einhegende, sozial rekonstruktiv wirkende politische

Steuerung – bei auch künftig in starkem Maße staatlichen Mitteln[11] – zum Thema der Engagementpolitik zu machen. Dies setzt eine deutliche Entwicklung von Formen des Austauschs, der gemeinsamen Meinungsbildung, Willensbildung und Entscheidungsfindung zwischen Staat, bürgergesellschaftlichen Akteuren und Wirtschaft jenseits platonischer Modellvorstellungen von Weisenräten voraus.[12]

Eine neue gesellschaftliche Verantwortungsbalance wird es nur dann geben können, wenn sowohl Staat als auch Wirtschaft und Bürgergesellschaft bereit und in der Lage sind, die Perspektive der jeweils anderen Sphären einzunehmen, ihre Eigenlogik zu verstehen und anzuerkennen. Keine Sphäre darf dabei ihr Selbstverständnis und ihre handlungsleitenden Prinzipien zum alleingültigen Maßstab erheben. „Vielmehr ist es erforderlich, die legitimen Ansprüche jeder Sphäre diskursiv zu prüfen und eigene Interessen mit Blick auf das Wohl der Gesamtgesellschaft zu relativieren" (Heuberger / Hartnuß 2009).

4 Ausblick

Wendet man sich der Frage aus einer politikwissenschaftlichen Perspektive zu, ob sich „Engagementpolitik" zu einem eigenständigen Feld hat entwickeln bzw. sich sogar bereits hat etablieren können, so bietet sich die in den Sozialwissenschaft übliche Trennung des Politikbegriffs in drei Dimensionen „Policy", „Politics" und „Polity" an (vgl. Rohe 1994). „Policy" umfasst hierbei das Bündel von staatlichen Maßnahmen und Interventionen, die auf die Förderung bürgerschaftlichen Engagements abzielen. „Politics" beschreibt diejenigen politischen Prozesse, die im Sinne von Interessenvertretung und Lobbying Einfluss auf die Engagementförderung und -politik nehmen. Mit „Polity" ist letztlich der politische Ordnungsrahmen gemeint, in dem all dies stattfindet (vgl. Schmid / Buhr 2009).

Lässt man die sieben Jahre seit dem Bericht der Enquete-Kommission Revue passieren, dann könnte bilanzierend festgehalten werden, dass vor allem im Bereich konkreter Maßnahmen und ressortspezifischer Programme (im Sinne von "Policy") – wie z.B. dem Bund-Länder-Programm „Die Soziale Stadt", das gezielt auf den Einbezug des Engagements für die Entwicklung von Stadtteilen setzt, die von Desintegration und Abwertung bedroht sind (Bock/Böhme/Franke 2007) – Fortschritte erzielt worden sind. Auf allen Ebenen des föderalen Staates sind in nahezu allen Politikfeldern zivilgesellschaftliche Instrumente und zivilgesellschaftlich inspirierte Politikprogramme entwickelt und erprobt worden. Es sind neue politische Steuerungsinstrumente eingeführt worden, wie Lern- und Entwicklungsnetzwerke, Wettbewerbe, aber auch neue Moderations- und Mediationsverfahren, neue Strategien der Bürgeraktivierung, innovative Organisationsentwicklungsprozesse in Organisationen, Vereinen und Verbänden, zivilgesellschaftliche Aktivierungsprogramme gegen rechtsextremistische Strömungen und Bewegungen sowie die Nutzung der Ressource Bürgergesell-

---

[11] Auch wenn es eine ernst zu nehmende Herausforderung darstellt, verstärkt auch Mittel von Stiftungen und Unternehmen für Ziele, Zwecke und auch Infrastrukturbedarfe der Bürgergesellschaft zu mobilisieren, so wird der erforderliche Staatsanteil auch in Zukunft die entscheidende Größe darstellen.
[12] Insofern ist eine ausschließlich expertenbezogene Vergabekommission, wie sie die Autoren der Denkschrift fordern, ein nicht plausibler Vorschlag, da hier die Entwicklung gemeinsamer trisektoraler Steuerungsformen gerade abgekoppelt wird.

schaft für die Integration von Migrantinnen und Migranten. Auch sollte nicht vergessen werden, dass die Bündnisse für Familie, wie sie vom Bundesfamilienministerium seit einigen Jahren propagiert werden, vom Politikansatz her grundsätzlich eine zivilgesellschaftliche Mobilisierungsstrategie darstellen und insofern in diesen Kanon gehören.

In diesem Zusammenhang sind ebenso eine Reihe von neuen und z. T. innovativen engagementpolitischen Institutionen entstanden, die – im Sinne von „Politics" – Einfluss auf engagementpolitische Aushandlungsprozesse nehmen. Zu den engagementpolitischen Institutionen zählen der Unterausschuss „Bürgerschaftliches Engagement" im Deutschen Bundestag, das Bundesnetzwerk Bürgerschaftliches Engagement, Netzwerke auf Landes- und regionaler Ebene, überregionale Fortbildungsinstitutionen, Stabsstellen bei Ministerpräsidenten, ressortübergreifende Arbeitsgruppen, Ausschüsse, Netzwerke etc. In vielen politischen Handlungsfeldern ist es inzwischen selbstverständlich geworden, die Ressource Bürgergesellschaft bzw. bürgerschaftliches Engagement ins Spiel zu bringen und auf die Leistungspotenziale dieser Ressource zu bauen. Soweit zur positiven Seite der Bilanz.

Auf der anderen Seite wird ebenfalls deutlich, dass noch vieles fehlt, um von einem echten Durchbruch zu sprechen. Man sollte es sich allerdings auch nicht so leicht machen, wie viele Beobachter und Kommentatoren, die in diesem Zusammenhang von einer rein symbolischen Politik bzw. einer instrumentellen Nutzung von Leitideen und Handlungspotenzialen der Bürgergesellschaft sprechen. Eine nüchterne Bilanz müsste vielmehr hervorheben, dass wir es zwar mit einer wachsenden Bedeutung zivilgesellschaftlicher Themen und Herangehensweisen auch auf bundespolitischer Ebene zu tun haben, dass es aber andererseits nicht gelungen ist, das Projekt der Bürgergesellschaft aus seinem Status eines Luxusthemas bzw. „weichen" Themas herauszuführen und in den Kern bundespolitischer Reformvorhaben zu integrieren. Den politischen Ordnungsrahmen (im Sinne von „Polity") neu zu justieren und dabei auf eine Neuverteilung von Verantwortung und Rollen zwischen Staat, Zivilgesellschaft und Wirtschaft hinzuwirken, ist bislang nicht gelungen. Dies bedeutet, dass die Strahlkraft der Bürgergesellschaft als Leitlinie für eine entsprechende Regierungspolitik bislang blass geblieben ist.

Genau hierin jedoch liegen die echten Chancen und Potenziale einer Engagementpolitik, die sich nicht nur einzelnen Maßnahmen und Programmen verpflichtet fühlt, sondern vielmehr die Aushandlung eines „Neuen Gesellschaftsvertrages" verfolgt, in dem die gesellschaftliche Verantwortung zwischen den Sphären und Akteuren neu ausbalanciert ist. Dieses Ziel, das letztlich nichts anderes als ein verändertes Modell gesellschaftlichen Zusammenlebens bedeutet, ist aber natürlich auch besonders anspruchsvoll. Es stößt auf Widerstände und Blockaden bei staatlichen Institutionen, in der Wirtschaft, aber auch in der Zivilgesellschaft selbst. Und es steht dabei permanent im Verdacht, das Engagement der Bürgerinnen und Bürger als Lückenbüßer eines sich zunehmend aus seiner gewachsenen sozialen Verantwortung zurückziehenden Sozialstaats zu missbrauchen.

Während die großen bundespolitischen Reformvorhaben der letzten Jahre – von der Agenda 2010 bis zu den unterschiedlichsten Versuchen einer Reform der sozialen Sicherungssysteme – die Handlungspotenziale der aktiven Bürger im Gemeinwesen kaum gefordert, zum Teil auch deutlich unterminiert haben, gibt es andererseits die Tendenz, in jeder Legislaturperiode neue Modellprojekte bzw. Kampagnen zu starten (generationenübergreifende Freiwilligendienste, Mehrgenerationenhäuser, lokale Bündnisse für Familie etc.), ohne die Nachhaltigkeit solcher Vorhaben zu gewährleisten oder in Folgeprogrammen aus den Erfahrungen der Vorläuferprogramme zu lernen. Darüber hinaus ist insbesondere auf der Bundesebene die interministerielle Kommunikation und Koordination noch äußerst schwach entwickelt, so dass engagementpolitische Initiativen, wie etwa gegenwärtig die entwicklungspolitischen Freiwilligendienste im Bundesministerium für Entwicklung und ähnliche Initiativen anderer Ministerien, isoliert und ohne Kenntnis voneinander entwickelt und umgesetzt werden.

Was ist zu tun? Anstatt diese Situation zu beklagen oder ausschließlich schlechte Absichten zu unterstellen, wären die Protagonisten der Zivilgesellschaft gut beraten, sich an die eigene Nase zu fassen und ihren eigenen Anteil an der bislang begrenzten Durchschlagskraft der Vision der Bürgergesellschaft zu reflektieren. In diese Richtung sollen abschließend vier Anregungen formuliert werden:

(1) Der erste Punkt betrifft das Leistungsvermögen der Bürgergesellschaft, ihrer Ressourcen und Akteure für die Bewältigung aktueller Herausforderungen der Gesellschaft. Eine der Schwächen im bürgergesellschaftlichen Reformdiskurs besteht darin, dass zwar in programmatischen Reden und wissenschaftlichen Untersuchungen der langfristige und präventive Wert bürgergesellschaftlicher Ressourcen unter dem Leitbegriff des Sozialkapitals für die soziale Integration und Kohäsion der modernen Gesellschaft hervorgehoben wird (als kritischer Überblick siehe Seubert 2009). Unter den inzwischen rauer gewordenen gesellschaftlichen Rahmenbedingungen müsste es allerdings viel mehr darum gehen, möglichst präzise und klar herauszuarbeiten, welchen Beitrag Bürgergesellschaft und bürgerschaftliches Engagement zur Bewältigung konkreter Herausforderungen wie etwa die Alterung der Gesellschaft, die Massenarbeitslosigkeit, die Entstehung von ethnischen Parallelgesellschaften, die soziale Spaltung der Gesellschaft etc. leisten können. Dieser Nachweis müsste sowohl auf programmatisch-konzeptioneller Ebene, auf der Ebene überzeugender Best-Practice-Beispiele als auch auf der Ebene von sozialwissenschaftlicher Evaluationsforschung geführt werden. Es geht hier um die fachpolitische Überzeugungskraft von bürgergesellschaftlichen Reformprojekten in einer Gesellschaft, die nur mit den Mitteln von Markt und Staat allein die anstehenden Herausforderungen wohl kaum wird bewältigen können.

(2) Eine wichtige Voraussetzung dafür, mit einem solch unbequemen Projekt wie der Bürgergesellschaft im politischen Diskurs gehört zu werden, ist die Entwicklung einer entsprechenden politischen Durchsetzungsmacht. Dies würde voraussetzen, dass die Protagonisten der Zivilgesellschaft ihre gemeinsamen Anliegen, Interessen und Probleme erkennen und zu einem koordinierten Handeln fähig werden. Hier gibt es erheblichen Lernbedarf: Alle Insider wissen von ressortspezifischem Eigensinn, partikularistischem Interessenvertretungshandeln und Konflikten zwischen den Befürwortern des Projekts der Bürgergesellschaft zu berichten. Selbstverständlich gibt es Interessenauseinandersetzungen auch zwischen Akteuren der Zivilgesellschaft. Wir sprechen hier aber – bewusst provokant – von einer strategischen Selbstenthauptung und Selbstschwächung der Bürgergesellschaft gegenüber den Akteuren von Markt und Staat. Das Erbe einer hochgradig versäulten und fragmentierten deutschen Verbändekultur ist noch lange nicht überwunden; dies zeigt sich in einem ausgeprägten Domänedenken und einem erst allmählich wachsenden Bewusstsein

gemeinsamer Anliegen, Interessen und Problemlagen – etwa zwischen Wohlfahrtspflege, Kultur, Sport, Umweltschutz, Rettungswesen usw. Um diese Partikularismen zu Gunsten der Verteidigung des gemeinsamen Anliegens zurückzustellen, bedarf es eines gemeinsamen Problembewusstseins und der Einsicht in den politischen Mehrwert eines konzertierten Vorgehens gegenüber solchen Akteuren, die konkurrierende Anliegen vertreten.

(3) Wir benötigen konkrete Nachweise der Erfolgsbedingungen von konkreten bürgergesellschaftlichen Projekten und Vorgehensweisen. In den letzten Jahren sind viele neue bürgergesellschaftlich relevante Aktionsprogramme und Projekte aufgelegt und mit öffentlichen Geldern gefördert worden, deren Wirkungen kaum ernsthaft untersucht worden sind. Wenn aber die Erfolge und Misserfolge neuer politischer Programme und Vorgehensweisen nicht analysiert werden, dann kann weder aus Fehlern gelernt noch können die Möglichkeiten und Grenzen bürgergesellschaftlicher Strategien ausgelotet werden. Ein Grund für dieses leichtfertige Umgehen mit knappen gesellschaftlichen Ressourcen besteht wohl darin, dass das, was politisch entschieden wird, meist gar nicht so gemeint war, wie es formuliert worden ist. In vielen politischen Programmen (wie etwa in dem Programm ‚Die Soziale Stadt' oder bei den Bündnissen für Familie) spielt zwar die Ressource bürgerschaftliches Engagement programmatisch eine gewisse Rolle, aber wie weit man mit dieser Ressource wirklich kommt und welcher Rahmenbedingungen es bedürfte, um diese Ressource zur Entfaltung zu bringen, dies will man dann doch nicht so genau wissen.

Es entsteht dann der Eindruck, dass das bürgerschaftliche Element in solchen Programmen die Funktion eines schmückenden Beiwerkes oder eines hinzugefügten Fremdkörpers enthält. So wurde etwa die Bürgergesellschaft in der Konzeption der lokalen Bündnisse für Familie auf die Industrie- und Handelskammern sowie Unternehmen und Gewerkschaften verkürzt, während andere zivilgesellschaftliche Akteure (wie Selbsthilfeinitiativen, gemeinnützige Organisationen und Wohlfahrtsverbände) zumindest konzeptionell am Katzentisch sitzen – auch wenn sie in den einzelnen Bündnissen vor Ort dann doch wieder hofiert werden. Ein anderes Beispiel ist das Programm „Die Soziale Stadt". Hier haben wir es grundsätzlich mit einem sehr komplexen und aus zivilgesellschaftlicher Perspektive positiven Aktivierungsansatz zu tun. Allerdings entsteht bei der Umsetzung dieses Programms oft genug die Gefahr des „Beteiligungsrummels" (Roth 2004): Während auf der einen Seite – zumeist unter Einsatz unzureichender Ressourcen und Begleitmaßnahmen – versucht wird, Bewohnergruppen in benachteiligten Stadtteilen zu aktivieren, fehlt es auf der anderen Seite oft genug an einer Verknüpfung dieser Mobilisierungsstrategie mit echten materiellen Umverteilungsmaßnahmen, die die soziale Benachteiligung ausgleichen könnten, und werden in der Regel viel zu hohe Erwartungen bei viel zu kurzen Laufzeiten der Aktivierungsprogramme formuliert. Es kommt in Zukunft darauf an, vermehrt und systematisch aus solchen Verkürzungen und Defiziten zu lernen, um die Leistungsfähigkeit des Projekts der Bürgergesellschaft für die zukunftsfeste Gestaltung unseres politischen Gemeinwesens tatsächlich ausschöpfen zu können.

(4) Eine besondere Bedeutung für die Entwicklung der Potenziale der Bürgergesellschaft kommt den engagementfördernden Infrastrukturen zu. Hier haben sich in den letzten Jahren interessante Differenzierungsprozesse ergeben, die fachpolitisch neue Fragen aufwerfen.

Zu der engagementfördernden Infrastruktur gehören sowohl die klassischen gemeinnützigen Verbände und Organisationen wie auch die neuen Infrastruktureinrichtungen (wie Selbsthilfekontaktstellen, Seniorenbüros und Freiwilligenagenturen). Hinzu gekommen sind als dritte Säule Netzwerkstrukturen wie engagementpolitische Städte- und Landesnetzwerke, lokale Bündnisse für Familien sowie Bürgerstiftungen. Auch wird die Bedeutung von Einrichtungen und Diensten im Sozial- und Gesundheitsbereich als Infrastrukturen für bürgerschaftliches Engagement zunehmend anerkannt. Die hiermit zusammenhängenden fachpolitischen Fragen stellen eine erhebliche Herausforderung für die Weiterentwicklung Engagement fördernder Rahmenbedingungen dar. So ist etwa die Frage des Entwicklungsbedarfes engagementfördernder Organisationsstrukturen in Verbänden (vgl. Sprengel 2007) noch weitgehend ungeklärt. Wie müssen sich gewachsene Verbände etwa im Wohlfahrtsbereich, Kultur, Umweltschutz etc. weiter entwickeln, um für bürgerschaftliches Engagement offen und attraktiv zu sein? Darüber hinaus muss geklärt werden, wie regionale und lokale Netzwerkstrukturen wie Städtenetzwerke und lokale Bündnisse für Familien fachlich und organisatorisch strukturiert sein müssen, um optimale Rahmenbedingungen für bürgerschaftliches Engagement zu bieten. Ähnliche Fragen ließen sich auf der Ebene von Einrichtungen und Diensten (Kindertageseinrichtungen, Schulen, Krankenhäuser, Alteneinrichtungen etc.) aufwerfen. Wie muss eine zivilgesellschaftliche Öffnung solcher Einrichtungen aussehen, um bürgerschaftliches Engagement nicht nur zum Anhängsel, sondern zu einem integralen Bestandteil des Aufgabenselbstverständnisses und der alltäglichen Arbeitsroutinen zu erheben?

Es liegt auf der Hand, dass hiermit auch komplexe Fragen der Finanzierung aufgeworfen werden. Die verlässliche Finanzierung Engagement fördernder Infrastrukturen auf lokaler und überlokaler Ebene ist und bleibt ein Dauerproblem von Engagementpolitik. Dabei ist unbestritten, dass alle Stakeholder (Non-Profit-Organisationen, Nutzer, Unternehmen, zivilgesellschaftliche Akteure, öffentlicher Sektor) in solche Konzepte einbezogen werden müssen. Dabei gilt es allerdings, einer aktuellen Tendenz entgegenzutreten. Gemeint sind die unübersehbaren Anzeichen dafür, dass sich die öffentliche Hand – zum Teil unter dem Druck der Rechnungshöfe – aus der finanziellen Förderung von Infrastrukturen zurückzieht. Dabei spielt oft das Argument des Verbots der institutionellen Förderung eine Rolle. Hiergegen bleibt festzustellen, dass die öffentliche Mitfinanzierung der Infrastrukturen zur Förderung des bürgerschaftlichen Engagements eine öffentliche Aufgabe bleiben muss. Kein anderer mitfinanzierender Akteur – sei dies nun die Wirtschaft oder Stiftungen – ist bereit und in der Lage, verlässliche langfristige Finanzierungszusagen zu geben. Es ist und bleibt Aufgabe des Staates (also von Bund, Ländern und Kommunen), die öffentliche Infrastruktur für gesellschaftliche Entwicklungen zu gewährleisten. Die politische Auseinandersetzung über die hiermit verbundenen Fragen dürfte in Zukunft an Bedeutung zunehmen.

Literatur

Altenhof, Ralf (2002): Enquetekommissionen des Deutschen Bundestages, Wiesbaden: Westdeutscher Verlag

Backhaus-Maul, Holger/Nährlich, Stefan/ Speth, Rudolf (2009): In eigener Regie! Plädoyer für eine bessere (Selbst-)Steuerungs- und Leistungsfähigkeit der Bürgergesellschaft, Berlin (als Download unter: http://www.aktive-buergerschaft.de/vab/informationen/denkschrift/)

Badelt, Christoph (1980): Sozioökonomie der Selbstorganisation. Beispiele zur Bürgerselbsthilfe und ihre wirtschaftliche Bedeutung, Frankfurt/M.: Campus

Baule, Bernward (2009): Die Kraft von Freiheit und Innovation; Ehrenamt und/oder Aktive Bürgergesellschaft? In: BBE-Newsletter Nr, 14 vom 8.7.2009: http://www.b-b-e.de/fileadmin/inhalte/aktuelles/2009/07/nl14_baule.pdf

Bock, Stephanie/Böhme, Christa/Franke, Thomas (2007): Aktivierung und Beteiligung in der integrativen Stadtteilentwicklung. In: Forschungsjournal Neue Soziale Bewegungen, Jg. 20, Heft 2, 64-71

Bode, Ingo/Evers, Adalbert/Klein, Ansgar (Hrsg.) (2009): Bürgergesellschaft als Projekt. Eine Bestandsaufnahme zur Entwicklung und Förderung zivilgesellschaftlicher Potentiale in Deutschland, Wiesbaden: VS-Verlag

Born, Sabrina (2005): Bürgerschaftliches Engagement: stabilisieren, stärken, steigern. Innovation und Investition in Infrastruktur und Infrastruktureinrichtungen, Studie für den Arbeitskreis „Bürgergesellschaft und aktivierender Staat" der Friedrich-Ebert-Stiftung, Bonn

Bündnis 90/Die Grünen (2002): Die Zukunft ist grün. Grundsatzprogramm von BÜNDNIS 90/DIE GRÜNEN. Beschlossen auf der Bundesdelegiertenkonferenz von BÜNDNIS 90/DIE GRÜNEN am 15. - 17. März 2002 im Berliner Tempodrom, Berlin

Bundesministerium für Arbeit und Soziales (BMAS) (Hrsg.) (2009): Zwischenbericht zur Entwicklung einer nationalen CSR-Strategie – „Aktionsplan CSR in Deutschland". In: http://www.csr-in-deutschland.de/portal/generator/9800/property=data/2009__07__15__Zwischenbericht__CSR__Strategie.pdf

Bundesnetzwerk Bürgerschaftliches Engagement (BBE) (2007): Politischer Bericht von Sprecherrat und Geschäftsstelle an die Mitgliederversammlung, Berlin

Bundesnetzwerk Bürgerschaftliches Engagement (BBE) (2008): Engagement und Erwerbsarbeit. Produktive Ergänzungen, Übergänge, problematische Grauzonen, Tagungsreader, als pdf unter http://www.b-b-e.de/fachveranstaltungen.html

Bundesnetzwerk Bürgerschaftliches Engagement (BBE) (Hrsg.) (2009a): Nationales Forum für Engagement und Partizipation. Erster Zwischenbericht, Berlin

Bundesnetzwerk Bürgerschaftliches Engagement (BBE) (Hrsg.) (2009b): Jahresbericht 2008 mit einem Ausblick auf 2009, Berlin

Bundesministerium für Familie, Senioren, Frauen und Jugend (BMFSFJ) (2007): Miteinander, Füreinander: Initiative ZivilEngagement, Berlin

Die Beauftragte der Bundesregierung für Migration, Flüchtlinge und Integration (2007): Der nationale Integrationsplan. Neue Wege – neue Chancen. Berlin

CDU (2007): Freiheit und Sicherheit. Grundsätze für Deutschland. Chancen für alle! In Freiheit und Verantwortung gemeinsam Zukunft gestalten. Beschlossen vom Parteitag der CSU am 28. September 2007, München

Deutscher Bundestag; Ausschuss für Familie, Senioren, Frauen und Jugend; Unterausschuss „Bürgerschaftliches Engagement" (Hrsg.) (2009): Bericht über die Arbeit des Unterausschusses „Bürgerschaftliches Engagement" in der 16. Wahlperiode: http://www.bundestag.de/ausschuesse/a13/buerger_eng/arbeit/bericht.pdf

DIE LINKE (2007): Programmatische Eckpunkte. Beschlossen auf den Parteitagen von WASG und Linkspartei.PDS am 24. und 25. März 2007 in Dortmund, Berlin

Embacher, Serge 2009: Engagement und Soziale Demokratie – Anmerkungen zum Wahlprogramm der SPD 2009, Beitrag für den BBE-Newsletter Nr. 14 vom 8.7.2009:http://www.b-b-e.de/fileadmin/inhalte/aktuelles/2009/07/ nl14_embacher.pdf.

Enquete-Kommission „Zukunft des Bürgerschaftlichen Engagements" des Deutschen Bundestages (2002): Bericht. Bürgerschaftliches Engagement: Auf dem Weg in eine zukunftsfähige Bürgergesellschaft. Opladen: Leske+Budrich

Evers, Adalbert/Kortmann, Karin/Olk, Thomas/Roth, Roland (2003): Engagementpolitik als Demokratiepolitik. Reformpolitische Perspektiven für Politik und Bürgergesellschaft. In: Georg Lohmann (Hrsg.): Demokratische Zivilgesellschaft und Bürgertugenden in Ost und West, Frankfurt/ M.: Peter Lang, 153-164

Evers, Adalbert (2004): Sektor und Spannungsfeld. Zur Theorie und Politik des Dritten Sektors, In: Maecenata Actuell, 49, Dez. 2004, S. 7-17 (Ebenfalls in: Aktive Bürgerschaft e.V. (Hg.): Diskussionspapiere zum Nonprofit-Sektor, 27, 2004)

Evers, Adalbert (2009a): Gefährdungen von Zivilität. Zum Verhältnis von Zivilgesellschaft und Drittem Sektor. In: Forschungsjournal Neue Soziale Bewegungen, Jg. 22, Heft 1, S. 96-101

Evers, Adalbert (2009b): Viel Output mit wenig Input? Zur Rolle von bürgerschaftlichem Engagement im Bundestagswahlprogramm 2009 von Bündnis 90/Die Grünen. In: BBE-Newsletter Nr. 14 vom 8.7.2009: http://www.b-b-e.de/fileadmin/inhalte/aktuelles/2009/07/nl14_evers.pdf

Farago, Peter/Ammann, Herbert (Hrsg.) (2006): Monetarisierung der Freiwilligkeit. Zürich: Seismo Verlag

FDP (1997): Wiesbadener Grundsätze. Für die liberale Bürgergesellschaft. Beschlossen auf dem Bundesparteitag der F.D.P. am 24. Mai 1997 in Wiesbaden, Berlin

Forschungsjournal Neue Soziale Bewegungen (2007): Themenheft „Bürgergesellschaft – Wunsch und Wirklichkeit", Jg. 20, Heft 2

Gensicke/Picot/Geiss (2006): Freiwilliges Engagement in Deutschland 1999-2004, Wiesbaden: VS-Verlag

Gensicke, Thomas/Olk, Thomas/Reim, Daphne/Schmithals, Jenny (2009): Entwicklung der Zivilgesellschaft in Ostdeutschland. Quantitative und qualitative Befunde. In Auftrag gegeben und herausgegeben vom Bundesministerium für Verkehr, Bau und Stadtentwicklung (BMVBS), vorgelegt von TNS Infratest Sozialforschung, Wiesbaden: VS-Verlag

Halm, Dirk/Sauer, Martina (2007): Bürgerschaftliches Engagement von Türkinnen und Türken in Deutschland. Wiesbaden: VS-Verlag

Hebestreit, Steffen (2006): Trostpflaster. Wenn Staat und Wirtschaft versagen, wird der Ruf nach „bürgerschaftlichem Engagement" laut – ein diffuses Konzept. In: Frankfurter Rundschau vom 20.09.2006

Hessisches Sozialministerium/Landesehrenamtsagentur Hessen (2007): „Ohne Moos nix los?!" Wie viel Bezahlung verträgt das bürgerschaftliche Engagement? Tagungsdokumentation, Wiesbaden

Heuberger, Frank W./Hartnuß, Birger (2009): Krise des Vertrauens – Zur gesellschaftlichen Verantwortung von Topmanagern in Deutschland. In: Forschungsjournal Neue Soziale Bewegungen, Jg. 22, Heft 3 (im Erscheinen)

Klein, Ansgar (2001): Der Diskurs der Zivilgesellschaft. Politische Hintergründe und demokratietheoretische Folgerungen, Opladen: Leske+Budrich

Klein, Ansgar (2005): Bürgerschaftliches Engagement und Zivilgesellschaft – die reformpolitische Diskussion. In: Archiv für Wissenschaft und Praxis der sozialen Arbeit, Jg. 36, Heft 4/2005, S. 4-19

Klein, Ansgar 2007: Bürgerschaftliches Engagement und zivilgesellschaftliche Reformpolitik. In: Der Bürger im Staat, Jg. 57, Heft 4, 212-217

Klein, Ludger (2007): Die Demokratie braucht die Zivilgesellschaft. Plädoyer für eine integrierte Strategie gegen Rechtsradikalismus und Fremdenfeindlichkeit, Gutachten für den Gesprächskreis „Bürgergesellschaft und aktivierender Staat" der Friedrich-Ebert-Stiftung, Bonn

Nährlich, Stefan (2007): Orientierungslos, mutlos, machtlos. Die Idee der Bürgergesellschaft hat es noch nicht zum gesellschaftlichen Leitbild für das 21. Jahrhundert geschafft. Das liegt auch an uns selbst. In: Blätter der Wohlfahrtspflege, Heft 4

Olk, Thomas (2007a): Hat sich Engagementpolitik etabliert? In: Forschungsjournal Neue Soziale Bewegungen, Jg. 20,.Heft 2, 15-26

Olk, Thomas (2007b): Engagierte Bildung – Bildung mit Engagement? Zur Bedeutung des bürgerschaftlichen Engagements für die Bildungsreform". In: Bundesnetzwerk Bürgerschaftliches Engagement/Stiftung Demokratische Jugend (Hrsg.): Engagierte Bildung – Bildung mit Engagement? Bildung, Schule und Bürgerengagement in Ostdeutschland. Dokumentation der Fachtagung des BBE unter der Schirmherrschaft des Ministerpräsidenten des Landes Sachsen-Anhalt, Prof. Dr. Wolfgang Böhmer. 4. und 5. Mai 2007 Halle/Saale, Berlin

Olk, Thomas/Klein, Ansgar (2009): Engagementpolitik – ein neues Politikfeld und seine Probleme. In: Bode, Ingo/Evers, Adalbert/Klein, Ansgar (Hrsg.): Bürgergesellschaft als Projekt. Eine Bestandsaufnahme zu Entwicklung und Förderung zivilgesellschaftlicher Potenziale in Deutschland. Wiesbaden: VS-Verlag, S. 23-54

Otto, Ulrich /Schmid, Josef/Plank, Sven (2003): Bürgerschaftliches Engagement – Förderung durch die Bundesländer. Opladen: Leske+Budrich

Prognos/Generali Deutschland (2009): Engagementatlas 09. Daten, Hintergründe, Volkswirtschaftlicher Nutzen, Aachen

Reinke, Elke (2009): Kommentar zum engagementpolitischen Inhalt des Bundestagswahlprogramms der Linken. In: BBE-Newsletter Nr. 14/2009 vom 8.7.2009: http://www.b-b-e.de/fileadmin/inhalte/aktuelles/2009/07/nl14_reinke.pdf

Rohe, Karl (1994): Politik. Begriffe und Wirklichkeiten. Eine Einführung in das politische Denken. 2. Auflage, Stuttgart: Kohlhammer

Roth, Roland (2004): Engagement als Ressource. Möglichkeiten und Grenzen der Selbstorganisation von benachteiligten Bevölkerungsgruppen. In: Matthies, Aila-Leena/Kauer, Kathleen (Hrsg.): Wiege des sozialen Kapitals. Bürger-Engagement und lokale Ökonomie in einem ostdeutschen Stadtteil. Bielfeld: Kleine Verlag, S. 175-188

Roth, Roland (2009): Die Bedeutung des bürgerschaftlichen Engagements für die Zukunftsfähigkeit der Kommunen. In. Forschungsjournal Neue Soziale Bewegungen, Jg. 22, Heft 3 (im Erscheinen)

Schneider, Volker/Janning, Frank (2006): Politikfeldanalyse. Akteure, Diskurse und Netzwerke in der öffentlichen Politik, Wiesbaden: VS-Verlag

Schmid, Josef/Buhr, Daniel (2010): Mit- oder Gegenspieler? Bürgerschaftliches Engagement und Interessenpolitik durch Verbände und Parteien. In: Olk, Thomas/Hartnuß, Birger (Hrsg.): Handbuch Bürgerschaftliches Engagement. Weinheim und München: Juventa (im Erscheinen)

Seubert, Sandra (2009): Krise oder Chance gesellschaftlicher Integration? Zur demokratietheoretischen Bedeutung sozialen Kapitals. In: Forschungsjournal Neue Soziale Bewegungen, Jg. 22, Heft 3 (im Erscheinen)

SPD (2007): Hamburger Programm. Das Grundsatzprogramm der SPD. Beschlossen auf dem Hamburger Bundesparteitag der SPD am 28. Oktober 2007, Berlin

Speth, Rudolf (2006): Die große Lücke. Zwei Tage lang vermessen Wissenschaftlicher und Praktiker die Kluft zwischen Anspruch und Wirklichkeit eines Konzepts „Bürgergesellschaft". In: Frankfurter Rundschau vom 25.10.2006

Sprengel, Rainer (2007): Bürgerschaftliches Engagement und Organisationsentwicklung der Verbände, Studie für den Arbeitskreis „Bürgergesellschaft und aktivierender Staat" der Friedrich-Ebert-Stiftung, Bonn

Strachwitz, Rupert Graf (2009): Zum Wahlprogramm der FDP. In: BBE-Newsletter Nr. 14 vom 8.7.2009: http://www.b-b-e.de/fileadmin/inhalte/aktuelles/2009/07/nl14_strachwitz.pdf

Streeck, Wolfgang (2009): Von der gesteuerten Demokratie zum selbststeuernden Kapitalismus. Die Sozialwissenschaften in der Liberalisierung. In: Westend. Neue Zeitschrift für Sozialforschung, Jg.6, Heft 1, S. 13-33

Unterausschuss „Bürgerschaftliches Engagement" des Deutschen Bundestages (2005): Bericht über die Arbeit des Unterausschusses „Bürgerschaftliches Engagement". Berichtzeitraum Mai 2003 bis Juni 2005. UA-Drs. 15/090 vom 16.06.2005

Wissenschaftszentrum Berlin für Sozialforschung (WZB) (2009): Bericht zur Lage und zu den Perspektiven des bürgerschaftlichen Engagements in Deutschland, Berlin

Zimmer, Annette (2003): Rahmenbedingungen der Zivilgesellschaft. In: Forschungsjournal Neue Soziale Bewegungen, Jg. 16, Heft 2, 74-86

2. Zeitgeschichtliche Zugänge, ideengeschichtliche Bezüge und Leitbilder der Engagementpolitik

Kirsten Aner/Peter Hammerschmidt

Zivilgesellschaftliches Engagement des Bürgertums vom Anfang des 19. Jahrhunderts bis zur Weimarer Republik

1 Einleitung

Gegenstand dieses Beitrages ist eine empirische Skizze des zivilgesellschaftlichen Engagements bürgerlicher Akteure im Zeitraum vom Anfang des 19. Jahrhunderts bis zur Weimarer Republik. Wir fragen nach ihren jeweiligen Zielen, Leitbildern und ordnungspolitischen Vorstellungen, ihren Handlungs- und Organisationsformen sowie den wichtigsten Tätigkeitsbereichen.[1] Eine angemessene Erfassung, d.h. eine exakte Eingrenzung sowie eine empiriegesättigte Darstellung des Untersuchungsgegenstandes, erweist sich als schwierig. Zum einen vollzogen sich in diesem langen Betrachtungszeitraum grundlegende Veränderungen der Gesellschaftsformation mit entsprechend tiefgreifenden Auswirkungen auf den darzustellenden Gegenstand. Zum anderen muss der Forschungsstand als noch immer unzureichend bezeichnet werden – jedenfalls dann, wenn man eine reine Beschränkung auf Ideengeschichte nicht wünscht. Nicht zuletzt wird das Unterfangen durch ein Begriffsproblem erschwert, welches hier nicht gelöst werden kann, weil es Signatur der Sache selbst zu sein scheint. Es kann und soll an dieser Stelle nur insoweit umrissen werden, wie es für die Konzeption des Beitrags erforderlich ist.

Engagement, um beim Einfachen anzufangen, ist ein Handeln, das aus einer inneren, persönlichen Verpflichtung heraus vollzogen wird. Damit bezieht sich zivilgesellschaftliches Engagement auf die Zivilgesellschaft. Im Zuge der aktuellen Auseinandersetzungen über die Zukunft moderner Gesellschaften erleben Diskurse über Zivilgesellschaft eine Hochkonjunktur. Die einzige umfassende Gemeinsamkeit bei der Rede von und über Zivilgesellschaft scheint dabei eine „normative Aufladung" zu sein. Ansonsten wird der Begriff Zivilgesellschaft gelegentlich explizit, meist aber implizit recht unterschiedlich gefasst, wenn er nicht gar als bloßes Schlagwort oder leere Worthülle verwendet wird. Dabei lassen sich durchaus in Geschichte und Gegenwart gesellschaftstheoretische Konzepte und Diskurse finden, innerhalb derer der Begriff Zivilgesellschaft eine zentrale und auch klar gefasste Kategorie darstellt. John Locke (1632-1704) steht am Beginn der Ahnengalerie des modernen Nachdenkens über Zivilgesellschaft. Nach Locke war bzw. sollte die von ihm geforderte, aber noch nicht existierende Zivilgesellschaft (civil society) eine vom Staat (political society) geschiedene, unabhängige Sphäre des Schutzes der Individuen sein. Nach Charles Montesquieu (1689-1755) sollten des Weiteren zwischen Staat und Gesellschaft unabhängige, intermediäre Körperschaften angesiedelt sein, die als Bindeglied und als Vermittlungsagentu-

---

[1] Für Anregungen und Kritik danken die Vf. Kai Eicker-Wolf, Marburg und Leonie Wagner, Erfurt.

ren für eine funktionierende Demokratie nicht weniger wichtig als die gleichfalls von ihm geforderte Gewaltenteilung seien. Diese Körperschaften förderten und erhielten die für die Demokratie erforderliche Tugendhaftigkeit der Menschen, die die Gesetze ihres Landes liebten und den Gesetzen damit Anerkennung und Verbindlichkeit verschafften. Hierauf rekurrierend betonte Alexis de Tocqueville (1805-1859) die Unabdingbarkeit von Teilhabe und Mitwirkung an den freien Assoziationen für eine Demokratie, weil sich dadurch die von ihm noch stärker hervorgehobenen „Bürgertugenden" wie Ehrlichkeit, Toleranz und Zivilcourage herausbildeten. Bei diesen frühen, klassischen Theoretikern der Zivilgesellschaft standen zwei Anliegen im Zentrum: einerseits die Beschränkung von staatlicher Macht und Einfluss und andererseits die Schaffung, später Stärkung und Stabilisierung einer (bürgerlichen) Demokratie. Mit der entgegengesetzten Intention beschäftigte sich der italienische Sozialist Antonio Gramsci (1891-1937) in den 1920er Jahren mit Zivilgesellschaft. Warum konnte eine Revolution in Russland siegreich enden, während entsprechende Versuche im Westen scheiterten, obwohl hier die „objektiven" Bedingungen und Voraussetzungen (weit entwickelte Produktivkräfte, starke Arbeiterbewegung usw.), anders als im Osten, für eine sozialistische Revolution gegeben waren? Im Westen, so Gramscis Antwort, schützten ausgebaute Zivilgesellschaften den (bürgerlichen) Staat und die bürgerlich-kapitalistische Gesellschaftsordnung. Zivilgesellschaft verstand Gramsci als vorgelagertes Befestigungssystem, Verteidigungsring des Staates und insofern als staatsbezogen. Gleichzeitig galt ihm Zivilgesellschaft als Ort gesellschaftlicher Auseinandersetzungen und Kämpfe verschiedener gesellschaftlicher Gruppen mit unterschiedlichen, teilweise antagonistischen Interessen um Deutungsmacht und kulturelle Hegemonie. Die unterschiedlichen Konzeptionen von Zivilgesellschaft, die sich bei den angeführten „klassischen" Theoretikern differenzieren lassen, finden sich auch in den aktuellen Diskursen um Zivilgesellschaft mehr oder weniger ausgeprägt, direkt oder vermittelt wieder.

Eine Gemeinsamkeit bei den klassischen wie aktuellen Konzepten von Zivilgesellschaft besteht darin, dass Zivilgesellschaft als etwas Drittes, Intermediäres zwischen zwei anderen Bereichen Angesiedeltes verstanden wird. Das gilt auch für die Trilektik, die wegen Präsenz in den aktuellen gesellschaftspolitischen Diskussionen ebenfalls zu erwähnen ist; ihr zufolge existiert eine soziale Dreigliederung von Staat, Markt und Drittem Sektor, wobei letzterer dem entspricht, was in Nachbardiskursen Zivilgesellschaft heißt. Die Zwischenstellung der Zivilgesellschaft bedeutet, dass ihr „Umfang" oder Wirkungsbereich auch vom Umfang und Wirkungsbereich der beiden anderen Sphären abhängig ist. So kann eine Ausweitung des Staates oder eine Ausweitung der Wirtschaft bzw. der Bereich des Privaten/Haushalts zu einem „Schrumpfen" der Zivilgesellschaft führen – vice versa. Allerdings ist dies nicht zwangsläufig, weil es sich nicht um ein Nullsummenspiel handelt; d.h. denkbar ist ebenfalls, dass sich ein oder zwei Bereiche ausdehnen, ohne dass die anderen Bereiche schrumpfen.

Für die hier notwendige Bestimmung des Untersuchungsgegenstandes zivilgesellschaftliches Engagement folgt daraus: a) dass bei der Eingrenzung von Zivilgesellschaft auch jeweils die Eingrenzung der beiden anderen Bereiche, m.a.W. die wechselseitige Abgrenzung mitzudenken ist, b) dass sich die Grenzen von Zivilgesellschaft im geschichtlichen Verlauf – eben auch in Abhängigkeit von den übrigen Bereichen – real veränderten und c) dass sich die Grenzen und der Umfang des zivilgesellschaftlichen Bereichs je nach ordnungspolitischen und gesellschaftstheoretischen Leitvorstellungen gedanklich anders darstellten. Im Ergebnis kann dies dazu führen, dass ein und dieselbe Aktivität entweder in unterschiedlichen Epochen oder auch nur in der Wahrnehmung aufgrund unterschiedlicher Vorstellungen von Staat und Gesellschaft einen anderen Charakter hat oder zumindest zu haben scheint. So ist, um den hier wichtigsten Fall dafür als Beispiel anzuführen, die Mitwirkung eines preußischen Bürgers in der kommunalen Selbstverwaltung in den 1820er Jahren eindeutig als zivilgesellschaftliches Engagement zu qualifizieren, während dasselbe einhundert Jahre später nicht mehr als Aktivität im zivilgesellschaftlichen, sondern im politischen, staatlichen Bereich angesehen werden kann.

Eine weitere Schwierigkeit besteht darin, dass sich in Deutschland die Zivilgesellschaft erst im Verlauf des hier gesetzten Untersuchungszeitraums herausbildete. Mannigfaltige soziale Strömungen und Bewegungen bereiteten hierfür den Boden. Den Ausgangspunkt für unsere Darstellung bildet die Preußischen Städteordnung 1808, mit dem Zivilgesellschaft in Deutschland als klar umgrenzter Handlungsbereich konturiert wurde. Die anschließende Ausdifferenzierung der Zivilgesellschaft erfolgte in Deutschland aber nicht nur vergleichsweise zögerlich, sondern auch – am Maßstab normativer Gesellschaftsentwürfe und wissenschaftlicher Theorien gemessen – recht „unvollkommen". Und ab dem Zeitraum, ab dem eine klare Differenzierung möglich erschien (etwa nach 1871/1880), erfolgte in einigen, wichtigen Bereichen zivilgesellschaftlichen Engagements eine (Re-)Integration oder zumindest eine enge Ankopplung an die staatliche Sphäre. In Anbetracht dessen verstehen wir im Folgenden die Kategorie Zivilgesellschaft als Idealtyp im Weberschen Sinne.

Nur dieser Zugang erlaubt die hier intendierte empirisch-deskriptive Erschließung des Gegenstandes, und zwar ungeachtet der angeführten Probleme die sich bei der Erfassung von Zivilgesellschaft als spezifischem gesellschaftlichen Bereich oder Raum ergeben. Gleichwohl ist auch die normative Dimension von Zivilgesellschaft, wie sie schon bei den klassischen Theoretikern mit ihren Gesellschaftsentwürfen, formuliert wurde, mit zu berücksichtigen, um den „harten Kern" von Zivilgesellschaft herausschälen zu können. Erst die normative Dimension erlaubt eine Differenzierung, Qualifizierung und fundierte Bewertung von Aktivitäten im zivilgesellschaftlichen Bereich (Kocka 2002: 20 f., Malinowski 2004: 255 ff.). Im Rahmen dieses Beitrages beschränken wir uns auf den „harten Kern" zivilgesellschaftlichen Engagements, d.h. auf Aktivitäten, die im Bereich „Zivilgesellschaft" angesiedelt waren und mit zivilgesellschaftlichen Mitteln zivilgesellschaftliche Ziele verfolgten. Damit ist zugleich auf die handlungslogische Perspektive auf den zu betrachtenden Gegenstand verwiesen. Sie spielt für unseren Beitrag insofern eine Rolle, als wir die mit den bereichsspezifischen Tätigkeiten verbundenen Eigeninteressen von Akteursgruppen für einen notwendigen Bestandteil der Darstellung halten, stehen sie doch teilweise im Widerspruch zu den mit einer ausschließlich handlungslogischen Perspektive einhergehenden normativen Vorstellungen von Zivilgesellschaft.

Die Hauptgliederung des Beitrags ist chronologisch. Ausgehend von der preußischen Städteordnung von 1808 verfolgen wir die Entwicklungen bis zur Gründung des Deutschen Kaiserreichs (2. Kap.), dann die Zeit des Kaiserreichs (3. Kap.) und schließlich die Weiterentwicklung während der Weimarer Republik bis zum Niedergang der bürgerlichen Vereinskultur und den (staatlichen) Weichenstellungen, die den Übergang von der „Vereins- zur Verbandskultur" förderten (4. Kap.). Die weitere Untergliederung erfolgt nach den Akteuren des zivilgesellschaftlichen Engagements. Als erstes und zuvörderst kommt damit das männliche Bürgertum, vor allem das städtische Bürgertum in den Blick, anschließend gesondert bürgerliche Frauen und die Frauenbewegung. Die ab der Mitte der 19. Jahrhunderts immer bedeutsamer werdenden konfessionellen Kräfte und Bewegungen werden ebenfalls gesondert dargestellt. Auf eine Darstellung des vielfältigen und reichen Engagements der Arbeiterbewegung muss hier verzichtet werden. Außerhalb unserer Betrachtung bleibt auch etwa die Gewerkschaftsbewegung, weil unmittelbar „marktbezogen", und ebenso politische Parteien, weil unmittelbar „staatsbezogen". Unser Fokus richtet sich des Weiteren auf praktisch-tätiges Engagement. Bei dieser Eingrenzung kristallisiert sich als mit Abstand wichtigster und größter Gegenstand zivilgesellschaftlichen Engagements, soviel darf vorweggenommen werden, der Bereich „Soziales" im weiten Sinne heraus. Daneben spielten Bildung und Erziehung eine wichtige Rolle. Kunst, Kultur und Wissenschaft dagegen waren vor allem als Bereiche für finanzielles, mäzenatisches Engagement von Bedeutung, das bei der hier gewählten Konzentration auf das Praktisch-tätige allenfalls am Rande zu erwähnen sein wird.

2 Von Anfang des 19. Jahrhunderts bis zur Gründung des Deutschen Reiches

2.1 *Das Bürgertum*

Mit der preußischen Städteordnung vom 19. November 1808 (Krebsbach 1970) räumte der preußische Staat dem Bürgertum einen genau umgrenzten Handlungs- und Wirkungsbereich ein, der bis zur Gründung des Deutschen Reiches das bedeutendste Feld zivilgesellschaftlichen Engagements war: Die Gestaltung und Verwaltung lokaler, städtischer Angelegenheiten in Eigenregie in Form einer kommunalen Selbstverwaltung. Das übergeordnete Ziel der Städteordnung bestand in der Einbindung des aufstrebenden Bürgertums in den absolutistischen Staat: Letzteren zu modernisieren und zu erhalten trotz – oder besser wegen – der Herausforderung der Französischen Revolution. Dementsprechend standen die genannten Rechte (und Pflichten) nur den Bürgern im Sinne des Bürgertums zu, also den gewerbetreibenden und grundbesitzenden Einwohnern der Städte (der Bourgeoisie, der middle class), insbesondere den Wirtschafts- und Bildungsbürgern, die trotz ihres geringen Anteils an der Gesamtbevölkerung (5-7 %) das 19. Jahrhundert prägten (Kocka 2002: 15 f.). Alle Frauen und die Mehrheit der übrigen männlichen erwachsenen Bevölkerung – der Bürger im Sinne von Staatsbürgern (citoyen, citizen) – blieben weiterhin von der Mitgestaltung lokaler Angelegenheiten ausgeschlossen. Der Vordenker und Gestalter der preußischen Städteordnung, Freiherr von Stein, erhoffte sich von der Eröffnung des kommunalen Gestaltungsspielraums eine *„Belebung des Gemeingeistes und Bürgersinn"* und die Kanalisierung bürgerlicher Tätigkeit in *„Richtung auf das Gemeinnützige"* (vgl. Thamer 2000: 289 f.); Hierfür wäre hier die Bezeichnung „Engagementpolitik" durchaus treffend.

Dabei stellte der Staat dem Selbstverwaltungsrecht gleichzeitig eine Selbstverwaltungspflicht zur Seite, die für das Bürgertum als Ganzes wie auch für jeden einzelnen Bürger galt. Die Ausübung eines Ehrenamtes (§§ 191 f.) im Rahmen der Selbstverwaltung war keineswegs freiwillig und eine „*beharrliche Weigerung*" führte zum Verlust der bürgerlichen Ehrenrechte und einer erhöhten Abgabelast (§§ 201 f.). Die Städteordnung erlaubte den Bürgern, die Stadtverordneten, und letzteren wiederum, den Magistrat zu wählen, der damit seinen alten stadtobrigkeitlichen Charakter abstreifte. Die Stadtverordneten kontrollierten die städtische Verwaltung einschließlich der Finanzen. Sie bildeten mit sonstigen Bürgern unter Vorsitz eines Magistratsmitglieds Deputationen bzw. Ausschüsse, die – mit Entscheidungsmacht versehen – die laufenden städtischen Angelegenheiten gestalteten, und zwar insbesondere im Bereich Armen-, Bau- und Schulwesen.

Im zweiten und dritten Jahrzehnt des 19. Jahrhunderts folgten die übrigen deutschen Staaten dem preußischen Vorbild und führten durch Städteordnungen und Kommunalverfassungen kommunale Selbstverwaltungsrechte für das Bürgertum ein, wobei insbesondere in den süddeutschen Staaten das Ausmaß kommunaler Autonomie größer und spiegelbildlich dazu die staatlichen Kontroll- und Aufsichtsrechte geringer ausfielen als in der ursprünglichen Fassung der preußischen Städteordnung. Die jeweiligen Kompetenzen von Staat und Bürgertum boten in den folgenden Jahrzehnten immer wieder Grund für Konflikte, weil, je nach politischer Konjunktur, die jeweils eine oder andere Seite versuchte, ihre Handlungsmöglichkeiten auf Kosten der anderen auszuweiten. So vermag es nicht zu verwundern, dass ein höherer Grad an „Gemeindefreiheit" auch (noch) zu den Märzforderungen im Revolutionsjahr 1848 gehörte. Der Begriff der „Gemeindefreiheit" stand dabei für ein anderes Konzept von kommunaler Selbstverwaltung und letztlich auch von Zivilgesellschaft. Die Stein´sche Selbstverwaltungsidee war „von oben", vom (absolutistischen) Staat her gedacht. Die liberale bürgerliche Idee von Gemeindefreiheit hingegen, wie sie insbesondere von Karl von Rotteck ausformuliert wurde, war „von unten" konzipiert. Sie ging von den Möglichkeiten der Selbstorganisation der Gesellschaft aus war damit auf ein größtmögliches Maß an Unabhängigkeit gegenüber dem Staat ausgerichtet, wenngleich sie durchaus ebenfalls exklusiv auf das Bürgertum bezogen blieb (Thamer 2000: 295 f.). In der politischen Praxis im Vormärz gehörten offene wie verdeckte „Grenzkonflikte" fast schon zum Alltag, und das sollte sich auch nach der Revolution von 1848 nicht ändern.

Ungeachtet aller Konflikte und Einschränkungen: Mit der kommunalen Selbstverwaltung erhielt das Bürgertum einen wichtigen Gestaltungsbereich, der zudem von wachsender Bedeutung war. In der Phase der einsetzenden Frühindustrialisierung und erst recht während der Hochindustrialisierung in der zweiten Hälfte des Jahrhunderts standen Angelegenheiten der Stadtentwicklung im Vordergrund. Die einsetzende Urbanisierung in einem bis dato ungekannten Ausmaß brachte neue Herausforderungen, denen das Bürgertum mit der allmählichen Entfaltung einer Infrastrukturpolitik begegnete, wobei zunächst das Bau- und Straßenwesen im Vordergrund der Aktivitäten stand. Daneben entwickelte sich schon im Verlauf des Vormärz mit wachsender Bedeutung und Dringlichkeit das Armenwesen zur zweiten großen Herausforderung für das städtische Bürgertum. Die staatlicherseits eingeleiteten und vom Bürgertum durchaus gewünschten Reformen in Richtung einer modernen, industriekapitalistischen Gesellschaft produzierten zunächst die Verelendung breiter Bevölkerungsschichten. Für das Problem des Pauperismus, so die damalige neue Bezeichnung, zeichnete das Bürgertum durch die Städteordnung und später durch besondere Armenpflegegesetze (wie etwa in Preußen durch das „Gesetz über die Verpflichtung zur Armenpflege" (GS 1843: 8)) nun unmittelbar verantwortlich (Sachße/Tennstedt 1998a u. b;

vgl. Sachße/Tennstedt/Roeder 2000; Hammerschmidt 2002). Die kommunalen Selbstverwaltungen und die hier angesiedelten Armendeputationen hatten unter obligater praktisch-tätiger ehrenamtlicher Mitwirkung grundsätzlich aller Bürger[2] eigenständig Lösungen auszuarbeiten und umzusetzen, wozu auch die Beschaffung der erforderlichen finanziellen Mittel gehörte.

Ein Modell, das zur Senkung der finanziellen Armenlast dienen sollte und gleichzeitig eine systematische und umfassende Einbeziehung der Bürger vorsah, konzipierte und praktizierte die stark expandierende Industriestadt Elberfeld seit 1853. Im Rahmen des „Elberfelder Systems" wurden einige Prinzipien der öffentlichen Wohlfahrtspflege formuliert, die auch heute noch Gültigkeit besitzen. Das Stadtgebiet wurde in mehrere hundert „Quartiere" eingeteilt, innerhalb derer je ein ehrenamtlich tätiger (männlicher) Bürger maximal vier Arme und deren Familien betreute. Aufgabe des Armenpflegers war es, bei seinen vierzehntägigen Besuchen (Besuchsprinzip) in detaillierten Fragebögen die vorgefundenen wirtschaftlichen Verhältnisse, die individuelle Notlage und den individuellen Bedarf festzustellen (Individualisierungsprinzip). Dabei sollte das Verhalten der Betroffenen kontrolliert und erzieherisch auf sie eingewirkt werden. Auf dieser Grundlage wurde entschieden, ob, und wenn ja, in welcher Form eine um Unterstützung nachsuchende Person Leistungen erhalten sollte. Dem Motto der Elberfelder Armenordnung „Arbeit statt Almosen" gemäß, bemühten sich die Armenpfleger um die Vermittlung eines Beschäftigungsverhältnisses für die Arbeitsfähigen; wer eine angebotene Arbeit ablehnte, erhielt keine Leistung und wurde der Polizei gemeldet. Innerhalb der hier erstmalig praktizierten Arbeitsteilung zwischen Innen- und Außendienst oblag dem bürokratisch rationalisierten Innendienst die zentrale Erfassung der im Außendienst erhobenen entscheidungsrelevanten Daten. Über den erzieherisch disziplinierenden Erfolg des Elberfelder Systems lässt sich nur spekulieren, der finanzielle Erfolg dagegen war offensichtlich: Die Zahl der unterstützten Parteien und die für armenpflegerische Zwecke aufgewendeten Mittel sanken beträchtlich, wozu allerdings wohl auch der anhaltende konjunkturelle Aufschwung beigetragen hat, der in den sechziger Jahren des 19. Jahrhunderts einsetzte. Das Elberfelder System galt als Erfolg und wurde und nach und nach – mehr in Elementen denn insgesamt als „System" – von anderen Städten übernommen (vgl. Sachße 1986: 36 ff.; Hammerschmidt/Tennstedt 2002; ausführlich: Böhmert 1886: 49-96).

Die zweite wichtige (und zweitwichtigste) Handlungs- und Organisationsform zivilgesellschaftlichen Engagements des Bürgertums bis zur Reichsgründung stellten freie Vereinigungen, Assoziationen, Bünde, Vereine und Zirkel dar. Der Verein war dann in der zweiten Hälfte des 19. Jahrhunderts die typische Rechts- und Organisationsform bürgerlichen Lebens und für zivilgesellschaftliches Engagement. Ungeachtet strikter staatlicher Kontrolle und Reglementierung entfaltete das Bürgertum vom Beginn des Vormärz bis zu dessen

---

[2] Eine ehrenamtliche Mitwirkungspflicht im Bereich des Armenwesens war nicht nur in der Preußischen, sondern meist auch in den Städteordnungen bzw. Kommunalverfassungen der übrigen deutschen Staaten verankert. Teilweise erfolgte eine Kodifizierung in Armenpflegegesetzen bzw. -verordnungen wie beispielsweise in der bayerischen Armenpflege-Verordnung vom 17. November 1816. Eine Verpflichtung, die sich hier aber auf „sämtliche Untertanen" erstreckte (Königlich-Baierisches Reg.-Bl., Sp. 779 ff., hier: Art. 7 u. 13). Die Freie und Hansestadt Hamburg hatte schon viele Jahre vor Preußen im Rahmen der Armenreform von 1788 den Grundsatz einführte, dass die Armen durch die Bürger der Stadt nachbarschaftlich-ehrenamtlich zu betreuen waren. Zu den frühen Ansätzen und ihrer praktischen Umsetzung im Zeitverlauf siehe die Lokalstudien zu Berlin von Scarpa (1995) und Hüchtker (1999)

Ende exponential eine reiche, zunehmend differenzierte Vereinskultur. Das hier angesiedelte zivilgesellschaftliche Engagement war frei, weil frei gewählt und, anders als im Bereich der kommunalen Selbstverwaltung, ohne staatliche Verpflichtung. Gegenstände von Vereinsaktivitäten waren insbesondere Bildung (etwa Lesegesellschaften), Kultur, Wissenschaft und auch bloße Geselligkeit. Bürger- und Volksvereine, burschen- und turnerschaftliche Organisationen kamen hinzu. Hier entwickelte zuvörderst das städtische Bildungsbürgertum eine eigene bürgerliche Kultur und Lebensweise (Sachße 2000: 78; Thamer 2000: 299 f.). Daneben entstanden – bzw. differenzierten sich im späten Vormärz aus – Vor- und Frühformen von politischen Parteien, Gewerkschaften und sonstigen Interessenorganisationen. Erlebten freie Vereinigungen in den letzten Jahren vor der 1848er Revolution eine nahezu explosionsartige Ausweitung bei gleichzeitiger Politisierung – zumindest die nahe liegende Forderung nach weitgehender Vereinsfreiheit war eine politische –, so führte die Niederschlagung der Revolution und die anschließende Reaktionszeit mit politisch motivierten starken Restriktionen zu einem herben Rückschlag für das vormals schon reiche Vereinsleben. Erst zehn Jahre später begann, gefördert durch einen Politikwechsel – nämlich die sog. „Neue Ära" mit der Regentenschaft des Prinzen Wilhelm und der Entlassung Manteuffels –, eine allmähliche Wiederbelebung des bürgerlichen Vereinswesens, das dann bis zur Reichsgründung eine neue Blüte erreichen konnte. Bis dahin umfasste die bürgerliche Vereinskultur tendenziell alle Lebensbereiche (Thamer 2000: 300; Sachße 2000: 78).

Besonders zu erwähnen sind Vereinigungen des Bürgertums, die nicht unmittelbar selbstbezogen und insofern nicht unmittelbar „eigennützig" waren. Es handelt sich um Armenpflege- oder Wohltätigkeitsvereine, in denen sich das Bürgertum – neben und in Ergänzung des entsprechenden Engagements im Rahmen der Selbstverwaltung – um das Wohl der armen, unterbürgerlichen Schichten kümmerte. Philanthropische Motive standen dabei – neben weiteren, etwa politischen, die ab den 1840er Jahren immer größeres Gewicht erlangten – im Vordergrund und verbanden sich vielfach mit dem Bemühen, bürgerlichen Normen, Ordnungs- und Wertvorstellungen auch bei der Armenbevölkerung Geltung zu verschaffen; und dies auch durch soziale Kontrolle. Im Sinne von Gramsci können diese Aktivitäten auch als Teil des Kampfes des Bürgertums um „kulturelle Hegemonie" interpretiert werden, wobei dieser „Kampf" den Charakter einer Kolonialisierung oder säkularen Missionierung annahm (vgl. Dießenbacher 1986).

Die Bestrebungen des Bürgertums, durch Privatwohltätigkeit zur „Hebung der arbeitenden Klassen" beizutragen, formierten sich nach der 1848-Revolution zur „bürgerlichen Sozialreform". „Sozialreform statt Sozialrevolution" war hierbei der Leitgedanke. Mit der Parole „Weder Kommunismus noch Kapitalismus" sollte Sozialreform als „Dritter Weg" positioniert werden, der sich einerseits von den sozialistischen Ideen und Bestrebungen der sich auch parteipolitisch organisierenden Arbeiterbewegung und anderseits von den Manchesterkapitalistischen Vorstellungen und einer dementsprechenden in den 1860er Jahren forcierten Praxis abgrenzte. Neben Wohltätigkeitsvereinen schuf das Bürgertum auch zunehmend eigene Vereine zur Hebung der Bildung und auch zur Erziehung unterbürgerlicher Schichten, durchaus in bewusster Konkurrenz zur entstandenen Arbeiterbewegung. Über die sonst übliche lokale Begrenzung hinaus ging ein Verein, der dann für die bürgerlichen Wohltätigkeits- und Sozialreformbestrebungen bis zur Reichsgründung eine Leit- und

Orientierungsfunktion ausfüllte: Der „Centralverein für das Wohl der arbeitenden Klassen" (vom Bruch 1985 a).

Der Centralverein wurde am Rande der Gewerbeausstellung des Zollvereins im August 1844 angesichts des schlesischen Weberaufstandes von Unternehmern und hohen Beamten konzipiert. Der Centralverein, dessen Mitgliedschaft durch hohe Beiträge sehr exklusiv war, bildet in der Planung die Spitze eines flächendeckenden Netzes von Provinz-, Bezirks-, Kreis- und Lokalvereinen. Die praktische Arbeit der Lokalvereine sollte auf die Gründung von Spar- und Prämienkassen, von Kranken-, Invaliden-, Pension- und Sterbekassen hinwirken. Fortbildungsschulen für „Fabrikkinder" sowie öffentliche Vorträge sollten dem Volke „gemeinnützige Kenntnisse" vermitteln. Das preußische Innenministerium behandelte die Genehmigung der Vereinsstatuten dilatorisch. Erst nach der Revolution verlieh das liberale Märzministerium als eine seiner ersten Amtshandlungen dem Centralverein Korporationsrechte. Zwei Centralvereinsmitglieder bekleideten Ministerposten und 1848 nahm der Vorstand unter Vorsitz von Adolph Lette seine Arbeit auf. Der Verein expandierte und verfügte innerhalb weniger Monate über 300 Berliner und 60 weitere Mitglieder, zudem hatten sich rd. 30 Lokalvereine gebildet und sich dem Centralverein angeschlossen, unter anderem der Berliner Verein unter Leitung von Adolph Diesterweg.

Die Reaktion brachte dann einen Rückschlag für die Vereinsarbeit, in erster Linie für die Lokalvereine, aber auch für den Centralverein selbst, was sich erst Ende der 1850er Jahre änderte. Dann zeigte sich aber immer deutlicher die Konkurrenz zu den Organisationen der Arbeiterbewegung, die von den Sozialreformern als Bündnispartner gedacht, aber letztlich nicht als gleichberechtigt akzeptiert, sondern eher als Objekt paternalistischer Fürsorge betrachtet wurden. Für die angesprochenen Proletarier mochten die Vermittlung von „gemeinnützigen Kenntnissen" – hier standen Fragen der Ernährung, Gesundheit und Hygiene im Vordergrund – noch hilfreich sein, aber die vielfältigen Versuche, die Arbeiter zum Sparen zu erziehen, waren – worauf erfolglos ein Mitglied des Centralvereins selbst hingewiesen hatte – angesichts der niedrigen und wechselhaften Einkünfte wenig realitätstüchtig. Allenfalls die ebenfalls angeregte Bildung von Konsumvereinen und die nach der Aufnahme von Hermann Schulze-Delitzsch Ende der 1850er Jahre vom Centralverein verstärkt geförderte Genossenschaftsgedanke mochten für die Arbeiter interessant erscheinen. Die mühsam abgerungene Stellungnahme des Centralvereins zur Koalitionsfreiheit und zum Streikrecht für Arbeiter im Jahre 1864, derzufolge beides überhaupt nur unter höchst eingeschränkten Bedingungen akzeptabel sei, war wenig geeignet, sich dem Proletariat gegenüber als „Arbeiterfreund" zu präsentieren, daran änderte auch der ab 1863 gleichnamige Titel des Zentralorgans des Vereins nichts. Zunehmende Anerkennung erntete der Centralverein dagegen ab Mitte der 1860er Jahre bei Industriellen und Großkaufleuten, die die Arbeit des Vereins durch Eintritt und Mitgliedsbeiträge förderten. Daneben schlossen sich auch korporative Mitglieder dem Centralverein an. In erster Linie Behörden, städtische Magistrate, aber auch Handelskammern und Großunternehmen (Reulecke 1983; 1985).

2.2 Zum Engagement bürgerlicher Frauen

Die Zivilgesellschaft war im hier betrachteten Zeitraum männlich dominiert. Bürgerliche Frauen blieben von der Mitgestaltung lokaler Angelegenheiten im Rahmen der kommunalen Selbstverwaltung ausgegrenzt und selbst die Wahrnehmung von (bürgerlichen) Ehrenämtern blieb ihnen verwehrt. Dennoch: Ab den 1830er Jahren nahmen, wenn auch zunächst nur vereinzelt, Frauen an dem aufblühenden Vereins-, Club- und Zirkelwesen des Bürgertums teil und vollzogen den Politisierungsprozess in diesem Bereich mit. Daneben entstanden um die Revolutionsjahre auch eigenständige Frauenvereine. Das waren Frauenbildungsvereine, die auf Überwindung der Bildungsbenachteiligung von Frauen und Mädchen zielten, sowie demokratische Frauenvereine, die meist weitergehende demokratische Rechte nicht nur, aber auch und besonders für Frauen, forderten. Letztere verbanden häufig ihre Vereinsarbeit mit Wohltätigkeitsaktivitäten, die sie teils aus Tarnzwecken ausübten, die aber teils auch der materiellen Unterstützung von Gesinnungsgenossinnen dienten (Gerhard 1992: 67 f. u. passim).

Die Reaktionszeit traf das weibliche Engagement noch stärker als das männliche. Die Vereinsgesetze der Länder seit 1850 verboten Frauen grundsätzlich die Mitgliedschaft in politischen Vereinen. Dies galt bis 1908, wobei die Obrigkeit in den 1850er Jahren das „Politische" sehr weit auslegte. Selbst die Teilnahme als Zuhörerinnen an politischen Veranstaltungen war Frauen verboten. Sonderregelungen für Frauen diktierte auch das Presserecht von 1851. Hiernach durften Frauen keine Zeitschriften und Zeitungen herausgeben oder redigieren. Damit blieben Frauen vom wichtigsten Medium bürgerlicher Öffentlichkeit ausgegrenzt. Die ersten frauenrechtlerischen Zeitungen, wie etwa die von Louise Otto ab 1849 herausgegebene „Frauen-Zeitung – Dem Reich der Freiheit werb´ ich Bürgerinnen" wurden damit verboten. Die sich im Revolutionsjahr formierende Frauenbewegung verlor so einen Kristallisationskern zur Organisation. Erst nach dem Ende der Reaktion konnte Louise Otto (-Peters), die Mutter der deutschen Frauenbewegung, zusammen mit der Lehrerin Auguste Schmidt und weiteren Mitstreiterinnen im Oktober 1865 in Leipzig den „Allgemeinen Deutschen Frauenverein" (ADF) und ein Jahr später das Vereinsorgan „Neue Bahnen" gründen. Mit dem ADF begann die organisierte deutsche Frauenbewegung. Seine Gründung regte dann die Bildung einer Fülle weiterer lokaler Fraueninitiativen und -vereine an, die sich dem ADF anschlossen (Gerhard 1992: 39 f., 60 ff., 76 f. u. passim). Zentrale Forderungen des ADF waren die Förderung und das Recht auf Bildung sowie auf Erwerb (letzteres für die bürgerlichen Frauen, Proletarierinnen arbeiteten gezwungenermaßen ohnehin). Louise Otto als Vorkämpferin und Vordenkerin ging es als Demokratin und (gemäßigter) Feministin um die Überwindung von Unterdrückung und geschlechtsspezifischer Ungleichheit.

Vielen Frauen gingen die feministischen Vorstellungen und Forderungen des ADF schon zu weit. Auch deswegen konnte der ADF bis 1871 nur einige Tausend aktive Mitglieder rekrutieren. Zudem existierten konkurrierende Organisationen, die für Frauen offenbar attraktiver waren. Das waren a) Vereinigungen der Arbeiterbewegung, hier entstanden auch eigene Arbeiterinnenvereine; neben der (bürgerlichen) entwickelte sich eine proletarische Frauenbewegung und b) alternative Projekte männlicher Sozialreformer, wie der vom Vorsitzenden des Centralvereins Adolph Lette 1866 gegründete (anti-emanzipatorische)

„Verein zur Förderung der Erwerbstätigkeit des weiblichen Geschlechts" (sog. Lette-Verein) und c) die weniger „zivilen" „Vaterländischen Frauenvereine" (Gerhard 1992: 90 f., 107 f.; Reulecke 1985: 48-50).

2.3 Konfessionelle Bewegungen und Kräfte

Durch das Aufklärungsdenken hatten die Kirchen[3] schon vor der Wende zum 19. Jahrhundert deutlich an ideologischem und gesellschaftspolitischem Einfluss verloren. Die infolge des Reichsdeputationshauptschlusses 1803 durchgeführte umfassende Säkularisation führte für die christlichen Kirchen – insbesondere für die katholische – zu einem enormen Verlust ihres Vermögens sowie ihrer vormaligen weltlichen Macht. Sie erlitten einen Schlag, von dem sie sich letztlich nie mehr ganz erholen konnten, und befanden sich im ersten Drittel des 19. Jahrhunderts in einer ausgeprägten Defensivposition. Erste Ansätze konfessioneller Kräfte – jenseits des Kirchenamtlichen – auf evangelischer wie katholischer Seite, durch soziales, zivilgesellschaftliches Engagement den verloren gegangenen gesellschaftlichen Einfluss des organisierten Christentums wiederzugewinnen, lassen sich gegen Ende des Vormärz feststellen.

Auf evangelischer Seite handelte es sich dabei zunächst um bescheidene Initiativen von pionierhaft tätigen einzelnen Persönlichkeiten. Zu nennen sind hier Wichern und die Eheleute Fliedner. Der Hamburger Theologe Johann Hinrich Wichern (1808 – 1881) richtete in dem 1833 von ihm begründeten „Rauhen Haus" – ein finanziell von Hamburger Bürgern unterstütztes Rettungshaus für „verwahrloste", straffällig gewordene Kinder – eine Ausbildungsstätte für Diakone („Brüder") ein, die in erster Linie als Erzieher und teilweise als Gefängnisfürsorger tätig sein sollten. Damit wurde das „Rauhe Haus" zum Vorbild für weitere Brüderhäuser und besonders für Ausbildungsstätten für die Anstaltserziehung. Ebenfalls im Bereich der Anstaltserziehung und Gefangenenfürsorge engagierten sich der Düsseldorfer Pfarrer Theodor Fliedner (1800 – 1864) und seine Ehefrau Friederike (1800 – 1842). Wegweisend wirkten beide mit der Gründung der „Bildungsanstalt für evangelische Pflegerinnen" (Diakonissen) 1836 in Kaiserswerth bei Düsseldorf. Die Kaiserswerther Mutterhausdiakonie wurde zum Vorbild weiterer Ausbildungsstätten für evangelische Krankenpflegerinnen. Als Ergänzung und männliches Pendant gründete Theodor Fliedner 1844 in Duisburg eine „Pastoralgehilfenanstalt" (später: Diakonenanstalt Duisburg), die der Gewinnung und Ausbildung von männlichen Pflege- und später auch Erziehungskräften diente.

Wichern, der sich eingehend programmatisch äußerte und in seinen ordnungspolitischen Vorstellungen ständestaatliche Zustände (zurück) wünschte, interpretierte die Armut und die Verelendung seiner Zeit als Symptom, hinter dem die Haltlosigkeit des Volkes, der massenhafte Abfall vom Glauben und die Versündigung gegen die göttlichen Stiftungen Familie, Staat und Kirche standen. Die „entsittlichenden" Folgen von Industriekapitalismus

---

[3] Die folgenden Ausführungen beschränken sich auf katholische und protestantische Bewegungen und Kräfte. Auf eine Darstellung entsprechender (religiöser) jüdischer Aktivitäten muss hier ebenso verzichtet werden wie auf eine gesonderte Behandlung des Anteils von Juden am Engagement (des nicht primär konfessionell motivierten Handelns) des Bürgertums im vorhergehenden Unterkapitel. Zum damit ausgesparten Aspekt siehe: von Rahden (2004) und die dort angeführte Literatur.

und Verstädterung verstand er als Ausdruck und Resultat von Verweltlichung und Entchristlichung. Die Verwirklichung christlicher Nächstenliebe, die Ausübung der Werke der Barmherzigkeit als praktische „Liebestätigkeit" sollte missionarisch ausgestaltet sein und so einer Re-Christianisierung dienen. Seiner Ursachenanalyse entsprechend, galt ihm dies gleichzeitig als Beitrag zur Überwindung von Armut und Elend und der Stabilisierung von Staat und Kirche. In der „fluchwürdigen" Revolution von 1848 erblickte Wichern eine politische Katastrophe, damit habe sich das entchristlichte Volk auch gegen die „gottgewollte Ordnung" versündigt (Wichern 1848 a, b). Hierin sah er auch eine Niederlage der Kirche, die dies mit ihren zersplitterten Anstrengungen nicht zu verhindern vermocht hatte.

Um einen Zusammenschluss (Konföderation) der getrennten evangelischen Landeskirchen zu fördern, hatte Moritz August von Bethmann-Hollweg, u.a. von Wichern unterstützt, im September des Revolutionsjahres zu einer Kirchenversammlung in Wittenberg aufgerufen. Wichern nutzte diese Gelegenheit und rief hier die Kirchenrepräsentanten zur Unterstützung der vielfältigen evangelischen Aktivitäten der Liebestätigkeit und zu deren Zusammenschluss unter einem Dach, einem Centralausschuß, auf. Die (äußere) Heidenmission, so Wichern, müsse durch die Re-Christianisierung im Inneren, eine innere Mission ergänzt werden. Schon im Januar des folgenden Jahres wurde der „Centralausschuß für Innere Mission" als (loser) Zusammenschluss der schon bestehenden wohlfahrtspflegerischen Aktivitäten gegründet. Angeregt durch den Centralausschuß und aufgerüttelt durch die Revolution, entfaltete sich zwischen 1849 und Mitte/Ende der 1850er Jahre eine Reihe neuer, zusätzlicher Tätigkeiten in diesem Bereich. Allein zwischen 1849 und 1852 wurden rund 100 neue evangelische Anstalten, meist Rettungshäuser, gegründet. Der rapide Anstieg des konfessionellen wohlfahrtspflegerischen Engagements verlief ab Ende der 1850er Jahre insbesondere im Rahmen der Inneren Mission deutlich gemächlicher. Von überragender Bedeutung für die weitere Entwicklung der Inneren Mission waren die Erfolge bei der Gewinnung von engagierten, religiösen Kräften (Diakonissen, Diakone), die – auf genossenschaftlicher Grundlage (Mutterhäuser, Brüderanstalten) organisiert – der evangelischen Wohlfahrtspflege ein stabile personelle Basis schufen (Gerhardt 1948, Bd. 1; Schmidt 1998; Hammerschmidt 1999: 62-68; 2002: 24 f.).

Eine nennenswerte kirchenamtliche Caritasarbeit existierte zu Beginn des 19. Jahrhunderts nicht. Mit der beginnenden Industrialisierung in der Mitte des 19. Jahrhunderts entstanden unabhängig von der Kirchenleitung lokale Caritaskreise, die sich den von der öffentlichen Armenpflege vernachlässigten Personen und Problemen widmeten. Ehrenamtlich Engagierte leisteten durch Spenden finanzierte Hilfen für Erwerbslose, Obdachlose, verwahrloste und gefährdete Kinder und Jugendliche. Arme wurden gespeist und hilfsbedürftige Kranke, Alte und Minderjährige erforderlichenfalls in Anstalten untergebracht. Die durch die Revolution 1848 auch errungene Vereinsfreiheit nutzten katholische Kreise sofort, um „Katholische Vereine", häufig auch unter dem Namen „Piusvereine" (für die religiöse Freiheit), zu gründen. Noch im Oktober des Revolutionsjahres fanden sich Vertreter dieser neuen Vereine in Mainz zu einer Generalversammlung des „Katholischen Vereins Deutschlands" zusammen. Diese Versammlung gilt als erster Katholikentag. Die fortan jährlich veranstalteten und zur Institution avancierenden Katholikentage befassten sich regelmäßig mit Fragen der „Caritas" (Joosten 1976).

Die Reichen und Regierenden und die Armen und Regierten, so analysierten die Versammelten während der Katholikentage die gesellschaftliche Lage, stünden sich wie zwei feindliche Armeen gegenüber. Diejenigen, die in materieller Armut lebten, seien von Hass und Ingrimm wider alle Besitzenden erfüllt; nichts mehr sei vom Ertragen der Armut in christlicher Demut zu spüren. Ihnen sei der wahre Glaube geraubt, sie seien in die Irre geleitet, denn man habe ihnen eingeredet, den Himmel auf Erden zu suchen. Diese Situation galt den Versammelten als Problem, zu dessen Lösung die katholische Kirche und ihre Glieder beitragen sollten. Der Schlüssel zur Lösung der damit angesprochenen „sozialen Frage", so betonte man, liege in der Verwirklichung der christlichen Nächstenliebe. Die Reichen sollten zur Mitverantwortung für die „leidenden Brüder" erzogen werden. Die Armen habe die Kirche zu lehren, dass sie ihr Brot im Schweiße ihres Angesichts verdienen müssten, und dass das „durch Arbeit verdiente Brot am besten schmecke" (Joosten 1976: 166 f.; Hammerschmidt 1999: 68 f.).

Von diesem gedanklichen wie zeitlichen Punkt aus entfaltete sich dann bis zum Kaiserreich ein zunehmend reiches, katholisch-caritatives Engagement, das, wie auch auf evangelischer Seite, durch den Aufbau von religiösen, praktisch-tätigen Orden eine zuverlässige personelle Grundlage erhielt. Besonders zu erwähnen sind hier Krankenpflegeorden, die schon bald auch eigene Anstalten (Krankenhäuser, Siechenheime usw.) gründeten. Eine Gründungswelle lässt sich auch für katholische Erziehungsheime feststellen. Zwischen 1851 und 1860 wurden 98, im folgenden Jahrzehnt 75 weitere Erziehungsheime geschaffen. Daneben entstanden und expandierten für die offene, aufsuchende Armenpflege die Elisabethenvereine mit weiblichen und Vinzenzvereine mit männlichen Kräften (Liese 1922: 322-368; Gatz 1997; Gatz/Schaffer 1997; Hammerschmidt 2002: 20 f.).

3 Die Zeit des Deutschen Kaiserreichs

3.1 Das Bürgertum

Während des deutschen Kaiserreiches schuf das städtische Bürgertum im Rahmen der kommunalen Selbstverwaltung die moderne Stadt im heutigen Sinne mit einem ausgebauten System kommunaler Daseinsvorsorge. Abwasserentsorgung, Badeanstalten, Kanalisation, Müllabfuhr, Gas-, Strom- und Wasseranschlüsse für alle Haushalte, Straßenbau, Parks, Museen, Theater, öffentlicher Personennahverkehr und städtischer Wohnungsbau mögen als Stichworte an dieser Stelle genügen. Gleichzeitig änderte sich der Charakter der kommunalen Selbstverwaltung einerseits durch Binnenentwicklungen und anderseits durch äußere Einflüsse. Mit der modernen Stadt entstand zwangsläufig auch die moderne städtische Verwaltung mit erst Hunderten, dann Tausenden Beschäftigten in hierarchisch strukturierten, professionellen, fachlich differenzierten Bürokratien. Gleichzeitig erfolgte durch faktische wie rechtliche Maßnahmen und Regelungen eine zunehmende Einbindung der Kommunen in die staatliche Verwaltung. In Preußen geschah dies vor allem durch eine Kreisreform (1872) (von Unruh 1984: 560-571) und eine neue Provinzialordnung (1875-88) (Hofmann 1984: 639-642). War das Stein'sche Reformwerk Stückwerk geblieben (Krebsbach 1970: 29 f.), so wurde mit diesen Reformen im Kaiserreich die kommunale Selbstverwaltung systematisch ausgeweitet, allerdings bei gleichzeitiger Positionierung der Selbstverwaltung als unterster Stufe der Staatsverwaltung. Im Ergebnis führten die Binnenentwicklungen der städtischen Kommunalverwaltungen (Professionalisierung, Bürokratisierung) sowie Einbindung der Kommunen in die Staatsverwaltung zu einer „Verstaatlichung" der Kommunen. Der Bereich der kommunalen Selbstverwaltung verlor damit seinen zivilgesellschaftlichen Charakter, er wurde staatlich/politisch. Die erste, und über Jahrzehnte wichtigste Traditionslinie zivilgesellschaftlichen Engagements brach damit ab (Sachße 2002: 24 ff.).

Das soziale Ehrenamt blieb indes erhalten und wurde neu kodifiziert in den Landesausführungsgesetzen zum neuen Fürsorgegesetz des Deutschen Reiches (Unterstützungswohnsitzgesetz). Die organisatorische Umsetzung erfolgte zunächst weiterhin nach dem Elberfelder System, das in einigen Städten auch noch eine lange Zeit mit einer recht hohen Anzahl Ehrenamtlicher praktiziert werden konnte. So gab es in Berlin um die Jahrhundertwende noch ca. 4.000 (männliche) Armenpfleger, die für ein zugewiesenes Quartier zuständig zeichneten. Doch das konnte nicht darüber hinwegtäuschen, dass seit den 1880er Jahren die Voraussetzungen des Elberfelder Systems zunehmend erodierten. Die sozialen Verhältnisse waren dynamisch, unübersichtlich und gemischt: Fluktuation und sozialräumliche Segregation nahmen mit der Großstadtentwicklung zu. Der häufige Wechsel von Arbeits- und Wohnort in der armen Arbeiterbevölkerung erschwerte den Aufbau kontinuierlicher Interventionsverhältnisse zwischen einem Armenpfleger und „seinem" Klienten nach dem Quartiersprinzip. Hinzu kam, dass angesichts zunehmender und vorrangiger öffentlicher Ansprüche als Folge der Arbeiterversicherung der Aufwand an Ermittlung und die Anforderungen an Fachlichkeit stiegen. Die Konsequenz daraus wurde umfassend 1905 im „Straßburger System" gezogen, das die administrativen Aufgaben geschulten Verwaltungskräften übertrug und die Armenpfleger nun nicht mehr für kleine Quartiere, sondern größere Bezirke tätig werden ließ und ihre Tätigkeit auf beratende und betreuende Hilfeleistungen beschränkte. Der universelle Anspruch einer fachlich nicht besonders qualifizierten Hilfe von „Mensch zu Mensch" wurde aber nicht nur seitens der administrativen Vorgaben und sozialräumlichen Eigendynamik eingeschränkt, sondern auch durch die Entwicklung der Sozialwissenschaften gleichsam unterhöhlt, die Interventionsanlässe und -formen fachlich begründeten und Eingang in die kommunale Sozialpolitik in Form der „Socialen Fürsorge" fanden (knapp: Hammerschmidt/Tennstedt 2002; ausführlich und grundlegend: Sachße 1986; Sachße/Tennstedt 1998 b).

Im Rahmen einer sich entfaltenden kommunalen Sozialpolitik erfolgte aus den Ansätzen der 1860er Jahren heraus eine Ausweitung und Differenzierung kommunaler Armenpflege. Die Städte verstanden die althergebrachte Armenpflege nunmehr als Universalfürsorge, neben der sie – je nach örtlichen Problemen und Reformpotentialen – ergänzende Gesundheits-, Jugend-, Wohnungs- und Erwerbslosenfürsorge etablierten. Die nun aufgebauten Einrichtungen und Dienste bildeten eine neuartige soziale Infrastruktur, die Angebote und Dienstleistungen offerierten, die sich erheblich von der tradierten, offen repressiven Armenpflege unterschieden, und eine ungeheure Breitenwirkung entfalteten. Am dynamischsten und innovativsten für die Entwicklung war die Gesundheitsfürsorge, die aus den Forderungen der wissenschaftlichen Hygiene abgeleitet wurde. War auch der revolutionäre Elan der Ärzte der 1848er-Generation verflogen – Rudolf Virchow: „Die Ärzte sind die natürlichen Anwälte der Armen und die sociale Frage fällt zu einem erheblichen Teil in ihre

Juridiction" –, so waren und blieben die Ärzte der wohl zivilgesellschaftlich agilste Teil des Bürgertums (Jütte 1997; Nitsch 1999: 425-442). Hier verbanden sich ärztliche Standes- und Professionalisierungsinteressen mit aufgeklärt-wissenschaftlichem Denken und humanistisch-philanthropisch motiviertem Engagement. Adressaten waren besonders gefährdete Gruppen: Säuglinge, Kleinkinder, Schüler, Schwangere und Wöchnerinnen. Die Aktivitäten richteten sich aber auch auf bestimmte Probleme, in erster Linie Volkskrankheiten wie Tuberkulose, Geschlechtskrankheiten, Alkoholismus. Die Methode des individuellen Aufsuchens (Besuchsprinzip) der Familien wurde von der klassischen Armenpflege übernommen und durch das Aufsuchen von Schulen bzw. Schulkindern ergänzt. Außerdem erfolgte die Einrichtung regelrechter Fürsorgestellen, an die sich die Klienten wenden konnten. Die „richtige" Haushaltsführung wie Säuglingsernährung und Sauberkeitstraining sowie der Umgang mit Kranken waren häufig vermittelte Inhalte, Zielgruppe dementsprechend meist Frauen und Kinder (Labisch/Tennstedt 1985: 22-32; Hammerschmidt/Tennstedt 2002).

Der enorme Ausbau öffentlicher Wohlfahrtspflege verlief parallel zur Ausweitung der zivilgesellschaftlichen Privatwohltätigkeit des Bürgertums (sowie der konfessionellen Kräfte). Zwischen öffentlicher und privater Wohlfahrtspflege bestand kein Substitutions-, sondern ein Komplementärverhältnis (Sachße 2000: 79 f.). Das städtische Bürgertum beschränkte sich nicht auf die Erfüllung staatlich auferlegter Armenpflege mit einer finanziellen Mindestsicherung, sondern schuf auf freiwilliger Grundlage, in den 1890er Jahren durch einen anhaltenden wirtschaftlichen Aufschwung getragen, eine „sociale Fürsorge". Problematisch erschien dem engagierten Bürgertum ab den 1890er Jahren, dass die Ausweitung des vereinsmäßigen sowie des immer häufiger auch punktuellen und spontanen ungebundenen wohltätigen Engagements zu einem unübersichtlichen Durcheinander von Aktivitäten und Maßnahmen der Hilfe führte, das einer wünschenswerten rationalen und effektiven Ausgestaltung entgegenstand. In Anbetracht dessen etablierten vielerorts engagierte Einzelpersönlichkeiten, meist aber „führende" Wohltätigkeitsvereine Gremien oder eigene Vereine zum wechselseitigen Informationsaustausch (etwa in Form von Auskunftsstellen) und auch zur Koordination und Kooperation (Nitsch 1999: 195-210; 253-282). Als „Musterbeispiel" für das Bemühen um rationelle und systematische Privatwohltätigkeit kann der Frankfurter Bankier und Großindustrielle Wilhelm Merton dienen, der dies zunächst in seinem 1890 gegründeten „Institut für Gemeinwohl" und ab 1899 in einem eigens dafür gegründeten Verein, der „Centrale für private Fürsorge" organisierte (Sachße/Tennstedt 1998 b: 38-41; Achinger 1965; Eckhardt 1999).

So unabweisbar sinnvoll eine Koordination zwischen privaten Wohltätigkeitsvereinigungen sich für die zivilgesellschaftlichen Akteure darstellte, so unabweisbar sinnvoll schien auch eine entsprechende Koordination mit der kommunalen, öffentlichen Wohlfahrtspflege. Punktuelle Kooperationen, Absprachen, Zusammenwirken, nicht selten durch Personalunion gefördert, waren auch schon vor dem Kaiserreich Praxis. Neu war dagegen in den 1890er Jahren der erfolgreiche Versuch der Stadt Frankfurt, die eigene, öffentliche Wohlfahrt mit der privaten durch einen Koordinationsverbund eng und systematisch zu verzahnen. Im Rahmen dieses „Frankfurter Systems" erfolgten auch die finanzielle Förderung der privaten Vereine, die Delegation von Aufgaben und die Entsendung städtischer Vertreter in Vereinsvorstände. Diese, in den folgenden Jahren in den Kommunen zunehmende und bis heute für den deutschen Sozialstaat typische Verschränkung (dualer Wohlfahrtsstaat) bedeutete eingedenk des öffentlichen, politischen – und eben nicht mehr zivilgesellschaftlichen – Charakters der Kommunen, eine Einbindung des bürgerlichen, zivilgesellschaftlichen Engagements in den Staat. Die bürgerlichen Wohlfahrtsvereine wurden Bestandteil der „repolitisierten Sozialsphäre" (Habermas); die im liberalen Konzept von Zivilgesellschaft gedachte und geforderte strikte Trennung des Öffentlichen-Staatlichen vom Zivilgesellschaftlichen löste sich auf (Sachße 2000: 79 f.; 2002: 25 f.).

Ein neues Phänomen zivilgesellschaftlichen Engagements des Bürgertums im Kaiserreich bestand in der Ergänzung des nach wie vor dominanten lokalen Bezugs durch überörtlich ausgerichtetes Engagement in eigens dafür gegründeten „Deutschen Vereinen". Hier ging es nicht mehr um durch die räumliche Nähe motivierte unmittelbare Hilfe für Bedürftige, sondern um die Förderungen sozialer Reformen, die durch abstraktere Wertvorstellungen und Bezüge, häufig verbunden mit wissenschaftlichen und professionspolitischen Anliegen, ihre Impulse erhielten. Systematische Erfassung, Analyse und Durchdringung von Problemen und Maßnahmen der Abhilfe standen im Vordergrund, wobei statistische Erhebungen und wissenschaftliche Untersuchungen, deren Publikation und Diskussion in Vereinszeitschriften, Schriftenreihen und auf Tagungen und Kongressen die gebräuchlichen Mittel und Arbeitsformen waren. Exemplarisch zu erwähnen sind hier der „Deutsche Verein für Armenpflege und Wohltätigkeit" (gegründet 1880, ab 1919 „Deutscher Verein für öffentliche und private Fürsorge"), der „Deutsche Verein für öffentliche Gesundheitspflege" (1873), die „Deutsche Zentrale für Jugendfürsorge" (1907), der „Verein für Socialpolitik" (1873) und die „Gesellschaft für Soziale Reform" (1901) (Sachße/Tennstedt 1988 b: 38 ff.; Sachße 2000: 81).

Die Leit- und Orientierungsfunktion für die bürgerliche Sozialreform und das bürgerliche zivilgesellschaftliche Engagement, die der „Centralverein für das Wohl der arbeitenden Klassen" seit 1848 ausgefüllt hatte, ging nach der Reichsgründung auf den „Verein für Socialpolitik" (VfS) über. Vorrangiges Anliegen des VfS war ein aus sittlich begründeter – oder moderner formuliert: aus einer zivilgesellschaftlichen – Verantwortung heraus erwachsenes Engagement zur Fortentwicklung der Gesellschaft, die durch Reaktion und Revolution gleichermaßen gefährdet schien. Die Gebildeten (das Bildungsbürgertum) sollten als geeignete Kraft zwischen Kapital und Arbeit eine Vermittlungsfunktion wahrnehmen und dabei eine Integration der Arbeiter in den Nationalstaat bewerkstelligen. Dieser gemeinsame Nenner ließ eine ganze Bandbreite unterschiedlicher Positionen und Schattierungen zu, wobei das Spektrum von gemäßigt konservativen Sozialreformern wie Gustav Schmoller, Initiator und wissenschaftlicher Hauptvertreter des VfS, über christliche Staatssozialisten wie Adolph Wagner bis zu liberalen Sozialreformern wie Lujo Brentano reichte. Die größte Hauptströmung innerhalb der VfS repräsentierte dabei Schmoller, die zweite, kleinere Brentano. Von den 159 Gründungsmitgliedern stammten die meisten aus den Bereichen Wissenschaft und Verwaltung, deren Übergewicht mit dem Mitgliederzuwachs der folgenden Jahre weiter stieg (1897: 486 Mitglieder; 1911: 683 Mitglieder). Daneben gehörten dem Verein Redakteure und Vertreter der Wirtschaft (Fabrikanten/Kaufleute) an. Ein Teil der VfS-Mitglieder, aber bei weitem nicht alle, nahmen bald den ihnen zugewiesenen Spottnamen „Kathedersozialisten" – wegen des hohen Anteils an Professoren des VfS und der unterstellten politischen Ausrichtung – als Eigenbezeichnung auf.

Der VfS befasste sich vor allem mit Angelegenheiten der gewerblichen Arbeiter – Begrenzung der Arbeitszeit, Koalitionsfreiheit, Streikrecht, Gewinnbeteiligung und Arbeiterschutz –, zwischenzeitlich auch den Problemen bäuerlicher Gruppen, sowie schwerpunktmäßig mit den Wohnverhältnissen sowie schließlich auch mit der Bildung und Erziehung der Arbeiterschaft. Der VfS legte Wert auf unparteiisches Auftreten, verschloss sich gleichwohl nicht berechtigten Interessen der Arbeiter, was vor allem in den 1890er Jahren zu Anfeindung seitens mächtiger Industrieverbände führte. Der VfS wirkte insbesondere durch regelmäßige Beeinflussung der öffentlichen Meinung, durch die kontinuierliche wissenschaftliche Bearbeitung zentraler Probleme seitens einzelner Mitglieder, das Einfordern und auch die eigenständige Erstellen von Enqueten (besonders wirksam zur Wohnungsfrage) und schließlich durch direkte Kommunikation mit Entscheidungsträgern in Politik und Verwaltung, die bis zu dem reichten, was wir heute unter wissenschaftlicher Politikberatung verstehen. Als „Stoßtrupp der Sozialreform" gegründet, entwickelte sich der VfS bis zur Jahrhundertwende mehr und mehr zu einer „akademischen Publikationsgesellschaft" (Schmoller, zit. n. vom Bruch 1985 b: 67). Dazu beigetragen hatte die neue, zweite Generation der akademischen Vereinsmitglieder (z.B. Alfred und Max Weber, Werner Sombart), für die ganz überwiegend wissenschaftliche Anliegen im Vordergrund standen, wobei Wissenschaft frei von ethischen Prämissen zu sein hatte. Das war aber nahezu das Gegenprogramm zu den Kathedersozialisten der Gründergeneration, denen es ja mit ihrer Vereinsarbeit um die Verbindung von ethischer Verankerung, zivlgesellschaftlichem Engagement und Wissenschaft ging (vom Bruch 1985 a und 1985 b: 61-83, 122-130, Reulecke 1985: 52 f.).

Um der bürgerlichen Sozialreform einen neuen Impuls zu geben, ihr wieder Bewegungscharakter einzuhauchen, engagierte sich vornehmlich die Generation der Kathedersozialisten des VfS, aber auch vereinzelte jüngere (Sombart) für den Aufbau einer neueren Organisation. Diese wurde die im Januar 1901 gegründete „Gesellschaft für Soziale Reform" (GfSR). In Arbeitsteilung mit dem VfS, so Schmoller, sollte die GfSR ein Agitationsverein auf breiter Basis werden, wie es der Verfasser der Statuten, Werner Sombart, formulierte. Die GfSR bildete zugleich die deutsche Sektion der „Internationalen Vereinigung für den gesetzlichen Arbeiterschutz". Der Gründungsversammlung saß Lujo Brentano vor, zum ersten Vorsitzenden wählten die Vereinsgründer Hans Hermann Freiherr von Berlepsch, zum Generalsekretär Ernst Francke, der dann 1920 Berlepschs Position einnahm. Der stark von Schmollers Vorstellungen beeinflusste Berlepsch hatte in den 1890er Jahren als preußischer Minister den „Neuen Kurs" der Sozialpolitik verantwortet. Francke, ein Verwandter Schmollers, war akademischer Schüler Brentanos. Die beiden Hauptströmungen bürgerlicher Sozialreform, die sozialkonservative und die sozialliberale, koexistierten und kooperierten hier fort. Die Arbeit der GfSR wurde, wie auch sonst üblich, weitgehend von den Vereinsmitgliedern ehrenamtlich geleistet.

Das 1904 gegründete „Bureau für Sozialpolitik" verbesserte dann die Arbeitsfähigkeit der Sozialreformer. Das von dem schon erwähnten Mäzen Wilhelm Merton finanzierte Bureau mit zeitweilig bis zu sechs hauptamtlichen Mitarbeitern diente als gemeinsame Arbeitsstelle der GfSR, des VfS, des Instituts für Gemeinwohl sowie der „Soziale Praxis GmbH", der auch heute noch fortgeführten Fachzeitschrift, die ohne förmliche Anbindung an die GfSR doch faktisch als deren Zentralorgan fungierte. Die Themen der Beratung und Agitation der GfSR waren dieselben wie des VfS. Hinzu kam im ersten Jahrzehnt nach ihrer

Gründung die aktuelle Frage der gesetzlichen Angestelltenversicherung und der Reichsversicherungsordnung. Ein nennenswerter Einfluss auf die Gestaltung dieser beiden Gesetzesvorhaben gelang der GfSR aber nicht. Auch ansonsten waren ihre Erfolge – nicht nur gemessen am hochgesteckten Anspruch – ausgesprochen gering. Nicht in Hunderten von Orten, sondern lediglich in 17 Städten gründeten sich Ortsgruppen der GfSR. Mit maximal 1.523 Einzelmitgliedern blieb die GfSR auch weit von einer Massenorganisation entfernt. Beachtlich war nur die Anzahl der korporativen Mitglieder. Das waren bis zu 157 nichtsozialistische Arbeiter-, Angestellten- und Beamtenorganisationen, wie die christlichen Gewerkschaften, liberale Gewerkvereine und konfessionelle Arbeitervereine, daneben auch Unternehmensverbände, Handelskammern und staatliche Behörden. Letztlich entwickelte sich die GfSR eher zu einer sozialpolitischen Spitzenvereinigung. Die Heterogenität der Vorstellungen und Interessenslagen, insbesondere der Arbeiter- und Angestelltenvereinigungen, das zeigte sich besonders drastisch bei den beiden genannten Sozialversicherungsvorhaben, blockierte aber die Handlungsfähigkeit der GfSR-Spitze. Zivilgesellschaftliches Handeln im Kontext der bürgerlichen Sozialreform, das ist insgesamt zu konstatieren, hatte im Kaiserreich ihre große Blüte erlebt, um die Jahrhundertwende jedoch ihren Zenit überschritten (vom Bruch 1985 b: S. 146-152).

3.2 Zum Engagement bürgerlicher Frauen

Der „Allgemeine Deutsche Frauenverein" (ADF) konnte seine Mitgliederbasis in den ersten Jahren des Kaiserreichs weiter ausbauen. Er organisierte in den 1880er Jahren mehr als 12.000 Frauen. Richtungsweisend waren für diese Mitglieder aber immer weniger die entschieden emanzipatorischen Vorstellungen von Louise Otto, sondern immer mehr die ordnungspolitischen Leitbilder von Auguste Schmidt (1833-1902) und Henriette Goldschmidt (1825-1920). Für Schmidt galt Bildung als Kern der Frauenfrage, allerdings gelte es nicht, Rechte zu fordern, sondern Pflichterfüllung und Dienstbarkeit als weibliche Tugenden zu propagieren. Goldschmidt sah in der Erweiterung der Mütterlichkeit zur Menschenliebe, in der Bildung und Kultivierung einer „geistigen Mütterlichkeit" die „Culturaufgabe der Frau" (Gerhard 1992: 91; 124 f.).

Ab den 1890er Jahren erlebte das zivilgesellschaftliche Engagement von Frauen des Bürgertums einen enormen Aufschwung. Außerhalb des ADF entstand eine kaum zu überschauende Fülle von Initiativen. Neben dem Gros lokaler Vereine bildeten Frauen auch zahlreiche landes- und reichsweite Dachorganisationen, die allgemein frauenspezifische oder speziellere Anliegen verfolgten. Einige von diesen überflügelten schon bald mit ihrer Größe den ADF. So etwa der „Allgemeine deutsche Lehrerinnenverein", der von Auguste Schmidt (Personalunion mit ADF) und Helene Lange (1848-1930) 1890 gegründet wurde und der 1913 über 128 Zweigvereine mit 32.000 Mitgliedern verfügte. Als gemeinsames Dach für all diese heterogenen Vereine und Verbände, die sich nicht in den ADF integrieren ließen, gründete sich auf Initiative von Auguste Schmidt (ADF) und Anna Schepeler-Lette (Lette-Verein) am 29. März 1894 der „Bund Deutscher Frauenvereine" (BDF). Zur Zielsetzung vermerkte § 2 der Vereinssatzung: „Durch organisiertes Zusammenwirken sollen die gemeinnützigen Frauenvereine erstarken, um ihre Arbeit erfolgreich im Dienst des Familien- und Volkswohls zu stellen, um der Unwissenheit und Ungerechtigkeit entgegenzuwirken und eine sittliche Grundlage der Lebensführung für die Gesamtheit zu erstreben." (zit. n. Gerhard 1992: 166 f.). Unter dieser allgemeinen Zielsetzung umfasste der BDF das gesamte damalige Spektrum der bürgerlichen Frauenbewegung, die ganz überwiegend gemäßigte und konservative – aus heutiger Sicht kaum emanzipatorisch zu nennende – Positionen vertraten. Daneben existierte ein sehr kleiner „linker" oder „radikaler" Flügel, für den zunächst Minna Cauer (1841-1922) stand, der sich etwa für das Frauenstimmrecht und für die Öffnung des BDF für Arbeiterinnenvereine einsetzte, sowie ein deutlich größerer „rechter" Flügel, zu dem neben nahezu antiemanzipatorischen auch konfessionelle Organisationen gehörten. Bemerkenswert ist, dass sich die BDF-Mitglieder mehrheitlich nicht als Teil der Frauenbewegung verstanden, sondern vielmehr als Organisationen für berufliche oder caritative Zwecke. Arbeitsweisen, Handlungs- und Organisationsformen des BDF und ihrer Mitgliedsvereine glichen denen der Organisationen der männlichen Sozialreformer. Der BDF verfügte über einen Vorstand, Kommissionen für fachliche Arbeit, er organisierte Tagungen, Kongresse, Vorträge und gab eine Zeitschrift und sonstige Publikationen heraus. Hier entstand eine ausgebaute „Frauenöffentlichkeit", die auch Männer zur Kenntnis nehmen mussten. Der BDF umfasste im Gründungsjahr schon 65 Vereine, 1901 waren es 137 mit ca. 70.000 und 1912 rd. 2.200 Vereine mit geschätzten 328.000 Mitgliedern (Gerhard 170 f. u. passim).

Im Zentrum der Aktivitäten des BDF wie seiner Mitgliedsverbände sowie der Basisinitiativen vor Ort standen die Tätigkeitsbereiche Bildung, Erziehung und Soziales. Der Bildungsbereich reichte dabei von eher privaten Lesezirkeln bis hin zu regelrechten Schulsystemen, die engagierte Frauen selbstständig organisierten und auch finanzierten. Im Kampf um Frauenbildung erzielte die bürgerliche Frauenbewegung auch ihre größten Erfolge (Gerhard 1992: 163). Durch Publikationen, Petitionen und auch Unterschriftenaktionen erreichten der ADF und andere BDF-Organisationen nach und nach die Aufhebung von Einschränkungen der höheren Bildung für Mädchen und Frauen, bis schließlich im Jahre 1909 die Zulassung von Frauen zum Universitätsstudium reichsgesetzlich in Deutschland verankert werden konnte (Kraul 1991; Gerhard 1992: 154 ff.). Auch im Überschneidungsbereich der Arbeitsgebiete Bildung und Soziales, nämlich bei der sozialen Frauenbildung, agierte die Frauenbewegung erfolgreich und zukunftsweisend. Hier ist Alice Salomon (1872-1948) zu nennen, die als Begründerin des sozialen Frauenberufs in Deutschland gilt, der jedoch nach ihrer Vorstellung kein Erwerbsberuf sei, sondern ehrenamtlich ausgeübt werden sollte. Die jungen Frauen seien es sich selbst (Persönlichkeitsbildung) und anderen (Gesellschaftsreform) schuldig, soziale Hilfsarbeit zu betreiben.

Die von Alice Salomon betriebene Schulung entwickelte sich aus kleinen Anfängen zur regelrechten (Fach-)Schulausbildung. Ausgangspunkt ihrer Tätigkeit waren die 1893 von Jeanette Schwerin (1853-1899) in Berlin gegründeten „Mädchen- und Frauengruppen für soziale Hilfsarbeit". Für die Gruppenmitglieder wurden dort Hilfstätigkeiten in Arbeiterfamilien und begleitende Bildungsveranstaltungen organisiert. Als Alice Salomon 1899 den Vorsitz dieser Gruppen übernahm, gestaltete sie die lose Vortragsreihe zu einem geschlossenen „Jahreskurs für die berufliche Ausbildung in der Wohlfahrtspflege" um, der Frauen eine systematische Ausbildung für Berufsarbeit in der Armenpflege oder auf einem anderen Gebiet sozialer Hilfsarbeit ermöglichen sollte. Konkret ging es dort sowohl um die Aneignung von Wissen als auch um die Einübung von Einstellung und Haltung. Der soziale Beruf sollte Berufung sein, und auch dieses Selbstverständnis bedurfte der Schulung. Aus den Jahreskursen und durch Fortentwicklung einer Ausbildungsstätte für Kindergärtnerinnen entstand 1908 die erste „Sociale Frauenschule" unter Salomons Leitung. Bis zum Ersten Weltkrieg organisierte Alice Salomon in der „Konferenz der socialen Frauenschulen Deutschlands" 14 derartigen Frauenschulen (Sachße/ Tennstedt 1988: 42-44; Hammerschmidt/Tennstedt 2002: 64 f.).

Neben der Ausübung selbst organisierter caritativer Aktivitäten konnten Frauen dann im Kaiserreich das männliche Monopol im Bereich des kommunalen, sozialen Ehrenamtes brechen. In Berlin erlangten Frauen gegen den erheblichen Widerstand von Männern, die nach dem Elberfelder System tätig waren, ebenfalls Zugang zu diesem Ehrenamt, wenn auch bloß vereinzelt (35 Frauen gegenüber rund 4.000 Männern im Jahre 1907). Andernorts drängen Frauen nicht in diese Männerdomäne, sondern wurden hineingezogen. Zuerst in der Stadt Elberfeld, wo die Herren der Armenverwaltung Anfang der 1880er Jahre den „Elberfelder Frauenverein zur Unterstützung Hilfsbedürftiger" gründeten, um den Mangel an männlichen Ehrenamtlichen auszugleichen (vgl. Böhmert 1886: 55 f.). Eine erhebliche Ausweitung sozialer Hilfstätigkeit brachte dann der Weltkrieg. Gertrud Bäumer (1873-1954), von 1910 bis 1919 BDF-Vorsitzende, hatte unmittelbar vor Kriegsbeginn den „Nationalen Frauendienst" (NFD) gegründet, um im Kriegsfall gerüstet zu sein. Dem BDF und ihren Wortführerinnen Helene Lange und Gertrud Bäumer ging es darum, Frauen durch die Übernahme von Pflichten im Kriege Anerkennung und Rechte zu verdienen. Innerhalb weniger Tage entstanden in fast allen deutschen Städten Lokalvereine des NFD, die mit den nicht dem BDF angeschlossenen Organisationen insbesondere den Vaterländischen Frauenvereinen sowie mit den Kommunalverwaltungen zusammenwirkten. Zur staatlichen Organisation weiblicher Arbeitskraft kam es dann Ende 1916 mit dem sog. Hindenburgprogramm und dem „Gesetz über den vaterländischen Hilfsdienst", mit dem im Kriegsamt (der Militärregierung) eine Frauenarbeitszentrale eingerichtet wurde. Die führenden Frauen des BDF und der ihr angeschlossenen Organisationen waren hier maßgeblich beteiligt (Wurms 1983: 89-96; Sachße/Tennstedt 1988: 57-63; Gerhard 1992: 296 f. u. 301 ff.). Solchermaßen eingebunden veränderte das Engagement jedoch seinen Charakter; es verlor das „Zivilgesellschaftliche".

3.3 Konfessionelle Bewegungen und Kräfte

Auf evangelischer Seite realisierte sich der Hauptteil zivilgesellschaftlichen Engagements während des Kaiserreichs im Rahmen der Inneren Mission. Der nach einer Stagnationsphase in den 1850er Jahren begonnene kontinuierliche Ausbau der Arbeit setzte sich bis zum Weltkrieg fort. Aufsuchen und Betreuen, Bilden und Erziehen von Armen und Bedürftigen durch evangelisch-soziale Vereine und Stadtmissionen erfolgten nach wie vor im Sinne Wicherns. Wachsendes Gewicht erreichte neben diesen offenen Arbeitsformen die geschlossene Anstaltsfürsorge, die in zunehmend fachlich differenzierten Einrichtungen geschah. Neben (Allgemein-) Krankenhäusern und Siechenheimen schufen evangelische Träger auf Stiftungs-, Vereins- und genossenschaftlicher Grundlage ab den 1860er Jahren und verstärkt seit 1890 Anstalten für Behinderte (Heil- und Pflegeanstalten, Epileptikeranstalten usw.). Ende der 1870er Jahre und verstärkt ab 1900 kamen infolge der Pädagogisierung des Strafrechts und daraus entstandenen Fürsorgeerziehungsgesetzen eine Fülle neuer Erziehungsanstalten zu den traditionellen Rettungshäusern hinzu. Die meisten Anstalten und sonstigen Einrichtungen der Inneren Mission hatten sich durch Spenden, private (Zu-)Stiftungen, die Arbeitskraft und Kostenbeiträge der Engagierten sowie auch der Klienten zu finanzieren. Das galt etwa für Bewahranstalten, Heime für gefallene Mädchen, Arbeiterkolonien, Herbergen zur Heimat und Wanderarbeitsstätten. Als Einrichtungsträger und Personalbasis für die evangelische Wohlfahrtspflege insgesamt spielten die im Kaiserreich stark expandieren Ordensgemeinschaften und Mutterhäuser eine hervorragende Rolle. Sie sicherten auf genossenschaftlicher Grundlage die materielle Existenz (Kost und Logis) ihrer Angehörigen (Diakonissen, Diakone), die dafür ihre zunehmend fachlich qualifizierte Arbeitskraft zur Verfügung stellten. Engagement war hier Berufung. Neben der Tätigkeit in Eigeneinrichtungen der Mutterhäuser verrichten vor allem die Diakonissen als Krankenschwestern ihren Dienst auch in anderen evangelischen sowie in öffentlichen Krankenanstalten, wofür die Mutterhäuser sog. Stationsgelder vereinnahmen konnten. Im Jahre 1884 arbeiteten Diakonissen u.a. in 925 Krankenhäusern, in 260 Armen- und Siechenhäusern, in elf Gefängnissen, in 167 Waisenhäusern und in 572 Kleinkinderschulen. Im Verlauf von Jahrzehnten entwickelten sich die Mutterhäuser zu großen, stabilen und finanzstarken Trägern evangelischen Engagements (Hammerschmidt 1999: 62 ff.; 2002: 33, 37, 41-47).

Dabei entstanden allmählich aus dem losen Nebeneinander von öffentlicher und konfessioneller Wohlfahrtspflege Kooperationsbeziehungen, zuvörderst in den Bereichen, in denen die öffentlichen Träger Pflichtaufgaben zu erfüllen hatten, wie bei der Fürsorgeerziehung und der sog. „erweiterten Armenpflege" in Anstalten. Hier gewährten die öffentlichen Träger konfessioneller Einrichtungen Gründungszuschüsse und finanzierten die Anstaltsfürsorge durch Pflegegelder. Die „liberale Trennung" der Sphären Staat und Zivilgesellschaft verflüchtigte sich damit.

Neben diesen Entwicklungen an der Basis waren auf evangelischer Seite auch überregionale Organisationsbemühungen zu verzeichnen. Johann Hinrich Wichern, von 1858 bis zu seinem Tod 1881 Präsident des „Centralausschusses für die Innere Mission" (CA), versuchte durch eine Satzungsrevision 1878 die (rudimentäre) Organisation der Inneren Mission und ihres losen Dachs, des CA, zu straffen. Bis dahin war der CA nur eine Versammlung von auf Lebenszeit gewählten Honoratioren. Zwei hauptberufliche „Reiseagenten", ein jährlicher Kongress, die „Fliegenden Blätter des Rauhen Hauses" als Publikationsorgan sowie Konferenzen waren zugleich Arbeitsformen und die Binnenstruktur der evangelischen Wohlfahrtspflege. Mit der neuen Satzung verfügte der CA über einen Vorstand. Daneben war eine Zusammenfassung der bestehenden Einrichtungen nach Arbeitsgebieten vorgesehen. Als Vorbild diente dabei der Zusammenschluss der Mutterhäuser in der Kaiserswerther Generalkonferenz (schon 1861). Die von Friedrich von Bodelschwingh 1882 und anderen mit dem Ziel „Erziehung durch Arbeit" gegründeten Arbeiterkolonien schlossen sich 1883 in einem Zentralvorstand zusammen und die 266 evangelischen „Herbergen zur Heimat" gründeten 1886 den Deutschen Herbergsverein. Insgesamt jedoch ließ sich die umfassend gedachte Organisation im Kaiserreich nicht realisieren. Für den – aufwendigen – Ausbau von Binnenstrukturen bestand für die praktisch Tätigen vor Ort wenig Anreiz.

Auch die Arbeit des CA stagnierte trotz des neuen Vorstandes auf relativ niedrigem Niveau, was sich erst im Rahmen der Kriegswohlfahrtspflege langsam ändern sollte (Hammerschmidt 1999: 68).

Wichtig für das Verständnis der Intentionen, die die protestantischen Akteure mit ihrem zivilgesellschaftlichen Handeln verbanden, und deshalb zu erwähnen ist der 1890 gegründete „Evangelisch-Soziale Kongreß". Treibende Kraft war hier zunächst der Hofprediger Adolf Stoecker, der sich später zurückzog, sowie Adolf Harnack und Adolf Wagner, die den Kongress fortan maßgeblich beeinflussten. Ziel war es, neben der bürgerlichen Sozialreform und vor allem neben und in Konkurrenz zum geschlossenen Auftreten auf katholischer Seite eine eigene Organisation zu etablieren und in diesem Rahmen auch eine eigenständige protestantische Programmatik und sozialpolitische Positionen zu entwickeln. Das Vorhaben, aus der protestantischen Ethik etwas an Geschlossenheit und Verbindlichkeit der katholischen Soziallehre Vergleichbares zu schaffen, gelang nicht. Damit war es dem Kongress auch nicht möglich, auf die gesellschaftlichen, vor allem sozialpolitischen Entwicklungen profiliert und profilierend einzuwirken. Dafür war der Protestantismus zu heterogen, zu sehr staatsbezogen und im Staat verankert und waren die Überschneidungen zur bürgerlichen Sozialreform zu groß. Der Kongress als Organisation wirkte dementsprechend auch eng mit dem VfS und der GfSR zusammen, und viele seiner Mitglieder waren durch Doppelmitgliedschaft und Personalunion mit diesen verbunden (vom Bruch 1985 b: 99-107).

Die katholische Caritasarbeit wurde durch den Kulturkampf blockiert und zurückgedrängt. Der Ausdruck Kulturkampf bezeichnet die eskalierten Auseinandersetzungen zwischen dem preußisch-protestantisch hegemonisierten Deutschen Reich und der römisch-katholischen Kirche, bei denen es im Kern um die Abgrenzung der Kompetenzbereiche von Staat und Kirche ging.[4] Die schärfsten Formen erlebte der Konflikt in Preußen, insbesondere in den Jahren von 1871 bis 1878 mit der Aufhebung von Verfassungsgarantien, Verboten bzw. Auflösung von kirchlichen Vereinigungen, Expatriierungen sowie mit der Inhaftierung von Bischöfen, die staatlichen Gesetzen die Legitimität absprachen und eine Befolgung verweigerten. Der im preußischen Abgeordnetenhaus wie im Reichstag mit der 1870 gegründeten Zentrumspartei vertretene politische Katholizismus galt Bismarck als reichsfeindlich und staatsgefährlich (Morsey 1981: 72-109; Joosten 1976: 163-182; Kupisch 2000). Dasselbe Verdikt traf das sozial-caritative Engagement von Katholiken einschließlich von Gliederungen wie Klöstern, Orden, Genossenschaften sowie Kongregationen.

Die bedeutsamste staatliche Einzelmaßnahme im Rahmen des Kulturkampfes für die hier interessierende Wohlfahrtspflege war das preußische „Gesetz, betreffend die geistlichen Orden und ordensähnlichen Kongregationen der katholischen Kirche" vom 31. Mai 1875, das katholische Orden und Kongregationen verbot. Ausgenommen von diesem Verbot waren lediglich diejenigen Vereinigungen, die ausschließlich Krankenpflege betrieben. Auf diesen Bereich konzentrierten sich die (verbliebenen) Vereinigungen. Mitte 1880 wurde den krankenpflegenden Gemeinschaften die Ausweitung ihrer Tätigkeit auf nicht-schulpflichtige Kinder erlaubt. Mit den sog. Friedensgesetzen 1886/87 legten die Kontrahenten den

---

[4] Auslösendes Moment des Kulturkampfes waren kirchliche Disziplinarmaßnahmen gegen Geistliche, die dem auf dem Vatikanum I. von 1870 formulierten Dogma der Unfehlbarkeit des Papstes keine Anerkennung zollten, und die staatliche Weigerung, diese Maßnahmen gegen im Staatsdienst stehende Geistliche (Religionslehrer, Schulinspektoren, Professoren, Militärgeistliche) mitzutragen.

Kulturkampf bei. Mit wenigen Ausnahmen ließ der Staat Orden und ordensähnliche Kongregationen wieder zu, die nunmehr auch wieder Waisenhäuser und andere Wohlfahrtseinrichtungen gründen und betreiben durften. Fortwirkende Resultate des Kulturkampfes waren u.a. eine starke Konzentration katholischer Anstaltsträger auf den Gesundheitsbereich, Festigung des Zusammenhalts von katholischer Amtskirche, politischem, sozialem und Verbandskatholizismus sowie die Aufrechterhaltung eines „Sonderbewusstseins" und einer gewissen Staatsferne. Hier zeigte sich einmal mehr, dass die Staatsräson maßgeblich die Grenzen der Zivilgesellschaft beeinflusst.

Für den im Vergleich zur evangelischen Seite recht späten Zusammenschluss der katholisch-caritativen Anstalten, Einrichtungen und Werke unter einem Dachverband waren neben dem Kulturkampf Vorbehalte des Episkopats gegen diözesanübergreifende Gebilde ein weiterer Grund. Der „Caritasverband für das katholische Deutschland" (DCV) wurde am 9. November 1897 von Lorenz Werthmann gegründet. Er umfasste aber nicht die bayerischen Diözesen und in den übrigen Teilen des Deutschen Reiches keineswegs alle katholisch-caritativen Einrichtungen und Träger. Werthmann begründete die Notwendigkeit eines katholischen caritativen Dachverbandes mit den äußeren Anfeindungen, derer es sich zu erwehren gelte, um ein Existenzrecht und Wirkungsfreiheit zu erhalten, und das nicht nur gegenüber dem Staat, sondern auch gegenüber anderen sozial-caritativen und sozialpolitischen Akteuren, wie den Kommunen, der bürgerlichen Sozialreform, dem Roten Kreuz und vaterländischen Frauenvereinen und last but not least der Inneren Mission (Werthmann 1958: 40-44).

In der vielfältigen und tief gestaffelt katholischen Vereinskultur zur Zeit des Kaiserreichs stach eine Organisation besonders hervor: Dies war der 1890 von den Zentrumspolitikern Ludwig Windthorst, Franz Hitze und Carl Trimborn gegründet „Volksverein für das katholische Deutschland". Der Volksverein wollte durch seine Arbeit den Vorstellungen der katholischen Sozial- und Gesellschaftslehre in der Bevölkerung und gegenüber Politik und Verwaltung Anerkennung und Geltung verschaffen, und zwar nicht zuletzt, um sozialdemokratische und sozialistische Bestrebungen abzuwehren. Auch gegenüber der bürgerlichen Sozialreform erfolgte eine Abgrenzung, wenngleich es auch mit deren Organisationen (etwa: VfS, GfSR) zu Kooperationsbeziehungen kam, wobei jedoch stets das katholische „Eigengepräge" zum Ausdruck gebracht wurde. Der Volksverein kombinierte die Eigenschaften eines modernen Interessenverbandes mit denen überregionaler Fachvereinigungen wie etwa dem VfS oder den Deutschen Vereinen, und denen einer politischen Massenorganisation wie der SPD. Zum Zentrum der Tätigkeit des Volksvereins entwickelte sich die 1892 in Mönchen-Gladbach eingerichtete „Zentralstelle", die zunächst über vier (1892), dann 33 (1906) und schließlich 173 (1913) hauptamtliche Mitarbeiter verfügte. Das Gros dieser Mitarbeiter (99 im Jahr 1913) war im hauseigenen Verlag und Druckerei beschäftigt – Agitation oder Aufklärung sowie Volksbildung mit eigenen Druckerzeugnissen, das zeigt sich auch darin, waren Arbeitsschwerpunkt des Volksvereins. Er verbreitet schon 1891 mehr als eine Millionen Schriften, ab 1905 jährlich mehr als zehn Millionen, wobei sich deren Anzahl in einzelnen Jahren auch verdoppelte (1906, 1909, 1911). Mit seinen Schulungskursen erreichte der Volksverein von 1892 bis 1900 und nach einem zwischenzeitlichen Einbruch wieder ab 1905 bis zum Beginn des Weltkriegs jährlich mehrere Hunderttausend Teilnehmer. Adressaten dessen waren aber nicht nur die „breiten Massen", sondern auch (katholische) bürgerliche Schichten, so dass schon bald auch eine große Gruppe hochqualifizierter katholischer Sozialpolitiker und Verwaltungsfachleute hervorgebracht werden konnte. Zwei Jahre nach Gründung organisierte der Volksverein schon mehr als 100.000 Mitglieder, den Höhepunkt erreichte die Mitgliederbewegung 1912 mit mehr als 770.000. Der Volksverein war die größte zivilgesellschaftliche Organisation des Deutschen Kaiserreiches (Heitzer 1979; vom Bruch 1985: 99-101, 107-111; Sachße 2003: 20-22).

Die moderne katholische Sozial- und Gesellschaftslehre findet ihren Kristallisationspunkt in einem eigenen katholischen Begriff von Subsidiarität, der sich ausgehend von Überlegungen von Bischof Wilhelm Emmanuel Freiherr von Ketteler im Revolutionsjahr 1848 herausbildete. Von Ketteler nahm den Mitte des 19. Jahrhunderts bei liberalen Reformern verbreiteten Gedanken der Lösung der Sozialen Frage durch Arbeiterselbsthilfe mittels Assoziationen (Genossenschaften) auf und verband ihn mit der Forderung nach Staatshilfe. Staatlicher Schutz und staatliche Hilfe, so Ketteler, seien notwendige Voraussetzung für die Selbsthilfe der Arbeiter. Hier finden wir die früheste Form katholischen Subsidiaritätsdenkens. Es unterscheidet sich deutlich von liberalen Vorstellungen von Subsidiarität und letztlich auch von liberalen Konzeptionen von Gesellschaft, die eine strikte Trennung, ja Isolierung von Staat und Zivilgesellschaft vorsehen und einfordern. Im Deutschen Kaiserreich entwickelte sich das katholische Subsidiaritätsdenken vor dem Hintergrund des Kulturkampfes zu einer umfassenderen, ordnungspolitischen Leitvorstellung weiter, für die auch eine gewisse Staatsskepsis charakteristisch war. Eine systematische Ausformulierung und Begründung fand das Subsidiaritätsprinzip dann in zwei Sozialenzykliken („Rerum novarum" 1891, „Quadragesimo anno" 1931). Gesellschaft wurde hier als ein aus konzentrischen Kreisen gebildetes Gefüge gesehen, bei der die jeweils kleinere Einheit für die Lebensgestaltung gegenüber den jeweils größeren vorrangig zuständig sein soll. Dabei wurden einerseits nicht erforderliche Eingriffe der jeweils übergeordneten Gemeinschaft zurückgewiesen, und anderseits Ansprüche der jeweils untergeordneten Gemeinschaft auf Förderung durch die übergeordnete Gemeinschaft begründet und gefordert (vom Bruch 1985 b: 109 f.; Sachße 2003: 17-20; Hammerschmidt 2005 a: 350 f. passim; Aner/ Hammerschmidt 2007). Damit verfügte der Katholizismus – der soziale und politische nicht weniger als der kirchenamtliche – über einen festen und durch päpstliche Autorität auch verbindlichen Bezugs- und Ankerpunkt für sein politisches wie zivilgesellschaftliches Engagement.

4 Die Zeit der Weimarer Republik

4.1 Das Bürgertum

Das zivilgesellschaftlich, sozialreformerisch engagierte Bürgertum hatte, wie das Bürgertum insgesamt, keine Revolution gewünscht – keine bürgerliche und erst recht keine sozialistische. Es strebte vielmehr eine umfassende Ausgestaltung der sozialpolitischen Ordnung innerhalb der obrigkeitsstaatlichen, konstitutionellen Monarchie an. Hier wurzelten und blühten bürgerliches Engagement und Wohlfahrtskultur. Im Wilhelminischen Deutschland erschienen die gesellschaftlichen Verhältnisse stabil und gesichert, sie boten (scheinbar) eine verlässliche Kalkulationsgrundlage für zivilgesellschaftliches Engagement, das ebenso wie Mäzenatentum auch als Investition in eine bessere Zukunft verstanden werden konnte. Die Revolution, die wirtschaftlichen Folgen des Krieges und nicht zuletzt die angedeuteten sozialpsychologischen Auswirkungen dessen veränderten die Parameter zivilgesellschaftlichen Engagements grundlegend. Konnten auch die sozialistischen Bestrebungen zurückgedrängt werden, sodass im Ergebnis die November-Revolution nur das Werk der gescheiterten bürgerlichen Revolution von 1848 vollendete, so fühlte sich dennoch das Bürgertum in diesen ausgeprägter modern-bürgerlichen Verhältnissen weit weniger heimisch als im Kaiserreich.

Weite Teile des Bürgertums, besonders die Mittelschichten, erlitten enorme Vermögensverluste, ja sie verarmten. Sie, die sich vorher zivilgesellschaftlich für arme, unterbürgerliche Gruppen engagiert hatten, wurden jetzt selbst zu Klienten des Sozialstaates, wenn nicht gar der Fürsorge. Und wo diese Deklassierungserfahrung nicht eintrat, wurden die Lebensverhältnisse zumindest unsicherer, wenn nicht prekär. All dies untergrub die personelle Grundlage bürgerschaftlichen Engagements. In dieselbe Richtung wirkten die Veränderungen im kommunalpolitischen Bereich. Die Weimarer Reichsverfassung beseitigte das Dreiklassenwahlrecht der kommunalen Ebene. Damit brach in den Städten und Gemeinden die zuvor staatlich garantierte Dominanz des Bürgertums. Der vorherrschende Lokalbezug, die räumliche Problemnähe, vordem für das bürgerliche Engagement typisch und anspornend, wurde damit weit weniger attraktiv. Das Bürgertum war in den Kommunen nicht mehr Herr im Hause. Gleichzeitig schränkte der Verlust von Vereins- und Stiftungsvermögen die Handlungsmöglichkeiten der nach wie vor bestehenden und teilweise auch weiterhin aktiven zivilgesellschaftlichen Vereinigungen ein. Unterstützung und Hilfe zur Fortführung solcher Aktivitäten gewährte der Staat zunächst vorwiegend, bald schon ausschließlich nur solchen Vereinigungen, die sich im Rahmen von Spitzenverbänden organisierten. Die Förderkulisse wurde auf die Interessen der konfessionellen Organisationen zugeschnitten, den Niedergang der lokal verankerten, privaten, nicht-konfessionell ausgerichteten Wohlfahrtskultur nahmen die staatlichen Entscheidungsträger zumindest in Kauf.

Im Ergebnis führten die skizzierten Sachverhalte zu einem enormen Rückgang des zivilgesellschaftlichen Engagements bürgerlicher, nicht-konfessionell orientierter Schichten und damit zu einem rapiden Bedeutungsverlust der privaten Wohlfahrtskultur. Christoph Sachße (2002: 26) pointiert: *„Mit ihrem sozialen Träger, dem gehobenen Bildungsbürgertum, ging auch die bürgerliche Vereinskultur in Weltkrieg und Inflation unter."* Auch die überörtlichen Aktivitäten bürgerlicher Sozialreform in Organisationen wie dem „Verein für Sozialpolitik" (VfS) und der „Gesellschaft für Soziale Reform" (GfSR) konnten in der Weimarer Republik keinen nachhaltigen Einfluss mehr auf soziale und sozialpolitische Entwicklungen nehmen. Die GfSR entwickelt sich wie der VfS schon zuvor zu einem reinen Diskussionsforum. Das vormals zwar heterogene, aber gleichwohl geschlossene Feld bürgerlicher Sozialreform löste sich auf (vom Bruch 1985 b: 151 f.; Schulz 1985).

4.2 Zum Engagement bürgerlicher Frauen

In der Frauenbewegung, so Ute Gerhard (1992: 346), hat sich nach Erreichen des Stimmrechts nicht mehr viel bewegt. Der Rat der Volksbeauftragten führte im November 1918 das allgemeine Wahlrecht ein, das auch für Frauen galt, und die Weimarer Reichsverfassung bestimmte die „grundsätzliche" Gleichberechtigung der Frauen als Staatsbürgerinnen und Wählerinnen. An den ersten Wahlen, denen für die verfassungsgebende Nationalversammlung, beteiligten sich 90 % der wahlberechtigten Frauen und stellten hier 41 (9,6 %) der Abgeordneten. Ein Teil der Frauen verlagerte nunmehr ihr Engagement in den politischen Raum oder, nach den ebenfalls aufgehobenen Beschränkungen, in den höheren Staatsdienst, also in den politisch-administrativen und zugleich beruflichen Bereich. Mit dem Wahlrecht wurde der politische Bereich für Frauen attraktiver, womit sich auch die Orientierung engagierter Frauen auf das gegebene parteipolitische Spektrum verstärkte. Damit setzte sich ein Trend fort, der schon 1908 einen Schub erhalten hatte. Das reichseinheitliche Vereinsgesetz von 1908 hatte die zuvor landesrechtlich verankerten Verbote der Mitgliedschaft von Frauen in politischen Vereinen als unbillig und unzeitgemäß nicht übernommen. Damit durften Frauen in politischen Vereinen (von Männern) aber auch Parteien Mitglied werden und Frauenvereine konnten darüber hinaus (offen) politisch agieren. Infolge der parteipolitischen Ausrichtung des Frauenengagements im staatlichen Bereich agierten die Frauen dort nicht als „Vertretung der Frauen" oder der Frauenbewegung und umgekehrt konnte die Frauenbewegung oder genauer: der BDF nicht als „Hausmacht" der weiblichen Abgeordneten wirken (Gerhard 1992: 347 u. passim). Dass die Öffnung des vormals für Frauen beschränkten politischen Bereichs teilweise zu einem Verlust zivilgesellschaftlichen Engagements – durch Verlagerung – führte, ist dabei – auch gemessen an zivilgesellschaftlichen Normen, wie etwa der nach staatsbürgerlicher Gleichheit unabhängig vom Geschlecht – keineswegs zu bedauern oder zu kritisieren.

Es war aber nicht in erster Linie das politische Engagement von Frauen, das dazu geführt hatte, dass zivilgesellschaftliches Engagement mit der November-Revolution seinen Zenit überschritten hatte. Schließlich war das neue parteipolitische Engagement kein Massenphänomen, während sich insgesamt Hunderttausende Frauen zivilgesellschaftlich engagierten hatten. Beim Rückgang des aktiven weiblichen zivilgesellschaftlichen Engagements wirkten vielmehr dieselben wirtschaftlichen, sozialen und psychologischen Gründe, die auch das männliche Bürgertum betrafen – wenngleich mit im Detail anderen Folgen. Den Frauenorganisationen gelang es sogar besser, ihre Mitgliederschaft zu halten und teilweise auszubauen. Im Jahr 1920 organisierte der BDF nach Eigenangaben 47 Verbände mit 3.778 Vereinen und 920.000 Mitgliedern. Diese Zahlen sollten sich in den folgenden Jahren noch erhöhen. Allerdings kam es hierbei zu inhaltlichen Verschiebungen. Während die sehr konservativen, keineswegs frauenrechtlerischen Hausfrauenvereine sowie berufsständische Organisationen expandierten, erlitten die übrigen Segmente – die frauenrechtlerischen, bildungsbezogenen sowie sozialcaritativen – Einbußen. Und so erklärt sich die in den 1920er Jahren trotz hoher Mitgliederzahlen zunehmende Klage führender Persönlichkeiten der Frauenbewegung über unzureichenden „Nachwuchs". Besonders enttäuschte, dass die steigende Zahl der Studentinnen und Akademikerinnen – 1919 waren 9,5 %, 1932 gar 18,8 % der Studierenden Frauen – für die Frauenbewegung nicht positiv zu Buche schlug. Mit ihrem Studium nutzten sie eine zentrale Errungenschaft der Frauenbewegung, doch vielfach, so die Klage, brachten sie der Frauenbewegung kaum Interesse entgegen (Gerhard 1992: 347, 370 f. u. passim).

Was speziell die sozialen Aktivitäten von Frauen an der Basis angeht, so entwickelten sich diese in der Weimarer Republik vor dem Hintergrund der Verarmung bürgerlicher Frauen sowie des Ausbaus des Wohlfahrtsstaates von einer freiwilligen Hilfstätigkeit zum sozialen Frauenberuf, also zu bezahlter Sozialer Arbeit. Auch die Ausbildung hierzu in selbst organisierten sozialen Frauenschulen erlebte eine Professionalisierung sowie eine staatliche Anerkennung und Einbindung in die öffentlich-rechtliche Bildungslandschaft. Treibende Kräfte waren die Frauenschulen selbst. Alice Salomon wirkte hierbei als Vorsitzende der „Konferenz der Sozialen Frauenschulen Deutschlands" mit Helene Weber zusammen. Weber fungierte von 1920 bis 1932 als Ministerialrätin im Preußischen Ministerium für Volkswohlfahrt als Leiterin des Dezernats Soziale Ausbildung und Jugendfragen. Das Ergebnis war der Erlass einer staatlichen Prüfungsordnung für soziale Frauenschulen in Preußen 1920, die in den folgenden Jahren im Wesentlichen von anderen Ländern übernommen wurde, und die im Jahre 1931 als Grundlage für eine entsprechende reichsrechtliche Regelung diente.

Das einvernehmliche Zusammenwirken von Salomon und Weber wurde offensichtlich dadurch erleichterte, dass sowohl Weber – bevor sie in Verwaltung und Politik (als Zentrumsabgeordnete zunächst im Preußischen Landtag, dann im Reichstag) wirkte – als auch Salomon Leiterin einer Sozialen Frauenschule, der 1916 in Köln eröffneten des Katholischen Frauenbundes, gewesen waren. Die Ausbildungsinhalte regelten dann später die „Richtlinien für die Lehrpläne der Wohlfahrtsschulen" von 1930 desselben preußischen Ministeriums. Hier fanden sich auch die von Alice Salomon für die erste Soziale Frauenschule 1908 formulierten Maximen wie etwa die Ausrichtung auf „soziale Persönlichkeitsbildung" wieder. Letztlich und insgesamt erfolgte damit eine Verankerung der Vorstellung der bürgerlichen Frauenbewegung von „geistiger Mütterlichkeit", die als Berufsideologie Sozialer Arbeit gelehrt und wirksam wurde, auch wenn sie schon im Weimarer Wohlfahrtsstaat antagonistisch war (Sachße/Tennstedt 1988: 207-209). Wichtiger ist an dieser Stelle, dass sich die soziale Ausbildung mit staatlicher Anerkennung und staatlichen Lehrplanrichtlinien ebenso aus dem zivilgesellschaftlichen Bereich hinaus entwickelte wie die praktische soziale Aktivität durch ihre berufliche Ausübung gegen Entgelt.

4.3 Konfessionelle Bewegungen und Kräfte

Auch das zivilgesellschaftliche Engagement konfessioneller Bewegungen und Kräfte litt erheblich unter den direkten wie indirekten Kriegsfolgen. Eine zugespitzte Notlage entstand Ende 1922 für das sozial-caritative Engagement in Anstalten und Heimen aufgrund katastrophaler Versorgungsengpässe. Das Reich gewährte in dieser Situation eine „Milliarden-Spende" zugunsten der Anstaltsfürsorge, später weitere Milliarden-, dann Billionenbeträge (Hyperinflation!), die dann auch für andere Fürsorgebereiche Verwendung fanden. Nicht die finanzielle Förderung an sich, sondern die spezifische Art ihrer Weiterleitung und Verwaltung sollten dann entscheidend für die Organisations- und Handlungsformen konfessioneller und freier Wohlfahrtspflege überhaupt werden. Als ausschlaggebend dafür erwiesen sich die ordnungspolitischen Leitvorstellungen der zuständigen staatlichen Entscheidungsträger. Das 1919 geschaffene und ab Juli 1922 für die gesamte Sozialpolitik der Republik zuständige Reichsministerium für Arbeit (RAM) stand von 1920 bis 1928 unter Leitung des Zentrumspolitikers Heinrich Brauns. Brauns – noch durch den Kulturkampf geprägt, ab 1900 Mitarbeiter der Zentralstelle des Volksvereins und ab 1928 dessen Direktor – verfügte in seinem neu geschaffenen Ministerium über eine Fülle hoch qualifizierter Mitarbeiter, die ebenfalls in der katholischen Vereinskultur verwurzelt und vielfach durch den Volksverein geschult sowie der katholischen Soziallehre verpflichtet waren. Das galt nicht nur für die Spitzenebene des RAM, wie etwa für den Leiter der Wohlfahrtsabteilung, Ministerialdirektor Erwin Ritter, den Architekten der Wohlfahrtspolitik des Reichs während der Weimarer Republik, sondern bis hinunter zur Sachbearbeiterebene, etwa Regierungsrätin Julia Dünner, die für den direkten Kontakt zur freien Wohlfahrtspflege zuständig war.

In Abstimmung mit dem Präsidenten des Deutschen Caritasverbandes, Benedict Kreutz, veranlasste Erwin Ritter, dass der für die freie Wohlfahrtspflege vorgesehene Anteil an der vom Reichstag bewilligten „Milliarden-Spende" – 500 Mio. RM, die zweite Hälfte war für öffentliche Einrichtungen – den freien Einrichtungen nicht durch die geordneten staatlichen Organe zugeleitet wurde, sondern durch die sich eben reorganisierenden Spitzenverbände der freien Wohlfahrtspflege. Das Eigentums- und Verfügungsrecht an der ersten wie den weiteren Spenden, und ebenso an den nach der Währungsreform permanenten Reichssubventionen, ging an die Spitzenverbände bzw. an von diesen verwaltete Fonds über. Die begünstigen Wohlfahrtseinrichtungen erhielten die Reichsmittel nicht wie vom Reichstag vorgesehen, als verlorene Zuschüsse, sondern lediglich als Darlehen, die im Laufe der Zeit an die Fonds der Spitzenverbände zurückzuzahlen waren. Ein Teil dieser Mittel schöpften die Spitzenverbände ab, um handlungsfähige Verbandzentralen – DCV und CA arbeiteten ab Mitte der 1920er Jahre mit ca. 70-80 Hauptamtlichen – aufzubauen (Hammerschmidt 1999: 78-92; 2003: 55-66; 76-92; 126-130).

Die vormals kleinen, honorigen Spitzenverbände konnten sich so zu schlagkräftigen Lobbyorganisationen entwickeln. Auch innerverbandlich erhöhte sich das Gewicht der Spitzenverbände erheblich. Sie waren fortan Verteilungsinstanzen öffentlicher Mittel. Zudem erhielten Einrichtungen der freien Wohlfahrtspflege, die einem „staatlich anerkannten" Spitzenverband angeschlossen waren, weitere Vergünstigungen (Hammerschmidt 2006; 2003: 130-139, insbes. 137). Erst dadurch entstand für viele Einrichtungen ein starker Anreiz, sich einem, d.h. dem jeweils weltanschaulich nahe stehenden, Spitzenverband (fest) anzuschließen. Nun bildeten die Wohlfahrtsverbände systematische und komplexe Binnenstrukturen aus. Jeder der sechs (zunächst sieben) Wohlfahrtsverbände bildete bzw. reorganisierte als Spitzenrepräsentant auf der Reichsebene einen Spitzenverband, auf der Landes- bzw. Provinzebene Regionalverbände und unterhalb dieser auf der Kreis- bzw. Bezirksebene weitere verbandliche Zusammenschlüsse, m.a.W. eine flächendeckende Territorialstruktur. Neben dieser obligatorischen Einbindung von Einrichtungen und Engagierten vor Ort war eine – weniger verpflichtende, aber aus fachlich-professionellen Gründen nicht weniger wichtige – zweite Integration durch Fachverbände auf der regionalen sowie Reichsfachverbände auf der zentralstaatlichen Ebene vorgesehen. Für alle wichtigen, großen Arbeitsbereiche bestanden solche Fachverbände. Neben dieser doppelten wohlfahrtsverbandsinternen

Vernetzung von Einrichtungen und Verbänden knüpften die Wohlfahrtsverbände untereinander entsprechende exklusive, kartellartige Verbindungen. Das waren einmal Zusammenschlüsse von Fachverbänden und auf der Kreis-, Regional- sowie der Reichsebene Arbeitsgemeinschaften und Ligen der freien Wohlfahrtspflege. Die Gründung der „Deutschen Liga der freien Wohlfahrtspflege", des Zusammenschlusses der Spitzenverbände selbst, am 22. Dezember 1924 vollendet den Formierungsprozess der freien Wohlfahrtspflege (Sachße/Tennstedt 1988: 152-172; Hammerschmidt 1999: 94-98; 2003: 62 ff. u. 76-92).

Das Reich, genauer das zentrumskontrollierte Reichsarbeitsministerium, stützte und förderte (auch finanziell) diesen Formierungsprozess. Einerseits weil es auf der Reichsebene direkte und kompetente Ansprechpartner für die Berliner Ministerialbürokratie wünschte, anderseits weil es mit den Wohlfahrtsverbänden ein Gegengewicht zur kommunalen Fürsorge installieren wollte, die besonders in den Groß- und Industriestädten infolge der Demokratisierung des Wahlrechts unter sozialdemokratischen Einfluss geraten war. Vor demselben Hintergrund erfolgte unter Federführung des RAM (Erwin Ritter) die Verankerung des aus der katholischen Soziallehre stammenden Subsidiaritätsprinzips im Weimarer Fürsorgerecht. Dabei wurde das höchst anspruchs- und voraussetzungsvolle Prinzip auf eine Vorrang-/Nachrangregelung zugunsten der Verbändewohlfahrt reduziert. Entscheidend für zivilgesellschaftliche Handlungsmöglichkeiten war jedoch nicht die Vorrangstellung allein, sondern die gleichzeitige Refinanzierung der Leistungen auf Grundlage des Selbstkostendeckungsprinzips. Subsidiarität als Garant von Freiheit und Entfaltungsmöglichkeiten zunächst von Individuen und Familien vor Eingriffen einer übermächtigen staatlichen Bürokratie wurde zur Anspruchsgrundlage für öffentliche Subventionen bei gleichzeitigem Schutz privater Verbandsmacht vor Eingriffen der demokratisch legitimierten öffentlichen Gewalt. Subsidiarität als Konzept gesellschaftlicher Pluralität geriet dabei gleichzeitig zu einer Legitimationsformel für eine neokorporatistische Ausgestaltung der Wohlfahrtspflege (Sachße 1986: 223-232; Sachße/Tennstedt 1988: 142 ff.; Sachße 2003: 28-30; Hammerschmidt 2005 b). Die öffentliche Finanzierung der Verbandsarbeit sowie der unmittelbaren wohlfahrtspflegerischen Tätigkeiten führte bei der freien Wohlfahrtspflege zur Professionalisierung, Zentralisierung, Kartellierung, Bürokratisierung und zunehmender Einbindung in staatlich regulierte Arrangements. Der Weimarer Wohlfahrtsstaat wurde zum „dualen Wohlfahrtsstaat".

Der „duale Wohlfahrtsstaat" war (und ist) für die freie Wohlfahrtspflege höchst ambivalent. Einerseits erlaubte er ihr einen bis dato ungeahnten „Aufstieg" im Sinne eines enormen Ausbaus an Einrichtungen, Diensten und Personal sowie eine erhebliche Einflussnahme auf die Definition und Bearbeitung sozialer Probleme. Andererseits führte dies zur wachsenden Abhängigkeit von staatlichen Vorgaben und finanziellen Mitteln sowie im Laufe der Zeit auch zu einer zunehmenden Anpassung ihrer Handlungslogiken, Handlungsformen und Organisationsprinzipien an die der öffentlichen Träger. Subsidiarität als Ordnungsprinzip zur Aufrechterhaltung der Eigenständigkeit von kleinen und untergeordneten Gemeinwesen höhlte in seiner konkreten Ausgestaltung letztlich eben diese Eigenständigkeit aus. Die schon vor der Jahrhundertwende poröse Grenze zwischen Staat und Zivilgesellschaft im Sozialbereich entfiel. Zugespitzt: „In Form der Spitzenverbände der freien Wohlfahrtspflege hat sich der Wohltätigkeitsverein von einer Institution bürgerlicher Selbstorganisation zur professionellen Großbürokratie gewandelt, sozusagen als gesellschaftliche Außenstelle staatlicher Sozialbürokratie." (Sachße 2002: 26) Diese Entwicklung vollzog sich nicht nur auch auf Kosten des freien, ungebundenen sozialen Engagements, sondern veränderte auch das weiterhin bei der freien Wohlfahrtspflege angesiedelte Engagement. Der auch hier vormals wichtige Lokalbezug verlor an Bedeutung, während die vordem schon starke Orientierung an den spezifischen Werten der Wohlfahrtsverbände als Wertegemeinschaften als Motiv für Engagement immer stärker in den Vordergrund trat. Mit der – wenn auch bei den konfessionellen Verbänden sehr langsamen – Lösung der Verankerung der Wohlfahrtsverbände aus ihren sozial-kulturellen Milieus und dem allmählichen Verfall dieser Milieus selbst erodierte auch die Motivationsgrundlage des freiwilligen Engagements. Ein Engagement, das ohnehin kein Ehrenamt im ursprünglichen Sinne war und dessen „zivilgesellschaftlicher" Charakter sich mit dem funktionalen Einbau der freien Wohlfahrtspflege in den Sozialstaat auch verflüchtigte. Es war eher Freiwilligenarbeit, die entweder eine Lückenfüllerfunktion wahrnahm oder durch die Verbände vermittelt öffentlichen Vorgaben folgte (Sachße 2002: 26; 2003: 22 ff.).

5 Schlussbemerkungen

Aus unserer Rekonstruktion zivilgesellschaftlichen Engagements des Bürgertums in der deutschen Geschichte ergeben sich einige wichtige Sachverhalte und Einschätzungen, die u.E. auch für die heutige Diskussion über Engagement von Bedeutung sind. Die Staatsräson bestimmt wesentlich, ob und in welchem „Umfang" Zivilgesellschaft entstehen, bestehen und wirksam werden kann. Die Wirkungen wechselnder Kräfteverhältnisse zwischen Staat und zivilgesellschaftlichen Akteuren zeigten sich etwa im Jahre 1808, als der preußische Staat die zivilgesellschaftliche Sphäre öffnete, um einem sich organisierenden Bürgertum zuvorzukommen und die Öffnung zugleich nur für eine bestimmte Klasse und ein bestimmtes Geschlecht gelten ließ. Sie zeigten sich drastisch auch mit dem Kulturkampf, als staatlicherseits für katholische Organisationen Rechte erheblich eingeschränkt wurden. Ob, in welchem Umfang und wie partikular bzw. universal staatliche Gewalt Zivilgesellschaft zulässt/öffnet usw., macht den Charakter eines Staates aus. Ebenso ist es hier von Bedeutung, gegen welche Widerstände er bereit ist, Schließungen vorzunehmen bzw. Öffnungen zu verhindern. So sehr der Staat damit einerseits in der Lage sein mag, den zivilgesellschaftlichen Bereich einzuengen – auch wenn dies im Extremfall zum Verlust seines demokratischen Charakters führt, wie im Deutschen Reich ab 1933 –, so wenig ist er andererseits in der Lage, den zivilgesellschaftlichen Bereich „mit Leben zu füllen". Das zeigte sich während der Weimarer Republik: Hier erweiterte der Staat den zivilgesellschaftlichen Bereich deutlich und versah ihn mit Verfassungsgarantien, doch ein Mehr an zivilgesellschaftlichem Engagement im engeren Sinne war gleichwohl nicht zu registrieren. Der größere und rechtlich besser abgesicherte Bereich füllte sich z.T. durch weniger universalistisch ausgerichtetes Engagement, etwa durch Interessenorganisationen, was ja selbst aus einer normativen Perspektive auf die Zivilgesellschaft nicht zu beanstanden ist. Ein anderer Teil wurde (wie auch schon während des Wilhelmismus) vom Engagement rassistischer, antisemitischer oder nationalistischer Organisationen ausgefüllt, die eben keine zivilgesellschaftlichen Ziele verfolgten – im Gegenteil. Z.T. blieb der Raum aber unausgefüllt. Der Staat kann also nur die

Rahmenbedingungen für Engagement schaffen, nicht das Engagement selbst. Wo dies versucht wird, ändert das Engagement seinen Charakter, es ist nicht mehr zivilgesellschaftlich wie etwa die Tätigkeit der Frauenorganisation im Rahmen des „Nationalen Frauendienstes" im Ersten Weltkrieg. „Engagementpolitik" wird mithin konterkariert, wenn sie auf bloße Instrumentalisierung gerichtet ist und läuft ins Leere, wenn es den (potenziellen) Akteuren an Eigenmotivation fehlt.

Besonders motiviert, engagiert und auch wirkungsmächtig waren in dem hier betrachteten Zeitraum der deutschen Geschichte die Akteure, die die Verfolgung universalistischer, zivilgesellschaftlicher Ziele mit spezifischen Eigeninteressen verbanden. So das (männliche) Bürgertum, das um gesellschaftliche Vorherrschaft (kulturelle Hegemonie) gegenüber Adel und Arbeiterschaft rang, bürgerliche Frauen, die das Engagement mit dem Ziel einer Überwindung bzw. Einschränkung geschlechtsspezifischer Ungleichheit verbanden, und konfessioneller Kräfte, die mit ihrem Tun auch konfessionelle (Sonder-)Anliegen verfolgten. Innerhalb dieser Großgruppen agierten wiederum Teilgruppen besonders dynamisch und wirkungsmächtig, die abermals speziellere Interessen mit ihrem zivilgesellschaftlichen Engagement verbinden konnten. Das waren etwa Ärzte innerhalb des Bürgertums sowie Lehrerinnen innerhalb der bürgerlichen Frauenbewegung, die damit auch berufsständige oder Professionalisierungsbestrebungen verfolgten. Eigen- und Gemeinwohlinteressen verhalten sich nicht zwangsläufig antagonistisch. Die Eigenmotivation zivilgesellschaftlichen Engagements setzt zudem als Basis ein gewisses Maß an Saturiertheit im Sinne wirtschaftlicher oder sozialer Sicherheit voraus. Wo dies fehlte oder wegbrach, etwa für weite Teile des Bürgertums nach dem Ersten Weltkrieg, da schwand vormaliges zivilgesellschaftliches Engagement oder verlagerte sich auf den Bereich der Vertretung von unmittelbaren und vorrangigen Eigeninteressen. Daneben musste den engagierten Individuen die Gesellschaft, in der sie lebten, als veränderungsbedürftig, veränderungswürdig und veränderungsfähig erscheinen. Wo in der subjektiven Wahrnehmung kein Bedarf an Veränderungen existierte, konnte auch keine darauf gerichtete Motivation entstehen. Als veränderungswürdig konnte Gesellschaft nur denjenigen erscheinen, die mit ihr im Grundsätzlichen einverstanden waren, und die gleichzeitig eine eigene Perspektive in der jeweiligen Gesellschaft sahen. Anderenfalls unterblieb Engagement oder es zielte auf die radikale Überwindung des Bestehenden. Die Beurteilung der Veränderungsfähigkeit verlangt eine entsprechende Einschätzung entweder der eigenen individuellen oder kollektiven Stärke und Durchsetzungsfähigkeit und/oder der Bereitschaft des Staates, Veränderungsvorschläge aufzunehmen oder im Vorfeld schon das Einräumen von eigenständigen Gestaltungsbereichen durch den Staat, wie dies etwa in den ersten Jahrzehnten des 19. Jahrhunderts mit der kommunalen Selbstverwaltung für das männliche Bürgertum gegeben war.

Mitunter, so ein zunächst paradox erscheinendes Ergebnis der historischen Betrachtung, ist es im Sinne zivilgesellschaftlicher Normen wünschenswert, wenn Ziel und Ergebnis zivilgesellschaftlichen Engagements darin bestehen, dass der staatliche Sektor auf Kosten des zivilgesellschaftlichen ausgeweitet wird, und wenn eine zivilgesellschaftliche zugunsten staatlicher Ausgestaltung aufgehoben wird. So ersetzte die Öffnung des höheren Schulwesens und der Universitäten für Frauen zivilgesellschaftliches Engagement der Basis der bürgerlichen Frauenbewegung im Bereich Bildung. Die damit einhergehende Verlagerung der höheren Bildung für Frauen vom zivilgesellschaftlichen in den öffentlichen/staatlichen Bereich entsprach aber durchaus zivilgesellschaftlichen Zentralwerten wie dem der Gleichheit, hier der Gleichheit von Bildungschancen unabhängig vom Geschlecht. Die Verankerung einer Sache im Bereich der Zivilgesellschaft ist so gesehen nicht per se zu bevorzugen. Die Frage, in welchem Bereich was von wem am besten zu erledigen ist, sollte mithin nicht doktrinär vorab zugunsten der Zivilgesellschaft entschieden sein.

Literatur

Achinger, Hans (1965): Wilhelm Merton in seiner Zeit. Frankfurt a. M.: Waldemar Kramer

Aner, Kirsten/Hammerschmidt, Peter (2006): Programme zur Förderung zivilgesellschaftlich „produktiven Alterns" in Deutschland. In: Rosenmayr, Leopold u.a. (Hrsg.): Die neuen Alten – Retter des Sozialen? Wiesbaden: VS Verlag für Sozialwissenschaften

Böhmert, Victor (1886): Das Armenwesen in 77 deutschen Städten. Dresden: Selbstverlag des Deutschen Vereins

Bruch, Rüdiger vom (Hrsg.) (1985): Bürgerliche Sozialreform in Deutschland vom Vormärz bis zur Adenauer Ära. München: C.H. Beck

Bruch, Rüdiger vom (1985 a): Einführung.; In: Bruch, Rüdiger vom (Hrsg.): Bürgerliche Sozialreform in Deutschland vom Vormärz bis zur Adenauer Ära. München: C.H. Beck, S. 7-19

Bruch, Rüdiger vom (1985 b): Bürgerliche Sozialreform im Kaiserreich. In: Bruch, Rüdiger vom (Hrsg): Sozialreform in Deutschland vom Vormärz bis zur Adenauer Ära. München: C.H. Beck, S. 61-179

Dießenbacher, Hartmut (1986): Der Armenbesucher: Missionar im eigenen Land. In: Sachße, Christoph/Tennstedt, Florian (Hrsg.): Soziale Sicherheit und soziale Disziplinierung, Frankfurt a. M.: Suhrkamp

Eckhard, Dieter (1999): „Soziale Einrichtungen sind Kinder ihrer Zeit..." Von der Centrale für private Fürsorge zum Institut für Sozialarbeit 1899-1999. Frankfurt/M.: Waldemar Kramer

Gatz, Erwin (Hrsg.) (1997): Caritas und soziale Dienste [5. Band der Reihe: Geschichte des kirchlichen Lebens in den deutschsprachigen Ländern seit dem Ende des 18. Jahrhunderts. Die katholische Kirche.], Freiburg i. Br./Basel/Wien: Herder

Gatz, Erwin/Schaffer, Wolfgang (1997): Sozial-caritativ tätige Orden. In: Gatz, Erwin (Hrsg.): Caritas und soziale Dienste [5. Band der Reihe: Geschichte des kirchlichen Lebens in den deutschsprachigen Ländern seit dem Ende des 18. Jahrhunderts. Die katholische Kirche.], Freiburg i. Br./Basel/Wien: Herder, S. 91-110

Gatz, Erwin (1997): Kirchliche Mitarbeit in der öffentlichen Armenpflege. Die Neuanfänge einer eigenständigen kirchlichen Armenpflege. In: Gatz, Erwin (Hrsg.): Caritas und soziale Dienste [5. Band der Reihe: Geschichte des kirchlichen Lebens in den deutschsprachigen Ländern seit dem Ende des 18. Jahrhunderts. Die katholische Kirche.], Freiburg i. Br./Basel/Wien: Herder, S. 57-70

Gerhard, Ute (1992): Unerhört. Die Geschichte der deutschen Frauenbewegung. 2. Aufl., Reinbek: Rowohlt

Gerhardt, Martin (1948): Ein Jahrhundert Innere Mission, 2 Bde. Gütersloh: C. Bertelsmann.

Hammerschmidt, Peter (1999): Die Wohlfahrtsverbände im NS-Staat. Die NSV und die konfessionellen Verbände Caritas und Innere Mission im Gefüge der Wohlfahrtspflege des Nationalsozialismus. Opladen: Verlag Leske + Budrich

Hammerschmidt, Peter/Tennstedt, Florian (2002): Der Weg zur Sozialarbeit: Von der Armenpflege bis zur Konstituierung des Wohlfahrtsstaates in der Weimarer Republik. In: Thole, Werner (Hrsg.): Grundriss Soziale Arbeit. Ein einführendes Handbuch. 2. Aufl., Wiesbaden: VS Verlag für Sozialwissenschaften, S. 63-76

Hammerschmidt, Peter (2002): Geschichte der Rechtsgrundlagen der Sozialen Arbeit bis zum 20. Jahrhundert. In: Thole, Werner (Hrsg.): Grundriss Soziale Arbeit. Ein einführendes Handbuch. 2. Aufl., Wiesbaden: VS Verlag für Sozialwissenschaften, S. 637-646

Hammerschmidt, Peter (2003): Finanzierung und Management von Wohlfahrtsanstalten 1920 bis 1936. Stuttgart: Franz Steiner Verlag

Hammerschmidt, Peter (2005a): Wohlfahrtsverbände im Nachkriegsdeutschland. Zur Reorganisation, Finanzierung und Steuerung der Wohlfahrtsverbände im Nachkriegsdeutschland von 1945 bis 1961. Weinheim, München: Juventa

Hammerschmidt, Peter (2005 b): Zur Rolle der Caritas bei der Neuformulierung des Subsidiaritätsprinzips im Bundessozialhilfegesetz und im Jugendwohlfahrtsgesetz von 1961. Zeitschrift für Sozialpädagogik, Heft 2, S. 185-204

Hammerschmidt, Peter (2006): Zur Herkunft und Bedeutung der Bezeichnung „(staatlich anerkannter) Spitzenverband der Freien Wohlfahrtspflege". Zeitschrift für Sozialpädagogik, Heft 2, S. 132-150

Heitzer, Horstwalter (1979): Der Volksverein für das katholische Deutschland im Kaiserreich 1890-1918. Mainz: Matthias-Grünewald-Verlag

Hofmann, Wolfgang (1984): Aufgaben und Struktur der kommunalen Selbstverwaltung in der Zeit der Hochindustrialisierung. In: Jeserich, Kurt G. A./Pohl, Hans/Unruh von, Georg-Christoph: (Hrsg.): Deutsche Verwaltungsgeschichte. Bd. 3, Das Reich bis zum Ende der Monarchie. Stuttgart: Deutsche Verlags-Anstalt, S. 578-644

Hüchtker, Dietlind (1999): „Elende Mütter" und „liederliche Weibspersonen". Geschlechterverhältnisse und Armenpolitik in Berlin (1770-1850). Münster: Westfälisches Dampfboot

Jeserich, Kurt G. A./Pohl, Hans/Unruh von, Georg-Christoph (Hrsg.) (1984): Deutsche Verwaltungsgeschichte. Bd. 3, Das Reich bis zum Ende der Monarchie. Stuttgart: Deutsche Verlags-Anstalt

Jessen, Ralph/Reichardt, Sven/Klein, Ansgar (Hrsg.) (2004): Zivilgesellschaft als Geschichte. Wiesbaden: VS Verlag für Sozialwissenschaften

Joosten, Theo (1976): Das sozial-caritative Wirken der Kirche im Spiegel der Katholikentage 1848-1900. In: Weber, Wilhelm (Hrsg.): Jahrbuch für christliche Sozialwissenschaften, Bd. 17, Münster: Regensberg, S. 163-182

Jütte, Robert (1997): Die Entwicklung des ärztlichen Vereinswesens und des organisierten Ärztestandes bis 1871. In: ders. (Hrsg.): Geschichte der deutschen Ärzteschaft. Köln: Deutscher-Ärzte-Verlag

Klein, Ansgar (2002): Der Diskurs der Zivilgesellschaft. In: Meyer, Thomas/Weil, Reinhard (Hg. für Friedrich-Ebert-Stiftung): Die Bürgergesellschaft. Perspektiven für Bürgerbeteiligung und Bürgerkommunikation. Bonn: J.H.W. Dietz Nachf., S. 37-64.

Kocka, Jürgen (2002): Das Bürgertum als Träger von Zivilgesellschaft – Traditionslinien, Entwicklungen, Perspektiven. In: Enquete-Kommission „Zukunft des Bürgerschaftlichen Engagements" Deutscher Bundestag (Hrsg.): Bürgerschaftliches Engagement und Zivilgesellschaft. Opladen: Leske + Budrich, S. 15-22

Kraul, Margret (1991): Höhere Mädchenschulen. In: Berg, Christa (Hrsg.): Handbuch der deutschen Bildungsgeschichte. Bd. IV 1870-1918. München: C.H. Beck, S. 279-303

Krebsbach, August (1970): Die Preußische Städteordnung von 1808. Textausgabe, 2. erg. Aufl., Köln: Kohlhammer

Kupisch, Karl (2000): Kulturkampf. In: Galling, Kurt u.a. (Hrsg.): Die Religion in Geschichte und Gegenwart. Handwörterbuch für Theologie und Religionswissenschaft. 2. elektronische Ausgabe der 3. Aufl., Berlin, S. 109-114

Labisch, Alfons/Tennstedt, Florian (1985): Der Weg zum „Gesetz über die Vereinheitlichung des Gesundheitswesens" vom 3. Juli 1934. Entwicklungslinien und -momente des staatlichen und kommunalen Gesundheitswesens in Deutschland. Düsseldorf: Selbstverlag der Akademie für öffentliches Gesundheitswesen

Liese, Wilhelm (1922): Geschichte der Caritas. 2 Bde. Freiburg: Caritasverlag

Malinowski, Stephan (2004): Wie zivil war der deutsche Adel? In: Jessen, Ralph/Reichardt, Sven/Klein, Ansgar (Hrsg.): Zivilgesellschaft als Geschichte. Studien zum 19. und 20. Jahrhundert. Wiesbaden: Opladen, S. 239-260

Meyer, Thomas/Weil, Reinhard (Hrsg. für Friedrich-Ebert-Stiftung) (2002): Die Bürgergesellschaft. Perspektiven für Bürgerbeteiligung und Bürgerkommunikation. Bonn, S. 1-8

Morsey, Rudolf (1981): Der Kulturkampf. In: Rauscher, Anton (Hrsg.): Der soziale und politische Katholizismus. 1. Bd. München/Wien: Olzog, S. 72-109

Nitsch, Meinolf (1999): Private Wohltätigkeitsverein im Kaiserreich. Berlin, New York: Walter de Gruyter

Rahden, Till van (2004): Juden und die Ambivalenzen der bürgerlichen Gesellschaft in Deutschland 1800 bis 1933. In: Jessen, Ralph/Reichard, Sven/Klein, Ansgar (Hrsg.): Zivilgesellschaft als Geschichte. Wiesbaden: VS Verlag für Sozialwissenschaften, S. 345-369

Rauscher, Anton (Hrsg.) (1981): Der soziale und politische Katholizismus. 2 Bde. München/Wien: Olzog

Reulecke, Jürgen (1985): Die Anfänge der organisierten Sozialreform in Deutschland. In: Bruch, Rüdiger vom (Hrsg.): Sozialreform in Deutschland vom Vormärz bis zur Adenauer Ära. München: C.H. Beck, S. 21-59

Reulecke, Jürgen (1983): Sozialer Frieden durch soziale Reform. Der Centralverein für das Wohl der arbeitenden Klassen in der Frühindustrialisierung. Wuppertal: Peter Hammer

Sachße, Christoph (1992): Ehrenamtlichkeit, Selbsthilfe und Professionalität. In: Müller, Siegfried/Rauschenbach, Thomas (Hrsg.): Das soziale Ehrenamt. Weinheim u. München: Juventa, 2. Aufl., S. 51-55

Sachße, Christoph (1986): Mütterlichkeit als Beruf. Frankfurt: Suhrkamp

Sachße, Christoph/Tennstedt, Florian (1988): Fürsorge und Wohlfahrtspflege 1871 bis 1929 [Geschichte der Armenfürsorge Bd. 2] Stuttgart, Berlin und Köln: Kohlhammer

Sachße, Christoph/Tennstedt, Florian (^{2}1998 a): Vom Spätmittelalter bis zum 1. Weltkrieg. [Geschichte der Armenfürsorge Bd. 1], Stuttgart, Berlin und Köln: Kohlhammer

Sachße, Christoph/Tennstedt, Florian/Roeder, Elmar (Bearb.) (2000): Armengesetzgebung und Freizügigkeit. Quellensammlung zur Geschichte der deutschen Sozialpolitik 1867-1914, I. Abt. 7. Bd., Darmstadt: Wissenschaftliche Buchgesellschaft

Sachße, Christoph/Tennstedt, Florian (1998 b): Bettler, Gauner und Proleten. Armut und Armenfürsorge in der deutschen Geschichte. Frankfurt: Fachhochschulverlag

Sachße, Christoph (2000): Freiwilligenarbeit und private Wohlfahrtskultur in historischer Perspektive. In: Zimmer, Annette/Nährlich, Stefan (Hrsg.): Engagierte Bürgerschaft. Traditionen und Perspektiven. Opladen: Leske + Budrich, S. 75-103

Sachße, Christoph (2002): Traditionslinien bürgerschaftlichen Engagements. In: Enquete-Kommission „Zukunft des Bürgerschaftlichen Engagements" Deutscher Bundestag (Hrsg.): Bürgerschaftliches Engagement und Zivilgesellschaft. Opladen: Leske + Budrich, S. 23-28

Sachße, Christoph (2003): Subsidiarität – Leitidee des Sozialen. In: Hammerschmidt, Peter/Uhlendorff, Uwe (Hrsg.): Wohlfahrtsverbände zwischen Subsidiaritätsprinzip und EU-Wettbewerbsrecht. Kassel: Universität Kassel, S. 15-37

Scarpa, Ludovica (1995): Gemeinwohl und lokale Macht. Honoratioren und Armenwesen in der Berliner Luisenstadt im 19. Jahrhundert. München u.a.: K. G. Sauer

Schmidt, Jutta (1998): Beruf: Schwester. Mutterhausdiakonie im 19. Jahrhundert. Frankfurt a.M. und New York: Campus

Schröder, Iris (2001): Arbeiten für eine bessere Welt. Frauenbewegung und Sozialreform 1990-1914. Frankfurt a. M./New York: Campus

Schulz, Günther (1985): Bürgerliche Sozialreform in der Weimarer Republik. In: Bruch, Rüdiger vom (Hrsg.): Bürgerliche Sozialreform in Deutschland vom Vormärz bis zur Adenauer Ära. München: C.H. Beck, S. 181-217

Thamer, Hans-Ulrich (2000): Der Citoyen und die Selbstverwaltung des 19. Jahrhunderts. In: Zimmer, Annette/Nährlich, Stefan (Hrsg.): Engagierte Bürgerschaft. Traditionen und Perspektiven. Opladen: Leske + Budrich, S. 289-302

Thole, Werner (Hrsg.) (2005): Grundriss Soziale Arbeit. Ein einführendes Handbuch. 2. Aufl., Wiesbaden: VS Verlag für Sozialwissenschaften

Unruh, Georg-Christroph von (1984): Die normative Verfassung der kommunalen Selbstverwaltung. In: Jeserich, Kurt G. A./Pohl, Hans/Unruh, Georg-Christoph von: Deutsche Verwaltungsgeschichte. Bd. 3, Das Reich bis zum Ende der Monarchie. Stuttgart: Deutsche Verlags-Anstalt, S. 560-578

Werthmann, Lorenz (1958): Warum Organisation der Caritas? [1896] In: Borgmann, Karl (Hrsg.): Lorenz Werthmann. Reden und Schriften. Freiburg: Lambertus-Verlag, S. 40-44

Wichern, Johann Hinrich (1975): Der Kommunismus und die Hilfe gegen ihn. In: ders. (Hrsg.): Sämtliche Werke Bd. VII. Hamburg, S. 133-137

Wichern, Johann Hinrich (1975): Die Proletarier und die Kirche. In: ders. (Hrsg.): Sämtliche Werke Bd. VII. Hamburg, S. 137-151

Wurms, Renate (1983): „Krieg dem Kriege" – „Dienst am Vaterland": Frauenbewegung im Ersten Weltkrieg. In: Hervé, Florence (Hrsg.): Geschichte der deutschen Frauenbewegung. Köln PRV-Verlag, 2. Aufl., S. 84-118

Zimmer, Annette/Nährlich, Stefan (Hrsg.) (2000): Engagierte Bürgerschaft. Traditionen und Perspektiven. Opladen: Leske + Budrich

Arnd Bauerkämper

Bürgerschaftliches Engagement zwischen Erneuerung und Abbruch
Die Entwicklung in der Bundesrepublik Deutschland und in der DDR in vergleichender Perspektive

Das Konzept der „Engagementpolitik" ist in der sozialwissenschaftlichen und historischen Forschung bislang noch nicht profiliert. Jedoch können empirische Untersuchungen auf die Diskussion und die vorliegenden Studien über Bürgertum und Bürgerlichkeit bezogen werden. Diese Forschungsrichtungen verbindet die Konzentration auf das freiwillige und öffentliche Engagement von Bürgern für Ziele, die nicht partikularen Interessen verpflichtet sind. Überdies basiert das wissenschaftliche Interesse für bürgerschaftliches Engagement – explizit oder implizit – auf der Überzeugung, dass die skizzierten Formen sozialen Handelns die Qualität von Gesellschaften gleichermaßen widerspiegelt und prägt. So ist in neueren Untersuchungen ein enger Nexus zwischen dem Ausmaß der individuellen Einbindung in freiwilliges Engagement und der sozialen Integration von Personen nachgewiesen worden. Das Spektrum bürgerschaftlichen Engagements umfasst dabei über ehrenamtliches Engagement hinaus Mäzenatentum, die Beteiligung an Selbsthilfegruppen und unterschiedliche Formen institutionalisierter wie informeller politischer Partizipation (Gensicke 2006: 12; Geiss 2006; Evers 2003: 153; Enquete- Kommission Deutscher Bundestag 2002).

Obgleich das Verhältnis zwischen bürgerschaftlichem bzw. zivilgesellschaftlichem Engagement und Demokratie vor allem in Transformations- und Transitionsprozessen in theoretischer und empirischer Hinsicht durchaus komplex ist, vermag soziales Handeln für das Gemeinwesen offenbar besonders in repräsentativen Demokratien die Responsivität des politischen Systems zu erhöhen. Damit bildet gemeinschaftsbezogenes Engagement ein „Sozialkapital", das politisch zu fördern ist, wenn eine deliberative Demokratie etabliert werden soll. Jedoch ist das Verhältnis zwischen bürgerschaftlichem Engagement und Demokratie zu historisieren. Damit zeichnet sich mit „Engagementpolitik" ein Forschungsfeld ab, das den variierenden Zielen, Instrumenten, Akteuren und Institutionen bürgerschaftlichen bzw. zivilgesellschaftlichen Handelns seit dem 18. Jahrhundert gewidmet ist. Innovative Fragestellungen eröffnen damit neue Befunde, die möglicherweise über die Ausprägung sozialen Handelns hinausreichen und Aussagen über das Verhältnis zwischen gesellschaftlicher Dynamik und politischen Ordnungen in der Moderne erlauben (Klein 2001; Jessen/Reichardt/Klein 2004: 13; Lauth 2003: 40-45; Lauth 1999: 107, 109; Merkel/Lauth 1998: 8f., 10; Schmidt 2000; Frevel 2004: 60-62; Vorländer 2003: 101-105).

Jedoch bedarf das Konzept der „Engagementpolitik" noch der empirischen Fundierung. Erst konkrete sozial-, politik- und geschichtswissenschaftliche Untersuchungen können das heuristische und analytische Potential dieses Begriffs zeigen. In diesem Beitrag werden nicht vorrangig die neuen gesellschaftlichen Bewegungen untersucht, die nach dem Zweiten Weltkrieg bürgerschaftliches Engagement trugen.[1] Vielmehr sollen die Akteure und Ressourcen zivilgesellschaftlichen Handels analysiert und in die langfristige Entwicklung von Bürgerlichkeit eingeordnet werden. Vor der empirischen Untersuchung der Voraussetzungen und Träger bürgerschaftlichen Engagements nach 1945 muss aber zunächst die neuere Forschung zur „bürgerlichen Gesellschaft" bzw. zur „Zivilgesellschaft" skizziert werden.

1 Die Konzepte der „bürgerlichen Gesellschaft" und der"Zivilgesellschaft"

Die wissenschaftliche und publizistische Diskussion über die bürgerliche Gesellschaft und Zivilgesellschaft in Deutschland ist unterschiedlichen Impulsen verpflichtet. Während für die bürgerliche Gesellschaft die Abgrenzung vom monarchischen Absolutismus konstitutiv war, ist das Leitbild der Zivilgesellschaft nicht nur aus der Opposition gegen das obrigkeitliche Reglement in staatssozialistischen Diktaturen hervorgegangen, sondern auch aus der Enttäuschung über die Mängel und Grenzen der staatlichen Wohlfahrtspolitik in westlichen Gesellschaften. Die beiden Konzepte sind in unterschiedlichen historischen Konstellationen verwurzelt. So ist die Gesellschaft, die im 19. Jahrhundert mit der Industrialisierung und der Herausbildung von Klassen in Deutschland entstand, schon früh als „bürgerlich" bezeichnet worden. Demgegenüber ist der Begriff „Zivilgesellschaft" als *societas civilis* bereits aus der römischen Antike überliefert. Seine spezifische Ausprägung als Ensemble unterschiedlicher Formen gesellschaftlicher Selbstorganisation gegenüber dem Staat und der Wirtschaft, aber auch der Privatsphäre gewann er aber erst seit der Aufklärung. In der neueren Forschung ist er zudem vorrangig auf die Geschichte des 20. Jahrhunderts bezogen worden. Allerdings ist keine klare Abgrenzung hinsichtlich des Begriffsgebrauchs festzustellen, denn sowohl „bürgerliche Gesellschaft" wie „Zivilgesellschaft" sind in der wissenschaftlichen Literatur – oft synonym – zur Interpretation sozialer Selbstorganisation auf einer spezifischen normativ-kulturellen Basis in der Moderne seit dem späten 18. Jahrhundert verwendet worden, oft in Abgrenzung vor allem vom Staat. (Kocka 2004: 30).

Die neuere historische Forschung in Deutschland hat mit „Bürgertum" bzw. „Bürgergesellschaft" zunächst ein Ensemble verschiedener Berufsgruppen bezeichnet und dabei vor allem zwischen Besitz und Bildung getrennt.[2] Während besonders Unternehmer, mittelständische Geschäftsleute, Bankiers und Financiers das Besitzbürgertum bildeten, umfasste das Bildungsbürgertum Berufsgruppen wie Ärzte, Rechtsanwälte, Richter, Geistliche und Lehrer. Die Entstehung dieser Sozialformation ist maßgeblich von der Zielutopie der „bür-

---

[1] Vgl. dazu den Beitrag von Karl-Werner Brand in diesem Band.
[2] Die – vielfach zu beobachtende – Identifizierung der „Bürgergesellschaft" mit der „Zivilgesellschaft" ist zu Recht kritisiert worden, auch wenn daraus nicht notwendigerweise eine grundsätzliche Präferenz für ein spezifisches Konzept abgeleitet werden kann. „Bürgergesellschaft" hebt aber deutlicher als „Zivilgesellschaft" auf die in Deutschland besonders nachhaltig wirksame politische Dimension ab, die sich in der Kategorie des „Staatsbürgers" kristallisiert. Vgl. Gohl 2001: 7.

gerlichen Gesellschaft" beeinflusst worden, die als Ideal der Aufklärung im 18. Jahrhundert ein anzustrebendes Gemeinwesen bezeichnet. Im 19. Jahrhundert bildete sich schließlich das Bürgertum als umfassende soziale Formation heraus, die durch eine spezifische Form der Vergesellschaftung und Kultur gekennzeichnet war. Sie schloss spezifische Interessen ein, aber auch Normen, Werte und einen typischen Lebensstil. Diese Grundlage hat die Historiographie dabei mit „Bürgerlichkeit" charakterisiert (Hettling 2004; Engelhardt 1986: 205; Conze/Kocka 1985).

Als kulturelles System und Form der Vergesellschaftung entstand Bürgerlichkeit im 18. Jahrhundert, als sich die ständische Ordnung auflöste. Zunehmend auf Emanzipation vom Staat gerichtet, entfaltete zunächst das Konzept des „Staatsbürgers" eine beträchtliche Bindungskraft. Seine Attraktivität gründete sich auf die Integration der wichtigsten sozialen Formationen der ständischen Gesellschaft – des Adels, der Geistlichkeit und des „dritten Standes" – in den Staat. Dabei forderte der „dritte Stand" immer nachdrücklicher die politische Gleichberechtigung. Daneben bildete sich in Deutschland im frühen 19. Jahrhundert die universalistische Vision einer Gesellschaft selbständiger Hausväter heraus, vor allem im Stadtbürgertum. Diese soziale Formation ging letztlich aus dem Aufstieg der Verkehrswirtschaft, der Zunahme des Marktaustausches und der Verbreitung des ökonomischen Erwerbsstrebens hervor, die in den spätmittelalterlichen Städten entstanden waren. Hier verbreiteten sich auch neue Geselligkeitsformen, und die bürgerliche Familie wurde zu einer zentralen „Sozialisationsagentur" (Schulz 2005: 3; Haltern 1985; Gall 1987; Wehler 1986: 2-9; Lundgreen 2000: 181; Winkler 1966).

Schon in den vierziger Jahren des 19. Jahrhunderts spaltete sich jedoch die expandierende Gruppe der Gebildeten, die ein exklusiveres Bürgerverständnis vertrat, vom Stadtbürgertum ab, das vor allem rechtlich gefasst war und auf Besitz beruhte. Demgegenüber teilten die Angehörigen des entstehenden Bildungsbürgertums vor allem die Hochschätzung von Bildung, die auch gezielt als Mittel kultureller Distinktion eingesetzt wurde Beide Gruppen verbanden allerdings weiterhin bürgerliche Werte wie Selbständigkeit und Unabhängigkeit, die damit bis zum frühen 20. Jahrhundert einen zentralen Stellenwert als Integrationsideologie behielten. Die funktionale Differenzierung von Gesellschaften, die durch vor allem über Märkte vermittelte soziale Ungleichheit gekennzeichnet sind, führte zu einer Aufspaltung in unterschiedliche bürgerliche Schichten und Gruppen, deren klassenübergreifende Kohärenz durch Bürgerlichkeit als neuen Wertehorizont ebenso maßgeblich gefördert wurde wie durch die gemeinsame Abgrenzung vom Adel, der Geistlichkeit und oft auch vom Staat und seinen Beamten. So konvergierten die unterschiedlichen Professionen, die sich um 1800 herausgebildet hatten, rund siebzig Jahre später zum „freien Beruf". Als Wertesystem, das eine anzustrebende Utopie, aber kein stringentes Handlungsprogramm vermittelte, vermochte Bürgerlichkeit die Diskrepanz zwischen den unterschiedlichen beruflichen Positionen ebenso zu überbrücken oder zumindest zu verringern wie die Kluft zwischen Öffentlichkeit und Privatsphäre. Dabei entfalteten Besitz und Bildung, Eigeninteresse und Gemeinwohlorientierung, zweckfreie Kreativität und zweckgebundene Rationalität wie Gefühl und Vernunft gerade wegen ihrer Spannung eine integrierende Kraft (Hettling/Hoffmann 1997, 2000; Kaschuba 1995).

Insgesamt ist die geschichts- und sozialwissenschaftliche Diskussion über das Bürgertum, die bürgerliche Gesellschaft und die Bürgerlichkeit durch die Polarität von Klassen-

und Lebensstiltheorien zunächst vorangetrieben, aber zunehmend belastet worden. Während klassentheoretische Studien die Beharrungskraft gesellschaftlicher Formationen und sozialer Ungleichheit herausgestellt haben, ist von der neueren soziologischen Forschung die Pluralisierung und Individualisierung der Lebensstile nach dem Zweiten Weltkrieg – besonders seit den 1968er Jahren – nachgezeichnet und betont worden. Die scharfe Gegenüberstellung der beiden Untersuchungsansätze und die wechselseitige Abgrenzung ihrer Vertreter haben zu erstarrten Frontstellungen geführt, die nicht weiterführend sind. Die Konfrontation verweist aber auf ein Grundproblem der Forschung: die unzureichende Vermittlung zwischen den Befunden zur Entwicklung von Bürgertum und Bürgerlichkeit, zwischen Arbeiten zur Sozialstruktur und Lebenskultur und zwischen den Kategorien von Kontinuität und Wandel (Wehler 2006: 14). Die Untersuchung der – variierenden – Träger von Bürgerlichkeit bietet hier einen Ausweg. Allerdings war die bürgerliche Kultur ebenso heterogen wie das Bürgertum, und auch die Integrationskraft der Vision der freien Bürgergesellschaft nahm im 20. Jahrhundert zusehends ab (Kocka 1988: 27).

„Zivilgesellschaft" ist ein Begriff, der gegenwärtig noch umfassender verwendet wird als „Bürgertum", „bürgerliche Gesellschaft" bzw. „Bürgerlichkeit". Das vieldeutige Konzept hat seit den 1980er Jahren eine Renaissance im politischen Diskurs wie auch in der wissenschaftlichen Debatte erlebt. Als Kampfbegriff der osteuropäischen und lateinamerikanischen Bewegungen, die sich gegen die herrschenden Diktaturen richteten, hat Zivilgesellschaft eine starke politische Stoßkraft entwickelt, die sich nach 1989 auch in der Wissenschaft ausgewirkt hat. In der westlichen Welt ist das Konzept vielfach als Allheilmittel gegen die Individualisierung, Vereinzelung und Politikverdrossenheit moderner Gesellschaften gepriesen worden. Zugleich scheint die Zivilgesellschaft Schutz vor der grenzüberschreitend wirksamen, vielfach als übermächtig wahrgenommenen kapitalistischen Wirtschaft und ihren weit reichenden Steuerungsansprüchen zu verheißen (Keane 1988: 226, 238f., 241; Keane 1988: Civil Society and the State, 22; Miszlivetz 1999; Reichardt 2004: Civil Society; Bauerkämper 2003: 8-13).

Nach den gegenwartsbezogenen Sozialwissenschaften hat in letzter Zeit auch die Geschichtswissenschaft die „Zivilgesellschaft" als einen Leitbegriff der Forschung entdeckt und entwickelt (Hildermeier/Kocka/Conrad 2000; Trentmann 2000; Bermeo/Nord 2000; Kocka u.a. 2001; Kocka 2003; Bauerkämper u.a. 2006; Gosewinkel 2003; Jessen/Reichardt/ Klein 2004). Insgesamt ist das Konzept in mehrfacher Hinsicht ausgeweitet worden. Es entwickelte sich von der politischen Forderung zum Objekt wissenschaftlicher Forschung, von der Zustandsbeschreibung der Gegenwart zu einem Gegenstand historischer Analyse, vom antidiktatorischen Kampfbegriff zu einem weltweiten Postulat der Durchsetzung einer liberalen und demokratischen Gesellschaftsordnung. Auch diese transnationale Erweiterung der Diskussion über die Zivilgesellschaft hat zunächst die Sozial- und Politikwissenschaften erfasst, in denen besonders Probleme grenzüberschreitender *Governance*, sozialer Bewegungen und Netzwerke ebenso erforscht worden sind wie Zurechenbarkeit von Entscheidungen (*accountability*), Verantwortungen, Handlungsressourcen und der Stellenwert massenmedialer Öffentlichkeiten. Jedoch wurden in den letzten Jahren zunehmend auch geschichtswissenschaftliche Arbeiten vorgelegt, die über die Genese des Konzepts hinaus die Herausbildung einer transnationalen Zivilgesellschaft seit dem 19. Jahrhundert untersucht haben. Dabei hat sich die Historiographie vor allem auf die grenzüberschreitenden

Organisationen gegen die Sklaverei sowie die Friedens-, Frauen- und Arbeiterbewegung konzentriert (Gosewinkel u.a. 2004; Rucht 2003; Bauerkämper/Gumb).

Während mit den Konzepten der „bürgerlichen Gesellschaft" und des „Bürgertums" die normative und empirische Dimension getrennt sind, wird der Begriff „Zivilgesellschaft" oft zugleich deskriptiv und normativ benutzt. Da sich die analytische und normative Dimension überlagern, ist eine Trennung in Definitionen nicht möglich (Pollack 2004: 26-28). Jedoch lassen sich aus der Vielzahl der wissenschaftlichen Begriffsbestimmungen zwei Typen herausarbeiten: Konzeptualisierungen von Zivilgesellschaft, die entweder stärker auf den Bereich oder den Modus zivilgesellschaftlichen Handelns abstellen. Nach dem räumlichen Verständnis wird Zivilgesellschaft als eine soziale Sphäre definiert, die „zwischen" dem Staat, der Wirtschaft und dem privaten Bereich – mit „Familie" identifiziert – angesiedelt ist und in dem freiwillig gegründete Assoziationen öffentlich und nicht profitorientiert das soziale und politische Handeln bestimmen. Dieser intermediäre Bereich wird deutlich von der Sphäre des Staates unterschieden. Die andere Auffassung versteht Zivilgesellschaft stärker als eine Form sozialen Handelns, die auf Zivilität und spezifische Werte ausgerichtet ist, z. B. den Verzicht auf Gewalt, die Bereitschaft zur Anerkennung des Anderen und die Orientierung an der *res publica* (Geißel u.a. 2004; Kocka 2004; Adloff 2005: 8f.; Reichardt 2004: Civil Society, 48-50).

Diese beiden Varianten der Konzeptualisierung basieren – explizit oder implizit – auf normativen Grundannahmen. Sie setzen eine „Kultur der Zivilität" voraus, „einschließlich der Hochschätzung für Toleranz, Selbständigkeit und Leistung sowie die Bereitschaft zum individuellen und kollektiven Engagement über rein private Ziele hinaus" (Kocka 2001: 10). Obgleich die Unterscheidung zwischen „zivil" und „unzivil" für die Analyse der Zivilgesellschaft unabdingbar ist, sollte sie in der empirischen Forschung nicht ontologisiert und mit binären Zuschreibungen verbunden werden. Auch in Zivilgesellschaften ist das destruktive Potenzial der Modernisierung nicht dauerhaft stillgelegt. Vielmehr müssen individuelle Autonomie und Freiräume gesellschaftlicher Selbstorganisation jeweils immer wieder von den Akteuren erkämpft oder gesichert werden (Reichardt 2004: Gewalt; Bauerkämper u.a. 2006).

In der soziologischen und politikwissenschaftlichen Forschung ist „Zivilgesellschaft" überwiegend als Bereich gesellschaftlicher Selbstorganisation definiert worden, der nicht von staatlichen Institutionen kontrolliert und reguliert wird. Diese Sphäre ist nach den vorliegenden bereichslogischen Begriffsbestimmungen durch grundsätzlich freie Interaktion gekennzeichnet, die auf der Anerkennung von Pluralität und Toleranz, Berechenbarkeit, gegenseitigem Vertrauen, Kooperationsbereitschaft und spezifischen Formen friedlicher Konfliktregelung basiert. In dieser Perspektive bezeichnet „Zivilgesellschaft" vor allem ein „Modell sozialer, politischer, wirtschaftlicher und kultureller Ordnung […]. Eine offene Gesellschaft, Pluralismus, Menschen- und Bürgerrechte, der Rechts- und Verfassungsstaat, Öffentlichkeit, Demokratie, Kritik, innere Vielfalt und Lernfähigkeit gehören dazu, allzuviel soziale Ungleichheit und Entsolidarisierung sind mit diesem Modell nicht vereinbar." (Kocka 2000: 481). In dieser additiven Begriffsbestimmung fallen die deskriptiv-analytische Ebene und die normativ-utopische Dimension zusammen – eine Überlagerung, die sich in der Spannung zwischen dem universalen Geltungsanspruch und der realen Exklusivität der Zivilgesellschaft widerspiegelt. So ist die *civil society* nach John Keanes Definition „an idealtypical category […] that both describes and envisages a complex and dynamic ensemble of legally protected non-governmental institutions that tend to be non-violent, self-organizing, self-reflexive, and permanently in tension with each other and with the state institutions that frame, constrict and enable their activities." Deshalb bezeichnet „Zivilgesellschaft" nur spezifische Ausschnitte der gesamten Gesellschaft, deren Mitglieder ihr zudem keineswegs freiwillig anhören (Keane 1988: 6; Kocka 1997: 499; Frankenberg 1997: 55).

Das Verhältnis zwischen der Zivilgesellschaft und anderen Räumen sozialer Interaktion ist aber umstritten geblieben. In der Forschung, die einer bereichslogischen Definition der Zivilgesellschaft verpflichtet ist, sind besonders deren Abgrenzung zur Privatsphäre (Familie) und zur Wirtschaft kontrovers diskutiert worden.

In politischen, ökonomischen und sozialen Krisen bedürfen Zivilgesellschaften eines starken staatlichen Schutzes, um ihre Wertegrundlage gegen Anfeindungen zu bewahren. Damit können geschichtswissenschaftliche Studien besonders nachdrücklich belegen, dass Staat und Zivilgesellschaft analytisch nicht eindeutig und statisch als *Gegensatz* gefasst werden können. In funktionaler Hinsicht unterliegt das Verhältnis vielmehr dem historischen Wandel. In Krisen und Übergangslagen ist ein staatliches Monopol legitimer Macht und Gewaltausübung durchaus geeignet, die Zivilgesellschaft zu schützen oder erneut zu begründen. Demgegenüber sind die politischen Entscheidungsträger in nicht-autoritären Herrschaftssystemen durchweg mit dem nur schwer lösbaren Dilemma konfrontiert, zivilgesellschaftliche Akteure zum Handeln zu befähigen und aufzurufen, zugleich aber ihr Engagement an den Wertekonsens zu binden, welcher der Zivilgesellschaft zu Grunde liegt. Deshalb gehört die Sicherung rechtsstaatlicher Verfahren und Strukturen ebenso zu den unabdingbaren Voraussetzungen zivilgesellschaftlichen Handelns wie die Anerkennung von Rechtsgleichheit. Grundsätzlich ist das Verhältnis zwischen Staat und Zivilgesellschaft somit ambivalent, denn die Wirkungen staatlicher Intervention sind kontextabhängig. Nur empirische Studien zu den Akteuren in ihrem zeitgenössischen Kontext ermöglichen eine Differenzierung zwischen Formen staatlicher Regulierung, die Zivilgesellschaften zerstören oder sie festigen (Knöbl 2006; Lauth 1999: 107-109; Lauth 2003: 45; Trentmann 2000: 21-23; Rödel 1996: 671f., 675f.; van den Daele 2002).

Im Anschluss an diese Überlegungen akzentuiert das Konzept der „Bürgergesellschaft" die politischen Implikationen bürgerschaftlichen Engagements. So stellt es analytisch auf die Verflechtung neuer Verantwortungsgemeinschaften mit dem Staat ab, die in Demokratien eine ermöglichende Funktion des *empowerment* gewinnt und eine Vielfalt individueller Beteiligung initiiert. Als politisch-gesellschaftliche Vision zielt die Bürgergesellschaft deshalb auf die „fortgesetzte Demokratisierung der Herrschaft über die eigene Lebensordnung" ab. Sie definiert Individuen durch ihre individuellen Freiheitsrechte oder als Wirtschaftsbürger und basiert auf der Gewährleistung von Grund- und Freiheitsrechten, die keinem Bürger verwehrt werden dürfen. Die Bürgergesellschaft ist deshalb inklusiv und eng an Staatsbürgerschaft (*Citizenship*) gekoppelt (van den Brink 1995: 14-16; Adloff 2005; Gohl 2001: 5; Evers 2003; Conrad/Kocka 2001).

Demgegenüber weist das kommunitaristische Konzept bürgerschaftlichen Engagements, das Bürger als Mitglieder einer durch Werte integrierten Gemeinschaft fasst, eine ausgeprägte Ambivalenz auf. Indem es Verbände als „Sozialkapital" fasst, bindet das kommunitaristische Verständnis bürgerliches Engagement in Zivilgesellschaften konzeptionell eng an den Zusammenschluss zu Assoziationen und deren gemeinschaftsbezogene Aktivität. Assoziationen wird vor allem das Potential zugeschrieben, „Gemeinwohl" und „Gemeinsinn" zu generieren und zu gewährleisten. Jedoch führt Engagement in Assoziationen nicht notwendigerweise zu sozialer und politischer Integration. Deshalb muss im Anschluss an die einflussreichen Studien Robert D. Putnams zwischen *bridging* und *bonding social capital* unterschieden werden. Nur *bridging social capital* überwindet die sozialen Grenzen einzelner Assoziationen und stärkt die *weak ties* zwischen ansonsten voneinander segregierten Netzwerken. Damit vermag sich bürgerschaftliches Engagement herauszubilden, das über die gesellschaftliche Exklusivität und die partikularen Ziele einzelner Vereine und Verbände hinausreicht. Letztlich sollen gesellschaftliche Partikularinteressen durch bürgerschaftliches Engagement eingehegt werden, das insgesamt als konstitutiv für Zivilgesellschaften gelten kann. Da es aber freiwillig bleiben muss, kann bürgerschaftliches Engagement nicht politisch erzwungen werden. „Engagement*politik*" begrenzt sich deshalb auf Initiativen zur Förderung der Voraussetzungen, Ressourcen und Träger bürgerschaftlichen Handelns (Kern 2004: 123; Geißel 2004: 7, 13; Pollack 2004: 30f.; Putnam 1995: 73; Putnam 2000; 2001; 1993; Gramm/Putnam 1998; Shils 1991: 18f., 23f., 45-47; Walzer 1992: 59, 87, 89-92, 236; Walzer 1995: 21-24; Granovetter 1973; Münkler/Bluhm 2001: 14).

2 Voraussetzungen und Träger bürgerschaftlichen Engagements in Deutschland nach 1945

In West- und Mitteleuropa verkörperte und trug seit dem späten 18. Jahrhundert zunächst das Bürgertum zivilgesellschaftliche Strukturen und Werte. Bildungs- und wirtschaftsbürgerliche Akteure schlossen sich zu Vereinen, Verbänden, Netzwerken, Bewegungen und Parteien zusammen, die Bürgerlichkeit als Gesellschaftsmodell repräsentierten und das Konzept des Bürgers als *bourgeois* und *citoyen* verbreiteten (Wehler 1987: 177-193, 202-217; Kocka 1987). Schon im 19. Jahrhundert gingen aber auch die Arbeiterschaft und z.T. der Adel zunehmend zur sozialen Selbstorganisation in Gruppen und Netzwerken über. Angehörige dieser Schichten nahmen jeweils zivilgesellschaftliche Werte auf und vermittelten sie weiter. Andererseits imprägnierte der adlige Lebensstil nicht nur in Deutschland, sondern auch in Großbritannien und in Ostmitteleuropa weithin das Bürgertum. Im 20. Jahrhundert expandierte das Projekt der Zivilgesellschaft schließlich sozial noch weiter. Obgleich die „bürgerliche Gesellschaft" als politisches Projekt weiterhin eine beträchtliche Anziehungskraft ausübt, sind die Akteure der Zivilgesellschaft nicht mehr eindeutig einer identifizierbaren Schicht oder Gruppe zuzuordnen (Wehler 2000: 86f; Cassis 1995; Berend 1998: 27f.; Ránki 1988: 237f.; Bauerkämper 2003: 400, 428f.).

Deshalb diffundierten bürgerliche Leitvorstellungen und Lebensstile seit dem späten 19. Jahrhundert in weitere soziale Gruppen, wie die Herausbildung der Frauenbewegung exemplarisch zeigt. Indem sie das uneingeschränkte Wahlrecht auch für Frauen forderte, beanspruchte die Bewegung den universalistischen Anspruch auf Teilhabe, den das bürgerliche Projekt einschloss. Mit der Frauenbewegung, die sich im Deutschen Kaiserreich 1894 im Bund Deutscher Frauenvereine organisiert hatte, war nach den Assoziationen für Freihandel und den Vereinen, die sich gegen die Vivisektion und den Sklavenhandel gebildet hatten, eine weitere Bewegung hervorgetreten, die nationalstaatliche Grenzen überwand. Insgesamt erwies sich das universalistische Partizipationsversprechen, das im Leitmodell der bürgerlichen Gesellschaft begründet war, als so explosiv, dass es nicht mehr auf das Bürgertum als Trägerschicht eingeschränkt blieb. Seit dem frühen 20. Jahrhundert ist der Ausbau der bürgerlichen Gesellschaft auch von der Arbeiterschaft getragen und von den Gewerkschaften und der Sozialdemokratie vorangetrieben worden (Rucht 2003).

Insgesamt war die Bürgerkultur schon 1933 nachhaltig geschwächt und fragmentiert (Jessen 2000: 115). Die Kooperation besitz- und bildungsbürgerlicher Eliten mit den Nationalsozialisten schien in ganz Deutschland nicht nur diese Schichten diskreditiert zu haben, sondern auch die von ihnen vertretenen Werte, Normen und Lebensformen. Jedoch beschleunigte sich sie Auflösung bürgerlicher Kultur in Westdeutschland erst seit den späten 1950er Jahren. Obgleich sich das Wirtschafts- und Bildungsbürgertum weiterhin fast ausschließlich aus dem gehobenen Bürgertum rekrutierte und damit über die politischen Umbrüche von 1918, 1933 und 1945 hinweg durch eine ausgeprägte sozialstrukturelle Kontinuität gekennzeichnet blieb, verschwammen in der westdeutschen Gesellschaft die Grenzen zu anderen gesellschaftlichen Gruppen. So entschärfte der Aufstieg von Arbeitern zu Facharbeitern nicht nur ein beträchtliches gesellschaftliches Konfliktpotential, sondern führte mittelfristig auch zur Kooptation der Facharbeiter in den „neuen Mittelstand" der Angestellten (Lutz 2005: 308; Hettling/Ulrich 2005: 10; Ziegler 2000: 133-137; Joly 1998; Hoffmann-Lange 1992: 73-84, 400-407, 2002; Nützenadel 2002: 283-287; Bürklin 1997).

Zudem ging die Homogenität von Bürgerlichkeit zurück. Obgleich einzelne Werte und Normen wie das Leistungsprinzip weiterhin attraktiv und wirksam blieben, schwand ihre Verbindlichkeit. Im Ideal der „klassenlosen Bürgergesellschaft", das z.B. von Exponenten des „Ordoliberalismus" wie Wilhelm Röpke vertreten und verbreitet wurde, degenerierte Bürgerlichkeit sogar zu einer Legitimationsideologie politisch-gesellschaftlicher Homogenitätskonzepte. Nicht zuletzt verschärfte sich in der Bundesrepublik die Spannung zwischen dem universalistischen Anspruch von Bürgerlichkeit als Zielutopie und der sozialen Abschließung elitärer großbürgerlicher Gruppen. Deshalb vollzog sich in der Bundesrepublik eine weit reichende Verschiebung von exklusiven zu inklusiven Formen von Bürgerlichkeit. So wurden die Einstellungen, Werte und die Lebensführung, einer „Bürgerlichkeit" im neuen westdeutschen Staat auch für breite Mittelschichten und kleinbürgerliche Gruppen zugänglich. Damit verdrängte soziale Gleichheit zumindest in normativer Hinsicht das Leitbild ständischer Exklusivität, die sich in der Vergesellschaftung oder Vergemeinschaftung der höheren besitz- und bildungsbürgerlichen Schichten niedergeschlagen hatte. Damit verknüpft, wurde Bürgerlichkeit als Deutungshorizont in der Bundesrepublik erstmals auch auf die Demokratie und Amerika bezogen. Die Prozesse der Demokratisierung und Amerikanisierung trafen im westdeutschen Wirtschafts- und Bildungsbürgertum in den 1950er und frühen 1960er Jahren noch auf beträchtliche Vorbehalte oder sogar Ressentiments. Dabei wurde die Vereinigten Staaten vielfach mit „Vermassung" und egalitärer Konsumkultur assoziiert. Die Debatten über diese Prozesse – die zunehmende Akzeptanz von Pluralität und die wachsende Konfliktbereitschaft – spiegelten den graduellen Übergang von der exklusiven zur inklusiven Bürgerlichkeit wider (Siegrist 2004: 215, 220, 223, 227; Siegrist 1994: 311; Hettling 2005: 20; Mooser 2005: 150, 160f.; Wehler 2001: 633f.). Insgesamt kann jedoch nicht von einer „Renaissance" des Bürgertums nach 1945 gesprochen werden (Vogel 2003: 269; Wehler 2001: 618).

In der DDR vollzog sich schon in den 1950er Jahren sogar eine weit reichende „Entbürgerlichung" (Ritter 2002: 186; Siegrist 2004: 235; Schulz 2005: 44). Politisch aufgeladen durch die rigorose, wenngleich keinesfalls uniforme Entnazifizierung, erschütterten die Kollektivierungs- und Verstaatlichungspolitik bereits in den späten 1940er und frühen 1950er Jahren das Wirtschaftsbürgertum und sein Milieu. Demgegenüber blieben bildungsbürgerliche Gruppen und Lebenswelten vielerorts bis zu den frühen 1960er Jahren intakt. So erwiesen sich die Traditionsrekurse auf das bürgerlich-humanistische Erbe, mit denen die sowjetischen Militärbehörden und die führenden Funktionäre der KPD bzw. SED ihre Herrschaft legitimierten, als politisch ambivalent, denn den Machthaber gelang es dabei nicht, die Zielutopie der bürgerlichen Gesellschaft völlig auszublenden. Überdies waren zumindest bis zum Mauerbau pragmatische Konzessionen an besonders dringend benötigte Berufsgruppen wie Ärzte und Ingenieure unausweichlich. Auch wurde Bürgerlichkeit in vielen Familien bewahrt.

Im Generationswechsel ging aber auch die Geltungskraft bildungsbürgerlicher Normen, Werte, Leitbilder und Lebensformen deutlich zurück. Die Erosion des Bürgertums und der Zerfall von Bürgerlichkeit wurden aber vor allem durch die gezielte „Kaderpolitik" des SED-Regimes vorangetrieben, das schubweise einen umfassenden Elitenwechsel herbeiführte. Mit der „Brechung des bürgerlichen Bildungsprivilegs" bildete sich im zweiten deutschen Staat in den 1950er und 1960er Jahren schrittweise eine „neue sozialistische Intelligenz" heraus, deren Sozialstruktur freilich heterogen blieb. Sie umfasste nicht nur Akademiker, sondern auch hoch qualifizierte Fachkräfte in Betrieben, Schulen und Universitäten. Obgleich traditionelle Werte und Selbstbilder auch in der neuen Schicht einflussreich blieben, verloren die Professionen ihre weitgehende Autonomie, zumal eine berufsständische Organisation unterbunden wurde. Überdies büßten Leistungsanreize und Fachwissen in den 1970er und 1980er Jahren ihren Stellenwert als vorherrschende Handlungs- und Rationalitätskriterien ein. Ein „sozialistischer Professionalismus" konnte sich im ostdeutschen Staatssozialismus deshalb nicht entwickeln. Insgesamt trug die Entmachtung des Besitz- und Bildungsbürgertums schließlich maßgeblich zur Durchsetzung des Herrschafts-, Lenkungs- und Kontrollanspruches der SED-Führung bei (Augustin 1996: 69; Jessen 2000: 131, 134; Matthiesen 2000; Owzar 2001, 2003; Großbölting 2001: Gesellschaftskonstruktion; Großbölting 2005; Großbölting 2001: SED-Diktatur; Großbölting/Thamer 2003; Schultz 2005; Schlegelmilch 2005; Bauerkämper 2005; Siegrist 2004; Küpper 2007: 6).

Insgesamt hat Bürgerlichkeit in Deutschland spätestens nach dem Zweiten Weltkrieg seine integrative Ausstrahlung verloren. Mit der fortschreitenden Fragmentierung des Bürgertums hatten sich die Erfahrungshorizonte, Wertebezüge und Lebensstile bereits seit dem späten 19. Jahrhundert so umfassend verändert, dass der analytische Wert von „Bürgertum" und „Bürgerlichkeit" schon für die Jahrzehnte von 1918 bis 1945 begrenzt ist. Die Diffusion bürgerlicher Kultur in der Bundesrepublik führte zu einer Rekonfiguration von Bürgerlichkeit, die zwar das Ordnungsmodell der bürgerlichen Gesellschaft konservierte, aber andere konstitutive Traditionsbezüge ebenso beseitigte wie gemeinsame Wertorientierungen, Verhaltensweisen und Konventionen. In der DDR vollzog sich sogar eine weitgehende Auflösung bürgerlicher Kultur, die allenfalls in der Privatsphäre und kleinräumigen Submilieus bewahrt wurde. Auch wenn die Gesellschaftsgeschichte der beiden deutschen Staaten nicht vollständig von der Herausbildung und Transformation des Bürgertums und der Bürgerlichkeit abgekoppelt werden sollte, war der Umbruch vor allem in der zweiten Hälfte des zwanzigsten Jahrhunderts so tiefgreifend, dass er nicht mehr einfach als „Formwandel" gedeutet werden kann (Kocka 1988: 11, 55f.; Gall 1989: 507; Schulz 2005: 102f.; Rucht 2003; Siegrist 1994: 293, 311).

3   Ressourcen und Formen von „Engagementpolitik": Die Öffnung der westdeutschen Demokratie seit den 1950er Jahren

Bürgerschaftliches Engagement kann allgemein als wichtige Ressource einer deliberativen Demokratie gelten. In dieser Sicht verankert die Übernahme öffentlicher Verantwortung und gemeinschaftsbezogener Aufgaben als Ausdruck praktizierten Bürgersinns die Institutionen und Werte parlamentarisch-demokratischer Regierungen in der Gesellschaft. Bürgerschaftliches Engagement ist deshalb auch auf den Staat bezogen, dessen Förderung daher nachdrücklich eingefordert worden ist. Zugleich sind die gemeinnützigen Aktivitäten in der wissenschaftlichen Literatur und öffentlichen Diskussion deutlich vom Staat abgegrenzt worden. Staatliche Organisationen sollen bürgerschaftliches Engagement nicht instrumentalisieren und damit eigene Funktionsdefizite kompensieren, die sich vor allem auf dem Mangel finanzieller und personeller Ressourcen ergeben haben. Vor allem haben Sozial- und Politikwissenschaftler wie Politiker und Aktivisten vor einem bevormundenden Staat gewarnt, der bürgerschaftliches Engagement reglementiert und damit zu ersticken droht. So schwankt der Bericht der Enquete-Kommission des Deutschen Bundestages über die „Zukunft des bürgerschaftlichen Engagements" zwischen Staatskritik und Staatsnähe.[3]

Bürgerschaftliches Engagement ist aber keine hinreichende Voraussetzung der Demokratisierung. Vielmehr ist es auf externe Ursachen angewiesen, die es nicht selber generieren kann, so etwa auf effektive staatliche Herrschaft. Besonders im Systemübergang bedarf die Demokratie vorrangig der staatlichen Absicherung. Dabei sind besonders die grundlegenden Menschen- und Freiheitsrechte zu gewährleisten und das Gewaltmonopol wie die Rechtsstaatlichkeit durchzusetzen. Darüber hinaus hat die neuere Forschung aber auch die Herausbildung einer pluralistischen Gesellschaft, in der Machtressourcen nicht monopolisiert, sondern aufgeteilt sind, als wichtige Bedingung einer nachhaltigen Stabilisierung und dauerhaften Verankerung der Demokratie hervorgehoben. Damit wird eine freie Selbstentfaltung der Bürger ebenso möglich wie eine teilgesellschaftliche Autonomie. Außer ihrer Effizienz (*output*) bildet die gesellschaftliche und politische Partizipation (*input*) eine wichtige Legitimationsgrundlage der Demokratie. Sie ist damit „eine rechtsstaatliche Herrschaftsform, die im Prinzip eine Selbstbestimmung für alle ermöglicht, indem sie die wesentliche Beteiligung von allen in freien (und damit kompetitiven) und fairen Verfahren (z.B. Wahlen)

---

[3] „Dabeisein und Dagegensein gehören gleichermaßen zum Bürgerengagement in einem demokratischen Gemeinwesen und machen dessen Produktivität und Innovationskraft aus." Vgl. Deutscher Bundestag 2002: 32. Zum bürgerschaftlichen Engagement als Grundlage der Demokratie: Münkler 2002: 24; Übersicht über die Diskussion in: Pollack 2004: 23-25.

an den als relevant erachteten in- und output-Prozessen des politischen Systems sichert und damit wiederum eine Kontrolle der politischen Herrschaft" (Lauth 1997: 46; 2003: 46; Vorländer 2003; Böchenförde 2000: 22-24).

Bürgerschaftliches Engagement ist deshalb auf einen demokratischen Staat angewiesen, der aber wiederum lediglich eine notwendige Bedingung einer nachhaltigen Demokratisierung ist. Die Überwindung einer defekten oder einer delegativen Demokratie setzt eine gesellschaftliche Verwurzelung und Anverwandlung demokratischer Normen und Werte voraus. Erst dieser Prozess mündet schließlich in der Herausbildung einer deliberativen Demokratie, die über die staatliche Regulierungsfunktion auch affektive Bindungen und alltagsweltliche Orientierungskraft aufweist. Als Form der partizipativen Demokratie schließt die deliberative Demokratie die Beteiligung der Stimmbürger an der Aussprache, der Willensbildung und der Entscheidung über öffentliche Angelegenheiten ein. Basierend auf den Leitvorstellungen der Gleichheit und der Formulierung verallgemeinerungsfähiger Interessen und auf der politischen Partizipation zielt die deliberative Demokratie auf rationalen Diskurs über öffentliche Angelegenheiten und die Beteiligung unterschiedlicher politischer und gesellschaftlicher Akteure. Damit sollen die Inhaber politischer Macht zu Entscheidungen befähigt werden, die auf Konsens oder zumindest einer vorangegangenen Abwägung gesellschaftlicher Interessen beruhen (agonal hinsichtlich des Verfahrens und konsensual hinsichtlich des Zieles). In dieser Sicht gründet eine funktionierende Demokratie nicht nur auf Freiheit, Gleichheit und politischer Kontrolle in einer rechtsstaatlichen Ordnung, sondern auch auf bürgerschaftlichem Engagement. Damit kann über die notwendigen Institutionalisierungsprozesse hinaus die politisch-kulturelle Verankerung der Demokratie im Wertesystem und Handeln der Akteure vorangetrieben werden. Über ihre Sozialisationsfunktion hinaus konsolidiert bürgergesellschaftliches Engagement die Demokratie, indem es soziale Partizipation steigert, gesellschaftliche Integration fördert und die Interessenartikulation ermöglicht. Damit wachsen die Kooperationsbereitschaft und das institutionelle Vertrauen. Diese Wirkungen werden aber nur erzielt, wenn der Staat bürgerschaftliches Engagement erleichtert. Eine so verstandene Engagementpolitik kann deshalb nachhaltig zur Festigung und Erweiterung der Demokratie beitragen (Croissant/Lauth/Merkel 2000: 11-14; Anheier/Priller/Zimmer 2000: 72; Merkel 1998: 43-55. 59-61; Lauth 1997; Puhle 1999: 325; Pollack 2004: 34; Merkel/Lauth 1998: 8-12; O'Donnell 1994; Lauth/Pickel/Welzel 2000: 12-15; Schmidt 2000: 253).

Die Rekonstruktion der Demokratisierung, die sich seit den 1950er Jahren in der Bundesrepublik tendenziell, wenngleich nicht bruchlos vollzogen hat, zeigt den engen Ermöglichungszusammenhang von demokratischer Politik und bürgerschaftlichem Engagement. Dabei tritt vor allem der Stellenwert hervor, den die „Entwicklung vom ehemals hoheitlich autoritativen hin zum kooperativen und aktivierenden Staat" für die Ausweitung gesellschaftlichen Engagements in der westdeutschen Demokratie gewann. In der neugegründeten westdeutschen Demokratie ging von der staatlichen Sicherung des Gewaltmonopols, der Herausbildung des Rechtsstaates und der Gewährleistung der Grund- und Freiheitsrechte schließlich eine gesellschaftlich-politische Pluralisierung aus. Ebenso erneuerte und stärkte die zunehmende soziale Interaktionsintensität nach dem totalen Zusammenbruch des „Dritten Reiches" auf der horizontalen Ebene das Bürgervertrauen. Gefördert durch die alliierte Besatzungspolitik, wurden zunächst die institutionellen Grundlagen der westdeutschen

Nachkriegsdemokratie gelegt (Zimmer 2003: 75; Rupieper 1991, 1993; Schwartz 1992; Fait 1998; Spevack 2001; Frevert 2003). Die Neubildung lokaler und regionaler Vertretungskörperschaften und der Länderparlamente 1946/47, die Vorbereitung und Verabschiedung des Grundgesetzes und die Etablierung einer parlamentarisch-demokratischen Institutionenordnung waren wichtige Etappen dieses Prozesses. Auch gelten die Bewältigung der Regierungswechsel – vor allem der Übergang zur sozial-liberalen Koalition 1969 –, die innenpolitische Gesetzgebung und die außenpolitischen Vertragswerke zur Westintegration und zur Ostpolitik als Fundamente der Bundesrepublik Deutschland.

Zudem beeinflusste die Erfahrung des Scheiterns der Weimarer Republik, die mit einem angeblich schrankenlosen „Werterelativismus" und einem lähmenden Parteienpluralismus assoziiert wurde, in der frühen Bundesrepublik die Aufnahme anglo-amerikanischer Konzeptionen pluralistischer Demokratie. Die neuen demokratischen Institutionen und das Grundgesetz als „Gegenverfassung" waren aber nicht nur von der Weimarer Demokratie abgesetzt, sondern auch von den Formen „totalitärer Herrschaft", unter die der Nationalsozialismus und die kommunistischen Diktaturen in der Sowjetunion sowie die von ihr beherrschten Staaten subsumiert wurden. Nicht zuletzt erzwang die globale Konfrontation im Kalten Krieg eine enge Allianz zwischen den Vereinigten Staaten von Amerika und dem neuen westdeutschen Staat. Die katholisch-konservative Ideologie des „Abendlandes" fungierte als ideelle Grundlage des außenpolitischen Bündnisses. Diese komplexe Konstellation externer Einflüsse und indigener Voraussetzungen ist bei der Analyse der „inneren Demokratisierung" in der Bundesrepublik als politisch-kultureller Rahmen in Rechnung zu stellen (Doering-Manteuffel 2003: 269-273: Ullrich 2004; Mommsen 1987: 550-573, 578f.; Mommsen 1993: 745f., 753; Föllmer/Graf/Leo 2005; 2001; Conze 2005: 119, 125, 141, 145f., 150-152).

Unter dem Druck des Kalten Krieges und der alliierten Entnazifizierungspolitik, angesichts der Abgrenzung von der DDR und unter dem Einfluss wirtschaftlichen Aufschwungs nahm das Vertrauen zu den Regierenden zu. Auch deshalb kann die Regierungszeit Bundeskanzler Konrad Adenauers (1949-1963) keineswegs einseitig als „Restauration" interpretiert werden. Vielmehr überlagerten sich in der frühen Bundesrepublik ältere und jüngere Traditionsstränge. In den 1950er Jahre vollzog sich eine „Modernisierung unter konservativen Auspizien" (Kleßmann 1985: 485). Auch als „Modernisierung im Wiederaufbau" (Schildt/Sywottek 1993) gefasst, führte dieser Prozess aber nicht unmittelbar eine gesellschaftliche Demokratisierung und Reformorientierung herbei. Vielmehr vollzog sich erst zwischen den späten 1950er und den frühen 1970er Jahren eine tiefgreifende „Neujustierung der westdeutschen Gesellschaft" (von Hodenberg/Siegfried 2006: 12), in der überkommene Werte schrittweise ihre Geltungskraft einbüßten und verfestige Strukturen aufbrachen. So entwickelte sich eine breite soziale Protestbewegung, die „Zivilcourage" (so der zeitgenössische Begriff) förderte und letztlich gesellschaftliches Engagement nachhaltig stimulierte und maßgeblich erweiterte. In den Jahren von 1967 bis 1969 gipfelnd, führte die gesellschaftliche Mobilisierung zunächst zwar neue Konflikte herbei; schon mittelfristig steigerte sie nicht nur die Responsivität des politischen Systems und die die Legitimität der parlamentarisch-demokratischen Herrschaft. Vor allem förderte die intensivierte horizontale Kommunikation und Interaktion das Bürgervertrauen. Genährt von den Prozessen der „Amerikanisierung" bzw. „Westernisierung", vollzog sich eine politisch-kulturelle Pluralisierung und gesellschaftliche Öffnung, die bürgerschaftlichem Engagement nachhaltig Auftrieb verlieh.

Diese Dynamisierung schlug sich in den späten 1970er und frühen 1980er Jahren im Aufstieg der Friedens- und Umweltbewegung nieder (Söllner 1996; Jarausch 2004; Schönhoven 1999; Metzler 2002; von Hodenberg/Siegfried 2006; Schildt/Siegfried/Lammers 2000; Berghan 2005; Lüdtke/Marßolek/von Saldern 1996; Doering-Manteuffel 1999: 8; Nehring 2004; Herbert 2002).

Basierend auf der vorangegangenen institutionellen Fundierung, vollzog sich in den 1960er und 1970er Jahren eine gesellschaftliche Demokratisierung, die bürgerschaftliches Engagement aktivierte und verstärkte. Obgleich das Bürgertum schon vor 1933 seine Kohärenz eingebüßt hatte und nach dem Zweiten Weltkrieg als Trägerschicht gesellschaftlichen Engagements noch weiter zurücktrat, stützte sich die gesellschaftliche und Pluralisierung und Liberalisierung der Bundesrepublik Deutschland maßgeblich auf wichtige Komponenten des „Sozialkapitals" wie Vertrauen, Reziprozitätsnormen und Netzwerke. Sie konnten deshalb als Ressourcen bürgerschaftlichen Engagements mobilisiert und genutzt werden (Kern 2004: 109f.).

Als Verhaltensform, die soziale Komplexität reduziert, setzt Vertrauen eine Situation des Risikos und ein diesbezügliches Bewusstsein voraus. Vertrauen, das bereits in der Vormoderne Kontingenz reduzierte, weist *erstens* eine vertikale Dimension auf. Nach John Lockes Konzept des *government by trust* zeichnet sich politisches Vertrauen durch die Nähe von Repräsentierten und Repräsentanten ebenso aus wie durch eine Responsivität der Regierenden. *Zweitens* geht auf horizontaler Ebene aus unzensierter Kommunikation und freiem wirtschaftlichem wie gesellschaftlichem Austausch Bürgervertrauen hervor. Es basiert zudem auf dem Verzicht auf Gewalt, so dass deren staatliche Monopolisierung als wichtige indirekte Voraussetzung von Bürgervertrauen gelten kann (Frevert 2003; Makropoulos 2005, 2004).

Auch Reziprozitätsnormen, die im frühliberalen West- und Mitteleuropa des 19. Jahrhunderts – ebenso wie Vertrauen – ihre defensive Funktion verloren und im Übergang zu konstitutionelle Regierungssystemen nach dem Ende des Ancien Régime zunehmend gegen die Herrschenden gerichtet wurden, wiesen im 20. Jahrhundert eine beträchtliche Beharrungskraft auf. So wurden im Stiftungswesen wichtige bürgerliche Werte fortgeschrieben, die in der Bundesrepublik auch nach dem Zweite Weltkrieg als Ressourcen bürgerschaftlichen Engagements wirkten. Auf dem frühliberalen „Gemeinsinn" gründend, hatten sich in Deutschland im 19. Jahrhundert „Tendenzen der kollektiven Gemeinwohlorientierung" verstärkt, die sich in der Schwerpunktverlagerung von den Initiativen individueller Stifter zu wohltätigen Vereinen und in der Herausbildung eines modernen Mäzenatentums widerspiegelte. Zudem war es im späten 19. Jahrhundert zu einer Erweiterung der Stiftungswesens über die zunächst dominierende Stadtgemeinde hinaus zu einem Engagement für die Wissenschaften und Soziales im Rahmen des kaiserlichen Nationalstaates gekommen (Frey 2001: 285; Schulz 1998).

Im Konzept des Stifters, der private Mittel für öffentliche, auch vom Staat geförderte Zwecke zur Verfügung stellt, wurden in der Bundesrepublik wichtige Traditionen des bürgerschaftlichen Engagements prolongiert. Als überwiegend öffentlichkeitsbezogenes, repräsentatives Handeln war das mäzenatische und wohltätige Stiften auch in der Bundesrepublik mit Reziprozitätsnormen verbunden, die sich auf einen Beitrag zu öffentlichen Aufgaben in Kunst, Wissenschaft, Kultur und Soziales einerseits und bürgerliche Ehre und gesellschaftliche Reputation andererseits bezogen. So vollzog sich in städtischen Kunstvereinen weiterhin ein demonstrativer Gabentausch, bei dem Stifter Objekte gegen Geld oder soziale Anerkennung tauschten. Jedoch traten mit der Abwendung von bürgerlicher Exklusivität auch Spannungen und Konflikte zwischen Stiftern und den Leitern kultureller Institutionen auf. Der Stellenwert von Reziprozitätserwartungen, die sich auf bürgerliche Werte bezogen, ging deshalb als Motivation bürgerschaftlichen Engagements zumindest im Mäzenatentum seit den 1960er Jahren tendenziell zurück. Allerdings ist das Streben nach gesellschaftlichem Ansehen als übergreifendes Ziel neben ausschließlich philanthropischen Motiven in der Bundesrepublik eine wichtige Ressource bürgerschaftlichen Engagements geblieben, zumal es Wirtschafts- und Bildungsbürger zusehends zusammengeführt hat (Frey 2003: 220-225; Kocka/Frey 1998: 10f.; Lingelbach 2007; Strachwitz 2007; Siegrist 2004: 215, 220, 227).

Auch Netzwerke blieben in der Bundesrepublik deshalb unabdingbare Ressourcen bürgerschaftlichen Engagements. Netzwerke umfassen Beziehungen, „die zwar dauerhaft und zielgerichtet, nicht aber formalisiert sind, sondern typischerweise auf informellen Interaktionsmustern beruhen." (Brinkmann 2000: 417). In Netzwerken vollziehen sich Aushandlungs- und Vermittlungsprozesse zwischen den Akteuren mit ihren individuellen und oft partikularen Zielen. Dabei vermögen vor allem Akteure, die an der „Kreuzung sozialer Kreise" (Simmel 1985: 51) platziert sind, eine beträchtliche Autonomie gegenüber handlungsrestriktiven Rahmenbedingungen und Strukturen zu erlangen. Als *Cutpoint* fungierend, wirken diese Akteure in Interorganisations-Netzwerken oft als Vermittler (Jansen 1999; Weyer 2000).

Diese Netzwerke haben Akteuren bürgerschaftlichen Engagements auch in der westdeutschen Nachkriegsgesellschaft vielfach ein erhebliches soziales Kapital und damit auch kollektives Handlungspotential verliehen. So kooperierten westdeutsche Wirtschaftsverbände – besonders die Bundesvereinigung der Arbeitgeberverbände – mit dem Hochschulverband, um in den 1950er und 1960er Jahren gemeinsame bürgerliche Werte wie Selbstständigkeit, Bildung, Freiheit und Leistung auch in der als zunehmend egalitäre „Massengesellschaft" wahrgenommenen Bundesrepublik zu verteidigen. Dabei wurden Unternehmer in den Publikationen von Einrichtungen wie dem 1950 gegründeten Deutschen Industrieinstitut aufgefordert, sich für gesamtgesellschaftliche Ziele einzusetzen.

Überdies traten Repräsentanten von Unternehmerorganisationen – so der Vorsitzende der Arbeitgeberverbände Hans Constantin Paulssen – für ein soziales Engagement der Wirtschaftselite ein, die damit zur Stärkung der freiheitlichen Demokratie und zur Sicherung von Prosperität und Stabilität in der westdeutschen Nachkriegsgesellschaft beitragen sollte. Die Arbeitgeber kooperierten deshalb mit Hochschulvertretern in Einrichtungen zur Bildungsforschung und in Foren wie dem „Gesprächskreis Wissenschaft und Wirtschaft", der vom Hochschulverband, dem Deutschen Industrie- und Handelstag und dem Bundesverband der Deutschen Industrie getragen wurde. Dabei verfolgten sie nicht nur ihre partikularen Interessen, sondern sie engagierten sich für öffentliche Aufgaben. Allerdings trübte die Staatsnähe der bildungsbürgerlichen Interessenorganisationen die Kooperation mit den Wirtschaftsverbänden, die in den 1950er und 1960er Jahren nahezu ausnahmslos auf eine freie Marktwirtschaft drängten und staatliche Interventionen ablehnten. Dennoch bildeten sich zwischen wichtigen Exponenten des Wirtschafts- und Bildungsbürgertums Netzwerke heraus. Aus den informellen Kontakten dieser Akteure in Vereinen, Verbänden und Clubs ging bürgerschaftliches Engagement hervor, das auch auf den eigenen biographischen Prägungen in bürgerlichen Familien basierte. So gründeten Unternehmer Stiftungen, die Aktivitäten in Wissenschaft, Kunst und Kultur förderten (Vogel 2003; Rauh-Kühne/Paulssen 1999; Rauh-Kühne 2003; Wiesen 2001: 241, 2000: 206).

Zur Herausbildung einer zunehmend auch gesellschaftlich fundierten Demokratie trugen auch Remigranten bei, die in Westdeutschland nach dem Zweiten Weltkrieg als Vermittler von Konzeptionen und Vorstellungen anglo-amerikanischer Demokratie agierten. Wegen ihrer professionellen Qualifikation waren besonders Politikwissenschaftler mit der Aufgabe konfrontiert, die Herausbildung und Konsolidierung der Demokratie in Westdeutschland zu unterstützen. Zudem verlieh ihnen ihre Multiplikatorenfunktion nach 1945 einen beträchtlichen Einfluss auf die politische und gesellschaftliche Demokratisierung Westdeutschlands. Auch die Herausbildung und Institutionalisierung der Politikwissenschaft als „Demokratiewissenschaft" (Ernst Fraenkel) war nicht nur der Protektion durch die amerikanische Besatzungsmacht geschuldet, sondern wurde auch durch die Erfahrungen gefördert, die nach Deutschland zurückgekehrte Wissenschaftler in ihrem Exil mit dem politischen System und der gesellschaftlichen Ordnung der USA gewonnen hatten. Auch vorübergehend remigrierte Politikwissenschaftler wie Carl J. Friedrich, Franz L. Neumann und Arcadius R. L. Gurland trugen maßgeblich zum Aufbau demokratischer Institutionen und Werte bei. Diese *Sojourners* vermittelten zwischen deutschen Traditionen und den Konzepten der nach 1945 hegemonialen Vereinigten Staaten (Bauerkämper/Jarausch/Payk 2005; Lammersdorf 2000; Buchstein 1991: Suche; Söllner 1988, 1997, 1998; Buchstein 1991: Verpaßte Chancen einer kritischen Politikwissenschaft?; Stoffregen 2002; Fijalkowski 1996: 317-323; Bleek 2001).

4 „Engagementpolitik"? Die Entwicklung in Deutschland nach dem Zweiten Weltkrieg in komparativer Perspektive

Die Entwicklung von Engagementpolitik war in der Bundesrepublik Deutschland ebenso wie in anderen europäischen Staaten, in denen in der Zwischenkriegszeit faschistische und autoritäre Diktaturen etabliert wurden, eng an den Demokratisierungsprozess gekoppelt (Loth/Rusinek 1998; Bauerkämper 2007; Müller 2002; Déak/Gross/Judt 2000; Kenkmann/Zimmer 2005; Frei 2006). In Westdeutschland wurde die unmittelbar nach dem Kriegsende vorherrschende alliierte Entnazifizierungspolitik und die amerikanischen Initiativen der *reeducation bzw. re-orientation* sukzessive durch eine zunehmende Beteiligung deutscher Akteure abgelöst. Nachdem schon bis 1947 in den Kommunen und Ländern parlamentarisch-demokratische Gremien eingerichtet worden waren, wurde die Demokratie seit 1949 in der neu gegründeten Bundesrepublik auch auf zentralstaatlicher Ebene institutionalisiert. Jedoch dominierte in dem westdeutschen Bundesstaat zunächst ein etatistisches Demokratieverständnis. Weitgehend als staatliches Privileg „von oben" verstanden, galt Demokratie als eine Staatsform, die vorrangig Sicherheit und Stabilität herstellen und sichern sollte. Angesichts der weitverbreiteten Ablehnung der „Massenpolitik" und des „Parteienstaates", den die gescheiterte Weimarer Republik zu repräsentieren schien, blieben Formen politischer Partizipation, gesellschaftlicher Mobilisierung und bürgerschaftlichen Engagements nachrangig.

Im Gegensatz zu ihrer institutionellen Festigung blieben demokratische Werte wie Anerkennung und Differenz deshalb in der westdeutschen Aufbaugesellschaft der 1950er Jahre nur schwach verankert. Unter dem Eindruck des Kalten Krieges und des unerhofften ökonomischen Wachstums, das sich im glorifizierten „Wirtschaftswunder" verdichtete, behielt das Streben nach Sicherheit und Stabilität zunächst die Oberhand. Damit fehlten auch die Voraussetzungen für eine systematische Engagementpolitik, die als Gegenstand spezifischer *policies* in der frühen Bundesrepublik noch kaum vorhanden war. Da eine umfassende gesellschaftliche Mobilisierung verhindert werden sollte, wurde bürgerschaftliches Engagement von den Bundeskabinetten und Landesregierungen ebenso wenig gefördert wie in den Städten und Gemeinden. Erst seit den 1960er Jahren fasste die Demokratie auch in der westdeutschen Gesellschaft Wurzeln. Damit konnte die Kluft zwischen der institutionellen Etablierung und der sozialen Verankerung der Demokratie schrittweise überwunden werden.

Die hier vorgeschlagenen akteursorientierten Studien zur Engagementpolitik eröffnen den Vergleich mit anderen Gesellschaften. Ausgehend von der komparativen Forschung zu Bürgertum, Bürgerlichkeit und Zivilgesellschaft, sind Fragestellungen, welche auf die Träger bürgerschaftlichen Engagements abheben, hinreichend abstrakt, um auf unterschiedliche kulturell-historische Kontexte bezogen zu werden. Damit eröffnen sie in empirischen Studien eine konkrete Identifizierung der Träger und Formen gesellschaftlichen Engagements für Ziele und Zwecke, die über partikulare Interessen hinausreichen. Dabei sollten über die Identifizierung der individuellen und kollektiven Akteure und die Rekonstruktion ihres Handelns hinaus auch systematische Probleme wie das Verhältnis von Exklusion und Inklusion untersucht werden. Ebenso sind vergleichend die Voraussetzungen und Ressourcen gemeinschaftsbezogenen Handelns zu beachten, um die *Fähigkeit* zu gesellschaftlichem Engagement zu erfassen. Nicht zuletzt müssen die spezifischen Rahmenbedingungen und Wirkungen bürgerschaftlichen Engagements herausgearbeitet werden (Kocka 2003: 434f.; Bauerkämper 2003: 14).

Insgesamt kann „Engagementpolitik" damit operationalisiert und in empirischen Studien konkret gefasst werden. Dabei kommt demokratischen Werten und Strukturen ein zentraler ermöglichender Stellenwert zu. Die hier vorgeschlagenen akteursorientierten Studien zur Engagementpolitik sollten aber die rechtlichen Voraussetzungen und politischen Rahmenbedingungen berücksichtigt, um Spielräume und Formen zivilgesellschaftlichen Handelns in Bewegungen, Vereinen und Verbänden erfassen, untersuchen und interpretieren zu können. Dabei werden nicht einzelne Schichten oder Gruppen pauschal der Engagementpolitik zugeordnet, sondern Akteure in konkreten Handlungskontexten und Rollen analysiert. Das Engagement dieser Akteure vollzog sich unter spezifischen Bedingungen und in Konstellationen, die überaus voraussetzungsvoll waren. Der Vergleich zwischen der Bundesrepublik Deutschland und der DDR zeigt zudem, dass zivilgesellschaftliches Engagement ein unabdingbares Fundament einer pluralistischen Demokratie ist. Indem „Engagementpolitik als Demokratiepolitik" gefasst wird, generiert der Prozess der Demokratisierung aber umgekehrt auch wichtige Voraussetzungen bürgerschaftlicher Aktivität (Evers 2003). Dieses Wechselverhältnis ist nur im Hinblick auf analytische Zwecke, nicht aber empirisch aufzulösen.

Literatur

Adloff, Frank (2005): Zivilgesellschaft. Theorie und politische Praxis, Frankfurt a. M.: Campus

Anheier, Helmut K./Priller, Eckhard/Zimmer, Annette (2000): Zur zivilgesellschaftlichen Dimension des Dritten Sektors. In: Klingemann, Hans-Dieter/Neidhardt, Friedhelm (Hrsg.): Zur Zukunft der Demokratie: Herausforderungen im Zeitalter der Globalisierung, Berlin: Edition Sigma, S. 71-98

Augustin, Dolores (1996): Frustrierte Technokraten. Zur Sozialgeschichte des Ingenieurberufs in der Ulbricht-Ära. In: Bessel, Richard/Jessen, Ralph (Hrsg.): Die Grenzen der Diktatur. Staat und Gesellschaft in der DDR, Göttingen: Vandenhoeck und Ruprecht, S. 49-75

Bauerkämper, Arnd (2003): Einleitung. Die Praxis der Zivilgesellschaft. Akteure und ihr Handeln in historisch-sozialwissenschaftlicher Perspektive. In: Bauerkämper, Arnd (Hrsg.): Die Praxis der Zivilgesellschaft. Akteure, Handeln und Strukturen im internationalen Vergleich, Frankfurt a. M.: Campus, S. 7-30

Bauerkämper, Arnd (2003): Geschichtsschreibung als Projektion. Die Revision der „Whig Interpretation of History" und die Kritik am Paradigma vom „deutschen Sonderweg" seit den 1970er Jahren. In: Berger, Stefan/Lambert, Peter/Schumann, Peter (Hrsg.): Historikerdialoge. Geschichte, Mythos und Gedächtnis im deutsch-britischen kulturellen Austausch 1750-2000, Göttingen: Vandenhoeck und Ruprecht, S. 383-438

Bauerkämper, Arnd/Gosewinkel, Dieter/Reichardt, Sven (2006): Paradox oder Perversion? Zum historischen Verhältnis von Zivilgesellschaft und Gewalt. In: Mittelweg 36, 15. Jg. S. 22-32

Bauerkämper, Arnd/Gumb, Christoph: Towards a Transnational Civil Society. Ist Actors in Europe From the Late Eighteenth to the Twentieth Century (Ms., 72 S.)

Bauerkämper, Arnd/Jarausch, Konrad H./Payk, Marcus M. (Hrsg.) (2005): Demokratiewunder. Transatlantische Mittler und die kulturelle Öffnung Westdeutschlands 1945-1970, Göttingen: Vandenhoeck und Ruprecht

Bauerkämper, Arnd (2007): Nationalsozialismus ohne Täter? Die Diskussion um Schuld und Verantwortung für den Nationalsozialismus im deutsch-deutschen Vergleich und im Verflechtungsverhältnis von 1955 bis zu den Siebzigerjahren. In: Deutschland Archiv 40

Bauerkämper, Arnd(2005): Sozialgeschichte der DDR, München: Oldenbourg

Berend, Ivan T. (1998): Decades of Crisis. Central and Eastern Europe before World War II, Berkeley: University of California Press

Berghahn, Volker R. (2005): Awkward Relations. American Perceptions of Europe, European Perceptions of America. In: Stephan, Alexander (Hrsg.): Americanization and Anti-Americanism. The German Encounter with American Culture after 1945, New York: Berghahn, S. 238-249

Berghahn, Volker R./Unger, Stefan/Ziegler, Dieter (Hrsg.) (2003): Die deutsche Wirtschaftselite im 20. Jahrhundert. Kontinuität und Mentalität, Essen: Klartext-Verlag

Bermeo, Nancy Gina/Nord, Philip (Hrsg.) (2000): Civil Society before Democracy: Lessons from Nineteenth-Century Europe, Lanham u.a.: Rowman and Littlefield

Bleek, Wilhelm (2001): Geschichte der Politikwissenschaft in Deutschland, München: Beck

Böchenförde, Ernst-Wolfgang (2000): Staat, Nation, Europa. Studien zur Staatslehre, Verfassungstheorie und Rechtsphilosophie, Frankfurt a. M.: Suhrkamp

Brink, Bert van den (1995): Die politisch-gesellschaftliche Debatte über die demokratische Bürgergesellschaft. In: Brink, Bert van den/Reijen, Willem van (Hrsg.): Bürgergesellschaft, Recht und Demokratie, Frankfurt a. M.: Suhrkamp, S. 7-26

Brinkmann, Heinz-Ulrich (2000): Art. „Netzwerk". In: Holtmann, Everhard (Hrsg.): Politik-Lexikon, München: Oldenbourg, S. 417

Buchstein, Hubertus (1991): Auf der gemeinsamen Suche nach einer „modernen Demokratietheorie": Otto Suhr, Franz L. Neumann und Ernst Fraenkel. In: Göhler, Gerhard/Zeuner, Bodo (Hrsg.): Kontinuitäten und Brüche der deutschen Politikwissenschaft, Baden-Baden: Nomos-Verlag, S. 171-194

Buchstein, Hubertus (1991): Verpasste Chancen einer kritischen Politikwissenschaft? A.R.L. Gurlands Gastspiel in Berlin 1950 bis 1954. In: Exilforschung 9, 1991, S. 128-145

Bürklin, Wilhelm/Rebenstorf, Hilke (Hrsg.) (1997): Eliten in Deutschland: Rekrutierung und Integration, Opladen: Leske + Budrich

Cassis, Youssef (1995): Wirtschaftselite und Bürgertum. England, Frankreich und Deutschland um 1900. In: Kocka, Jürgen (Hrsg.): Bürgertum im 19. Jahrhundert, Bd. 2, Wirtschaftsbürger und Bildungsbürger, Göttingen: Vandenhoeck und Ruprecht, S. 9-34

Conrad, Christoph/Kocka Jürgen (2001): Einführung, In: dies. (Hrsg.): Staatsbürgerschaft in Europa. Historische Erfahrungen und aktuelle Debatten, Hamburg: Edition Körber-Stiftung, S. 9-26

Conze, Vanessa (2005): Das Europa der Deutschen. Ideen von Europa in Deutschland zwischen Reichstradition und Westorientierung (1920-1970), München: Oldenbourg

Conze, Werner/Kocka, Jürgen (Hrsg.) (1985): Einleitung, In: Conze, Werner/Kocka, Jürgen (Hrsg.): Bildungsbürgertum im 19. Jahrhundert, Teil 1: Bildungssystem und Professionalisierung in internationalen Vergleichen, Stuttgart: Klett-Cotta, S. 9-26

Croissant, Aurel/Lauth, Hans-Joachim/Merkel, Wolfgang (2000): Zivilgesellschaft und Transformation: Ein internationaler Vergleich. In: Merkel, Wolfgang (Hrsg.): Systemwechsel. Zivilgesellschaft und Transformation, Opladen: Leske + Budrich, S. 9-49

Daele, Wolfgang van den (2002): The Not so Sunny Sides of Civil Society Mobilization. In: Schröder, Gerhard (Hrsg.): Progressive Governance for the XXI Century. Contributions to the Berlin Conference, München: C.H. Beck, S. 87-89

Déak, István/Gross, Jan T./Judt, Tony (Hrsg.) (2000): The Politics of Retribution in Europe. World War II and Its Aftermath, Princeton: Princeton University Press

Deutscher Bundestag (2002): Enquete-Kommission „Zukunft des Bürgerschaftlichen Engagements" des Deutschen Bundestags, Bürgerschaftliches Engagement: Auf dem Weg in eine zukunftsfähige Bürgergesellschaft, Opladen: VS Verlag für Sozialwissenschaften

Doering-Manteuffel, Anselm (2003): Freiheitliche demokratische Grundordnung und Gewaltdiskurs. Überlegungen zur ‚streitbaren Demokratie' in der politischen Kultur der Bundesrepublik. In: Becker, Frank/Thamer, Hans-Ulrich (Hrsg.): Politische Gewalt in der Moderne. Fs. Hans-Ulrich Thamer, Münster: Aschendorff, S. 269-284

Doering-Manteuffel, Anselm (1999): Wie westlich sind die Deutschen? Amerikanisierung und Westernisierung im 20. Jahrhundert, Göttingen: Vandenhoeck und Ruprecht

Engelhardt, Ulrich (1986): „Bildungsbürgertum". Begriffs- und Dogmengeschichte eines Etiketts, Stuttgart: Klett-Cotta

Evers, Adalbert (2003): Engagementpolitik als Demokratiepolitik. Reformpolitische Perspektiven für Politik und Bürgergesellschaft. In: Lohmann, Georg (Hrsg.): Demokratische Zivilgesellschaft und Bürgertugenden in Ost und West, Frankfurt a. M.: Lang, S. 153-164

Fait, Barbara (1998): Demokratische Erneuerung unter dem Sternenbanner. Amerikanische Kontrolle und Verfassungsgebung in Bayern 1946, Düsseldorf: Droste

Fijalkowski, Jürgen (1996): Die Bedeutung des Jahres 1945 für die Entwicklung der Politikwissenschaft in Deutschland. In: Jahrbuch für Staats- und Verwaltungswissenschaft 9, 1996, S. 305-325

Föllmer, Moritz (2001): Der „kranke Volkskörper". Industrielle, hohe Beamte und der Diskus der nationalen Regeneration in der Weimarer Republik. In: Geschichte und Gesellschaft 27, 2001, S. 41-67

Föllmer, Moritz/Graf, Rüdiger/Leo, Per (2005): Einleitung: Die Kultur der Krise in der Weimarer Republik. In: Föllmer, Moritz/Graf, Rüdiger (Hrsg.): Die „Krise" der Weimarer Republik. Zur Kritik eines Deutungsmusters, Frankfurt a. M.: Campus, S. 9-41

Frankenberg, Günter (1997): Die Verfassung der Republik. Autorität und Solidarität in der Zivilgesellschaft, Frankfurt a.M.: Suhrkamp

Frei, Norbert (Hrsg.) (2006): Transnationale Vergangenheitspolitik. Der Umgang mit deutschen Kriegsverbrechern in Europa nach dem Zweiten Weltkrieg, Göttingen: Wallstein

Frevel; Bernhard (2004): Demokratie, Wiesbaden: VS Verlag für Sozialwissenschaften

Frevert, Ute (2003): Vertrauen – eine historische Spurensuche. In: Frevert, Ute (Hrsg.): Vertrauen. Historische Annäherungen, Göttingen: Vandenhoeck und Ruprecht, S. 7-66

Frey, Manuel (2003): Diskretionspolitik in der Zivilgesellschaft. In: Bauerkämper, Arnd (Hrsg.): Die Praxis der Zivilgesellschaft. Akteure, Handeln und Strukturen im internationalen Vergleich, Frankfurt a. M.: Campus Verlag, S. 213-228

Frey, Manuel (2001): Vom Gemeinwohl zum Gemeinsinn. Das Beispiel der Stifter und Mäzene im 19. und 20. Jahrhundert. In: Münkler, Herfried/Bluhm, Harald (Hrsg.): Gemeinwohl und Gemeinsinn. Historische Semantiken politischer Leitbegriffe, Berlin: Akademie Verlag, S. 275-301

Gall, Lothar (1989): Bürgertum in Deutschland, Berlin: Siedler

Gall, Lothar (1987): „... Ich wünschte ein Bürger zu sein". Zum Selbstverständnis des deutschen Bürgertums im 19. Jahrhundert. In: Historische Zeitschrift 245, 1987, S. 601-623

Geißel, Brigitte u.a. (2004): Einleitung: Integration, Zivilgesellschaft und Sozialkapital. In: Klein, Ansgar/Kern, Kristine/Geißel, Brigitte/Berger, Maria (Hrsg.): Zivilgesellschaft und Sozialkapital. Herausforderungen politischer und sozialer Integration. Opladen: Verlag für Sozialwissenschaften, S. 7-15

Gensicke, Thomas (2006): Bürgerschaftliches Engagement in Deutschland. In: Aus Politik und Zeitgeschichte. Beilage zur Wochenzeitung „Das Parlament", Nr. 12/2006, 20. März 2006, S. 9-16

Gensicke, Thomas/Geiss, Sabine (2006): Bürgerschaftliches Engagement: Das politisch-soziale Beteiligungsmodell der Zukunft? Analysen auf Basis der Freiwilligensurveys 1999 und 2004. In: Hoecker, Beate (Hrsg.): Politische Partizipation zwischen Konvention und Protest, Opladen: Budrich

Gohl, Christopher (2001): Bürgergesellschaft als politische Zielperspektive. In: Aus Politik und Zeitgeschichte. Beilage zur Wochenzeitung „Das Parlament" (APZ), B 6-7/2001, 2. Februar 2001, S. 5-11

Gosewinkel, Dieter/Rucht, Dieter/van den Daele, Wolfgang/Kocka, Jürgen (Hrsg.) (2004): Zivilgesellschaft – national und transnational (= WZB-Jahrbuch 2003), Berlin: Edition Sigma

Gosewinkel, Dieter (2003): Zivilgesellschaft – eine Erschließung des Themas von seinen Grenzen her (WZB-Discussion Paper, Nr. SP IV 2003-505) Berlin 2003

Gramm, Gerald/Putnam, Robert D. (1998): The Growth of Voluntary Associations in America, 1840-1940. In: Journal of Interdisciplinary History 29, 1998, S. 511-557

Granovetter, Mark S. (1973): The Strength of Weak Ties. In: American Journal of Sociology 78, 1973, S. 1360-1380

Großbölting, Thomas (2005): Entbürgerlichte DDR? Sozialer Bruch und kultureller Wandel in der ostdeutschen Gesellschaft. In: Hettling, Manfred/Ulrich, Bernd (Hrsg.): Bürgertum nach 1945, Hamburg: Hamburger Ed., S. 407-432

Großbölting, Thomas (2001): Diktatorische Gesellschaftskonstruktion und soziale Autonomie. Bürgertum und Bürgerlichkeit im (werdenden) Arbeiter- und Bauernstaat. In: Timmermann, Heiner (Hrsg.): Die DDR – Analysen eines aufgegebenen Staates, Berlin: Dunker und Humblot, S. 165-178

Großbölting, Thomas (2001): SED-Diktatur und Gesellschaft. Bürgertum, Bürgerlichkeit und Entbürgerlichung in Magdeburg und Halle, Halle: Mdv

Großbölting, Thomas/Thamer, Hans-Ulrich (Hrsg.) (2003): Die Errichtung der Diktatur. Transformationsprozesse in der Sowjetischen Besatzungszone und in der frühen DDR, Münster: Aschendorff

Haltern, Utz (1985): Bürgerliche Gesellschaft. Sozialtheoretische und sozialhistorische Aspekte, Darmstadt: Wissenschaftliche Buchgesellschaft

Herbert, Ulrich (2002): Liberalisierung als Lernprozeß. Die Bundesrepublik in der deutschen Geschichte. Eine Skizze. In: Herbert, Ulrich (Hrsg.): Wandlungsprozesse in Westdeutschland. Belastung, Integration, Liberalisierung 1945-1980, Göttingen: Wallstein, S. 7-49

Hettling, Manfred (2005): Bürgerlichkeit im Nachkriegsdeutschland. In: Hettling, Manfred/Ulrich, Bernd (Hrsg.): Bürgertum nach 1945, Hamburg: Hamburger Ed., S. 7-37

Hettling, Manfred (2004): „Bürgerlichkeit" und Zivilgesellschaft. Die Aktualität einer Tradition, In: Jessen, Ralph/Reichardt, Sven/Klein, Ansgar (Hrsg.): Zivilgesellschaft als Geschichte. Studien zum 19. und 20. Jahrhundert, Wiesbaden: VS Verlag für Sozialwissenschaften, S. 45-63

Hettling, Manfred/Hoffmann, Stefan-Ludwig (Hrsg.) (2000): Der bürgerliche Wertehimmel. Innenansichten des 19. Jahrhunderts, Göttingen: Vandenhoeck und Ruprecht

Hettling, Manfred/Hoffmann, Stefan-Ludwig (Hrsg.) (1997): Der bürgerliche Wertehimmel. Zum Problem individueller Lebensführung im 19. Jahrhundert. In: Geschichte und Gesellschaft 23, 1997, S. 333-359

Hettling, Manfred/Ulrich, Bernd (Hrsg.) (2005): Bürgertum nach 1945, Hamburg: Hamburger Ed.

Hildermeier, Manfred/Kocka, Jürgen/Conrad, Christoph (Hrsg.) (2000): Europäische Zivilgesellschaft in West und Ost, Frankfurt a. M.: Campus

Hodenberg, Christina von/Siegfried, Detlef (2006): Reform und Revolte. 1969 und die langen sechziger Jahre in der Geschichte der Bundesrepublik. In: Hodenberg, Christina von/Siegfried, Detlef (Hrsg.): Wo „1968" liegt. Reform und Revolte in der Geschichte der Bundesrepublik, Göttingen: Vandenhoeck und Ruprecht, S. 7-14

Hoffmann-Lange, Ursula (1992): Eliten, Macht und Konflikt in der Bundesrepublik, Opladen: Leske + Budrich

Hoffmann-Lange, Ursula (2002): Elite West – Elite Ost? Eliten in den alten und neuen Bundesländern. In: Wehling, Hans-Georg (Hrsg.): Deutschland Ost- Deutschland West. Eine Bilanz. Opladen: Leske + Budrich, S. 105-131

Jansen, Dorothea (1999): Einführung in die Netzwerkanalyse. Grundlagen, Methoden, Anwendungen, Opladen: Leske + Budrich

Jarausch, Konrad H. (2004): Die Umkehr. Deutsche Wandlungen 1945-1995, München: Deutsche Verlagsanstalt

Jessen, Ralph (2000): „Bildungsbürger", „Experten", „Intelligenz". Kontinuität und Wandel der ostdeutschen Bildungsschichten in der Ulbricht-Ära. In: Ehrlich, Lothar/Mai, Gunther (Hrsg.): Weimarer Klassik in der Ära Ulbricht, Köln: Böhlau, S. 113-134

Jessen, Ralph/Reichardt, Sven/Klein, Ansgar (Hrsg.) (2004): Zivilgesellschaft als Geschichte. Studien zum 19. und 20. Jahrhundert, Wiesbaden: VS Verlag für Sozialwissenschaften

Joly, Hervé (1998): Großunternehmer in Deutschland. Soziologie einer industriellen Elite 1933-1989, Leipzig: Leipziger Universitätsverlag

Kaschuba, Wolfgang (1995): Deutsche Bürgerlichkeit nach 1800. Kultur als symbolische Praxis. In: Kocka, Jürgen (Hrsg.): Bürgertum im 19. Jahrhundert, Bd. 2: Wirtschaftsbürger und Bildungsbürger, Göttingen: Vandenhoeck und Ruprecht, S. 92-127

Keane, John (1988): Democracy and Civil Society. On the Predicaments of European Socialism, the Prospects for Democracy, and the Problem of Controlling Social and Political Power, London

Keane, John (1988): Introduction, In: Keane, John (Hrsg.): Civil Society and the State. New European Perspectives, London: Verso, S. 1-31

Kenkmann, Alfons/Zimmer, Hasko (Hrsg.) (2005): Nach Kriegen und Diktaturen. Umgang mit Vergangenheit als internationales Problem – Bilanzen und Perspektiven für das 21. Jahrhundert, Essen: Klartext

Kern, Kristine (2004): Sozialkapital, Netzwerke und Demokratie. In: Klein, Ansgar/Kern, Kristine/Geißel, Brigitte/Berger, Maria (Hrsg.): Zivilgesellschaft und Sozialkapital. Herausforderungen politischer und sozialer Integration. Opladen: VS Verlag für Sozialwissenschaften, S. 109-129

Klein, Ansgar (2001): Der Diskurs der Zivilgesellschaft. Politische Kontexte und demokratietheoretische Bezüge der neueren Begriffsverwendung, Opladen: Leske + Budrich

Kleßmann, Christoph (1985): Ein stolzes Schiff und krächzende Möwen. Die Geschichte der Bundesrepublik und ihre Kritiker. In: Geschichte und Gesellschaft 11, 1985, S. 476-494

Knöbl, Wolfgang (2006): Zivilgesellschaft und staatliches Gewaltmonopol. In: Mittelweg 36, 15. Jg., 2006, S. 61-84

Kocka, Jürgen (1988): Bürgertum und bürgerliche Gesellschaft im 19. Jahrhundert. Europäische Entwicklungen und deutsche Eigenarten. In: Kocka, Jürgen (Hrsg.): Bürgertum im 19. Jahrhundert. Deutschland im europäischen Vergleich, Bd. 1, München: Dtv, S. 11-76

Kocka, Jürgen (1987): Bürgertum und Bürgerlichkeit als Probleme der deutschen Geschichte vom späten 18. bis zum frühen 20. Jahrhundert. In: Kocka, Jürgen (Hrsg.): Bürger und Bürgerlichkeit im 19. Jahrhundert. Fünfzehn Beiträge, Göttingen: Vandenhoeck und Ruprecht, S. 21-63

Kocka, Jürgen/Frey, Manuel (Hrsg.) (1998): Bürgerkultur und Mäzenatentum im 19. Jahrhundert, Berlin: Fannei und Walz

Kocka, Jürgen (2003): Nachwort: Zivilgesellschaft. Begriff und Ergebnisse der historischen Forschung. In: Bauerkämper, Arnd (Hrsg.): Die Praxis der Zivilgesellschaft. Akteure, Handeln und Strukturen im internationalen Vergleich, Frankfurt a. M.: Campus Verlag, S. 429-439

Kocka, Jürgen u.a. (2001): Neues über Zivilgesellschaft. Aus historisch-sozialwissenschaftlichem Blickwinkel (WZB-Discussion Paper P 01-801). Berlin

Kocka, Jürgen: The difficult rise of a civil society: societal history of modern Germany. In: Fulbrook, Mary (Hrsg.): German History since 1800, London: Arnold, 1997, S. 493-511

Kocka, Jürgen (2000): Zivilgesellschaft als historisches Projekt: Moderne europäische Geschichtsforschung in vergleichender Absicht. In: Dipper, Christoph/Klinkhammer, Lutz/Nützenadel, Alexander (Hrsg.): Europäische Sozialgeschichte. Fs. Wolfgang Schieder, Berlin: Duncker und Humblot, S. 475-484

Kocka, Jürgen (2004): Zivilgesellschaft in historischer Perspektive, In: Jessen, Ralph/Reichardt, Sven/Klein, Ansgar (Hrsg.): Zivilgesellschaft als Geschichte. Studien zum 19. und 20. Jahrhundert, Wiesbaden: VS Verlag für Sozialwissenschaften

Kocka, Jürgen (2003): Zivilgesellschaft in historischer Perspektive. In: Forschungsjournal Neue Soziale Bewegungen 16, 2003, Nr. 2, S. 29-37

Kocka, Jürgen (2001): Zivilgesellschaft. Zum Konzept und seiner sozialgeschichtlichen Verwendung. In: Kocka, Jürgen u.a.: Neues über Zivilgesellschaft. Aus historisch-sozialwissenschaftlichem Blickwinkel (WZB-Discussion Paper P 01-801). Berlin 2001, S. 4-21

Küpper, Mechthild (2007): Oase der Bürgerlichkeit. In: Frankfurter Allgemeine Zeitung, Nr. 17, 20. Januar 2007

Lammersdorf, Raimund (2000): Verfassungsstaat und einfacher Bürger: Carl J. Friedrich und die Entstehung der Bundesrepublik. In: Krohn, Claus-Dieter/Schumacher, Martin (Hrsg.): Exil und Neuordnung. Beiträge zur verfassungspolitischen Entwicklung in Deutschland nach 1945, Düsseldorf: Droste, S. 243-252

Lauth, Hans-Joachim (1997): Drei Dimensionen der Demokratie und das Konzept einer defekten Demokratie, in: Pickel, Susanne/Pickel, Gert/Jacobs, Jörg (Hrsg.): Demokratie. Entwicklungsformen und Erscheinungsbilder im interkulturellen Vergleich, Frankfurt (Oder): Scrîpvaz-Verlag, S. 33-54

Lauth, Hans-Joachim./Pickel, Gert/Welzel, Christian (2000): Grundfragen, Probleme und Perspektiven der Demokratiemessung. In: dies. (Hrsg.): Demokratiemessung. Konzepte und Befunde im internationalen Vergleich, Wiesbaden: Westdeutscher Verlag, S. 7-26

Lauth, Hans-Joachim (1999): Strategische, reflexive und ambivalente Zivilgesellschaften: Ein Vorschlag zur Typologie von Zivilgesellschaften im Systemwechsel,. In: Zinecker, Heidrun (Hrsg.): Unvollendete Demokratisierung in Nichtmarktökonomien. Die Blackbox zwischen Staat und Wirtschaft in den Transitionsländern des Südens und Ostens, Amsterdam: G-und-B-Verlag Fakultas

Lauth, Hans-Joachim (2003): Zivilgesellschaft als Konzept und die Suche nach ihren Akteuren. In: Bauerkämper, Arnd (Hrsg.): Die Praxis der Zivilgesellschaft. Akteure, Handeln und Strukturen im internationalen Vergleich, Frankfurt a. M.: Campus, S. 31-57

Lingelbach, Gabriele (2007): Die Entwicklung des Spendenmarktes in der Bundesrepublik Deutschland. Von der staatlichen Regulierung zur medialen Lenkung. In: Geschichte und Gesellschaft 33, 2007, S. 127-157

Loth, Wilfried/Rusinek, Bernd (Hrsg.) (1998): Verwandlungspolitik. NS-Eliten in der westdeutschen Nachkriegsgesellschaft, Frankfurt a. M.: Campus

Lüdtke, Alf/Marßolek, Inge/Saldern, Adelheid von (Hrsg.) (1996): Amerikanisierung. Traum und Alptraum im Deutschland des 20. Jahrhunderts, Stuttgart: Steiner

Lundgreen, Peter (2000): Bildung und Bürgertum, In: Lundgreen, Peter (Hrsg.): Sozial- und Kulturgeschichte des Bürgertums. Eine Bilanz des Bielefelder Sonderforschungsbereichs (1986-1997), Göttingen: Vandenhoeck und Ruprecht, S. 173-194

Lutz, Burkart (2005): Integration durch Aufstieg. Überlegungen zur Verbürgerlichung der deutschen Facharbeiter in den Jahrzehnten nach dem Zweiten Weltkrieg. In: Hettling, Manfred/Ulrich, Bernd (Hrsg.): Bürgertum nach 1945, Hamburg: Hamburg Ed., S. 284-309

Makropoulos, Michael (2005): Krise und Kontingenz. Zwei Kategorien im Modernitätsdiskurs der Klassischen Moderne. In: Föllmer, Moritz/Graf, Rüdiger (Hrsg.): Die „Krise" der Weimarer Republik. Zur Kritik eines Deutungsmusters, Frankfurt a. M.: Campus, S. 45-76

Makropoulos, Michael (2004): Kontingenz. Aspekte einer Semantik der Moderne. In: Archives Européennes de Sociologie 45, 2004, H. 1, S. 369-399

Matthiesen, Helge (2000): Greifswald in Vorpommern. Konservatives Milieu im Kaiserreich, in Demokratie und Diktatur 1900-1990. Düsseldorf: Droste

Merkel, Wolfgang (1998): Die Konsolidierung postautoritärer und posttotalitärer Demokratien: Ein Beitrag zur theorieorientierten Transformationsforschung. In: Süssmuth, Hans (Hrsg.): Transformationsprozesse in den Staaten Ostmitteleuropas 1989-1995, Baden-Baden: Nomos Verlag, S. 39-61

Merkel, Wolfgang/Lauth, Hans-Joachim (1998): Systemwechsel und Zivilgesellschaft. In: Aus Politik und Zeitgeschichte. Beilage zur Wochenzeitung „Das Parlament", B 6-7/1998, S. 3-12

Metzler, Gabriele (2002): Das Ende aller Krisen? Politisches Denken und Handeln in der Bundesrepublik der sechziger Jahre. In: Historische Zeitschrift 275, 2002, S. 57-103

Miszlivetz, Ferenc (1999): Illusions and Realities. The Metamorphosis of Civil Society in a New European Space, Savaria: University Press

Mommsen, Hans (1987): Der lange Schatten der untergehenden Republik. Zur Kontinuität politischer Denkhaltungen von der späten Weimarer zur frühen Bundesrepublik. In: Bracher, Karl Dietrich/Funke, Manfred/Jacobsen, Hans-Adolf (Hrsg.): Die Weimarer Republik 1918-1933. Politik – Wirtschaft – Gesellschaft, Düsseldorf: Droste, S. 552-586

Mommsen, Hans (1993): Von Weimar nach Bonn: Zum Demokratieverständnis der Deutschen. In: Schildt, Axel/Sywottek, Arnold (Hrsg.): Modernisierung im Wiederaufbau. Die westdeutsche Gesellschaft der 50er Jahre, Bonn: Dietz, S. 745-758

Mooser, Josef (1995): Liberalismus und Gesellschaft nach 1945. Soziale Marktwirtschaft und Neoliberalismus am Beispiel von Wilhelm Röpke. In: Manfred Hettling/Bernd Ulrich (Hrsg.): Bürgertum nach 1945, Hamburg, S. 134-163

Müller, Jan-Werner (Hrsg.) (2002): Memory and Power in Post-War Europe, Cambridge: Cambridge University Press

Münkler, Herfried/Bluhm, Harald (2001): Einleitung: Gemeinwohl und Gemeinsinn als politisch-soziale Leitbegriffe. In: Münkler, Herfried/Bluhm, Harald (Hrsg.): Gemeinwohl und Gemeinsinn. Historische Semantiken politischer Leitbegriffe, Berlin: Akademie Verlag, S. 9-30

Münkler, Herfried (2002): Ehre, Amt und Engagement: Wie kann die knappe Ressource Bürgersinn gesichert werden? In. Forschungsjournal Neue Soziale Bewegungen 13, 2002, Nr. 2, S. 22-32

Nehring, Holger (2004): ‚Westernization'. A New Paradigm for Interpreting West European History in a Cold War Context. In: Cold War History 4, 2004, S. 175-191

Nützenadel, Alexander (2002): Neuere Forschungen zur Wirtschafts- und Sozialgeschichte. In: Neue Politische Literatur 47, 2002, S. 277-299

O'Donnell, Guillermo (1994): Delegative Democracy. In: Journal of Democracy 5, 1994, Nr. 1, S. 55-69

Owzar, Armin (2001): Sozialistische Bündnispolitik und gewerblich-industrieller Mittelstand. Thüringen 1945 bis 1953. München: Urban und Fischer

Owzar, Armin (2003): Nur eine Verlustgeschichte? Private Industrieunternehmer in der SBZ/DDR zwischen Exklusion und Integration. In: Großbölting, Thomas/Thamer, Hans-Ulrich (Hrsg.): Die Errichtung der Diktatur. Transformationsprozesse in der Sowjetischen Besatzungszone und in der frühen DDR, Münster: Aschendorff, S. 171-187

Pollack, Detlef (2004): Zivilgesellschaft und Staat in der Demokratie. In: Klein, Ansgar/Kern, Kristine/Geißel, Brigitte/Berger, Maria (Hrsg.): Zivilgesellschaft und Sozialkapital. Herausforderungen politischer und sozialer Integration. Wiesbaden: VS Verlag für Sozialwissenschaften, S. 23-40

Puhle, Hans-Jürgen (1999): Demokratisierungsprobleme in Europa und Amerika. In: Brunkhorst, Hauke/Niesen, Peter (Hrsg.): Das Recht der Republik, Frankfurt a. M.: Suhrkamp, S. 317-345

Putnam, Robert D. (1995): Bowling Alone: America's Declining Social Capital. In: Journal of Democracy 6, 1995, S. 65-78

Putnam, Robert D. (2000): Robert D.: Bowling Alone. The Collapse and Revival of American Community, New York: Simon & Schuster

Putnam, Robert D. (Hrsg.) (2001): Gesellschaft und Gemeinsinn. Sozialkapital im internationalen Vergleich, Gütersloh: Verlag Bertelsmann Stiftung

Putnam, Robert D. (1993): Making Democracy Work. Civic Traditions in Modern Italy, Princeton: University Press

Ránki, Geörgy (1988): Die Entwicklung des ungarischen Bürgertums vom späten 18. bis zum frühen 20. Jahrhundert. In: Kocka, Jürgen (Hrsg.): Bürgertum im 19. Jahrhundert. Deutschland im europäischen Vergleich, Bd. 1, München: Dtv, S. 230-248

Rauh-Kühne, Cornelia (1999): Hans Constantin Paulssen: Sozialpartnerschaft aus dem Geiste der Kriegskameradschaft. In: Erker, Paul/Pierenkemper, Toni (Hrsg.): Deutsche Unternehmer zwischen Kriegswirtschaft und Wiederaufbau. Studien zur Erfahrungsbildung von Industrie-Eliten, München: Oldenbourg, S. 109-192

Rauh-Kühne, Cornelia (2003): „ ... so weiß ich heute, dass Dein Leben in unserer Familiengeschichte einen wertvolleren Platz haben wird als das Deiner Söhne". Zur Bürgerlichkeit von Unternehmerfamilien der Wiederaufbaugeneration. In: Berghahn, Volker R./Unger, Stefan/Ziegler, Dieter (Hrsg.): Die deutsche Wirtschaftselite im 20. Jahrhundert. Kontinuität und Mentalität, Essen: Klartext-Verlag, S. 443-461

Reichardt, Sven (2004): Civil Society. A Concept for Historical Research. In: Zimmer, Annette/Priller, Eckhard (Hrsg.): Future of Civil Society, Wiesbaden: VS Verlag für Sozialwissenschaften, S. 35-55

Reichardt, Sven (2001): Gewalt und Zivilität im Wandel. Konzeptionelle Überlegungen zur Zivilgesellschaft aus historischer Sicht. In: Gosewinkel, Dieter/Rucht, Dieter/van den Daele, Wolfgang/Kocka, Jürgen (Hrsg.): Zivilgesellschaft – national und transnational, Berlin: Edition Sigma, S. 61-81

Ritter, Gerhard A. (2002): Die DDR in der deutschen Geschichte. In: Vierteljahrshefte für Zeitgeschichte 59, S. 171-200

Rödel, Ulrich (1996): Vom Nutzen des Konzepts der Zivilgesellschaft. In: Zeitschrift für Politikwissenschaft 6, 1996, S. 669-677

Rucht, Dieter (2003): Zivilgesellschaftliche Akteure und transnationale Politik. In: Bauerkämper, Arnd (Hrsg.): Die Praxis der Zivilgesellschaft. Akteure, Handeln und Strukturen im internationalen Vergleich, Frankfurt a. M.: Campus, S. 374-378

Rupieper, Hermann-Josef (1991): Der besetzte Verbündete. Die amerikanische Deutschlandpolitik 1949-1955, Opladen: Westdeutscher Verlag

Rupieper, Hermann-Josef (1993): Die Wurzeln der westdeutschen Nachkriegsdemokratie. Der amerikanische Beitrag 1945-1952, Opladen: Westdeutscher Verlag
Schildt, Axel (1999): Ankunft im Westen. Ein Essay zur Erfolgsgeschichte der Bundesrepublik, Frankfurt a. M.: Fischer
Schildt, Axel/Siegfried, Detlef/Lammers, Karl Christian (Hrsg.) (2000): Dynamische Zeiten. Die 60er Jahre in beiden deutschen Gesellschaften, Hamburg: Christians
Schildt, Axel/Arnold Sywottek (Hrsg.) (1993): Modernisierung im Wiederaufbau. Die westdeutsche Gesellschaft der 50er Jahre, Bonn: Dietz
Schlegelmilch, Cordia (2005): „Und da kann man nicht plötzlich volkseigen umdenken." Wirtschaften zwischen Gewinnorientierung und Verstaatlichung. Firmengeschichte eines Mittelständlers in der DDR. In: Best, Heinrich/Hofmann, Michael (Hrsg.): Unternehmer und Manager im Sozialismus (Sonderheft), Köln: Zentrum für Historische Sozialforschung, S. 96-129
Schmidt, Manfred G. (2000^3): Demokratietheorien. Eine Einführung, Opladen: Leske + Budrich
Schönhoven, Klaus (1999): Aufbruch in die sozialliberale Ära. Zur Bedeutung der 60er Jahre in der Geschichte der Bundesrepublik. In: Geschichte und Gesellschaft 25, 1999, S. 123-145
Schultz, Maria (2005): Zwischen Kultur und Politik. Die Hauptversammlungen der Goethe-Gesellschaft in den Jahren 1954 bis 1960 als Orte deutsch-deutscher Auseinandersetzungen. In: Golz, Jochen/Ulbricht, Justus H. (Hrsg.): Goethe in Gesellschaft. Zur Geschichte einer literarischen Vereinigung vom Kaiserreich bis zum geteilten Deutschland, Köln: Böhlau, S. 157-181
Schulz, Andreas (2005): Lebenswelt und Kultur des Bürgertums im 19. und 20. Jahrhundert, München: Oldenbourg
Schulz, Andreas (1998): Mäzenatentum und Wohltätigkeit – Ausdrucksformen bürgerlichen Gemeinsinns in der Neuzeit. In: Kocka, Jürgen/Frey, Manuel (Hrsg.): Bürgerkultur und Mäzenatentum im 19. Jahrhundert, Berlin: Fannei und Walz, S. 240-263
Schwartz, Thomas Alan (1992): Die Atlantik-Brücke. John McCloy und das Nachkriegsdeutschland, Frankfurt a. M.: Berlin: Ullstein
Siegrist, Hannes (2004): Wie bürgerlich war die Bundesrepublik, wie entbürgerlicht die DDR? Verbürgerlichung und Antibürgerlichkeit in historischer Perspektive. In: Hockerts, Hans Günter (Hrsg.): Koordinaten deutscher Geschichte in der Epoche des Ost-West-Konflikts, München: Oldenbourg, S. 207-243
Schwartz, Thomas Alan (1994): Der Wandel als Krise und Chance. Die westdeutschen Akademiker 1945-1965. In: Tenfelde, Klaus/Wehler, Hans-Ulrich (Hrsg.): Wege zur Geschichte des Bürgertums. Vierzehn Beiträge, Göttingen: Vandenhoeck und Ruprecht, S. 289-314
Simmel, Georg (1985): Zur Psychologie der Frauen (1890). In: Simmel, Georg: Schriften zur Philosophie und Soziologie der Geschlechter, Frankfurt a. M.: Suhrkamp, S. 27-59
Shils, Edward (1991): Was ist eine Civil Society? In: Michalski, Krzysztof (Hrsg.): Europa und die Civil Society. Castelgandolfo-Gespräche 1989, Stuttgart: Klett-Cotta, S. 13-51
Söllner, Alfons (1998): Art. „Politikwissenschaften". In: Krohn, Claus-Dieter (Hrsg.): Handbuch zur deutschsprachigen Emigration 1933-1945, Darmstadt: Primus Verlag, Sp. 836-845
Söllner, Alfons (1996): Demokratie als Lernprozeß. Drei Stichworte zur Entwicklung der politischen Kultur in der Bundesrepublik Deutschland. In: Oberreuter, Heinrich/Weber, Jürgen (Hrsg.): Freundliche Feinde? Die Alliierten und die Demokratiegründung in Deutschland, München: Olzog
Söllner, Alfons (1997): Die Gründung der westdeutschen Politikwissenschaft – ein Reimport aus der Emigration. In: Krohn, Claus-Dieter/Mühlen, Patrick von zur (Hrsg.): Rückkehr und Aufbau nach 1945. Deutsche Remigranten im öffentlichen Leben Nachkriegsdeutschlands, Marburg: Metropolis Verlag, S. 253-274

Söllner, Alfons (1988): Vom Völkerrecht zur science of international relations. Vier typische Vertreter der politikwissenschaftlichen Emigration. In: Srubar, Ilja (Hrsg.): Exil, Wissenschaft, Identität. Die Emigration deutscher Sozialwissenschaftler 1933-1945, Frankfurt a. M.: Suhrkamp, S. 164-180

Spevack, Edmund (2001): Allied Control and German Freedom. American Political and Ideological Influences on the Framing of the West German Basic Law, Münster: Lit

Stoffregen, Matthias (2002): Kämpfen für ein demokratisches Deutschland. Emigranten zwischen Politik und Politikwissenschaft, Opladen: Leske + Budrich

Strachwitz, Rupert Graf (2007): Stiftungen nach der Stunde Null. Die Entwicklung des Stiftungswesens in Westdeutschland nach 1945. In: Geschichte und Gesellschaft 33, 2007, S. 99-126

Trentmann, Frank (Hrsg.) (2000): Paradoxes of Civil Society. New Perspectives on Modern German and British History, New York: Berghan

Ullrich, Sebastian (2004): Im Schatten einer gescheiterten Demokratie. Die Weimarer Republik und der demokratische Neubeginn in den Westzonen 1945-1949. In: Winkler, Heinrich August (Hrsg.): Griff nach der Deutungsmacht. Zur Geschichte der Geschichtspolitik in Deutschland, Göttingen: Wallstein, S. 185-208

Vogel, Regina (2003): Felder zivilgesellschaftlichen Handelns? Verbände und Netzwerke des deutschen Bürgertums, 1945-1965, in: Bauerkämper, Arnd (Hrsg.): Die Praxis der Zivilgesellschaft. Akteure, Handeln und Strukturen im internationalen Vergleich, Frankfurt a. M.: Campus, S. 251-273

Vorländer, Hans (2003): Demokratie. Geschichte, Formen, Theorien, München: Franzis

Walzer, Michael (1995): The Concept of Civil Society. In: Walzer, Michael (Hrsg.): Toward a Global Civil Society, Providence (u.a.): Berghan, S. 7-27

Walzer, Michael (1992): Zivile Gesellschaft und amerikanische Demokratie, Berlin: Rotbuch Verlag

Wehler, Hans-Ulrich (1986): Bürger, Arbeiter und das Problem der Klassenbildung 1800-1870. Deutschland im internationalen Vergleich, In: Kocka, Jürgen (Hrsg.): Arbeiter und Bürger im 19. Jahrhundert. Varianten ihres Verhältnisses im europäischen Vergleich, München: Oldenbourg, S. 1-27

Wehler, Hans-Ulrich (2001): Deutsches Bürgertum nach 1945: Exitus oder Phönix aus der Asche?, in: Geschichte und Gesellschaft 27, 2001, S. 617-634

Wehler, Hans-Ulrich (1987): Deutsche Gesellschaftsgeschichte, Bd. 1: Vom Feudalismus des Alten Reichs bis zur Defensiven Modernisierung der Reformära 1700-1815, München: Beck

Wehler, Hans-Ulrich (2006): Die verschämte Klassengesellschaft. In: Die Zeit, Nr. 48, 23. November 2006, S. 14

Wehler, Hans-Ulrich (2000): Die Zielutopie der „Bürgerlichen Gesellschaft" und die „Zivilgesellschaft" heute. In: Lundgreen, Peter (Hrsg.): Sozial- und Kulturgeschichte des Bürgertums. Eine Bilanz des Bielefelder Sonderforschungsbereichs (1986-1997), Göttingen: Vandenhoeck und Ruprecht, S. 85-92

Weyer, Johannes (2000): Soziale Netzwerke. Konzepte und Methoden der sozialwissenschaftlichen Netzwerkforschung, München: Oldenbourg

Wiesen, S. Jonathan (2000): America, Mass Society, and the Decline of the West: West German Industrialists and Cultural Reconstruction after World War II. In: Wala. Michael/Lehmkuhl, Ursula (Hrsg.): Technologie und Kultur. Europas Blick auf Amerika vom 18. bis zum 20. Jahrhundert, Köln: Böhlau, S. 203-224

Wiesen, S. Jonathan (2001): West German Industry and the Challenge of the Nazi Past, 1945-1955, Chapel Hill: University of North Carolina Press

Winkler, Heinrich August (1966): Art. „Bürgertum", In: Kernig, Claus Dieter (Hrsg.): Sowjetsystem und demokratische Gesellschaft, Bd. 1, Freiburg 1966, Sp. 934-953

Winkler, Heinrich August (Hrsg.) (2004): Griff nach der Deutungsmacht. Zur Geschichte der Geschichtspolitik in Deutschland, Göttingen: Wallstein

Ziegler, Dieter (2000): Das wirtschaftliche Großbürgertum. In: Lundgreen, Peter (Hrsg.): Sozial- und Kulturgeschichte des Bürgertums. Eine Bilanz des Bielefelder Sonderforschungsbereichs (1986-1997), Göttingen: Vandenhoeck und Ruprecht, S. 113-137

Zimmer, Annette (2003): Rahmenbedingungen der Zivilgesellschaft. Die unterschätzte Rolle des Staates. In: Forschungsjournal Neue Soziale Bewegungen 16 (2003), H. 2, S. 74-86

Karl-Werner Brand

Die Neuerfindung des Bürgers
Soziale Bewegungen und bürgerschaftliches Engagement in der Bundesrepublik

Wie das Konzept der „Bürgergesellschaft" auch immer interpretiert wird, es impliziert die Vorstellung „dass Bürgerinnen und Bürger in größerem Maße für die Geschicke des Gemeinwesens Sorge tragen" (Enquete-Kommission 2002: 76). Das impliziert nicht schon automatisch die weitergehende Vision „einer Gesellschaft selbstbewusster und selbstverantwortlicher Bürger, eine Gesellschaft der Selbstermächtigung und Selbstorganisation" (ebd.), wie sie von den Mitgliedern der Enquete-Kommission „Zukunft des bürgerschaftlichen Engagements" in ihrem Abschlussbericht überraschend einvernehmlich formuliert wurde. Dass eine solche partizipative Interpretation der „Bürgergesellschaft", die auch „öffentliche Kritik und Widerspruch, d. h. Formen der Selbstorganisation, die neu, unbequem, herausfordernd und (noch) nicht anerkannt sind" (ebd: 74), als wesentliches Element bürgerschaftlichen Engagements begreift, Ende des 20. Jahrhunderts quer durch die etablierten politischen Parteien breite Zustimmung findet, wäre fünfzig Jahre früher kaum vorstellbar gewesen. Autoritäre, etatistische Prägungen der politischen Kultur mussten erst durch die „partizipatorische Revolution" (Kaase 1982) der 1960er und 1970er Jahre abgeschliffen werden.

Die zentrale Aussage dieses Beitrags ist, dass APO, Studentenbewegung, die „neuen sozialen Bewegungen" und die Bürgerbewegungen der „Wendezeit" zentrale Akteure dieses Wandels und einer partizipativen Neudefinition der Rolle des Bürgers waren. Das gilt vor allem für die alten, mit Einschränkungen aber auch für die neuen Bundesländer. Soziale oder politische Protestbewegungen sind allerdings nicht per se an demokratischen, zivilgesellschaftlichen Leitbildern orientiert. Sie können auch rechtsradikale oder religiösfundamentalistische Zielvorstellungen verfolgen. Bewegungen dieser Art haben international, aber auch in Deutschland, seit den 1990er Jahren wieder Konjunktur. Soziale Bewegungen stellen so zwar immer eine Herausforderung der etablierten Ordnung dar und beschleunigen durch ihre polarisierende Kraft gesellschaftlichen und politischen Wandel. Welche Art von Problemdeutungen, welche Formen der Problemlösung und welche Politikstile sich in diesen dynamisierten, konflikthaften Wandlungsprozessen durchsetzen, ist aber immer eine Frage der gesellschaftlichen Kräfteverhältnisse und der sozialen Resonanz, die für die jeweiligen Problemdeutungen und Lösungsmodelle geschaffen werden kann.

Im folgenden Abschnitt sollen zunächst die konzeptionellen Grundlagen der Analyse sozialer Bewegungen und ihr Verhältnis zu bürgerschaftlichem Engagement geklärt werden. Im zweiten Kapitel werden die zentralen Aspekte der „partizipatorischen Revolution" der 1960er Jahre nachgezeichnet, die durch den antiautoritären Protest, durch APO und Studentenbewegung vorangetrieben wurde. Im dritten Kapitel wird gezeigt, wie die in diesem Rahmen entwickelten „unkonventionellen" Beteiligungsformen durch die neuen sozialen Bewegungen der 1970er und 1980er Jahre einen mehr oder weniger alltäglichen Charakter angenommen und die Grundlage für eine partizipative Bürgergesellschaft geschaffen haben. Im vierten Kapitel wird die Frage diskutiert, inwieweit die Bürgerbewegungen der „Wendezeit" auch für die ehemalige DDR einen partizipativen Schub bewirkt haben und worin die noch häufig konstatierten Differenzen im politischen Engagement zwischen ost- und westdeutschen Bürgern bestehen. Das abschließende fünfte Kapitel zieht ein kurzes Resümee der Effekte, die die sozialen Bewegungen auf die Entwicklung bürgerschaftlichen Engagements in der Bundesrepublik hatten – und verweist auf die Probleme, die sich mit der Verschiebung der Bewegungskonstellationen im Gefolge ökonomischer Globalisierungsprozesse und der Konflikte um die Restrukturierung eines neuen globalen Ordnungsmodells für die Stabilisierung ziviler, bürgergesellschaftlicher Formen des Engagements stellen.

1   Soziale Bewegungen und bürgerschaftliches Engagement

Freiwilliges politisches Engagement ist nur ein – und zwar ein vergleichsweise kleiner – Teil eines sehr viel breiteren Spektrums an bürgerschaftlichen Aktivitäten. Derzeit gehört „mehr als die Hälfte der Bundesbürger (...) einer Freiwilligenorganisation an und fast ein Drittel beteiligt sich in irgendeiner Form an deren Aktivitäten" (Gabriel/Völkl 2005: 571). Aufgrund des Zusammenbruchs der in der DDR bestehenden, überwiegend betriebsbezogenen sozialen Netzwerke ist das Niveau der Vereinsmitgliedschaft und des Engagements in Freiwilligenorganisationen in Ostdeutschland durchgängig niedriger. Wie ein Vergleich des Freiwilligensurveys von 1999 und 2004 zeigt (Rosenbladt 2000; Gensicke 2003; Gensicke/Geiss 2006), lässt sich allerdings auch hier, ebenso wie in den alten Bundesländern, ein kontinuierlicher Anstieg des aktiven freiwilligen Engagements verzeichnen (in den neuen Bundesländern von 28 % auf 31 %, in den alten Bundesländern von 36 % auf 37 %).

Was den Anteil des politischen Engagements betrifft, so sind die Daten des Freiwilligensurvey nur begrenzt aussagefähig, da nur organisationsgebundene Aktivitäten erfasst werden. Darüber hinaus gibt der Zuschnitt der Engagementbereiche nur begrenzt Aufschluss über politische Partizipation.[1] Während – bei sich überlappenden Mitgliedschaften – ca. 40 bzw. 25 Prozent in den Feldern Sport und Freizeit aktiv sind (Rosenbladt 2000: 41), lassen sich wohl an die 10 bis 20 Prozent dem Bereich eines mehr oder weniger expliziten politischen Engagements zurechnen (vgl. Enquete-Kommission 2002: 65ff). Da das politische Engagement in besonderem Maße auf öffentliche Sichtbarkeit zielt und – insbesondere im Falle breiter gesellschaftlicher Protestaktivitäten – meist auch heftige öffentliche Kontroversen auslöst, spielt es allerdings, auch bei geringeren Beteiligungszahlen, eine bedeutende Rolle für das Selbstverständnis und die Entwicklung eines Gemeinwesens.

---

[1] So findet konventionelles oder unkonventionelles politisches Engagement nicht nur im Bereich „Politik/politische Interessenvertretung" (5%) statt; es ist gleichermaßen in den Rubriken „sozialer Bereich" (8%), „berufliche Interessenvertretung" (5%), „Umwelt- und Naturschutz" (3%) oder „bürgerschaftliche Aktivitäten am Wohnort" (14%) enthalten (vgl. Enquete-Kommission 2002. 65 ff).

Allerdings wird auch das Engagement in Kindergärten, Schulen, Alten- und Service-Zentren oder Hospizen, in kommunalen Einrichtungen (wie der freiwilligen Feuerwehr) oder im Rahmen sonstiger kommunalpolitischer Aktivitäten (z.B. Lokale Agenda 21) von den Engagierten selbst überwiegend als gesellschaftspolitische Mitgestaltung – „zumindest im Kleinen" – verstanden (Gensicke/Geiss 2006: 322f). Das verweist darauf, dass politische, soziale und kulturelle Formen des Engagements eng miteinander verknüpft sind. Auf theoretischer Ebene haben insbesondere die Arbeiten von Putnam (2000) auf die Bedeutung des sozialen Kapitals für bürgerschaftliches Engagement im politischen wie im sozialen Bereich verwiesen. „Sozialkapital" wird dabei durch die Dimensionen zwischenmenschliches Vertrauen, Einbindung in soziale Netzwerke und gemeinsam geteilte Normen und Werte definiert. Auch die empirischen Befunde belegen, dass neben der Ressourcenausstattung – insbesondere dem jeweiligen Bildungsniveau und den spezifischen Teilnahmemotiven (Werte, Normen, Interessen) – vor allem die Einbindung in soziale Netzwerke eine bestimmende Rolle für politisches Engagement spielt (Gabriel/Völkl 2005: 565ff.). Das gilt auch für die Bereitschaft zu politischem Protest.

Während viele Formen des bürgerschaftlichen Engagements, insbesondere die Aktivitäten in Vereinen, Verbänden oder Parteien, aber stärker formalisiert sind, weist die Mitarbeit in sozialen Bewegungen und politischen Kampagnen einen überwiegend informellen Charakter auf. Die Teilnahme an politischen Protesten ist meist situatives Engagement, abhängig „von der Motivation, der zeitlichen Verfügbarkeit und den spezifischen Kenntnissen und Fähigkeiten der Beteiligten" (Rucht 2003: 20). Der öffentliche Protest ist dabei „nur die von außen sichtbare ‚Spitze des Eisbergs' von sozialen Bewegungen und politischen Kampagnen – ein Eisberg, der weit mehr als nur Protest in sich birgt. Dazu gehören unter anderem das Sammeln und Strukturieren von Informationen, die Beschaffung von Geld und anderen materiellen Ressourcen, die Rekrutierung und Motivierung von Gruppenmitgliedern, das Knüpfen von Verbindungen zu anderen Gruppen, zu Fachleuten, Politikern und Journalisten sowie die Vor- und Nachbereitung von Protestaktivitäten" (ebd.). Diese Aufgaben werden üblicherweise von einem dauerhafter engagierten Kern von Aktivisten übernommen, die für diesen Zweck – zumindest vorübergehend – Bewegungsorganisationen bilden oder bereits bestehende nutzen.

Was unter „Protest-" oder „sozialen Bewegungen" zu verstehen ist, wird kontrovers gesehen. Für die europäische Bewegungsforschung war bis in die 1970er Jahre ein an der Arbeiterbewegung des späten 19. Jahrhunderts modelliertes Bewegungskonzept typisch, das unter „sozialen Bewegungen" eine mit *dem* zentralen gesellschaftlichen Konflikt verbundene kollektive Infragestellung grundlegender Herrschaftsstrukturen verstand (vgl. Raschke 1985; Touraine 1983). Nun spricht vieles dafür, dass mit der wachsenden Komplexität demokratisch verfasster, (post)moderner Industriegesellschaften auch die Bedingungen für dieses traditionelle Bewegungsverständnis verschwunden sind. Diesem Sachverhalt trägt eine eher formale Definition Rechnung, die soziale Bewegungen als „ein auf gewisse Dauer gestelltes und durch kollektive Identität abgestütztes Handlungssystem mobilisierter Netzwerke von Gruppen und Organisationen" versteht, „welche sozialen Wandel mit Mitteln des Protest – notfalls bis hin zur Gewaltanwendung – herbeiführen, verhindern oder rückgängig machen wollen" (Rucht 1994: 76f.). Über die gesellschaftliche Zentralität oder Marginalität der jeweiligen Bewegung ist damit nichts mehr ausgesagt. Vom Handlungssystem „sozialer Bewegungen" lassen sich „Protestkampagnen" als „thematisch fokussierte, strategisch geplante und zumindest lose koordinierte Bündel einzelner Protesthandlungen" unterscheiden, die die allgemeinen Ziele einer sozialen Bewegung „in konkretere und greifbarere Anliegen übersetzen" (Rucht 2003: 24). Ich werde im Folgenden dieses Begriffsverständnis übernehmen.

Fragt man nach den Wirkungsmöglichkeiten sozialer Bewegungen, so hängen diese sowohl von ihrer Fähigkeit, bestimmte Protestthemen auf die öffentliche Agenda zu setzen, als auch von ihren Möglichkeiten der institutionellen Einflussnahme ab. Bewegungsaktivitäten vollziehen sich somit immer auf einer doppelten Ebene: (a) auf dem Feld symbolisch-diskursiver sowie (b) auf dem Feld organisatorisch-institutioneller Kämpfe um Einfluss und Gestaltungsmacht. Beide Handlungsebenen beeinflussen sich wechselseitig.

Was die *symbolisch-diskursive Handlungsebene* betrifft, so hängt die Entwicklung und der Erfolg von sozialen Bewegungen und politischen Kampagnen wesentlich davon ab, ob und inwieweit es ihnen gelingt, ihren Problemdeutungen, Kritikmustern und Gegenentwürfen Geltung zu verschaffen. „Objektive" Problemlagen müssen als solche erst definiert und öffentlich kommuniziert werden, um gesellschaftliche Relevanz zu erlangen (Luhmann 1986). Das verleiht der medialen Resonanz der Protestaktivitäten eine vorrangige Bedeutung für Entwicklung und Erfolgschancen sozialer Bewegungen. Institutionellen Einfluss erlangen Protestgruppen immer erst über die Skandalisierung und Delegitimierung bestehender institutioneller Praktiken, über die Formulierung attraktiver, mobilisierungsfähiger Gegenmodelle und über die Neudefinition „angemessener" Problemlösungsstrategien. Zugleich konstituieren sich heterogene Protestgruppen im Medium dieser symbolisch-kulturellen Definitionskämpfe selbst erst als kollektive Akteure mit einer bestimmten, zurechenbaren Identität. Diese Kämpfe um die öffentliche Deutungshoheit vollziehen sich in einem sich ständig verändernden Diskursfeld. Die längerfristige Entwicklung sozialer Bewegungen und ihre Bedeutungsverschiebung lässt sich deshalb nur im Rahmen der Transformation dieses diskursiven Felds begreifen.

Im Rahmen der Bewegungsforschung wird diese Handlungsebene mit Blick auf die Binnendynamik und die konflikthaften Aushandlungsprozesse des Selbstverständnisses, der Ziele und Strategien sozialer Bewegungen vom „collective identity"-Ansatz, mit Blick auf das symbolisch-diskursive Handlungsumfeld vom „framing"-Ansatz thematisiert (vgl. Geißel/Tillmann 2006; Hellmann/Koopmans 1998; Neidhardt/Rucht 1991). Während ersterer nach den symbolischen Konstruktionsprozessen der Identität sozialer Bewegungen und ihrer Handlungsfähigkeit als kollektiver Akteur fragt, untersucht der „framing"-Ansatz die symbolisch-diskursiven Strategien der Konfliktakteure in der öffentlichen Diskursarena, ihre mediale Resonanz und die Dynamiken, die sich daraus ergeben.

Soziale Bewegungen versuchen zum anderen auf der *organisatorisch-institutionellen Handlungsebene* ihre Ziele umzusetzen, personelle und organisatorische Ressourcen zu mobilisieren, die bestehenden politischen Chancenstrukturen zu nutzen, neue Bündnispartner zu gewinnen, Partizipationsmöglichkeiten zu erweitern oder Entscheidungsprozeduren zu ändern. Bewegungsorganisationen besitzen für den Prozess der Mobilisierung von Ressourcen und Netzwerken eine zentrale Rolle. Für den weiteren Verlauf sozialer Bewegungen sind dann die Interaktionsdynamik zwischen Bewegungsakteuren und staatlichen oder wirtschaftlichen Protestadressaten, die jeweilige Wahl der Handlungs- und Reaktionsstrategien, der Grad der Exklusion oder Inklusion oppositioneller Gruppen, die verfügbaren personellen und finanziellen Ressourcen und die Möglichkeiten neuer Allianzbildungen von entscheidender Bedeutung. Diese Handlungsebene wird im Rahmen der Bewegungsforschung zum einen mit Blick auf die Handlungs- und Mobilisierungsfähigkeit einzelner Bewegungsorganisationen („resource mobilization"), zum anderen mit Blick auf die politischen Gelegenheitsstrukturen („political opportunity structure") thematisiert (vgl. auch zu diesen Ansätzen Geißel/Thillman 2006; Hellmann/Koopmans 1998; Neidhardt/Rucht 1991).

Insgesamt besteht vermutlich wenig Streit darüber, dass sowohl die strategisch-organisatorische Handlungsfähigkeit als auch die emotionale Mobilisierungsfähigkeit eines breiteren Sympathisantenkreises durch dramatisierende Problemrahmungen und attraktive Gegenvisionen für den Erfolg und die Vitalität sozialer Bewegungen von entscheidender Bedeutung sind. Weder Organisation noch Leidenschaft allein erhalten soziale Bewegungen am Leben. „Both factors supply a movement with its life-blood. Each by itself is counterproductive" (Zurcher/Snow 1981: 479). Leidenschaften sind dabei für die „heißen" Mobilisierungsphasen von sozialen Bewegungen von größerer Bedeutung als für „kalte", stärker institutionalisierte Phasen, in denen professionelles, strategisch-organisatorisches Handeln einen höheren Stellenwert gewinnt.

Dieser kontextbezogene Ansatz der Analyse sozialer Bewegungen ermöglicht es, die Bewegungsaktivitäten und die Transformationen der jeweiligen Bewegung systematisch mit der Veränderung der gesellschaftlichen und politischen Rahmenbedingungen zu verknüpfen. Der durch soziale Bewegungen angestoßene Wandel institutioneller Strukturen und Praktiken lässt sich so als Ergebnis eines vielschichtigen, konflikthaften Interaktions- und Lernprozesses der beteiligten Akteure rekonstruieren (McAdam et al. 2001). Die eingetretenen Veränderungen – das Maß der Institutionalisierung sozialer Bewegungen und ihrer Anliegen, die Diffusion ihrer gesellschaftlichen und kulturellen Impulse – lassen sich allerdings kaum kausal spezifischen Bewegungsaktivitäten zurechnen. Die Reaktion der politischen und gesellschaftlichen Eliten auf Herausforderungen sozialer Bewegungen wird vielmehr durch die Binnenrationalitäten des politischen, wirtschaftlichen und sozialen Systems vielfach gebrochen. Sie hängt u.a. von der wahrgenommenen Delegitimierung durch den Protestdiskurs und der gestiegenen Problemsensibilität der Öffentlichkeit, vom nationalen Politikstil, von der jeweiligen Machtkonstellation, von wahlstrategischen Überlegungen, von ökonomischen Verwertungsmöglichkeiten oder auch von Modernisierungszwängen ab, die sich aus der internationalen Konkurrenz ergeben (vgl. Giugni 1989; Rucht 2006: 202ff.).

Eine längerfristige historische Betrachtung zeigt darüber hinaus auch markante, typische Verschiebungen in der Art der Protestthemen und sozialen Bewegungen (Raschke 1985; Rucht 1994). Hier helfen die klassische „structural strain"- Perspektive der Bewegungsforschung ein Stück weiter (vgl. Hellmann 1998: 17ff.). Der „structural strain"-Ansatz geht im Kern auf die marxistische Analyse von Klassenkonflikten zurück. Er betont die Verortung sozialer Bewegungen in strukturellen Problemlagen, Krisen und Widersprüchen gesellschaftlicher Entwicklung. Er fragt nach der sozialstrukturellen Mobilisierungsbasis und danach, wie ‚objektive' Problemlagen und Benachteiligungen zu subjektiven, mobilisierungsfähigen Deprivationserfahrungen werden (vgl. Gurney/Tierney 1982).

Eine Ergänzung dieser auf strukturelle Umbrüche fokussierten Interpretationen liefern konjunkturelle und zyklische Erklärungsansätze politischer Mobilisierung (vgl. Brand 1989).

Bekannt ist Hirschman's Theorie der „shifting involvements" (1982), des Wechselspiels von privatem Rückzug und öffentlichem Engagement. Diese Theorie entspricht der Erfahrung, dass auf Phasen hoher Partizipation, Massenmobilisierung und Konfliktintensität Phasen der Erschöpfung, des Rückzugs ins Private, des Vordringens konservativer Ruhe- und Ordnungsbedürfnisse folgen und umgekehrt. Dieses sozialpsychologische Erklärungsmodell besitzt zwar eine hohe Plausibilität. Es liefert aber noch keinen Aufschluss darüber, unter welchen Bedingungen welche Art von politischem Engagement die historische Bühne betritt: Ist es rechts- oder linksradikales Engagement, sind es fundamentalistische Abwehr- oder gegenkulturelle Aufbruchsbewegungen, geht es um ökonomische Interessen, um nationalistische Identitäts- oder um universalistische Menschenrechtsfragen? Eine plausible Erklärung für das periodische Auftreten bestimmter Arten von Protest und sozialen Bewegungen in modernen Gesellschaften liefern dagegen Ansätze, die historisch-strukturelle und zyklische Aspekte miteinander verknüpfen.

Einer dieser Ansätze ist Bornschiers Theorie des diskontinuierlichen Wandels von „Gesellschaftsmodellen" (Bornschier 1988, 1998). Sie hat im empirischen Zugriff große Ähnlichkeiten mit dem „regulationstheoretischen Ansatz" (Lipietz 1998), ist seiner Konstruktion nach allerdings nicht primär polit-ökonomisch, sondern konflikttheoretisch angelegt, weist deshalb auch der normativen Ebene gesellschaftlicher Beziehungen eine zentrale Rolle zu. „Gesellschaftsmodelle" werden in diesem Sinne als historische Typen politisch-ökonomischer Regulierung verstanden, die auf einem (vorübergehenden) gesellschaftlichen Konsens, auf einem impliziten Gesellschaftsvertrag zwischen den dominierenden Konfliktakteuren einer bestimmten Gesellschaftsformation fußen.[2] Sie durchlaufen eine Art Lebenszyklus: erstens die „Phase der Durchsetzung und Entfaltung" eines neuen, konsensfähigen Modells gesellschaftlicher Problem- und Konfliktlösung; zweitens die „Phase der Sättigung und der Reform", die sich um die Schließung der sichtbar werdenden Kluft zwischen Anspruch und Wirklichkeit des jeweiligen Modells bemüht; drittens, in Verbindung mit dem Auftreten neuartiger systemspezifischer Folgeprobleme, die „Phase der Erschöpfung und der Krise"; dem folgt viertens die „Phase des Zerfalls" des alten und des „Kampfs um die Restrukturierung" einer neuen hegemonialen Ordnung. Die in diesem Lebenszyklus von Gesellschaftsmodellen sich verändernden gesellschaftlichen Erfahrungslagen prägen auch die in den einzelnen Phasen jeweils vorherrschende gesellschaftliche Grundstimmung, die einen entsprechend selektiven Resonanzboden für Protestbewegungen und Mobilisierungsprozesse abgibt (Brand 1990). Emanzipative Aufbruchs- und Reformbewegungen finden sich so überwiegend in der „Sättigungsphase", rassistische, nationalistische oder religiös-funda-

---

[2] Bornschier identifiziert in diesem Sinne als erstes gesellschaftliches Ordnungsmodell der industriellen Moderne das „liberal-kapitalistische" Gesellschaftsmodell, das zwischen 1850 und 1880 von keiner Seite ernsthaft in Frage gestellt wird. Die darauf folgenden Jahrzehnte sind Zeiten der Erosion dieses Modells und der Herausbildung eines „organisierten Kapitalismus", in denen die sich verschärfende Klassenpolarisierung die zentrale, gesellschaftliche Herausforderung darstellt. Die Zeit zwischen dem Ersten und Zweiten Weltkrieg ist durch die Konkurrenz dreier um Hegemonie kämpfender Modelle, des reformkapitalistischen, des faschistischen und des sozialistischen bzw. sowjetkommunistischen Gesellschaftsmodells geprägt. Nach dem Zweiten Weltkrieg geht aus diesen Ausscheidungskämpfen die bipolare Struktur des im Westen hegemonialen „keynesianischen Modells" und des im Osten hegemonialen „staatsbürokratischen Sozialismus" hervor. Beide Modelle geraten seit den 1970er Jahren in die Krise, die zum Zusammenbruch des Ostblocks führt, aber auch die Geltungsbedingungen des westlichen, sozialstaatlichen Gesellschaftsmodells untergräbt.

mentalistische Bewegungen überwiegend in der „Phase des Zerfalls", in denen die verschärften Konkurrenzkämpfe um knapper werdende ökonomische, soziale und kulturelle Ressourcen Gefühle der Bedrohung, der Verunsicherung und Desorientierung schüren.

Sowohl die symbolisch-diskursive als auch die organisatorisch-institutionelle Handlungs- und Interaktionsebene sozialer Bewegungen ist durch diese historisch-spezifischen Kontexte, durch strukturelle wie durch zyklische Entwicklungsaspekte geprägt. In den folgenden Kapiteln wird dieser konzeptionelle Rahmen für die Darstellung und Analyse der zentralen Bewegungskonstellation der vergangenen Jahrzehnte in West- und Ostdeutschland und für die Diskussion ihrer Effekte auf die Entwicklung des bürgerschaftlichen Engagements genutzt.

2 Die „partizipatorische Revolution" der 1960er Jahre: Gegenkultureller Protest, APO und Studentenbewegung

Die 1950er Jahre sind – zumindest für Westdeutschland – eine Zeit des Wiederaufbaus. Nach Jahren des Kriegs, der Zerstörung, der Massenumsiedlungen und der akuten Hungersnöte fließt ein Großteil der Energien in den Aufbau der privaten Existenz. Die vorherrschende Stimmungslage ist vom Bedürfnis nach Sicherheit und einem bescheidenen materiellen Wohlstand geprägt. Bürgerliche Konventionen und traditionelle Moralvorstellungen stehen wieder hoch im Kurs. Fest eingebunden in das westliche Bündnis und in die Frontstellungen des Kalten Krieges versuchen die (West)Deutschen, überwiegend unpolitisch, mit Fleiß und bürokratischem Ordnungssinn wieder einen anerkannten Platz im Gefüge der Nationen zu finden. Das „Wunder von Bern", vor allem aber das „Wirtschaftswunder" lässt dann nicht nur ein neues, kollektives Selbstwertgefühl entstehen („Wir sind wieder wer!"), sondern verschafft auch der politischen und wirtschaftlichen Nachkriegsordnung eine hohe Akzeptanz.

In den 1960er Jahren vollzieht sich ein markanter Wandel im allgemeinen Lebensgefühl. Das gilt insbesondere für die jüngere Generation. Die Dynamik des wirtschaftlichen Wachstums und der technischen Modernisierung, das Vorbild des „american way of life", die wachsende Bedeutung von Konsum und Freizeit, die Entwicklung der Popkultur, nicht zuletzt die Verbreitung der Pille lassen den Konsens über die vorherrschenden kleinbürgerlichen Tugend- und Ordnungsvorstellungen zerbrechen. Ein neuer Hedonismus, das Bedürfnis nach Freiheit und Spontaneität setzt in der jungen Generation millionenfach die kleinen und großen Brüche mit den Konventionen des bürgerlichen Alltags in Gang. Gegenkulturelle Impulse vermischen sich dabei mit gesellschaftskritischen Ansprüchen. Der Privatismus der 1950er Jahre weicht einem kritischen Blick für die Schattenseiten der sich entfaltenden „Wohlstandsgesellschaft". Persönliche Aufmerksamkeiten und Energien verschieben sich in den öffentlichen Raum. Soziale Ungleichheit, autoritäre Strukturen, Rassismus und Neo-Imperialismus stoßen zunehmend auf moralische Empörung und lautstarken Protest.

Die allgemeine Aufbruchs- und Reformstimmung dieser Zeit wird von einem optimistischen Fortschrittsglauben und einem grundsätzlichen Vertrauen in die Machbarkeit gesellschaftlicher Verhältnisse getragen. Das beflügelt sowohl die offizielle politische Reformprogrammatik als auch die neomarxistisch inspirierten, radikal-demokratischen Gesellschaftsentwürfe der Neuen Linken. Sie alle tragen den Stempel des emanzipativen Aufbruchs, der Entgrenzung, der universellen Befreiung – und sind von der Umsetzbarkeit der großen, gesellschaftlichen Gegenentwürfe überzeugt. Die Entwicklung dieser Aufbruchsbewegungen der 1960er Jahre kann hier nicht im einzelnen nachgezeichnet werden (vgl. u.a. Brand et al. 1986; Hollstein 1979; Otto 1977; Rolke 1987). Analytisch lassen sich jedoch drei verschiedene Stränge unterscheiden:

a) Gegenkultureller Protest: Dieser fand seinen zentralen Ausdruck und seine zentralen Identifikationsfiguren in der Beat- und Rockmusik. Die Beatles, die Rolling Stones, The Who, Bob Dylan, Jimmy Hendrix, Janis Joplin und viele andere symbolisierten für Millionen von Jugendlichen den Ausbruch aus den Konventionen des Alltags. Sie verkörperten die neuen Werte der Ungebundenheit, der Freiheit, des „authentischen Lebens", auch des Rauschs und der Ekstase. Waren die „Gammler", die seit 1964 zum alltäglichen Bild der europäischen Metropolen gehörten, noch eine reine „drop out"-Bewegung, so verfolgten die „Hippies" ein stärker missionarisches Anliegen, versuchten eine Welt „ohne Klassenunterschiede, Leistungsnormen, Unterdrückung, Grausamkeit und Krieg" vorzuleben (Hollstein 1979: 51). 1966/67 war der Höhepunkt der Hippiebewegung mit massenhaften „be-ins" und „love-ins" in allen Großstädten der westlichen Welt. Während die Hippiebewegung danach, insbesondere in den USA, in Hunger, Krankheiten, Kriminalität und Chaos zu versinken drohte oder mithilfe von Drogen den Weg der „Bewusstseinserweiterung" antrat, um nur noch einmal, auf dem Woodstock-Festival von 1969, sich selbst und zugleich den Abschied von der „Flower Power"-Ära zu feiern, mischten sich die gegenkulturellen Impulse in den europäischen Ländern stärker mit dem politischen Protest. Waren es in Holland die „Provos", die mit Happenings, Teach-ins und Straßentheater die Rituale der Macht zu entlarven, auf kommunalpolitischer Ebene, insbesondere in Amsterdam, aber auch umweltfreundliche und sozialverträgliche Gegenstrukturen zu installieren versuchten, so wirkte in Westdeutschland die von Schwabinger Künstlerkreisen initiierte „subversive Aktion" zumindest anfangs stark in den Sozialistischen Deutschen Studentenbund (SDS) hinein und erlangte u.a. durch die Aktionen der „Kommune I" einen hohen symbolischen Stellenwert für das neue, antiautoritäre Politikverständnis.

b) „Kampagne für Abrüstung"/Außerparlamentarische Opposition (APO): Das Ende des „Wirtschaftswunders", die heftig diskutierte „Bildungskatastrophe", die zunehmende Erosion des militanten Antikommunismus (und der Hallstein-Doktrin), die hitzige Debatte über die „Notstandsgesetze" und nicht zuletzt der Vietnamkrieg schufen ab Mitte der 1960er Jahre in einer breiten liberalen Öffentlichkeit nicht nur eine wachsende Reformbereitschaft, sondern auch eine zunehmende Sensibilität für die Kritik, die von Seiten der außerparlamentarischen Opposition an der Politik der USA und der Bundesrepublik geübt wurde. Der organisatorische Kern dieser Oppositionsbewegung war zunächst die aus der Ostermarschbewegung hervorgegangene „Kampagne für Abrüstung". War die Ostermarschbewegung, nach dem Scheitern des Kampfs gegen die atomare Bewaffnung der Bundeswehr, als pazifistische „Bewegung von unten" gegründet worden, so verbreitete sich ihre soziale und ideologische Basis mit der Schaffung der „Kampagne für Abrüstung" 1962 zu einer breiten organisatorischen Plattform der verschiedensten oppositionellen Kräfte. Mit der Verschärfung der Auseinandersetzungen weitete sich dann die antimilitaristische Stoßrichtung dieses Bündnisses zu einer grundsätzlichen Kritik am „autoritären Staat". Die durch die Erschießung Benno Ohnesorgs am 2. Juni 1967 ausgelöste Radikalisierung der Massenproteste führte 1968 aber zum Zerfall der „Kampagne" und ließ die Studentenbewegung, insbesondere den SDS, zum zentralen Motor der weiteren Mobilisierungsprozesse werden.

c) Studentenbewegung: Diese hatte ihren organisatorischen und ideologischen Kern im SDS, der sich nach seinem Ausschluss aus der SPD 1961 zu einer sozialistischen Avantgardeorganisation entwickelte. Er setzte an den Universitäten nicht nur eine Welle der Neuaneignung marxistischer Texte in Gang, die wesentlich zu einer Aufwertung rätedemokratischer Gesellschaftsmodelle beitrug. Er transformierte auch die gesellschaftstheoretischen Analysen der „Kritischen Theorie" in griffige Formeln der öffentlichen Debatte. Waren damit die ideologischen Voraussetzungen für eine fundamentale, radikaldemokratische Kritik an den Herrschaftsstrukturen westlicher Gesellschaften – insbesondere auch der Bundesrepublik – geschaffen, so erlangte der SDS doch erst durch die nach dem Tod Benno Ohnesorgs einsetzende Massenmobilisierung an den Universitäten, durch die Konflikteskalation im Rahmen der Anti-Springer-Kampagnen, durch den Mordversuch an Rudi Dutschke im April 1968 und die Pariser Mai-Revolte seinen Stellenwert als zentrale Bewegungsorganisation. Die Durchführung kritischer, öffentlicher Kongresse, direkte Aktionen wie teach-ins, sit-ins oder Happenings, Demonstrationen und Blockaden, Institutsbesetzungen und Schulstreiks werden zu den vorherrschenden Aktionsformen der „68er Bewegung".

Das Scheitern der Anti-Notstands-Kampagne und die Beendigung des „Prager Frühlings" durch den Einmarsch der russischen Truppen im August 1968 führten dann zum raschen Zerfall der außerparlamentarischen Opposition. Die bestehenden Spannungen zwischen den verschiedenen Fraktionen brachen auf und setzten einen Dissoziationsprozess der verschiedenen Proteststränge und Handlungsstrategien in Gang. Der gegenkulturelle und der politische Protest entmischten sich. Entwickelte sich aus ersterem – parallel zur raschen Kommerzialisierung der alternativen Musikszene – ein breites Spektrum an Initiativen, Projekten und psycho-spirituellen Bewegungssträngen, die primär auf Selbstveränderung zielten, so spaltete sich der politische Protest in ein nicht minder heterogenes Spektrum reformistischer und sektiererisch-revolutionärer Ansätze, die sich erbitterte Konkurrenzkämpfe lieferten. Ein nicht unbeträchtlicher Teil der politischen Reformimpulse wurde durch die Aufbruchsstimmung der neuen sozialliberalen Reformregierung unter Willy Brandt in institutionelle Kanäle gelenkt („Marsch durch die Institutionen"). Andere Teile der Neuen Linken vollzogen auf der Suche nach dem neuen revolutionären Subjekt eine „proletarische Wende". Diese wurde entweder mithilfe des Aufbaus straffer Kaderorganisationen oder im Rahmen einer stärker spontaneistischen, „autonomen" Betriebsarbeit verfolgt. Eine dritte Gruppe setzte auf die Randgruppen-Strategie, auf die Arbeit in Stadtteilgruppen, mit Jugendlichen, Obdachlosen oder Gefangenen. Einige wenige versuchten auch das Modell des revolutionären Guerillakampfes auf die Bundesrepublik zu übertragen (RAF, Bewegung 2. Juni).

Welche Spuren hat die „68er Bewegung" im politischen Leben der Bundesrepublik hinterlassen? Zum einen führte die vehemente Gesellschaftskritik und das kulturrevolutionäre Pathos der Neuen Linken zu einer neuen Polarisierung der politisch-kulturellen Landschaft, die als Gegenreaktion, in den späten 1970er Jahren, zum Aufleben einer Neuen Rechten führte (vgl. Pfahl-Traughber 1998). Diese Polarisierung findet in den periodisch immer wieder aufflackernden Debatten um die Folgen der „68er Bewegung" einen langen Widerhall. Zum anderen hatte der partizipatorische Aufbruch der 1960er Jahre vor allem zwei markante institutionelle Effekte. Der eine betrifft seine latente, gesellschaftlich modernisierende Funktion; der andere seine Rolle als Wegbereiter einer neuen Partizipationskultur, die sich von den großen Organisationen emanzipiert und auf Selbstorganisation und autonome Interessenvertretung setzt.

Unverkennbar ist der kulturell modernisierende Effekt der antiautoritären Bewegung und der Studentenrevolte. Er verhilft dem bis Mitte der 1960er Jahre aufgestauten gesellschaftlichen Innovationsbedürfnis zum Durchbruch. Bildungsreform, verstärkte Integration der Frauen ins Berufsleben, Abbau patriarchalischer Strukturen in Familien, Schulen, Universitäten und Betrieben, Liberalisierung der Sexualmoral und des Rechts, Pluralisierung von Lebensstilen, Aufwertung von Konsum und Freizeit, Bedeutungsgewinn postmaterialistischer Orientierungen, Erosion eines erstarrten Anti-Kommunismus und Bereitschaft zu einer neuen Ostpolitik, aber auch die Faszination für neue Technologien und für die Versprechungen moderner, rationaler Planungs- und Steuerungsinstrumente – all das sind Anpassungsprozesse an die Erfordernisse moderner, postindustrieller Gesellschaften, die von den Bewegungsakteuren der 1960er Jahre aktiv vorangetrieben wurden. Dies geschah nur z.T. bewusst; überwiegend waren es latente Nebeneffekte einer mit radikaler, systemkritischer Emphase verfolgten gesellschaftlichen Mobilisierung.

Ebenso deutlich waren ihre Wirkungen auf die politische Kultur und die Formen politischer Partizipation. Die außerparlamentarische Opposition war, da sie sich nicht auf die etablierten Parteien und Verbände stützen konnte, zur Entwicklung neuer Organisations- und Aktionsformen gezwungen. In den Ostermärschen schaffte sie sich eine erste, eigenständige Organisationsstruktur, in der die für die Bürgerinitiativen und Basismobilisierungen der 1970er Jahre typischen Formen der Selbstorganisation bereits vorgezeichnet waren. Die Unabhängigkeit der Bewegung von der Bevormundung großer Organisationen, von ihren taktischen Rücksichtnahmen und Zwängen, ermöglichte einen beschleunigten politischen Lernprozess, der sich nicht zuletzt auf eine eigene, bewegungsinterne Infrastruktur medialer „Gegenöffentlichkeiten" stützte. Der antibürgerliche Habitus der Rockmusik, lange Haare und der Konsum von Haschisch, die Bilder und Aktionen der „Kommunarden", die Kampagnen gegen die Notstandsgesetze, den Vietnamkrieg und die Springerpresse, die vielen kleinen Protestaktionen, Besetzungen und wilden Streiks schufen so in einer ganzen Generation von Intellektuellen, Studenten, Schülern und Lehrlingen eine neue, partizipativ geprägte politische Identität.

Durch die Reformprogrammatik der sozialliberalen Regierung unter Willy Brandt („Mehr Demokratie wagen!") erhielt dieses partizipative Demokratieverständnis zusätzlichen Rückenwind. Die Bereitschaft zum politischen Engagement, zur autonomen Vertretung eigener Interessen gewann eine neue Selbstverständlichkeit. Radikaldemokratische Positionen gewannen nun auch in den etablierten Institutionen, in Schulen und Universitäten, in Volkshochschulen und gewerkschaftlichen Bildungseinrichtungen, in Massenmedien und Verlagen an Gewicht – was auch die Konflikte innerhalb dieser Institutionen verschärfte. Ohne diese nachhaltigen Veränderungen in Richtung einer konfliktorientierten, partizipativen politischen Kultur wäre die rasche Verbreitung von Bürgerinitiativen und eines neuen Spektrums sozialer Bewegungen in den 1970er Jahren kaum möglich gewesen.

3 Auf dem Weg in die „Bewegungsgesellschaft": Die neuen sozialen Bewegungen

Zu den neuen sozialen Bewegungen (NSB) werden üblicherweise die in den 1970er und frühen 1980er Jahren sich neu formierende Ökologie-, Frauen-, Alternativ- und Friedensbewegung gerechnet, aus deren Umfeld sich Ende der 1970er Jahre auch eine neue grünalternative Partei entwickelte (Brand et al. 1986; Klein et al. 1999; Roth 1994; Roth/Rucht 1991). Dem Kernbereich der neuen sozialen Bewegungen gehörten aber auch Dritte Welt-, Bürger- und Menschenrechtsbewegungen an. Zu ihrem Umfeld zählen nicht zuletzt „Selbsthilfegruppen im Gesundheits- und Sozialbereich, Schwulen- und Lesbenbewegung, Hausbesetzer und militante ‚autonome' Gruppen" (Roth/Rucht 2005: 297). Trotz aller Heterogenität der Einzelströmungen verbindet dieses breite Bewegungsspektrum eine vorwiegend radikal-demokratische Grundorientierung „mit dem Ziel solidarischer, selbstbestimmter Lebensweisen und der Verbesserung der Lebensbedingungen vorwiegend in der Reproduktionssphäre" (ebd.: 297).

Sozialstrukturell werden diese Bewegungen im wesentlichen in den Milieus der postindustriellen Humandienstleistungsberufe verortet (vgl. u.a. Brand et al. 1986; Eder 1989; Kriesi 1987; Raschke 1985; Touraine 1985). Ihre Sensibilität für die Folgeprobleme des industriellen Wachstums, für die technische und ökonomische „Kolonialisierung der Lebenswelt" (Habermas 1981) führt – so die dominante Deutung insbesondere von Politikwissenschaftlern – eine neue, wertbasierte Konfliktlinie zwischen materialistischen und postmaterialistischen Wertorientierungen in das politische Leben der westlichen Industrieländer ein (Inglehart 1977, 1989).

Auch wenn in diesen Jahren ähnliche Bewegungen und Proteststränge in allen westlichen Industrieländern aufleben, so entwickelt sich aus dieser heterogenen Protestszene doch nur in wenigen Ländern ein ideologisch und organisatorisch so stark vernetztes Bewegungsmilieu wie in der Bundesrepublik (vgl. Brand 1985; Kriesi et al. 1995). Das hat mit speziellen Merkmalen der politischen Kultur und der politischen Chancenstruktur zu tun (ebd.). Als „neu" definierte sich diese Bewegungsszene zum einen in Abgrenzung von den Themen und Formen der „alten Politik", zum anderen aber auch in Abgrenzung von der elitären Kaderpolitik der Neuen Linken. Sie verabschiedeten sich auch von der Fokussierung auf den Produktionsbereich und der damit verknüpften Frage nach dem neuen „revolutionären Subjekt". All die daran geknüpften hochfliegenden Erwartungen wurden in den 1970er Jahren relativ rasch enttäuscht. War den politischen Strategien der „proletarischer Wende" und der „antikapitalistischen Strukturreformen" insgesamt wenig Erfolg beschieden, so wirkten die aus der Entmischung der 68er Bewegung freigesetzten gegenkulturellen und emanzipativen Strömungen umso nachhaltiger fort. Die Frauenbewegung fand darin genauso ihren Nährboden wie der Anfang der 1970er Jahre anhebende Psychoboom, die Landkommunen- und die Kinderladenbewegung, pädagogische und psychiatrische Projekte und die sich verbreitenden subkulturellen Szenen in der Stadt und auf dem Land.

Diese inhaltliche Kontinuität wurde auch in personeller Hinsicht gestützt. Das betraf nicht nur die aus dem SDS stammende Gründergeneration der neuen Frauenbewegung; auch das Netzwerk von Projekten, Szenen und politischen Kommunikationsmedien, das sich bis Mitte der 1970er Jahre bildete und das die organisatorische Infrastruktur für die nachfolgenden Mobilisierungswellen der neuen sozialen Bewegungen abgab, wurde überwiegend von den Aktiven der 68er Bewegung geschaffen. Hinsichtlich der Organisations- und Aktionsformen zeigten sich ebenfalls deutliche Kontinuitäten. Auch wenn dem SDS im Rahmen der Studentenbewegung noch die Rolle einer intellektuellen und organisatorischen Avantgarde zukam, so bildete der antiautoritäre Protest der 1960er Jahre doch im wesentlichen bereits das Modell einer autonomen, dezentralen, netzwerkartigen Bewegung aus. Das gleiche galt für die Aktionsformen. Es war die Studentenbewegung, die mit ihren go-ins und sit-ins, mit der Ästhetisierung des Protests in Straßentheater und öffentlichen Happenings, mit phantasievollen Demonstrationsformen, symbolischen Provokationen und begrenzten Regelverletzungen (z.B. Blockaden) ein neues Aktionsrepertoire „unkonventioneller Partizipationsformen" (Barnes et al. 1979) in die politische Kultur der Bundesrepublik einführte. Die neuen sozialen Bewegungen konnten daran bruchlos anknüpfen.

Allerdings veränderten sich der Problemkontext und die politisch-kulturelle Stimmungslage in den 1970er Jahren entscheidend. Das Scheitern der Reformpolitik Willy Brandts, die Ölkrise 1973 und die nachfolgende weltweite wirtschaftliche Rezession, vor allem aber auch die sich verschärfende Diskussion um Umweltschutz und drohende Ressourcenerschöpfung ließ die Stimmung gegen Mitte der 1970er Jahre umschlagen: von der Emphase des emanzipativen Aufbruchs und des Glaubens an die unbeschränkte Machbarkeit gesellschaftlicher Verhältnisse zur Betonung der Grenzen des Machbaren, zur Rückbesinnung auf das Kleine und Überschaubare. „Small is beautiful" wurde zur neuen Parole. Im studentischen und alternativen Milieu verschoben sich die Aktivitäten von der politischen zur soziokulturellen Sphäre, zum Aufbau gegenkultureller Netzwerke, zur Praxis einer neuen Lebensweise. Ein neuer Kult der Unmittelbarkeit entstand, der auch das Verständnis des Politischen veränderte („Politik in erster Person"). Romantische Ursprungsmythen vom „einfachen Leben" fanden breite Resonanz. Die funktionalen Zwänge des modernen Lebens, das industrielle Fortschrittsmodell, Wissenschaft und Technik schlechthin, gerieten unter einen generellen Herrschaftsverdacht.

Im Sog der zunehmenden Polarisierung des ökologischen Konflikts und der wachsenden Militanz der Auseinandersetzung um atomare Anlagen nahmen die verschiedenen Kritik- und Proteststränge in der zweiten Hälfte der 1970er Jahre eine generelle, industrialismuskritische Stoßrichtung an. Daraus entstand zwar keine neue übergreifende Ideologie; die industrialismuskritischen Problemrahmungen lieferten aber doch die Basis für eine zumindest kurzfristig integrierende Vision alternativer Vergesellschaftung. Diese „ökotopischen" Gegenentwürfe (Callenbach 1980) verbinden das Modell eines in kleinen Netzen organisierten, basisdemokratisch regulierten Gemeinwesens mit dem Konzept einer ökologisch verträglichen, bedürfnisorientierten Wirtschaft, die sich „sanfter" Technologien bedient. In diesen Gegenentwurf fließen auch Elemente feministischer Patriarchatskritik ein, Bilder einer neuen, herrschaftsfreien Geschlechterbeziehung, Visionen eines selbstbestimmten, egalitären Lebens, das eine neue Balance von Fremd- und Eigenarbeit, von Rationalität und Sinnlichkeit, von Arbeit und Leben anstrebt (vgl. Strasser/Traube 1981; Ulrich 1979).

Es sind diese gesellschaftlichen Gegenentwürfe, die die Gründungswelle von alternativen Projekten in der zweiten Hälfte der 1970er Jahre beflügeln. Das umfasst ein schillerndes Spektrum von Landkommunen, von Handwerkskooperativen wie Fahrradwerkstätten und Schreinereibetrieben, Entrümpelungs- und Renovierungskollektiven, von Dienstleistungsprojekten wie Teestuben, Kneipen, Naturkostläden, Lebensmittel-Coops, Theatergruppen und Kinos, über pädagogische, medizinische und sozialtherapeutische Projekte wie freie Schulen, Jugendzentren und Frauenhäuser bis hin zu alternativen Mediengruppen und Technologieprojekten. Anfang der 1980er Jahre wird die Zahl dieser Projekte für die Bundesrepublik auf 12.000 – 14.000 Projekten mit etwa 100.000 Mitarbeitern geschätzt, davon 12 % im Produktions-, 70 % im alternativen Dienstleistungs- und 18 % im politischen Bereich (vgl. Huber 1980).

Insgesamt weisen die neuen sozialen Bewegungen in der Bundesrepublik somit eine überwiegend dezentrale Struktur von Graswurzelinitiativen, alternativen Milieus und professionellen Bewegungsorganisationen auf, die örtlich, regional und national nur lose miteinander vernetzt sind. Zentrale Entscheidungsinstanzen werden meist nur für ad-hoc-Zwecke, etwa für die Koordination überregionaler, themenspezifischer Kampagnen, geschaffen. Stärker institutionalisierte Gruppen, Verbände und Parteien sind in diese netzwerkartigen Strukturen einbezogen, ohne die Bewegungen durch ihre organisatorische Infrastruktur wesentlich prägen zu können. Eine Ausnahme bildete in dieser Hinsicht nur die stärker zentralisierte und professionell organisierte Friedensbewegung (Leif 1985, 1990). Die Partei der „Grünen", die Ende der 1970er Jahre aus diesen Bewegungsmilieus entsteht (vgl. Raschke 1993), verlängert die Emphase der fundamentaloppositionellen Herausforderung des etablierten Systems als „Anti-Parteien-Partei" zunächst relativ ungebrochen in den parlamentarischen Raum. Wie für die Bewegungen selbst, so besitzen die Prinzipien der Basisdemokratie und der Selbstorganisation „Betroffener" auch für die neue Bewegungspartei einen zentralen Stellenwert.

Ab Mitte der 1980er Jahre neigt sich der Mobilisierungszyklus der neuen sozialen Bewegungen dem Ende zu. Die alternativen Modelle gesellschaftlichen Lebens verlieren ihre Faszination. Die zivilisationskritischen Visionen „sanfter" Vergesellschaftung verpuffen in der postmodernen Stimmungslage der 1980er Jahre. Die Impulse der neuen Bewegungen diffundieren in Kultur, Gesellschaft und Politik. Die alternativen Milieus zerfallen. Ihre alltagskulturellen Orientierungen werden Teil eines sich dynamisch auffächernden und rasch verändernden Spektrums an Lebensstilen (vgl. SINUS-Institut 1992; Vester et al. 1993) Die alternative Projektszene sieht sich vor die Wahl „Professionalisierung oder Marginalisierung" gestellt (Horx 1985). Die Friedensbewegung, die 1983 mit Massendemonstrationen gegen den Stationierungsbeschluss der NATO-Mittelstreckenraketen, mit Menschenketten und einem massenhaften, gewaltfreien, zivilen Ungehorsam (z.B. die Sitzblockaden in Mutlangen) noch ihren Mobilisierungshöhepunkt erlebt, verliert noch im selben Jahr, nach Stationierungsbeginn, erheblich an öffentlicher Aufmerksamkeit und interner Mobilisierungsfähigkeit (vgl. Legrand 1989).

Sind für die alternative Szene und die Friedensbewegung Zerfalls-, Fragmentierungs- und Demobilisierungsprozesse das zentrale Problem, so ist die Frauen- und Umweltbewegung in den 1980er Jahren starken Professionalisierungs- und Institutionalisierungstendenzen unterworfen. Waren die 1970er Jahre für die Frauenbewegung die Blütezeit autonomistischer Strategien, in der mit einer gewissen Militanz Freiräume und Netzwerke einer feministische Gegenkultur geschaffen wurden, so rücken in den 1980er Jahren wieder institutionelle Strategien in den Vordergrund: die Bildung berufsspezifischer Vereinigungen, die Schaffung von Gleichstellungsbehörden, die (kommunale) Finanzierung von Frauenprojekten, die Erhöhung der Frauenquote nicht nur in den Parteien, sondern auch in den Führungsämtern von Politik, Wissenschaft, Kultur und Wirtschaft (vgl. Knafla/Kulke 1991).

Am sichtbarsten vollzieht sich die Institutionalisierung der Bewegungsanliegen im Umweltbereich (Brand et al. 1997; Brand 1999). Das Umweltthema erlangt in den 1980er Jahren hohe Priorität in Politik und öffentlichem Bewusstsein. Die Grünen stabilisieren sich bundesweit als vierte Partei und ziehen 1983 auf Bundesebene ins Parlament ein. Die Zahl der gesetzlichen Regelungen auf dem Umweltsektor steigt sprunghaft an. Die Katastrophe von Tschernobyl im Jahr 1986 beschleunigt die ökologische Modernisierung von Politik, Wirtschaft und Gesellschaft noch einmal erheblich. Ein eigenes Umweltministerium wird geschaffen; auf kommunaler wie auf Landesebene gewinnen Grüne an Einfluss. Auch die Industrie beginnt sich in der zweiten Hälfte der 1980er Jahre um ein besseres Umweltimage zu sorgen (vgl. Birke/Schwarz 1994; Dreyer 1997; Heine/Mautz 1996). Trotz des Auflebens einer neuer Welle von Basisinitiativen nach Tschernobyl („Mütter gegen Atomkraft") und des gegen Ende der 1980er Jahre eskalierenden Konflikts um die geplante Wiederaufarbeitungsanlage in Wackersdorf verschiebt sich der Schwerpunkt der Umweltbewegung damit stärker auf die institutionelle Ebene. Das gilt auch für die Bewegungsaktivitäten. Die grün-alternative Bewegungsszene und die Netzwerke autonomer Basisinitiativen (z.B. der BBU) verlieren gegenüber den in den 1980er Jahren neu gegründeten Umweltverbänden (z.B. Greenpeace Deutschland, Robin Wood, Verkehrsclub Deutschland), vor allem aber auch gegenüber den modernisierten alten Naturschutzverbänden (z.B. BUND, DNR, NABU, WWF) erheblich an Gewicht.

Die Umweltbewegung wird so, mit erheblichen Identitätsproblemen, die insbesondere bei den Grünen zur Zerreißprobe zwischen „Fundis" und „Realos" führen, von einer antiinstitutionellen Massenbewegung zu einem anerkannten gesellschaftspolitischen Akteur. Sie wird, trotz aller Kontroversen im einzelnen und unter Wahrung ihrer Konflikt- und Kampagnenfähigkeit, vom Gegner zum (kritischen) Kooperationspartner von Politik und Wirtschaft. Das geht mit einer Ausdifferenzierung der Handlungsfelder und Aktionsformen wie mit der Professionalisierung der Organisationsaktivitäten einher. Lobby-, Kampagnen- und Informationsarbeit sowie professionelles Monitoring gewinnt dann in den 1990er Jahren in den Arenen der europäischen Umweltpolitik wie auf der internationalen Ebene, im Rahmen der neuen „global governance"-Strukturen, noch zusätzlich an Gewicht (vgl. Beisheim 2004; Roose 2003; Take 2002).

Insgesamt ist das von den verschiedenen Strängen der neuen sozialen Bewegungen geschaffene Netz an Organisationen, Initiativen und Projekten auf der lokalen, nationalen und internationalen Ebene inzwischen mehr oder weniger eng mit staatlichen Institutionen verflochten, was nicht unbedingt mit dem Verlust ihrer gesellschaftlichen Mobilisierungsfähigkeit im Rahmen themenspezifischer Kampagnen oder lokaler Protestaktivitäten einher geht. Dieses bewegungsförmige Netzwerk an Gruppen weist seit den 1980er Jahren – zumindest in den alten Bundesländern – eine vergleichsweise hohe Stabilität auf. Ihre Ausdifferenzierung und Professionalisierung vollzieht sich relativ kontinuierlich, ohne größere Entwick-

Die Neuerfindung des Bürgers 137

lungsbrüche (Rucht et al. 1997: 185). Vor allem mit Blick auf die kommunalpolitische Ebene lässt sich deshalb auch von einer „Institutionalisierung des neuen Bewegungssektors" sprechen (Roth 1994).

Wie die Analyse von Protestereignissen in der Bundesrepublik zeigt, führt das Abflauen des Mobilisierungszyklus der neuen sozialen Bewegungen und ihre fortschreitende Institutionalisierung gleichwohl nicht zu einer markanten Abnahme im Umfang und der Häufigkeit politischer Protestaktivitäten (Rucht 2003). Das hat zum einen mit dem Anschwellen der ostdeutschen Bürgerbewegungen 1989/90 und dem Aufleben fremdenfeindlicher, rechtsradikaler Proteste Anfang der 1990er Jahre zu tun (Rucht 2003). Im Gegenzug verstärken sich auch die Gegenproteste links-autonomer Gruppen wie gemäßigter, moralisch betroffener Bürger, die 1992 (vor allem in westdeutschen Großstädten) zu Hunderttausenden mit „Lichterketten" gegen Ausländerfeindlichkeit demonstrieren. Zum anderen kommt darin aber auch ein genereller Trend der Veralltäglichung politischer Protest- und Mobilisierungsformen zum Ausdruck, den Neidhardt/Rucht (1993) – pointiert – als Trend zur „Bewegungsgesellschaft" bezeichnen. Wenngleich sich die empirische Partizipationsforschung gegenüber solchen überspitzten Verallgemeinerungen etwas reservierter zeigt, so wird dieser Trend doch auch von ihren Ergebnissen gestützt (Gabriel/Völkl 2005).

„Unkonventionelle" Formen politischen Verhaltens wie die Beteiligung an Bürgerinitiativen, an Unterschriftenkampagnen, an Demonstrationen, an Boykott- und Blockadeaktionen weisen danach bereits seit Mitte der 1970er Jahre eine hohe Akzeptanz auf (Barnes/Kaase et al. 1979). Erklärten 1973 immerhin schon drei Prozent der Befragten, dass sie in Bürgerinitiativen engagiert waren, so stieg dieser Anteil – nach erheblichen Schwankungen in den 1980er (starker Anstieg) und 1990er Jahren (stärkerer Rückgang) – bis 2002 auf circa 20 Prozent an (Gabriel/Völkl 2005: 556ff.). Die potenzielle Bereitschaft zur Mitarbeit in Bürgerinitiativen liegt dabei noch wesentlich höher: In Westdeutschland schwankt sie seit den 1980er Jahren zwischen 60 und 80 Prozent, in Ostdeutschland um ca. 10 Prozent darunter (ebd.: 556ff.). Selbst Boykotte werden von etwa 50 Prozent der Bevölkerung zur gelegentlichen Durchsetzung politischer Ziele als legitim erachtet (ebd.: 547f.). Zumindest die legalen Protestaktivitäten haben sich somit inzwischen „zu einem normalen Bestandteil des politischen Verhaltens der Bundesbürger" entwickelt (ebd.: 572). Aber auch illegale Protestformen werden zunehmend genutzt. Ihr Anteil liegt für die ersten drei Jahrzehnte der Bundesrepublik bei ca. 10%, steigt in den 1980er Jahren dann „auf 23,5% und in der Phase von 1990 bis 1996 auf 28,5%" (Rucht 2003: 77).

Illegale Proteste, z.B. Aktionen zivilen Ungehorsams, sind nicht identisch mit gewaltsamen Protestaktivitäten. Den Daten der „Protestereignisanalyse" zufolge steigt zwar auch die Zahl gewaltsamer Proteste in der Bundesrepublik – bei starken, kurzfristigen Schwankungen – im langfristigen Trend von den 1960er zu den 1990er Jahren an (Rucht 2003: 77ff.). Die Beteiligung weist jedoch ein extrem niedriges Niveau auf (durchgängig unter 1%), das nur durch Spitzenwerte an den Höhepunkten einzelner Protestmobilisierungen übertroffen wird; so etwa 1962/63 beim Kampf gegen die atomare Bewaffnung der Bundeswehr, 1968/69 in der Hochphase der APO oder 1973-78 in der Hochzeit der konfrontativen Auseinandersetzungen um Atomkraftwerke und andere infrastrukturelle Anlagen. Einen besonders hohen Anteil an den gewaltförmigen Protesten der 1990er Jahre haben rechtsradikale, ausländerfeindliche Aktionen; im Zeitraum von 1990-96 beträgt ihr Anteil an gewaltsamen

Protesten ca. 50 Prozent. In anderen Themenbereichen (Demokratie, Marktwirtschaft/-Kapitalismus, Infrastruktur) geht die Gewalt überwiegend von linksradikalen Gruppen aus (ebd.: 80). Insgesamt besitzen gewaltförmige Proteste, was den Mobilisierungsumfang betrifft, aber einen marginalen Stellenwert im Protestgeschehen der Bundesrepublik.

Von Interesse ist auch der seit den 1970er Jahren immer wieder bestätigte Befund, dass konventionelle und unkonventionelle Formen politischer Partizipation einander nicht ausschließen, sondern in einem komplementären Verhältnis zueinander stehen (Barnes/Kaase et al. 1979). Personen, die die herkömmlichen Kanäle politischer Einflussnahme intensiver nutzen, nutzen auch die unkonventionellen, weniger institutionalisierten Formen der Einflussnahme intensiver. Beides gehört inzwischen zum üblichen politischen Verhaltensrepertoire westlicher Demokratien. Die Frage ist, ob dieser Befund auch für die neuen Bundesländer gilt. Haben die Bürgerbewegungen der Wendezeit einen ähnlichen Schub in der Verbreitung unkonventioneller, partizipativer Beteiligungsmuster bewirkt – oder klaffen in dieser Hinsicht immer noch (kulturelle) Welten zwischen Ost- und Westdeutschland?

4 Oppositions- und Bürgerbewegungen in der DDR: Katalysatoren einer neuen Bürgergesellschaft?

In der DDR hatte sich bereits Ende der 1970er, Anfang der 1980er Jahre eine oppositionelle Szene an Friedens-, Umwelt-, Frauen-, Menschenrechts- und (alternativen) Lebensstilgruppen herausgebildet, die der der neuen sozialen Bewegungen in vieler Hinsicht ähnelte (Knabe 1988). Diese an „postmateriellen" Themen orientierte oppositionelle Szene blieb aber zahlenmäßig marginal und unterhalb der Schwelle öffentlicher Aufmerksamkeit. Das hatte zum einen mit dem Gewicht materieller Probleme, mit dem für sozialistische Planwirtschaften typischen technischen und ökonomischen Modernisierungsrückstand zu tun, der sich in alltäglichen Versorgungsschwierigkeiten niederschlug. Aber auch die in der DDR noch relativ ungebrochenen Traditionen der industriellen „Arbeitsgesellschaft" boten einen ungünstigen Resonanzboden für die Entfaltung postmaterialistischer Werte und Lebensstile. Die marginale Bedeutung dieser Gruppierungen war zum anderen den restriktiven politischen Bedingungen geschuldet, die keine Entfaltungsmöglichkeiten für eine kritische Öffentlichkeit boten und oppositionelle Gruppen einer permanenten, repressiven Kontrolle unterwarfen. Einen relativ unabhängigen Status hatte nur die evangelische Kirche, die einen in engen Grenzen tolerierten Schutzraum für die Bildung informeller Gruppen bot. Daneben gab es im Umfeld von Akademie- und Universitätsinstituten einige konspirativ organisierte Diskussionszirkel dissidenter Linksintellektueller sowie eine um einzelne Künstler herum organisierte „Kulturopposition", die sich Ende der 1970er, Anfang der 1980er Jahre in eine aktive, aber eher apolitische alternative Kultur- und Untergrundszene ausdifferenzierte (Rink 2007). Die spezifischen Kontextbedingungen des DDR-Regimes prägten auch das Selbstverständnis dieser oppositionellen Szene. Während die neuen sozialen Bewegungen im Westen in Frontstellung gegen das etablierte System eine industrialismuskritische, fundamentaloppositionelle Identität ausbildeten, vertraten die ostdeutschen Oppositionsgruppen überwiegend sozialethisch geprägte, reformkommunistische Positionen, die an der Kluft zwischen Anspruch und Wirklichkeit des Sozialismus ansetzten (ebd.).

In der zweiten Hälfte der 1980er Jahre fand auf dem Hintergrund wachsender Unzufriedenheit und Legitimationsprobleme eine zunehmende Politisierung dieses Dissenses statt. Eine wesentliche Rolle spielten dabei Gorbatschows Reformpolitik und deren Blockierung in der DDR, deutlicher zutage tretende ökonomische Krisensymptome, die allmähliche Formierung innerparteilicher Reformgruppen, die Fälschung der Kommunalwahlen im Mai 1989, vor allem aber der wachsende Ausreisedruck. Im Sommer 1989 war dieser Politisierungsprozess soweit vorangeschritten, dass die bislang „blockierte Opposition" (Blattert et al. 1995: 416) aus dem kirchlichen Raum heraustreten und sich als unabhängige, oppositionelle Sammlungsbewegung mit reformsozialistischer Stoßrichtung konstituieren konnten. Während die Öffnung des Eisernen Vorhangs an der ungarisch-österreichischen Grenze, der anwachsende Ausreisestrom und die Besetzung der Botschaften in Prag und Warschau (in Reaktion auf die Schließung der Grenzen) die DDR-Führung in eine relativ ausweglose Situation brachte, weiteten sich die Handlungsspielräume der oppositionellen Gruppen schlagartig (Rink 2007). In rascher Folge formierten sich nun aus dem Umfeld des kirchlich-oppositionellen Milieus Organisationen wie das „Neue Forum", „Demokratie Jetzt", „Demokratischer Aufbruch" oder die „Vereinigte Linke", die als Kristallisationskerne der springflutartig anwachsenden gesellschaftlichen Mobilisierung dienten.

Das Programm, das Selbstverständnis und die Organisationsmodelle dieser Volks- oder Bürgerbewegung wurde von den Vertretern der bisherigen Oppositionsgruppen geprägt, die unterschiedliche Plattformen für die Massenmobilisierung bildeten. Innerhalb weniger Wochen entwickelte sich so in der DDR ein nahezu flächendeckendes Netz an Basisgruppen. Der Berichterstattung der Westmedien kam für diese Mobilisierungsprozesse eine zentrale Bedeutung bei, da erst sie die notwendige Publizität für die Aktivitäten der Oppositionsgruppen herstellte.

Die – durch einen Kommunikationsfehler innerhalb des Politbüros begünstigte – vollständige Öffnung der Grenzen zur Bundesrepublik am 9. November 1989 leitete dann einen rasanten Machtverlust der SED ein und setzte die „deutsche Frage" auf die Tagesordnung. Während die Massenmobilisierungen der „friedlichen Revolution" im November und Dezember 1989 ihren Höhepunkt erreichten und den Bürgerbewegungen in den neu eingerichteten „Runden Tischen" vorübergehend eine zentrale Rolle in der Gestaltung des Übergangs zuwuchs, brachen über die Frage „deutsche Vereinigung vs. demokratische Reform der DDR" bereits starke Gegensätze zwischen den verschiedenen Bewegungssträngen und ihren Kernorganisationen auf. Der auf den 18. März festgesetzte Termin für Volkskammerwahlen sowie die zunehmende Orientierung an (und Einflussnahme) der Bundesrepublik beschleunigten die Ausdifferenzierung unterschiedlicher strategischer Positionen und erzeugten einen verstärkten Druck zur Parteibildung und Institutionalisierung der Bürgerbewegungen. Das unerwartet schlechte Abschneiden der Bürgerbewegungen bei der Volkskammerwahl – sie erzielten insgesamt nur knapp über fünf Prozent – führte dann zu ihrem raschen Zerfall.

Die Bürgerbewegungen spielten so nur in der kurzen revolutionären Umbruchsphase eine entscheidende, katalysatorische Rolle für den gesellschaftlichen Massenprotest. Mit der Öffnung der Grenzen, der Beseitigung des Machtmonopols der SED, der Garantie von Grundrechten und der Herstellung einer liberalen, pluralistischen Öffentlichkeit war ein Großteil der Forderungen der Massenproteste vom Herbst 1989 erfüllt. Die basisdemokratischen, reformsozialistischen Konzepte, die die Bürgerbewegungen in der Hochphase der revolutionären Emphase programmatisch einten, erwiesen sich so rasch als überschießende Utopien, die schnell wieder verblassten und ihre marginale gesellschaftliche Verankerung in den Milieus der DDR-Gesellschaft erkennen ließen (Vester et al. 1995). Viele der verbliebenen Aktivisten engagierten sich in den neuen organisatorischen Kontexten, „in der Grünen Liga, im Bündnis 90 oder anderen Parteien; die übrigen gingen in neuen Gruppenzusammenhängen auf, nahmen Ämter und Funktionen in staatlichen Verwaltungen an, traten fortan als ‚Einzelkämpfer' auf oder zogen sich aus der Politik zurück" (Rucht et al. 1997: 200).

Bereits während der Zeit der Runden Tische entwickelte sich allerdings eine neue Szene an Projektgruppen und Initiativen, die auf die Behebung spezieller Missstände zielte und konkrete Maßnahmen und Projekte in Angriff nahm. Am stärksten wuchs zwischen 1989 und 1993 die Zahl der Gruppen im Frauenbereich; deutliche Zunahmen verzeichneten auch die Bereiche allgemeine Politik und Gegenöffentlichkeit, leichte Zunahmen gab es in den Themenfeldern Ökologie, Menschenrechte und Gesundheit; das Themenfeld Frieden trat dagegen fast völlig in den Hintergrund (ebd.: 75). Diese heterogene Projektszene entwickelte kein neues kollektives Selbstverständnis als Bewegungsakteur. Was sie auszeichnete, war vielmehr ein relativ hohes Maß an Verrechtlichung, hierarchischer Arbeitsteilung und Professionalisierung, was die Anpassung an die neuen, vom Westen übernommenen Rahmenbedingungen (rechtliche Regeln, staatliche Förderprogramme) reflektierte. Die ABM-Förderung der frühen 1990er Jahre trug wesentlich zur organisatorischen Stabilisierung dieser Gruppen bei. Im Unterschied zu dieser neuen, pragmatisch orientierten Projektszene erschienen die Bürgergruppen mit ihrem ursprünglichen Programmen zunehmend „als zwar ehrenhaftes, aber im Grunde überflüssiges Relikt" (ebd.: 201), das in der öffentlichen Wahrnehmung nur noch mit der Aufarbeitung der DDR-Vergangenheit in Verbindung gebracht wurde.

Welche politisch-kulturellen Prägungen haben die Bürgerbewegungen der Wendezeit hinterlassen? Haben sie zivilem, bürgerschaftlichem Engagement eine breitere Basis verschafft? Zeigen sich deutliche Anpassungstendenzen zwischen Ost- und Westdeutschland oder weisen die Themen und Formen politischer Beteiligung nach wie vor erhebliche Differenzen zwischen den alten und neuen Bundesländern auf?

Die Entwicklung der Bürgerbewegungen lässt sich einerseits als Scheitern, als Weg von der Marginalität in die Marginalität deuten (Rucht 1995). Diese Perspektive liegt insbesondere dann nahe, wenn man die Entwicklung der Oppositionsbewegungen der DDR mit der polnischen *Solidarnosc* oder dem tschechoslowakischen *Bürgerforum* vergleicht, deren Vertreter den Transformationsprozess in institutionellen Führungspositionen einige Jahre maßgeblich mitgestalten konnten. Das bedeutet aber auch, die spezifischen Kontextbedingungen der „friedlichen Revolution" in der DDR stärker ins Blickfeld zu rücken (Pollack/Rink 1997): ihre fast zwangsläufige Verknüpfung mit der „deutschen Frage" und ihr nahezu bruchloser Übergang in den Vereinigungsprozess, nachdem sich eine überwältigende Mehrheit der Bevölkerung in den Volkskammerwahlen für die Anschlussvariante ausgesprochen hatte. Das bot für eine Neugestaltung institutioneller Strukturen und für ihre personelle Besetzung durch die Vertreter der Bürgerbewegungen wenig Spielraum. Abgesehen davon verloren auch die zivilgesellschaftlichen Organisationsmodelle der Oppositionsbewegungen in Polen, Tschechoslowakei und Ungarn rasch an Bedeutung.

Das „Scheitern" der ostdeutschen Bürgerbewegungen relativiert sich dadurch erheblich. Ihre politisch-kulturellen Effekte lassen sich nur unzureichend am Grad ihrer Institutionalisierung messen. Das legt es nahe, die Entwicklung des politischen und gesellschaftlichen Engagements in Ostdeutschland nach der Wende stärker in den Blick zu nehmen. Was das zivilgesellschaftliche Engagement insgesamt betrifft, so wurde bereits eingangs auf das im Vergleich zu Westdeutschland geringere Ausmaß an sozialer und politischer Partizipation verwiesen; waren 1998 nur 42% der Westdeutschen ohne Organisations- und Verbandszugehörigkeit, so waren es in Ostdeutschland 62% (Statistisches Bundesamt 2000: 535). Das lässt sich durch den radikalen Bruch mit den Traditionen der „Organisationsgesellschaft" der DDR, mit der Auflösung ihrer Massenorganisationen plausibel erklären (Backhaus-Maul et al. 2003: 14f.). Klar ist auch, dass selbstorganisierte Netzwerke bürgerschaftlichen Engagements mit dem offiziellen Institutionentransfer von West nach Ost nicht automatisch mit verpflanzt werden können, sondern erst allmählich nachwachsen müssen. Die Befunde des Freiwilligensurvey 2004 zeigen auch, dass dieser Prozess im Gange ist. Die Differenzen zwischen West- und Ostdeutschland verlieren offensichtlich an Gewicht (Gensicke/Geiss 2006).

Bürgerschaftliches Engagement zeichnet sich in Ostdeutschland allerdings durch eine größere Nähe zur Erwerbsarbeit und zum zweiten Arbeitsmarkt aus. „Stärker als im Westen sind das Gros aller Initiativen im bürgerschaftlichen Bereich Mischformen aus Erwerbs- und Eigenarbeit, aus ehrenamtlichem Engagement und dem Bedürfnis, Qualifikationen für den Arbeitsmarkt zu erwerben und zu erhalten oder auch nur in dessen Nähe zu bleiben" (Roth 2003: 31). Der zentrale Stellenwert des Problems hoher Arbeitslosigkeit zeigt sich auch am verstärkten Auftreten sozialer Proteste. So zeigt die Analyse der Protestereignisdaten, dass die Themen der sog. „alten Politik" als Protestanlässe in Ostdeutschland eine erheblich größere Rolle spielen als in Westdeutschland. „Der tatsächliche oder drohende Verlust des Arbeitsplatzes, sozialer Abstieg und ungewisse ökonomische Zukunftsperspektiven legen es nahe, den sog. Brot- und Butterthemen Vorrang zu geben gegenüber den vergleichsweise luxurierenden Forderungen nach sauberer Umwelt (...) oder einer Ausweitung bürgerschaftlicher Partizipationsrechte" (Rucht 2003: 104).

Waren es zunächst die Betriebsstilllegungen und Massenentlassungen kurz nach der Wende, die Proteste, Streiks und Demonstrationen provozierten, so sind die neuen Bundesländer auch überproportional an den seit Mitte der 1990er Jahre im gesamten Bundesgebiet sich neu formierenden Netzwerken von Arbeitsloseninitiativen sowie an den (europaweiten) Aktionstagen und Massenprotesten gegen Sozialabbau beteiligt (vgl. Rein 2007). Einen vorläufigen Höhepunkt erreichten diese Proteste in der großen Welle der Hartz-IV-Demonstrationen in ostdeutschen Städten, die in der Hochphase im Sommer 2004 an die 70.000 Menschen auf die Beine brachten. Auch wenn hier mit den „Montagsdemonstrationen" Symbole der Bürgerbewegungen aufgegriffen wurden, so gelang es dem an diese Traditionen anknüpfenden basisdemokratischen Teil der Protestorganisationen doch kaum, die thematische Rahmung und die strategische Ausrichtung der Proteste ähnlich erfolgreich zu beeinflussen wie die PDS oder auch rechtsradikale Gruppierungen, die sich als revolutionäre, antikapitalistische Kraft zu profilieren versuchen (Rink/Philipps 2007).

Letzteres verweist auf ein anderes Merkmal der ostdeutschen Protestszene. Gewalttätige, ausländerfeindliche Proteste besitzen – zumindest in den 1990er Jahren – ein wesentlich höheres Gewicht als im Westen (Rucht 2003: 104). Auch wenn nur Wenige an solchen gewalttätigen Aktionen teilnehmen, so finden sie in weit verbreiteten ausländerfeindlichen Einstellungen doch einen fruchtbaren Nährboden. Das begünstigt auch die Verankerung rechtsradikaler Jugendmilieus in ganzen Ortschaften und Regionen Ostdeutschlands und verschafft rechtsextremen Parteien überproportionale Wahlerfolge (Stöss 2000). Vereinigungsbedingte Enttäuschungen, autoritäre Traditionen, vor allem aber der Verlust an sozialer Sicherheit fördern offensichtlich eine entsprechende „Nachfrage nach regressiven Gemeinschaften" (Roth 2003: 35)

Dass partizipative, demokratische Formen politischer Kultur in Ostdeutschland – trotz der umfassenden Mobilisierung durch die Bürgerbewegungen der „Wendezeit" – bis heute noch keine stabile gesellschaftliche Verankerung erlangt haben, hat somit eine Reihe von Gründen. Ein Grund ist, dass es den Bürgerbewegungen in der zeitlich hochgradig verdichteten Umbruchsphase, zwischen Massenmobilisierung, Euphorie und Zerfall, nicht gelungen ist – und auch nicht gelingen konnte –, eigene gesellschaftspolitisch verankerte Bewegungsmilieus auszubilden (Rink 1999: 187f.). Zum anderen spielen nachwirkende etatistisch-autoritäre Traditionen der DDR eine gewisse Rolle. Ganz entscheidend – insbesondere auch für die jüngere Generationen – sind allerdings die sozial prekären Lebenslagen großer Teile der ostdeutschen Bevölkerung. Das untergräbt die Bereitschaft zu bürgerschaftlichem Engagement. Diese ist generell, auch im Westen, „mit hoher Qualifikation, hohem Berufsstatus und Einkommen und ‚gesicherten Familienverhältnissen' verbunden" (Roth 1993: 36). Politische Partizipation, aktives Interesse an der Gestaltung des eigenen Gemeinwesens, ist vor allem dann zu erwarten, wenn die „sozialen Bürgerrechte" gesichert sind. Speziell in *dieser* Hinsicht, mit Blick auf die sozialen Voraussetzungen politischer Partizipation, weist die ostdeutsche Entwicklung noch erhebliche Defizite auf.

5   Soziale Bewegungen und bürgerschaftliches Engagement in Umbruchszeiten: Ein kritischer Ausblick

Was ergibt sich als Resümee? Welche Rolle spielen soziale Bewegungen in der Bundesrepublik Deutschland für die Entwicklung bürgerschaftlichen Engagements? Und welche Perspektiven ergeben sich aus den derzeit erkennbaren Trends?

Ein zentraler Befund ist, dass seit den 1970er Jahren informelle, situative Formen politischen Engagements gegenüber konventionellen, stärker institutionalisierten Beteiligungsformen wie Wahlen, Mitgliedschaft in Parteien oder Interessenverbänden generell an Gewicht gewonnen haben. Das ist im Wesentlichen eine Folge der „partizipativen Revolution" der 1960er und 1970er Jahre. Die sprunghafte Verbreitung von Bürgerinitiativen und von neuen, dezentralen, netzwerkförmig organisierten Protestaktivitäten führte zu einer raschen Erweiterung des politischen Handlungsrepertoires und zu einer Veralltäglichung ehemals unkonventioneller Beteiligungsformen. Durch die in ein, zwei Jahrzehnten gewachsenen linken, feministischen und grün-alternativen Milieus, durch die dichten Netzwerke an selbstorganisierten Projekten und bewegungsförmiger Infrastruktur, wurden – zumindest in den modernen, postmaterialistischen Sektoren der Gesellschaft – die Grundlagen für eine partizipative Bürgergesellschaft geschaffen, die in der Folgezeit auch für weitere Bevölkerungsgruppen eine vergleichsweise hohe Attraktivität gewann. Das gilt insbesondere für die nachwachsenden Generationen. Wie die 1992, 1997 und 2003 durchgeführten DJI-Jugendsurveys zeigen, sind für die 16- bis 29-Jährigen „nicht fest organisierte und klar strukturierte, durch zeitliche Dauer und Regelmäßigkeit gekennzeichnete Formen der Beteiligung attraktiv, sondern eher flexible, zeitlich begrenzte und im Zusammenhang mit besonderen Anlässen stehende Organisationsformen" (Gaiser et al. 2006: 230).

Die Verschiebung der Gewichte zugunsten flexibler, wenig formalisierter Partizipationsformen betrifft auch die Organisationsformen von Protest selbst. „Im langfristigen Trend haben formelle Organisationen (Interessenverbände, Kirchen, Parteien), die zunächst die Hauptträger von Protesten waren, in dieser Funktion an Bedeutung verloren, während der Anteil von informellen Gruppen und Netzwerken deutlich zugenommen hat." (Rucht 2003: 102). Was die Aktionsformen betrifft, spielen für die Jüngeren „Aktionen, die Spaß machen" und bei denen die Wirkungen des politischen Handelns direkt erfahrbar sind, eine große Rolle (Gaiser et al. 2006: 230).

Diese Befunde spiegeln einen generellen Trend, der auch für den Formwandel ehrenamtlichen Engagements eine zentrale Rolle spielt (Enquete-Kommission 2002: 109ff.). Auf der strukturellen Ebene lässt er sich mit Prozessen der Enttraditionalisierung und Individualisierung, mit kultureller Pluralisierung, Wertwandel und wachsender Optionenvielfalt beschreiben. In der Inglehardtschen Variante der Wertwandel-Theorie ist es die Verbreitung „postmaterialistischer" Selbstverwirklichungswerte, die nicht nur neue politische Themen in den Vordergrund rücken, sondern auch die Bindung an traditionelle, hierarchisch strukturierte Massenorganisationen als weniger attraktiv erscheinen lässt. Zu einem ähnlichen Befund kommt auch Klages, der im Wandel „von Pflicht- und Akzeptanzwerten zu Selbstentfaltungswerten" zwar ein wachsendes Potenzial für bürgerschaftliches Engagement sieht, allerdings nur für neue Formen des Engagements, die ein höheres Maß an Selbstgestaltung und individueller Selbstentfaltung ermöglichen (Klages 1998; Klages/Gensicke 1999). Auch die Tatsache, dass individuelle Biographien immer weniger vorgezeichnet sind und – bei wachsenden Risiken – immer stärker selbst gestaltet werden müssen, kann erklären, warum traditionell geprägte, langfristige Bindungen an Großorganisationen und pflichtbasierte Partizipationsmuster an Bedeutung verlieren.

Der antiautoritäre Protest der 1960er Jahre und die neuen sozialen Bewegungen sind selbst zentrale Akteure dieses sozio-kulturellen Strukturwandels. Sie liefern das „Rollenmodell", die Blaupause für die neuen Formen politischen und sozialen Engagements. Sie stellten aber auch in inhaltlicher Hinsicht eine bedeutsame „demokratische Produktivkraft" dar (Rucht 1997). Auch wenn es in der Geschichte der Bundesrepublik Deutschland – zumindest im Westen – nicht mehr darum ging, demokratische Grundstrukturen und elementare soziale Absicherungen zu erkämpfen, sondern eher darum, Korrekturen im demokratischen Institutionengefüge in Richtung Chancengleichheit und verbesserte Partizipationsmöglichkeiten vorzunehmen und die politische Agenda für neue Themen zu öffnen, so hat das oft hohe persönliche Engagement für Frieden, Umweltschutz, Geschlechtergerechtigkeit, Meinungsfreiheit, Schutz der Menschenrechte usw. den formalen, demokratischen Verfahren doch erst ihre zivilgesellschaftliche Verankerung, den Charakter einer gelebten politischen Kultur verliehen.

Dass die Mobilisierungen und Protestkampagnen der Nachkriegsjahrzehnte – trotz aller Konflikteskalationen und Militanz im einzelnen – insgesamt eine demokratisierende Wirkung hatten, wird auch durch die Daten der Protestereignisanalyse belegt. „Demokratische Anliegen im weiten Sinne des Wortes" sind im Zeitraum von 1950-1989 „der mit Abstand wichtigste Protestbereich" (Rucht 2003: 142), gefolgt von den Themen Arbeitswelt, Frieden und Bildung. Nun müssen die Effekte sozialer Bewegungen und Protestkampagnen nicht immer den intendierten Zielen entsprechen. Die beobachtbaren Wirkungen lassen sich nur selten direkt bestimmten Bewegungsaktivitäten zurechnen. Soziale Bewegungen agieren immer in einem komplexen, medial vermittelten sozialen Umfeld. Gleichwohl ist die themensetzende Kraft der Protestbewegungen in der Bundesrepublik unverkennbar. Sie stellen ein kritisches Korrektiv dar, das die politischen und wirtschaftlichen Akteure dazu nötigt, die Folgeprobleme der industriellen Modernisierung und die mit dem sozialen Strukturwandel der Gesellschaft auftretenden neuen Ansprüche und Problemlagen – unter kritischer Beobachtung der Öffentlichkeit – zu bearbeiten. Sie sind insofern Geburtshelfer einer neuen „reflexiven Moderne" (Beck 1993). „In der Summe", so Ruchts Resümee, haben die Protestbewegungen „zu vermehrten Möglichkeiten der Bürgerbeteiligung, zu mehr Transparenz politischer Entscheidungsprozeduren, zum Abbau autoritärer Werte und Verhaltensmuster, zu größerer Toleranz gegenüber abweichenden Lebensformen sowie zu einer generellen Vitalisierung und Demokratisierung der politischen Kultur beigetragen" (Rucht 2003: 204).

Diese für die Herausbildung einer aktiven „Bürgergesellschaft" in der Bundesrepublik Deutschland insgesamt recht positive Bilanz kann gleichwohl nicht darüber hinweg täuschen, dass Protestbewegungen nicht per se an Demokratie und sozialer Gerechtigkeit orientiert sind – und selbst wenn sie es sind, diese Ziele nicht unbedingt mit „zivilen" Methoden verfolgen. Letzteres ist das Problem der autonomen, linksextremen Protestszene. Darüber hinaus können sich Protestaktivitäten und politische Mobilisierungsprozesse aber auch auf völlig andere Ziele und Ordnungsmodelle beziehen. Das ist – für die Bundesrepublik – das Problem rechtsradikaler Gruppen und Bewegungen. Diese haben seit Beginn der 1990er Jahre, insbesondere in Ostdeutschland, eine bedrohliche Qualität erlangt (Decker/Brähler 2006) – trotz deutschlandweiter Gegendemonstrationen und staatlicher Programme zur Stärkung der „Bürgernetzwerke gegen Rechts" (Roth 2003; Roth/Klein 2005). Diese Entwicklung ist allerdings keine deutsche Besonderheit, sie bewegt sich vielmehr im Kontext einer umfassenderen Restrukturierung des internationalen Machtgefüges nach dem Zusammenbruch des Ostblocks, der Transformation postsozialistischer Gesellschaften und der enormen Beschleunigung wirtschaftlicher Globalisierungsprozesse. Diese haben weltweit, auch auf europäischer Ebene, neue Konfliktlinien geschaffen, die zum Aufleben nationalistischer, rechtspopulistischer und religiös-fundamentalistischer Bewegungen und Netzwerke mit militanter, z.T. terroristischer Stoßrichtung geführt haben. Nicht nur rechtsradikale Mobilisierungsprozesse, sondern auch die verstärkte Betonung von Sicherheitsinteressen und Terrorismusabwehr setzen die beschriebenen „bürgergesellschaftlichen" Entwicklungstrends deshalb auch in Deutschland wieder erheblich unter Druck.

Das eingangs skizzierten Konzept des diskontinuierlichen Wandels von „Gesellschaftsmodellen" (Bornschier 1988) bietet eine plausible Deutung dieser Entwicklungsphase. Der mit der Implosion des staatsbürokratischen Ordnungsmodells verbundene Zerfall der polaren Weltordnung hat das im Westen in den Nachkriegsjahrzehnten vorherrschende keynesianische Gesellschaftsmodell keineswegs zu neuer, hegemonialer Blüte gebracht. Letzteres befand sich vielmehr bereits seit den späten 1970er Jahren in Auflösung. Dieser Prozess vollzog sich an zwei Fronten. Auf der einen Seite geriet das herrschende Regulierungsmodell durch die neuen sozialen Bewegungen unter Druck, die die uneingelösten Versprechungen, vor allem aber die ökologischen Folgeprobleme des fordistischen Wachstumsmodells thematisierten. Sowohl auf nationaler wie auf internationaler Ebene führte dies zu unterschiedlichen institutionellen Reformprozessen, die in den 1990er Jahren in eine Folge von UN-Weltkonferenzen einmündeten, die unter dem neuen Leitbild der „nachhaltigen Entwicklung" ein reformiertes, globales Entwicklungsmodell propagierten (vgl. Klein et al. 2005: 22ff.). Der durch diese Konferenzen initiierte Nachhaltigkeitsprozess mobilisierte nicht nur auf lokaler Ebene eine neue, umfassende Welle zivilgesellschaftlicher Initiativen (Lokale Agenda 21); er führte auch auf nationalstaatlicher und europäischer Ebene zu neuen strategischen Ansätzen zur Förderung einer integrierten nachhaltigen Entwicklung (Busch/Jörgens 2005; Jänicke/Jörgens 2000). International hatte dies eine Verschiebung der politischen Koordinaten zur Folge, weg von der staatszentrierten, durch hegemoniale nationalstaatliche Akteure bestimmten „internationalen Politik" hin zu neuen Formen von „global governance" (vgl. Messner 2003), die durch eine stärkere Kooperation von staatlichen Regierungen, supranationalen Institutionen, wirtschaftlichen und zivilgesellschaftlichen Akteuren geprägt sind. Auch innerhalb der sozialen Bewegungen führte dies – in Reaktion auf die Verschiebung der politischen Gelegenheitsstrukturen – zu einer erheblichen Akzentverschiebung auf Lobby- und Informationsaktivitäten im transnationalen Bereich (vgl. Beisheim 2004; Take 2002).

Dies ist aber nur die eine Seite der Bemühungen um die Restrukturierung eines neuen, konsensfähigen Gesellschaftsmodells. Auf der anderen Seite formierten sich seit den späten 1970er Jahren, z.T. in expliziter Gegenbewegung gegen die Anliegen der neuen sozialen Bewegungen, vor allen in den angelsächsischen Ländern, breite neo-konservative Strömungen und ein neuer militanter Neoliberalismus, der den Markt als zentralen Lösungsmechanismus gesellschaftlicher Probleme propagierte und die Dynamik globaler kapitalistischer Verwertungsprozesse aus ihren sozialen und politischen Einbindungen zu entkoppeln versuchte. Auch dieses neoliberale Globalisierungsprojekt, das Modell einer „erweiterten Marktgesellschaft" (Bornschier 1998), erhielt mit dem Zusammenbruch des Ostblocks und durch die informationstechnische Revolution der vergangenen beiden Jahrzehnte einen enormen Schub. Die dadurch ausgelöste Dynamik führte weltweit zu tiefgreifenden strukturellen Reorganisationsprozessen, die nationalstaatliche Gestaltungsmöglichkeiten im wirtschafts- und sozialpolitischen Bereich zunehmend einschränkten.

Diese Entwicklung ging weltweit mit einer Verschärfung sozialer Ungleichheiten einher. Auch in Deutschland verstärkte sich das Wohlstandsgefälle; Prozesse der sozialen „Prekarisierung" reichen inzwischen bis weit in die Mittelschichten hinein (Castel 2000; FES 2006). Diese neuen Problemlagen haben seit dem Ende der 1990er Jahre – neben der dramatischen Verschärfung des Konflikts zwischen einer militanten, islamisch-fundamentalistischen Bewegung und den USA, als dem Hauptprotagonisten des bekämpften westlichen Zivilisationsmodells – auch in den westlichen Ländern zur Entwicklung eines heterogenen Spektrum globalisierungskritischer Bewegungen geführt. Diese thematisieren die sozialen

Bedrohungsgefühle und Deprivationserfahrungen der „Modernisierungsverlierer" in unterschiedlicher Weise (vgl. Kriesi 2001): einerseits als defensive Abwehrbewegungen nationalistischer und rechtspopulistischer Art, die ihren ideologischen Schwerpunkt in Ausländer- und nationalen Identitätsfragen haben; andererseits als linke oder reformsozialistische Bewegungen, die sich in kapitalismuskritischer Perspektive auf Fragen ökonomischer Macht und sozialer Ungleichheit beziehen und die Dynamik des ökonomischen Globalisierungsprozesses brechen bzw. durch internationale Regulierungen beschränken wollen. Mit der Aufwertung der „Weltzivilgesellschaft" (und der NGOs als ihrer Repräsentanten) sollen Globalisierungsprozesse zugleich eine stärker kosmopolitische, demokratische Ausrichtung erhalten (vgl. Archibugi/Held 1995; Held/Koenig-Archibugi 2003; Roth 2005).

Die reformistische und linke Globalisierungskritik umfasst inzwischen ein erstaunlich breites Spektrum von Basisbewegungen, NGOs, Gewerkschaften und Kirchen, von kritischen Intellektuellen und Insider-Reformisten, von links-nationalistischen Regierungen und bäuerlichen Protestbewegungen (vgl. Leggewie 2003; Rüdiger 2003; Schade 2004). Ihre Mobilisierungsbrennpunkte haben sie in den Massendemonstrationen, Blockaden und Gegengipfeln anlässlich internationaler Großereignisse (WTO-Ministertreffen, Treffen des IWF, G8-Treffen), in den „Weltsozialforen" (Porto Alegre, Mumbai), in internationalen Antikriegs-Demonstrationen und Massenprotesten gegen Sozialabbau. Das in Deutschland bekannteste, globalisierungskritische Bewegungsnetzwerk ist ATTAC, dessen deutscher Ableger Anfang 2000 in Frankfurt am Main gegründet wurde und sich zunächst mit Reformvorschlägen zur Regulierung internationaler Finanzmärkte (Tobinsteuer) einen Namen machte. Daneben agieren aber auch entschieden antikapitalistische Gruppierungen, wie der aus den Solidaritätsbewegungen der 1970er Jahre stammende Dachverband entwicklungspolitischer Gruppen (BUKO) oder aktionsorientierte, linksradikale „Autonome".

Ökologiebewegung und Nachhaltigkeitsreformen auf der einen, globalisierungskritische Bewegungen auf der anderen Seite reagieren auf unterschiedliche Krisensymptome im Zerfall des alten und der Reorganisation eines neuen, globalen „Gesellschaftsmodells". Beide Reform- und Bewegungsstränge überlappen sich nur zum Teil; Schnittmengen finden sich weniger in den jeweiligen Bewegungsdiskursen und Bewegungsnetzwerken als in einer für beide Problemfelder sensibilisierten kritischen Öffentlichkeit. Beide Problemlagen und Konfliktstränge sind darüber hinaus für kontroverse ideologische Positionen anschlussfähig. Während die ökologische Modernisierung der Industriegesellschaften – zumindest auf der programmatischen Ebene – weltweit aber bereits einen hohen Grad an Akzeptanz besitzt (und meist mit Demokratisierungsprozessen einher geht), ist die Reaktion auf die Folgeprobleme des Globalisierungsprozesses noch hoch umstritten. Wirtschaftlichen und staatlichen Protagonisten der Globalisierung stehen linke und rechte Kritiker gegenüber. Mobilisierungsstarke kosmopolitische, nationalistische und antimodernistische Bewegungen versuchen das neoliberale Globalisierungsprojekt in unterschiedlicher Weise zu bändigen oder ganz zu Fall zu bringen. Insgesamt ist so nicht zu erwarten, dass die auf vielen Ebenen und in unterschiedlichen Gemengelagen ausgetragenen Konflikte um die Restrukturierung eines neuen globalen Ordnungsmodells – oder eines neuen, konsensfähigen *Entwicklungsrahmens* für unterschiedliche regionale Gesellschaftsmodelle – in absehbarer Zeit an Intensität verlieren. Noch sind die Interessengegensätze, die sozialen Verwerfungen, das internationale

Wohlstandsgefälle und die kulturellen Unterschiede viel zu stark und ideologisch viel zu aufgeladen, als dass ein Konsens über einen neuen Gesellschaftsvertrag in Sicht wäre.

Politisches, bürgerschaftliches Engagement wird sich auch in Deutschland in den nächsten Jahren (und Jahrzehnten) in diesem neuen Konfliktfeld bewähren müssen. Da in Krisen- und Umbruchszeiten neben sozialen Protestthemen vor allem auch nationalistische und fundamentalistische Abwehrbewegungen florieren, ist die entscheidende Frage, wie stark das durch die neuen sozialen Bewegungen der vergangenen Jahrzehnte geschaffene Netz an zivilgesellschaftlichen Strukturen ist und welche Kraft die in diesem Rahmen gewachsenen Traditionen einer demokratischen Partizipationskultur besitzen, um sich gegenüber rechtspopulistischen Stimmungslagen, Ausländerfeindschaft, nationalistischer Militanz, law-and-order-Bewegungen und militärischen Muskelspielen behaupten zu können. Zivile, demokratische Formen der „Bürgergesellschaft" stabilisieren sich nicht von selbst, sondern müssen als gesellschaftliche Vision immer wieder neu definiert, gegen Widerstände erkämpft und im alltäglichen Engagement gelebt werden.

Literatur

Archibugi, Daniele/Held, David (Hrsg.) (1995): Cosmopolitan Democracy. An Agenda for a New World Order. Cambridge: Polity Press

Backhaus-Maul, Holger/Ebert, Olaf/Jakob, Gisela/Olk, Thomas (2003): Institutionelle Lücken und günstige Gelegenheiten. Zum aktuellen Stand der Debatte über bürgergesellschaftliches Engagement in Ostdeutschland. In: Backhaus-Maul, Holger/Ebert, Olaf/Jakob, Gisela/Olk, Thomas (Hrsg.): Bürgergesellschaftliches Engagement in Ostdeutschland. Potenziale und Perspektiven. Opladen: Leske + Budrich, S. 5-18

Barnes, Samuel/Kaase, Max u.a. (1979): Political Action. Mass Participation in Five Western Democracies. Beverly Hills: Sage

Beck, Ulrich (1993): Die Erfindung des Politischen. Zu einer Theorie reflexiver Modernisierung. Frankfurt a.M.: Suhrkamp

Beisheim, Marianne (2004): Fit für Global Governance? Transnationale Interessengruppenaktivitäten als Demokratisierungspotential – am Beispiel Klimapolitik. Opladen: Leske + Budrich

Birke, Martin/Schwarz, Michael (1994): Umweltschutz im Betriebsalltag. Praxis und Perspektiven ökologischer Arbeitspolitik. Opladen: Westdeutscher Verlag

Blattert, Barbara/Rink, Dieter/Rucht, Dieter (1995): Von den Oppositionsgruppen der DDR zu den neuen sozialen Bewegungen in Ostdeutschland? In: Politische Vierteljahresschrift 36, S. 397-422

Bornschier, Volker (1988). Westliche Gesellschaften im Wandel. Frankfurt/New York: Campus

Bornschier, Volker (1998). Westliche Gesellschaft – Aufbau und Wandel. Zürich: Seismo Verlag

Brand, Karl-Werner (Hrsg.) (1985): Neue soziale Bewegungen in Westeuropa und den USA: Ein internationaler Vergleich. Frankfurt/New York: Campus

Brand, Karl-Werner/Büsser, Detlef/Rucht, Dieter (1986). Aufbruch in eine andere Gesellschaft. Neue soziale Bewegungen in der Bundesrepublik. (Aktualisierte Neuausgabe). Frankfurt/New York: Campus

Brand, Karl-Werner (1989): Zyklen des „middle class radicalism". Eine international und historisch vergleichende Untersuchung der „neuen sozialen Bewegungen". Habilitationsschrift, TU München

Brand, Karl-Werner (1990): Zyklische Aspekte neuer sozialer Bewegungen. Kulturelle Krisenphasen und Mobilisierungswellen des „Middle Class Radicalism". In. Bornschier, Volker/Meisner, Manuel/Imhof, Kurt/Romano, Gaetano/Suter, Christian (Hrsg.): Diskontinuitäten des sozialen Wandels. Frankfurt/New York: Campus, S. 139-164

Brand, Karl-Werner/Eder, Klaus/Poferl, Angelika (1997): Ökologische Kommunikation in Deutschland. Opladen: Westdeutscher Verlag

Brand, Karl-Werner (1999): Transformationen der Umweltbewegung. In: Klein, Ansgar/Legrand, Hans-Josef/Leif, Thomas (Hrsg.): Neue soziale Bewegungen. Impulse, Bilanzen, Perspektiven. Opladen: Westdeutscher Verlag, S. 237-256

Busch, Per-Olof/Jörgens, Helge (2005): Globale Ausbreitungsmuster umweltpolitischer Innovationen. Forschungsstelle für Umweltpolitik, FU Berlin, FFU-report 02-2005

Callenbach, Ernest (1980): Ökotopia. Berlin: Rotbuch Verlag

Castel, Robert (2000): Metamorphosen der sozialen Frage. Konstanz: UVK Universitätsverlag

Decker, Oliver/Brähler, Elmar (unter Mitarbeit von Norman Geißler) (2006): Vom Rand zur Mitte. Rechtsextreme Einstellungen und ihre Einflussfaktoren in Deutschland. Hrsg. von der Friedrich-Ebert-Stiftung. Forum Berlin

Dreyer, Marion (1997): Die Kommunikationspolitik der chemischen Industrie im Wandel. In: Brand, Karl-Werner/Eder, Klaus/Poferl, Angelika (Hrsg.): Ökologische Kommunikation in Deutschland. Opladen: Westdeutscher Verlag, S. 240-267

Eder, Klaus (1989): Die „Neuen Sozialen Bewegungen": Moralische Kreuzzüge, politische Pressure Groups oder soziale Bewegungen? In: Wasmuth, Ulrike (Hrsg.): Alternativen zur alten Politik? Neue soziale Bewegungen in der Diskussion. Darmstadt: Wissenschaftliche Buchgesellschaft, S. 177-195

Enquete-Kommission „Zukunft des Bürgerschaftlichen Engagements" des Deutschen Bundestags (2002): Bericht. Bürgerschaftliches Engagement: Auf dem Weg in eine zukunftsfähige Bürgergesellschaft. Schriftenreihe Band 4. Opladen: Leske + Budrich

FES (Friedrich-Ebert-Stiftung) (2006): Gesellschaft im Reformprozess. Bonn

Gabriel, Oscar/Völkl, Kerstin (2005): Politische und soziale Partizipation. In: Gabriel, Oscar/Holtmann, Everhard (Hrsg.): Handbuch Politisches System der Bundesrepublik Deutschland. 3. völlig überarbeitete Auflage. München/Wien: Oldenbourg, S. 523-573

Gaiser, Wolfgang/Gille, Martina/de Rijke, Johann (2006): Politische Beteiligung von Jugendlichen und jungen Erwachsenen. In: Hoecker, Beate (Hrsg.): Politische Partizipation zwischen Konvention und Protest. Opladen: Verlag Barbara Budrich, S. 211-234

Geißel, Brigitte/Thillman, Katja (2006): Partizipation in Neuen Sozialen Bewegungen. In: Hoecker, Beate (Hrsg.): Politische Partizipation zwischen Konvention und Protest. Opladen: Verlag Barbara Budrich, S. 159-183

Gensicke, Thomas (2003): Freiwilliges Engagement in Ostdeutschland. Ergebnisse einer repräsentativen Bevölkerungsumfrage. In: Backhaus-Maul, Holger/Ebert, Olaf/Jakob, Gisela/Olk, Thomas (Hrsg.): Bürgergesellschaftliches Engagement in Ostdeutschland. Potenziale und Perspektiven. Opladen: Leske + Budrich, S. 89-106

Gensicke, Thomas/Geiss, Sabine (2006): Bürgerschaftliches Engagement: Das politisch-soziale Beteiligungsmodell der Zukunft? Analysen auf Basis der Freiwilligensurveys 1999 und 2004. In: Hoecker, Beate (Hrsg.): Politische Partizipation zwischen Konvention und Protest. Opladen: Verlag Barbara Budrich, S. 308-328

Guigni, Marco (1989): What is Worth the Effort? The Outcomes and Consequences of Social Movements. In: Annual Review of sociology, 24, S. 371-393

Gurney, Joan/Tierney, Kathleen (1982): Relative deprivation and social movements: A critical look at 20 years of theory and research. In: Sociological Quarterly 23, S. 33-47

Heine, Hartmut/Mautz, Rüdiger (1995): Öffnung der Wagenburg? Antworten von Chemiemanagern auf ökologische Kritik. Berlin: edition sigma

Held, David/Koenig-Archibugi, Mathias (Hrsg.) (2003): Taming Globalization. Power, Autority and Global Governance. Cambridge: Polity Press

Hellmann, Kai-Uwe (1998). Paradigmen der Bewegungsforschung. Forschungs- und Erklärungsansätze – ein Überblick. In: Hellmann, Kai-Uwe/Koopmans, Ruud (Hrsg.): Paradigmen der Bewegungsforschung. Opladen: Westdetuscher Verlag, S. 9-30

Hellmann, Kai-Uwe/Koopmans, Ruud (Hrsg.) (1998): Paradigmen der Bewegungsforschung. Opladen: Westdeutscher Verlag

Hirschman, Albert (1982): Shifting Involvements. Private Interests and Public Action. Princeton: Princeton University Press

Hollstein, Walter (1977): Die Gegengesellschaft. Alternative Lebensformen. Bonn: Verlag Neue Gesellschaft

Horx, Matthias (1985): Das Ende der Alternativen oder die verlorene Unschuld der Radikalität. Ein Rechenschaftsbericht. München/Wien: Hanser

Huber, Josef (1980). Wer soll das alles ändern. Die Alternativen der Alternativbewegung. Berlin: Rotbuch Verlag

Inglehardt, Ronald (1977): The Silent Revolution: Changing Values and Political Styles among Western Publics. Princeton, NJ: Princeton University Press

Inglehardt, Ronald (1989): Kultureller Umbruch. Wertwandel in der westlichen Welt. Frankfurt/New York: Campus

Jänicke, Martin/Jörgens, Helge (Hrsg.) (2000): Umweltplanung im internationalen Vergleich – Strategien der Nachhaltigkeit. Berlin: Springer

Kaase, Max (1982): Partizipatorische Revolution – Ende der Parteien? In: Raschke, Joachim (Hrsg.): Bürger und Parteien. Ansichten und Analysen einer schwierigen Beziehung. Bonn: Schriftenreihe der Bundeszentrale für politische Bildung, S. 173-189

Klages, Helmut (1998): Engagement und Engagementpotentiale in Deutschland – Erkenntnisse der empirischen Forschung. ApuZ, Heft 38, S. 29-38

Klages, Helmut/Gensicke, Thomas (1999): Wertwandel und bürgerschaftliches Engagement an der Schwelle zum 21. Jahrhundert. Speyerer Forschungsberichte 193. Speyer

Klein, Ansgar/Legrad, Hans-Josef/Leif, Thomas (Hrsg.) (1999): Neue soziale Bewegungen. Impulse, Bilanzen, Perspektiven. Opladen: Westdeutscher Verlag

Klein, Ansgar/Walk, Heike/Brunnengräber, Achim (2005): Mobile Herausforderer und alternative Eliten. NGOs als Hoffnungsträger einer demokratischen Globalisierung? In: Brunnengräber, Achim/Klein, Ansgar/Walk, Heike (Hrsg.): NGOs im Prozess der Globalisierung. Mächtige Zwerge – umstrittene Riesen. Bonn: Bundeszentrale für politische Bildung. Schriftenreihe Band 400, S. 10-77

Knabe, Hubertus (1988): Neue soziale Bewegungen im Sozialismus. Zur Genesis alternativer politischer Orientierungen in der DDR. In: Kölner Zeitschrift für Soziologie und Sozialpsychologie, 3/1988, S. 551-569

Knafla, Leonore/Kulke, Christine (1991): 20 Jahre Frauenbewegung. Und sie bewegt sich noch! Ein Rückblick nach vorn. In: Roth, Roland/Rucht, Dieter (Hrsg.) (1991). Neue soziale Bewegungen in der Bundesrepublik Deutschland (2. überarbeitete Auflage). Bonn: Bundeszentrale für politische Bildung, S. 91-115

Kriesi, Hanspeter (1987): Neue soziale Bewegungen: Auf der Suche nach ihrem gemeinsamen Nenner. In: Politische Vierteljahresschrift 28, S. 315-334

Kriesi, Hanspeter (2001): Nationaler politischer Wandel in einer sich denationalisierenden Welt. In: Klein, Ansgar/Koopmans, Ruud/Geiling, Heiko (Hrsg.): Globalisierung, Partizipation, Protest. Opladen: Leske + Budrich

Kriesi, Hanspeter/Koopman, Ruud/Duyvendak, Jan/Giugni, Marco (1995): The New social Movements in Western Europe. A Comparative Analysis. Minneapolis: University of Minnesota Press

Leggewie, Claus (2003): Die Globalisierung und ihre Gegner. München
Legrand, Hans-Josef (1989): Die bundesrepublikanische Friedensbewegung 1979-1988. Entstehung, Verlauf und Wirkungsaspekte einer neuen sozialen Bewegung. In: Wasmuth, Ulrike (Hrsg.): Alternativen zur alten Politik? Neue soziale Bewegungen in der Diskussion. Darmstadt: Wissenschaftliche Buchgesellschaft, S. 209-235
Leif, Thomas (1985): Die professionelle Bewegung. Friedensbewegung von innen. Bonn
Leif, Thomas (1990): Die strategische (Ohn-)Macht der Friedensbewegung. Kommunikations- und Entscheidungsstrategien in den achtziger Jahren. Opladen: Westdeutscher Verlag
Lipietz, Alain (1998). Nach dem goldenen Zeitalter. Regulation und Transformation kapitalistischer Gesellschaften. Hamburg
Luhmann, Niklas (1986): Ökologische Kommunikation. Opladen: Westdeutscher Verlag
McAdam, Doug/Tarrow, Sidney/Tilly, Charles (2001): Dynamics of Contention. Cambridge: Cambridge University Press
Messner, Dirk (2003). Das „Global Governance"-Konzept. Genese, Kernelemente und Forschungsperspektiven. In: Kopfmüller, Jürgen (Hrsg.): Den globalen Wandel gestalten. Berlin: edition sigma, S. 243-268
Neidhardt, Friedhelm/Rucht, Dieter (1993): Auf dem Weg in die „Bewegungsgesellschaft"? Soziale Welt, 44, S. 305-326
Neidhardt, Friedhelm/Rucht, Dieter (Hrsg.) (1991): The Analysis of Social Movements: The State of the Art ans some Perspectives for Further Research. In: Rucht, Dieter (ed.), Research on Social Movements. The State of the Art in Western Europe and the USA. Frankfurt/Boulder, Co.: Campus/Westview Press
Otto, Karl (1977). Vom Ostermarsch zur APO. Geschichte der außerparlamentarischen Opposition in der Bundesrepublik 1960-70. Frankfurt/New York: Campus
Pfahl-Traughber, Armin (1998): ‚Konservative Revolution' und ‚Neue Rechte'. Rechtsextremistische Intellektuelle gegen den demokratischen Verfassungsstaat. Opladen: Leske + Budrich
Pollack, Detlef/Rink, Dieter (Hrsg.) (1997): Zwischen Verweigerung und Opposition. Politischer Protest in der DDR 1970-1989. Frankfurt/New York: Campus
Putnam, Robert (2000): Bowling Alone. The Collapse and Revival of American Community. New York
Raschke, Joachim. Soziale Bewegungen. Ein Grundriss. Frankfurt/New York: Campus
Rein, Harald (2007): Arbeitslose. In: Roth, Roland/Rucht, Dieter (Hrsg.). Die sozialen Bewegungen in Deutschland seit 1945. Ein Handbuch. Frankfurt/New York: Campus
Rink, Dieter (1999): Mobilisierungsschwäche, Latenz, Transformation oder Auflösung? Bilanz und Perspektive der Entwicklung (neuer) sozialer Bewegungen in Ostdeutschland. In: Klein, Ansgar/Legrad, Hans-Josef/Leif, Thomas (Hrsg.) (1999): Neue soziale Bewegungen. Impulse, Bilanzen, Perspektiven. Opladen: Westdeutscher Verlag, S. 180-195
Rink, Dieter (2007). Die Bürgerbewegungen in der DDR. In: Roth, Roland/Rucht, Dieter (Hrsg.). Die sozialen Bewegungen in Deutschland seit 1945. Ein Handbuch. Frankfurt/New York: Campus
Rink, Dieter/Phillips, Axel (2007), Mobilisierungsframes auf den Anti-Hartz-IV-Demonstrationen 2004. In: Forschungsjournal Neue Soziale Bewegungen, Jg. 20, Heft 1/2007, S. 52-60
Rolke, Lothar (1987): Protestbewegungen in der Bundesrepublik. Opladen: Westdeutscher Verlag
Roose, Jochen (2003): Die Europäisierung von Umweltorganisationen. Die Umweltbewegung auf dem langen Weg nach Brüssel. Wiesbaden: Westdeutscher Verlag.
Rosenbladt, Bernhard von (2000): Freiwilliges Engagement in Deutschland. Freiwilligensurvey 1999. Ergebnisse der Repräsentativerhebung zu Ehrenamt, Freiwilligenarbeit und bürgerschaftlichem Engagement. Band 1: Gesamtbericht. Hrsg. Vom Bundesministerium für Familie, Senioren, Frauen und Jugend. Stuttgart/Köln/Berlin
Roth, Roland/Rucht, Dieter (Hrsg.) (1991). Neue soziale Bewegungen in der Bundesrepublik Deutschland (2. überarbeitete Auflage). Bonn: Bundeszentrale für politische Bildung

Roth, Roland (1994). Demokratie von unten. Neue soziale Bewegungen auf dem Weg zur politischen Institution. Köln: Bund Verlag

Roth, Roland/Rucht, Dieter (Hrsg.) (2002): Neue soziale Bewegungen. In: Greiffenhagen, Martin/Greiffenhagen, Sylvia (Hrsg.): Handwörterbuch zur politischen Kultur der Bundesrepublik Deutschland (2. völlig überarbeitete Auflage). Wiesbaden: Westdeutscher Verlag, S. 296-303

Roth, Roland (2003). Chancen und Hindernisse bürgerschaftlichen Engagements in den neuen Bundesländern. In: Backhaus-Maul, Holger/Ebert, Olaf/Jakob, Gisela/Olk, Thomas (Hrsg.): Bürgergesellschaftliches Engagement in Ostdeutschland. Potenziale und Perspektiven. Opladen: Leske + Budrich, S. 19-41

Roth, Roland (2005): Transnationale Demokratie. Beiträge, Möglichkeiten und Grenzen von NGOs. In: Brunnengräber, Achim/Klein, Ansgar/Walk, Heike (Hrsg.): NGOs im Prozess der Globalisierung. Mächtige Zwerge – umstrittene Riesen. Bundeszentrale für politische Bildung. Schriftenreihe Band 400. Bonn, S. 80-128

Roth, Roland/Klein, Ludger (2005): Bürgernetze gegen Rechts. In: Archiv für Wissenschaft und Praxis der sozialen Arbeit, Jg. 36, H. 4, S. 114-124

Rucht, Dieter (1994): Modernisierung und neue soziale Bewegungen. Deutschland, Frankreich und USA im Vergleich. Frankfurt/New York: Campus

Rucht, Dieter (1995): Deutsche Vereinigung und Demokratisierung. Zum Scheitern der Bürgerbewegungen. In: Forschungsjournal Neue Soziale Bewegungen, 4/1995, S. 12-19

Rucht, Dieter (1997): Soziale Bewegungen als demokratische Produktivkraft. In: Klein, Ansgar/Schmalz-Bruns, Rainer (Hrsg.): Politische Beteiligung und Bürgerengagement in Deutschland – Möglichkeiten und Grenzen. Bonn: Bundeszentrale für politische Bildung, S. 382-403

Rucht, Dieter/Blattert, Barbara/Rink, Dieter (1997). Soziale Bewegungen auf dem Weg zur Institutionalisierung. Zum Strukturwandel ‚alternativer' Gruppen in beiden Teilen Deutschlands. Frankfurt/New York: Campus

Rucht, Dieter (2003): Bürgerschaftliches Engagement in sozialen Bewegungen und politischen Kampagnen. In: Bürgerschaftliches Engagement in Parteien und Bewegungen. Hrsg. Enquete-Kommission „Zukunft des Bürgerschaftlichen Engagement" des 14. Deutschen Bundestags. Schriftenreihe Band 10. Opladen: Leske + Budrich, S. 17-156

Rucht, Dieter (2006): Politischer Protest in der Bundesrepublik Deutschland: Entwicklungen und Einflussfaktoren. In: Hoecker, Beate (Hrsg.): Politische Partizipation zwischen Konvention und Protest. Opladen: Verlag Barbara Budrich, S. 184-208

Rüdiger, Robert (2003). Die Bewegung der ‚Globalisierungskritiker'. In: Ders. (Hrsg.): Bundesrepublik Deutschland – Politisches System und Globalisierung. Eine Einführung. Münster: Waxmann, S. 299-319

Schade, Jeanette (2004). Das Weltsozialforum und die globalisierungskritischen Bewegungen. In: Stimmen der Zeit, Heft 6/2004, S. 386-396

SINUS (1992): Lebensweltforschung und soziale Milieus in West- und Ostdeutschland. Eine Information des SINUS-Instituts für seine Kunden. Heidelberg

Statistisches Bundesamt (Hrsg.) (2000): Datenreport 1999. Zahlen und Fakten über die Bundesrepublik Deutschland. München/Bonn

Stöss, Richard (2000): Rechtsextremismus im vereinten Deutschland. West-Ost-Unterschiede und Institutionentransfer seit der deutschen Einheit. In: Deutschland Archiv 33, Heft 2, S. 181-193

Strasser, Johano/Traube, Klaus (1981): Die Zukunft des Fortschritts. Der Sozialismus und die Krise des Industrialismus. Bonn

Take, Ingo (2002): NGOs im Wandel. Von der Graswurzel auf das diplomatische Parkett. Wiesbaden: Westdeutscher Verlag

Touraine, Alain (1983): Soziale Bewegungen: Spezialgebiet oder zentrales Problem soziologischer Analyse? In: Matthes, Joachim (Hrsg.): Krise der Arbeitsgesellschaft? Frankfurt/New York, S. 94-105

Touraine, Alain (1985): An Introduction to the Study of Social Movements. In: Social Research 52, S. 749-787

Ullrich, Otto (1979): Weltniveau. In der Sackgasse des Industriesystems. Berlin: Rotbuch Verlag

Vester, Michael/Hofmann, Michael/Zierke, Irene (Hrsg.) (1995): Soziale Milieus in Ostdeutschland. Köln: Bund Verlag

Vester, Michael/Oertzen, Peter von/Geiling, Heiko/Hermann, Thomas/Müller, Dagmar (1993): Soziale Milieus im gesellschaftlichen Strukturwandel. Köln: Bund Verlag

Zurcher, Louis/Snow, David (1981): Collective Behavior: Social Movements. In: Rosenberg, M./Turner, R. (eds.), Social Psychology. Sociological Perspectives. New York, S. 447-482

Wolfgang Maaser

Reformpolitische Leitbilder des Engagementbegriffs: Systematisch-historische Dimensionen

Die abendländische Geistesgeschichte bezeugt mannigfaltige Hilfetraditionen. Sie verdanken sich unterschiedlichen Anlässen, sozialen Entstehungskontexten sowie geisteswissenschaftlichen Wurzeln und Geisteseinstellungen. Zum einen entspringen sie der Gruppensolidarität als substanziellem Bestandteil bestimmter Religionen; sowohl die Geschichte des Judentums als auch des Christentums (vgl. Schäfer/Herrmann 2005) dokumentieren dies. Ihre phasenweise oder teils Jahrtausende lang währenden Minderheitssituationen brachten innergemeindliche Hilfetraditionen hervor, die die abendländische Kulturgeschichte wesentlich prägten. Neben diesen gruppenerhaltenden Interessen tragen diese Traditionen auch ein Potenzial der Selbstüberschreitung in sich. Obwohl die Erinnerung an die Knechtschaft in Ägypten als auch das jesuanische Verständnis der Nächstenliebe die Gruppenorientierung überschritten und immer wieder die Selbsttranszendierung anstießen, geschah das Hilfehandeln praktisch doch weithin im Horizont der Gruppensolidarität, an deren Rand der Fremde auftauchte. Gewisse Hilfeleistungen für ihn lagen nahe, da auch er aus der Perspektive eines universalen Schöpfungsglaubens heraus als ein Geschöpf angesehen wurde, das Hilfe verdient. Ein christlich begründetes inklusives, d.h. alle Menschen einschließendes Würdeverständnis entwickelte sich allerdings erst in der Neuzeit (vgl. Maaser 2001).

Zum anderen weisen die universalen Ansprüche antik-philosophischer Ethiken aus unterschiedlichen Gründen in eine ähnliche Richtung. Ihre Begründungen lassen sich als eher rational und 'humanistisch' verstehen, dürfen aber nicht darüber hinwegtäuschen, dass hier ebenso wie in den jüdisch-christlichen Traditionen dem universalen Anspruch in der Praxis durchaus Grenzen gesetzt waren. Der so genannte Barbar, aber auch andere Menschen, die nicht im Vollsinn als Person galten (Sklaven, Kinder, Frauen; hierzu Wimmer 1990) standen keineswegs im Vordergrund der Hilfe.

Das Verständnis des Helfens war Teil der unterschiedlichen Weltanschauungen, deren Perspektiven den Praktiken ganz unterschiedliche Schwerpunkte und Profile verliehen. Die einen sahen im Engagement für andere ein Bewährungsfeld ihrer Glaubenspraxis, deren Evaluation sie im Jüngsten Gericht erwarteten. Andere verstanden ihr Handeln vor allem aus einem humanen Grundgefühl heraus, dass sie mal vernünftig, mal intuitionistisch fundierten und begründeten. Beide Ansätze gingen vielfältige, spannungsreiche und produktive Synthesen ein, bevor ihr unterschiedlicher, spezifischer Charakter in der Neuzeit durch ein zunehmendes Auseinanderdriften wieder deutlich hervortrat.

All diesen unterschiedlichen Kontexten, Orten und kulturellen Traditionen lag bis zur Schwelle der Neuzeit ein statisches, naturhaftes Verständnis der Welt zugrunde. Der Kosmos galt hinsichtlich seiner wesenhaften Grundstrukturen entweder als ewig oder als nur kurzes Durchgangsstadium menschlichen Lebens, in einer Welt, der Gott selbst zuletzt ein Ende setzen würde. Die Wahrnehmung der Welt als eines unveränderlichen Kosmos, als ein Leiden generierender Handlungsraum, als ein Feld mannigfaltiger Verführungen, die den Menschen in der Vorbereitung auf das ewige Leben vom wahren Weg abbringen, wich in der Neuzeit und Moderne einem Verständnis der Erde als Gestaltungsraum. Aber nicht nur sie, sondern ebenso der Mensch wurde in seinem Nichtfestgelegtsein und Selbstentwurfspotenzial entdeckt (z. B. Pico 1988). Über den Grad erreichbarer Perfektibilität entspannen sich Diskussionen (vgl. Behler 1989). Dieser Blickwinkel veränderte in gravierender Weise die dem menschlichen Handeln zugrunde liegenden Wirklichkeitsdefinitionen.

Vor diesem Hintergrund tut sich ein Möglichkeitsraum menschlicher Interaktion auf, ein Bewährungsfeld von Veränderungen und Reformen, über dessen Reichweite und Grenzen von nun an gestritten wird. Ein neues Verständnis des Handelns, aber auch der Handelnden entsteht. Die damit einhergehende neuzeitliche menschenrechtliche Aufwertung des Menschen unterstützt dessen Selbstverständnis als selbstbewussten und eigenständigen Akteur. Neue, handlungsleitende Bilder erfinden und finden neue Einflussmöglichkeiten der Menschen. Unterschiedliche Akteursebenen neben Staat und Individuum kommen besonders ab dem 18. Jahrhundert Zug um Zug in den Blick. Das vor allem auf den personalen Nahbereich bezogene Hilfeparadigma erweitert sich in komplexer Weise. Während sich im Zuge der Entstehung bürgerlicher Gesellschaft die Kontexte, Aufgabenteilungen und Rollenverständnisse der Akteure dynamisieren, bleiben die klassischen, durchaus differenten semantischen Begründungstraditionen lebendig. Sie bedürfen allerdings der Reformulierung unter den veränderten Bedingungen. Dies geschieht sowohl in kreativen Weiterentwicklungen der eigenen Wurzeln als auch in neuen konzeptionellen Synthesen. Philosophische als auch theologische Traditionen reinterpretieren ihre Deutungsmuster und justizieren sie im Hinblick auf Staat, Individuum und Gesellschaft neu. Dabei setzen sie diejenigen Akzente, die dem Verständnis des modernen Helfens und dem Begriff des Engagements bis heute ihr charakteristisches Profil verleihen.

Insgesamt liegen allen Entwürfen Annahmen über die Welt und den Menschen, über ihre Veränderbarkeit und seine Formbarkeit, über das Selbstverständnis des Handelnden und seiner legitimen Handlungsmöglichkeiten, über Vorstellungen des individuell gelingenden sowie sozialen bzw. gesellschaftlichen Lebens zugrunde. Sie finden Eingang in unterschiedliche Reformbilder, die abstrakte sozialphilosophische Entwürfe mit unterschiedlichen, zumeist widersprüchlichen Entwicklungsprozessen der Wirklichkeit in normativen Interpretationen öffentlichkeitswirksam verbinden. Dabei erfüllen sie eine orientierende und legitimatorische Funktion im Kontext der Reformdiskurse. Ihr projektiver Charakter ist niederschwelliger als ein utopischer, kontrastiver Gegenentwurf, denn sie implizieren zumeist eine Anknüpfungsfähigkeit an sich teils in Entwicklung oder im status nascendi befindende, teils widersprüchliche Tendenzen der Gegenwart. Sie bewegen sich in der Gemengelage aus normativen Begründungen und ihrer operationalisierenden Anwendung in spezifischen Handlungskontexten. Dabei verstärken oder delegitimieren sie öffentlichkeitswirksame Vorstellungen.

Der eher privat konnotierte Begriff des Helfens und der politisch bestimmte Begriff des Engagements sowie die jeweils eingestiftete handlungspraktische Stoßrichtung lassen das Profil der einzelnen Traditionen tiefenschärfer hervortreten.

Der Streit über Zuständigkeiten der gesellschaftlichen Akteure, ihre Rollen und Einflussmöglichkeiten, ihre legitimen beziehungsweise unlegitimen Erwartungen, ihre Pflichten und Rechte generiert unterschiedliche Öffentlichkeitsphilosophien, die bis heute grundlegend in das Verständnis von Engagement eingreifen. Weitreichende Bedeutung kommt hierbei der unterschiedlichen Bewertung der Unterscheidung von Staat und Gesellschaft, ihres Zuordnungsverhältnisses sowie der funktionalen wie normativen Bestimmungen zu. Der vorliegende Aufsatz rekonstruiert idealtypisch, in systematischer Absicht und ohne Anspruch auf Vollständigkeit wegweisende und typische Traditionslinien im Hinblick auf deren anthropologische, sozialphilosophisch-normative und sozialpolitische Rahmenvorstellungen.

1 Die Entdeckung der Gesellschaft als Handlungsraum des Helfens und des Engagements

Die wegweisenden sozialphilosophischen Entwürfe der Neuzeit konzentrierten sich vor allem auf das Verhältnis von Individuum und Staat (vgl. Kühnhardt 1991: 35-66). Das bifokale Verhältnis gestaltete sich zumeist vertragstheoretisch aus: Das Individuum delegierte den Großteil seiner natürlichen Rechte an den übergeordneten Staat. Im Gegenzug erhielt es einen friedenssichernden, durch das staatliche Gewaltmonopol garantierten Handlungsrahmen. Staatliche Macht sollte eine Friedensfunktion erfüllen und mit Hilfe eines der Macht dienenden Rechts den Bürgerkrieg vermeiden bzw. verhindern (Überblick bei Horn 2003: 40-60). Die Spielräume bürgerlichen Lebens waren entsprechend klein. Sie vergrößerten sich, indem Menschen unveräußerliche Rechte gegenüber dem Staat beanspruchten. John Locke machte geltend, „dass niemand einen anderen, da alle gleich und unabhängig sind, in seinem Leben (life), in seiner Gesundheit (health), seiner Freiheit (liberty) oder seinem Eigentum (possessions) beeinträchtigen soll." (Locke 1983: 6) Das Recht auf Leben, Freiheit und Eigentum wurde von da an zum normativen Kernbestand individueller Abwehrrechte gegenüber dem Staat. Der Staat sollte diese Rechte gewährleisten, und er selbst sollte sie als übergeordnete Normen für sein Wirken anerkennen. Die Aufgabe des sich selbst in seiner Totalität begrenzenden, menschenrechtlichen Verfassungsstaates (Kühnhardt 1991: 67-85) beschränkte sich darauf, einen Spielraum für die Bürger bereitzustellen.

1.1 Die private Mitleidskultur des Liberalismus

Neben einer gewissen Privatheit des Bürgers einerseits und einer Rahmenbedingungen schaffenden öffentlichen Funktion des Staates andererseits tat sich auf der Basis des Freiheits- und Eigentumsrechts eine quasi öffentliche Zwischenzone mit eigener Handlungslogik auf, die zunächst ausschließlich als Sphäre des Tauschs einer Handel treibenden Gesellschaft betrachtet wurde. Ihre Verselbstständigung lebte davon, diesen Handlungsraum von politischen Interventionen des absolutistischen Staates freizuhalten. Der zwischen Individuum und Staat entstehende, sich verselbstständigende Handlungszusammenhang konstituierte sich als Wirtschaftsraum. In ihm traten die Bürger auf der Basis ihres zur Verfügung stehenden Eigentums in nutzenorientierte Tauschprozesse ein. Eigennutz und eigene Interessen erhielten so einen Ort der legitimen Verwirklichung und galten fortan – gemessen an altruistischen Maximalforderungen – nicht mehr als vorschnell zu verurteilende Geisteshaltung und Gier. Die auf bloßen wirtschaftlichen Austausch reduzierte, neu entstehende Gesellschaftssphäre entwickelte sich zum Ort der wirtschaftlichen Emanzipation des einzelnen Bürgers – sofern seine Eigentumsverhältnisse dies erlaubten.

Während wirtschaftliche Aktivitäten gewissermaßen die öffentliche Außenseite des bürgerlichen Lebens ausmachten, galt das Helfen gegenüber dem Mitmenschen als privat und sein freiwilliger Charakter als kultivierenswert. Theorien moralischer Gefühle unterstrichen dies (vgl. Smith 1977). Mitleid (sympathy) galt als substanzielle Basis des anständigen Lebens. In einer Art Phänomenologie der Gefühle legte Adam Smith die Dialektik von Empathie und eigener Identität frei. Die Not des anderen findet nur dann Resonanz im menschlichen Gegenüber, wenn dieser die Situation des anderen als seine eigene, quasi durch Gefühle rhetorisch erzeugte Situation erlebt (vgl. Smith 1977: 7) und im Lichte eines unparteiischen Betrachters (impartial spectator) die Handlungskonsequenzen abwägt. Von daher eröffnet sich jenseits des wirtschaftlichen Raums eine mitleidsgrundierte Kultur des Barmherzigkeit, die allerdings konsequent an die legitimen Gefühle eigener Verletzlichkeit zurückgebunden bleibt und keinesfalls einen subjektfeindlichen Altruismus vertritt. Helfen war demnach einer vorpolitischen Kultur der Anständigkeit (propriety) zugeordnet, in der sich das eigene Interesse nach Anerkennung mit dem im Mitleid entdeckten Hilfebedarf abglich.

In diesem liberalen Leitbild treten Individuen in eine Sphäre zwischen Staat und Individuum ein, die sich als wirtschaftlicher Raum des Tausches als ein objektiver Handlungszusammenhang mit eigener Logik etabliert und die sich auf der Basis partikularer, rationaler Nutzenkalkulationen vollzieht. Das Aufeinandertreffen unterschiedlicher, partikularer Interessen führt der Theorie nach nicht zu einem sich steigernden Konflikt zwischen sich aneinander stoßenden Nutzenkalkülen, sondern erbringt in der Gesamtsumme einen Vorteil für alle, da der strukturelle Mechanismus dieses Interaktionzusammenhangs, der Markt, im Ergebnis dafür sorgt, dass sich die der wirtschaftlichen Absicht geschuldeten Einzelinteressen am Ende wie von einer unsichtbaren Hand zu einem Ganzen zusammensetzen.

Diese optimistische Deutung kapitalistischer Entwicklung und Geschichte löst die klassisch-metaphysische Vorsehungstheorie ab (Smith 1977: 316f.). Der Markt ist so etwas wie die „List der Vernunft", die sich trotz der subjektiven, irrationalen Absichten einzelner Akteure im Gesamtprozess am Ende durchsetzt. Basis dieses Modells ist die Abwehr politischer Interventionen, die die Handlungslogik des Marktes und seine Entwicklung behindern. Eigene Nutzenorientierungen und ihre rationale Kalkulation etablierten sich als emanzipative Dimensionen des homo oeconomicus (vgl. Priddat/Hengsbach 1998) und entwickelten sich zu respektablen, keinesfalls vorschnell zu verurteilenden moralischen Kategorien, die gleichzeitig durch die Kultivierung des Mitleids als Grundlage einer komplexen Welt moralischer Gefühle ergänzt wurden. Eine vorpolitische Kultur der menschlichen Sympathien und ein ebenso vorpolitischer wirtschaftlicher Raum als Ort der Emanzipation des über Eigentum verfügenden Bürgers etablierten sich zwischen Individuum und

Staat. Ein Minimalstaat, eine Kultur des Mitleids sowie eine nutzenorientierte Kalkulation wirtschaftlicher Interessen in der ´öffentlichen´ Sphäre des Marktes sollten sich ergänzen.

1.2 Gesellschaft als Raum des deliberativen und engagierten Humanismus

Der im Zuge des Wirtschaftens entstehende und sich verselbstständige Zusammenhang ließ sich allerdings auch in anderer, erweiterter Weise verstehen. Bereits die Entstehung der Presse, der öffentlichen Bündelung unterschiedlicher Meinungen sowie die damit verbundenen Formen der Diskussion und Deliberation stellen erste wichtige Politisierungschritte der vorpolitischen Zwischensphäre dar (Habermas 1980: 112-143). Bereits hier deutete sich an, dass der neue Handlungszusammenhang nicht einseitig auf die Vielfalt unterschiedlicher Partikularitäten und ihre Tauschlogik festgelegt werden muss; denn eine beratende Öffentlichkeit enthielt immer auch den Anspruch, die eigenen Interessen im Lichte einer objektiveren Größe zu überprüfen und zu transzendieren. Während bei Smith das Individuum die Klärung des Sympathiegefühls und die hieraus entspringenden Handlungsfolgen im Dialog mit einem fiktiven unparteiischen Betrachter (impartial spectator) klärte, erhielt nun Zug um Zug der sich in der Gesellschaft etablierende Vernunftsdiskurs eine die Partikularität korrigierende Funktion (vgl. Hölscher 1978: 413-467). Die Gesellschaft galt daher auch als ein Ort, in dem der Eigennutz transzendiert werden konnte und in der sich neben ökonomischer Nutzenorientierung ebenso ´Regungen der Unparteilichkeit und Menschlichkeit´ (vgl. Ferguson 1988: 141) finden, die nicht bloß der privaten Interaktion vorbehalten sind. Weder die Interessen des vorpolitischen Individuums noch vermeintliche oder geltend gemachte Allgemeinwohlansprüche des Staates oder der kirchlichen Soziallehre konnten von daher Monopolansprüche auf das Allgemeine reklamieren. Derartige Übergangsprozesse weichten die einseitige Festlegung auf eine rein tauschwirtschaftliche Handlungslogik des neu entstehenden Handlungskontextes auf und politisierten moralische Philosopheme wie etwa die Freundschaftsphilosophie bei Ferguson, wenn sie deren öffentliche Bedeutung heraushoben. Sie begannen die Gesellschaft auf diese Weise als Ort lebendiger Dialektik des Besonderen und Allgemeinen zu entdecken. Die deliberativen und demokratischen Ansätze begannen infolgedessen den neu entstehenden Handlungszusammenhang auch als Korrektur des Staates bzw. des staatlichen Handelns zu verstehen, obwohl zunächst nur gesellschaftlich aristokratische Eliten als maßgebende Artikulationsinstanzen galten.

Während der besitzindividualistische Öffentlichkeitsentwurf vor allem die Emanzipation des Wirtschaftsbürgers vor Augen hatte, akzentuieren die nun entstehenden zivilgesellschaftlichen Ansätze den Bürger und seine politische Bedeutung. Er entdeckt sich als politisches Subjekt, das als *politisch wachsamer Bürger* kritisch-diskursiv in die politischen Prozesse eingreift. Gleichzeitig erweitert er die Handlungszonen des Helfens über den privaten Bereich hinaus; auf diese Weise reichert sich die Vorstellung von der Gesellschaft mit moralpolitischen Motiven an, ohne die private Mitleidskultur als schlecht zu negieren. Der Bürger entdeckt den neuen Handlungsraum nicht nur als Ort politischer Einflussnahme, sondern gleichzeitig als Bewährungsfeld menschlicher Zuwendung. Die entstehenden bürgerlichen Vereine geben Zeugnis davon (Hardtwig 1990). Vor diesem Hintergrund wird Gesellschaft zu einem Handlungszusammenhang, zu dessen Humanisierung, Zivilisierung und sozialer

Pazifizierung der Bürger durch sein öffentlichkeitsrelevantes Engagement beiträgt. Beratung, öffentliche Diskussion, politischer Partizipationswille und moralisch humanitärer Verbesserungswille werden in eine systematische Verbindung gebracht, teilweise in religionskritischer Absicht zugespitzt. Die Gesellschaftsreform versteht sich als praktischer Humanismus, der auf die Emanzipation des Menschen als Citoyen zielt. In dieser Form des Engagements gehören Humanisierung, Demokratisierung, menschenrechtliche Ansprüche und eine geradezu welthistorische Mission zusammen (beispielhaft etwa bei Arnold Ruge; vgl. hierzu Boedeker 1982: 1123f.). Das Idealbild des *engagierten Bürgers* gewinnt Gestalt. Im Übergang vom deliberativ-kritischen zum partizipativ engagierten Bürger gewinnt die Gesellschaft als öffentlicher, sozialer und geistiger Raum zunehmend an Bedeutung. Sie ist nicht bloß die Geltungssphäre staatlicher Autorität. Vielmehr gewinnt ein aufklärerisches Staatsverständnis Gestaltung: Der Staat ermöglicht die ihn korrigierende Öffentlichkeit und fördert damit seine Ressourcen, dem Ideal eigener Vernünftigkeit und damit der Sicherung humaner Lebensbedingungen näher zu kommen. Als soziale und geistige Sphäre entwickelt die Gesellschaft sich zur (De-)Legitimationsbasis staatlicher Macht.

Derartige Entwürfe wirken in ihrem zur Entstehungszeit zumeist projektiven, idealen Charakter katalysierend auf die Selbstorganisation der Gesellschaft. So lag es nahe, ein Recht auf gesellschaftliche Selbstorganisation zu betonen, insbesondere bei denjenigen Organisationen, die zur Ermöglichung und ständigen Verlebendigung dieses republikanischen Ideals beitragen. Infolgedessen wird deren humanitäre und politische Bedeutung für das Gemeinwesen und das Gemeinwohl hervorgehoben. Es waren vor allem die durch Amerika inspirierten Theoriebildungen und -entwicklungen, die, wie bei Tocqueville und Dewey, die substanzielle Bedeutung jenes Bereichs in seiner intermediären Funktion hervorhoben (Jaeger 2001). In ihm werden die Partikularitäten klein gearbeitet, vorläufige Konsense gefunden und realistisch auf die Handlungsbedingungen abgestimmt. In der „Schule der Demokratie" (Tocqueville) lässt sich die Dialektik des Besonderen und Allgemeinen weder einseitig dem inneren Diskurs des einzelnen Individuums noch dem Staat oder der Gesellschaft allein zuordnen; sie lebt von den Spannungen, der Lebendigkeit gesellschaftlicher Diskurse und dem Engagement ihrer Bürger, die in gesellschaftlichen Organisationen wie Vereinen ihren Platz haben. Diese hat der Staat zu ermöglichen und zu fördern.

1.3 Fundamentalkritik oder christlicher Altruismus – Einwände gegen das humanistisch-politische Engagement

Die Aufwertung der Gesellschaft unter dem demokratischen Blickwinkel barg jedoch auch Gefahren. Hegels Sozialphilosophie sowie ihre marxistische Weiterentwicklung setzen je auf ihre Weise an den damit auftretenden Problemen an. Die Bedenken von Marx gegenüber einem demokratieorientierten Gesellschaftsbegriff als Feld eines politisch-humanistischen Engagementprojekts sind fundamental. Seine Einwände bleiben hier eher einem liberalen Verständnis der Gesellschaft verbunden, allerdings mit negativen Vorzeichen: „Die Gesellschaft, sagt Adam Smith, ist eine handeltreibende Gesellschaft. Jedes ihre Glieder ist ein Kaufmann. Man sieht, wie die Nationalökonomie die entfremdete Form des geselligen Verkehrs als die wesentliche und ursprüngliche Form und der menschlichen Bestimmung entsprechend fixiert." (Marx 1968: 451) Im Ergebnis herrschen Eigentümer über Besitzlose, die ihre Arbeitskraft verkaufen müssen. Die freie Assoziation der Privateigentümer widerlegt in ihrer ökonomischen Konkurrenz ihre eigene Freiheit. Daher gilt Gesellschaft als Ort einer unausbleiblichen Entfremdung, ein Sachverhalt, den die liberale Gesellschaftsauffassung vollständig verkennt und über den die republikanischen Gesellschaftsentwürfe im Gestus des politisch-humanistischen Engagements hinwegtäuschen. Jedes nur ansatzweise normative Verständnis der Gesellschaft erscheint als unangemessene, wirklichkeitsferne Idealisierung. Das schonungslose Aufdecken gesellschaftlicher Widersprüche erfordert hingegen, die Unterscheidung von Staat und Gesellschaft im projektiven Entwurf aufzuheben.

Diese kritische Sicht der normativen Aufwertung der Gesellschaft sensibilisiert für die Ambivalenz demokratischer Prozesse. Einerseits konnte man in der Französischen Revolution eine vertragstheoretische Relativierung des Staates als absoluten Zweck sehen; durch den „Bürgervertrag" hat der Bürger das Recht, den Staat anders zu ordnen. Andererseits ließ sich das Konstitutionsverhältnis von Staat und Gesellschaft auch im Sinne einer weitergehenden, prinzipiellen Vorrangstellung der letzteren begreifen, die die Gesellschaft gewissermaßen als monopolistischen Platzhalter des vernünftigen Willens hochstilisiert. Die sozialen Bewegungen – so Lorenz von Stein – versichern: „Bis jetzt hat der Staat die Gesellschaft ... bedingt", nun komme es darauf an, „den Staat durch den Begriff und das wirkliche Leben der Gesellschaft gestalten und bedingen zu lassen" (Stein 1842: 446). Die Umkehrung des Bedingungsverhältnisses führt indessen keineswegs ausschließlich in ein republikanisch-humanistisches Engagement. Denn die moralische Stimulation der Gesellschaft ließ sich auch sozialromantisch weiterentwickeln. Der Begriff des Volkes, der des Volkstums und der Nation gewannen zentrale Bedeutung. Helfen verstand sich infolgedessen als Dienst an der Gemeinschaft, am Volk, zu dem seine Glieder sich verpflichtet fühlten. Derartige Konzepte imaginierten einen modernisierungsresistenten Volkskörper, dessen gemeinschaftsstiftende Funktion als übergeordnetes Ganzes galt. In solchen Entwürfen verflüchtigte sich sowohl die wirtschaftsliberale als auch die republikanische Emanzipation des Individuums. Jene sozialromantisch volksorientierten Ansätze waren in besonderer Weise für einen maximalen Altruismus offen. Sie verstanden sich vor allem als parastaatliche Nothelfer, die jegliche politisch-partizipative Dimension aus ihrem Hilfebegriff fernhielten.

Besonders Vertreter des sozialen Protestantismus wie Johann Hinrich Wichern brachten durch ihr eigenes Engagement und durch die Schaffung von Verbandsstrukturen (Gründung des Centralausschusses für Innere Mission 1848) wegweisende Hilfeformen in diesem Kontext auf den Weg. Der christliche Liebesaltruismus begriff sich als missionarischer Dienst am entchristlichten Volk und die kirchliche-soziale Arbeit als Beitrag an einem organisch gedachten Ganzen (Wichern 1963: 256). Jenes konservativ organologische Politikverständnis sah in Familie, Kirche und Staat diejenigen Organe, die durch eine tiefgreifende religiöse Rückbesinnung und eine hieraus entspringende Versittlichung wieder zu einem reibungslosen Zusammenwirken finden sollten (Wichern 1963: 246). Liberales und republikanisches Engagement förderten aus diesem Blickwinkel vor allem die Vereinzelung und den Egoismus, letztlich auch die innere Säkularisierung. Der Marxismus galt zudem als eigentlicher ideologischer und politischer Gegner, zumal seine religionskritische Spitze und seine politische Deutung des sozialen Elends stetig einen unfriedlichen und unsittlichen Geist in die Gesellschaft trage (Wichern 1962: 158).

Demgegenüber galten vorgegebene Ordnungsstrukturen als gottgegeben und -gewollt, insbesondere Familie, Ehe, der Staat als „göttliche Institution" (Stahl 1878: 176) und die Kirche, deren chaosabwehrende Funktion gegenüber der zunehmenden Dynamisierung des Sozialgefüges festgehalten wurden (prominent bei Harless 1875: S.265f.) Wicherns Konzept einer lebendigen Volkskirche als Quelle sittlicher Generativität des Volkes insgesamt und sein Ideal eines das Triebleben ordnenden christlichen Familien- und Ehelebens zielte vor allem auf Stabilität.

Diese konservative Linie geht im 19. Jahrhundert zumeist eine kompakte Synthese mit einem obrigkeitsorientierten Staatsverständnis ein; sie greift zentrale, wenn auch nicht alle Gesichtspunkte der Hegelschen Rechtsphilosophie auf – im Staat vollendet sich die Sittlichkeit (Bubner 1984: 184-222), da der neuzeitliche Staat und seine Organisationsformen die Idee der Freiheit verkörpern – und wendet sie ins Theologische; der Staat rahmt als gottgewollte, übergeordnete Institution die partikularistischen Dynamiken und wehrt das Chaos ab.

Kirchlich-soziale Hilfen dienen demzufolge vor allem der sozialen Pazifizierung und Normalisierung. Derartige Pointierungen legen indirekt die Gesellschaft auf ein liberalistisches Verständnis im Sinne der Konkurrenzgesellschaft fest, verführen aber gleichzeitig dazu, die Sphäre zwischen Individuum und Staat durch eine romantisierende Volksidee zu überhöhen. Ihr antimoderner Impuls gegenüber der aufkommenden Pluralisierung und Individualisierung weicht sich im Protestantismus erst im Zuge der teilweise protestantisch motivierten bürgerlichen Sozialreform (Schmoller u.a) und eines sozialliberalen Protestantismus (Naumann u.a.) auf (hierzu Jähnichen/Friedrich 2005: 927f., 969-976). Die konservativ-protestantischen Prägungen der politischen Kultur im 19. Jahrhundert entfalten ihre problematischen obrigkeitsorientierten Wirkungen allerdings noch nachhaltig in der ersten Hälfte des 20. Jahrhunderts (Maaser 1990: 205-287).

Während die linkshegelianische Variante ein Gesellschaftsverständnis mit sozialen, kulturellen und politischen Dimensionen jenseits ökonomischer Konkurrenz kategorisch ausschloss, beinhaltete die politische Philosophie Hegels ebenso Gesichtspunkte, mit deren Hilfe sich die Komplexität jener Zwischensphäre, „welche zwischen die Familie und den Staat tritt" (Hegel 2002: § 182), differenzierter begreifen und verstehen ließ. Neben dem „System der Bedürfnisse", der Rechtspflege und der Polizei gehörten auch die Korporationen (Hegel 2002: §§ 230-256) für Hegel zum Begriff der bürgerlichen Gesellschaft. Die Mitgliedschaft in diesen Organisationen führt zur Bearbeitung der bloßen individuellen Einzelinteressen; auf diesem Weg kommt es zu einer stärkeren gemeinwohlorientierten Perspektive. Hegel trägt in diesem Punkt zur begrifflichen Konzeption der Zivilgesellschaft bei; denn jene Korporationen erhalten sowohl eine sozialintegrative als auch eine politische Funktion (vgl. zu dieser Interpretation Cohen/Arato 1992: 95ff., 106ff.), da die Ständevertretungen an der politischen Willensbildung mitwirken. Diese Ansatzpunkte dürfen allerdings nicht darüber hinwegtäuschen, dass der Staat unabhängig von unterschiedlichen Hegelinterpretationen die ultimative Definitionsgewalt über das Gemeinwohl behält.

2 Zwischenergebnis

Die unterschiedlichen Gesellschafts- und Politikentwürfe des 18. und 19. Jahrhunderts implizieren ebenso unterschiedliche Konzepte des Helfens und des Engagements. Ein eher auf Ich-Du-Beziehungen abzielendes Verständnis des Helfens findet sich vor allem in liberal-besitzindividualistischen Entwürfen und deren empfohlener Kultivierung des Mitleids sowie im obrigkeitsorientierten und organologischen Sozialverständnis religiöser Barmherzigkeitskulturen. Jenseits der liberalen Konkurrenzgesellschaft eröffnen sich Räume des Helfens und der Humanisierung des Zusammenlebens, sei es als mitleidmotivierte und auf Gegenseitigkeit durchgeklärte menschliche Hilfe oder als altruistisch-religiöse Praktik der Nächstenliebe. Im Vordergrund stehen die personalen Nahbeziehungen oder das korporatistische Engagement in religiösen Einrichtungen mit sozialarbeiterischer Ausrichtung – Organisationen, die es auch durch Spenden, die zumeist aus dem milieuafinen Umfeld gewonnen werden, zu unterstützen gilt.

In beiden Fällen wird Hilfe als vorpolitische Aktivität gedacht. Dies liegt offensichtlich daran, dass der Gesellschaft als Handlungsraum keinerlei politische Bedeutung im engeren Sinne beigemessen wird. Die Subjektwerdung des Hilfsbedürftigen besteht vor allem in der Reintegration in eine vorpolitische Gemeinschaft durch eine Normalisierung seiner Lebensmuster und der Vermeidung abweichenden Verhaltens. Erst die Anerkennung der Gesellschaft als objektivem, nicht nur auf wirtschaftliche Interessen beschränktem Handlungsraum mit seinen unterschiedlichen Funktionen ermöglicht im Ansatz ein politisches Verständnis des Helfens, d.h. des Engagements. Diese Form des organisierten Helfens ist nicht nur freiwillig, nicht am materiellen Gewinn orientiert, sondern gleichzeitig ein Beitrag zum Gemeinwohl im öffentlichen Raum, der nicht von der Rolle der Helfenden als Bürgern losgelöst werden darf.

3 Vom Verein zum subsidiären Großformat

Die Bürger begreifen sich in diesem Prozess als Träger von liberalen Rechten, die zunehmend weitere Einflussmöglichkeiten entdecken. Dies umfasst auch organisatorische Formen der Selbsthilfe, die einen sozialpolitisch zu bearbeitenden Hilfebedarf identifizieren. Aus dieser Perspektive beginnen sich Dimensionen in das Hilfeverständnis einzutragen, die über ein einseitig altruistisches Verständnis hinausgehen. Dies schlägt sich auch in den Differenzierungen gesellschaftlicher Organisationen nieder; Genossenschaften als Selbsthilfeeinrichtungen und der bürgerliche Verein entstehen als organisierte Hilfeformen (vgl. Sachße 2000: 78f.). Besonders dort, wo Vereine wegweisend Teil subsidiärer lokaler Sozialpolitik und sozialpolitisch mandatierte Hilfeakteure werden, wie im sog. Frankfurter System, werden sie zum Bestandteil einer „repolitisierten Sozialsphäre" (Habermas 1990: 226).

Trotz der teilweise unpolitischen Motivationen des geselligen Vereinslebens wirkt der Verein als ʿSchule der Demokratieʾ (Hoffmann 2003: 18), wie bereits Tocqueville hervorhob. Denn die Modernisierung erweiterte das philanthropische Verständnis. Die Vereinskulturen bürgerlicher Prägung beinhalteten ein Gefälle zur demokratischen Partizipationskultur, während die konfessionellen Milieus eher Vereinskulturen unter altruistischem Selbstverständnis herausbildeten. Selbsthilfeorganisationen wie Genossenschaften demonstrierten durch ihre Existenz, dass sich spezifische Probleme gesellschaftlicher Gruppen organisatorisch lösen und bearbeiten ließen. Sie gewannen in diesem Zusammenhang auch Kenntnisse über die begrenzte Reichweite gesellschaftlicher Organisationen, insofern sich einzelne soziale Probleme offensichtlich nur im Medium staatlicher Steuerung lösen oder begrenzen ließen. Von daher mündeten wichtige Impulse in die Ausbildung des Sozialstaats ein und wurden zu Beginn der Weimarer Zeit in das System einer subsidiären Sozialpolitik eingefügt. Insgesamt handelt es sich um eine typische Vergesellschaftungsweise, allerdings mit sehr unterschiedlichen milieubestimmten Profilen (zum Überblick Adloff 2005: 100-107), sodass sich schwerlich ein gemeinsamer ideologischer zivilgesellschaftlicher Nenner ausmachen lässt. Arbeitervereine, bürgerliche Disputierclubs, Turnvereine sowie konfessionell gebundene Vereine der sozialen Arbeit lassen sich kaum unter ein einheitliches Leitbild subsummieren. Insgesamt vermittelt der Verein die affektiven Wertbindungen mit der Gesellschaft (vgl. Hardtwig 1990: 815). Mal überwiegen die politischen Selbstartikulationsinteressen, mal die praktischen Hilfeprozesse, ein andermal der engagierte Altruismus als Antwort auf die soziale Frage des 19. Jahrhunderts.

Helfen verändert damit auch sein traditionell eher altruistisches Verständnis. Es erweitert sich um eine politische Teilhabedimension und versteht sich nicht mehr als bloß interpersonale menschliche Zuwendung, sondern begreift diesen Vorgang in und aus seinem organisatorischen Kontext als Teil eines politischen Gestaltungswillens und -prozesses. Der Verein als Kontext des Handelns stellt eine zentrale Stufe der Weiterentwicklung dar, zunächst lokal, dann aber auch überregional gebündelt (vor allem Deutscher Verein für Armenpflege und Wohltätigkeit 1880) und in sozialpolitischer Hinsicht wissenschaftlich begleitet (Verein für Socialpolitik 1873). Infolgedessen reichert sich der traditionell-altruistische Motivationshintergrund mit sozialpolitischen, professionellen und wissenschaftlichen Motivationen an. Helfen erweitert sich zum Engagement; es entstehen so etwas wie die Vorformen einer Engagementpolitik.

Dem liegt auch ein verändertes normatives Verständnis menschlicher Rechte zugrunde. Zunächst stand dabei die Abwehr gegenüber staatlicher Willkür im Vordergrund. Dieser Gesichtspunkt förderte die Entstehung einer von staatlichen Interventionen freien Zwischensphäre des wirtschaftlichen Agierens. Im Zuge dieses sich politisch geltend machenden Individualrechts entfalteten sich im Verlaufe der Neuzeit weitere, naheliegende Implikationen und erweiterten das Freiheitsverständnis und das Selbstverständnis des Bürgers. Zur politischen Freiheit gehört dann nicht nur die in Anspruch genommene Abwesenheit des Staats, sondern ebenso das Recht, durch freie Meinungsäußerung, öffentliche Kommunikation und kritische Publizität in den politischen Prozess diskursiv einzugreifen. Hierdurch verbreitete sich auch der Handlungsspielraum bürgerlicher Freiheit; veränderte Wirklichkeitsdefinitionen, die in ihren Entstehungskontexten zum überwiegenden Teil projektive und utopische Überschüsse enthielten, motivierten die Menschen dazu, weitere Rechte geltend zu machen und auf deren Realisierung zu drängen, sie gegebenenfalls selbst in die Hand zu nehmen. Das Recht, die Rahmenbedingungen individueller Freiheit zu beeinflussen, mitzubestimmen und als Teilhaberechte geltend zu machen, beinhaltete allerdings auch eine eigene größere Zuständigkeit und Verantwortung für die politischen und sozialen Belange. Dieses Selbstverständnis motivierte einerseits zur Selbstorganisation eigener Interessen und sozialer Anliegen, wie umgekehrt die dann immer deutlicher werdende Inhaftungnahme des Staats als zentrale Steuerungsinstanz gesamtgesellschaftlicher Prozesse an Bedeutung gewann. Helfen war fortan nicht mehr bloß private mitleidsmotivierte, philanthropische oder altruistische, gebotsethische Zuwendung.

Entsprechend der politischen Kräfteverhältnisse der frühen Weimarer Republik wurden die unterschiedlichen gesellschaftlichen Hilfeakteure steuerungspraktisch in ein subsidiäres Konzept der Sozialpolitik eingefügt (Sachße 1996). Während z.B. die sozialdemokratischen Traditionen im Umfeld der AWO ihr präventives Verständnis der Sozialpolitik und ihren Etatismus in deutlicher Spannung zur subsidiären Vorrangstellung der freien Wohlfahrtspflege sahen, ließen sich die kirchlichen Traditionen des 19. Jahrhundert gut in diesen neuen Rahmen einbringen bzw. fortsetzen, machte die subsidiäre Politik doch wichtige Zielvorstellungen des Sozialkatholizismus zum Programm. Im Ergebnis allerdings war das Eintreten und die Kooperation im Kontext des dualen Systems alternativlos, wenn man weiterhin seinen Hilfeprogrammatiken gesellschaftliche und politische Relevanz verleihen wollte. Dieses organisatorische Gefüge rahmte fortan unterschiedliche Motivlagen, Begründungsstrategien und Konzeptionen der Sozialpolitik mit korrespondierendem Hilfeverständnis.

Allerdings begrenzte das subsidiäre Großformat gleichzeitig auch die politische Dynamik des Engagements durch ihre Ortzuweisung und Steuerung. Die Delegierung sozialstaatlicher Aufgaben an die freie Wohlfahrtspflege, ihre Subvention und ihre gesetzliche Steuerung schufen einen festen Rahmen, der nach dem Zweiten Weltkrieg um so plausibler erschien, als seine Zerstörung durch den Nationalsozialismus ihn geradezu als ideal und wegweisend erscheinen ließ. Es folgte eine jahrzehntelange Erfolgsgeschichte der bundesrepublikanischen Wohlfahrtspflege mit einer fortschreitenden Ausweitung und Professionalisierung sozialer Dienstleistungen (Anheier/Seibel 1990). In dieser Expansion schliffen sich auch die begründungstheoretischen und konzeptionell normativen Politikvorstellungen ab, da sich auch die zuvor versäulten Milieus auflösten und sich jeweils die sozialpolitische Legitimation der eigenen organisatorischen Existenz und Finanzierung in den Vordergrund schob.

Als Teil eines kontinental-europäischen Modells des Sozialstaats (Kaufmann 1997; 2003) formatierte die freie Wohlfahrtspflege weite Teile des gesellschaftlichen Engagements und die hierin zur Geltung kommenden Formen politischer Partizipation. Die seit den 1970er Jahren entstehenden Selbsthilfegruppen sowie andere Formen von NGOs erweiterten hier das Spektrum (Zimmer/Priller 2004), konnten aber die vorgegebenen Großformate nicht ändern. Erst die im Zuge eines sozialpolitischen Paradigmenwechsels eingeleitete Ökonomisierung des Dritten Sektors transformierte diese Situation. Sie lässt die sich bereits im 19. Jahrhundert abzeichnenden Reformbilder wieder in ihrer Unterschiedlichkeit stärker hervortreten; diese versorgen die konfliktuöse Debatte mit reformorientierten Projektionen und normativen Begründungen. Gleichzeitig gehen sie Synthesen mit neueren, zumeist soziologischen Theorien ein, um ihre Plausibilität zu unterstreichen.

Als besonders erfolgreich kann hier der liberalistische Gesellschaftsentwurf gelten. Im deutschen Kontext fand er in der Nachkriegszeit keine breite Zustimmung. Liberale Gesichtspunkte waren vielmehr in die konservativ-soziale Ordnungsvorstellung der sozialen Marktwirtschaft eingearbeitet. Obwohl sich die wichtigsten Vertreter des Liberalismus im

20. Jahrhundert bereits Ende der 1930er Jahre organisierten und entsprechende Netzwerke bildeten – wegweisend vor allem die 1947 gegründete Society Mont Pelerin (vgl. Plehwe/Walpen 1999) –, konnte sich deren Sichtweise zunächst nicht breit etablieren. Hajek als einer der wichtigsten Organisatoren sah dies realistisch, als er 1949 schrieb, dass man sich in der politischen Durchsetzung des liberalen Entwurfs auf einen langen Weg einstellen sollte. „What we lack is a liberal Utopia" (Hajek 1949: 237). Seine breitere Durchsetzung eröffnete sich erst im Zuge des Wegfalls der Systemkonkurrenz Ende der 1980er Jahre, durch den sich die legitimatorischen Koordinaten politischer Entwürfe erheblich veränderten. Zugleich veränderte die immer stärker rezipierte Systemtheorie die normative Beschreibungsperspektive gesellschaftlicher und politischer Prozesse. Ihre Betonung der spezifischen Eigenlogik sozialer Subsysteme und die sich darin teilweise zuspitzende Eskamotierung staatlicher Steuerungsfragen profitierten von den vorausgegangenen moralistischen Simplifizierungen dieser Probleme. Gleichzeitig ließen die durch die Globalisierung veranlassten politischen Neujustierungen den klassischen Sozialstaat zunehmend dysfunktional erscheinen.

4 Neue Reformbilder

Die neuen Herausforderungen und die entsprechenden Wirklichkeitsdefinitionen führten zu einem Aufleben des Diskurses um Reformbilder. Sie kreierten neue Synthesen in den Reformulierungen und Aktualisierungen der klassischen Weichenstellungen. Als besonders zentral kann hier das Reformbild des aktivierenden Staates gelten, da es jenseits der klassischen Alternative von liberalem Nachtwächterstaat und interventionistischem Sozialstaat steht.

4.1 Der aktivierende Staat und die neue Verantwortungsteilung

Der aktivierende Staat will zum einen eine Antwort auf die Globalisierung sein, zum anderen will er die geltend gemachte Übersteuerung, Ineffektivität und Lähmung des alten Sozialstaatsmodells überwinden. Dessen Dysfunktionalität gilt als ausgemacht. „Unter dem aktivierenden Staat wird ein Staat verstanden, der zwar an einer umfassenden öffentlichen Verantwortung für gesellschaftliche Aufgaben festhält, jedoch nicht alle Leistungen selbst erbringen muss. Seine Aufgabe ist vielmehr die Gesellschaft einschließlich der Beschäftigten des öffentlichen Dienstes zu aktivieren, zu fordern und zu fördern, die sich selbst als Problemlöser engagieren." (Bandemer/Hilbert 1998: 25-32; Behrens u.a. 2005). In diesem Konzept rückt die Gesellschaft mit ihren unterschiedlichen organisatorischen wie individuellen Akteuren in den Horizont der Verantwortung. Das Modell stellt zunächst ein verändertes Steuerungskonzept dar. Nicht der Staat, sondern die Gesellschaft und die Individuen sollen zu Akteuren unterschiedlicher politischer bzw. sozialpolitischer Aktivitäten werden. Im Falle der Wohlfahrtsproduktion soll der Staat zwar den gesamten Prozess steuern, Akteure sollen jedoch vermehrt gesellschaftlicher Art sein, vor allem Non-Profit-Organisationen, formelle und informelle Netzwerke. Auch in anderen Bereichen werden im Zuge dieses Konzepts öffentliche Aufgaben durch private Akteure – paradigmatisch seit ca. 15 Jahren im

Sicherheitsbereich – erledigt (vgl. Bandemer/Blanke u. a. 1995: 41-60). Der Staat wird zu einem Gewährleistungsstaat, der die gesellschaftlichen Kräfte und ihre Eigeninitiative stimuliert.

Indem der Staat aktiviert, steuert er auch die Richtung. Er verschwindet nicht einfach von der Bildfläche und wird zum minimalistischen, neoliberalen Nachtwächterstaat; vielmehr übernimmt er die Rahmen- und Gewährleistungsverantwortung und sorgt insofern für die Erbringung öffentlicher Aufgaben, erstellt sie jedoch nicht selbst. Die Programmformel vom „providing zum enabling" im Anschluss an den Vorschlag von Osborne und Gaebler (Osborne/Gaebler 1992; Dettling 1995), die „Regierung neu zu erfinden", wird zum bildhaften Motto: *steuern, nicht rudern*. Der Begriff *neoliberal* umreißt diesen Sachverhalt nicht ausreichend. Semantisch erweist sich der Begriff *neosozial* als angemessener, da er der verstärkten Steuerung durch den Staat eher Rechnung trägt.

Während wirtschaftsliberale Theorien in Bezug auf die Gesellschaft eher minimalinterventionistisch sind, trägt das neosoziale Modell dem Staat an, stärker in die Gesellschaft zu intervenieren und sie zu aktivieren. Dabei sollen zentrale Funktionen von gesellschaftlichen Akteuren übernommen werden. Das kritische Gegenüber von Gesellschaft und Staat tritt in den Hintergrund, sind doch alle Kräfte gefordert, die Dysfunktionalität des alten Sozialstaates durch gemeinsame gesellschaftliche Aktivierung zu beseitigen. Liberal-rechtliche Dimensionen verlieren an Bedeutung; es geht nicht darum, seine bürgerlichen Rechte und jeweiligen Interessen gegenüber dem Staat deutlich zu machen, sondern in die gemeinschaftliche, sich gegenseitig fordernde Aktivierung einzutreten. Folglich gelten Menschen, die dem nicht nachkommen, als Solidaritätsverweigerer, Gemeinschaftsfeinde, Trittbrettfahrer etc., deren Ansprüche im Gegenzug zunehmend als unangemessen und letztlich unanständig wahrgenommen werden.

Das neosoziale Modell der Aktivierung vermag jedoch durchaus Motive neoliberaler Konzeptionen in sich aufzunehmen. Der im traditionellen Staatsverständnis ausbalancierte, stets labile Dominanzkonflikt zwischen Wirtschafts- und Sozialpolitik setzt sich besonders unter dem Gesichtspunkt internationaler Konkurrenz in der Forderung nach mehr Flexibilität fort. Deshalb gehört eine neue Theorie der Verantwortungsteilung zum Verständnis des aktivierenden Staates hinzu. Auf diesem Weg entstand eine Neukonzeption des Sozialstaates, in der die Theorie einer neuen Verantwortungsaufteilung zwischen Staat und Gesellschaft zum Kernelement wird (Schuppert 2002: 67-98, bes. 77-79). Anstrengungen, diesen Prozess gesellschaftlicher Verantwortungsübernahme zu stimulieren, lassen sich als *Aktivierung von Verantwortung* begreifen.

Da Verantwortung immer ein Vorgang von konstruktiver Zuschreibung (Heidbrink 2007) ist, beinhaltet er auch die Zuschreibungen von Folgen, die einer Organisation oder einem Subjekt zugeordnet werden. Daher enthält die Verantwortungsteilung auch Vorentscheidungen darüber, was man von einer Organisation legitimerweise erwarten darf. Im Zuge dessen werden die Verantwortungsträger auch mit behaftet, da sie als die Ursache der Folgen gelten.

Einerseits verspricht die Semantik der Aktivierung erhöhte Handlungsspielräume für die Gesellschaft, andererseits lassen sich in den Steuerungsprozessen der neuen Verantwortungsteilung geradezu gegenläufige Trends ausmachen. So greift der Staat im Bereich des Dritten Sektors (vgl. Anheier/Seibel 1990) – d.h. des gesamten Wohlfahrtssektors, immerhin ein Bereich mit 1,4 Millionen Angestellten – sehr viel mehr als zuvor steuernd ein. Nahmen die Organisationsformen des Engagements zuvor eine konzeptionell mitgestaltende Rolle in einer subsidiär orientierten Sozialpolitik ein, entwickeln sie sich nun immer deutlicher zu instrumentellen Implementationsakteuren politischer Vorgaben. Neue Steuerungsverfahren, die das Verhältnis von Kostenträgern und Leistungserbringern neu ordnen – vor allem das Kontraktmanagement und dessen Elemente (Zielvereinbarung, Budgetierung, Controlling u.ä.) –, legen fest, in welcher Weise sie im gesellschaftlichen Raum agieren müssen, wenn sie denn weiter existieren wollen (Dahme u.a. 2005: 105-158). Daher kann das für die Gesellschaft Wohlfahrtsnotwendige immer weniger von den subsidiär gedachten Wohlfahrtsorganisationen in eigener Verantwortung mitdefiniert und mitbestimmt werden. In der neuen gesellschaftlichen Verantwortungsteilung bestimmt der Staat sehr viel deutlicher die inhaltliche Konkretion und Realisierung der bis dato subsidiären Verantwortungsübernahme. Dabei gehen Dezentralisierung der Verantwortung und gleichzeitige substantielle Vorgaben der Verantwortungsverwirklichung Hand in Hand. Dezentralisierung führt daher nicht eo ipso zu einem Gewinn von Handlungsspielräumen.

Im Schnittfeld von Semantik und Steuerung zeigt sich eine spezifische Dialektik derzeitiger Aktivierung: Verantwortung wird delegiert; gleichzeitig kommt es zur stärkeren Steuerung der Wohlfahrtsorganisationen und ggf. auf Dauer zur Entkernung ihrer sozialpolitischen Funktion, da sie sich als Implementationsakteure zu bloßen Erfüllungsgehilfen entwickeln.

4.2 Der flexible, altruistische und gemeinschaftsfähige Bürger

Das Verhältnis betrifft aber nicht nur das Verhältnis von Staat und gesellschaftlichen Organisationen, sondern ebenso das Verhältnis von Staat und Bürger. Angesichts abnehmender Leistungstiefe des Sozialstaates werden vom Bürger mehr Flexibilität (Sennett 1998) und Eigenleistung in der neuen Arbeitsteilung erwartet. Der Unternehmer wird zum kulturellen Vorbild im Reformprozess. Sein Erfindungsreichtum und seine Spannkraft entwickeln sich zum Leitbild gesellschaftlicher Vergemeinschaftung, in der sich der Bürger vor allem selbst hilft. Dabei besteht seine Selbsthilfe vor allem im Anbieten und Verwerten seiner Arbeitskraft.

Der Arbeitskraftunternehmer ist für die Herstellung der organisatorischen Voraussetzungen zur Verwertung seiner Arbeitskraft selbst verantwortlich. Daher muss er sich selbst als Ware „Arbeitskraft" begreifen und eine neue Form der individuellen Selbstökonomisierung einüben (vgl. Voß/Pongratz 1998: 140-143; Voß/Pongratz 2003). Dieser zunächst analytische Befund etabliert sich jedoch gleichzeitig als normativer Standard und „Subjektivierungsregime" (Bröckling, 2007: 14, 46-75), als empfohlenes und vor allem als zukunftsträchtiges anthropologisches Selbstverständnis. Er entwickelt sich zu einem erstrebenswerten Ideal und konstituiert sich im Schnittfeld von Empirie und Normativität als Reformbild. So erklärt 1997 der Bericht der Kommission für Zukunftsfragen der Freistaaten Bayern und Sachsen: „Das Leitbild der Zukunft ist der Mensch als Unternehmer seiner Arbeitskraft". Menschen *sollen* Arbeitskraftunternehmer werden und sich am kulturellen Ideal des Unternehmers orientieren. Auf diese Weise entwickelt sich dieses Leitbild zum normativen Paradigma moderner Subjektwerdung und -realisierung, das zudem die Integration in die Gesellschaft qua Arbeitskraft und ein nachhaltig selbstständiges, nicht auf fremde Hilfe angewiesenes Leben verspricht. Was die Soziologie noch vorsichtig als Erweiterung eingeführter Arbeitsformen und als ein Modernisierungserfordernis identifizierte, gerät nun zum anthropologischen Grundkonzept mit verantwortungstheoretischem Sinn.

Gleichzeitig verdienen aber auch die altruistischen Motive der Bürger und ihre Spendebereitschaft vermehrte Aufmerksamkeit (Anheier/Then 2004). Das Entstehen und systematische Fördern eines breiteren Stiftungswesens zielt eher auf die Verlebendigung der auf Großherzigkeit und Helfen angelegten, altruistischenTraditionen als auf die bürgerschaftlich-partizipativen des 19. Jahrhundert. Da hier naturgemäß die Freiwilligkeit des Gebens im Vordergrund stehen muss, entwickelt sich der Engagementbegriff insgesamt wieder eher in Richtung des traditionellen Hilfebegriffs. Unterstützt wird diese Entwicklung auch dadurch, dass in den aktuellen Gerechtigkeitstheorien die rechtliche Geltung von Ansprüchen gegenüber Gesellschaft und Staat ermäßigt und vor allem auf eine bloße Grundsicherung abzielende Erwartung reduziert werden.

Im Modell einer gesamtgesellschaftlich-subsidiären Arbeitsteilung des Helfens und Engagements hingegen besaß bis dato die Prävention einen festen Ort. Ein erheblicher Teil sozialstaatlicher Aktivität bestand auch in der präventiven Begrenzung der marktwirtschaftlich induzierten Ungleichheitsdynamik. Sozialpolitik galt als Teil allgemeiner Gesellschaftspolitik. Auch beanspruchte Sozialleistungen galten aus diesem Blickwinkel als Teil der Umverteilung und nicht als bloße Barmherzigkeitsgabe. Seit 15 Jahren hat sich die Gerechtigkeitstheorie ebenso in ihren maßgeblichen Koordinaten verändert. Umverteilung als normatives Ziel trat dabei im klassischen Wertekonflikt zwischen Gleichheit und Freiheit in den Hintergrund (Krebs 2000, 2002; Kersting 2000, 2002). Die meisten Entwürfe entwickeln den Umverteilungsanspruch aus einem liberalen Begründungskern. Dies geschieht in zwei Varianten. Wenn wir die Freiheit aller normativ bejahen, muss Umverteilung mindestens in dem Ausmaß erfolgen, dass alle relativ ähnliche empirische Chancen der Realisierung ihrer Freiheit besitzen. Zu diesem, auf die Lebenslagen als Ganzes bezogenem Umverteilungsprozess gehören auch Befähigungsprozesse, die strukturell vom Staat initiiert, gewährleistet und begleitet werden müssen. Ungleichheit bleibt im Prinzip rechtfertigungsbedürftig. Derartige Ansätze variieren die Gerechtigkeitstheorie von John Rawls (Gosepath 2004). Andere Ansätze hingegen setzen zwar an einem liberalen Begründungskern an, begrenzen jedoch Hilfe- und Solidaritätsbemühungen auf Zuspitzungen in individuellen Krisen und deren Hilfebedürftigkeit. Sie etablieren in der Theorie einen spezifischen Begriff der Solidarität zwischen Barmherzigkeit und Gerechtigkeit (vor allem Kersting 2000: 376-403), der dem Engagementbegriff im engeren Sinne seine demokratische Stoßrichtung nimmt, da er das verpflichtende Maß der Gerechtigkeit verringert und damit gleichzeitig einen größeren, darüber hinaus gehenden Horizont der altruistischen Freiwilligkeit freilegt. Damit entfällt die Aufgabe einer kontinuierlichen Umverteilung als Teil allgemeiner Sozialpolitik. Die Redistribution im Sinne einer gerechten Rückverteilung der Ergebnisse gemeinsamer gesellschaftlicher Wertschöpfung entfällt und bleibt dieser Form der Gerechtigkeitstheorie äußerlich. Das Gerechtigkeitswirken endet bei einer grundsichernden Schutzpolitik; sie löst die Sozialpolitik als allgemeine Gesellschaftspolitik ab.

Gleichzeitig erfährt die Chance der Vergemeinschaftung im gesellschaftlichen Kontext besondere Aufmerksamkeit (vgl. MacIntyre 1987; Etzioni 1999), ohne unmittelbar mit den liberalen Grundsicherungskonzepten der Gerechtigkeit zusammenzuhängen. Solche Entwürfe entspringen einer konservativ-sozialen Perspektive. Denn sie betonen sowohl die Solidarität der Milieus als auch die Tugenden sowie die Traditionen als Sinnressource und die Aufwertung traditioneller Verantwortungsträger im Raum der Gesellschaft wie etwa der Familie. Ihre teils kulturpessimistischen Einfärbungen haben zur Popularisierung des Tugendthemas und zur Remoralisierung des Politikdiskurses beigetragen. Ihre konservativen Idealisierungen entpolitisieren den Begriff der Gesellschaft und verarbeiten die Dynamik des sozialen Wandels unzureichend. Die führenden Vertreter betonen die subsidiären Bedeutungsdimensionen von Kleingemeinschaften (Familie u.ä.) als Keimzelle moralischer Ordnung, für deren Nichtfunktionieren das hedonistische Individuum verantwortlich gemacht werden kann. Erfüllen sich die Hoffnungen auf die Funktionsfähigkeit der kleineren Einheiten nicht, tritt das Individuum als einzelnes um so deutlicher in den Mittelpunkt und gilt als Auslöser für unerwünschte Störungen. Dies verstärkt sich besonders dann, wenn sich die Individuen in den pluralisierten Traditionen der Migrationsgesellschaft nicht als kulturell gemeinschaftsfähig erweisen. Infolgedessen erhöhen sich die kulturellen Loyalitätserwartungen an die Minderheiten.

Aber auch insgesamt erhöht sich die Loyalitätserwartung der sog. Gemeinschaft gegenüber dem Individuum. Da aus dieser Perspektive soziale Problemlagen in wesentlichen Teilen als selbst- bzw. mitverschuldet angesehen werden, ist im Gegenzug ein repressives, bestenfalls patriarchal-soziales Fordern erlaubt, angemessen und gerechtfertigt.

In ethischer Perspektive erweist sich die Aufwertung der Gemeinschaft allerdings als zweischneidig. Denn der Sachverhalt, dass gerade soziale Nahbeziehungen identitätsformende Fähigkeiten generieren, die Sozialfähigkeit, Flexibilität und Verantwortungsbewusstsein fördern, verwandelt sich unter der Hand zu einer normativen Vorrangstellung der Gemeinschaft gegenüber dem Individuum. Aus dem sachlogischen Vorrang der Sozialität als Bedingung individueller Entwicklung entsteht plötzlich ein moralischer Anspruch gegenüber dem Einzelnen: Was gibt der Einzelne der Gemeinschaft, auf die er substantiell angewiesen ist, die ihn erzogen hat, die die Entfaltung seiner individuellen Begabung ermöglichte usw.? Das Individuum kommt in diesem Prozess gewissermaßen notorisch zu spät. Es steht immer in der Pflicht, etwas zurückzugeben. Diese Grundfigur findet ihren gemeinsamen Nenner im gemeinschaftsfähigen, flexiblen und altruistischen Bürger. In Verbindung mit einem veränderten Staatsverständnis, einer neuen Theorie der Verantwortungsteilung und einer neu konfigurierten Gerechtigkeitstheorie justieren derartige Konzepte die gesellschaftlichen Gerechtigkeitsintuitionen und -erwartungen der letzten 50 Jahre neu. Sie amalgieren dabei unterschiedliche Traditionslinien und kreieren neue Reformbilder, die diesen Vorgang zumeist legitimierend begleiten und als Zielprojektionen normativ plausibilisieren.

Literatur

Adloff, Frank (2005): Zivilgesellschaft. Theorie und politische Praxis, Frankfurt a. M.: Campus

Anheier, Helmut K./Seibel, W. (Hrsg.) (1990): The Third Sector: Comparative Studies of Nonprofit-Organisations, Berlin: Walter de Gruyter

Anheier, Helmut K./Then, Volker (Hrsg.) (2004): Zwischen Eigennutz und Gemeinwohl. Neue Formen und Wege der Gemeinnützigkeit, Gütersloh: Bertelsmann Stiftung

Bandemer, Stephan von/Hilbert, Josef (1998): Vom expandierenden zum aktivierenden Staat. In: Bandemer, Stephan v./Blanke, Bernhard/Nullmeier, Frank/Wewer, Göttrik (Hrsg.): Handbuch zur Verwaltungsreform, Opladen: Leske + Budrich, S.25-32

Bandemer, Stephan v./Hilbert, Josef (2000): Vom expandierenden zum aktivierenden Staat. In: Bandemer, Stefan v./Blanke, Bernhard/Nullmeier, Frank/Wewer, Göttrik (Hrsg.): Handbuch zur Verwaltungsreform, 2. Aufl., Opladen: Leske + Budrich, S. 1-9

Bandemer, Stephan v./Blanke, Bernhard/Hilbert, Josef/Schmid, Josef (1995): Staatsaufgaben – Von der „schleichenden Privatisierung" zum „aktivierenden Staat". In: Behrens, Fritz/Heinze, Rolf G. u.a. (Hrsg.): Den Staat neu denken: Reformperspektiven für die Landesverwaltungen, Berlin: VS Verlag für Sozialwissenschaften, S. 41-60

Behrens, Fritz/ Heinze, Rolf u.a. (Hrsg.) (2005): Ausblicke auf den aktivierenden Staat. Von der Idee zur Strategie, Berlin: Edition Sigma

Behler, Ernst (1989): Die unendliche Perfektibilität: Europäische Romantik und französische Revolution, Paderborn: Schöningh

Bödeker, Hans Erich (1982): Art. „Menschheit". In: Brunner, Otto/Werner, Conze/Koselleck, Reinhart (Hrsg.): Geschichtliche Grundbegriffe, Stuttgart, S. 1063-1128

Bröckling, Ulrich (2007): Das unternehmerische Selbst. Soziologie ihrer Subjektivierungsform, Frankfurt a. M.: Suhrkamp

Bubner, Rüdiger (1984): Geschichtsprozesse und Handlungsnormen. Untersuchungen zur praktischen Philosophie, Frankfurt a. M.: Suhrkamp

Cohen, Jean/Arato, Andrew (1992): Civil Society and Political Theory, Cambridge

Ferguson, Adam (1988): Versuch über die Geschichte der bürgerlichen Gesellschaft, Frankfurt a.M.: Suhrkamp

Dahme, Heinz-Jürgen/Kühnlein Gertrud u.a. (2005): Zwischen Wettbewerb und Subsidiarität. Wohlfahrtsverbände unterwegs zur Sozialwirtschaft, Berlin

Dettling, Warnfried (1995): Politik und Lebenswelt. Vom Wohlfahrtsstaat zur Wohlfahrtsgesellschaft, Gütersloh: Bertelsmann Stiftung

Etzioni, Amitai (1999): Die Verantwortungsgesellschaft. Individualismus und Moral in der heutigen Demokratie, Berlin: Ullstein

Gosepath, Stefan (2004): Gleiche Gerechtigkeit. Grundlagen eines liberalen Egalitarismus, Frankfurt a. M.: Suhrkamp

Habermas, Jürgen (1980): Strukturwandel der Öffentlichkeit. Untersuchungen zu einer Kategorie der bürgerlichen Gesellschaft, 11. Aufl., Darmstadt: Neuwied

Habermas, Jürgen (1990): Öffentlichkeit und Privatsphäre, Frankfurt a. M.: Suhrkamp

Hardtwig, Wolfgang (1990): Art. „Verein". In: Brunner, Otto/Conze, Werner/Koselleck, Reinhart (Hrsg.): Geschichtliche Grundbegriffe, Bd. 6, Stuttgart, S.789-829

Harless, Adolf von (1875): Christliche Ethik, 7. Aufl., Gütersloh

Hajek, Friedrich August von (1997): The Intellectuals and Socialism (1949). In: Caldwell, Bruce: The Collected Works of- F.-A. Hajek Vol. X, Socialism and War. Essays, Documents, Reviews, London, S. 221-237

Heidbrink, Ludger (2007): Handeln in der Ungewissheit. Paradoxien der Verantwortung, Berlin: Kadmos

Hegel, Georg Wilhelm Friedrich (2002): Grundlinien der Philosophie des Rechts oder Naturrecht und Staatswissenschaft im Grundriss, Stuttgart
Hölscher, Lucian (1978): Art. „Öffentlichkeit". In: Brunner, Otto/Conze, Werner/Koselleck, Reinhart (Hrsg.): Geschichtliche Grundbegriffe, Bd. 4, Stuttgart, S. 413-467
Hoffmann, Stefan L. (2003): Geselligkeit und Demokratie. Vereine und zivile Gesellschaft im transnationalen Vergleich 1750-1914, Göttingen: Vandenhoeck & Ruprecht
Horn, Christoph (2003): Einführung in die Politische Philosophie, Darmstadt: wiss. Buchgesellschaft
Jaeger, Friedrich (2001): Amerikanischer Liberalismus und zivile Gesellschaft. Perspektiven sozialer Reform zu Beginn des 20. Jahrhunderts, Göttingen: Vandenhoeck & Ruprecht
Kaufmann, Franz-Xaver (1997): Herausforderungen des Sozialstaates, Frankfurt a. M.: Suhrkamp
Kaufmann, Franz-Xaver (2003): Varianten des Wohlfahrtsstaats. Der deutsche Sozialstaat im internationalen Vergleich, Frankfurt a. M.: Suhrkamp
Kersting, Wolfgang (2000): Theorien der sozialen Gerechtigkeit, Stuttgart: Metzler
Kersting, Wolfgang (2002): Kritik der Gleichheit. Über die Grenzen der Gerechtigkeit und der Moral, Weilerswist: Velbrück
Krebs, Angelika (Hrsg.) (2000): Gleichheit oder Gerechtigkeit. Texte der neuen Egalitarismuskritik, Frankfurt a. M.: Suhrkamp
Krebs, Angelika (2002): Arbeit und Liebe. Die philosophischen Grundlagen der sozialen Gerechtigkeit, Frankfurt a. M.: Suhrkamp
Kühnhardt, Ludger (1991): Die Universalität der Menschenrechte, 2. Aufl., Darmstadt
Jähnichen, Traugott/Friedrich, Norbert (2005): Geschichte der sozialen Ideen im Deutschen Protestantismus. In: Geschichte der sozialen Ideen in Deutschland: Sozialismus – Katholische Soziallehre – Protestantische Sozialethik, 2. Aufl., Opladen , S. 867-1095
Locke, John (1983): Über die Regierung, Stuttgart: Reclam
Maaser, Wolfgang (1990): Theologische Ethik und politische Identität, Bochum: SWI
Maaser, Wolfgang (2001): Art. „Würde". In: Honecker, Martin u.a. (Hrsg.): Ev. Soziallexikon, Stuttgart, S. 1836-1838
Maaser, Wolfgang (2003): Normative Diskurse der Sozialpolitik. In: Dahme, Heinz-Jürgen u.a. (Hrsg.): Soziale Arbeit für den aktivierenden Staat, Opladen: Leske + Budrich, S. 19-36
MacIntyre, Alistair (1987): Der Verlust der Tugend. Zur moralischen Krise der Gegenwart, Frankfurt a. M.
Marx, Karl (1968): Ökonomisch-philosophische Manuskripte. In: Marx, Karl/Engels, Friedrich (MEW): Ergänzungsband I, Berlin
Osborne, David/Gaebler, Ted (1992): Reinventing government. How the entrepreneurial spirit is transforming the public sector, New York: Paperback
Pico della Mirandola (1988): Über die Würde des Menschen, Zürich: Manesse
Plehwe, Dieter/Walpen, Bernhard (1999): Wissenschaftliche und wissenschaftspolitische Produktionsweisen im Neoliberalismus. Beiträge der Mont Pèlerin Society und marktradikaler Think Tanks zur Hegemoniegewinnung und -erhaltung. In: Zeitschrift für kritische Sozialwissenschaft, 29. Jahrgang, S. 1-34
Pongratz, Hans J./Voß, Gerd G. (2003): Arbeitskraftunternehmer: Erwerbsorientierungen in entgrenzten Arbeitsformen, Berlin: Edition sigma
Priddat, Birger P./Hengsbach, Friedhelm u.a. (Hrsg.) (1998): Homo oeconomicus: Der Mensch der Zukunft? Stuttgart: Kohlhammer
Sachße, Christoph (1996): Verein, Verband und Wohlfahrtsstaat. Entstehung und Entwicklung der >dualen< Wohlfahrtspflege. In: Ders./Olk, Thomas (Hrsg.): Von der Wertgemeinschaft zum Dienstleistungsunternehmen. Jugend- und Wohlfahrtsverbände im Umbruch, 2. Aufl., Frankfurt a. M.: Suhrkamp, S. 123-149

Sachße, Christoph (2002): Freiwilligenarbeit und private Wohlfahrtskultur in historischer Perspektive. In: Zimmer, Annette/Nährlich, Stefan (Hrsg.): Engagierte Bürgerschaft. Traditionen und Perspektiven, Opladen: Leske + Budrich S.75-88

Schäfer, Gerhard/Herrmann, Volker (2005): Geschichtliche Entwicklungen der Diakonie. In: Ruddat, Günter/Schäfer, Gerhard (Hrsg.): Diakonisches Kompendium, Göttingen: Vandenhoeck & Ruprecht, S. 36-67

Schuppert, Gunnar F. (2002): Gemeinwohldefinition im kooperativen Staat. In: Münkler, Herfried/Fischer, Karsten (Hrsg.): Gemeinwohl und Gemeinsinn im Recht. Konkretisierung und Realisierung öffentlicher Interessen, Berlin: Akademie Verlag, S. 67-98

Sennett, Richard (1998): Der flexible Mensch. Die Kultur des neuen Kapitalismus, 2. Aufl., Berlin: Berlin Verlag

Smith, Adam (1977): Theorie der ethischen Gefühle, Hamburg: Meiner

Stahl, Friedrich Julius (1878): Philosophie des Rechts, Bd.2, 5. Aufl., Tübingen: Mohr

Stein, Lorenz von (1842): Der Socialismus und Communismus des heutigen Frankreichs: ein Beitrag zur Zeitgeschichte, Leipzig

Voß, Gerd G./Pongratz, Hans J. (1998): Der Arbeitskraftunternehmer. Eine neue Grundform der Ware Arbeitskraft? In: KZFSS 50/1998, S. 131-158

Dies. (2003): Arbeitskraftunternehmer: Erwerbsorientierungen in entgrenzten Arbeitsformen, Berlin: Edition sigma

Wichern, Johann Hinrich (1962): Sämtliche Werke I, hg. v. Peter Meinhold, Berlin/Hamburg

Wichern, Johann Hinrich (1958): Sämtliche Werke IV/ 1, hg. v. Peter Meinhold, Berlin/Hamburg

Wichern, Johann Hinrich (1963): Die innere Mission der deutschen evangelischen Kirche. Eine Denkschrift an die deutsche Nation. In: Krimm, Herbert (Hrsg.): Quellen zur Geschichte der Diakonie Bd. 2, S. 246-254

Wichern, Johann Hinrich. (1962): Erklärung und Rede auf dem Wittenberger Kirchentag. In: Meinhold, Peter (Hrsg.): Sämtliche Werke, Bd.1, Berlin/Hamburg, S. 155-165

Wimmer, Franz (1990): Interkulturelle Philosophie, Bd. 1. Geschichte und Theorie, Wien

Zimmer, Annette/Priller, Eckhard (2004): Gemeinnützige Organisationen im gesellschaftlichen Wandel. Ergebnisse der Dritte-Sektor-Forschung, Wiesbaden: VS Verlag für Sozialwissenschaften

# 3. Herausforderungen politischer Steuerung: Mitwirkung gesellschaftlicher Akteure an Entscheidungsprozessen

Gerhard Igl

Bürgerengagement und Recht

1 Bürgerengagement im Rechtsstaat

Es muss zunächst von einer auf dem Gebiet des Bürgerengagements nicht trivialen Selbstverständlichkeit die Rede sein: Die *Umwelt, in der Bürgerengagement stattfindet,* ist keineswegs rechtsfrei. Im Gegenteil, zahlreiche Rechtsvorschriften bestimmen direkt und indirekt das bürgerschaftliche Engagement und beeinflussen damit dessen Gestaltung und Ausübung. Die wichtigsten Rechtsgebiete, die hier zu nennen sind, sind das Steuerrecht, das Vereins- und Stiftungsrecht, das Kommunalrecht, das Haushaltsrecht in Form des Zuwendungsrechts, das Wettbewerbsrecht vom Europarecht bis hin zu berufsständisch geprägten Normen wie dem Rechtsberatungsgesetz, das zivilrechtliche Haftungsrecht sowie das Sozialrecht.[1] Die Vorschriften auf diesen Rechtsgebieten prägen die Handlungsräume für Bürgerengagement. Auch die *Akteure des Bürgerengagements* werden in ihrem individuellen Status von Rechtsvorschriften wesentlich bestimmt und geprägt. Ein Teil dieser Vorschriften wirkt dabei direkt, so die Vorschriften, die sich explizit mit Bürgerengagement, meist in Form des Ehrenamtes, befassen. Ein anderer Teil der Vorschriften hat nur indirekt mit dem Bürgerengagement zu tun. Dies gilt vor allem für das Privat- und das Wirtschaftsrecht. Während bei den *Rechtsnormen, die die einzelnen Akteure des Bürgerengagements in ihrem Handeln betreffen,* zumindest eine Wahrnehmung einer bestimmten Erscheinungsform des bürgerschaftlichen Engagements, nämlich des Ehrenamtes, gegeben ist, ist dies anders bei den *Rechtsnormen, die die Umwelt des bürgerschaftlichen Engagements beeinflussen.* Teilweise wird das Bürgerengagement von diesen Rechtsnormen überhaupt nicht wahrgenommen. Teilweise sind jedoch Ansätze zu verzeichnen, die zwar nicht explizit, aber doch in der Sache mit Bürgerengagement zu tun haben.

2 Zum Begriffsverständnis: Unschärfe des Begriffes „bürgerschaftliches Engagement"

Der Begriff „bürgerschaftliches Engagement" oder „Bürgerengagement" ist kein Rechtsbegriff. Der Begriff ist in seiner Verwendung verhältnismäßig neu (Beher/Liebig/Rauschenbach 2002: 17 ff.). Er hat bis vor kurzem weder in die Gesetzes- noch in die sonstige Rechtssprache Eingang gefunden. Erst mit dem Gesetz zur weiteren Stärkung des bürgerschaftlichen

---

[1] Die folgenden Ausführungen beruhen zu einem großen Teil auf einer Fortschreibung des Teil VII des für die Enquete-Kommission „Zukunft des Bürgerschaftlichen Engagements" angefertigten Rechtsgutachtens (Igl/Jachmann/Eichenhofer 2002: 491ff.). Der Beitrag ist auf dem Stand der Gesetzgebung vom 16. Juli 2008.

Engagements vom 10.10.2007 (BGBl. I S. 2332) und im Gesetzes zur strukturellen Weiterentwicklung der Pflegeversicherung (Pflege-Weiterentwicklungsgesetz) vom 28. Mai 2008 (BGBl. I S. 874) wird der Begriff des bürgerschaftlichen Engagements auch in der Gesetzessprache verwendet.

Die *Phänomene*, die mit dem Begriff des bürgerschaftlichen Engagements umfasst werden, sind vielfältig. Sie können – orientiert an den Betätigungsfeldern – ein Spektrum von der familialen Pflegetätigkeit bis zum Dritten Sektor kennzeichnen. Die *Formen*, in denen sich bürgerschaftliches Engagement vollzieht, sind ebenfalls variabel: Sie reichen vom traditionellen rechtlich verfestigten Ehrenamt bis zur individuellen Hilfe für Dritte.

Die außerrechtswissenschaftlichen Bemühungen, eine Definition für das bürgerschaftliche Engagement zu finden, haben ein gemeinsames Merkmal: Im wissenschaftlichen Diskurs um die vielfältigen Phänomene bürgerschaftlichem Engagements besteht zumindest breites Einverständnis darüber, dass dessen Gehalt begrifflich schwer zu fassen ist. Diese Diffusität ist nicht primär begrifflich, sondern sachlich begründet. Es besteht – und dies scheint ein zweites breit akzeptiertes Merkmal im wissenschaftlichen Diskurs um das bürgerschaftliche Engagement zu sein – kein auch nur annähernd einheitliches Verständnis von der Sache des Bürgerengagements (Evers 2001: 37 ff.).

Die Sozialwissenschaften mühen sich seit einiger Zeit sehr intensiv um die Wahrnehmung und in der Analyse dieses Gegenstands (Evers/Wohlfahrt/Riedel 2000: 12 ff.). Die gängigen Vorgehensweisen bestehen darin, verschiedene Formen aufzunehmen, die man vermeint, unter den Begriff fassen zu können. Es werden also Klassifizierungen getroffen, ohne die gemeinsamen Merkmale gefunden zu haben, die alles bürgerschaftliche Engagement kennzeichnen. Damit bleibt die Wahrnehmung der Sache und mit ihr einhergehend die Bemühung um die Erarbeitung einer Definition oft noch im Ungefähren und Vorläufigen (Rosenbladt 2000: 16). Gleiches gilt für nahestehende Begriffe wie Engagement oder Freiwilligkeit.

Nun könnten Juristen den Begriff des bürgerschaftlichen Engagements zunächst einfach stehen lassen und darauf hoffen, dass sich mit der weiteren sozialwissenschaftlichen Befunderhebung und Analyse schon herauskristallisieren werde, was man darunter näher zu verstehen habe. Eine solche Vorgehensweise einer offenen Begriffsbildung wäre aber allenfalls vertretbar, wenn schon ein einigermaßen gefestigtes Grundverständnis vom bürgerschaftlichen Engagement vorhanden wäre und nur noch weitere Entwicklungen aufzunehmen wären. Dies ist aber nicht der Fall. Deshalb sei der Versuch unternommen, Merkmale zu finden, die einem zunächst breit gefassten Verständnis von bürgerschaftlichem Engagement zugrunde liegen.

Elemente einer allgemeinen Definition des bürgerschaftlichen Engagements stellen dar die Freiwilligkeit des Handelns, die prinzipielle Unentgeltlichkeit des Handelns und die diesem Handeln innewohnende objektive Tendenz der Gemeinwohlorientierung. Der so gebildete Begriff des bürgerschaftlichen Engagements dient als Grundlage für das gemeinsame Verständnis. Er kann – und muss, so im Steuerrecht – bezogen auf die einzelnen Rechtsgebiete noch einmal speziell modifiziert werden. Dies geschieht, wenn anstelle des Definitionselementes des Gemeinwohls das der steuerrechtlichen Gemeinnützigkeit herangezogen wird.

3 Funktionen des Rechts im Bürgerengagement

Das vorhandene, für das Bürgerengagement direkt und indirekt wirkende Recht erfüllt für dieses bestimmte Funktionen (Igl 1994: 97; Igl/Jachmann/Eichenhofer 2002: 64 f.). Solche Funktionen sind vor allem:

- *Schutz* angesichts der Risiken, die Tätigkeiten im Zusammenhang des Bürgerengagements in sich bergen. Hier steht der Schutz der Engagierten beim Unfall im Zusammenhang einer bürgerschaftlich engagierten Tätigkeit im Vordergrund. Weiter geht es um die haftungsrechtlichen Risiken.
- *Nachteilsausgleich* in den Fällen, in denen Bürgerengagement besondere Aufwendungen verursacht. Hierher rechnet der gesamte Bereich des Aufwendungsersatzes.
- *Inhaltliche Förderung* des Bürgerengagements, z.B. durch entsprechende Qualifikationsmöglichkeiten oder durch begleitende Bereitstellung von Fachlichkeit und Beratung.
- *Setzung von individuellen Anreizen* für bürgerschaftlich engagierte Personen. Solche Anreize werden insbesondere in einer rentenversicherungsrechtlichen Anerkennung von Zeiten bürgerschaftlichen Engagements gesehen. Hierzu können auch steuerliche Vergünstigungen rechnen. Freistellungen können ebenfalls individuelle Anreize bieten.
- *Ermöglichung* des Bürgerengagements als zentrale Voraussetzung dafür, dass dieses Engagement überhaupt zustande kommt. In dieser Funktion können Rechtsvorschriften auf ganz unterschiedlichen Ebenen und in sehr verschiedenen Bereichen wirken. Die Palette reicht vom Kommunalrecht (von Befassungs- und Beteiligungsrechten bis zur Mit- und Eigenverwaltung) über das Zuwendungsrecht bis zur Einrichtung von Auskunfts- und Beratungsinstanzen und von Lotsen- und Steuerungsfunktionen. Häufig wird auch die Entbürokratisierung als wichtiger Bestandteil der Ermöglichung thematisiert.

Die Zuordnung von bestimmten Rechtsvorschriften zu bestimmten Funktionen erleichtert nicht nur das Verständnis dieser Vorschriften in ihren Wirkungen auf das Bürgerengagement. Sie erleichtert auch die Entwicklung und Weiterentwicklung von Rechtsvorschriften, indem sie hilft, politische Prioritäten zu bilden. So wird die Schaffung von Vorschriften mit Schutz- und Ausgleichsfunktion[2] vorrangig vor solchen mit Anreizfunktion stehen müssen. Vorschriften zur Ermöglichung des Bürgerengagements wird man dort einrichten müssen, wo es Räume der Betätigung und eine entsprechend förderliche Umwelt benötigt.

---

[2] Die Erweiterung des unfallversicherungsrechtlichen Schutzes für bürgerschaftlich Engagierte war eine der ersten rechtlichen Folgen aus der Tätigkeit der Enquete-Kommission, siehe unten Abschnitt 4.4.2.2.

4 Die wichtigsten Rechtsbereiche für Bürgerengagement: Zustände und Entwicklungen

4.1 Verfassungsrechtliche Fragestellungen

Das Verfassungsrecht wirkt in seinen beiden zentralen Dimensionen des Staatsorganisationsrechts und der Grundrechte auf das Bürgerengagement. Das Bürgerengagement wirft darüber hinaus staatsrechtliche Fragen im Zusammenhang mit seiner wesensimmanenten Gemeinwohlorientierung auf. Auch das Organisationsprinzip der Subsidiarität ist hier zu erwähnen (vgl. Reuter 2005).

4.1.1 Subsidiaritätsprinzip

Das Subsidiaritätsprinzip spielt im Kontext des Bürgerengagements in seiner Ausprägung des Vorrangs des privaten vor dem staatlichen Handeln eine Rolle. Diese Ausprägung des Subsidiaritätsprinzips ist jedoch weder im Verfassungstext verankert noch gilt es als ungeschriebenes Organisationsprinzip im Verhältnis von Bürgern und Staat. Letzteres wird vielmehr von den Freiheitsrechten des Grundrechtskataloges bestimmt, insbesondere von der in Art. 2 Abs. 1 GG niedergelegten allgemeinen Handlungsfreiheit (vgl. Reuter 2005: 126).

4.1.2 Gemeinwohlorientierung

Die Orientierung am Gemeinwohl wird als der leitende Zweck des staatlichen Handelns verstanden und lässt sich im Kern mit der Achtung der Menschenwürde und mit sozialer Gerechtigkeit beschreiben. Verfassungsrechtlich ist das Gemeinwohl in verschiedenen Grundgesetzartikeln verankert. Eine einheitliche Begriffsbestimmung liegt ihm jedoch nicht zugrunde (vgl. Reuter 2005: 34).

Die Realisierung des Gemeinwohls kann sich aus zahlreichen Einzelakten herausbilden. Dann erhebt sich die Frage, ob solche Einzelakte dem Gemeinwohl auch schon dann förderlich sind, wenn sie nur indirekt dem Gemeinwohl dienen. Zur Beantwortung dieser Frage muss der Inhalt des Gemeinwohls jeweils am besonderen Gesetzeszweck gemessen und in dessen Zusammenhang konkretisiert werden. Eine solche Konkretisierung stellt der steuerrechtliche Begriff der Gemeinnützigkeit in § 52 Abs. 1 Satz 1 Abgabenordnung (AO) dar, wonach eine Körperschaft gemeinnützige Zwecke verfolgt, wenn ihre Tätigkeit darauf gerichtet ist, die Allgemeinheit auf materiellem, geistigem oder sittlichem Gebiet selbstlos zu fördern. Mittlerweile ist durch das Gesetz zur weiteren Stärkung des bürgerschaftlichen Engagements vom 10.10.2007 (BGBl. I S. 2332) der Katalog der Gemeinwohlzwecke geändert worden.[3]

---

[3] Siehe dazu unten Abschnitt 4.3.3.1.

4.1.3 Staatsorganisationsrecht

Für das Bürgerengagement können auf dem Gebiet des Staatsorganisationsrechts vor allem die Staatsprinzipien des Sozialstaatsprinzips und des Demokratieprinzips eine Rolle spielen. Das Demokratieprinzip ist zu beachten, wenn es um die Einflussnahme von bürgerschaftlich Engagierten auf die staatlichen Entscheidungsprozesse geht, was insbesondere bei der kommunalen und – nach der Rechtsprechung des Bundesverfassungsgerichts in geringerem Maße (vgl. Reuter 2005: 122) – bei der funktionalen Selbstverwaltung der Fall sein kann. Sachnähe und Gemeinwohlorientierung der bürgerschaftlich Engagierten können kein Ersatz für die Einhaltung demokratischer Prozeduren, vor allem der formellen Legitimation durch Wahlen, sein.

Das Sozialstaatsprinzip ist im Grundgesetz das inhaltlich am geringsten konturierte Staatsprinzip. Der Sozialstaat hat traditionell insbesondere auf dem Gebiet der Fürsorge von der Kooperation zwischen staatlichen Instanzen und gemeinwohlorientiert handelnden Privaten gelebt. Bürgerschaftliches Engagement, hier in Form des sozialen Engagements, ist der gelebten Sozialstaatspraxis nicht nur nicht fremd, sondern in manchen Bereich wesenseigen. Auch junge Sicherungszweige wie die Soziale Pflegeversicherung aus dem Jahr 1994 setzen – so wörtlich in § 4 Abs. 2 Satz 1 SGB XI – auf ehrenamtliche Pflegetätigkeit. Freilich darf auch in einem so konfigurierten Kooperationsverhältnis zwischen Staat und Bürgerengagement die staatliche Letztverantwortung für Soziales nicht hinter dem privaten Engagement zurücktreten (vgl. Reuter 2005: 162). Aus dieser Letztverantwortung folgt eine besondere sozialstaatliche Verantwortlichkeit für den sozialen Schutz derjenigen Personen, die einen wesentlichen Teil ihrer Zeit für Bürgerengagement verwenden und daher nicht über die übliche, an der Erwerbstätigkeit orientierte soziale Sicherung verfügen.

4.1.4 Grundrechte

Bürgerengagement ist vom Grundrecht der allgemeinen Handlungsfreiheit geschützt (Art. 2 Abs. 1 GG). In diesem Zusammenhang ist der Umgang mit der unentgeltlichen Rechtsberatung durch bürgerschaftlich Engagierte von Interesse. Hier hat das Gesetz über außergerichtliche Rechtsdienstleistungen (Rechtsdienstleistungsgesetz – RDG) vom 12.12.2007 (BGBl. I S. 2840) die unentgeltliche Rechtsdienstleistung wesentlich erleichtert.

Grundrechtlich geschützt sind bürgerschaftliche Engagierte, die im Rahmen von Glaubensgemeinschaften tätig werden, durch die Religionsfreiheit (Art. 4 Abs. 1 und 2 GG). Auch die individuell tätige Nächstenliebe als Teil der Religionsausübungsfreiheit ist hierdurch geschützt.

Die auf die Kommunikation abstellenden Grundrechte der Meinungs-, Versammlungs- und Vereinigungsfreiheit schützen z.B. bürgerschaftlich Engagierte, die in Bürgerinitiativen tätig werden (Art. 5 Abs. 1, Art. 8 und 9 GG).

Das Grundrecht der Berufsfreiheit (Art. 12 Abs. 1 GG) erscheint auf den ersten Blick nicht als geeignet, seinen Schutzbereich auf bürgerschaftlich engagierte Tätigkeit erstrecken zu lassen. Jedoch ist zu bedenken, dass sich dann ein Schutz für bürgerschaftlich engagierte Aktivitäten als notwendig erweist, wenn diese im Zusammenhang der Qualifikation für eine Berufstätigkeit stehen (vgl. Reuter 2005: 255).

Beim grundgesetzlich geschützten Recht auf Gleichbehandlung vor dem Gesetz (Art. 3 Abs. 1 GG) kann es insbesondere darum gehen, ob und wie bürgerschaftlich Engagierte in Hinblick auf Schutznormen behandelt werden, die erwerbstätigen oder anderen Personen mit vergleichbarer Aktivität zugute kommen. Herausragend ist hier der Schutz durch die gesetzliche Unfallversicherung (SGB VII), der bereits im Zuge der Anregungen der Enquete-Kommission „Zukunft des Bürgerschaftlichen Engagements" erweitert worden ist,[4] sowie die soziale Sicherung informell tätiger Pflegepersonen nach der Pflegeversicherung (§ 44 SGB XI). Die Gleichbehandlungsthematik ist ebenfalls angesprochen, wenn es um die Einhaltung bestimmter Fristen, Zeiten etc. geht und wenn bürgerschaftlich engagierte Tätigkeit zu einer Verlängerung solcher Fristen, Zeiten etc. beigetragen hat, wie es z. B. bei ehrenamtlicher Tätigkeit in studentischen Gremien der Fall ist (§ 15 Abs. 3 Nr. 3 BAföG).

4.2 Europarechtliche Fragestellungen

4.2.1 Allgemeines

Die europarechtlichen Wirkungen auf das Bürgerengagement haben mittlerweile vielfältige Dimensionen erreicht (vgl. Bassen 2008; Igl 2003a). Zu unterscheiden ist zunächst zwischen den im Rahmen des Europarates und den im Rahmen der EU gegebenen Aktivitäten. Der Europarat verfügt, anders als die Instanzen der EU, nicht über eine direkt in den Mitgliedstaaten wirkende Rechtsetzungskompetenz, sondern ist auf die Ratifizierung seiner Verträge angewiesen.

4.2.2 Europarat

Am 11. Mai 2000 wurde mit dem Europäischen Übereinkommen zur Förderung der staatenübergreifenden Freiwilligenarbeit für Jugendliche erstmals ein Dokument des Europarats zur Unterzeichnung vorgelegt, mit dem sich die Mitgliedstaaten in völkerrechtlich bindender Weise den Zielen des Ehrenamts unterwerfen können. Die Konvention ist noch nicht in Kraft getreten, da bisher erst eine der erforderlichen fünf Ratifikationen vorliegt.[5]

Für die bürgerschaftlich engagierte Tätigkeit im Rahmen von Nichtregierungsorganisationen ist das im Jahre 1986 zur Unterzeichnung aufgelegte Europäische Übereinkommen über die Anerkennung der Rechtspersönlichkeit internationaler nichtstaatlicher Organisationen von Interesse, welches am 1. Januar 1991 in Kraft getreten ist. Die Konvention erfasst Vereinigungen, Stiftungen und andere private Einrichtungen (bezeichnet als NGOs), die bestimmte Kriterien erfüllen müssen.

---

[4] Siehe hierzu unten Abschnitt 4.4.2.2.
[5] Ratifikation durch Luxemburg (Stand: Januar 2008).

4.2.3 Europäische Union

Das Recht der Europäischen Union wirkt auf unterschiedliche Weise in den Mitgliedstaaten. Die im EG-Vertrag (EG) enthaltenen Grundfreiheiten haben Anwendungsvorrang vor dem deutschen Recht. Bei den sonstigen rechtlichen Instrumenten ist die Einflussnahme auf das mitgliedstaatliche Recht wieder sehr verschieden. Die EU-Instanzen – hier der Rat – müssen nur noch in wenigen Bereichen, so vor allem auf dem Gebiet der Sozialpolitik, die Einstimmigkeit der EU-Mitgliedstaaten suchen (Art. 137 EG). Neben den traditionellen rechtlichen Instrumenten der innerstaatlich unmittelbar geltenden Verordnung und der nur hinsichtlich des zu erreichenden Ziels verbindlichen Richtlinie (Art. 249 EG) existiert eine Reihe von Maßnahmen zur Durchführung der Einzelpolitiken.[6]

4.2.3.1 Grundfreiheiten und Bürgerengagement

Voraussetzung für die Anwendung der Grundfreiheiten der Dienst- und Niederlassungsfreiheit sowie der Arbeitnehmerfreizügigkeit (Art. 43, 39, 49 EG) auf das Bürgerengagement ist ein Entgelt, das für die erbrachten Leistungen erhoben wird. Freiwillige Aktivitäten unterliegen nicht den europäischen Freizügigkeitsrechten, soweit sie ohne Gegenleistung vorgenommen werden. Die Grundfreiheiten sind jedoch anwendbar, soweit eine mehr als nur symbolische Vergütung gezahlt wird. Erfüllen die Aktivitäten gemeinnütziger Körperschaften dieses Kriterium, weisen sie einen Erwerbszweck im Sinne des Art. 48 Abs. 2 EG auf. Damit sind diese Körperschaften Berechtigte der Dienstleistungs- und Niederlassungsfreiheit. Individuen steht der Schutz durch die Arbeitnehmerfreizügigkeit weiterhin nur dann zu, wenn ihre Tätigkeiten als „tatsächlich und echt" eingestuft werden kann, d.h. die tatsächlich erbrachte Leistung auf dem Beschäftigungsmarkt üblich ist. Umfang und Art des ganz überwiegenden Teiles freiwilliger Tätigkeiten genügen dieser Voraussetzung nicht. Die Grundfreiheiten bieten für Freiwillige in der Regel daher keine direkte Handhabe, um sich vor staatlichen Diskriminierungen zu schützen.

4.2.3.2 Bürgerengagement außerhalb der Grundfreiheiten

Für Engagierte wird gemeinschaftsrechtlicher Schutz vor Ungleichbehandlungen vorrangig durch die mittelbare Anwendung der Grundfreiheiten und durch die Unionsbürgerschaft (Art. 17 EG) bewirkt. Der EuGH hat anerkannt, dass Freizeittätigkeiten in den Schutzbereich der Grundfreiheiten fallen, um die Freizügigkeit wegen einer wirtschaftlichen Tätigkeit umfassend zu gewährleisten. Daher darf auch bei freiwilligem Engagement, das neben einer wirtschaftlichen Tätigkeit ausgeübt wird, keine Benachteiligung von Unionsbürgern stattfinden. Die in Art. 18 EG garantierte Freizügigkeit der Unionsbürger ist mit der Freizügigkeitsrichtlinie 2004/38/EG konkretisiert und durch das Freizügigkeitsgesetz/EU vom 30. Juli 2004 (BGBl. I S. 1950, 1986, zuletzt geändert durch die Bekanntmachung vom 26. Januar 2007, BGBl. 2007 II S. 127) umgesetzt worden. Daneben besteht seit der weiten Auslegung des allgemeinen Diskriminierungsverbots aus Art. 12 EG über die Unionsbürgerschaft auch

---

[6] Der folgende Text beruht im Wesentlichen auf der Zusammenfassung der Kieler Dissertation von Bassen (2008).

unabhängig von einer wirtschaftlichen Tätigkeit die Möglichkeit, sich gegen Diskriminierungen bei freiwilligem Engagement zur Wehr zu setzen.

4.2.3.3 Sozialrechtliche Bedingungen für das Bürgerengagement: Europasozialrechtliches Koordinierungsrecht

Das Gemeinschaftsrecht beschränkt sich in der sozialrechtlichen Verordnung (EWG) 1408/71, die jetzt von der VO (EG) 883/2004 abgelöst wird, grundsätzlich auf die Koordinierung von Ansprüchen, die nach dem Sozialrecht der jeweiligen Mitgliedstaaten erworben wurden. Um sich auf das Diskriminierungsverbot der Verordnung berufen zu können, muss die Mitgliedschaft im System der sozialen Sicherheit vorliegen. Nach deutschem Recht wird Freiwilligen nicht automatisch den Zugang zum Sozialversicherungssystem gewährt, sondern von einer Arbeitstätigkeit abhängig gemacht. Durch die Unionsbürgerschaft kann sich ein Freiwilliger nach der Rechtsprechung des EuGH auch ohne Mitgliedschaft im System der sozialen Sicherheit auf das Diskriminierungsverbot der Verordnung berufen und unter Umständen daraus sozialrechtliche Ansprüche im Aufenthaltsstaat ableiten. In der VO (EG) 883/2004 ist der persönliche Anwendungsbereich jetzt auf alle Staatsangehörige eines Mitgliedstaates erweitert worden (Art. 2 Abs. 1 der VO).

4.2.3.4 Steuerliche Bedingungen für Bürgerengagement im Blickwinkel des Europarechts

Die steuerrechtlichen Bedingungen für das Bürgerengagement entsprechen nicht in allen Bereichen den gemeinschaftsrechtlichen Anforderungen (von Hippel 2007). Dies gilt für die Steuerbefreiung für Aufwandspauschalen Freiwilliger des § 3 Nr. 26 EStG, die nicht gemeinschaftsrechtskonform ausgestaltet ist, da nur Tätigkeiten für inländische Einrichtungen von der Besteuerung bis zur Grenze von 1.848 Euro befreit sind. Im Übrigen wirkt sich das Gemeinschaftsrecht auf die direkte Besteuerung von Freiwilligen nur in geringem Maße aus. Das von einem natürlichen Steuersubjekt im Ausland erworbene Einkommen muss 90% des gesamten steuerbaren Einkommens ausmachen, damit über §§ 1 Abs. 3, 1a EStG eine Gleichbehandlung mit Inländern verlangt werden kann. Diese hoch angesetzte Grenze kann ein freiwillig Engagierter nur in Ausnahmefällen überschreiten.

Bei gemeinnützigen Einrichtungen reicht das Bestehen einer Betriebsstätte in einem anderen Mitgliedstaat, um die Grundfreiheiten dort geltend zu machen. Bisher genügt kaum eine der Vorschriften des deutschen Gemeinnützigkeitsrechts den Vorgaben der Freizügigkeitsrechte (Bassen 2008: 191). Steuerliche Privilegien für gemeinnützige Einrichtungen des deutschen Rechts sind zukünftig auch inländischen Betriebsstätten gemeinnütziger Einrichtungen aus den anderen Mitgliedstaaten zu gewähren.

Bei den indirekten Umsatzsteuern wirken sich die harmonisierenden gemeinschaftsrechtlichen Bestimmungen gleichermaßen auf gemeinnützige Einrichtungen wie auf Engagierte aus. Der Begriff der Einrichtung im Sinne von Art. 13 Teil A der USt-Richtlinie, an den die Befreiungen geknüpft sind, erfasst auch natürliche Personen. Der einzige Befreiungstatbestand im deutschen UStG, der sich ausdrücklich mit natürlichen Personen befasst (§ 4 Nr. 26 UStG), ist jedoch nur teilweise vom gemeinschaftlichen Sekundärrecht gedeckt (Dickopp 2007: 553). Bei den Vorschriften des UStG für gemeinnützige Einrichtungen konzentriert sich die Kritik auf die nur unvollständige Umsetzung der Befreiungen der USt-Richtlinie ins deutsche Recht (Bassen 2008: 190).

4.2.3.5 Allgemeine wettbewerbsrechtliche Bedingungen für gemeinnützige Organisationen

Gemeinwohlorientierte Einrichtungen unterliegen den Vorschriften des Wettbewerbsrechts, wenn sie wirtschaftliche Tätigkeiten erbringen (Walz 2007). Der EuGH hat klargestellt, dass ausschließlich sozialen Zielsetzungen und dem Fehlen von Profitstreben keine Bedeutung für die wettbewerbsrechtliche Einordnung als Unternehmen zukommt. Die Wettbewerbsregeln greifen in jedem Fall dann, wenn eine Konkurrenzsituation besteht oder bestehen kann (Bassen 2008: 197). Die in der Rechtsprechung für solidarisch ausgestaltete Sozialversicherungsträger anerkannte Ausnahme hat Auswirkungen auf gemeinnützige Einrichtungen. Im Kernbereich der gesetzlichen Pflichtaufgaben des Trägers können sich gemeinnützige Einrichtungen gegenüber dem Versicherungsträger nicht auf das gemeinschaftliche Wettbewerbsrecht berufen (EuGH, Rs. C-264/01, 306/01, 354/01, 355/01 v. 16.3.2004, Slg. 2004, I-2493.).

4.2.3.6 Kartellrechtliche Bedingungen für gemeinnützige Einrichtungen

Aus dem europäischen Kartellrecht sind in der Praxis bisher noch kaum Einflüsse auf deutsche gemeinnützige Einrichtungen zu verzeichnen. Der EuGH wendet den Grundsatz, dass eine staatliche Regelung für gemeinnützige Einrichtungen einen kartellrechtlich relevanten Verstoß gegen Art. 10 EG i.V.m. Art. 81 EG begründen kann, restriktiv an. Konfliktfälle können sich aber beispielsweise aus der starken Verbandsorientierung sozialer Dienstleister ergeben. Absprachen der Sozial- und Wohlfahrtsverbände, die eine Außenwirkung entfalten, könnten möglicherweise zukünftig als kartellrechtlich relevante Maßnahmen bewertet werden (Bassen 2008: 206).

4.2.3.7 Beihilfenrechtliche Bedingungen für gemeinnützige Einrichtungen

Gemeinnützige Einrichtungen können von der Einengung des Beihilfenbegriffs in der Rechtssache *Altmark* (EuGH, Rs. C-280/00 v. 24.7.2003, Slg. 2003, I-7747) nur in geringem Maße profitieren (Bassen 2008: 217). Auch wenn sie, wie im deutschen Sozialsystem, eng mit staatlichen Aufgaben verbunden sind, dienen Subventionen vielfach nicht speziell dazu, Belastungen der gemeinwohlorientierten Verpflichtungen auszugleichen. Soweit dies, etwa im Fall des Defizitausgleichs bei übertragenen öffentlichen Aufgaben, doch der Fall sein sollte, liegt die wesentliche Neuerung in *Altmark* in der Beweislastübertragung für das Vorliegen einer Beihilfe auf die Kommission. Die übrigen Zuwendungen – insbesondere allgemeine finanzielle Förderung der satzungsmäßigen Zwecke und die meisten steuerlichen Privilegien – sind weiterhin als Beihilfen einzustufen, da die übrigen Tatbestandsmerkmale zumeist erfüllt sein werden. Für sie ist nach einem Rechtfertigungsgrund zu suchen.

4.2.3.8 Dienstleistungen von allgemeinem wirtschaftlichen Interesse (Art. 86 Abs. 2 EG)

Art. 86 Abs. 2 EG eröffnet die Möglichkeit für gemeinnützige Einrichtungen, von den Vorschriften des Wettbewerbsrechts ausgenommen zu werden. Die Bedeutung der Vorschrift für gemeinnützige Einrichtungen wird maßgeblich durch das Merkmal der Betrauung eingeschränkt. Die enge Einbindung gemeinnütziger Dienstleister in staatliche Sozialaufgaben im deutschen Recht eröffnet jedoch viele Anwendungsfelder für gemeinnützige Einrichtungen. In diesem Rahmen ist noch vieles ungeklärt. Erst seit dem Weißbuch über Dienstleistungen von allgemeinem Interesse von 2004 (KOM 2004, 374 endg. Anhang 2, 4) entwickelt die Kommission Anhaltspunkte für die praktische Anwendung des Art. 86 Abs. 2 EG auf bestimmte soziale Einrichtungen, die wirtschaftliche Tätigkeiten ausführen (Bassen 2008: 247).

4.2.3.9 Die Zusammenarbeit von EU und zivilgesellschaftlichen Organisationen

Die Gemeinschaft strukturiert in den letzten Jahren die Zusammenarbeit mit zivilgesellschaftlichen Organisationen neu und entwickelt Vorgaben für einen Dialog. Seit langem bestehen Kooperationen der Gemeinschaft mit zivilgesellschaftlichen Organisationen in den Bereichen humanitärer und Entwicklungshilfe, die durch Verordnungen rechtsverbindlich geregelt werden (Bassen 2008: 257).

4.2.3.10 Die Ausgestaltung des Europäischen Freiwilligendienstes (EFD)

Spezielle Regelungen für das individuelle freiwillige Engagement beinhaltet das Programm JUGEND mit dem EFD. Der Freiwillige ist als Arbeitnehmer einzustufen (Bassen 2008: 114). Als Folge davon unterliegen die Teilnehmer nicht den höheren Anforderungen des Aufenthaltsrechts für nicht wirtschaftlich Tätige, sondern den Regelungen für Arbeitnehmer. Die Durchführung des EFD stößt auf Schwierigkeiten, weil die Gemeinschaft in sozial- und steuerrechtlichen Fragen keine umfassenden Bestimmungen für den Europäischen Freiwilligendienst getroffen hat, obwohl die Kompetenzen dafür vorhanden sind (Bassen 2008: 128; Sieveking 2000). Die verbliebenen Lücken werden durch die Mitgliedstaaten bisher nur unzureichend ausgefüllt.

4.2.4 Handlungsbedarf für die Gemeinschaft

Die tatsächliche Durchsetzung des rechtlich bestehenden Diskriminierungsschutzes ist für freiwilliges Engagement vorrangig. Seit der Anwendung des allgemeinen Diskriminierungsverbots auf nicht wirtschaftlichen Gebieten durch die Unionsbürgerschaft dürfen ausländische Freiwillige auch dann nicht schlechter gestellt werden als Inländer, wenn sie keiner wirtschaftlichen Tätigkeit nachgehen. Dies zu gewährleisten ist in erster Linie Aufgabe der Mitgliedstaaten. Für die Gemeinschaft besteht insoweit die Obliegenheit, sich künftig noch mehr in der Überwachung der Umsetzung zu engagieren. Erforderlich dafür sind nicht zusätzliche Vorschriften, sondern beispielsweise die verstärkte Kooperation mit zivilgesellschaftlichen Organisationen bei der Durchsetzung des Diskriminierungsverbots. Zur besseren Überwachung muss daher die Dialogstruktur mit zivilgesellschaftlichen Organisationen ausgebaut werden.

Auch im Umsatzsteuerrecht besteht die Möglichkeit, sich des freiwilligen Engagements besser anzunehmen. Die vollständige Freistellung ehrenamtlicher Tätigkeit von der Umsatzsteuer, wie sie in § 4 Nr. 26 UStG vorgesehen ist, ist sinnvoller als die Erfassung unter den Kategorien des Art. 13 Teil A Abs. 1 der USt-Richtlinie. Die deutsche Vorschrift kann daher als Vorbild für eine Ergänzung der Richtlinie dienen.

Ein gemeinschaftliches Regelungsbedürfnis besteht auch in Bezug auf gemeinnützige Einrichtungen. Die Anwendung von Grundfreiheiten und Wettbewerbsrecht in Bereichen mit Gemeinwohlbezug, etwa im Sozialrecht, betrifft gemeinnützige Organisationen in hohem Maße. Im Wettbewerbsrecht ist vor allem die Beihilfeproblematik für solche Organisationen noch nicht vollständig gelöst. Es fehlt an einem gemeinschaftlichen Rahmen für den Umgang mit den Besonderheiten gemeinwohlorientierter Dienste. Art. 86 Abs. 2 EG vermag wegen seiner engen Auslegung nicht in jedem Fall eine Lösung zu bieten.

In die richtige Richtung gehen Ansätze der Kommission im Anschluss an die Ausführungen im Weißbuch über Dienste von allgemeinem Interesse, wonach u.a. in den Bereichen Gesundheitsdienstleistungen, Sozialwohnungswesen und Langzeitpflege das Beihilferecht mit Rücksicht auf die sozialen Zwecke und die geringe innergemeinschaftliche Wettbewerbsverzerrung großzügiger angewendet werden soll. Die bisher getroffenen Regelungen decken jedoch nur einen Teilbereich des Art. 86 Abs. 2 EG ab, in dem Zuwendungen an gemeinwohlorientierte Einrichtungen in Konflikt zum Wettbewerbsrecht treten können. Neben den Leitlinien für die Beihilfenvergabe ist eine Regelung auch anderer Bereiche anzustreben, in denen Zuwendungen an gemeinnützige Einrichtungen Auswirkungen auf den Wettbewerb haben können.

Neben den konkreten Änderungsvorschlägen für zivilgesellschaftliche Organisationen mit wirtschaftlichen Tätigkeiten fehlt es bisher an einem einheitlichen Konzept für den Umgang mit nicht wirtschaftlich tätigen zivilgesellschaftlichen Organisationen. Eine Strategie ist erforderlich, weil sich die Gemeinschaft längst mit zivilgesellschaftlichen Organisationen außerhalb wirtschaftlicher Interessen befasst und sich ihrer bedient. Beleg dafür sind die Aktionsprogramme für Umwelt, Bildung, Gleichstellung, Kultur und aktive Bürgerschaft sowie die Einbindung in Entwicklungshilfe- und Antidiskriminierungspolitik. Die Gemeinschaft erkennt zunehmend, dass zivilgesellschaftliche Organisationen nicht nur Arbeitgeber sind, sondern einen gesellschaftlichen Beitrag zur europäischen Integration leisten. Der Integrationsaspekt wurde schon Anfang der 1990er Jahre betont (Mitteilung der Kommission über die Strukturfonds und ihre Koordinierung mit dem Kohäsionsfonds v. 22.9.1999, ABl. 99/C 267/EG S. 2, 13f.).

Die Notwendigkeit eines Konzeptes für den Umgang mit zivilgesellschaftlichen Organisationen wird auch daran deutlich, dass weder das Weißbuch „Europäisches Regieren" noch das Grün- bzw. Weißbuch über Dienste von allgemeinem Interesse mehr als erste Ansätze für die zukünftige Behandlung nicht wirtschaftlicher zivilgesellschaftlicher Organisationen enthalten. Das Weißbuch „Europäisches Regieren" bezweckte in erster Linie die Einbindung nicht- und substaatlicher Akteure in die europäischen Entscheidungsprozesse, nicht aber die Förderung der Organisationen und ihrer Ziele. Das Grün- und das Weißbuch über Dienstleistungen von allgemeinem Interesse befassen sich nur ganz am Rande mit nicht wirtschaftlich tätigen zivilgesellschaftlichen Organisationen.

Künftig sollten die Förderaktivitäten zu Gunsten nicht wirtschaftlich tätiger zivilgesellschaftlicher Organisationen koordiniert und aufeinander abgestimmt werden. Es könnten darin Leitlinien entwickelt werden, mit welchen Bereichen des freiwilligen Engagements und mit welchen zivilgesellschaftlichen Organisationen sich die Gemeinschaft unter Wahrung der mitgliedstaatlichen Kompetenzen befassen will. Darin läge ein weiterer Schritt auf dem Wege von einer reinen Wirtschaftsunion zu einer umfassend integrierten Zivilunion.

4.3 Steuerrecht

4.3.1 Negative und positive Einkommenstransfers

Steuerrecht ist negatives Einkommensrecht. Jede Verschonung von einer allgemein vorgesehenen Besteuerung oder deren Reduzierung stellen sich daher als Schonung des Einkommens dar. Der vermiedene negative Transfer im Steuerrecht gleicht daher dem positiven Transfer etwa durch Sozialleistungen.[7] Die Entscheidung des Gesetzgebers, der Bürger mit positiven Transfers bedenken will, für die eine – steuervermeidende – oder die andere – sozialleistungsgewährende – Lösung (Zacher 2001: 354) ist zwar zum Teil verfassungsrechtlich gebunden, wie die Entscheidungen des Bundesverfassungsgerichts zum Familienleistungsausgleich (BVerfGE 82, 60; 87, 153) zeigen. Sie ist aber in weiten Teilen nicht verfassungsrechtlich gebunden, sodass der Gesetzgeber bei der Lokalisierung positiver Transfers weitgehende Wahlfreiheit zwischen dem Sozialleistungsrecht und dem Steuerrecht hat. Wiegt man die gegenwärtigen engagementgenerierten steuerrechtlichen Verschonungen gegen die entsprechenden sozialrechtlichen Transfers auf, so ergibt sich schon bei überschlägiger Betrachtung ein deutliches Übergewicht zugunsten der steuerrechtlichen Transfers. Die Erklärung mag darin gesehen werden, dass das Engagement als solches im herkömmlichen Sozialleistungssystem nicht zu einer Sozialleistung führt. Es gibt etwa kein Grundeinkommen für bürgerschaftlich Engagierte. Im Sozialleistungsrecht wird das Engagement dann relevant, wenn es um die Beeinflussung von Leistungsvoraussetzungen geht, also etwa bei der Frage, ob ehrenamtlich bzw. für Engagement erbrachte Zeiten als sozialrechtlich relevante Zeiten bei bestimmten Sozialleistungen (z.B. bei Ausbildungsförderungsleistungen oder beim Arbeitslosengeld) anerkannt werden. Ob das Engagement auch dazu führen kann, Ersatzeinkommen wie z.B. Altersrenten zu erhöhen, ist sozialpolitisch und sozialrechtlich umstritten, insbesondere dann, wenn man der These folgt, dass wegen engagierter Tätigkeit fehlendes Einkommen nicht zu Ersatzeinkommen führen kann.[8] Das Sozialleistungsrecht wirkt hier in den Dimensionen des Nachteilsausgleichs, vor allem aber der der Schutzgewährung.[9]

---

[7] Siehe dazu unten Abschnitt 4.4.

[8] Siehe dazu unten Abschnitt 4.4.2.3.

[9] Zu diesen Funktionen siehe oben Abschnitt 3.

Das Einkommensteuerrecht folgt einer anderen Logik: Einkommen ist zu besteuern, notwendiger einkommenserhaltender Aufwand ist ebenso wie bestimmter lebensnotwendiger Aufwand von der Besteuerung auszunehmen. Darüber hinaus werden mit dem Steuerrecht vielfältige andere Zwecke verfolgt, deren wichtigster die steuerrechtliche Anerkennung gemeinwohlorientierter Tätigkeit ist. In welcher Funktion jedoch das Steuerrecht gemeinwohlorientierte – in steuerrechtlicher Terminologie: gemeinnützige – Tätigkeit anerkennt, ist im Steuerrecht mittlerweile nicht mehr ganz klar. Ausgangspunkt für die steuerrechtliche Anerkennung des Engagements ist die Funktion des Nachteilsausgleichs. Sie ist gegeben, wenn getätigte Aufwendungen für die Wahrnehmung des Engagements abgegolten, auch pauschaliert abgegolten werden. Allerdings darf dies nicht zu einem Quasi-Einkommen führen, denn Engagement ist grundsätzlich unentgeltlich. Aus diesem Grund werden etwa der Übungsleiterfreibetrag oder die „Zeitspende" durchaus kontrovers diskutiert (Igl/Jachmann/Eichenhofer 2002: 246ff., 263ff.). Welche andere Funktion als die einer, wenn auch reduzierten, Einkommensverschaffung für engagiert Tätige können solche Steuerverschonungen haben? Sicherlich ist hier die Anreizfunktion angesprochen. Die Problematik verschärft sich noch, wenn man unter Gleichbehandlungsgesichtspunkten die Frage aufwirft, warum dem auf Sozialhilfe oder Arbeitslosengeld II angewiesenen engagiert Tätigen kein Äquivalent für eine solche Steuerverschonung zustehen soll.

4.3.2 Der grundlegende steuerrechtliche Ansatz[10]

Zentrale Basis einer verfassungsgemäßen Besteuerung ist die gleichmäßige Belastung der Mitglieder der staatlichen Allgemeinheit nach Maßgabe ihrer jeweiligen wirtschaftlichen Leistungsfähigkeit. Diese Besteuerung nach der wirtschaftlichen Leistungsfähigkeit beruht vor dem Hintergrund ihrer Herleitung aus dem Sozialstaatsprinzip auf einer Steuerrechtfertigung aus der Gemeinwohlverantwortung des Bürgers. Im Steuerstaat nimmt der Bürger die ihn treffende Verantwortung für das Gemeinwohl i. d. R. durch Steuerzahlung wahr, um Gemeinwohlverwirklichung durch staatliches Handeln zu finanzieren. Soweit jedoch durch gemeinnütziges Handeln unmittelbar Gemeinwohlverantwortung übernommen wird, ist eine entsprechende Freistellung von der allgemeinen Besteuerung gleichheitsimmanent gerechtfertigt. Unmittelbar gemeinwohlförderndes individuelles Handeln (altruistische Spende oder Arbeitsleistung) kann eine gleichwertige Steuerzahlung substituieren und so eine Steuerfreistellung begründen. Dies erfordert, dass das bürgerschaftliche Engagement typischerweise eine entsprechende Gemeinwohlverwirklichung durch staatliches Handeln ersetzt. Soll bürgerschaftliches Engagement Ausdruck eines grundsätzlichen Verhältnisses von Staat, Gesellschaft und Individuum sein, so muss seine steuergesetzliche Einbindung diesem funktionalen Zusammenhang Rechnung tragen. De lege ferenda gilt es, die steuergesetzliche Erfassung bürgerschaftlichen Engagements nicht als Steuersubvention, sondern systemimmanent auf der Grundlage einer gleichmäßigen Besteuerung nach Maßgabe der Gemeinwohlverantwortung des Bürgers auszugestalten.

---

[10] Für den steuerrechtlichen Teil des Gutachtens für die Enquete-Kommission zeichnet Monika Jachmann verantwortlich (siehe Fußnote 1). Der nachfolgende Text beruht zu einem großen Teil auf diesem Teil des Gutachtens. Hinzugefügt wurden vom Verf. dieses Beitrags die Hinweise zu den steuerrechtlichen Änderungen, die durch das Gesetz zur weiteren Stärkung des bürgerschaftlichen Engagements vom 10.10.2007 (BGBl. I S. 2332) geschaffen worden sind.

Die diversen Forderungen nach einer Verbesserung der steuergesetzlichen Rahmenbedingungen für bürgerschaftliches Engagement auf der individualrechtlichen Ebene einschließlich des unternehmerischen Bereichs wie auch auf der Ebene der Vereinsbesteuerung kreisen zentral um Entbürokratisierung und Deregulierung einerseits sowie Begünstigung andererseits. Steuersystematisch geht es dabei primär um die Grenzziehung zwischen erwerbswirtschaftlichem und gemeinnützigem Handeln sowie die Zulässigkeit steuergesetzlicher Typisierung und Subventionierung. Verbesserungsvorschläge sind ausgehend von der grundsätzlichen verfassungsrechtlichen Rechtfertigung der Steuererhebung zu entwickeln. Dabei gilt es, den Bedürfnissen der Engagierten, Vereine und Körperschaften sowohl innerhalb der verfassungsrechtlich vorgegebenen Grenzen der gesetzgeberischen Gestaltungsfreiheit als auch unter größtmöglicher Wahrung von Systemstringenz und Einfachheit der Besteuerung Rechnung zu tragen.

In dem für die Enquete-Kommission „Zukunft des Bürgerschaftlichen Engagements" erstellten Rechtsgutachten (Igl/Jachmann/Eichenhofer 2002) sind verschiedene steuerrechtliche Vorschläge unterbreitet worden, wobei zwischen der steuergesetzlichen Behandlung der gemeinnützigen Körperschaften und den bürgerschaftlich engagierten Personen und Unternehmen unterschieden worden ist. Mittlerweile ist mit dem Gesetz zur weiteren Stärkung des bürgerschaftlichen Engagements das Steuerrecht weiterentwickelt worden, wobei teilweise auf die Vorschläge im Rechtsgutachten reagiert worden ist. Im Folgenden sollen diejenigen steuerrechtlichen Bereiche dargestellt werden, die durch das Gesetz zur weiteren Stärkung des bürgerschaftlichen Engagements erfasst worden sind.

4.3.3 Entwicklungen auf der Ebene der bürgerschaftliches Engagement organisierenden Körperschaften und des steuerlichen Gemeinnützigkeitsrechts

4.3.3.1 Inhalte der Gemeinnützigkeit

Die steuerrechtliche Gemeinnützigkeit stellt neben dem Spendenrecht ein wichtiges Instrument des Staates dar, um die Finanzausstattung der Organisationen des Dritten Sektors zu sichern (Droege 2007: 62). Im Rechtsgutachten wurde eine Straffung der Inhalte der Gemeinnützigkeit und ihre Regelung in einem enumerativen, hinreichend bestimmten, abschließenden Zweckekatalog in der AO, etwa in § 52 Abs. 2 AO, gefordert (Igl/Jachmann/Eichenhofer 2002: 552 f.). Dieser Zweckekatalog sollte auch für den steuerlichen Spendenabzug gelten. Dabei wäre insbesondere Sport als gemeinnütziger Zweck aufzunehmen, mit Ausnahme von Sportarten, deren Schädlichkeit für das Gemeinwohl ihre Nützlichkeit typischerweise überwiegt (etwa Motorsport). Nicht in die Gemeinnützigkeit einbezogen werden sollten die derzeit nach § 52 Abs. 2 Nr. 4 AO gemeinnützigen bloßen Freizeitbetätigungen sowie Nachbarschaftshilfe und Selbsthilfe als solche. Der Gemeinnützigkeitsstatus bliebe wie bisher auf Körperschaften beschränkt und wäre insoweit nicht körperschaftlich strukturierten Selbsthilfegruppen verschlossen. Im Gesetz zur weiteren Stärkung des bürgerschaftlichen Engagements ist diesem Anliegen teilweise Rechnung getragen worden (vgl. § 52 Abs. 2 AO).

Die weiteren Vorschläge aus dem Rechtsgutachten (Igl/Jachmann/Eichenhofer 2002: 553 f.) sind nicht aufgegriffen worden. Dies gilt für die Forderung, das Merkmal der Selbstlosigkeit der Tätigkeit der Körperschaft klarstellend auf die zeitnahe Mittelverwendung zu beschränken (vgl. § 58 AO). Zu bedauern ist auch, dass die Forderung, die Gemeinnützigkeit einer Körperschaft durch Grundlagenbescheid festzustellen, nicht aufgegriffen worden ist.

4.3.3.2 Idealkörperschaften

Im Rechtsgutachten (Igl/Jachmann/Eichenhofer 2002: 552 f.) wurde gefordert, Idealkörperschaften mit Ausnahme ihres wirtschaftlichen Geschäftsbetriebes von der Körperschaftsteuer, Gewerbesteuer und Grundsteuer freizustellen, so dass in steuersystematischer Hinsicht folgende drei Kategorien zu unterscheiden wären:

- Weitgehend klarstellende Anerkennung der bloßen – nicht notwendig auch gemeinnützigen – Idealkörperschaft: Befreiung von Körperschaftsteuer, Gewerbesteuer und Grundsteuer mit Ausnahme wirtschaftlicher Geschäftsbetriebe, Anerkennung eines engen Bereichs der Vermögensverwaltung als Nebenzweck der ideellen Betätigung, keine Berechtigung zur Entgegennahme von steuerbegünstigten Zuwendungen, keine Anerkennung von Zweckbetrieben.
- I.e.S. gemeinnützige Idealkörperschaften: Die i.e.S. gemeinnützige Zweckverfolgung rechtfertigt über die Ertragsteuerfreistellung hinaus die Entgegennahme von steuerbegünstigten Zuwendungen sowie die Anerkennung von Zweckbetrieben.
- Anerkennung als gemeinnützig im Wege der Steuersubvention: Dies setzte einen konkreten Lenkungszweck voraus, zu dessen Verfolgung die Mechanismen des Gemeinnützigkeitsrechts zielgenau eingesetzt werden müssten. Diese Linie ist nicht zu empfehlen und wird vorliegend nicht verfolgt.

Im Gesetz zur weiteren Stärkung des bürgerschaftlichen Engagements ist die Besteuerungsgrenze für wirtschaftliche Betätigungen gemeinnütziger Körperschaften auf 35.000 Euro Einnahmen im Jahr erhöht worden (§ 64 Abs. 3 AO). Dies gilt ebenfalls für die Zweckbetriebsgrenze bei Sportveranstaltungen (§ 67a Abs. 1 AO).

4.3.4 Entwicklungen auf der Ebene der bürgerschaftlich engagierten Personen und Unternehmen

4.3.4.1 Allgemeine steuerfreie Aufwandspauschale für ehrenamtliche Tätigkeit im Dienste einer gemeinnützigen Körperschaft – Zeitspende

Die im Rechtsgutachten enthaltene Empfehlung, wonach die Einführung einer allgemeinen steuerfreien Aufwandspauschale für ehrenamtliche Tätigkeit im Dienste einer gemeinnützigen Körperschaft oder einer inländischen juristischen Person des öffentlichen Rechts in Höhe von etwa 300 Euro pro Jahr mit der Option des Nachweises eines höheren abziehbaren Aufwands favorisiert wird (Igl/Jachmann/Eichenhofer (2002: 554 ff.), und weiter die Empfehlung einer „Zeitspende" sind nicht Gesetz geworden (Igl/Jachmann/Eichenhofer 2002: 263 ff.). Der Gesetzentwurf zum Gesetz zur weiteren Stärkung des bürgerschaftlichen Engagements enthielt eine solche Möglichkeit des Abzugs von der Steuerschuld in Höhe von 300/500 Euro (Deutscher Bundestag, Drucksache 16/5200, S. 8, sowie Beschlussempfehlung des Finanzausschusses, Deutscher Bundestag, Drucksache 16/5926, S. 12). Voraussetzung war, dass jemand monatlich 20 Zeitstunden im Dienst einer juristischen Person des öffentlichen Rechts unentgeltlich kranke, alte oder behinderte Menschen betreut. Da die Vorschrift jedoch nur für einen bestimmten Personenkreis Engagierter gelten sollte, begegnete sie im Gesetzgebungsverfahren Bedenken aus Gründen der Gleichbehandlung (Igl/Jachmann/Eichenhofer 2002: 242).

Im Gesetzgebungsverfahren (Beschlussempfehlung des Finanzausschusses, Deutscher Bundestag, Drucksache 16/5926, S. 9) ist jedoch mit § 3 Nr. 26a EStG eine Vorschrift eingeführt worden, nach der Einnahmen bis zur Höhe von insgesamt 500 Euro im Jahr einkommensteuerfrei sind, die aus nebenberuflichen Tätigkeiten im Dienst oder Auftrag einer inländischen juristischen Person des öffentlichen Rechts oder einer unter § 5 Abs. 1 Nr. 9 des Körperschaftsteuergesetzes fallenden Einrichtung zur Förderung gemeinnütziger, mildtätiger und kirchlicher Zwecke (§§ 52 bis 54 der Abgabenordnung) stammen. Die Steuerbefreiung ist ausgeschlossen, wenn für die Einnahmen aus der Tätigkeit ganz oder teilweise eine Steuerbefreiung nach § 3 Nr. 12 oder 26 EStG gewährt wird. Überschreiten die Einnahmen für diese Tätigkeiten den steuerfreien Betrag, dürfen die mit den nebenberuflichen Tätigkeiten in unmittelbarem wirtschaftlichen Zusammenhang stehenden Ausgaben abweichend von § 3c EStG nur insoweit als Betriebsausgaben oder Werbungskosten abgezogen werden, als sie den Betrag der steuerfreien Einnahmen übersteigen.

4.3.4.2 Übungsleiterfreibetrag

Im Rechtsgutachten wurde gefordert, den Bedürfnissen der bürgerschaftlich Engagierten wie auch der sie organisierenden Körperschaften durch eine erweiternde Umgestaltung des sog. Übungsleiterfreibetrags in einen gleichheitsimmanent zu rechtfertigenden Ehrenamtsfreibetrag in besonderer Weise gerecht zu werden (Igl/Jachmann/Eichenhofer 2002: 554 ff.). Empfohlen wurde die Anhebung des Übungsleiterfreibetrags auf etwa 2.500 Euro verbunden mit einer Ausdehnung auf alle nebenberuflichen Tätigkeiten im Dienst einer gemeinnützigen Körperschaft – mit Ausnahme ihres wirtschaftlichen Geschäftsbetriebs sowie solche Tätigkeiten im Dienst inländischer juristischer Personen des öffentlichen Rechts mit Ausnahme von Betrieben gewerblicher Art, insbesondere eine Tätigkeit als Mitglied einer kommunalen Volksvertretung. Die im Gesetz zur weiteren Stärkung des bürgerschaftlichen Engagements vorgesehene Anhebung des Übungsleiterfreibetrages auf 2.100 Euro (§ 3 Nr. 26 EStG) ist zu begrüßen. Allerdings wäre aus Gleichbehandlungsgründen eine Ausdehnung auf weitere bürgerschaftlich engagierte Tätigkeiten wünschenswert gewesen (Igl/Jachmann/Eichenhofer 2002: 246).

4.3.4.3 Vereinheitlichung der Spendenhöchstbeträge– Gleichbehandlung von Spenden und Mitgliedsbeiträgen

Der im Rechtsgutachten erhobenen Forderung, die Spendenhöchstbeträge zu vereinheitlichen (Igl/Jachmann/Eichenhofer 2002: 554), wurde insofern Rechnung getragen, als Zuwendungen (Spenden und Mitgliedsbeiträge) zur Förderung steuerbegünstigter Zwecke im

Sinne der §§ 52 bis 54 AO an eine inländische juristische Person des öffentlichen Rechts oder an eine inländische öffentliche Dienststelle oder an eine nach § 5 Abs. 1 Nr. 9 des Körperschaftsteuergesetzes steuerbefreite Körperschaft, Personenvereinigung oder Vermögensmasse insgesamt bis zu 20% des Gesamtbetrags der Einkünfte oder bis zu vier Promille der Summe der gesamten Umsätze und der im Kalenderjahr aufgewendeten Löhne und Gehälter als Sonderausgaben abgezogen werden können (§ 10b Abs. 1 Satz 1 EStG). Hingegen wurde der Forderung im Rechtsgutachten, Spenden und Mitgliedsbeiträge gleich zu behandeln (Igl/Jachmann/Eichenhofer 2002: 554), nicht gefolgt. So sind nicht abziehbar Mitgliedsbeiträge an Körperschaften, die den Sport (§ 52 Abs. 2 Nr. 21 AO), kulturelle Betätigungen, die in erster Linie der Freizeitgestaltung dienen, die Heimatpflege und Heimatkunde (§ 52 Abs. 2 Nr. 22 AO) oder Zwecke im Sinne des § 52 Abs. 2 Nr. 23 AO fördern (§ 10 Abs. 1 Satz 2 EStG).

4.3.4.4 Fehlanzeige: Ausdehnung der finanzbehördlichen Beratung

Bedauerlich ist, dass der Vorschlag, das bürgerschaftliche Engagement in sachlichem Zusammenhang mit der ideellen Tätigkeit gemeinnütziger Körperschaften in § 89 AO als Gegenstand der finanzbehördlichen Beratung positiv zu erwähnen (Igl/Jachmann/Eichenhofer 2002: 554), nicht aufgenommen worden ist. Dies hätte einen wesentlichen Beitrag zur Unterstützung bürgerschaftlich Engagierter darstellen können. Nach wie vor ist das Steuerrecht nicht nur für Engagierte eine höchst unübersichtliche Rechtsmaterie. Alle, die sich bürgerschaftlich engagieren, werden mit den daraus folgenden Problemen konfrontiert. Da mittlerweile die Erteilung verbindlicher Auskünfte durch die Finanzbehörden sogar gebührenpflichtig geworden ist (vgl. § 89 Abs. 3 AO), hätte für Angelegenheiten im Zusammenhang des bürgerschaftlichen Engagements zumindest ein Gebührenbefreiungstatbestand vorgesehen werden können. Für den bürgerschaftlich Engagierten bleibt deshalb, will er sich nicht in den Winkeln des Steuerrechts verirren, nichts anderes als der Weg zur ebenfalls kostenpflichtigen Steuerberatung.

4.4 *Sozialrecht*

4.4.1 Sozialrecht und Bürgerengagement

Sozialrecht[11] umfasst nach allgemeinem Verständnis das im Sozialgesetzbuch (SGB) kodifizierte Sozialleistungsrecht, wobei auch diejenigen Leistungsbereiche dazu zählen, die bisher noch nicht in das SGB inkorporiert worden sind, so etwa das BAföG oder das WoGG (vgl. § 68 SGB I). Anders als das Steuerrecht kennt das Sozialrecht keine allgemeinen Bezüge zur Ehrenamtlichkeit oder dem bürgerschaftlichen Engagement, wie sie die Vorschriften zu den steuerbegünstigten Zwecken, insbesondere zur Gemeinnützigkeit, darstellen (vgl. §§ 51 ff.

---

[11] Der sozialrechtliche Teil des Rechtsgutachtens (Igl/Jachmann/Eichenhofer 2002: 333 ff.) ist von Gerhard Igl bearbeitet worden.

AO). Der Allgemeine Teil des Sozialgesetzbuchs (SGB I) schweigt sich zur ehrenamtlichen, freiwilligen oder bürgerschaftlich engagierten Tätigkeit aus (Igl 2002/2003; 2003).

In den einzelnen Sozialleistungsbereichen spielt engagierte Tätigkeit jedoch eine Rolle (Schütte 2003). Die Funktion des Nachteilsausgleichs ist etwa angesprochen, wenn bürgerschaftlich engagierte Personen daran gehindert sind, bestimmte zeitliche Voraussetzungen zu erfüllen (so im Ausbildungsförderungsrecht bei Tätigkeit in der studentischen Selbstverwaltung oder im Arbeitsförderungsrecht). Gemäß seiner allgemeinen Bestimmung liefert das Sozialleistungsrecht, insbesondere das Sozialversicherungsrecht, Schutz bei den Wechselfällen des Lebens. Deshalb erlangt die Schutzfunktion durch Gewährung von Unfallversicherungsschutz für engagiert Tätige eine besondere Bedeutung. Wie im Steuerrecht drängt sich aber seit einiger Zeit auch die Funktion des finanziellen Anreizes in den Vordergrund. Allerdings ist diese Anreizfunktion streng begrenzt auf die informelle Pflege Angehöriger und auf die Kindererziehung. Für beides ist ein verfassungsrechtlicher Hintergrund gegeben, nämlich der Schutz der Familie (Art. 6 Abs. 1 GG) und die Gleichbehandlung (Art. 3 Abs. 1 GG).

Im Zentrum des sozialen Schutzes steht in Deutschland die Sozialversicherung mit ihren fünf Leistungsbereichen (Kranken-, Pflege-, Unfall- und Rentenversicherung und im Rahmen der Arbeitsförderung die Arbeitslosenversicherung). Die Leistungen der Sozialversicherung sind zwar nach wie vor an ein Beschäftigungsverhältnis, das heißt an unselbstständige Arbeit, geknüpft (§ 7 SGB IV). Mittlerweile umfasst der Sozialversicherungsschutz auch eine Reihe von selbstständig Tätigen, insbesondere in der Rentenversicherung. In der Arbeitslosenversicherung ist sogar eine freiwillige Weiterversicherung möglich (§ 28a SGB III). Außerhalb der Sozialversicherungen spielt bürgerschaftliches Engagement ebenfalls, wenn auch nur vereinzelt, eine Rolle.

4.4.2 Schutz in den verschiedenen Sozialleistungsbereichen

4.4.2.1 Allgemeiner Sozialversicherungsschutz für bürgerschaftlich Engagierte?

Ein allgemeiner Sozialversicherungsschutz für bürgerschaftlich Engagierte, der seine Rechtfertigung im Engagement finden würde und der aus Steuermitteln zu finanzieren wäre, existiert nicht und erscheint auch nicht als geboten. Für die Bereiche des Kranken- und Pflegeversicherungsrechts besteht praktisch kein Schutzbedarf, da knapp 90% der Bevölkerung in diesen Sicherungszweigen Schutz genießen. Mit dem Einbezug bisher nicht versicherter Personen besteht auf diesem Gebiet auch kein Schutzbedarf mehr (vgl. § 5 Abs. 1 Nr. 13 SGB V).

Hingegen besteht ein Schutzbedarf auf dem Gebiet des Arbeitsunfalls bzw. des Unfalls infolge einer Engagementtätigkeit. Hier sind im Gefolge der Anregungen des Rechtsgutachtens (Igl/Jachmann/Eichenhofer 2002: 376 ff.) Erweiterungen des schon bisher bestehenden Schutzes bewirkt worden. Nach wie vor stellt sich aber unter Gleichbehandlungsgesichtspunkten die Frage, ob für bürgerschaftlich engagierte Tätigkeit nicht ein allgemeiner Unfallversicherungsschutz einzurichten ist.

Anders in der Arbeitslosenversicherung: Hier fehlt es schon am zu versichernden Risiko, dem Einkommensverlust infolge mangelnder Nachfrage einer Tätigkeit am Arbeitsmarkt.

Will man Bürgerengagement durch entsprechende Leistungen in der Rentenversicherung, also bei der Altersrente, der Rente wegen Erwerbsminderung und bei den Hinterbliebenenrenten honorieren, muss erst die Grundfrage geklärt werden, ob für Bürgerengagement Entgelt, hier zeitlich dilatiertes Ersatzeinkommen, entrichtet werden soll.

4.4.2.2 Unfallversicherungsschutz

Das Recht der gesetzlichen Unfallversicherung (SGB VII) schützt die Versicherten beim Arbeits- und Wegeunfall und bei Berufskrankheiten. Diese Schutzfunktion wird im Unfallversicherungsrecht schon seit langer Zeit nicht nur in Richtung auf die in einem Beschäftigungsverhältnis stehenden Personen wahrgenommen, sondern erstreckt sich auf zahlreiche andere Tätigkeiten, zu denen auch bestimmte ehrenamtliche Tätigkeiten rechnen.

Die Erweiterung des unfallversicherungsrechtlichen Schutzes für bürgerschaftlich Engagierte durch das Gesetz zur Verbesserung des unfallversicherungsrechtlichen Schutzes bürgerschaftlich Engagierter und weiterer Personen vom 9.12.2004 (BGBl. I S. 3299) war eine der ersten rechtlichen Folgen aus der Tätigkeit der Enquete-Kommission (Geckle 2005; Kreutz 2005; Leube 2006; Merten 2005). In der Gesetzesbegründung wird ausdrücklich auf die Handlungsempfehlungen der Enquete-Kommission Bezug genommen (Deutscher Bundestag, Drucksache 15/3439, S. 5).

Über diese Erweiterung des Unfallversicherungsschutzes hinaus erscheint es aber erstrebenswert, den Schutz sämtlicher bürgerschaftlich engagiert Tätiger im Interesse der Gleichbehandlung aller Engagierten umfassend zu gewährleisten und die Finanzierungsregelungen für diesen Schutz anzugleichen. Die gegenwärtige Ungleichbehandlung bürgerschaftlich engagiert Tätiger in Hinblick auf die Gewährleistung von Unfallversicherungsschutz ist verfassungsrechtlich nicht mehr unbedenklich. Das Argument, das schon bisher als Rechtfertigung für den Unfallversicherungsschutz insbesondere ehrenamtlich Tätiger gedient hat, nämlich die staatliche Verantwortung für Personen, deren Handeln besonderen Schutz gebietet, besteht auch gegenüber den bisher vom Unfallversicherungsschutz ausgeschlossenen bürgerschaftlich Engagierten.

4.4.2.3 Berücksichtigung im Rentenversicherungsrecht

Die rentenrechtliche Anerkennung von Zeiten bürgerschaftlich engagierter Tätigkeit nimmt zumindest keinen vorrangigen Platz im Rahmen sozialrechtlicher Schutzbelange ein, da hier die Funktion des Anreizes, nicht aber die Funktionen des Schutzes (wie in der Unfallversicherung) oder des Nachteilsausgleiches (wie beim Aufwendungsersatz) betroffen sind. Bereits bestehende rentenrechtliche Möglichkeiten (vgl. § 163 Abs. 3 und 4 SGB VI) für ehrenamtlich Tätige könnten erweitert werden. Aber auch hier besteht das Problem der Gleichbehandlung aller bürgerschaftlich engagiert Tätigen.

Eine Lösung, die nicht speziell auf die Berücksichtigung von Zeiten des bürgerschaftlichen Engagements, sondern insgesamt auf die negativen Auswirkungen von gebrochenen Erwerbsbiografien abstellt, würde den Vorzug verdienen. Eine solche Lösung würde auch der besonderen rentenversicherungsrechtlichen Situation von Frauen Rechnung tragen. Außerdem wäre bei einer solchen Lösung kein Problem des Nachweises von zurückgelegten Versicherungszeiten für bürgerschaftliches Engagement gegeben (Igl/Jachmann/Eichenhofer 2002: 393 f.).

4.4.2.4 Koordinierung zwischen Einkommensteuerrecht und Beitragsrecht in der Sozialversicherung

Im Interesse einer Angleichung der Besteuerung des Einkommens und seiner sozialversicherungsrechtlichen Beitragspflicht ist sicherzustellen, dass hier weitestgehende Parallelität gegeben ist. Diese Parallelität wird durch § 14 Abs. 1 Satz 3 SGB IV für die Behandlung der steuerfreien Aufwandsentschädigungen und für die in § 3 Nr. 26 EStG genannten steuerfreien Einnahmen gewährleistet. Eine Erhöhung der Übungsleiterpauschale oder die Einführung einer steuerfreien Aufwandsentschädigung oder die Erhöhung einer solchen würden jedoch im Rahmen des § 14 Abs. 1 Satz 3 SGB IV insoweit zum Ausschluss der Behandlung als sozialversicherungspflichtiges Arbeitsentgelt führen.

4.4.2.5 Berücksichtigung von Engagementzeiten bei der Arbeitsförderung und beim Arbeitslosengeld II sowie bei der Ausbildungsförderung

Im Arbeitslosenversicherungsrecht gilt der Grundsatz, dass die bürgerschaftlich engagierte Tätigkeit die Arbeitslosigkeit als Leistungsvoraussetzung nicht ausschließt, aber die berufliche Eingliederung des Arbeitslosen nicht beeinträchtigen darf (§ 119 Abs. 2 SGB III). Für den Bezug des Arbeitslosengeldes II ist eine solche Vorschrift nicht erforderlich, da der Begriff der Erwerbsfähigkeit als Leistungsvoraussetzung nur eine mögliche Erwerbstätigkeit von mindestens drei Stunden täglich vorsieht (§ 8 Abs. 1 SGB II). Eine bürgerschaftlich engagierte Tätigkeit ist also grundsätzlich möglich.

Im Rahmen der Ausbildungsförderung führt eine Mitwirkung in den studentischen Gremien zu einer Verlängerung der Förderungshöchstdauer (§ 15 Abs. 3 Nr. 3 BAföG).

4.4.2.6 Pflegeversicherung

Die Pflegeversicherung hat von Anfang an auf das Bürgerengagement gesetzt (Igl 2003: 110 ff.). So werden Leistungen der häuslichen und der teilstationären Pflege nur in Ergänzung zur familiären, nachbarschaftlichen und sonstigen ehrenamtlichen Pflege und Betreuung geleistet (§ 4 Abs. 2 Satz 1 SGB XI). Damit wird der Einsatz ehrenamtlicher Pflegepersonen in der häuslichen und teilstationären Pflege allgemein vorausgesetzt und bildet damit ein Strukturmerkmal der Pflege, für die der Vorrang der häuslichen Pflege Leistungsprogramm ist (§ 3 Satz 1 SGB XI). Der Einsatz dieser Pflegepersonen wird mehrfach flankiert: durch Leistungen zur sozialen Sicherheit der Pflegepersonen und durch Schulungskurse (§§ 44, 45 SGB XI).

Pflegepersonen, also Personen, die nicht erwerbsmäßig einen Pflegebedürftigen in seiner häuslichen Umgebung pflegen, erhalten, wenn diese Pflege wenigstens 14 Stunden wöchentlich beträgt, *Leistungen zur sozialen Sicherung* (§ 44 SGB XI). Regelungen zur sozialen Sicherung für Pflegepersonen sind in der Unfall- und Rentenversicherung sowie im Arbeitsförderungsrecht getroffen worden. Der Schutz in der Unfallversicherung wird beitragslos von den Kommunen getragen. In der Rentenversicherung werden nicht erwerbsmäßig tätige Pflegepersonen als pflichtversicherte Personen betrachtet. Die Beiträge werden aber von den Pflegekassen an die Rentenversicherung entrichtet. Die Höhe der Beiträge und damit gemäß dem Äquivalenzprinzip des Rentenversicherungsrechts auch die Höhe der späteren Rentenleistungen bestimmt sich nach dem Umfang der Pflegetätigkeit und dem Grad der Pflegebedürftigkeit. Im Arbeitsförderungsrecht (SGB III) wurde bis zu den grundlegenden Änderungen durch das Dritte Gesetz für moderne Dienstleistungen am Arbeitsmarkt vom 23.12.2003 (BGBl. I S. 2848) der besonderen zeitlichen Belastung von Personen, die pflegebedürftige Angehörige versorgen (nicht nur für Pflegepersonen i. S. d. § 19 SGB XI), mehrfach Rechnung getragen, so durch Maßnahmen zur beruflichen Fortbildung; durch die Leistung von Teilunterhaltsgeld bei Teilnahme an einer Teilzeitmaßnahme der Weiterbildung und bei den Leistungsvoraussetzungen für den Bezug von Arbeitslosengeld, wo auf die Pflege von pflegebedürftigen Angehörigen bzw. auf die Eigenschaft als Pflegeperson Rücksicht genommen worden ist. Diese sinnvollen Erleichterungen für Pflegepersonen sind zum 1. Januar 2004 weggefallen. Privilegierungen bestehen nur noch bei der Berechnung der Unterbrechung der Arbeitslosigkeit bei Langzeitarbeitslosen (§ 18 Abs. 2 Nr. 3 SGB III), bei der Eigenschaft als Berufsrückkehrer (§ 20 Nr. 1 SGB III) und bei der neu geschaffenen Möglichkeit, eine freiwillige Versicherung (Versicherungspflichtverhältnis auf Antrag) zu begründen (§ 28a Abs. 1 Nr. 1 SGB III). Daneben enthält das Arbeitsförderungsrecht allgemeine Aussagen zur Vereinbarkeit von Familie und Beruf, in denen auch auf die Betreuung pflegebedürftiger Angehöriger abgestellt wird (§ 8a SGB III), und zu Leistungen der aktiven Arbeitsförderung (§ 8b SGB III). Dies ist jedoch für informell pflegende Personen leistungsrechtlich nicht hinterlegt.

Während mit den Leistungen zur sozialen Sicherheit von Pflegepersonen vor allem Schutz und Ausgleich, bei der Rentenversicherung auch individueller Anreiz geboten wird, wird mit den *Pflegekursen* für Angehörige und ehrenamtliche Pflegepersonen die Funktion der inhaltlichen Förderung des Engagements angesprochen (§ 45 SGB XI).

Im Gesetzes zur strukturellen Weiterentwicklung der Pflegeversicherung (Pflege-Weiterentwicklungsgesetz) vom 28. Mai 2008 (BGBl. I S. 874) erlangt der Rekurs auf bürgerschaftliches Engagement eine noch breitere Dimension. Das bürgerschaftliche Engagement kann jetzt insbesondere bei der Betreuung von Menschen mit erheblichem allgemeinem Betreuungsbedarf (demenziell erkrankte Personen) gefördert werden (§ 45d des Entwurfs). Die Aufwendungen für die Schulung bürgerschaftlich engagierter Personen und die Planung und Organisation ihres Einsatzes sind bei den Vergütungen der Pflegeeinrichtungen zu berücksichtigen (§ 82b des Entwurfes). Bei den neu einzurichtenden Pflegestützpunkten sollen bürgerschaftlich engagierte Personen eingebunden werden (§ 92c des Entwurfs).

4.4.3   Sonstige sozialrechtliche Reaktionen auf das Bürgerengagement

4.4.3.1   Freiwilliges Soziales und Ökologisches Jahr

Personen, die ein Freiwilliges Soziales oder Ökologisches Jahr leisten, sind in den Sozialversicherungen versichert. Diese Personen werden auch beim Kindergeld berücksichtigt. Mit dem Gesetz zur Förderung von Jugendfreiwilligendiensten vom 16.05.2008 (BGBl. I S. 842) sollen die bisherigen Gesetze zusammengefasst werden.

4.4.3.2 Teilnehmer am Europäischen Freiwilligendienst für Jugendliche

Für Personen, die am Europäischen Freiwilligendienst für Jugendliche teilnehmen, sind bisher keine besonderen Regelungen im Rahmen des Sozialrechts geschaffen worden.[12]

4.4.3.3 Wohlfahrtstätigkeit

Im Sozialbereich, von jeher ein Handlungsfeld mit breiter Fundierung auf engagierter Tätigkeit, lassen sich an einigen Stellen Regelungsmuster finden, wie sich die Zusammenarbeit zwischen öffentlicher und privater Wohlfahrtstätigkeit gestalten kann. Dies gilt insbesondere für das Kinder- und Jugendhilferecht und das Sozialhilferecht. Hier geht es darum, für die neuen Formen des bürgerschaftlichen Engagements Räume der Betätigung zu öffnen und zu vermeiden, dass traditionelle Aufgabenverteilungen als Zugangssperre für das bürgerschaftliche Engagement auf diesem Gebiet wirken. Gleiches gilt für die Verteilung der finanziellen Ressourcen zur Förderung wohlfahrtlicher Tätigkeit auf sozialem Gebiet. Das Krankenversicherungsrecht liefert hier bei der Selbsthilfeförderung durchaus vorbildliche Regelungsmuster (§ 20 Abs. 3 SGB V).

4.5 Arbeitsrecht

4.5.1 Arbeitsrecht und Bürgerengagement[13]

Das Arbeitsrecht ist das Recht der abhängig Beschäftigten und von daher grundsätzlich keine Rechtsmaterie, die zentral mit dem Bürgerengagement zu tun hat. Die Kerngebiete des Arbeitsrechts, das individuelle und das kollektive Arbeitsrecht, scheiden mangels Übertragbarkeit auf die bürgerschaftlich engagierte Tätigkeit für eine Betrachtung aus. Jedoch können bestimmte Bereiche des Arbeitsrechts auch für bürgerschaftlich Engagierte relevant werden. Dies gilt für den Gesundheits- und Arbeitsschutz, insbesondere dann, wenn bürgerschaftlich Engagierte in Umständen tätig werden, wie sie auch für den Arbeitnehmer üblich sind. Weiter könnte zumindest diskutiert werden, ob Engagierte in die betrieblichen Kollektivorgane einbezogen werden könnten und ob für sie spezielle Freistellungsregelungen gelten können.

---

[12] Siehe dazu schon oben Abschnitt 4.2.3.10.
[13] Der arbeits- und zivilrechtliche Teil des Rechtsgutachtens (Igl/Jachmann/Eichenhofer 2002: 411 ff., 433 ff.) ist von Eberhard Eichenhofer bearbeitet worden. Der nachfolgende Text beruht zu einem großen Teil auf den Ausführungen im Gutachten.

4.5.2 Ausbau des Gesundheits- und Arbeitsschutzes engagiert Tätiger

Der gemäß § 618 BGB für Arbeitnehmer vorgesehene Gesundheitsschutz – niedergelegt in den einzelnen Arbeitsschutzgesetzen – gilt nicht für bürgerschaftlich engagiert Tätige. Die zur Umsetzung dieses Grundsatzes vorgesehenen Arbeitsschutzgesetze sehen regelmäßig keine entsprechende Einbeziehung der engagiert Wirkenden in deren Schutz vor. Der in der Rechtsprechung für ehrenamtliche Tätigkeiten durch eine entsprechende Anwendung des § 618 BGB begründete Gesundheitsschutz nach Maßgabe des sehr weit gefächerten und hoch spezialisierten Arbeitsschutzrechts ist rechtlich noch nicht umfassend ausgebildet und abgesichert.

Denkbar wäre es deshalb, in § 618 BGB eine Bestimmung aufzunehmen, die der Regelung des § 2 Abs. 2 Satz 1 SGB VII nachempfunden wäre. Nach dieser Bestimmung wird durch die gesetzliche Unfallversicherung geschützt, wer wie ein Arbeitnehmer tätig wird, ohne Arbeitnehmer zu sein. Hand in Hand mit dem Schutz durch die Unfallversicherung könnte danach ein umfassender Gesundheits- und Arbeitsschutz für engagierte Tätigkeit entsprechend einer förmlichen Erweiterung des § 618 BGB auf alle engagiert Tätigen vorgesehen werden. Dies hätte zur Folge, dass auch engagiert Tätige regelmäßig ärztlich untersucht werden müssten, wenn solche Untersuchungen für Arbeitnehmer, die einem bestimmten Gefährdungspotenzial ausgesetzt sind, vorgesehen sind. Sind zur Vermeidung von Gesundheitsgefahren Schulungen oder Kurse für Arbeitnehmer vorgesehen, so müssten engagiert Tätige in ähnlichen Gefährdungslagen ebenfalls zu solchen Kursen zugelassen werden. Sind diese Vorsorgemaßnahmen mit Kosten verbunden, so hätte für diese die die ehrenamtlich Tätigen beschäftigende Organisation aufzukommen.

4.5.3 Einbeziehung engagiert Tätiger in die Betriebs- und Unternehmensverfassung, Personal- und Schwerbehindertenvertretung?

Die Einbeziehung engagiert Tätiger in die Betriebs- und Unternehmensverfassung, Personal- und Schwerbehindertenvertretung würde zwar zu einer größeren Integration dieser Personengruppe in die Belegschaft beitragen und somit auch zu einer Erweiterung der Schutzmöglichkeiten der Arbeitnehmervertretungen auf ehrenamtlich tätiges Personal führen. Andererseits geschieht das Engagement ehrenamtlich Tätiger grundsätzlich freiwillig. Es ist auch in zeitlicher Hinsicht nicht förmlich festgelegt. Daher fehlt den so Tätigen ein Merkmal, das die Arbeitnehmer wesentlich auszeichnet: nämlich dauerhaft und zum Zweck der eigenen Existenzsicherung einem Betrieb anzugehören. Die Arbeitnehmervertretung findet jedoch ihren Hauptzweck und zentralen Sinn in dem Schutz der entgeltlich, dauerhaft und zur eigenen Daseinssicherung Beschäftigten, d.h. der in ausführender Tätigkeit abhängig beschäftigten Arbeitnehmer. Eine Erweiterung der Arbeitnehmervertretungen auf ehrenamtlich bzw. bürgerschaftlich engagiert Tätige ist daher weder zwingend geboten, noch wäre sie sachlich veranlasst.

4.5.4 Ausbau der Freistellungsregelungen für engagiert Tätige?

Ein Ausbau der arbeitsrechtlichen Freistellungsregelungen für die Ausübung ehrenamtlicher Tätigkeit oder eine Weiterbildung für eine bürgerschaftlich engagierte Tätigkeit würde zwar den Anreiz zur Übernahme solcher Tätigkeit erhöhen. Allerdings sind die Freistellungsansprüche für ehrenamtlich Tätige sowohl thematisch beschränkt als auch zeitlich befristet. Nach der Rechtsprechung des BVerfG zu den Regelungen des hessischen Rechts über die Gewährung von Arbeitsfreistellung für die in der Jugendarbeit Engagierten kann gesagt werden, dass Freistellungen im öffentlichen Interesse liegen und dass daher in erster Linie auch das Gemeinwesen für die Folgen solcher Förderung einzustehen hat (BVerfGE 85, 226; 96, 260; 101, 141).

Eine Belastung der Arbeitgeber mit den in Gestalt von Arbeitsausfall und Lohnfortzahlung eintretenden Folgekosten bürgerschaftlichen Engagements bedarf also einer spezifisch arbeitsrechtlichen Rechtfertigung. Diese ist möglich, soweit das Engagement zugleich dem Arbeitgeber nützt. Eine arbeitsrechtliche Rechtfertigung scheitert indes, falls das Engagement im Allgemeininteresse, im Interesse sozial Benachteiligter, kultureller, ökologischer oder sportlicher Belange erfolgt oder gar als „neues Ehrenamt" im Interesse der Engagierten selbst ist. Eine Ausdehnung ehrenamtlicher Tätigkeiten zu Lasten des Arbeitgebers ist daher ebenso problematisch wie eine Ausdehnung der Freistellungszeiträume. Denn jede Vergünstigung für einen Arbeitnehmer, die zu Lasten des Arbeitgebers geht, birgt die Gefahr der Erschwerung des Zugangs zu Arbeitsplätzen für bürgerschaftlich Engagierte. Je stärker Arbeitgeber für ehrenamtlich tätige Arbeitnehmer belastet werden, desto geringer sind deren Beschäftigungschancen.

Generell gilt im Arbeitsrecht der Grundsatz, dass der Arbeitnehmer grundsätzlich nur außerhalb von Arbeitszeit und Arbeitsstelle zu ehrenamtlicher Tätigkeit befugt ist. Eine generelle Ausweitung der Freistellung von Arbeit unter Entgeltfortzahlung sollte daher grundsätzlich nur im Einverständnis mit dem Arbeitgeber oder den Arbeitgebern vorgenommen werden. Die Begründung eines Rechtsanspruches auf Arbeitsfreistellung sollte daher primär durch Tarifverträge oder Betriebs- oder Dienstvereinbarungen realisiert werden. Dies entspricht dem allgemeinen arbeitsrechtlichen Grundsatz des Tarifvorranges. Danach sind die Tarifparteien primär zur Ausgestaltung der Arbeitsverhältnisse berufen (BVerfGE 50, 290; 88, 103; 92, 26).

4.6 Zivilrecht

4.6.1 Aufwendungsersatz für die Tätigkeit als solche?

Auf der Grundlage des geltenden Rechts ist der Auftrag als unentgeltliche Leistung des Beauftragten an den Auftraggeber bestimmt (§ 662 BGB). Weil engagierte Tätigkeit zivilrechtlich als Auftragsverhältnis zu bestimmen ist, kommt eine Honorierung der engagierten Tätigkeit selbst nicht in Betracht. Würde diese angestrebt, so müsste in Ermangelung konkreter Absprachen über die Entgelthöhe eine Bezahlung in Höhe der taxmäßigen Vergütung (§ 612 BGB) stattfinden. Diese hätte sich an den für die Tätigkeit verbreiteten tariflichen

Entlohnungen auszurichten. Dies würde die Überführung des bürgerschaftlichen Engagements in ein Arbeitsverhältnis bedeuten. Solche Überführung entzöge engagierter Tätigkeit jedoch die Grundlage.

Zu den im Rahmen des Aufwendungsersatzes (§ 670 BGB) ersatzfähigen Vermögenswerten zählt neben den nachweislichen Vermögensopfern auch der Ausgleich für die für den Arbeitgeber aufgewandte Zeit. Zahlungen an engagiert Tätige, die demgemäß einen Ausgleich für die für das Engagement aufgewendete Zeit beanspruchen, sind deshalb grundsätzlich als mögliche Aufwendung für den Träger anzusehen und können daher grundsätzlich durch Geldleistungen abgegolten werden. Dass die Aufwendung von Freizeit Vermögenswert hat, ist partiell bereits in § 651 Abs. 2 BGB anerkannt, wenn dort für die Vereitelung oder die erhebliche Beeinträchtigung einer Reise wegen nutzlos aufgewandter Urlaubszeit Schadensersatz in Geld bewilligt wird (BGHZ 63, 98). Aus dieser Einzelregelung kann aber nicht auf ein allgemeines Prinzip der umfassenden kommerziellen Honorierung von Freizeit geschlossen werden.

4.6.2 Versicherungsschutz für engagiert Tätige

4.6.2.1 Verbesserung der haftungsrechtlichen Stellung?

Engagiert Tätige unterliegen, obgleich sie nicht als Arbeitnehmer tätig werden, den Regelungen über die Haftungsprivilegierung für Arbeitnehmer entsprechend. Diese Regeln vermindern für den engagiert Tätigen die Haftungsrisiken gegenüber den allgemeinen Haftungsgrundsätzen des Zivilrechts. Dies äußert sich in dreifacher Hinsicht:

- der Freistellung von Haftung bei leichter Fahrlässigkeit sowie der Schadensteilung bei mittlerer und grober Fahrlässigkeit,
- dem Anspruch des engagiert Tätigen gegen den Träger auf Freistellung von Haftung gegenüber einem Dritten, sowie
- dem Anspruch auf Abgeltung der erlittenen Eigenschäden.

Die Übertragung dieser Grundsätze auf die engagierte Tätigkeit stellt bereits einen beachtlichen und angesichts einer bislang vereinzelt gebliebenen BGH-Entscheidung (BGHZ 89, 153; Urteil des OLG Stuttgart vom 3.12.2002 – Az. 12 U 124/01) verständlicherweise von der Öffentlichkeit noch nicht hinreichend wahrgenommenen Fortschritt gegenüber der Rechtslage nach dem BGB dar. Eine weitergehende Veränderung dieser Rechtslage erscheint in Anbetracht der noch nicht hinreichend verbreiteten gegenwärtigen Rechtslage jedoch nicht tunlich. Abhilfe könnte nur ein sehr spezielles Gesetz für die Haftung ehrenamtlich Tätiger schaffen. Derartig detaillierte Regeln des Haftungsrechts für einzelne Tätigkeiten widersprechen dem generalisierten und abstrakten Grundansatz des Haftungsrechts. Eine Einzelregelung für die Haftung bei engagierter Tätigkeit fiele also völlig aus dem Rahmen.

4.6.2.2 Verbesserung der versicherungsrechtlichen Stellung von Träger und engagiert Tätigen

Das allen Interessen gerecht werdende Instrument ist die Begründung eines hinlänglichen Versicherungsschutzes sowohl für die Organisation wie für diese und zu deren Gunsten engagiert Tätige. Die dafür bereits verbreitet vorhandenen Versicherungsverträge können für die nähere Ausgestaltung dieses Schutzes Vorbild sein. Die Versicherung muss deshalb weit mehr als heute üblich das Haftungsrisiko der Organisation sowie des für diese engagiert Tätigen gegenüber dem Nutznießer abdecken. Ferner muss in den Versicherungsschutz auch die Eigenhaftung des engagiert Tätigen einbezogen sein. Des Weiteren sollte sie eine Sachversicherung umfassen, die sowohl der Organisation als auch dem engagiert Tätigen sämtliche, in eigenen Vermögenswerten eintretenden Sachschäden ausgleicht. Diese Haftungsvorsorge im Zivilrecht sollte mit einer sozialrechtlichen Vorsorge für engagiert Tätige auf der Basis eines umfassend ausgestalteten Unfallversicherungsschutzes einhergehen (Stiehr 2003: 186 ff.).

Der rechtspolitisch gebotene Schutz für Geschädigte, Organisation und engagiert Tätige durch eine konkrete Gruppenhaftpflicht oder Sachversicherung kann angesichts entsprechender Angebote der Versicherungswirtschaft zwar bereits heute gewährleistet werden. Rechtspolitisch unbefriedigend ist jedoch, dass weder die Nutznießer engagierter Tätigkeit noch die engagiert Tätigen selbst die Gewissheit darüber haben, ob ein solcher Schutz auch besteht. Denn ein solcher Versicherungsschutz ist nur gegen Prämienzahlung zu haben. Da dieser jedoch mit beträchtlichen Kosten verbunden ist, erscheint es nachvollziehbar, wenn Organisationen, die sich weit überwiegend aus Beiträgen ihrer Mitglieder finanzieren, vor aufwendigen Versicherungen zurückschrecken. Die Knappheit der Mittel bei dem den Versicherungsschutz organisierenden Träger erklärt auch, dass eher die Tendenz zur Unter- als zur Überversicherung besteht, was im Schadensfalle gleichermaßen zu Lasten von Geschädigtem, Organisation und engagiert Tätigem geht. Eine angemessene, untragbare Haftungsrisiken ausschließende Ausgestaltung ehrenamtlicher Tätigkeit verlangte somit nach einer angemessenen Haftpflicht- und Sachversicherung für die engagiert Tätigen ebenso wie für die Organisationen.

Denkbare Lösungsansätze wären:

- die Einbeziehung der Haftpflicht- und Sachrisiken bei engagierter Tätigkeit in den bereits für diese bestehenden Schutz der gesetzlichen Unfallversicherung (Vorsorgemodell),
- eine nach dem Muster der versicherungsrechtlichen Vorsorge für Kfz-Unfälle organisierte Pflicht zur Begründung einer hinreichenden haftpflicht- und sachversicherungsrechtlichen Vorsorge (Pflichtversicherungsmodell), oder
- die staatliche Subventionierung einer derartigen Haftpflicht- und Sachversicherung zugunsten der Träger (Anreizmodell).

4.6.3 Verbesserungen im Vereins- und Stiftungsrecht

Bestrebungen zur Förderung bürgerschaftlichen Engagements in Verein und Stiftung können nur sehr begrenzt durch Gesetzesänderungen im Vereins- und Stiftungsrecht befördert werden. Denn Verein und Stiftung werden von dem Grundsatz der Privatautonomie bestimmt: Danach wird die innere Verfassung von Verein und Stiftung wesentlich durch die Sach- und Strukturentscheidungen der Vereinsgründer oder der Vereinsmitglieder oder der Stifter bestimmt. Deren Willen findet seinen Niederschlag in der Satzung von Verein oder Stiftung (letztere „Verfassung" genannt, § 85 BGB). Das Gesetz regelt nur Mindestanforderungen an die Ausgestaltung von Verein oder Stiftung. Es lässt indes im Übrigen Stiftern und Vereinsgründern die nötige Freiheit, ihre eigenen Vorstellungen zu verwirklichen.

Für das Vereinsrecht ist die Bestimmung des Art. 9 Abs. 1 GG grundlegend. Danach haben „alle Deutschen das Recht, Vereine zu bilden". Darüber hinaus gewährleisten Art. 20 Allgemeine Erklärung der Menschenrechte, Art. 22 Internationaler Pakt für bürgerliche und politische Rechte, Art. 11 Europäische Menschenrechtskonvention und Art. 12 EU-Grundrechtecharta die Vereinigungsfreiheit für jedermann als ein Menschenrecht. Die Vereinigungsfreiheit garantiert den freien Zusammenschluss des Einzelnen mit anderen zu beliebigen selbst gewählten Zwecken in Vereinen, Verbänden und Assoziationen aller Art. Diese Garantien schützen den Einzelnen, die Vereinigung selbst und deren Betätigung wie innere Struktur. Sie fordern auch ein möglichst einfaches, für den Einzelnen auch unschwer nutzbares Vereinsrecht.

Auch die Errichtung einer Stiftung steht unter dem Schutz der verfassungsrechtlichen Ordnung. Obgleich diese der Genehmigung durch das Land bedarf, in dessen Gebiet die Stiftung errichtet werden soll (§ 80 BGB), wird nach überwiegender Ansicht dem Stifter ein Rechtsanspruch auf Genehmigung des Stiftungsgeschäfts zuerkannt. Folgerichtig wird daher von einem „Grundrecht auf Stiftung" gesprochen. Hieraus folgt, dass die die Genehmigung erteilende Behörde hinsichtlich der Versagung der Genehmigung wegen Gefährdung des Gemeinwohls oder der Unmöglichkeit des Stiftungszwecks einen lediglich eng umgrenzten, richterlicher Kontrolle unterliegenden Beurteilungsspielraum hat. Insoweit folgt sowohl aus der allgemeinen Handlungsfreiheit (Art. 2 Abs. 1 GG) als auch der Eigentümerfreiheit (Art. 14 Abs. 1 GG) ein verfassungsrechtlich geschütztes Recht auf Errichtung einer Stiftung.

Die Anforderungen des Gesetzes an die Eintragung eines Vereins auf der Grundlage einer Satzung (die notariell beurkundet werden kann, aber nicht muss) und die Eintragung in das Vereinsregister (§§ 55 ff. BGB) erklären sich daraus, dass der Verein eine von seinen Mitgliedern selbstständige juristische Person des Privatrechts ist, welche für sämtliche für diesen begründeten Schulden haftet und gleichzeitig die für diesen handelnden Mitglieder von persönlicher Haftung freistellt. Ohne die Eintragung haften die für den Verein handelnden Personen Dritten gegenüber persönlich (vgl. § 54 BGB). Die Formalisierung der Vereinsgründung, die deshalb auch das Durchlaufen eines Eintragungsverfahrens umschließt, dient also letztlich dem Rechtsverkehr. Da juristische Personen nicht eigenständig handeln können, sondern sich für ihr Handeln stets der für sie handelnden Menschen Organe bedienen, muss der Rechtsverkehr geschützt werden, falls das Handeln einer natürlichen Person für die juristische Person wirken soll. Dieser Schutz wird durch das Vereinsregister gewährleistet. Dieses Verfahren, das für wirtschaftlich tätige Handelsgesellschaften in deren Registrierung im Handelsregister eine Entsprechung findet, ist für den Geschäftspartner des Vereins unverzichtbar.

Hinsichtlich der inneren Struktur eines Vereins ist darauf hinzuweisen, dass das Gesetz (vgl. §§ 57, 67, 71 BGB) nur relativ geringe Anforderungen stellt: Namentlich sind Zweck, Name und Sitz des Vereins, Satzung und der Name der Vorstandsmitglieder dem Registergericht mitzuteilen. Über weitere Elemente der Satzung entscheidet der Verein autonom (Mitgliedschaft, Beitrag, Vorstand und Rolle der Mitgliederversammlung). Das Gesetz gibt dem Verein damit hinlänglich Flexibilität, um eine praktikable interne Struktur zu schaffen. Sollten also Inflexibilitäten in den Vereinsstrukturen zu bemängeln sein, so ist dies in erster Linie nicht Folge unzureichender gesetzlicher Vorgaben, sondern dies ist unsachgemäßen Satzungsbestimmungen anzulasten. Diese sind nicht vom Gesetzgeber, sondern von den Vereinsmitgliedern selbst zu verantworten. Die Vereinsmitglieder haben es des Weiteren in der Hand, die Voraussetzung der Rechenschaftslegung durch den Vorstand zu bestimmen. Regelmäßig wird der Vorstand verpflichtet, in regelmäßigem Umfang über die finanziellen Angelegenheiten des Vereins zu berichten. Regelmäßig findet auch eine Rechnungsprüfung statt. Die Einführung einer Publikationspflicht ist für nichtwirtschaftliche Vereine kaum zu rechtfertigen, sie ist schon für wirtschaftliche Vereine nur ausnahmsweise statuiert. Die Bedenken gegen das geltende Vereinsrecht sind daher weitgehend unbegründet.

Hingegen besteht bereits seit Jahrzehnten eine lebhafte Diskussion über die Reform des Stiftungsrechts. Bei den Reformvorschlägen geht es vor allem um die Frage, ob an Stelle des Konzessionssystems das Normativsystem und ein Stiftungsregister eingeführt werden sollen, weiter wie der Zweck der Stiftung bestimmt und wie weit überwiegend die Stiftung durch öffentliche Maßnahmen gefördert werden soll. Fortschritte in der Reform des Stiftungsrechts sind notwendig und unverzichtbar (von Hippel/Walz 2007). Mit dem Gesetz zur weiteren Stärkung des bürgerschaftlichen Engagements werden wichtige Erleichterungen im Stiftungsrecht geboten.

4.7 Weiterbildungsrecht

Nach geltendem Recht wird das bürgerschaftliche Engagement bei der Beurteilung der Einstufung für eine Erwerbsarbeit grundsätzlich nicht berücksichtigt. Es erscheint mithin nicht als eine der Arbeitsleistung gleichstehende Tätigkeit. Es wird deshalb auch nicht als Kriterium für die Einstellung oder Höhergruppierung von Arbeitnehmern anerkannt. Durch rechtliche Regelungen könnte zwar vorgesehen werden, dass das bürgerschaftliche Engagement künftig auch bei der Einstellung oder Höhergruppierung wie eine Erwerbstätigkeit berücksichtigt werde. Es erscheint aber zweifelhaft, ob eine solche rechtliche Änderung die intendierte Haltung auch tatsächlich bewirken kann. Denn dieses Gebot bleibt offen und ist in jedem Falle von den Parteien des Arbeitsverhältnisses praktisch umzusetzen. Da durch ein Gebot der Berücksichtigung bürgerschaftliches Engagements kein Automatismus in Gang gesetzt wird und in Anbetracht der Vielfalt ehrenamtlicher Tätigkeit nicht in Frage kommt, bleibt letzlich nur auf eine Änderung der Mentalität der im Arbeitsleben stehenden Akteure zu hoffen.

Ob eine Fortentwicklung des Weiterbildungsrechts im Sinne einer Berücksichtigung bürgerschaftlichen Engagements wie in Hessen (§ 1 Abs. 4 des Gesetzes über den Anspruch auf Bildungsurlaub) oder gar der weitgehenden Konzentration auf die Qualifizierung zu bürgerschaftlichen Engagement wie im Bildungsfreistellungsgesetz des Landes Mecklenburg-Vorpommern vom 7. Mai 2001 (GVOBl. M-V 2001, S. 112) angestrebt werden sollte, erscheint immerhin zweifelhaft. Das IAO-Übereinkommen Nr. 140 kann für diese Erweiterung jedenfalls nicht in Anspruch genommen werden. Der darin vorgesehene Bildungsurlaub soll neben der Förderung der Allgemeinbildung der Arbeitnehmer primär der beruflichen Qualifizierung und damit der Sicherung der wirtschaftlichen Leistungsfähigkeit des Arbeitnehmers dienen. Es besteht also nach dem Übereinkommen keine Pflicht zur Finanzierung von Qualifizierungsmaßnahmen für das bürgerschaftliche Engagement. So wie die Jugendarbeit liegt auch die Qualifizierung für Aufgaben bürgerschaftlichen Engagements in erster Linie im Interesse der Öffentlichkeit. Sie ist daher auch aus allgemeinen Finanzmitteln, d.h. aus dem Steueraufkommen, zu finanzieren.

4.8 Kommunalrecht

Das Kommunalrecht reagiert zwar nicht explizit, aber immerhin in Ansätzen auf die bürgerschaftlich engagierte Beteiligung jenseits der eingefahrenen Bahnen demokratischer Repräsentation und administrativer Aufgabenerledigung. Zumindest verfügt das Kommunalrecht über Instrumentarien, die die Realisierung entsprechender bürgerschaftlich engagierter Zwecksetzung erlauben. In der Praxis werden diese aber oft noch nicht genutzt. Und wenn sie genutzt werden, herrscht das Prinzip des learning by doing. Erst langsam erreicht die rechtswissenschaftliche Diskussion das Thema der notwendigen Fortentwicklung des Kommunalrechts in Richtung auf die Schaffung einer adäquaten Umwelt für das bürgerschaftliche Engagement (Schliesky 2004).

4.9 Zuwendungsrecht

Die Prinzipien, die das Zuwendungsrecht leiten, nehmen die Belange des bürgerschaftlichen Engagements nicht zur Kenntnis. Allerdings ist das Zuwendungsrecht so flexibel gehalten, dass es schon heute engagementgerecht praktiziert werden könnte. Daher ist Adressat einer Forderung nach einem engagementgerechten Zuwendungsrecht weniger der Gesetzgeber als die Verwaltungspraxis.

Im Gesetz über außergerichtliche Rechtsdienstleistungen (Rechtsdienstleistungsgesetz – RDG) vom 12.12.2007 (BGBl. I S. 2840) ist jetzt vorgesehen, dass eine Rechtsberatung als Fördermittelberatung als erlaubte Nebenleistung im Zusammenhang einer anderen Tätigkeit möglich ist (§ 5 Abs. 2 Nr. 3 RDG). Das heißt, dass für eine Rechtsberatung auf dem Gebiet der Zuwendungen nicht mehr die Inanspruchnahme eines Rechtsanwaltes erforderlich ist.

4.10 Wirtschaftsrecht

Bürgerschaftlich engagierte Tätigkeit kann in Konkurrenz zur wirtschaftlichen Betätigung treten. Das Verhältnis von wirtschaftlicher Betätigung und bürgerschaftlich engagierter Betätigung, die Marktauswirkungen hat, kann verfassungsrechtlich bisher nur eher unzulänglich über den Gleichheitssatz gesteuert werden. Der Gleichheitssatz gebietet Wettbewerbsneutralität. Das Anliegen der Wettbewerbsneutralität kommt z.B. zum Ausdruck im Sozialrecht bei den einzelnen Arbeitsbeschaffungsmaßnahmen. So dürfen im Recht der Arbeitsförderung nur zusätzliche und im öffentlichen Interesse liegende Arbeiten durchgeführt werden (§ 260 Abs. 1 Nr. 2 SGB III).

Es ist immer wieder darauf hinzuweisen, dass die deutsche Gesellschaft nicht anders als die Gesellschaften der Nachbarstaaten noch keine klar erkennbaren Muster für die Bestimmung des Verhältnisses von bürgerschaftlich engagierter Tätigkeit und traditioneller produktiver Tätigkeit gefunden hat. Die Erfahrungen mit der Tätigkeit der Wohlfahrtsverbände und sonstiger gemeinnütziger Einrichtungen können hier nur beschränkt Orientierung bieten. Denn gerade diese sind derzeit tiefgreifenden Wandlungen unterworfen, weil die traditionelle Erbringung von Dienstleistungen in einer von der Priorität der Dienstleistungserbringung bestimmten Wirtschaft zahlreiche Strukturveränderungen mit sich bringt. Hier werden künftig auch die Einflüsse des EU-Rechts immer deutlicher werden.

5 Voraussetzungen für ein dem Bürgerengagement förderliches Recht

5.1 Rolle, Aufgaben und Möglichkeiten des Rechts im Zusammenhang des Bürgerengagements

Die Rolle des Rechts im Zusammenhang des Bürgerengagements, die Aufgaben, die es zu erfüllen hat, und die Möglichkeiten, die es für seine Entfaltung und Gestaltung bieten kann, muss aus dem Blickwinkel der Leistungsfähigkeit und der Operationalisierbarkeit rechtlicher Regelungen und des Rechts allgemein für das Bürgerengagement gesehen werden. Bislang hinkt das Recht den Phänomenen des Bürgerengagements hinterher, versteht sich allenfalls als Kulturfolger, aber nicht als Kulturvorbereiter. In der sozialwissenschaftlichen Literatur wird dieses Versagen des Rechts gegenüber dem Bürgerengagement teilweise mit hohem anklagenden Ton kritisiert. Solange aber das Bürgerengagement weder in einzelnen Handlungsfeldern noch gar auf breiter Ebene einer konsistenten Strategie und Politik folgt, kann das Recht, in Person die gesetzgebenden Körperschaften, nicht zur Verantwortung gezogen werden. Das Recht kann in einer solchen Situation den gesellschaftlich und politisch zu verantwortenden Gestaltungsauftrag nicht formulieren oder gar bewältigen. So sind die durchaus beachtlichen gesetzgeberischen Reaktionen auf Belange des Bürgerengagements im Gefolge der Arbeit der Enquete-Kommission „Zukunft des Bürgerschaftlichen Engagements", auch die jüngste Reform im Gesetz zur weiteren Stärkung des bürgerschaftlichen Engagements vom 10.10.2007 (BGBl. I S. 2332) genau genommen nur Reaktionen auf längst Notwendiges. Den Boden für ein angemessenes Verständnis dieser Notwendigkeiten bestellt und insgesamt die betroffenen Politikbereiche für das Bürgerengagement sensibilisiert zu haben, ist das Verdienst der Enquete-Kommission.

Die rechtlichen Belange des Bürgerengagements stehen regelmäßig nicht isoliert für sich, sondern haben auch mit Rechtssphären zu tun, deren Zwecksetzungen es nicht immer erlauben, eine gerade und nur für das Engagement geformte rechtliche Ausprägung zu finden. Der Konflikt mit den Zwecksetzungen anderer Rechtssphären kann sich dabei im Verhältnis der Gleichrangigkeit wie im Verhältnis der Über-/Unterordnung der Zwecke ergeben. Solche vorrangigen Zwecksetzungen finden sich etwa im Ordnungsrecht, also im Recht der Gefahrenabwehr, wo der Schutz von Leib und Leben allen anderen Belangen vorgeht. Hier muss sich das Recht des bürgerschaftlichen Engagements den Erfordernissen der Gefahrenabwehr anpassen – nicht umgekehrt. Freilich schließt dieser Grundsatz nicht aus, dass die in Frage stehenden Rechtsgüter sorgfältig abgewogen werden. Ein anderes Beispiel liefert das Haftungsrecht. Im Haftpflichtrecht steht das Opfer einer Schädigungshandlung im Mittelpunkt. Dessen Schaden auszugleichen, ist das maßgebliche Ziel des Rechts. Dieser Schadensausgleich geht zu Lasten des Täters einerlei, ob dieser bürgerschaftlich engagiert ist oder nicht.

5.2 Bewusstwerden der rechtlichen Problematiken des Bürgerengagements

Bürgerengagement bedarf einer Umwelt, die seine Entfaltung ermöglicht und fördert. Die verschiedenen Handlungsfelder, auf denen Bürgerengagement wirken kann und soll (Soziales, Sport, Kultur etc.), lassen eine rechtliche Verfassung vermissen, in der Bürgerengagement einen gesicherten Ort und klare Rahmenbedingungen vorfinden könnte. Allgemeiner gesagt fehlt es bislang an einer kohärenten rechtlichen Ordnung für das Bürgerengagement. Dazu bedarf es einer breiten Diskussion in Gesellschaft und Politik. Die Rechtswissenschaft hat hierzu ihren Beitrag zu leisten. Diese Diskussion hat lange Zeit nur vereinzelt und vor allem mit dem Fokus auf das Steuer- und Stiftungsrecht stattgefunden. Die verfassungs- und europarechtliche Dimension ist in der rechtlichen Diskussion lange Zeit über Ansätze kaum hinausgekommen.

Im Rahmen der Arbeit der Enquete-Kommission ist es dann gelungen, den rechtlichen Diskussionshorizont in Richtung auf die mit dem Bürgerengagement verbundenen Fragen über die des Ehrenamtes hinaus zu erweitern. Mit dem dazu erstellten Rechtsgutachten (Igl/Jachmann/Eichenhofer 2002) konnte nur eine erste flächige Aufbereitung des Rechtsnormenbestandes und eine problematisierende Sichtung dieses Bestandes vorgenommen werden. Die verfassungs- und europarechtlichen Fragen mussten weitgehend außen vor bleiben. Diese verfassungs- und europarechtlichen Fragen sind dann in zwei Dissertationen aufgearbeitet worden (Reuter 2005; Bassen 2008). Der Deutsche Sozialrechtsverband hat das Thema des sozialen Engagements im Jahr 2002 zu einem Tagungsthema gemacht (Igl 2002; 2002/2003). Rechtlich und vor allem rechtswissenschaftlich ist das Spenden- und Gemeinnützigkeitsrecht hervorragend bedient worden mit einem rechtsvergleichenden und europarechtlichen Werk (Walz/von Auer/von Hippel 2007). In diesem Zusammenhang sind auch die Arbeiten des Instituts für Stiftungsrecht und das Recht der Non-Profit-Organisationen

(Bucerius Law School, Hamburg; Leitung des Instituts: Prof. Dr. Birgit Weitemeyer) und insbesondere dessen Schriftenreihe zu erwähnen

5.3 Die rechtliche Situation für die bürgerschaftlich Engagierten: Der Mangel an einer Metastruktur rechtlicher Information, Beratung und Begleitung des Bürgerengagements

Auch wenn im politischen Bereich das Bewusstsein für die Angelegenheiten des bürgerschaftlichen Engagements geschärft worden ist, was auch in entsprechender Gesetzgebung abzulesen ist, so bleibt doch für die bürgerschaftlich engagierten Personen ein Problem bestehen. Nach wie vor muss die Ratgeber- und Handbuchliteratur (Igl/Jachmann/Eichenhofer 2002a; Stiehr 2003) das leisten, was eigentlich das Recht systematisch geordnet selbst leisten müsste: Rechtliche Informationsklarheit zu schaffen in einem selbst für juristische Profis nur schwer zu durchblickenden Konglomerat an rechtlichen Vorschriften, die manchmal direkt, oft aber nur indirekt mit dem Bürgerengagement zu tun haben.

So wie das bürgerschaftliche Engagement rechtlich noch nicht zureichend geordnet ist, so wird auch der einzelne bürgerschaftlich Engagierte in der konkreten Bewältigung seiner Aufgaben rechtlich weitgehend allein gelassen. Bürgerschaftlich Engagierte stehen vor zahlreichen teilweise schwierigen Rechtsfragen. Bürgerschaftliches Engagement bedarf nicht nur der Information und Beratung über bürgerschaftliches Engagement selbst. Es erfordert ebenso eine umfassende Information über die Rechtsfragen bürgerschaftlichen Handelns. Zu den förderlichen Umweltbedingungen für das Bürgerengagement gehören deshalb auch Vorkehrungen, in denen Information, Beratung und Begleitung in den rechtlichen Angelegenheiten des bürgerschaftlichen Engagements in professioneller Weise gewährleistet ist. Diese Vorkehrungen können als Struktur hinter den sonstigen Strukturen (z.B. Freiwilligenagenturen) verstanden werden, die damit bürgerschaftliches Engagement fördern und erleichtern. Deshalb wird hier von einer Metastruktur gesprochen.

Im Zusammenhang des Internationalen Jahrs der Freiwilligen 2001 sind von Verbänden und Einzelpersonen zahlreiche Stellungnahmen zum bürgerschaftlichen Engagement abgegeben worden. Sie alle beklagen, was hier als fehlende Metastruktur bezeichnet wird: Was in dem Sprachgebrauch dieser Stellungnahmen als „Bürokratiehürde", „Kostenaufwand" oder „rechtliches Regelungsdefizit" bezeichnet wird, lässt sich zusammenfassend als die Feststellung einer fehlenden Metastruktur bezeichnen. Und dieses Fehlen wird zu Recht beklagt. Nicht wenige bürgerschaftlich Engagierte fühlen sich im Recht allein gelassen, wenn es z.B. um die Bewältigung administrativer Probleme der Vereinsgründung, der Zuerkennung einer Spendenabzugsfähigkeit von Zuwendungen, der Verwendung von Fördermitteln oder der Haftung und Versicherung geht.

Um dieser dem Bürgerengagement nicht zuträglichen Situation entgegenzuwirken, sind in erster Linie Informations- und Beratungsmöglichkeiten für das bürgerschaftliche Engagement zu schaffen, auszubauen und auf ein zureichendes Informationsniveau zu heben. Die rechtlichen Vorbilder für derartige Informationen können dem Sozialgesetzbuch entnommen werden (vgl. §§ 13 – 15 SGB I). Danach haben die Landes- und Kommunalebene, aber auch die Versicherungsträger die Verantwortung, die von Sozialgesetzen betroffenen Menschen umfassend zu unterrichten und zu beraten. Eine solche Beratung fehlt etwa seitens der Finanzbehörden. Es ist bedauerlich, dass eine solche kostenlose Beratung auch mit der jüngsten Gesetzgebung nicht installiert worden ist. Zu begrüßen ist, dass im Rechtsdienstleistungsgesetz jetzt gewisse Erleichterung bei der Rechtsberatung, insbesondere durch Wohlfahrtsverbände, Jugendhilfeträger und Behindertenverbände, vorgesehen sind (§ 8 Abs. 1 Nr. 5 RDG). Damit können bürgerschaftlich engagierte Personen und Institutionen auf diese Weise beraten werden.

Zusammenfassend: Bürgerengagement bedarf professioneller rechtlicher Metastrukturen, mit denen der Informations-, Beratungs- und rechtliche Begleitungsbedarf gedeckt wird. Länder und Kommunen, aber auch bürgerschaftlich engagierte Vereinigungen selbst können hier ihren Beitrag leisten. Dies wird auch von den Kommunen und Ländern so gesehen (Fuchs/Herdes/Kalfaß 2004; Würz 2004). Im Vergleich zu den eher betrüblichen Feststellungen aus dem Jahr 2002 im Rechtsgutachten (Igl/Jachmann/Eichenhofer 2002: 550 f.) kann man deshalb jetzt sagen, dass etliche Probleme erkannt und auch gelöst worden sind. Die um eine Förderung des bürgerschaftlichen Engagements bemühte Gesellschaft befindet sich damit auf einem guten Weg.

Literatur

Bassen, Andreas (2008): Freiwilliges Engagement im Lichte des Europarechts. Diss. Kiel
Beher, Karin/Liebig, Reinhard/Rauschenbach, Thomas (2000): Strukturwandel des Ehrenamtes. Gemeinwohlorientierung im Modernisierungsprozess,
Deutscher Bundestag, Drucksache 14/8900, Bericht der Enquete-Kommission „Zukunft des bürgerschaftlichen Engagements". Bürgerschaftliches Engagement: auf dem Weg in eine zukunftsfähige Bürgergesellschaft
Dickopp, Friedrich (2007): Umsatzsteuerbefreiungen bestimmter dem Gemeinwohl dienender Tätigkeiten nach § 4 UStG und dem Gemeinschaftsrecht, in: UR 2007, S. 553-565
Droege, Michael (2007): Die steuerrechtliche Gemeinnützigkeit zwischen Restauration und Reform, in: Beiträge zum Recht der sozialen Dienste und Einrichtungen (RsDE), Heft 65 (2007), S. 62-84
Evers, Adalbert (2001): Freiwilliges und bürgerschaftliches Engagement, Ehrenamt, Selbsthilfe und Bürgergesellschaft. Begriffe machen Politik, in: AWO-Bunderverband e.V. (Hrsg.), AWO-Sozialbericht 2001, Ehrenamt im Wandel
Evers, Adalbert/Wohlfahrt, Norbert/Riedel, Birgit (2000): Bürgerschaftliches Engagement in Nordrhein-Westfalen. Eine explorative Studie in den Handlungsfeldern Sport, Kultur, Stadtentwicklung und Soziale Dienste
Fuchs, Johannes/Herdes, Dieter J./Kalfaß, Sigrid (2004): Bürgerengagement für mehr Lebensqualität. Impulse zur Förderung des bürgerschaftlichen Engagements durch die Landkreise in Baden-Württemberg. In: Der Landkreis 2004, S. 439-441
Geckle, Gerhard (2005): Unfallversicherung im Ehrenamt. München
von Hippel, Thomas/Walz, Rainer W. (2007): Rechtspolitische Optionen zum deutschen Gemeinnützigkeits- und Spendenrecht von A – Z. In: Walz, Rainer W./von Auer, Ludwig/von Hippel, Thomas (Hrsg.): Spenden- und Gemeinnützigkeitsrecht in Europa. Mohr Siebeck: Tübingen, S. 215-280
von Hippel, Thomas (2007): Steuerrechtliche Diskriminierung ausländischer gemeinnütziger Nonprofit-Organisationen: Ein Verstoß gegen die EG-Grundfreiheiten? In: Walz, Rainer W./von Auer, Lud-

wig/von Hippel, Thomas (Hrsg.): Spenden- und Gemeinnützigkeitsrecht in Europa. Tübingen: Mohr Siebeck, S. 677-713

Igl, Gerhard (1994): Rechtsfragen des freiwilligen sozialen Engagements – Rahmenbedingungen und Handlungsbedarf. Schriftenreihe des Bundesministeriums für Familie und Senioren, Bd. 26. Stuttgart: Kohlhammer

Igl, Gerhard (2003): Sozialrechtliche Stellung mitmenschlich und bürgerschaftlich Engagierter – Bestandsaufnahme und Zukunftsperspektiven. In: SGb. 2002, S. 705–714; SGb. 2003, S. 6-12

Igl, Gerhard (2003): Sozialrechtliche Stellung mitmenschlich und bürgerschaftlich Engagierter – Bestandsaufnahmen und Zukunftsperspektiven. In: Mitmenschliches und bürgerschaftliches Engagement im Sozialrecht. Schriftenreihe des Deutschen Sozialrechtsverbandes (SDSRV) 50, Wiesbaden: Chmielorz, S. 101–151

Igl, Gerhard (2003a): Dritter Sektor, Sozialbereich und EG-Recht. In: Kötz/Rawert/Schmidt/Walz (Hrsg.): Non Profit Law Yearbook 2002.: Köln/Berlin/Bonn/München: Carl Heymanns, S. 21-45

Igl, Gerhard unter Mitarbeit von Jachmann, Monika und Eichenhofer, Eberhard (2002): Rechtliche Rahmenbedingungen bürgerschaftlichen Engagements. Zustand und Entwicklungsmöglichkeiten. Deutscher Bundestag (Hrsg.), Enquete-Kommission „Zukunft des bürgerschaftlichen Engagements". Opladen: Leske + Budrich

Igl, Gerhard/Jachmann, Monika/Eichenhofer, Eberhard (2002a): Ehrenamt und bürgerschaftliches Engagement im Recht – ein Ratgeber. Opladen: Leske + Budrich

Igl, Gerhard/Reuter, Judith (2002): Die rechtlichen Rahmenbedingungen des bürgerschaftlichen Engagements. In: Theorie und Praxis der sozialen Arbeit (TuP) 6/2002, S. 415-420

Kreutz, Marcus (2005): Die Erweiterung des gesetzlichen Unfallversicherungsschutzes durch das Gesetz zur Verbesserung des unfallversicherungsrechtlichen Schutzes bürgerschaftlich Engagierter. In: ZfSH/SGB 2005, S. 145-149

Leube, Konrad (2006): Gesetzliche Unfallversicherung im Ehrenamt. In: ZfSH/SGB 2006, S. 579-582

Merten, Michaela (2005): Der Versicherungsschutz bürgerschaftlich Engagierter und weiterer Personen. In: SGb 2005, S. 427-438

Reuter, Judith (2005): Verfassungsrechtliche Grundlagen des bürgerschaftlichen Engagements. Frankfurt am Main: Peter Lang, Europäischer Verlag der Wissenschaften, Zugl.: Kiel, Univ., Diss., 2005

Rosenbladt, Bernhart (2000): Ergebnisse der Repräsentativerhebung zu Ehrenamt, Freiwilligenarbeit und bürgerschaftlichem Engagement, Bd. 1, Freiwilliges Engagement in Deutschland. Gesamtbericht

Schliesky, Utz (2004): Bürgerschaftliches Engagement in der repräsentativen Demokratie – rechtliche und gesellschaftliche Rahmenbedingungen auf der kommunalen Ebene. In: Der Landkreis 2004, S. 422-428

Schütte, Wolfgang (2003): Mitwirkung Ehrenamtlicher bei der Sozialleistungsgewährung. In: SGb 2003, S. 80-89

Stiehr, Karin (2003): Ehrenamtlich helfen, München: dtv

Sieveking, Klaus (2000): Europäischer Freiwilligendienst für Jugendliche. Neuwied, Kriftel: Luchterhand

Walz, Rainer W./von Auer, Ludwig/von Hippel, Thomas (Hrsg.) (2007): Spenden- und Gemeinnützigkeitsrecht in Europa. Tübingen: Mohr Siebeck

Walz, Rainer W. (2007): Non-Profit-Organisationen im Europäischen Zugwind. In: Walz, Rainer W./von Auer, Ludwig/von Hippel, Thomas (Hrsg.): Spenden- und Gemeinnützigkeitsrecht in Europa Tübingen: Mohr Siebeck, S. 653-675

Würz, Stefan (2004): Förderung von Bürgerengagement – eine Gemeinschaftsaufgabe des Landes Hessen und der Landkreise. In: Der Landkreis 2004, S. 442-443

Zacher, Hans F. (2001): Grundlagen der Sozialpolitik in der Bundesrepublik Deutschland. In: Bundesministerium für Arbeit und Sozialordnung und Bundesarchiv (Hrsg.): Geschichte der Sozialpolitik in Deutschland seit 1945. Baden-Baden: Nomos Verlag, S. 333-684

Michael Haus

Von government zu governance?
Bürgergesellschaft und Engagementpolitik im Kontext neuer Formen des Regierens

1 Einleitung

In diesem Beitrag soll Engagementpolitik im Kontext neuer Formen des Regierens betrachtet werden, deren Dynamik in der Politik- und Verwaltungswissenschaft meist in der Formel „von *government* zu *governance*" zusammengefasst wird. Diese englischen Termini sind kaum direkt übersetzbar, weil ihre Bedeutung als Unterscheidung jenseits des überkommenen Sprachgebrauchs in einem bestimmten begrifflichen Verweisungszusammenhang steht, der eben von Deutungen geprägt ist, wie sich das „Regieren" seit ungefähr Mitte der 1980er Jahre verändert hat.[1] Regieren kann allgemein verstanden werden als das effektive Ausrichten der politischen Willensbildung und der Entscheidungsumsetzung auf Ziele hin. Im Zusammenhang mit der Einschätzung, dass sich die Formen des Regierens verändert haben, meint nun der Begriff *government* Regieren durch vom politischen Zentrum ausgehende Formen direkter Kontrolle, während *governance* Formen der Kontextsteuerung und der indirekten Beeinflussung von sowie der Zusammenarbeit mit unterschiedlichsten Akteuren in einem ausdifferenzierten System politischer Arenen umfasst (vgl. Newman 2004: 71).

Über die wissenschaftliche Analyse dieses Wandels hinaus haben Beobachter 'Governance' inzwischen die Rolle einer neuen normativen und konzeptionellen Leitbegrifflichkeit des Regierens und der Verwaltungspolitik zugeschrieben, welche Orientierung in der Reform öffentlicher Politiken und Institutionen stiften soll (Jann/Wegrich 2004). Statt mit hoheitlichen Entscheidungen der Gesellschaft bestimmte Verhaltensnormen aufzuerlegen und „Werte zuzuweisen" (Easton) oder Verteilungsfragen der „unsichtbaren Hand" des Marktes zu unterstellen, so die Empfehlung, sei es sinnvoll, dass staatliche Instanzen Ausschau nach Möglichkeiten der *Kooperation* mit gesellschaftlichen Partnern halten. In netzwerkförmigen Konstellationen könnten komplexe Probleme besser verstanden werden, erfolgsträchtigere Strategien zu ihrer Lösung ausgearbeitet und diese schließlich effektiver umgesetzt werden. Eine wichtige Rahmenbedingung für solche Diagnosen und Therapievorschläge ist, dass das politische System inzwischen selbst an interner Differenzierung zugenommen hat, so dass viele Politiken nur in einem kooperativen Miteinander unterschiedlicher politisch-

---

[1] In der englischen Sprache, sowohl im alltagssprachlichen als auch politikwissenschaftlichen Gebrauch, wurden *government* (Regierung, Staat) und *governance* (Praxis des Regierens) ursprünglich synonym verwendet, was verdeutlicht, dass das Regieren, Steuern und Lenken (*to govern*) eben als Sache der Regierung und des „Staates" gelten konnte (Stoker 1998: 17). Häufig wird deswegen auch von „new governance" gesprochen (etwa Rhodes 1997: Kap. 3), wenn es um Regieren jenseits bloßer staatlicher Entscheidungen geht.

administrativer Ebenen im Mehrebenensystem (EU, Bund, Länder, Kommunen, z.T. auch Regionen) realisiert werden können. Ist damit staatliche „Souveränität" selbst zu einem schwer fassbaren Sachverhalt geworden, so findet „Governance" Eingang in die Konstruktion neuer übergreifender Leitbilder von „Staatlichkeit" (so dem des „aktivierenden Staates" oder dem des „Gewährleistungsstaates"). Die Bürgergesellschaft spielt in diesen Leitbildern, welche in Deutschland durch die rotgrüne Koalition auf Bundesebene zumindest auf rhetorischer Ebene einen Durchbruch erzielt haben, fraglos eine prominente Rolle. Sie soll dem Staat dabei helfen, innovative Lösungsansätze für schwierige gesellschaftliche Probleme zu finden, und sie soll qua Engagement zusätzliche Ressourcen mobilisieren. Die Frage ist allerdings, inwiefern diese Einbindung nicht auch problematische Seiten aufweist im Hinblick auf die mit dem Konzept der Bürgergesellschaft verbundenen Hoffnungen einer Erneuerung der Demokratie.

Im Folgenden soll zunächst ein besseres Verständnis des Diskurses zum Wandel von *government* zu *governance* ermöglicht werden. Dabei wird der Schwerpunkt auf Veränderungen im Bereich des *lokalen* Regierens liegen, was sich insofern anbietet, als in diesem Handlungsbereich meist die bedeutendsten Potentiale für die Beförderung einer engagierten Bürgerschaft verortet werden. Eine wichtige Frage für die Einschätzung der Bedeutung von Governance-Diskursen und von ihnen abgeleiteten Politikansätzen ist, inwiefern diese sich auf *Ressourcenmobilisierungs-* und *Problemlösungs*aspekte beschränken (können) oder aber darauf angewiesen sind, *Gemeinwohl-, Demokratie-* und *Machtfragen* in einer Weise zu berücksichtigen, dass die Deutungsoffenheit dieser Begriffe angemessen reflektiert wird. Der Argwohn, dass Machtfragen und Ungleichheitsaspekte in der Rede von Governance aus dem Fokus der Aufmerksamkeit gerade verbannt werden, indem sie sich auf die Suche nach „pragmatischer" Lösung von Problemen beschränkt, die von Eliten definiert werden, wird inzwischen auch von wichtigen Wegbereitern der Diskussion artikuliert (vgl. Mayntz 2004: 75).

Um diesem Unbehagen nachzugehen, wird *local governance* zunächst als Idealtypus einer umfassenden Transformation des Regierens präsentiert, der die Kontextlogik von „Netzwerkbildung" bzw. indirekter Steuerung in einer neuen Architektur von Staatlichkeit und Dezentralisierung sichtbar werden lässt. Eine wichtige Schlussfolgerung lautet hier, dass der Wandel zu Governance immer auch eine *diskursive* Seite hat, die sich aus der Notwendigkeit ergibt, einen begrifflichen Rahmen für hochkomplexe und riskante Abstimmungsprozesse zu stiften. Lokales Regieren, so wird argumentiert, ist unweigerlich komplexer und mehrdeutiger geworden, weil Akteurskonstellationen fragmentierter und Probleme diffuser werden, während Legitimitätsgrundlagen von Entscheidungsträgern sich von politischen Traditionen und Milieus zusehends ablösen. Diskursive Rahmungen von Governance-Praktiken können mit Kooiman (2000: 154-161) als „third order governing" oder „Metagovernance" begriffen werden. Durch sie werden problemfokussierte Interaktionspraktiken („first order governing") und Praktiken des „institution building" („second order governing") strukturiert und legitimiert.

Die Kehrseite der wachsenden Unbestimmtheit von Ansätzen des Regierens, so wird weiter argumentiert, sind die fraglos konstatierbaren Versuche der *De*politisierung des Regierens, etwa in Form harmonistischer „Partnerschafts"-, „Aktivierungs"-, „Bürger"- oder „Gemeinschafts"-Semantiken. Gleiches gilt für den Anspruch „evidenzbasierter Politik", wonach politische Entscheidungen, vor allem Entscheidungen über Formen der Kooperation und der Machtdelegation, allein an nachweisbaren Steuerungserfolgen ausgerichtet werden. Am Diskurs des „Dritten Weges", welcher neue Formen des Regierens als Bestandteil eines nach eigenem Bekunden „radikalen" und zugleich „pragmatischen" Reformprogramms begreift, wird dies demonstriert. Während hier die *Evidenz des Gelingens* depolitisierende Züge annimmt, gilt für die im Anschluss diskutierte Position Bob Jessops, dass hier die *Wahrscheinlichkeit des Scheiterns* zum Ausgangspunkt für Politisierungsmöglichkeiten genommen wird. Insgesamt läuft der Beitrag im Anschluss auf die Jessopsche Darstellung von „Metagovernance" und *urban regimes* auf ein Plädoyer für ein Verständnis von *(local) governance* hinaus, welches es vermeidet, als „Anleitung" für effektivere Steuerung aufzutreten, und statt dessen die Nichtplanbarkeit gelungener Steuerung reflexiv aufnimmt. Das eröffnet zugleich die Möglichkeit, den Wandel von *government* zu *governance* als demokratiepolitische Herausforderung ernst zu nehmen, was nicht nur für die Governance-Debatte, sondern auch die Debatte um Bürgergesellschaft und bürgergesellschaftliches Engagement weiterführend wäre.

2   Zur mehrdimensionalen Transformation lokalen Regierens

Im Folgenden sollen Grundzüge der Governance-Debatte deutlich gemacht werden, wobei ein Hauptanliegen darin besteht, den Wandel von *government* zu *governance* als einen Prozess zu verstehen, der zwar nicht zufällig abläuft, durchaus aber mit Unwägbarkeiten und Konflikten behaftet ist. Das faktische Aufkommen wie auch die Wünschbarkeit von neuen, indirekten Formen des Regierens findet eine allgemeine Begründung darin, dass mit ihnen die Bedeutung von *Netzwerken* für die Bewältigung von Steuerungsproblemen gewürdigt wird. Vor diesem Hintergrund wird Governance mitunter bewusst definiert als Ersetzung hierarchischer Machtausübung durch „*self-organizing, interorganizational networks* characterized by interdependence, resource exchange, rules of the game and significant autonomy from the state" (Rhodes 1997: 15). Diese Formel ist aber höchst ambivalent, denn sie kann einerseits bedeuten, dass es Netzwerke sind, welche die kollektiv anzustrebenden Ziele und dafür eingesetzten Strategien *bestimmen*, andererseits kann jedoch auch gemeint sein, dass sich regierende Akteure bzw. Praktiken des Regierens Netzwerke *zunutze* machen, um „durch" sie ihre Ziele zu erreichen. Was eine „signifikante" Unabhängigkeit vom Staat ist, kann gänzlich unterschiedlich interpretiert werden, insbesondere hinsichtlich der Beteiligung von öffentlichen Akteuren *in* diesen Netzwerken. Beide Seiten – Regieren *in* und *durch* Netzwerke(n) – spielen indes im Kontext neuer Formen des Regierens eine wichtige Rolle. Im folgenden Abschnitt soll zunächst der Frage nachgegangen werden, inwiefern Netzwerken eine besondere Bedeutung für die Bewältigung von Steuerungsproblemen gegenwärtiger Gesellschaften zugesprochen wird, um in einem nächsten Schritt zu erörtern, inwiefern sich der Kontext verändert hat, welcher die Rolle von Netzwerken in (lokalen) Praktiken des Regierens prägt.

Politiknetzwerke – neue Hoffnungsträger oder alte Bekannte?

Grundsätzlich ist im Hinblick auf die Einschätzung der Rolle von Politiknetzwerken für neue Formen des Regierens zu beachten, dass *Kooperation* zwischen „Hoheitsträgern" (Staat/Kommunen) und gesellschaftlichen Organisationen bzw. beauftragte *Selbstregulierung* letzterer eine permanente Begleiterscheinung demokratischer Systeme ist. Für Deutschland kann zum Beispiel auf die „korporatistischen" Elemente des deutschen Regierungssystems verwiesen werden, so die staatliche Ermächtigung von Repräsentanten der Arbeitnehmer- und Arbeitgeberorganisationen zu allgemein verbindlichen Lohnabsprachen in der Tarifautonomie oder deren Beteiligung an Ausbildung und Arbeitsgerichtsbarkeit. Für die kommunale Ebene ist auf die gesetzlich geforderte Einbindung der freien Wohlfahrtsträger in die Erbringung von und Entscheidung über das Angebot sozialer Dienstleistungen hinzuweisen („lokaler Korporatismus", in der Praxis vor allem ein „konfessioneller Korporatismus", Thränhardt 1981: 16). Diese Form der Kooperation stellte für das traditionelle bürgerschaftliche Engagement eine gewisse Stützung dar, bedeutete aber auch die Privilegierung von großen, immer stärker professionalisierten und bürokratisierten Organisationen mit traditionellen, gleichsam auf beständige soziomoralische Energiezufuhr aus den prägenden sozialen Milieus angewiesenen Werteprägungen. Aber auch dort, wo Praktiken des Regierens nicht derart von einer offiziellen Einbindung großer gesellschaftlicher Organisationen geprägt gewesen sind, stellen Netzwerke schon lange einen wichtigen Mechanismen der Verkopplung zwischen politischen Entscheidungsträgern und gesellschaftlichen Interessen dar. In den 1960er und 1970er Jahren hat dies die *community power*-Forschung nachdrücklich herausgearbeitet (vgl. Ammon 1967). Für die lokale Politik in Deutschland kann nicht zuletzt auf die machtvolle Rolle lokaler Vereine verwiesen werden (vgl. Zimmer 1998: 256-260).

Die Governance-Debatte konnte an die Diskussionen zum Neo-Korporatismus und zum Einfluss von Politiknetzwerken anknüpfen, geht jedoch in der Thematisierung der Rolle von Netzwerken über sie hinaus. Korporatistische Strategien der Kooperation mit wenigen, privilegierten Verbänden stehen vor mindestens zwei Problemen: einmal dem Problem der nachlassenden Integrationsfähigkeit dieser Verbände und ihren spezifischen Organisationsformen und damit der gesellschaftlichen Verankerung von Repräsentations- oder Kooperationsmonopolen; sodann der Routinisierung der Kooperation, die sich dem Verdacht aussetzt, mangels Wettbewerb ungehindert die eigenen Interessen verfolgen zu können. Angesichts dieser Herausforderungen geht es bei den gegenwärtigen Governance-Debatten meist um die Gestaltung von gesellschaftlich offeneren, organisatorisch flexibleren und substantiell innovativeren Interaktionsformen. Klar dürfte inzwischen allerdings sein: Netzwerke können Hierarchien und hoheitliche Entscheidungen einerseits und Märkte andererseits nicht *ersetzen*; sie können auch nur bedingt deren negative Wirkungen mindern bzw. Schwächen kompensieren und „Steuerungserfolg" garantieren.[2] Umstritten ist nach

---

[2] Als ein Beispiel von vielen möglichen lässt sich an der gegenwärtigen Familienpolitik die Zwiespältigkeit der Governance-Formel veranschaulichen: Die „Bündnisse für Familien" stellen fraglos den Versuch dar, Netzwerkbildung aller Art und gemeinsame Initiativen zu befördern. Zugleich haben die öffentlichkeitswirksamen Fälle „versagender" Väter und Mütter von Neuem die Notwendigkeit der um der Sicherung elementarer Rechte willen hierarchisch in soziale Systeme intervenierenden Staates deutlich gemacht. Auch die von der Großen Koalition im Bund vorangetriebene Politik einer verbesserten Betreuungssituation für Kleinkinder verlangt vom Staat relativ traditionelle Wohlfahrtspoli-

wie vor, wie bedeutsam die Rolle von neuen Netzwerken unterschiedlichster Art faktisch ist bzw. gemessen an normativen Prinzipien wie Partizipation, Transparenz und Effektivität sein kann. Um diese Fragen besser einschätzen zu können, ist es erforderlich, die Diskussion zur Rolle von Netzwerken für neue Formen des Regierens in einem übergreifenden Kontext institutionellen Wandels und neuer Staatsdiskurse zu sehen.

2.1 Die Dynamik von Local Governance im übergreifenden politischen Kontext

In seinem Buch *Local Governance in Western Europe* hat Peter John (2001: 14-18) ein Szenario des Wandels von *local government* zu *local governance* präsentiert, welches deutlich macht, dass dieser Wandel nicht einfach nur als „Netzwerkbildung" zu verstehen ist, sondern als wechselseitige Verstärkung verschiedener Dynamiken, die sowohl von staatlicher Seite als auch von lokalen Akteuren ausgehen und *zusammen* einen Wandel des Regierens befördern. Demnach steht die nach John tatsächlich zu beobachtende Ausbreitung von Netzwerken unterschiedlichster Art in einem übergreifenden Kontext von:

- *territorialer Differenzierung* im Sinne der Zunahme von politisch-administrativen Ebenen (etwa der Einführung regionaler Politikebenen sowie der Zunahme europäischer Politikinitiativen), die an öffentlichen Politiken mit jeweils eigenen Regulierungs- und Leistungsbeiträgen beteiligt sind;
- einer zunehmend flexibilisierten, destandardisierten, oft managerialisierten und zugleich fragmentierten (weniger über bürokratische Mechanismen der Anweisung und Aufsicht integrierten) *Verwaltungsstruktur* im Zuge betriebswirtschaftlich orientierter Verwaltungsreformen (*New Public Management*);
- einem Wandel der *Ermächtigung* und *Kontrolle* untergeordneter Ebenen durch den Staat (oft als *Dezentralisierung* ausgegeben) – weg von direkter Kontrolle in Form von Detailregulierung und Weisungen, hin zu größerer dezentraler Verantwortung, zu Monitoring und Resultatskontrolle, aber auch zu sanktionierenden Mikro-Interventionen im Falle verfehlter Ergebnisvorgaben bzw. -vereinbarungen sowie nicht zuletzt bei überschrittenen Finanzrahmen;

---

tik (mehr Geld für Krippenplätze). Zugleich spielen im Hinblick auf die konkrete Ausgestaltung dieser Betreuung Kooperation mit Trägern und Mitbestimmungs- und auch Engagementmöglichkeiten für Eltern wieder eine wichtige Rolle. Über alledem schweben schließlich allgemeine Steuerungszweifel, so die Frage, inwiefern sich etwa der Kinderwunsch überhaupt durch staatliche Interventionen „steuern" lässt. Unsicherheiten der Partnerfindung wie auch marktinduzierte Berufsrisiken, welche diesen Wunsch hemmen, scheinen weder durch hierarchische Intervention noch durch öffentlich-private Netzwerke behebbar. Auch die Frage, wie etwa „Wahlfreiheit" realisiert werden kann, ist von fundamentalen Ambivalenzen gekennzeichnet: Finanziert man Krippenplätze aus Steuergeldern, werden zu Hause betreuende Eltern ungleich behandelt. Zahlt man ihnen den äquivalenten Betrag aus, so gibt es (im Unterschied zur Krippenbetreuung) keine Garantie, dass das Geld auch zum Kindeswohl verwendet wird und nicht etwa für neue Flachbildschirme usw. Giddens hat den Begriff der „Politik der Lebensführung" (*life politics*) für dieses Ineinander von politischen Steuerungs- und persönlichen Orientierungsversuchen ins Spiel gebracht (vgl. Giddens 1997). Darauf wird zurückzukommen sein. Der Eindruck fürs Erste: Es gibt hier offensichtlich keine „richtige" Lösung. Dennoch würde *jede* Lösung besser funktionieren, wenn Akteure auf allen Ebenen in Reflexions- und Verantwortungsräume für ihre Entscheidungen eingebunden wären.

- der Anreicherung repräsentativer Entscheidungsfindung und Verwaltungskontrolle durch neue, oft experimentelle Formen der Beteiligung der gesellschaftlichen Umwelt als Versuch erneuerter *demokratischer Legitimation* (z.B. partizipative Planung, Lokale Agenda 21) und
- einer Profilierung *politischer Führung* in ihrer strategischen, aktivierenden und integrierenden Rolle des komplexer gewordenen Problemlösungsprozesses, die von John (2001: 17) auch als „charismatische Bürgermeisterrolle" bezeichnet wird, und zwar in Absetzung von der bisherigen klientelistischen oder von politischen Parteien geprägten Form der Bestimmung übergreifender Ziele und Vermittlung von Interessen.

Die These ist nun, dass sich die verschiedenen Kontextdimensionen zum einen *wechselseitig verstärken* und zum anderen von einem *Problemhintergrund* gemeinsam vorangetrieben werden, welcher zunehmend standardisierte Lösungen zugunsten innovations- und lernorientierter Politikansätze in Frage stellt. Die Genese von Netzwerken und diese rahmenden Institutionen (formaler Natur wie *Public Private Partnerships*, Runde Tische, Stadtteilforen, Projektgruppen, nationale und internationale Städtenetzwerke oder auch informaler Natur) ist Teil dieser übergreifenden Entwicklung. So lassen sich innovative, finanzierbare und implementierbare Lösungsansätze, sei es in der Wirtschaftsförderung oder in der Unterstützung „benachteiligter Stadtteile", oft nicht ohne erweiterte Einbindung gesellschaftlicher Akteure entwickeln, also nicht ohne im Vergleich zu den geschlossenen Zirkeln traditioneller Sektorpolitiken offenere und stärker problemfokussierte Netzwerke (Haus/Heinelt 2005: 55-69). Allgemeiner angelegte partizipatorische Foren können als Einstiegskontakte in intensivere Formen der Kooperation dienen. Des Weiteren können parteipolitisch stärker unabhängige Bürgermeister eine besondere Rolle für die Funktionsfähigkeit von Netzwerken spielen, weil sie nicht so stark Rücksicht nehmen müssen auf parteiinterne Willensbildung und Kompromisserfordernisse; zugleich sind solche aus der Masse kommunalpolitischer Akteure als *political leaders* herausragenden Bürgermeister daran interessiert, ihr persönliches „Charisma" durch aufsehenerregende Projekte und Initiativen unter Beweis zu stellen, für deren Gelingen sie wiederum auf die Kooperation von Repräsentanten anderer politischer Ebenen und der lokalen Gesellschaft angewiesen sind. Solche „Mega-Projekte" und -"Events" stellen kaum routinisierbare Vorhaben dar. Es erscheint attraktiv, deren Risiken durch verlässliche Partner in Wirtschaft und Staat, aber auch durch erweiterte Partizipationsmöglichkeit für Bürger und Vereinigungen abzufedern. Internationale Netzwerke (etwa Städtenetzwerke) wiederum dienen nicht nur dem Ideentransfer, sondern auch der Sichtbarkeit für Investoren im globalisierten „Raum der Ströme" (Castells 2003) wie der Beeinflussung von Entscheidungsträgern auf den höheren Ebenen im Mehrebenensystem.

2.2 *Empirische Validität des Local-Governance-Szenarios*

Die Johnsche Gegenüberstellung von *local government* und *local governance* kann man als Konstruktion zweier Idealtypen im Weberschen Sinne verstehen. Das heißt, hier wird der innere Zusammenhang zwischen verschiedenen Elementen einer Handlungspraxis herausgearbeitet bzw. „gesteigert". Die Wirklichkeit entspricht freilich gerade bei komplexen Idealtypen nur bis zu einem gewissen Grad dieser konzeptionell herauspräparierten Handlungslogik. Inwiefern die reale Entwicklung politischer Systeme und ihrer lokalen Politikarenen tatsächlich von einer wechselseitigen Verstärkung der Governance-Dimensionen gekennzeichnet ist, kann nur empirische Forschung ergeben. Dabei werden institutionelle und kulturelle Pfadabhängigkeiten ebenso zu berücksichtigen sein wie der Reformwille politischer Akteure und situative Faktoren bzw. Gelegenheitsfenster.[3]

Im Rahmen solcher empirischen Forschung können zum ersten die *allgemeinen institutionellen Grundlagen* und ihr Zusammenhang mit der Austragung politischer Konflikte analysiert werden. Für Deutschland kann festgestellt werden, dass durch die Kombination von Bundesstaatlichkeit und kommunaler Selbstverwaltung schon immer eine relativ hohe vertikale Komplexität des Regierens gegeben gewesen ist, welche durch Europäisierungs- und Regionalisierungsprozesse noch verstärkt wird. Die hohe Bedeutung rechtsförmiger Steuerung und die konstitutionellen und politischen Hürden für durchgreifende „Modernisierungs"politiken haben hingegen einer Managerialisierung „von oben" und Fragmentierung der Verwaltung entgegengewirkt (vgl. Pollitt/Bouckaert 2004). Die im Vergleich zu Bund und Ländern noch hohen Ambitionen der Kommunen in der Verwaltungsmodernisierung („Neues Steuerungsmodell") waren deutlich vom Motiv der Kostendämpfung geprägt. Wichtige institutionell-formale Veränderungen stellen hierzulande etwa die allgemeine Einführung direkt gewählter Bürgermeister als politischer und administrativer Führungsakteure dar. Hinzu kommen staatliche (d.h. Länder-)Politiken eine Personalisierung von Wahlen (Kumulieren/Panaschieren, auch Wegfall von Sperrklauseln) und direktdemokratische Verfahren (Bürgerbegehren/-entscheide). Durch diese Veränderungen, die im Zeichen von „mehr Demokratie", aber auch verbesserter Entscheidungsfähigkeit standen, hat sich paradoxerweise die Situation ergeben, dass politische Macht weniger eindeutig zu verorten, „Repräsentations"ansprüche vervielfältigt und Entscheidungen prekärer geworden sind. Natürlich sind die direkt gewählten Bürgermeister heute unbestritten die zentralen Steuerungsakteure. Aber ohne die Unterstützung von Gemeinderäten, staatlichen Förderungen und gesellschaftlichen Partnern können sie wenig erreichen. Der Wandel des lokalen Entscheidungssystems wurde vor dem Hintergrund dieser Veränderungen als Stärkung der Verhandlungsdemokratie (Bogumil 2001) oder als Herausbildung einer postparlamentarischen Demokratie aus einer noch nicht vollständig parlamentarisierten (Haus 2005a) gedeutet.

Hinzu kommen Veränderungen auf der *politics*-Ebene und der Ebene politischer Kultur, welche die überkommenen Legitimationsmodelle in eine Krise geraten lassen. In einer Analyse von Local Governance im Kontext von sinkender Wahlbeteiligung, nachlassender Integrationsfähigkeit der „Volksparteien" CDU und SPD und Pluralisierung der lokalen Vereinslandschaft kommen Sack und Gissendanner zu dem Schluss, „dass lokales Regieren seine milieubasierte traditionelle politische Legitimation in Teilen eingebüßt hat bzw. ihre Herstellung transaktionskostenaufwändiger geworden ist", was auch daran liegt, dass „der generelle Trend vorherrscht, dass die Bildung politischer Mehrheiten im Rat schwieriger geworden ist" (Sack/Gissendanner 2007: 31). Damit gehen politische Handlungssicherheiten verloren, und an Stelle der traditionellen Verbindungen zwischen Ratsmitgliedern, Parteien

---

[3] Siehe Goodin 1996a zu *evolution, intention* und *accident* als Faktoren institutioneller Dynamik.

und Vereinen treten verfahrens- und prozessbasierte Modelle der Verhandlung und Kooperation mit einem Pluriversum von Vereinen und Gruppen.

Zum zweiten wären in empirischen Analysen die Ausprägungen der von John benannten Dimensionen *politikfeld-* bzw. *problemspezifisch* näher zu bestimmen und in ihrer Wechselwirkung zu erhellen. An dieser Stelle kann nicht auf Details der umfänglichen Forschung zu einzelnen lokalen Politikfeldern eingegangen werden. Es sei nur darauf verwiesen, dass auch die Entwicklung in Deutschland zahlreiche Referenzpunkte für die von John skizzierte Dynamik aufweist. So wurde für die Arbeitsmarktpolitik (Heinelt 2004: 36-39) auf die seit Mitte der 1970er Jahre gewachsene Bedeutung der Kommunen und anderer lokaler Akteure im Rahmen der eigentlich vom Bund geregelten *Arbeitsmarktpolitik* hingewiesen. Die Frage der Erreichung von „Problemgruppen" statt allgemeiner Arbeitskraftnachfragestimulation brachte die Aufwertung unterschiedlicher Akteure und ihrer Ressourcen (lokale Arbeitsämter, lokale Träger von Arbeitsbeschaffungsmaßnahmen und Beschäftigungsprojekte, lokale Träger von Qualifikationsmaßnahmen und ortsansässige Betriebe) mit sich, vor allem aber die Einsicht, dass es auf deren durch Verhandlungssysteme strukturierte Kooperation ankommt. Mit den Hartz-Reformen sind die Kommunen noch einmal in eine prononciertere Position gelangt, wobei hier auch „konditionierte" Formen der Dezentralisierung zu beobachten sind. Für den Bereich der *Wirtschaftsförderung* kann darauf verwiesen werden, dass die bereits seit den 1990er Jahren betriebene Umstellung auf „'dynamische Bestandspflege' und [...] Förderung von (technologieintensiven) Unternehmensneugründungen" (Heinze/Voelzkow 1998: 234), etwa mittels Technologie- und Gründerzentren, auf *Public Private Partnerships* und Runde Tische setzt. Die kommunale *Sozialpolitik* ist nicht nur davon geprägt, dass Förderstrukturen breiter angelegt sind und Selbsthilfeinitiativen zunehmend einbeziehen, so dass von einer „Neuen Subsidiarität" gesprochen wurde (Heinze/Voelzkow 1998: 232); sie weist auch – in Reaktion auf Prozesse zunehmender Segregation in den Städten – eine stärker räumlich bezogene und vor allem über traditionelle Sektorgrenzen hinausgehende Zuschneidung auf „benachteiligte" Stadtviertel auf (etwa Bund-Länder-Programm „Soziale Stadt" als Verknüpfung von baulicher Planung mit sozialen Projekten und Quartiersmanagement, vgl. Zimmermann 2005). Für die lokale *Umweltpolitik* kann festgehalten werden, dass die „Lokalen Agenda 21"-Initiativen als wohl wichtigste Politik-Innovation der letzten 15 Jahre in diesem Bereich auf einen globalen Nachhaltigkeitsdiskurs zurückgehen.

Governance und politische Risiken

Die im Anschluss an Johns Szenario entwickelte Darstellung der Veränderung des Kontextes von Praktiken des Regierens macht deutlich, dass (lokales) Regieren heute von zwei Momenten geprägt ist, die miteinander in einem Spannungsverhältnis stehen: von der Notwendigkeit, politische Projekte durch kollektives Handeln voranzutreiben, einerseits, und von den damit verbundenen Risiken andererseits. Man kann die neuen Formen des Regierens mit anderen Worten als *riskante politische Projekte der Bewältigung von Risiken* verstehen. In der Reaktion auf gesellschaftliche Veränderungen, in denen sich Merkmale der „Risikogesellschaft" (Beck) oder der „reflexiven Moderne" (Giddens) niederschlagen, verändern sich sowohl die institutionellen Grundlagen lokaler Politik als auch deren Inhalte in einer Weise, welche für politische Akteure Regieren zu einem riskanten Unterfangen werden lässt, weil wechselseitige Abhängigkeiten gesteigert und Erwartungen diversifiziert werden.

Allerdings ist die Herausbildung neuer Formen des Regierens eben nicht einfach aus gesellschaftlich-kulturellen (Individualisierung, Wertewandel) oder ökonomischen (Globalisierung, *knowledge economy*) Prozessen *ableitbar*, ist kein bloßer Reflex, etwa im Sinne eines Stimulus-Respons-Modells. Sie folgt einer Eigenlogik, nicht nur, weil die Problemanforderungen gerade aufgrund ihrer Komplexität, aber auch ihrer potentiellen Widersprüchlichkeit (Ansprüche auf selbstbestimmte Lebensführung versus Anpassung an anonyme Globalisierungsprozesse) erst einmal in beantwortbare Fragen übersetzt werden müssen, sondern auch, weil das lokale politische System dabei mit seiner eigenen Fragmentierung zurechtkommen muss. Davon ist die Suche nach stabilisierenden *Regime-Konstellationen* geprägt, in der Hoffnung, dass diese *urban regimes*[4] für beteiligte Akteure das erforderliche Maß an Verlässlichkeit und Handlungsfähigkeit bereitstellen. Es ist dieses hohe Maß an institutionen- und demokratiepolitischer Kontingenz im Umgang mit politischen Risiken, das *local governance* gegenwärtig als Forschungsgegenstand so interessant macht und zugleich für breite Bevölkerungskreise so schwer fassbar, vielleicht sogar unattraktiv. Denn, wie einer der britischen Protagonisten der Vision von *local governance* als partnerschaftlicher Stadterneuerung eingeräumt hat: „The public [...] continues to cling to a model of power in which control rests in the hand of elected officials that can be blamed when things go wrong. Some suspect that all the talk of partnerships and complex governance challenges is an excuse for not doing anything" (Stoker 2000: 100). Dieses Modell entspricht im Übrigen auch den Anforderungen der Mediendemokratie, die auch für lokale Politik eine prägende Rolle spielt. Interessanterweise wird die Rolle lokaler Medien für die Regime-Formation in der Forschung weitgehend vernachlässigt. Dabei steht zu vermuten, dass Medien in erster Linie als Resonanzkörper für das Misstrauen gegenüber den schlechten Absichten und überzogenen Versprechungen politischer Entscheidungsträger fungieren und mit Argusaugen auf Deliberation in alternativen Räumen von „Öffentlichkeit" schauen.

Angesichts dieser Anfälligkeit von Kooperationsstrategien für politische Anfeindungen sind auch dialektische Umschläge nicht auszuschließen. Das heißt, die Reaktion auf fragmentierter Handlungsmacht kann gerade im Rückzug auf eng umgrenzte Strategien bestehen, die *unabhängig* oder doch mit einem *stabilen* und verlässlichen Kreis von Kooperanden umgesetzt werden können.[5] Allein durch formale Veränderung der institutionellen Grund-

---

[4] *Urban regimes* wurden im amerikanischen Kontext als sektorübergreifende „governing coalitions" verstanden, die aus Repräsentanten der öffentlichen Institutionen und privaten Akteuren zusammengesetzt sind, eine gewisse zeitliche Stabilität aufweisen, eine relativ große Zahl von Akteuren einschließen und sich mit einer großen Bandbreite von Politikfeldern befassen (Stone 1989). Aus diesem Grund wurden sie von John (2001: 52) als Gipfelpunkt von Governance-Dynamiken („at the pinnacle of the process of governance") bezeichnet, da sie eine stabile Form des Regierens darstellen, die sich weit jenseits, wenn auch unter Einbeziehung der formalen (kommunal-) politischen Entscheidungsfindung etabliert.

[5] So hat Scott Gissendanner darauf aufmerksam gemacht, dass direkt gewählte Bürgermeister ohne politische „Hausmacht" im Rat es vorziehen könnten, eine relativ traditionelle Verwaltungsrolle dem Risiko unberechenbarer Konflikte vorzuziehen (Gissendanner 2005). In einer anderen Studie, bei der der Umgang mit ökonomischen Strukturumbrüchen in zwei deutschen Städten analysiert wurde, hat derselbe Autor herausgestellt, dass das innovative und handlungsfähige Transformationsregime gerade dort verwirklicht werden konnte, wo der (nicht direkt gewählte) Bürgermeister unbestrittener Parteiführer war und dadurch den Rat hinter sich wusste (Gissendanner 2002). Offensichtlich gibt es

lagen (Direktwahl der Bürgermeister, direkte Demokratie etc.) oder Förderprogramme („soziale Stadt") können Local Governance-Arrangements also nicht „designt" werden, erst recht nicht deren innovative und effektive Funktionsweise garantiert werden. Jeder derartige Versuch scheitert daran, dass lokale Akteure selbst die politischen Risiken und Chancen spezifischer Formen von Kooperation (und damit die Vernachlässigung anderer Formen) reflektieren und ihre eigene Rolle in diesen Formen interpretieren müssen. Wenn sich von daher nicht nur für Deutschland eine Diversifizierung der Regierungsmodelle auf lokaler Ebene feststellen lässt (Pierre 1999), dann kann ganz allgemein festgehalten werden, dass der Bürgergesellschaft eine wichtige Vermittlungsfunktion in der Vermittlung solcher Modelle und der Absicherung der damit jeweils verbundenen Risiken zukommen könnte. Von entscheidender Bedeutung ist dabei aber erneut, sich der *diskursiven* Seite neuer Formen des Regierens bewusst zu werden. Neue Diskurse des Regierens bringen, wie im Folgenden gezeigt werden soll, für die Bürgergesellschaft Chancen erhöhter Wertschätzung mit sich, bergen aber auch Gefahren der Verengung und populistischen Vereinfachung unseres Verständnisses der Bürgergesellschaft in sich.

3 Governance und politische Diskurse

An dieser Stelle ist es sinnvoll, sich der oben erwähnten Verortung von Governance in neuen Leitbildern von Staatlichkeit und kommunaler Selbstverwaltung zuzuwenden. Auch hier zeigen sich aufschlussreiche Spannungen und Ambivalenzen, welche für eine Verortung von Bürgergesellschaft und Engagement von Bedeutung sind. Die übergreifende Frage, welche sich angesichts dieser Spannungen und Ambivalenzen stellt, ist, inwiefern Governance überhaupt die Funktion eines *Leitbildes* zukommen kann. Ein Leitbild hat die Funktion, politische Diskurse auszurichten, d.h. dabei zu helfen, die Wirklichkeit strukturierter zu erfassen, Probleme kohärenter zu beschreiben und Lösungsansätze gezielter zu bestimmen sowie diesen Prozess der Identifikation und Bearbeitung von Problemen als demokratisch legitime Vorgehensweise auszuweisen.

Governance als Leitbild?

Nach Werner Jann und Kai Wegrich kann Governance als neues Leitbild der Verwaltungspolitik verstanden werden, wobei Verwaltungspolitik hier auf ein umfassendes Verständnis von Staats- und öffentlicher Verwaltungsreform bezogen ist (Jann/Wegrich 2004). In dieser Sicht hat Governance zusammen mit dem Konzept des „Gewährleistungs-" oder des „aktivierenden Staates" bzw. der „Bürgerkommune" seit Mitte der 1990er Jahre die Leitbilder des *New Public Management*, des „schlanken Staates" und der „Dienstleistungskommune" abgelöst. Träfe dieses Szenario zu, so wäre dies frohe Kunde für die Anliegen der Bürgergesellschaft. Denn mit Governance, „aktivierendem Staat" und „Bürgerkommune" verbinden

---

aber auch Bürgermeister, für die gerade die Herausforderung unklarer Mehrheitsverhältnisse die „Flucht nach vorne", also eine umfassende Einbindung der Bürgerschaft nahelegt (vgl. Haus et al. 2005 für das Beispiel Heidelberg).

sich, so Jann und Wegrich weiter, wissenschaftliche und sozialphilosophische Diskurse, welche der Bürgergesellschaft eine zentrale Rolle für die Neugestaltung der politischen Ordnung zusprechen, so der Kommunitarismus, der soziologische Neoinstitutionalismus und der Sozialkapitalansatz.

Nun kann nicht geleugnet werden, dass derartige Topoi seit Mitte der 1990er Jahre geradezu inflationär Eingang in die Sprache politischer Verantwortungsträger und öffentlicher Debatten gefunden haben und diesen Konzepten in der Tat eine wichtige Rolle bei der Bestimmung des Verhältnisses von lokaler Politik und Bürgergesellschaft zukommt (vgl. Haus 2002). Allerdings kann in zweierlei Hinsichten ein Fragezeichen hinter die These gesetzt werden, dass Governance ein neues Leitbild ist, welches managerialistische Ansätze hinter sich lässt und stattdessen auf „die Bürgergesellschaft" als Reformkraft setzt.

Zum ersten sollte nicht übersehen werden, dass die Art und Weise, in der die erwähnten Konzepte Eingang in den politischen Diskurs finden, eine bestimmte Ausrichtung aufweist, die man als *„radikalen Pragmatismus"* bezeichnen kann. Radikaler Pragmatismus meint, dass politische Diskurse sich gerade durch eine Abgrenzung von „ideologischen" oder „philosophischen" Fragen hervortun und an deren Stelle die Bedeutung nachweisbarer Effekte von Politiken setzen. Gerade aus einem radikalpragmatischen Verständnis von Governance ergeben sich jedoch spezifische Einschränkungen im Verständnis der Rolle der Bürgergesellschaft.

Zum zweiten stellt sich die Frage, inwiefern wir es bei Governance wirklich mit einem neuen Leitbild zu tun haben oder ob nicht eher von einer fortdauernden Parallelität, wechselseitigen Konkurrenz, aber auch von einer Berührung und Verbindung unterschiedlicher Diskurse auszugehen ist, die jeweils spezifische Sichtweisen von Modernisierung unter postmodernen Bedingungen anbieten und zu denen auch die managerialistische Sichtweise gehört. Da „Bürgergesellschaft" selbst ein deutungsoffenes Konzept ist, kann es eigentlich nicht verwundern, dass ihre „gouvernementale" Bedeutung im Rahmen neuer Formen des Regierens durch eine Verbindung mit anderen Konzepten näher bestimmt wird.

Die radikalpragmatische Haltung lässt sich sowohl in den wissenschaftlichen Konzeptualisierungsversuchen eines „aktivierenden Staates" als auch in den programmatischen Stellungnahmen politischer Akteure aufzeigen:

„Die ([…] z.B. in der Rechts-, Politik- oder Managementwissenschaft verankerten) *Konzepte* einer irgendwie gearteten *Modernisierungspolitik* im aktivierenden Sinne", so Blanke und seine Mitarbeiter in ihrem Gutachten für die Bundesregierung (2001: 3), „sind […] deutlich *pragmatisch* geprägt. Sich wiederholende Grundsatzdebatten über die jeweils präferierten gesellschaftlichen Koordinierungsoptionen Markt oder Staat oder Netzwerke führen nach dieser – von uns geteilten – pragmatischen Herangehensweise ohnehin immer wieder in die gleichen Sackgassen und dienen häufig eher politischen 'Wertdebatten' auf der Bühne von Wahlkämpfen als zu konkreten *Problemlösungen*" (Hervorhebungen im Orig.).

Hier wird übrigens bereits der zweite angesprochene Aspekt von Governance im Kontext neuer Leitbilder von Staatlichkeit – die fortdauernde Rolle von managerialistischen Ansätzen – deutlich. Bleibt man zunächst bei der Haltung des radikalen Pragmatismus, so kann für eine Manifestation auf politischer Ebene auf das „Schröder Blair-Papier" von 1999 verwiesen werden. In ihrer Abgrenzung von der vermeintlichen Staatsseligkeit der alten Sozialdemokratie und der Marktseligkeit der Neuen Rechten hoben die Regierungschefs damals hervor: „In dieser neu entstehenden Welt wollen die Menschen Politiker, die Fragen ohne ideologische Vorbedingungen angehen und unter Anwendung ihrer Werte und Prinzipien nach praktischen Lösungen für ihre Probleme suchen, mit Hilfe aufrichtiger, wohl konstruierter und pragmatischer Politik" (Schröder/Blair 1999). Werte, so durfte daraus geschlossen werden, sind nicht *Gegenstand* politischer Auseinandersetzungen – sie werden in „pragmatischer" Weise *„angewendet"*; und obwohl Werte hier als gänzlich unfundiert daherkommen, darf man sich ihnen ebenso wenig wie der Suche nach „wohl konstruierter" Politik entziehen – das wäre ein Beharren auf „ideologischen Vorbedingungen".

Man erkennt an derartigen Formulierungen gut, wie der Radikalpragmatismus von einer Dialektik aus *Selbstbegrenzung der Politik* und *neuem Führungsanspruch* geprägt ist. Diskursanalysen dieser Politik des „Dritten Weges" haben deutlich gemacht, dass in der radikalpragmatischen Legitimierung sowohl kreativ-öffnende als auch autoritativ-schließende Momente wirksam sind (vgl. Martin/Bastow 2004). Mit der Infragestellung politischer Selbstverständlichkeiten als strukturierender Elemente der Links-Rechts-Unterscheidung wird die Rolle gesellschaftlicher Selbstreflexion und autonomen Handelns der „Subjekte" hervorgehoben. Deren Funktion wird von herkömmlichen Rollenzuschreibungen losgelöst: Verwaltungen werden als nicht notwendigerweise bürokratisch, Unternehmen als nicht notwendigerweise egoistisch und die gesamte Gesellschaft als von Natur aus weder durch den Staat noch durch den Markt „zusammengehalten" präsentiert, sondern durch aktives Handeln und „geteilte Verantwortung" oder eben „Engagement".[6] Andererseits führt die Verbindung von politischem Führungsanspruch mit der Einsicht in „objektive Notwendigkeiten", die durch „pragmatisch konstruierte Politiken" unter Aussparung von „Wertedebatten" adressiert werden sollen, zu diskursiven Schließungseffekten. Verantwortungsübernahme wird im vornherein in eine Logik der Meisterung von Härten (globalisierungsinduzierte Wettbewerbs- und Inklusionsanforderungen) eingefügt.

In der Konstruktion politischer Legitimität als Ermöglichung einer funktionalen Ausrichtung von gesellschaftlicher Selbstorganisation auf „gegebene" Herausforderungen liegen zwei Gefahren für die Verbindung von Governance und Bürgergesellschaft: Erstens drohen Werte und Wertekonsens zum Bestandteil von Regierungspraktiken zu werden. Werte werden einseitig als konsens- und kooperationsförderlich begriffen, nicht als Ausgangspunkt für Konkurrenz und Streit. Die Überwindung sozialer Antagonismen wird zu „a form of governing practice and not just a future ideal" wie in den klassischen Ideologien der Moderne, dem Liberalismus und dem Marxismus (Martin/Bastow 2004: 226). Statt Webers „Kampf der Götter" wird zwar nicht ein organisches Gemeinschaftsverständnis gepredigt, welches Authentizität an nichtverhandelbare Gegebenheiten bindet, wohl aber tritt ein neues „unifying principle of community" hervor, dessen Fundierung in „the underlying necessity of globalization" (Martin/Bastow 2004: 225) liegt.

---

[6] Vgl. Blanke (2001: 8): „Der Aktivierende Staat will sein Engagement mit Eigeninitiative und Eigenverantwortung von Bürgerinnen und Bürgern verbinden und eine neue Leistungsaktivierung in allen Stufen der Wertschöpfungskette öffentlicher Leistungen erreichen."

Zweitens führt die radikalpragmatische Haltung zu Ansätzen einer „evidenzbasierten Politik"[7] und damit zu einer Perspektive auf die Bürgergesellschaft, welche nicht an Ambivalenzen, Inkommensurabilitäten und „nichtregierbaren" Veränderungen interessiert ist. Sie steht außerdem in der Gefahr, kurzfristig messbare Erfolge klar regulierter Governance-Praktiken über ungewisse, aber am Ende tragfähigere Entwicklungen zu stellen, indem sie die reflexiven Implikationen von öffentlichen Politiken (d.h. die Art und Weise, wie sie die Erfahrungen der involvierten Akteure und der Politikadressaten und darüber ihre Identitäten und Erwartungshaltungen prägen und dies langfristig Rückwirkungen auf Handlungspotentiale hat) vernachlässigt (Flinders 2005).

Im deutschen Kontext vertikaler Machtdispersion sind zentralistische Programme evidenzbasierter Politik ungleich schwerer zu implementieren als in Großbritannien. Aber auch hier richten sich die Diskurse auf das „Bewirken und Bewerten" (Blanke 2001: 28-30) als öffentliche Aufgabe, und zwar auch hinsichtlich der betriebswirtschaftlich verstandenen *Effizienz* sozialstaatlicher Arrangements (Blanke 2001: 19f.). Von einem Ende des *New Public Management* kann keine Rede sein – vielmehr von seiner gouvernementalen Relativierung. Die Organisation des „Wettbewerb[s] um die *besten Lösungen*" (Blanke 2001: 19) soll zwar über Effizienzsteigerung auch die Kriterien der Effektivität (also wirkungsvolle Zielerreichung) und Gerechtigkeit „in einem komplexen Modernisierungsprogramm" adressieren (Blanke 2001: 20). Letztlich gehe es um qualitative Kriterien der Bestimmung „wechselseitige[r] Verantwortung" (so Franz-Xaver Kaufmann); diese wird aber wieder als Transparenz der „Kosten- und Leistungsverantwortung" zwischen Politik, Verwaltung(seinheiten) und Bürgern verstanden (Blanke 2001: 22). Bei der „reflektierte[n] Institutionen- und Instrumentenwahl" (Blanke 2001: 30 unter Verweis auf Reichard 1998) wird das aus der Public Management-Literatur bekannte Repertoire (Benchmarking, Qualitätsmanagement, Leistungskontrakte, Kundenwahl usw.) in Anschlag gebracht, um die Vorstellung einer „Produkt- und Prozess-Optimierung" der „Leistungskette" und die Zuweisung von „Verantwortung" mit Regulierungsmöglichkeiten zu versehen. Ganz ähnliche Vorschläge macht das Konzept der „Gewährleistungsstaates" (Schuppert 2001). Gerade weil sich Staat und Kommunen in diesen Leitbildern nicht mehr pauschal aus dem gesellschaftlichen Bereich zurückziehen sollen (was das Ziel der neokonservativen *Minimal*staatsideologien war), müssen sie verschärfte Kostenkontrolle anstreben. Von einem Ende der *Ökonomisierung* der öffentlichen Verwaltung und lokalen Politik kann jedenfalls keine Rede sein (vgl. Bogumil/Holtkamp 2004: 149-151). Ökonomisierung droht angesichts der globalisierungsinduzierten Wettbewerbszwänge eher zu einem allgemeine politischen Paradigma zu werden (s.u.).

Radikal-pragmatisch ist für „institutional" und „regulatory choice" des Gewährleistungsstaates (Schuppert 2001: 408) entscheidend, *dass* eine öffentliche „Leistung" erbracht wird, nicht *wie*: „Wesentliches Kriterium zur Entscheidung, in welcher Form die Aufgaben zu erfüllen sind, ist die Effizienz. Dabei sind die verschiedenen (privaten und öffentlichen) Leistungsangebote prinzipiell als gleichberechtigt anzusehen" (Reichard 2003: 1). Gerade darin liegt aber eine *Vorentscheidung* und eine weitere Quelle des Konflikts mit Anliegen der Bürgergesellschaft, denn es ist keineswegs eine selbstverständliche oder „neutrale" Position,

---

[7] Vgl. Wells 2004. Die Konjunktur von „evidence based policy making" kann an der Trefferzahl in der Internet-Suchmaschine Google abgelesen werden: Am 16. Januar 2006 erhielt der Verfasser 45.500 Treffer für den String, am 13. März 2007 waren es 81.400.

dass die Art der Aufgabenerfüllung ohne *intrinsische* Bedeutung sei – schließlich kommt ihr symbolisch-expressive Bedeutung zu; in ihr zeigt sich eine legitime öffentliche Präsenz (etwa von Privatunternehmen im sozialen Bereich) und eine Praxis der Anerkennung des Wertes bestimmter Organisationsformen.

Wie der damalige Bundeskanzler, so sind auch Diskurse des aktivierenden und des Gewährleistungsstaates „verliebt ins Gelingen". Und Liebe macht bekanntlich blind. Wofür in diesem Fall? Dafür, dass die Vorstellung, Werte ließen sich pragmatisch anwenden und könnten einen neuen Führungsanspruch der Politik begründen, notwendig mit der Vielfalt und Eigenlogik gesellschaftlicher Identitäten und Mobilisierungsprozessen kollidieren muss. Oder in den Worten von Janet Newman: Dafür, dass eine Politik des „Dritten Weges" die Gegensätze nicht transzendiert, sondern selbst „a site of instabilities and struggle" darstellt (Newman 2004: 82). Es kann deshalb auch nicht verwundern, dass Governance in Reformdiskursen von der Fortdauer verschiedener Reformperspektiven bestimmt ist, die auf unterschiedliche Art Krisensymptome des überkommenen Entscheidungssystems und Spannungsmomente zwischen verschiedenen Zielgrößen lokaler Demokratie thematisieren.[8] Eine Schlussfolgerung aus dem oben Ausgeführten könnte lauten, dass eine auf möglichst große Offenheit des Governance-Diskurses ausgerichtete Haltung die Dominanz eines einzelnen Reformdiskurses für ebenso problematisch erachten muss wie deren „radikalpragmatische" Verbindung zu „komplementären" Perspektiven.

Von der Evidenz des Gelingens zur Ironie des Scheiterns

Neue Leitbilder von Staatlichkeit und kommunaler Selbstverwaltung stellen die Regulierung von „Leistungsketten" durch Verantwortungsstufungen, Schnittstellenmanagement und Qualitätskontrolle in den Mittelpunkt. Diese Leitbilder können aber nicht unabhängig von einem weiteren gesellschaftlichen Kontext verstanden werden, der von Konflikten und Widersprüchen der modernen Gesellschaft geprägt ist. Außerdem stellen neue Formen der Regulierung selbst eine Form der Machtausübung öffentlicher und privater Akteure dar. In diesem Abschnitt sollen die *Metagovernance*-Dimension in der Konstruktion *urbaner Regime*, also kollektiv gestaltungsmächtiger Akteursgruppen, und die Rolle der Bürgergesellschaft darin verdeutlicht werden. Der Begriff Metagovernance macht deutlich, dass Governance, verstanden als etablierte Praxis der Problemlösung, immer in einen strukturellen Kontext eingebettet ist, der ebenfalls politisch gestaltet wird. Metagovernance bezeichnet die Ebene des Regierens, auf welcher die Kriterien für „gutes Regieren" diskursiv legitimiert und strategisch festgeschrieben werden. Metagovernance umfasst Strategien, durch die den Sphären von Staat, Markt und Zivilgesellschaft ein „passender" Platz in einer Konzeption des „guten Regierens" zugewiesen wird, indem ihre Aufgaben definiert und Grenzen bestimmt werden.

---

[8] Hubert Heinelt hat, unter Rückgriff auf Überlegungen Hellmut Wollmanns, von „alternativen Modernisierern", „New Public Management-Modernisierern" und „traditionellen Modernisierern" gesprochen, die gleichermaßen die Suche nach neuen Formen des Regierens vorantreiben (Heinelt 1997a).

Im Folgenden soll die neomarxistisch geprägte Metagovernance-Perspektive von Bob Jessop herangezogen werden, weil sie besonders herausstellt, dass Metagovernance erstens mit gesellschaftlichen Kämpfen um kulturelle Hegemonie verknüpft ist und zweitens gerade unter den Bedingungen der Gegenwart aufgrund widersprüchlicher Anforderungen an den Staat durch die kapitalistische Ökonomie eine äußerst fragile Angelegenheit ist. Mit Dunsire (1996: 320) hebt Jessop den Umgang mit – fremder und eigener – Selbst-Referentialität als Schlüsselherausforderung für Metagovernance hervor (Jessop 2002: 242). Metagovernance umfasst in Jessops Szenario der „Verwettbewerblichung" des Staates zunächst staatliche Initiativen der Reskalierung ökonomischer und sozialer Regulationsaufgaben. Während die Regulierung von Märkten und individuellen Freiheiten tendenziell auf die supranationale Ebene hochskaliert wird und die nationalen Politiken einen Umbau staatlicher Leistungen als Investition in Humankapital und fiskalische Selbstdisziplinierung betreiben, kommt *urbanen* und *regionalen Regimen*[9] die Rolle einer je spezifischen Ausbalancierung von Produktivitäts- und Kohäsionszielen zu, also sozialkapitalorientierte Aktivierungspolitik. Den lokalen Akteuren wird durch das *rescaling* eine Verinnerlichung der Wettbewerbs- und Innovationslogik gleichsam anerzogen, da sie zunehmend mit anderen ähnlichen Einheiten um strukturelle Wettbewerbsfähigkeit konkurrieren. Zugleich müssen sie aber auch eine „imagined community" (Jessop 1997: 52 im Anschluss an Anderson 1991) mit je besonderer lokaler Identität zu erneuern versuchen. Vielleicht erklärt diese widersprüchliche Anforderung, warum trotz der immer wieder beschworenen Bedeutungszunahme lokaler Identität im Zeitalter der Globalisierung die Beteiligung an den repräsentativdemokratischen Prozessen der kommunalen Organe immer stärker abnimmt. Der Zusammenhang zwischen der „Repräsentation" von Interessen in den Gemeinderäten oder der Person des Bürgermeisters und bestimmten Regime-Formationen dürfte sich nur schwer erschließen, insofern er überhaupt besteht.[10] Mit Plädoyers der „Bürgernähe" im Rahmen eines Leitbildes der „Bürgerkommune", die vermeintlich nur deshalb nicht verwirklicht wird, weil die Politiker nicht in ihrer Entscheidungsfindung gestört werden wollen (Banner 1999), wird diese Realität (zumindest in größeren Städten) wohl verfehlt.

Für Jessop stellt wiederum die *diskursive* Seite der Konstruktion urbaner Regime der Punkt dar, an dem bürgergesellschaftliche oder, wie er es nennt, „neo-kommunitarische" Projekte neuer Formen des Regierens ansetzen sollten. Der entscheidende Punkt ist dabei, wie sich die Bürgergesellschaft *selbst* verstehen will und welche „hegemonialen" Projekte von ihr mitgetragen werden. Dabei zeigt sich eine interessante Dialektik aus Leistungsemphase und Leistungsskepsis. Ausgangspunkt ist die Überlegung, dass komplexe Akteurskonstellationen und ihre Überführung in einigermaßen stabile Netzwerke sowie imaginäre

---

[9] Zum Konzept des *urban regime* sieh Anm. 4.
[10] Hartmut Häußermann kam unlängst in einer Netzwerkanalyse zu dem (zumindest für ihn) überraschenden Befund, dass deutsche Städte nicht einseitig von Wachstumsregimen regiert werden, sondern zugleich von (parallel existenten) Integrationsregimen, zu denen auch Dritte-Sektor-Organisationen und Akteure in benachteiligten Stadtteilen Zugang hatten (Häußermann 2006). Die Erklärung Häußermanns, dass diese Regime durch Verwaltungen und sie unterstützende politische Führungspersonen, weniger durch formalrepräsentative Kanäle Zugang zu Ressourcen der Stadtentwicklung finden, leuchtet ein. Ein wichtiges Faustpfand ist das (medien-)öffentliche Skandalisierungspotential von Desintegrationsphänomenen (siehe Gewalt an Schulen). Staatliche Förderstrukturen, etwa das Programm „Soziale Stadt", stiften gewiss Anreize, aber auch ohne diese können politische Agenden von Führungsakteuren zum Aufbau inklusiver Regime führen (vgl. auch Haus et al. 2005).

Vergemeinschaftungsversuche für Kontingenz und Fragilität in der Konstruktion urbaner Regime sorgen. Dieser *Kontingenzraum* ist der Bereich, in welchem sich auch eine „neo-kommunitarische" Strategie postfordistischer Regulierung entfalten müsste. „Neokommunitarismus" steht dabei für einen Widerstand gegen die Kommodifizierung sämtlicher sozialer Sphären sowie für eine diskursive Besetzung von Produktivitätsfragen mit Konzepten nichtmarktlicher Produktivitätsformen: „Extending the social economy [...] demonstrates the possibility of organizing economic and social life in terms that challenge capitalist 'common sense'" (Jessops 2002: 264). Begriffe wie „common sense" verweisen auf die von Gramsci ins Zentrum gerückten *diskursiven Überzeugungsprozesse* im Zusammenspiel von politischen Institutionen und „Zivilgesellschaft" bei der Generierung „kultureller Hegemonie". Das Konzept der „social economy" steht dann nicht einfach für eine alternative Strategie innerhalb eines vermeintlich „neutralen" wohlfahrtsökonomischen Diskurses (mit Wohlfahrtseffizienz als Leitkriterium), sondern ist Teil eines *alternativen* Diskurses:

> „In contrast with mainstream economics, based on the efficiency criterion, centred on short-term economic effects, an analysis directed by the above-mentioned values [the preservation of human life; freedom; democracy; development of productive forces compatible with the co-evolution of society and the environment; and equal opportunities] makes long-term learning and social transformation the central nucleus of concern." (Carpi 1997: 248)

Carpi, auf dessen Verständnis von *social economy* sich Jessop beruft, nennt als deren Grundeigenschaften bzw. als Abgrenzungsmerkmale gegenüber kapitalistischer Wirtschaft und machtgesteuertem Staat Qualitäten, die auch für die Bestimmung von *Sozialkapital* genannt wurden, verleiht diesen jedoch eine normativ-politische Ausrichtung: In der sozialen Ökonomie gehe es um „the predominance of personal relations, ethics and trust, as apposed to the maximization of political power and money" (Carpi 1997: 250). Der Diskurs der „social economy" stellt damit die *„Produktivität"* aktiver Organisationen gegenüber ihrer bloßen Ausrichtung auf politischen *Einfluss* heraus (Carpi 1997: 249). Konzeptioneller Kern ist also gleichsam die *Transzendierung von „Effizienz" durch „Leistung"*.

Die Logik des *Beitrags* individueller und kollektiver Akteure zur (umfassend verstandenen) Güterproduktion der Gesellschaft und dessen *Anerkennung* durch institutionalisierte Dialoge ist für das neo-kommunitarische Verständnis von Zivilgesellschaft zentral. In der Vermittlung dieser Perspektive von Zivil- oder Bürgergesellschaft mit der Debatte um Governance und Metagovernance kommt es entscheidend darauf an, erstere nicht als Politik des Artenschutzes (noch) intakter Gemeinschaften angesichts der rauen Winde von Globalisierung und Individualisierung misszuverstehen, sondern als Strategie ihrer Bewältigung.[11]

---

[11] Gerd Held hat in seiner Studie zur Stadtentwicklungsplanung in Barcelona eine instruktive Analyse zur dialogischen Reflexion der „Leistungsfähigkeit" städtischer Zivilgesellschaft geliefert. An die Vorstellung der Zivilgesellschaft, so Held, binde sich eine bestimmte Form von Legitimität, die im Unterschied zu Stadtrat und Stadtverwaltung nicht die Repräsentativität bzw. Sachgerechtigkeit einer *Entscheidung* zum Maßstab hätten, sondern die *„Eigenleistung der Bürgerlnnen"* (Held 1997: 249), d.h. „ein bestimmtes Engagement, eine Leistung, eine Investition", die „nicht abhängig von allgemein verbindlichen Entscheidungen" sind und durch Interaktion und Kommunikation als Bindung an die Stadt reflexiv verstärkt werden sollen (Held 1997: 249). Für die Kommunikationsforen in Barcelona galt deshalb eine – im bereits dargelegten Sinne „kommunitaristische" – Logik der Reziprozität von Leistung und Gegenleistung. Dabei besteht das „demokratisch-egalitäre" Moment innerhalb der zivilgesellschaftlichen Logik in der grundsätzlichen

Ökonomische Herausforderungen werden nicht notwendigerweise durch ökonomistische Paradigmen am besten bewältigt.

Bis dahin könnte Jessops Ansatz freilich als noch nahe an der dem des „Dritten Weges" betrachtet werden. Jessop setzt nun aber zur Vermittlung von neokommunitarischem Ideal und kompetitiver Wirklichkeit nicht bei der Evidenz des Gelingens, sondern der Wahrscheinlichkeit des Scheiterns an. Alle Versuche, über Strategien der Handlungskoordination soziale Entwicklungen zu *kontrollieren*, stellen demnach letztlich eine Sisyphosarbeit dar. Dass Scheitern über kurz oder lang das wahrscheinliche Ergebnis ist, stellt aber nicht das *Ende*, sondern eigentlich erst den *Anfang* einer aufgeklärten Konzeption von (Meta-) Governance dar. Die *Politisierungspotentiale* im Rahmen der neuen Staatsprojekte werden hier erst vollständig ersichtlich. Die im Zuge von Markt- und Staatsversagen um sich greifenden „heterarchischen" Governance-Ansätze (also Netzwerke) haben eine reflexive und dialogische Erweiterung der Handlungs- und Diskusrationalität mit sich gebracht (Jessop 2002: 229). Da solche Formen von Rationalität angesichts der widersprüchlichen Anforderungen an lokales Regieren höchst fragil sind, läuft eine weitere reflexive Einsicht im Umgang mit wahrscheinlichem Scheitern darauf hinaus, dass es in Zeiten flexibler Steuerungsanforderungen auf eine „Requisitenvielfalt" ankommt (Jessop 2002: 244f.). Dem Wunsch nach Stromlinienförmigkeit der Zivilgesellschaft im Hinblick auf die Unterstützung der Wettbewerbsorientierung steht deshalb ein simultanes Interesse an der Existenz eines breiten, vielgestaltigen und vielgestaltig motivierten Akteursfeldes mit unterschiedlichsten Organisationsmöglichkeiten gegenüber.

Reflexivität kann aber schließlich auch dahingehend entwickelt werden, dass *Ironie* zur politischen Tugend erhoben wird („self-reflexive 'irony'", Jessop 2002: 245), und zwar als Immunisierung gegen Zynismus und Apathie, aber auch gegenüber der verführerischen Wirkung vermeintlich „evidenz-basierter Politik". Auch dies verweise auf „the importance of *agency* for the course of economic, political and social development" (Jessop 2002: 245, Hervorhebung M. H.). Ironie meint hier eine Einstellung der unverdrossenen Bemühung trotz widriger Belehrung durch die Realität. Eine Tugend auch für Engagierte?

4 Schluss

Die voranstehenden Ausführungen sollten zunächst den Ausgangspunkt der Debatte um Local Governance dahingehend plausibilisiert haben, dass es Dynamiken gibt, welche die Entstehung und bewusste Beförderung von intersektoralen Netzwerken zu einem bedeutsamen Moment in der Herausbildung neuer Formen des lokalen Regierens werden lassen. Zugleich wurde die vorherrschende Thematisierung von Governance als effektives „Problemlösen" in Frage gestellt. Eine solche Form der Thematisierung würde die Selbstdarstellung politischer Entscheidungsträger unkritisch übernehmen. In Abgrenzung dazu wurde betont, dass kollektives Problemlösen stets selektiv ist (also nicht einfach „vorhandene" Probleme bearbeitet) und diskursiv vermittelt werden muss. Am Beispiel des Diskurses des

---

Bereitschaft, *jede Form von Partizipation* am Stadtleben als eine solche, je qualitativ zu bestimmende Eigenleistung anzuerkennen – und damit niemanden narrativ-diskursiv als bloß bedürftig zu marginalisieren (vgl. Held 1997: 249).

"Dritten Weges" und korrespondierender Leitbilder von Staatlichkeit wurde aufgezeigt, inwiefern Governance-Diskurse neue Verständnisse und Dynamiken des Regierens eröffnen, aber auch verschließen können.

Zusammengefasst ergibt sich das Bild, dass durch unterschiedlichste politische Reaktionen auf und Konsequenzen aus dem gesellschaftlichen Wandel und durch Symptome des Staats-, Markt- und Gesellschaftsversagens sich eine politische Konfiguration ergeben hat, welche traditionelle Steuerungsansätze zunehmend fragwürdig werden und die Kooperation zwischen Akteuren verschiedener Herkunft zur Generierung von kollektiver Handlungsfähigkeit erforderlich werden lässt. Diese Akteure haben vor allem eines gemeinsam: Sie repräsentieren immer weniger große Gruppen, aggregierte Interessen oder „politische Lager" der Gesellschaft, die über die Zugehörigkeit zu gemeinsamen Milieus oder Funktionszusammenhängen integriert werden. In dieser Situation ergeben sich eigentümliche Paradoxien. So werden Politiker auf der lokalen Ebene – allen voran die direkt gewählten Bürgermeister, – immer stärker danach beurteilt, inwiefern sie etwas für die Kommune „leisten" – während es gleichzeitig immer schwerer fällt, dies zu beurteilen, zum einen weil Resultate nur mit Partnern zu erreichen sind, also der persönliche Beitrag schwer einschätzbar ist (oder angesichts der Abhängigkeit von den Partnern geradezu als Fremdbestimmung erscheinen kann), zum anderen weil überhaupt schwer zu beurteilen ist, inwiefern bestimmte Vorhaben zum Wohl der Stadt oder der Kommune (wenn nicht bereits der Region) als ganzer sind. Dies gilt paradoxerweise gerade für jene großen Projekte, mit denen sich politische Führungsakteure in besonderer Weise als „Macher" beweisen wollen. Es ist nur folgerichtig, wenn gerade bei ungewissen Resultaten die Propagandamaschinerie anläuft, um (und dies sei der letzte Verweis auf grassierende Paradoxien) Output-Legitimation *ex ante* zu mobilisieren.[12] Man kann auch formulieren: Local Governance kann immer stärker als riskante Investition in kooperativ angelegte Projekte verstanden werden.

Die durch den gesellschaftlichen Wandel (Globalisierung, wissensbasierte Ökonomie einerseits, Individualisierung und Enttraditionalisierung andererseits) induzierten Anforderungen im Hinblick auf Innovations- und Integrationsfähigkeit laufen allesamt auf die Infragestellung traditioneller Formen des Regierens, ja der Zentralität einer von den politischen Parteien getragenen repräsentativen Demokratie hinaus. Der mitunter zu hörende Hinweis, Kommunalpolitik sei ja ohnehin keine Parteipolitik, orientiert sich an vormodernen Vorstellungen einer über „Ehrenamts"träger repräsentierten Gemeinschaft – der radikale kulturelle Wandel, der Einbruch des Globalen ins Lokale („Glokalisierung"), wird dabei geflissentlich ignoriert oder als Rückkehr lokaler Identität entproblematisiert. Der Einbruch der Wahlbeteiligung wird von altmodernen Vorstellungen der Erneuerung der lokalen Demokratie durch personalisierte Wahlen (Direktwahl, Kumulieren, Panaschieren) völlig unberührt gelassen. Lokale Politik wird durch personalisierte Wahlen anscheinend nicht bedeutungsvoller, weil politische Teilhabe nur noch eingeschränkt als formale politische Teilhaberechte modellierbar ist. Bedeutungsvoller kann lokales Regieren nur durch Verbindungen mit der Bürgergesellschaft und den biographischen Orientierungsversuchen von Bürgern werden – freilich ohne die Bürgergesellschaft selbst als ethisch integrierte Gemein-

---

[12] Vgl. dazu den immer noch wegweisenden Aufsatz von Hartmut Häußermann und Walter Siebel zur „Festivalisierung der Stadtpolitik" durch die Initiierung von Mega-Events (Häußermann/Siebel 1993a).

schaft zu überhöhen. Dies könnte einmal dadurch erreicht werden, dass die Strategien erfolgreichen Bestehens in der globalisierten Ökonomie mit der Anerkennung eines weiten Produktivitätsverständnisses verbunden wären, welches alle Leistungen als Beiträge anerkennt und in öffentliche Dialoge einbindet, von denen eine Stadt bzw. eine Kommune als auf die Zukunft ausgerichtetes Projekt zehrt. Eine weitere Möglichkeit liegt in der Stärkung von Bürgerkompetenzen und politischem Kapital als Voraussetzung zur Teilnahme an einer in zunehmenden Maße von Netzwerkmacht bestimmten (lokalen) Politik – also Aktivierungspolitik verstanden als Beteiligungspolitik. Dabei würde es auch darauf ankommen, neue Governance-Formen als demokratisch auszuhandelnde Praktiken des Umgangs mit Risiken unter posttraditionalen Bedingungen zu verstehen. Die Beteiligung an derartigen Aushandlungsprozessen muss vom Alltagsleben her möglich werden, wozu es neuer demokratischer Rechte und politischer Ressourcen bedarf.

Reaktionsweisen auf die Krise tradierter politischer Institutionen und Praktiken des Regierens werden umgekehrt auch von der Existenz verlässlicher Partner in der lokalen Gesellschaft (oder auf staatlicher Ebene), von deren „Entgegenkommen" und der Möglichkeit der diskursiven Rahmung von Praktiken des lokalen Regierens abhängen. Systematisch ist hierbei das Problem der *Fokussierung von Aufmerksamkeit* ein zentrales. Politische Reform- und Entwicklungsstrategien sind notwendig von derartiger Fokussierung geprägt. Die These der „asymmetrischen Aufmerksamkeit" verweist auf den Umstand, dass bei Reformpolitiken kurzfristige Erfolge größere Chancen auf Aufmerksamkeit als langfristig wirkende Strukturveränderungen haben (March/Olsen 1983). „Evidenzbasierte Politik" als Teil der Governance-Rhetorik gehört damit auf die Seite der Probleme, nicht der Lösungen. Die Einsicht in diese Grundgegebenheit jeder politischen Reform kann als Ausgangspunkt für *kollektive Lernprozesse* dienen, zu denen die Bürgergesellschaft – als „Stimme" und „Gedächtnis" der Engagierten – über die hilfreichen „Hände" hinaus wichtige Beiträge leisten kann. Bürgergesellschaft wäre dann als Teil des Versuches zu verstehen, ein anderes, differenzfreundlicheres Verständnis von Erfolg zu entwickeln und in politischen Diskursen mit Deutungsmacht zu versehen. Die „Nachhaltigkeit" neuer Formen des lokalen Regierens könnte dann in über Kommunikation deutlich werdenden Chancen der dauerhaften Engagementbereitschaft und Selbstverpflichtung der Beteiligung an einem deutungsoffenen Projekt von Gemeinschaft sichtbar werden.

Perspektiven der Bürgergesellschaft müssten sich dann aber auch mit einer Reihe schwieriger Fragen auseinandersetzen: Wie kann eine ethische Überhöhung des Anspruchs auf Verkörperung von Gemeinwohlbelangen mit der Gefahr der Beförderung von Anti-Parteien-Affekt verhindert werden? Wie kann exponiertes „bürgerschaftlichem Engagement" in Anbindung an kollektive Akteure (wie Wohlfahrtsträger, Schulen, NGOs und Vereine) kreativ verkoppelt werden mit einzelnen Bürgerinnen und Bürgern, die vor allem in urbanen Kontexten an der „Governance des Alltagslebens" (Bang/Sørensen 1997) beteiligt sind? Wie können mehr Bürger und Bürger aus verschiedensten Lebenskontexten das *politische Kapital* erlangen, überhaupt in Governance-Praktiken engagiert zu sein und politische Handlungsfähigkeit jenseits traditioneller liberaler und direktdemokratischer Teilhabe durch Wahlen und Abstimmungen zu entwickeln? Und wie sind projektbezogene und alltägliche Engagementformen anzubinden an breitere Bewegungen, welche dem kapitalistischen „Common Sense" eine kreative Logik von „sozialer Produktivität" entgegenzusetzen vermögen?

Literatur

Ammon, Alf (1967): Eliten und Entscheidungen in Stadtgemeinden. Die amerikanische „Community Power"-Forschung und das Problem ihrer Rezeption in Deutschland. Berlin: Duncker & Humblot

Anderson, Benedict (1991): Imagined Communities. Reflections on the Origin and Spread of Nationalism. Überarbeitete Aufl. London und New York: Verso

von Arnim, Hans Herbert (Hrsg.) (1999): Adäquate Institutionen. Voraussetzungen für „gute" und bürgernahe Politik? Berlin: Duncker & Humblot

Bang, Henrik/Sørensen, Eva (1998): The Everyday Maker: a New Challenge to Democratic Governance. In: Administrative Theory & Praxis 21. Nr. 3. S. 325-342

Banner, Gerhard (1999): Die drei Demokratien der Bürgerkommune. In: von Arnim, Hans Herbert (Hrsg.) (1999): Adäquate Institutionen. Voraussetzungen für „gute" und bürgernahe Politik? Berlin: Duncker & Humblot, S. 133-162

Benz, Arthur (Hrsg.) (2004): Governance – Regieren in komplexen Regelsystemen. Eine Einführung. Wiesbaden: VS Verlag für Sozialwissenschaften

Blanke, Bernhard (2001): Aktivierender Staat – aktive Bürgergesellschaft. Eine Analyse für das Bundeskanzleramt, unter Mitarbeit von W. Lamping, H. Schridde und S. Plaß, Hannover. Internet: http://www.aktivierender-staat.de/literatur/bas.pdf

Bogumil, Jörg (2001): Modernisierung lokaler Politik. Kommunale Entscheidungsprozesse im Spannungsfeld zwischen Parteienwettbewerb, Verhandlungszwängen und Ökonomisierung. Baden-Baden: Nomos

Bogumil, Jörg (Hrsg.) (2002): Kommunale Entscheidungsprozesse im Wandel. Theoretische und empirische Analysen. Opladen: Leske + Budrich

Bogumil, Jörg/Holtkamp, Lars (2004): Local Governance und gesellschaftliche Integration. In: Lange, Stefan/Schimank, Uwe (Hrsg.): Governance und gesellschaftliche Integration. Wiesbaden: VS Verlag für Sozialwissenschaften, S. 147-166

Budäus, Dieter (Hrsg.) (1998): Organisationswandel öffentlicher Aufgabenwahrnehmung, Baden-Baden: Nomos

Castells, Manuel (2003): Das Informationszeitalter I. Der Aufstieg der Netzwerkgesellschaft. Opladen: Leske + Budrich

Carpi, Juan A. Tomás (1997): The prospects for the social economy in a changing world. In: Annals of Public and Cooperative Economics 68. Nr. 2. S. 247-279

Caulfield, Janice/Larsen, Helge O. (Hrsg.) (2002): Local Government at the Millenium. Opladen: Leske + Budrich

Dunsire, Andrew (1996): Tipping the balance. Autopoiesis and governance. In: Administration and Society 28. Nr. 3. S. 299-334

Flinders, Matthew (2005): The Politics of Public-Private Partnerships. In: The British Journal of Politics and International Relations 7. Nr. 2. S. 215-239

Giddens, Anthony (1997): Jenseits von Links und Rechts. Frankfurt a. M.: Suhrkamp

Gissendanner, Scott (2002): Die Bedeutung des Bürgermeisters für die strategische Entscheidungsfähigkeit deutscher Großstädte. In: Bogumil, Jörg (Hrsg.): Kommunale Entscheidungsprozesse im Wandel. Theoretische und empirische Analysen. Opladen: Leske + Budrich, S. 91-110

Gissendanner, Scott (2005): Rekrutierung, Wahl und Wirkung direkt gewählter Bürgermeister in Niedersachsen. In: Haus, Michael (Hrsg.) (2005b): Institutionenwandel lokaler Politik in Deutschland. Zwischen Innovation und Beharrung, Wiesbaden: VS Verlag für Sozialwissenschaften, S. 85-109

Goodin, Robert E. (1996a): Institutions and Their Design. In: Goodin, Robert E. (Hrsg.) (1996b): The Theory of Institutional Design. Cambridge: University Press, S. 1-53

Goodin, Robert E. (Hrsg.) (1996b): The Theory of Institutional Design. Cambridge: University Press

Haus, Michael (Hrsg.) (2002): Bürgergesellschaft, soziales Kapital und lokale Politik. Theoretische Analysen und empirische Befunde. Opladen: Leske + Budrich

Haus, Michael (2005a): Lokale Politik in Deutschland. Zur Veränderung der Rahmenbedingungen. In: Haus, Michael/Heinelt, Hubert/Egner, Björn/König, Christine (2005): Partizipation und Führung in der lokalen Politik. Baden-Baden: Nomos, S. 77-100

Haus, Michael (Hrsg.) (2005b): Institutionenwandel lokaler Politik in Deutschland. Zwischen Innovation und Beharrung, Wiesbaden: VS Verlag für Sozialwissenschaften

Haus, Michael/Heinelt, Hubert (2005): Neue Formen des Regierens auf der lokalen Ebene. In: Haus, Michael/Heinelt, Hubert/Egner, Björn/König, Christine: Partizipation und Führung in der lokalen Politik. Baden-Baden: Nomos, S. 15-75

Haus, Michael/Heinelt, Hubert/Egner, Björn/König, Christine (2005): Partizipation und Führung in der lokalen Politik. Baden-Baden: Nomos

Häußermann, Hartmut (2006): Desintegration durch Stadtpolitik? In: Aus Politik und Zeitgeschichte. 40-41/2006. S. 14-22

Häußermann, Hartmut/Siebel, Walter (1993a): Die Politik der Festivalisierung und die Festivalisierung der Politik. Große Ereignisse in der Stadtpolitik. In: Häußermann, Hartmut/Siebel, Walter (Hrsg.) (1993b): Festivalisierung der Stadtpolitik. Stadtentwicklung durch große Projekte. Leviathan Sonderheft 13. Opladen: Westdeutscher Verlag, S. 7-32

Häußermann, Hartmut/Siebel, Walter (Hrsg.) (1993b): Festivalisierung der Stadtpolitik. Stadtentwicklung durch große Projekte. Leviathan Sonderheft 13. Opladen: Westdeutscher Verlag

Heinelt, Hubert (1997a): Neuere Debatten zur Modernisierung der Kommunalpolitik. Ein Überblick. In: Heinelt, Hubert (Hrsg.): Modernisierung der Kommunalpolitik. Neue Wege zur Ressourcenmobilisierung, Opladen: Leske + Budrich, S. 12-28

Heinelt, Hubert (Hrsg.) (1997b): Modernisierung der Kommunalpolitik. Neue Wege zur Ressourcenmobilisierung, Opladen: Leske + Budrich

Heinze, Rolf G./Voelzkow, Helmut (1998): Verbände und „Neokorporatismus". In: Wollmann, Helmut/Roth, Roland (Hrsg.): Kommunalpolitik. Politisches Handeln in den Gemeinden. Bonn: Bundeszentrale für politische Bildung, S. 227-239

Held, Gerd (1997): „Stadtforen" als zivilgesellschaftliche Treffpunkte. Das Beispiel Barcelona. In: Schmals, Klaus M./Heinelt Hubert (Hrsg.): Zivile Gesellschaft. Entwicklung – Defizite – Potentiale. Opladen: Leske + Budrich, S. 241-260

Howarth, David/Torfing, Jacob (Hrsg) (2004): Discourse Theory and European Politics. Basingstoke: Palgrave

Jann, Werner/Wegrich, Kai (2004): Governance und Verwaltungspolitik. In: Benz, Arthur (Hrsg.): Governance – Regieren in komplexen Regelsystemen. Eine Einführung. Wiesbaden: VS Verlag für Sozialwissenschaften, S. 193-214

Jessop, Bob (1997): A Neo-Gramscian Approach to the Regulation of Urban Regimes. Accumulation Strategies, Hegemonic Projects, and Governance. In: Lauria, Mickey (Hrsg.): Reconstructing Urban Regime Theory. Regulating Urban Politics in a Global Economy. Thousands Oaks u.a.: Sage, S. 51-74

Jessop, Bob (2002): The Future of the Capitalist State. Oxford: polity

John, Peter (2001): Local Governance in Western Europe. London: Sage

Kooiman, Jan (2000): Societal Governance. Levels, Models, and Orders of Social-Political Interaction. In: Pierre, Jon (Hrsg.): Debating Governance. Authority, Steering and Democracy. Oxford: University Press, S. 138-164

Lange, Stefan/Schimank, Uwe (Hrsg.) (2004): Governance und gesellschaftliche Integration. Wiesbaden: VS Verlag für Sozialwissenschaften

Lauria, Mickey (Hrsg.) (1997): Reconstructing Urban Regime Theory. Regulating Urban Politics in a Global Economy. Thousands Oaks u.a.: Sage

Lewis, Jane/Surender, Rebecca (Hrsg.) (2004): Welfare State Change. Towards a Third Way? Oxford: University Press

March, James G./Olsen, Johan P. (1983): Organizing Political Life: What Administrative Reorganization Tells Us About Government. In: American Political Science Review 77, S. 281-296

Martin, James/Bastow, Steven (2004): Third Way Politics Today. In: Howarth, David/Torfing, Jacob (Hrsg): Discourse Theory and European Politics. Basingstoke: Palgrave, S. 211-230

Mayntz, Renate (2004): Governance im modernen Staat. In: Benz, Arthur (Hrsg.): Governance – Regieren in komplexen Regelsystemen. Eine Einführung. Wiesbaden: VS Verlag für Sozialwissenschaften, S. 65-76

Newman, Janet (2004): Modernizing the State. A New Style of Governance? In: Lewis, Jane/Surender, Rebecca (Hrsg.): Welfare State Change. Towards a Third Way? Oxford: University Press, S. 69-88

Pierre, Jon (1999): Models of Urban Governance. The Institutional Dimension of Urban Politics. In: Urban Affairs Review 34. Nr. 3. S. 372-396

Pierre, Jon (Hrsg.) (2000): Debating Governance. Authority, Steering and Democracy. Oxford: University Press

Pollitt, Christopher/Bouckaert, Geert (2004): Public Management Reform: An international comparison. Oxford: University Press.

Reichard, Christoph (1998): Institutionelle Wahlmöglichkeiten bei der öffentlichen Aufgabenwahrnehmung. In: Budäus, Dieter (Hrsg.): Organisationswandel öffentlicher Aufgabenwahrnehmung, Baden-Baden: Nomos, S. 121-153

Reichard, Christoph (2003): Das Konzept des Gewährleistungsstaates. Referat auf der Jahrestagung 2003 des Wissenschaftlichen Beirats der GÖW, o.O. Internet: http://www.uni-potsdam.de/u/ls_puma/!PUBLIKATIONEN/gewaehrleistungsstaat.pdf

Rhodes, R.A.W. (1997): Understanding Governance. Policy Networks, Governance, Reflexivity and Accountability. Buckingham: Open University Press

Sack, Detlef/Gissendanner, Scott Stock (2007): Kein Geld, schwache Parteien, viele Netzwerke und ein Bürgermeister. Trends lokaler Steuerung in Deutschland. In: Städte im Umbruch. Nr. 4. S. 29-35

Schmals, Klaus M./Heinelt Hubert (Hrsg.) (1997): Zivile Gesellschaft. Entwicklung – Defizite – Potentiale. Opladen: Leske + Budrich

Schröder, Gerhard/Blair, Tony (1999): Der Weg nach vorne für Europas Sozialdemokraten. London. Internet: http://www.glasnost.de/pol/schroederblair.html.

Schröter, Eckhard (Hrsg.) (2001): Empirische Policy- und Verwaltungsforschung. Lokale, nationale und internationale Perspektiven. Opladen: Leske + Budrich

Schuppert, Gunnar Folke (2001): Der moderne Staat als Gewährleistungsstaat. In: Schröter, Eckhard (Hrsg.): Empirische Policy- und Verwaltungsforschung. Lokale, nationale und internationale Perspektiven. Opladen: Leske + Budrich, S. 399-414

Stoker, Gerry (1998): Governance as theory. Five propositions. In: International Social Science Journal. Nr. 155. S. 17-28

Stoker, Gerry (2000): Urban Political Science and the Challenge of Urban Governance. In: Pierre, Jon (Hrsg.): Debating Governance. Authority, Steering and Democracy. Oxford: University Press, S. 91-109

Stoker, Gerry (2002): New Labour and Local Governance in Britain. In: Caulfield, Janice/Larsen, Helge O. (Hrsg.): Local Government at the Millennium. Opladen: Leske + Budrich, S. 27-46

Thränhardt, Dietrich (1981): Kommunaler Korporatismus. Deutsche Traditionen und moderne Tendenzen, In: Thränhardt, Dietrich/Uppendahl, Herbert (Hrsg.): Alternativen lokaler Demokratie. Königstein/Ts.: Wochenschau, S. 5-33

Thränhardt, Dietrich/Uppendahl, Herbert (Hrsg.) (1981): Alternativen lokaler Demokratie. Königstein/Ts.: Wochenschau

Wollmann, Helmut/Roth, Roland (Hrsg.) (1998): Kommunalpolitik. Politisches Handeln in den Gemeinden. Bonn: Bundeszentrale für politische Bildung

Zimmer, Annette (1998): Vereine und lokale Politik. In: Wollmann, Helmut/Roth, Roland (Hrsg.): Kommunalpolitik. Politisches Handeln in den Gemeinden. Bonn: Bundeszentrale für politische Bildung, S. 247-262

Zimmermann, Karsten (2005): Das Programm Soziale Stadt als Versuch einer lokalen Institutionenpolitik? In: Haus, Michael (Hrsg.) (2005b): Institutionenwandel lokaler Politik in Deutschland. Zwischen Innovation und Beharrung, Wiesbaden: VS Verlag für Sozialwissenschaften, S. 156-177

Gisela Jakob

Infrastrukturen und Anlaufstellen zur Engagementförderung in den Kommunen

Der Prozess der Ausdifferenzierung von Einrichtungen zur lokalen Engagementförderung hat sich in den letzten Jahren beschleunigt. Bereits seit Mitte der 1990er Jahre sind in den Kommunen Infrastruktureinrichtungen wie Selbsthilfekontaktstellen, Seniorenbüros und Freiwilligenagenturen für eine moderne Engagementförderung entstanden (vgl. Jakob 2005). Die Einrichtungen haben unterschiedliche Zielgruppen im Fokus. Gemeinsam ist ihnen aber die Ausrichtung auf die Förderung bürgerschaftlichen Engagements durch die Beratung und Vermittlung engagementinteressierter und engagierter Bürgerinnen und Bürger, die Beratung von Vereinen und Kommunen, innovative Projekte und eine gezielte Öffentlichkeits- und Netzwerkarbeit. Neben diesen eigenständigen Einrichtungen haben viele Kommunen lokale Anlaufstellen zur Engagementförderung in der Verwaltung eingerichtet, die Aktivitäten im Auftrag der Kommunen durchführen und als Ansprechpartner fungieren.

Parallel zu den eigenständigen Infrastruktureinrichtungen und den Anlaufstellen in der Kommunalverwaltung sind in den letzten Jahren weitere Einrichtungen und Zusammenschlüsse wie Mehrgenerationenhäuser, Lokale Bündnisse für Familien, und Bürgerstiftungen in Städten und Gemeinden entstanden. Diese neuen Typen engagementfördernder Einrichtungen setzen ihren jeweiligen Kernauftrag wie die Verbesserung des Zusammenhalts der Generationen oder die Schaffung einer familienfreundlichen Kommune um, indem sie auf sektorenübergreifende Kooperationsmodelle und zivilgesellschaftliche Strukturen setzen. Die Rolle von Bürgerbeteiligung und Bürgerengagement wird allerdings in diesen neuen Organisationen unterschiedlich gewichtet. Insbesondere in den Verlautbarungen der bundesweiten Initiative Lokale Bündnisse für Familie kommt eine Distanz zum bürgerschaftlichen Engagement zum Vorschein, und Berührungspunkte zur Engagementpolitik werden vermieden.

Mit diesen verschiedenen Einrichtungen und Zusammenschlüssen hat sich in den Kommunen parallel zu den Instrumenten der klassischen Vereinsförderung ein vielfältiges und ausdifferenziertes Spektrum an engagementfördernden Infrastrukturen herausgebildet. Die Kommunen unterstützen die Einrichtungen mit entsprechenden förderpolitischen Aktivitäten. Darüber hinaus wird der Prozess durch die Förderpolitik des Bundes und neue Modellprogramme gesteuert, die vor Ort die Engagementstrukturen verändern. Bundesweite Modellprojekte, die mit finanziellen Zuwendungen ausgestattet sind, haben allerdings auch nichtintendierte Nebenwirkungen zur Folge. Wenn sich die Aufgabenprofile mit bereits bestehenden Einrichtungen überschneiden, entstehen Konkurrenzsituationen, die eine koordinierte Engagementpolitik erschweren und die lokalen Akteure vor neue Herausforderungen stellen.

In dem vorliegenden Beitrag wird die ‚Landschaft' engagementfördernder Einrichtungen, die in den letzten Jahren in den Kommunen entstanden ist, anhand von zentralen Einrichtungstypen rekonstruiert. Dabei geht es darum, welche Rolle bürgerschaftliches Engagement in Konzeption und Praxis der neu entstandenen Organisationen spielt. Des Weiteren werden die politischen und fachlichen Herausforderungen diskutiert, die sich für die lokalen Akteure aus Politik, Vereinen, Verbänden und engagementfördernden Einrichtungen ergeben, wenn sie die Vielfalt vor Ort gestalten und neue Kooperationsformen etablieren wollen.

1 Engagementförderung als Auftrag kommunaler Daseinsvorsorge

Den Kommunen mit ihrer Doppelstruktur „als politische Kommune und zivilgesellschaftliche Bürgergemeinde" kommt eine zentrale Rolle für die Anregung und Unterstützung bürgerschaftlichen Engagements zu (Wollmann 2004: 20). Im Kontext der Debatten um lokale Bürgergesellschaft, bürgerorientierte Kommunen und Bürgerkommune haben sich in vielen Städten, Gemeinden und Landkreisen neue Ansätze herausgebildet, um das Engagement der Bürger zu unterstützen.[1] Über die klassischen Formen der Vereinsförderung hinausgehend sind Strukturen einer modernen Engagementförderung mit neuen Formen der Anerkennung und Würdigung, Qualifizierungsprogrammen für engagierte Bürger und engagementfördernde Einrichtungen entstanden, deren Aufgabe darin besteht, vor Ort Engagement anzuregen, neue Kooperations- und Vernetzungsstrukturen aufzubauen und zu einer entfalteten Engagementkultur beizutragen (vgl. Glück/Magel/Röbke 2004; Pröhl/Sinning/Nährlich 2002).

Diese Tendenz, Bürgerbeteiligung und Bürgerengagement zu fördern, ist aber nicht durchgängig und in allen Gemeinden vorhanden, sondern es gibt vielmehr auch gegenläufige Entwicklungen. Das Konzept Bürgerkommune scheint aufgrund struktureller Probleme an orientierender Wirkung zu verlieren. Roland Roth (2004: 182) spricht in dem Zusammenhang von der Bürgerkommune als „Demokratisierung der Machtlosigkeit", weil ihre Umsetzung an Widerständen in den Kommunen, an der insgesamt schwachen Stellung der Kommunen in der Staatsorganisation und an knappen Finanzen scheitert. Hinzu kommt die Tendenz zur Privatisierung kommunaler Dienste und Wirtschaftsbetriebe, die einseitig auf marktwirtschaftliche Lösungen setzen und damit sowohl die Gestaltungsmöglichkeiten der Kommune beschränken als auch die zivilgesellschaftlichen Potenziale vernachlässigen (vgl. Olk 2007; Forschungsjournal Neue Soziale Bewegungen 2007).

Dieser unterschiedliche Stand in der Entwicklung der lokalen Bürgergesellschaft kennzeichnet auch die Situation von Infrastruktureinrichtungen und lokalen Anlaufstellen zur Engagementförderung. Waren es in den 1990er Jahren vor allem Selbsthilfekontaktstellen, Seniorenbüros und Freiwilligenagenturen, so hat sich die Bandbreite an Einrichtungen in den letzten Jahren deutlich ausgeweitet. Bürgerstiftungen, Lokale Bündnisse für Familie,

---

[1] Vgl. dazu den Beitrag von Lars Holtkamp in diesem Band.

Mehrgenerationenhäuser und Stadtteilbüros im Rahmen des Bund-Länder-Programmes „Soziale Stadt", in denen Modelle für die Aktivierung der Bürger umgesetzt werden, sind neu hinzugekommen. Die Kommunen gehen dabei unterschiedliche Wege. Während in größeren Städten eigenständige Einrichtungen zumeist in der Trägerschaft eines Vereins tätig sind und verschiedene Einrichtungstypen nebeneinander bestehen, tendieren kleine Gemeinden und Landkreise dazu, lokale Anlaufstellen als Ehrenamtsagenturen und Fachstellen in der Kommunalverwaltung anzusiedeln, die von dort aus Beteiligungsprozesse moderieren, Projekte anregen und Aktivitäten bündeln (vgl. Jakob/Koch 2007). Für kleine Gemeinden ist es nicht möglich, verschiedene Einrichtungen vorzuhalten, und die Integration in die Kommunalverwaltung soll sicherstellen, dass die Aktivitäten in die kommunale Entwicklung eingebunden sind.

Während es bis vor wenigen Jahren noch unklar war, ob sich Modelle wie die Freiwilligenagenturen und -zentren durchsetzen werden, lässt sich heute eine Konsolidierung feststellen. Infrastruktureinrichtungen und lokale Anlaufstellen zur Engagementförderung, die über ein breites Aufgabenprofil verfügen und gut in das Gemeinwesen integriert sind, haben sich behauptet und sind vor Ort zu wichtigen Akteuren geworden. Auch in programmatischen Äußerungen auf der Bundesebene, im Rahmen der vom BMFSFJ gestarteten Initiative „ZivilEngagement Miteinander – Füreinander", werden Bürgerstiftungen, Freiwilligenagenturen, Seniorenbüros und Mehrgenerationenhäuser als wichtige Infrastrukturen für das Engagement vor Ort gesehen, die der staatlichen Unterstützung bedürfen (vgl. Bundesministerium für Familie, Senioren Frauen und Jugend 2007).

So weit die guten Nachrichten. Ein differenzierter Blick auf den Stand lokaler Engagementförderung und bundesweiter Förderpolitik verweist allerdings auch auf die Probleme. So besteht ein offensichtliches „Missverhältnis" zwischen den verbalen Bekundungen auf der politischen Ebene einerseits und der finanziellen Anerkennung und Absicherung der engagementfördernden Einrichtungen andererseits (Evers/Riedel 2004). In der Fachdebatte besteht Konsens, dass es einer zumindest grundständigen Förderung von Infrastruktureinrichtungen bedarf und dass dies eine öffentliche Aufgabe ist (vgl. Enquete-Kommission „Zukunft des Bürgerschaftlichen Engagements" 2002: 317; Roß/Heimer/Scharte 2004). Diese Aufgabe wird aber nur von einem Teil der Kommunen wahrgenommen und dies wiederum ist nicht nur der Finanzknappheit geschuldet, sondern auch Ausdruck dafür, dass Konzepte einer professionellen Engagementförderung bislang keineswegs überall auf Akzeptanz stoßen. Lediglich ein Teil der Einrichtungen verfügt über eine mittelfristig gesicherte Finanzbasis, während sich viele der lokalen Anlaufstellen in einer prekären finanziellen Situation befinden. Dies betrifft – nicht allein, aber vor allem – die Freiwilligenagenturen, die seit ihrer Entstehung in den 1990er Jahren mit schwierigen finanziellen Rahmenbedingungen in den Kommunen und Ländern konfrontiert sind und weder auf andere öffentliche Fördermittel noch auf umfangreiche private Mittel zurückgreifen können. Nach wie vor müssen Einrichtungen ihre Arbeit aus finanziellen Gründen einstellen.

Eine differenzierte Einschätzung ist auch angebracht, wenn es um die Auswirkung bundespolitischer Förderprogramme geht. Modellprogramme des Bundes sind in den letzten Jahren für die lokale Engagementförderung immer wichtiger geworden und bestimmen mit, welche Projekte und Einrichtungen vor Ort entstehen. Dies hat den Vorteil, dass zumindest für begrenzte Modelllaufzeiten finanzielle Mittel bereitgestellt und neue Ansätze angeregt werden. Die ‚Top-Down'-Strategie des Bundes bei der Umsetzung der Modellprogramme und die fehlende Abstimmung mit den Kommunen und den Bundesländern haben allerdings weitreichende Folgen, die bestehende zivilgesellschaftliche Strukturen vor Ort beschädigen können. Die mit den Bundesprogrammen verbundenen finanziellen Transfers lösen nichtintendierte Nebenwirkungen aus, die für Organisationen und Akteure vor Ort schwierig zu handhaben sind. Wenn neue Modellprojekte ohne Rücksicht auf bereits bestehende Strukturen etabliert werden, dann können sich Aufgabenüberschneidungen und Konkurrenzsituationen ergeben, die für die lokale Bürgergesellschaft unproduktiv sind. Hinzu kommt das Problem der Nachhaltigkeit und der Fortführung von Aktivitäten, wenn die weitere Finanzierung der Projekte nach der Modelllaufzeit nicht gesichert wird. Um solche Folgewirkungen öffentlicher Förderpolitik zu vermeiden, bräuchte es einer Sensibilität der bundespolitischen Akteure für die lokalen Strukturen und einer Bedarfsabstimmung zwischen den verschiedenen politischen Ebenen. Auf Seiten der Kommunen müsste eine Gesamtstrategie für die jeweilige kommunale Engagementförderung vorliegen, auf deren Grundlage entschieden werden könnte, ob und in welcher Form ein Modellprojekt in der Kommune implementiert werden soll.

2 Infrastruktureinrichtungen und lokale Anlaufstellen

Im Folgenden wird der Entwicklungsstand von sechs zentralen Typen eigenständiger engagementfördernder Einrichtungen rekonstruiert.[2] Freiwilligenagenturen, Seniorenbüros, Selbsthilfekontaktstellen, Bürgerstiftungen, Lokalen Bündnissen für Familien und Mehrgenerationenhäusern ist gemeinsam, dass sie auf zivilgesellschaftlichen Strukturen basieren und zugleich das bürgerschaftliche Engagement in der Kommune fördern sollen. Der Auftrag zur Unterstützung des Engagements wird in den verschiedenen Einrichtungen allerdings unterschiedlich gewichtet und nimmt in den Lokalen Bündnissen und in einem Teil der Mehrgenerationenhäuser im Vergleich zu familien- und generationenpolitischen Zielsetzungen eine nachgeordnete Rolle ein. Neben diesen sechs Typen von Einrichtungen sind weitere Angebote und Netzwerke wie Nachbarschaftshäuser, soziokulturelle Zentren, Lokale Agenda 21-Initiativen, Stadtteilbüros etc. entstanden, die jedoch zumeist auf begrenzte lokale Anliegen konzentriert sind und deshalb hier vernachlässigt werden.

Auch auf die *lokalen Anlaufstellen in den Kommunalverwaltungen* möchte ich hier nur kurz eingehen, da sich dahinter ein heterogenes Spektrum an Strukturen, Aufgabenprofilen und Praktiken verbirgt. Dazu gehören Stellen in der Verwaltung, die mit eingeschränkten Aufgaben und im direkten Auftrag der Kommune einzelne Aktivitäten umsetzen. In anderen Kommunen haben die in der Verwaltung angesiedelten Anlaufstellen wie Ehrenamtsagenturen, Bürgerbüros u.ä. ein sehr viel umfassenderes Spektrum an Aufgaben und entwi-

---

[2] Für Informationen und Anregungen danke ich folgenden Gesprächspartner/innen: Kerstin Brandhorst (Bundesarbeitsgemeinschaft der Freiwilligenagenturen), Gabriella Hinn (Bundesarbeitsgemeinschaft der Seniorenbüros), Wolfgang Thiel (Nationale Kontakt- und Informationsstelle zur Anregung und Unterstützung von Selbsthilfegruppen) und Nikolaus Turner (Leiter des Arbeitskreises „Bürgerstiftungen" beim Bundesverband Deutscher Stiftungen).
Dr. Ralf Vandamme danke ich für eine kritische Lektüre des Beitrags und Anregungen insbesondere zu den lokalen Anlaufstellen und der Situation in den Kommunen.

ckeln in Absprache mit der Kommune und in Kooperation mit anderen lokalen Akteuren Strategien und Projekte für eine moderne Engagementförderung.

In die Verwaltung eingebundene lokale Anlaufstellen zur Engagementförderung finden sich vor allem in Baden-Württemberg und in einem Teil der hessischen Kommunen. In Baden-Württemberg sind sie Ergebnis einer landespolitischen Strategie, die von Anfang an sehr stark auf die Kommunen gesetzt hat. Dementsprechend sind die Einrichtungen im Kernbereich der Kommunalverwaltung angesiedelt und kooperieren von dort aus mit zivilgesellschaftlichen Akteuren, wenn es um neue Aktivitäten und Projekte geht. Mit dieser Konstruktion ist sichergestellt, dass die Engagementförderung ein kommunales Anliegen ist und dementsprechend von Kommunalpolitik und -verwaltung politisch und finanziell mitgetragen wird. Allerdings ist eine solche Strategie mit einer starken Abhängigkeit von der Kommune verbunden und setzt voraus, dass Engagementförderung auch nach wechselnden politischen Mehrheiten im Fokus der kommunalen Akteure bleibt.

Kommunen in anderen Bundesländern haben bei neuen Aktivitäten stärker auf eigenständige Einrichtungen wie Freiwilligenagenturen, Seniorenbüros und Selbsthilfekontaktstellen gesetzt. Hier stellt sich dann die Anforderung, die Unterstützung durch die Kommune sicherzustellen und funktionierende Kooperationsstrukturen mit Akteuren in Verwaltung und Politik aufzubauen.

Die Entwicklung der letzten Jahre lässt erwarten, dass sich das Spektrum an Wegen zur lokalen Engagementförderung und an Einrichtungen für deren Umsetzung in Zukunft noch weiter ausdifferenzieren wird. Umso wichtiger werden dann lokale Strategien zur Vernetzung und Bündelung dieser vielfältigen Ansätze.

2.1 Freiwilligenagenturen

Der Gründungsboom der Freiwilligenagenturen und Freiwilligenzentren Mitte der 1990er Jahre wurde durch die Veränderungen im Bereich des ehrenamtlichen und freiwilligen Engagements ausgelöst und von den Entwicklungen im westeuropäischen Ausland und dabei vor allem in den Niederlanden und Großbritannien beeinflusst. Debatten um eine Neuordnung des Verhältnisses von Staat, Markt und Zivilgesellschaft und eine damit verbundene neue Aufmerksamkeit und Aufwertung des bürgerschaftlichen Engagements ziehen in Deutschland, aber auch in anderen Ländern Überlegungen nach sich, mit welchen Instrumenten und Ansätzen das Engagement im Gemeinwesen gefördert werden kann (vgl. auch Ten Hoorn et.al. 2005). Freiwilligenagenturen stehen für eine Modernisierung der Engagementförderung, die nicht nur vom Bedarf der Organisationen ausgeht, sondern auch die Perspektive der engagierten Bürger, ihre Erwartungen und Ansprüche an ein sinnerfülltes Engagement, berücksichtigt. Mit einem modernen Freiwilligenmanagement geht es darum, Passungen zwischen den Anliegen der Organisationen und den Erwartungen der Bürger hinzubekommen.

Als bereichs- und trägerübergreifende Einrichtungen informieren, beraten und vermitteln die Freiwilligenagenturen engagementinteressierte Bürgerinnen und Bürger, sie kooperieren mit Organisationen wie Vereinen und Verbänden und beraten diese in Fragen des Engagements, und sie betreiben eine gezielte Öffentlichkeits- und Lobbyarbeit vor Ort (vgl.

Baldas u.a. 2001, Ebert u.a. 2002, Jakob/Janning 2000, Klie u.a. 2004). Ausgehend von diesen drei Kernaufgaben hat sich im Verlauf der Zeit das Aufgabenspektrum ausgeweitet und mit Qualifizierungsangeboten, Projektarbeit und Vernetzung sind weitere Aufgaben hinzugekommen. Eine besondere Bedeutung kommt dabei der Entwicklung und Umsetzung innovativer Projekte beispielsweise in Kooperation mit Schulen und Kindertageseinrichtungen zu, mit denen auf gesellschaftliche Herausforderungen reagiert wird. Einige Freiwilligenagenturen haben sich als Mittlerorganisationen zwischen Unternehmen und gemeinnützigen Organisationen profiliert, die mit Aktivitäten wie Freiwilligentagen, Seitenwechseln und Patenschaftsmodellen das bürgerschaftliche Engagement von Unternehmensmitarbeitern unterstützen (vgl. Bertelsmann Stiftung 2008).

Diese Aufgaben werden keineswegs von allen Freiwilligenagenturen wahrgenommen, sondern es sind vor allem ressourcenstarke Agenturen, die über ein breites Aufgabenprofil verfügen. Wenn man sich die ‚Szene' der Einrichtungen in ihrer mehr als zehnjährigen Geschichte betrachtet, dann lässt sich eine Wechselwirkung zwischen Aufgabenprofil und Existenzsicherung beobachten: Vor Ort haben die Einrichtungen ‚überlebt', die über ein professionelles Profil verfügen, die Projekte entwickelt und darüber auch wieder zusätzliche Finanz- und Personalressourcen erschlossen haben. Dies setzte allerdings voraus, dass Mitarbeiter zur Verfügung standen oder auch außerhalb der Einrichtungen in Vorleistung getreten sind, um Projekte zu akquirieren und neue Aufgabenfelder aufzumachen.

Nach Auskunft der Bundesarbeitsgemeinschaft der Freiwilligenagenturen, dem bundesweiten Zusammenschluss lokaler Einrichtungen, gibt es deutschlandweit mittlerweile ca. 300 Freiwilligenagenturen, Freiwilligenzentren, Ehrenamtsbörsen und vergleichbare Organisationen (vgl. www.bagfa.de, Zugriff am 27.02.2009). Die Vielfalt an Bezeichnungen verweist bereits darauf, dass sich die Einrichtungen in ihrem Selbstverständnis, in ihrem Aufgabenprofil und in ihrer Ausstattung unterscheiden.[3] In der fachlichen Verständigung besteht zwar ein Konsens, dass eine gute Ausstattung und qualifiziertes Personal notwendig sind, um eine umfassende Engagementförderung betreiben und Projekte durchführen zu können (vgl. Christner/Würz/Vandamme 2007). Die Personalausstattung reicht dabei von einer halben Stelle bis zu drei bis vier beruflichen Mitarbeitern Nach wie vor gibt es aber auch kleine Einrichtungen, die ausschließlich mit Ehrenamtlichen arbeiten, dabei aber immer wieder an ihre Grenzen stoßen, wenn es um eine kontinuierliche Arbeit geht.

Für die *Zukunft der Freiwilligenagenturen* sind sowohl die Weiterentwicklung des fachlichen Profils als auch die Sicherung der finanziellen Basis von entscheidender Bedeutung:

- Nach wie vor lässt sich in einem Teil der Einrichtungen eine starke Orientierung auf die Beratung und Vermittlung engagementinteressierter Bürger beobachten. Die Erfahrungen etablierter Agenturen zeigen allerdings, dass dies zwar eine Kernaufgabe darstellt, weil damit neue selbstgewählte Zugänge zu einem Engagement eröffnet werden. Eine Fokussierung auf die Vermittlungsaufgabe reicht aber nicht aus und rechtfertigt nicht die Existenz eigenständiger Einrichtungen. Nach wie vor finden die weitaus meisten Engagierten den Zugang über die klassischen Wege wie die Ansprache durch

---

[3] Ich spreche in diesem Beitrag in etwas vereinfachender Weise von Freiwilligenagenturen, da dies den hier skizzierten Typus von Infrastruktureinrichtungen am Besten kennzeichnet.

Freunde und Bekannte oder durch einen Vertreter der Organisation (vgl. Gensicke/Picot/Geiss 2006: 65). Nur 3 Prozent der Engagierten kommen auf dem Weg über Kontakt- und Informationsstellen zu einem Engagement (ebd.: 65).

Die Stabilisierung von Freiwilligenagenturen und vergleichbaren Einrichtungen wird davon abhängen, ob es gelingt, sich als *Zentren für das bürgerschaftliche Engagement* vor Ort weiter zu entwickeln. Dazu gehört ein breites Aufgabenprofil, bei dem die Projekt- und Vernetzungsarbeit eine besondere Rolle spielen, weil sie dazu beitragen, Probleme im Gemeinwesen unter bürgerschaftlicher Mitwirkung und in Kooperation mit anderen lokalen Akteuren zu bearbeiten.

- Die Erfahrungen der bestehenden Einrichtungen zeigen, dass zumindest eine *grundständige Finanzierung* durch die Kommune, einen Verband oder eine Stiftung notwendig ist. Eine besondere Rolle kommt dabei den Kommunen zu, weil sie im Rahmen ihres Auftrags zur Daseinsvorsorge auch die ersten Ansprechpartner für die Ermöglichung und Förderung von Bürgerengagement sind. Dabei geht es keineswegs um eine Vollfinanzierung, sondern gefragt sind Finanzierungsmodelle, die für die Einrichtungen Anreize schaffen, um mit Projekten, Beratungsleistungen und kreativen Formen des Einwerbens von Spenden und Sponsoringmitteln zusätzliche Mittel zu akquirieren.

2.2 *Seniorenbüros*

Als Informations-, Beratungs- und Vermittlungsstellen für bürgerschaftliches Engagement in der nachberuflichen und nachfamilialen Lebensphase sprechen die Seniorenbüros vor allem die Gruppe der über 50-jährigen Bürgerinnen und Bürger an. Die Einrichtungen sind neben zahlreichen Projekten zur Gestaltung der nachberuflichen Phase, die in den 1990er Jahren gestartet wurden, eine Antwort auf den Strukturwandel des Alters und ein neues Altersbild, das auf die Potenziale und die Ressourcen der Älteren setzt. Im Unterschied zu klassischen Formen der Seniorenarbeit mit einer ausgeprägten Angebotsstruktur zielen die Seniorenbüros darauf, ältere Bürger in ihrem Engagement zu unterstützen und ihre Kompetenzen zum selbsttätigen Handeln zu stärken. Mit ihrem Fokus auf Aktivierung und Selbstorganisation repräsentieren die Einrichtungen sowohl eine neue Variante der Seniorenarbeit als auch eine moderne Form der Engagementförderung.

Von Anfang an nehmen die Seniorenbüros ein *breites Aufgabenspektrum* wahr, das von der Information und Beratung Älterer über Engagementgelegenheiten über die Beratung von Gruppen, Vereinen und Organisationen in Engagementfragen und die Unterstützung Älterer bei der Gründung neuer Gruppen und Initiativen bis hin zu Fort- und Weiterbildungsangeboten und der Kooperation mit Experten und Organisationen innerhalb der Kommune reicht (vgl. Braun/Emons 2000). Darüber hinaus erbringen sie Serviceleistungen für die Kommune und übernehmen beispielsweise die Ausgabe von Seniorenpässen oder wirken an der kommunalen Altenhilfeplanung mit. Als Orte der Begegnung unterstützen sie die Besucher bei selbstorganisierten Freizeitaktivitäten.

Nach Auskunft der Bundesarbeitsgemeinschaft der Seniorenbüros (BaS) gibt es bundesweit mittlerweile ca. 250 dieser Einrichtungen (vgl. www.seniorenbueros.org, Zugriff am 27.02.2009). Auch in Zeiten kommunaler Finanzknappheit ist das Modell auf Interesse gestoßen, und es sind weitere Seniorenbüros entstanden. Den Einrichtungen kommt dabei zugute, dass die Kommunen nach § 71 SGB XII im Rahmen der Altenhilfe gesetzlich dazu verpflichtet sind, Beratungsleistungen z.B. zur Erhaltung einer altengerechten Wohnung oder zur Inanspruchnahme sozialer Dienste sowie auch gesellige, kulturelle und bildende Angebote für Ältere vorzuhalten. Im Verlauf der nunmehr 10- bis 15-jährigen Geschichte der Seniorenbüros zeigt sich, dass die Einrichtungen in kommunaler Trägerschaft am Besten abgesichert sind. Allerdings gibt es dabei erhebliche regionale Unterschiede. Insbesondere in Ostdeutschland mussten in den letzten Jahren Einrichtungen ihre Arbeit beenden, weil die finanzielle Förderung eingestellt wurde. Besonders dramatisch ist die Situation in Thüringen, wo sich das Land aus der Unterstützung örtlicher Seniorenbüros zurückgezogen und die Aufgabe der lokalen Engagementförderung an die Landesehrenamtsagentur delegiert hat, die wiederum laut ihrer Satzung nur Freiwilligenagenturen fördern darf. Diese ‚Förderungslücke' hat zur Folge, dass einige Seniorenbüros bereits geschlossen haben. Andere sind einen pragmatischen Weg gegangen, indem sie nun unter dem Label Freiwilligenagentur firmieren.

Bezüglich der fachlichen Entwicklung lässt sich in den letzten Jahren eine Tendenz zur Spezialisierung und Projektarbeit beobachten. Die Beratung und Vermittlung von engagementinteressierten älteren Bürgern ist nach wie vor eine Kernaufgabe der Seniorenbüros. Sie tritt allerdings im Vergleich zu neuen Aktivitäten und Projekten in den Hintergrund. Dabei zeichnen sich zwei Tendenzen ab: 1. eine Öffnung der Seniorenbüros in das Gemeinwesen und eine verstärkte Kooperation mit anderen lokalen Akteuren wie Schulen und Kindertageseinrichtungen sowie 2. eine damit verbundene Orientierung auf projektbezogenes Arbeiten. Seniorenbüros waren Träger des Bundesmodellprogrammes „Erfahrungswissen für Initiativen", in dem sogenannte seniorTrainer als Multiplikatoren für neue lokale Engagementstrukturen qualifiziert wurden (vgl. Engels/Braun/Burmeister 2007). Einzelne Seniorenbüros sind Träger generationsübergreifender Freiwilligendienste, die ebenfalls als Bundesmodellprogramm derzeit durchgeführt werden (vgl. www.bmfsfj.de). Darüber hinaus sind vor Ort in Kooperation mit Schulen und Kindergärten zahlreiche Alt- und Jung- Projekte entstanden, in denen es um den Dialog der Generationen, um gemeinsames Lernen und gegenseitige Unterstützung geht (vgl. dazu Bundesarbeitsgemeinschaft Seniorenbüros e.V. 2006). Angesichts der demografischen Entwicklung und damit verbundener Veränderungen in den Generationenbeziehungen hat sich das Thema Generationendialog und generationsübergreifende Aktivitäten als ein inhaltlicher Schwerpunkt herauskristallisiert. Ein weiterer Schwerpunkt wird derzeit neu entwickelt, bei dem es um das Wohnen im Alter und neue Wohnformen geht.

Die Veränderungen in der Bevölkerungsstruktur sowie Entwicklungen auf der kommunalen und auf der bundespolitischen Ebene stellen die Seniorenbüros vor neue *Herausforderungen*:

- Was der Bericht der Enquete-Kommission „Zukunft des Bürgerschaftlichen Engagements" (2002: 308) bezüglich der ungesicherten finanziellen Situation bereits 2002 konstatierte, gilt bis heute andauernd. Auch wenn in den Kommunen ein vorsichtiger Trend erkennbar wird, die Förderung bürgerschaftlichen Engagements und moderner Infrastruktureinrichtungen ernst zu nehmen und als Aufgabe zu akzeptieren, befinden sich nach wie vor zahlreiche Seniorenbüros in einer prekären finanziellen Situation. Ähnlich wie bei den Freiwilligenagenturen gilt auch für die Seniorenbüros, dass es zumindest einer *Basisfinanzierung* bedarf, um von da ausgehend weitere Mittel zu akquirieren.

- Bezüglich ihrer *fachlichen Weiterentwicklung* befinden sich die Seniorenbüros in einem Prozess, wo es um eine Neubestimmung ihrer Zielgruppen und ihres Aufgabenprofils geht. So wird diskutiert, ob sich die Einrichtungen entsprechend ihrer Ursprünge weitgehend auf die Zielgruppe der Älteren beschränken oder ob sie sich stärker auf neue Zielgruppen und neue Aufgaben orientieren sollten. Für die Neuausrichtung sprechen die generationsübergreifenden Ansätze und stadtteilbezogenen Projekte. Diese Debatte wird durch die von außen bestimmte Förderpolitik der Bundesregierung forciert und beeinflusst die lokale Situation erheblich. Das Aktionsprogramm zur Gründung von Mehrgenerationenhäusern in den Kommunen, das zugleich mit einer handfesten finanziellen Förderung verbunden ist, betrifft die Seniorenbüros in besonderer Weise, da sich der Auftrag und die Aufgaben beider Einrichtungen zumindest in Teilbereichen überschneiden. Beide Einrichtungen sollen das Engagement fördern, generationsübergreifende Aktivitäten anregen und dabei mit anderen Akteuren vor Ort kooperieren bzw. Netzwerke anregen. Derzeit ist noch offen, wie sich die Koexistenz von Mehrgenerationenhäusern und Seniorenbüros vor Ort gestalten wird und ob daraus eine Konkurrenzsituation resultiert. Eine Option, um diese Konkurrenz zu entschärfen ist sicherlich die, dass Seniorenbüros als Träger von Mehrgenerationenhäusern fungieren. Dann stellen sich allerdings Fragen nach dem fachlichen Profil der neuen Einrichtung und was mit den Kernaufgaben der Seniorenbüros passiert.

2.3 *Selbsthilfekontaktstellen*

Bereits seit den 1980er Jahren, mit Beginn der Selbsthilfebewegung, unterstützen Selbsthilfekontaktstellen das Engagement der Bürgerinnen und Bürger in Selbsthilfegruppen. Sie sind eigenständige, fach-, themen- und trägerübergreifende Einrichtungen mit professionellem Personal, die umfangreiche Informations-, Beratungs- und Unterstützungsangebote für Selbsthilfegruppen und an Selbsthilfe interessierte Bürger erbringen. Die Einrichtungen beraten und informieren Bürgerinnen und Bürger über Selbsthilfegruppen, unterstützen die Gründung neuer Gruppen und sind Ansprechpartner für bereits bestehende Selbsthilfezusammenschlüsse, denen sie Beratung, Begleitung und Räumlichkeiten zur Verfügung stellen. Als „Drehscheibe zwischen dem professionellen Versorgungssystem und dem Selbsthilfesystem" ist es ihr Anliegen, die Kooperation zwischen den Selbsthilfegruppen sowie die Zusammenarbeit mit Experten, Einrichtungen wie Krankenhäusern und Rehabilitationskliniken, themenübergreifenden Beratungsstellen (Frauen, Erziehung/Familie) sowie Vereinen und Verbänden zu fördern und zu einem selbsthilfefreundlichen Klima vor Ort beizutragen (NAKOS 2006: 28). Die Kontaktstellen beraten die ganze Bandbreite von gesundheitlichen, psycho-sozialen und sozialen Selbsthilfegruppen. Da für zwei Drittel der Gruppen gesundheitliche Themen der Ausgangspunkt sind, besteht allerdings ein eindeutiger Arbeitsschwerpunkt im Bereich Gesundheit.

Ähnlich wie bei den Freiwilligenagenturen und Seniorenbüros hat sich auch die Zahl der Selbsthilfekontaktstellen in den letzten Jahren weiter erhöht. Waren es 2002 noch 160 Einrichtungen (vgl. Enquete-Kommission „Zukunft des Bürgerschaftlichen Engagements" 2002: 299), so sind es mittlerweile 212 Kontaktstellen, deren Hauptaufgabe in der Selbsthilfeunterstützung besteht (vgl. Thiel 2008). Diese Steigerung spricht dafür, dass die selbsthilfeunterstützenden Einrichtungen gesellschaftlich akzeptiert und etabliert sind. Allerdings befindet sich ein erheblicher Teil der Einrichtungen in einer ungesicherten finanziellen Situation. So sind zwar in den letzten Jahren neue Kontaktstellen entstanden. Im Jahr 2006 mussten aber zugleich neun der eigenständigen Einrichtungen schließen (vgl. Thiel 2007: 22).

Ein Meilenstein sowohl für die gesellschaftliche Akzeptanz der Selbsthilfe und der Selbsthilfekontaktstellen als auch für ihre finanzielle Absicherung war die „Gesundheitsreform 2000" und die damit eröffnete Möglichkeit der *Selbsthilfeförderung durch die Krankenkassen.* Nach § 20 Absatz 4 SGB V sollen die gesetzlichen Krankenkassen gesundheitsbezogene Selbsthilfegruppen, -organisationen und -kontaktstellen mit einem Betrag von zuletzt 0,54 Euro/Versichertem fördern. Dieser Betrag wurde zwar nie erreicht und lag 2006 bei 5,4 Millionen Euro, was einem Durchschnittswert von 0,39 Euro/Versichertem entspricht (vgl. Hundertmark-Mayser 2007: 14). Darüber hinaus unterscheiden sich die Praxis der Krankenkassen und die Höhe der Fördersummen in den einzelnen Bundesländern erheblich voneinander. So betrug die durchschnittliche Fördersumme für eine Selbsthilfekontaktstelle durch die Krankenkasse bundesweit rund 20.000 Euro, in den neuen Bundesländern 10.000 Euro, in den alten Bundesländern rund 26.000 Euro (NAKOS 2007: 26).

Die gesetzliche Regelung im Jahr 2000 war der Einstieg für die Neufassung der Selbsthilfeförderung ab 1. Januar 2008 in dem „Gesetz zur Stärkung des Wettbewerbs in der Gesetzlichen Krankenversicherung". Die bisherige Soll-Regelung wurde dabei auf eine unbedingte Förderverpflichtung umgestellt (§ 20c SGB V). Damit soll sichergestellt werden, dass die gesetzlichen Krankenkassen ihrem Auftrag zur Unterstützung der Selbsthilfe nachkommen und dass dabei die gesetzlich vorgeschriebene Höhe von 0,55 Euro/Versichertem nicht mehr unterschritten wird (vgl. NAKOS 2007a: 16 ff.). Weitere Regelungen beziehen sich darauf, dass nur Einrichtungen wie Selbsthilfekontaktstellen unterstützt werden sollen, die themen-, bereichs- und indikationsübergreifend tätig sind, und dass mindestens 50 Prozent der Fördermittel in einen kassenartenübergreifenden, landesweiten Gemeinschaftsfonds fließen, über deren Vergabe sich die Krankenkassen gemeinsam mit Vertretungen der Selbsthilfe verständigen. Wie diese Regelungen in der Praxis greifen, wird sich nach Inkrafttreten des Gesetzes erweisen.

Mehr als 81 Prozent der Selbsthilfekontaktstellen bezogen im Jahr 2005 finanzielle Mittel im Rahmen der Selbsthilfeförderung durch die gesetzlichen Krankenkassen und deckten damit durchschnittlich mehr als ein Viertel (26,4 Prozent) ihres Haushalts (NAKOS 2007: 27). Die zweitwichtigste Finanzquelle ist die Unterstützung durch die Kommunen, die mehr als 61 Prozent der Einrichtungen erhielten (ebd.). Auch dabei gibt es allerdings erhebliche Unterschiede zwischen den Bundesländern. Angesichts von Finanzknappheit und Einschränkung freiwilliger Leistungen ist bei rund 10 Prozent der Einrichtungen die kommunale Förderung gegenüber dem Vorjahr gesunken; in 2004 sogar bei rund 15 Prozent (ebd.). Die Vertreter der Selbsthilfeförderung befürchten darüber hinaus, dass sich die Kommunen angesichts der gesetzlichen Verpflichtung zur Förderung durch die Krankenkassen zunehmend aus der Unterstützung der Selbsthilfe zurückziehen könnten.

Die dritte wichtige Finanzquelle für die Selbsthilfeförderung sind die Bundesländer, deren Förderpraxis allerdings völlig uneinheitlich ist. Insgesamt lässt sich ein „Abwärtstrend" beobachten, in dessen Folge die Landeszuwendungen seit Jahren rückläufig sind (NAKOS 2007b).

Die finanzielle Absicherung ist demnach für viele Selbsthilfekontaktstellen und deren Dachorganisationen und fachverbandliche Vertretungen nach wie vor eine wichtige politische Aufgabe. Darüber hinaus stehen die selbsthilfeunterstützenden Einrichtungen vor weiteren *fachlichen und politischen Herausforderungen*:

- So hat sich zwar die Akzeptanz durch etablierte Einrichtungen des Gesundheits- und Sozialsystems, die der Selbsthilfe lange Zeit skeptisch gegenüberstanden, verbessert. Dafür sprechen verstärkte Kooperationen mit sozialen Diensten, Beratungsstellen, Rehabilitationskliniken und Krankenhäusern sowie Bildungs- und Ausbildungseinrichtungen. Nach wie vor gibt es aber gerade bei den Vertretern der klassischen Einrichtungen des Gesundheitswesens Vorbehalte und Berührungsängste gegenüber Selbsthilfegruppen (vgl. NAKOS 2006: 95). Auch nach 25 Jahren Selbsthilfebewegung und einem flächendeckenden Netz von selbsthilfeunterstützenden Einrichtungen ist es bislang nicht gelungen, den Selbsthilfegedanken in das System professioneller Versorgung zu integrieren bzw. das professionelle Versorgungssystem umfassend für die Selbsthilfeidee zu öffnen. Angesichts neuer Anforderungen, die sich z.B. aus der Zunahme chronischer Erkrankungen ergeben, bleibt es deshalb eine wichtige Aufgabe für die Selbsthilfekontaktstellen *Bezüge und Kooperationen zwischen den Einrichtungen des professionellen Gesundheits- und Sozialsystems und der Selbsthilfe* zu schaffen und damit ihren Auftrag als „Drehscheibe" zwischen diesen Bereichen wahrzunehmen.
- Im Zusammenhang mit dem Gesundheitsmodernisierungsgesetz, das die Patientenbeteiligung neu regelt, hat sich für die Selbsthilfeorganisationen neben anderen Interessenverbänden betroffener Patienten, eine neue Aufgabe ergeben, die zugleich ihre Position gegenüber dem Gesundheitssystem aufwertet. Im Zuge einer Stärkung der Patientenorientierung wird in den § 140 f und § 140 g SGB V festgelegt, dass Patienten bzw. deren Interessenvertretungen wie u.a. die Deutsche Arbeitsgemeinschaft Selbsthilfegruppen (DAG SHG) in Gremien der gesundheitlichen Selbstverwaltung wie dem Gemeinsamen Bundesausschuss sowie entsprechender Ausschüsse auf Landesebene zu beteiligen sind (vgl. NAKOS 2006: 123 ff.). Die Selbsthilfeorganisationen und -kontaktstellen können sachkundige Personen in die Ausschüsse entsenden, von denen mindestens die Hälfte betroffene Patienten sein müssen. Die Patientenvertreter haben allerdings kein Mitentscheidungsrecht, sondern lediglich eine beratende Funktion.

Für die Umsetzung dieses gesetzlichen Auftrages müssen insbesondere in den Bundesländern noch Formen und Wege gefunden werden. Dies setzt eine entsprechende Offenheit und Kooperationsbereitschaft der Selbstverwaltungsgremien voraus und erfordert auch neue Kompetenzen bei den Vertretern von Selbsthilfe- und Patientenorganisationen.

- Eine zentrale Herausforderung für die Weiterentwicklung von Selbsthilfe, Selbsthilfeunterstützung und -förderung, die auch fachverbandlich als Aufgabe gesehen wird (vgl. NAKOS 2006: 99 ff., Helms/Hundertmark-Mayser/Thiel o.J.), besteht darin, die Selbsthilfe stärker als bislang mit der Gemeinwesenentwicklung zu verknüpfen. Dabei geht es darum, den Selbsthilfegedanken in die fachliche Versorgung und in die Kommunalpolitik einzubringen, so dass er beim Aufbau neuer Versorgungsstrukturen und Einrichtungen berücksichtigt wird. Dazu müssen Vertretern der Selbsthilfe und insbesondere der Selbsthilfeförderung in fachlichen und politischen Gremien mitwirken, wo es um die Planung und Gestaltung neuer Strukturen geht. Dies erfordert, Kooperationen zu anderen lokalen Akteuren aus der Kommunalpolitik, aus Vereinen und Verbänden, aus Einrichtungen z.B. des Gesundheitswesens aufzubauen und neue Netzwerke zu schaffen. Eine gemeinwesen- und sozialraumorientierte Ausrichtung der Selbsthilfe kann auch bedeuten, mit Stadtteilinitiativen und quartiersbezogenen Einrichtungen zusammenzuarbeiten und neue Projekte vor Ort zu entwickeln.

2.4 Bürgerstiftungen

Bürgerstiftungen sind in Deutschland eine vergleichsweise neue Form des Stiftens. Nach dem Vorbild der amerikanischen Community Foundations, die in den USA über eine lange Tradition verfügen, entstanden 1996/97 auch in deutschen Städten und Gemeinden erste Einrichtungen. Der Länderspiegel der Aktiven Bürgerschaft weist Ende 2008 237 Bürgerstiftungen mit einem Gesamtvermögen von rund 110 Mio. Euro aus, die den „10 Merkmalen einer Bürgerstiftung" des Bundesverbandes Deutscher Stiftungen entsprechen (vgl. Polterauer u.a. 2008). Über das Gütesiegel des Bundesverbandes Deutscher Stiftung, das beantragt werden muss und von einer Jury für die Dauer von zwei Jahren vergeben wird, verfügten allerdings nur 166 Bürgerstiftungen (vgl. www.die-deutschen-buergerstiftungen.de; Zugriff am 27.02.2009).

Was bereits für die anderen Infrastruktureinrichtungen festgestellt wurde, gilt auch für die Stiftungen: Während in Westdeutschland bereits seit den 1980er Jahren ein Gründungsboom stattfindet, der in dem gestiegenen privaten Wohlstand von Teilen der Bevölkerung und in einem neuen Verständnis bürgerschaftlicher Verantwortungsübernahme gründet, ist das Stiftungsmodell insgesamt in Ostdeutschland kaum etabliert.[4] Dies hängt mit der anderen Vermögens- und Einkommensstruktur, aber auch mit einer fehlenden Kontinuität zivilgesellschaftlichen Handelns zusammen (vgl. Bundesverband Deutscher Stiftungen e.V. 2002).

Der Begriff Bürgerstiftungen ist gesetzlich nicht eindeutig definiert, und das Label wird auch deshalb unterschiedlich gefüllt. Der Arbeitskreis Bürgerstiftungen des Bundesverbandes Deutscher Stiftungen hat zehn Merkmale einer Bürgerstiftung festgelegt, die Grundlage für das vergebene Gütesiegel sind. Demnach ist eine Bürgerstiftung „eine unabhängige, autonom handelnde, gemeinnützige Stiftung von Bürgern für Bürger mit möglichst breitem

---

[4] Die Bürgerstiftungen in Städten wie z.B. Dresden zeigen allerdings, dass es auch in Ostdeutschland lebendige Traditionen des Stiftens gibt, die allerdings auf einzelne Standorte begrenzt bleiben.

Stiftungszweck. Sie engagiert sich nachhaltig und dauerhaft für das Gemeinwesen in einem geographisch begrenzten Raum und ist in der Regel fördernd und operativ für alle Bürger ihres definierten Einzugsgebietes tätig. Sie unterstützt mit ihrer Arbeit bürgerschaftliches Engagement." (Bundesverband Deutscher Stiftungen 2007: 38). Im Unterschied zu klassischen Stiftungen, in denen eine Einzelperson oder Familie als Stifter fungieren, sind Bürgerstiftungen eine besondere Form von Gemeinschaftsstiftung, die von vielen Bürgerinnen und Bürgern getragen wird und für weitere Zustiftungen offen bzw. sogar darauf angewiesen ist. Es geht dabei nicht nur darum, finanzielle Ressourcen zu bündeln, sondern die Bürgerstiftungen verstehen sich als Orte zur Förderung des bürgerschaftlichen Engagements. Die Stifter stellen Geld und Zeit zur Verfügung. Über die Vergabe von Mitteln an Organisationen und Projekte hinausgehend, wollen die Stiftungen auch selbst Initiativen und innovative Projekte anregen und durchführen. Ein weiteres konstitutives Element von Bürgerstiftungen, das allerdings unterschiedlich umgesetzt wird, besteht in ihrer partizipativen und auf demokratischen Grundsätzen basierenden Organisationsstruktur. Einzelne Stifter haben keinen allein maßgebenden Einfluss auf Entscheidungen, sondern Vorstand und Stiftungsrat werden aus mehreren engagierten Bürgerinnen und Bürger gebildet. Dies soll sicherstellen, dass die Bürgerstiftungen von zahlreichen engagierten Bürgern getragen werden.

Bei der Entwicklung der Bürgerstiftungen in Deutschland spielen Unternehmen, Unternehmensstiftungen und insbesondere Banken und Sparkassen eine wichtige Rolle. So leistet der Bundesverband der Deutschen Volksbanken und Raiffeisenbanken im Rahmen seiner „Kampagne Bürgerstiftungen", die von dem Verein Aktive Bürgerschaft koordiniert wird, eine umfassende Unterstützung in Form von Beratungsleistungen, Vernetzungstreffen und Wettbewerben (vgl. Nährlich 2005). Die enge Kooperation mancher Bürgerstiftungen mit den Genossenschaftsbanken wird mit kulturellen und strukturellen Gemeinsamkeiten bezüglich der dezentralen Organisationsstrukturen und der regionalen Ausrichtung beider Organisationstypen begründet (ebd.: 57).

Nimmt man die Zahl der Neugründungen und die öffentliche Aufmerksamkeit für diese neue Form der lokalen Engagementförderung, dann sind die Bürgerstiftungen ein Erfolgsmodell. Auch die professionelle Unterstützung durch die „Initiative Bürgerstiftungen" unter dem Dach des Bundesverbandes Deutscher Stiftungen, die von großen, bundesweit tätigen Stiftungen getragen wird und den Anspruch hat, unabhängig von eigenen Interessen Bürgerstiftungen vor Ort zu unterstützen, verweist darauf, welches Potenzial in dieser neuen Form des Stiftens gesehen wird (vgl. www.die-deutschen-buergerstiftungen.de). Allerdings muss sich erst noch erweisen, ob das Modell langfristig trägt und ob es gelingt, eine solide Finanzbasis zu schaffen, die entsprechende Aktivitäten und Projekte ermöglicht. In der Fachdebatte wird kritisch angemerkt, dass es vielen Bürgerstiftungen an Professionalität fehle, die Aktivitäten dazu tendierten, sich zu verzetteln und der systematische Aufbau des Stiftungskapitals vernachlässigt werde (vgl. Bundesverband Deutscher Stiftungen 2007: 102). Die Unabhängigkeit von Bürgerstiftungen ist gefährdet, wenn einzelne politische Parteien, kommunale Mandatsträger oder lokale Geldinstitute einen dominierenden Einfluss in den Entscheidungsgremien erhalten (vgl. Turner 2007: 7). Um die Bürgerstiftungen zu stabilisieren und weiterzuentwickeln, stellen sich verschiedene Anforderungen:

- Die bestehenden Bürgerstiftungen verfügen über einen unterschiedlich hohen Grundstock an Vermögen, der von einigen zehntausend Euro bis zu mehreren Millionen reicht. Ein Teil der Einrichtungen steht vor der Schwierigkeit, dass ihr Kapitalstock zu gering ist und nur recht begrenzte Mittel aus Zinserträgen bereitstehen, so dass sich keine größeren Vorhaben umsetzen lassen. Bislang ist unsicher, ob es allen Bürgerstiftungen gelingen wird, ein ausreichendes Stiftungsvermögen anzulegen.

  Mit der schwachen Finanzausstattung geht eine unzureichende Personalstruktur einher. Professionelle Mitarbeiter wiederum wären nötig, um eine kontinuierliche Arbeit und Fundraising-Aktivitäten zu betreiben, um den Kreis der Zustifter zu erweitern. Für viele der Bürgerstiftungen wird sich deshalb in der nächsten Zeit entscheiden, ob es ihnen gelingt, professionell und wirkungsvoll zu arbeiten.

- Offen ist derzeit noch, wie die Bürgerstiftungen ihr demokratisches und zivilgesellschaftliches Potenzial entfalten können (vgl. Nährlich/Strachwitz 2005). Entscheidend dafür ist, ob Bürgerinnen und Bürger aus verschiedenen Bevölkerungsgruppen und -schichten als Zustifter gewonnen werden können und ob es gelingt, Entscheidungen über die Mittelverwendung und die strategische Ausrichtung der jeweiligen Bürgerstiftung auf eine breite partizipative Basis zu stellen. Die Stifterstruktur tendiert dazu, dass sich hier Organisationen der konfessionell gebundenen, städtischen Mittel- und Oberschicht im mittleren Lebensalter herausbilden, in der andere Bevölkerungsgruppen nicht repräsentiert sind. Eine Befragung des Bundesverbandes Deutscher Stiftungen zeigt, dass bei den Stiftern die Gruppe der gut Gebildeten dominiert (80 Prozent verfügen über einen Hochschul- oder Fachhochschulabschluss), 66 Prozent sind berufstätig und 70 Prozent gehören einer der beiden Kirchen an (vgl. Bundesverband Deutscher Stiftungen 2007: 50; auch Fischbach 2002). Eine zentrale Herausforderung besteht deshalb darin, die Mitgliederbasis zu erweitern und Bürgerinnen und Bürger aus unterschiedlichen sozialen Milieus und ethnischen Gruppen zu gewinnen.

  Der Charakter von Bürgerstiftungen wird unterlaufen, wenn diese nicht von engagierten Bürgern getragen werden, sondern von Vertretern aus der Kommunalpolitik und Geldinstituten in den Entscheidungsgremien dominiert werden (vgl. Walkenhorst 2004: 98). Hinzu kommt, dass eine enge Bindung einer Bürgerstiftung an ein lokales Geldinstitut zwar finanzielle Ressourcen sichert. Allerdings könnte diese ‚Nähe' potenzielle Zustifter auch davon abhalten, ihr Geld und ihre Zeit in diesem Rahmen zur Verfügung zu stellen. Eine weitere Anforderung an die Bürgerstiftungen resultiert deshalb daraus, den Einfluss von Kommunalpolitik und Geldinstituten zu begrenzen und die Mitwirkungs- und Entscheidungsoptionen engagierter Bürgerinnen und Bürger auszuweiten.

2.5 Lokale Bündnisse für Familien

Lokale Bündnisse für Familien sind örtliche Zusammenschlüsse von Akteuren aus Politik, Verwaltung, Wirtschaft und zivilgesellschaftlichen Organisationen, die sich zum Ziel gesetzt haben, die Lebensbedingungen für Familien in der Kommune zu verbessern und ein familienfreundliches Umfeld zu schaffen. Im Zentrum stehen Themen wie die Vereinbarkeit von Beruf und Familie, die Beratung und Information von Familien, die Verbesserung der Kindertagesbetreuung sowie Veränderungen in der Wohnumgebung und in der Arbeitwelt hin zu mehr Familienfreundlichkeit (vgl. Niederfranke 2006). Das Besondere der lokalen Bündnisse besteht darin, dass sie auf eine breit angelegte Kooperation von Akteuren aus Kommunalpolitik und -verwaltung, aus freien Trägern wie Wohlfahrts- und Familienverbänden und aus der Arbeitswelt und dabei vor allem aus Unternehmen ausgerichtet sind. Dementsprechend sollen die Lokalen Bündnisse gezielt Unternehmen, Wirtschaftsverbände und lokale Zusammenschlüsse wie die Industrie- und Handelskammern als Partner gewinnen. Die Bündnisse stehen damit für eine neue Form lokaler Governance, mit der die Kommunen zu aktiven Mitgestaltern der Familienpolitik werden (vgl. Dienel 2007). Dabei wird auf den Einbezug von Unternehmen gesetzt, um den Gegensatz zu ökonomischen Interessen zu überwinden und Familienpolitik auch als Standortfaktor für die lokale Wirtschaft zu verhandeln. Des Weiteren basiert die Bündnis-Idee auf der Zielsetzung, auf breiter Ebene lokale Akteure als Mitgestalter von lokaler Familienpolitik zu aktivieren.

In der Folge der von der früheren Bundesfamilienministerin in Gang gesetzten und nach dem Regierungswechsel fortgeführten Bundesinitiative sind mittlerweile 542 Lokale Bündnisse entstanden (vgl. www.lokale-buendnisse-fuer-familie.de, Zugriff am 27.02.2009). Für die lokalen Bündnisse werden von Seiten des Ministeriums keine zusätzlichen finanziellen Mittel bereitgestellt, sondern vor Ort sollen Ressourcen und Potenziale gebündelt werden, um Synergieeffekte zu erzeugen. Ein auf Bundesebene angesiedeltes Servicebüro, das vom BMFSFJ und vom Europäischen Sozialfond finanziert wird, stellt Wissen und Beratungsleistungen für die Akteure vor Ort zur Verfügung, wenn es etwa um die Gründung eines örtlichen Bündnisses geht.

Die bestehenden lokalen Bündnisse unterscheiden sich in ihrer Entstehungsgeschichte, in den Konstellationen der beteiligten Akteure, in den Arbeitsschwerpunkten und in ihren Zielsetzungen erheblich voneinander. Zwar spielen die Kommunen und dabei die politische Spitze eine dominierende Rolle bei ihrer Gründung. So kam der erste Anstoß zur Gründung eines solchen Bündnisses in zwei Drittel der Fälle aus der Kommunalpolitik oder -verwaltung (vgl. Heitkötter/Schröder 2005). In Nordrhein-Westfalen haben bei der Hälfte der Bündnisse Kommunen, zum Teil mit anderen Akteuren gemeinsam, die Zusammenschlüsse initiiert (Strohmeier/Amonn/Wunderlich 2005, S. 8). Auch ein Blick in die kurzen Selbstdarstellungen bestätigt die zentrale Rolle der Städte und Gemeinden in den lokalen Bündnissen (vgl. www.lokale-buendnisse-fuer-familie.de). Weitere Gründungsmitglieder und Trägerorganisationen sind Wohlfahrtsverbände, Familien- und Frauenverbände, Bildungseinrichtungen, Wohnungsbaugesellschaften, Unternehmen und vereinzelt auch kleine Vereine wie Elterninitiativen. Unternehmen ebenso wie Gruppen engagierter Eltern sind jedoch unterrepräsentiert. Lediglich in der Hälfte der Bündnisse sind lokale Betriebe engagiert (vgl. Gerlach/Juncke 2006: 211). Auch Elterngruppen und Bürgerinitiativen als Akteure, die über sehr eingeschränkte personelle und finanzielle Ressourcen verfügen, sind nur schwach vertreten (vgl. Strohmeier/Amonn/Wunderlich 2005: 8).

Bei den Arbeitsschwerpunkten dominieren Ansätze zur Verbesserung der Vereinbarkeit von Beruf und Familie sowie Maßnahmen zum Ausbau der Kindertagesbetreuung, indem Öffnungszeiten ausgeweitet, flexible Formen der Unterbringung entwickelt und die Betreuung durch Tagesmütter organisiert werden. Darüber hinaus ist das Themenspektrum weit gestreut und umfasst Aktivitäten zur Elternbildung, Maßnahmen zur beruflichen Qualifizierung von Berufsrückkehrer, generationsübergreifende Projekte, Hausaufgabenbetreuung sowie Initiativen, um pflegende Angehörige zu entlasten oder die Situation von Menschen mit Behinderungen zu verbessern.

Die 2004 gestartete Bundesinitiative hat dazu beigetragen, Familienpolitik auf die lokalpolitische Agenda zu setzen und als Thema der kommunalen Daseinsvorsorge aufzuwerten. Ansätze und besondere Aktivitäten, die es bereits zuvor in einzelnen Kommunen gab, haben damit eine neue Dynamik bekommen. Darüber hinaus steht die Bundesinitiative für eine Neuausrichtung in der Familienpolitik, die traditionell auf finanzielle Transfers fokussiert war und die mit Aktivitäten zum Ausbau der Kindertagesbetreuung oder auch den lokalen Bündnissen stärker darauf setzt, mit Projekten und Maßnahmen vor Ort die Lebensbedingungen für Familien zu verbessern.

Aus der Perspektive einer lokalen Bürgergesellschaft bleibt die Rolle der „Bündnisse für Familie" allerdings uneindeutig. In Verlautbarungen der Bundesinitiative werden Bezüge zur Engagementpolitik, möglicherweise aufgrund von politisch-strategischen Überlegungen, vermieden (vgl. www.lokale-buendnisse-fuer-familie.de, Zugriff am 07.11.2007). Ein Blick auf die Selbstdarstellung der lokalen Bündnisse zeigt, dass sich die Praxis des Umgangs mit bürgerschaftlichem Engagement vor Ort unterschiedlich gestaltet.[5] Ein Teil der Bündnisse versteht sich als Zusammenschluss, in dem die verschiedenen Akteure der Bürgergesellschaft gemeinsam aktiv werden und Problemlösungen entwickeln. Dies erfolgt in Kooperation mit Vereinen, Kirchengemeinden und Initiativen und geht in einzelnen Kommunen mit neuen Projekten wie Patenschaften und generationsübergreifenden Angeboten einher. Bürgerschaftliches Engagement ist aber keineswegs in allen lokalen Bündnissen repräsentiert. In einzelnen Selbstdarstellungen der Bündnisse fehlen Hinweise auf die Mitwirkung von Bürgerinnen und Bürgern und auf zivilgesellschaftliche Strukturen völlig, und die örtlichen Bündnisse konstituieren sich als Zusammenschlüsse von Experten aus Politik, Verwaltung und freien Trägern, in denen die organisierten Interessen und korporativen Akteure überwiegen.

Um die lokalen Bündnisse als zivilgesellschaftliche Akteure weiter zu entwickeln, stellen sich beim derzeitigen Stand der Entwicklung folgende *Anforderungen*:

- Ein familienfreundliches ‚Klima' im Gemeinwesen lässt sich nicht durch einzelne Experten ‚herstellen'. Die Verbesserung der Lebensbedingungen für Familien und Kindern ist vielmehr ein zivilgesellschaftliches Projekt, dass gemeinsames Handeln von Akteuren aus verschiedenen gesellschaftlichen Bereich erfordert. Wenn man diese Position teilt, dann besteht eine Anforderung zur Profilierung der Lokalen Bündnisse darin, ihren *bürgerschaftlichen Auftrag ernst zu nehmen* und die Aktivitäten dementsprechend auszurichten. Im Kern geht es dann darum, eine breite und tragfähige Basis von örtlichen Trägern zu schaffen und Akteure zu gewinnen und zu integrieren, die bislang in den lokalen Bündnissen unterrepräsentiert sind. Dies sind neben den Zusammenschlüssen von Betroffenen in Elternvereinen, Gruppen pflegender Angehöriger und

---

[5] Die hier getroffenen Aussagen lassen sich nicht quantifizieren, sondern sie beruhen auf einer Sichtung ausgewählter Selbstdarstellungen sowie auf Einblicken in die Arbeitsweise einzelner lokaler Bündnisse. Es fehlt leider an empirischen Daten, die einen fundierten Überblick über Struktur und Wirkungsweise der lokalen Bündnisse geben.

anderen bürgerschaftlichen Initiativen auch die Unternehmen in ihrer Rolle als corporate citizens.
- Kommunalpolitik und -verwaltung sind gefragt, wenn es darum geht, den lokalen Familienbündnissen über die Aufgabe der Mobilisierung für das Thema Familie hinaus *Beteiligungsrechte und Gestaltungsoptionen* einzuräumen, mit denen sie die kommunale Entwicklung beeinflussen können (vgl. Strohmeier/Amonn/Wunderlich 2005: 18). Dies können institutionalisierte Formen wie Familienbeiräte oder auch die Möglichkeit von Anhörungen und Rederechten in Ausschüssen sein, in denen die Bürger für ihre in Arbeitskreisen und Runden Tischen erarbeiteten Positionen und Anliegen streiten können.
- Darüber hinaus könnten die lokalen Bündnisse auch dazu beitragen, die *Diskurse um Familienpolitik und bürgerschaftliches Engagement zusammenzuführen*. In der Fachöffentlichkeit werden die familienpolitische und die engagementpolitische Debatte bislang weitgehend getrennt geführt, und es gibt kaum Verbindungslinien. In der Zukunft müsste es darum gehen, die Rolle von Familien in der lokalen Bürgergesellschaft vor dem Hintergrund grundlegender gesellschaftlicher Veränderungen näher zu bestimmen. Überlegungen zur Vereinbarkeit von Beruf und Familie, die bislang noch auf diese beiden Bereiche fokussiert sind, müssten dann auf die Vereinbarkeit von Beruf, Familie und zivilgesellschaftlichem Engagement ausgeweitet werden.

2.6 Mehrgenerationenhäuser

Das Aktionsprogramm Mehrgenerationenhäuser zielt darauf, Orte der Begegnung und der gegenseitigen Unterstützung aller Generationen zu schaffen. Unter Federführung des Bundesministeriums für Familie, Senioren, Frauen und Jugend sollen in den nächsten Jahren in jedem Kreis und in jeder kreisfreien Stadt flächendeckend Mehrgenerationenhäuser geschaffen werden. Dieses Ausbauziel ist mit mittlerweile 500 Mehrgenerationenhäusern deutschlandweit erreicht (vgl. www.mehrgenerationenhaeuser.de, Zugriff am 23.03.08). Die Träger erhalten für die Schaffung eines Mehrgenerationenhauses einen maximalen jährlichen Bundeszuschuss in Höhe von 40.000,- Euro. Darüber hinaus bietet eine Servicestelle Dienstleistungen zur Beratung, Begleitung und Vernetzung an, die je nach Bedarf abgerufen werden können. Zusätzlich erhalten die Einrichtungen Unterstützung zur Öffentlichkeitsarbeit, um sich im lokalen Umfeld zu präsentieren.

Das Aktionsprogramm wird von Seiten der Bundesregierung mit bevölkerungs-, familien- und seniorenpolitischen Argumenten begründet. Ausgangspunkt ist demnach der demografische Wandel und damit verbundene neue Anforderungen an die Unterstützung von Kindern und Jugendlichen, Familien und Senioren (vgl. Niederfranke 2006). Neue Orte für die Begegnung der Generationen und die Unterstützung von Alt und Jung sollen dazu beitragen, sowohl die Ressourcen der älteren Generation gesellschaftlich zu nutzen als auch zu einer Verbesserung der Kindertagesbetreuung beizutragen und Familien bei der Anforderung zur Vereinbarkeit von Beruf und Familie zu unterstützen. Die Mehrgenerationenhäuser sollen zu Anbietern von Dienstleistungen werden, die von allen Generationen in Anspruch genommen werden können. Die Aktivitäten sollen im Rahmen eines Personal-Mixes aus beruflichen Fachkräften und ehrenamtlichen Mitarbeitern erbracht werden. Damit erhält das bürgerschaftliche Engagement eine konstitutive Bedeutung für diesen Einrichtungstypus. Ein weiteres Merkmal sind sektorübergreifende Kooperationen verschiedener lokaler Akteure, die durch Mehrgenerationenhäuser angeregt werden. Eine besondere Rolle spielt dabei die Zusammenarbeit mit Unternehmen, die ein breites Spektrum von Aktivitäten umfassen kann: Unternehmen nutzen Dienstleistungen wie z.B. ein Angebot zur Kindertagesbetreuung oder den Mittagstisch im Café des Hauses für die eigenen Beschäftigten und entrichten dafür ein entsprechendes Entgelt. Die Mehrgenerationenhäuser werden dabei selbst zu einer Art Unternehmen, indem sie einen Teil ihrer Leistungen ‚verkaufen', sich damit Einkommensquellen jenseits öffentlicher Förderung erschließen und dabei auch Arbeitsplätze schaffen.

Beim derzeitigen Stand der Entwicklung zeichnet sich bezüglich der Konzeption und des Aufgabenprofils ein heterogenes Bild ab. Die Einrichtungen repräsentieren ein breites Spektrum an Aktivitäten, das von der Aufrechterhaltung eines Cafébetriebes als Treffpunkt über Betreuungs-, Beratungs- und Bildungsangebote für Familien und Kinder und generationsübergreifende Projekte bis hin zur Unterstützung von Existenzgründern von Kleinstbetrieben reicht. Erste Ergebnisse der Begleitforschung, in der 58 Einrichtungen betrachtet wurden, zeigen, dass bei der inhaltlichen Ausrichtung und Trägerschaft ein deutlicher Schwerpunkt auf der Stärkung der Familien liegt. 55 Prozent der Einrichtungen entsprechen dem Prototyp Familien-Mütterzentrum, Eltern-Kind-Zentrum und Familienbildung, es folgen Bürgertreffs in konfessioneller Trägerschaft mit knapp 20 Prozent, und 15 Prozent sind Einrichtungen der Seniorenbildung (vgl. Auswertung Benchmark 2007). Für die Aufnahme in das Aktionsprogramm sind zwar Mindestkriterien vorgegeben. Die ersten Ergebnisse der Begleitforschung ebenso wie Internetrecherchen zu den Selbstdarstellungen der Einrichtungen zeigen allerdings, dass keineswegs alle Einrichtungen diesen vorgegebenen Merkmalen entsprechen (vgl. dazu www.mehrgenerationenhaeuser.de). So muss die Kooperation zwischen beruflichen Kräften und ehrenamtlich tätigen Bürgern noch weiter entwickelt und ausgebaut werden.

Die Auflage eines Bundesmodellprogramms, das mit der finanziellen Unterstützung von Einrichtungen vor Ort verbunden ist, geht angesichts der Finanzknappheit in Kommunen und Verbänden mit gewissen ‚Mitnahmeeffekten' einher. Konzepte bereits bestehender Organisationen und Einrichtungen werden entsprechend der Anforderungen des Modellprogramms neu entwickelt und umgeschrieben. Eine zentrale Anforderung an das Aktionsprogramm wird deshalb darin bestehen, Einrichtungen wie klassische Familienbildungsstätten oder Seniorentagesstätten zu zivilgesellschaftlichen und generationenverbindenden Einrichtungen weiter zu entwickeln, in denen engagierte Bürgerinnen und Bürger aller Generationen mitwirken und neue sektorübergreifende Kooperationen entstehen, die zur Bearbeitung gesellschaftlicher Probleme beitragen.

Konzept und Profil von Mehrgenerationenhäusern sind bislang noch diffus. Um die Mehrgenerationenhäuser als Einrichtungen der lokalen Bürgergesellschaft zu profilieren, stellen sich deshalb verschiedene *Herausforderungen*:

- Dass die Einrichtungen von Angehörigen aller Generationen genutzt werden, bedeutet noch nicht, das dabei generationenübergreifende Aktivitäten stattfinden, die es ermöglichen, dass sich die Generationen auf neue Weise begegnen und gegenseitig unterstüt-

zen. Eine Aufgabe besteht demnach darin, die Mehrgenerationenhäuser über den Status als Treffpunkt der Generationen hinausgehend zu *generationenverbindenden Orten* zu entwickeln, die neue Formen des Austauschs und der gegenseitigen Unterstützung generieren.
- Eine weitere Anforderung bezieht sich auf die *Qualität der Kooperation zwischen den verschiedenen beruflichen Kräften und den ehrenamtlichen Mitarbeitern*. Verbleiben die „Ehrenamtlichen" – so die offizielle Kennzeichnung – im Status von Leistungserbringern, die den beruflichen Mitarbeitern zuarbeiten, oder werden sie zu aktiven Bürgerinnen und Bürgern, die an Entscheidungsprozessen beteiligt sind, die Entwicklung der Einrichtung mitbestimmen und eigenständig neue Projekte durchführen? Ihre Integration als engagierte Bürger setzt ein entsprechendes Leitbild und Selbstverständnis des jeweiligen Mehrgenerationenhauses voraus und erfordert eine moderne Engagementförderung, die Rahmenbedingungen für die Mitsprache der freiwillig Engagierten bereithält.
- Für das bundesweite Aktionsprogramm mit seiner auf fünf Jahre begrenzten finanziellen Förderung der lokalen Einrichtungen stellt sich bereits während der Programmlaufzeit die Anforderung, Szenarien für die spätere Finanzierung zu entwerfen und die Einrichtungen vor Ort in diesem Prozess zu unterstützen. Voraussetzung dafür ist, dass es der jeweiligen Einrichtung in der Programmlaufzeit gelingt, sich als generationenübergreifendes Angebot zu etablieren, dabei mit Akteuren aus Kommunen, gemeinnützigen Organisationen, öffentlichen Einrichtungen und Unternehmen zu kooperieren und in das lokale Gemeinwesen eingebunden zu sein. Finanzierungsmodelle werden vermutlich aus einem Mix unterschiedlicher Finanzquellen bestehen, der sich aus öffentlichen Mitteln, Entgelten für erbrachte Dienstleistungen und sonstigen Einkünften aus wirtschaftlicher Tätigkeit zusammensetzen wird.
- Die Entscheidung, welcher Träger vor Ort den Zuschlag für den Aufbau eines Mehrgenerationenhauses erhält, beruht nicht auf einer örtlichen Bedarfsplanung, sondern die bundespolitischen Akteure entscheiden dabei nach internen Kriterien des Modellprojektes. Dabei bleiben die Kommunen als Kennern der örtlichen Gegebenheiten weitgehend außen vor. Um die Nachhaltigkeit von solchen generationsübergreifenden Angeboten sicherzustellen, muss es bei der Weiterentwicklung unbedingt darum gehen, *kooperative Strukturen der Planung und Entscheidung zwischen Bundespolitik und kommunaler Ebene* zu etablieren und Kommunen und lokalen zivilgesellschaftlichen Akteuren Mitsprachemöglichkeiten zu eröffnen.

3 Perspektiven und Herausforderungen

Engagementförderung ist kein technokratischer Vorgang, der sich mit standardisierten Instrumenten durchführen lässt. Die Kommunen unterscheiden sich in ihren Rahmenbedingungen wie der regionalen Einbindung, der wirtschaftlichen Daten, der Bevölkerungsstruktur und nicht zuletzt der beteiligten Akteure vor Ort. Insofern muss jede Kommune ihren eigenen Weg zur Unterstützung bürgerschaftlicher Beteiligung entwickeln (vgl. Christner/Würz/Vandamme 2007; Jakob/Koch 2007). Anknüpfungspunkte dafür sind neben Anerkennung, Qualifizierung, Vernetzung, Öffnung der Einrichtungen für bürgerschaftliches Engagement auch die Infrastrukturen und lokalen Anlaufstellen zur Engagementförderung. Infrastruktureinrichtungen wie Freiwilligenagenturen, Selbsthilfekontaktstellen, Seniorenbüros, Mehrgenerationenhäuser und sonstige lokale Anlaufstellen, Zusammenschlüsse wie die Lokalen Bündnisse für Familie und andere Netzwerke sowie die Bürgerstiftungen sind wichtige ‚Bausteine' für eine lokale Bürgergesellschaft, die neue Beteiligungsmöglichkeiten und Engagementstrukturen eröffnen. Darüber hinausgehend sind sie Akteure für einen kommunalen Welfare Mix, in dem kommunale Politik und Verwaltung, marktwirtschaftliche Unternehmen und organisierte Akteure der Zivilgesellschaft auf neue Weise kooperieren (vgl. Evers/Rauch/Stitz 2002; Klie/Roß 2005). Statt einsektoraler Lösungen und der Privatisierung von Leistungen und Diensten setzt ein Welfare Mix in der kommunalen Daseinsvorsorge auf eine neue, bewusst gestaltete Aufgaben- und Verantwortungsteilung zwischen den drei genannten Gruppen (vgl. Olk 2007a). Die einzelnen Bürgerinnen und Bürger sowie auch die organisierten Akteure wie Vereine, Verbände und Initiativen werden dabei zu Koproduzenten und Mitgestaltern, die Angebote und Leistungen erbringen. Dies setzt allerdings die Unterstützung durch die Kommune voraus und erfordert entsprechende infrastrukturelle Rahmenbedingungen, damit die Bürger Aufgaben wahrnehmen können.

Um die Infrastruktureinrichtungen und lokalen Anlaufstellen als Akteure in einem kommunalen Welfare Mix zu stabilisieren, bedarf es ihrer politischen Unterstützung durch die Kommune, ihrer fachlichen Weiterentwicklung als Anforderung an die Einrichtungen selbst sowie neuer Kooperations- und Vernetzungsstrukturen.

3.1 Vernetzung und Kooperation

Angesichts der Ausdifferenzierung und Pluralisierung von engagementfördernden Einrichtungen stellt sich die Frage, wie die Situation vor Ort, in den Kommunen und durch die Einrichtungen selbst, politisch gestaltet werden kann. Aus der Perspektive einer lokalen Bürgergesellschaft besteht eine der zentralen Anforderungen darin, eine ‚Versäulung' und Separierung der verschiedenen Einrichtungstypen zu verhindern, Durchlässigkeiten zu schaffen, Formen der Zusammenarbeit zu entwickeln und neue Vernetzungsstrukturen aufzubauen. Ein weiteres Argument für Kooperation und Bündelung von Aktivitäten resultiert daraus, dass nicht jede Kommune sich mehrere engagementfördernde Infrastruktureinrichtungen mit unterschiedlichen Aufgabenprofilen leisten kann. Auch wenn sich mittlerweile eine Praxis von Mischfinanzierungen aus verschiedenen Quellen herausgebildet hat, ist ein großer Teil der Infrastruktureinrichtungen nach wie vor auf eine grundständige Finanzierung durch die Kommune und auf öffentliche Gelder angewiesen. Eine Vielfalt von engagementfördernden Einrichtungen kann in größeren Städten durchaus sinnvoll und finanzierbar sein. Für kleine Kommunen ist dies jedoch weder notwendig noch machbar. Die verschiedenen Einrichtungen in einer Organisation zusammenzuführen, ist allerdings auch keine Entwicklungsoption. Die Einrichtungen sprechen verschiedene Zielgruppen und soziale Milieus an, die nicht einfach in einer organisatorischen Einheit zusammengefasst werden können. Ein Einheitsmodell für eine Einrichtung zur lokalen Engagementförderung wäre demnach keine Lösung.

Für eine politische und gesellschaftliche Gestaltung dieser Situation wird es darauf ankommen, Aushandlungsprozesse vor Ort in Gang zu setzen, die sowohl von den engagementfördernden Einrichtungen als auch von der Kommune getragen werden. Bereits die Enquete-Kommission zur „Zukunft des Bürgerschaftlichen Engagements" (2002: 314 ff.) hat eine stärkere Kooperation zwischen den engagementfördernden Einrichtungen empfohlen und auf die Synergieeffekte verwiesen, wenn z.B. Räumlichkeiten und Equipment gemeinsam genutzt werden. Dass sich seither wenig in Richtung auf Zusammenarbeit vor Ort getan hat, verweist allerdings auf die Schwierigkeit dieses Unterfangens. Auch eine Situationsanalyse aus der Selbsthilfeförderung, in der die Beziehungen zwischen Lokalen Bündnissen für Familie sowie familienbezogener Selbsthilfe und Selbsthilfekontaktstellen in den Blick genommen wurden, macht auf die Probleme aufmerksam (vgl. Helms/Hundertmark-Mayser/Thiel o.J.: 23). Hemmnisse für eine stärkere Zusammenarbeit resultieren – aus Sicht der selbsthilfeunterstützenden Einrichtungen – aus den Zugangsbarrieren und Exklusionstendenzen mancher Lokaler Bündnisse, aus deren eng gestecktem Fokus auf Familie, Kindertagesbetreuung und die Vereinbarkeitsthematik sowie aus der Orientierung an Familien, die keinen besonderen psychosozialen Belastungen ausgesetzt sind.

Will man sich nicht mit dem Zusammenbruch von Einrichtungen und einem damit verbundenen Wegfall funktionierender Engagementstrukturen abfinden, geht allerdings kein Weg daran vorbei, neue Kooperationsstrukturen aufzubauen. Wenn die entstandene Vielfalt an engagementfördernden Aktivitäten erhalten und ausgeweitet werden soll, sind die Akteure vor Ort gefordert, und es müssen neue Formen der Zusammenarbeit entwickelt werden. Dies könnten z.B. Netzwerke sein, in denen unter dem Dach der lokalen Engagementförderung verschiedene Einrichtungen kooperieren, gemeinsam Strategien für mehr bürgerschaftliche Teilhabe entwickeln und zusammen Projekte entwickeln und durchführen, in denen gesellschaftliche Probleme in der Pflege, beim Generationendialog oder im Bereich der Migration angegangen werden. Damit solche Arbeitszusammenhänge entstehen, müssen die Infrastruktureinrichtungen selbst aktiv werden. Eine wichtige Rolle kommt aber auch der Kommune und Akteuren aus Kommunalpolitik und -verwaltung zu, um die verschiedenen Einrichtungen ‚an einen Tisch zu bringen', Aushandlungsprozesse zu moderieren und gemeinsam mit den Akteuren aus den Einrichtungen und aus Vereinen und Verbänden nach Wegen zur Bearbeitung aktueller Anforderungen vor Ort zu suchen. Dieser Prozess wird erleichtert, wenn es in der Gemeinde ein Leitbild und eine Strategie für die Förderung von Bürgerbeteiligung und Bürgerengagement gibt, an denen sich die Akteure orientieren können.

3.2 Unternehmen als neue Akteure

Die Ausdifferenzierung der lokalen Engagementförderung geht damit einher, dass neue Akteure ins Spiel kommen und sich neue Kooperations- und Politikformen herausbilden, die auf Partizipation und bürgerschaftliche Mitwirkung setzen. Diese Entwicklung in Richtung auf neue Formen lokaler Governance drückt sich u.a. darin aus, dass über die Kommunen und die vor Ort tätigen Vereine und Verbände als traditionellen Kooperationspartnern neue Akteure aus der lokalen Wirtschaft, für die Unterstützung bürgerschaftlichen

Engagements aktiviert werden. Freiwilligenagenturen führen gemeinsam mit Unternehmen Projekte wie Freiwilligentage, Marktplätze, Mentorenprojekte und Seitenwechsel durch, mit denen sich Unternehmensmitarbeiter in gemeinnützigen Einrichtungen engagieren (vgl. Bertelsmann Stiftung 2008, Jakob/Janning 2007). Dabei geht es darum, Beschäftigten Zugänge zum Engagement zu eröffnen, neue Kooperationen zwischen Unternehmen und dem Dritten Sektor anzuregen und Unternehmen zu gewinnen, Verantwortung für das Gemeinwesen zu übernehmen. Freiwilligenagenturen werden dabei zu Mittlerorganisationen, die zwischen den unterschiedlichen Welten von Unternehmen und gemeinnützigen Organisationen vermitteln.

Auch in den Lokalen Bündnissen für Familie und in den Mehrgenerationenhäusern spielt die Zusammenarbeit mit Akteuren aus der Wirtschaft, Unternehmen ebenso wie Wirtschaftsverbänden, Industrie- und Handelskammern und Gewerkschaften, eine zentrale Rolle. Gesellschaftliche Probleme wie die Vereinbarkeit von Beruf und Familie, die Integration benachteiligter Jugendlicher in den Arbeitsmarkt oder die Qualifizierung von Berufsrückkehrern können nur unter Mitwirkung der Akteure aus der Arbeitswelt angegangen werden – so die Ausgangsüberlegung bei den Lokalen Bündnissen. Bei den Mehrgenerationenhäusern kommt hinzu, dass einzelne Häuser bzw. Einrichtungen unter deren Dach mit der Unterstützung von Existenzgründern und der Entwicklung von marktgerechten Dienstleistungsangeboten selbst zu wirtschaftlichen Akteuren werden. Auch in den Bürgerstiftungen lässt sich eine Kooperation mit Unternehmen und dabei vor allem mit Banken und lokalen Kreditinstituten beobachten, die sich konzeptionell und strategisch am Aufbau der neuen Einrichtungen beteiligen. Diese Aktivitäten sind in wirtschaftlichen Veränderungen ebenso wie in einem Wandel sozialstaatlichen Handelns begründet und zielen auf eine neue gesellschaftliche Verantwortungsrolle von Unternehmen. Die Infrastruktureinrichtungen übernehmen hier eine Vorreiterfunktion, wenn es darum geht, Kooperationen zwischen Unternehmen und gemeinnützigen Einrichtungen vor Ort zu erproben. Auch wenn einige Einrichtungen dabei bereits erfolgreich sind, befindet sich der Prozess – analog zur Corporate Citizenship-Praxis in Deutschland insgesamt (vgl. Backhaus-Maul 2006) – allerdings noch in den Anfängen und ist über erste Ansätze und best-practise-Projekte nicht hinausgekommen. Für die Infrastruktureinrichtungen wird es deshalb darum gehen, den Prozess aus ihrer Perspektive mitzugestalten und tragfähige Modelle für die Zusammenarbeit von Unternehmen und gemeinnützigen Organisationen zu entwickeln. Dazu müssen die Einrichtungen ein entsprechendes professionelles Selbstverständnis entwickeln, Wissen und Können im Umgang mit unternehmerischem Denken und Handeln erwerben und mit Projekten in dem Bereich ihr Aufgabenprofil erweitern.

3.3 Einbindung der Infrastruktureinrichtungen in die kommunale Entwicklung

Die Erfahrungen mit lokaler Engagementförderung zeigen, dass Kommunalpolitik und -verwaltung eine zentrale Rolle spielen, wenn es um eine nachhaltige Entwicklung von Bürgerbeteiligung und -engagement geht (vgl. Bogumil/Holtkamp/Schwarz 2003, Klie u.a. 2004, Jakob/Koch 2007). Unbestritten ist auch, dass der Prozess einer Stärkung bürgerschaftlicher Teilhabe Infrastrukturen und lokale Anlaufstellen braucht, die als Ansprechpartner zur

Verfügung stehen, Projekte auf den Weg bringen und Engagementaktivitäten bündeln. Dies lässt sich nicht mit Ehrenamtlichen allein bewältigen, sondern es braucht hauptberufliches Personal, um eine kontinuierliche und professionelle Arbeit zu gewährleisten. Die Kooperation zwischen den eigenständigen Infrastruktureinrichtungen und der jeweiligen Kommune gestaltet sich vor Ort unterschiedlich. In Kommunen, die über langjährige Erfahrungen mit einer bürgerorientierten Entwicklung verfügen, sind auch die engagementfördernden Einrichtungen in diesen Prozess eingebunden. In anderen Städten und Gemeinden sind die Beziehungen zwischen Infrastruktureinrichtungen und Kommune weniger ausgeprägt, und die Einrichtungen nehmen nur eine randständige Rolle ein, wenn es darum geht, bürgerschaftliches Engagement in die Gemeinwesenentwicklung zu integrieren. Die Distanz wird keineswegs immer von der Kommune bestimmt, sondern geht zum Teil auch von den Einrichtungen aus. Aus der Perspektive einer langfristig angelegten Engagementförderung ist eine *Einbindung der engagementfördernden Einrichtungen in das Gemeinwesen und in die kommunale Entwicklung* notwendig. Dies bedeutet nicht, dass die engagementfördernden Einrichtungen nur noch Auftragnehmer der Kommune sind. Einbindung in die kommunale Entwicklung heißt vielmehr, dass die Einrichtungen gemeinsam mit anderen Akteuren den Prozess hin zu mehr Bürgerorientierung und bürgerschaftlicher Teilhabe mitgestalten. Die Einrichtungen sind dann nicht separierte Orte, die in Nischenbereichen existieren, sondern sie sind Akteure, die gemeinsam mit anderen Beteiligten das Gemeinwesen mitgestalten.

Auch für die Bürgerstiftungen kommt es darauf an, ein konstruktives Verhältnis zur Kommune aufzubauen, ohne sich von der Kommune vereinnahmen zu lassen (vgl. Wimmer 2004: 115 f.). Die besondere Anforderung besteht darin, sich mit den angestoßenen Projekten weder in Konkurrenz zur Kommune zu begeben noch sich auf die Position als Ergänzung kommunaler Angebote zurückzuziehen. So können Bürgerstiftungen durchaus in Bereichen wie z.B. der Kinder- und Jugendarbeit tätig werden, in denen auch die Kommune präsent ist, und dort innovative Projekte und neue Ansätze etablieren. Dies sollte in Kooperation und auf der Basis von Absprachen mit Kommunalpolitik und -verwaltung erfolgen. Darüber hinaus zielt eine aktive Mitwirkung und Mitgestaltung im Zusammenspiel mit anderen lokalen Akteuren auch auf eine „Demokratisierung" der Bürgerstiftungen, indem sie sich als gemeinschafts- und kooperationsfähige Akteure im kommunalen Miteinander verstehen und in demokratische Prozesse einordnen (ebd.: 119).

Eine Einbindung in den Gemeinwesenprozess stellt sowohl an Kommunalpolitik und -verwaltung als auch an die engagementfördernden Einrichtungen neue Anforderungen. Die Kommune muss bereit sein, eine moderne Engagementförderung mit entsprechenden neuen Einrichtungen und Strukturen als Teil der kommunalen Daseinsvorsorge zu begreifen. Dies erfordert eine Öffnung von Politik und Verwaltung gegenüber dem Engagement, neue Haltungen gegenüber den engagierten Bürgern, veränderte Arbeitsabläufe und Entscheidungsprozeduren sowie die politische und finanzielle Unterstützung von Infrastrukturen zur Engagementförderung. Es ist Aufgabe der Kommune, in Kooperation mit Bundesländern, Verbänden und Stiftungen, die institutionellen Strukturen zur Förderung bürgerschaftlichen Engagements zu finanzieren (vgl. Wollmann 2004). Dabei geht es keineswegs um eine Vollfinanzierung, sondern notwendig ist eine grundständige finanzielle Förderung, auf deren Basis zusätzliche Finanzquellen erschlossen werden können, indem Projekte akquiriert und Dienstleistungen ‚verkauft' werden.

Für die engagementfördernden Einrichtungen bedeutet eine stärkere Einbindung in die kommunale Entwicklung, dass sie ihr Aufgabenprofil erweitern müssen. Es reicht nicht mehr aus, sich auf eingeschränkte Bereiche wie die Beratung von Bürgern und Organisationen oder auf einzelne Zielgruppen zu begrenzen, sondern es geht dann darum, mit den eigenen Aktivitäten als Freiwilligenagentur, Selbsthilfekontaktstelle oder Mehrgenerationenhaus das Gemeinwesen mitzugestalten und auf die Entwicklung vor Ort Einfluss zu nehmen. Dies bedeutet, sich in Debatten und Entscheidungen in der Kommune einzumischen, neue Projekte anzuregen, Kooperationen anzustiften und gemeinsam mit anderen Akteuren Aktivitäten zu entfalten, die dazu beitragen, gesellschaftliche Probleme unter bürgerschaftlicher Mitwirkung zu bearbeiten.

Literatur

Auswertung Benchmark. Begleit- und Wirkungsforschung im Aktionsprogramm der Mehrgenerationshäuser. Juni 2007. In: www.mehrgenerationenhaeuser.de, Download am 8. August 2007

Backhaus-Maul, Holger (2006): Gesellschaftliche Verantwortung von Unternehmen. Aus Politik und Zeitgeschichte, Heft 12/2006, vom 20. März 2006, S. 32-38

Baldas, Eugen/Bock, Teresa/Gleich, Johann M./Helmbrecht, Michael/Roth, Rainer A. (2001): Modellverbund Freiwilligen-Zentren. Bürgerengagement für eine freiheitliche und solidarische Gesellschaft. Stuttgart: W Kohlhammer

Bertelsmann Stiftung (Hrsg.) (2004): Handbuch Bürgerstiftungen. 2. Aufl. Gütersloh: Verlag Bertelsmann Stiftung

Bertelsmann Stiftung (Hrsg.) (2008): Grenzgänger, Pfadfinder, Arrangeure. Mittlerorganisationen zwischen Unternehmen und Gemeinwohlorganisationen, Gütersloh: Verlag Bertelsmann Stiftung

Bogumil, Jörg/Holtkamp, Lars/Schwarz, Gudrun (2003): Das Reformmodell Bürgerkommune. Leistungen – Grenzen – Perspektiven. Berlin: edition sigma

Braun, Joachim/Emons, Gisela: Seniorenbüro (2000): Beispiel für eine neue Altenarbeit in der Kommune. Stuttgart, Marburg, Erfurt: Verlag Peter Wiehl

Bundesarbeitsgemeinschaft Seniorenbüros e.V. (BaS) (Hrsg.) (2006): Seniorenbüros – Impulsgeber für innovative Seniorenarbeit in Kommunen. Bonn

Bundesministerium für Familie, Senioren, Frauen und Jugend (Hrsg.) (2006): Die Initiative „Lokale Bündnisse für Familien" aus ökonomischer Sicht. Berlin

Bundesministerium für Familie, Senioren, Frauen und Jugend (Hrsg.) (2007): Miteinander – Füreinander. Initiative Zivilengagement. Broschüre. Berlin

Bundesverband Deutscher Stiftungen (Hrsg.) (2002): Bürgerstiftungen in Deutschland. Entstehung. Struktur. Projekte. Netzwerke. Berlin: Bundesverband Deutscher Stiftungen

Bundesverband Deutscher Stiftungen (Hrsg.) (2007): StiftungsReport 2007. Schwerpunkt: Bürgerstiftungen. Berlin: Stiftungsverlag

Christner, Agnes/Würz, Stephan/Vandamme, Ralf (2007): Freiwilliges Engagement fördern. Ein neues Aufgabenprofil für kommunale Fachkräfte. In: Forschungsjournal Neue Soziale Bewegungen 20, Heft 2, S. 153-160

Dienel, Christiane (2007): Lokale Bündnisse für die Familie – die Erneuerung eines Politikfeldes vor Ort. In: Schwalb, Lilian/Walk, Heike (Hrsg.): Local Governance – mehr Transparenz und Bürgernähe? Wiesbaden: VS Verlag für Sozialwissenschaften, S. 300-313

Ebert, Olaf/Hartnuß, Birger/Rahn, Erik/Schaaf-Derichs, Carola (2002): Freiwilligenagenturen in Deutschland. Ergebnisse einer Befragung der Bundesarbeitsgemeinschaft der Freiwilligenagenturen (bagfa). Stuttgart: W Kohlhammer

Engels, Dietrich/Braun, Joachim/Burmeister, Joachim (2007): *Senior*Trainer*innen* und *senior*Kompetenzteams: Erfahrungswissen und Engagement älterer Menschen in einer neuen Verantwortungsrolle. Evaluationsbericht zum Bundesmodellprogramm „Erfahrungswissen für Initiativen". Köln: ISAB-Verlag

Enquete-Kommission „Zukunft des Bürgerschaftlichen Engagements", Deutscher Bundestag (2002): Bericht Bürgerschaftliches Engagement: auf dem Weg in eine zukunftsfähige Bürgergesellschaft. Opladen: Leske + Budrich

Evers, Adalbert/Riedel, Birgit (2004): Engagementförderung mit eigenem Profil. Der Verbund Freiwilligen-Zentren im Deutschen Caritasverband. Gutachten im Auftrag des Deutschen Caritasverbandes. Unveröffentlichtes Manuskript. O.O.

Evers, Adalbert/Rauch, Ulrich/Stitz, Uta (2002): Von öffentlichen Einrichtungen zu sozialen Unternehmen. Modernisierung des öffentlichen Sektors. Berlin: edition sigma

Fischbach, Christian (2002): Partizipationsmöglichkeiten in deutschen Bürgerstiftungen. In: Bundesverband Deutscher Stiftungen (Hrsg.): Bürgerstiftungen in Deutschland. Entstehung. Struktur. Projekte. Netzwerke. Berlin: Bundesverband Deutscher Stiftungen, S. 157-172

Forschungsjournal Neue Soziale Bewegungen zum Thema „Bürgergesellschaft – Wunsch und Wirklichkeit" 20, Heft 2/2007

Gensicke, Thomas/Picot, Sibylle/Geiss, Sabine (2006): Freiwilliges Engagement in Deutschland 1999-2004. Wiesbaden: VS Verlag für Sozialwissenschaften

Gerlach, Irene/Junke, David (2006): Vereinbarkeit von Beruf und Familie – Unternehmen und Kommunen als familienpolitische Akteure. In: Schmidt, Nora (Hrsg.): Handbuch Kommunale Familienpolitik. Ein Praxishandbuch für mehr Familienfreundlichkeit in Kommunen. Berlin: Eigenverlag des Deutschen Vereins für öffentliche und private Fürsorge, S. 203-212

Glück, Alois/Magel, Holger/Röbke, Thomas (Hrsg.) (2004): Neue Netze Bürgerschaftlichen Engagements. Stärkung der Familie durch ehrenamtliche Initiativen. Heidelberg et.al.: Jehle Verlag

Heitkötter, Martina/Schröder, Delia 2005: Neue familienpolitische Arrangements vor Ort. In: DJI Bulletin 71, S. 3

Helms, Ursula/Hundertmark-Mayser, Dr. Jutta/Thiel, Wolfgang: Bürgerschaftliches Engagement und Selbsthilfe. Unterausschuss „Bürgerschaftliches Engagement" UA-DRS. 16/030

Hundertmark-Mayser, Jutta (2007): Krankenkassen förderten im Jahr 2006 mit rund 5,4 Millionen Euro. In: NAKOS INFO 91, Juni 2007, S. 12-14

Jakob, Gisela (2005): Infrastrukturen zur lokalen Engagementförderung. In: Archiv für Wissenschaft und Praxis der sozialen Arbeit 36, Heft 4 , S. 76-86

Jakob, Gisela/Janning, Heinz (2000): Freiwilligenagenturen. Eine erste Bilanz. In: Forschungsjournal Neue Soziale Bewegungen 13, Heft 2 , S. 64-76

Jakob, Gisela/Janning, Heinz (2007): Freiwilligenagenturen als Mittler zwischen Unternehmen und Non-Profit-Organisationen. In: Zeitschrift für Wirtschaftspsychologie 9, Heft 1, S. 14-22

Jakob, Gisela/Koch, Claudia: Lokale Engagementförderung in hessischen Kommunen. Akteure, Infrastrukturen, Instrumente. Abschlussbericht. Hochschule Darmstadt, Dezember 2007. In: http://www.sozarb.h-da.de/kontakt/lehrende/prof-dr-gisela-jakob/index.htm

Klie, Thomas/Roß, Paul Stefan (2005): Wie viel Bürger darf's denn sein!? Bürgerschaftliches Engagement im Wohlfahrtsmix. In: Archiv für Wissenschaft und Praxis der sozialen Arbeit 36, Heft 4, S. 20-43

Klie, Thomas/Roß, Paul-Stefan/Hoch, Hans/Heimer, Franz-Albert/Scharte, Ulrike: Bürgerschaftliches Engagement und Ehrenamt in Baden-Württemberg. 1. Wissenschaftlicher Jahresbericht 2002/2003. In: http://www.zentrum-zivilgesellschaft.de unter Publikationen

Matthies, Aila-Leena/Kauer, Kathleen (Hrsg.) (2004): Wiege des sozialen Kapitals. Bürger-Engagement und lokale Ökonomie in einem ostdeutschen Stadtteil. Bielefeld: Kleine Verlag

Nährlich, Stefan (2005): Bürgerstiftungen als Ausdruck modernen Corporate Citizenships. In: Nährlich, Stefan/Strachwitz, Rupert Graf/Hinterhuber, Eva Maria/Müller, Karin (Hrsg.): Bürgerstiftungen in Deutschland. Bilanz und Perspektiven. Wiesbaden: VS Verlag für Sozialwissenschaften, S. 53-64

Nährlich, Stefan/Strachwitz, Rupert Graf: Zur Standortbestimmung von Bürgerstiftungen und Zivilgesellschaft. In: Nährlich, Stefan/Strachwitz, Rupert Graf/Hinterhuber, Eva Maria/Müller, Karin (Hrsg.): Bürgerstiftungen in Deutschland. Bilanz und Perspektiven. Wiesbaden: VS Verlag für Sozialwissenschaften, S. 9-23

Nährlich, Stefan/Strachwitz, Rupert Graf/Hinterhuber, Eva Maria/Müller, Karin (Hrsg.) (2005): Bürgerstiftungen in Deutschland. Bilanz und Perspektiven. Wiesbaden: VS Verlag für Sozialwissenschaften

NAKOS Nationale Kontakt- und Informationsstelle zur Anregung und Unterstützung von Selbsthilfegruppen (Hrsg.) (2006): Selbsthilfe unterstützen. Fachliche Grundlagen für die Arbeit in Selbsthilfekontaktstellen und anderen Unterstützungseinrichtungen. Berlin

NAKOS (Hrsg.) (2007): 2006 Jahresbericht. Berlin

NAKOS (Hrsg.) (2007a): NAKOS INFO 92, September 2007, S. 16-20

NAKOS (Hrsg.) (2007b): NAKOS Studien: Selbsthilfeförderung durch die Bundesländer im Jahr 2007. Berlin 2007

Niederfranke, Annette (2006): Aktionsprogramm Mehrgenerationenhäuser – Starke Leistung für jedes Alter. In: Schmidt, Nora (Hrsg.): Handbuch Kommunale Familienpolitik. Ein Praxishandbuch für mehr Familienfreundlichkeit in Kommunen. Berlin: Eigenverlag des Deutschen Vereins für öffentliche und private Fürsorge, S. 343-345

Olk, Thomas(2007): Die Bürgerkommune: Ein Leitbild für die Verwirklichung der Bürgergesellschaft auf lokaler Ebene. In: www.buerger-fuer-buerger.de/content/buergergesell-buergerkommune. htm, Zugriff am 07.02.2007

Olk, Thomas (2007a): Bürgergesellschaft und Engagement älterer Menschen – Plädoyer für einen Welfare-Mix in der kommunalen Daseinsvorsorge. In: informationsdienst altersfragen 34, Heft 2, S. 5-8

Polterauer, Judith/Hellmann, Bernadette/Philipp, Elena/Voigt, Erik (2008): Länderspiegel Bürgerstiftungen. Fakten und Trends 2008. Hrsg.: Aktive Bürgerschaft. Berlin

Pröhl, Marga/Sinning, Heidi/Nährlich, Stefan (Hrsg.) (2002): Bürgerorientierte Kommunen in Deutschland. Anforderungen und Qualitätsbausteine. Band 3: Ergebnisse und Perspektiven des Netzwerkes CIVITAS. Gütersloh: Verlag Bertelsmann Stiftung

Roth, Roland (2004): Engagement als Ressource. Möglichkeiten und Grenzen der Selbstorganisation von benachteiligten Bevölkerungsgruppen. In: Matthies, Aila-Leena/Kauer, Kathleen (Hrsg.): Wiege des sozialen Kapitals. Bürger-Engagement und lokale Ökonomie in einem ostdeutschen Stadtteil. Bielefeld: Kleine Verlag, S. 175-188

Roß, Paul-Stefan/Heimer, Franz-Albert/Scharte, Ulrike (2004): Aufbau und Weiterentwicklung von örtlichen Anlaufstellen für Engagementförderung. Eine Arbeitshilfe. Broschüre. Freiburg i.Br.

Schmidt, Nora (Hrsg.) (2006): Handbuch Kommunale Familienpolitik. Ein Praxishandbuch für mehr Familienfreundlichkeit in Kommunen. Berlin: Eigenverlag des Deutschen Vereins für öffentliche und private Fürsorge

Schwalb, Lilian/Walk, Heike (Hrsg.) (2007): Local Governance – mehr Transparenz und Bürgernähe? Wiesbaden: VS Verlag für Sozialwissenschaften

Strohmeier, Klaus Peter/Amonn, Jan/Wunderlich, Holger (2005): Lokale Bündnisse für Familie und die örtliche Familienpolitik. Impulspapier zur Initiative Lokale Bündnisse für Familie. In: www.bmfsfj.de, Download am 2. Oktober 2007

Ten Hoorn, Esther/Van den Bos, Cees/Meijs, Lucas/Brudney, Jeff (2005): „Volunteer centers, what we do and don't know." Paper presented at the 7th Research Day „Voluntary Work in the Netherlands and Vlaanderen", Rotterdam, April 7th 2005, Erasmus University Rotterdam

Thiel, Wolfgang (2007): Selbsthilfeunterstützung an 319 Orten in Deutschland. In: NAKOS INFO 92, September 2007, S. 22-24
Thiel, Wolfgang (2008): 271 Selbsthilfekontaktstellen und -Unterstützungseinrichtungen in Deutschland. In: NAKOS INFO 97, Dezember 2008, S. 22-24
Turner, Nikolaus (2007): „10 Merkmale einer Bürgerstiftung" des Bundesverbandes Deutscher Stiftungen und seines Arbeitskreises „Bürgerstiftungen" – eine Kommentierung. In: Weitz, Barbara/Pues, Lothar/Martin, Jörg (Hrsg.): Rechtshandbuch für Stiftungen. Hamburg: Verlag Dashöfer, Kapitel 5/2.8, S. 1-44
Walkenhorst, Peter (2004): Innovation und Tradition: zur Entwicklung von Bürgerstiftungen in Deutschland. In: Bertelsmann Stiftung (Hrsg.): Handbuch Bürgerstiftungen. 2. Aufl. Gütersloh: Verlag Bertelsmann Stiftung, S. 61-102
Wimmer, Ansgar (2004): Zwischen Bürgersteig und Bürgerstolz – Stadt- und Bürgerstiftungen als neue Akteure im kommunalen Kontext. In: Bertelsmann Stiftung (Hrsg.) (2004): Handbuch Bürgerstiftungen. 2. Aufl. Gütersloh: Verlag Bertelsmann Stiftung, S. 103-121
Weitz, Barbara/Pues, Lothar/Martin, Jörg (Hrsg.) (2007): Rechtshandbuch für Stiftungen. Hamburg: Verlag Dashöfer
Wollmann, Hellmut (2004): Die Doppelstruktur der Stadt als politische Kommune und zivilgesellschaftliche Bürgergemeinde. In: vorgänge 43, Heft 1/2004, S. 20-28
www.bagfa.de
www.bmfsfj.de
www.die-deutschen-buergerstiftungen.de
www.lokale-buendnisse-fuer-familie.de
www.mehrgenerationenhaeuser.de
www.seniorenbueros.org

Reinhard Liebig/Thomas Rauschenbach

Die engagementpolitische Rolle von Akteuren des Dritten Sektors

1 Der Dritte Sektor und seine Akteure

Die Versorgung mit Gütern, Dienstleistungen und Freizeitangeboten wird in Deutschland nicht nur von Wirtschaftsunternehmen und staatlichen Anbietern erbracht, sondern auch von einem vergleichsweise einflussreichen „Dritten Sektor" gewährleistet. Der Ausdruck „Dritter Sektor" ist dabei als ein Sammelbegriff für eine gesellschaftliche Sphäre bzw. ein Segment zwischen Staat und privaten gewinnorientierten Unternehmen in den 1970er Jahren geprägt worden. Bis dahin war über die Aktivitäten und Funktionsweisen der vielfältigen Organisationsformen jenseits von Markt und öffentlicher Verwaltung, die zumeist auch als „Nonprofit-Organisationen" bezeichnet werden, wenig bekannt. Mit der Einführung der Kategorie des Dritten Sektors wurde damit nichts Neuartiges in der Gesellschaft „entdeckt", sondern lediglich etwas bereits Vorhandenes in den Fokus der politischen Öffentlichkeit und der wissenschaftlichen Beobachtung gerückt. Und dennoch wird mit diesem makroperspektivischen Begriff eine gesellschaftliche Sphäre bezeichnet, die im Vergleich zu den Sphären des Marktes und des Staates besondere Merkmale aufweist.

Da zur Abgrenzung und zur Definition des Dritten Sektors in eher deskriptiver Weise zumeist auf Ziele, Strukturelemente und (Rechts-)Formen von Organisationen zurückgegriffen wird, ist dieser Ausdruck vor allem als vereinheitlichendes Etikett zu verstehen, das eine Fülle von unterschiedlich wirkenden und agierenden kollektiven Akteuren subsumiert. Nach einer häufig zitierten, kurzen Definition aus dem „Johns Hopkins Comparative Nonprofit Project" werden alle diejenigen Organisationen dem Dritten Sektor zugerechnet, „die formell strukturiert, organisatorisch unabhängig vom Staat und nicht gewinnorientiert sind, eigenständig verwaltet werden, sowie keine Zwangsverbände darstellen" (Priller/Zimmer/Anheier 1999: 13). Danach sind diesem Sektor zum Beispiel sowohl die Wohlfahrts- und Jugendverbände, die Gewerkschaften, die Sportvereine, sozio-kulturelle Zentren, Verbraucherorganisationen und Umweltschutzgruppen als auch Selbsthilfegruppen sowie entwicklungspolitisch agierende Initiativen zuzuordnen. Das gemeinsame Etikett vereint somit ein heterogenes Spektrum kollektiver Akteure – etwa von dem Christlichen Verein Junger Menschen über einen Schützenverein bis zu Greenpeace, von einem Altenpflegeheim, das als gGmbH in Trägerschaft eines bundesweit tätigen kirchlichen Verbandes organisiert ist, bis zu einer kleinen Initiative, die bestimmte lokale Bürgerinteressen vertritt. Das vielleicht sichtbarste einheitliche Merkmal dieser Organisationen ist die Tatsache, dass alle dem Formalziel der Gemeinwohlorientierung verpflichtet sind und dementsprechend keine Gewinnerzielung/Profitmaximierung, sondern eine Annäherung/Verwirklichung ihrer ideellen Ziele anstreben. Mit diesem Kennzeichen ist ein entscheidender Unterschied zu den Sektoren Markt und Staat angesprochen: Im Dritten Sektor ist die Ressource „Solidarität" eine treibende Kraft – sowohl als Motivationsgrund der Mitglieder, der Engagierten und der Förderer als auch als Leitmotiv und Medium der Handlungskoordination seiner Organisationen.

Da bislang eine Dauerbeobachtung des Dritten Sektors hinsichtlich seiner grundlegenden Strukturen fehlt, fallen die aus Einzelprojekten stammenden und zumeist hochgerechneten Eckdaten zu diesem Sektor folgerichtig uneinheitlich aus. Ohne an dieser Stelle detailliert auf die einzelnen Quellen, Konzepte und Verfahren der verschiedenen Berechnungen einzugehen, lässt sich in grober Weise mit Blick auf die Beschäftigungssituation festhalten, dass dort etwa zwischen 1,9 und 2,1 Mio. Personen beruflich tätig sind, davon allein über 1,4 Mio. in den Wohlfahrtsverbänden.[1] Setzt man diese Zahlen ins Verhältnis zur Gesamtzahl der Beschäftigten in Deutschland (das sind insgesamt ca. 34,3 Mio. Personen; vgl. Dathe/ Kistler 2004: 186), so bedeutet das mit Blick auf den Beschäftigungsumfang mittels Umrechnung auf Vollzeitstellen, dass etwa 5 Prozent der Gesamtarbeitszeit in Deutschland im Dritten Sektor erbracht wird.

Mit Blick auf die bürgerschaftlich, freiwillig bzw. ehrenamtlich erbrachte Arbeit fällt der Anteil des Dritten Sektors allerdings deutlich anders aus: Dieser Sektor bildet gewissermaßen die „organisatorische Mitte" für diese Formen der Arbeit bzw. des Engagements. Oder anders ausgedrückt: Das freiwillige Engagement der Bürger hat – wie in dem nachfolgenden Kapitel näher begründet wird – seinen originären, identitätsstiftenden Ort im Dritten Sektor. Dieser Befund kann kaum überraschen, da die Entstehung und Entwicklung vieler Nonprofit-Organisationen aufs engste mit dem freiwilligen Engagement von Bürgern verbunden sind. „Die freie Kooperation von Menschen zur Verfolgung eines bestimmten Zieles ist die Grundlage der allermeisten Nonprofit-Organisationen. Es handelt sich um einen assoziativen Typus der Vergesellschaftung, der historisch weit zurückreicht, in den letzten 150 Jahren in Deutschland aber zu einem massenhaften Phänomen geworden ist" (Wex 2004: 305). Dementsprechend wird die Genese dieses Sektors aus analytischer Perspektive auch mit drei Grundprinzipien in Verbindung gebracht (vgl. Priller/Zimmer 2001b: 14):

- der Selbstverwaltung (eigenständige Aufgabenwahrnehmung durch Bürger),
- der Subsidiarität (Vorrang von zivilgesellschaftlichen gegenüber staatlichen Akteurgruppen),

---

[1] Vgl. zu den einzelnen Untersuchungen – etwa unter den Überschriften „Third System and Employment"; Sonderauswertung des „IAB-Betriebspanels" oder „Johns Hopkins Comparative Nonprofit Project" – Birkhölzer 2004; Dathe/Kistler 2004: 185ff.; Klös 1998; Liebig 2005: 273ff.; Priller/Zimmer 2001a: 15ff.). Im internationalen Vergleich ist im deutschen Dritten Sektor die Dominanz der Bereiche „Soziale Dienste" und „Gesundheitswesen" auffällig. Für beide Bereiche liegt der Anteil der Beschäftigten – in Relation zu den Beschäftigtenzahlen des gesamten Sektors – sowohl deutlich über dem westeuropäischen Durchschnitt als auch klar über dem Durchschnitt aller (mit dem Johns Hopkins Project) untersuchten 22 Länder (vgl. Priller/Zimmer 2001b: 25). Dies deutet bereits darauf hin, dass – sobald Aussagen über den Dritten Sektor als eine Einheit gemacht werden – den in der Bundesarbeitsgemeinschaft der Freien Wohlfahrtspflege (BAGFW) zusammengeschlossenen Wohlfahrtsverbänden eine besonders hervorgehobene Position zukommt. Nach eigenen Aussagen sind (zum Stichtag 01.01.2004) allein unter dem Dach der Wohlfahrtsverbände ca. 750.000 Personen in Vollzeitstellen und weitere 670.000 in Teilzeitstellen, zusammen also mehr als 1,4 Mio. Menschen beruflich beschäftigt (vgl. BAGFW 2006). Weiterhin wird davon ausgegangen, dass etwa 2,5 bis 3 Mio. Personen ehrenamtlich sowie in Selbsthilfegruppen nicht-beruflich tätig sind (vgl. BAGFW 2002: 62ff.).

- der Gemeinwirtschaft (kein Formalziel der individuellen Gewinn- oder Vermögensmaximierung).

Mit der Betonung dieser engen Verzahnung des freiwilligen Engagements mit dem Bereich der Nonprofit-Organisationen ist das politische und wissenschaftliche Interesse am Dritten Sektor in den letzten Jahren spürbar gewachsen. Dem Dritten Sektor kommt als Sammelbecken von Agenturen der Zivilgesellschaft, als originär gesellschaftlicher Ort von „zivilgesellschaftlichen Organisationen", als manifester Ausdruck des „organisierten Bürgers", eine zentrale Rolle zu. Trotz der offensichtlich breiten Überschneidungsbereiche der Konzepte des Dritten Sektors und der Zivil- bzw. Bürgergesellschaft sind sie keinesfalls identisch. Vereinfacht formuliert: Mit einer Perspektive auf das bürgerschaftliche Engagement gerät unweigerlich der Dritte Sektor ins Blickfeld; dagegen werden mit dem Etikett des Dritten Sektors weitaus mehr als zivilgesellschaftliche Themen in Verbindung gebracht. Neben vielen Unterschieden in der Verwendung und Kontextualisierung der Begriffe (vgl. u.a. Anheier/Priller/Zimmer 2002) erscheint eine zentrale Differenz, sobald ordnungs- und sozialpolitische Aspekte bzw. Kompetenzen relevant werden.[2] Es ist zwar von einer besonders engen Verzahnung von Drittem Sektor und Zivilgesellschaft auszugehen, allerdings beschreibt dies keine exklusive Beziehung. Auch jenseits des Dritten Sektors sind Funktionsprinzipien und Handlungsorientierungen anzutreffen und zu unterstützen, die basal mit dem Projekt Zivilgesellschaft in Verbindung stehen – etwa bürgerschaftliche Beteiligung, lokale Orientierung oder eine Einbindung in gesellschaftliche Netzwerke. Eine solche Einbindung kann – um ein eindeutiges Beispiel von außerhalb des Dritten Sektors zu nennen – auch durch Unternehmen des Marktsektors erfolgen, was unter dem Etikett „corporate citizenship" diskutiert wird (vgl. Enquete-Kommission 2002: 467ff.; Reimer/Wettemann/Backhaus-Maul 2004). Denn „quer durch die Sektoren wirken Funktionsprinzipien, die traditionell vor allem mit dem Dritten Sektor verbunden werden, ohne aber auf ihn beschränkt zu sein.... Zivilgesellschaft ist das Projekt, Prinzipien wie Demokratie und Selbstorganisation gesamtgesellschaftlich aufzuwerten und nicht allein das der Mehrung der Zahl von Vereinen und Assoziationen" (Evers 2004: 8 und 7).

Trotz der Betonung der Differenzen der beiden Zentralbegriffe bleibt natürlich festzuhalten, dass den Akteuren des Dritten Sektors unbestreitbar eine wichtige engagementpolitische Rolle zukommt: Jenseits der Potenziale als alternative bzw. partnerschaftliche Dienstleister im Rahmen sozialstaatlicher, kultureller und politischer Programme erfüllen die Nonprofit-Organisationen als freiwillige Vereinigungen Partizipations-, Sozialisations-, Integrations- und Bildungsfunktionen. Diese Funktionen erhalten ihren Stellenwert in ganz unterschiedlichen aktuellen Debatten und Diskursen: So wird auf den Dritten Sektor als zentrale Infrastruktur des Engagements beispielsweise mit den Zielperspektiven der Zivil-

---

[2] Große Teile des Dritten Sektors sind parallel zum sozialstaatlichen Ausbau gewachsen und bis heute entscheidend an der Wohlfahrtsproduktion beteiligt. Diese Organisationen jenseits staatlicher bzw. kommunaler Strukturen sind auch als institutioneller Ausdruck der Tatsache zu verstehen, dass der Staat in bestimmten Bereichen des gesellschaftlichen Lebens eine einklagbare Verantwortung für das Wohlergehen bzw. die Sorge seiner „Mitglieder" übernommen hat. „Eine solche einklagbare Verantwortung im Sinne eines Rechtsanspruchs ist unter den Bedingungen einer konsequent durchdachten Konzeption der Bürgergesellschaft nicht möglich. An die Stelle des Rechtsanspruchs im etatistisch organisierten Sozialstaat tritt unter bürgergesellschaftlichen Verhältnissen Erwartungssicherheit" (Münkler 2002: 16).

bzw. Bürgergesellschaft, mit der Fokussierung von informellen Orten der Bildung oder mit der Schärfung des Blicks auf das Sozialkapital und die soziale Inklusion Bezug genommen.

Vor diesem Hintergrund gewinnen Fragen an Bedeutung, die die engagementpolitische Rolle der Akteure des Dritten Sektors behandeln. Genau diese Fragen sollen im Folgenden gestellt und – mit Blick auf den Forschungsstand sowie auf die Praxis einiger ausgewählter kollektiver Akteure – beantwortet werden. Dabei öffnet sich ein breites Spektrum an Themen und Perspektiven: Um alle relevanten Aspekte zu berücksichtigen, müssen in diesem Kontext beispielsweise sowohl die – häufig als Forschungsprogramm angemahnte, aber dennoch wenig beachtete – organisatorische Seite des freiwilligen Engagements als auch die sozialpolitische Dimension der Kernkonzepte des freiwilligen Engagements und des Dritten Sektors angesprochen werden.[3] Im Einzelnen wird im Folgenden in drei analytischen Zugängen der Wert des freiwilligen Engagements auf gesellschaftlicher, auf organisatorischer und auf personaler (System)Ebene skizziert. Nach einer Darstellung der zu beobachtenden Strukturveränderungen des Dritten Sektors wird danach auf die aktuellen Anpassungsoptionen und Strategien/Programme großer Nonprofit-Organisationen eingegangen, um abschließend in Thesenform die engagementpolitische Rolle der kollektiven Akteure zu analysieren.

2 Eckdaten zur Infrastruktur des Engagements im Dritten Sektor

Angestoßen durch ein breites Spektrum unterschiedlicher sozialpolitischer Debatten und neuer ordnungspolitischer Konzepte – von der Formel des Umbaus des Sozialstaats über das Modell der Bürgergesellschaft bis hin zum Etikett des „aktivierenden Staats" – hat sich in der letzten Dekade das Wissen zum ehrenamtlichen Engagement der Bevölkerung vervielfacht. Den Kern dieser Wissensvermehrung stellen nicht zuletzt die beiden großen, repräsentativ angelegten Bevölkerungsumfragen aus den Jahren 1999 und 2004 (erste und zweite Welle des „Freiwilligensurveys"), nach denen sich hinsichtlich der Grundaussagen zum Aktivitätsgrad der Menschen in Deutschland ein relativ positives Bild zeichnen lässt.[4]

[3] So wurde beispielsweise in dem Gesamtbericht der Enquete-Kommission „Zukunft des bürgerschaftlichen Engagements" (2002: 157) festgestellt: „Aus der Perspektive des bürgerschaftlichen Engagements ist festzustellen, dass sich die Bürgergesellschaft nicht in der Summe der engagierten Individuen erschöpft. Hinzutreten muss die Perspektive der organisierten Bürgergesellschaft, die sich wesentlich durch die Fähigkeit zur Selbstermächtigung und Selbstorganisation auszeichnet". Trotz dieser Hervorhebung dieser organisationsbezogenen Perspektive ist diese bis heute nur in unzureichendem Maße für Forschung genutzt worden. Mit anderen Worten: Die empirisch fundierte Wissensbasis zu der bürgergesellschaftlichen Dimension des Dritten Sektors bzw. zu den zivilgesellschaftlichen Funktionen der Nonprofit-Organisationen erweist sich hinsichtlich einer Fülle von wissenschaftlich, sozial- oder verbändepolitisch inspirierter Fragestellungen als unbefriedigend.

[4] Der Freiwilligensurvey unterscheidet grundsätzlich zwischen der „Gemeinschaftsaktivität", die vielfach gewissermaßen auch die „Startplattform" für das Ehrenamt bildet, und dem „freiwilligen Engagement" selbst. „Bilanziert man die Situation ..., so kann man 70% der Bevölkerung ab 14 Jahre als ‚gemeinschaftsaktiv' einstufen. Das heißt, diese Menschen sind in irgendeiner Weise über ihre privaten und erwerbsbezogenen Zwecke hinaus am öffentlichen Leben beteiligt" (Gensicke 2005: 11). Nach der zweiten Erhebungswelle (2004) liegt die Engagementquote der Bevölkerung ab 14 Jahren bei 36% und ist damit gegenüber der ersten Befragung (1999) leicht angestiegen. Die zweite Zeitbudgeterhebung (der Jahre 2001/2002) ermittelt einen höheren Prozentsatz von freiwillig bzw. ehrenamtlich engagierten Menschen in Deutschland. Nach dieser Untersuchung gingen 44% aller Deutschen mindestens einer ehrenamtlichen Aktivität nach (Gabriel/Trüdinger/Völkl 2004: 337).

Allerdings ist es auf der Basis dieser Datenquelle nur sehr eingeschränkt und in indirekter Weise möglich, Aussagen zu dem freiwilligen Engagement im Dritten Sektor zu gewinnen. Die entsprechenden Abfragekategorien bei der Befragung der Personen zu den organisatorischen Umfeldern ihres freiwilligen Engagements lassen eine zuverlässige nachträgliche, eindeutige Identifizierung des Dritten Sektors, geschweige denn einzelner Organisationen nicht zu. Dennoch können mit den Daten des Freiwilligensurveys und anderer empirischer Untersuchungen der letzten Jahre einige zentrale Grundlinien zum Ehrenamt im Dritten Sektor skizziert werden:

- Nach dem ersten und zweiten Freiwilligensurvey finden allein 43 % der freiwilligen Tätigkeiten in Deutschland in dem organisatorischen Rahmen der für den Dritten Sektor typischen Organisationsform – dem Verein – statt (vgl. Gensicke/Picot/Geiss 2006: 107ff.).[5] Dieser Prozentangabe entspricht eine Menge von ca. 10 Mio. Menschen (ab 14 Jahren).
- Außerdem spricht nach den Daten des Freiwilligensurveys mindestens noch eine weitere Zahl bzw. Perspektive für die Verwobenheit von Drittem Sektor und Ehrenamt: Von allen freiwillig Engagierten sind immerhin fast ein Viertel in gemeinnützigen, nicht gewinnorientierten Einrichtungen oder Organisationen beschäftigt (vgl. Gensicke 2005: 12). Vor allem vor dem Hintergrund, dass – wie oben bereits erwähnt – etwa 5 % aller Beschäftigten (in Vollzeitäquivalenten ausgedrückt) im Dritten Sektor tätig sind, gewinnen diese Daten ihren Aussagewert.
- Auf der Basis des European Social Survey (ESS) konnte für Deutschland aufgezeigt werden, dass 24 % der Personen ab 15 Jahren sich freiwillig bzw. ehrenamtlich in mindestens einer Organisation des Dritten Sektors engagieren. Mit dieser so genannten „Aktivitätsquote" liegt Deutschland im Vergleich zu anderen europäischen Ländern im oberen Mittelfeld (vgl. Priller/Zimmer 2004: 138ff.). Gerundet entspricht dieser Prozentwert einer Anzahl von etwa 17 Mio. Menschen. Die im Rahmen des Johns Hopkins-Projekts veröffentlichten Daten zu der Anzahl der Ehrenamtlichen im Dritten Sektor, die auf Befunden des Sozialwissenschaften-Bus beruhen, weisen eine ähnliche Größe aus: Demnach ist von 16,7 Mio. ehrenamtlich tätigen Menschen in diesem Sektor auszugehen (vgl. Zimmer/Priller 2001: 279).[6]

---

[5] Die Enquete-Kommission „Zukunft des bürgerschaftlichen Engagements" (2002, S. 236) nennt unterschiedliche Quellen und geht von einer Anzahl von etwa 350 bis 500 Tausend eingetragenen Vereinen in Deutschland aus. Neben den Vereinen werden von den freiwillig engagierten Menschen weitere Organisationsformen als Orte ihres Engagements genannt, die zu größten Teilen ebenfalls dem Dritten Sektor zuzurechnen sind. So entfallen beispielsweise auf die Kategorien „Kirche oder religiöse Einrichtung", „Gruppen, Initiativen" oder „Verband" Anteile von 15 %, 11 % bzw. 7 % (vgl. Gensicke/Picot/Geiss 2006: 107).

[6] Auf der Basis dieser Zahlen ist es allerdings problematisch auf die faktische Bedeutung des freiwilligen Engagements im Dritten Sektor zu schließen. Mit einer Modellrechnung für die Wohlfahrtsverbände, die hier für ein verberuflichtes und ein weitgehend durch öffentliche Haushalte finanziertes Segment des Dritten Sektors stehen, konnte geschätzt werden, dass eine Gegenüberstellung der Arbeitszeitvolumina von Ehrenamtlichen und Berufstätigen durchschnittlich einem Verhältnis von 1 zu 12 entspricht (vgl. Beher/Liebig/Rauschenbach 2000: 70ff.).

3 Der gesellschaftliche Wert des Engagements im Dritten Sektor

Da, wie einleitend dargestellt, eine enge Verbindung zwischen dem bürgerschaftlichen, freiwilligen bzw. ehrenamtlichen Engagement und dem Dritten Sektor besteht, sind die Diskurse zu diesen beiden Phänomenen auch aufeinander bezogen. Wird beispielsweise der Wert des Engagements für das Gemeinwesen betrachtet, dann rückt damit auch die gesellschaftliche Bedeutung des Dritten Sektors ins Blickfeld. Insofern ist vor allem der Diskurs zum Schlüsselbegriff der Zivilgesellschaft (vgl. u.a. Klein 2005) auf das Engste mit dem Dritten Sektor verknüpft – auch wenn für die Konzepte unterschiedliche Wurzeln identifiziert werden müssen (vgl. u.a. Anheier/Priller/Zimmer 2002) und dieser Begriff in seinen normativen und empirischen Dimensionen eher diffus erscheint. Die strukturelle Verwobenheit der Konzepte ist offensichtlich, da der institutionelle Kern der Zivilgesellschaft durch „jene nicht-staatlichen und nicht-ökonomischen Zusammenschlüsse und Assoziationen auf freiwilliger Basis [gebildet wird; d.V.], die die Kommunikationsstrukturen der Öffentlichkeit in der Gesellschaftskomponente der Lebenswelt verankern. Die Zivilgesellschaft setzt sich aus jenen mehr oder weniger spontan entstandenen Vereinigungen, Organisationen und Bewegungen zusammen, welche die Resonanz, die die gesellschaftlichen Problemlagen in den privaten Lebensbereichen finden, aufnehmen, kondensieren und lautverstärkend an die politische Öffentlichkeit weiterleiten" (Habermas 1992: 443).

Die Aktualität des Begriffs Zivilgesellschaft bezieht sich vor allem auf diesen institutionellen Kern und gründet sich wesentlich auf die genannten Funktionen, denen Gestaltungspotenziale zuerkannt werden. Vielfach zieht sich die Aussicht auf Problemlösungskapazitäten von zivilgesellschaftlichen Organisationen – insbesondere hinsichtlich ihrer Option, freiwilliges bzw. bürgerschaftlichen Engagement zu managen – wie ein roter Faden durch die Debatten und Argumentationsmuster. Mit Blick auf die Soziale Arbeit resümiert beispielsweise Olk (2005: 223) die Situation folgendermaßen: „Es scheint kaum noch ein Handlungsfeld .... zu geben, in dem nicht auf die Wirkungskräfte und Potentiale von Zivilgesellschaft und Sozialkapital gesetzt wird."

Aktuell und im Detail verbindet sich in diesem Kontext mit den Organisationen des Dritten Sektors, die eben auch als Agenturen der Zivilgesellschaft tätig sind und dem freiwilligen Engagement Ausdruck und Stabilität verleihen, ein breites Spektrum von Funktionen. Aus einer eher analytischen Perspektive lassen sich aus der Literatur und den empirischen Untersuchungen vor allem die folgenden sechs (Inklusions-, Bildungs-, advokatorische, Innovations-, Problemlösungs- und Rekrutierungsfunktion) differenzieren:

1. *Die Inklusionsfunktion*: Diese Funktion bezieht sich mindestens auf drei Dimensionen: (1.) Als aktive Mitglieder und vor allem als Ehrenamtliche von Vereinen und Verbänden sind Personen mehr oder weniger intensiv in das soziale Geschehen dieser Organisationen, dieser selbst gewählten Gemeinschaften integriert. (2.) Aus dieser „Binnenintegration" erwächst ein sozialisierender Effekt. So konnte beispielsweise hinsichtlich einer Dimension in einer empirischen Studie die schon lange bestehende Vermutung („Transferannahme") belegt werden, dass ein Zusammenhang zwischen dem freiwilli-

gen Engagement und sozial-kulturellen Werten besteht (vgl. Braun/Hansen 2004).[7] (3.) Nicht zuletzt über die Bereitstellung von Optionen für Freizeitgestaltung und Geselligkeit oder die Dienste, die soziale Betreuung und mitmenschliche Sorge anbieten, trägt das freiwillige Engagement der Bürger zur Vermeidung von Exklusionstendenzen und zum Funktionieren des Sozialstaats bei. Das freiwillige Engagement der Bürger prägt, so wird immer wieder zusammenfassend konstatiert, das Gemeinwesen eines Landes. „Aktivitäten dieser Art spielen eine wichtige Rolle für die Integration einer Gesellschaft und für die Stabilität und Funktionsfähigkeit der Demokratie" (Gabriel/Trüdinger/Völkl 2004: 337). Auf der anderen Seite kann eine solche Argumentationsfigur, die letztlich einen bestimmten Wirkungszusammenhang unterstellt, leicht über das Zulässige hinaus ausgedehnt werden, indem abhängige und unabhängige Variable verwechselt werden. So wies etwa Dahrendorf (2000: 15) mahnend darauf hin, dass das Faktum der Vereinstätigkeit grundsätzlich eher als Ausdruck sozialer Zugehörigkeit und weniger als Instrument ihrer Herstellung zu verstehen ist.

2. *Die Bildungsfunktion*: In den letzten Jahren hat das Thema Bildung in der politischen und wissenschaftlichen Öffentlichkeit enorm an Bedeutung gewonnen. Im Zuge der vielfältigen Programme und Debatten ist auch den Lernfeldern neben den klassischen Bildungsinstitutionen verstärkte Aufmerksamkeit geschenkt worden (vgl. u.a. Bundesministerium für Bildung und Forschung 2004; Sturzenhecker/Lindner 2004). Insbesondere die Bildungseffekte des ehrenamtlichen Engagements in eher informellen Settings wurden in den wissenschaftlichen Fokus gerückt. So kommen beispielsweise Düx/Sass (2005: 408) zu dem Schluss, „dass das freiwillige Engagement Jugendlicher die (Weiter-)Entwicklung und Verbindung vielfältiger Kompetenzen fördert, die den widersprüchlichen Anforderungen moderner Gesellschaften an den Einzelnen entgegenkommen. Dabei handelt es sich um Kompetenzen der eigenverantwortlichen Lebensgestaltung und Persönlichkeitsbildung, um Kompetenzen der gesellschaftlichen Solidarität, Verantwortungsübernahme und demokratischen Partizipation, um fachliches Wissen und Kenntnisse, aber auch um praktische und technische Kompetenzen." Die Produkte dieser Prozesse der Kompetenzaneignung durch freiwilliges Engagement können gewissermaßen als die positive Seite des gesellschaftlichen Sozial- bzw. Humankapitals verstanden werden (vgl. u.a. Stricker 2006; zum Stand der Forschung vgl. auch Konsortium Bildungsberichterstattung 2006: 64ff.).[8] Außerdem sind die Nonprofit-Organisationen auch als die wichtigsten Ausführungsorte für bestimmte staatliche Programme zur Unterstützung und Förderung des freiwilligen Engagements zu bezeichnen. Dies wird mit einem Blick auf die besonders formstabilen Varianten des En-

---

[7] „Funktionsträger, die in ihren Vereinen mehr oder minder formal definierte Ämter übernehmen und mutmaßlich auch in einem mehr oder minder großen Rahmen praktisch folgenreich agieren können, sind im Vergleich zu den nicht-engagierten, teilweise aber auch zu den sporadisch engagierten Mitgliedern weniger individualistisch, weniger politisch indifferent und weniger fremdenfeindlich eingestellt und weisen darüber hinaus eine größere Aufmerksamkeit gegenüber sozial benachteiligten Mitmenschen auf" (Braun/Hansen 2004: 66).
[8] Als die andere Seite der Sozialkapital-Funktionen wären dementsprechend diejenigen Mechanismen zu beschreiben, die einen Beitrag zur Produktion von sozialer Ungleichheit leisten – wie sie etwa Bourdieu (1983) analysiert hat. Soziales Kapital definiert Bourdieu als Gesamtheit der aktuellen und potentiellen Ressourcen, die mit dem Besitz eines dauerhaften Netzes von mehr oder weniger institutionalisierten Beziehungen gegenseitigen Könnens oder Anerkennens verbunden sind.

gagements – die Freiwilligendienste – in offensichtlicher Weise deutlich. In diesen – größtenteils durch Eigenmittel der Träger ermöglichten – Diensten stehen der Einsatz für andere und der Nutzen der Teilnehmer in einer spezifischen Wechselbeziehung (vgl. u.a. Bundesministerium für Familie, Senioren, Frauen und Jugend o.J.; Eberhard 2002; Rauschenbach/Liebig 2002; Rauschenbach 2007).

3. *Die advokatorische Funktion*: Gerade am Beispiel der Freiwilligendienste lässt sich diese Facette der zivilgesellschaftlichen Funktionen in hervorragender Weise verdeutlichen. Eingebunden in unterschiedliche Netzwerke auf verschiedenen föderalen Ebenen betätigen sich die kollektiven Akteure des Dritten Sektors für die Freiwilligendienste öffentlichkeitswirksam und politikgestaltend. Neben den Interessen, die sich aus den eigenen geteilten Werten und den Organisationsgegebenheiten ableiten lassen, verleihen die Nonprofit-Organisationen über diesen Weg stellvertretend auch den Bedürfnissen und Meinungen der faktischen und potenziellen TeilnehmerInnen Ausdruck – die ansonsten wenig Gehör finden. Allgemein formuliert: Da im gesellschaftlichen und politischen Leben die Organisationen des Dritten Sektors als Kommunikationspartner, Gestalter und Kompetenzinstanzen eine zentrale Rolle spielen und das freiwillige Engagement der Menschen in der Regel einen organisatorischen „Überbau" benötigt, werden die Nonprofit-Organisationen in gewisser Weise als Repräsentanten des freiwilligen Engagements wahrgenommen.

4. *Die Innovationsfunktion*: Das freiwillige Engagement der Bürger war konstitutiv für die Genese der Vereinslandschaft – aber auch von vielen Initiativen – und dementsprechend auch Motor hinsichtlich der Entstehung und des Ausbaus der organisatorischen Elemente des Dritten Sektors. „Ohne das ehrenamtliche Engagement gäbe es diese Formen der intermediären Organisationen in ihren heutigen Varianten vielfach nicht, ohne diese wiederum würde jedoch vermutlich auch das Ehrenamt in seiner heutigen Gestalt nicht existieren" (Rauschenbach 2001: 347). Mit dem freiwilligen Engagement der Bürger und seinen Wirkungen ist in diesem zivilgesellschaftlichen Kontext ein Bild verknüpft, mit dem ein nicht unerhebliches Kritikpotenzial (insbesondere hinsichtlich eines „Staatsversagens") und darauf aufbauend eine gewisse Innovationskraft verknüpft sind.[9] Auf diesem Fundament entstanden und entstehen beispielsweise vielfältige Formen der Selbsthilfe und der Bürgerbewegung, die damit auch eine Funktion als Seismograph gesellschaftlicher Zustände ausüben.

5. *Die Problemlösungsfunktion*: Neben den genannten Funktionen wird ebenso die Erwartung geäußert, dass mit einer Stärkung des Engagements bzw. seiner Möglichkeitsstrukturen eine Bewältigung der massiven Umbrüche in der gesellschaftlichen Sphäre von Berufs- und Arbeitsleben besser gelingen kann. In diesem Zusammenhang sind insbesondere beispielsweise die Erosion der Normalarbeitsverhältnisse als Problemfelder zu nennen oder der nachhaltige Mangel an Arbeitsplätzen, die den Lebensunter-

---

[9] Das Konzept der Zivilgesellschaft vereinte von Beginn an sowohl „deskriptiv-analytische als auch normativ-präskriptive Bedeutungsschichten... Es verknüpft also stets die Repräsentation realer Phänomene und Handlungsformen mit einer Kritik des Bestehenden. Dieser kritische Reflex bezieht sich – ausgehend von der Betonung gesellschaftlicher Selbstorganisation und individueller Eigenverantwortung – sowohl gegen bestimmte Ausformungen staatlichen Handelns als auch gegen bestimmte Erscheinungen der kapitalistischen Wirtschaftsentwicklung – ohne generell mit Staat und Markt unvereinbar zu sein" (Olk 2005: 225).

halt sichern können. In dieser Hinsicht soll das freiwillige Engagement im Dritten Sektor ein Versagen des Markts kompensieren. Im Rahmen breit und prominent diskutierter Vorstellungen fließt das freiwillige Engagement als ein substanzielles Element zur Konstruktion eines neuen Verteilungsmodells gesellschaftlicher Arbeit ein. Solche Überlegungen, die zivilgesellschaftliche Ansätze und die massiven Umbrüche in den Sphären Beruf/Arbeit in einem gemeinsamen Horizont beleuchten, führten und führen zu Vorstellungen einer neuartigen Balance zwischen den Aktivitäten des Freizeit- und Berufslebens, zwischen den individuell-familiären Leistungen, dem freiwillig auf das Gemeinwesen bezogenen Engagement und den beruflich ausgeführten Erwerbstätigkeiten (vgl. Beck 1999; Mutz 1997; Rudolph 2001). Aus dem für diese Konzepte grundlegenden neuen sozial-ökonomischen Gesellschaftsmodell lässt sich die Notwendigkeit ableiten, dass damit auch der „Angebotsrahmen" der organisatorischen Möglichkeiten für die neue Balance der Arbeits- bzw. Tätigkeitsformen verändert werden muss.

6. *Die Rekrutierungsfunktion*: Nicht zuletzt erfüllen die Angebote des Dritten Sektors zum freiwilligen Engagement auch die Funktion, (junge) Menschen mit bestimmten sozialen Lebenslagen, Hilfesettings oder Optionen der Selbstorganisation längerfristig oder punktuell in Verbindung zu bringen. Auch außerhalb der Sphäre der Freiwilligenarbeit – etwa im Zivildienst – werden diese Leistungen der Nonprofit-Organisationen immer wieder hervorgehoben (vgl. u.a. Beher/Liebig/Rauschenbach 2003). Neben diesem Bekanntmachen mit Realitätsausschnitten des gesellschaftlichen Lebens, die ansonsten in „normalen" Biographien und Berufskarrieren junger Menschen so gut wie keinen festen Platz haben, wird ebenfalls eine mehr oder weniger enge Verbindung mit bestimmten Arbeitsfeldern hergestellt, die für viele auch mit beruflichen Aussichten verbunden ist. Das freiwillige Engagement ist somit vielfach „Türöffner" für entlohnte Tätigkeiten im Dritten Sektor und ein Reservoir für die Nonprofit-Organisationen zur Rekrutierung beruflich tätiger Mitarbeiter (vgl. dazu auch die nachfolgenden Ausführungen). Das gilt umso mehr, als durch die starke Expansion der Beschäftigtenzahlen in diesem Teilarbeitsmarkt seit den 1970er Jahren in den nächsten Jahren ein kaum zu deckender Personalbedarf entstehen wird.

4 Der Wert des Engagements für die Nonprofit-Organisationen

Lange Zeit wurde mit den Organisationen des Dritten Sektors die Vorstellung verbunden, dass sie nicht ohne einen kontinuierlichen Zufluss der Ressource „Solidarität" überlebensfähig seien und sich auch in dieser Hinsicht von marktwirtschaftlich aufgestellten Unternehmen und staatlichen Agenturen unterscheiden. Mit anderen Worten: Die Gestaltungsformen einer einfachen Mitgliedschaft und vor allem die freiwillige Mitarbeit (Zeitspenden) sowie die Geld- und Sachspenden beschreiben konstitutive Merkmale dieser Organisationen, deren Fehlen die Existenz der Organisationen aufs Spiel setzt (vgl. Priller/Zimmer 2005: 129). Für eine Vielzahl von NPOs trifft dies auch heute noch zu. Viele Organisationen des Dritten Sektors – vornehmlich die kleinen Vereine – sind existenziell auf ehrenamtliches Engagement angewiesen. Das der Satzung entsprechende Tätigwerden des Vereins und die

Steuerung dieser Tätigkeiten durch die Vorstandsarbeit sind ohne ehrenamtliche Mitarbeiter nicht denkbar.

Hinsichtlich der großen Vereine, Verbände oder gemeinnützigen GmbHs, die ihre Einnahmen neben Spenden, Mitgliedsbeiträgen und Subventionen überwiegend über eigene Leistungen/Dienste erwirtschaften und in der Regel eine Vielzahl von beruflich tätigen Mitarbeitern beschäftigen, ist von einer gänzlich anderen Situation auszugehen: Dort ist der Stellenwert der Ressource Solidarität stark relativiert worden. Diese Segmente des Dritten Sektors lassen sich einerseits mit einer vergleichsweise hohen Repräsentanz von „atypischen Beschäftigungsverhältnissen" (vgl. Betzelt/Bauer 2000; Trukeschitz 2005) und andererseits mit einer besonders diversifizierten Zusammensetzung des Personals charakterisieren (vgl. Beher/Liebig 2001). Insbesondere das letzte Spezifika weist auch Verbindungen zu dem Bereich der ehrenamtlichen Mitarbeit auf: Aufgrund der Fülle der Statusgruppen – von hauptberuflich Beschäftigten und Ein-Euro-Kräften über Zivildienstleistende und Teilnehmer von Freiwilligendiensten bis hin zu den ehrenamtlich Engagierten in politischen und helfenden Positionen –, die zusammen die Angebote und Leistungen der Nonprofit-Organisationen aufrechterhalten, existieren mehrere Grauzonen, in denen bestimmte „normale" Merkmale der Ehrenamtlichkeit (etwa Freiwilligkeit, Unentgeltlichkeit, Laientätigkeit) nicht mehr eindeutig zu identifizieren sind.[10]

Mittels einer Personenbefragung im Bereich der Nonprofit-Organisationen, bei der Ende 2004, Anfang 2005 rund 2.000 Interviews mit ehren- und hauptamtlichen Führungskräften geführt wurden, konnte unter anderem die Verwobenheit zwischen den hauptberuflich ausgeführten Leitungsfunktionen und ehrenamtlich ausgeführten Tätigkeiten aus biographischer Perspektive beleuchtet werden. So wird durch diese Befunde deutlich, dass der Dritte Sektor „Engagementkarrieren" fördert und fordert bzw. – eher neutral formuliert – hervorbringt. Sowohl bei den ehrenamtlichen Führungskräften als auch insbesondere bei den hauptamtlich Tätigen gibt es eine frühe und starke Quote des freiwilligen Engagements, so dass das Ehrenamt durchaus als wichtige Sozialisationsinstanz hinsichtlich einer Führungsposition in einer Organisation des Dritten Sektors bezeichnet werden kann. Mit anderen Worten: Wird der Lebensweg der bezahlten und unbezahlten Führungskräfte ins Blickfeld genommen, dann wird der große Stellenwert des ehrenamtlichen Engagements in der Biographie der Befragten ersichtlich. „Befragt nach ihrer Engagementbiographie waren 68 % der haupt- und 64 % der ehrenamtlichen Führungskräfte bereits vor der Übernahme ihrer derzeitigen Führungstätigkeit ehrenamtlich in einer gemeinnützigen Organisation engagiert. Umgekehrt bedeutet dies, dass nur rund ein Drittel der bezahlten und unbezahlten Funktionsträger nicht auf ein ehrenamtliches Engagement im Vorfeld der aktuellen Führungsposition zurückblicken kann. Für die große Mehrheit der Führungskräfte bildete das ehrenamtliche Engagement im Nonprofit-Sektor demzufolge eine wichtige Station auf dem

---

[10] Außerdem muss in diesem Zusammenhang auch die Arbeitsmarktnähe der freiwilligen Tätigkeiten thematisiert werden. Die Daten des Freiwilligensurveys, der unter anderem erfragte, (1.) ob die Tätigkeiten der Freiwilligen auch von hauptberuflich tätigen Personen ausgeübt werden und (2.) ob Interesse besteht, die eigene Tätigkeit auch bezahlt auszuüben, weist in dieser Hinsicht eine relativ breite Spanne auf. Besonders hohe Werte zu beiden Fragen sind demnach in zwei gesellschaftlichen Bereichen zu finden: Sowohl im Bereich „Jugend und Bildung" (1.: 36 % und 2.: 24 %) als auch im Segment „Umwelt- und Tierschutz" (29 % und 26 %) liegen die Prozentwerte zum Teil deutlich über dem Durchschnitt (22 % und 21 %) aller Befragten (vgl. Gensicke/Picot/Geiss 2006: 144ff.).

Weg bezüglich der Engagementquote in die Führungsposition" (Beher/Krimmer/Rauschenbach/Zimmer 2005: 32).

Diese hohen Werte im Hinblick auf die Engagementquote vor der Übernahme der aktuellen Position korrespondieren mit den Befunden hinsichtlich der Rekrutierungswege für die Besetzung von hauptamtlichen Führungsstellen, die den hohen Stellenwert der beruflichen und sozialen Netzwerke verdeutlichen. So gaben 58,5 % der Befragten an, dass der Zugang zu ihrer aktuellen Beschäftigung durch die Ansprache von leitenden Personen aus ihrer Organisation erfolgte. Bilanzierend ist festzustellen, dass der Zugang in hauptamtliche Führungspositionen des Dritten Sektors „auf höchst unterschiedlichen Wegen erfolgt. Werden die ermittelten Antworten verallgemeinert, dann sind soziale Beziehungen zu Mitgliedern, insbesondere zu leitenden Personen, und der interne Arbeitsmarkt in gemeinnützigen Organisationen wichtiger als formalisierte und öffentliche Zugangswege zu hauptamtlichen Führungspositionen. Dass lässt jedoch nicht den Rückschluss zu, dass vakante Stellen nicht öffentlich ausgeschrieben werden" (ebd.: 36f.). Der Wert des Engagements für die Nonprofit-Organisationen stellt sich dementsprechend sehr vielschichtig dar und findet seinen Ausdruck unter anderem darin, dass die Arbeit mit Ehrenamtlichen in Leitbildern und den Konzepten zur Organisationsentwicklung und Qualitätssicherung gewürdigt wird (vgl. Kap. 7).

5   Der Wert des Engagements im Dritten Sektor für die Freiwilligen

Die oben beschriebenen Funktionen des freiwilligen Engagements in den Nonprofit-Organisationen aus einer gesellschaftlichen Perspektive besitzen spiegelbildlich auch ihren Wert für die engagierten Personen selbst. Insbesondere die Effekte für das Gemeinwesen, die zu den Schlüsselbegriffen „Inklusion" und „Bildung" aufgeführt wurden, sind ohne Wirkungen auf individueller Ebene nicht denkbar. So folgert etwa Gensicke (2005: 12) aus den Daten des Freiwilligensurveys: „Der Grad der individuellen Einbindung in freiwilliges Engagement steht in engem Zusammenhang mit der sozialen Integration einer Person. Am deutlichsten wird dies an der herausragenden Beziehung zwischen dem Vorhandensein eines großen Freundes- und Bekanntenkreises und der Position auf der Engagement-Skala". Dies bedeutet, dass Personen aus der Gruppe der nicht gemeinschaftlich Aktiven nur selten (14 %) zu denjenigen zu zählen sind, die einen relativ großen Freundes- und Bekanntenkreis haben. Fast die Hälfte (46 %) dieser Personengruppe (mit großem Freundes- und Bekanntenkreis) gehört zu den Hochengagierten mit drei oder mehr freiwilligen Tätigkeiten. Grundsätzlich lässt sich feststellen: „Ehrenamtliche Produktion ist nicht zuletzt unter dem Aspekt von Verbundvorteilen – und hier in erster Linie von Kuppelprodukten – von Interesse. Dabei ist denkbar, dass neben dem eigentlich ehrenamtlich produzierten Gut Kuppelprodukte ‚anfallen', die u.U. einen sehr großen Nutzen für den ehrenamtlichen Produzenten besitzen, der in einigen Fällen sogar über dem Nutzen des eigentlich ehrenamtlich produzierten Gutes liegt" (Erlinghagen 2000: 35f.). Solchen wichtigen Kuppelprodukte sind etwa die so genannten „weak ties"[11] oder das Humankapital.

Auch die deutliche Mehrheit der engagierten Personen selbst gibt an, dass mit ihrer freiwilligen Tätigkeit Lernprozesse verbunden sind. Bei 44 % wird der Umfang des Erwerbs wichtiger Fähigkeiten als sehr hoch oder hoch beschrieben, 45 % der befragten Freiwilligen konnten in diesem Zusammenhang immerhin noch einen „gewissen Umfang" feststellen (vgl. Gensicke/Picot/Geiss 2006: 141f.). Solche Lernprozesse finden sich vor allem in den Bereichen „Jugend und Bildung" (sehr hoher Umfang: 16 %; hoher Umfang: 46 %) sowie „Freiwillige Feuerwehr und Rettungsdienste" (20 % bzw. 39 %).

Es gehört heute zu einer anerkannten Definition von Ehrenamt bzw. freiwilligem Engagement, dass dieses zwar grundsätzlich unentgeltlich geleistet wird, allerdings bestimmte Geldtransfers (im Sinne und in der Höhe von Kostenerstattungen/Aufwandsentschädigungen) oder andere geldwerte Vorteile (auch im Sinne von kostenfreien Weiterbildungen) von den Freiwilligen in Anspruch genommen werden können.[12] Obwohl sich „nur" etwa jede fünfte engagierte Person (22 %) eine bessere Vergütung für die Freiwilligen wünscht und die Vergrößerung des eigenen Gestaltungsspielraums dagegen der wichtigste Verbesserungsvorschlag zu sein scheint (vgl. ebd.: 163), existieren dennoch einige Indizien, die vereinzelt eine schleichende Monetarisierung der freiwilligen Tätigkeiten nahelegen. Vor dem Hintergrund einer mehr oder weniger konstanten Erwerbsarbeitslosigkeit, einer zunehmenden Zahl von Arbeitsplätzen und Renten mit nicht mehr existenzsichernden Entgelten bzw. Transferleistungen oder der Schaffung von „Arbeitsgelegenheiten mit Mehraufwandsentschädigungen" gewinnt der „monetäre Ertrag" bestimmter freiwilliger Tätigkeiten an Attraktivität bzw. einen gewissen Wert. Insofern steht in diesem Zusammenhang unter anderem eine Klärung der Frage an, ob die überdurchschnittlichen Erhöhungen der Engagementquoten zwischen den Erhebungsjahren 1999 und 2004 bei den Gruppen der Arbeitslosen (von 23 % auf 27 %) und Rentnern/Pensionären (von 24 % auf 28 %) als Folge dieser spezifischen Attraktivitätssteigerung bzw. Bedeutung interpretiert werden können (vgl. ebd.: 20).

---

[11] Unter „weak ties" werden schwache soziale Bindungen verstanden (vgl. Granovetter 1983), die in zweierlei Hinsicht für die Debatten zum ehrenamtlichen Engagement von Interesse sind: „Zum einen können weak ties zunächst als Kuppelprodukte ehrenamtlichen Engagements entstehen und somit Erträge abwerfen, die nicht in unmittelbarem Zusammenhang zum ausgeübten Ehrenamt stehen. Zum anderen können weak ties aber auch eine wichtige Voraussetzung sein, warum Ehrenämter überhaupt erst übernommen werden" (Erlinghagen 2000: 36).
[12] Nach dem Freiwilligensurvey geben die weitaus meisten freiwillig Engagierten (86 %) an, für ihre Tätigkeiten keinerlei Vergütung zu erhalten. Allerdings sind ebenfalls bestimmte Tätigkeitssegmente mit besonderen Strukturbedingungen auszumachen, die einen gewissen monetären Transfer garantieren. Beispielsweise wird im Rahmen der Freiwilligendienste in der Regel ein Taschengeld ausgezahlt und häufig die Kosten für Unterkunft und Verpflegung durch die Träger übernommen. Nach einer aktuellen Evaluationsstudie zu den Freiwilligendiensten geben die TeilnehmerInnen des FSJ (Freiwilliges Soziales Jahr) – weitgehend übereinstimmend mit den Trägerangaben – an, dass die Höhe ihres Taschengeldes durchschnittlich 185 € pro Monat beträgt. Damit wird die gesetzliche Höchstgrenze für das Taschengeld von 309 €, das den Betrag von 6 % der Beitragsbemessungsgrenze in der Rentenversicherung nicht überschreiten darf, deutlich unterschritten. Der Zuschuss für Unterkunft und Verpflegung liegt bei durchschnittlich 170 € (vgl. Bundesministerium für Familie, Senioren, Frauen und Jugend o.J.: 53).

6 Veränderungen der Rahmenbedingungen für die Tätigkeiten der Dritte-Sektor-Akteure

Die Forschung ist sich darin einig, dass sich die Funktionsweise des Dritten Sektors bzw. der Nonprofit-Organisationen von denen der anderen Sektoren bzw. der marktwirtschaftlich agierenden Unternehmen und staatlichen Agenturen unterscheidet. Das Besondere lässt sich am prägnantesten durch den Rückgriff auf die Handlungslogiken und Bezugswerte der Organisationen sowie der dort tätigen Organisationsmitglieder darstellen (vgl. u.a. Finis Siegler 1997: 42ff.). Demnach lassen sich die Organisationen des Dritten Sektors als „intermediäre Instanzen" charakterisieren, die mit verschiedenen Handlungslogiken und Bezugswerten jonglieren müssen, die sich – übersetzt in konkrete Handlungssequenzen – durchaus widersprechen können. Dies wurde beispielsweise von Streeck (1987) mit dem Blick auf die Vereinsstruktur und der analytischen Differenzierung von System- und Sozialintegration herausgearbeitet. Dennoch werden mit der spezifischen Situation der Organisationen im intermediären Raum verschiedene Vorteile verbunden. „Auf dem Markt wird der Wert der Freiheit, durch den Staat der Wert der Gleichheit und in Gemeinschaften der Wert der Solidarität optimiert. Dies gelingt allerdings nur um den Preis der Vernachlässigung oder gar Verletzung der jeweils anderen Prinzipien. Der Vorteil der intermediären Organisationen dagegen besteht in der gleichzeitigen Erfüllung verschiedener Funktionen, was eine flexible Reaktion auf unterschiedliche, ja widersprüchliche Anforderungen ermöglicht" (Olk/Rauschenbach/Sachße 1995: 17f.).

Eine eher langfristige und sektorübergreifende Betrachtung macht deutlich, dass die gesellschaftlichen Sektoren in der Vergangenheit nicht als abgeschlossene oder abgeschottete Bereiche zu verstehen, sondern eher als „durchlässig" zu charakterisieren sind.[13] Hinter diesen „Wanderungsbewegungen" bzw. Verschiebungstendenzen zwischen den Sektoren stehen zumeist politische Entscheidungen und/oder gesellschaftliche Entwicklungsprozesse, die allerdings nur Optionen eröffnen, Privilegien verteilen und in einigen Bedarfsausgleichssystemen bzw. (Quasi-)Märkten vielfach Situationen hervorbringen, die eine gleichzeitige Präsenz von zwei oder drei Sektoren vorsehen. In diesem Zusammenhang ist heute etwa die Rede vom „Wohlfahrtspluralismus", vom „welfare mix" oder auch von „private-public-partnership" – und es geht dabei immer um Formen der Verschränkung zwischen staatlichen Interventionen und Beiträgen der privat- und gemeinwirtschaftlichen Bereiche sowie der informellen Sphäre, damit ein breites und sich gegenseitig „animierendes" Kontinuum von Möglichkeiten geschaffen wird (vgl. u.a. Evers/Olk 1996: 33ff.). Durch dieses Kontinuum sollen gewissermaßen die spezifischen Vorteile der Leistungserbringung der beteiligten Sektoren im Zusammenhang genutzt und deren Nachteile minimiert werden. Diese – hier eher aus einer Makroperspektive beschriebenen – Entwicklungen finden auch

---

[13] „Die Geschichte lehrt, wie gesellschaftliche Funktionen (z.B. die Bereitstellung bestimmter Leistungen) im Zeitablauf von verschiedenen Sektoren wahrgenommen worden sind. So gibt es bei manchen sozialen Diensten einen Trend von der informellen Bereitstellung über den Nonprofit-Sektor hin zum staatlichen Angebot (z.B. die so genannte „Randgruppen"-Betreuung). Gleichzeitig existieren aber auch Beispiele für eine Rückübertragung von staatlichen Aufgaben an NGOs [Non-Gouvernmental-Organizations; d.V.]. Andere ‚Wanderungen' von institutionellen Arrangements zeichnen einen Weg vom informellen Bereich über den Nonprofit-Sektor in die Verantwortung gewinnorientierter Unternehmen (z.B. im Sport)" (Badelt 1997: 434).

auf der Ebene der Einrichtungen, d.h. auf der betriebswirtschaftlichen Ebene ihren Niederschlag. Für die einzelnen Nonprofit-Organisationen bedeutet dies heute, dass sich die normative Vorstellung eines „Wohlfahrtsmix" als neu gestalteter Ressourcenmix mit veränderten „intraorganisatorischen Arrangements" widerspiegelt. Durch eine Rekombination von verschiedenen Faktoren (staatliche Vorgaben und Finanzen, unternehmerische Eigeninitiative und Nutzung privatwirtschaftlicher Mittel sowie der Eigeninitiative bzw. des freiwilligen Engagements der unmittelbar Beteiligen oder des Umfeldes) entstehen so genannte „hybride Organisationsformen", die im Kleinen die Synergieeffekte eines neuen ordnungs- bzw. sozialpolitischen Konzepts nutzen wollen (vgl. u.a. Evers/Rauch/Stitz 2002).

Diese vor allem politisch initiierte aktuelle Neuausrichtung betrifft große Teile des Dritten Sektors, nämlich diejenigen Bereiche, in denen die Nonprofit-Organisationen als so genannte „freie Träger" regelmäßig an der Umsetzung von politischen Programmen beteiligt sind. Diejenigen Akteure des Dritten Sektors, die – etwa in den Bereichen Soziales, Gesundheit, Kultur, Rettungswesen, Sport oder Bildung – ihre Finanzierung weitgehend über Zahlungen aus öffentlichen oder quasi-öffentlichen Haushalten bestreiten, müssen in adäquater Weise auf neue ordnungs-, sozial- und kulturpolitische Leitbilder reagieren – wollen sie ihren Status und ihre Strukturen nicht gefährden. Verändert haben sich dabei vor allem das Leistungs- und Förderspektrum der „öffentlichen Hand", die Modalitäten der öffentlichen Finanzierung und die Stellung der Nonprofit-Organisationen (diskutiert etwa unter den Schlagworten Subsidiarität oder Neokorporatismus), die zusammen eine neuartige Rahmenordnung für diese Teile des Dritten Sektors entstehen lassen. Mit diesen Wandlungsprozessen, die grundsätzlich dem politischen Ziel der Ausgabenbegrenzung bzw. einer „einnahmenorientierten Ausgabenpolitik" folgen, finden sich die Nonprofit-Organisationen in einer Rolle wieder, die ihnen als Organisationen im Wettbewerb verstärkt egoistisch-rationale Kalküle und eine betriebswirtschaftlich inspirierte Logik abverlangt (vgl. Liebig 2005: 44ff.). Diese Tendenzen haben Folgen für den Dritten Sektor als Ganzes: „Das, was einmal ein in sich konsistenter Sektor war, verwandelt sich in ein patchwork, das unmittelbare Nebeneinander von Organisationen, die sich ganz und gar marktrationellem Handeln verpflichtet haben, anderen die von der Unterordnung unter staatliche Befehlsketten geprägt sind und schließlich auch solchen, wo freiwillige Mitarbeit und eigenständige Definition von sozialen Zielen nach wie vor essentiell sind" (Evers 2004: 7).

Vor einem eher langfristigen Horizont, der gewissermaßen verschiedene gesellschaftliche Entwicklungsphasen entstehen lässt, entwickelt sich ein Bild, nach dem das lange Zeit vorherrschende Modell einer „traditionellen sozialstaatlichen Versorgung" in fortschreitender Weise von dem Modell einer „Pseudo-Marktversorgung" verdrängt und überlagert wird. Mit anderen Worten: Die mehr oder weniger „marktferne" Herstellung oder Organisation von Versorgungsmitteln bzw. -systemen wird zunehmend von der Förderung des Erwerbs von Versorgungsmitteln auf dem Markt ersetzt (vgl. Krämer 1996: 947ff.). Die Ursache dieser Prozesse sieht Anheier (2001: 69) in einer sich ausbreitenden Rationalisierung, die auch bislang unerreichte Nischen modernisiert. „Die Ökonomisierung der Gesellschaft allgemein und des Dritten Sektors im Besonderen und die zunehmende Geltung des Marktprinzips sind das Ergebnis, aber nicht die eigentliche Ursache der ... Veränderungen. Die Ursache ist die weiter fortschreitende Rationalisierung der Gesellschaft, die im Markt ihren Ausdruck erfährt."

Vor dem Hintergrund der geschilderten politischen Neuausrichtungen und dem bereits lange andauernden Verberuflichungsprozess in einigen Segmenten des Dritten Sektors stellt sich allerdings die berechtigte grundsätzliche Frage: Können die Organisationen des Dritten Sektors die oben skizzierten gesellschaftlich wichtigen Funktionen – ihre besondere engagementpolitische Rolle – weiterhin erfüllen, wenn sie sich um des eigenen Überlebens Willen in vielfacher Hinsicht wie Unternehmen in einem marktlichen Gefüge aufstellen müssen? Oder aus einer anderen Perspektive gefragt: Welche Merkmale einer Organisation mit „multipler Identität" (etwa hinsichtlich Leitbild bzw. Philosophie, Ziel, Verfassung, Aufbau- und Ablaufstruktur, Führungsstruktur etc.) gehören zu einer unverzichtbaren organisatorischen „Grundausstattung", die für die Erfüllung der zivilgesellschaftlichen Funktionen sorgt? Die begründete Vermutung in diesem Zusammenhang – auf eine einfache Formel gebracht – lautet: „Je stärker die Organisationen in die wohlfahrtsstaatliche Dienstleistungserstellung eingebunden bzw. je quasi-marktlicher sie sind, um so weniger rechnet man offenbar mit einem Engagement der Bürger und desto unattraktiver sind sie für privates Engagement, für Geld- und vor allem Zeitspenden. Umgekehrt, je mehr die Organisationen ihren assoziativen Charakter bewahrt haben und je unabhängiger sie vom Staat sind, desto attraktiver sind sie für Mitgliedschaft und Engagement" (Anheier/Priller/Zimmer 2002: 102f.). Damit ist für diejenigen Organisationen des Dritten Sektors, die in den von der Ökonomisierung betroffenen Segmenten agieren, eine Dilemma vorgezeichnet: Die wirtschaftlich tätigen Organisationen müssen sich scheinbar entscheiden, ob sie einer angeratenen „Wettbewerbsstrategie" folgen oder ob sie eine „Sozialwohlstrategie" favorisieren wollen (vgl. Ottnad/Wahl/Miegel 2000: 174ff.). Vor dem Hintergrund der oben skizzierten sozialwirtschaftlichen Rahmenbedingungen erscheint es heute auf der Ebene der wirtschaftlich verantwortlichen Einzelorganisation unmöglich, beide Strategien gleichzeitig erfolgreich umzusetzen. Es ist eine zurzeit unbeantwortete Frage, wie es gelingen kann, alle Facetten der tradierten multiplen Identität, alle verbandspolitisch propagierten Werte (insbesondere diejenigen im Zusammenhang der zivilgesellschaftlichen Funktionen) in eine modernisierte corporate identity einer Einzelorganisationen zu überführen, die evtl. eine ihre Tätigkeit angemessenere Rechtsform (gGmbH) angenommen hat und damit nicht nur die Haftungsrisiken, sondern auch die Steuerungs- und Aufsichtsfragen sowie die Partizipationsoptionen von Ehrenamtlichen in neuer Weise gestaltet (vgl. dazu etliche Beiträge in Badelt/Meyer/Simsa 2007 und Hopt/von Hippel/Walz 2005).

7   Strategien und Programme der Akteure des Dritten Sektors

Der Idee einer Bürgergesellschaft, mit der die engagierten Bürger eine veränderte, aktivere und partizipativere Rolle im Gemeinwesen zugewiesen bekommen, wohnt eine Tendenz inne, die nicht nur antistaatliche, sondern auch antiprofessionale Ausrichtungen kennt. So kann im Spiegel einer gestärkten Selbstorganisation der Bürger, sowohl die Expertise der einschlägig ausgebildeten Fachkräfte als auch die Art und Weise der Aufgabenerledigung durch beruflich geprägte Settings in die Kritik geraten. Dies ist vielleicht die wichtigste Ursache dafür, dass in den verberuflichten bzw. professionalisierten Segmenten des Dritten Sektors an die Etiketten der Zivil- bzw. Bürgergesellschaft neben Hoffnungen vielfach auch

Skepsis und Vorsicht gekoppelt sind. Darüber hinaus ist dort die Einbeziehung der engagierten Menschen in weitgehend bürokratisierte Abläufe und verberuflichte Strukturen keineswegs einfach, sondern erfordert von den beteiligten Personen eine Fülle von Lern- und Anpassungsprozessen, auf die auch die Ablauf- und Aufbauorganisationen angestimmt sein müssen. Aus diesem Grund wird innerhalb der großen verbandlichen Netzwerke des Dritten Sektors – von der Pflege über die Soziale Arbeit bis zum Bereich des Sports – immer deutlicher ein so genanntes „Freiwilligenmanagement" eingefordert, das vor allem dazu dienlich sein soll, die ideellen und praktischen Interessen der freiwillig engagierten Menschen mit der vorhandenen Aufbau- und Ablauforganisation der beruflich tätigen Mitarbeiter zu harmonisieren und zu synchronisieren, wobei in erster Linie die hauptamtlichen Leitungspositionen angesprochen sind (vgl. Rosenkranz/Weber 2002).[14]

Freiwilligenmanagement wird dementsprechend verstanden, als „ein prozessorientiertes Vorgehen, bei dem sich Organisationen den Motivationen, Erwartungen, Bedürfnissen und Kompetenzen von Freiwilligen öffnen" (Diakonisches Werk der EKD 2006: 12). Damit rückt die vom Management verantwortete Aufgabe, für eine gelingende Zusammenarbeit von hauptberuflich Tätigen und Freiwilligen Sorge zu tragen, in den Aufgabenkanon eines Qualitätsmanagements und erhält für die großen Nonprofit-Organisationen den „Rang eines Betriebsziels" (vgl. Pott/Wittenius 2002). Um dieses Ziel zu verfolgen, geht es – nicht zuletzt vor dem Hintergrund eines Strukturwandels des Ehrenamts (vgl. Beher/Liebig/Rauschenbach 2000) – auch um die Schaffung von neuen, der Organisation „vorgelagerten" bzw. angegliederten, Strukturen. So wurden z.B. Freiwilligenagenturen bzw. -zentren geschaffen, die letztlich die Infrastruktur des Engagements verbreitern und um ein wichtiges Element in der Rekrutierungsphase bereichern (vgl. Baldas u.a. 2001; Beher/Liebig/Rauschenbach 2000). „Freiwilligenagenturen verstehen sich als Brücke zwischen engagementbereiten Bürgern und potenziellen Trägern von Freiwilligenarbeit. Sie animieren und aktivieren zum freiwilligen Engagement und bieten Interessierten eine breite Auswahl individueller Engagementmöglichkeiten unterschiedlichster Art und Intensität" (Ebert u.a. 2002: 29).

Vor allem aufgrund der in dem letzten Kapitel beschriebenen politisch initiierten Entwicklungen, die auch die Rahmenbedingungen der größeren Akteure des Dritten Sektors nachhaltig verändern, beschäftigen sich zurzeit fast alle Akteurgruppen mit Modellen und Strategien der Organisationsentwicklung. Dabei geht es im Kern um die Frage, mit welchen Strukturen die Nonprofit-Organisationen zukünftig ihre unterschiedlichen Rollen bzw. Funktionen (als Wertgemeinschaften, zivilgesellschaftliche Akteure, Dienstleister, Arbeitge-

---

[14] Als hervorragendes Beispiel für eine solche Orientierung können die Vorschläge zum Freiwilligen-Management im Rahmen der Initiative „Danke! Sport braucht dein Ehrenamt" (www.ehrenamt-im-sport.de; Texte zum Freiwilligen-Management) angesehen werden. Dort wird bilanzierend auf die einfache Formel verwiesen: „Ohne gut organisiertes Ehrenamt keine Freiwilligen". Dieser Grundsatz wird für die Vereine dahingehend ausgelegt, dass hinsichtlich der Freiwilligen eine Bedarfsplanung, Aufgabenprofile, Erstgespräche und Einarbeitungspläne notwendig sind. Außerdem mahnt die Dachorganisation des Sports eine genaue Abgrenzung der Aufgaben von Haupt- und Ehrenamtlichen, einen Abbau von „zementierten Hierarchien" sowie Investitionen in Fortbildungen an. Für Kegel (2002: 94) besteht die Aufgabe eines Freiwilligenmanagements auch darin, die Kultur der Organisation zu prägen. „Freiwilligen-Manager, Freiwilligen-Koordinatoren, Ansprechpartner fürs Ehrenamt, Volunteer Coaches – wie auch immer die Bezeichnung lautet, sind ... nicht die alleinigen Kontaktpersonen für die Freiwilligen. Diese Funktion muss vielmehr eingebunden sein in ein internes Netzwerk aus Vorstand, Geschäftsführung, bestimmten Hauptamtlichen, Ehrenamtlichen oder Freiwilligen.... Dieses Netzwerk hat insgesamt als Aufgabe, die Freiwilligenkultur in der Organisation zu entwickeln."

ber, Mitgliedervereine, Interessenvertretungen etc.) ausfüllen können, ohne in dieser Hinsicht ihren gesellschaftlichen Stellenwert oder Synergieoptionen einzubüßen. So spitzt sich beispielsweise für die Arbeiterwohlfahrt (AWO) diese Zukunftsaufgabe zu der Frage zu, ob der Verband und dessen Gliederungen den modernen Anforderungen an soziale Dienstleistungen und den Erwartungen an einen ehrenamtlich tätigen Wohlfahrtsverband überhaupt noch in einem einzigen, einheitlichen Organisationsmodell gerecht werden können, oder ob nicht vielmehr die Befolgung unterschiedlicher Funktionen auch unterschiedliche – am heutigen Zustand gemessen: autonomere – (Teil)Strukturen verlangt. Besondere Bedeutung hat dabei der Gedanke einer Entflechtung der Verantwortung für die operative Wahrnehmung der unternehmerischen Aufgaben einerseits und die verbandlichen Verpflichtungen andererseits, wobei diese beiden Bereiche dennoch unter dem Dach einer gemeinsamen und wertegeleiteten Mitgliederorganisation strategisch verknüpft bleiben sollen. Grundsätzlich, so wird in einem Grundsatzpapier festgestellt, soll die „Führung der AWO-Betriebe künftig außerhalb des AWO-Mitgliederverbands in rechtlich eigenständigen AWO-Unternehmen organisiert sein.... Die Organe des AWO-Mitgliederverbands legen die strategische Grundausrichtung für die AWO-Unternehmen fest" (AWO 2006: 2). Ob dieser Versuch, die traditionelle Wertorientierung eines großen Verbandes und die modernen, betriebswirtschaftlich formulierten Anforderungen an die Organisationen unter dem Dach neu konstruierter Strukturen zu verbinden, in Zukunft gelingen wird, bleibt noch abzuwarten.

8 Folgerungen zur engagementpolitischen Rolle der Nonprofit-Organisationen

Nicht zuletzt die Analyse der facettenreichen gesellschaftlichen Funktionen des freiwilligen Engagements der Bürger im Dritten Sektor verdeutlicht, dass diese Tätigkeiten und deren Resultate als ein – vielfach vergleichsweise wenig beachtetes – Fundament der nationalen sozialpolitischen und kulturellen Strukturen verstanden werden muss. Damit lässt sich dieses zivilgesellschaftliche Engagement als Element einer Konfiguration sich wechselseitig stützender Institutionen typisieren, die als Kennzeichen der industriegesellschaftlichen (Ersten) Moderne angesehen werden. Aus der Perspektive der „Theorie reflexiver Modernisierung" gerät diese Figur in der Folge eines forcierten Wirksamwerdens von Modernisierungsprozessen in eine Krisensituation. Eine Fülle empirisch beobachteter gesellschaftlicher Entwicklungen und Wandlungsprozesse führen in diesem Theoriegerüst zu der Grundaussage, dass die eigenen Grundlagen der Ersten Moderne durch universale Prozesse der Rationalisierung, kritischen Hinterfragung und Vermarktlichung unter Druck gesetzt werden, womit ein Meta-Wandel der Institutionen in Gang gesetzt wird. „Die selbsterzeugten ‚Schutzzonen' der Ersten Moderne gegen die Dynamik der Modernisierung verlieren in der Gegenwart ihre nicht-hinterfragte Selbstverständlichkeit. Sie werden als kontingent erfahren, gestaltbar und geraten unter Begründungsdruck" (Beck/Lau 2005: 110).

Mit einem – sicherlich etwas nivellierenden – Blick auf den Bereich der typischen Nonprofit-Organisationen des Dritten Sektors kann diese Analyse geteilt werden. Die Sicherheit bei der Identifizierung des Besonderen der „intermediären" Sphäre geht mehr und mehr verloren (Stichwort: „hybride Organisationen"). Zwar sind die traditionellen Verbände und Vereine „institutionell ‚geronnene Geschichte' bürgerschaftlichen Engagements" (vgl. Keupp 2003: 55). Ihre aktuelle Beziehung zum freiwilligen Engagement ist allerdings eher durch eine Gleichzeitigkeit von Annäherung und Absetzung geprägt. Da sich die Ehrenamtlichen nicht mehr milieugebunden und gewissermaßen selbstverständlich rekrutieren lassen, ist einerseits eine Aufwertung der Sorge um die Freiwilligen zu beobachten. Andererseits lösen sich – unter den Bedingungen einer fortschreitenden Rationalisierung einer ehemaligen Schutzzone der Moderne – bestimmte traditionelle Verbindungen zwischen sozialwirtschaftlich agierenden und mitgliederorientierten Strukturen und damit auch zwischen den verberuflichten und ehrenamtlichen Bereichen auf, nicht zuletzt auch durch neue tätigkeitsorientierte Vermischungen im Rahmen von Ein-Euro-Jobs, berufsnahen Freiwilligendiensten oder neuen Diffusitäten in Formen lokaler „Bürgerarbeit". Mit diesen Entwicklungen scheint sich ein Gestaltwandel des Dritten Sektors anzukündigen, der auch die zivilgesellschaftlichen Beiträge dieser Sphäre betreffen wird (vgl. u.a. Anheier/ Freise 2003).

Um den Anforderungen einer zunehmende Rationalisierung hinsichtlich der Bereiche der sozialen Selbstorganisation, der bürgerschaftlichen Partizipation und der Selbsthilfe zu begegnen, erscheint es angebracht, die engagementpolitische Rolle der Nonprofit-Organisationen als Beitrag zur gesellschaftlichen Wertschöpfung zu verstehen – auch wenn sich das Projekt Zivilgesellschaft keineswegs nur auf diese Akteure beschränkt. „Ein florierender Dritter Sektor, der alle Gruppen der Bevölkerung einschließt und einen Raum des sozialen wie berufspraktischen Kompetenzgewinns bietet, wird zur Investition in die Zukunft" (Priller/Zimmer 2006). Damit muss insbesondere die Organisationskomponente des freiwilligen Engagements der Menschen stärker als bislang beleuchtet und das Sorgetragen für die notwendigen Komponenten auch als gesellschaftliche und evtl. gesamtstaatliche Aufgabe betrachtet werden.

Literatur

Anheier, Helmut K. (2001): Der Dritte Sektor in Europa: Wachstum und Strukturwandel. In: Priller, Eckhard/Zimmer, Annette (Hrsg.) (2001): Der Dritte Sektor international: mehr Markt – weniger Staat? Berlin: edition sigma, S. 57-76

Anheier, Helmut K./Freise, Matthias (2004): Der Dritte Sektor im Wandel: Zwischen New Public Management und Zivilgesellschaft. In: Gosewinkel, Dieter u.a. (Hrsg.) (2004): Zivilgesellschaft – national und transnational. WZB-Jahrbuch 2003. Berlin: edition sigma, S. 129-150

Anheier, Helmut K./Priller, Eckhard/Zimmer, Annette (2002): Zur zivilgesellschaftlichen Dimension des Dritten Sektors. In: Meyer, Thomas/Weil, Reinhard (Hrsg.): Die Bürgergesellschaft. Perspektiven für Bürgerbeteiligung und Bürgerkommunikation. Bonn: Dietz, S. 85-115

Arbeiterwohlfahrt (Bundeskommission „Verbandsentwicklung") (Hrsg.) (2006): Grundsätze und Eckpunkte zur Verbandsentwicklung der AWO. Berlin 2006

Badelt, Christoph (1997): Ausblick: Entwicklungsperspektiven des Nonprofit Sektors. In: Badelt, Christoph (Hrsg.) (1997): Handbuch der Nonprofit Organisationen. Strukturen und Management. Stuttgart: Schäffer-Poeschel, S. 413-442

Badelt, Christoph/Meyer, Michael/Simsa, Ruth (Hrsg.) (2007): Handbuch der Nonprofit Organisation. Strukturen und Management. Stuttgart: Schäffer-Poeschel

Baldas, Eugen u.a. (2001): Modellverbund Freiwilligen-Zentren. Herausgegeben vom BMFSFJ. Schriftenreihe Band 203. Stuttgart: Kohlhammer

Beck, Ulrich (1999): Schöne neue Arbeitswelt. Vision: Weltbürgergesellschaft. Frankfurt: Campus

Beck, Ulrich/Lau, Christoph (2005): Theorie und Empirie reflexiver Modernisierung. In: Soziale Welt Heft 2/3, S. 107-135

Beher, Karin/Liebig, Reinhard (2001): Transferpotenziale jenseits der Lohnarbeit. In: WSI-Mitteilungen Heft 3, S. 188-195

Beher, Karin/Liebig, Reinhard/Rauschenbach, Thomas (2000): Strukturwandel des Ehrenamts. Gemeinwohl-orientierung im Modernisierungsprozess. Weinheim, München: Juventa Verlag

Beher, Karin/Liebig, Reinhard/Rauschenbach, Thomas (2003): Zivildienst – ein bedrohtes Erfolgsmodell? Ergebnisse einer Studie zur arbeitsmarktpolitischen Relevanz des Zivildienstes. In: Neue Praxis, S. 234-242

Beher, Karin/Krimmer, Holger/Rauschenbach, Thomas/Zimmer, Annette (2006): Führungskräfte in gemeinnützigen Organisationen. Bürgerschaftliches Engagement und Management. Bramsche: Juventa Verlag

Betzelt, Sigrid/Bauer, Rudolph (2000): Non-Profit-Organisationen als Arbeitgeber. Opladen: Leske + Budrich

Birkhölzer, Karl (2004): Entwicklung und Perspektiven des Dritten Sektors in Deutschland. Bilanz eines Forschungsvorhabens. In: Birkhölzer, Karl/Kistler, Ernst/Mutz, Gerd (Hrsg.): Der Dritte Sektor. Partner für Wirtschaft und Arbeitsmarkt. Wiesbaden: VS Verlag für Sozialwissenschaften, S. 9-33

Bourdieu, Pierre (1983).: Ökonomisches Kapital, kulturelles Kapital, soziales Kapital. In: Kreckel, Reinhard (Hrsg.): Soziale Ungleichheiten. Göttingen: Schwartz, S. 183-198

Braun, Sebastian/Hansen, Stefan (2004): Soziale und politische Integration durch Vereine? In: Forschungsjournal Neue Soziale Bewegungen Heft 1, S. 62-69

Bundesarbeitsgemeinschaft der Freien Wohlfahrtspflege (Hrsg.) (2002): Die Freie Wohlfahrtspflege – Profil und Leistungen. Freiburg i.B: Lambertus Verlag

Bundesarbeitsgemeinschaft der Freien Wohlfahrtspflege (Hrsg.) (2006): Einrichtungen und Dienste der Freien Wohlfahrtspflege. Gesamtstatistik 2004. Berlin

Bundesministerium für Bildung und Forschung (Hrsg.) (2004): Konzeptionelle Grundlagen für einen Nationalen Bildungsbericht – Non-formale und informelle Bildung im Kindes- und Jugendalter. Berlin

Bundesministerium für Familie, Senioren, Frauen und Jugend (Hrsg.) (o.J.): Ergebnisse der Evaluation des FSJ und FÖJ. Abschlussbericht des Instituts für Sozialforschung und Gesellschaftspolitik. Berlin

Dahrendorf, Ralf (2000): Zwei Gasthäuser in jeder Straße. Soziale Bindung ist eine gute Sache. Eine „gute Gesellschaft" aber sollten wir uns nicht wünschen. In: Die Zeit Nr. 41, S. 15

Dathe, Dietmar/Kistler, Ernst (2004): Arbeit(en) in Betrieben des Dritten Sektors. In: Birkhölzer, Karl/Kistler, Ernst/Mutz, Gerd (Hrsg.): Der Dritte Sektor. Partner für Wirtschaft und Arbeitsmarkt. Wiesbaden: VS Verlag für Sozialwissenschaften, S. 175-239

Diakonisches Werk der EKD (Hrsg.) (2006): Freiwilliges Engagement in Kirche und Diakonie. Aktuelle Formen und Herausforderungen. Diakonie Texte 11, Stuttgart

Düx, Wiebken/Sass, Erich (2005): Lernen in informellen Kontexten. Lernpotenziale in Settings des freiwilligen Engagements. In: Zeitschrift für Erziehungswissenschaft Heft 3, S. 394-411

Eberhard, Angela (2002): FSJ-Engagement für andere – Orientierung für sich selbst. Gestalt, Geschichte, Wirkungen des freiwilligen sozialen Jahres. München: Landesstelle f. Kath. Jugendarb. in Bayern

Ebert, Olaf/Hartnuß, Birger/Rahn, Erik/Schaaf-Derichs, Carola (2002): Freiwilligenagenturen in Deutschland. Herausgegeben vom BMFSFJ. Schriftenreihe Band 227. Stuttgart

Enquete-Kommission „Zukunft des Bürgerschaftlichen Engagements" (2002): Bürgerschaftliches Engagement: auf dem Weg in eine zukunftsfähige Bürgergesellschaft. Opladen: VS Verlag für Sozialwissenschaften

Erlinghagen, Marcel (2000): Sozioökonomie des Ehrenamts. Theorie der nicht-entlohnten, haushaltsextern organisierten Produktion. Graue Reihe des Instituts Arbeit und Technik. Diskussionspapier Nr. 13. Gelsenkirchen: IAT

Evers, Adalbert (2004): Sektor und Spannungsfeld. Zur Theorie und Politik des Dritten Sektors. Diskussionspapiere zum Nonprofit-Sektor Nr. 27. Berlin: Aktive Bürgerschaft

Evers, Adalbert/Olk, Thomas (1996): Wohlfahrtspluralismus. Analytische und normativ-politische Dimensionen eines Leitbegriffes. In: Evers, Adalbert/Olk, T. (Hrsg.): Wohlfahrtspluralismus. Vom Wohlfahrtsstaat zur Wohlfahrtsgesellschaft, Opladen: Westdeutscher Verlag, S. 9-60

Evers, Adalbert/Rauch, Ulrich/Stitz, Uta (2002): Von öffentlichen Einrichtungen zu sozialen Unternehmen. Hybride Organisationsformen im Bereich sozialer Dienstleistungen. Berlin: edition sigma

Finis Siegler, Beate (1997): Ökonomik Sozialer Arbeit, Freiburg i.Br.: Lambertus Verlag

Gabriel, Oscar W./Trüdinger, Eva-Maria/Völkl, Kerstin (2004): Bürgerengagement in Form von ehrenamtlicher Tätigkeit und sozialen Hilfsleistungen. In: Statistisches Bundesamt (Hrsg.): Alltag in Deutschland. Analysen zur Zeitverwendung. Forum der Bundesstatistik. o.O., S. 337-356

Gensicke, Thomas (2005): Wachsende Gemeinschaftsaktivität und steigendes freiwilliges Engagement. Ergebnisse aus dem zweiten Survey „Freiwilliges Engagement in Deutschland". In: Informationsdienst Soziale Indikatoren Heft 34, S. 11-15

Gensicke, Thomas/Picot, Sibylle/Geiss, Sabine (2006): Freiwilliges Engagement in Deutschland 1999-2004. Empirische Studien zum bürgerschaftlichen Engagement. Wiesbaden: VS Verlag für Sozialwissenschaften

Granovetter, Mark S. (1983): The strength of wiek ties: A network theory revisited. In: Sociological Theory Heft 1, S. 201-233

Habermas, Jürgen (1992): Faktizität und Geltung. Beiträge zur Diskurstheorie des Rechts und des demokratischen Rechtsstaats. Frankfurt a.M.: Suhrkamp

Hopt, Klaus J./von Hippel, Thomas/Walz, W. Rainer (Hrsg.) (2005): Nonprofit-Organisationen in Recht, Wirtschaft und Gesellschaft. Theorien – Analysen – Corporate Governance. Tübingen: Mohr Siebeck

Kegel, Thomas (2002): Gute Organisation vorausgesetzt. Aufgaben für das Management von Volunteers. In: Rosenkranz, Doris/Weber, Angelika (Hrsg.): Freiwilligenarbeit. Einführung in das Management von Ehrenamtlichen in der Sozialen Arbeit. Weinheim, München: Juventa Verlag, S. 89-101

Keupp, Heiner (2003): Lernen im Freiwilligen Engagement. Schlüsselqualifikationen für die Zivilgesellschaft. In: Thole, Werner/Hoppe, Jörg (Hrsg.): Freiwilliges Engagement – ein Bildungsfaktor. Frankfurt: Lambertus Verlag, S. 41-58

Klein, Ansgar (2005): Bürgerschaftliches Engagement und Zivilgesellschaft. In: Archiv für Wissenschaft und Praxis der Sozialen Arbeit Heft 4, S. 4-19

Klös, Hans-Peter (1998): Bedeutung und Strukturen der Beschäftigung im Nonprofit-Sektor. In: IW-Trends Heft 2, S. 32-56

Krämer, Jürgen (1996): Die Entwicklungsdynamik der wohlfahrtsstaatlichen Versorgung: Der Aufstieg der Pseudo-Marktversorgung und das allmähliche Siechtum der traditionellen sozialstaatlichen Versorgung. In: Clausen, Lars (Hrsg.): Gesellschaften im Umbruch. Verhandlungen des 27. Kongresses der Deutschen Gesellschaft für Soziologie in Halle a.d.S. 1995. Frankfurt a.M.: Campus, S. 947-962

Konsortium Bildungsberichterstattung (Hrsg.) (2006): Bildung in Deutschland. Ein indikatorengestützter Bericht mit einer Analyse zu Bildung und Migration. Bielefeld: W. Bertelsmann Verlag

Liebig, Reinhard (2005): Wohlfahrtsverbände im Ökonomisierungsdilemma. Analysen zu Strukturveränderungen am Beispiel des Produktionsfaktors Arbeit im Licht der Korporatismus- und der Dritte Sektor-Theorie. Freiburg: Lambertus Verlag

Münkler, Herfried (2003): Bürgergesellschaft und Sozialstaat. In: Enquete-Kommission „Zukunft des Bürgerschaftlichen Engagements" (Hrsg.): Bürgerschaftliches Engagement und Sozialstaat. Opladen: Leske und Budrich, S. 15-26

Mutz, Gerd (1997): Zukunft der Arbeit. Chancen für eine Tätigkeitsgesellschaft? In: Aus Politik und Zeitgeschichte. Beilage zur Wochenzeitung Das Parlament. B 48-49, S. 31-40

Olk, Thomas (2005): Soziale Arbeit und die Krise der Zivilgesellschaft. In: Neue Praxis Heft 3, S. 223-230

Olk, Thomas/Rauschenbach, Thomas/Sachße, Christoph (1995): Von der Wertgemeinschaft zum Dienstleistungsunternehmen. Oder: über die Schwierigkeit, Solidarität zu organisieren. In: Rauschenbach, Thomas/Sachße, Christoph/Olk, Thomas (Hrsg.): Von der Wertgemeinschaft zum Dienstleistungsunternehmen. Jugend- und Wohlfahrtsverbände im Umbruch. Frankfurt a.M.: Suhrkamp, S. 11-33

Pott, Ludwig/Wittenius, Ullrich (2002): Bürgerschaftliches Engagement und Qualitätsmanagement in der Sozialen Arbeit – Ein 10-Punkte-Katalog. In: Rosenkranz, Doris/Weber, Angelika (Hrsg.): Freiwilligenarbeit. Einführung in das Management von Ehrenamtlichen in der Sozialen Arbeit. Weinheim, München: Juventa Verlag, S. 51-62

Ottnad, Adrian/Wahl, Stefanie/Miegel, Meinhard (2000): Zwischen Markt und Mildtätigkeit. Die Bedeutung der Freien Wohlfahrtspflege für Gesellschaft, Wirtschaft und Beschäftigung. München: Olzog

Priller, Eckhard/Zimmer, Annette (2001): Der Dritte Sektor: Wachstum und Wandel. Aktuelle deutsche Trends. Gütersloh: Verlag Bertelsmann Stiftung (a)

Priller, Eckhard/Zimmer, Annette (2001): Wohin geht der Dritte Sektor? Eine Einführung. In: Priller, Eckhard/Zimmer, Annette (Hrsg.): Der Dritte Sektor international. Mehr Markt – weniger Staat? Berlin: sigma, S. 9-26 (b)

Priller, Eckhard/Zimmer, Annette (2005): Ein europäischer Vergleich von Dritte-Sektor-Organisationen. In: Archiv für Wissenschaft und Praxis der sozialen Arbeit Heft 4, S. 128-144

Priller, Eckhard/Zimmer, Annette (2006): Dritter Sektor: Arbeit als Engagement. In: Aus Politik und Zeitgeschichte. Beilage zur Wochenzeitung Das Parlament. B 12, S. 17-24

Priller, Eckhard/Zimmer, Annette/Anheier, Helmut K. (1999): Der Dritte Sektor in Deutschland. Entwicklungen, Potentiale, Erwartungen. In: Aus Politik und Zeitgeschichte Heft 9, S. 12-21

Rauschenbach, Thomas (2001): Ehrenamt. In: Otto, Hans-Uwe/Thiersch, Hans (Hrsg.): Handbuch Sozialarbeit Sozialpädagogik. Neuwied u. Kriftel: Luchterhand, S. 344-360

Rauschenbach, Thomas (2007): Jugendfreiwilligendienste. Lernorte zwischen Schule und Beruf. Erscheint in: Deutsche Jugend Heft 3

Rauschenbach, Thomas/Liebig, Reinhard (2002): Freiwilligendienste – Wege in die Zukunft. Gutachten zur Lage und Zukunft der Freiwilligendienste für die Friedrich-Ebert-Stiftung. Bonn: Friedrich-Ebert-Stiftung

Reimer, Sabine/Wettenmann, Thomas/Backhaus-Maul, Holger (2004): Aktuelle Beiträge zu Corporate Citizenship. Diskussionspapiere zum Nonprofit-Sektor Nr. 26. Berlin

Rosenkranz, Doris/Weber, Angelika (Hrsg.) (2002): Freiwilligenarbeit. Einführung in das Management von Ehrenamtlichen in der Sozialen Arbeit. Weinheim, München: Juventa Verlag

Rudolph, Brigitte (2001): Mögliche Chancen und befürchtete Fallen der „Neuen Tätigkeitsgesellschaft" für Frauen. In: Aus Politik und Zeitgeschichte. Beilage zur Wochenzeitung Das Parlament. B 21, S. 24-30

Streeck, Wolfgang (1987): Vielfalt und Interdependenz. Überlegungen zur Rolle von intermediären Organisationen in sich ändernden Umwelten. In: Kölner Zeitschrift für Soziologie und Sozialpsychologie Heft 2, S. 471-495

Stricker, Michael (2006): Ehrenamt als soziales Kapital: Partizipation und Professionalität in der Bürgergesellschaft. Dissertation an der Universität Duisburg-Essen

Sturzenhecker, Benedikt/Lindner, Werner (Hrsg.) (2004): Bildung in der Kinder- und Jugendarbeit. Vom Bildungsanspruch zur Bildungspraxis. Weinheim, München: Juventa Verlag

Trukeschitz, Birgit (2005): Typisch atypisch? Beschäftigungsverhältnisse im Dritten Sektor. In: Kotlenga, Sandra u.a. (Hrsg.): Arbeit(en) im Dritten Sektor. Europäische Perspektiven. Mössingen-Talheim: Talheimer Verlag, S. 67-97

Wex, Thomas (2004): Der Nonprofit-Sektor der Organisationsgesellschaft. Wiesbaden: Deutscher Universitätsverlag

Zimmer, Annette/Priller, Eckhard (2001): Mehr als Markt oder Staat – zur Aktualität des Dritten Sektors. In: Barlösius, Eva/Müller, Hans-Peter/Sigmund, Steffen (Hrsg.): Gesellschaftsbilder im Umbruch. Soziologische Perspektiven in Deutschland. Opladen: Leske + Budrich, S. 269-288

Adalbert Evers

Zivilgesellschaft, Engagement und soziale Dienste

Einleitung: Verschiedene Vorstellungen von Zivilgesellschaft und deren Konsequenzen für eine Thematisierung sozialer Dienste

Fragen der Bedeutung von Zivilgesellschaft für Entwicklung und Qualität sozialer Dienste zu diskutieren, bietet sich aus verschiedenen Gründen an. Ein ganz großer Teil von Engagement, dem, das dazu beiträgt, eine Gesellschaft „ziviler" zu machen, spielt sich in verschiedenen Dienstleistungsbereichen ab – denen der Bildung und Gesundheit, der Unterstützung und Betreuung von Kindern und Jugendlichen, der Pflege älterer Menschen, der Arbeitsmarktintegration und der sozialen Hilfe in spezifischen Notfällen oder Problemgebieten von Städten und Gemeinden. Diese sechs Bereiche von Diensten können (auch bei privater Trägerschaft) deshalb „sozial" genannt werden, weil sie besonders große Bedeutung für die Gesellschaft insgesamt und nicht nur für die jeweiligen individuellen Adressaten haben. Mit Engagement und Zivilgesellschaft haben sie auch deshalb viel zu tun, weil sie *persönliche* Dienste sind, bei denen direkte Interaktion und Kommunikation besonders wichtig sind. Schließlich repräsentieren viele Dienste Formen gesellschaftlicher Selbstorganisation, sodass Engagement hier einmal mehr eine Rolle spielt. Und insbesondere dort, wo sie dezentral organisiert sind, gibt es eine enge Verwobenheit mit der lokalen Gesellschaft, ihren communities und Machtstrukturen. All das verbindet Fragen von Zivilgesellschaft und sozialen Diensten.

Diskussionen zum Thema Zivilgesellschaft, Engagement und soziale Dienste leiden allerdings oft unter einer vorschnellen Engführung. Im politischen Raum regrediert das Thema Zivilgesellschaft zumeist auf die Frage, wie die Bedeutung individuellen bürgerschaftlichen Engagements in verschiedenen Dienstleistungsbereichen durch Maßnahmen der Politik aufgewertet werden kann. Und in der wissenschaftlichen Diskussion landet man sehr rasch bei der Frage nach Umfang und Gewicht des Beitrages von Dritte-Sektor-Organisationen in den entsprechenden Sektoren sozialer Dienste. Damit verliert man jedoch Wesentliches aus den Augen und schöpft die Potentiale einer Bezugnahme auf den Begriff Zivilgesellschaft nicht aus.

Der aktuelle wissenschaftliche Diskussionsstand zum Thema Zivilgesellschaft (einen Überblick geben: Klein 2001; Adloff 2005) operiert nämlich mit durchaus verschiedenen Bedeutungszuschreibungen, die man als konkurrierend, aber auch als einander ergänzend verstehen kann.

Die erste, enge und am meisten vertraute Bedeutungszuschreibung meint die Fähigkeit der Gesellschaft, außerhalb des Bereichs staatlicher Institutionen und des Marktes Assoziationen auszubilden, die als Interessenverbände und Dienstleistungsträger operieren (Anheier 1999; Priller/Zimmer 2001); hier bemisst sich dann das Ausmaß, in dem eine Gesellschaft Zivil-Gesellschaft ist, vor allem an Umfang und Stärke von NGOs, Sozialprojekten, Vereinen, gemeinnützigen Organisationen und dergleichen mehr. Es gibt jedoch zwei andere, wesentlich weiter gefasste Definitionszugänge. Die erste dieser beiden Varianten diskutiert Zivilgesellschaft in Hinblick auf die Relevanz zivilgesellschaftlicher Werte für die Gesellschaft insgesamt – also auch für staatliches Handeln und das Handeln von Wirtschaftsunternehmen. Welche Geltung haben hier Normen zivilen Verhaltens wie wechselseitiger Respekt, Gemeinsinn, Dialog- und Kooperationsfähigkeit (Evers 2004; Gosewinkel/Rucht 2004)?

Eine andere weite Variante spricht von Zivilgesellschaft, wenn sie Gesellschaft nicht so sehr als soziales Gebilde, sondern als politisches Gemeinwesen versteht – also als Bürgergesellschaft und demokratische Republik. Ihre Stärke ist die Ausbildung einer politischen Öffentlichkeit (Habermas 1992); sie lebt von der Beteiligung der Aktivbürger an den Verhandlungen über ihr eigenes Zusammenleben. Und es kommt für den zivilen Charakter einer Gesellschaft dann wesentlich auf die Art und Weise an, wie im Rahmen demokratischer Verfassungen die Dialoge, Beziehungen und Verantwortungsteilungen zwischen staatlicher und professioneller Politik und den Bürgern und ihren Organisationen arrangiert sind. Dieser Blick auf die Bürgergesellschaft unterläuft die übliche Annahme, dass Politik mit staatlichem Handeln gleichzusetzen ist. „Gute Politik" und „Zivilität" haben wesentlich mit der Qualität der Kooperation staatlichen und gesellschaftlichen Handelns zu tun (Evers 2004; Gosewinkel/Rucht 2004; Adloff 2005).

Die folgenden Überlegungen zu sozialen Diensten basieren auf den zuletzt genannten Zugängen, wo das Ausmaß, in dem der gesellschaftliche „Sektor" Zivil-Gesellschaft ist, abhängt von der Geltungskraft ziviler Orientierungen in der Gesamtgesellschaft, also auch bei Staat, Markt und Gemeinschaften und von der Qualität ihrer Kooperationen. Je nach Selbstverständnis und Interaktion aller bemessen sich Chancen für eine zivile Gesellschaft.

Es läge nun nahe, das Thema im Rahmen des zentralen analytischen Ansatzes zu diskutieren, der unter Begriffen wie Wohlfahrtspluralismus, Welfare Mix oder gemischte Wohlfahrtsproduktion (Evers/Olk 1996; Klie/Roß 2005) bekannt ist. Hier wird nach Strukturmerkmalen von Staat, Markt, Drittem Sektor und Gemeinschaften wie der Familie gefragt, nach typischen Stärken und Schwächen dort, wo sie als Träger sozialer Dienste fungieren. Je nach Konfiguration des jeweiligen Welfare Mix haben die Betroffenen im Bereich sozialer Dienste dann als engagierte Aktivbürger und Mitträger zivilgesellschaftlicher Organisationen mehr oder weniger Aufgaben und Einflussmöglichkeiten. Aus zwei Gründen wird im Folgenden ein anderer Ansatz gewählt.

Zum einen ist es bei Verwendung dieser analytischen Schemata schwierig, die gerade angesprochenen erweiterten Verständnisse und Elemente von Zivilgesellschaft im Blick zu behalten. Schließlich lassen sie sich in keinem Sektor verorten. Zum anderen sind der abstrakten idealtypischen Diskussion der Qualität eines bestimmten Wohlfahrtsmixes und seiner Bedeutung für soziale Dienste Grenzen gesetzt. Zwischen Strukturmerkmalen staatlichen Handelns oder gesellschaftlicher Assoziationsbildungen und ihrer konkreten Gestalt in einer bestimmten historischen Phase und einem bestimmten Gemeinwesen mit eigener Geschichte gibt es eine große Differenz.

Statt eines analytisch-idealtypischen Ansatzes soll im Folgenden deshalb auch ein historisch-diskursiver Ansatz (Jaeger 2004) gewählt werden. Die Verortung sozialer Dienste und die Bedeutung von Zivilgesellschaft wird dabei in den Kontext herkömmlich prägender und neuerer gesellschaftlicher Leitbilder und Praxisansätze – Diskurse – gestellt. Diese im folgenden nachzuzeichnenden Diskurse zum Sozialstaat, zu partizipativen und selbstorganisierten Diensten oder auch zu einer Dienstleistungslandschaft, bei der die Konsumenten wählen können, sind bekanntermaßen eng mit Alternativen wie Staat oder Markt verbunden. Aber sie sind insoweit komplexer, als ihnen schon immer eine bestimmte Vorstellung der Integration der jeweils anderen Elemente unterliegt. Sozialstaatliche Traditionen z. B. klammern zivilgesellschaftliche Träger nicht einfach aus, sondern binden sie als gemeinnützige Anbieter in bestimmter Weise ein. Der Bezug auf Diskurse hat zudem den Vorteil, dass damit auch eher die Spezifik der eigenen deutschen Geschichte und der Art und Weise, wie hier Zivilgesellschaft und Engagement Bedeutung erlangten, mit einbezogen werden kann. Und schließlich fällt es bei einem solchen Ansatz auch leichter, Aspekte eines weiter gefassten Begriffes von Zivilgesellschaft ins Spiel zu bringen, eben jene, die beim Operieren mit Sektorenschemata nur allzu leicht verloren gehen: die Geltungskraft ziviler Orientierungen im staatlichen und wirtschaftlichen Bereich, die Rolle von Öffentlichkeit und die Qualität der Kooperation staatlicher und gesellschaftlicher Akteure. Die folgende Skizze dreier verschiedener Diskurse und der Art und Weise, wie sie eine Verbindung zwischen Zivilgesellschaft und sozialen Diensten gedacht und betrieben haben, gliedert sich in vier Abschnitte.

Im ersten Kapitel soll skizziert werden, inwiefern in Deutschland historische Sozialstaatskonzeptionen, die sozialdemokratische Geschichte, aber auch die damit verquickten konservativen und christlichen Traditionen das Verhältnis von Zivilgesellschaft und sozialen Diensten mit geprägt haben. Im Zusammenhang sozialer Dienste geht es hier bis heute vor allem um die Schaffung von sozialen Rechten, um den Sozialbürger und seine großflächige Versorgung, aber auch um einen Typus von „ehrenamtlichem" sozialem Engagement, wo Hilfsbereitschaften und Solidarität in entsprechende weltanschauliche Wert- und Solidargemeinschaften und in die lokale politische Gemeinde eingebunden sind. Im zweiten Kapitel wird die jüngere Geschichte von Bewegungen aufgegriffen, bei denen Selbstverwirklichung, Emanzipation, demokratische Selbstorganisation und damit Vorstellungen einer aktiven Zivilgesellschaft und einer starken Rolle der Akteure- sei es als Aktivbürger oder als direkte Koproduzenten von Diensten- prägend waren. Trotz aller späteren Veränderungen bei diesen kulturellen und demokratischen Aufbrüchen wäre die heutige Geltungskraft von zivilgesellschaftlichen Orientierungen nicht zu verstehen. Im dritten Kapitel wird dann auf jene Diskurse aus den letzten Jahren Bezug genommen, die soziale Dienste vor allem als ein Gebiet verstanden wissen wollen, auf dem es mehr Effizienz, Markt, Wettbewerb und Konsumentenfreiheiten braucht. Was bleibt hier für Engagement und Zivilgesellschaft, wenn es vor allem um den Bürger als Steuerzahler und Konsumenten geht?

Nach dieser Skizze dreier konstitutiver Diskurse mit ihren je eigenen Vorstellungen von Engagement, Verantwortungsteilung von Staat und Gesellschaft sowie Verortung und Charakteristik sozialer Dienste soll es im vierten und letzten Kapitel mit Blick auf die gegenwärtige Situation um eine zusammenfassende Betrachtung gehen. Die zuvor skizzierten verschiedenen Verständnisse und Bewertungen von Engagement und Zivilgesellschaft koexistieren ja nicht unbeeinflusst nebeneinander. Bei der gegenwärtigen Suche nach neuen

Leitbildern von Sozialstaat, sozialen Diensten, von Markt, Bürger und Konsumenten wird es spezifische Mischungen dieser Diskurse geben. Ich schlage also vor, die Suche nach neuen Leitbildern von sozialen Diensten als Vermittlung spannungsreicher Orientierungen und Diskurse zu verstehen. De facto sind die Bürger heute in vielen Bereichen sozialer Dienste bereits zugleich anspruchsberechtigte Bürger mit sozialen Rechten, Konsumenten, aber auch engagierte Mitproduzenten und Aktivbürger. Ihre zukünftige Rolle und die von Zivilgesellschaft und „zivileren" sozialen Diensten wird, so dass Argument, Ergebnis neuer Kompromisse und „Legierungen" sein, wo sich die verschiedenen Perspektiven widersprechen, aber auch spannungsreich koexistieren oder gar ergänzen können.

1 Anspruchsberechtigte Bürger, Hilfsbereitschaft, Solidarität und Ehrenamt: Die Tradition von Sozialstaat und Wertgemeinschaften

Nicht zu Unrecht wird der Begriff der *sozialen* oder auch der *öffentlichen* Dienste oft mit dem von *staatlich* finanzierten und getragenen Einrichtungen identifiziert. Denn für viele heutige soziale Dienstleistungen lässt sich eine ähnliche Entwicklungsabfolge verzeichnen: Pflege, Betreuung oder medizinische Hilfen bleiben nicht mehr allein familiare und private Verpflichtung, sondern werden auch die Aufgabe von gesellschaftlichen Hilfe- und Unterstützungsgemeinschaften wie Hilfsvereinen, Solidarorganisationen, Genossenschaften, Bürgerstiftungen. Staat oder Kommunen unterstützen und reglementieren diese und schließlich übernimmt staatliche und kommunale Politik die entsprechenden Aufgaben und Einrichtungen mehr oder minder vollständig in eigene Regie. Derartige Prozesse können auf halber Strecke anhalten, etwa dort, wo in Deutschland Wohlfahrtsverbände dominierend bleiben; staatliche Dominanz bei sozialen Diensten kann historisch sehr früh einsetzen und fast vollständig prägend werden, wie etwa bei schulischen Einrichtungen; sie kann aber auch - wie im Bereich der Pflege- erst sehr spät und begrenzt zum Tragen kommen, so dass dem Einzelnen, der Familie und gesellschaftlichen Hilfeprojekten ein hohes Maß privater Verantwortung bleibt (Backhaus-Maul/Olk 1995; Sachße 1996; Kaiser 1996).

In der Geschichte des deutschen Sozialstaats lassen sich bei sozialen Diensten einerseits Bereiche finden, die hochgradig etatisiert wurden und wo gesellschaftliche Mitbestimmung und nicht-staatliche Trägerschaft fast zur Formalie wurden – man denke etwa an das Bildungswesen, Krankenhäuser oder das in der Weimarer Republik entstandene System der Arbeitsmarktverwaltung mit ihren Diensten. Einen Kontrast dazu bildeten lange Zeit kommunale und gemeinnützig getragene Dienste zur Kinderbetreuung, Pflegedienste für ältere Menschen und diverse, weniger als soziale Rechte institutionalisierte Angebote der „Fürsorge" und Sozialhilfe für Gruppen mit besonderen Problemen (Sachße/Tennstedt 1988; Evers/Sachße 2003. Allerdings hatte bis heute der erstgenannte Bereich – stärker institutionalisiert und besser ausgestattet – Vorbildcharakter für den letztgenannten. Welche Pflegestation wünschte sich nicht, so professionell abgesichert und mit hohem Status arbeiten zu können, wie das bei einem Krankenhaus traditionell der Fall war?

Was hier nur angedeutet werden kann, hat bis heute Folgen für die Rolle von Zivilgesellschaft und Engagement im *Leitbild von sozialen Diensten*. Bis in die jüngste Zeit war ein „guter" Dienst hoch verrechtlicht, standardisiert, berechenbar in Hinblick auf Mitarbeitende und Leistungsumfang, flächendeckend organisiert. Dem Engagement – im Sinne ehrenamtlicher Mitarbeit als Mitglied der lokalen Bürgerschaft oder eines (kirchlichen) Vereins – haftete immer der Makel von Dilettantismus und Rückständigkeit an. Für den Duktus der sozialen Dienste und der dortigen Professionen, ihren traditionell beschützenden, versorgenden, aber auch bevormundenden Charakter waren nicht nur ganz allgemein die Zeichen der Zeit maßgeblich, sondern auch der spezielle Umstand, dass sie ja zunächst bei den besonders Schwachen und Hilfebedürftigen ansetzten, wo oft nur wenig Ressourcen und Kompetenzen vorhanden waren. Diese fürsorgliche Bevormundung ließ (abgesehen von der ehrenamtlichen Mitarbeit Einzelner) bei den Adressaten der Dienste Engagement nur als ergänzende individuelle und familiare Selbsthilfebereitschaft zu (Landwehr/Baron 1995).

Dennoch spielte bei den sozialen Diensten *individuelles Engagement* im Rahmen der jeweiligen Wertegemeinschaften eine zentrale Rolle – nicht nur bei bis heute verehrten „Gründerpersönlichkeiten" in Kommunalpolitik und Verbänden, wo die Grenzen zwischen Beruflichkeit und sozialem Engagement verschwammen (Stecker 2002: 54 f.). Eingefasst war das Engagement des Einzelnen, ob als kommunales oder über Vereinsmitgliedschaften vermitteltes Ehrenamt, in den Gemeinschaftsformen und Kulturen der zwei großen Lager, die den deutschen Sozialstaat und seine sozialen Dienste mit prägten: Es war Teil der Arbeiter- und entsprechenden Funktionärsmilieus auf der einen und des kirchlich geprägten Gemeindelebens auf der anderen Seite. Noch heute kann es z. B. sein, dass ein neues lokales Freiwilligenzentrum der Caritas im Milieu einer in den Pfarreien verankerten lang eingelebten Hilfs- und Engagementkultur auf Distanz und Misstrauen trifft.

Der spezifische Kompromiss zwischen einem starken und vordemokratischen autoritär paternalistischen Staat und einer insgesamt im Vergleich zu Ländern wie England oder den nordischen Staaten nur schwach ausgebildeten Bürgergesellschaft (Kocka 2000) bildete sich auch im Charakter *zivilgesellschaftlicher Organisationen* im Bereich sozialer Dienste ab (Sachße 2000). Die zunächst starke Präsenz von Hilfsvereinigungen und Genossenschaften im Rahmen der Arbeiterbewegung geriet zunehmend in den Schatten einer vor allem auf die Etablierung staatlicher Versorgungspflichten gerichteten sozialdemokratischen Orientierung – ähnlich wie andere soziale Hilfen, die die Sozialdemokratie gerne ausschließlich als „Municipalsozialismus", in Form garantierter Rechte und kommunaler Einrichtungen organisiert hätte. Das gelang nicht und die „Arbeiterwohlfahrt" und ihre vergleichsweise späte Gründung in den 1920er Jahren waren ein Reflex darauf (Buck 1995).

Neben solchen zivilgesellschaftlichen Solidaritäten als Klassensolidaritäten und der primären Orientierung auf einen starken Sozial-*Staat* ist auch die Prägung des anderen, „bürgerlichen" Lagers bemerkenswert. Hier waren es nicht in erster Linie die Bürger- als citoyen mit Gemeinsinn-, die tonangebend waren. Gesellschaftliche „Selbstverwaltung" und öffentliche Ehrenämter hatten im deutschen Staatswesen zwar auf kommunaler Ebene einen festen Platz; aber der war ihnen im Stein-Hardenbergschen Kompromiss gerade mit der Absicht zugewiesen worden, solche Selbstverwaltung und ehrenamtliche Tätigkeit aus den großen staatlichen Agenden und der eigentlichen Politik fernzuhalten (Sachße 2000). In der deutschen Gesellschaft des späten 19. Jahrhunderts insgesamt trat das bürgerliche soziale Engagement zurück gegenüber der Rolle der Kirchen (Buck 1995; Fix 2005). Das bedeutete zum einen, dass hierzulande nicht „voluntary organisations" und „charities" dominierten, wie in England mit einem starken Bürgertum, sondern vielmehr kirchlich gebundene Träger. Es bedeutete aber auch, dass bei der Organisation von sozialen Hilfen die Distanz zum autoritativen Staat geringer war als bei einem selbstbewussten oder gar demokratisch inspirierten Bürgertum. Helfen hieß daher auch viel eher, sich ein- und unterzuordnen. Die entsprechenden Organisationen der kirchlichen Gemeinschaften in der Gesellschaft waren zwar auf ihre Domänen, aber ebenso sehr auf Kooperation bedacht.

Was gerade skizziert wurde, hat auch die Bedeutung von Zivilgesellschaft bei der Verantwortungsteilung von Staat und Gesellschaft und entsprechende *Formen der Governance* sozialer Dienste geprägt – das bekannte Modell von Korporatismus und Subsidiarität in seinen alten und neueren Formen (Backhaus-Maul/Olk 1995; Bode/Evers 2004). Im Bereich der Finanzierung sozialer Dienste gab es z. B. mit den Sozialkassen einen sozialpartnerschaftlichen Kooperationshintergrund für Organisationen, die bis heute weder eindeutig staatliche noch marktliche Akteure sind – so genannte „Anstalten" eigenen Rechts, bei denen allerdings eine Assoziation mit Zivilgesellschaft kaum aufkommen will (Bode/Bühren 2004). Im Bereich der Planung und Verwaltung des weniger zentralisierten Teils sozialer Dienste kooperierten die zunächst noch oft ehrenamtlich in der Politik engagierten kommunalen und staatlichen Vertreter mit den Funktionären der Wohlfahrtsverbände. Bis heute beanspruchen diese Verbände und ihre Vertreter in den entsprechenden Vorständen und Beiräten ihrem eigenen traditionell paternalistischen Verständnis nach, beides zugleich sein zu wollen: Anbieter von Leistungen und Anwälte ihrer Klienten und Bedürftigen (Olk 1996).

Alles in allem: Historisch dominiert in Deutschland, ähnlich wie in vielen anderen Ländern, bei sozialen Diensten die Orientierung am anspruchsberechtigten und zu versorgenden Bürger, während der Aktivbürger in den Hintergrund getreten ist. Ergänzt wird diese Orientierung allerdings mit der Erwartung, dass vor allem im Rahmen von Arbeiterschaft und Kirche die Betroffenen auch selbst aktiv Verantwortung für sich und andere übernehmen, Solidar- und Hilfsbereitschaft für „Klassengenossen" oder „Gemeindemitglieder" zeigen. Das alles ist jedoch nicht in erster Linie *bürgerschaftliches* Engagement. Im Laufe der Zeit sind die organisierten sozialen Dienstleistungsangebote stabilisiert und ausgeweitet worden, oft getragen in gemeinsamer Abstimmung mit den entsprechenden zivilgesellschaftlichen Organisationen. Als Wertegemeinschaften und Milieus für daran gebundenes Engagement hingegen zerfielen sie in einer sich individualisierenden Gesellschaft, deren Pluralismus eher an Einkommensniveaus, Lebens- und Konsumstilen und später auch Ethnien orientiert war.

Nun wird der traditionelle sozialstaatliche Diskurs, sein Beharren auf weitgehend uniformen und professionalisierten Diensten, heute oft als Bremsklotz für zivilgesellschaftliche Reorientierungen thematisiert. Zuwenig Anerkennung findet oft, dass ohne die Ausrichtung an Bürgerrechten, Gleichheit und Schutzgarantien jener globale Wissens-, Absicherungs- und Bildungsschub mit all seinen befreienden Aspekten („Freiheit von Not, Krankheit, Unwissenheit …") gar nicht möglich gewesen wäre, der heute für Engagement, Eigeninitiative und gemeinsame wie individuelle Mitverantwortung einen ebenso wichtigen wie gefährdeten Rückhalt bildet. Rechtsbürger können auch eher Aktivbürger sein. Und angesichts der sozialstaatlichen Dauerkrisen wächst auch die Sensibilität dafür, dass im Unterschied zur historischen Klassensolidarität der Arbeiterkultur die Gemeinschaften der Kirchen als Bezugspunkte für zivilgesellschaftliches Engagement nicht nur eine Vergangenheit, sondern auch eine Zukunft haben – nicht nur, aber gerade auch auf dem Gebiet der sozialen Dienste.

2   Aktive Bürger und Koproduzenten sozialer Dienste: Engagement und Selbstorganisation im Kontext zivilgesellschaftlicher Unabhängigkeitserklärungen

Wenn man sich heute im Bereich sozialer Dienste, aber auch kultureller Angebote und Umweltinitiativen nach zivilgesellschaftlichen Organisationen umschaut, dann wird man feststellen, dass die meisten von ihnen nicht älter als dreißig Jahre sind. Sie verweisen auf eine Zeit gesellschaftlicher Aufbrüche, bei denen Studentenproteste und Ökologiebewegung nur Spitze eines Eisbergs waren, der die Tiefengrammatik und kulturellen Selbstverständlichkeiten der alten Bundesrepublik umpflügte. In Frage gestellt sahen sich damit auch die sozialen Dienste und die Lebensformen, auf die sie sich bezogen – die Formen der Erziehung, die Gepflogenheiten des Umgangs mit Körper und Gesundheit, Lernen, aber auch Altersbildern. Bis heute, fast 40 Jahre später, machen sich die damals gegebenen Anstöße bemerkbar. Sie verflochten sich dabei immer mehr mit jenen Veränderungen, die von wachsendem Wohlstand und Individualismus der Konsumgesellschaft ausgingen: der generellen Auflösung von Bindungen an Konventionen und Wertegemeinschaften. Was hier Gestalt annahm, war so etwas wie eine immer weitere Kreise ziehende Unabhängigkeitserklärung der Gesellschaft gegenüber staatlich sanktionierten Bevormundungen. – die eigentliche Geburtsstunde einer zunächst radikaldemokratisch, später eher liberal und libertär eingefärbten Idee von einer Gesellschaft, die sich zu mehr Selbstregierung und Selbstverantwortung kompetent und aufgerufen fühlt und deshalb die Forderung nach mehr Demokratie und neuen Formen von Hilfe und Unterstützung auch oft mit der nach weniger Staat, vor allem aber mit der Kritik am „alten" Sozialstaat verband.

Diese Formen des Engagements hatten nachhaltigen Einfluss auf das *Leitbild sozialer Dienste* und professionellen Handelns. Es entwickelte sich etwa ein medizinkritisches Bild in Hinblick auf die Aufgaben des Gesundheitswesens; Gesundheit war immer noch eine Frage von Lebensbedingungen, wurde nun aber mehr zu einer Frage der Lebensführung und Lebensstile. Antiautoritäre und emanzipatorische Erziehungskonzepte gewannen ebenso Gestalt wie die Idee eines aktiven Alters. In der Wendung gegen Dienste, die mit Recht und Geld Lebenswelten zu kolonialisieren drohten, entwarf man das Bild „lebensweltorientierter" Dienste und Angebote, die dezentral organisiert, an lokalen Zusammenhängen anknüpfen, „konvivial" sein und gemeinschaftlichen Arbeitsformen Raum geben sollten. Und auch weil die „alten" Ungleichheiten des Einkommens und der Bildung so reduziert und weniger bedeutsam schienen, bekamen die neuen Ungleichheiten und Disparitäten so große Aufmerksamkeit – die Belange von Gruppen ohne Macht und Fürsprecher, ethnischen Minderheiten, „Randgruppen" und Subkulturen, denen nicht nur materielle Mittel, sondern vor allem auch Anerkennung vorenthalten wurde. Ging es im klassischen sozialstaatlichen Dienstleistungsparadigma um großflächig gleiche Leistungen für Arm und Reich, so ging es nunmehr um die Anerkennung einer Vielfalt von Bedürfnissen und Lebensformen und damit auch um eine grundsätzlich vielfältigere Dienstleistungslandschaft. Man könnte behaupten, dass dort, wo herkömmlich „Gleichheit" das Schlüsselwort für soziale Dienste war, nun dem Wort „Respekt" eine ähnliche Bedeutung zuwuchs. Dienste sollten auf die Bedürfnisse von Gruppen und Einzelnen zugeschnitten, „personalisiert" und „individualisiert" werden. In der 1976 erschienenen „Einführung in Grundlagen und Probleme sozialer Dienstleistungen" von Badura und Gross spiegelt sich vielleicht am besten der Versuch, die „Zeichen der Zeit" und ihre Folgen für den sozialen Dienstleistungsbereich wissenschaftlich zu verarbeiten. Der Schwerpunkt der Ausführungen liegt dort bei der Bedeutung *persönlicher* Dienstleistungen (60f.), Individualismus und Gemeinschaft (121f.), Fragen von Armut, Krankheit, bei Psychiatrie (184f.) und Expertenherrschaft (240f.).

Individuelles Engagement – speziell auch im Bereich sozialer Dienste – war bei Erziehung und Ausbildung, in der Kritik an Anstalten und Heimen eingebettet in Emanzipationskonzepte und die Aufforderung, vom traditionellen Bild des bevormundenden Professionellen und des zu beschützenden schwachen Klienten Abschied zu nehmen. Engagement, Dienste und die dortigen Professionen sollten auf ein Empowerment der Nutzer (Herriger 2002) zielen, nicht verordnet werden, sondern kollektiven Prozessen der Bedarfsentwicklung gehorchen. In diesem Kontext waren auch theoretische Ansätze zu verstehen, die sich vom Übergang zur Dienstleistungsgesellschaft eine strukturell neue Machtposition der Konsumenten erhofften. Denn ohne deren Zustimmung und Mitarbeit bei Hilfe- und Dienstleistungen könnten soziale Dienste nicht produktiv werden, sei es im Bereich von Prävention, schulischem Lernen oder auch Pflege. Kooperation war nicht länger als Folgebereitschaft voraussetzbar und das schien dem aktiven Subjekt als *Koproduzenten* in der Dienstleistungsgesellschaft eine grundsätzlich neue Machtposition zu geben, so Gartner und Riessman (1978) in ihrer von Optimismus getragenen Studie zum „aktiven Konsument in der Dienstleistungsgesellschaft". Die bereits erwähnte Studie von Badura und Gross forderte (1976: 267f.) dementsprechend neue gleichberechtigte Kooperationsstrategien zwischen Professionellen und Nutzern als Mitentscheidern und Mitproduzenten und – darüber hinausgehend – „Laisierungsstrategien", bei denen Engagement nicht mehr im Zusammenhang mit „Versorgungsnotstand", sondern mit einer Anerkennung der gewachsenen Kompetenz von Einzelnen und Gruppen stehen sollte, sodass professionalisierte, etatisierte und monetarisierte Versorgungsstrukturen zugunsten neuer individueller und gemeinschaftlicher Selbsthilfe-, Selbstverwaltungs- und Gemeinschaftsformen zurückgebaut werden sollten: Zivilgesellschaft als Selbsthilfe- (Vilmar/Runge 1986) und Wohlfahrtsgesellschaft. Gleichzeitig – und das ist oft beschrieben und untersucht worden – traten beim Engagement als „neuem Ehrenamt" (Olk 1989) traditionelle Pflichtwerte, wie Loyalität gegenüber einer Wertgemeinschaft, zurück und Fragen der Selbstverwirklichung in den Vordergrund. Bei allem Individualismus ging es aber nicht um den selbstbezogenen Einzelnen, denn im Horizont geteilter Emanzipationsinteressen schienen Eigeninteresse und Interessen derer, die man anzusprechen suchte, kaum im Widerspruch zu stehen (Wuthnow 1997). Der Engagementbegriff war dabei im Gegensatz zu dem des Ehrenamtes weit und entgrenzt, umfasste soziales und politisches Engagement, Engagement in Rahmen beruflicher Tätigkeit ebenso wie das freiwillige Engagement.

Ähnlich weit war der Begriff der Selbsthilfe, unter dem oft die Rolle *kollektiver zivilgesellschaftlicher Organisationen* im Bereich sozialer Dienste diskutiert wurde. Er bezog sich nicht nur auf kleine Selbsthilfegruppen, die in Hinblick auf psychosoziale Probleme das scheinbar Unvereinbare, Anonymität und Gemeinschaft, Distanz und große Nähe zusammen brachten. Er zielte auf eine breit gefächerte Formation von Gruppenformen, die einen zumeist sehr viel weniger formalen und hierarchischen Charakter hatten, als man das aus der klassischen Vereinslandschaft und entsprechenden Organisationen im Bereich der Wohlfahrtsverbände kannte (Kickbusch/Trojan 1981). Bis heute brachten es die neuen Sozialprojekte und Initiativen allerdings auch nur selten zur Formierung schlagkräftiger Schirmorganisationen und Verbände, die sich als Koalitionäre und Verhandlungspartner in den Gremien des klassischen Korporatismus hätten durchsetzen können. Die Gründung eines neuen „alternativen" Wohlfahrtsverbandes blieb aus. Wohl aber haben die Anstöße all dieser Aufbrüche auch im Rahmen eines Generationswechsels bei Professionellen und Funktionären im Schul- und Sozialisationsbereich oder bei den psychosozialen Diensten am Rand des Medizinbetriebs zur Auflockerung der traditionellen Vereinsgliederungen und Hierarchien und zu einer weiter gefächerten Verbandslandschaft beitragen können. Auch beim veränderten Agieren von Wohlfahrts- und anderen für die sozialen Dienste maßgeblichen Verbänden ist allerdings nur schwer auszumachen, was Frucht dieser neuen Bewegungen und was Effekte der z. T. parallel, zum Teil anschließend sich vollziehenden allgemeinen Liberalisierung der Gesellschaft war.

Politische Abstimmungsprozesse – das was heute als *Governance* diskutiert wird – sahen sich im Bereich der sozialen Dienste nicht nur mit unabhängigen Gruppierungen, sondern auch mit konträren Konzepten konfrontiert, so dass Einbindung nach klassischen korporativen Mustern schwieriger, wenn nicht oft unmöglich wurde. Hier liegen die Ursprünge für den anhaltenden Streit um angemessene Finanzierungsformen von Sozialprojekten, für neue Netzwerkformen der Politik, Verständigungsversuche an runden Tischen, Anhörungen – eine Aufwertung der Rolle öffentlicher Räume und Debatten ganz allgemein. Diesen Rückhalt in Öffentlichkeiten brauchten partizipative Konzepte von Gruppen, die ihre Macht eher daher bezogen, dass sie am Puls der Zeit fühlten, als dass sie gewichtige Organisationsmacht hätten aufbieten können. Denn in vielen Dienstleistungsbereichen halfen alternative zivilgesellschaftliche Angebote allein nicht weiter. Ob freie Schulen, Gesundheitszentren, Selbsthilfegruppen, Kinderläden, AIDS-Hilfen – irgendwann ging es immer auch um die Frage, wie man neben inhaltlicher Resonanz auch staatliche Anerkennung finden konnte: rechtlich, finanziell und konzeptionell. Lokale Bündnisse für Beschäftigung, Alternativbetriebe, die auf zusätzliche und neue Arbeitsplätze für sonst ausgegrenzte Gruppen hinarbeiteten, neu Formen der Gemeinwesenarbeit in städtischen Problemgebieten: Ihnen allen ging es um Selbstbestimmung und Unterstützung, die Idee eines Staates, der gewährt und fördert, ohne viel zu fordern und zu kontrollieren.

Hier kann nicht die Geschichte des Scheiterns vieler dieser Aufbrüche nacherzählt werden, ihrer Wirklichkeitsinterpretation und Selbstüberschätzung. Oft ging die Sensibilität für veränderte Subjektivitäten, Bedürfnisse und kulturelle Modelle einher mit einer Unterschätzung der Beharrungskräfte traditioneller politischer Machtstrukturen. Und vor mehr als dreißig Jahren war noch kaum auszumachen, dass fast schon überwunden geglaubte Probleme von Ungleichheit und Armut wieder in den Vordergrund drängen und sich mit den neuen Fragen von Anerkennung und Diskriminierung mischen würden. Noch war auch die Anverwandlung und Kanalisierung der partizipativen und auf Autonomie drängenden Aufbrüche nicht abzusehen – einerseits in Konzepten eines verbesserten Sozialstaates mit reichhaltigeren, aktivierenden Dienstleistungsangeboten, in einer liberalen Idee von Bürgergesellschaft, wo Freiheit viel mehr Konsumenten- und Wahlfreiheit, und eine Frage gut genutzter Gelegenheiten ist.

Was jenseits einzelner sozialer und politischer Utopien blieb und bis heute nachwirkt, war im Bereich der sozialen Dienste eine Art vorpolitischer kultureller Reorientierungsprozess. Soziale Dienste und die dort tätigen Professionellen sollten ihre Adressaten unter dem Aspekt ihrer Stärken und Potentiale als Koproduzenten und Verhandlungspartner verstehen oder darauf angelegt sein, sie dahin gehend zu befähigen. Es entstand ein Leitbild von Diensten, in denen es weniger um großflächige Standards als vielmehr um die Anpassung an situative und kulturell spezifische Bedürfnisse gehen sollte, weniger um Versorgung als um Respekt und Anerkennung. In einer Zivilgesellschaft sollte die Dienstleistungslandschaft vielfältiger und konvivialer sein. Als dauerhaft (aber, wie noch zu zeigen sein wird, zugleich auch wandelbar) erwies sich zudem eine Vorstellung von individuellem Engagement, die weniger mit Verpflichtungen und sehr viel mehr mit Emanzipation und Selbstverwirklichung verknüpft wurde. Eine neue Generation von Organisationen entstand, kleinteiliger und weniger stabil als die erste Generation von gemeinnützigen und freien Trägern, die sich nicht zuletzt mithilfe staatlicher Vereinbarungen stabilisiert hatten. Und wo sich Fragen sozialer Dienste als Kulturkonflikt darstellten und politisierten, bekam für ökonomisch schwache, aber bei Themenführerschaft potentiell starke Initiativen speziell die Macht zivilgesellschaftlicher Öffentlichkeit für Veränderungen sozialer Dienste eine sehr viel größere Bedeutung, als das lange Zeit in der Nachkriegsgesellschaft der Fall gewesen war. Das gilt auch noch heute, wo man eine möglicherweise weniger aktive Gesellschaft, aber dafür einen aktivierenden Staat vorfindet, der mit allen Mitteln der Öffentlichkeitsarbeit agiert.

3   Mehr Markt und mehr Wirtschaftlichkeit bei sozialen Dienstleistungen: Aktivierung des citizen consumers?

In einem Punkt sind sich die meisten Kommentatoren und wissenschaftlichen Analysen einig: Was in den letzen Jahren bei sozialen Diensten dominiert hat, sind Diskurse und Strategien der Ökonomisierung und Vermarktlichung.

Bei der Ökonomisierung geht es vor allem darum, auf der Ebene der Einzelorganisationen öffentliche Dienstleistungen wie private Betriebe zu führen und gleichzeitig Steuerungskonzepte zu implementieren, die mit ihren Anreizeffekten dafür sorgen sollen, dass Dienstleistungsmanager und Fachkräfte öffentliche Mittel sparsam und im Sinne der jeweils vorgegebenen Leitlinien nutzen. Bei all dem steht das öffentliche Interesse an einem besseren Umgang mit knappen Finanzmitteln im Vordergrund und der Bürger ist am ehesten noch als Steuerzahler angesprochen. Ansätze der neuen Steuerung oder des New Public Management mögen ihre Konzepte aus dem Bereich der privaten Wirtschaft beziehen, aber ihre Anwendung setzt Privatisierung nicht voraus. Allerdings ebnen ähnliche Verfahren und dasselbe Vokabular die traditionell beträchtlichen Unterschiede zwischen öffentlichen und privaten Sektoren – aber auch die Besonderheit dementsprechend gemanagter Dritte-Sektor-Organisationen – weitgehend ein (Pelizzari 2001).

Ökonomisierung berührt Engagement und Zivilgesellschaft vor allem indirekt. Die Signale lauten hier: keine Experimente, Abwägung von Aufwand und Ertrag, Operieren mit einem Menschenbild des homo oeconomicus, das auch die Nutzer von Dienstleistungen einschließt – sei es, dass man sie unter den Verdacht stellt, als gierige Konsumenten bei zu niedrigen Preisen/Gebühren immer versucht zu sein, zu viel zu verlangen, oder dass Engagement und Mitverantwortung nun heißen, individuell bzw. familiar mehr Verantwortung zu übernehmen – z. B. für die aus „ungesunden Lebensstilen" entstehenden Gesundheitskosten (Hentschel 2006). Wenn es um Engagement bei den sozialen Diensten geht, dann wird es aus einer solchen Perspektive vor allem als mögliche zusätzliche kostensparende Ressource betrachtet. Die entscheidende Frage lautet dann, ob relativ zu anderen Strategien dem erforderlichen Aufwand für die Gewinnung Freiwilliger ein entsprechender Ertrag (für Politik, Dienstleistungssektor, die einzelne Einrichtung) gegenüber steht. Emanzipation und demokratische Lernprozesse sind Nebensache. Was Zivilgesellschaft, Governance und den Umgang mit Dritte-Sektor-Organisationen angeht, so setzt man in der Ökonomisierungsperspektive weniger auf öffentliche Debatten, sondern eher auf die stummen Anreize finanzieller Mechanismen und bei „public-private partnerships" nicht auf Sozial-, sondern mehr auf Geschäftspartnerschaften (Strünck/Heinze 2005).

Vermarktlichung meint die Einführung von Märkten, an denen soziale Dienste in privater Trägerschaft angeboten werden und der Staat sich auf die (teilweise) Refinanzierung dieser Angebote oder der Nachfrage (z. B. durch Gutscheine für die Konsumenten) und auf die Setzung von Rahmenrichtlinien (zur Qualitätssicherung) konzentriert (Nullmeier 2002a). Ein Aspekt dieser Entwicklung ist die Kommerzialisierung im Sinne der Unterordnung aller Aspekte der Betriebsentwicklung unter das Leitziel der Gewinnsicherung und Steigerung. Ein anderer Aspekt besteht in der Förderung spezifischer Markttugenden und Marktfreiheiten: z. B. einer unternehmerischen Einstellung auf Seiten der Anbieter und der Möglichkeit der Nutzer, in erster Linie durch Wahlmöglichkeiten – „choice" – das System in ihrem Sinne beeinflussen zu können. Dies vor allem wird beim öffentlichen Werben für Vermarktlichungsstrategien bei sozialen Diensten hervorgehoben.

Verbunden mit der Vision von Wohlfahrtsmärkten ist oft ein rein liberales Ideal von Zivil- und Bürgergesellschaft. Folgt man Michael Walzer (2004), dann zeichnet es sich vor allem dadurch aus, dass die massiven Macht- und Ressourcenungleichgewichte zwischen den verschiedenen gesellschaftlichen Gruppen, die auch in einer zivilen Gesellschaft weiter existieren und einen wichtigen Ausgangspunkt zur Legitimation sozialstaatlicher Interventionsnotwendigkeiten bilden, heruntergespielt werden. Selbstorganisierte Universitäten etwa – mit Stiftungs- und Sponsorengeldern nach dem Vorbild der USA – werden dann im Bildungsbereich zu einem Vorbild, ohne zu fragen, was es an staatlicher Intervention bräuchte, um auch nur einige ihrer Qualitäten allgemein verfügbar machen zu können.

An dieser Stelle soll jedoch vor allem von einem Teilaspekt liberaler Diskurse die Rede sein: der Einrichtung von Märkten für soziale Dienste als besondere Form von Wohlfahrtsmärkten. Denn die Idee der Wohlfahrtsmärkte lebt ja von einem umfassenden Versprechen: mehr unternehmerische Dynamik, Qualität und Konsumentenfreiheit – die die Bürger in vielen Marktbereichen kennen und schätzen – auch in die sozialen Dienste zu bringen. Leiter von Einrichtungen sollen sich als Unternehmer verstehen, nach Möglichkeiten suchen, z. B. am Seniorenmarkt, neue Leistungen zu platzieren; die Sozialwirtschaft soll nicht als Kos tenfaktor, sondern als Wachstumsmotor verstanden werden (Rothgang/Preuss 2007); jenseits schrumpfender Bereiche kassenvergüteter Leistungen sollen Patienten mit den Ärzten zusätzliche Leistungen frei aushandeln können; bei der Auswahl von Schulen soll es mehr Wahlrecht geben und der Einfluss der Eltern im Bereich der Kindertagesbetreuung durch Gutscheinsysteme wie die KiTa-Card (Diller 2004) gestärkt werden. Was bleibt für Zivilgesellschaft und Engagement, wenn mehr Effizienz und mehr Freiheit heute in erster Linie als Frage einer besseren Abstimmung von staatlicher Rahmensetzung unternehmerischer Initiative und der (Selbst)Erziehung der Nutzer zu Konsumenten mit ausreichendem „Marktwissen" (Nullmeier 2002) erscheinen?

Auf das *Leitbild von Diensten,* die nun konkurrieren und in der Öffentlichkeit für sich werben, haben die individuellen Erwartungen, Ängste und Bewältigungsstrategien der Dienstleistungskonsumenten mehr Einfluss. Bei selbst zu bezahlenden ärztlichen Zusatzleistungen zum Beispiel sind es nicht mehr zuerst fachlich dominierte Entscheidungen, sondern die Signale aus der Wellness- oder Active-Ageing-Bewegung, die zu dieser oder jener Kaufentscheidung führen. Der Kunde weiß am besten, was er braucht – das ist die ebenso kurze wie einprägsame Formel der Leitphilosophie des internationalen „consumerism" (vgl. dazu das „Consumerism and Social Policy" gewidmete Heft von European Societies, 2006). Präsent bei der Wahl einer „Seniorenresidenz", einer Schule oder einer ärztlichen Leistung sind damit aber auch die vorgängigen Prägungen der heutigen Gesellschaft durch sozialstaatliche Versprechungen und Erwartungen einerseits und eine nach 1968 liberalisierte und in vielen Bereichen selbstbewusstere Stellung möglicher Konsumenten andererseits. Kurzum: Die Strategien von kommerziellen Anbietern werden auch davon geprägt, inwieweit ihre Adressaten auch als Bürger, Mitglieder von Gemeinschaften und Beteiligte in einer kritischen öffentlichen Meinungsbildung Erfahrung und Kompetenz erworben haben. Wie weit kann der öffentliche Diskurs zivilgesellschaftlich und dialogisch geprägt sein und wie weit gehorcht er kommerziellem oder politischem marketing – das (Lamla 2007) ist dann, ähnlich wie schon längst bei anderen Produkten, auch die entscheidende Frage bei sozialen Diensten. Noch gibt es keine systematische Auswertung von Erfahrungen, die eine vergleichende Bewertung zuließen zwischen sozialen Dienstleistungssystemen, die vor allem fachlich und staatlich gesteuert werden, und solchen, wo vor allem öffentliche Meinungsbildung bei Produkten und Kaufentscheidungen, Einzelnutzen und gesellschaftlichen Nutzen vereinbar halten soll.

Die zunehmende Vermarktlichung von sozialen Diensten muss nicht heißen, dass damit Initiative und Beteiligung im Sinne *individuellen Engagements* bedeutungslos würde. Der zuvor beschriebene Impuls vieler zivilgesellschaftlicher Initiativen, Engagement mit Selbstverwirklichung zusammen zu denken, bleibt. Es ändern sich in einer individualisierten Konsum-/Leistungs-/Wettbewerbsgesellschaft jedoch die Bedeutungsgehalte von Engagement (dazu: Evers 1998). Dort, wo jeder Einzelne gewissermaßen als Ich-AG seines eigenen Lebensprojekts fungiert, wird Selbstverwirklichung sich nun stärker auf beruflichen Nutzen oder Sinnsuche in der Freizeit beziehen. Gleichzeitig löst sich der Selbstverwirklichungsdiskurs mehr und mehr ab von der Frage nach dem Nutzen des jeweiligen Engagements für diejenigen, denen man hilft. Viele heutige Felder für Engagement werden folglich mehr unter dem Gesichtspunkt „was habe ich davon?" beworben als mit Blick auf eine Stärkung von Impulsen des „anderen verpflichtet Seins" oder auf den Nutzen für Adressaten und Gemeinwesen.

Damit verbindet sich, dass es auf der Ebene *kollektiver Organisationsformen* Zeichen dafür gibt, dass solche Organisationen einen Bedeutungsverlust erleiden, die Akteure aus verschiedenen sozialen und kulturellen Milieus zusammenführen (um Themen wie Gesundheit, Wohnen, Bildung etc.; vgl. am Beispiel Norwegens: Selle 1993), während solche, die entweder mit Engagement eigene spezifische Gruppeninteressen zur Sprache bringen oder sich karitativ an andere wenden (wie etwa bei der Tafel), an Bedeutung gewinnen. Allerdings, kann sich dort, wo zivilgesellschaftliche Organisationen ihre Anliegen vor allem in Form medialer Öffentlichkeitspräsenz zur Geltung bringen, auch der positive Zwang verstärken, entsprechende Koalitionen zu schmieden. Dies lässt sich an Kampagnen gegen Kinderarmut oder in Sachen Armut und Langzeitarbeitslosigkeit verfolgen. Und schließlich kann mit dem Wandel von staatlich-kommunalen und gemeinnützigen Dienstleistungsangeboten zu Wohlfahrtsmärkten, wo die Adressaten den einzelnen sozialwirtschaftlichen Unternehmen nur noch sehr bedingt (zu)trauen können, dass fachliche und sozialpolitische Erwägungen eigennützige Motive in Schach halten (Dahme u. a. 2005), auch ein zusätzlicher Anstoß für Selbstorganisation entstehen – für lokale Patientennetzwerke, in denen man sich über Angebote und Risiken eines sonst unüberschaubaren lokalen Gesundheitsmarktes informiert, für Senioren und Elternverbände, die sich von Partei und Politikpatronage frei machen, für Patientenvereinigungen, Verbraucherschutz und Verbraucherbewegungen. Diese Verbraucher sind zugleich oder vor allem auch aktive und rechtsbewusste Bürger: „citizen consumer" (Clarke u. a. 2007). Hier zeigt sich die mögliche Bedeutung von Zivilgesellschaft für und in Märkten.

Aber wie begegnen sich Staat und Zivilgesellschaft, wenn es um die *Governance* von sozialen Diensten und Einrichtungen geht? Die Frage, inwieweit partizipative Mechanismen in der öffentlichen Politik und Verwaltung es zivilgesellschaftlichen Organisationen erlauben, Einfluss auf die Rahmensetzungen zu nehmen, innerhalb derer sich Dienste privater Anbieter entwickeln, bleibt auch dann bestehen, wenn es bei Kommunen und Staat nun um Ko-finanzierung, Qualitätssicherung und Zugangsregeln geht (Bogumil/Kißler 1995) – z. B. als Frage nach dem Einfluss von Patientenvertretern im zentralen Planungsausschuss des Gesundheitswesens oder nach der Vertretung von Eltern im lokalen Jugendhilfeausschuss. Es fragt sich allerdings, inwieweit angesichts eines Bedeutungsverlust staatlicher Vorschriften nicht neue Zugangswege bei der „Zivilisierung" von sozialen Dienstleistungsmärkten dadurch entstehen, dass Verbraucherbewegungen und Öffentlichkeit die (privaten) Anbieter zu bestimmten Selbstverpflichtungen drängen (Hilton 2005). Warum sollte es nicht möglich sein – ähnlich wie dies bei Konzernen auf anderen Märkten möglich war – auch in der Sozialwirtschaft mehr corporate social responsibility, Patienten- Pflege- und Sozialchartas durchzusetzen und mit Blick darauf die entsprechenden Unternehmen und Anbieter als corporate citizens zum Dialog aufzufordern? Die Frage ist, inwieweit der zum Teil sinkende Stellenwert zwingender öffentlicher Planungsmechanismen zur „zivilen" Ausgestaltung sozialer Dienste kompensiert werden kann durch einen neuen direkten Einfluss der Nutzer als Kunden, also durch „choice", durch neue Formen von „voice" im öffentlichen Meinungsstreit und durch Selbstverpflichtungen von Anbietern, die unterhalb der Ebene vertragsrechtlicher Zusicherungen oder verbindlicher staatlicher Vorschriften liegen, gleichwohl aber einsehbar und nachprüfbar sein sollten.

Alles in allem kann man sagen, dass die Diskurse von mehr Markt und Wirtschaftlichkeit auch die Bilder von Engagement und der Rolle von Zivilgesellschaft neu schreiben. Engagement wird hier mehr denn je in den Kontext der unternehmerischen und zielgerichteten Verwirklichung eigener Interessen gestellt, während die Initiativmöglichkeiten der einzelnen Nutzer nun vor allem als die von Kunden beschrieben werden. Von zivilgesellschaftlichen Organisationen wird damit mehr als bisher erwartet, ihre Mitglieder auch als Kunden zu schützen, aufzuklären und zu vertreten – nicht mehr nur in staatlichen Gremien, sondern viel mehr als zuvor in der Medienöffentlichkeit. Was sich hier abzeichnet, ist eine zugleich schwache und starke Vorstellung von Zivilgesellschaft. Sie ist schwach, weil man – mit Ausnahme besonderer Initiativen mit „human touch" bei einzelnen Problemgebieten und Anlässen – weniger denn je darauf setzt, dass Selbstorganisation und gemeinnützige Dienste bessere Resultate als sonstige sozialwirtschaftliche Anbieter liefern und generell besondere Unterstützung verdienen. Sie ist „stark" und anspruchsvoll, insoweit man davon ausgeht, dass in einer aktiven Zivilgesellschaft und im Rahmen sozialstaatlicher Regeln selbstbewusste Konsumenten den Markt privater Anbieter in einen nachfragegesteuerten Markt verwandeln können und überdies die Nachfrage so geformt werden kann, dass sie nicht nur Konsumismus und Präferenzen von diversen Statusgruppen repräsentiert.

4 Spannungsreiche Mischungen: Zum zukünftigen Stellenwert von Engagement und Zivilgesellschaft für soziale Dienste und deren Modernisierung

In vieler Hinsicht werden die beschriebenen Diskurse mit ihren je eigenen Auffassungen und Praxiszusammenhängen weiter *nebeneinander* bestehen bleiben. Es ist ja gerade eines der Qualitätsmerkmale von Zivilgesellschaft, dass sie einen öffentlichen Raum schafft, in dem verschiedene Orientierungen koexistieren und einander auch relativieren, so dass keine von ihnen sich als total zu setzen vermag. Unbestreitbar prägen heute vor allem sozialstaatliche Orientierungen einerseits und Vermarktlichungskonzepte andererseits soziale Dienste. Beide Orientierungen haben sich dabei mit Ökonomisierungsanforderungen auseinanderzusetzen. Der partizipative Diskurs einer Gesellschaft der Aktivbürger und Mitproduzenten von Diensten und Hilfen hat demgegenüber weit geringere Bedeutung. Jeder dieser Diskurse, auch der zuletzt genannte, kann sich dabei im Bereich sozialer Dienste auf Teilbereiche stützen, wo er besonders prägend geworden ist.

- Im Bereich der Schulen ist z. B. trotz jüngster Reformbemühungen die Idee eines hierarchisch gesteuerten großflächig gleichen Dienstleistungsangebots nach wie vor besonders einflussreich.
- Überall dort, wo wenig staatliche Gelder und Verhaltensregeln zu finden sind und damit auch privatwirtschaftlichen Anbietern wenig Möglichkeiten geboten werden, finden sich Initiativen und Dienstleistungsangebote, die maßgeblich von älteren und

neueren Traditionen der Hilfsbereitschaft, Solidarität und des emanzipatorischen Engagements getragen sind: etwa bei Hilfen und lokaler Gemeinwesenarbeit in „Problem"-Vierteln und für „Problem"-Gruppen.
- In vielen konsolidierten Bereichen sozialer Dienste werden hingegen Strategien der Vermarktlichung dominant – zum Beispiel bei der häuslichen und stationären Pflege oder im Bereich der Krankenhäuser.

Gleichzeitig hat man es aber auch mit *Rivalität und Verdrängungsprozessen* zu tun – nicht nur von Marktanteilen, sondern auch von Problemverständnissen und Praktiken. So haben zum Beispiel im Bereich der lokalen Arbeitsmarktverwaltung managerielle Praktiken und Agenturen, die mittels großräumiger Ausschreibung andere Geschäftspartner und private Anbieter einbeziehen, kleinteiligere lokale Netze und Bündnisse der Solidarität mit Langzeitarbeitslosen – soziale Werkstätten, Integrationsbetriebe, Beiträge von Kirchen oder auch Gewerkschaften – vielfach verdrängt (Bode u. a. 2006). Staat und Markt teilen sich das Geschäft mit Arbeitslosen, die heute offiziell als Markt-, Beratungs- und Betreuungskunden sortiert werden.

In vieler Hinsicht besteht aber auch eine Tendenz, ja sogar die Notwendigkeit zur *Vermischung und Verschränkung* der verschiedenen Diskurse. Negativ könnte man sagen, dass sich überwiegend marktzentrierte Konzept für soziale Dienste lediglich einer Partizipationsrhetorik bedienen, oder dass trotz der Rede von mehr Wahlfreiheiten und individueller Förderung sich die staatlich bevormundete „Schulanstalt" als sehr resistent erweist. Man kann aber auch positiv auf die Möglichkeit neuer Balancen zwischen sozialstaatlichem Ausgleich, mehr Leistungsorientierung und Wettbewerb und Anerkennung veränderter Bedürfnisse und Beteiligungskompetenzen setzen.

Ein Diskurs, in dem sich sozialstaatliche, zivilgesellschaftliche und marktorientierte Versatzstücke mischen, findet sich zunächst einmal auf der *Ebene von gesamtgesellschaftlichen Modernisierungsansätzen*, wie sie etwa in Reformprogrammen der Parteien präsentiert werden. Akzeptiert man, dass Zivilgesellschaft ein komplexes gesamtgesellschaftliches Qualitätsmerkmal ist, dann geht es nicht mehr darum, danach zu suchen, wie oft dieser Begriff und das Wort bürgerschaftliches Engagement in einem Programmentwurf auftauchen, sondern in welcher Weise Werte und Praktiken, die man damit assoziiert, angesprochen und wie sie mit anderen Aufgaben – Stärkung der Wirtschaft, soziale Sicherung – verwoben werden. Die englische Sozialwissenschaftlerin Janet Newman ist vor einigen Jahren mit einer Untersuchung „Modernising Governance" (2001) bekannt geworden, bei der sie die gesellschaftspolitische Strategie von New Labour als einen Versuch beschrieb, verschiedene Diskurse in der englischen Gesellschaft im Rahmen des eigenen politischen Projekts in einen spannungsreichen Zusammenhang zu bringen: den Diskurs der Notwendigkeit wirtschaftlicher Modernisierung – auch sozialer Dienste wie des National Health Service – , den der Sicherung staatlichen Schutzes und Ausgleichs – z. B. mit Mindestlohnregeln, Stadtteilsanierungs- und Entwicklungsprogrammen; und den der Aktivierung von Communities, Engagement und Gemeinschaftsinitiativen – mit neuen Unternehmensformen für Programme und Angebote, über die verschiedene Stakeholder mitbestimmen oder auch mit der Stärkung von „spaces of public deliberation", also der Schaffung von lokal zugänglichen Orten der gemeinsamen Erörterung von Problemen und Lösungsmöglichkeiten.

Insbesondere die Programme der Volksparteien, aber auch der GRÜNEN könnten hierzulande als ein solcher Versuch gelesen werden, verschiedene diskursive Versatzstücke zu berücksichtigen und auf die eine oder andere Weise in eigenen Modernisierungs- und Reformkonzepten zu verschmelzen. Vieles spricht für eine Lesart des vorherrschenden Modernisierungsdiskurses, nach der dieser Sozialpolitik instrumentell und selektiv behandelt – es geht, wie z.B. beim Ausbau von Kinderbetreuungsangeboten, darum, inwieweit entsprechende Investitionen einen wirksamen Beitrag zu arbeitsmarktpolitischen und soziodemographischen Zielen leisten. Und auch die Unterstützung von Zivilgesellschaft bekommt bei absolutem Vorrang wirtschaftlicher Wachstums- und Modernisierungsziele einen anderen Akzent: Fragen von Solidarität oder Selbstverwirklichung und der Entwicklung von Bürgerkompetenz werden überlagert einerseits von der Suche nach bislang ungenutzten Arbeitspotentialen „potentiell Engagementwilliger" und andererseits nach neuen Formen der Herstellung aktiver Folgebereitschaft in entsprechenden, von Staats wegen medienwirksam inszenierten Bündnissen, Programmrunden und Kooperationsprojekten, wie sie z.B. eine ökonomisch orientierte Familienpolitik orchestrieren.

Diese zunehmende Verschränkung von wirtschaftspolitischen Zielen, Aufgaben sozialer Sicherung und der demokratischen kooperations- und gemeinsinnsbezogenen Ansprüche des Zivilgesellschaftsdiskurses lässt sich jedoch nicht rückgängig machen. Zivilgesellschaft ja – aber verbunden mit welcher Wirtschaftspolitik? Es geht eher darum, was mit welchem Gewicht in eine Reformkonzeption eingeht und ob solche Entgrenzungsprozesse dann z.B. lediglich auf eine Ökonomisierung (vgl. dazu die Beiträge in Evers/Heinze 2007) des gesamten gesellschaftlichen Reformhorizontes einschliesslich der Zivilgesellschaftsdebatte hinauslaufen. Bevor etwa der „aktivierende Staat" auf ein Synonym für die heutigen Formen der Verwaltung von Langzeitarbeitslosen und die Stimulierung individueller Anpassungsbereitschaft schrumpfte, hatte darin auch die Ermutigung von Bürgergesellschaft und gemeinschaftlicher Mitverantwortung Platz (Evers 2000). Dementsprechend wird die Praxis weisen, inwieweit die neue Wortprägung des „vorsorgenden Staates" mit einem Verständnis von Gesellschaft und Bürger verbunden werden kann, in dem Engagement und Zivilgesellschaft und entsprechende neue Formen der Kooperation von staatlicher Politik und gesellschaftlichen Akteuren einen realen Platz haben.

Auch auf der *Ebene von Politiken für soziale Dienste* – sei es nun im Rahmen der Gesundheits-, Pflege-, Bildungs- oder Familienpolitik – haben Rhetoriken und Programme in der Regel einen durchaus „gemischten" Charakter. Engagement und zivile Organisationen, die sich vor allem darauf stützen, sind bei vielen der dortigen Handlungskonzepte inzwischen „dabei". Nach dem, was gerade dargelegt wurde, gilt allerdings, dass „dabei Sein" nicht alles sein sollte (vgl. Evers 2002 und die illustrativen Beispiele in: Forschungsjournal NSB 2007) und es darauf ankommt, inwieweit man sich einer nur subalternen Einbeziehung und instrumentellen Zugriffen erwehren kann. Dazu einige Beispiele:

- Ein ermutigendes Beispiel für eine neuartige Vermischung von sozialstaatlichem Schutz, unternehmerischer Freiheit und Ermutigung, sich in persönlicher Hilfe zu engagieren, ist das Versuchsprogramm mit Pflegebudgets (Klie 2004). Die Betroffenen erhalten einen Geldbetrag zur Verfügung, können damit Hilfen von verschiedensten Seiten einkaufen und werden bei ihrem Unterstützungsarrangement von einem Fallma-

nager persönlich beraten, so dass die in der Familie geleisteten Hilfen mit fachlichen und kommerziellen Dienstleistungsangeboten, aber auch mit Ressourcen des Engagements aus Nachbarschaft und Kommune verknüpft werden können.
- Ein anderes Beispiel ist die Politik zur Schaffung von mehr Betreuungseinrichtungen für Kinder. Hier ergänzt sich der Appell an das Engagement von Unternehmen, (nicht nur) im eigenen Interesse tätig zu werden, mit der Bereitstellung staatlicher Gelder für die Schaffung von Betreuungsplätzen und der Initiierung lokaler „Bündnisse für Familien", die den generellen Stellenwert von Familie und Kindern im lokalen Gemeinwesen aufwerten, aber auch dazu anregen sollen, lokal spezifische Aufgaben und Prioritäten gemeinsam zu formulieren (Heitkötter 2004). Ob die viel kritisierte Dominanz wirtschaftlicher Kalküle (Ostner 2007) sich dann auch vor Ort so wieder finden muss, ist nicht ausgemacht. Dass ein derartiges Programm grundsätzlich für Engagement offen ist und Gesellschaft aktiv einbezieht, unterscheidet es immerhin deutlich von anderen Politikansätzen, wie z.B. dem der Arbeitsmarktpolitik, die auch auf lokaler Ebene unter Vernetzung nur das Zusammenwirken von Politikern, Fachleuten, Behörden und den als weitere Dienstleister eingekauften privaten Unternehmen versteht.
- Ein weiteres Beispiel für einen Wohlfahrts- und Governance-Mix (Evers 2006), der Ressourcen und Mitverantwortungsbereitschaft aus familialem, gemeinschaftlichem, gesellschaftlichem, staatlichem und kommerziellem Sektor mit einbezieht, sind Entwicklungskonzepte für benachteiligte und zerfallende Stadtteile. Hier geht es bei einem bundesweiten Programm wie „Soziale Stadt" (Becker u. a. 2002) darum, dass unternehmerische Initiativen angeregt und eingeworben werden, mit Hilfe gezielter Initiativen ein lokales Gemeinschaftsleben gepflegt oder überhaupt erst einmal wieder rekultiviert wird, aber auch Investitionen in die öffentliche Infrastruktur getätigt werden. Einmal mehr ist „Engagement" auch hier gleich mit mehreren unterschiedlichen Bedeutungen im Spiel, als unternehmerisches Handeln, aber auch als Stärkung von Gemeinsinn, als Appell an Kreativität, aber auch an den Sinn für Verpflichtungen gegenüber Mitbürgern.

Politik als diskursive und praktische Verschränkung von Versatzstücken aus verschiedenen Diskursen – das lässt sich schließlich bis hinunter auf die *Ebene des Leitbilds und der Politik einzelner sozialer Dienstleistungsorganisationen* verfolgen. Es gibt zum Beispiel in vielen Bundesländern Programme für die Stärkung der Selbstständigkeit von Schulen (BDA 2004); sie sollen über den Umgang mit ihren Finanzen, ihre Personalpolitik, aber auch ihre Lehr- und Lernmethoden weitgehend selbst entscheiden können. Unter Bedingungen, wo Eltern am ehesten die Wahl haben, in welche Schule sie ihre Kinder schicken, sollen staatliche Mittelzuweisungen und die Entwicklung der einzelnen Schule zu wettbewerbsfähigen Angeboten mit eigenem fachlichen Profil führen. Schulen sollen ein öffentliches Angebot für alle bleiben, aber gleichzeitig auch effizienter und wettbewerbsorientierter werden. Engagement und Zivilgesellschaft kommen allerdings erst dann richtig ins Spiel, wenn eine derartige Schule auch die Möglichkeit wahrnimmt, mit Betrieben als späteren Arbeitgebern in Kontakt zu treten, unterstützende Schulvereine sich nicht scheuen, auch Unternehmen als Sponsoren aufzunehmen, die Schule vom Know-how von Sport und Kulturvereinen ebenso Gebrauch macht wie vom Wissen eines Computerunternehmens, das Fachkräfte im Rahmen eines Werkvertrags und Sonderkurses zur Verfügung stellen kann (Evers 2005). Als *„soziale Unternehmen"* sind solche Schulen nicht mehr staatliche oder kommunale „Anstalten", sondern hybride Organisationsformen (Evers/Rauch/Stitz 2002), die in der einen oder anderen Weise unternehmerische Elemente, Ressourcen aus der Gesellschaft und staatliche Mittel und Rahmensetzungen aktivieren und verbinden. Warum sollte eigentlich schon ins Vorhinein ausgemacht sein, welches Element überwiegen wird: das staatlicher Gleichheits- und Integrationsgebote, das des Wettbewerbs um „gute Schüler" oder das der Orientierung an den Prioritäten der jeweiligen lokalen stakeholder?

Damit schließt sich der Kreis und führt zurück zur analytischen Prämisse dieses Beitrags. Zivilgesellschaft ist bei all diesen Beispielen nicht so sehr ein Sektor als vielmehr komplexes Produkt von und prägender Hintergrund für verschiedene Handlungsentwürfe. Sie ist – mehr oder minder stark – in der Gesellschaft nicht nur durch gemeinnützige Organisationen und Verbände, sondern auch durch spezifische „zivile" Wertorientierungen, diesen entsprechende Verhaltensweisen und Handlungskonzepte und sie stützende Institutionen repräsentiert. Was soziale Dienste angeht, so finden sich Zivilgesellschaft repräsentierende und fördernde Elemente dem entsprechend nicht nur bei vielen sozialen Diensten im Dritten Sektor, sondern auch bei kommunalen und staatlichen öffentlichen Angeboten. Doch nicht nur dieser öffentliche Sektor im weiteren Sinne, auch stark marktorientierte und konsumbetonte Bereiche sozialer Dienste können davon profitieren, dass es in der deutschen Bundes-Republik eine vergleichsweise aktive Zivilgesellschaft gibt und damit in weiten Bereichen auch dem entsprechend selbstbewusste Konsumenten. Doch nur in einer weniger kommerziellen Ausprägung, dort wo Träger und Anbieter auf den Bürger im Konsumenten und den Koproduzenten im Dienstleistungsnehmer setzen, werden die sozialen Dienste auch ein Feld sein können, das seinerseits mithilft, jene Zivilgesellschaft zu stärken und kultivieren, von der sie zehren.

Literatur

Adloff, Frank (2005): Zivilgesellschaft. Theorie und politische Praxis. Frankfurt a. M.: Campus Verlag

Anheier, Helmut K. (1999): Der Dritte Sektor im internationalen Vergleich. Ökonomische und zivilgesellschaftliche Dimensionen von Nonprofit-Organisationen. In: Berliner Journal für Soziologie 9 (2). S. 197-212

Backhaus-Maul, Holger/Olk, Thomas (1995): Von Subsidiarität zu ‚outcontracting': Zum Wandel der Beziehungen zwischen Staat und Wohlfahrtsverbänden in der Sozialpolitik. Berlin: BFS

Badura, Bernhard/Gross, Peter (1976): Sozialpolitische Perspektiven. Eine Einführung in Grundlagen und Probleme sozialer Dienstleistungen. München: Piper

Becker, Heidede/Franke, Thomas/Löhr, Rolf-Peter/Rösner, Verena (2002): Drei Jahre Programm Soziale Stadt – eine ermutigende Zwischenbilanz. Berlin: Deutsches Institut für Urbanistik

Bode, Ingo/Bühren, Patrick (2004): Mehr als Markt und Bürokratie. Krankenkassen im Bild von Versicherten und Mitarbeitern. In: Gesundheits- und Sozialpolitik 2 (1). S. 48-57

Bode, Ingo/Evers, Adalbert (2004): From institutional fixation to entrepreneurial mobility? The German third sector and its contemporary challenges. In: Evers, Adalbert/Laville, Jean-Louis (Hrsg.): The Third Sector in Europe. Cheltenham/Northampton: Elgar, S. 101-121

Bode, Ingo/Evers, Adalbert/Schulz, Andreas (2006): Where do we go from here? The unfinished story of work integration social enterprises in Germany. In: Nyssen, Marthe (Hrsg.) (2006): Social Enterprise. London/New York: Routledge, S. 296-309

Bogumil, Jörg/Kißler, Leo (1995): Vom Untertan zum Kunden? Möglichkeiten und Grenzen von Kundenorientierung in der Kommunalverwaltung. Berlin: Edition Sigma

Buck, Gerhard (1995): Die Entwicklung der freien Wohlfahrtspflege von den ersten Zusammenschlüssen der freien Verbände im 19. Jahrhundert bis zur Durchsetzung des Subsidiaritätsprinzips in der Weimarer Fürsorgegesetzgebung. In: Landwehr, Rolf/Baron, Rüdeger (Hrsg.): Geschichte der Sozialarbeit. Hauptlinien ihrer Entwicklung im 19. und 20. Jahrhundert. Weinheim/Basel: Beltz, S. 139-172

Bundesvereinigung der Deutschen Arbeitgeberverbände (Hrsg.) (2004): Selbständige Schule. Freiräume schaffen, Verantwortung übernehmen. Qualität entwickeln. Berlin: BDA

Clarke, John/Newman, Janet/Smith, Nick/Vidler, Elisabeth/Westmarland, Louise (2007): Creating Citizen-Consumers. Changing Publics And Changing Public Services. London/New York: Sage

Dahme, Heinz-Jürgen/Kühnlein, Gertrud/Wohlfahrt, Norbert (2005): Zwischen Wettbewerb und Subsidiarität. Wohlfahrtsverbände unterwegs in die Sozialwirtschaft. Berlin: Edition Sigma

Diller, Angelika (2004): Die Kita-Card: das nachfrageorientierte Gutscheinsystem in Hamburg. In : Diller, Angelika/Leu, Hans R./Rauschenbach, Thomas (Hrsg.): Kitas und Kosten. Die Finanzierung von Kindertageseinrichtungen auf dem Prüfstand. München/Wiesbaden: VS Verlag für Sozialwissenschaften, S. 113-126

European Societies (Hrsg.) (2006): Consumerism and Social Policy 8 (3), S. 403-422

Evers, Adalbert (1998): Soziales Engagement. Zwischen Selbstverwirklichung und Bürgerpflicht. In: Transit 15, S. 186-200

Evers, Adalbert (2000): Aktivierender Staat – eine Agenda und ihre möglichen Bedeutungen. In: Mezger, Erika/West, Klaus W. (Hrsg.): Aktivierender Sozialstaat und politisches Handeln. Marburg: Schüren Verlag, S. 13-29

Evers, Adalbert (2002): Arbeit und Engagement bei sozialen Dienstleistungen – welches Leitbild? In: WSI Mitteilungen, 55 (9), S. 539-545

Evers, Adalbert (2004): Sektor und Spannungsfeld. Zur Theorie und Politik des Dritten Sektors. In: Maecenata Actuell, 49, Dez. 2004. 7-17 (Ebenfalls in: Aktive Bürgerschaft e.V. (Hrsg.): Diskussionspapiere zum Nonprofit-Sektor, 27)

Evers, Adalbert (2005): Schule als soziales Unternehmen. In: Berliner Debatte Initial 16 (4), S. 53-65

Evers, Adalbert (2006a): Mixed Governance: Regieren in der Sozialpolitik. Eine Einleitung. In: Evers, Adalbert (Hrsg.) (2006b): Regieren in der Sozialpolitik. Zeitschrift für Sozialreform 52 (2), S. 141-148

Evers, Adalbert/Olk, Thomas (Hrsg.) (1996): Wohlfahrtspluralismus. Vom Wohlfahrtsstaat zur Wohlfahrtsgesellschaft. Opladen: Westdeutscher Verlag

Evers, Adalbert/Rauch, Ulrich/Stitz, Uta (2002): Von öffentlichen Einrichtungen zu sozialen Unternehmen. Hybride Organisationsformen im Schul-, Kultur- und Altenpflegebereich. Berlin: Edition Sigma

Evers, Adalbert/Sachße, Christoph (2003): Social Care Services for Children and Older People in Germany: Distinct and Separate Histories. In: Anttonen, Anneli/Baldock, John/Sippilä, Jorma (Hrsg.): The Young, the Old and the State: Social Care Systems in Five Industrial Nations. Cheltenham/Northampton: Elgar, S. 55-79

Evers, Adalbert/Heinze, Rolf G. (Hrsg.) (2007): Sozialpolitik: Ökonomisierung und Entgrenzung. Wiesbaden: VS Verlag für Sozialwissenschaften

Fix, Birgit (2005): Christlich-konfessionelle Soziale Arbeit in Deutschland. In: Fix, Birgit/Fix, Elisabeth (Hrsg.): Kirche und Wohlfahrtsstaat. Freiburg: Lambertus, S. 45-61

Forschungsjournal Neue Soziale Bewegungen (2007): Bürgergesellschaft. Wunsch und Wirklichkeit. 20 (2)

Gartner, Alan/Riessman, Frank (1978): Der aktive Konsument in der Dienstleistungsgesellschaft. Zur politischen Ökonomie des tertiären Sektors. Frankfurt a. M.: Suhrkamp

Gosewinkel, Dieter/Rucht, Dieter (2004): „History meets Sociology". Zivilgesellschaft als Prozess. In: Gosewinkel, Dieter/Rucht, Dieter/van den Daele, Wolfgang/Kocka, Jürgen (Hrsg.): Zivilgesellschaft – national und transnational. Berlin: Edition Sigma, S. 29-60

Habermas, Jürgen (1992): Faktizität und Geltung. Beiträge zur Diskurstheorie des Rechts und des demokratischen Rechtsstaats. Frankfurt a. M.: Suhrkamp

Heitkötter, Martina (2004): Neuer Politikansatz im Visier: Lokale Bündnisse für Familien. In: DJI-Bulletin 66. 1

Hentschel, Christine (2006): Der Schlanke Staat und der dicke Konsument. Zur Regierung der Fettleibigkeit. In: Lamla, Jörn/Neckel, Sighard (Hrsg.): Politisierter Konsum – konsumierte Politik. Wiesbaden: VS Verlag für Sozialwissenschaften, S. 113-131

Herriger, Norbert (2002): Empowerment in der sozialen Arbeit. Eine Einführung. Stuttgart: Kohlhammer

Hilton, Matthew (2005): Die Globalisierung der Verbraucher. Zur Geschichte des Konsumerismus als sozio-politische Bewegung. In: Forschungsjournal Neue Soziale Bewegungen 18 (4), S. 18-29

Jäger, Siegfried (2004): Kritische Diskursanalyse. Eine Einführung. Münster: Unrast Verlag

Kaiser, Jochen-Christoph (1996): Von der christlichen Liebestätigkeit zur freien Wohlfahrtspflege. In: Rauschenbach, Thomas/Sachße, Christoph/Olk, Thomas (Hrsg.): Von der Wertgemeinschaft zum Dienstleistungsunternehmen. Frankfurt a. M.: Suhrkamp, S. 150-174

Kickbusch, Ilona/Trojan, Alf (Hrsg.) (1981): Gemeinsam sind wir stärker. Selbsthilfegruppen und Gesundheit. Frankfurt a. M.: Fischer Taschenbuch Verlag

Klein, Ansgar (2001): Der Diskurs der Zivilgesellschaft. Politische Hintergründe und demokratietheoretische Folgerungen. Opladen: Westdeutscher Verlag

Klie, Thomas/Spermann, Alexander (Hrsg.) (2004): Persönliche Budgets – Aufbruch oder Irrweg. Hannover: Vincenz Network

Klie, Thomas/Roß, Paul-Stefan (2005): Wieviel Bürger darf`s denn sein!? Bürgerschaftliches Engagement im Wohlfahrtsmix – eine Standortbestimmung in acht Thesen. In: Archiv für Wissenschaft und Praxis der sozialen Arbeit 4, S. 20-43

Kocka, Jürgen (2000): Zivilgesellschaft als historisches Problem und Versprechen. In: Hildermaier, Manfred/Kocka, Jürgen/Conrad, Christoph (Hrsg.): Europäische Zivilgesellschaft in Ost und West. Frankfurt a. M./New York: Campus, S. 13-40

Lamla, Jörn (2007): Sozialpolitische Verbraucheraktivierung. Konsumsubjekt und Bürgergemeinschaft in der Marktgesellschaft. In: Evers, Adalbert/Heinze, Rolf G. (Hrsg.): Sozialpolitik: Ökonomisierung und Entgrenzung. Wiesbaden: VS Verlag für Sozialwissenschaften, S. 301-320

Landwehr, Rolf/Baron, Rüdeger (Hrsg.) (1995): Geschichte der Sozialarbeit. Hauptlinien ihrer Entwicklung im 19. und 20. Jahrhundert. Weinheim/Basel: Beltz

Newman, Janet (2001): Modernising Governance: New Labour, Policy and Society. London: Sage

Nullmeier, Frank (2002a): Demokratischer Wohlfahrtsstaat und das neue Marktwissen. In: Heinrich-Böll-Stiftung (Hrsg.) (2002): Gut zu Wissen – Links zur Wissensgesellschaft. Münster: Westfälisches Dampfboot, S. 97-111

Nullmeier, Frank (2002b): Auf dem Weg zu Wohlfahrtsmärkten? In: Süß, Werner (Hrsg.) (2000): Deutschland in den 90er Jahren. Politik und Gesellschaft zwischen Wiedervereinigung und Globalisierung. Opladen: Budrich + Leske, S. 269-281

Nyssen, Marthe (Hrsg.) (2006): Social Enterprise. London/New York: Routledge

Olk, Thomas (1989): Vom „alten" zum „neuen" Ehrenamt. Ehrenamtlichen soziale Engagement außerhalb etablierter Träger. In: Blätter der Wohlfahrtspflege 1, S. 7-10

Olk, Thomas (1996): Zwischen Korporatismus und Pluralismus: Zur Zukunft der Freien Wohlfahrtspflege im bundesdeutschen Sozialstaat. In: Rauschenbach, Thomas/Sachße, Christoph/Olk, Thomas (Hrsg.): Von der Wertgemeinschaft zum Dienstleistungsunternehmen. Frankfurt a. M.: Suhrkamp, S. 98-122

Ostner, Ilona (2007): Ökonomisierung der Lebenswelt durch aktivierende Familienpolitik? In: Evers, Adalbert/Heinze, Rolf G. (Hrsg.): Sozialpolitik: Ökonomisierung und Entgrenzung. Wiesbaden: VS Verlag für Sozialwissenschaften, S. 49-66

Pelizzari, Alessandro (2001): Die Ökonomisierung des Politischen. New Public Management und der neoliberale Angriff auf die öffentlichen Dienste. Konstanz: UVK

Priller, Eckhard/Zimmer, Annette (Hrsg.) (2001): Der Dritte Sektor international. Mehr Markt – weniger Staat? Berlin: Edition Sigma

Rothgang, Heinz/Preuss, Meike (2007): Ökonomisierung der Sozialpolitik? Neue Begründungsmuster sozialstaatlicher Tätigkeit in der Gesundheits- und Familienpolitik. In: Evers, Adalbert/Heinze, Rolf G. (Hrsg.): Sozialpolitik: Ökonomisierung und Entgrenzung. Wiesbaden: VS Verlag für Sozialwissenschaften, S. 31-48

Sachße, Christoph (1996): Verein, Verband und Wohlfahrtsstaat: Entstehung und Entwicklung der „dualen" Wohlfahrtspflege. In: Rauschenbach, Thomas/Sachße, Christoph/Olk, Thomas (Hrsg.): Von der Wertgemeinschaft zum Dienstleistungsunternehmen. Frankfurt a. M.: Suhrkamp, S. 123-149

Sachße, Christoph (2000): Freiwilligenarbeit und private Wohlfahrtskultur in historischer Perspektive. In: Nährlich, Stefan/Zimmer, Annette (Hrsg.): Engagierte Bürgerschaft. Opladen: Leske + Budrich, S. 75-88

Sachße, Christoph/Tennstedt, Florian (1988): Geschichte der Armenfürsorge in Deutschland. Band 2: Fürsorge und Wohlfahrtspflege 1871-1929. Stuttgart: Kohlhammer

Selle, Per (1993): Voluntary Organisations and the welfare state: the case of Norway. In: Voluntas 4 (1), S. 1-15

Stecker, Christina (2002): Vergütete Solidarität und solidarische Vergütung. Zur Förderung von Ehrenamt und Engagement durch den Sozialstaat. Opladen: Leske + Budrich

Strünck, Christoph/Heinze, Rolf G. (2005): Public Private Partnership. In: Blanke, Bernhard/von Bandemer, Stephan/Nullmeier, Frank/Wewer, Göttrik (Hrsg.) (2005): Handbuch zur Verwaltungsreform. Wiesbaden: VS Verlag für Sozialwissenschaften, S. 120-127

Vilmar, Fritz/Runge, Brigitte (1986): Auf dem Weg zur Selbsthilfegesellschaft? Essen: Klartext

Walzer, Michael (2004): Politics and Passion. Towards a more Egalitarian Liberalism. New Haven/London: Yale University Press

Wuthnow, Robert (1997): Handeln aus Mitleid. In: Beck, Ulrich (Hrsg.): Kinder der Freiheit. Frankfurt a. M.: Suhrkamp, S. 34-84

Holger Backhaus-Maul/Sebastian Braun

Gesellschaftliches Engagement von Unternehmen in Deutschland
Theoretische Überlegungen, empirische Befunde und engagementpolitische Perspektiven

1 Das Thema

Unternehmen sind einerseits wirtschaftliche Organisationen, deren Erfolg mit betriebswirtschaftlichen Kriterien und Verfahren zu messen ist; andererseits sind die Wirtschaft und ihre Organisationen auch eine gesellschaftliche Institution. Und Gesellschaft wiederum hat die Eigenart dynamisch zu sein, so dass die gesellschaftliche Rolle von Unternehmen Veränderungen unterliegt und regelmäßig wieder neu zu verorten ist.

Seit über 20 Jahren ist die gesellschaftliche Rolle von Unternehmen Gegenstand internationaler fachpolitischer und fachwissenschaftlicher Diskussionen; seit Ende der 1990er Jahre wird diese Diskussion auch in Deutschland – zunächst in kleinen Fachzirkeln – rezipiert. Dabei wurde zunächst versucht, selektiv und relativ schlicht Bruchstücke der internationalen Diskussion auf die deutsche Situation zu übertragen, ohne aber der institutionellen Entwicklung und den Besonderheiten des vielfältigen gesellschaftlichen Engagements von Unternehmen in Deutschland Rechnung zu tragen (vgl. Backhaus-Maul 2004).

Die aktuelle Diskussion über das gesellschaftliche Engagement von Unternehmen wird in Deutschland einerseits von Fachleuten, wie Unternehmens- und PR-Beratern sowie Kommunikations- und Sozialexperten, geführt. Andererseits wird sie in den verschiedenen Zweigen der Wirtschafts- und Sozialwissenschaften, wie der Wirtschaftsethik und Betriebswirtschaftlehre sowie der Soziologie und Politologie, theoretisch-konzeptionell und empirisch bearbeitet (vgl. die Beiträge in Backhaus-Maul/Biedermann/Nährlich/Polterauer 2008; exemplarisch u.a. Homann 2000, Schwerk 2008, Hiß 2006, Polterauer 2005).

In der deutschen Öffentlichkeit wurde das gesellschaftliche Engagement von Unternehmen bislang eher am Rande thematisiert und zumeist skeptisch kommentiert. In erster Linie wurden sie als gewinnorientierte Arbeitgeber mit einem oftmals eher schlechten Image angesehen. Hinzu kommen die regelmäßig aufgedeckten Fälle von politischer Korruption und wirtschaftlichem Machtmissbrauch sowie die unzähligen Beispiele individueller Vorteilsnahmen in Führungspositionen (vgl. dazu u.a. die Studien der Elitenforschung u.a. Braun 1999; Hartmann 1996; Imbusch/Rucht/Alemann/Galonska 2007).

Angesichts dieser weitverbreiteten öffentlichen Meinung ist es bemerkenswert, dass sich in den Fach- und auch Publikumsmedien seit einigen Jahren immer häufiger wohlwollende Beiträge über das gesellschaftliche Engagement von Unternehmen finden. Anfänglich waren es Berichte über einzelne Engagementaktivitäten von Unternehmen, die – ohne transparente und nachvollziehbare Kriterien – als „Best Practice-Beispiele" klassifiziert wurden (siehe Langenscheidt 2005). Mittlerweile sind es ausführliche und mehrheitlich „positive" Berichte über Tagungen, Wettbewerbe und betriebliche Programme zum gesellschaftlichen Engagement von Unternehmen, die auf den Neuigkeitsgehalt dieses Engagements hinweisen (vgl. u.a. Backhaus-Maul/Brühl 2003, Mutz/Korfmacher/Arnold 2002, Habisch 2003).

Vor dem Hintergrund der staatlich regulierten Unternehmensrolle verdient im deutschen Kontext vor allem das darüber hinausgehende freiwillige Engagement von Unternehmen Aufmerksamkeit. Dabei geht es nicht um gesetzliche Verpflichtungen und politische Vereinbarungen, die Unternehmen zum Engagement veranlassen. Vielmehr machen die Beteiligten – wie in liberalen Gesellschaften üblich – von ihrer Freiheit zum Engagement Gebrauch (vgl. Backhaus-Maul 2005). Es ist gerade dieses sich revitalisierende liberale Gesellschaftsverständnis, das vor dem Hintergrund einer traditionsgeprägten Staatlichkeit in Deutschland zumindest auf den ersten Blick zu überraschen scheint. Denn in der Tat präsentieren sich namhafte Großunternehmen, die in Deutschland tätig und auffällig oft in liberalen Gesellschaften wie den USA beheimatet sind, in der (medialen) Öffentlichkeit in besonderem Maße mit ihren freiwilligen Engagementaktivitäten (vgl. American Chamber of Commerce/F.A.Z.-Institute 2005).

Bei genauer Betrachtung ist allerdings davon auszugehen, dass sich das Gesamtbild des gesellschaftlichen Engagements von Unternehmen in Deutschland erst dann angemessen erschließen und einordnen lässt, wenn man dieses „neue" freiwillige gesellschaftliche Engagement von Unternehmen in Deutschland vor dem Hintergrund eines breiten und vielfältigen „alten" gesellschaftlichen Engagements von Unternehmen betrachtet, das in das spezifische institutionelle Arrangement der sozialen Marktwirtschaft eingebettet ist und in diesem Kontext über Jahrzehnte seine spezifische Ausprägung erfahren hat.

Es ist das Ziel des vorliegenden Beitrags, auf der Grundlage theoretisch-konzeptioneller Überlegungen und empirischer Ergebnisse einer umfangreichen Unternehmensbefragung in Deutschland das gesellschaftliche Engagement von Unternehmen – außerhalb der Sphäre betrieblicher Produktions- und Distributionsprozesse – im Hinblick auf das Selbstverständnis und die tätige Praxis der Unternehmen zu rekonstruieren und vor diesem Hintergrund Muster des freiwilligen gesellschaftlichen Unternehmensengagements in Deutschland herauszuarbeiten. Auf dieser Grundlage werden anschließend Potenziale und Grenzen des gesellschaftlichen Engagements von Unternehmen in Deutschland erörtert sowie deren gesellschafts- und förderpolitische Besonderheiten diskutiert.

2 Gesellschaftliches Engagement von Unternehmen: Zwischen (betriebs-) wirtschaftlichen Binnen- und gesellschaftlichen Außenweltbezügen

2.1 Gesellschaftliches Engagement von Unternehmen in der sozialen Marktwirtschaft

Die gesellschaftliche Rolle von Unternehmen im deutschen und im europäischen Kontext gründet in einer spezifischen sozialstaatlichen Tradition: Im Zuge der Industrialisierung hat die gesellschaftspolitische Enthaltsamkeit der Wirtschaft die Herausbildung nationaler Sozialstaaten begünstigt (vgl. Sachße/Tennstedt 1980, Schmidt 1998). Gleichzeitig haben sich bereits einzelne Unternehmen, insbesondere protestantische Unternehmerpersönlichkeiten, freiwillig karitativ und im Rahmen betrieblicher Sozialpolitik engagiert. Unmittelbar nach dem Zweiten Weltkrieg entwickelte sich auf der Grundlage der Vorstellungen von einer sozialen Marktwirtschaft – so Jens Beckert (2006) – eine „gezähmte" Variante des Kapitalismus in Deutschland. Dabei wurden – im Schatten der staatlichen Hierarchie – die Rechte und Pflichten von Unternehmen gegenüber Arbeitnehmern und Gewerkschaften sowie der Gesellschaft insgesamt gesetzlich geregelt und in Verhandlungen vereinbart.

Unter den Prämissen der sozialen Marktwirtschaft bildet die staatlich garantierte Freiheit zu wirtschaftlicher Betätigung, die durch gesetzliche Regelungen, Formen der institutionellen Beteilung im Politik- und Gesetzgebungsprozess und den massiven Einsatz öffentlicher Mittel und Subventionen gewährleistet und begünstigt wird, eine wesentliche Grundlage unternehmerischen Handelns. Die staatliche Förderung unternehmerischer Betätigung geht einher mit der Zuweisung einer staatlich definierten Rolle von Unternehmen, der zufolge sie in Gesetzgebungsverfahren zu beteiligen sind, sich zur Einhaltung arbeits-, sozial- und umweltrechtlicher Regelungen verpflichten, Tarifverträge mit Gewerkschaften aushandeln, sich im dualen Ausbildungssystem aktiv beteiligen, mit einer gewissen Priorität Menschen mit Behinderungen beschäftigen sowie in erheblichem Umfang Beiträge an die Sozialversicherungen abführen und Steuern zahlen.

Der für kapitalistische Gesellschaften grundlegende Konflikt zwischen Arbeit und Kapital ist auf diese Weise in institutionalisierter Form auf Dauer gestellt worden. In diesem Kontext bringt die – mit Beteiligungsregeln sowie Leistungspflichten unterlegte – „Inkorporierung" von Unternehmensverbänden und ihrer Mitglieder in den politischen Entscheidungs- und Gesetzgebungsprozess die „deutsche" Zähmung des Kapitalismus sinnfällig zum Ausdruck. Das gesellschaftliche Engagement von Unternehmen hat unter korporatistischen Bedingungen einen deutlichen Verpflichtungscharakter und ist relativ stark – mit deutlichen Unterschieden in den einzelnen politischen Regelungsbereichen – institutionalisiert (vgl. Streeck 1999).

Angesichts globaler wirtschaftlicher Prozesse und entsprechend tätiger Unternehmen erodieren allerdings die Handlungsspielräume von Nationalstaaten (vgl. Kaufmann 1997), die Teile ihrer staatlichen Entscheidungs- und Steuerungsfähigkeit abgeben oder verlieren und zunehmend private Organisationen (privatgewerbliche Unternehmen oder Nonprofit-Organisationen) mit der Erbringung öffentlicher Aufgaben beauftragen oder zumindest daran beteiligen (vgl. Leibfried/Zürn 2006). Vor diesem Hintergrund stehen auch die Sozialpartnerschaft und die soziale Marktwirtschaft als kostenträchtige, Löhne und Unternehmensgewinne belastende Faktoren in der Diskussion, ohne dass aber damit zu rechnen ist, dass sie grundsätzlich zur Disposition stehen (vgl. Windolf 2002).

Im Zuge dieser gesellschaftlichen Veränderungsprozesse kommen auch die staatlichen Regulierungskompetenzen gegenüber Unternehmen an Grenzen. Während etwa die klassischen sozial- und arbeitsrechtlichen Regelungen als relativ bestandssicher gelten, erweisen sich auf nationaler Ebene die Einführung von weitergehenden Umwelt- und Corporate Governance-Standards als schwierig. Grundsätzlich ist davon auszugehen, dass nationalstaatliche Steuerungsmöglichkeiten, die Unternehmen zum gesellschaftlichen Engagement verpflichten, geringer werden. Gleichwohl bietet sich für Nationalstaaten – zumindest in einer Übergangsphase – die Möglichkeit, im Schatten der Hierarchie auf staatliche Regulierungen in Teilbereichen zu verzichten und quasi im Gegenzug Unternehmen zum eigeninitiativen gesellschaftlichen Engagement aufzufordern.

2.2 Globale Deutungsversuche und ihre Leitbegriffe

Spätestens Ende der 1990er Jahre sah sich – für die Beteiligten relativ unerwartet – die in der sozialen Marktwirtschaft begründete deutsche Tradition des gesellschaftlichen Engagements von Unternehmen globalen Deutungen und einer Vielzahl neuer Begriffe ausgesetzt. Als globale Leitbegriffe zur Beschreibung des gesellschaftlichen Engagements von Unternehmen haben sich mittlerweile vor allem die Begriffe „Corporate Social Responsibility (CSR)" und „Corporate Citizenship" (CC) herauskristallisiert (vgl. Backhaus-Maul/ Biedermann/Polterauer/Nährlich 2008).

Der CSR-Begriff gründet im wirtschaftlichen Handeln von Unternehmen. Die Einhaltung von arbeits- und sozialrechtlichen Regelungen, der schonende Umgang mit natürlichen Ressourcen sowie die Formulierung und Implementierung ethischer Standards sind typische CSR-Themen (vgl. Ankele 2005). Das gesellschaftliche Selbstverständnis und das entsprechende Engagement von Unternehmen kommen in der *Ausgestaltung betrieblicher Prozesse und Strukturen entlang der Wertschöpfungskette* zum Ausdruck. Ein derartiges Verständnis unternehmerischen Engagements als Corporate Social Responsibility ist spätestens seit Anfang dieses Jahrtausends grundlegend für die europäische Debatte (vgl. Europäische Kommission 2001).

Von diesem CSR-Begriff ist die Vorstellung vom freiwilligen gesellschaftlichen Engagement von Unternehmen *in der Gesellschaft* zu unterscheiden (Corporate Citizenship). „Corporate Citizenship ist das gesamte über die eigentliche Geschäftstätigkeit hinausgehende Engagement des Unternehmens zur Lösung gesellschaftlicher Probleme. Es ist der Versuch, ein Unternehmen auf möglichst vielfältige Weise positiv mit dem Gemeinwesen zu verknüpfen, in dem es tätig ist. Das Unternehmen soll sich wie ein guter Bürger[1] für die Gemeinschaft engagieren, es soll ein good Corporate Citizen sein" (Westebbe/Logan 1995: 13). Dieses freiwillige gesellschaftliche Engagement von Unternehmen bezieht sich insbesondere auf Mitarbeiter, Pensionäre, Zulieferer und sonstige Auftragnehmer, Tochterunter-

---

[1] Zur sprachlichen Vereinfachung wird im vorliegenden Zusammenhang ausschließlich die männliche Form zur Bezeichnung von Personen verwendet, womit allerdings stets beide Geschlechter gemeint sind.

nehmen sowie Verwaltungen und Bürger an den Betriebsstandorten, Kunden, Medien und die allgemeine Öffentlichkeit (vgl. Westebbe/Logan 1995). Grundlegend ist dabei die Annahme, dass sich Unternehmen freiwillig und unabhängig vom wirtschaftlichen Unternehmenszweck gemeinsam mit ausgewählten gemeinnützigen Organisationen (z.B. Bildungs-, Sozial- und Kultureinrichtungen, Bürgerinitiativen, Verbänden, Vereinen oder Parteien) engagieren, um selbstgestellte Aufgaben vor Ort zu bearbeiten, „also eine Art Pfadfinderfunktion auszuüben. Corporate Citizens bringen dabei nicht nur Geld, sondern auch Mitarbeiterengagement, fachliches Know-how, Organisationstalent, Informationen in diese Kooperation ein" (Habisch 2003: 1).

In diesem Sinne nimmt der Begriff des Corporate Citizenship die als Corporate Social Responsibility beschriebenen wirtschaftlichen Dimensionen des gesellschaftlichen Engagements von Unternehmen als gegeben an und eröffnet Unternehmen als Corporate Citizen darüber hinausgehende gesellschaftliche Entscheidungs- und Mitgestaltungsmöglichkeiten in von ihnen selbst gewählten Engagementfeldern und -projekten – sei es in den Bereichen Bildung und Soziales, Sport und Erziehung oder Kultur und Ökologie. Während also der CSR-Begriff und seine betriebliche Realität eng mit den wirtschaftlichen Entscheidungen und Prozessen im jeweiligen Unternehmen verknüpft sind, ist der Corporate Citizenship-Begriff davon weitgehend losgelöst.

Tabelle 1: Idealtypische Differenzierung des gesellschaftlichen Engagements von Unternehmen

Dimension	Corporate Social Responsibility (CSR)	Corporate Citizenship (CC)
Referenzrahmen	(betriebs-) wirtschaftliche Entscheidungen (Binnenwelt)	gesellschaftlicher Wandel (Außenwelt)
Programmformulierung	korporatistisches Aushandeln und Entscheiden zwischen Staat und Unternehmensverbänden	Aushandlungen mit Stakeholdern
Institutionalisierungsformen	verbindliche gesetzliche Regelungen	freiwillige Vereinbarungen mit Kooperationspartnern
Instrumente	erweitertes betriebswirtschaftliches Instrumentarium	Geld und Sachmittel sowie Mitarbeiterengagement (Zeit, Wissen und Sozialkontakte)

Festzuhalten bleibt, dass beide analytisch getrennten Begriffe das gesellschaftliche Engagement von Unternehmen aus zwei unterschiedlichen, sich gleichwohl aber ergänzenden Perspektiven thematisieren: Einerseits aus der (betriebs-) wirtschaftlichen Binnenweltperspektive eines gesellschaftlich engagierten Unternehmens (CSR) und andererseits aus der gesellschaftlichen Außenweltperspektive eines gesellschaftlich engagierten Unternehmens (CC). Zudem ist bei einer derartigen begrifflich-analytischen Differenzierung zu bedenken, dass es in der Realität zwischen CSR und CC zahlreiche Überlappungsbereiche gibt. Implementiert z.B. ein Unternehmen in seinen Betrieben sachlich höhere und qualitativ bessere als die gesetzlich vorgeschrieben Sozialstandards, dann erfüllt es erstens CSR-Standards und betätigt sich zweitens möglicherweise als Corporate Citizen, in dem es – relativ unabhängig von seinem wirtschaftlichen Kerngeschäft – in gesellschaftspolitischer Absicht etwa mit Ideen und Projekten zur Vereinbarkeit von „Familie und Beruf" experimentiert.

2.3 Die besonderen Ausprägungen des gesellschaftlichen Engagements von Unternehmen

Mit Blick auf die globale und vor allem transatlantische Debatte über das gesellschaftliche Engagement von Unternehmen ist zu berücksichtigen, dass in Europa – insbesondere in Deutschland – mit der Herausbildung von Sozialstaatlichkeit, Demokratie und Rechtsstaat sozial-, arbeits- und umweltrechtliche Standards in die betrieblichen Wirtschaftsprozesse und -strukturen implementiert wurden. Insofern tragen europäische Länder und speziell Deutschland mit seinen grundlegenden rechtlichen Regulierungen des Wirtschaftens der vor allem in wirtschaftsliberalen Gesellschaften geforderten gesellschaftlichen Verantwortung von Unternehmen – im Sinne der skizzierten Corporate Social Responsibility – bereits seit Jahrzehnten in vielfältiger Art und Weise Rechnung. Oder anders formuliert: *Die Bedeutung des in wirtschaftsliberalen Gesellschaften hoch gelobten freiwilligen gesellschaftlichen Engagements von Unternehmen lässt sich erst dann ermessen, wenn das institutionalisierte, in seinen Grundlagen gesetzlich kodifizierte und in Kernelementen verpflichtende gesellschaftliche Engagement von Unternehmen als Basis für ein freiwilliges gesellschaftliches Engagement in die Gesamtbetrachtung mit einbezogen wird.*

Eine solche Betrachtungsweise ist für den hier interessierenden deutschen Kontext von besonderer Bedeutung: Angesichts eines weitreichend institutionalisierten und in Kernelementen verpflichtenden Engagements in der (betriebs-) wirtschaftlichen Binnenwelt von Unternehmen richtet sich das fachwissenschaftliche und engagementpolitische Augenmerk insbesondere auf das freiwillige und gering institutionalisierte gesellschaftliche Engagement von Unternehmen in der gesellschaftlichen Außenwelt.

3 Gesellschaftliches Engagement von Unternehmen – Zwischen Tradition und Neuorientierung

Vor diesem Hintergrund sind in den letzten Jahren verschiedene empirische Untersuchungen durchgeführt worden, die aus unterschiedlichen Perspektiven das freiwillige gesellschaftliche Engagement von Unternehmen in Deutschland thematisieren (vgl. Polterauer 2007). Erste empirische Hinweise lieferten u.a. Maaß/Clemens (2002), Habisch (2003), Heuberger/Oppen/Reimer (2004) und vor allem Seitz (2002). Habisch (2003) dokumentiert ohne explizite Nennung von Auswahl- und Analysekriterien Aktivitäten von Unternehmen, die sich für den Preis „Freiheit und Verantwortung" beworben hatten. Die explorative Studie von Heuberger/Oppen/Reimer (2004) beschreibt Facetten des Themas auf der Grundlage von acht Unternehmen, während die Studie von Maaß/Clemens (2002) auf der Basis einer quantitativen Erhebung ausschließlich mittelständische Unternehmen untersucht. Seitz (2002) hingegen analysiert typische Formen der Unternehmensführung im Bereich des Corporate Citizenship im Vergleich der beschäftigungsstärksten Unternehmen in Deutschland und den USA und liefert damit eine aufschlussreiche Analyse des Organisationsverhaltens im Hinblick auf Entscheidungsstrukturen und die Umsetzung von Corporate Citizenship-Maßnahmen.

Empirisch anspruchsvoll ist die Arbeit von Fabisch (2004), die sich auf der Grundlage eines systematisch hergeleiteten Hypothesensets und eines darauf abgestimmten Erhebungsinstruments mit dem sozialen Engagement von Banken auseinandersetzt, ohne diesen Anspruch aber gänzlich zu erfüllen. Die Untersuchung des Zentrums für zivilgesellschaftliche Entwicklung (2006) nimmt in deskriptiver Hinsicht Unternehmen in Baden-Württemberg in den Blick. Branchenübergreifend und bundesweit sind schließlich die empirische Studie der Bertelsmann Stiftung (2005) und die – im Auftrag der Initiative Neue Soziale Marktwirtschaft durchgeführte – Befragung von FORSA (2005) angelegt. Unter dem Aspekt der „gesellschaftlichen Verantwortung" thematisiert die Studie der Bertelsmann Stiftung die externe wie auch die interne Dimension des gesellschaftlichen Engagements von Unternehmen und legt insofern ein breites und zugleich aber auch unspezifisches Begriffsverständnis zugrunde. Die Untersuchung von FORSA (2005) konzentriert sich hingegen auf die Frage, inwieweit sich Unternehmensinhaber „ehrenamtlich" für Staat und Gesellschaft engagieren und blendet damit den wirtschaftlich und engagementpolitisch besonders relevanten Bereich der kapitalmarktbasierten Unternehmen aus.

Die genannten Studien lieferten – zumindest teilweise – Anknüpfungspunkte für die vorliegende empirische Studie, aus der im Folgenden ausgewählte Befunde dargestellt werden, um potenzielle Traditionen und Neuerungen des gesellschaftlichen Engagements von Unternehmen in Deutschland zu verdeutlichen. Diese empirisch fundierte Rekonstruktion kann allerdings nur auf einer Plausibilitätsebene erfolgen, da die empirische Studie nicht als Zeitreihenvergleich oder gar als Längsschnittstudie angelegt war, sondern als Querschnittserhebung im Herbst 2006. Gleichwohl können die empirischen Befunde aufschlussreiche Hinweise auf institutionelle Pfade und Dynamiken des gesellschaftlichen Engagements von Unternehmen in Deutschland geben. Vor diesem Hintergrund wird im Folgenden zunächst die empirische Datenbasis der Studie skizziert. Darauf aufbauend werden ausgewählte Ergebnisse thesenartig dargestellt und interpretiert.

3.1 Anlage der empirischen Untersuchung

Die empirische Untersuchung, die auf einer bundesweiten und branchenübergreifenden Befragung von Wirtschaftsunternehmen in Deutschland basiert, wurde in Kooperation zwischen dem Forschungszentrum für Bürgerschaftliches Engagement an der Universität Paderborn (Projektleitung, Fragebogenkonstruktion, Datenauswertung und -dokumentation), FORSA – Gesellschaft für Sozialforschung und statistische Analysen mbH (Datenerhebung) und dem Centrum für Corporate Citizenship Deutschland e.V. (Initiierung, Vorbereitung des Vorhabens und Mitarbeit bei der Fragebogenkonstruktion, Datenauswertung und transatlantischer Vergleich) im Jahr 2006 durchgeführt und von der Deutschen BP AG gefördert (vgl. dazu Braun/Kukuk 2007, CCCD 2007).

Die Grundgesamtheit der Befragung bilden privatgewerbliche Unternehmen in Deutschland mit einem Jahresumsatz von mindestens einer Million Euro und zehn Mitarbeitern.[2] Die Auswahl der Unternehmen erfolgte durch eine Zufallsstichprobe, die es prinzipiell erlaubt, die Untersuchungsergebnisse für die Bundesrepublik Deutschland zu verallgemeinern. Als Grundgesamtheit diente allerdings nicht die Gesamtheit aller in Deutschland ansässigen Unternehmen, sondern die „Firmendatenbank Deutschland" des Informationsdienstleisters Hoppenstedt. In diesem Verzeichnis sind die bedeutendsten Unternehmen ab 1 Million Euro Jahresumsatz oder 20 Beschäftigten gelistet. Streng betrachtet lassen sich die Ergebnisse also nur auf die Teilmenge der in dem Verzeichnis gelisteten Unternehmen generalisieren. Da die Datenbank mit 225.000 gelisteten Unternehmen, die rund 80% der Wertschöpfung in Deutschland repräsentieren, sehr umfangreich ist, dürften die Ergebnisse aber auch auf die Grundgesamtheit aller privatgewerblichen Unternehmen in Deutschland übertragbar sein.

Die gewichtete Unternehmensstichprobe, auf die in der folgenden empirischen Analyse Bezug genommen wird, zeichnet sich durch die in Abbildung 1 dargestellten wesentlichen Strukturmerkmale der Unternehmen aus.

---

[2] Da Großunternehmen in Deutschland im Vergleich zu kleinen und mittleren Unternehmen deutlich unterrepräsentiert sind, wurde die Stichprobe im Hinblick auf die Unternehmensgrößen disproportional angelegt: Unternehmen mit mindestens 250 Mitarbeitern und mindestens 50 Millionen Euro Jahresumsatz wurden überdurchschnittlich häufig berücksichtigt, so dass auch für Großunternehmen statistische Analysen auf der Basis einer ausreichenden Fallzahl durchgeführt werden können. Die Disproportionalität wurde bei der Auswertung durch ein Gewichtungsverfahren aufgehoben. Im vorliegenden Untersuchungszusammenhang wird – in Anlehnung an die Klassifikation des Instituts für Mittelstandsforschung (vgl. Maaß/Clemens 2002) – unterschieden zwischen „kleinen Unternehmen" (bis zu 49 Mitarbeiter bzw. unter 10 Millionen Euro Jahresumsatz), „mittleren Unternehmen" (50 bis 499 Mitarbeiter bzw. 10 Millionen bis 50 Millionen Euro Jahresumsatz) und „großen Unternehmen" (mindestens 500 Mitarbeiter bzw. mehr als 50 Millionen Euro Jahresumsatz).

Abbildung 1: Strukturmerkmale der Unternehmensstichprobe (Angaben in Prozent)

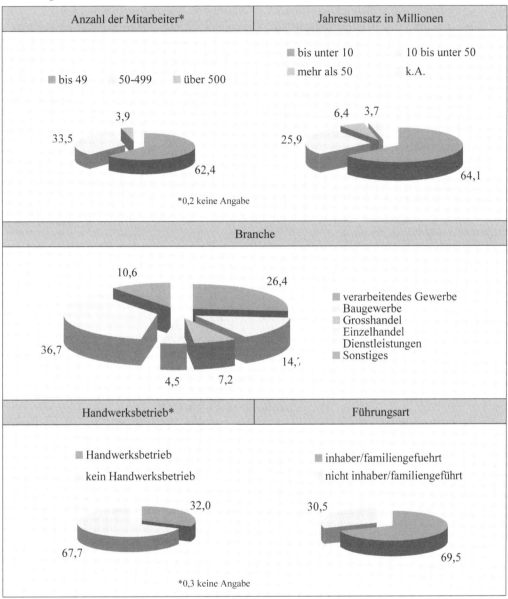

In den ausgewählten Unternehmen wurden in der Zeit vom 19. September bis zum 15. November 2006 mit Hilfe computergestützter Telefoninterviews (CATI-System) Mitglieder der Geschäftsführung oder diejenigen Mitarbeiter befragt, die für den Bereich Öffentlichkeitsarbeit zuständig waren. Auf diese Weise sollten Experten für das gesellschaftliche Engagement des jeweiligen Unternehmens interviewt werden. Die Ausschöpfung der Netto-Stichprobe betrug 41,7 % (N = 501 Unternehmen). Diese Ausschöpfungsquote ist für telefonische Unternehmensbefragungen als gut einzuschätzen und liegt deutlich über den Realisierungsquoten entsprechender schriftlicher Erhebungen.

Da zu Beginn der Befragung nicht auf den genauen Untersuchungsinhalt eingegangen wurde, ist davon auszugehen, dass die Stichprobe *nicht* zugunsten freiwillig gesellschaftlich engagierter Unternehmen verzerrt ist. Zum einen wurde einleitend das gesellschaftliche Engagement eines Unternehmens als „all jene Maßnahmen und Aktivitäten" bezeichnet, „mit denen das jeweilige Unternehmen in das gesellschaftliche Umfeld einwirkt und so freiwillig gesellschaftliche Verantwortung wahrnimmt". Zum anderen wurde die Frage, ob sich ein Unternehmen engagiert, mit Hilfe einer Liste möglicher Formen des gesellschaftlichen Engagements erhoben und insofern über konkrete Engagementformen definiert.[3] Dieser Befragungsmodus hat den Vorteil, den Unternehmen das Spektrum gesellschaftlichen Engagements aufzuzeigen, um sich darin mit den eigenen Aktivitäten gegebenenfalls wieder finden zu können. Darüber hinaus wurde durch eine vorgegebene zeitliche Beschränkung nur das Engagement der Unternehmen abgefragt, das seit dem Jahr 2005 im jeweiligen Unternehmen praktiziert wird.

3.2 Empirische Befunde

Betrachtet man die empirischen Befunde der Unternehmensbefragung, dann lassen sich zentrale Ergebnisse in drei Thesen inhaltlich komprimieren. Diese Thesen, die im Folgenden skizziert und anhand ausgewählter empirischer Befunde illustriert werden, lassen sich mit den Begriffen *„Persistenz", „Ambivalenz"* und *„Dualismus"* bezeichnen.

3.2.1 Die „Persistenz-These": Gesellschaftliches Engagement in der sozialen Marktwirtschaft

96 % der befragten Unternehmen sind gesellschaftlich engagiert. Dieser hohe Anteil engagierter Unternehmen korrespondiert mit Ergebnissen anderer Untersuchungen, die – trotz erheblicher Unterschiede in der theoretischen und methodischen Anlage – Engagementquoten von über 80 % (Maaß/Clemens 2002) bzw. mehr als 90 % ermitteln (FORSA 2005). Die Engagementbereitschaft durchzieht dabei sämtliche Branchen und Größenklassen von Unternehmen, zwischen denen sich keine bedeutsamen Unterschiede erkennen lassen.

Überwiegend greifen die engagierten Unternehmen auf solche Engagementformen zurück, die (neben dem Sponsoring, das – wie in Fußnote 2 erläutert – im vorliegenden Zusammenhang ausgeklammert wird) als klassische Instrumente des unternehmerischen Enga-

---

[3] Folgende Engagementformen waren in der Liste enthalten: Geldspenden; Sachspenden; kostenlose Bereitstellung von Dienstleistungen; kostenlose Nutzenüberlassung von Betriebseinrichtungen, Geräten oder Räumen; Bereitstellung von Unternehmensmitarbeitern für gesellschaftliches Engagement; Unterstützung des ehrenamtlichen Engagements der Mitarbeiter; Zusammenarbeit mit gemeinnützigen Organisationen; Durchführung von Spendenaktionen oder Sammlungen; Gründung und Unterhalt einer Stiftung; sonstiges (als offene Kategorie). In der Engagementliste wurde bewusst auf das Instrument des Sponsorings verzichtet, da Sponsoring als strategisches Instrument des Unternehmensmarketings und damit als eine Geschäftspraktik betrachtet wird, die auf vertraglich geregelten Gegenleistungen des Gesponserten beruht.

gements bezeichnet werden können: materielle Ressourcen in Form von Geldspenden (83,4 %) oder aber Sachspenden (59,7 %). Andere Formen des „Corporate Giving", die in den aktuellen Diskussionen als „moderne Engagementformen" thematisiert werden, findet man hingegen vergleichsweise selten. Dazu gehören z.B. die Durchführung von Spendenaktionen oder Stiftungsgründungen, die von weniger als einem Fünftel bzw. gerade einmal 3,8 % der Unternehmen praktiziert werden. Anders verhält es sich hingegen mit der betrieblichen Unterstützung des „ehrenamtlichen" Engagements von Beschäftigten, das in der internationalen Debatte als „Corporate Volunteering" bezeichnet wird und als ein „innovatives" Instrument unternehmerischen Engagements gilt. Mehr als 60 % der Unternehmen geben an, das „ehrenamtliche" Mitarbeiterengagement zu unterstützen, sei es durch die Bereitstellung der betrieblichen Infrastruktur oder durch Freistellungen für das Engagement.

Mit Hilfe dieser verschiedenen Engagementformen werden überwiegend Aktivitäten im lokalen Raum der Unternehmensstandorte gefördert. Fast drei Viertel der gesellschaftlich engagierten Unternehmen geben an, sich lokal bzw. regional im Umfeld des Unternehmenssitzes oder Betriebsstandortes zu engagieren, während sich ein wesentlich geringerer Anteil auf nationaler (14,5 %) oder internationaler Ebene (13,6 %) engagiert. Die Auswahl entsprechender Maßnahmen und Projekte erfolgt dabei zumeist als Reaktion auf Anfragen aus dem gesellschaftlichen Umfeld, bei denen vor allem darauf geachtet wird, dass die Anfragen thematisch zum jeweiligen Unternehmen passen. Von besonderer Bedeutung sind in diesem Kontext die Bereiche „Sport" und „Freizeit", die für Unternehmen die interessantesten Handlungsfelder ihres gesellschaftlichen Engagements darstellen. Erst mit deutlichem Abstand folgen die Bereiche „Erziehung und Bildung", „Kommune und Gemeinwesen" und „Soziales".

Um sich in den verschiedenen Handlungsfeldern zu engagieren, gehen rund 60 % der Unternehmen Kooperationen mit anderen Organisationen ein. Im Zentrum steht dabei offensichtlich das lokal und regional agierende Vereinswesen: 70 % der Unternehmen, die auf solche Interaktionen verweisen, arbeiten mit lokalen freiwilligen Vereinigungen zusammen. Erst mit deutlichem Abstand folgen Bildungseinrichtungen wie Kindergärten und Schulen (43,7 %), Wohlfahrtsverbände (37,8 %) oder Kommunalverwaltungen (35,6 %).

Fasst man die skizzierten Befunde zusammen, dann erhält man ein Bild des gesellschaftlichen Engagements von Unternehmen in Deutschland, demzufolge dieses Engagement als ein selbstverständlicher Bestandteil unternehmerischer Aktivitäten in der lokalen Zivilgesellschaft an den Betriebsstandorten beschrieben werden kann und sich dabei vorrangig durch die Bereitstellung materieller Unternehmensressourcen zugunsten von sport- und freizeitorientierten Projekten des lokalen Vereinswesens auszeichnet. Diese Befunde weisen darauf hin, dass das freiwillige gesellschaftliche Engagement von Unternehmen in Deutschland offenkundig keine „Erfindung" einer erst aufkommenden gesellschaftspolitischen Diskussion ist, die sich vor dem Hintergrund einer europäischen und internationalen Debatte zu entfalten sucht. Vielmehr scheint dieses Engagement in Traditionen der unternehmerischen Partizipation im Gemeinwesen eingebettet zu sein. Für diese Interpretation sprechen auch die Selbsteinschätzungen der engagierten Unternehmen: In vier von fünf Unternehmen gehört nach Auskunft der Befragten das gesellschaftliche Engagement zum

Selbstverständnis und bei fast zwei Dritteln zu den Traditionen und Werten des Unternehmens.[4]

In diesem Kontext scheinen die Unternehmen bevorzugt solche Handlungsfelder zu wählen, die eher zu den Randbereichen staatlichen Handelns zählen und die ihnen insofern ein vergleichsweise wenig reglementiertes, frei gewähltes und selbstbestimmtes Handeln eröffnen dürften. Exemplarisch dafür stehen die quantitativ eindeutig dominierenden Bereiche Sport und Freizeit, die einerseits als vermeintlich „unpolitische" Handlungsfelder gelten und relativ „staatsfern" organisiert sind, die andererseits aber auch in der Öffentlichkeit positiv konnotiert sind und die insofern Imagegewinne oder zumindest keine Imageverluste zu garantieren scheinen.[5]

3.2.2 Die „Ambivalenz-These": Gesellschaftliches Engagement im Spannungsfeld zwischen Philanthropie und Verwertung

Gleichwohl unterliegt das gesellschaftliche Engagement der Unternehmen offenbar nur sehr begrenzt der „Verwertungslogik" des Wirtschaftssystems im Sinne von Effektivität und Effizienz von Maßnahmen und Aktivitäten als maßgebliches unternehmerisches Ziel. Diese Ambivalenz zwischen einer originären unternehmerischen Handlungslogik und eines gesellschaftlichen Engagements, das dieser Handlungslogik nur sehr begrenzt zuzuordnen ist, wird an der unternehmensstrategischen und -organisatorischen Bearbeitung dieses Themas exemplarisch deutlich.

Weniger als ein Drittel der Unternehmen, die sich gesellschaftlich engagieren, gibt an, dass das Engagement Bestandteil der Geschäftsstrategie sei, also in eine längerfristig ausgerichtete Konstellation unternehmerischer Gewinnmaximierung eingebettet ist. Insofern überrascht es auch nicht, dass ein relativ geringer Anteil der Unternehmen mit seinem gesellschaftlichen Engagement das Ziel verfolgt, die Bilanz des Unternehmens oder die eigene Wettbewerbsposition zu verbessern (11,9 % bzw. 24,1 %). Diese Ergebnisse korrespondieren wiederum mit dem Befund, dass weniger als ein Drittel der Unternehmen seinem Engagement klare, messbare Zielsetzungen und Nutzenerwägungen zugrunde legt. Noch geringer fällt der Anteil derjenigen Unternehmen aus, die für ihr Engagement einen festgelegten Aktionsplan haben (12,9 %) oder Instrumente zur Bewertung der Engagementmaßnahmen einsetzen (12,3 %).

Spiegelbildlich dazu verhält es sich mit der unternehmensinternen Bearbeitung des Themas. Nur 1,5 % der engagierten Unternehmen haben eine Personalstelle oder eine Abteilung eingerichtet; aber auch die Bewältigung dieser Herausforderung als übergreifende Querschnittsaufgabe, an der verschiedene Unternehmensbereiche mitwirken, ist die Ausnahme (1,9 %). Vielmehr scheinen Maßnahmen des gesellschaftlichen Engagements inner-

---

[4] Für eine solche Verankerung des Engagements in der Unternehmenskultur sprechen auch Befunde der Studie der Bertelsmann Stiftung (2005: 14). Sie zeigen, dass sich die gesellschaftlich engagierten Unternehmen durchschnittlich 30 Jahre (Westdeutschland) bzw. 20 Jahre (Ostdeutschland) gesellschaftlich engagieren.
[5] Dass diese öffentliche Wahrnehmung bekanntlich nicht mit der realen Politisierung von Sport und Freizeit korrespondiert, zeigt die deutsche Geschichte (z.B. im Hinblick auf die Olympischen Spiele von 1936 und den „Diplomaten im Trainingsanzug" der DDR) ebenso anschaulich wie die Gegenwart (etwa im Hinblick auf das Doping im Spitzensport bis hinunter zum Breitensport oder die durch eine expandierende Sportstätteninfrastruktur bedingte Umweltzerstörung).

halb von Unternehmen personalisiert zu sein, indem Führungs- und Leitungskräfte in unterschiedlichen Abteilungen und Stäben Aktivitäten des freiwilligen gesellschaftlichen Engagements fördern, ohne dass letztere in ein kohärentes Gesamtkonzept des Unternehmens eingebettet sind. Dafür scheint nicht zuletzt der Befund zu sprechen, dass rund jeder Zehnte der Interviewten keine Auskunft darüber geben kann, in welchem finanziellen Umfang das Unternehmen Maßnahmen des gesellschaftlichen Engagements fördert (bei den Großunternehmen trifft dieses sogar auf fast jeden dritten Befragten zu).

Bilanziert man die Ergebnisse, dann kann man sagen, dass das gesellschaftliche Engagement von Unternehmen in Deutschland selten in eine übergeordnete Konzeption und Strategie von Unternehmen eingebettet ist, überwiegend spontan, zufällig und unkoordiniert erfolgt und darüber hinaus eher personalisiert und informell als standardisiert und zentralisiert bewerkstelligt wird. Neben dem Sponsoring als einem weit verbreiteten, strategisch ausgerichteten kommunikationspolitischen Instrument im Marketing-Mix von Unternehmen scheint das gesellschaftliche Engagement von Unternehmen in erster Linie die Züge eines philanthropischen Handelns zu tragen und als eine freiwillige Selbstverpflichtung verstanden zu werden, zu der eine Gemeinwohlorientierung im Sinne eines Interesses an der Mehrung nicht nur privater, sondern auch öffentlicher Güter gehört und die insofern auch nur sehr begrenzt den strategischen Bewertungsmaßstäben aus dem Instrumentenkoffer der Betriebswirtschaftslehre untergeordnet werden kann.

Diese These spiegelt sich auch in der Einschätzung der Befragten selbst: Zwei Drittel von ihnen sind der Ansicht, gesellschaftliches Engagement besitze bei vielen Unternehmen zwar eine hohe Bedeutung, werde aber nicht mit betriebswirtschaftlichen Instrumenten und Verfahren in die Praxis umgesetzt. Stattdessen wird dem gesellschaftlichen Engagement offenbar ein Freiraum des Experimentierens und Erprobens zugestanden, der den Eigensinn bürgerschaftlichen Engagements mit den charakteristischen Merkmalen der Freiwilligkeit, Autonomie und bedarfswirtschaftlichen Ausrichtung zu reflektieren scheint.

3.2.3 Die „Dualismus-These": Gesellschaftliches Engagement von Großunternehmen unter dem Eindruck internationaler Debatten

Bei einer differenzierten Betrachtung geben die Daten allerdings auch erste Hinweise darauf, dass die internationale Diskussion über Corporate Citizenship zumindest für ein Segment des privatgewerblichen Sektors in Deutschland an Bedeutung zu gewinnen scheint. Diese empirischen Hinweise lassen sich zu der These verdichten, dass der privatgewerbliche Sektor in Deutschland im Hinblick auf das gesellschaftliche Engagement eine tendenzielle Zweiteilung erfahren könnte. Dabei stehen auf der einen Seite die kleineren und mittelgroßen Unternehmen, bei denen das gesellschaftliche Engagement in besonders ausgeprägter Art und Weise die skizzierten Merkmale eines lokalen, zivilgesellschaftlich eingebetteten Engagements aufweist, das überwiegend philanthropische Züge „jenseits" einer wirtschaftlichen Verwertungslogik aufweist. Auf der anderen Seite scheinen die Großunternehmen zunehmend die Ideen und Metaphern der Corporate Citizenship-Debatten zu rezipieren und sich vor diesem Hintergrund zumindest tendenziell an den entsprechenden Vorstellungen und Deutungsmustern von gesellschaftlichem Engagement zu orientieren und in das unternehmensinterne Selbstverständnis zu integrieren.

Exemplarisch dafür stehen die Ziele des gesellschaftlichen Engagements von Großunternehmen, bei denen die in der internationalen Debatte zentralen Begriffe der „gesellschaftlichen Verantwortungsübernahme" und der „Investition in das Human- und Sozialkapital des Gemeinwesens" als Voraussetzung für eigenen wirtschaftlichen Erfolg eine weitaus größere Rolle spielen als bei mittleren und kleineren Unternehmen. Rund 95 % der engagierten Großunternehmen geben an, durch ihr Engagement gesellschaftliche Verantwortung übernehmen zu wollen, rund drei Viertel von ihnen verfolgen das Ziel, durch das unternehmerische Engagement zum Erhalt oder zur Verbesserung des Lebensumfeldes am Unternehmens- bzw. Betriebsstandort beitragen zu wollen, und rund die Hälfte der Großunternehmen begreifen Investitionen in die Gesellschaft als Voraussetzung für den wirtschaftlichen Erfolg des Unternehmens. Diese drei Zielstellungen bilden nicht nur die maßgeblichen Intentionen, die das gesellschaftliche Engagement der Großunternehmen begründen; sie werden auch statistisch signifikant höher bewertet als von den mittleren und kleineren Unternehmen.

Um diese Ziele in die soziale Praxis umzusetzen, zeigen sich die Großunternehmen offensichtlich auch wesentlich proaktiver als die mittleren und kleineren Unternehmen: Fast zwei Drittel der Großunternehmen suchen nach eigener Auskunft selbst aktiv nach Möglichkeiten, sich gesellschaftlich zu engagieren. Dementsprechend orientieren sie sich bei ihren Maßnahmen häufiger an einem definierten Aktionsplan und bewerten ihre Maßnahmen wesentlich häufiger mit Hilfe spezifischer Evaluationsinstrumente. Dass ein Zusammenhang zwischen der Unternehmensgröße und der aktiven Auseinandersetzung mit dem gesellschaftlichen Engagement zu bestehen scheint, zeigt auch die Untersuchung der Bertelsmann Stiftung (2005). Demnach versuchen vor allem die Großunternehmen proaktiv zu handeln und sich auf dem Gebiet des gesellschaftlichen Engagements als Vorreiter zu profilieren, indem sie Trends und Standards zu setzen suchen.

Dabei bauen die gesellschaftlich engagierten Großunternehmen vielfach Kooperationen mit anderen Organisationen auf, insbesondere mit lokal und regional agierenden Vereinen und Verbänden. Immerhin vier von fünf Großunternehmen verweisen bei der konkreten Umsetzung ihres gesellschaftlichen Engagements auf Kooperationen mit anderen Organisationen. Und dieses Engagement wird offenkundig auch offensiv öffentlich kommuniziert: Fast 90% der Großunternehmen berichten in Form regelmäßiger Presseberichterstattungen, Internetdarstellungen, Kundenzeitschriften oder öffentlicher Veranstaltungen über ihre Aktivitäten.

Versucht man diese empirischen Befunde zu resümieren, dann findet man bei den Großunternehmen Ansätze eines gesellschaftlichen Engagements, das erste Konturen dessen anzunehmen scheint, was in der internationalen Corporate Citizenship-Debatte als essenziell für gesellschaftliches Engagement angenommen wird: die Bereitschaft zur Wahrnehmung gesellschaftlicher Verantwortung durch Investitionen in das Human- und Sozialkapital eines Gemeinwesens, dessen Funktionstüchtigkeit wiederum als Voraussetzung für das eigene erfolgreiche wirtschaftliche Handeln betrachtet wird; eine aktive Rolle bei der Suche nach entsprechenden Projekten im Gemeinwesen, die in Kooperation mit Organisationen insbesondere aus dem Nonprofit-Sektor umgesetzt werden; eine öffentliche Berichterstattung über die gemeinwohlbezogenen Projekte, um eine Transparenz der Aktivitäten herzustellen und zugleich Imagegewinne zu erzielen.

Diese Befunde kann man – mit aller Vorsicht – als tendenzielle Suchbewegungen von Großunternehmen in Deutschland interpretieren, um im Kontext einer korporatistisch verfassten Marktwirtschaft, Elemente der internationalen Debatte über Corporate Citizenship in das Selbstverständnis des gesellschaftlichen Engagements von Unternehmen einzubinden und u.a. die traditionellen philanthropischen Aktivitäten um Aspekte betrieblicher Rationalität und Rentabilität zu ergänzen. Gleichwohl sollte diese These nicht darüber hinwegtäuschen, dass die daraus resultierenden Suchbewegungen und Sozialexperimente kein konturiertes Bild eines gesellschaftlichen Engagements von Großunternehmen abgeben, das die viel beschworene „Win-win-Konstellation" im Sinne eines messbaren Mehrwerts für das Unternehmen und die Gesellschaft beschreibt.

4 Lose Kopplung und partielle Öffnung: Facetten eines deutschen Musters des gesellschaftlichen Engagements von Unternehmen

Die skizzierten Ergebnisse über das freiwillige gesellschaftliche Engagement von Unternehmen in Deutschland lassen sich – wie in Kapitel zwei erläutert – erst dann angemessen verstehen, wenn man das im Kontext der sozialen Marktwirtschaft institutionalisierte, korporatistisch ausgehandelte und in gesetzlichen Regelungen kodifizierte Engagement von Unternehmen nicht als einen selbstverständlichen gesellschaftlichen Beitrag von Unternehmen versteht, sondern vielmehr als grundlegend für das gesellschaftliche Engagement von Unternehmen in Deutschland insgesamt anerkennt. Denn erst vor dem Hintergrund dieses institutionalisierten Engagements gewinnen Umfang, Struktur und Differenzierungen des – darüber hinausgehenden – freiwilligen gesellschaftlichen Engagements der Unternehmen, das wir auf der Basis unserer empirischen Untersuchung beschrieben und interpretiert haben, ihre inhaltliche Bedeutung.

Die Ergebnisse dieser Befragung lassen sich in drei Thesen bündeln, die allerdings mit einem „methodischen Vorbehalt" zu versehen sind; denn die – den drei Thesen immanente – Argumentationsfigur im Hinblick auf Konstanz und Wandel des freiwilligen gesellschaftlichen Engagements von Unternehmen in Deutschland wurde nicht auf der Grundlage eines Zeitreihenvergleichs oder gar einer Längsschnittanalyse entwickelt, sondern auf der Basis einer Querschnittsanalyse, die grundsätzlich keine Aussagen über Entwicklungstendenzen erlaubt. Insofern sind die drei Thesen auch nicht als empirische Konstatierungen zu verstehen, sondern als Interpretationsfiguren mit erfahrungsgesättigtem Plausibilitätsanspruch. Diese drei Thesen lassen sich mit Bezug auf die empirischen Befunde wie folgt zusammenfassen:

(1) Die *Persistenz-These* verweist auf die Einbettung des freiwilligen gesellschaftlichen Engagements von Unternehmen in spezifische soziokulturelle und sozialstaatliche Traditionen in Deutschland. Diese These wird einerseits dadurch gestützt, dass sich mit 96 % der Unternehmen ein sehr hoher Anteil von ihnen freiwillig gesellschaftlich engagiert. Andererseits trägt dieses weit verbreitete Engagement die Züge einer in den Unternehmenswerten verankerten „beiläufigen Selbstverständlichkeit", die sich vor allem auf die materielle Unterstützung der lokalen Zivilgesellschaft an den Betriebsstandorten und dabei insbesondere des Vereinswesens in den Bereichen Sport und Freizeit konzentriert.

Bei der Auswahl der Engagementfelder, -formen und -orte orientieren sich die engagierten Unternehmen also offenbar an gesellschaftspolitisch akzeptierten und selten kontrovers diskutierten Themen und beschränken sich dabei überwiegend auf das Bereitstellen von Geld- und Sachleistungen vor Ort. In dieser Perspektive scheint die deutliche Mehrheit der Unternehmen insofern tradierten „Engagementpfaden" zu folgen, als im Rahmen des freiwilligen gesellschaftlichen Engagements eher eine gesellschaftspolitisch passive Rolle wahrgenommen wird, die den Unternehmen in der korporatistisch verfassten deutschen Marktwirtschaft in diesem Bereich bisher überwiegend zugewiesen wird.

(2) Die „Ambivalenz-These" hebt insbesondere darauf ab, dass das freiwillige gesellschaftliche Engagement offenbar kaum der unternehmerischen Verwertungslogik von Rentabilität und Gewinnmaximierung untergeordnet wird. Dieser Befund verweist ebenfalls auf das Fortwirken spezifischer Engagementtraditionen in Deutschland, insofern als er die philanthropische Akzentsetzung des frei gewählten unternehmerischen Engagements in der Gesellschaft zu betonen scheint: Es geht den Unternehmen bei ihrem gesellschaftlichen Engagement vergleichsweise selten um strategische und an Effizienz und Effektivität orientierte Investitionen in das Gemeinwesen, mit der mittel- oder langfristige Ziele der Optimierung des Unternehmenserfolgs verbunden werden.

Insofern kann man beim freiwilligen gesellschaftlichen Engagement der Unternehmen – in Betonung von Eigenständigkeit und Eigensinn dieses Engagements – auch nur eine lose Kopplung mit der Wirtschaft im Allgemeinen und dem jeweiligen Unternehmen im Besonderen konstatieren. Diese lose Kopplung zeigt sich darin, dass das freiwillige gesellschaftliche Engagement als Aufgabe im Unternehmen in der Regel nicht oder nur rudimentär organisatorisch verankert ist. Das Engagement hat eher einen spontanen, unkoordinierten Charakter, ist eher personalisiert als standardisiert und zeichnet sich insbesondere durch eine bedarfswirtschaftliche Orientierung vor dem Hintergrund von Anfragen aus der gesellschaftlichen Umwelt aus. Diese lose wirtschaftliche und unternehmensbezogene Verkopplung des freiwilligen Unternehmensengagements geht einher mit einer partiellen Öffnung gegenüber Gesellschaft und Nonprofit-Organisationen sowie deren Anliegen und Vorhaben.

(3) Die „Dualismus-These" hebt darauf ab, dass dieses eher als „traditionell" zu charakterisierende freiwillige gesellschaftliche Engagement von Unternehmen in bestimmten Segmenten des privatgewerblichen Sektors unter dem Eindruck der Globalisierung wirtschaftlichen Handelns und der Veränderungen des Staatsverständnisses in Deutschland zumindest partiell durch eine neue, von den internationalen Debatten zu dieser Thematik beeinflusste Sichtweise auf ein solches Engagement überlagert zu werden scheint. Darauf verweisen insbesondere die markanten Unterschiede zwischen proaktiven Großunternehmen, die im Hinblick auf ihr Selbstverständnis von gesellschaftlichem Engagement offenbar zunehmend Ideen und Metaphern der internationalen Corporate Citizenship-Debatte rezipieren, und Mittel- und Kleinunternehmen, die eher dem Pfad des skizzierten Verständnisses eines philanthropischen Engagements folgen.

Vermutlich würde dem freiwilligen gesellschaftlichen Engagement von Unternehmen in Deutschland mitunter etwas Profanes und Biederes anhaften, wenn es nicht proaktive Großunternehmen geben würde, die die internationale Corporate Citizenship-Diskussion rezipieren und das freiwillige gesellschaftliche Engagement für sich als ein gesellschaftliches Experimentierfeld in Deutschland begreifen würden. Für das Engagement dieser Unternehmen scheint sich ein zweiseitiger Außenweltbezug gegenüber Wirtschaft und Gesellschaft herauszukristallisieren: Im Engagement werden sowohl (betriebs-) wirtschaftliche als auch gesellschaftliche Bezüge deutlich, wenn etwa bei der Auswahl, Durchführung und Bewertung des eigenen Engagements der wirtschaftliche Wert (im Sinne einer Investition in das Gemeinwesen als Voraussetzung für eigenen wirtschaftlichen Erfolg) und die gesellschaftliche Bedeutung des Engagements (im Sinne der Bereitschaft zur Übernahme gesellschaftlicher Verantwortung) berücksichtigt werden.

Gleichwohl dürften aber auch hier die betriebswirtschaftlichen Effektivitäts- und Effizienzkriterien an ihre Grenzen stoßen. Dieses ist z.B. dann der Fall, wenn eher spontane und unkoordinierte Engagementaktivitäten von den Beteiligten retrospektiv anhand von Nutzenkalkülen, strategischen Überlegungen und Rationalitätsfiktionen legitimiert werden. Darüber hinaus wird die empirische Realität des unternehmerischen Engagements dadurch verzerrt, dass einige bekannte Großunternehmen ihr Engagement mit Marketing- und PR-Kampagnen verknüpfen, so dass ihre Aktivitäten die öffentliche Wahrnehmung prägen und engagementpolitisch innovative Klein- und Mittelunternehmen aus dem Blick geraten. Insofern ist in den nächsten Jahren – bei einer erwartbar hohen Adaptations- und Entwicklungsfähigkeit unter dynamischen Umweltbedingungen – mit Ambivalenzen und Dissonanzen im heterogenen Feld von Klein-, Mittel- und Großunternehmen im Hinblick auf das freiwillige gesellschaftliche Engagement zu rechnen.

Auf der Grundlage der skizzierten empirischen Befunde und theoretisch-konzeptioneller Überlegungen lässt sich ein *Strukturmuster des in Deutschland praktizierten freiwilligen gesellschaftlichen Engagements von Unternehmen* herausarbeiten: Einerseits nimmt das freiwillige gesellschaftliche Engagement den Gehalt der Freiwilligkeit und der relativen Autonomie von Corporate Citizenship auf; andererseits entwickelt es – in Rezeption des im Rahmen von Corporate Social Responsibility diskutierten Stakeholderbegriffs – eine lose Kopplung mit dem jeweiligen Unternehmen und eine partielle Öffnung gegenüber Gesellschaft und Nonprofit-Organisationen, ohne dabei aber das Engagement einseitig (betriebs-) wirtschaftlich oder gesellschaftspolitisch zu verengen. Diese *lose Kopplung mit dem jeweiligen Unternehmen und die partielle Öffnung gegenüber Gesellschaft und Nonprofit-Organisationen* gibt gesellschaftlich engagierten Unternehmen besondere Möglichkeiten zur Inspiration und Irritation, d.h. sie können im Rahmen ihres freiwilligen gesellschaftlichen Engagements wirtschaftliche Entscheidungen und gesellschaftliche Entwicklungen rezipieren und dabei die eigene Kreativität und Innovationsfähigkeit experimentell erproben.

Retrospektiv betrachtet dürfte die deutsche Variante des freiwilligen gesellschaftlichen Unternehmensengagements mit ihren Umweltbezügen und ihrer relativen Eigenständigkeit gegenüber einem originär wirtschaftlich begründeten und entlang der Wertschöpfungskette organisierten CSR-Konzept einerseits und einem ordnungspolitisch-normativen und wirtschaftsfernen CC-Konzept andererseits überlegen sein. Prospektiv betrachtet muss allerdings offen bleiben, in welcher Weise sich das skizzierte deutsche Muster eines freiwilligen gesellschaftlichen Engagements von Unternehmen im Laufe der nächsten Jahre institutionalisieren wird. Beim gesetzlich geregelten gesellschaftlichen Engagement von Unternehmen ist mit einer pfadabhängigen und kontinuitätsverhafteten Entwicklung zu rechnen. Demgegenüber ist das freiwillige gesellschaftliche Engagement von Unternehmen angesichts der Eigendynamik von Unternehmen in einer Aufbruch- und Übergangsphase. Die Bedeutung, die es zukünftig haben wird, steht dabei in einem engen Zusammenhang mit der Entwicklung des Verständnisses von Staatsfunktionen und -aufgaben und der damit verbundenen Aufgabenverteilung zwischen Staat, Wirtschaft, Zivilgesellschaft und Bürgern.

5 Engagementpolitik als Gesellschaftspolitik

5.1 Herausforderungen und Chancen für Staat und Unternehmen

Damit ist bereits eine wesentliche Herausforderung für das freiwillige gesellschaftliche Engagement von Unternehmen in Deutschland angesprochen. Denn die Diskussion über das gesellschaftliche Engagement von Unternehmen trifft in Deutschland auf einen vielfach hinausgezögerten Wandel der Staatlichkeit. Da sozialstaatliche Veränderungen institutionellen Entwicklungspfaden folgen, ist nicht mit einem abrupten Systemwechsel zu rechnen, sondern mit einer sukzessiven Neuverteilung von Rechten und Pflichten zwischen Staat, Wirtschaft, Zivilgesellschaft und Bürgern (vgl. Evers/Olk 1996).

Unter den Bedingungen eines globalen Wettbewerbs von Wirtschaftsstandorten ist zu erwarten, dass Unternehmen in Deutschland weniger Steuern zahlen werden und auch bei den Beiträgen zu den Sozialversicherungen mit weiteren Entlastungen rechnen können. Diese finanziellen Entlastungen lassen wiederum einen weiteren Bedeutungsverlust von Staatlichkeit erwarten. Mit dem sukzessiven Bedeutungswandel und Steuerungsverlust des Nationalstaates stehen Unternehmen unmittelbar vor der Herausforderung, eigene Beiträge zur Human- und Sozialkapitalbildung sowie zur Gestaltung und Steuerung von Gesellschaft zu leisten. So kann das Wirtschaftssystem nicht davon ausgehen, dass das – wohlgemerkt eigenständige – Bildungs- und Erziehungssystem in der von Unternehmen geforderten Menge und Qualität zur Human- und Sozialkapitalbildung beiträgt. Oder noch grundlegender formuliert: Dem Wirtschaftssystem selbst fällt in wachsendem Maße Mitverantwortung für die Reproduktion seiner eigenen soziokulturellen Grundlagen erfolgreichen wirtschaftlichen Handelns zu.

Darüber hinaus eröffnet gesellschaftliches Engagement den Unternehmen – jenseits der bekannten Instrumente und Verfahren politischer Einflussnahme und Beteiligung – neuartige gesellschaftliche Möglichkeiten der Mitentscheidung und Mitgestaltung, etwa durch den Einsatz betrieblicher Personal- und Sachressourcen sowie unternehmerischer Kompetenzen und Erfahrungen in engagementpolitisch relevanten Feldern. Insofern ist davon auszugehen, dass auch die politischen und gesellschaftlichen Anforderungen an Unternehmen – unter gleichzeitig verschärften globalen Wettbewerbsbedingungen – öffentlich wahrnehmbar steigen werden.

Mit dem Fortbestehen nationaler Sozialstaatlichkeit in der Europäischen Union ist auch die Kontinuität des in Kernelementen verpflichtenden gesellschaftlichen Engagements von Unternehmen grundsätzlich gewahrt; eine Weiterentwicklung der geltenden Sozial-, Arbeits- und Umweltstandards ist staatlicherseits gewährleistet. Darüber hinaus ist augrund der wirtschaftlichen und gesellschaftlichen Dynamik mit einer Zunahme und Intensivierung des freiwilligen gesellschaftlichen Engagements von Unternehmen zu rechnen. Dieses von Unternehmen selbst gewählte Engagement geht einher mit Unsicherheiten und besonderen

Herausforderungen (vgl. Baecker 1999), da sich Unternehmen hier außerhalb ihrer eigentlichen Domäne – dem Wirtschaftssystem – in den sozialen, pädagogischen, kulturellen, sportlichen und ökologischen Tätigkeitsbereichen von Nonprofit-Organisationen engagieren. Sie tun dieses – wohlgemerkt jenseits ihrer wirtschaftlichen Kompetenzen – quasi als Laien, in Kenntnis des latenten Risikos des Scheiterns und mit der Aussicht auf befremdliche und irritierende Erfahrungen, die – in einem positiven Sinne – wiederum die Grundlage für produktions- und organisationsbezogene Innovationen sein können.

5.2 Förderliche Bedingungen freiwilligen gesellschaftlichen Engagements von Unternehmen

Die internationale und anfangs stark US-amerikanisch inspirierte Debatte über das gesellschaftliche Engagement von Unternehmen trifft in Europa und insbesondere in Deutschland auf eine entwickelte Sozialstaatlichkeit und ein entsprechend institutionalisiertes gesellschaftliches Engagement von Unternehmen, dessen Themen, Gütekriterien und Instrumente sich weitgehend dem Begriff der Corporate Social Responsibility zuordnen lassen. Dieses gesetzlich geregelte und in seinen Kernelementen verpflichtende Engagement von Unternehmen mit den entsprechenden Arbeits-, Sozial- und Umweltstandards unterliegt den üblichen Möglichkeiten und Grenzen staatlicher Steuerung und Regulierung. Über Art und Umfang des gesetzlich geregelten Engagements von Unternehmen wird in Deutschland auch in Zukunft in korporatistischen Verhandlungsstrukturen zwischen Unternehmensverbänden, Gewerkschaften und Staat diskutiert und entschieden werden. Ein gesellschaftliches – auf die Wertschöpfungskette bezogenes – Engagement von Unternehmen wird durch die deutsche und die europäische Gesetzgebung gesteuert und reguliert werden. Dabei setzt der Erhalt der globalen Wettbewerbsfähigkeit einer nationalen und europäischen Regulierung in diesem Bereich deutliche Grenzen.

Politisch Erfolg versprechender dürfte demgegenüber eine andere Perspektive sein, der zufolge gesellschaftliches Engagement von Unternehmen nicht als reiner Kostenfaktor, sondern als ein europäischer Standortvorteil verstanden wird. Ein am Wirtschaftsprozess ausgerichtetes gesellschaftliches Engagement von Unternehmen, lässt qualitativ hochwertige Produkte und Dienstleistungen auf der Grundlage anerkannter Arbeits-, Sozial- und Umweltstandards erwarten. Der vermeintliche Kostennachteil würde so zu einem Wettbewerbsvorteil europäischer Unternehmen werden. Über die politische Regulierung und konkrete Ausgestaltung eines auf die Wertschöpfungskette bezogenen und in Kernelementen gesetzlich verpflichtend geregelten Engagements wird innerhalb der skizzierten korporatistischen Verhandlungsstrukturen entschieden werden. Darüber hinaus wird es auf internationaler Ebene sinnvoll, zweckmäßig und erfolgversprechend sein, im Schatten der Hierarchie staatlicher und supranationaler Organisationen mit Unternehmen und unter Beteiligung von Nongovernmental Organisations verbindliche Normen und freiwillige Vereinbarungen über Arbeits-, Sozial- und Umweltstandards in der Produktion und Distribution weiter zu entwickeln.

(2) Vom gesetzlich geregelten Engagement ist – wie in Kapitel zwei erläutert – das darüber hinausgehende freiwillige gesellschaftliche Engagement von Unternehmen deutlich zu

unterscheiden. Freiwilliges gesellschaftliches Engagement von Unternehmen ist selbsterklärend keine staatliche Aufgabe, sondern unternehmensgesteuert und keiner direkten staatlichen Förderung zugänglich, sondern kann staatlicherseits allenfalls durch engagementförderliche Rahmenbedingungen begünstigt werden. Und um förderliche Rahmenbedingungen für ein freiwilliges gesellschaftliches Engagement von Unternehmen schaffen zu können, ist es in Deutschland von entscheidender Bedeutung, diesen Gegenstandsbereich in einem ersten Schritt theoriegeleitet mit anerkannten Methoden der empirischen Sozialforschung umfassend zu erforschen.

In einem zweiten Schritt kann dann die Infrastruktur des freiwilligen gesellschaftlichen Engagements von Unternehmen gefördert werden. Aus den eingangs skizzierten sachlichen Gründen geht es hier nicht um neue Varianten direkter staatlicher Steuerung und Förderung des gesellschaftlichen Engagements von Unternehmen, sondern im Sinne des klassischen Subsidiaritätsprinzips um die staatliche Unterstützung einer zivilgesellschaftlichen Infrastruktur im Bedarfsfalle: In den Fällen, in denen gesellschaftliche Institutionen und Organisationen nicht selbst dazu in der Lage, ihre Engagementpotenziale hinreichend zu entfalten, kann ergänzend und befristet auf das Repertoire staatlicher Engagementförderung zurückgegriffen werden. In erster Linie ist aber davon auszugehen, dass die am gesellschaftlichen Engagement von Unternehmen beteiligten Organisationen ihre Engagementaktivitäten mit eigenen Ressourcen grundsätzlich selbst leisten können. Die Instrumente und Verfahren einer staatlichen Engagementförderung sind demgegenüber nachrangig sowie zeitlich, sachlich und sozial begrenzt einzusetzen.

Die Sinnhaftigkeit und Zweckmäßigkeit einer staatlichen Zurückhaltung bei der Förderung des freiwilligen gesellschaftlichen Engagements von Unternehmen wird deutlich, wenn man bedenkt, dass es nicht die klassischen politischen Interessenorganisationen sind, d.h. Parteien und Verbände, die dieses Engagementfeld prägen, sondern Unternehmensstiftungen und Nonprofit-Organisationen sowie Beratungs- und Mittlerorganisationen. In diesem Sinne haben sich operative Unternehmensstiftungen, wie die Robert-Bosch-, die Körber- und die Bertelsmann Stiftung, als Protagonisten des freiwilligen gesellschaftlichen Engagements von Unternehmen hervorgetan (vgl. Janning/Bartjes 1999, Schöffmann 2002, Bertelsmann Stiftung 2005). Diese Stiftungen verschließen sich nicht nur einer staatlichen Einflussnahme und Förderung, sondern beeinflussen umgekehrt vielmehr staatliche Entscheidungen.

(3) Als Adressaten des freiwilligen gesellschaftlichen Engagements von Unternehmen verdienten gemeinnützige bzw. Nonprofit-Organisationen besondere Aufmerksamkeit. Letztlich sind es diese Organisationen, die aus dem Engagement von Unternehmen im Sport-, Kultur-, Sozial- und Ökologiebereich Leistungen für Bürger entwickeln. Dabei ist in Rechnung zu stellen, dass die Fähigkeit zur Zusammenarbeit mit Unternehmen für die Mehrzahl der Nonprofit-Organisationen in Deutschland keine kulturelle Selbstverständlichkeit und gepflegte Routine ist. Nonprofit-Organisationen sind in Deutschland als Empfänger staatlicher Subventionen und Zuwendungen sowie aufgrund ihrer politischen Privilegierung unter korporatistischen Bedingungen latent „staatsorientiert" (vgl. exemplarisch Braun 2006). Erschwerend kommt noch hinzu, dass der deutsche Nonprofit-Sektor eine überaus geordnete soziale Welt repräsentiert. Fein nach staatlichen Zuständigkeitsmustern in die Sparten Bildung, Soziales, Ökologie, Kultur und Sport aufgeteilt, sind voneinander

separierte „Parallelgesellschaften" entstanden, die sich mit staatlicher Förderung und Privilegierung jahrzehntelang selbst genügten und sich erst mit der latenten Ressourcenschwäche des öffentlichen Zuwendungsgebers notgedrungen nach neuen Kooperationspartnern umsehen (vgl. Braun 2007). Staatliche Förderung könnte maßgeblich dazu beitragen, Nonprofit-Organisationen fachlich und sachlich überhaupt erst einmal in die Lage zu versetzen, mit Unternehmen auf „Augenhöhe" verhandeln und kooperieren zu können.

(4) Für den Erfolg des freiwilligen gesellschaftlichen Unternehmensengagements sind zumindest in den Wirtschaftszweigen, für die Bürger und Konsumenten als Stakeholder relevant sind, gesellschaftliche Akteure, wie z.B. Bürgerinitiativen und Interessengruppen, von besonderer Bedeutung (vgl. Backhaus-Maul/Schubert 2005). Diese Gruppen und Organisationen sehen Unternehmungen nicht nur als wirtschaftlichen Geschäftsbetrieb, sondern in einem weiten Sinn als gesellschaftliche Aktivität: „Die Unternehmung wird nicht mehr als private Veranstaltung, sondern als öffentlich exponierte Organisation verstanden" (Karmasin 1999: 187). Nimmt ein Unternehmen seine gesellschaftliche Rolle nicht oder nur rhetorisch wahr oder verweigert sich dezidiert dem öffentlichen Diskurs, so ist mit einem Imageverlust und Umsatzeinbußen zu rechnen, wie etwa am Beispiel der inkriminierten Arbeitsbedingungen bei Nike oder der angekündigten Versenkung der Bohrinsel „Brent Spar" des Shell-Konzerns deutlich wurde. Vor diesem Hintergrund wäre es also eine „kluge", gleichwohl aber nicht risikofreie Unternehmensstrategie, mit gesellschaftlichen Akteursgruppen in Dialog zu treten. Selbstverständlich werden Unternehmen erst einmal Bedenken gegenüber kritischen Fragen und hohen Erwartungen haben. Gleichwohl eröffnen derartige Dialoge und Interaktionen Unternehmen Innovationspotenziale.

Im Sinne einer Förderung der Konsumentensouveränität und des Verbraucherschutzes bieten sich für eine staatliche Förderung hier besondere Betätigungsmöglichkeiten. Die Spannbreite staatlicher Aktivitäten reicht vom gesetzlichen Konsumentenschutz und der Wettbewerbsförderung über staatliche Interventionen bei der Nichteinhaltung von Sozial-, Arbeits- und Umweltstandards bis hin zu Förderung des öffentlichen Konsumentenschutzes auf Bundes-, Landes- und Kommunalebene. Neben den klassischen staatlichen Instrumenten der Regulierung und Intervention empfiehlt sich auch hier eine Engagementförderung durch Wettbewerb. So könnte der öffentliche Verbraucherschutz, etwa im Rahmen von Tests, das gesellschaftliche Engagement oder die Enthaltsamkeit von Unternehmen transparent machen und „bewerben". Sowohl freiwilliges Unternehmensengagement als auch die Einhaltung und vor allem „engagierte Übererfüllung" gesetzlicher Anforderungen im Sozial-, Arbeits- und Umweltbereich wären Konsumenten gegenüber als ein besonderes Gütekriterium und ein Wettbewerbsvorteil engagierter Unternehmen zu kommunizieren.

(5) Für die zukünftige Entwicklung und Dynamisierung des freiwilligen gesellschaftlichen Engagements von Unternehmen kommt entsprechend den bisherigen Erfahrungen Beratungs- und Mittlerorganisationen besondere Bedeutung zu. In einem unternehmensgesteuerten freiwilligen Engagement sind sie es, die Unternehmen beraten und zwischen For- und Nonprofit-Sektor vermitteln. Waren es anfänglich vor allem gemeinnützige Organisationen die als Berater und Vermittler tätig waren, so haben sich mittlerweile auch führende privatgewerbliche Unternehmensberatungen und Kommunikationsagenturen dieses Feld erschlossen. Angesichts dieser Entwicklung wäre es aus der Perspektive staatlicher Engagementförderung allenfalls denkbar, diejenigen gemeinnützigen Mittlerorganisationen im

Bereich des freiwilligen gesellschaftlichen Engagements von Unternehmen zu fördern, die das gegenseitige Verstehen und die Bereitschaft zur Kooperation zwischen Unternehmen und Nonprofit-Organisationen forcieren.

(6) In dieser Argumentationsrichtung unterliegt das gesetzlich geregelte und in seinen Kernelementen verpflichtenden Engagement den üblichen Möglichkeiten und Grenzen staatlicher Steuerung und Regulierung, während freiwilliges gesellschaftliches Engagement von Unternehmen unternehmensgesteuert und auf eine zivilgesellschaftliche Infrastruktur angewiesen ist. Positiv zugunsten einer unternehmerischen Engagementpolitik wirkt sich sicherlich die Akzeptanz von Bürgergruppen und Konsumentenorganisationen aus. Besondere Dynamik ist zudem von wirtschaftlich kompetenten und aufgeschlossenen Nonprofit-Organisationen zu erwarten. Den Schlüssel zum Erfolg – oder auch Misserfolg – des freiwilligen gesellschaftlichen Engagements von Unternehmen in Deutschland haben aber zweifelsohne Unternehmen selbst in der Hand. Die Förderung des freiwilligen gesellschaftlichen Engagements von Unternehmen ist in erster Linie eine Unternehmensaufgabe und darüber hinaus keine staatliche, sondern eine (zivil-) gesellschaftliche Angelegenheit.

Literatur

American Chamber of Commerce/F.A.Z.-Institute (Hrsg.) (2005): Unternehmen und Verantwortung. Trends in Corporate Social Responsibility. Frankfurt a.M.: FAZ-Verlag

Ankele, Kathrin (2005): Mit CSR zu mehr gesellschaftlicher Verantwortung? In: Ökologisches Wirtschaften 19(2005/3), S. 30-32

Backhaus-Maul, Holger (2004): Corporate Citizenship im deutschen Sozialstaat. In: Aus Politik und Zeitgeschichte, Heft 14 (2004), S. 23-30

Backhaus-Maul, Holger (2005): Corporate Citizenship – liberale Gesellschaftspolitik als Unternehmensstrategie in den USA. In: Adloff, Frank/ Birsl, Ursula/Schwertmann, Philipp (Hrsg.): Wirtschaft und Zivilgesellschaft. Theoretische und empirische Perspektiven. Jahrbuch für Europa- und Nordamerika-Studien, Wiesbaden: VS Verlag für Sozialwissenschaften, S. 225-243

Backhaus-Maul, Holger/Biedermann, Christiane/Polterauer, Judith/Nährlich, Stefan (Hrsg.) (2008): Corporate Citizenship in Deutschland. Bilanz und Perspektiven. Wiesbaden: VS Verlag für Sozialwissenschaften

Backhaus-Maul, Holger/Brühl Hasso (Hrsg.) (2003):Bürgergesellschaft und Wirtschaft – zur neuen Rolle von Unternehmen, Berlin: Deutsches Institut für Urbanistik

Backhaus-Maul, Holger/Schubert, Ingolf (2005): Unternehmen und Konsumenten: Diffuse Verantwortung und schwache Interessen?. In: Forschungsjournal Neue Soziale Bewegungen 18(2005/4), S. 78-88

Baecker, Dirk (1999): Die Form des Unternehmens. Frankfurt a.M.: Suhrkamp

Beckert, Jens (2006): Wer zähmt den Kapitalismus? In: Beckert, Jens/Ebbinghau, Bernhard/Hassel, Anke/Manow, Philip (Hrsg.): Transformation des Kapitalismus, Frankfurt a.M.: Campus, S. 425-442

Bertelsmann Stiftung (Hrsg.) (2005): Die gesellschaftliche Verantwortung von Unternehmen, Gütersloh: Eigenverlag

Braun, Sebastian (1999): Elitenrekrutierung in Frankreich und Deutschland. Köln: Strauß

Braun, Sebastian (2007): Corporate Citizenship und Dritter Sektor. Anmerkungen zur Vorstellung: „Alle werden gewinnen…". In: Forschungsjournal Neue Soziale Bewegungen 20(2007/2), S. 186-190

Braun, Sebastian (2006): Umbau des Sozialstaats und organisierter Sport. In: Sport und Gesellschaft – Sport and Society 3(2006), S. 124-129

Braun, Sebastian (2004). Die Wiederentdeckung des Vereinswesens im Windschatten gesellschaftlicher Krisen. In: Forschungsjournal Neue Soziale Bewegungen 17(2004/1), S. 26-35

Braun, Sebastian/Kukuk, Marc (2007): Corporate Citizenship. Gesellschaftliches Engagement von Wirtschaftsunternehmen in Deutschland. Kommentierter Datenbericht zum Forschungsprojekt. Paderborn: Forschungszentrum für Bürgerschaftliches Engagement, Working Paper Nr. 01/2007

CCCD 2007: Gesellschaftliches Engagement von Unternehmen in Deutschland und im transatlantischen Vergleich mit den USA, Berlin: Eigenverlag

Europäische Kommission/Generaldirektion Beschäftigung und Soziales (2001): Europäische Rahmenbedingungen für die soziale Verantwortung der Unternehmen. Grünbuch. Brüssel: Eigenverlag

Evers, Adalbert/Olk, Thomas (Hrsg.) (1996): Wohlfahrtspluralismus. Vom Wohlfahrtsstaat zur Wohlfahrtsgesellschaft. Wiesbaden: Westdeutscher Verlag

FORSA/Gesellschaft für Sozialforschung und statistische Analysen (2005): „Corporate Social Responsibility" in Deutschland. Berlin: Eigenverlag

Habisch, André (2003): Corporate Citizenship. Gesellschaftliches Engagement von Unternehmen in Deutschland. Berlin/Heidelberg/New York: Springer

Hartmann, Michael (1996): Topmanager – Die Rekrutierung einer Elite. Frankfurt a.M.: Campus

Heuberger, Frank/Oppen, Maria/Reimer, Sabine (2004): Der deutsche Weg zum bürgerschaftlichen Engagement von Unternehmen. Thesen zu „Corporate Citizenship" in Deutschland. Bonn: Friedrich-Ebert-Stiftung (betrifft: Bürgergesellschaft – Analysen des Arbeitskreises Bürgergesellschaft und Aktivierender Staat, 12)

Hiß, Stephanie (2006): Warum übernehmen Unternehmen gesellschaftliche Verantwortung. Ein soziologischer Erklärungsversuch. Frankfurt a.M.: Campus

Homann, Karl (2000): Vorteile und Anreize. Zur Grundlegung einer Ethik der Zukunft. In: Korff, Wilhelm u.a. (Hrsg.): Handbuch der Wirtschaftsethik, Bd. 4. Gütersloh: Gütersloher Verlagsanstalt, S. 322-242

Imbusch, Peter/Rucht, Dieter/Alemann, Annette v./Galonska, Christian (2007): Über die gesellschaftliche Verantwortung deutscher Wirtschaftseliten. Wiesbaden: VS Verlag für Sozialwissenschaften

Janning, Heinz/Bartjes, Heinz (1999): Ehrenamt und Wirtschaft. Internationale Beispiele bürgerschaftlichen Engagements der Wirtschaft. Stuttgart: Eigenverlag der Robert-Bosch-Stiftung

Karmasin, Matthias (1999): Stakeholderorientierung als Kontext zur Ethik von Medienunternehmen. In: Funiok, Rüdiger/Schmälzle, Udo F./Werth, Christoph H. (Hrsg.): Medienethik – die Frage der Verantwortung, Bonn: Bundeszentrale für politische Bildung, S. 183-211

Kaufmann, Franz-Xaver (1997): Herausforderungen des Sozialstaates. Frankfurt a.M.: Suhrkamp

Langenscheidt, Florian (Hrsg.) (2005): Unternehmerische Verantwortung, Wiesbaden: Gabler

Leibfried, Stephan/Zürn, Michael (Hrsg.) (2006): Transformation des Staates? Frankfurt a.M.: Suhrkamp

Maaß, Frank (2005): Corporate Citizenship als partnerschaftliche Maßnahme von Unternehmen und Institutionen. In: Institut für Mittelstandsforschung (Hrsg.): Jahrbuch zur Mittelstandsforschung. Bonn: Eigenverlag, S. 67-129

Maaß, Frank/Clemens, Reinhard (2002): Corporate Citizenship. Das Unternehmen als guter Bürger. In: Institut für Mittelstandsforschung Bonn (Hrsg.): Jahrbuch zur Mittelstandsforschung 2/2002. Wiesbaden: Dt.-Univ.-Verl. (Schriften zur Mittelstandsforschung Nr. 97 NF)

Mutz, Gerd/Korfmacher, Susanne/Arnold, Karin (2002): Corporate Citizenship in Deutschland, Frankfurt: Eigenverlag des Deutschen Vereins für öffentliche und private Fürsorge

Polterauer, Judith (2005): Corporate Citizenship: Systemfunktionalistische Perspektiven. In: Adloff, Frank/Birsl, Ursula/Schwertmann, Philipp (Hrsg.): Wirtschaft und Zivilgesellschaft. Theoretische und empirische Perspektiven. Jahrbuch für Europa- und Nordamerika-Studien. Wiesbaden: VS Verlag für Sozialwissenschaften, S. 87-126

Polterauer, Judith (2008): Unternehmensengagement als „Corporate Citizen". Ein langer Weg und ein weites Feld für die empirische Corporate Citizenship-Forschung in Deutschland. In: Backhaus-

Maul, Holger/Biedermann, Christiane/Polterauer, Judith/Nährlich, Stefan (Hrsg.): Corporate Citizenship in Deutschland. Bilanz und Perspektiven. Wiesbaden: VS Verlag für Sozialwissenschaften

Sachße, Christoph/Tennstedt, Florian (1980): Geschichte der Armenfürsorge in Deutschland, Bd. 1. Stuttgart: Kohlhammer

Schmidt, Manfred G. (1998): Sozialpolitik in Deutschland. Historische Entwicklung und internationaler Vergleich. Opladen: Leske + Budrich

Schöffmann, Dieter (Hrsg.) (2002): Wenn alle gewinnen. Bürgerschaftliches Engagement von Unternehmen. Hamburg: Edition Körber

Schwerk, Anja (2008): Strategisches gesellschaftliches Engagement und gute Corporate Governance. In: Backhaus-Maul, Holger/Biedermann, Christiane/Polterauer, Judith/Nährlich, Stefan (Hrsg.): Corporate Citizenship in Deutschland. Bilanz und Perspektiven; Wiesbaden: VS Verlag für Sozialwissenschaften

Seitz, Bernhard (2002): Corporate Citizenship: Zwischen Idee und Geschäft. Auswertungen und Ergebnisse einer bundesweit durchgeführten Studie im internationalen Vergleich. Zentrum für Wirtschaftsethik/The Conference Board. In: Wieland, Josef/Conradi, Walter (Hrsg.): Corporate Citizenship: Gesellschaftliches Engagement – unternehmerischer Nutzen. Marburg: Metropolis-Verl., S. 23-195

Streeck, Wolfgang (1999): Korporatismus in Deutschland. Zwischen Nationalstaat und Europäischer Union. Frankfurt a.M.: Campus

Westebbe, Achim/Logan, David (1995): Corporate Citizenship. Unternehmen im gesellschaftlichen Dialog. Wiesbaden: VS Verlag für Sozialwissenschaften

Windolf, Paul (2002): Die Zukunft des Rheinischen Kapitalismus. In: Allmendinger, Jutta/Hinz, Thomas (Hrsg.): Organisationssoziologie. Sonderheft 42 der Kölner Zeitschrift für Soziologie und Sozialpsychologie. Wiesbaden: Westdeutscher Verlag, S. 414-442

Zentrum für zivilgesellschaftliche Entwicklung (2004): Corporate Citizenship. Unternehmerisches bürgerschaftliches Engagement. Ergebnisse der repräsentativen Unternehmensstudie. Freiburg: Eigenverlag

4. Engagementpolitik im föderalen System der Bundesrepublik

Susanne Lang

Und sie bewegt sich doch ...
Eine Dekade der Engagementpolitik auf Bundesebene

Politik findet prinzipiell auf (mindestens) zwei Ebenen statt: einerseits auf der programmatischen Ebene – hier werden Orientierungen gegeben und Ansprüche formuliert, was erreicht werden soll; andererseits auf der Ebene der praktischen Politik – hier geht es um das, was geschieht, um wirkliche Initiativen, um verabschiedete Gesetze usw. Programm und Wirklichkeit stimmen nicht immer überein. Das gilt auch für die Engagementpolitik. Diese Diskrepanzen zwischen Programm und Wirklichkeit sind – und auch dies gilt für die Engagementpolitik – nicht immer ganz unbeabsichtigt, mitunter aber auch schlicht einer widerständigen Wirklichkeit geschuldet, die sich der politischen Absicht hartnäckig widersetzt.

Der erklärte Anspruch der Politik klingt zum Beispiel so: „Die Bundesregierung versteht und betreibt die Förderung des bürgerschaftlichen Engagements als eine wichtige gesellschaftspolitische Aufgabe – aus der Überzeugung heraus, dass die verantwortungsvolle Teilhabe an einem gerechten Gemeinwesen der beste Weg zu Selbstverwirklichung und sozialer Identität ist" (Presse- und Informationsamt der Bundesregierung 2001: 2). Mit diesem klaren engagementpolitischen Credo präsentierte Bundeskanzler Gerhard Schröder im Jahr 2001 Eckpunkte einer bürgergesellschaftlichen Reformpolitik, deren Koordinaten eine solidarische Bürgergesellschaft, ein aktivierender Staat und nicht zuletzt eine „neue Balance zwischen Staat, Zivilgesellschaft und Wirtschaft" bildeten (ebd.).

Gab es also einst unter der rot-grünen Bundesregierung eine Blütezeit der Engagementpolitik? Nun ja, wir wollen nicht übertreiben: die Leistungsbilanz ist weniger eindrucksvoll als das zitierte Geleitwort des Bundeskanzlers, und vieles davon war Bürgergesellschafts*rhetorik*. Gleichwohl war es *Bürgergesellschafts*rhetorik und damit ein neuer Ton nach Jahren und Jahrzehnten des individualisierenden, bürgerlich exklusiven Ehrenamtsdiskurses. In diesem Sinne leitete die Bundesregierung in den Jahren 1998-2002, wirkungsvoll unterstützt durch die Enquete-Kommission „Zukunft des bürgerschaftlichen Engagements" des Deutschen Bundestages, einen Paradigmenwechsel ein, der im folgenden als der Wechsel von der Ehrenamts- zur Engagementpolitik rekonstruiert werden soll.

Jubel will sich dabei freilich nicht einstellen – wie erfolgreich und wie nachhaltig dieser Paradigmenwechsel war, wird sich zeigen müssen. Die Entwicklungen der letzten zehn Jahre sind durchaus ambivalent. So hat die Förderung bürgerschaftlichen Engagements für die Bundespolitik insgesamt stark an Bedeutung gewonnen. Ebenso unübersehbar wie unbestreitbar sind auch die kontinuierlichen Versuche von Regierung und Parlament, die politischen und rechtlichen Rahmenbedingungen für das bürgerschaftliche Engagement zu verbessern.

Wer allerdings nach Engagementpolitik im Sinne eines eigenständigen Politikfeldes mit einer klaren Agenda sucht, nach einer systematischen Ausschöpfung des reformpolitischen Potentials von Engagementförderung als Querschnittsaufgabe, nach Ansätzen eines ressortübergreifenden Mainstreaming oder gar nach einem breiten, sektorenübergreifenden Bündnis für bürgergesellschaftliche Reformpolitik, sucht – jedenfalls bislang – vergebens. Es gibt hier und da sinnvolle Ansätze, die den innovativen Namen „Engagementpolitik" verdienen. Von einer nachhaltigen engagementpolitischen Reformagenda aus der Mitte des Bundestages indes kann damals wie heute (noch) ebenso wenig die Rede sein wie von einer breit angelegten, von der Mehrheit der Regierungsmitglieder getragenen Initiative der Bundesregierung – trotz der „Initiative Zivilengagement", mit der das federführende Bundesministerium für Familie, Senioren, Frauen und Jugend im Sommer 2007 das zuvor eher randständige Thema in den Kernbereich der Ressortpolitik zurückgeholt hat. Die Initiative birgt die Chance zu einer engagementpolitischen Trendwende. Ob und wie diese Chance genutzt werden kann, wird sich jedoch daran erweisen, ob die Initiative dem selbst gesetzten Anspruch gerecht wird, dass das als Auftakt vorgelegte Sechs-Punkte Programm „im Zusammenwirken mit nichtstaatlichen Akteuren ständig erweitert werden [soll]" (Bundesministerium 2007: 6); anders gewendet: ob des den Protagonisten der Initiative – dem Ministerium und dem neuen Beauftragten Zivilengagement – gelingen wird, die Initiative *für* die Bürgergesellschaft zu einer Initiative *mit* der Bürgergesellschaft weiter zu entwickeln.

Ambivalent ist das Bild auch bei den großen Verbänden und Trägerorganisationen bürgerschaftlichen Engagements – Wohlfahrtsverbände, Sport, Kirchen, Kultureinrichtungen oder Umweltorganisationen. Die Großorganisationen sind erkennbar mit eigenen Modernisierungsherausforderungen beschäftigt, deren Bewältigung sich zu einem immer weiter gespreizten Spagat zwischen Professionalisierung und Ökonomisierung ihrer Angebote einerseits, der Förderung bürgerschaftlichen Engagements als wesentlichem Baustein ihres Profils als dem Gemeinwohl verpflichteter Organisationen andererseits zu entwickeln scheint. Dass der Engagementförderung im bisherigen Modernisierungsprozess gehobene Bedeutung beigemessen worden wäre, wird man kaum für sich in Anspruch nehmen wollen. Das Potential bürgerschaftlichen Engagements für die besondere Qualität dieser Organisationen, für ihre Profilierung und Positionierung gerät erst allmählich und zögerlich in den Blick der Modernisierer – mit offenem Ausgang. Auch vor den Konsequenzen für die innerverbandliche Demokratie scheut man zurück – zwar weisen alle Untersuchungen über die Motivlage von Engagierten darauf hin, dass die Freiwilligen von heute weit gehende Partizipationsansprüche stellen. Es wäre also an der Zeit, mehr Demokratie zu wagen. Andererseits aber wirken hierarchische Routinen fort, und die Spannungen zwischen Freiwilligen, Angestellten und Funktionsträgern verstärken sich.

Ambivalent ist nicht zuletzt die Rolle der Wirtschaft als Subjekt ebenso wie als Objekt von Engagementpolitik. Zwar ist das Thema Corporate Citizenship mit einiger Verspätung auch in Deutschland angekommen. Unternehmen engagieren sich in mehr oder minder strategischer Philanthropie, mit Spenden, pro bono-Leistungen und mit Freiwilligen (CCCD 2007). Als Partner oder auch als Akteur der Bürgergesellschaft aber treten in Deutschland weder Wirtschaftsorganisationen noch Unternehmen auf. Gewiss, es gibt rühmliche Ausnahmen von Unternehmen, die eigene Geschäftsziele strategisch und bewusst mit Gemeinwohlinteressen verknüpfen, die sich in Partnerschaften mit zivilgesellschaftlichen Organisationen engagieren, um bürgergesellschaftliche Teilhabe und Selbstorganisation zu unterstützen, oder sich im Interesse aller für jene „neue Balance von Zivilgesellschaft, Staat und Wirtschaft" einsetzen, die mehr und anderes bedeutet als Steuer- und Abgabensenkungen für Unternehmen oder weniger Kündigungsschutz. Eine neue Kultur des gesellschaftlichen Engagements, der Anerkennung oder der Partnerschaft aber ist (noch) nicht in Sicht. Während andere Länder wie Großbritannien oder Österreich Corporate Citizenship durch intelligente Anreize fördern und unterstützen, bildete die Wirtschaft als Objekt bzw. als Zielgruppe von Engagementpolitik mindestens auf Bundesebene bislang eine Leerstelle.

Auch in dieser Frage soll die neue Initiative ZivilEngagement Zeichen setzen: Corporate Citizenship ist einer von sechs Programmpunkten und soll durch eine Reihe von Maßnahmen gefördert werden. Darüber hinaus haben mindestens die institutionellen Suchbewegungen des allem Anschein nach ungeliebten Themas mit der Ressortierung im Bundesarbeitsministerium ihr – wenngleich kontraintuitives – Ende gefunden; mit Beginn der neuen Legislaturperiode 2005 wanderte das Thema aus dem Wirtschafts- ins Arbeitsministerium. Die programmatischen Suchbewegungen indes währen fort. Bundeskanzlerin Angela Merkel hatte sich erfolgreich dafür eingesetzt, dass die gesellschaftliche Verantwortung von Unternehmen auf die Agenda des G8-Gipfels in Heiligendamm gesetzt wird. In der praktischen Regierungspolitik indes hat das Thema noch keine Spuren hinterlassen. Der neue Arbeitsminister Olaf Scholz hat kurz nach seinem Amtsantritt im November 2007 ein Konzept in Aussicht gestellt; zuvor war aus dem federführenden Ressort nichts zu hören. Unterdessen haben sich sowohl das Bundesumweltministerium als auch das BMFSFJ im Rahmen ihrer jeweiligen Zuständigkeit in die Debatte gemischt.

Die Einmischung ist an der Zeit. Dass Unternehmen der gesellschaftlichen Stabilität und Solidarität bedürfen, um wirtschaftlich erfolgreich zu sein, hat sich in den westeuropäischen Nachbarländern bis in die Chefetagen herumgesprochen. Außerdem können wir aus guten Beispielen in Deutschland ebenso wie andernorts lernen, dass Unternehmen zum gesellschaftlichen Wohlergehen weit mehr als Produkte, Arbeitsplätze und Steuern beizutragen haben: die Innovationskraft der Wirtschaft, die Effizienz und Ergebnisorientierung, die Dynamik und die Organisationskompetenz sind Fähigkeiten, die auch anderen Sektoren nutzen können. In Deutschland hingegen gibt es offenbar noch viel zu tun, bis die Entscheidungsträger in Staat, Wirtschaft und Bürgergesellschaft begreifen, dass ein Neuer Gesellschaftsvertrag, der Staat, Wirtschaft und Zivilgesellschaft in eine neue Balance bringen soll, eine neue gesellschaftliche Rolle auch für die Unternehmen bedeutet (Heuberger/Lang 2007). Indem die Wirtschaft bislang weder als Objekt noch als Subjekt von Engagementpolitik eine nennenswerte Rolle spielt, bleiben auf dem weiten Feld der bürgergesellschaftlichen Modernisierung Deutschlands noch gewaltige Flächen unbestellt.

Doch zurück zur Engagementpolitik auf Bundesebene während der letzten Dekade. Deren Rekonstruktion will Programm(e) und Wirklichkeit(en) von Engagementpolitik nachvollziehen, Diskrepanzen aufspüren und Ambivalenzen ausloten – von der traditionellen Orientierung auf das Ehrenamt, das bis ins Jahr 2002 das herrschende Paradigma freiwilligen Engagements bildete (1), dem Paradigmenwechsel zum bürgerschaftlichen Engagement, eingeleitet durch die Enquete-Kommission (2), der Analyse der Koalitionsvereinbarungen und Regierungserklärungen von 2002 und 2005 (3), einer Bewertung der Rolle des Staates bei der systematischen Förderung bürgerschaftlichen Engagements im Sinne einer kritischen Bestimmung von Standort, Aufgabe und Reichweite staatlicher Engagementpolitik (4) und schließlich der exemplarischen Darstellung von engagementpolitischem Potential und dessen mindestens partieller Aktualisierung am Beispiel der Gesundheitspolitik (5).

1   Am Anfang war das Ehrenamt

Schon die historischen Anfänge einer öffentlichen Engagementpolitik in Deutschland – die preussische Städteordnung, mit der im frühen 19. Jahrhundert das „Ehrenamt" etabliert wurde – enthalten in nuce all die Ambivalenzen staatlicher Engagementförderung: Mit der Gewährung kommunaler Selbstverwaltungsrechte wurden zugleich die Emanzipationsbestrebungen des aufstrebenden Bürgertums qua „Amt" in den preussischen Staat eingebunden und staatsverträglich kanalisiert und zudem im Zeichen der „Ehre" eine Verwaltungsstruktur geschaffen, die die Staatskassen nicht weiter belastete. So lauert hinter der staatlichen Förderung immer auch die Vereinnahmung, und Partizipationsmöglichkeiten, die von Staats wegen eingeräumt werden, sind schwer verträglich mit Prinzipien der Selbstorganisation und Selbstbestimmung, die den Kern von Bürgergesellschaft ausmachen.

Die Besinnung auf die Geschichte ist also auch im Falle der Engagementförderung lehrreich. Gleichwohl sei der historische Rückblick auf den hier zur Debatte stehenden Zeitraum der letzten Dekade beschränkt, während der sich mit etwas gutem Willen auf Bundesebene die Herausbildung von Engagementpolitik als eigenständigem Politikfeld rekonstruieren lässt.

Am Anfang also war das Ehrenamt. Für diesen Diskurs und die ihm wahlverwandte Politik geht es idealtypisch um das Engagement eines oder mehrerer Einzelner, von dem das Gemeinwesen in unterschiedlicher Form profitiert. Die Förderung des Ehrenamts stellt vor allem darauf ab, die finanziellen und rechtlichen Rahmenbedingungen für das individuelle Engagement zu verbessern, d.h. z.B. die steuerlichen Vorteile für Engagierte auszubauen und ihren Schutz vor Risiken zu verbessern, die sich aus ehrenamtlichem Engagement ergeben. Dass Steuervorteile ein Einkommen voraussetzen, man sich also als idealtypischen Engagierten einen Angehörigen der bürgerlichen Mittelschicht vorstellt, sei nur am Rande angemerkt.

In aller Deutlichkeit findet sich das Paradima „Ehrenamt" in der ersten Regierungserklärung des frisch gekürten Bundeskanzlers Helmut Kohl vom 13. Oktober 1982: „Wir werden einen Wettbewerb sozialer Initiativen ins Leben rufen und besondere Beispiele praktischer Mitmenschlichkeit auszeichnen. Wir wollen in der Bundesrepublik nicht nur über die schlechten Beispiele klagen, sondern wir wollen durch gute Beispiele Zeichen setzen" (zit. nach Deutscher Bundestag 1996: 22). Daraus wurde die Kampagne „Reden ist Silber, Helfen ist Gold", die in den Folgejahren Initiativen der Freien Wohlfahrtspflege und der Altenarbeit in Deutschland ausgezeichnet hat.

Vierzehn Jahre später, am 1. Oktober 1996, verabschiedete die damalige Bundesregierung – noch immer unter Bundeskanzler Kohl – die Antwort auf eine Große Anfrage der damaligen Regierungsfraktionen CDU/CSU und FDP zur „Bedeutung ehrenamtlicher Tätigkeit für unsere Gesellschaft" (Deutscher Bundestag 1996). Wie sich einige Jahre später herausstellen sollte, war damit ein Meilenstein in der Geschichte der Engagementpolitik

Deutschlands gesetzt. Denn letztlich bildete die Veröffentlichung dieser Bestandsaufnahme über Ehrenamt und Freiwilliges Engagement den Anlass für den ersten Freiwilligensurvey von 1999 (Rosenbladt 2000) sowie für die Einsetzung einer Enquete-Kommission im Deutschen Bundestag im selben Jahr.

Die Antwort der Bundesregierung auf die Große Anfrage lässt indes noch nichts davon ahnen, welchen Paradigmenwechsel sie wenig später auslösen wird. Sie atmet den Geist des traditionellen Ehrenamts. So heißt es in der Präambel: „Unser Gemeinwesen wäre nicht denkbar, wären nicht Millionen von Menschen aus freiem Entschluss bereit, sich in Wohlfahrtsverbänden, Kirchengemeinden, Vereinen, Parteien, Verbänden, Organisationen, Bürgerinitiativen und Selbsthilfegruppen für eine gemeinwohlorientierte Aufgabe zu engagieren. Von der Vielzahl und Vielfalt freiwilliger Tätigkeiten hängt die Qualität des Lebens in unserem Lande entscheidend ab". Zur Aufwertung ehrenamtlicher Tätigkeit empfiehlt die Bundesregierung neben allgemeinen Kampagnen der Öffentlichkeitsarbeit und öffentlichen Anerkennung einen Katalog von üblichen Maßnahmen, z.B. auf dem Gebiet des Steuerrechts, bei Aufwandsentschädigungen und -pauschalen, in der Unfallversicherung etc. Wir haben es gewissermaßen mit Dauerbrennern der Engagementförderung zu tun, die für sich genommen nicht verkehrt, jedoch einseitig auf die Förderung individuellen bürgerschaftlichen Engagements gerichtet sind, nicht aber auf die Förderung einer Kultur von Partizipation und Anerkennung. Ein Verständnis von Engagementpolitik als gesellschaftlicher Querschnittsaufgabe im Sinne einer Förderung von Bürgergesellschaft in allen gesellschaftlichen Lebensbereichen liegt diesen Empfehlungen erkennbar nicht zugrunde.

2   Die Enquete-Kommission „Zukunft des Bürgerschaftlichen Engagements" – die Bürgergesellschaft als Leitbild

„Bürgerschaftliches Engagement ist eine unverzichtbare Bedingung für den Zusammenhalt der Gesellschaft. Die Enquete-Kommission hat die Aufgabe, konkrete politische Strategien und Maßnahmen zur Förderung des freiwilligen gemeinwohlorientierten, nicht auf materiellen Gewinn ausgerichteten bürgerschaftlichen Engagements in Deutschland zu erarbeiten" – so lauten die ersten Sätze des Einsetzungsbeschlusses, mit dem der Deutsche Bundestag am 14. Dezember 1999 die Enquete-Kommission „Zukunft des Bürgerschaftlichen Engagements" auf den Weg brachte (Deutscher Bundestag 1999: 1). Diese ersten Sätze erinnern durchaus an Wort und Geist der Großen Anfrage von 1998, und auch der Abschlussbericht, den die Enquete-Kommission zweieinhalb Jahre später, am 3.6.2002, vorlegte, hebt mit einer ähnlichen Leitmelodie an. „Die Bürgerinnen und Bürger erneuern mit ihrem freiwilligen Engagement in allen Bereichen des gesellschaftlichen Lebens die Bindekräfte unserer Gesellschaft. Sie schaffen eine Atmosphäre der Solidarität, der Zugehörigkeit und des Vertrauens. Sie erhalten und mehren ... ‚soziales Kapital'" (Enquete-Kommission 2002: 8). Keine amtliche Verlautbarung ohne die Erinnerung an die sozialintegrative Kraft bürgerschaftlichen Engagements.[1]

---

[1] Die scheinbare Selbstverständlichkeit, dass bürgerschaftliches Engagement die Gesellschaft zusammenhält, wird erst in jüngerer Zeit etwas hartnäckiger hinterfragt. Im Lichte aktueller Debatten um Neue Armut und Exklusion, um

Die Ähnlichkeiten finden jedoch alsbald ein Ende. Maßgeblich für die Arbeit der Enquete-Kommission war nämlich nicht nur die Vielfalt bürgerschaftlichen Engagements als buntem Marktplatz der individuellen Entfaltungs- und Hilfemöglichkeiten. Daneben gab es eine zweite Leitlinie: „Die Förderung bezieht sich nicht nur auf die aktiven Bürgerinnen und Bürger und deren je individuelles Engagement, sondern hat auch und vor allem eine gesellschaftspolitische Dimension" (Enquete-Kommission 2002: 8).

Die Enquete-Kommission leitet damit gleich in doppelter Hinsicht einen Richtungswechsel ein.

Bemerkenswert ist zunächst die Begriffspolitik des bürgerschaftlichen Engagements: die Semantik stand für eine systematische Abkehr vom „Ehrenamt" und der darin implizierten Perspektivverengung auf die Beteiligungsformen der bürgerlichen Mittelschicht. Bürgerschaftliches Engagement ist zwar ein Kunstwort, aber inklusiv und offen, die Vielfalt von Engagementformen aufzunehmen und gelten zu lassen: Ehrenamt (damals noch dazu gerne unterschieden in „altes" und „neues"), Freiwilligenarbeit, Selbsthilfe, Engagement, (Corporate) Volunteering. All die vielen Namen, die von unterschiedlichen Personengruppen für unterschiedliche Aktivitäten und Peer Groups gefunden worden waren, wurden nun mehr unter einem begrifflichen Dach versammelt, mit drei gemeinsamen Merkmalen versehen – „freiwillig, gemeinwohlorientiert, nicht auf materiellen Gewinn gerichtet" – und damit als möglicher Objekt- und Gestaltungsbereich einer öffentlichen Engagementpolitik überhaupt erst konstituiert.

Gesellschaftspolitisch wiederum ging es im Kern nicht um die quantitative Aufgabenstellung, mehr Menschen für bürgerschaftliches Engagement zu gewinnen. Im Vordergrund steht vielmehr die Förderung eines engagementfreundlichen, partizipativen und inklusiven Klimas in der Gesellschaft, die Schaffung einer Anerkennungskultur, die Stärkung von Partizipation und Mitbestimmung, die Öffnung sozialstaatlicher Institutionen usw.

Den roten Faden im Abschlussbericht bildet das Leitbild Bürgergesellschaft – eine anspruchsvolle gesellschaftspolitische Perspektive: „Bürgergesellschaft beschreibt ein Gemeinwesen, in dem die Bürgerinnen und Bürger auf der Basis gesicherter Grundrechte und im Rahmen einer politisch verfassten Demokratie durch das Engagement in selbstorganisierten Vereinigungen und durch die Nutzung von Beteiligungsmöglichkeiten die Geschicke des Gemeinwesens wesentlich prägen können" (Enquete-Kommission 2002: 59).

Diese Definition ist es wert, einen Augenblick zu verweilen und ihren verschiedenen Facetten systematisch nachzugehen. Bürgergesellschaft ist

- „zugleich Zustandsbeschreibung und Programm":
  d.h. die ständige Vermischung dessen, was ist, und dessen, was sein soll, hat ein fundamentum in re; die reale Bürgergesellschaft hat gewissermaßen einen kontrafaktischen, normativ gehaltvollen Überschuss, der eine Politik, die sie fördern will, zu orientieren vermag.

---

prekäre und „abgehängte" Lebensformen, gewinnen etwa die Befunde des Freiwilligensurvey (Rosenbladt 2000; Gensicke/Picot/Geiss 2006) neue politische Brisanz: demnach ist bürgerschaftliches Engagement noch immer der bevorzugte Tummelplatz der bürgerlichen Mittelschichten, während etwa Erwerbslose, Angehörige bildungsferner Schichten oder Migranten deutlich unterrepräsentiert sind.

- ein historisch wie politisch höchst voraussetzungsvoller Begriff, gebunden an Rechtsstaatlichkeit, gesicherte Grund- und Bürgerrechte und eine politisch verfasste Demokratie.
- „Engagement in selbstorganisierten Vereinigungen" genau so wie „Nutzung von Beteiligungsmöglichkeiten", artikuliert sich also in unterschiedlichen Medien und auf verschiedene Weisen.
  Dabei ist Bürgergesellschaft kein selbstgenügsames Konzept, das sich innerhalb eines einzelnen Sektors realisieren ließe. Der Beteiligungsanspruch greift aus auf andere Bereiche und impliziert in diesem Sinne Anforderungen an die Engagementfreundlichkeit und Beteiligungsorientierung staatlicher Stellen sowie an die bürgergesellschaftliche Rolle von Unternehmen. Anders gewendet: Das Leitbild Bürgergesellschaft zielt auf die Stärkung bürgergesellschaftlicher Prinzipien wie Selbstorganisation, Freiwilligkeit und solidarische Eigenverantwortung in *allen* gesellschaftlichen Lebensbereichen.
- ein in sich gegliederter Begriff, der mindestens zwei Dimensionen umfasst: die *engagierte* Bürgergesellschaft, bestehend aus individuellen Freiwilligen, und die *organisierte* Bürgergesellschaft – das „Engagement in selbst organisierten Vereinigungen" impliziert beides und nimmt in diesem Sinne neben der individuellen immer auch die gesellschaftliche Dimension des Engagements in den Blick.
  Die organisierte Bürgergesellschaft ebenso wie der allgemeine gesellschaftliche Kontext dieser Organisationen werden thematisiert, ohne jedoch der komplementären Kurzschlüssigkeit einer allzu organisationslastigen Perspektive zu verfallen, die zu vergessen droht, dass die organisierte Bürgergesellschaft nur dann stark und lebendig sein kann, wenn sie von breitem bürgerschaftlichem Engagement getragen wird.

Bürgergesellschaft ist also ein durchaus komplexes Leitbild, das seine politische Orientierungskraft und Leistungsfähigkeit leider noch nie in der Praxis einer kohärenten Engagementpolitik unter Beweis stellen konnte, das aber – immerhin – die normative Orientierung für die im Abschlussbericht entworfenen Entwicklungsperspektiven und Handlungsempfehlungen bildet. Diese wiederum betrafen nicht nur die Bundesgesetzgebung in der darauffolgenden Legislaturperiode, sondern auch die Ebenen der Länder und der Kommunen und nicht zuletzt die Ebenen der Träger, Organisationen und Verbände des bürgerschaftlichen Engagements.

Die Enquete-Kommission verstand sich ausdrücklich als eine Instanz der Politikberatung, die im politischen Prozess wirksam werden soll. Es ging dabei nicht nur um die Entwicklung eines neuen Leitbildes „Bürgergesellschaft", sondern auch und vor allem um dessen Konkretisierung und Umsetzung in den verschiedenen Politikfeldern, Programmen und Handlungszusammenhängen.

So sollten praktikable Konzepte entwickelt werden, wie sich die Stärkung bürgergesellschaftlicher Elemente, die Beteiligungsorientierung und die neue Verantwortungsteilung zwischen Staat und Bürgergesellschaft in den einzelnen Politikbereichen umsetzen lassen. Es galt, den Engagementdiskurs mit anderen fachpolitischen Diskursen zu verknüpfen, um das Potential von Engagementpolitik als Querschnittsaufgabe sichtbar zu machen und die Anschlussfähigkeit herzustellen – etwa an die Gesundheitspolitik, wo bürgerschaftliches Engagement als Selbsthilfe auftaucht, an die Bildungspolitik, wo Service Learning und andere Typen informellen Lernens allmählich in den Blick rücken, oder an die Wirtschaftspolitik, wo die fraglichen Phänomene unter dem Namen Corporate Citizenship, Sozialsponsoring und anderen mehr oder minder exotischen Namensschöpfungen firmieren.

Nicht zuletzt galt es, Kriterien zu finden, anhand derer sich staatliche Programme darauf prüfen lassen, ob sie bürgergesellschaftliche Eigenverantwortung und Problemlösungskompetenz stärken oder aber überkommenen Vorstellungen von staatlicher Steuerung und Allzuständigkeit verhaftet bleiben – als einschlägige Prüfkriterien kandidieren etwa die Übertragung von Gestaltungs- und Finanzverantwortung an zivilgesellschaftliche Träger oder die kommunale Verankerung von Programmen.

So entwickelte die Enquete-Kommission einen systematischen Horizont für Engagementpolitik, der die Bedeutung dieses Politikfeldes als Querschnittsaufgabe ausmisst: „Die oft zitierte Aufgabe der ‚Verbesserung der politischen Rahmenbedingungen' für bürgerschaftliches Engagement sollte nicht nur gleichgesetzt werden mit mehr finanzieller Förderung und mit der Lösung von Fragen, die den rechtlichen Status einzelner engagierter Personen betreffen. Denn zu einer wirksamen Engagementförderung zählen auch allgemeine Maßnahmen (‚Ehrung'/‚Anerkennung') und die Bereitstellung zusätzlicher Mittel und Infrastrukturen des Engagements, etwa in der Form von Freiwilligenagenturen u.ä. Entscheidend ist jedoch vor allem die Stärkung einer Kultur des kooperativen Handelns und Entscheidens, die zentrale Lebensbereiche und Institutionen prägen sollte. Dies bedeutet auch, die Rahmenbedingungen für bürgerschaftliches Engagement in Politik und einzelnen Handlungsfeldern, z.B. Gesundheit, Soziales, Arbeit und Kultur zu verbessern. Den Bürgerinnen und Bürgern sollte die Möglichkeit geboten werden, nicht nur als Kunde und Klient Einfluss zu nehmen, sondern auch Mitverantwortung tragen und kompetent mitreden und mitwirken zu können. Engagementförderung in diesem Sinne muss als eine Querschnittsaufgabe verstanden werden. Für die Politik wird es darauf ankommen, ressortspezifische Lösungen mit ressortübergreifenden Querschnittsfragen einer Förderung von Bürgergesellschaft zu verbinden" (Enquete-Kommission 2002: 16f.).

3 Koalitionsvereinbarungen und Regierungshandeln: Wunsch und Wirklichkeit

Kein Zweifel: Die Enquete-Kommission „Zukunft des bürgerschaftlichen Engagements" war erfolgreich. Das belegen die Bilanz umgesetzter Handlungsempfehlungen (Deutscher Bundestag 2005; Presse- und Informationsamt der Bundesregierung 2005) ebenso wie die direkten und indirekten institutionellen Folgen der Enquete-Kommission: das Bundesnetzwerk Bürgerschaftliches Engagement, als 2002 gegründetes nationales zivilgesellschaftliches Netzwerk eine der zentralen Empfehlungen der Enquete und heute einer der wichtigsten Protagonisten einer (öffentlichen) Engagementpolitik in Deutschland; der Unterausschuss Bürgerschaftliches Engagement, der im Deutschen Bundestag die engagementpolitische Agenda weiterbewegt; nicht zuletzt der erfreulich nachhaltige Arbeitskreis „Bürgergesellschaft und Aktivierender Staat" unter dem Dach der Friedrich-Ebert-Stiftung, der seit mehr als fünf Jahren maßgebliche Experten der Bürgergesellschaft ebenso politik- wie öffentlichkeitswirksam zusammenbringt. Und alles in allem eine einigermaßen nachhaltige Verankerung des bürgerschaftlichen Engagements im öffentlichen und politischen Diskurs.

Insgesamt aber können die letzten Jahre Engagementpolitik auf Bundesebene kaum als Erfolgsgeschichte gelten. Lässt sich mit einiger kontrafaktischer Entschlossenheit für die Legislaturperiode 2002 ff. noch am „Prinzip Hoffnung" festhalten, bedeutete spätestens die Politik der Großen Koalition zwischen 2005 und 2007 dessen (vorläufige) Enttäuschung. Die Vorstellung der „Initiative Zivilengagement" bedeutet eine Zäsur, mit der das federführende Ministerium das Thema in das Zentrum der Ressortpolitik rückt. Ob sie jedoch eine engagementpolitische Trendwende bewirken soll und kann, bleibt abzuwarten.

3.1 Die Legislaturperiode 2002 ff.: das Prinzip Hoffnung

Einen ersten Referenzpunkt für die Rekonstruktion der Engagementpolitik der zweiten rot-grünen Legislaturperiode bilden der Koalitionsvertrag und die Regierungserklärung von Bundeskanzler Gerhard Schröder vom 29. Oktober 2002. Verdeutlichte diese die programmatische Grundorientierung der Regierungspolitik, enthielt jener die konkreten engagementpolitischen Maßnahmen, die in den nächsten vier Jahren erwartet werden konnten. Eine systematische Auswertung beider zeigt, dass einerseits die Förderung des bürgerschaftlichen Engagements in verschiedensten Politikfeldern eine erhebliche Rolle spielen sollte und dass andererseits die großen Reformprojekte der Bundesregierung wichtige Anknüpfungspunkte für bürgerschaftliches Engagement und Engagementpolitik geboten hätten. Eine Chance indes, die nicht wirklich genutzt wurde – gab doch die Kurskorrektur, die Bundeskanzler Schröder mit der Agenda 2010 im März 2003 vornahm, der Regierungspolitik eine nicht eben engagementfreundliche Richtung.

Die Anfänge stimmten unterdessen hoffnungsvoll: „Wir wollen eine neue Kultur der Selbstständigkeit und der geteilten Verantwortung. Deshalb fördern wir die weitere Stärkung der freiheitlichen und sozialen Bürgergesellschaft" – so Bundeskanzler Schröder in der Regierungserklärung vom 29. Oktober 2002 (Schröder 2002: 60B), die die Förderung der Bürgergesellschaft im Kontext der Modernisierungspolitik verortet.

Im Koalitionsvertrag finden sich denn auch die Bürgergesellschaft und deren Förderung an zahlreichen Stellen. Schon in der Präambel heißt es „Wir werden die Bürgerrechte sichern und ausbauen. Wir setzen auf das soziale Engagement […]. Erneuerung ist nicht allein Aufgabe des Staates. Wir brauchen dazu den Willen und die Bereitschaft aller gesellschaftlicher Kräfte. Zusammen mit den Bürgerinnen und Bürgern unseres Landes wird die Erneuerung gelingen". Weiter gibt es etwa ein Kapitel „Bürgergesellschaft stärken" und Rekurse auf das Thema in den unterschiedlichsten reformpolitischen Zusammenhängen, darunter Gesundheitspolitik, Aufbau Ost, Jugend- und Seniorenpolitik, Verbraucherpolitik, Integrationspolitik, Stärkung der Bürgerrechte, Ausweitung der Beteiligungs- und Mitwirkungsrechte und Entwicklungszusammenarbeit. So weit, so gut.

Indessen beschlich schon im Herbst 2002 manchen Beobachter leises Unbehagen – weniger wegen der Fundstellen im Koalitionsvertrag als vielmehr wegen der signifikanten Auslassungen etwa im Zusammenhang von Bildungspolitik, von Bürokratieabbau und Verwaltungsmodernisierung, von Modernisierung des Gesundheitswesens oder auch von

Wirtschaftspolitik: So forderte die Koalitionsvereinbarung einen Beitrag der Wirtschaft für das Gemeinwesen nur unter der Rubrik „Steuerpolitik" – Themen wie Beschäftigungssicherung und die sozialen Sicherungssysteme tauchten im Kontext von Wirtschaftspolitik ebenso wenig auf wie Fragen der ökologischen Nachhaltigkeit, des gesellschaftlichen Engagements von Unternehmen oder der sektorenübergreifenden Partnerschaften zwischen Unternehmen und zivilgesellschaftlichen Organisationen.

So war zwar das Leitbild Bürgergesellschaft im Prinzip präsent und der Horizont einer Engagementpolitik umrissen, in ihren reform- und fachpolitischen Implikationen indes noch bei weitem nicht hinreichend platziert, bestimmt und konkretisiert. Sowohl rhetorisch als auch programmatisch war der Weg bereitet, die Bürgergesellschaft als Medium und Partner der Reformpolitik der Bundesregierung zu wählen und deren Stärkung zum roten Faden des Regierungshandelns zu machen. Bildet doch die Zivilgesellschaft als Modernisierungsinstanz eine echte Alternative zur Marktlogik ebenso wie zum Staat und stand somit als Option für einen Dritten Weg bereit, den nicht zuletzt Bundeskanzler Schröder selbst schon Jahre zuvor in seinem viel beachteten Artikel avisiert hatte. Er hatte damals in einem Grundsatzbeitrag „Anregungen zu einer Neubestimmung der Aufgaben von Staat und Gesellschaft" vorgelegt und diese unter den Titel „Die zivile Bürgergesellschaft" gestellt (Schröder 2000). Darin hatte er unter anderem gegen den damaligen Trend, die Politik für ohnmächtig zu erklären, für eine Rückkehr der Politik geworben – in einer sehr spezifisch modernisierten Gestalt: „Allerdings muss die Politik sich auf ihre zentralen Aufgaben besinnen. Und die lauten nicht nur, den geschäftlichen und sozialen Verkehr durch Recht und Gesetz zu regeln, sondern auch ... ein gesellschaftliches Projekt zu entwickeln: Wie wollen, wie sollen wir in Zukunft Gerechtigkeit und Beteiligung, Solidarität und Innovation erreichen, wie gestalten wir eine lebenswerte Gesellschaft, die nicht ausgrenzt und in der die Fähigkeiten aller am besten zur Geltung kommen? Wie die Initiative fördern, die Schwachen schützen und die Stärkeren zu ihrem Beitrag ermuntern? Dies sind die Fragen, vor deren Hintergrund wir die aktuellen Überlegungen um eine grundsätzliche Stärkung und Erneuerung der Zivilgesellschaft diskutieren sollten" (Schröder 2000: 186).

Kurz: die rot-grüne Bundesregierung bzw. mindestens relevante Mitglieder derselben hatten 2002 die Bedeutung und das Potential von bürgerschaftlichem Engagement und dessen gezielter Förderung erkannt und schienen auf dem Weg zu einer systematischen Engagementpolitik.

Um so irritierter waren noch die wohlmeinendsten Beobachter, als wenige Monate später, im März 2003, mit Schröders Verkündung der Agenda 2010 dieses engagementpolitisch intonierte „gesellschaftliche Projekt" unversehens hinter andere politische Prioritäten zurückgetreten war. Vor allem in der Arbeitsmarkt- und Sozialpolitik war die Kursänderung unmittelbar erkennbar, und insgesamt wurde die engagementpolitische Agenda von anderen Konflikten um drängende Reformvorhaben überlagert und schließlich verdrängt.

Über die Hintergründe dieses Kurswechsels ist viel gemutmaßt worden. Dass der engagementpolitische Elan der Regierung Schröder allzu früh erlahmte, mag dem fragilen Machtgefüge der Republik geschuldet sein; stieß doch die ohnedies knappe Regierungsmehrheit im Deutschen Bundestag auf eine Länderkammer, in der die Oppositionsmehrheit mit jeder weiteren Landtagswahl wuchs. Auch mag man gespürt haben, dass die viel kritisierte rigide Sparpolitik der Bundesregierung die Glaubwürdigkeit eines beteiligungspolitischen Programms zur Förderung bürgerschaftlichen Engagements nicht eben stärkt – manch führendes Mitglied der damaligen Bundesregierung wurde nicht müde zu betonen, dass die Bürgergesellschaft keinesfalls als Lückenbüßer für den sparsam gewordenen Sozialstaat einzuspringen habe. Das stillschweigende Pendant zu dieser wohlfeilen Beteuerung ist übrigens jener programmatische Kurzschluss, der bis heute fortwährt: man geht aus von einem Nullsummenspiel, in dem die Bürgergesellschaft schultern muss, was der Staat abwälzt, oder umgekehrt, anstatt das Modernisierungs-, Innovations- und Beteiligungspotential einer neuen gesellschaftlichen Arbeitsteilung auszuloten. Eine besonders unangenehme, wenngleich sicher nicht ganz unbegründete Vermutung ist schließlich, dass die damals vielbeschworene Bürgergesellschaft nur oberflächlich präsent war, die Tiefenschichten der Programm- und Politikformulierung – wenn man so will: das programmatische Unbewusste – nicht erreicht hatte (wer noch hofft, ergänze das „nicht" durch ein „noch").

Wie auch immer: nur ein knappes halbes Jahr nach dem ersten Versuch, der Legislaturperiode ein programmatisches Gesicht zu verleihen, dessen Züge maßgeblich durch engagementpolitische Ansätze hätten geprägt sein können, wurde im März 2003 eine andere Marschrichtung eingeschlagen. Eine innovative reformpolitische Konstellation, die die Bürgergesellschaft eben erst als Tertium eigenen Rechts und Potentials neben Staat und Markt etabliert hatte, wurde unversehens einkassiert zugunsten des bekannten, traditionellen Dualismus von Markt und Staat, der fürderhin wieder die Grundlinie für die politischen Konflikte zwischen Regierung und Opposition, aber auch innerhalb des Regierungslagers markierte. So waren zwar die Konfliktlinien begradigt, aber eine reformpolitische Chance war vertan: In der 15. Legislaturperiode gingen ab 2003 von der Bundesregierung keine relevanten engagementpolitischen Impulse mehr aus.

Diesen Kurswechsel der Bundesregierung konnte auch das Parlament weder aufhalten noch ausgleichen. Der 2003 neu eingesetzte Unterausschuss „Bürgerschaftliches Engagement" bemühte sich nach Kräften, die Fackel der Enquete-Kommission am Brennen zu halten, die Umsetzung der Handlungsempfehlungen voranzutreiben und die engagementpolitische Agenda nicht verkümmern zu lassen.

Dabei waren auch durchaus Erfolge zu verzeichnen, z.B. durch die Verbesserung des Versicherungsschutzes für bürgerschaftlich Engagierte in der gesetzlichen Unfallversicherung und durch subsidiäre Versicherungsangebote einer (noch immer) wachsenden Anzahl von Bundesländern. Auch die rechtlichen und steuerlichen Rahmenbedingungen für bürgerschaftliches Engagement hat der Unterausschuss spürbar verbessern helfen, nicht zuletzt durch die Lösung von Einzelfragen und durch Bürokratieabbau. All dies waren überfällige Verbesserungen und sollten, zumal in ihrer praktischen Bedeutung für individuelle Engagierte ebenso wie für Organisationen und Initiativen der Bürgergesellschaft, nicht gering geschätzt werden (Deutscher Bundestag 2005; Presse- und Informationsamt der Bundesregierung 2005).

Ein großer Fortschritt zum Leitbild Bürgergesellschaft aber war es ebenso wenig wie der „große Wurf" einer Engagementpolitik, und er konnte es auch nicht sein. Denn eine Enquete-Kommission – und sei sie noch so erfolgreich – macht noch keine bürgergesellschaftliche Orientierung im Parlament. Von einer Chance auf Meinungsführerschaft sind die engagierten Förderer der Bürgergesellschaft unter den Abgeordneten weit entfernt. Und ein parlamentarischer Unterausschuss stößt allzu schnell an seine Grenzen: Politisch wirksam sein kann er nur durch Informationspolitik, als Impulsgeber und als Moderator politischer Willensbildung, sowie über die Vorbereitung von Entscheidungen, die echte parlamentarische Mehrheiten fällen müssen. Vor allem aber kann eine Etablierung von Engagementpolitik als Querschnittsaufgabe nur gelingen, wenn Regierung und Parlament zusammenwirken und daraus eine konzertierte Aktion machen – gegen Widerstände auch in den eigenen Reihen, in der (nicht immer nur) ausführenden Ministerialbürokratie sowie in denjenigen gemeinnützigen Organisationen, die sich in der traditionellen Arbeitsteilung eines alimentierenden, zuwendungsgebenden Sozialstaats und einer zuwendungsempfangenden, ausführenden Bürgergesellschaft durchaus komfortabel eingerichtet haben.

3.2 Engagementpolitik der Großen Koalition: zurück in die 90er?

Der geneigten Leserin vermittelt sich bei einem engagementpolitischen Blick in den Koalitionsvertrag der Großen Koalition von 2005 als beherrschender Eindruck der folgende: ganz viel Staat, (überraschend) wenig Markt und sehr wenig Bürgergesellschaft.

Gewiss, auch die Koalitionsvereinbarung der rot-grünen Vorgängerregierung war nicht zutiefst von bürgergesellschaftlichem Geist durchdrungen. Sie war jedoch immerhin anschlussfähig für engagementpolitische Anliegen und Themen. Der Koalitionsvertrag für die 16. Legislaturperiode indes atmet einen anderen Geist, und so war schon 2005 zu befürchten, dass es (noch) schwieriger sein würde, bürgergesellschaftlich inspirierte, partizipative Elemente in den regierungspolitischen Diskurs respektive gar ins Regierungshandeln einzubringen.

Hieß es in der Präambel des Koalitionsvertrages von 2002 noch, „wir werden die Bürgerrechte sichern und ausbauen" – so der Kontext, in dem auch das Stichwort bürgerschaftliches Engagement das erste Mal genannt wurde –, will die Große Koalition „Sicherheit für die Bürgerinnen und Bürger gewährleisten", denn – so die Präambel weiter – „Sicherheit ist die Voraussetzung für ein Leben in Freiheit. Sie zu garantieren, ist Aufgabe unserer staatlichen Ordnung. Toleranz und Weltoffenheit sind Markenzeichen einer freiheitlichen Gesellschaft. Deswegen dürfen Extremismus, Rassismus und Antisemitismus keine Chance haben" (Koalitionsvertrag 2005: 12). Die Bürgergesellschaft sucht man unterdessen in der Präambel ebenso vergebens wie das Engagement.

Der Kontext, in dem bürgerschaftliches Engagement erstmals prominent platziert ist, sind die Mehrgenerationenhäuser, die bürgerschaftliches Engagement „generieren". Es bleibt freilich abzuwarten, welche Ausprägung dieses etwas amorphe Konzept der Mehrgenerationenhäuser im Zuge seiner Verwirklichung annimmt. Ich halte es jedoch für diskussionswürdig, ob die quasi-familiale oder familiensubstitutive Gemeinschaft eines häuslichen Lebenszusammenhanges, wie sie das Konzept der Mehrgenerationenhäuser suggeriert, als Bürgergesellschaft in einem engagementpolitisch anspruchsvollen Sinne gelten kann. Im besten Falle wird hier gesellschaftliche Solidarität erzeugt und erhalten – fraglos ein verdienstvoller Beitrag. Demokratiepolitisch relevante Beteiligungsideen aber sind in der Idee der „Mehrgenerationenhäuser" nicht enthalten. So steht die Engagementpolitik in der laufenden Legislaturperiode gewissermaßen auf einem Bein – das zweite, beteiligungs- und demokratiepolitische Standbein einer bürgergesellschaftlich ambitionierten Engagementpolitik hingegen fehlt. Und ließe man sich darauf ein, diese Hälfte als Ganzes eigenen Rechts gelten zu lassen, nähme man eine verhängnisvolle Verkürzung des Konzepts in Kauf. Bürgergesellschaft ist immer (mindestens) zweierlei – Solidarität *und* Partizipation, Hilfe für andere *und* Einmischung in die eigenen Angelegenheiten, gesellschaftlicher Zusammenhalt *und* lebendige Demokratie. Der demokratiepolitische Aspekt der *res publica* ist jedoch im bürgerschaftlichen Engagement einstweilen suspendiert.

Dazu noch eine ergänzende Impression aus der ersten Regierungserklärung von Bundeskanzlerin Merkel vom 30. November 2005: „Freiheit wagen" – ein Leitmotiv nicht nur dieser Rede – wird hier näher bestimmt in Kategorien von „Wachstumsbremsen lösen" und „von Bürokratie und altbackenen Verordnungen befreien" (Merkel 2005: 3f.). Die Bürgergesellschaft taucht unterdessen – deutlich später – in folgendem Kontext auf: „Das ehrenamtliche Engagement ist ein unersetzbarer Bestandteil dieser Bürgergesellschaft. Wo immer es geht, wollen wir dieses ehrenamtliche Engagement stärken. Genau das, was viele Menschen in ungezählten Kultur-, Musik- und Gesangvereinen in ihrer Freizeit tun, hält unsere Gesellschaft zusammen. Bei allen Rechtsansprüchen, die wir uns durch Gesetze setzen, müssen wir immer bedenken, dass noch ausreichend Spielraum genau für dieses ehrenamtliche Engagement bleibt" (Merkel 2005: 9).

So sind Markt und Staat im Zeichen der Freiheit prominent platziert, und auch in unserer ehrenamtlichen (sic) Freizeit dürfen wir beim munteren Singen und Musizieren auf mehr Freiheit hoffen. Die Bürgergesellschaft in einem reform- und demokratiepolitisch anspruchsvollen Sinn aber hat in dieser Modernisierungsrhetorik keinen Ort. Übrigens taucht „der Bürger" in Merkels Regierungserklärung nur im Singular auf, Gesellschaft wiederum ist ersetzt durch Volk, so dass es schon sprachlich gewisse Schwierigkeiten gibt, die Bürgergesellschaft zu positionieren.

Kurz: die ersten programmatischen Lebensäußerungen der neuen Bundesregierung boten wenig Anlass zu der Hoffnung, dass in der neuen Legislaturperiode engagementpolitische Zeichen gesetzt würden. Die Absichtserklärungen richteten sich wiederum überwiegend auf Maßnahmen zur Förderung des individuellen bürgerschaftlichen Engagements, nicht aber auf strukturpolitische Weichenstellungen zugunsten einer systematischen Förderung von Infrastruktur für Engagement, Beteiligungsorientierung von staatlichen Verwaltungen, Erweiterungen bürgergesellschaftlicher Partizipationschancen etc.

Drei strukturpolitisch relevante Felder indes kristallisieren sich inzwischen gleichwohl heraus: Zum einen dürfen wir gespannt sein, was im Hinblick auf die Entwicklung engagementpolitischer Zugänge zum Thema Migration und Integration von den Höhen der Integrations-Gipfel in die Niederungen des bürgerschaftlichen Engagaments strahlen wird. Immerhin ist die Bürgergesellschaft eines von sechs Themenfeldern des Nationalen Integrationsplans und zusammen mit dem Thema „Bildung" wohl eines der wichtigsten. Unter sachlichen Gesichtspunkten wirkungsorientierter Politikformulierung jedenfalls ist die Bürgergesellschaft als Ort und Medium fraglos ein Schlüssel zu gelingender Integration. Bei der Entwicklung von Infrastruktur für die Bürgergesellschaft wiederum kommt dem Projekt des Ausbaus der Freiwilligendienste eine Schlüsselfunktion zu – die Förderung generationsübergreifender Freiwilligendienste ist ein ebenso vielversprechender Ansatz wie die Entwicklung eines passgenauen Angebots für benachteiligte und bildungsferne Jugendliche. Ein drittes Feld von engagementpolitischem Belang schließlich ist die Reform des Gemeinnützigkeitsrechts: vielleicht der entscheidende Schauplatz zur Behauptung des Eigenrechts bürgergesellschaftlicher Zugänge gegen die scheinbaren Allheilmittel Markt und Wettbewerb und zudem ein Kernthema bei der Bestimmung des Verhältnisses von Staat und Bürgergesellschaft, wie sie von der politischen Programmebene bis zur Praxis der Amtsstuben wahr- und vorgenommen wird (Ernst-Pörksen 2006).

Was aber die Zielsetzung einer gesellschaftspolitisch fundierten, kohärenten Engagementpolitik betrifft, sind wir weiter von diesem Ziel entfernt als in der vergangenen Legislatur. Mehr noch: Im Koalitionsvertrag steckt unterhalb der scheinbaren Inkohärenz möglicherweise doch ein heimlicher Lehrplan, eine hidden agenda der schleichenden Ökonomisierung aller Lebensbereiche – kongenial orchestriert in einer neuen Bescheidenheit der Bürgergesellschaft, die sich gerne mit einer ihr eigenen Nützlichkeit zu legitimieren pflegt, artig von überzogenen (?) Partizipationsforderungen absieht und damit der programmatischen Verkürzung von Engagementpolitik im Zeichen von Mehrgenerationenhäusern contra intentionem das Wort redet. Und vielleicht sind die nützlichen Unterstützungsangebote, die die Bürgergesellschaft zum Umbau des Sozialstaats beiträgt, unter dem neuen Vorzeichen einer gewissermaßen entpolitisierten Engagementpolitik ein unfreiwilliger Beitrag zur strukturellen Re-Privatisierung des bürgerschaftlichen Engagements. Die Veränderungen im Diskurs stimmen nachdenklich.

Als eine – womöglich sogar beabsichtigte – Phase der Re-Privatisierung und Re-Individualisierung des bürgerschaftlichen Engagements muss man diese Entwicklung noch nicht bewerten. Wohl aber als herben Rückschritt in einer Debatte, die in der Folge des Enquete-Berichts eine andere, ungleich politischere Qualität erreicht hatte: Bürgergesellschaft galt in den davorliegenden fünf Jahren als das Leitbild einer partizipativen Demokratie, das der zu fördernden Engagementkultur eine spezifische Kontur verlieh.

3.3 Die Initiative ZivilEngagement als engagementpolitische Trendwende?

Im August 2007 überraschte Familienministerin von der Leyen die zivilgesellschaftliche Öffentlichkeit mit einem neuen, breit angelegten Politikprogramm zur Förderung des bürgerschaftlichen Engagements und zur Stärkung der Zivilgesellschaft: die *Initiative ZivilEngagement*. Als Auftakt legte sie ein 6-Punkte-Programm vor, das Aktivitäten in sechs verschiedenen Feldern in Aussicht stellte: den Ausbau der Freiwilligendienste, eine Kampagne zur Stärkung der Anerkennungskultur, die Förderung von Infrastruktureinrichtungen, die Zugänge ins Engagement schaffen, die Öffnung des Engagements für Menschen mit Migrationshintergrund, die Einbeziehung von Unternehmen als aktive Partner der Bürgergesellschaft sowie besondere Maßnahmen zur Förderung von Engagement und Zivilgesellschaft in Ostdeutschland (Bundesministerium 2007). Konkreteres sollte – so die Ankündigung – „im Zusammenwirken mit nichtstaatlichen Akteuren" entwickelt werden.

Die anfängliche Irritation ob der neuen Wortschöpfung „ZivilEngagement" hat sich zwischenzeitlich gelegt. „ZivilEngagement" ist nicht etwa der Versuch, das eben erst etablierte bürgerschaftliche Engagement zu ersetzen, sondern vielmehr der Eigenname für das neue Politikprogramm. Der Begriff des bürgerschaftlichen Engagements für die Sache selbst bleibt ebenso erhalten wie die Engagementpolitik als Bezeichnung für das dazugehörige Politikfeld.

Auch die Konkretisierung schreitet sukzessive voran: Geplant sind u.a. die Kampagne „Geben gibt", eine Internet-Plattform für bürgerschaftliches Engagement gemäß der interaktiven Standards des „Mitmach"-Web 2.0, konkrete Maßnahmen zur Förderung von Corporate Citizenship sowie nicht zuletzt ein regelmäßig erscheinender Engagementbericht, der zunächst vom BMFSFJ herausgegeben werden soll. Auch ein eigener Haushaltstitel für Bürgerschaftliches Engagement ist inzwischen eingerichtet.

Ob dieses ambitionierte Programm die erwartete engagementpolitische Trendwende für die Legislaturperiode 2005ff. bedeutet, bleibt abzuwarten. Eine Chance für die Engagementpolitik bedeutet die *Initiative Zivilengagement* allemal. Rückt doch das zuvor eher randständige Thema wieder in den Mittelpunkt der Ressortpolitik. Ob die Initiative engagementpolitischen Aufbruch bedeutet, wird sich indes nicht allein an der Programmatik entscheiden, die sukzessive Gestalt gewinnt, sondern auch und vor allem an der praktischen Implementierung der Initiative. Glaubwürdige und wirksame Engagementpolitik erfordert partizipative Politikformulierung und -umsetzung. Soll die Initiative in diesem Sinne eine engagementpolitische Trendwende einleiten, muss der selbst gesetzte Partizipationsanspruch in Politikformulierung und -umsetzung konsequent umgesetzt werden. Der engagementpolitische Erfolg der Initiative wird zuvorderst daran zu messen sein, ob es ihren Protagonisten, d.h. dem Ministerium und dem Beauftragten für ZivilEngagement, gelingt, diese Initiative *für* die Bürgergesellschaft zu einer Initiative *mit* der Bürgergesellschaft zu machen. Anders gewendet: ihr Erfolg hängt zu nicht geringen Teilen ab von Intensität und Qualität des angekündigten „Zusammenwirkens mit nichtstaatlichen Akteuren".

4 Bürgergesellschaft und Aktivierender Staat – komplementäre Akteure von Engagementpolitik

Bürgergesellschaftlich inspirierte und ambitionierte Engagementpolitik ist ohne ein wahlverwandtes Staatsverständnis schwer vorstellbar. Wer in den programmatischen Verlautbarungen der gegenwärtigen Bundesregierung nach einem solchen Staatsverständnis sucht, wird enttäuscht. Ein Leitbild, das die großkoalitionäre Regierung orientierte, ist auch im dritten Jahr der Regierung Merkel allenfalls insofern zu erkennen, als es sich um Programm gewordene programmatische Enthaltsamkeit handelt. Zurückliegende Legislaturperioden hatten mehr zu bieten in Sachen eines expliziten, engagementpolitisch anschlussfähigen Staatsverständnisses, und da der Aktivierende Staat weder ausdrücklich verabschiedet noch durch ein anderes Leitbild ersetzt worden ist, sei seine Wiederbelebung in engagementpolitischer Absicht gestattet.

Zugegeben, „Aktivierender Staat" ist ein Begriff mit Ecken und Kanten und Widerhaken. Die Implikation, dass es da etwas gebe, das der Aktivierung durch den Staat bedürfe, muss all jene irritieren, die sich als mündige Bürger aktiv, selbstbestimmt und selbstbewusst in die eigenen (öffentlichen) Angelegenheiten einmischen. Just diese paternalistische Interpretation indes – die Anmaßung eines alles (besser) wissenden und alles (besser) könnenden Staates, der auch den eigenen Bürgerinnen und Bürgern die Rolle in der Öffentlichkeit zuweist – ist mit dem Aktivierenden Staat *nicht* gemeint. Gemeint ist vielmehr eine neue Aufgabenteilung zwischen Staat und Gesellschaft, eine Umgestaltung der institutionellen Arrangements von Staat und Gesellschaft oder, wenn man so will: ein neuer Gesellschaftsvertrag, der die Aufgaben und Verantwortlichkeiten von Staat, Gesellschaft und Wirtschaft zugunsten von solidarischer Eigenverantwortung und Selbstorganisation neu justiert.

In erster Linie zielt das Leitbild des Aktivierenden Staates darauf, mehr Freiräume und Teilhabemöglichkeiten für die Bürger zu schaffen, die selbstverantwortlich die Dinge ihres Lebens in die Hand nehmen und sich an gesellschaftlichen Entwicklungen beteiligen wollen und sollen – diese Freiräume nutzen den Bürger, aber auch dem Staat, der ausufernde Zuständigkeiten abbauen kann.

Vor allem aber erinnert der Aktivierende Staat zurecht daran, dass Teilhabechancen nicht von allen Bürgerinnen und Bürgern in der selben Weise genutzt werden können, dass also eine chancengerechte Bürgergesellschaft der unterstützenden, aktivierenden und gelegentlich korrektiv eingreifenden Komplementärinstanz bedarf und dass die Ermöglichung im Sinne bloßen Geschehenlassens bürgergesellschaftlicher Selbstorganisation aus diesem Grunde zu wenig wäre. Es reicht, so stellte schon die Enquete-Kommission (2002: 507) fest, „nicht aus, bürgerschaftliches Engagement, Verantwortungsübernahme und Koproduktion durch die Ausgestaltung institutioneller Rahmenbedingungen ausschließlich passiv ‚zu ermöglichen'. Dies könnte nämlich – unbeabsichtigt – dazu führen, dass die ohnehin bereits engagementfähigen und -bereiten Bevölkerungsgruppen dieses Angebot ergreifen (können), während andere Bevölkerungsgruppen z.B. wegen fehlender Engagementerfahrungen, Kompetenzen und Motivationen nicht (in gleichem Maße) zum Zuge kommen" (Enquete-Kommission 2002: 507). Was die Enquete-Kommission noch hypothetisch annahm, kann heute als gesicherte Erfahrung gelten: soziale Ungleichheit wird durch bürgerschaftliches Engagement vermittelt, reproduziert und möglicherweise sogar verstärkt. Es bedarf also gezielten engagementpolitischen Gegensteuerns, wenn die Bürgergesellschaft mehr sein soll als eine exklusive, hierarchische und segmentierte Veranstaltung.

Anders gewendet: auch die Aktivierung, die Befähigung und die Ermutigung engagementferner Schichten zu aktiver Partizipation gehört zu den Aufgaben öffentlicher Engagementpolitik, die in diesem Sinne zwei Aufgabenbereiche umfasst. Einerseits die Verbesserung der Rahmenbedingungen für engagementbereite Bürgerinnen und Bürger zu eigenverantwortlicher Übernahme gesellschaftlicher Aufgaben, was staatlicherseits Beteiligungsorientierung erfordert. Andererseits die Entwicklung von Maßnahmen und Strategien zur Befähigung derjenigen Bevölkerungsgruppen, die sich in gegebenen Beteiligungsformen nicht oder nicht hinreichend einbringen (können). In dieser zweiten Hinsicht ist Engagementpolitik als „Empowerment" unmittelbar sozialpolitisch relevant.

Bürgergesellschaft und Aktivierender Staat sind in engagementpolitischem Sinne wahlverwandt: sie stehen für einen programmatischen und gesellschaftlichen Übergang vom Paradigma des paternalistischen, allzuständigen Wohlfahrtsstaates traditioneller Prägung hin zu einer neuen, partizipativen Verantwortungsteilung. Diese hat bislang indes – und darin liegt die Schwierigkeit – weder in der Wirklichkeit noch in den Köpfen hinreichende Gestalt angenommen. Nicht eben erleichtert wird die Konkretisierung durch eine Sozialpolitik im Zeichen von Hartz IV, bei der – insbesondere in der täglichen administrativen Anwendung dieser Gesetze – das Fordern allzu sehr das Fördern überwiegt; hier wäre eine differenzierte Analyse von fünf Jahren sozialpolitischer Weichenstellungen nötig, die Aktivierungspolitik einerseits, Abbau sozialer Rechte andererseits systematisch unterscheidet, den sozial- und engagementpolitischen Diskurs in diesem Sinne analysiert und die praktische Politik sowohl auf den Entscheidungs- als auch auf den Implementierungsebenen daran misst. Für den Augenblick möge der problembewusste Hinweis genügen, dass aktivierende Engagementpolitik politische und institutionelle Phantasie und Kreativität fordert, dass man bei den staatlichen ebenso wie bei den bürgergesellschaftlichen Akteuren – bestenfalls – einen unabgeschlossenen Lernprozess mit offenem Ausgang diagnostizieren kann und dass wir immer wieder erleben, dass nahezu sämtliche Akteure latent und mitunter auch akut rückfallgefährdet sind.

Ein Beispiel möge den geforderten Mentalitätswechsel von der sozialstaatlichen Rundumversorgung zur solidarischen, partizipativen Eigenverantwortung einschließlich der Rückfallgefahren illustrieren: das Betreuungsrecht von 1992, welches das bis dahin geltende Prinzip von Entmündigung und Vormundschaft durch das neue Modell der rechtlichen Betreuung ersetzte und auf das Ziel der Stärkung des Selbstbestimmungsrechts der Betroffenen verpflichtete. Dieses Gesetz hat sich im Laufe der Jahre contra intentionem zu einem Berufsbetreuergesetz entwickelt, das sich unter Vernachlässigung bürgergesellschaftlicher Absichten und Potentiale seinen eigenen Bedarf zu generieren scheint.

Mit dem neuen Modell der rechtlichen Betreuung entstand ein neues Berufsbild: die Berufsbetreuer, die heute einen maßgeblichen Teil der zu betreuenden Fälle abdecken – entgegen der Absicht des Gesetzgebers, der die professionelle, staatlich vergütete Betreuung erst als dritte von insgesamt vier subsidiären Ebenen der rechtlichen Betreuung ansetzte: ihr voraus gehen sowohl die familiäre Ebene (mit der Möglichkeit der Vorsorgevollmacht) als auch die Ebene der ehrenamtlichen Betreuung; als vierte Ebene greift im Notfall die Behördenbetreuung. Die Geschichte des Betreuungsrechts ist jedoch ein gutes Beispiel für die Verdichtung von Sozialleistungen auf einer professionellen, staatlich alimentierten Ebene unter Vernachlässigung bürgergesellschaftlicher Potentiale. Eine erste Bilanz zeigt dramatische Steigerungsquoten sowohl in der Zahl der betreuten Personen, die von 250.000 Menschen im Jahre 1992 auf heute eine Million angewachsen ist, als auch in den Kosten, die von 7,3 Millionen Euro (1996) im Laufe von zehn Jahren auf über 30 Millionen Euro angestiegen sind – eine gewaltige Steigerung von über 300 %, die in diesem Ausmaß in keinem anderen sozialstaatlichen Bereich aufgetreten ist.

Aufgabe des Aktivierenden Staates wäre es demgegenüber, Anreize und Gelegenheitsstrukturen dafür zu schaffen, dass die rechtliche Betreuung verstärkt auf den Ebenen der Familie und des freiwilligen Engagements wahrgenommen wird. Die Novellierung des Betreuungsrechts von 2004 ist ein exemplarischer Fall für öffentliche Engagementpolitik: die gezielte Stärkung von bürgergesellschaftlicher Selbstorganisation und solidarischer Eigenverantwortung, etwa durch Qualifikationsangebote für Menschen, die sich als ehrenamtliche Betreuer engagieren wollen, oder durch die Stärkung von Selbsthilfestrukturen unter den Angehörigen von rechtlich betreuungsbedürftigen Menschen.

Die Politik des Aktivierenden Staates zur Stärkung der Bürgergesellschaft wird stets im konkreten Anwendungsfall zu entwickeln sein – engagementpolitische Ansatzpunkte und Potentiale zeigen sich erst und gerade in der politikfeldspezifischen Konkretisierung.

5   Engagementpolitik exemplarisch: Die Gesundheitspolitik

Das augenfälligste bürgergesellschaftliche Kernstück des Gesundheitssektors bildet fraglos die Selbsthilfe – eine Bewegung von drei Millionen Menschen allein in Deutschland. Darüberhinaus aber umfasst bürgerschaftliches Engagement im Gesundheitswesen ein breites Spektrum von Tätigkeitsbereichen und -formen[2] und in diesem Sinne vielfältige Ansatzpunkte für Engagementpolitik.

Interessanter Weise zeigen sich im Gesundheitssektor engagementpolitische Herausforderungen nicht nur im Sinne der Ermöglichung von mehr Beteiligung. Hier zeigen sich zugleich – darauf hat die Enquete-Kommission hingewiesen (Enquete-Kommission 2002: 514) – die Risiken einer ausgeprägten zivilgesellschaftlichen Tradition: die Institutionalisierung und schließliche Verkrustung von ursprünglich zivilgesellschaftlichen Wurzeln zu „korporatistischen Strukturen", die „wenig zivilgesellschaftlich – d.h. berücksichtigsfähig gegenüber Gemeinwohlinteressen und demokratisch strukturiert – geprägt sind". Im Gegenteil: „Dem korporatistischen System der Selbstverwaltung wird attestiert, Reformblockaden zu erzeugen, die staatliche Politik für sich allein kaum aufzuweichen in der Lage ist. Für gern vorgetragene pauschale Forderungen an ‚die Politik', Gestaltungsmacht an ‚die Gesellschaft' abzugeben, ist somit der Gesundheitsbereich ein Beispiel, das zur Vorsicht und zu einer bereichsspezifischen Analyse mahnen sollte" (Enquete-Kommission 2002: 514). So ergibt sich in diesem Fall für öffentliche Engagementpolitik eine eher ungewöhnliche Aufgabenbestimmung: „Für eine Aufwertung der Bürgergesellschaft als Partner staatlicher Politik gilt es, die vorhandenen korporatistischen Strukturen und Blockaden aufzulösen. Im Konzert der Beteiligten dürfen sich vorhandene Machtungleichgewichte nicht einfach spiegeln" (Enquete-Kommission 2002: 514). Mit diesem Aufbrechen der korporatistischen Strukturen hat die Bundesregierung immerhin begonnen, indem sie z.B. im Jahr 2004 für Patientenvertreter sogar in einem Kernstück des korporatistischen Systems, dem „gemeinsamen Bundesausschuss Ärzte und Krankenkassen", (der das höchste Gremium der gemeinsamen Selbstverwaltung ist und über den Leistungskatalog der Gesetzlichen Krankenversicherung entscheidet) Sitz und Stimme durchgesetzt hat.[3] Gewiss, der eine Patientenvertreter verhält sich zur Bürgergesellschaft so ähnlich wie die eine Schwalbe zum Sommer – aber als Vorschau auf freundlichere Jahreszeiten mag auch die einzelne Schwalbe vielleicht gelten?

Ein besonders interessanter Fall für Engagementpolitik ist der Gesundheitssektor schließlich auch deshalb, weil öffentliche Engagementpolitik in diesem Politikfeld die volle ihr eigene „Fallhöhe" erreicht: In diesem Sinne ließe sich an der Gesundheitspolitik exemplarisch die gesamte Bandbreite engagementpolitischer Zugänge aufzeigen, die von der Bundespolitik beschritten werden könn(t)en:

- Individuelle Engagementpolitik:
  die Verbesserung von rechtlichen Rahmenbedingungen für individuelles Engagement

---

[2] Für eine intelligente und inspirierende Übersicht siehe Enquete-Kommission 2002 oder Forschungsjournal 2002.
[3] Diese Regelung datiert aus 2003 und trat 2004 in Kraft, stammt als noch aus rot-grünen Regierungszeiten. Aber auch die Große Koalition hat sich erneut um die Patientenvertretung verdient gemacht und mit der jüngsten Gesundheitsreform eine wichtige Änderung zugunsten der PatientenvertreterInnen vorgenommen: diese erhalten jetzt eine Aufwandsentschädigung für ihre ehrenamtliche Tätigkeit.

- seien es sozialrechtliche Vorgaben, seien es Auflagen des Gesundheitsschutzes, die gemeinnützigen Vereinen etwa bei Festen viel Mühe bereiten können, seien es andere Rechtsgebiete, die in das Engagement im Gesundheitssektor hineinwirken.
- Institutionelle Engagementpolitik:
  die Gestaltung der institutionellen Arrangements zwischen Gesundheitssystem und Bürgergesellschaft wie z.B. den Zugang von Initiativen zu finanziellen Ressourcen, die Öffnung staatlicher Institutionen für bürgergesellschaftliche Mitwirkung, die unterstützende Infrastruktur für bürgerschaftliches Engagement (Beratungsstellen, Vermittlungsagenturen, Netzwerkförderung).
- Engagementpolitik als Modernisierungsstrategie: Gesundheitspolitik oszilliert gemeinhin zwischen den beiden Polen „mehr Markt" oder aber „mehr Staat": während die einen Privatisierungsstrategien als den Königsweg zu Kostensenkung und Qualitätssteigerung propagieren, verteidigen die anderen die gesetzliche Krankenversicherung. „Mehr Bürgergesellschaft" ist demgegenüber eine dritte Modernisierungsstrategie. Diese Option wird zwar häufig übersehen, ist indes nicht weniger grundsätzlicher Natur als die beiden anderen Paradigmen Markt und Staat.

Die grundsätzliche Ebene von Engagementpolitik, die die Stärkung bürgergesellschaftlicher Strukturen und Zugänge im Gesundheitssektor als Modernisierungsoption eigener Art etabliert, ist bislang von keiner Bundesregierung verfolgt worden. Und auch in der öffentlichen Wahrnehmung spielen bürgergesellschaftliche Aspekte von Gesundheit und Gesundheitswesen eine ebenso geringe Rolle wie die engagementpolitischen Dimensionen der Gesundheitspolitik.

Unterhalb dieser Ebene aber sind in den vergangenen 10 Jahren Weichenstellungen vorgenommen worden, die das strukturbildende Potential intelligenter Engagementpolitik exemplarisch illustrieren: die Förderung der Selbsthilfe und die Stärkung von Patientenrechten.

Zum Umfang der Selbsthilfebewegung in Deutschland gibt es nur Schätzungen. Diesen zufolge engagieren sich rund drei Millionen Menschen in Selbsthilfegruppen (deren Zahl liegt irgendwo zwischen 70.000 und 100.000), die zu fast allen gesundheitlichen und sozialmedizinischen Fragestellungen arbeiten, und rund 300 Selbsthilfeorganisationen. Die Selbsthilfebewegung leistet gegenseitige Unterstützung der Kranken, Hilfe bei der Bewältigung der Lebenskrisen, die schlimme Erkrankungen oft auslösen, oder die Vermittlung von Informationen über Möglichkeiten der Vorbeugung und der Früherkennung, über Therapieformen und -einrichtungen – dabei erfüllen die Selbsthilfegruppen mit ihrer Aufklärungsleistung übrigens häufig Aufgaben der *allgemeinen* Prävention und Gesundheitsförderung, die über den engen Kreis der Betroffenen hinaus der gesamten Bevölkerung zu Gute kommen. Darüber hinaus haben sich die Selbsthilfeorganisationen zunehmend auch als Referenzpunkt für professionelle Kräfte im Gesundheitswesen und nicht zuletzt für die Politik etabliert – die Aids-Hilfe etwa, die Krebshilfe oder auch die Koalition Brustkrebs haben sich von einer Betroffenen-Bewegung zu durchsetzungsstarken Interessenvertretungs-Organen zum Wohle der Kranken entwickelt. Und die in der Selbsthilfebewegung versammelte medizinische Kompetenz verbessert die medizinische Versorgung, indem dieses Wissen etwa in die Entwicklung von Therapieleitlinien oder neuen Behandlungskonzepten einfließt.

Beispielsweise arbeiten in der Behandlung von Diabetiker Ärzteschaft und Selbsthilfeorganisationen zusammen, weil einige Ärzte verstanden haben, dass eine Behandlung nur dann wirksam sein kann, wenn die Patienten sich die Therapie zu eigen machen, aktiv mitwirken und ihre eigene Kompetenz einbringen. So verschränken sich in der Selbsthilfe die eigene Betroffenheit, die Hilfe für andere, die gesellschaftliche und die politische Partizipation.

Wichtig ist, dass die Selbsthilfegruppen nicht einfach Lücken füllen, die eine chronisch unterfinanzierte öffentliche Gesundheitsversorgung aufgrund von Ressourcenknappheit offen lässt. Die Selbsthilfebewegung bietet nicht dieselbe Leistung für weniger Geld, sondern steht für einen anderen Typus von Versorgung, einen Perspektivwechsel, der charakteristisch ist für bürgergesellschaftliche Partizipationsstrukturen: In der Perspektive der sozialstaatlichen Versorgungssysteme erscheinen die Leistungsempfänger als Objekte der Fürsorge, schwach und hilfebedürftig, gezeichnet durch spezifische Defizite, die sie aus eigener Kraft nicht bewältigen können. Im System der Selbsthilfe hingegen agieren die Kranken als Subjekte mit eigenen Ressourcen und Kompetenzen: Sie nutzen ihr eigenes Potenzial, ihre eigenen Stärken und Fähigkeiten, um mit ihrer Krankheit zu leben oder sie zu überwinden. Die Selbsthilfe ersetzt also nicht Leistungen des professionellen Gesundheitswesens, sondern ergänzt, korrigiert und verbessert es.

Angesichts dieser Bedeutung der Selbsthilfe für Gesundheitswesen und Bürgergesellschaft hat die Bundesregierung im Jahr 2007 eine Regelung noch verbindlicher gestaltet, wonach die Gesetzlichen Krankenkassen die Selbsthilfe finanziell fördern müssen. Die Krankenkassen müssen jetzt Selbsthilfegruppen mit einem dynamisierten Betrag von inzwischen 55 Cent pro Versichertem und Jahr unterstützen. Die Crux dieser Regelung war allerdings zunächst, dass es sich bis 2005 um eine Soll-Bestimmung handelte, der die Gesetzlichen Krankenkassen nur unzureichend Folge leisteten. Das volle Fördervolumen beliefe sich bei insgesamt rund 70 Millionen Versicherten eigentlich auf insgesamt 38,5 Millionen Euro; die tatsächlichen Zahlungen in 2005 aber blieben bei 27,1 Millionen Euro (Nakos 2007). So monierten die Selbsthilfeorganisationen mit gutem Grund, dass ausgerechnet dieser unter Kostengesichtspunkten eher geringfügige Bereich regelmäßig als Einsparpotential missbraucht wurde und dass auch die Förderstrukturen, die Vergaberichtlinien etc. nicht in jedem Fall transparent waren. Das neue Gesetz zur Gesundheitsreform, das am 1.4.2007 in Kraft getreten ist, sorgte unter beiden Gesichtspunkten für Besserung, d.h. sowohl Transparenz in der Mittelvergabe zu schaffen als auch die Verbindlichkeit der Förderung zu erhöhen. Jenseits der Mühen der Ebene: es handelt sich um eine engagementpolitisch höchst interessante Regelung, weil sie für eine bedeutsame Infrastruktur bürgerschaftlichen Engagements Zugang zur Finanzierung durch die gesetzliche Krankenversicherung eröffnet. Interessant ist insbesondere, dass nicht ein neuer Leistungsanspruch für Versicherte geschaffen, sondern eine innovative Form der Infrastrukturförderung für bürgerschaftliches Engagement gefunden worden ist. Eine analoge Regelung gibt es auch für die Förderung der ambulanten Hospizarbeit.

Der zweite engagementpolitisch bedeutsame Schauplatz ist die Patientenbeteiligung, orientiert auf das Leitbild vom Patienten als Partner – ein Paradigmenwechsel gegenüber der traditionellen Patientenrolle, in der diese Objekt des professionellen Gesundheitssystems waren, hin zu einer partnerschaftlichen Struktur, in der die Patienten als Subjekte mit eigenen Rechten und Kompetenzen agieren können. Engagementpolitisch relevant ist die

Stärkung der Patientenrechte dann – und nur dann – wenn diese partnerschaftliche Struktur nicht nur das individuelle Verhältnis zwischen Arzt und Patient, sondern auch die Verfasstheit des Gesundheitswesens bestimmen soll (in diesem Sinne die oben genannte „Dritte Bank" im Gemeinsamen Bundesausschuss von Ärzteschaft und Krankenkassen, die mit der vorletzten Gesundheitsreform von 2004 eingeführt wurde und mit der nun mehr auch die Patienten neben Ärzteschaft und Krankenkassen Sitz und Stimme im höchsten Gremium der Gemeinsamen Selbstverwaltung erhielten, das bis dahin nur von Ärzten und Krankenkassen – und zudem zu 100 % männlich – besetzt war). Entsprechende Vorgaben sind auch für die entsprechenden Gremien auf Länderebene gemacht, die allerdings weniger konsequent umgesetzt zu werden scheinen.

Kurz: Die Förderung von bürgerschaftlichem Engagement ebenso wie von Patientenrechten ziehen sich als engagementpolitische Grundmotive wie ein roter Faden durch die Gesundheitspolitik seit 1998. Gewiss, es handelt sich eher um ein hellrotes Fädchen, und um es zu finden, muss man sehr genau hinsehen. Gleichwohl ließe sich in engagementpolitischer Perspektive etwa die Geschichte der Gesundheitsreformen der letzten Dekade auch als die Geschichte der Stärkung von Patientenrechten und bürgerschaftlichem Engagement (Stichwort: Selbsthilfebewegung, Hospizbewegung) rekonstruieren, und es wäre ein lohnendes Unterfangen, diese Geschichte der Gesundheitspolitik am Leitfaden bürgergesellschaftlicher Gestaltungsideen zu erzählen, differenziert sowohl die Leistungen als auch die Defizite in diesem Bereich zu würdigen, und durch eine solche Rekonstruktion sowohl eine Erweiterung der „großen" gesundheitspolitischen Agenda einzuleiten als auch ein anderes Verständnis von Gesundheit respektive Gesundheitspolitik zu stärken.

Die Gesundheitspolitik hat die Chance, das hellrote Fädchen aufzunehmen und zu verstärken. Bislang indes geschieht dies allenfalls unentschlossen, in einzelnen Spiegelstrichen oder Paragraphen, kaum bemerkt von der „großen" Gesundheitspolitik, deren offizieller Diskurs noch immer unentschieden zwischen Staat und Markt oszilliert und das Potential der Bürgergesellschaft und ihrer engagementpolitischen Förderung noch nicht entdeckt hat – insofern vollzieht sich in der Gesundheitspolitik gleichsam mikrokosmisch, was für die Bundesebene als ganze gilt: es gibt sie, die Engagementpolitik, die sich der aufmerksamen Beobachterin auch erschließt; sie ist jedoch bislang weder kohärent noch bestimmend noch auch richtungsweisend.

6 Perspektiven einer Engagementpolitik auf Bundesebene – zurück in die Zukunft?

Die Große Koalition hat schon zu Beginn der neuen Legislaturperiode kaum Hoffnungen geweckt auf eine zu erwartende Blütezeit der Engagementpolitik auf Bundesebene: eine Anknüpfung an den Diskurs der Enquete-Kommission etwa, die den Weg ebnen würde für eine systematische Engagementpolitik, stand nicht zu erwarten. Im Gegenteil klang manche Äußerung nach einer Rückkehr zur alten Ehrenamtspolitik der 1990er Jahre.

Nun sind auch die Regierenden nicht gefeit vor besserer Einsicht. Und vielleicht deutet sich ja eine solche an, wenn es im Vorwort von Ministerin von der Leyen zur Initiative ZivilEngagement heißt: „Das Programm ... ,Miteinander – füreinander' wird das zivilgesellschaftliche Engagement anerkennen, weiterentwickeln und stärken. Denn: Gemeinwohlförderung braucht Zivilgesellschaft. Die Zukunftsaufgaben und Herausforderungen in unserem Land können nur gelöst werden, wenn sich die Zivilgesellschaft – und auch die Unternehmen – aktiv und engagiert daran beteiligen. Die Kooperation zwischen Staat, Wirtschaft und Bürgergesellschaft ist unverzichtbar. Aufgabe des Staates ist es dabei vor allem, gute Rahmenbedingungen und haltende Strukturen zu schaffen, unter denen sich gesellschaftliche Eigeninitiative entfalten kann" (Bundesministerium für Familie, Senioren, Frauen und Jugend 2007: 4). Mit etwas hermeneutischem Wohlwollen kann man hierin den Bürgergesellschaftsdiskurs wiedererkennen, der hinter die Ehrenamtsrhetorik vom fröhlichen Singen in der Freizeit zurückzutreten drohte. Zu einem Politikwechsel in Richtung einer innovativen, beteiligungsorientierten Engagementpolitik ist es freilich auch dann noch ein weiter Weg. Indessen gibt es Anlass zur Hoffnung, dass die Rolle rückwärts zu einer entpolitisierten, bloß familiensubstitutiven Engagementförderung aus- und der (Rück-)Weg zu einer entschlossen partizipativen Engagementpolitik im Zeichen des Leitbilds Bürgergesellschaft offen bleibt. Diese wiederum ist keine radikaldemokratisch-romantische Träumerei für bessere Tage, sondern blanke gesellschaftspolitische Notwendigkeit in einer Zeit, in der die Problemlösungsfähigkeit des deutschen Sozialstaates ihre Leistungsgrenzen erkennen lässt, in der sich das gesellschaftliche Engagement von Unternehmen in Deutschland noch immer weniger dynamisch entwickelt ist als in europäischen Nachbarländern und in der das Beteiligungsinteresse der Bürgerinnen und Bürger weit ausgeprägter ist als die Bereitschaft der öffentlichen Institutionen, Beteiligungsmöglichkeiten zu schaffen.

Literatur

Bundesministerium für Familie, Senioren, Frauen und Jugend (2007): Miteinander – Füreinander. Initiative Zivilengagement. Berlin 2007. http://www.bmfsfj.de/bmfsfj/generator/RedaktionBMFSFJ/Broschuerenstelle/Pdf-Anlagen/initiative-zivilengagement-miteinander-f_C3_BCreinander,property=pdf,bereich=,sprache=de,rwb=true.pdf (Stand: 10.01.2008)

CCCD (2007): Corporate Citizenship – Gesellschaftliches Engagement von Unternehmen in Deutschland und im transatlantischen Vergleich mit den USA. Ergebnisse einer Unternehmensbefragung des CCCD. Berlin: CCCD – Centrum für Corporate Citizenship Deutschland 2007. http://www.cccdeutschland.org/pics/medien/1_1188563508/CCCD_Survey.pdf (Stand: 10.01.2008)

Deutscher Bundestag (1996): Bedeutung ehrenamtlicher Tätigkeit für unsere Gesellschaft. Antwort der Bundesregierung auf die Große Anfrage der Fraktion der CDU/CSU und der Fraktion der F.D.P. Drucksache 13/5674 vom 01.10.96.

Deutscher Bundestag (1999): Einsetzung einer Enquete-Kommission „Zukunft des Bürgerschaftlichen Engagements. Antrag der Fraktionen SPD, CDU/CSU, Bündnis 90/Die Grünen und F.D.P. Drucksache 14/2351 vom 14.12.99

Deutscher Bundestag, Ausschuss für Familie, Senioren, Frauen und Jugend, Unterausschuss „Bürgerschaftliches Engagement" (2005): Bericht über die Arbeit des Unterausschusses „Bürgerschaftliches Engagement" (Berichtszeitraum Mai 2003 bis Juni 2005). UA-Drucksache 15/090 vom 16.06.2005

Deutscher Bundestag (2007): Förderung ehrenamtlichen Engagements. Antwort der Bundesregierung auf die Kleine Anfrage der ... Fraktion Die Linke. Drucksache 16/4256 vom 02.02.2007

Ernst-Pörksen, Michael (2006): Baustelle Gemeinnützigkeit. Zur aktuellen Diskussion über Änderungen der gesetzlichen Regelungen im Gemeinnützigkeits- und Spendenrecht. Betrifft: Bürgergesellschaft, No. 25. http://library.fes.de/pdf-files/kug/04154.pdf (Stand: 28.05.2007)

Forschungsjournal (2002): Partizipation und Mitgestaltung. Wege aus der Intensivstation Gesundheitswesen. Forschungsjournal Neue Soziale Bewegungen 2002 (Jg. 15), Heft 3 vom Juli 2002

Gensicke, Thomas/Picot, Sibylle/Geiss, Sabine (2006): Freiwilliges Engagement in Deutschland 1999-2004. Ergebnisse der repräsentativen Trenderhebung zu Ehrenamt, Freiwilligenarbeit und bürgerschaftlichem Engagement. In Auftrag gegeben und herausgegeben vom Bundesministerium für Familie, Senioren, Frauen und Jugend. Vorgelegt von TNS Infratest Sozialforschung. Wiesbaden: VS Verlag für Sozialwissenschaften

Heuberger, Frank/Lang, Susanne (2007): Weichen für die Zukunft stellen. Aktuelle Herausforderungen an Corporate Citizenship in Deutschland, in: AmCham Germany/F.A.Z.-Institut (Hrsg.): Corporate Responsibility 2007. Unternehmen und Verantwortung, Frankfurt a.M.: ACC Verlag, S. 24-32

Koalitionsvertrag 2005: Gemeinsam für Deutschland – mit Mut und Menschlichkeit. Koalitionsvertrag zwischen CDU, CSU und SPD.11.11.2005. http://www.bundesregierung.de/nsc_true/Content/DE/__Anlagen/koalitionsvertrag,templateId=raw,property=publicationFile.pdf/koalitionsvertrag (Stand: 04.06.2007)

Merkel, Angela (2005): Regierungserklärung von Bundeskanzlerin Angela Merkel. http://www.bundesregierung.de/nn_1502/Content/DE/Regierungserklaerung/2005/ 11/2005-11-30-regierungserklaerung-von-bundeskanzlerin-angela-merkel.html (Stand: 28.05.2007)

Merkel, Angela (2007): Rede von Merkel anlässlich ihres Besuchs bei der Philip Breuel Stiftung am 12. Februar 2007 in der Bucerius Law School in Hamburg. http://www.bundesregierung.de/nn_1498/Content/DE/Rede/2007/02/2007-02-12-rede-merkel-philip-breuel-stiftung.html (Stand: 04.06.2007)

Nakos (2006): BMG legt endgültige Zahlen vor: Gesetzliche Krankenkassen förderten die gesundheitsbezogene Selbsthilfe in 2005 mit knapp 27,1 Millionen Euro. http://www.nakos.de/site/ data/ NAKOS_INFO88_SHfoerderungGKV.pdf (Stand: 06.06.2007)

Presse- und Informationsamt der Bundesregierung (2001): Mitmachen, mithelfen: Ehrensache. Für die Förderung des bürgerschaftlichen Engagements. Berlin, November 2001

Presse- und Informationsamt der Bundesregierung (2005): Ehrensache – Bürgerschaftliches Engagement in Deutschland. Berlin 2005

Rosenbladt, Bernhart von (2002): Freiwilliges Engagement in Deutschland. Ergebnisse der Repräsentativerhebung zu Ehrenamt, Freiwilligenarbeit und bürgerschaftlichem Engagement. Gesamtbericht. Hrsg. vom Bundesministerium für Familie, Senioren, Frauen und Jugend. Stuttgart – Berlin – Köln: Kohlhammer

Schröder, Gerhard (2000): Die zivile Bürgergesellschaft, in: Die Bürgergesellschaft. Perspektiven für Bürgerbeteiligung und Bürgerkommunikation, hrsgg. für die Friedrich-Ebert-Stiftung von Thomas Meyer und Reinhard Weil. Bonn: J.H.W. Dietz Nachf. 2002, 185-194.

Schröder, Gerhard (2002): Regierungserklärung des Bundeskanzlers vor dem Deutschen Bundestag am 29. Oktober 2002. in: Deutscher Bundestag. Stenografischer Bericht 4. Sitzung, Berlin, Dienstag den 29. Oktober 2002, Plenarprotokoll 15/4.

Josef Schmid unter Mitarbeit von Christine Brickenstein

Engagementpolitik auf Landesebene – Genese und Strukturierung eines Politikfeldes

1 Bürgerschaftliches Engagement in der Landespolitik: Begriffsdefinitionen und analytischer Zugriff

Ist schon bürgerschaftliches Engagement[1] ein „unscharfer und mehrdeutiger Begriff, der sowohl normative als auch analytische Konnotationen mit sich bringt" (Heinze/Olk 2001: 13ff.), so wird durch das Hinzufügen des Begriffs Politik die Sache nicht einfacher. Obwohl das Begriffsfeld eine gewisse „Staatsferne" beinhaltet, da Bürger in diesem Zusammenhang keine Herrschaftsunterworfenen oder Leistungsempfänger, sondern selbstbewusste und freie Akteure sein sollen, spielen staatliche Politiken – von der konkreten Projektförderung bis zur Setzung von Rahmenbedingungen – für das bürgerschaftliche Engagement eine wichtige Rolle. Aus der Sicht des politisch administrativen Systems hat sich hieraus ein neues Politikfeld entwickelt, das jedoch einige Besonderheiten aufweist. In diesem Kontext verwendet, meint Engagementpolitik sowohl alle staatlichen Maßnahmen und Interventionen (im Sinne von Policy) als auch politische Prozesse, die dieses Phänomen beeinflussen wollen, sowie schließlich den politischen Ordnungsrahmen, in dem sich das bürgerschaftliche Engagement ebenso vollzieht wie die darauf bezogenen Staatsaktivitäten. Innerhalb des deutschen Föderalsystems impliziert das immer auch eine Rolle der Bundesländer. Diese kann dreierlei Formen annehmen:

1. Beteiligung bei der Gesetzgebung des Bundes über den Bundesrat, aber auch informell an der Entscheidungsfindung nationaler Organe und Organisationen wie Fraktionen und Parteien (vgl. am Bsp. CDU Schmid 1990)
2. administrative Durchführung von Bundesgesetzen mit gewissen Spielräumen im Vollzug
3. eigenständige Gestaltung des Politikfeldes in Gesetzgebung und Umsetzung, was hier im Vordergrund steht.

Folgt man den quasi-offizellen Konzeptualisierungen der Enquete-Kommission „Zukunft des bürgerschaftlichen Engagements" des Deutschen Bundestages, so umfasst bürgerschaftliches Engagement folgende Merkmale:

---

[1] Die inzwischen übliche Sprachverwendung bezieht die spezifischeren Begriffe wie Ehrenamt, Selbsthilfe, politische Partizipation, politischer Protest oder freiwilliges Engagement mit ein; ihre Verwendung erfolgt hier v.a. aus stilistischen Gründen.

Bürgerschaftliches Engagement ist grundsätzlich freiwillig, selbst organisiert und selbst bestimmt. Dies entspricht dem Wandel des bürgerschaftlichen Engagements hin zu kurzfristigeren, normativ und milieumäßig weniger gebundenen Aktivitäten, was aber auch Berechenbarkeit und Verbindlichkeit und damit teilweise den Nutzen einschränkt. Diskutiert wird die Freiwilligkeit außerdem bezüglich verschiedener Modelle des unfreiwilligen Engagements, wie beispielsweise der Bürgerarbeit.

Bürgerengagement ist nicht auf materiellen Gewinn gerichtet. Es wird nicht, wie Erwerbsarbeit, zeit- oder leistungsäquivalent bezahlt und findet daher auch nicht vorrangig aufgrund der Bezahlung statt. Neben völliger Nichtbezahlung sind aber Aufwandsentschädigungen oder Geringbezahlungen, wie beim freiwilligen sozialen Jahr, möglich.

Bürgerschaftliches Engagement muss positive Effekte für Dritte aufweisen, also Gemeinwohlbezug haben. Das bedeutet aber nicht, dass nur altruistische Motive im Vordergrund stehen müssen, ebenso kann die Motivation zum bürgerschaftlichen Engagement einen Selbstbezug (z.B. Selbstverwirklichung) haben oder Formen der Selbsthilfe umfassen.

Bürgerengagement findet im öffentlichen Raum statt. Öffentlichkeit ist einerseits wichtig für die Interessenvertretung der Engagierten, die Schaffung einer Anerkennungskultur und die Bereitstellung von Information für die Tätigkeit der Engagierten. Andererseits gewährleistet sie Transparenz, Dialog, Teilhabe und Verantwortung in den Organisationsformen des Engagements.

In der Regel wird bürgerschaftliches Engagement gemeinschaftlich bzw. kooperativ ausgeübt. Es umfasst dabei aber nicht nur das traditionelle Ehrenamt, welches vor allem stark formalisiertes, langfristiges Engagement bezeichnet. Öffentliche Kritik und Widerspruch, sowie weitere neue Formen der Selbstorganisation zählen ebenfalls zum bürgerschaftlichen Engagement (vgl. Deutscher Bundestag 2002: 86-90).

Ein solches weites Verständnis von bürgerschaftlichem Engagement ist auch ein Zeichen für ein Phänomen, das Ulrich Beck als „Entgrenzung des Politischen" bezeichnet. Die politische Macht, die soziale Wirklichkeit zu gestalten und den Zusammenhalt der Gesellschaft zu gewährleisten, ist nämlich durch die zunehmende „Reflexivität" des Modernisierungsprozesses abgewandert in andere Bereiche, und die klare Unterscheidung von Politik und Nichtpolitik ist somit aufgehoben: „Das Politische wird unpolitisch und das Unpolitische politisch." (Beck 1986: 305) Und „Politik ist nicht länger der einzige Ort oder auch nur der zentrale Ort, an dem über die Gestaltung der gesellschaftlichen Zukunft entschieden wird (…). Alle Zentralisationsvorstellungen stehen in einem umgekehrt proportionalen Verhältnis zum Grad der Demokratisierung einer Gesellschaft." (Beck 1986: 371, s.a. Jain 1998).

Bürgerschaftliches Engagement nähert sich auf diese Weise dem Konzept der Zivilgesellschaft an. Schubert/Klein (2006) definieren dies als „politisch-philosophischer Begriff, der sich sowohl gegen die Tendenz zum bindungslosen Individualismus wendet (wie er den westlichen Gesellschaften unterstellt wird) als auch gegen die umfassende Politisierung aller Lebensbereiche (wie z.B. in den ehemaligen sozialistischen Staaten). Die Idee der (Zivilgesellschaft) setzt sich dagegen für eine Trennung zwischen einem engeren, politisch-öffentlichen Sektor und einem weiteren, gesellschaftlich-privaten Sektor ein, wobei allerdings der staatsfreie Bereich durch vielfältige Formen der Selbstorganisation und Selbstverwaltung (durch Vereine, Organisationen etc.) gestaltet wird."

In einer an den italienischen marxistischen Theoretiker Antonio Gramsci sich anlehnenden, darüber hinaus gehenden Lesart ist die Zivilgesellschaft Teil des „integralen Staats"; dieser beinhaltet nicht nur die Institutionen der klassisch-bürokratischen Staatsmaschinerie, die das Gewaltmonopol des Staates ausmacht, sondern auch die Gesamtheit aller nichtstaatlichen Organisationen, die auf den Alltagsverstand und die öffentliche Meinung Einfluss haben. Anders gesagt: „Zwischen der ökonomischen Basis und dem Staat mit seiner Gesetzgebung und seinem Zwangsapparat steht die Zivilgesellschaft." (Gramsci, nach Analyse & Kritik vom 31.08.2000.) Hier ist der Ort, an dem die Auseinandersetzungen um „kulturelle Hegemonie" stattfinden.

Was folgt hieraus? Engagementpolitik lässt sich nicht nur als eine (normale) Form der staatlichen Aktivitäten erfassen; sie steht in dem skizzierten Spannungsbogen zwischen staatlichen und gesellschaftlichen Aspekten bzw. zwischen Regierungsstruktur und Interessenstruktur, ja zwischen Hierarchie und Autonomie. Hieraus entstehen spezifische Steuerungsprobleme, weil das Feld der Intervention hochgradig individualisiert und fragmentiert ist und von autonomen sozialmoralischen Ressourcen und Motiven lebt. Zudem ist Engagementpolitik immer noch im Fluss – also ein Politikfeld in der Genese. In ähnlicher Weise haben Döhler/Manow (1995 und 1977) die Ausdifferenzierung des Gesundheitssektors als ein eigenständiges Politikfeld untersucht. Im Mittelpunkt steht dabei weniger die Sektorbildung im Sinne einer Grenzziehung zu anderen Politikbereichen, als vielmehr die Binnendifferenzierung des Sektors, die aus dem Interaktionsprozess der Akteure, aus ihrer zunehmenden „Spezialisierung" und funktionalen Interdependenz resultiert. Ihres Erachtens könnte man diesen Vorgang als „sektoralen Reifeprozess" bezeichnen, wobei sie aber den neutraleren Begriff der Differenzierung vorziehen. Eine der wesentlichen Triebkräfte dieser politikfeldspezifischen Differenzierung besteht in den wechselseitigen Einflüssen, die von den Regierungs- und Entscheidungsstrukturen auf die Interessenkonstellationen, und umgekehrt, ausgehen. Schematisch dargestellt, ergeben sich folgende Faktoren, die die Genese und Struktur des Politikfeldes bürgerschaftliches Engagement in der Landespolitik bzw. Engagementpolitik beeinflussen.

Abbildung 1: Bezugspunkte der Analyse von bürgerschaftlichem Engagement (eigene Darstellung)

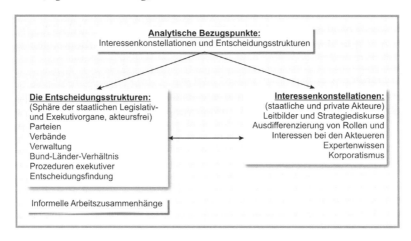

Exemplarisch lässt sich das Zusammenspiel dieser Faktoren am Beispiel von Rheinland-Pfalz beobachten. Gerd Mielke, als ehemaliger Leiter der Grundsatzabteilung im Staatsministerium, berichtet aus der Sicht eines beobachtenden Teilnehmers, wie das „Agenda-Setting" im Bereich der Engagementpolitik verlaufen ist (Mielke 2005). Damit bezieht er sich auf das Konzept des Policy-Cycles (Schmid 2005), wo zwischen den folgenden Phasen unterschieden wird:

- Agenda-Setting und Agenda-Gestaltung
- Politikformulierung und Entscheidung
- Politikimplementation (mit entsprechenden Programmen und Instrumenten)
- Evaluation
- Termination oder Politikneuformulierung.

In der ersten Phase des Zyklus geht es um Thematisierung und Problemdefinition; dabei nehmen die Medien, die großen Verbände und die Parteien ein Thema auf und definieren es als politisches Problem. Hier handelt es sich um einen komplexen Prozess der Selektion, da zum einen das politische System nicht für alle Fragen zuständig ist und zum anderen hier schon häufig eine erste politisch-institutionelle Kanalisierung und sachliche Typisierung vorgenommen wird. Auf diese Weise erfolgt die spezifische Mobilisierung eines „Bias", der für den weiteren Verlauf des Policy-Cycles bedeutsam ist. So hat z.B. die Überlegung, das bürgerschaftliche Engagement als Ehrenamt konventionell zu definieren, eine ganze Reihe von Implikationen – etwa in Bezug auf die primären Adressaten und die ministerielle Zuständigkeit. Ganz andere Folgen treten auf, wenn bürgerschaftliches Engagement im Sinne der Enquete-Kommission breit definiert wird, oder wenn es wie in Rheinland-Pfalz zur „Chefsache" (Korte 2001) wird. Hier hat Ministerpräsident Beck – als wichtigster und sichtbarster politischer Akteur auf der landespolitischen Bühne – immer wieder neue Aspekte und Problemfelder des freiwilligen Engagements thematisiert und zahlreiche Impulse in die Freiwilligenszene eingeben können.[2]

> „Wir können also fürs Erste resümieren: Das Thema ‚Bürgerschaftliches Engagement' hat sich nicht nur erstaunlich lange auf der politischen Agenda in Rheinland-Pfalz halten können. Es ist zudem gewissermaßen auch noch in die Breite gewachsen, indem sich bürgerschaftliches und freiwilliges Engagement zu einem Bestandteil anderer Politikfelder entwickelt und diesen dadurch einen besonderen, bürgernahen, von Mitwirkungsansprüchen und Mitwirkungsmöglichkeiten geprägten Wesenszug verliehen hat. Zweifellos ist eine so erfolgreiche und fortdauernde Themenführung ohne einen geschickten und präzisen, auf den öffentlichen Diskurs und eine mögliche Medienresonanz ausgerichteten, auch immer wieder nachjustierten Planungszuschnitt nicht möglich. Und auch der Wunsch, über die öffentliche Resonanz auf die Kampagne politische Unterstützung zu gewinnen bzw. zu stabilisieren, ist eine bedeutsame Triebfeder für die Kampagnenplanung gewesen. Gleichwohl zeigt ein Blick auf die einzelnen Bestandteile der Kampagne bzw. auf die Antriebskräfte, die zusammen wirken müssen, um sie in Gang zu bringen und zu halten, dass die innere Logik dieses anhaltenden und erfolgreichen landespolitischen Projekts kei-

---

[2] Ähnliches lässt sich ebenfalls für seinen Amtskollegen Biedenkopf in Sachsen feststellen. Für ihn geht es v.a. um die „innere Kohäsion" der modernen Gesellschaft. Gerade in einem jungen, sich entwickelnden Politikfeld kommt den persönlichen Präferenzen und Stilen der handelnden Akteure (noch) eine große Bedeutung zu.

neswegs allein durch das Paradigma der Mediendemokratie bestimmt wird. Ganz im Gegenteil, die Ausrichtung an auf die Medien bezogenen Erfordernissen im Sinne der Mediendemokratie spielte bei dem hier betrachteten Themenfeld ‚Bürgerschaftliches Engagement' eher eine Nebenrolle im Vergleich zu anderen Faktoren, die uns aus anderen politiktheoretischen Kontexten vertraut sind." (Mielke 2005:23ff.)

Aus der Perspektive der staatlichen Entscheidungsstrukturen handelt es sich bei der Engagementpolitik um eine gezielten Kampagne, deren Erfolg von drei Faktoren abhängt: a) von der Medienlandschaft, in der das Thema platziert und kommuniziert werden soll, b) von der Akteursstruktur, in der das Thema zunächst geplant und dann inszeniert und behandelt, also auch in Programme gegossen, mit Geld ausgestattet und administrativ abgewickelt wird. Allerdings wird hier die Sach- und Problemlösungsrationalität immer wider konterkariert durch die „Karriereplanung und Machtambitionen der dort agierenden Figuren" (Mielke 2005: 243). Schließlich spielt c) die Befindlichkeit der Adressaten, an die sich die politischen Kampagnen und Programme richten, eine Rolle. Sie müssen sich wieder finden und dürfen die Kampagne nicht als nur „symbolische Politik" (Edelman) wahrnehmen – etwa dahingehend, dass bürgerschaftliches Engagement der „billige Jakob des Wohlfahrtsstaates" (so eine Befürchtung im Wahlkampfprogramm der GRÜNEN 2005, s.a. Keupp 2005) sein soll. Hinzu kommt, dass es grundsätzlich „keine administrative Erzeugung von Sinn" geben kann, sondern nur aus der autonomen sozialmoralischen Entwicklung der Gesellschaft und der politischen Öffentlichkeit kommen kann (Habermas 1973). Die Entwicklung von Organisationen und Netzwerken vermag einerseits diese gesellschaftliche Autonomie zu stärken, wie sie andererseits die Dauerhaftigkeit von Engagement sicherstellt und stabilisiert sowie als eine Art intermediäre Instanz zwischen den einzelnen engagierten Bürgern und der Politik und Verwaltung fungieren kann. Daher gewinnen Netzwerke als Phänomen wie als Strategie an Bedeutung (vgl. am Beispiel Baden-Württemberg Schmid u.a. 2004).

Für die Entwicklung zu einem eigenständigen Politikfeld gehören jedoch noch weitere Elemente, etwa die Verankerung in der Programmatik der Parteien und wichtiger Verbände sowie die Ausdifferenzierung spezieller Rollen und Institutionen (wie etwa Unter-/Ausschüsse für bürgerschaftliches Engagement in den Parlamenten sowie Sprecher für das Thema). Historisch-genetisch werden in diesem Politikfeld nun drei „Ströme" zusammengefasst, was gewisse Synergie- und Wachstumseffekte freisetzt. Zum einen fließt das traditionelle Ehrenamt (etwa im Bereich der kommunalen Selbstverwaltung und dem Verbände- und Vereinswesen) mit ein, zum anderen erwachsen aus den Diskursen über Staatsentlastung und Bürokratiekritik neue Potenziale und Aktivitäten, schließlich hat sich im Rahmen der Arbeiten der Enquete-Kommission des Bundestags eine umfassende Diskurskoalition etabliert, die das Thema in der Öffentlichkeit unterstützt und verankert – jenseits der beschriebenen politischen Kalküle von Amtsinhabern.

In den folgenden Abschnitten wird der Schwerpunkt auf die Inhalte der Engagementpolitik (Policy) gelegt, die Entwicklung und der Stellenwert im Land sowie die wesentlichen Programme und Ressourcen einschließlich der wissenschaftlichen Begleitforschung und Evaluation skizziert (vgl. dazu Otto u.a. 2003 sowie eigene Aktualisierungen nach der u.g. Link-Liste).

2 Baden-Württemberg

Der Diskurs zum „baden-württembergischen BE-Begriff" ist breit angelegt und schließt die Stärkung der Demokratie und des Miteinanders in der Gesellschaft mit ein (vgl. Klie/Roß 2000: 2). Alles in allem betrachtet kommt dem bürgerschaftlichen Engagement in der baden-württembergischen Landespolitik eine relativ große Bedeutung zu. Die Förderung bürgerschaftlichen Engagements gilt als fester Bestandteil der Entwicklung des Gemeinwesens. Schon sehr früh wurden Bemühungen gestartet, Bürgerinnen und Bürger zu Engagement zu ermutigen und hierfür passende Rahmenbedingungen zu schaffen. Flankiert durch permanente Evaluation auf der einen und einer inhaltlich-fachlichen Weiterentwicklung des Begriffs des bürgerschaftlichen Engagements auf der anderen Seite, erreichten die baden-württembergischen Akteure ein Niveau und eine Verankerung der Förderung, die von Seiten anderer Bundesländer durchaus als Vorbild gesehen werden. Im Jahr 2000 wurde das Ehrenamt als Staatsziel in der Landesverfassung verankert. Zur Förderung von Ehrenamt und freiwilligem Engagement stellte das Land im Jahr 2007 via Ministerium für Arbeit und Soziales rund 8 Millionen Euro zur Verfügung.

Die umsetzungsbezogene Situation in Baden-Württemberg ist dadurch gekennzeichnet, dass es mit der Förderung des Ehrenamts und des bürgerschaftlichen Engagements zwei Stränge der Engagementförderung gibt. Während sich das Ehrenamt vor allem auf konkrete Aufgaben in Vereinen und Verbänden bezieht und funktional bestimmt ist, zeichnet sich der Begriff des bürgerschaftlichen Engagements dadurch aus, dass die Eigenverantwortung im Vordergrund steht und Bürgerinnen und Bürger dazu ermutigt werden sollen, für sich und mit anderen gesellschaftliche Prozesse aktiv zu gestalten. Dieser Begriff des bürgerschaftlichen Engagements ist altersübergreifend und bezieht sich vor allem auf das Engagement im sozialen und räumlichen Nahbereich. Dazu sollen Kommunen die Unterstützung des bürgerschaftlichen Engagements zu ihrer Sache machen. Deshalb ist von Seiten des Sozialministeriums keine Einzelförderung vorgesehen, sondern eine Förderung von kommunalen Verbundlösungen. Diese Förderung vollzieht sich über die im Ministerium für Arbeit und Soziales angesiedelte „Stabsstelle Bürgerengagement und Freiwilligendienste", die zu Beginn der 1990er Jahre (damals noch unter anderem Namen) gegründet wurde und seitdem kontinuierlich arbeitet. Anfangs noch auf den Bereich der Seniorenarbeit bezogen, wurden die Zielgruppen schnell ausgeweitet. Mittlerweile arbeitet die Stabsstelle mit dem Anspruch, den gesamten Bereich bürgerschaftlichen Engagements zu fördern. Hierbei spielt die Kommunikation und Vernetzung der Beteiligten die zentrale Rolle, weshalb schon sehr früh die kommunalen Spitzenverbände einbezogen wurden und durch langfristige Vereinbarungen ein gemeinsames und nachhaltiges Vorgehen gewährleistet wurde und wird. Das Kultusministerium auf der anderen Seite fördert dahingegen Institutionen, die im Wesentlichen mit klar abgrenzbaren Zielgruppen arbeiten. Nach der Landtagswahl im Jahre 2001 wurde ein Ehrenamtsbeauftragter der Landesregierung im Rang eines Staatssekretärs eingesetzt, der im Kultusministerium angesiedelt ist (vgl. www.ehrenamt-bw.de).

Die Entwicklung des bürgerschaftlichen Engagements ist durch drei Förderwellen geprägt.

- Erste Förderwelle 1990-1993: das erste Landesprogramm Seniorengenossenschaften
- Zweite Förderwelle 1994-1996: Initiative 3. Lebensalter
- Dritte Förderwelle 1996-2000 mit dem „Landesprogramm Bürgerschaftliches Engagement" und danach dem „Landesnetzwerk Bürgerschaftliches Engagement" (vgl. Otto 1998, Otto u.a. 2003).

Die damit gelegten Strukturen funktionieren bis heute; allerdings zeigt sich eine gewisse Tendenz zur administrativen Fragmentierung und Pluralisierung der Kompetenzen.

Tabelle 1: Steuerung in Baden-Württemberg:

Traditionelles Engagement/Ehrenamt	Bürgerschaftliches Engagement
Einzelne Ressorts (v.a. Innen- und Kultusministerium), Landesforum Ehrenamt	Ministerium für Arbeit und Soziales, Stabsstelle Bürgerengagement und Freiwilligendienste

Das Kultusministerium betreut dabei folgende ehrenamtliche Schwerpunkte:

- Heranführung Jugendlicher an ehrenamtliches Engagement (Schülermentorenprogramme)
- Ehrenamtszeugnis für engagierte Jugendliche
- Abbau bürokratischer Hemmnisse für ehrenamtliches Engagement
- Neue Formen der gesellschaftlichen Anerkennung ehrenamtlichen Engagements.

Das Innenministerium ist im Land u.a. für den ehrenamtlichen Einsatz von Bürgerinnen und Bürger für mehr Sicherheit und mehr Lebensqualität zuständig; ferner behandelt es

- das klassische kommunale Ehrenamt in den Gemeinderäten, Ortschaftsräten und Kreistagen,
- die Freiwillige Feuerwehr
- die Integration ausländischer Mitmenschen.
- In den Geschäftsbereich des Ministeriums für Umwelt und Verkehr fällt der Natur- und Umweltschutz sowie die Lokale Agenda 21 – Umweltschutz und Nachhaltigkeit.

Im Ministerium für Arbeit und Soziales, dem wichtigsten Ressort, ist die Stabsstelle Bürgerengagement angesiedelt; diese befasst sich mit den Grundsatzfragen und der Koordination des Bürgerschaftlichen Engagements sowie Angelegenheiten der Bürgergesellschaft. Schwerpunkte der Arbeit der Stabstelle sind:

- Konzeptionelle Weiterentwicklung und Förderung des Landesnetzwerkes Bürgerschaftliches Engagement.

- Unterstützung und Beratung der drei kommunalen Teilnetzwerke – Landkreisnetzwerk, Städtenetzwerk, Gemeindenetzwerk – sowie der Arbeitsgemeinschaft Bürgerschaftliches Engagement/Seniorengenossenschaften.
- Geschäftsstelle des Landesnetzwerkes Bürgerschaftliches Engagement und der Gremien.

Die Stabsstelle berät, vernetzt, schult und fördert damit zu Gunsten des BE; ihre Aktivitäten wirken auf folgenden Ebenen:

- „interministeriell – um verschiedene Programme des Sozialministeriums auf Bürgerengagement hin zu entwickeln, auch im Kontakt mit den Sozialministerien der anderen Bundesländer und dem Bund. Aber auch, damit sich zwischen den Ressorts die interministerielle Zusammenarbeit entwickelt und verstärkt;
- interkommunal – um die Zusammenarbeit der Kommunen unter Einbindung der kommunalen Spitzenverbände in eine verbindliche Netzwerkarbeit für bürgerschaftliches Engagement zu ermöglichen;
- interinstitutionell – indem ein ständiger Dialog mit den Verbänden und Ausbildungseinrichtungen durchgeführt wird." (Klie/Roß 2000: 11).

Hinzu kommt inzwischen verstärkt der Kontakt mit Einrichtungen und Programmen der Europäischen Union. Kennzeichnend für die BE-Politik des Landes ist die starke Vernetzung. Schon Ende 1995 wurde die „Arbeitsgemeinschaft Förderung Bürgerschaftliches Engagement" (AG/BE) gebildet, in Zusammenarbeit vom Land und den Kommunen. Das Landesnetzwerk Bürgerschaftliches Engagement verbindet drei wichtige Netze miteinander: das „StädteNetzWerk BE", das „Landkreisnetzwerk BE" und das „Gemeindenetzwerk BE". Es finden mehrmals jährlich thematisch ausgerichtete Treffen statt. Leistungen des Landesnetzwerkes sind:

- Sicherung eines ständigen Informations- und Erfahrungsaustauschs,
- Fachberatung für neue Mitglieder und Hilfestellung bei der (Weiter-) Entwicklung von Konzepten zur Förderung und Stärkung lokaler Aktivitäten im bürgerschaftlichen Engagement,
- Schulung und Ausbildung von Bürgermentoren sowie Mentorentrainer,
- Fachtage für Landräte, (Ober-) Bürgermeister, Gemeinde- und Kreisräte (Mandatsträger) sowie engagierte Bürgerinnen und Bürger,
- Durchführung von Zukunftswerkstätten, die individuell auf die Situation vor Ort zugeschnitten sind,
- Förderung des lokalen Dialogs,
- Fortbildungen für Verwaltungsmitarbeiter, wissenschaftliche Berichte, Studien und Praxisleitfäden.

Abbildung 2: Das Landesnetzwerk (Quelle: Ministerium für Arbeit und Soziales Baden-Württemberg 2007)

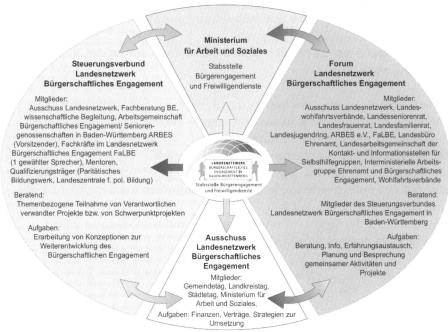

Immer wieder werden auch landesexterne Partner aus den verschiedensten Bereichen in den Netzwerkprozess integriert – teilweise durch Übertragung von Aufgaben, teilweise durch Mitwirken einzelner Persönlichkeiten in Landes-Kontexten des bürgerschaftlichen Engagements, teilweise durch Mitarbeit von Landes-Persönlichkeiten des bürgerschaftlichen Engagements in landesexternen Kontexten. Zudem weist sich Baden-Württemberg „als ein an bürgerschaftlichen Engagement forschungsmäßig besonders interessiertes Land aus" (Zimmer 2007: 16).

Eine Gesamtevaluation des Bereichs der Engagementförderung erfolgte in der Vergangenheit nicht. Jedoch erfolgt eine rege wissenschaftliche Begleitforschung (vgl. Klie u.a. 1997 bis 2000); so der „1. Wissenschaftliche Landesbericht zu Bürgerschaftlichem Engagement und Ehrenamt in Baden-Württemberg in den Jahren 2002 und 2003" sowie der Folgeband „2. Wissenschaftlicher Landesbericht zu bürgerschaftlichem Engagement und Ehrenamt in Baden-Württemberg in den Jahren 2004/ 2005/06" (www.sozialministerium-bw.de/de/ Buergerengagement_in_Baden-Wuerttemberg/ 81089.html mit weiteren Informationen). Daneben wurden einige größere repräsentative Studien in Auftrag gegeben, die durch das Sozialministerium veröffentlicht wurden und breit gestreut sind – u.a. auch eine zur Funktion und Struktur des Landesnetzwerks (vgl. Schmid u.a. 2004, Otto u.a.2003).

3 Bayern

Bürgerschaftliches Engagement steht in Bayern in einem Spannungsfeld zwischen Kontinuität und Innovation. Vereine und Kirchen haben einen hohen Stellenwert: 44% aller gemeinnützigen Arbeit findet in Vereinen statt und 17% in den Kirchen. Es ist jedoch mittlerweile ebenfalls ein Trend zu einer Art „Neuem Ehrenamt" zu beobachten. Dies zeichnet sich dadurch aus, dass langfristiges Ehrenamt an Bedeutung verliert und dass nicht mehr ausschließlich die politischen Ideale oder christlichen Grundwerte im Vordergrund stehen, sondern dass die Ehrenamtlichen sich durch ihr Engagement auch selbst verwirklichen können. Wege und Formen für die Förderung des neuen Engagements sind noch nicht gefunden worden.

Die Förderung erfolgt im Rahmen des Staatsministeriums für Arbeit und Soziales, Familie und Frauen (BayStMAS). Ähnlich wie in Baden-Württemberg sind ebenfalls weitere Ministerien aktiv; freilich meist in bescheidenerem Umfang. Die Koordination von bürgerschaftlichem Engagement übernimmt eine interministerielle Arbeitsgruppe, die sich unregelmäßig trifft.

Tabelle 2: Steuerung in Bayern

Traditionelles Engagement/ Ehrenamt	Bürgerschaftliches Engagement
Sozialministerium für Arbeit und Soziales, Familie und Frauen (BayStMAS)	Interministerielle Arbeitsgruppe Staatsministerium für Arbeit und Soziales, Familie und Frauen (BayStMAS)

Auch die Koordination der beiden großen Projekte des „neuen" bürgerschaftlichen Engagements „Wir für uns" und „Modellprojekt Bürgerarbeit" lag beim BayStMAS. Die Finanzierung erfolgt über die Kommunen und nicht über die Staatsregierung. Seit 1999 werden im Freistaat Bayern Maßnahmen und Einrichtungen zur Förderung des bürgerschaftlichen Engagements finanziell unterstützt. Der Förderumfang betrug im Doppelhaushalt 2001/2002 etwa 700.000 € jährlich.

Zwei Meilensteine in der Entwicklung sind die Folgenden gewesen:

- Erstens die Umsetzung des Abschlussberichts der Kommission für Zukunftsfragen der Freistaaten Bayern und Sachsen. Diese hatte empfohlen, das freiwillige bürgerschaftliche Engagement stärker zu fördern, da sie glaubte, dass es möglich sein könnte, mit bürgerschaftlichem Engagement eine größere Anzahl sozial Benachteiligter wieder in die Gesellschaft einzubinden.
- Zweitens das Aktionsprogramm „Wir für uns" anlässlich des Internationalen Jahres der Freiwilligen 2001. Es wurden Entscheidungsträger informiert und Bürger mobilisiert.

Die zwei zentralen Programme sind „Wir-für-uns" und das „Modellprojekt Bürgerarbeit". Zielsetzung von „Wir-für-uns" war die Anerkennung bestehender Engagementformen und die Motivierung zu neuem Engagement sowie die Schaffung bzw. Verbesserung der Rahmenbedingungen für dieses Engagement. Die Kampagne könnte beschrieben werden als eine „Multiplikatorenkampagne" mit Imageaufbau und regelmäßigen Informationen. Der Modellversuch Bürgerarbeit entstand aus den Empfehlungen der Zukunftskommission der Freistaaten Bayern und Sachsen und basiert auf einem Beschluss des Bayerischen Ministerrats vom 17.02.1998. Die ursprüngliche Zielsetzung des Projektes, freiwillige Arbeit als Ersatz für Erwerbsarbeit zu etablieren, musste schon nach kurzer Zeit revidiert werden (vgl. Otto u.a. 2003).

Eine breiter angelegte Vernetzung der relevanten Akteure ist inzwischen realisiert worden; 2003 wurde ein Landesnetzwerk Bürgerschaftliches Engagement (LNBE) mit folgenden Einrichtungen („Knoten") angelegt:

- Servicestelle des LNBE,
- Landesarbeitsgemeinschaft der Freiwilligenagenturen (lagfa), Augsburg,
- Netzwerk Familien- und Mütterzentren (MüZe), München, und
- Selbsthilfekoordinationsstelle (SeKo), Würzburg (Magel/Franke 2006).

Das LNBE hat in diesem Rahmen vor allem eine unterstützende Funktion. Es ist eine Servicestelle, in der wichtige Informationen gebündelt und weitergegeben werden. Bewährte Ansätze ehrenamtlicher Arbeit, die sich vor Ort entwickelt haben, können so Verbreitung finden. Dadurch soll ein Bildungs-, Lern- und Informationsnetzwerk entstehen, das die Arbeit im Bürgerschaftlichen Engagement insgesamt verbessern hilft. Das Landesnetzwerk ist als Querschnittsaufgabe angelegt. Es vernetzt die Bereiche Selbsthilfe, Familienarbeit (Mütterzentren), Freiwilligenagenturen und Seniorenbüros. Es soll – nach eigener Darstellung – auf eine Ausweitung dieser Verknüpfungen hin gearbeitet werden. Zudem wurde ein Internetportal angelegt (http://www.wir-fuer-uns.de).

4   Niedersachsen

Dem Begriff bürgerschaftliches Engagement werden in Niedersachsen sowohl traditionelle als auch neue Engagementformen zugeordnet. Das traditionelle Engagement bezieht sich dabei auf das klassische Ehrenamt in Feuerwehr, Sport und Wohlfahrtspflege, das neue Engagement umfasst alles, was außerhalb der alten Vereins- und Verbandsstrukturen liegt. Neu sind dabei sowohl die Organisationsformen, die Aktivitätsfelder als auch teilweise die Akteure, was exemplarisch bei den Freiwilligenagenturen zum Tragen kommt. Generell gilt in Niedersachsen: Bewährtes erhalten, Neues fördern (vgl. Otto u.a. 2003).

In der Phase der sozialdemokratischen Regierung zeichnet sich die Engagementpolitik des Landes dadurch aus, dass (auch) eine Neuverteilung der Aufgaben zwischen Staat und Gesellschaft angestrebt wird, in dem Sinne, dass dem Staat eine aktivierende Funktion zukommt und er nicht mehr vorschreibt, bedient oder ersetzt, sondern das bürgerschaftliche Engagement fördert und die hierfür nötigen Rahmenbedingungen schafft. Dieses Vorhaben von staatlicher Seite voranzutreiben, läuft in Niedersachsen auch unter dem Oberbegriff Staatsmodernisierung. Es wird davon ausgegangen, dass eine Stärkung des bürgerschaftlichen Engagements sowohl den sozialen Zusammenhalt der Gesellschaft sichert, als auch über eine leistungsbezogene funktionale Komponente verfügt. Beides wird als Investition in die Demokratie und die Zivilgesellschaft verstanden, die Förderpolitik in das Querschnittsprojekt Staatsmodernisierung einbettet und inhaltlich mit dem Konzept des aktivierenden Staates verknüpft. Charakteristisch ist die Einstellung, dass die Rolle des Staates auf die Schaffung von günstigen Rahmenbedingungen beschränkt sein soll, da der Bereich bürgerschaftliches Engagement möglichst staatsfern organisiert werden muss.

Im Bereich des traditionellen Engagements findet eine ressortspezifische, untereinander mittels eines interministeriellen Arbeitskreises schwach verzahnte Förderung durch die einzelnen Ministerien statt. Da es sich hier im Großen und Ganzen um die Fortführung eingeschliffener Praktiken handelt, ist der Steuerungs- und Koordinierungsbedarf gering einzuschätzen. Bezogen auf die neuen Formen des Engagements sind die Kompetenzen hingegen stärker gebündelt. Das Justizministerium, das Ministerium für Frauen, Arbeit und Soziales sowie das Referat für Staatsmodernisierung (Koordinierung) in der Staatskanzlei sind die relevanten Akteure. In dieser Gruppe wurde ein Aktionsplan („Offensive Bürgerschaftliches Engagement für Niedersachsen") entworfen. Einer weiteren Bündelung der Zuständigkeiten steht das Land ambivalent gegenüber, denn den Vorteilen einer zentralen Ansprechperson ständen die Gefahren einer Strukturverarmung aufgrund der schieren Aufgabenvielfalt gegenüber.

Tabelle 3: Steuerung in Niedersachsen

Ehreanamt- Bewährtes erhalten!	Bürgerschaftliches Engagement- Neues Fördern!
Interministerieller Arbeitskreis, der sich mit allgemeinen Förderfragen beschäftigt	Zusammenarbeit von MFAS-, Justizministerium und Staatskanzlei; gemeinsame Erstellung des Aktionsplans „Bürgerschaftliches Engagement für Niedersachsen"

Die Finanzierung des bürgerschaftlichen Engagements ist traditionell gekennzeichnet durch die Zuweisung von öffentlichen Mitteln an Vereine, Verbände und andere Organisationen. Die Aufwendungen für ehrenamtliche Tätigkeiten sind gemessen an den Gesamtausgaben der Akteure allerdings eher bescheiden. Das Land nutzt das Mittel der Finanzierung nur in wenigen Fällen um steuernd einzugreifen, z.B. im Bereich der Sonderförderung des Freiwilligen Sozialen Jahres. Der Bereich der Evaluation spielt bislang eine untergeordnete Rolle. Das Ziel aller Bemühungen ist die Schaffung einer Beteiligungskultur bzw. Bürgergesellschaft. Eine Standardisierung der Fördermaßnahmen findet nicht statt, um so Freiräume für die Entfaltung bürgerschaftlichen Engagements zu erhalten.

Es findet keine Konzentration der Förderung auf bestimmte Zielgruppen statt. Zielgruppe sind alle Leistungsempfänger und alle Leistungserbringer. Eine breit gestreute Vernetzungsinitiative hat das Ziel, Erfahrungen und Lernprozesse abseits staatlicher Interventionen auszutauschen. Insgesamt wird sehr stark auf eine Partnerschaft zwischen Land, Kommunen und Bürgerinnen und Bürgern gesetzt. Auch die Wirtschaft soll im Sinne einer „Corporate Citizenship" stärker in die Verantwortung genommen werden.[3] Der Landesbeirat zur Förderung des bürgerschaftlichen Engagements – kurz Niedersachsen-Ring – nimmt dabei

---

[3] Das Institut TNS Infratest Sozialforschung München hat ferner eine von der Staatskanzlei in Auftrag gegebene Landesstudie „Freiwilligensurvey 2004" in Niedersachsen durchgeführt, die das hohe Potenzial belegt.

eine intermediäre Stellung ein; er hat sich im August 2001 konstituiert. Im Niedersachsen-Ring sind alle relevanten gesellschaftlichen Gruppen oder Organisationen vertreten (Vereine, Verbände, Erwachsenenbildungseinrichtungen, kommunale Spitzenverbände etc.).

Durch das neue Aktionsprogramm „Bürgerschaftliches Engagement für Niedersachsen" wird deutlich, dass eine stärkere Ausrichtung der Förderpolitik auf die neuen Engagementformen stattfindet. Das Aktionsprogramm setzt sich aus vier zentralen Säulen zusammen. Im Einzelnen sind dies:

- Information, Beratung und Vernetzung,
- „Neue" Formen bürgerschaftlichen Engagements,
- Qualifizierung,
- Kultur der Anerkennung (www.ms.niedersachsen.de).

Ein weiteres – interessantes und charakteristisches – Kennzeichen der alten Landesregierung ist der dezentrale und diskursive Charakter der Engagementpolitik gewesen. Allgemeines Ziel der einzelnen Regional- und Bürgerdiskurse war die Neubestimmung der Aufgabenverteilung zwischen Bürger und Staat. Im Rahmen der angestrebten Staatsmodernisierung hat die Landesregierung im Frühjahr 1999 das Projekt „Die Zukunftsaufgaben für Staat und Gesellschaft" initiiert. In der Zeit von Februar 1999 bis Ende August 2000 wurden in vier Landkreisen zu sechs ausgewählten Themen gesellschaftliche Diskurse durchgeführt (Otto u.a. 2003).

Abbildung 3: Verlauf der Bürger- und Regionaldiskurse (aus Otto u.a. 2003)

Mit dem Wechsel der Regierung im Jahre 2003 ist die Politik in vielen Teilen fortgeführt worden, d.h. mit zahlreichen Initiativen und Maßnahmen wurde das ehrenamtliche und bürgerschaftliche Engagement gefördert und der Zugang zum Engagement erleichtert, um den Einsatz der vielen Aktiven zu verstetigen. Eine interessante Neuerung ist der „Freiwilligenserver" im Internet, der im Juli 2003 gestartet worden ist. Der „Freiwilligenserver" dient als virtueller Anlaufpunkt für alle ehrenamtlich und bürgerschaftlich Interessierten und Aktiven. Über 30.000 Vereine, Selbsthilfegruppen, Initiativen und auch Agenturen, die freiwilliges Engagement vermitteln können, sind dort gespeichert und geben Auskunft über Mitwirkungsmöglichkeiten. Der Erfolg des „Freiwilligenservers" zeigt sich an der großen Zahl von Nutzern – durchschnittlich 75.000 Zugriffe im Monat. Um die Wertschätzung und die öffentliche Anerkennung zu fördern, lobt die neue Landesregierung zusammen mit den VGH Versicherungen und den niedersächsischen Sparkassen seit 2004 den Niedersachsenpreis für Bürgerengagement aus (vgl. Niedersächsische Landesregierung). Allerdings kritisieren die GRÜNEN im Landtag: „Die notwendige Auseinandersetzung um eine neue Aufgaben- und Verantwortungsverteilung zwischen Staat und Bürgern wurde in Niedersachsen bisher vernachlässigt" (Landtags-Antrag: Niedersachsen zum Musterland für bürgerschaftliches Engagement entwickeln 02.03.2004). Gleichwohl hat das Land als zweites Bundesland ab dem 1. Oktober 2003 bestehende Lücken beim Versicherungsschutz für freiwillig Engagierte geschlossen.

5   Nordrhein-Westfalen

Im Diskurs über bürgerschaftliches Engagement in Nordrhein-Westfalen wird vorwiegend ein weiter, eher unspezifischer Oberbegriff verwendet. Die Stoßrichtung der alten Landesregierung hat auf den aktivierenden Sozialstaat gezielt, der es seinen Bürgerinnen und Bürgern ermöglichen will, die Zivilgesellschaft durch eigenes Engagement voranzubringen und das Gemeinwohl zu erhöhen (vgl. Blanke u.a. 2000). Mit dem Regierungswechsel sind in diesem Politikfeld bislang keine größeren Kursänderungen festzustellen. Minister Armin Laschet betont etwa: „Bürgerengagement muss als wichtige gesellschaftliche Tätigkeit anerkannt werden" und ehrt 24 Ehrenamtliche für ihr Engagement mit dem „Landesnachweis NRW"; ferner wird am 5. Dezember 2006 beim UN-Welttag des Ehrenamtes mitgemacht.

Bürgerschaftliches Engagement ist (derzeit) im Ministerium für Generationen, Familie, Frauen und Integration des Landes NRW angesiedelt. Es gibt auch eine interministerielle Arbeitsgruppe bürgerschaftliches Engagement sowie das Internetportal www.engagiert-in-nrw.de, das alle Projekte, Akteure und Netzwerke auflistet, die in reichhaltiger Zahl vorhanden sind. Vor allem die Wohlfahrtsverbände sind die zentralen Partner des Landes.

Insgesamt lässt sich sagen, dass auf der einen Seite der Stellenwert des bürgerschaftlichen Engagements in der Landespolitik in NRW nicht sehr hoch ist. Der politische Wille ist in diesem Themengebiet als vergleichsweise gering einzuschätzen. Das gilt für die Regierung wie für das Parlament – eine Durchsicht der aktuellen Landtagsprotokolle (des Jahres 2006) zeigt nur wenige Nennungen des Themas. Es herrscht eine eher symbolische Auseinandersetzung mit bürgerschaftlichem Engagement, was sich in einer Vielzahl von Reden widerspiegelt, auch bei Wettbewerben oder in Auftrag gegebenen Studien. Allerdings ist die

Reaktion auf die jeweiligen Erkenntnisse nicht allzu deutlich zu sehen: So gab es z.B. keine Landesauswertung für den Freiwilligensurvey, die Rheinland-Pfalz und Niedersachsen jeweils vorgenommen hatten.

Auf der anderen Seite findet eine breite Förderung statt – was stark mit der Größe des Landes korreliert, wobei im Bereich der Projekt- und Modellförderung viel experimentiert und ausprobiert wird. Die Zielgruppen werden von den jeweils zuständigen Ressorts bestimmt. Das Ministerium für Städtebau und Wohnen, Kultur und Sport (MSWKS) legt mit dem Landesprogramm „Initiative ergreifen" einen alternativen Ansatz vor. Es sollen Initiativen unterstützt werden, die ihr bürgerschaftliches Engagement mit sozialen, kulturellen, nachbarschaftlichen und städtebaulichen Anliegen verbinden (vgl. Otto u.a. 2003). Eine interessante Neuentwicklung stellt dabei der „Landesnachweis Nordrhein-Westfalen Füreinander Miteinander – Engagiert im sozialen Ehrenamt" dar, der die entsprechenden Aktivitäten und sozialen Kompetenzen dokumentiert (www.engagiert-in-nrw.de/landesnachweis).

Die Regelförderung findet vorwiegend nach einem festgelegten Haushaltsschlüssel statt und ist wiederum ressortabhängig. Im Haushalt 2001 waren erstmals 750.000 DM zur Koordination, Beratung, Qualifizierung, Vernetzung und qualitätsorientierten Weiterentwicklung von Aktivitäten bürgerschaftlichen Engagements/Selbsthilfe vorgesehen sowie die Förderung neuer Ansätze im Bereich privat-öffentlicher Partnerschaften. Eine weitere Fördersäule ist in der Finanzierung von Anreizen zu sehen, durch welche die Bevölkerung zum Mitmachen und Mitdenken aktiviert werden soll (z.B. Wettbewerbe). Daneben werden Studien bzw. Gutachten zum bürgerschaftlichen Engagement gefördert. Eine standardisierte Evaluation findet nicht statt. Im Ministerium für Städtebau und Wohnen, Kultur und Sport ist das Kriterium der Eigenfinanzierung nach dem dreijährigen Förderzeitraum entscheidend. Es soll eine Stärkung und Weiterentwicklung der Infrastruktur und der Netzwerke im Bereich des bürgerschaftlichen Engagements sicherstellen. Beispielhaft können hier Büro startklar! genannt werden, das Projekte betreut und vernetzen soll. Ein themenübergreifendes Landesnetzwerk ist jedoch nicht vorhanden. Insgesamt herrscht in Nordrhein-Westfalen ein ausgeprägtes Ressortdenken, demzufolge es keine Kompetenzbündelung und keine ressortübergreifende Steuerung gibt (Otto u.a. 2003) – ein Phänomen, das durchaus mit der Größe des Bundeslandes korreliert.

Wichtige aktuelle Programme und Projekte im Land sind:

- „Initiative ergreifen": Projektaufruf für Bürgerengagement und Selbsthilfe, Beschäftigung und Existenzgründung. Das Programm will helfen, ungewöhnliche und anspruchsvolle Projekte in überschaubarer Zeit zu realisieren und dient zudem der Verbesserung der Infrastruktur in Städten, Stadtteilen und Siedlungen. Ins Leben gerufen wurde es vom Ministerium für Städtebau und Wohnen, Kultur und Sport (MSWKS).
- „Gesucht: Engagierte Freiwillige" der Arbeiterwohlfahrt Ostwestfalen-Lippe: Bei diesem Projekt geht es um Freiwilligenarbeit als sozialpolitische Schubkraft für die sozialen Dienstleistungen und als Querschnittsaufgabe innerhalb der Arbeiterwohlfahrt Ostwestfalen-Lippe.
- Wettbewerbe zum Thema bürgerschaftliches Engagement wie z.B. der Preis der Robert Bosch Stiftung für deutsch-russisches Bürgerengagement, Pro Ehrenamt 2007, Jugend hilft und der Sozialpreis „innovatio 2007".

- Handlungsprogramm „Ehrenamt im Sport" von der Landesregierung in Kooperation mit dem Landessportbund. Für Engagierte werden Bildungsgutscheine vergeben, die die Teilnahme an Fortbildungskursen ermöglichen.
- Wettbewerb Corporate Citizenship. Minister Armin Laschet würdigt dabei gesellschaftliches Engagement von Firmen in Nordrhein-Westfalen – 14 Projekte sind mit Preisen ausgezeichnet worden (November 2005)

6 Rheinland-Pfalz

In Rheinland-Pfalz wird stark mit dem Begriff „Ehrenamt" gearbeitet, was mit einer langen Tradition im Land begründet wird; charakteristisch ist auch die Dominanz des traditionellen Ehrenamts. Die Federführung liegt in der Staatskanzlei, die eine „Leitstelle für Bürgergesellschaft und Ehrenamt" eingerichtet hat. Die zentralen Partner des Landes Rheinland-Pfalz sind die Bürgerinnen und Bürger sowie die Kommunen. Die Wohlfahrtsverbände sind ebenfalls wichtige Ansprechpartner des Landes, ebenso wie Unternehmen, die verstärkt in den Diskurs miteinbezogen werden. Inzwischen existieren neun lokale Stellen zur bereichsübergreifenden Beratung von Ehrenamtlichen und zur Pflege nachbarschaftlicher Beziehungen. Hinzu kommen kommunale Leitstellen sowie vier regionale Kontakt- und Informationsstellen für Selbsthilfe.

Rheinland-Pfalz will als Bundesland zur Vision der Bürgergesellschaft beitragen, was mit einer Entfernung vom Konzept des Obrigkeitsstaates verbunden wird. Es soll ein Staat mit Kernkompetenzen geschaffen werden, in dem Bürgerinnen und Bürger Mitsprache ausüben und Verantwortung übernehmen können. So formuliert Ministerpräsident Beck:

> „Der Bürgerstatus, das Innehaben von Rechten und Pflichten und die Zugehörigkeit zu einer"politischen Gemeinschaft" ist eine wesentliche Voraussetzung für ziviles Engagement. Mit diesem Status sind Rechte verbunden, die Bürgerinnen und Bürger brauchen, wenn sie bürgerschaftlich aktiv werden wollen. Die Rechtsposition setzt hier aber nur die Teilhabe an der Gemeinschaft voraus; das politische Gemeinwesen braucht Bürgerinnen und Bürger, die ihre Rechte nutzen, aber auch ihrer Verantwortung Schwächeren gegenüber gerecht werden." (Beck 2005: 3.)

Das Leitbild des aktivierenden Staates ist hier ebenfalls von zentraler Bedeutung. Als Ziele gelten in Rheinland-Pfalz

- erstens die Schaffung von Rahmenbedingungen, die auf die Bedürfnisse der Ehrenamtlichen eingehen, um einen Engagement unterstützenden Kontext sowie
- zweitens eine verstärkte öffentliche Anerkennung für Ehrenamt und bürgerschaftliches Engagement zu erreichen.

Verwaltungsmodernisierung (Kommunalverfassungsreform) und Engagementförderung werden als zusammengehörige Komplexe angesehen, da an dieser Stelle die Partizipation der Bürgerinnen und Bürger ansetzt (vgl. Otto u.a. 2003).

Der Stellenwert von bürgerschaftlichem Engagement in der Landespolitik ist als hoch einzustufen, da ein eigener Haushaltstitel besteht, eine institutionelle Verankerung geschaffen wurde und der Ministerpräsident dieses Thema persönlich vertritt (Mielke 2005). Darüber hinaus ist Rheinland-Pfalz im Bereich von Veranstaltungen sehr aktiv und erreicht hier überregionale Anerkennung. So werden von der Geschäftsstelle unter anderem Tagungen und Kongresse organisiert, wie beispielsweise die Fachtagung „Die Zukunft des Ehrenamtes" im Jahr 1999, der landesweite Ehreamtstag, der bis heute jährlich gefeiert wird oder die Aktion „Wir tun was – die Initiative des Landes Rheinland-Pfalz für Ehrenamt und Bürgerengagement", die sich um eine bessere Vernetzung der einzelnen Projekte bemüht. Hier können sich Organisationen in eine Datenbank eintragen und interessierte Ehrenamtliche sich für Projekte anmelden.

Die Steuerung und Förderung der Engagementpolitik erfolgt über das Land, die Kommunen sowie die Organisationen des dritten Sektors. Koordinierend sind v.a: die Leitstelle für Bürgergesellschaft und Ehrenamt tätig, ferner existiert die interministerielle Arbeitsgruppe Ehrenamt, die Maßnahmen und Aktivitäten der Landesregierung koordiniert und initiiert sowie ressortübergreifende Aktivitäten anstößt und vorbereitet. Eine Konzentrierung auf bestimmte Zielgruppen liegt nicht vor. Stattdessen wird eine bereichsübergreifende Vernetzung favorisiert. Bewusst gibt es auch kein standardisiertes Förderschema im Bereich der Projektförderung. Allerdings wird ein ganzheitlicher Ansatz der Förderung bürgerschaftlichen Engagements auf allen Ebenen verfolgt.

In ihrem Bericht hebt die Leitstelle unterschiedliche Maßnahmen aus jüngster Zeit hervor: Neben der Haftpflicht- und Unfallversicherung im Ehrenamt wird auf das Netzwerk verwiesen, ferner sind eine Homepage und andere öffentlichkeitswirksame Aktionen – häufig unter Beteiligung des Ministerpräsidenten -entwickelt worden (Leistelle RP 2007/8).[4]

7   Sachsen

Im Freistaat Sachsen ist im politischen Raum der Begriff des Ehrenamts vorherrschend. Bürgerschaftliches Engagement gilt als Oberbegriff, der mit dem tatsächlichen Engagement vor Ort wenig zu tun hat. Es wird jedoch anerkannt, dass sich die Formen des Ehrenamts erweitert haben, differenzierter und weniger verbindlich geworden sind. Mit bürgerschaftlichem Engagement wird die Entwicklung hin zu mehr Eigeninitiative verbunden, da der Staat nicht mehr alles übernehmen kann (Otto u.a. 2003). Das Engagement der Bürgerinnen und Bürger soll gefördert werden und sie sollen neu an das Thema herangeführt werden. Die Hauptorganisationsformen des freiwilligen Engagements sind Vereine, Kirchen und Initiativen diverser Art.

Dazu werden einzelne Bereiche gefördert, ohne damit eine gesellschaftliche Vision zu verbinden. Beispiel dafür ist das Internationale Jahr der Freiwilligen, in dessen Rahmen mehrere kleine Projekte angestoßen wurden, die lose und ohne den Versuch, die Thematik in einem Gesamtzusammenhang aufzugreifen durch die Programmatik des Freiwilligenjah-

---

[4] Der Bericht wurde über die Herausgeber zur Verfügung gestellt.

res verbunden sind. Spezifisch für den Freistaat ist das Nebeneinander der Förderung und Unterstützung der/des Engagierten und der subsidiär orientierten Verbändeförderung. Eine klare Programmsteuerung seitens der Politik erfolgt in Sachsen nicht, sowohl aufgrund eines fehlenden entsprechenden Selbstverständnisses als auch aufgrund der nicht vorhandenen konzeptionell klaren Fundierung. Die sächsische Staatsregierung ist der festen Überzeugung, dass es nicht Aufgabe des Staates ist, Engagement zu steuern.

Tabelle 4: Steuerung in Sachsen

Traditionelles Engagement/Ehrenamt	Bürgerschaftliches Engagement
Einzelne Ressorts	Zentrale Stelle zur Steuerung bürgerschaftlichen Engagements nicht vorhanden

Es gibt daher keine zentrale Stelle, die die unterschiedlichen Förderprogramme der sächsischen Staatsregierung koordiniert. Es wird betont, dass die Koordination und Förderung ehrenamtlicher Tätigkeiten vorwiegend Sache der Kommunen ist. Die Förderung bürgerschaftlichen Engagements ist geprägt von einzelnen, längerfristigen Programmen.

Zu den wichtigsten Programmen des Landes gehören folgende:

- Aktion 55: Aufgrund der Situation, dass ältere Bürgerinnen und Bürger vermehrt von Arbeitslosigkeit betroffen sind, entstand Anfang der 1990er Jahre die Aktion 55. Ihr Ziel ist, durch eine monatliche Aufwandsentschädigung Bürgerinnen und Bürger im Alter von 55 bis 60 Jahren in ehrenamtlichem Engagement zu unterstützen, wenn diese sich in Programmen und Projekten zusätzlich einsetzen. Seit 1993 wurden nach Angaben des sächsischen Staatsministeriums für Soziales über die Aktion 55 durchschnittlich jährlich über 10.000 Personen gefördert.
- Landesstudie zur Freiwilligenarbeit, veröffentlicht vom Institut TNS Infratest Sozialforschung München: „Bürgerschaftliches Engagement in Sachsen 2004 – Ergebnisse und Trends".
- Joker im Ehrenamt: Etabliert hat sich „Der Joker im Ehrenamt", eine Auszeichnung für besonders verdiente Ehrenamtliche. Diese Auszeichnung wird jährlich auf Vorschlag der Kreissportbünde und Kreissportjugenden an rund 50 Personen verliehen.
- Annen-Medaille: Seit 1995 wird die Annen-Medaille (benannt nach der Kurfürstin Anna von Sachsen) von der sächsischen Staatsregierung an Ehrenamtliche verliehen, die sich in besonderer Weise ehrenamtlich in der Sozial- und Familienarbeit eingebracht haben. Bestimmt werden die Geehrten von einer Auswahlkommission am sächsischen Staatsministerium für Soziales (vgl. Otto u.a. 2003).
- Kampagne: Wir für Sachsen – bürgerschaftliches Engagement/Serviceplattform, ins Leben gerufen von der Staatsregierung Sachsen. In diesem Rahmen erfolgt die Bereitstellung einer Datenbank mit Kontakten zu Vereinen sowie ein Informations- und Erfahrungsaustausch. Hierzu wird in einer Richtlinie des Sächsischen Staatsministeriums für Soziales zur Förderung des bürgerschaftlichen Engagements (FRL „Wir für Sachsen"; vom 30. November 2005) definiert, was gefördert wird, nämlich das bürgerschaftliche Engagement insbesondere in den Bereichen Soziales, Umwelt, Kultur und Sport, Gesellschaft, Politik, Rechtsprechung und Kirche. Mit einer Aufwandsentschädigung

sollen Fahrt-, Porto-, Telefon- und Kopierkosten sowie Aufwendungen für Büromaterialien oder ähnliche Ausgaben der freiwillig Engagierten abgedeckt werden.

8   Schleswig-Holstein

Der Begriff bürgerschaftliches Engagement ist in Schleswig-Holstein weit verbreitet. Hierunter fallen eine Vielzahl an Themen sowie traditionelle und neue Formen des Engagements. Der öffentliche Diskurs unter der sozialdemokratisch geführten alten Landesregierung ist stark am Konzept der Bürgergesellschaft orientiert, was mit einer aktiven Bürgerschaft, die den Staat zumindest partiell entlastet, einhergeht. Das Hauptziel ist, die Engagementquote zu erhöhen. Schwerpunkt der Bemühungen ist die Schaffung von günstigen Rahmenbedingungen im Engagementbereich. Erreicht wird dies durch Informations- und Vernetzungskampagnen, die Schaffung einer Kultur der Anerkennung sowie der gezielten Förderung von Initiativen und Projekten.

Die landespolitische Verankerung des Themas ist als eher hoch einzuschätzen. Es sind Bemühungen erkennbar, bürgerschaftliches Engagement zu einem Querschnittsthema auszubauen; dabei dominieren (zumindest in der Selbstdarstellung) konkrete Maßnahmen mit stark kommunalen Bezügen. Die Funktion des Landes wird beispielsweise deutlich durch die Gründung der Landesinitiative Bürgergesellschaft (LiBG), die dem Ministerium für Arbeit, Soziales, Gesundheit und Verbraucherschutz angegliedert ist, sowie durch die Ausarbeitung der Nachhaltigkeitsstrategie und das Internationale Jahr der Freiwilligen deutlich (Otto u.a. 2003).

Die LiBG soll dabei (auch nach dem Regierungswechsel) folgende Aufgaben wahrnehmen:

- Schaffung einer geeigneten engagementfreundlichen Infrastruktur, in der sich alle Beteiligten auf kommunaler und auf Landesebene austauschen und gemeinsame Konzepte zur Stärkung von bürgerschaftlichem Engagement und Ehrenamt und zur Motivierung von Bürgern entwickeln können
- Entwicklung und Förderung von Qualifizierungs- und Fortbildungsangeboten für freiwillig Engagierte
- Aufbau eines landesweiten Netzes von Informations- und Kontaktstellen
- Koordinierung der Aktivitäten der Landesregierung zur Stärkung des freiwilligen Engagements
- Entwicklung eines neuen Handlungs- und Rollenverständnisses in der Verwaltung, das mehr freiwilliges Engagement möglich werden lässt
- Berichterstattung über die Entwicklung des bürgerschaftlichen Engagements in Schleswig-Holstein (http://ehrenamt-sh.de)

Im Bereich des traditionellen Engagements/Ehrenamts in Wohlfahrtsverbänden und Vereinen wird die Unterstützung in Form von finanziellen Zuweisungen über die jeweiligen Ministerien abgewickelt, ist also ressortspezifisch. Die Zusammenarbeit zwischen Verbänden/Vereinen und den Ministerien zeichnet sich dabei durch langjährige Kontinuität und ein eher geringes Innovationsniveau aus. Die Förderung der neuen Formen des bürgerschaftlichen Engagements geschieht auf eine andere Art und Weise: Sie wird direkt von der Staatskanzlei oder der Ministerpräsidentin/dem Ministerpräsidenten angestoßen.

In Bezug auf die Steuerung der Engagementpolitik ist eine Dominanz der Projektförderung zu beobachten.

Tabelle 5: Steuerung in Schleswig-Holstein

Traditionelles Engagement/Ehrenamt	Bürgerschaftliches Engagement
Einzelne Ressorts	Staatskanzlei, Landesinitiative Bürgergesellschaft (LiBG),

Ein Schwerpunkt bei der Zielgruppenförderung liegt im Bereich Kinder und Jugendliche sowie bei der Integration von Migranten. Neuerdings wird das Thema Alter und Engagement entwickelt. Die Zuschüsse an die Verbände der freien Wohlfahrtspflege zur expliziten Förderung von ehrenamtlichen Tätigkeiten sind in den letzten Jahren im großen und ganzen stabil geblieben und schwanken um den jährlichen Wert von 700.000 €. In den letzten Jahren ist zudem eine Steigerung zugunsten neuer Formen des Bürgerschaftlichen Engagements zu beobachten.

Nun einzelne Programme im Überblick:

- Die ressortübergreifende Gemeinschaftsaktion mit dem Deutschen Kinderhilfswerk „Schleswig-Holstein – Land für Kinder" besteht seit 1989.
- Die Demokratiekampagne existiert seit 1993. Ziel der Bemühungen ist es, Kinder und Jugendliche an der Gestaltung der lokalen Lebensumwelt umfassend (projektbezogen) zu beteiligen und ihnen die hierfür notwendigen Kenntnisse und Qualifikationen zu vermitteln. Entsprechend der anfangs dargestellten gesellschaftlichen Vision wird hierin eine direkte Investition in die Demokratie gesehen.
- Flankierend wurden Programme zur Qualifizierung von engagierten Kindern und Jugendlichen („Fit für Mitbestimmung", „Nutze Dein Recht"), öffentliche Ehrungen (Schleswig-Holstein Nadel, Schleswig-Holstein Medaille für Ehrenamtliche, Schleswig-Holstein Tag) und eine Art „Ideenwettbewerb" (Tiemann Preis, STARK Preis) umgesetzt (vgl. Otto 2003).
- Im Rahmen des „EhrenamtForum Schleswig-Holstein 2007", einer gemeinsamen Aktion des schleswig-holsteinischen Sozialministeriums, des Diakonischen Werks Schleswig-Holstein und der Bürgerstiftung Ahrensburg, werden siebzehn Veranstaltungen in Kreisen und Städten durchgeführt
- Das Land will ferner durch eine Ehrenamtskarte, die in drei Pilotregionen getestet wird, den Aktiven seine Anerkennung und einige Vergünstigungen zukommen lassen (vgl. http://www.ehrenamtsforum.de).

9 Thüringen

Die Ehrenamtsförderung besitzt im Lande einen durchaus herausgehobenen Stellenwert. Sichtbar wird dies an der Bestellung eines Ehrenamtsbeauftragten, der seit 2001 im Sozialministerium angesiedelt ist, sowie durch die Einrichtung der interministeriellen Arbeitsgruppe im Internationalen Jahr der Freiwilligen. Ferner existiert ein Beschluss des Landtags (vom 17. Mai 2001) „Neue Initiativen zur Förderung des Ehrenamts" (vgl. Thüringer Landtag). Impulse zur Weiterentwicklung der Förderpolitik kommen zudem oft von Seiten der Verbände. Charakteristisch für die Engagementpolitik in Thüringen sind die zuwendungsbezogene Ehrenamtsrichtlinie, Schwerpunkte bei Würdigungsaktionen, Einberufung von Landesehrenamtskonferenzen sowie die 2002 errichtete Ehrenamtsstiftung. Die Stiftung besitzt ein breites Aufgabenspektrum. Es reicht von Maßnahmen zur Würdigung gemeinnütziger ehrenamtlicher Tätigkeit und zur Beratung und Fortbildung über die Vernetzung von Aktiven bis zur Förderung von Modellprojekten. Die Stiftung soll besonders herausragende Formen ehrenamtlicher Tätigkeit tatkräftig unterstützen.

Thüringen gibt sich weniger programmatisch als pragmatisch. Gegenüber den „Hochglanzpolitiken" anderer Länder wird Bodenhaftung, direkter Dialog und konkrete Wirksamkeit betont. In Thüringen wird weiterhin am Begriff Ehrenamt festgehalten. Im Jahr 2001 wurde erstmals der Landesehrenamtspreis verliehen. Gemeinsam mit Bayern, Baden-Württemberg, Hessen, Saarland sowie Sachsen hatte Thüringen eine Initiative zur Freistellung ehrenamtlich Tätiger von der Sozialversicherungspflicht in den Bundesrat eingebracht, die jedoch keine Mehrheit fand (vgl. Bundesrat 2000). Zusammenfassend lässt sich sagen, dass dem bürgerschaftlichen Engagement in Thüringen eine relativ große Bedeutung zukommt, die finanzielle Ausstattung vergleichsweise gut abschneidet, aber die inhaltliche Ausrichtung sowie die Übernahme an Verantwortung in zentralen Bereichen noch verbesserungswürdig sind. Auffallend ist eine stark kultivierte Konsenskultur und ein inzwischen hoher Grad an interministerieller Abstimmung und Kompetenzenbündelung; federführend ist dabei das Referat Ehrenamt, Erziehungshilfe im Sozialministerium.

Zumindest zu Beginn wurde in Thüringen in starkem Maße auf Subjektförderung gesetzt. Allerdings wurde dieses Element durch die neue Förderrichtlinie deutlich abgeschwächt, die Träger und Körperschaften als Zuwendungsempfänger fördert. Offiziell ist eine spezielle Zielgruppenförderung nicht vorhanden. Indirekt werden jedoch bestimmte Schwerpunkte deutlich wie z.B. die Arbeit von Eltern, intergenerative Projekte, Nachbarschaftshilfen und die Abfederung von Arbeitsmarktproblemen. In den nicht in erster Linie sozialen Bereichen existieren im Rahmen der anderen Ministerien eine ganze Reihe klar eingegrenzter Zielgruppenprogramme, von der Sportförderung über die Förderung der freiwilligen Feuerwehr bis zu Maßnahmen im Bereich des Tier-, Umwelt- und Naturschutzes. Im Bereich der Engagementförderung ist mittlerweile eine stärkere Kontinuität zu beobachten. Im Internationalen Jahr der Freiwilligen 2001 ist auch in Thüringen eine Intensivierung der Landesauseinandersetzung über die Engagementförderung zu konstatieren. Die Ehrenamtsstiftung ist ebenfalls als Versuch anzusehen, die Ehrenamtsförderung zu verstetigen, auf Dauer zu sichern und dem politischen Einfluss insbesondere vor dem Hintergrund des Risikos von Haushaltsrestriktionen weitergehend zu entziehen (vgl. Otto u.a. 2003). Wichtige aktuelle Programme des Landes sind:

- Aktion Ehrenamt 50-Plus. Der Haushaltsansatz zur Honorierung ehrenamtlichen Engagements älterer Arbeitsloser summiert sich auf rund 1.950.000 Euro in 2001 bzw. 1.300.000 Euro in 2002.
- Thüringer Ehrenamtsstiftung, der der Freistaat Thüringen ein Anfangskapital von 50.000 Euro. gewidmet hat.
- Das Thüringen Jahr, in dem im Dezember 2004 die bis dahin vorhandenen „Freiwilligen-Jahre" (Freiwilliges Soziales Jahr, Freiwilliges Ökologisches Jahr, Freiwilliges Soziales Jahr im kulturellen Bereich, Freiwilliges Jahr der Denkmalpflege) zum „Thüringen Jahr" zusammengeführt worden sind. Auf Initiative von Ministerpräsident Dieter Althaus wurde die Anzahl der zur Verfügung stehenden Stellen in Thüringen von rund 250 auf 1.000 pro Jahr aufgestockt. Sie bieten interessierten Jugendlichen und jungen Erwachsenen die Möglichkeit, freiwillig ganztägig in den unterschiedlichsten Bereichen unserer Gesellschaft tätig zu sein, sich zu engagieren und sich dabei persönlich zu entwickeln (vgl. Homepage Thüringen Jahr).

10 Vergleich, Typologie und Interpretation der Unterschiede

10.1 Typologie der Länderaktivitäten

Angesichts der breiten Vielfalt an Länderaktivitäten ist es sinnvoll, die Komplexität durch Typenbildung zu reduzieren. Dazu dienen die drei folgenden Idealtypen, die den Rahmen für die realen Fälle abgeben (vgl. Otto u.a. 2003). Unterschieden werden

- Der integriert-prozedurale Typ
 Es erfolgt eine systematische Bündelung bzw. Integration der Einzelmaßnahmen und Instrumente zu einer umfassenden Gesamtstrategie der Förderung des bürgerschaftlichen Engagements. Eine ressortübergreifende Vernetzung der Programme ist vorhanden. Auf der politischen Agenda ist das Thema weit oben angesiedelt und die finanzielle Ausstattung ist relativ hoch. Die politische und gesellschaftliche Kommunikation des Politikfeldes und die Integration aller Akteure nehmen einen großen Stellenwert ein.
- Der segmentiert-feldspezifische Typ
 Dieser Typ repräsentiert den politisch-administrativen Normalzustand, bei dem mehrere Ministerien für unterschiedliche Zielgruppen und Programme zuständig sind. Auf der Informations- und Entscheidungsebene dominiert das Prinzip der negativen Koordination; eine gemeinsame politische Strategie der Förderung des bürgerschaftlichen Engagements wird nicht entwickelt und die landespolitische Relevanz des Themas ist eher mittel, ebenso die finanziellen Aufwendungen. Kontakte zu den Verbänden, Vereinen und kommunalen Akteuren sind auf einzelne Ministerien und Programme bezogen und können dort durchaus intensiv und kooperativ sein.
- Der symbolisch-diskursive Typ
 Dem Thema bürgerschaftliches Engagement kommt eine hohe öffentliche Bedeutung zu, dem umfassenden Agenda-Setting folgen aber nur relativ kleine Maßnahmen und

Programme. Charakteristisch sind eine begrenzte administrative Umsetzung samt geringer Ressourcenausstattung sowie die traditionelle Aufgabendelegation an die Verbände. Betont werden vor allem Diskurse, Diskussionen und prozedurale Elemente. Allerdings ist diese Variante keine bloße „symbolische" Politik, sondern eher eine Form weicher staatlicher Steuerung.

Auf der Basis dieser Typologie lassen sich nun in einer grafischen Darstellung die acht untersuchten Fälle in ihren Mischungsverhältnissen anschaulich verorten. Zugleich können Verschiebungen der Fälle dargestellt werden, da das junge Politikfeld Bürgerschaftliches Engagement durch eine erhebliche Dynamik geprägt wird. So relativiert sich in Sachsen in

Abbildung 4: Idealtypen und reale Fälle der Engagementpolitik um 2000 und 2008

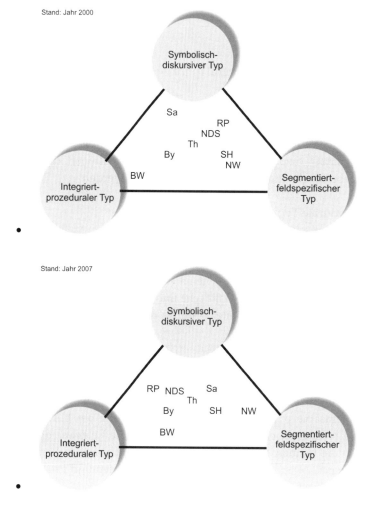

der knappen Dekade (2000-2008) die Bedeutung der symbolisch-diskursiven Elemente, was auch mit dem Weggang von Kurt Biedenkopf zusammenhängt. In ähnlicher Weise – aber aus und in andere Richtung – normalisiert sich der Fall Baden-Württemberg; hier ist das das Thema unter dem neuen Ministerpräsidenten nicht mehr „Chefsache". In Rheinland-Pfalz ist das Thema allerdings in der politischen Agenda nach oben gerückt und eine stärke Integration und Konzentration erreicht worden.

Die an diesen Beispielen aufscheinende starke Stellung der Ministerpräsidenten ist nicht nur deren Persönlichkeit geschuldet, sondern hängt auch eng zusammen mit der besonderen Struktur des Politikfeldes – nach dem Motto von Lowi: Policy determines Politics. Es handelt sich um eine (schwach) distributive Policy mit persuasiv-symbolischen Elementen, die keine materielle oder kulturelle Konfliktladung aufweist. Daher sind die Großorganisationen von Kapital und Arbeit kaum präsent bzw. umgekehrt existiert ein großer Gestaltungsspielraum für die politischen Akteure im Lande.

10.2 Einige Gründe für die unterschiedlichen Engagementpolitiken der Bundesländer

Die Ursachen für die unterschiedlichen Ausprägungen der Engagementpolitik liegen teils innerhalb des politisch-administrativen Systems, teils auch in dessen Umwelt und Rahmenbedingungen.

Ein erster Faktor, der sich hier auswirkt, liegt in der Breite und Verankerung der Diskurse um das bürgerschaftliche Engagement in Wissenschaft, Gesellschaft und Politik. Diese stellen „Wissen" zur Verfügung, das für Problemlösungen anerkannt ist und prägen so die Formulierung von landespolitischen Programmen. Ferner bauen sich darum Netzwerke aus Organisationen und Personen auf, wobei hier auf die wichtige Rolle der Ministerpräsidenten als Agenda-Setter zu verweisen ist (Mielke 2005). In allen drei Fällen größerer Verschiebungen in der o.a. Typologie sind es personelle Wechsel in den Führungsämtern, die den wesentlichen Unterschied machen. Zudem spielen – aber eher in allgemeiner Hinsicht – die politisch-ideologischen Grundausrichtungen der Parteien und deren Stärke eine Rolle: Unter der Prämisse, das Subsidiaritätsprinzip zur Geltung zu bringen, wirken sich Maßnahmen der Förderung von bürgerschaftlichem Engagement tendenziell stärker staatsentlastend und mehr auf die etablierten Wohlfahrts- und Sportverbände hin orientiert aus, als wenn Demokratisierung und Bürgernähe die leitenden Prinzipien bilden. Insofern zeigen sich durchaus gewisse Unterschiede zwischen bürgerlichen und sozialdemokratischen Regierungen. Allerdings belegen die stattgefundenen Regierungswechsel in den Bundesländern auch, dass einerseits die Unterschiede nicht so gravierend sind und andererseits die jeweils etablierten Strukturen eine hohe Kontinuität aufweisen, was auch als Wirkung des „Politikerbes" (M.G. Schmidt) bezeichnet werden kann.

Schließlich wirken sich die soziale, ökonomische und kulturelle Umwelt aus, also die Frage, ob ein Bundesland stärker ländlich oder städtisch geprägt ist, ob es relativ reich, im Sinne von Steuereinnahmen und Einkommen der Bevölkerung, ist oder ob hohe bzw. niedrige Arbeitslosigkeit herrscht. Ferner erweisen sich der Faktor Religion und die Art der politischen Kultur als wichtige Momente in der Förderung oder Hemmung bürgerschaftlichen Engagements und der darauf bezogenen staatlichen Maßnahmen. In diesem Zusammenhang steht auch die Stärke und Ausrichtungen der großen Verbände in Wohlfahrt, Sport und Musik – um nur die wichtigsten zu nennen.[5] Im Bezug auf das individuelle Engagement bestehen ebenfalls Unterschiede zwischen den Ländern

Allerdings lässt sich aus den genannten Faktoren kaum ein befriedigendes Erklärungsmodell ableiten – zumal die Beschreibung der Unterschiede vorwiegend qualitativ erfolgt – und theoretisch vertiefen.

11 Entwicklungstendenzen und Schlussfolgerungen

Ein Blick auf die untersuchten Bundesländer zeigt, dass eine Ergänzung etablierter Felder des bürgerschaftlichen Engagements stattfindet, d.h. es kommt zu einer Ausweitung auf neue Gebiete und Bereiche, in dem bürgerschaftliches Engagement praktiziert wird und entsprechend durch die Bundesländer (mit gewissen Unterschieden in Umfang und Schwerpunktsetzung) gefördert wird.

Abbildung 5: Materielle Trends in der Entwicklung des bürgerschaftlichen Engagements (aus Otto u.a. 2003)

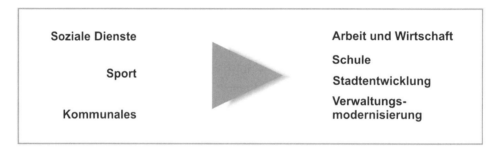

Im Bereich Arbeit und Wirtschaft konzentrieren sich die meisten Aktivitäten auf das neue Thema Corporate Citizenship (vgl. etwa Heinze 2004). Darüber hinaus ist in allen Bundesländern eine Verbesserung der Kommunikation durch die Einrichtung von Internetportalen zu beobachten. Damit lassen sich verschiedene Ziele erreichen: Nach außen werden Transparenz und Öffentlichkeit hergestellt und nach innen eine gewisse Integration der Informationsflüsse ermöglicht. Ähnliches gilt für den Aspekt der Vernetzung, wobei Formen und Intensität der Netzwerkbildung noch erheblich variieren. In der Sprache der Politikfeldanalyse dominiert eine eher weiche Form der Steuerung, die die Instrumente Geld, Recht und Wissen / Überzeugung kombiniert und in der das Agenda-Setting und die Netzwerkbildung eine große Rolle spielen. Inzwischen haben sich auch „Policy-Advocacy-Coalitions" (Sabatier; s.a. Schmid 2005) gebildet, wobei hier die Wissenschaft eine wichtige Rolle spielt. Die folgenden Übersichten fassen den aktuellen Stand in einigen ausgewählten Aspekten zusammen:

---

[5] Im Grunde gehören auch die Gewerkschaften in dieses Feld, was aber aufgrund der Selbsteinschätzung und historisch anderen Entwicklung meist nicht so gesehen wird (vgl. Schmid 2002).

Tabelle 6: Aktuelle Strukturen und Maßnahmen im Politikfeld Bürgerschaftliches Engagement (Stand April 2008)

Bundesland	Homepage	Referat/Stabsstelle
Baden-Württemberg	Ministerium für Arbeit und Soziales: http://www.sozialministerium.de/de/Buergerengagement_in_Baden-Wuerttemberg/81089.html***; http://www.ehrenamt-bw.de***	Stabsstelle Bürgerengagement und Freiwilligendienste im Ministerium für Arbeit und Soziales
Bayern	Staatsministerium für Arbeit und Sozialordnung, Familie und Frauen: http://www.stmas.bayern.de/sozialpolitik/ehrenamt**	Referat A 5 Gesellschaftspolitik, bürgerschaftliches Engagement und Bürgerarbeit
Niedersachsen	Ministerium für Soziales, Frauen, Familie und Gesundheit: http://www.ms.niedersachsen.de/master/C165878_N41787269_L20_D0_I674.html**; http://www.freiwilligenserver.de***	Referat 305 Seniorenpolitik, Ehrenamt, Selbsthilfe
Nordrhein-Westfalen	Ministerium für Generationen, Familie, Frauen und Integration: http://www.engagiert-in-nrw.de/index.php***	Referat 213 Bürgerschaftliches Engagement, Corporate Citizenship
Rheinland-Pfalz	Staatskanzlei: http://www.wir-tun-was.de	Leitstelle Koordination und ressortübergreifende Vernetzung von bürgerschaftlichem Engagement und Ehrenamt
Sachsen	Staatsministerium für Soziales: http://www.wir-fuer-sachsen.de**	Referat 43 Sozialhilfe und Grundsicherung, Wohlfahrts-pflege
Schleswig-Holstein	Ministerium für Soziales, Gesundheit, Familie, Jugend und Senioren: http://www.schleswig-holstein.de/MSGF/DE/BuergergesellschaftEhrenamt/BuergergesellschaftEhrenamt.html* (wird im Moment überarbeitet)	Referat Seniorenpolitik, Bürgergesellschaft und demografischer Wandel
Thüringen	Ministerium für Soziales, Familie und Gesundheit: http://www.thueringen.de/de/tmsfg/familie/ehrenamt*	Referat 33 Ehrenamt, Erziehungshilfe

Bundesland	Landesnetzwerk	Neuere Themen: Versicherung -- Corporate Citizenship
Baden-Württemberg	Landesnetzwerk vorhanden; setzt sich aus Netzwerken auf Gemeinde-, Stadt- und Landkreisebene zusammen; http://www.sozialministerium.de/de/Landesnetzwerk/82081.html ***	ja; Haftpflicht- und Unfallversicherung vorhanden -- Modellprojekt „Unternehmen BE"; http://www.sozialministerium.de/fm/1442/Corporate_Citizenship_in_BW.pdf
Bayern	Landesnetzwerk vorhanden; http://www.wir-fuer-uns.de***	ja; Haftpflicht- und Unfallversicherung ---http://www.wir-fuer-uns.de/ cgil-cal/landesnetzwerk/cms.pl?Seite=i0306.htm
Niedersachsen	NiedersachsenRing: http://www.freiwilligenserver.de/index.cfm?uuid =1C550467C3F011D6B42C0080AD795D93**	ja, Haftpflicht- und Unfallversicherung
Nordrhein-Westfallen	kein Landesnetzwerk, sondern diverses Netzwerke auf Landesebene vorhanden; http://www.engagiert-in-nrw.de/buergereng/netzwerke/index.php**	ja, Haftpflicht- und Unfallversicherung -- http://www.engagiert-in-nrw.de/unterneng/index.php
Rheinland-Pfalz	Wir tun' was – Initiative: http://www.wir-tun-was.de/index.html***	ja, Haftpflicht- und Unfallversicherung -- noch im Aufbau, http://www.wir-tun-was.de/corpirate_citizenship.html
Sachsen	Kein Landesnetzwerk, sondern Kampagne des Landes „WIR FÜR SACHSEN – Bürgerschaftliches Engagement"	ja, Haftpflicht- und Unfallversicherung;
Schleswig-Holstein	Die Landesinitiative Bürgergesellschaft http://www.ehrenamt-sh.de/content/index.php***	ja, Haftpflichtversicherung;
Thüringen	Thüringer Ehrenamtsstiftung; http://www.thueringer-ehrenamtsstiftung.de***	ja, Haftpflicht- und Unfallversicherung -- Marktplatzmethode: http://www.thueringer-ehrenamtsstiftung.de/Marktplatzmethode.70.0.html

Als Fazit bleibt, dass inzwischen in allen Ländern eine positive Grundhaltung gegenüber dem Thema bürgerschaftliches Engagement zu erkennen ist, denn, so die Einsicht, bürgerschaftliches Engagement hält die Gesellschaft zusammen (mit einigen skeptischeren Differenzierungen vgl. Keupp 2005). Allerdings unterscheiden sich die konkreten Positionen der Länder dabei durchaus. Zugleich hat sich überall ein entsprechendes Politikfeld etabliert, in dem ein rechtlicher und politischer Rahmen geboten wird, Programme formuliert und umgesetzt werden und so konkrete Projekte gefördert werden. Denn wer sich freiwillig engagiert, der will dafür auch eine gewisse Anerkennung bekommen, der erwartet ebenfalls einen Versicherungsschutz, Beratung und Fortbildung. Zugleich zeigen sich aber auch

Spannungen innerhalb des politisch-administrativen Systems, wie die Konkurrenz der Ressorts untereinander, Profilierungs- und Machtstrategien sowie eine unaufhebbare Pluralität und Dynamik der Zivilgesellschaft, in der das bürgerschaftliche Engagement eingebettet ist.

Literatur

Analyse & Kritik. Zeitung für linke Debatte und Praxis. Nr. 441 vom 31.08.2000 (http://www.akweb.de/ak_s/ak441/03.htm)

Beck, Kurt (2005): Bürgerschaftliches Engagement und politische Partizipation in Deutschland. Rede des Ministerpräsidenten des Landes Rheinland-Pfalz, (http://www.fesdc.org/Beck102005.pdf)

Beck, Ulrich (1986): Risikogesellschaft – Auf dem Weg in eine andere Moderne. Frankfurt a. M.: Suhrkamp

Blanke, Bernhard u.a. (2000): Sozialstaat im Wandel. Herausforderungen – Risiken – Chancen – neue Verantwortung. Düsseldorf: MFJFG

Bundesrat (2000): Entwurf eines Gesetzes zur Förderung ehrenamtlich Tätiger, Berlin: Bundesratsdrucksache 316/00

Deutscher Bundestag (2002): Bericht der Enquete-Kommission „Zukunft des Bürgerschaftlichen Engagements". Bürgerschaftliches Engagement: auf dem Weg in eine zukunftsfähige Bürgergesellschaft. Berlin: Bundesratsdrucksache 14/8900

Döhler, Marian/Manow, Philip (1995): Formierung und Wandel eines Politikfeldes – Gesundheitspolitik von Blank zu Seehofer. MPI Paper 95/6, Köln

Döhler, Marian/Manow, Philip (1997): Strukturbildung von Politikfeldern. Opladen: Leske + Budrich

Habermas, Jürgen (1973): Legitimationsprobleme im Spätkapitalismus. Frankfurt a. M.: Suhrkamp

Heinze, Rolf G./Olk, Thomas (2001): Bürgerengagement in Deutschland – Zum Stand der wissenschaftlichen und politischen Diskussion, in: Heinze, Rolf G./Olk, Thomas (Hrsg.): Bürgerengagement in Deutschland. Bestandsaufnahmen und Perspektiven. Opladen: Leske + Budrich

Heinze, Rolf G. (2004): Von Sozialkapital bis Corporate Citizenship – über die Potenziale einer Bürgergesellschaft, in: Boll, Joachim u.a. (Hrsg.), Bürger machen Stadt, Zivilgesellschaftliches Engagement in der Stadterneuerung, Dortmund, S. 19-24

Jain, Anil K. (1998): Subpolitik als Metapolitik, in: HP – Zeitschrift der Historiker und Politologen an der Uni München. Vol. 8 (1998), S. 56–59 (http://www.power-xs.net/jain/pub/subpolitik-metapolitik.pdf)

Keupp, Heiner (2005): Zur Rolle des Freiwilligen Engagements in der Krise des Sozialstaats, Münster: Vortragsmanuskript (uwww.ipp-muenchen.de/texte/ keupp_muenster.pdf)

Klie, Thomas/Roß, Paul-Stefan (2000): Bürgerschaftliches Engagement in Baden-Württemberg. 4. Wissenschaftlicher Jahresbericht 1999/2000. Stuttgart: Sozialministerium Baden-Württemberg

Korte, Karl-Rudolf (2001): Die Entfaltung von Politikstilen nach Wahlen, in: Derlien, Hans-Ulrich/Murswieck, Axel (Hrsg.): Regieren nach Wahlen, Opladen: Leske + Budrich, S. 113-131

Leitstelle RP 2007/8: Bericht der Leitstelle Bürgerengagement und Ehrenamt in der Staatskanzlei Rheinland-Pfalz 2007 und Panungen 2008, Mainz

Magel, Holger/Franke, Silke (2006): Landesnetzwerk Bürgerschaftliches Engagement Bayern (LNBE) Evaluierung des LNBE 2003 – 2006. Im Auftrag des Bayerischen Staatsministeriums für Arbeit und Sozialordnung, Familie und Frauen, München

Mielke, Gerd (2005): Agenda-Setting in der Landespolitik, in: Haubner, Dominik/ Mezger, Erika, Schwengel, Hermann (Hrsg.): Agendasetting und Reformpolitik, Marburg: Metropolis Verlag

Otto, Ulrich (1998): Daueranschub statt Finanzierung. Bürgerschaftliches Engagement als Innovationsprogramm in Baden-Württemberg, in: Schmidt, Roland u.a. (Hrsg.): Neue Steuerungen in Pflege und sozialer Altenarbeit, Regensburg, S. 383-404

Otto, Ulrich/Schmid, J./Plank, S./Schönstein, S./Steffen, C. (2003): Bürgerschaftliches Engagement im föderalen Staat. Förderstrategien im Ländervergleich, Opladen: Leske + Budrich

Schmid, Josef/Steffen, C./Maier, F./Sharma, M. R. (2004): Evaluation des Landesnetzwerks Bürgerschaftliches Engagement Baden-Württemberg. Im Auftrag des Sozialministeriums (www.sozialministerium.baden-wuerttemberg.de)

Schmid, Josef (1990): Die CDU. Organisationsstrukturen, Politiken und Funktionsweisen einer Partei im Föderalismus, Opladen: Leske + Budrich

Schmid, Josef unter Mitarbeit von St. Schönstein (2002): Bürgerschaftliches Engagement – Gewerkschaften – Arbeitswelt, Kurzanalyse des AK „Bürgergesellschaft und aktivierender Staat" der Friedrich-Ebert-Stiftung, Berlin

Schmid, Josef (2005): Stichwort Policy Cycle, in: Lexikon Public Affairs. Münster: Lit, S. 40-42

Schubert, Klaus/Klein, Martina (2006): Das Politiklexikon. 4., aktual. Aufl., Bonn: Dietz. www.bpb.de

Thüringer Landtag: Beschluss „Neue Initiative zur Förderung des Ehrenamts". Drucksache 3/1610, Erfurt

Zimmer, Annette (2007): Bürgerschaftliches Engagement – Thema von Lehre und Forschung. Senior CATS, no. 61 (www.civilsociety.se)

Zweiter Wissenschaftlicher Landesbericht zu bürgerschaftlichem Engagement und Ehrenamt in Baden-Württemberg in den Jahren 2004/ 2005/06" (www.sozialministerium-bw.de/de/Buerger engagement_in_Baden-Wuerttemberg/ 81089.html)

Quellen aus dem Internet:

Baden-Württemberg:
Homepage Fortbildung und Weiterbildung im Ehrenamt und Bürgerschaftlichen Engagement (http://www.fortbildung-ehrenamt.de).
Ministerium für Arbeit und Soziales Baden-Württemberg: Bürgerengagement (http://www.buergerengagement.de).
http://www.kultusministerium.baden-wuerttemberg.de/kultusm/ehrenamt/ehrenamt.htm

Bayern:
Homepage des Institut für Soziale und Kulturelle Arbeit Nürnberg (http://www.iska-nuernberg.de).
Homepage des Landesnetzwerks Bürgerschaftliches Engagement in Bayern (http://www.wir-fuer-uns.bayern.de).
Homepage Institut für Praxisforschung und Projektberatung München (http://www.ipp-muenchen.de).
http://www.stmas.bayern.de/sozialpolitik/haushalt/index.htm

Hessen:
Homepage der Ehrenamtskampagne der Landesregierung (http://www.gemeinsam-aktiv.de).

Mecklenburg-Vorpommern:
Homepage des Netzwerks Freiwilliges Engagement (http://www.netzwerk-mv.net).

Niedersachsen:
Niedersächsische Landesregierung: Bürgerschaftliches Engagement und Ehrenamt in Niedersachsen (http://www.niedersachsen.de/master/C12613130_N12612951_L20_D0_I198.html).
http://app.niedersachsen.de/MS_freiwillige.htm

Nordrhein-Westfalen:
MGFFI NRW: Engagiert in NRW (http://www.engagiert-in-nrw.de).

Rheinland-Pfalz:
Homepage der Initiative Wir tun was (http://www.wir-tun-was.de).

Sachsen:
Homepage Wir für Sachsen (http://www.wir-fuer-sachsen.de)

Sachsen-Anhalt:
http://www.plattformehrenamt.de
Homepage Engagiert in Sachsen-Anhalt (http://www.engagiert-in-sachsen-anhalt.de).

Schleswig-Holstein:
http://www.wir.schleswig-holstein.de
Homepage Ehrenamt in Schleswig-Holstein (http://ehrenamt-sh.de).

Thüringen:
Homepage Thüringen Jahr (http://www.thueringen.de/de/thueringenjahr).

Jörg Bogumil/Lars Holtkamp

Die kommunale Ebene

Kommune und lokaler Raum sind aufgrund der Erfahrungsnähe und der lebensweltlichen Rückbindung der dortigen Problemstellungen von besonderer Bedeutung für das Engagement der Bürgerinnen und Bürger. Quantitativ finden gut 80 % des Engagements hier statt. Zudem sind in den Kommunen die Bedingungen für ein bereichsübergreifendes Verständnis von Engagementförderung aufgrund der geringeren Komplexität des politisch-administrativen Systems im Gegensatz zu den häufig unkoordinierten Fachpolitiken auf Bundes- oder Landesebene besonders günstig. So lassen sich auf kommunaler Ebene mit dem Verwaltungsreformkonzept der Bürgerkommune bemerkenswerte Initiativen einer politikfeldübergreifenden Engagementpolitik verzeichnen. Darüber hinaus werden mit der kommunalen Ebene im Zuge der Diskussion über die kooperative Demokratie besondere Hoffnungen in Bezug auf eine stärkere Beteiligung der Bürger an der demokratischen Willensbildung verbunden. Insgesamt resultiert aus der angenommenen Nähe der Kommunen zu den Bürgern, dass eine hohe Partizipationsbereitschaft, ein stärkerer direkter Einbezug unorganisierter Bürger und eine gemeinschaftlich akzeptierte, problemnähere und effiziente Problemlösung häufig eher für möglich gehalten werden.

Im Mittelpunkt dieses Beitrags steht ein Vergleich der Umsetzungserfahrungen mit den beiden Verwaltungsreformleitbildern der letzten Jahre – dem Neuen Steuerungsmodell und der Bürgerkommune, wobei mit dem Konzept der kooperativen Demokratie auch die Verbindung von Engagement- und Demokratiepolitik thematisiert werden soll (vgl. ausführlicher zu den konkreten Instrumenten der Engagementförderung auf kommunaler Ebene Gisela Jakob in diesem Band). Wir können uns hierbei auf die Ergebnisse zweier Forschungsprojekte stützen, in denen die Implementation der Reformen durch landesweite Befragungen der kommunalen Entscheidungsträger und durch intensivere Fallstudien umfassend analysiert wurden (Bogumil et al. 2007; Bogumil et al 2003; Holtkamp et al. 2006).

Zunächst sollen aber kurz die veränderten kommunalen Rahmenbedingungen skizziert werden, die den Boom der Verwaltungsreformen auf kommunaler Ebene mitausgelöst haben.

1 Veränderte kommunale Rahmenbedingungen

1.1 Haushaltskrise

Seit Anfang der 1990er Jahre sind viele Kommunen in eine schwere Haushaltskrise geraten, ohne dass absehbar wäre, wie sie aus eigener Kraft aus der überwiegend exogen bedingten

Krise herauskommen können. Im Zuge der Deutschen Einheit und der Wirtschaftskrise Anfang der 1990er Jahre wiesen die ersten Kommunen Haushaltsdefizite aus. Auch die seit 2005 wieder einsetzenden deutlich höheren Gewerbesteuereinnahmen haben an der strukturellen Haushaltskrise vieler Kommunen nur wenig geändert. Besonders hervorzuheben ist hier die „erdrückende Last" der Altfehlbeträge in den kommunalen Verwaltungshaushalten. Defizite im Verwaltungshaushalt, der die wesentlichen laufenden Einnahmen und Ausgaben umfasst, dürfen nach dem Haushaltsrecht nur durch kurzfristige Kassenkredite abgedeckt werden und sind spätestens nach zwei Jahren als Altfehlbeträge wieder im Verwaltungshaushalt zu veranschlagen. Wenn der Verwaltungshaushalt dieses Jahres dann wiederum einen aktuellen (den sog. originären) Fehlbetrag ausweist, kommt zu der Abdeckung des Fehlbetrages aus den Vorjahren noch das Defizit des aktuellen Haushaltsjahres hinzu. Damit wächst der Fehlbetrag im Verlauf der Jahre stetig an. Dadurch steigen auch die Kassenkredite extrem an, die diese Fehlbeträge im Verwaltungshaushalt abdecken. So haben sich in nur sieben Jahren bis zum Jahre 2006 die Kassenkredite der deutschen Kommunen fast vervierfacht (Holtkamp 2007a).

Abbildung 1: Kassenkredite deutscher Kommunen in Mrd. Euro

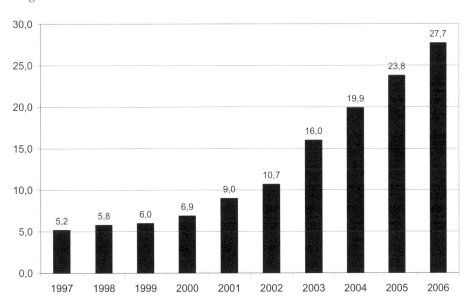

In einigen Kommunen sind die Kassenkredite schon höher als die gesamten Ausgaben des Verwaltungshaushalts, und es wird offen über die Zahlungsunfähigkeit einzelner Gemeinden diskutiert (Diemert 2005). Das von Norbert Wohlfahrt und Werner Zühlke (2005) pointiert betitelte „Ende der kommunalen Selbstverwaltung" nimmt in Extremfällen, in denen die Kommunalaufsicht beratende Sparkommissare in die Rathäuser entsendet, bereits heute konkrete Formen an (Holtkamp 2007b)[1], nachdem in NRW bereits im Jahre 2005 in 25 % der

---

[1] Seit Ende 2005 hat die Stadt Waltrop als erste Kommune in Deutschland von der nordrhein-westfälischen Landesregierung einen beratenden Sparkommissar verordnet bekommen. Dieser Fall wird vom Autor auf der Internetseite

Kommunen der Haushalt nicht mehr genehmigt wurde und diese unter das restriktive „Nothaushaltsrecht" fallen. Unter den Bedingungen des Nothaushaltsrechts dürfen die Kommunen nur noch die Aufgaben wahrnehmen, zu denen sie rechtlich verpflichtet sind „oder die für die Weiterführung notwendiger Aufgaben unaufschiebbar sind" (GO NW § 81 Abs. 1). Insbesondere neue freiwillige Aufgaben dürfen die Kommunen unter diesen Bedingungen nicht mehr wahrnehmen.

Lediglich in baden-württembergischen und bayerischen Kommunen kann anhand der einschlägigen Finanzindikatoren für die alten Bundesländer flächendeckend von einer besseren Haushaltslage und damit von einem nur begrenzten Konsolidierungsdruck ausgegangen werden.

Die Haushaltskrise ist in vielen Kommunen der wesentliche Motivationsfaktor für Verwaltungsreformen, setzt diesen aber gleichzeitig auch wiederum deutliche Grenzen, wie noch zu zeigen sein wird.

1.2 Einführung der Direktwahl des Bürgermeisters

Verwaltungsreformen gehen auf kommunaler Ebene in der Regel maßgeblich von der Verwaltungsspitze aus. Dies gilt auch für das Neue Steuerungsmodell und das Leitbild der Bürgerkommune. Insofern hängt für Verwaltungsreformen viel von der Stellung des Verwaltungschefs und den Selektionskriterien für seine Wahl ab.

Ausgehend von Ostdeutschland entwickelte sich seit 1991 ein durchgängiger Trend zur *Reform der Kommunalverfassungen* in Richtung Süddeutsche Rat-Bürgermeisterverfassung (baden-württembergischer Prägung) mit einem direkt gewählten Bürgermeister und der Einführung von Bürgerbegehren und Bürgerentscheiden. Bis auf Baden-Württemberg sind in allen Flächenländern die Kommunalverfassungen in den 1990er Jahren verändert worden. Damit werden auf lokaler Ebene die über 40 Jahre existierenden repräsentativ-demokratischen Formen politischer Entscheidungsfindung in den alten Bundesländern durch *direktdemokratische* Formen ergänzt, und die kommunale Verfassungswelt erfährt bei allen noch bestehenden gravierenden Unterschieden eine kaum für möglich gehaltene Vereinheitlichung.

In vielen Städten haben die Bürger nach den Kommunalverfassungsreformen nun einen durchsetzungsstarken Verwaltungschef als Ansprechpartner, der Bürgerbeteiligung und Kundenorientierung maßgeblich forciert. In Bürgerumfragen in unterschiedlichen Städten wurde deutlich, dass die Bürgernähe eines Bürgermeisters ein sehr wesentliches Kriterium für die Wähler ist (Holtkamp 2002a; Bogumil et al. 2003) und der Verwaltungschef nun einen erheblichen Anreiz hat, die Verwaltung und Politik stärker an den Wünschen der Bürger auszurichten. Zugleich hat der Bürgermeister durch die Kommunalverfassungsreformen in vielen Bundesländern deutlich mehr rechtliche Kompetenzen erhalten und ist unter den kommunalen Entscheidungsträgern häufig *der* dominierende Akteur (Holtkamp 2007a). Allerdings versuchen sich die Stadträte teilweise gegen diese Dominanz zur Wehr

---

www.sparkommissar-waltrop.de dokumentiert. Für die Stadt Marl wurde im Juni 2007 der zweite beratende Sparkommissar in NRW bestellt.

zu setzen und ihre Kompetenzen zu erhalten, was auch die Umsetzung von Verwaltungsreformen erschweren kann.

2 Das Neue Steuerungsmodell – Erfahrungen mit den Verwaltungsreformen der 1990er Jahre

Lange Zeit wurde die deutsche Verwaltung im internationalen Vergleich als vorbildlich angesehen. Sie galt als Prototyp der Bürokratie, wie sie bereits der deutsche Soziologe Max Weber beschrieben hatte. Sie war (und ist weitgehend noch) gekennzeichnet durch fachmäßige Schulung, feste Kompetenzen, Arbeitsteilung und hierarchische Unterordnung. Auch die Kommunalverwaltung war stark von diesen Prinzipien geprägt. Die Aufbauorganisation in Kommunalverwaltungen orientierte sich weitgehend einheitlich in Gemeinden an dem schon in den 1950er Jahren entwickelten Verwaltungsgliederungsplan der Kommunalen Gemeinschaftsstelle (KGSt). Die Kommunalverwaltung war hochgradig arbeitsteilig organisiert und stark hierarchisiert. Insgesamt waren folgende Arbeitseinheiten von unten nach oben zu unterscheiden: Stelle, Sacharbeitsgruppe, Sachgebiet, Abteilung, Amt, Dezernat. Bereits in den 1980er Jahren gerät diese wohlgeordnete Verwaltungswelt zunehmend in die Kritik. Sie sei zu kompliziert, unbeweglich und expansiv. Bürokratieabbau und Bürgernähe wurde gefordert, während sich die tatsächlichen Reformbemühungen im Vergleich zu anderen Ländern aber in überschaubaren Grenzen hielten. Die dort einsetzende New-Public-Management-Bewegung schwappte erst in den 1990er Jahren im Zuge von Deutscher Einheit und Haushaltskrise nach Deutschland. Nun wurde von der KGSt die von ihr entwickelte traditionelle Aufbauorganisation als zu bürokratisch verworfen. Dieser „bürokratische Zentralismus" (Banner 1991) müsse durch eine schlanke, kundenorientierte Verwaltung, die unternehmensähnlich agiert, abgelöst werden. Zentrales Credo des Neuen Steuerungsmodells ist also, dass die klassische bürokratische Steuerung der Verwaltung zunehmend dysfunktionale Folgen zeige und dass sich Konzepte modernen betriebswirtschaftlichen Managements mit Erfolg auf die öffentliche Verwaltung übertragen ließen. Dem negativ besetzten – und schon beinahe karikierten – Leitbild der derzeitigen bürokratischen und zentralistischen Steuerung wurde das neue Leitbild einer ergebnisorientierten, transparenten und dezentralen Steuerung entgegengesetzt: Motivation statt Alimentation für das Personal, Eigenverantwortung statt Hierarchie für die Organisation, Resultate statt Regeln für die Verfahren und Kostenrechnung statt Kameralistik für die Finanzen. So gesehen waren die einzelnen Elemente des managerialistischen Leitbildes zunächst nichts anderes als bloße – ideale – Gegenentwürfe zu den eklatanten oder behaupteten Mängeln der überkommenen Steuerungspraxis.

2.1 Das Konzept des Neuen Steuerungsmodells

Seit Anfang der 1990er Jahre steht die betriebswirtschaftlich inspirierte Binnenmodernisierung der Verwaltung nach dem Konzept des „Neuen Steuerungsmodells" (NSM) der KGSt auf der Tagesordnung. Wesentliche Bausteine des von der KGSt in Anlehnung an das Tilburger Modell entwickelten Neuen Steuerungsmodells waren:

- Kontraktmanagement zwischen Politik und Verwaltung, nach dem die Politik gemeinsam nur noch die Ziele („was") definieren und die Ausführung der Verwaltung überlassen sollte („wie"), um eine wirtschaftlichere Aufgabenerledigung zu gewährleisten
- Zusammenführung von Aufgaben- und Finanzverwaltung in Fachbereichen, insbesondere durch Budgetierung
- Übergang von der Input- zur Outputsteuerung durch flächendeckende Gliederung des Haushaltsplans in Produkten und Aufbau von Kosten-Leistungsrechnung
- Aufbau einer zentralen Organisationshoheit für nicht dezentralisierbare Steuerungs- und Controllingaufgaben.

Diese im Zuge der Binnenmodernisierung angestrebten neuen Verwaltungsstrukturen sollten von außen durch eine stärkere Kundenorientierung und interkommunale Leistungsvergleiche „unter Strom gesetzt" werden, um insgesamt vor allem eine effizientere Mittelverwendung zu garantieren.

Abbildung 2: Gestaltungselemente des Neuen Steuerungsmodells

Außendimension	Binnendimension		Verhältnis Politik-Verwaltung
	Ablösung des „Bürokratiemodells"		
Wettbewerbselemente durch Benchmarking; Kundenorientierung durch One-Stop-Agencies	*Verfahren*: Ergebnisorientierung durch Produktdefinitionen, Kosten- und Leistungsrechnung; Kontraktmanagement zwischen Verwaltungsebenen; Zusammenführung von Fach- und Ressourcenverantwortung auf Fachbereichsebene		Trennung von Politik („Was") und Verwaltung („Wie"); „Politische Kontrakte"; Ergebnisorientierte Steuerung durch Produktbudgets; Politisches Controlling
	Organisation: Konzernstruktur mit teil-autonomen Ergebniszentren als Betriebsebene; Zentraler Steuerungsdienst für strategische Aufgaben; Umbau der Querschnittsämter zu zentralen Servicestellen mit Auftragnehmerfunktion		
	Personal: betriebswirtschaftliches Know-how; Partizipations-, Kooperations- und Gruppenelemente; ganzheitliche Arbeitszusammenhänge; Anreizsysteme; modernes Personalmanagement (Beurteilungswesen; AC-Verfahren usw.)		

Quelle: Bogumil/Holtkamp 2006

2.2 Umsetzungsstand

Sehr viele Kommunen orientierten sich anfangs am Neuen Steuerungsmodell, insbesondere in der Hoffnung dadurch die sich abzeichnende Haushaltskrise erfolgreich meistern zu können. Nur wenige Jahre später legten aber viele Kommunen das Neue Steuerungsmodell wieder teilweise zu den Akten (Bogumil et al. 2007). Die Kommunalpolitik konzentriert sich weiterhin, entgegen dem Reformmodell, nicht auf die Zieldefinition („Was"), sondern sieht ihr Hauptbetätigungsfeld in der Detailintervention („Wie"). Die Budgetierung wurde nur eingeschränkt umgesetzt, auch weil sich im Zuge der Haushaltskonsolidierung zeigte, dass eine zu starke Delegation von Kompetenzen für den Sparprozess eher nachteilig ist. Zudem wurden in vielen Kommunalverwaltungen mit erheblichem Personaleinsatz Produktkataloge entwickelt, die nur wenig später wieder „eingestampft" wurden. Die anfängliche Reformeuphorie schlug schnell in Ernüchterung und grundsätzliche Skepsis bei vielen Verwaltungsmitarbeitern um. Lediglich für die Kundenorientierung kann man eine ausgesprochen positive Bilanz der Verwaltungsmodernisierung ziehen (Bogumil et al. 2007). Zwar wurden einzelne Elemente einer kundenorientierten Strategie schon vor dem Neuen Steuerungsmodell entwickelt, wie z. B. die Bürgerämter, aber durch die Diskussion über Verwaltungsmodernisierung verbreiteten sich diese Modelle zügig. Nachweislich wurden hierdurch die Bearbeitungszeiten von Verwaltungsvorgängen optimiert sowie die Kundenzufriedenheit und die Servicequalität erhöht. Am erfolgreichsten erwiesen sich Formen des Aktiven Beschwerdemanagements und die Bürgerämter, die in vielen Kommunen mittlerweile zur Selbstverständlichkeit geworden sind.

Fünf Schlüsse lassen sich aus den Umsetzungsdefiziten des Neuen Steuerungsmodells ziehen, die auch für eine stärkere Ausrichtung der Kommunalverwaltung an dem Leitbild der Bürgerkommune relevant sind:

1. Reformkonzepte werden in den Kommunen in der Regel nicht ganzheitlich umgesetzt. Die Kommunen picken sich nur einzelne Reformbausteine heraus, die die aus ihrer Sicht relevantesten Probleme lösen sollen und auch den Eigeninteressen der Akteure entsprechen. Es dominieren inkrementalistische, also kleinschrittige, Reformansätze.
2. Bei starkem Konsolidierungsdruck werden häufig nur die Bausteine umgesetzt, die sofortige Einspareffekte versprechen. Unter den restriktiven Rahmenbedingungen des Nothaushaltsrechts sind Verwaltungsreformen, deren „Investitionen" sich mittelfristig (möglicherweise) auszahlen, kaum noch realisierbar. „Je prekärer die Haushaltslage wurde, umso größer war die NSM-Distanz und umso wichtiger wurden (wieder) traditionelle Verfahren und Steuerungsinstrumente" (Bogumil et al. 2007: 308). Die Haushaltskrise war zwar häufig der Auslöser der Verwaltungsreform, aber der zunehmende Konsolidierungsdruck führte schließlich auch zum vorzeitigen Ende des NSM in nicht wenigen Kommunen.
3. Wesentlich für die Umsetzung der Verwaltungsreform ist das starke Engagement des Verwaltungschefs. Ein Bürgermeisterwechsel kann nicht selten Verwaltungsreformbestrebungen beenden oder neu entfachen. Mit der Einführung der Direktwahl wurden in vielen Bundesländern zunehmend (ehemalige) ehrenamtliche Kommunalpolitiker zum Verwaltungschef gewählt, die nicht selten nur ein begrenztes Interesse an der Verwaltungsreorganisation haben (Bogumil et al. 2007: 312). Lediglich Reformbausteine, die, wie z. B. Bürgerämter, zu sofort sichtbaren Verbesserungen für die Wähler führen, finden die uneingeschränkte Unterstützung der Bürgermeister.
4. Reformförderlich kann es darüber hinaus sein einen Teil der Verwaltungsmitarbeiter als Unterstützer für die Reform zu gewinnen. Nachdem allerdings zunehmend deutlich wurde, dass das Neue Steuerungsmodell auch mit Personalabbau und Rationali-

sierungseffekten einhergehen soll, ließen viele Mitarbeiter durch mikropolitische Strategien die Reformmodelle weitgehend leer laufen.
5. Zudem ist die Unterstützung zumindest von Teilen des Stadtrates wesentlich für den Reformerfolg. Haben viele Ratsmitglieder den Eindruck, dass beispielsweise durch die neue Arbeitsteilung im Zuge des Neuen Steuerungsmodells ihre Kompetenzen beschnitten werden, werden sie in der Umsetzungsphase die Reform torpedieren. Zudem kann der ausgeprägte Parteienwettbewerb, bei dem sich unvermittelt Oppositions- und Mehrheitsfraktionen im Stadtrat gegenüberstehen, die politische Umsetzung von Reformen behindern. So hat bei konkurrenzdemokratischen Konstellationen die Parlamentsmehrheit in der Regel kein Interesse an Transparenz – also an klaren Zielen und der Messung der Zielerreichung (Bogumil/Holtkamp 2006). Kann sie diese Ziele schließlich nicht erreichen, bietet sie den Oppositionsfraktionen „unnötige Angriffsflächen". Deshalb verzichten die Mehrheitsfraktionen häufig auf klare Ziele bzw. können sich auf Ziele nicht gemeinsam mit den Oppositionsfraktionen verständigen.

3 Die Bürgerkommune – Erfahrungen mit den Verwaltungsreformen im neuen Jahrtausend

Der Begriff Bürgerkommune erfreut sich in der kommunalen Praxis großer Beliebtheit. Man hofft, durch den stärkeren Einbezug der Bürger Politik(er)verdrossenheit abbauen, Engagement fördern und die gravierenden Haushaltsprobleme reduzieren zu können. Im Kern geht es bei der Bürgerkommune darum, aufbauend auf dem Leitbild der kundenorientierten Verwaltung, das freiwillige Engagement zu fördern und die Bürger stärker an kommunalen Planungsprozessen zu beteiligen. Damit zielt die Bürgerkommune auch auf eine Neugestaltung des Kräftedreiecks zwischen Bürgern, Kommunalvertretung und Verwaltung. Richtete sich das Neue Steuerungsmodell auf die Binnenmodernisierung der Verwaltung (mit Ausnahme der Kundenorientierung), geht es im Leitbild der Bürgerkommune vorwiegend um eine Neubestimmung des Verhältnisses von Verwaltung, Politik *und* Bürgern.

3.1 Das Konzept der Bürgerkommune

Allerdings gehört der Begriff der Bürgerkommune zu den Begriffen, die von vielen benutzt werden, aber mitunter in durchaus unterschiedlichem Sinne. So hat im Unterschied zum Neuen Steuerungsmodell auch die KGSt für die Bürgerkommune kein klares Konzept präsentiert. Um daher zu präzisieren, was man unter der Bürgerkommune versteht, haben wir unter Rückgriff auf „einschlägige" Praktikerliteratur und wissenschaftliche Studien zur Förderung von Bürgerengagement im Rahmen unseres Forschungsprojektes ein Leitbild der Bürgerkommune entwickelt (Bogumil/Holtkamp 2001).

Nach Analyse der Praktikerliteratur werden durch das Leitbild der Bürgerkommune fünf Ziele verfolgt:

- höhere Bürgerzufriedenheit mit kommunalen Dienstleistungen und Planungsprojekten (Akzeptanz)
- stärkere Teilnahme der Bürger an der demokratischen Willensbildung und Revitalisierung der kommunalen Demokratie (Demokratisierung)
- Stärkung der Unterstützungsnetzwerke der Bürger (Solidarität)
- Entlastung der kommunalen Haushalte (Effizienz)
- bessere Politikergebnisse im Sinne der politischen Zielsetzungen (Effektivität).

Diese anspruchsvollen Ziele der Bürgerkommune lassen sich kaum alle gemeinsam erreichen. Um möglichst zu einer Optimierung der Zielvorgaben zu kommen, setzt man auf eine mehrdimensionale Vorgehensweise. Es geht in der Bürgerkommune darum, parallel die Kunden-, Mitgestalter- und Auftraggeberrolle zu fördern. Die Beteiligung in der Auftraggeberrolle setzt bei der kommunalen Politikformulierung und Planung an (z. B. „runde Tische"), während die Mitgestalter- und Kundenrolle in der Phase der Politikumsetzung greift. Die Kundenrolle meint eher die passive Beurteilung des kommunalen Outputs (Aktives Beschwerdemanagement, Kundenbefragungen etc.), während unter der Mitgestalterrolle das aktive Mitproduzieren des Outputs (z. B. Pflege von Sportstätten durch Vereine) zu verstehen ist.

Die drei Beteiligungsrollen, die wir als die Säulen der Bürgerkommune bezeichnen, sind im unterschiedlichen Maße dazu geeignet, die fünf Ziele der Bürgerkommune zu realisieren: Während die Mitgestalterrolle als einzige Rolle in starkem Maße die *Effizienz* (z. B. Aufgabenübertragung auf Sportvereine) und die *Solidarität* (z. B. Nachbarschaftshilfe, Selbsthilfe, soziales Ehrenamt) fördert, ist die Auftraggeberrolle in besonderem Maße dazu geeignet, die *Revitalisierung* der kommunalen Demokratie voranzutreiben. Will man also die Ziele der Bürgerkommune nicht gegeneinander ausspielen, empfiehlt sich eine gleichberechtigte Förderung der Beteiligungsrollen.

Abbildung 3: Das Leitbild der Bürgerkommune

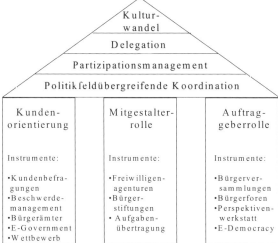

Quelle: Eigene Darstellung.

Damit die Beteiligungsinstrumente in den einzelnen Rollen ihren vollen Nutzen entfalten können, bedarf es einer grundlegenden Umgestaltung des kommunalen Entscheidungssystems. Dieses gemeinsame „Dach" der Bürgerkommune besteht aus vier Bausteinen.

(1) Zunächst sollten Organisationsstrukturen geschaffen werden, die eine ressort- bzw. *politikfeldübergreifende Koordination* der Bürgerbeteiligung und Engagementförderung ermöglichen. Die Bürger haben nur wenig Verständnis für die unterschiedlichen Ressortgrenzen und möchten, dass die Probleme ihrer Lebenslage entsprechend ganzheitlich behandelt und Beteiligungsergebnisse ressortübergreifend umgesetzt werden. Im Idealfall ist unter politikfeldübergreifender Koordination zu verstehen, dass für den sich beteiligenden Bürger nach außen hin nur ein zentraler Ansprechpartner – z. B. ein so genannter Bürgerbeauftragter – zuständig ist, um ihm die übliche „Ämterralley" zu ersparen (One-Stop-Participation).

(2) Erforderlich ist ein *Partizipationsmanagement* unter gleichberechtigter Beteiligung der Mehrheits- und Oppositionsfraktionen, um auch bei veränderten politischen Mehrheiten die Kontinuität des Projektes „Bürgerkommune" gewährleisten zu können. Dieses ist der wichtigste Baustein, da man häufig in der kommunalen Praxis feststellen kann, dass relativ unreflektiert Beteiligungsinstrumente eingesetzt werden. Im Rahmen des Partizipationsmanagements sollen sich die kommunalen Entscheidungsträger *vor* dem Einsatz von Beteiligungsinstrumenten darüber Gedanken machen, *wann, an welcher Stelle, zu welchem Thema* Bürger *wie* zu beteiligen sind.

(3) Die *Delegation von Verantwortung* auf Stadtteilebene, dezentrale Einrichtungen und Bürgergruppen bei kommunaler Rahmensteuerung ist ein weiterer wichtiger Baustein. Die Delegation führt zu erhöhten Anreizen der Bürger, sich an der Planung und Umsetzung lokaler Politik zu beteiligen, weil der einzelne Bürger sieht, dass es auf sein Handeln wirklich ankommt und Trittbrettfahrerverhalten aufgrund größerer sozialer Kontrolle unwahrscheinlicher ist als in größeren Einheiten.

(4) Darüber hinaus ist langfristig ein umfassender *Kulturwandel* erforderlich, der als kollektiver Lernprozess dazu führen sollte, dass die kommunalen Entscheidungsträger von sich aus auf die Bürger zugehen und die Beteiligung der Bürger eher als Bereicherung, denn als Beschneidung ihrer Kompetenzen und Gefährdung eingespielter Routinen empfinden.

An diesem Leitbild der Bürgerkommune wurde gerade von wissenschaftlicher Seite kritisiert, dass es zu stark auf die kommunalen Entscheidungsträger zugeschnitten sei, während wesentliche Initiativen zur Bürgerkommune gerade von den zivilgesellschaftlichen Akteuren ausgehen würden bzw. sollten. Dieses Konzept der Bürgerkommune sei also zu „staatszentriert" – zu stark auf die Bedürfnisse der kommunalen Entscheidungsträger ausgerichtet. Insbesondere das Bild der über das Partizipationsmanagement die Beteiligung steuernden kommunalen Entscheidungsträger sei auch normativ nicht wünschenswert. Diese Kritik folgt eher dem Bürgerkommunenleitbild der Enquete-Kommission „Zukunft des Bürgerschaftlichen Engagements":

> „Das Leitbild ‚Bürgerkommune' meint dabei mehr als Kommunalpolitik. Es umfasst alle Lebensbereiche, die in lokalen Räumen organisiert sind und alle Akteure, die unmittelbar auf das lokale Zusammenleben Einfluss nehmen (…) In Kommunen, die z. B. durch ein ansässiges Großunternehmen geprägt sind, dürfte dessen lokales Engagement gelegentlich mehr Gewicht für die Umsetzung des Leitbilds ‚Bürgerkommune' haben als Rat und Kommunalverwaltung" (Enquete-Kommission 2002, S. 159).

Diese Kritik und dieses Leitbild der Enquete-Kommission sind in Bezug auf die Mitgestalterrolle durchaus gerechtfertigt, weil hier die Initiative häufig von den gesellschaftlichen Akteuren ausgeht, eine Steuerung über das Partizipationsmanagement die Eigeninitiative ersticken kann und die gesellschaftlichen Akteure kommunale Steuerungsversuche als illegitime Einflussnahmen erleben können. Diese eigenständigen Leistungen zivilgesellschaftlicher Akteure wurden aber häufig eher vernachlässigt (vgl. hierzu Holtkamp/Bogumil 2007), weil die Bürgerkommune von den kommunalen Entscheidungsträgern als Verwaltungsreformkonzept angelegt wurde.

Für die Beteiligung in den beiden anderen Rollen bleibt aber festzuhalten, dass hier die Impulse vor allem von den kommunalen Entscheidungsträgern ausgehen müssen, weil sie und nicht etwa ein Großunternehmen hinterher die Beteiligungsergebnisse in städtische Politik umsetzen müssen. Damit müssen im Rahmen eines Partizipationsmanagements auch klare kommunale Standards gesetzt werden.

3.2 Das Konzept der kooperativen Demokratie

Anschlussfähig an die Diskussion über normative Demokratietheorien ist das Konzept der Bürgerkommune dann, wenn man die Bürgerkommune als Kombination von kundenorientierter Verwaltung mit Formen der kooperativen Demokratie deutet. In der Debatte über kooperative Demokratie rückt insbesondere die Mitgestalter- und die Auftraggeberrolle in den Mittelpunkt des Interesses. Der Fokus liegt dabei auf freiwilligen, dialogisch orientierten und auf kooperative Problemlösungen angelegten Verfahren der Beteiligung von Bürgern und Verbänden an der Formulierung und Umsetzung kommunaler Politik. Solche dialogorientierten Verfahren ergänzen bestehende Formen repräsentativer Willensbildung, wie etwa die Wahl der kommunalen Vertretungskörperschaft, aber auch die direktdemokratische Willensbekundung durch Bürgerbegehren oder Direktwahl des Bürgermeisters. Das Konzept der kooperativen Demokratie betont insbesondere die enge Verbindung von Mitgestalter- und Auftraggeberrolle. Engagementpotentiale können danach nur ausgeschöpft werden, wenn Engagement- und Demokratiepolitik stärker miteinander verzahnt werden. Nur wer bei wichtigen Entscheidungen mitreden kann, ist bereit seine Engagementpotentiale in die kommunale Selbstverwaltung einzubringen. Insofern sind in der kooperativen Demokratie die Grenzen zwischen Auftraggeber- und Mitgestalterrolle fließend (Holtkamp et al. 2006; Bogumil 2001; Bogumil 2002).

Die kooperative Demokratie lässt sich von anderen Kooperationsmechanismen dadurch abgrenzen, dass an ihr relativ viele gesellschaftliche Gruppen und Bürger teilnehmen *können*. Dies gilt nicht nur für einzelne Bürger, sondern auch für kollektive Akteure. Kooperative Demokratie kann damit aus einer theoretischen Perspektive als Koordinierung von Politik und Verwaltung, zivilgesellschaftlichen und privatwirtschaftlichen Akteuren in Netzwerken gedeutet werden, die im Zuge prozeduraler Politik von Politik und Verwaltung in der Regel für einen mittelfristigen Zeitraum „inszeniert" wurde. Allerdings kommt der Politik in diesen Netzwerken grundsätzlich das Letztentscheidungsrecht zu. In der kooperativen Demokratie können in der Regel keine verbindlichen Entscheidungen getroffen oder an Repräsentanten delegiert werden. Sowohl beim Einsatz als auch bei der Umsetzung von

Beteiligungsergebnissen ist man in starkem Maße auf die kommunalen Entscheidungsträger angewiesen.

Kooperatives Handeln ist nun kein neuer Aspekt bei der Analyse moderner Staatstätigkeit, denn es ist schon länger bekannt, dass der moderne Staat seine Aufgaben nicht ausschließlich in einseitig-hoheitlicher Tätigkeit und in hierarchischen Steuerungsstrukturen erfüllt. Neu scheint uns allerdings zu sein, dass das Ausmaß an kooperativen Handlungsformen vor allem auf lokaler Ebene an Bedeutung zugenommen hat. Betrachtet man Bürgerbeteiligungsformen, so zeigt sich, dass den seit Mitte der 1960er Jahre entstehenden Informations- und Anhörungsrechten im Verfahrensrechtschutz in den 1970er Jahren gesetzliche Anhörungs- und Beratungsrechte einer breiten Öffentlichkeit in der Stadtplanung folgen. In den 1980er Jahren geht es vor allem um die aufsuchende und aktivierende Beteiligung spezifischer Zielgruppen, die gezielt angesprochen und motiviert werden. Das Beteiligungsverständnis geht hier schon über Information, Anhören und Beratung hinaus. Seit den 1990er Jahren kommt dann der Kooperation eine wesentliche Bedeutung zu und es kommt zu einer bis dahin in diesem Ausmaß nicht gekannten Welle von Angeboten in der Mitgestalter- und Auftraggeberrolle. Insbesondere die heutigen Partizipationsangebote als Bürgerforen bzw. runde Tische im Rahmen der Lokalen Agenda oder des Stadtmarketings unterscheiden sich gravierend von den traditionellen Bürgerversammlungen. In Bürgerforen bietet sich die Chance, verschiedene Sachverhalte viel intensiver und früher im Planungsprozess zu diskutieren, und der Übergang zur Mitgestalterrolle ist in Bürgerforen fließend. Insofern verbinden sich gerade in diesen Angeboten der kooperativen Demokratie Elemente der Engagement- und Demokratiepolitik.

Auch deshalb wurden mit Bürgerforen in der lokalen Politikforschung hohe Erwartungen und Ziele verbunden, die in einer regelrechten Netzwerkeuphorie gipfelten. Aus politikwissenschaftlicher Sicht wurden vielfältige Leistungen von Bürgerforen hinsichtlich der Output-Legitimität prognostiziert: durch die Nutzung von gesellschaftlichem Wissen sollten problemadäquatere Lösungen und neue Ideen entwickelt werden, die Implementationsressourcen gesellschaftlicher Akteure sollten die zunehmend bescheideneren staatlichen bzw. kommunalen Ressourcen ergänzen und die frühzeitige Beteiligung sollte Implementationswiderstände sowie Realisierungszeiten von infrastrukturellen Großvorhaben reduzieren (Weidner 1996: 38; Eißel 1999: 189). Allgemein wird postuliert, dass stärkere demokratische Mitwirkung sich „auch unter ökonomischen Effizienzgesichtspunkten [rechnet, L.H.], da eine Nichtbeteiligung der Partikularinteressen Proteste und Klagen evoziert, mittelfristig die Wirtschaft abschreckt und die Städte ‚teuer' zu stehen kommen". Bürgerforen *sollen und können* aus Sicht der lokalen Politikforschung auch einen notwendigen Beitrag zur Modernisierung der lokalen Demokratie und zu einer höheren Input-Legitimität leisten. Bürgerforen können demnach zu besseren Partizipationschancen und dadurch auch zu einem Abbau der viel zitierten Politik(er)verdrossenheit sowie einer erhöhten politischen Transparenz führen (Feindt 1997; Gessenharter 1996; Zilleßen 1993; Feindt 2001). Darüber hinaus würde der in ihnen stattfindende Diskurs dazu tendieren, „die Partialrationalitäten und -interessen der Beteiligten in eine Gesamtrationalität zu integrieren" (Zilleßen 1998: 58). Partizipation in Netzwerken erhöhe demnach „nicht nur die Demokratieverträglichkeit eines Systems, sondern zugleich auch die Effektivität" (Eißel 2000: 178).

Damit diese hochgesteckten Ziele zumindest teilweise erreicht werden können, haben wir an anderer Stelle einige *normative* Vorgaben für die kooperative Demokratie entwickelt, so dass der Begriff kooperative Demokratie für uns nicht nur eine beschreibende, sondern auch eine normative Dimension hat (Holtkamp et al. 2006):

Die Beteiligungsangebote müssen danach an den im Zuge des Wertewandels veränderten Bedürfnissen und Interessen der Bürger ansetzen. Der Hinweis darauf, dass durch die kooperative Demokratie eine höhere Legitimität, Effizienz und Effektivität erreicht werden kann, motiviert allein selten zur Beteiligung. Diese häufig aus Sicht der kommunalen Entscheidungsträger zentralen Argumente müssen durch eine Perspektive „von unten" ergänzt werden, damit die Beteiligungsangebote von den Bürgern tatsächlich angenommen werden bzw. zu einem nachhaltigen Umgang mit Beteiligungsressourcen führen. Ziel eines nachhaltigen Umgangs ist, dass die Bereitschaft der Bürger, nach der Teilnahme an Beteiligungsangeboten auch zukünftig zu partizipieren, gestärkt werden soll. In der Mitgestalterrolle bedeutet dies, dass das Engagement Spaß bzw. subjektiv „Sinn" machen sollte. In der Auftraggeberrolle erwarten die Bürger vor allem, dass die Beteiligungsergebnisse hinterher zumindest zum Teil auch umgesetzt werden. Darüber hinaus sind bei den Beteiligungsangeboten die begrenzten Zeitressourcen der Bürger zu berücksichtigen, und die Bürger sollten weder zeitlich noch kognitiv überfordert werden. Die Beteiligungsangebote sollten zudem darauf abzielen, dass möglichst viele Bevölkerungsgruppen vertreten sind.

Damit diese Bedingungen zumindest annähernd erfüllt sind, bedarf es eines vorausschauenden Partizipationsmanagements, in dem die kommunalen Entscheidungsträger die Beteiligungsangebote dementsprechend zuschneiden und aktiv unterstützen. Die Umsetzung der Beteiligungsergebnisse wird zu einer zentralen Aufgabe der kommunalen Entscheidungsträger, aber gerade bei wichtigen Fragen sollten sie nicht nur formal, sondern auch faktisch das Letztentscheidungsrecht haben, um sozial selektive Beteiligungsergebnisse korrigieren zu können und die Ergebnisse mit allgemeinen Stadtentwicklungszielen und übergreifenden Planungen abstimmen zu können. Darüber hinaus sollen die Beteiligungsthemen so zugeschnitten werden, dass die Bürger nicht zeitlich überfordert werden. Die Beteiligung bezieht sich somit eher auf die kleinräumige Planung und konkrete Projekte.

Insgesamt soll die kooperative Demokratie aus einer pragmatischen Perspektive zur Förderung von Bürgerbeteiligung und Bürgerengagement beitragen, ohne damit eine Kontrolle von Herrschaft oder eine umfassende Partizipation oder gar eine „ideale Sprechsituation" gewährleisten zu können. Die kooperative Demokratie als normatives Konzept ist stark an den derzeitigen kommunalen Entscheidungsstrukturen orientiert. Ausgehend von als gegeben angenommenen Strukturen soll sie in einem inhaltlich und zeitlich beschränkten Maße die von den kommunalen Entscheidungsträgern stark vorstrukturierte Beteiligung von Bürgern und Verbänden gewährleisten. Diese Beschränkungen sollen auch zu einer im Vergleich zu partizipativen und deliberativen Ansätzen höheren Realisierbarkeit der kooperativen Demokratie führen.

3.3 Leistungen und Probleme der Bürgerkommune

In den landesweiten Befragungen in Baden-Württemberg und NRW des Forschungsprojekts Bürgerkommune gaben mehr als die Hälfte der Bürgermeister (55,2 %) an, dass sich der Stadtrat oder der Bürgermeister offiziell das Ziel gesetzt haben, eine Bürgerkommune bzw. eine bürgerorientierte Kommune zu werden. Dies zeigt, dass das Konzept der Bürgerkommune zumindest von den direktgewählten Bürgermeistern mittlerweile ebenso bereitwillig aufgenommen wird wie vor Jahren noch das Neue Steuerungsmodell. Sie sind nach ihren Angaben die zentralen Promotoren der Bürgerkommune, was auch auf die skizzierten Anreize der Direktwahl zur Vermittlung von Bürgernähe zurückzuführen ist. Allerdings gilt dies maßgeblich nur für die Förderung der drei Beteiligungsrollen – also der Säulen der Bürgerkommune, während das gemeinsame Dach der Bürgerkommune bisher nur begrenzt umgesetzt wurde.

Ausgehend von empirischen Untersuchungen lassen sich die folgenden Leistungen von Bürgerkommunen bzw. einzelne Instrumente zur Förderung der drei Beteiligungsrollen konstatieren (Bogumil et al. 2003):

Durch Beteiligung gelingt es Teile der Bürgerschaft intensiver in die politische Willensbildung einzubeziehen. Sind die Beteiligungsinstrumente und das Beteiligungsthema sorgfältig ausgewählt, ist die Resonanz der Bürger auf Beteiligungsangebote überraschend groß. Von einer *generellen Politikverdrossenheit* kann damit *keine Rede* sein. Viele Bürger interessieren sich für kommunale Fragen und wollen sich durchaus konstruktiv in die Planung einbringen. Durch Beteiligung (bei Umsetzung von Beteiligungsergebnissen) kann dieses Interesse noch gefördert werden.

Die Bürgerkommune kann zur Legitimationsentlastung der kommunalen Entscheidungsträger beitragen. Insbesondere die Verlagerung von Kompetenzen und Aufgaben auf Vereine kann dazu führen, dass Verteilungskonflikte dezentral gelöst werden und kostenintensive Ansprüche der Bürger reduziert werden.

Darüber hinaus gelingt es den Fraktionen durch Bürgerbeteiligung in begrenztem Maße *neue Mitstreiter zu gewinnen*. Die Bürgerkommune kann damit ein Weg sein, die sich in kleineren und mittleren Städten abzeichnenden Rekrutierungsprobleme für qualifizierte Ratsmitglieder zu reduzieren. Sie leistet damit einen Beitrag zur „Reproduktion" der repräsentativen Demokratie auf kommunaler Ebene.

Durch Beteiligung können die kommunalen Entscheidungsträger viertens grundsätzlich *responsiver* werden und bekommen Informationen mit hoher Qualität, die ihnen über die gewöhnlichen Instrumente (z. B. Expertengutachten) nicht zur Verfügung gestellt werden. Dieser „Informationsmehrwert" kann bei kommunaler Planung und Dienstleistungsproduktion auch zu effektiveren Problemlösungen führen.

Die Bürgerkommune kann mitbewirken, dass die Bürger mit den Dienstleistungen der Verwaltung wesentlich *zufriedener* sind.

Die Bürgerkommune kann in Teilbereichen einen *Beitrag zur Haushaltskonsolidierung* leisten, indem sie durch intensive Beteiligung Fehlinvestitionen vermeiden hilft und die Bürger und Vereine stärker ihre eigenen Ressourcen einbringen.

Bei der Umsetzung von Beteiligungsinstrumenten in der Auftraggeber- und Mitgestalterrolle zeichnen sich, ähnlich wie beim Neuen Steuerungsmodell, vor allem zwei gravierende Problemlagen ab: die zu erwartenden Akteurswiderstände und die kommunale Haushaltskrise.

Die Bürgerkommune würde dem skizzierten Konzept entsprechend zu einer Veränderung des kommunalen Machtdreiecks zwischen Bürgern, Verwaltung und Kommunalpolitik führen. Aber nur die direkt gewählten Bürgermeister haben unter den kommunalen Entscheidungsträgern ein starkes Akteursinteresse an der Realisierung der Bürgerkommune. Insofern verwundert es nicht, dass die Bürgerkommune von großen Teilen von Politik und Verwaltung als eine *Konkurrenzveranstaltung* gedeutet wird und mit erheblichen Widerständen der Akteure zu rechnen ist.

So ist z.B. im Verhältnis zwischen Bürger und Verwaltung ein Aufgabenumbau im Rahmen der Mitgestalterrolle geplant. Die Verwaltung gibt einerseits einige Aufgaben ab und baut in diesen Bereichen auch Personal ab. Gutes Beispiel hierfür ist die Übertragung von Sportplätzen auf Sportvereine, die bereits in vielen Kommunen erfolgreich in den 1990er Jahren implementiert wurde. Dafür entstehen andererseits einige neue Aufgaben, durch die ein höherer Personalbedarf induziert wird (z. B. Einrichtung von Freiwilligenagenturen). Gerade im Arbeiterbereich fallen aber „unterm Strich" Aufgaben weg und es entsteht für diesen Bereich der Eindruck, dass die bisherige Arbeit keine Wertschätzung erfährt, weil nun jeder nicht ausgebildete Bürger nach Feierabend diese Aufgaben nebenbei mit erledigen können soll. Dies führt zu erheblichen Widerständen bei der Aufgabenübertragung an Vereine und Bürger.

Im Verhältnis zwischen Bürgern und Politik ist weniger bei der Mitgestalterrolle, sondern eher bei der Auftraggeberrolle mit massiven Konflikten zu rechnen. Nicht wenige Kommunalpolitiker haben gegenüber der Mitwirkung der Bürger an Planungsprozessen erhebliche Bedenken, bekunden aber zunächst öffentlich, dass mehr Bürgerbeteiligung prinzipiell nur zu begrüßen sei. In der Phase der Umsetzung von Beteiligungsergebnissen setzen sich aber die Bedenken bei den Mehrheitsfraktionen meist durch. Bürgerbeteiligung trifft damit nicht so sehr auf öffentlichen Widerstand der Kommunalpolitik, sondern führt eher zu einer Blockade von Beteiligungsergebnissen, so dass die Beteiligungsprozesse häufig folgenlos bleiben. Die Bürgerkommune ist dann eher unter der Rubrik symbolische Politik zu verbuchen. Konsequenzen kann diese mangelnde Umsetzung von Beteiligungsergebnissen aber durchaus haben. Bürgerbeteiligung baut dann keine Politik(er)verdrossenheit ab, sondern forciert sie maßgeblich.

Darüber hinaus kann ein gemeinsames Partizipationsmanagement aufgrund der unterschiedlichen Interessen von Mehrheits- und Oppositionsfraktionen häufig nur schwer realisiert werden. Zwar führt der Parteienwettbewerb im Verbund mit dem perzipierten öffentlichen Erwartungsdruck dazu, dass sich die Parteien bei der Einführung von Beteiligungsangeboten häufig gegenseitig überbieten. Die unterschiedlichen Interessen von Mehrheits- und Oppositionsfraktionen in kommunalen Konkurrenzdemokratien bewirken aber, dass für ein fraktionsübergreifendes Partizipationsmanagement häufig die gemeinsame Basis fehlt und somit eine kontinuierliche Umsetzung der Bürgerkommune gefährdet ist.

Die Analyse von kooperativen Demokratieelementen im Rahmen der Auftraggeberrolle zeigt demgegenüber, wie notwendig ein funktionierendes Partizipationsmanagement wäre, das den Nutzen und die Probleme von Beteiligungsangeboten vor ihrem Einsatz abschätzt. So wurden die hohen Erwartungen der lokalen Politikforschung in die dialogorientierten Verfahren nicht selten enttäuscht (Holtkamp 2005; Holtkamp et al. 2006). Die zeitintensive Beteiligung bei gleichzeitig mangelnder Umsetzung der Beteiligungsergebnisse forciert, wie skizziert, eher Politik(er)verdrossenheit und die Homogenisierung des Diskurses durch die Exit-Option der Teilnehmer bringt darüber hinaus häufig relativ einseitige Sichtweisen hervor und kann auch zu einer Externalisierung von Kosten auf unbeteiligte Dritte führen, zumal sozial benachteiligte Bevölkerungsgruppen häufig nicht an Bürgerforen beteiligt werden bzw. nicht teilnehmen wollen. Insgesamt tragen Bürgerforen häufig nur wenig zu einem höheren Wertberücksichtigungspotential bei, sondern sind eher ein zusätzliches Sprachrohr für bereits engagierte und durchsetzungsfähige Akteure. Auch die erwartete höhere Effektivität durch eine gemeinsame Implementation der Beteiligungsergebnisse hat sich in einigen Fällen kaum eingestellt. Aufgrund der Kollektivgutproblematik sowie der mangelnden Verpflichtungsfähigkeit gerade lokaler Organisationen werden nur bedingt eigene Implementationsressourcen eingebracht bzw. gerade in den Fällen, in denen gesellschaftliche Akteure de facto Vetopositionen haben, sind sie zu keiner Einigung bereit. Folglich werden Planungsverfahren durch Bürgerforen nicht, wie postuliert, verkürzt, sondern zum Teil erheblich verlängert.

All diese Probleme der kooperativen Demokratie werden in den vom Parteienwettbewerb durchzogenen Debatten vor Ort weitgehend ausgeblendet. In der Öffentlichkeit gilt „je mehr Beteiligung, desto besser", während das kritische Reflektieren über Bürgerbeteiligung als „Publikumsbeschimpfung gebrandmarkt" wird. Damit sind die Bedingungen für ein vorausschauendes Partizipationsmanagement, um sich abzeichnende Probleme frühzeitig durch die gezielte Auswahl von Beteiligungsinstrumenten und -themen reduzieren zu können, in vielen Kommunen relativ ungünstig.

Abbildung 4: Konfliktlinien in der Bürgerkommune

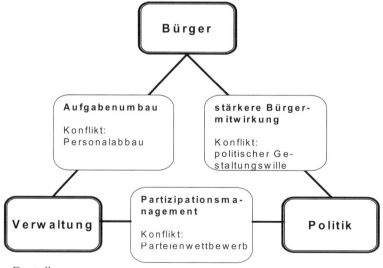

Quelle: Eigene Darstellung.

Das zweite grundlegende Problem der Bürgerkommune ist, dass sie relativ große kommunale Handlungsspielräume voraussetzt. Die dauerhaft anhaltende Haushaltskrise im Verbund mit der Intervention der Aufsichtsbehörden führt aber gerade in den untersuchten nordrhein-westfälischen Kommunen dazu, dass die notwendige Engagementinfrastruktur (Freiwilligenagenturen etc.) nicht im vollen Maße vorgehalten werden kann und die Umsetzung von Beteiligungsergebnissen prekär wird. Es droht – überspitzt gesagt – eine „*Demokratisierung der Machtlosigkeit*" (Roth 2001: 139). Damit ist zumindest in einigen Städten ein Optimierungsmodell, das neben dem Effizienzziel noch andere Ziele im Rahmen der Bürgerkommune verfolgt, nur noch schwer zu realisieren. Bei weiter anhaltender Haushaltskrise hat das zur Folge, dass die beschriebenen Konfliktlinien zwischen Bürgern und Verwaltung und Bürgern und Politik noch stärker hervortreten. Wenn die Handlungsspielräume der Kommunalvertretung in der Haushaltskrise noch kleiner werden, dann wird Kommunalpolitik immer weniger bereit sein die wenigen verbleibenden Spielräume mit den Bürgern auch noch zu teilen. Und wenn der Bürger sich zum Lückenbüßer degradiert fühlt, der nun umsonst den Job der Verwaltung erledigen soll, während Beteiligungsergebnisse aufgrund geringer Haushaltsspielräume kaum umgesetzt werden, besteht die Gefahr, dass er sich dann andere interessantere Freizeitaktivitäten suchen wird. Darüber hinaus werden Beschäftigte, Personalräte und Gewerkschaften kaum in ein Konzept der Bürgerkommune einbezogen werden können, in der Engagementförderung nur auf Aufgabenabbau und „bürgerschaftliche Privatisierung" hinausläuft.

Der Bundesländervergleich zwischen Baden-Württemberg und Nordrhein-Westfalen zeigt bereits heute, dass in Nordrhein-Westfalen aufgrund der deutlich schwierigeren kommunalen Haushaltslage die Instrumente zur Unterstützung der Mitgestalterrolle nicht so häufig eingesetzt werden wie in Baden-Württemberg. Es gibt weniger Freiwilligenagenturen, weniger Verwaltungsmitarbeiter, die die Funktion eines Bürgerbeauftragten erfüllen und die finanzielle Förderung von Vereinen und die Bereitstellung von Räumlichkeiten für Engagierte hat in Nordrhein-Westfalen keine große Priorität (Bogumil et al. 2003). Alles, was zumindest kurzfristig mehr Geld kostet, wird in Nordrhein-Westfalen nur wenig realisiert. Der Hinweis, dass man mit einer breiter angelegten Engagementförderung zwar kurzfristig mehr Haushaltsmittel verausgabt, sich dies aber schon mittelfristig rechnen kann, scheint in Nordrhein-Westfalen nur wenige kommunale Haushaltspolitiker zu überzeugen. Viele Instrumente der Bürgerkommune gehören zu den freiwilligen Aufgabenbereichen, die aus der Perspektive der Kommunalaufsicht nicht ausgebaut, sondern deutlich reduziert werden sollen.

In der Analyse der Untersuchungsgemeinden im Rahmen des Forschungsprojektes zeigte sich aber auch, dass durch die Haushaltskrise die bürgerschaftliche Koproduktion durchaus forciert werden kann. So hat man in der nordrhein-westfälischen Untersuchungsstadt Arnsberg im Rahmen der Haushaltskonsolidierung beispielsweise schon 1995 die Unterhaltung von Sportplätzen auf Sportvereine übertragen. Durch den Abbau von städtischem Personal im Bereich der Grünpflege wurde ein Beitrag zur Haushaltskonsolidierung geleistet und die Sportvereine erhalten trotz Haushaltskrise zusätzlich Einnahmen zur Erledigung dieser Aufgaben. Die Aufgabenübertragung wurde in Arnsberg aufgrund der erwarteten Konsolidierungseffekte gegen den Widerstand der Beschäftigten durchgesetzt und alle interviewten Akteure gaben an, dass sie mit der Aufgabenerledigung durch die Sportvereine sehr zufrieden seien. In der baden-württembergischen Untersuchungskommune Schwäbisch Gmünd hat man im Untersuchungszeitraum hingegen auch aufgrund des sehr geringeren Konsolidierungsdrucks keine Aufgaben auf die Sportvereine übertragen. Insbesondere der Personalrat und die Fachverwaltung streuten Zweifel an der Sinnhaftigkeit einer Aufgabenübertragung. Es wurde bezweifelt, dass sich dies finanziell rentieren würde. Die Sportstätten seien (ähnlich wie in Arnsberg) sehr verstreut und das Gerät müsste von der Verwaltung immer wieder angeliefert und koordiniert werden, weil das Ehrenamtlichen nicht zuzumuten sei. Weiterhin sei zu fragen, wie Qualitätsstandards zu gewährleisten wären. Schließlich wurde gefragt: „Wer ist eigentlich schuld, wenn nach vier oder fünf Jahren der Rasen kaputt ist?" Dies sind die gängigen Vorbehalte der Verwaltungsakteure, wie sich auch in unserer landesweiten Befragung der Bürgermeister zeigte. Auffällig ist dabei aber, dass die Bürgermeister in NRW in der landesweiten Befragung durchweg die Probleme von Aufgabenübertragung als nicht so gravierend ansehen wie ihre Kollegen in Baden-Württemberg. In der kommunalen Haushaltskrise werden diese Bedenken offensichtlich eher zurückgestellt.

Allerdings sind der Aufgabenübertragung an „unorganisierte" Bürger auch in der Haushaltskrise durchaus Grenzen gesetzt. Die kommunalen Entscheidungsträger präferieren häufig eine Übertragung der Grünpflege und der Pflege öffentlicher Einrichtungen auf die Bürger, während die Bürger sich mit Abstand am wenigsten bei der Pflege öffentlicher Einrichtungen und bei der öffentlichen Grünpflege engagieren wollen, wie sich in den Bürgerumfragen in unserem Forschungsprojekt gezeigt hat. Dies ist vor dem Hintergrund des Wertewandels und der gewandelten Engagementmotive wenig verwunderlich. Auch in unserer Bürgerbefragung gaben die Bürger am häufigsten als Motiv für ehrenamtliches Engagement an, dass es ihnen Spaß macht. Am wenigsten wurden Pflichtmotive angegeben. Gerade einfache standardisierte Arbeiten, die nur wenige Entscheidungs- und Handlungsspielräume lassen, wie z.B. die Pflege von öffentlichen Einrichtungen, sind vor diesem Hintergrund nur wenig attraktiv. Demgegenüber erwarten die Beschäftigten und kommunalen Entscheidungsträger häufig immer noch ein dauerhaftes Engagement, in dem sich die Bürger für die „Gemeinschaft" aufopfern. Diese deutlich erkennbaren Präferenzenunterschiede zwischen Engagementangeboten und -nachfrage dürften auch zu der geringen Ausschöpfung des in vielen Umfragen ermittelten Engagementpotenzials beitragen.

4 Zusammenfassung und Ausblick

In den letzten Jahren gingen bemerkenswerte Initiativen einer politikfeldübergreifenden Engagementpolitik von der kommunalen Ebene aus. Nach den massiven Implementationsproblemen des betriebswirtschaftlich inspirierten Neuen Steuerungsmodells setzen viele Kommunen auf das Leitbild der Bürgerkommune. Aufbauend auf einer stärker kundenorientierten Kommunalverwaltung soll das freiwillige Engagement bereichsübergreifend gefördert und die Bürger stärker an kommunalen Planungsprozessen beteiligen werden. Neben einigen Reformerfolgen zeigen sich bei der Umsetzung der Bürgerkommune aber durchaus ähnliche Probleme und Implementationswiderstände wie beim Neuen Steuerungsmodell:

Die kommunale Ebene

- Reformkonzepte werden in den Kommunen in der Regel nicht ganzheitlich umgesetzt. Die Kommunen picken sich nur einzelne Reformbausteine heraus, die die aus ihrer Sicht relevantesten Probleme lösen sollen und auch den Eigeninteressen der Akteure entsprechen. Bei starkem Konsolidierungsdruck werden häufig nur die Bausteine umgesetzt, die sofortige Einspareffekte versprechen.
- Zudem sehen viele Verwaltungsmitarbeiter im Reformleitbild der Bürgerkommune eine Rationalisierungsstrategie, die durch „bürgerschaftliche Privatisierung" den Personalabbau forcieren soll, und versuchen sich dagegen zur Wehr zu setzen.
- Viele Ratsmitglieder stehen der Bürgerkommune ebenfalls reserviert gegenüber und vermeiden einen Verlust ihrer Kompetenzen häufig durch die mangelnde Umsetzung von Beteiligungsergebnissen. Zudem führt der ausgeprägte Parteienwettbewerb in konkurrenzdemokratischen Räten dazu, dass das Partizipationsmanagement nicht gemeinsam (und reflektiert) von den Stadträten umgesetzt wurde.

Allerdings wirken die eingangs beschriebenen Trends der Haushaltskrise und der Einführung der Direktwahl des Bürgermeisters auf die Umsetzung der Bürgerkommune teilweise reformförderlicher als dies bei dem nur sehr begrenzt erfolgreichen Neuen Steuerungsmodell der Fall war.

So wird durch die Haushaltskrise entscheidend der Druck erhöht, Verwaltungsaufgaben auf Vereine und Bürger zu übertragen. Mit Verweis auf Haushaltskrise und mögliche aufsichtsbehördliche Eingriffe kann die ehrenamtliche Koproduktion häufig auch gegen den Widerstand der öffentlich Beschäftigten durchgesetzt werden, weil hierdurch relativ kurzfristig Konsolidierungseffekte erzielbar sind. Bei besserer haushaltspolitischer Lage tendieren Verwaltungen hingegen zur Aufgabenexpansion und lassen in vielen Bereichen nur wenig Raum für ehrenamtliches Engagement. In der Haushaltskrise werden demgegenüber die üblichen Bedenken der kommunalen Entscheidungsträger gegen ehrenamtliche Aufgabenproduktion zurückgestellt. Insofern gilt also nicht wie beim Neuen Steuerungsmodell, dass mit zunehmender Haushaltskrise die Verwaltungsreform wieder zurückgenommen wird, sondern Formen der ehrenamtlichen Koproduktion und Aufgabenübertragung werden hierdurch maßgeblich forciert.

Zugleich ist aber auch zu konstatieren, dass bei defizitärer Haushaltssituation die Akteurskonflikte zunehmen und wenn Bund und Länder nicht gesonderte Förderprogramme auflegen, die notwendige Engagementinfrastruktur kaum aufgebaut bzw. weiter unterhalten werden kann (vgl. auch Gisela Jakob in diesem Band). Kommunale Eigenanteile bei der Förderung von Freiwilligenagenturen, Ehrenamtsbörsen und Seniorenbüros können sich viele Kommunen, die unter strenger Haushaltsaufsicht stehen, kaum noch leisten. Selbst vor Jahren noch selbstverständliche Dienstleistungen, wie die finanzielle Förderung des Vereinswesens sowie die Bereitstellung von öffentlichen Räumen, stehen zunehmend zur Disposition. Insofern haben viele Kommunen – bis auf einige Vorzeigestädte in Baden-Württemberg – genug damit zu tun, diese alten Förderstrukturen abzusichern. Neue Impulse für den Ausbau der durchaus kostenintensiven Engagementinfrastruktur sind von vielen Kommunen somit kaum zu erwarten.

Die Einführung der Direktwahl des Verwaltungschefs wirkt als zweiter zentraler Trend im Vergleich zum Neuen Steuerungsmodell für die Bürgerkommune deutlich förderlicher.

Die direktgewählten Bürgermeister sind die Hauptpromotoren des Konzepts der Bürgerkommune, auch um ihre Wiederwahl durch Vermittlung von Bürgernähe abzusichern, während das Interesse an der wenig öffentlichkeitswirksamen Binnenmodernisierung der Verwaltung kaum ausgeprägt ist. Sie verfügen zugleich über erhebliche rechtliche Kompetenzen, um zumindest Teile der Bürgerkommune durchzusetzen. Der Bürgermeister als einer der wenigen kommunalen Berufspolitiker, der zusätzlich einen direkten Zugriff auf die Kommunalverwaltung hat, dürfte auch prinzipiell über die Ressourcen für ein stärker strategisch ausgerichtetes, die skizzierten Probleme der kooperativen Demokratie reduzierendes Partizipationsmanagement verfügen (Holtkamp 2007c). Dies verweist darauf, wie abhängig die Bürgerkommune – zumindest, wenn man sie eng als Verwaltungsreformkonzept fasst – von der Person und der Persönlichkeit des Bürgermeisters ist. Die sehr dominante Rolle des Bürgermeisters, die bereits in den Kommunalverfassungsreformen der letzten Jahre vorgezeichnet wurde, ist aus demokratietheoretischer Sicht durchaus problematisch. Wer kontrolliert den Verwaltungschef, wenn die Bürgerkommune real zur Bürgermeisterkommune mutiert? Das Kommunalparlament scheidet teilweise aufgrund des erheblichen Kompetenzverlustes aus (Bogumil/Holtkamp 2006). Die Angebote der kooperativen Demokratie dürften ebenfalls sicherlich keine effektive Kontrolle oder Eingrenzung der Machtansprüche der direktgewählten Bürgermeister gewährleisten, wie dies in der Local-Governance-Literatur suggeriert wird (Haus/Egner/Heinelt 2005: 211; Haus/Heinelt 2005: 29). Schließlich können die Bürgermeister die in Bürgerforen behandelten Themen häufig maßgeblich mitbestimmen und durch den Themenzuschnitt (inklusive Moderation) den Stadtrat unter Druck setzen und damit sogar eine noch dominantere Position einnehmen (Bogumil/Holtkamp 2005). Ein starker direktgewählter Bürgermeister mag also gut sein für die Realisierung eines vorausschauenden Partizipationsmanagements, aber die aus dieser geringen Gewaltenteilung resultierenden Kontrolldefizite können sicherlich nicht durch freiwillige Beteiligungsangebote kompensiert werden. Oder wie es ein Akteur in einer fortgeschrittenen Bürgerkommune so treffend ausdrückte: Dass „parlamentarische Gremien eher ausgeschaltet werden und am Schluss dann eben ein starker Bürgermeister (...) recht einsam entscheidet und vielleicht noch mit einem runden Tisch; aber es ist alles nicht mehr formal abgesichert" (Bogumil/Holtkamp 2005: 72).

Im Kern bleibt dann als Kontrollmöglichkeit, die von der Bürgerschaft ausgehen kann, nur das Engagement kritischer zivilgesellschaftlicher Akteure. Diese wurden aber in dem auf Kooperation angelegten Verwaltungsreformkonzept der Bürgerkommune, wie wir an dieser Stelle durchaus selbstkritisch anmerken, weitgehend ausgeblendet. Ihre eher konfrontativen Strategien und die Herstellung einer kritischen Öffentlichkeit können in Fällen von Machtmissbrauch zu empfindlichen, rechtlich abgesicherten Sanktionen für den Verwaltungschef führen (Bürgerbegehren, verwaltungsgerichtliche Überprüfungen und Abwahl).

Literatur

Banner, Gerhard (1991): Von der Behörde zum Dienstleistungsunternehmen – Die Kommunen brauchen ein neues Steuerungsmodell, In: VOP 13: 1: S. 6-11

Bogumil, Jörg (2001): Modernisierung lokaler Politik. Kommunale Entscheidungsprozesse im Spannungsfeld zwischen Parteienwettbewerb, Verhandlungszwängen und Ökonomisierung, Baden-Baden: Nomos Verlag

Bogumil, Jörg (2002a): Kooperative Demokratie – Formen, Potenziale und Grenzen, In: Haus, Michael (Hrsg.): Bürgergesellschaft, soziales Kapital und lokale Politik, Opladen: Leske + Budrich, S. 151-166

Bogumil, Jörg/Grohs, Stephan/Kuhlmann, Sabine (2006): Ergebnisse und Wirkungen kommunaler Verwaltungsmodernisierung in Deutschland. Eine Evaluation nach 10 Jahren Praxiserfahrungen, In: Bogumil, Jörg/Jann, Werner/Nullmeier, Frank (Hrsg.): Politik und Verwaltung, PVS-Sonderheft 37, S. 151-184

Bogumil, Jörg/Grohs, Stephan/Kuhlmann, Sabine/Ohm, Anna K. (2007): Zehn Jahre Neues Steuerungsmodell – Eine Bilanz kommunaler Verwaltungsmodernisierung, Modernisierung des öffentlichen Sektors Sonderband 29, Berlin: edition sigma

Bogumil, Jörg/Holtkamp, Lars 2001: Die Neugestaltung des kommunalen Kräftedreiecks, In: VOP 4/01, S. 10-12

Bogumil, Jörg/Holtkamp, Lars (2004): Bürgerkommune unter Konsolidierungsdruck? Eine empirische Analyse von Erklärungsfaktoren zum Implementationsstand der Bürgerkommune, In: Deutsche Zeitschrift für Kommunalwissenschaften 1/04, S. 103-125

Bogumil, Jörg/Holtkamp, Lars (2005): Die Machtposition der Bürgermeister im Vergleich zwischen Baden-Württemberg und NRW, In: Bogumil, Jörg/Heinelt, Hubert (Hrsg.): Bürgermeister in Deutschland – Politikwissenschaftliche Studien zu direkt gewählten Bürgermeistern, Wiesbaden: VS Verlag für Sozialwissenschaften, S. 33-85

Bogumil, Jörg/Holtkamp, Lars (2006): Kommunalpolitik und Kommunalverwaltung – Eine policy-orientierte Einführung, Wiesbaden: VS Verlag für Sozialwissenschaften

Bogumil, Jörg/Holtkamp, Lars (2007): Die Bürgerkommune – Das Konzept in Theorie und Praxis, In: Neues Verwaltungsmanagement 2/07, S. 1-29

Bogumil, Jörg/Holtkamp, Lars/Kißler, Leo (2001): Verwaltung auf Augenhöhe – Strategie und Praxis kundenorientierter Dienstleistungspolitik, Schriftenreihe Modernisierung des öffentlichen Sektors Bd. 19, Berlin: edition sigma

Bogumil, Jörg/Holtkamp, Lars/Kißler, Leo (2004): Modernisierung lokaler Politik – Auswirkungen auf das kommunale Entscheidungssystem, In: Jann, Werner et al. (Hrsg.): Status-Report Verwaltungsreform – Eine Zwischenbilanz nach zehn Jahren, Berlin: edition sigma, S. 64-74

Bogumil, Jörg/Holtkamp, Lars/Schwarz, Gudrun (2003): Das Reformmodell Bürgerkommune – Leistungen – Grenzen – Perspektiven, Schriftenreihe Modernisierung des öffentlichen Sektors Bd. 22, Berlin: edition sigma

Diemert, Dörte (2005): Das Haushaltssicherungskonzept – Verfassungs- und haushaltsrechtliche Grundlagen in NRW, Stuttgart: Kohlhammer

Eißel, Dieter (1999): Kommunale Netzwerke als neue Formen konzertierter Aktionen, In: Klotz, Johannes/Zielinski (Hrsg.): Europa 2000 – Lokale Demokratie im Europa der Regionen, Heilbronn: Distel Verlag, S. 171-190

Eißel, Dieter (2000): Strategische Netzwerke in der Kommunalpolitik, In: Zielinski, Heinz (Hrsg.): Die Modernisierung der Städte, Wiesbaden: Westdeutscher Verlag, S. 175-194

Enquete-Kommission „Zukunft des Bürgerschaftlichen Engagements" (2002): Bürgerschaftliches Engagement: auf dem Weg in eine zukunftsfähige Bürgergesellschaft, Bundestagsdrucksache 14/2351, Berlin

Feindt, Peter H. (1997): Kommunale Demokratie in der Umweltpolitik – Neue Beteiligungsmodelle, In: Aus Politik und Zeitgeschichte 27/97, S. 39-46

Feindt, Peter H. (2001): Regierung durch Diskussion? Diskurs- und Verhandlungsverfahren im Kontext von Demokratietheorie und Steuerungsdiskussion, Frankfurt a. M.: Peter Lang Verlag

Fietkau, Hans-Joachim/Weidner, Helmut (1992): Mediationsverfahren in der Umweltpolitik, In: Aus Politik und Zeitgeschichte 39-40/92, S. 24-34

Gessenharter, Wolfgang (1996): Warum neue Beteiligungsmodelle auf kommunaler Ebene? Kommunalpolitik zwischen Globalisierung und Demokratisierung, In: Aus Politik und Zeitgeschichte 50/96, S. 3-13

Haus, Michael/Heinelt, Hubert (2005): Neue Formen des Regierens auf lokaler Ebene, In: Haus, Michael et al.(Hrsg.): Partizipation und Führung in der lokalen Politik, Baden-Baden: Nomos, S. 15-75

Haus, Michael/Egner, Björn/Heinelt, Hubert (2005): Direkt gewählte Bürgermeister und neue Formen des Regierens, In: Bogumil, Jörg/Heinelt, Hubert (Hrsg.): Bürgermeister in Deutschland – Politikwissenschaftliche Studien zu direkt gewählten Bürgermeistern, Wiesbaden: VS Verlag für Sozialwissenschaften, S. 201-264

Hill, Hermann (2000): Die Bürgerkommune im 21. Jahrhundert, In: Glück, Alois/Magel, Holger (Hrsg.): Neue Wege in der Kommunalpolitik – Durch eine neue Bürger- und Sozialkultur zur Aktiven Bürgergesellschaft, München: Jehle Rehm, S. 11-22

Holtkamp, Lars (2002a): Das Verhältnis von Bürgern und Bürgermeistern, In: Andersen, Uwe/Bovermann, Rainer (Hrsg.): Kommunalwahl 1999 in NRW – Im Westen was Neues, Opladen: Leske + Budrich, S. 235-253

Holtkamp, Lars (2002b): Kommunale Haushaltspolitik in den 90er Jahren – Der Wandel von polity, politics und policy, In: Bogumil, Jörg (Hrsg.): Kommunale Entscheidungsprozesse im Wandel, Opladen: Leske + Budrich, S. 55-73

Holtkamp, Lars (2002c): Das Leitbild der Bürgerkommune und die Interessenlage der kommunalen Entscheidungsträger, In: Haus, Michael (Hrsg.): Bürgergesellschaft, soziales Kapital und lokale Politik, Opladen: Leske + Budrich, S. 129-147

Holtkamp, Lars (2005): Neue Formen kommunaler Bürgerbeteiligung – Netzwerkeuphorie und Beteiligungsrealität, In: Oebbecke, Janbernd (Hrsg.): Nicht-normative Steuerung in dezentralen Systemen, Stuttgart: Franz Steiner Verlag, S. 15-34

Holtkamp, Lars (2006a): Kommunale Konsolidierung – viel Aufsicht. Wenig Strategie und Transparenz, In: Verwaltungsrundschau 9/06, S. 294-298

Holtkamp, Lars (2006b): Partizipative Verwaltung – hohe Erwartungen, ernüchternde Ergebnisse, In: Bogumil, Jörg/Jann, Werner/Nullmeier, Frank (Hrsg.): Politik und Verwaltung, PVS-Sonderheft 37 / 06, S. 185-207

Holtkamp, Lars (2006c): Parteien und Bürgermeister in der repräsentativen Demokratie – Kommunale Konkordanz- und Konkurrenzdemokratie im Vergleich, In: PVS 4/06, S. 641-661

Holtkamp, Lars (2007a): Kommunale Konkordanz- und Konkurrenzdemokratie – Parteien und Bürgermeister in der repräsentativen Demokratie, Habil-Schrift., Wiesbaden: VS Verlag für Sozialwissenschaften

Holtkamp, Lars (2007b): Ein Jahr beratender Sparkommissar – Eine Zwischenbilanz; In: Der Gemeindehaushalt 6/07, S. 134-135

Holtkamp, Lars (2007c): Local Governance, In: Benz, Arthur/Lütz, Susanne/Schimank, Uwe/Simonis, Georg (Hrsg.): Handbuch Governance, Wiesbaden: VS Verlag für Sozialwissenschaften

Holtkamp, Lars/Bogumil, Jörg (2007): Verbände auf kommunaler Ebene, In: Winter, Thomas von/Willems, Ulrich (Hrsg.): Interessenverbände in Deutschland, Wiesbaden: VS Verlag für Sozialwissenschaften, S. 539-561

Holtkamp, Lars/Bogumil, Jörg/Kißler, Leo (2006): Kooperative Demokratie – Das politische Potential von Bürgerengagement, Frankfurt a. M.: Campus

Holtkamp, Lars/Stach, Birgit (1995): Friede, Freude, Eierkuchen? Mediationsverfahren in der Umweltpolitik, Reihe Politikfeldanalyse, Marburg: Schüren Verlag

Plamper, Harald (2000): Bürgerkommune: Was ist sie? Was soll sie sein? Was ist zu tun? Hans-Böckler-Stiftung Arbeitspapiere 32, Düsseldorf

Roth, Roland (2001): Auf dem Weg in die Bürgerkommune? Bürgerschaftliches Engagement und Kommunalpolitik in Deutschland zu Beginn des 21. Jahrhunderts, In: Schröter, Eckhart (Hrsg.): Empirische Policy- und Verwaltungsforschung, Opladen: Leske + Budrich, S. 133-152

Weidner, Helmut (1996): Umweltkooperation und alternative Konfliktregelungsverfahren in Deutschland – Zur Entstehung eines neuen Politiknetzwerkes, WZB FS II 96-302, Berlin

Wohlfahrt, Norbert/Zühlke, Werner (2005): Ende der kommunalen Selbstverwaltung – Zur politischen Steuerung im ‚Konzern Stadt', Hamburg: VSA Verlag

Zilleßen, Horst (1993): Die Modernisierung der Demokratie im Zeichen der Umweltproblematik, In: Zilleßen, Horst/Dienel, Peter/Strubelt, Wendelin (Hrsg.): Die Modernisierung der Demokratie, Opladen: Westdeutscher Verlag, S. 17-39

Zilleßen, Horst (1998): Mediation als kooperatives Konfliktmanagement, In: Zilleßen, Horst (Hrsg.): Mediation – Kooperatives Konfliktmanagement in der Umweltpolitik, Opladen: Westdeutscher Verlag, S. 17-38

5. Engagementpolitik im europäischen Vergleich

Markus Held

Engagementpolitik der EU – Flickwerk oder Strategie?

1   Einleitung und Ausgangslage: Am Anfang war Babel...

Über 100 Millionen Europäer engagieren sich in der einen oder anderen Form freiwillig, jeder Dritte ist in irgendeiner Form ehrenamtlich tätig, wie im Rahmen von Eurobarometer-Umfragen im Jahre 2005 und 2007 gezeigt werden konnte. Zwar bestehen Unterschiede zwischen den Ländern, innerhalb der Altersgruppen und bezüglich des Bildungsgrades der Engagierten. Allerdings sagen fast 80 % der Befragten in Europa aus, anderen zu helfen bzw. sich freiwillig zu engagieren sei ein wichtiger Teil ihres Lebens. (Europäische Kommission 2007a: 34, siehe Abbildung 1)[1].

Gleichzeitig gibt es ein breites Spektrum von Begriffen, Definitionen und Traditionen bezüglich freiwilligen Engagements in Europa. Kellner (2001) hat im Rahmen eines europäischen Projektes die verschiedenen Begriffe einander gegenübergestellt: „Ehrenamt" bzw. „ehrenamtliche Arbeit" (im deutschsprachigen Raum etabliert, aber seiner Ansicht nach etwas angestaubt); „freiwilliges Engagement" und „Freiwilligenarbeit" als etwas modernerer Begriff (im deutschsprachigen Raum im noch recht jungen Konzept der „Freiwilligenagenturen/-zentren" verwendet, tendenziell aber widersprüchlich, da bezahlte Arbeit im Prinzip ja auch „freiwillig" sei). Und schließlich „bürgerschaftliches Engagement", das die demokratietheoretische Dimension freiwilligen Engagements betont (und sich etwa im Namen des Bundesnetzwerks Bürgerschaftliches Engagement (BBE) wiederfindet). Die Anzahl der Begriffe potenziert sich, wenn man auf europäischer Ebene arbeitet, wo man es darüber hinaus mit „volunteering" (verwendet beispielsweise von den englischen und irischen Nationalagenturen „Volunteering England" und „Volunteering Ireland"), „voluntarism" (bevorzugt im Jargon der Vereinten Nationen), „voluntary service" (Engagement auf Zeit und in der Regel mit festgelegter Wochenarbeitszeit und Betonung auf Dienstleistung), aber auch mit der französischen Unterscheidung zwischen „volontariat" (Freiwilligendienst) und „bénévolat" (Ehrenamt) bzw. der politisch nicht unrelevanten Nuancierung im Niederländischen zwischen „vrijwillige inzet" (Freiwilliger Einsatz bzw. Engagement; in den Niederlanden modern) und „vrijwilligerswerk" (im flämischen Teil Belgiens verwendet, mit einer Betonung auf „Arbeit", die oft von Gewerkschaften argwöhnisch betrachtet wird) zu tun bekommt. Und schließlich vervollständigen seit einiger Zeit auch neudeutsche Begriffe wie

---

[1] Die beiden Eurobarometerbefragungen unterscheiden nicht zwischen „aktiver Mitgliedschaft" in einer Organisation der Zivilgesellschaft und *direkter* „freiwilliger Arbeit". Solche eher pauschalen Befragungen (noch dazu mit nur einer Frage) müssen sicherlich mit Vorsicht betrachtet werden. Die beiden Befragungen können aber zumindest eine Idee über das Ausmaß des Engagements in Europa geben.

„corporate citizenship" und das damit verbundene Konzept des freiwilligen Engagements von Angestellten („employee volunteering") oder „cybervolunteering" das Begriffsmosaik.

Abbildung 1: Engagement von Europäerinnen und Europäern („Aktives Mitglied in Organisationen und / oder freiwilliges Engagement")

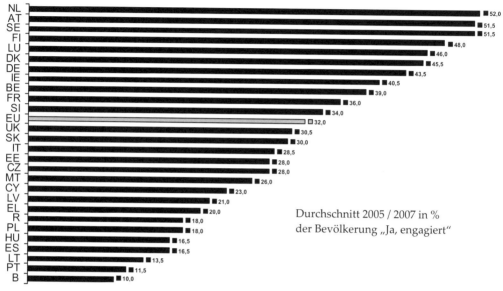

Zusammenstellung: Der Autor; Quelle: Europäische Kommission 2005a: 67; Europäische Kommission 2007a: 35[2]

Das Europäische Freiwilligenzentrum CEV[3], das der Autor leitet, hat 2006 mit der Veröffentlichung des „Manifests für Freiwilliges Engagement in Europa" mit seinen Mitgliedsorganisationen eine Arbeitsdefinition vorgelegt, nach der freiwilliges Engagement jegliche Aktivität ist, die *„aus freiem Willen und aus eigenem Antrieb heraus, unentgeltlich, in einem organisierten Rahmen (innerhalb von Nichtregierungsorganisationen, Freiwilligenzentren, mehr oder weniger organisierten Gruppierungen, etc.) geleistet wird und das Ziel hat, sich für andere einzusetzen und dadurch einen Beitrag zum Gemeinwohl, also zur Gesellschaft im Ganzen zu leisten"* (vgl. CEV 2006: 34). Der Europäische Rat der Jugendminister fußt seine Aktivitäten im Jugendbereich auf eine ähnliche Definition, indem er freiwillige Aktivitäten als „alle Arten freiwilligen Engagements [bezeichnet und betont, dass diese] allen offen stehen, unbezahlt [sind], aus

---

[2] Der Autor hat die beiden Studien miteinander vereint, in dem der Durchschnittswert der beiden Jahre angegeben wird. Die Frage lautete jeweils: „Sind Sie aktives Mitglied oder ehrenamtlich tätig in einer der folgenden Organisationen...?" Die Stichprobe war 2005 24.999, 2007 26.755 Befragte. Die Interviews wurden jeweils „von Angesicht zu Angesicht" durchgeführt. Es sollte allerdings erwähnt werden, dass beispielsweise für Deutschland 2005 ein Wert von 35 %, für 2007 52 % angegeben wird, wobei nicht direkt ersichtlich wird, womit dieser signifikante Unterschied zu erklären sein könnte.

[3] Das Europäische Freiwilligenzentrum (Centre européen du volontariat/European Volunteer Centre) mit Sitz in Brüssel ist ein Netzwerk von derzeit (Stand März 2008) 63 nationalen, regionalen und einigen lokalen Organisationen der Engagementförderung und Freiwilligenzentren aus 27 Ländern. Mehr Informationen unter www.cev.be.

freien Stücken geleistet [werden], und einen Bildungseffekt (nicht formale Lernerfahrung) [haben, sowie] einen sozialen Mehrwert erbringen" (Rat der Europäischen Union 2007: 4). Unter dem Begriff des „freiwilligen Engagements" sollen also im Weiteren all diejenigen Tätigkeiten zusammen gefasst werden, die unter diese Definitionen fallen.[4]

Entscheidet man sich zu einer solch pragmatischen Herangehensweise, so kristallisiert sich schnell heraus, dass in Europa trotz unterschiedlicher Traditionen und Ausprägungen beispielsweise große Einigkeit über den „horizontalen Charakter" freiwilligen Engagements herrscht. Freiwillige, ob sie nun Ehrenamtler, volunteers, bénévoles, voluntarios oder wolontariusze genannt werden, engagieren sich überall in Europa für die Gemeinschaft, um sich gegenseitig oder Bürgern in Not zu helfen, die Umwelt zu schützen, für Menschenrechte oder Bürgerrechte einzutreten, in lokalen Konflikten zu vermitteln, für den Zivilschutz der Bevölkerung zu sorgen oder um den Sportverein zu unterstützen – freiwilliges Engagement ist somit gleichsam ubiquitär. Und man hört auch aus ganz Europa, dass dies paradoxerweise eine Gefahr in sich birgt, nämlich dass es jeweils als „Wurmfortsatz" anderer Politikfelder verstanden oder gar instrumentalisiert und nicht als eigener Politikbereich anerkannt wird.

Man sollte annehmen, dass „Europa" eigentlich gar nicht anders kann, als die schiere Masse an Menschen, die sich freiwillig engagieren, wahr- und ernstzunehmen. Dies soll im Rahmen dieses Artikels untersucht werden: Inwieweit unternimmt die EU Anstrengungen, das Engagement ihrer Bürgerinnen und Bürger zu fördern? Welche Annahmen bzw. Gründe lassen sich für das Handeln der EU in diesem Bereich finden? Warum sollte die EU überhaupt Engagementpolitik betreiben, die generell eher als nationale, regionale und in starkem Maße sogar lokale Angelegenheit betrachtet wird?

Der Autor hat sich also entschieden, vor allem einen der beiden Tocqueville'schen „Eckpfeiler der Demokratie" zu beleuchten (zitiert nach Anheier/Salomon 1999: 48): Direktes freiwilliges Engagement von Bürgerinnen und Bürgern im Gemeinwesen. Zum zweiten Pfeiler, den Organisationen und Vereinen der Zivilgesellschaft, die von aktiven Bürgerinnen und Bürgern gegründet werden bzw. in denen ein Großteil des Engagements stattfindet, gibt es bereits eine ganze Reihe von Untersuchungen, die sich mit der Frage auseinandersetzen, welche Politik die Europäischen Institutionen gegenüber der „organisierten Zivilgesellschaft" vertreten (siehe u.a. Armstrong 2001 und 2002, De Schutter 2002, der Herausgeberband von Finke/Knodt 2005, oder jüngst Friedrich 2007 sowie Freise 2008).[5]

---

[4] Strittig sind in Diskussionen zur Definition freiwilligen Engagements häufig die Fragen, wo Selbst- bzw. Nachbarschaftshilfe aufhören und „gemeinnütziges freiwilliges Engagement" beginnt; inwieweit spontaner Protest, soziale Bewegungen oder die bloße Mitgliedschaft in einem gemeinnützigen Verein hinzu gehören; und überhaupt, wie es sich mit der Gemeinnützigkeit des Engagements verhält, d.h. woran sich „ein Beitrag zum Allgemeinwohl" einer freiwilligen Tätigkeit wissenschaftlich einwandfrei festmachen lässt.

[5] Zivilgesellschaft und freiwilliges Engagement haben nach Ansicht des Autors große Schnittmengen, sind aber nicht komplett deckungsgleich: Ein Teil der Tätigkeiten in zivilgesellschaftlichen Organisationen wird von bezahlter Arbeit erbracht (Dekker 2004 zitiert eine Studie der Johns Hopkins Universität, nach der in den Niederlanden beispielsweise 14.4 % der arbeitenden Bevölkerung im „Dritten Sektor" tätig sind), ein weiterer Teil der „Engagierten" in der organisierten Zivilgesellschaft sind „Mitglieder" und es lässt sich trefflich streiten, inwiefern diese als freiwillig Engagierte bezeichnet werden können. Und schließlich gibt es freiwilliges Engagement wiederum auch außerhalb von gemeinnützigen Vereinen und Organisationen (siehe beispielsweise die nicht unkontroverse Entwicklung hin zu mehr Engagement in Einrichtungen der öffentlichen Hand unter anderem in Großbritannien).

Die Analyse der EU-Engagementpolitik soll dabei der Herangehensweise von Hilger (2008: 1) folgen: Dieser hat Recht, wenn er die Beschäftigung allein mit den Institutionen der EU als „oversimplification" bezeichnet, da gerade freiwilliges Engagement hauptsächlich lokal stattfindet und somit in den Kompetenzbereich der Mitgliedstaaten oder gar ihrer lokalen Gebietskörperschaften fällt. Aber gerade daher scheint es interessant, im Rahmen einer „Top-Down"-Analyse zu untersuchen, welche Maßnahmen die EU im Bereich der Förderung des freiwilligen Engagements von Bürgerinnen und Bürgern ergreift, und warum sie dies tut. Während nämlich viel an Forschungsarbeit zum freiwilligen Engagement sich bislang eher mit der lokalen bzw. nationalen Dimension sozialen Kapitals (Coleman 1998, Putnam 2000, Voicu 2005)[6] befasst hat, ist nach Wissen des Autors die Debatte, welche Rolle freiwilliges Engagement bei der europäischer Integration spielen kann (und sollte) und welchen Mehrwert die EU bei der Förderung desselben haben kann (und sollte) noch weitgehend ungeführt.

2 Was ist europäische Engagementpolitik?

So vielschichtig die Diskussionen zu Definitionen freiwilligen Engagements ausfallen, so verschieden dürften die Ansichten darüber sein, was unter dem Begriff „Engagementpolitik" zu verstehen sei, noch dazu, wenn es sich um die EU-Ebene handelt. Die Mitgliedstaaten der Vereinten Nationen haben sich 2002 verständigt, was sie mit Engagementpolitik meinen, nämlich ein „enabling environment for individuals and other actors of civil society to engage in voluntary activities" (Vereinte Nationen 2002: 1). Eine Engagementpolitik hätte demnach die folgenden Ziele: Öffentliche Aufmerksamkeit und Anerkennung für den Beitrag freiwilligen Engagements zur Gesellschaft[7], auf breiter Ebene verfügbare Informationen zu Engagementmöglichkeiten, die Beteiligung aller Altersgruppen, eine organisationelle Freiwilligen-Infrastruktur, förderliche Steuerregelungen und gesetzliche Rahmenbedingungen, verfügbare Forschungsdaten zu den verschiedenen Aspekten freiwilligen Engagements, und eine horizontale Berücksichtigung freiwilligen Engagements in verschiedenen politischen Maßnahmen bzw. eine Abschätzung, welche Auswirkungen diese Maßnahmen auf die Bereitschaft von Bürgerinnen und Bürgern haben, sich zu engagieren. Hilger (2008) operationalisiert seinerseits Elemente einer Engagementpolitik und schlägt vor, die politischen Maßnahmen der EU entlang von vier Handlungstypen zu analysieren. Diese Analyse soll auch dem vorliegenden Beitrag zugrundeliegen, um zu beurteilen inwieweit auf europäischer Ebene von Engagementpolitik gesprochen werden kann:

- *Symbolische oder deklaratorische Maßnahmen*: Mitteilungen, Erklärungen etc., im Jargon von Kendall/Anheier 1999 heißt dies „Agenda Setting". Der Autor schlägt vor, diese

---

[6] Es soll also im vorliegenden Artikel nicht der Versuch unternommen werden, einen Überblick über die verschiedenen Ausprägungen freiwilligen Engagements in Europa zu beleuchten. Der Beitrag von Freise in diesem Band macht einen Ausflug in die neuen Mitgliedstaaten der EU; das CEV hat auf seiner Webseite www.cev.be Länderberichte veröffentlicht, die einen Überblick über Fakten zu freiwilligem Engagement bereithalten.
[7] Beispielsweise durch TV-Kampagnen oder den von den Vereinten Nationen 1985 als „Internationaler Tag des Freiwilligen Engagements für wirtschaftlichen und sozialen Fortschritt" erklärten 5. Dezember.

Kategorie um „Policy", die Entwicklung politischer Handlungsstrategien, zu erweitern.[8]
- *Finanzielle Unterstützung* durch Förder- bzw. Aktionsprogramme (was Kendall/Anheier 1999 „Umsetzung von Politik" nennen).
- *Organisationelle Maßnahmen und Infrastruktur*: Einrichten von Arbeitsgruppen, Netzwerken etc.
- *Gesetzgeberische Maßnahmen* zum rechtlichen Rahmen für freiwilliges Engagement.

Das Europäische Parlament kann hierbei als Geburtshelfer für das Interesse Europas an freiwilligem Engagement der Bürgerinnen und Bürger gelten: Mit einer Resolution rief es bereits 1983 dazu auf, freiwilligen Tätigkeiten mehr Anerkennung zu zollen (Europäisches Parlament 1983). Diese Resolution liest sich wie eine Blaupause für eine Europäische Engagementpolitik und ist fortschrittlicher und weitergehender als so manch anderer Text seitdem: Das Parlament fordert

- Den Aufbau einer Infrastruktur des freiwilligen Engagements.
- Eine juristische Unterscheidung und Klarstellung zwischen freiwilligem Engagement und bezahlter Arbeit.
- Die systematische Berücksichtigung freiwilligen Engagements bei politischen Maßnahmen auf europäischer Ebene (was im aktuellen politischen Jargon neudeutsch „mainstreaming" genannt wird).
- Die Einführung eines rechtlichen Status, der beispielsweise Regelungen für Aufwandsentschädigungen oder den Versicherungsschutz während der Tätigkeit vorsieht.
- Wissenschaftliche Daten über das Ausmaß des freiwilligen Engagements in Europa.
- Den Abbau von Hindernissen für das Engagement von Menschen.
- Vorstellung guter Praxisbeispiele und mehr Austausch zwischen den Freiwilligenorganisationen in Europa sowie Schaffung einer europäischen Plattform für Freiwilligenorganisationen.
- Verabschiedung einer europäischen Rahmenrichtlinie über die Modalitäten, wie freiwilliges Engagement und bezahlte Arbeit in den Mitgliedstaaten geregelt werden.

Eine zweite frühe Initiative des Europäischen Parlamentes kam kurz darauf 1984 auf die europäische Tagesordnung: Das Projekt, einen rechtlichen Status für einen „Europäischen Verein" einzuführen, um dem Engagement von Bürgerinnen und Bürgern in transnational agierenden bzw. vernetzten Organisationen eine europäische Dimension zu verleihen. Zunächst wurden unter der späteren Parlamentspräsidentin Nicole Fontaine Mitte der 1980er Jahre, dann Anfang der 1990er Jahren mit dem sogenannten „Vayssade-Bericht" Vorschläge gemacht, wie solchen Vereinen ein eigener Rechtsstatus zugebilligt werden kann, indem sie nach gemeinsamen Regeln in den Mitgliedstaaten registriert und sodann im Amtsblatt der EU als „Europäische Vereine" eingetragen werden: Solche transnational agierende Vereine seien die Orte, an denen sich engagierte Bürgerinnen und Bürger europäischer Themen

---

[8] Politische Handlungsstrategien auf europäischer Ebene („policy") sind hierbei sozusagen auf halbem Wege zwischen symbolischen Absichtserklärungen und gesetzgeberischen Maßnahmen angesiedelt.

bewusst werden, gegenseitiges Verständnis fördern und sozusagen „europäisch sozialisiert" werden, was ein wesentlicher Baustein hin zu einer aktiven europäischen Bürgerschaft sei (vgl. Europäisches Parlament 1993).[9]

3 Rechtsgrundlage und Subsidiarität: Zwei Damoklesschwerter für die EU

Wären die Forderungen dieser Initiativen des Parlamentes seither umgesetzt, so könnte dieser Beitrag hier getrost enden. Sowohl die Resolution als auch das Projekt des Europäischen Vereines müssen allerdings in ihrem Kontext gesehen werden: Das Europäische Parlament war 1983 erst in seinem fünften Jahr eine von europäischen Bürgerinnen und Bürgern direkt gewählte Versammlung und hatte unter den zu jenem Zeitpunkt geltenden Verträgen immer noch sehr beschränkte Machtbefugnisse. Auch hatte die Kommission in den 1980er Jahren andere Prioritäten, war sie doch unter ihrem Präsidenten Jacques Delors mit der Vorbereitung und Umsetzung der Einheitlichen Europäischen Akte und somit der Weiterentwicklung des Binnenmarktes beschäftigt. Zudem hatte die Europäische Gemeinschaft in nahezu keinem der oben genannten Felder Kompetenzen: Europäisches Handeln sieht sich seit je her in die Grenzen der europäischen Verträge verwiesen. Seit 1957 hatten diese zwar sukzessive den Handlungsspielraum der Europäischen Institutionen ausgeweitet und 1992 mit den Verträgen von Maastricht der Europäischen Wirtschaftsgemeinschaft eine politische „Union" zur Seite gestellt. Gleichzeitig achten die Mitgliedstaaten aber mit Argusaugen auf das Subsidiaritätsprinzip, das gerade im Falle des lokalen freiwilligen Engagements die Handlungskompetenzen der EU potenziell einschränkt. Das Klima in dem für uns interessanten Bereich hat sich zudem seit 1998 als Folge einer vielbeachteten Krise verschärft, als nach einer Entscheidung des Europäischen Gerichtshofes 86 von der Kommission geförderten Projekten im Bereich der Armutsbekämpfung die Rechtmäßigkeit aberkannt wurde, da die entsprechende rechtliche Grundlage für europäisches Handeln in diesen Bereichen nach Ansicht des EuGH fehlte (siehe beispielsweise Armstrong 2002: 120 und Smismans 2005: 108). Diese Entscheidung hat die Kommission in eine Art paranoide Alarmbereitschaft versetzt und zu einer sehr engen Auslegung der rechtlichen Grundlage für Förderprogramme bzw. für politische Maßnahmen geführt.

Es nimmt auch nicht Wunder, dass in der Folge in den 1980er und über weite Teile der 1990er Jahre in der Engagementpolitik „inertia", also Flaute herrschte (Kendall/Anheier 1999: 284). Die Kommission blieb zu den Vorschlägen der Resolution des Parlamentes weitgehend stumm, und nahm die Idee des Europäischen Vereines zu Beginn der 1990er Jahre im Paket mit den Diskussionen zu einem Europäischen Status für Aktiengesellschaften, Genossenschaften (Kooperativen) und Gegenseitigkeitsgesellschaften („mutualités") auf,

---

[9] Die Vorschläge des Parlamentes in diesem Bereich beziehen sich auf Organisationen, die in einem der EU Mitgliedstaaten ihren Hauptsitz haben; Ziele verfolgen, die mit denen der EU übereinstimmen; natürliche Personen oder Organisationen (juristische Personen) als Mitglieder haben und sich für das Gemeinwohl bzw. sektorielle oder berufsgruppenspezifische Interessen einsetzen; keinen Profit an ihre Mitglieder ausschütten; Mitglieder in einer festzulegenden Anzahl von Mitgliedstaaten haben; und deren Ziel transnationale Aktivitäten sind. Die Vorschläge beziehen bewusst keine steuerrechtlich relevanten Regelungen ein, was es für die Mitgliedstaaten einfacher machen sollte, zuzustimmen. (Europäisches Parlament 1993; Europäische Kommission 1991).

und reiht diese explizit in ihre Binnenmarktlogik ein: Die Freizügigkeit der Bürgerinnen und Bürger, v.a. aber der Arbeitnehmer, solle gewährleistet werden und Vereinen sollten, „genau wie den Aktiengesellschaften die Vorteile des Binnenmarktes vollkommen zugute kommen" (Europäische Kommission 1991). Mit dem Unterschied, dass Vereine keinen Profit ausschütten, werden sie in den Vorschlägen im Wesentlichen als Wirtschaftseinheiten behandelt. Wie wir weiter unten sehen werden (siehe 6.), wurden diese Vorschläge immerhin bis 2005 mehr oder weniger beherzt verfolgt, dann aber ad acta gelegt.

Erst 1997 kann man zum ersten Mal das Wort „freiwillig" in den Verträge finden: In der „Erklärung 38" zu freiwilligen Diensten, die dem Vertrag von Amsterdam hinzugefügt wurde und mit der die unterzeichnenden Mitgliedstaaten anerkennen,

> „daß die freiwilligen Dienste einen wichtigen Beitrag zur Entwicklung der sozialen Solidarität leisten. Die Gemeinschaft wird die europäische Dimension freiwilliger Vereinigungen fördern und dabei besonderen Wert auf den Austausch von Informationen und Erfahrungen sowie die Mitwirkung von Jugendlichen und älteren Menschen an freiwilliger Arbeit legen." *(Europäische Union 1997, Erklärung 38).*

4 „Neuer Schwung" durch die Jugend: Der Europäische Freiwilligendienst

Solche Paragraphen sind zwar selten mehr als politische Willenserklärungen (und daher eher symbolisch). Gestützt auf die Erklärung 38 tritt dann aber Ende der 1990er Jahre das erste Pilotprogramm auf den Plan, das das freiwillige Engagement von (jungen) Bürgerinnen und Bürgern direkt fördert: Der Europäische Freiwilligendienst (EFD) mit dem Ziel, „die Mobilität und die Solidarität der jungen Europäer im Rahmen einer aktiven Unionsbürgerschaft zu fördern und ihnen Erfahrungen mit einer anerkannten, nicht formalen Bildung zu ermöglichen" (Europäisches Parlament und Rat der Europäischen Union 1998)[10]. Seither ist das Programm mehrfach verlängert und in der aktuellen Programmperiode 2007-2013 erheblich ausgeweitet worden. Neben den Aufenthalten von Freiwilligen zwischen 18 und 30 Jahren in Europa und mittlerweile in der ganzen Welt im Rahmen des EFD fördert das Programm auch Jugendorganisationen auf europäischer Ebene, Jugendbegegnungen, von Jugendlichen initiierte Projekte sowie Seminare und Konferenzen von Praktikern in der Jugendarbeit. Über die Jahre hat sich zudem eine wahre Förderinfrastruktur in Europa für dieses Programm herausgebildet, zu der die Nationalagenturen des Jugendprogramms in allen Partnerländern, ein Internetportal[11] sowie die SALTO Zentren gehören, die verschiedenste Materialien und Weiterbildungsangebote für Organisationen bereithalten, die an dem Programm teilnehmen wollen.[12] Als flankierende Maßnahme wurde 2007 der „Youthpass" eingeführt, mit Hilfe dessen die Freiwilligen nach ihrem Aufenthalt ihre Lernerfahrung anerkennen lassen können.[13] Und schließlich hat das Aktionsprogramm auch zu

---
[10] Als Pilotprojekt existiert der EFD bereits seit 1996 und wurde 1998 zu einem „Aktionsprogramm" aufgewertet.
[11] http://europa.eu/youth/volunteering_-_exchanges/european_voluntary_service/index_eu_de.html (Stand: 10.03.08).
[12] http://www.salto-youth.net/ (Stand: 19.02.08)
[13] http://www.youthpass.eu (Stand: 19.02.08)

einer der wenigen gesetzlichen Maßnahmen des Rates auf dem Feld des freiwilligen Engagements geführt, nämlich zur Richtlinie über die Bedingungen für die Zulassung von Drittstaatsangehörigen zur Absolvierung (...) eines Freiwilligendienstes (Rat der Europäischen Union 2004b), nach dem Jugendlichen aus Drittstaaten (d.h. Nicht-EU-Staaten) im Rahmen eines Freiwilligendienstes innerhalb der EU von mindestens drei Monaten und in der Regel nicht mehr als einem Jahr eine Aufenthaltsgenehmigung erteilt werden soll (nicht muss).

Mit einem Gesamtvolumen von 885 Millionen € für 2007-2013 (und alle Aktionsbereiche) ist das Programme vergleichsweise klein, betrifft ausschließlich Jugendliche und nur eine bestimmte Art des freiwilligen Engagements: den Freiwilligendienst im Ausland, der auf Zeit angelegt ist und von den Freiwilligen als ausschließliche Tätigkeit verrichtet wird. Verglichen mit den 150.000 Studenten, die alljährlich an einem Erasmusaustausch teilnehmen, nehmen sich die 4.000 EFD-Freiwilligen pro Jahr auch als verschwindende Größe aus. Dennoch kann der EFD als symbolischer „Leuchtturm" für Förderprogramme freiwilligen Engagements in Europa gelten.

5 Eine europäische Jugendpolitik

Zum EFD und dem Aktionsprogramm „Jugend in Aktion" hat sich seit 2001 auch eine Jugendpolitik gesellt, die sich in der Folge als einer der zentralen Politikbereiche der EU innerhalb der Engagementförderung etabliert hat und in Ergänzung zum Aktionsprogramm, das europäische Mobilität befördert, den Schwerpunkt auch auf eine nationale Freiwilligenpolitik legt. Im Zuge ihrer 2000 in Lissabon verabschiedeten Strategie, nach der Europa bis 2010 zum wettbewerbsfähigsten und dynamischsten wissensgestützten Wirtschaftsraum der Welt werden soll, hat die EU ihre Jugend wieder entdeckt und 2001 in Gestalt der Kommission das Weißbuch „Neuer Schwung für die Jugend Europas" vorgelegt, mit dem die Partizipation von Jugendlichen und ihre aktive Staatsbürgerschaft gefördert und die Voraussetzungen dafür geschaffen werden sollen, „dass sich die jungen Europäer besser als solidarische, verantwortungsbewusste, aktive und tolerante Bürger in pluralistischen Gesellschaften behaupten können" (Europäische Kommission 2001: 5, 12).[14] Als wichtige Neuerung in der Europäischen Politiklandschaft legt das Weißbuch den Grundstein für die Anwendung der „Offenen Methode der Koordinierung" (OMK) in der Jugendpolitik. Die OMK ist ein Kooperationsmechanismus für Regierungen in einem bestimmten Politikbereich und findet in Bereichen Anwendung, in denen die EU keine oder nur eingeschränkte Handlungsbefugnisse hat, in denen die Mitgliedstaaten aber ein Interesse an gegenseitigem Erfahrungsaustausch und Vergleich ihrer Maßnahmen sehen. „Freiwilligenarbeit von Jugendlichen" wurde im Weißbuch als ein eigener Schwerpunkt der OMK in der Jugendpolitik festgelegt und hat in der Folge zu einer Reihe von „Entschließungen" des Rates geführt, die sich mit den Maßnahmen der Mitgliedstaaten in diesem Bereich befassen: Mit der Entschließung des Rates von 2004 vereinbarten die Mitgliedstaaten vier Zielsetzungen für die Freiwilligentä-

---

[14] Die direkte Verbindung der Jugendpolitik mit der Lissabonstrategie wurde allerdings erst 2005 „offiziell" im Europäischen Pakt für die Jugend ausgesprochen (siehe Amtsblatt der Europäischen Union ABl. C 292 vom 24.11.2005, S. 5).

tigkeit, auf deren Grundlage sie einen Maßnahmenkatalog auf lokaler, nationaler und europäischer Ebene vorschlagen (Rat der Europäischen Union 2004a: 4f.): [15]

1. Mehr Information für Jugendliche über Möglichkeiten, sich zu engagieren, sowie Ausweitung dieser Möglichkeiten und Qualitätssteigerung.
2. Erleichterung des freiwilligen Engagements Jugendlicher durch Beseitigung bestehender Hindernisse.
3. Förderung der Freiwilligentätigkeit von Jugendlichen im Hinblick auf eine Stärkung ihrer Solidarität und ihres Engagements als verantwortungsbewusste Bürger.
4. Anerkennung der erworbenen persönlichen Fähigkeiten und ihres Engagements für die Gesellschaft sowie der Bedeutung der Freiwilligentätigkeit für einen erleichterten Übergang von Schule und Ausbildung ins Arbeits- und Erwachsenenleben.

2006 entschlossen sich die Jugendminister der EU in diesem Zusammenhang, den Wert von nicht formalen und informellen Lernerfahrungen im europäischen Jugendbereich anzuerkennen, und riefen nach Maßnahmen, die Fähigkeiten und Kompetenzen, die Jugendliche durch nicht formales und informelles Lernen erwerben, sichtbar zu machen und zu validieren. Insbesondere der bereits angesprochenen Europass (siehe oben), aber auch die Arbeiten des Europarates am Portfolio für Jugendleiter und in der Jugendarbeit Tätige[16] werden hier als vorbildliche Instrumente genannt (Rat der Europäischen Union 2006b: 3).

Nach einer Zwischenbilanz über die unternommenen Schritte und Ergebnisse, wurden die Jugendminister 2007 dann konkreter bezüglich ihrer Aktivitäten zur Förderung des Engagements der Jugendlichen: Sie verpflichteten sich, auf nationaler Ebene nationale Strategien für die Freiwilligentätigkeit von jungen Menschen zu entwickeln, Jugend- und Freiwilligenorganisationen hierbei einzubeziehen und sich auf europäischer Ebene auf Leitwerte, Grundsätze und ethische Maßstäben für Freiwilligentätigkeit von jungen Menschen zu einigen. Sie forderten die Kommission auf, 2008 ein neues Instrument für Jugendfreiwilligenarbeit zu entwickeln sowie zu prüfen, ob die Organisation eines Europäischen Jahres zur

---

[15] Zu den vorgeschlagenen Maßnahmen gehören beispielsweise eine bessere Erfassung der bestehenden Formen von Freiwilligentätigkeit, um jungen Menschen ein klares und übersichtliches Bild des vorhandenen Angebots an Freiwilligtätigkeiten zu vermitteln; Durchführung von Informationskampagnen zur Förderung der Freiwilligentätigkeit von Jugendlichen sowie der Werte des freiwilligen Engagements; Ergreifung geeigneter Maßnahmen, um Hindernisse rechtlicher und administrativer Art zu beseitigen, die die Mobilität jener beeinträchtigen, die eine Freiwilligentätigkeit absolvieren möchten; Förderung einer engeren Zusammenarbeit aller Akteure (Jugendliche, Jugend- und Freiwilligenorganisationen, Behörden, Privatwirtschaft, Schulen usw.) bei der Förderung freiwilliger Aktivitäten unter Austausch von Informationen, Erfahrungen und bewährten Praktiken; Anerkennung der Bedeutung der Freiwilligentätigkeit für einen erleichterten Übergang von der Schule und Ausbildung ins Arbeits- und Erwachsenenleben; Würdigung des sozialen Mehrwerts des Freiwilligensektors für die Gesellschaft durch Entwicklung von Aktionen, u.a. WerbeAktionen, verstärkte Anerkennung der von Jugendlichen als Freiwillige erworbenen Erfahrung z.B. mittels der OMK im Bereich der Bildung, der Strategie des lebenslangen Lernens, der Entwicklung des Europasses, dem sozialen Dialog usw. (Rat der Europäischen Union 2004a).

[16] Der Europarat ist nicht zu verwechseln mit dem bereits häufig zitierten Rat der Europäischen Union. Er ist eine internationale Organisation mit Sitz in Straßburg und derzeit 46 Mitgliedstaaten. Der Europarat hat im Bereich Jugendpolitik einige interessante Initiativen auf dem Weg gebracht; allerdings hat er weit weniger Kompetenzen, Entscheidungen und Maßnahmen direkt in den Mitgliedstaaten umzusetzen und keine Kompetenzen direkter Rechtsetzung: Informationen zum Portfolio können unter http://www.coe.int/t/dg4/youth/Source/Resources/Forum21/Issue_No9/N9_European_Portfolio_YW_de.pdf eingesehen werden (Stand: 23.02.08).

Förderung des freiwilligen Engagements zweckmäßig ist, um das Image von Freiwilligentätigkeit in der Gesellschaft im Allgemeinen und unter jungen Menschen im Besonderen aufzuwerten (vgl. Rat der Europäischen Union 2007: 7f).

Die Frage, inwieweit die im Rahmen der OMK zu den freiwilligen Aktivitäten von Jugendlichen festgelegten Ziele auch tatsächlich von den Mitgliedstaaten umgesetzt werden, kann hier nicht abschließend beurteilt werden. V.a. im Bereich der rechtlichen Bestimmungen, die Hindernisse für freiwilliges Engagement aus dem Weg räumen können, sieht beispielsweise das Europäische Jugendforum (2006b) so gut wie keine Fortschritte, sieht man von der oben erwähnten Möglichkeit ab, die Visaregelungen für die Mobilität von Jugendlichen zu verbessern, die aber wiederum nur zaghaft umgesetzt wurden. Allerdings weist das Jugendforum auch darauf hin, dass die Anwendung der Methode der OMK für diesen Bereich zumindest bewirkt hat, dass in der Jugendpolitik kontinuierlich auf Regierungsebene über freiwilliges Engagement gesprochen wird und eine entsprechende Kooperation zwischen den Regierungen, aber auch den nationalen Regierungen und der Zivilgesellschaft gefördert wurde (Europäische Jugendform 2006c). Auch wenn die vereinbarten Maßnahmen bislang weitgehend deklaratorischen Charakter haben, so könnte die OMK durchaus als Modell für eine Kooperation der Mitgliedstaaten im Rahmen einer Engagementpolitik dienen, die nicht nur Jugendliche abdeckt.

Seit 2007 gibt es Anzeichen, dass die Kommission eine ähnliche Herangehensweise wie im Jugendprogramm für den Sport plant. Der Sport war 2004 Thema eines Europäischen Jahres („Erziehung durch Sport") und wurde 2007 in den Vertrag von Lissabon, die abgespeckte Version des 2005 gescheiterten Verfassungsvertrages, aufgenommen, was der Union (unter Vorbehalt seiner endgültigen Ratifizierung) eigene Kompetenzen einräumt. Ein 2007 veröffentlichtes Weißbuch zum Sport enthält ein eigenes Kapitel zur „Förderung von Ehrenamt und aktiver Bürgerschaft durch den Sport" (Europäische Kommission 2007c:7), da der Sport immer noch einer der Hauptaktivitätsfelder für Freiwillige sei, nach der Analyse des Weißbuches aber mit rückgängigen Engagementzahlen v.a. im Jugendbereich zu kämpfen habe. Die Kommission schlägt vor, den Austausch von Informationen und bewährten Verfahren über ehrenamtliche Tätigkeiten im Sport gemeinsam mit den Mitgliedstaaten, den Sportorganisationen und den lokalen Behörden weiter auszubauen und eine europäische Studie über chrenamtliche Tätigkeiten im Sport in Auftrag zu geben. Im Bereich des freiwilligen Engagements im Sport können also in der Zukunft weitere Fördermaßnahmen der EU erwartet werden.

6 Ehrenamtliche Arbeit als Ausdruck einer aktiven europäischen Bürgerschaft?

Neben der Jugendpolitik hat sich als zweiter Hauptpfeiler für eine Engagementpolitik der EU seit 2004 die Debatte um die Unionsbürgerschaft und die Frage etabliert, wie diese weiterentwickelt bzw. ausgefüllt werden kann. Das Konzept der Unionsbürgerschaft erhielt 1992 mit dem Vertrag von Maastricht Einzug in die Verträge und wurde nach und nach ausgeweitet.¹⁷ Mit europäischen Pässen und einem Katalog an Rechten sollten Nationalbürger zusätzlich „Europa"-bürger werden, eine entsprechende Identität entwickeln und sich als Teil und Akteure der europäischen Integration wahrnehmen. Magnette (2007: 673) zitiert in diesem Zusammenhang Habermas, der gar die politische Zukunft des alten Kontinents davon abhängig macht, ob es gelingt, diese europäische Identität zu schaffen. Umfragen legen jedoch nahe, dass die EU hiervon noch entfernt ist. Zwar ist die Europäische Bürgerschaft ein sozialer Fakt (Magnette 2007: 664): Die Bürgerinnen und Bürger verwenden ganz selbstverständlich den Euro, reisen durch Europa und wohnen und arbeiten im Ausland. Allerdings bringen Umfragen für die EU beunruhigende Fakten zu Tage: 53 % der EU-Bürger fühlen sich zu einem gewissen Grad europäisch, 44 % identifizieren sich nur mit ihrer Nationalität (vgl. Nissen 2004). Auf die Frage, ob sich die Bürgerinnen und Bürger in Europa eingebunden fühlen, antworten nur 26 % mit „ja" (Europäische Kommission 2006c). Und das Flash-Eurobarometer 213 zur Unionsbürgerschaft (Europäische Kommission 2008) zeigt, dass zwar 75 % den Begriff Unionsbürgerschaft kennen (22 % haben noch nie davon gehört); allerdings nur 41 % wissen, was darunter zu verstehen sei und nur 18 % können ihre Rechte auf einer Liste wiederfinden und richtig identifizieren. Katrougalos (2007: 37) führt dies darauf zurück, dass die Unionsbürgerschaft bislang nur eine „Bürgerschaft des gemeinsamen Marktes" sei. Besson und Utzinger (2007: 574) fügen hinzu, dass eine Liste von Rechten noch keine „aktive" Bürgerschaft ausmacht und sprechen daher von der Unionsbürgerschaft in ihrer derzeitigen Form als „leerer Hülse"¹⁸.

2004 hat sich die EU nun daran gemacht, diese Hülse auszufüllen, indem sie das „Aktionsprogramm zur Förderung einer Aktiven Europäischen Bürgerschaft" ins Leben rief, das 2006 zum „Aktionsprogramm Europa für die Bürgerinnen und Bürger 2007-2013" weiterentwickelt wurde (Europäisches Parlament und Rat der Europäischen Union 2006b). Vier Aktionsschwerpunkte werden gefördert, nämlich Städtepartnerschaften und Bürgerprojekte („Aktive Bürger für Europa"); die „Aktive Zivilgesellschaft in Europa" (Förderung von europäischen Organisationen der Zivilgesellschaft wie beispielsweise das CEV seit 2006); sowie Veranstaltungen mit großer Öffentlichkeitswirkung und Maßnahmen zur Erhaltung von Gedenkstätten zu Massendeportationen und zum Gedenken an die Opfer von Nationalsozialismus und Stalinismus. Die Europäische Kommission erklärt in den Ausführungs-

---

[17] Artikel 17 des konsolidierten Vertrages von Maastricht über die Europäisch Union erklärt: Unionsbürger ist, wer die Staatsangehörigkeit eines Mitgliedstaats besitzt. Die Unionsbürgerschaft ergänzt die nationale Staatsbürgerschaft, ersetzt sie aber nicht. Unionsbürger haben ein Recht auf Freizügigkeit in den Mitgliedstaaten, das aktive und passive Wahlrecht bei Kommunalwahlen sowie Europawahlen im Land des Wohnsitzes, diplomatischen und konsularischen Schutz in Drittstaaten, in denen das Land, dessen Staatsangehörigkeit der Bürger besitzt, keine solche Vertretung gewährleistet.
Der Vertrag von Amsterdam fügt die Rechte, sich in einer der Amtssprachen an die europäischen Organe zu wenden und eine Antwort in derselben Sprache zu erhalten, auf Zugang zu Dokumenten des Europäischen Parlaments, des Rates und der Kommission (vorbehaltlich bestimmter Grundsätze und Bedingungen) sowie den Grundsatz des Verbots der Diskriminierung von Unionsbürgern aufgrund der Staatsangehörigkeit sowie des gleichberechtigten Zugangs zum öffentlichen Dienst der Gemeinschaft hinzu. (Quelle http://europa.eu/scadplus/glossary/citizenship_de.htm, 15.02.08)
[18] Hinzu kommen auch die negativen Ergebnisse bei Referenda über Europäische Verträge (Dänemark 1992 zum Vertrag von Maastricht, Irland 2001 zum Vertrag von Nizza und natürlich jüngst 2005 Frankreich und die Niederlande gegen den Europäischen Verfassungsvertrag) sowie die fallende Wählerbeteiligung an den Europawahlen (seit 1999 unter 50% der Wahlberechtigten; siehe Tham 2007) und zuletzt in Rumänien und Bulgarien nach deren Beitritt 2007 rekordverdächtig niedrige 28.6% und 28.3%), die Union in Alarmbereitschaft versetzt haben.

vorschriften (Europäische Kommission 2007b: 32) „ehrenamtliche Arbeit als Ausdruck einer aktiven europäischen Bürgerschaft" zu einem horizontalen Thema des Aktionsprogramms,[19] womit also alle Projekte und Organisationen, die sich die Förderung freiwilligen Engagement auf die Fahnen schreiben, für die Periode 2007-2013 besonders förderungswürdig sind.

Während die Ausrichtung des Programms hinsichtlich einer Europäischen Engagementförderung also vielversprechend ist, bleibt zu bemerken, dass es mit 215 Mio. € für eine 7 Jahre andauernde Periode geradezu winzig erscheint, um als Hoffnungsträger für eine breit angelegte Europäische Engagementpolitik zu dienen (zum Vergleich: Das Programm zu lebenslangem Lernen, zu dem beispielsweise Erasmus gehört, verfügt für dieselbe Periode über nahezu 7 Milliarden €, und auch das Jugendprogramm kann wie bereits erwähnt mit 885 Mio. € auf einen größeren Topf zurückgreifen). Hinzu kommt, dass die Kritik Thams (2007: 5) wohl auch zum Teil auf dieses Programm übertragen werden kann: „Wie das Konzept einer Europäischen Bürgergesellschaft jedoch konkret aussieht, in welchen Aktionen Bürgerbeteiligung umgesetzt werden sollen und worauf sich die europäische Dimension der Bürgerschaft bezieht, bleibt im Vagen (...). Es fehlt eine allgemein gültige Definition von Europäischer Bürgergesellschaft ebenso wie die Ausdifferenzierung der damit verbundenen Absichten", eine Aussage, der eine verantwortliche Beamtin der Kommission im Gespräch mit dem Autor nicht widerspricht, wenn sie von der Aktiven Europäischen Bürgerschaft als einem „sich im Fluss befindlichen Konzept" spricht.

Es gibt Bestrebungen, dieser Unschärfe entgegenzutreten und die Entwicklung des Konzeptes der Aktiven Europäischen Bürgerschaft nicht allein auf der Ebene eines Aktionsprogramms, sondern auf politischer Ebene weiter zu verfolgen: 2007 gab es in der zuständigen Direktion der Kommission eine Umstrukturierung und die für das Aktionsprogramm zuständige Abteilung wurde in „Politik einer Unionsbürgerschaft" umbenannt. Die vom Autor interviewte Beamtin sieht darin klare Anzeichen, dass auf Kommissionsebene der Wille besteht, das Aktionsprogramm als Speerspitze für die politische Weiterentwicklung des Bürgerschaftsbegriffes zu nutzen. Seit Herbst 2007 hat dieses Programm zudem auch eine „organisationelle" Komponente: Eine Arbeitsgruppe zum Thema „Aktive Europäische Bürgerschaft", an der all diejenigen Organisationen beteiligt sind, die Gelder aus dem EFB-Programm erhalten und mit der die Kommission einen strukturierten Dialog pflegen will. Es nimmt nicht Wunder, dass gleich zu Beginn dieser Gruppe das Thema der Aktiven Europäischen Bürgerschaft selbst auf die Tagesordnung gesetzt wurde und Gegenstand einer weitergehenden Diskussion zwischen Zivilgesellschaft und Europäischer Kommission sein wird.

Derzeit ist aber nicht absehbar, in welchem Umfang auch auf Ebene der Mitgliedstaaten der politische Wille besteht, die Unionsbürgerschaft als „Box der Pandora" (Besson/

---

[19] „Ehrenamtliche Arbeit stellt ein wesentliches Element einer aktiven Bürgerschaft dar: Indem ehrenamtliche Helfer ihre Zeit zum Wohle anderer einsetzen, leisten sie einen Dienst an ihrer Gemeinschaft und spielen eine aktive Rolle in der Gesellschaft. Sie entwickeln ein Gefühl der Zugehörigkeit zu einer Gemeinschaft und übernehmen damit auch Verantwortung für die Gemeinschaft. Ehrenamtliche Arbeit ist somit ein besonders wirksames Mittel, um das Engagement von Bürgern für ihre Gesellschaft und für das politische Leben zu mobilisieren. Zivilgesellschaftliche Organisationen, Verbände von europäischem Allgemeininteresse, Vereinigungen für Städtepartnerschaften und andere teilnehmende Einrichtungen stützen sich häufig auf ehrenamtliche Arbeit bei der Durchführung und Entwicklung ihrer Aktivitäten. Daher genießt die Förderung der ehrenamtlichen Arbeit im Rahmen dieses Programms einen besonderen Stellenwert" (Europäische Kommission 2007b: 32).

Utzinger 2007) zu öffnen und substantiell mit Leben zu füllen. Das Schicksal der eingangs bereits erwähnten Initiative des Europäischen Vereins lässt hier nichts Gutes hoffen: Wie eingangs erwähnt, liegen die Vorschläge zu diesem Vereinsstatus als Instrument, dem Handeln engagierter Bürgerinnen und Bürgern eine europäische Dimension zu geben, bereits seit 1984 auf dem Tisch. Während es nach 12 Jahren Debatten schließlich 2001 und 2003 eine Einigung auf ein Europäisches Statut für Aktiengesellschaften bzw. Kooperativen gab, wurde dem Europäischen Verein 2005 in Gestalt der Mitteilung der Kommission „Bessere Rechtsetzung" (Europäische Kommission 2005c) der Dolchstoß versetzt, im Rahmen derer die Kommission die europäische Rechtsetzung vereinfachen und verschlanken wollte: Nach 14 Jahren Diskussion erschien es der Kommission nicht realistisch bzw. erstrebenswert, das Vorhaben weiter zu verfolgen, da es wenig Aussicht auf Verabschiedung im Rat gäbe. Der objektive Tatbestand der immer noch fehlenden Einigung im Rat gibt der Kommission Recht. Andererseits verwundert diese Maßnahme, hatte doch unterdessen die 2000 in Nizza verabschiedete Charta der Grundrechte in ihrem Artikel 12 (Das Recht auf Versammlung und Vereinigung „auf allen Ebenen") eine weitere rechtliche und politische Grundlage für diesen Vorschlag gelegt (Europäische Union 2001). Auch wäre ein solcher Status nur logische Konsequenz einer sich v.a. seit Mitte der 1990er im Zuge des politischen Bedeutungszuwachses der EU auf europäischer Ebene etablierenden Zivilgesellschaft (siehe hierzu u.a. Knodt, M./Finke, B. 2005)[20]: Rechtlich gesehen sind viele der großen, in Brüssel angesiedelten Netzwerke von Nichtregierungsorganisationen, deren Mitglieder Organisationen häufig aus ganz Europa sind, immer noch „belgische gemeinnützige Vereine", obwohl sie doch einen weit über Belgien hinausgehende Aktionsradius haben.

Ob die Ablehnung des Europäischen Vereinstatus als Zurückhaltung nationaler Regierungen verstanden werden kann, „zuviel" europäisches Identitätsgefühl außerhalb national konstituierter zivilgesellschaftlicher Strukturen zuzulassen, und aus welchen Gründen der politische Wille für eine Einigung nicht stark genug war, kann hier nicht beantwortet werden.[21] Der Europäische Wirtschafts- und Sozialausschuss vermutet eher eine Verquickung

---

[20] Die Netzwerke der europäischen Zivilgesellschaft verbinden nationale Organisationen miteinander und haben es sich zum Ziel gemacht, ihnen in Brüssel eine starke Stimme zu verleihen und als Foren europäischer Debatte und Erfahrungsaustausch zu dienen. Die Organisationen gruppieren sich gewöhnlich in „Familien" oder Sektoren. Einen guten Überblick erhält man auf der Webseite der EU Kontaktgruppe der Zivilgesellschaft (www.act4europe.org), der die grossen Familien von NRO-Netzwerken angehören:
Die Social Platform mit 40 europäischen Netzwerken als Mitgliedern (www.socialplatform.org) (Ihr gehört beispielsweise das CEV, aber auch Caritas Europa, das Anti-Rassimus-Netzwerk ENAR, das Netzwerk für Menschen mit Behinderungen EDF und viele weitere an).
Das Netzwerk für Demokratie und Menschenrechte (zu dem wiederrum u.a. die EU-Vertretung von amnesty international gehört)
Die „Grünen 10", ein informelle Kontaktgruppe im Umweltbereich, die Greenpeace, WWF und weiter grosse Netzwerke vereint
Die Plattform für Lebenslanges Lernen (http://www.eucis.net/about.asp)
Das Public Health Netzwerk (http://www.epha.org/)
Culture Action Europe – Das Europäische Forum für Kultur und -erbe (http://www.efah.org/)
Die europäische Frauenlobby (http://www.womenlobby.org/)
Das Entwicklungshilfenetzwerk CONCORD. (http://www.concordeurope.org/)
[21] Kendall und Anheier (1999) mutmaßen, dass hauptsächlich Hinderungsgründe für eine Einigung die Regelungen bezüglich der Rechte auf Mitwirkung der Arbeitnehmer in diesen Organisationen gewesen zu schein schienen, traditionell ein rotes Tuch für Großbritannien beispielsweise. Sie weisen allerdings auch darauf hin, dass z.B. die Deutschen Wohlfahrtsverbände eher zurückhaltend auf die Regelungen reagierten, fürchteten sie doch eventuelle negative

der Debatte über den Europäischen Verein mit der ebenfalls 2005 auf EU-Ebene geführten Diskussion zur Terrorismusfinanzierung und der damit einhergehenden Initiative der Europäischen Kommission, u.a. durch eine größere Transparenz des gemeinnützigen Sektors Terrorismusfinanzierung zu bekämpfen: Der EWSA kritisiert den von ihm wahrgenommenen präventiven Pauschalverdacht gegen zivilgesellschaftliche Organisationen und unterstreicht, dass gerade ein transparentes Europäisches Vereinsstatut helfen könnte, den eventuellen Missbrauch des rechtlichen Status einer gemeinnützigen Organisation zu verhindern (EWSA 2005).

Ganz geschlagen gibt sich auch die Europäische Zivilgesellschaft noch nicht: Europaweite zivilgesellschaftliche Netzerke wie die CEDAG (European Council for Non-Profit Organisations, http://www.cedag-eu.org) und das „Forum civic européen" (http://www.forumciviqueeuropeen.org/) haben es sich auf die Fahnen geschrieben, weiter für die Einrichtung eines Statuts des Europäischen Vereins einzutreten. Es bleibt anzuwarten, ob diese Initiative die nötige politische Unterstützung bekommen wird, um noch einmal auf die Tagesordnung gesetzt zu werden.

7 Freiwilliges Engagement in weiteren Aktionsprogrammen der EU

Die EU hat ihre Freiwilligen aber auch in anderen Bereichen für sich entdeckt, die auf europäischer Ebene fast ausschließlich im Rahmen von Aktionsprogrammen behandelt werden. Vier dieser Bereiche seinen hier exemplarisch genannt: Das Aktionsprogramm zum Zivil- und Katastrophenschutz (1999-2006), im Rahmen dessen unter anderem das Britische Rote Kreuz und auch das Deutsche Technische Hilfswerk[22] europäische Kooperationsprojekte durchgeführt haben, die sich mit Fragen einer effektiveren Einbindung von Bürgerinnen und Bürgern als Freiwillige im Zivil- und Katastrophenschutz befassten und den Versuch unternahmen, gute Praxisbeispiele vorzustellen und Erfolgskriterien herauszuarbeiten, sowie allgemein europäische Kooperation von Organisationen des Zivil- und Katastrophenschutzes aber auch der zuständigen Ministerien voranzubringen.

Im Bereich der Integrationspolitik hat unter anderem das von der EU im Rahmen der INTI-Pilotprojekte 2003-2006[23] kofinanzierte und vom CEV koordinierte europäische Kooperationsprojekt INVOLVE zur Beteiligung von Drittstaatsangehörigen an freiwilligem Engagement als Mittel zur Integrationsförderung[24] angeregt, freiwilliges Engagement als Bestandteil einer Integrationspolitik anzuerkennen, damit letztere die Begegnung von Migranten und Einheimischen sowie aktive Partizipation von Migranten beinhalte. In der Folge hat die Kommission bei der Weiterentwicklung der INTI-Pilotprojekte zu einem Aktionsprogramm für die Integrationsförderung 2007-2013 freiwillige Aktivitäten von Migranten im Rahmen von Freiwilligenprogrammen oder durch Engagement in gemeinnützigen Vereinen als besonders förderungswürdig vorgeschlagen (Europäische Kommission 2005b) und sie

---

Auswirkungen auf ihren besonderen Status in der Deutschen Sozialpolitiklandschaft. Auch kritisierten sie, dass Wohlfahrtsverbände als Wirtschaftseinheiten gelten sollten.

[22] http://www.eu-volunteers.net/ (Stand: 29.02.08)
[23] http://ec.europa.eu/justice_home/funding/ (Stand: 28.02.08).
[24] http://www.involve-europe.eu/ (Stand: 28.02.08)

hat in den beiden 2004 und 2007 veröffentlichten Handbüchern zur Integration für Entscheidungsträger und Praktiker mehrfach die Rolle freiwilligen Engagements als Mittel zur aktiven Beteiligung an der Gesellschaft, aber auch die Rolle von Freiwilligen beispielsweise im Rahmen von Sprachkursen für Migranten und als Integrationslotsen erwähnt.[25]

Im Bereich des lebenslangen Lernens verfügt die EU für die Periode 2007-2013 über ein Aktionsprogramm, das die europäische Zusammenarbeit im Bereich formellen, aber auch nicht formellen und informellen Lernens fördern soll (Europäisches Parlament und Rat der Europäischen Union 2006c). Zwar wird freiwilliges Engagement im Programm nicht eigens erwähnt. Jedoch hat die Programmlinie „Grundtvig" für erwachsene Lernende in den letzten Jahren mehrere Projekte gefördert, die sich mit dem Wert freiwilligen Engagements beim Erwerb von Fähigkeiten und Kompetenzen außerhalb formaler Bildungseinrichtungen befassen. Durch Grundtvig soll die Mobilität dieser Zielgruppe erhöht und im Rahmen von Projekten der Austausch in Europa zwischen Organisationen, die nicht formales und informelles Lernen fördern, vorangetrieben werden. Das CEV hat beispielsweise für eine Konferenz im Mai 2007 zur Frage, wie Fähigkeiten und Kompetenzen, die Freiwillige erlangen, nicht nur sichtbar gemacht, sondern in der Folge auch von anderen Akteuren wie Universitäten oder Unternehmen anerkannt werden können, Gelder aus dem Grundtvigprogramm erhalten.

Schließlich seien noch die ENEA „Vorbereitenden Maßnahme zur Förderung des aktiven Alterns und der Mobilität älterer Menschen"[26] erwähnt, mit denen die Generaldirektion Beschäftigung und Soziales die Mobilität von Senioren und ihre aktive Beteiligung an der Gesellschaft fördern will. Freiwilliges Engagement ist eine Programmlinie innerhalb von ENEA und im Februar 2008 wurde unter Koordination einer italienischen Freiwilligenorganisation ein europaweites Austauschprogramm für 100 Senioren gestartet, das einen Beitrag hierzu leisten soll.[27]

8 Eine horizontale Engagementpolitik für alle Altersgruppen?

In verschiedenen Bereichen tauchen also Freiwillige in den Maßnahmen der EU auf – allerdings sind letztere jeweils beschränkt auf eine bestimmte Zielgruppe (hauptsächlich Jugendliche) oder mit einem bestimmten politischen Interesse der Union verknüpft (z.B. die Weiterentwicklung der Unionsbürgerschaft und einer europäischen Identität, insbesondere durch Mobilität). Das CEV hat diese Tatsache zum Anlass genommen, 2006 mit seinem Manifest für freiwilliges Engagement in Europa die Institutionen aufzufordern, strategischer in diesem Bereich vorzugehen und eine umfassendere Strategie zu entwickeln. Auf Einladung des Deutschen Europaabgeordneten Jo Leinen wurde das Manifest den Parlamentariern und Vertretern der Kommission im März 2006 im Parlament vorgestellt. Es stellt fest,

---

[25] Die Handbücher können jeweils unter http://ec.europa.eu/justice_home/doc_centre/immigration/integration/doc/handbook_en.pdf (2004) bzw. http://ec.europa.eu/justice_home/doc_centre/immigration/integration/doc/2007/handbook_2007_de.pdf (2007) eingesehen werden (Stand: 29.02.08)
[26] http://ec.europa.eu/employment_social/emplweb/tenders/tenders_de.cfm?id=1285 (Stand: 03.03.08).
[27] Derzeit gibt es hierfür noch keine eigene Webseite. Informationen können unter http://www.cev.be/40-projects-EN.html gefunden werden (Stand: 03.03.08).

dass freiwilliges Engagement zwar in der Tat in den verschiedensten Politikbereichen der Union eine wesentliche Rolle spielt und daher einen besonderen Platz haben sollte. Dass die Union aber gut daran täte, freiwilliges Engagements als Selbstzweck anzuerkennen und eine umfassende Engagementpolitik zu entwerfen, indem sie insbesondere (ähnlich wie im Jugendbereich) ein Weißbuch vorlegt, das aber auf eine Strategie für alle Altersgruppen abzielt und eine OMK vorschlägt, im Rahmen derer die Mitgliedstaaten ihre Maßnamen zur Engagementförderung vergleichen und voneinander lernen, und indem sie schließlich ein Europäisches Jahr für freiwilliges Engagement ausruft (CEV 2006:39ff).[28]

In den Monaten danach gewannen die Aktivitäten der Europäischen Institutionen an Fahrt. Im April 2006 rief die Vizepräsidentin der Europäischen Kommission, Margot Wallström, zuständig für die Kommunikationsstrategie der Kommission, den Europäischen Wirtschafts- und Sozialausschuss (EWSA) an und bat ihn um Vorlage einer Stellungnahme zur Rolle von freiwilligem Engagement „in der europäischen Gesellschaft", die Grundlage für ein weiteres Vorgehen der EU auf diesem Feld sein sollte. Die vom EWSA im Dezember verabschiedete Stellungnahme 1575/2006 „Freiwillige Aktivitäten, ihre Rolle in der europäischen Gesellschaft und ihre Auswirkungen" ist seit der Resolution des Parlamentes von 1983 der erste europäische Text, der sich ausschließlich mit freiwilligem Engagement befasst.[29] Der EWSA stimmt hierin mit den oben genannten Forderungen des Manifests überein und unterstreicht darüber hinaus die Notwendigkeit, die Wechselbeziehung zwischen lokalem Engagement und europäischer Integration genauer zu beleuchten. EUROSTAT solle eine koordinierende Rolle übernehmen, um den Anteil freiwilliger Aktivitäten an der Volkswirtschaftlichen Gesamtrechnung der Mitgliedstaaten sichtbar zu machen. Die Institutionen selbst werden angehalten, freiwilliges Engagement bei Förderung von Projekten als geldwerten Eigenbeitrag zum Projekt anzuerkennen. Eine Freiwilligen-Infrastruktur in den Mitgliedstaaten und auf europäischer Ebene sei nötig, um freiwilliges Engagement besser zu fördern. Und schließlich sollte zur Verbesserung der wirtschaftlichen Lage der Freiwilligenorganisationen in den Mitgliedstaaten im Gemeinschaftsrecht eine Rechtsgrundlage für die Mehrwertsteuerbefreiung dieser Organisationen geschaffen werden (Europäischer Wirtschafts- und Sozialausschuss 2006). Der EWSA führt also die Resolution des Parlamentes von 1983 weiter und macht konkrete Vorschläge, die Elemente einer Engagementpolitik abdecken. Allerdings hat er lediglich Konsultativstatus und kann daher lediglich Vorschläge machen, jedoch keine rechtlich verbindlichen Maßnahmen ergreifen.

Dennoch hat sich in der Folge einiges getan. Schützenhilfe hat der EWSA hierbei vom Europäischen Parlament bekommen, das 2006 gleichsam aus seinem mehr oder weniger seit den 1980er Jahren andauernden Dornröschenschlaf erwachte: Im Juni 2006 ergriff die Irische Abgeordnete Marian Harkin die Initiative, eine überparteiliche Arbeitsgruppe für freiwilliges Engagement im Parlament ins Leben zu rufen. Die Deutsche Gisela Kallenbach übernahm die Ko-Leitung der Gruppe, die sich seither in unregelmäßigen Abständen (und mit bislang eher mäßigem Engagement anderer Parlamentarier) trifft, um das Thema auf der politischen Tagesordnung voranzubringen. Zusammen mit den Organisationen der Zivilgesellschaft wurde

---

[28] Siehe http://www.cev.be/64-cev_manifesto-CS.html für weitere Informationen zum Thema (Stand: 23.03.08).
[29] Diese Stellungnahme wurde federführend von der Ko-Berichterstatterin Soscha Gräfin zu Eulenburg mitgestaltet, die als Mitglied des Präsidiums des Deutschen Roten Kreuzes seit 1994 als eine der Deutschen Repräsentantinnen Mitglied im EWSA ist.

unter anderem am 5. Dezember 2006 eine öffentliche Anhörung im Parlament zum Thema „Mainstreaming of Volunteering in EU Policies" abgehalten – bei der es also um die Berücksichtigung von freiwilligem Engagement in allen relevanten Politikbereichen ging, die wie oben erwähnt bereits 1983 vom Europäischen Parlament gefordert wurde.

Das Parlament stellte daraufhin verschiedene Anfragen an die Kommission und erhielt Klarstellungen zu Bereichen, die im Rahmen einer Engagementpolitik relevant sind: Zum Einen wird die Richtlinie 2006/112/EG genannt, die im gemeinsamen Mehrwertsteuersystem der EU die Möglichkeit der Mehrwertsteuerbefreiung für gemeinnützige Organisationen in Europa vorsieht, und feststellt, dass diese von den Mitgliedstaaten davon abhängig gemacht werden kann, dass „Leitung und Verwaltung dieser Einrichtungen im Wesentlichen ehrenamtlich erfolgen" (Rat der Europäischen Union 2006a, Artikel 133). Und darüber hinaus sehen die seit 2007 gültigen neuen Durchführungsbestimmungen der EU-Haushaltsordnung in ihrem geänderten Artikel 172 vor, dass in den verschiedenen Förderprogrammen der EU freiwilliges Engagement in Projekten als Kofinanzierung leichter geltend gemacht werden kann (Europäische Kommission 2006b).

Ein der Arbeitsgruppe nahestehender Abgeordneter, der Brite Richard Howitt, zeichnet auch verantwortlich für eine Resolution des Parlaments, mit der die europäischen Institutionen aufgefordert werden, Programme von Arbeitgebern zu fördern, die das freiwillige Engagement ihrer Angestellten unterstützen und dadurch ihre „corporate citizenship" bzw. soziale Verantwortung ausdrücken wollen. Konsequent hierbei: Das Parlament schlägt vor, dass die Institutionen selbst ihre Angestellten und Beamten zu freiwilligem Engagement ermuntern sollen (Europäisches Parlament 2007: 45) – was den Pool von potenziellen Freiwilligen allein in Brüssel um 30.000 anwachsen ließe …

Im Februar 2008 legte Marian Harkin schließlich ihre Stellungnahme „Freiwilligentätigkeit als Beitrag zum wirtschaftlichen und sozialen Zusammenhalt" vor, die im April 2008 vom Plenum des Europäischen Parlaments mit 639 der 785 Stimmen verabschiedet wurde. Harkin wiederholt hierin eine Reihe der oben bereits ausgeführten Forderungen (u.a. den Ruf nach einem Europäischen Jahr für freiwilliges Engagement) und fasst ihre Vorschläge als „Plan V – for Valuing, Validating and ensuring Visibility of Volunteers" zusammen (Europäisches Parlament 2008:6).[30]

9 Auf dem Weg zu einem Europäischen Jahr des freiwilligen Engagements?

Eine Idee zur Engagementförderung kommt in fast allen jüngsten Verlautbarungen europäischer Institutionen vor: Der Ruf nach einem Europäischen Jahr des freiwilligen Engagements. Die Stellungnahme des EWSA 2006, die Entschließung des Jugendministerrates vom November 2007, die Harkin-Stellungnahme des Europäischen Parlaments 2008 und die Stellungnahme hierzu des Ausschusses der Regionen – vier Europäische Institutionen haben

---

[30] Dies wird in Anspielung and den „Plan D for Dialogue, Debate and Democracy" formuliert, mit dem die bereits angesprochene Vizepräsidentin der Kommission Margot Wallström seit 2005 die Kommunikationspolitik und die Beziehungen zwischen der EU und den Bürgerinnen und Bürgern verbessern will.

sich dafür ausgesprochen, die Idee weiterzuverfolgen. Die europäischen Freiwilligenorganisationen haben anlässlich des internationalen Tages der Freiwilligen am 5. Dezember 2007 eine Allianz gebildet, die es sich zum Ziel gemacht hat, die Institutionen beim Wort zu nehmen und auf die tatsächliche Umsetzungen der Idee zu pochen[31]: Freiwillige seien die Akteure, die europäische Werte und Ziele wie Solidarität und aktive Bürgerbeteiligung in die Tat umsetzten. Freiwilliges Engagement könne zur Bildung einer europäischen Identität beitragen, insofern ein Verständnis darüber gefördert werde, dass sich Freiwillige in ganz Europa für ähnliche Werte einsetzen und so gemeinsam überall in Europa zu Gesellschaft und Wohlstand beitragen.[32] 2011 wäre das nächste mögliche Jahr[33] und würde mit den Aktivitäten der Vereinten Nationen zum 10jährigen Jubiläum des Internationalen Jahres 2001 zusammenfallen und somit möglicherweise Synergieeffekte nutzen. Ein Positionspapier der Allianz wurde im Februar 2008 im Europäischen Parlament auf Einladung der Harkin-Arbeitsgruppe vorgestellt und positiv aufgenommen. Die Abgeordneten der Arbeitsgruppe haben sich im Anschluss dazu entschlossen, mit einer schriftlichen Erklärung des Parlamentes den Ruf nach einem solchen Europäischen Jahr zu unterstreichen. Mindestens die Hälfte der 785 Abgeordneten müsste diese Erklärung gegenzeichnen. Ein Ergebnis ist Mitte 2008 zu erwarten.

Es kann derzeit noch nicht abgesehen werden, wie sich die Idee weiter entwickeln wird, da sie eine gemeinsame Entscheidung der Kommission, des Rates und des Parlamentes benötigt. Europäische Jahre können eine gute Gelegenheit sein, ein Thema an die europäische Öffentlichkeit zu bringen und es auf Dauer in der Tagesordnung der europäischen Institutionen zu verankern – wie der Bereich des Sports zeigt (siehe oben). Solche Jahre sind in der Regel mit einem Budget ausgestattet, das europaweite Veranstaltungen mit großer Öffentlichkeitswirkung sowie Aktivitäten in den Mitgliedstaaten ermöglicht: Für das Jahr 2010 zur Armutsbekämpfung wollen die Kommission und die Mitgliedstaaten z.B. beeindruckende 26 Mio. € aufbringen. Auf der anderen Seite sind 26 Mio. € aber nicht gerade üppig, wenn fast 500 Mio. Europäer informiert und motiviert werden sollen, Bahnbrechendes sollte also nicht erwartet werden.[34] Das von den Vereinten Nationen 2001 ausgerufene Internationale Jahr der Freiwilligen hat aber gezeigt, dass solche Initiativen dazu führen können, dass sich Mitgliedstaaten in der Folge zumindest auf dem Papier auf eine Engagementpolitik einigen und ihre Aktivitäten in diesem Bereich regelmäßig überwachen.[35] In

---

[31] Die Allianz reicht vom CEV über das Europäische Jugendforum (YFJ), den Weltverband der Pfadfinder, das Europabüro des Roten Kreuzes, die Caritas Europa, Volonteurope, AGE, Solidar, ENGAGE, die Johanniter International, AVSO bis hin zum europäische Netzwerk der Sportorganisationen (ENGSO und ENGSO Jugend). Siehe www.eyv2011.eu (Stand: 18.06.2008).
[32] Siehe ein Positionspapier der Allianz http://www.cev.be/99-towards_a_european_year_of_volunteering_2011_118-DE.html, (Stand: 20.02.2008).
[33] Die Jahre 2009 und 2010 sind mit den Themen „Förderung von Innovation und Kreativität" (2009) und „Bekämpfung von Armut und sozialer Ausgrenzung" (2010) bereits vergeben.
[34] So gaben beispielsweise 2003 nur 36% der befragten EuropäerInnen an, von dem Europäischen Jahr der Menschen mit Behinderungen informiert zu sein. 61% fühlten, dass erfolgreich über die Schwierigkeiten von Menschen mit Behinderung im alltäglichen Leben informiert wurde, 51% glauben, dass das Jahr zu einer Verbesserung der rechtlichen und tatsächlichen Situation von Menschen mit Behinderungen beigetragen hat (Europäische Kommission, 2004).
[35] Die Mitgliedstaaten der VN haben mit der Resolution A/56/38 der Vollversammlung sicher stellen wollen, dass auch nach 2001 die Regierungen weiter an einer Engagementpolitik arbeiten und verfügen mit den „UN Volunteers" (UNV) (http://www.unv.org/) über ein Organ, das die Aufgabe übernommen hat, in regelmäßigen Abständen den Fortschritt

europäischen Politikjargon übersetzt könnte ein solches Jahr Ausgangspunkt der bereits angesprochenen OMK für mehr Kooperation der Mitgliedstaaten in der Engagementpolitik sein.

10 Die Frage der Rechtsgrundlage – Wo ein Wille ist, dort ist auch ein... Artikel 308

Das gestiegene Interesse der EU an ihren Freiwilligen lässt sich wohl auch daran erkennen, dass mit dem Vertrag von Lissabon freiwilliges Engagement seinen Einzug in die Europäischen Verträge finden wird – unter Vorbehalt der Ratifizierung des Vertrages in allen Mitgliedstaaten, die, unerfreuliche Zwischenfälle wie die Ablehnung des Verfassungsvertrages 2005 nicht eingerechnet, bis 2009 abgeschlossen sein soll. Zu früh dürfte sich gefreut haben, wer darin die Grundlage für eine breit angelegte Engagementpolitik sieht. Es werden nämlich nur zwei Bereiche herausgegriffen, in denen freiwilliges Engagement „Vertragsrang" bekommen soll: Der Sport und die humanitäre Hilfe. Während die Verknüpfung von freiwilligem Engagement und Sport im Artikel 149[36] noch logisch erscheint, ist doch der Sport eines der größten Engagementfelder für Freiwillige (siehe Rose 2006), so handelt es sich im Fall der humanitären Hilfe eher um ein politisches Kuriosum, nämlich den Artikel 188j zur Einrichtung eines „Europäischen Freiwilligencorps für humanitäre Hilfe" (englisch abgekürzt EVHAC).[37] Ähnlich wie das Programm „weltwärts" des Deutschen Entwicklungsministeriums soll auf Europäischer Ebene ein Freiwilligendienst für junge Menschen im Bereich der humanitären Hilfe geschaffen werden. Interessant ist in diesem Zusammenhang, dass die Generaldirektion für humanitäre Hilfe (ECHO) bereits 2006 eine Machbarkeitsstudie in Auftrag gegeben hatte, um einzuschätzen, inwieweit das EVHAC sinnvoll und umsetzbar ist. Das Ergebnis der Studie ist vernichtend: Keines der großen europäischen Entwicklungshilfe-Netzwerke unterstützt die Idee uneingeschränkt, einige Organisationen wie das Rote Kreuz haben sich sogar explizit dagegen ausgesprochen.[38] Allein der Ausschuss für

---

der Staaten in den vereinbarten Bereichen zu prüfen, so beispielsweise im Rahmen der VN-Vollversammlung im Herbst 2008, wo der letzte Stand der Dinge in den Mitgliedstaaten und Fortschritte innerhalb der Engagementpolitik seit dem Internationalen Jahr 2001 ausgewertet werden sollen.

[36] Artikel 149: „Die Union trägt zur Förderung der europäischen Dimension des Sports bei und berücksichtigt dabei dessen besondere Merkmale, dessen auf freiwilligem Engagement basierende Strukturen sowie dessen soziale und pädagogische Funktion" (Europäische Union 2007).

[37] Artikel 188j sieht vor: „Als Rahmen für gemeinsame Beiträge der jungen Europäer zu den Maßnahmen der humanitären Hilfe der Union wird ein Europäisches Freiwilligenkorps für humanitäre Hilfe geschaffen. Das Europäische Parlament und der Rat legen gemäß dem ordentlichen Gesetzgebungsverfahren durch Verordnungen die Rechtsstellung und die Einzelheiten der Arbeitsweise des Korps fest" (Europäische Union 2007).

[38] Als Kritikpunkte werden genannt: Die Notwendig professioneller und schneller zeitnaher Hilfe, die mit einem Adhoc Jugendfreiwilligendienst wohl nur schwer gewährleistet werden könne (zwar bestünde Mangel an Personal für solche Einsätze, allerdings seien unausgebildete Freiwillige weniger eine Lösung denn ein zusätzliches Problem). Auch sei lokales Engagement von Freiwilligen schneller, effektiver und nachhaltiger als das Entsenden internationaler Jugendlicher; und schließlich könne die direkte „Verwaltung" von EU-Freiwilligen durch ECHO die grundlegenden Prinzipien humanitärer Hilfe von Freiwilligen wie Neutralität und Unabhängigkeit unterlaufen. V.a. von Seiten der Freiwilligenorganisationen wird vorgeschlagen, dass Gelder zum einen eher für Programme, Training und Management innerhalb bestehender Strukturen für Freiwillige in diesen Organisationen und zum anderen für lokale Freiwilli-

humanitäre Hilfe, in dem die Mitgliedstaaten an der Arbeit der Kommission in diesem Bereich mitwirken, spricht sich positiv aus und sieht in der Maßnahme eine Möglichkeit, das Bild Europas in der Welt positiv zu ändern und das Interesse junger Menschen für Entwicklungsfragen zu erhöhen. Zusammenfassend wird unumwunden festgestellt, dass hinter der Idee des EVHAC eine gute Intention stehe, dass diese Initiative aber auf politischer Ebene am Bedarf vorbei entwickelt worden und in der im Lissabonner Vertrag formulierten Weise schlicht unrealistisch sei (siehe Europäische Kommission 2006a: 7-9). Dennoch wurde der Vorschlag im Vertrag von Lissabon belassen und wird somit wohl umgesetzt werden.[39]

Auch wenn sich beide Artikel auf zwei explizite Bereiche beziehen, so kann doch davon ausgegangen werden, dass sie sozusagen als Präzedenzfälle in der Folge Aktivitäten der EU in der Engagementförderung allgemein einfacher werden lassen. Hinzu kommt ein zweites Phänomen, das das eingangs beschriebene Damoklesschwert der rechtlichen Grundlage für eine Europäische Engagementpolitik weit weniger bedrohlich erscheinen lässt: Die Institutionen haben gezeigt, dass sie in Bereichen ohne explizite Rechtsgrundlage in den Verträgen tätig werden: Hierfür gibt es – neben dem entsprechenden politischen Willen – den Artikel 308, den europäischen Gummiparagraphen, der immer dann herangezogen wird, wenn es keine klare Handlungskompetenz der Union gibt, aber dennoch Handlungsbedarf gesehen wird.[40] Dieser Artikel fand beispielsweise für das Programm Europa für die Bürgerinnen und Bürger und im Aktionsprogramm zum Zivilschutz Anwendung. Wo es also den Willen der Regierungen zur Zusammenarbeit gibt – dort gibt es auch einen Weg, bzw. den Artikel 308.

11 „Was ich kann, ist unbezahlbar" – *aber auch unzählbar?*

Hilger (2008) zieht dennoch den Schluss, dass die Engagementpolitik als „soft topic" (2008: 16) auch weiterhin wohl eher stiefmütterlich behandelt werden wird, sollte es nicht gelingen, sie mit zentralen Anliegen der Europäischen Union in Verbindung zu bringen. Eine jüngste Entwicklung könnte in diesem Sinne einer Bedeutungszunahme des freiwilligen Engagements Vorschub leisten: Seit 1997 arbeitet die Johns Hopkins Universität in den USA mit ihrem Centre for Civil Society Studies unter Leitung von Lester Salomon daran, den Beitrag des gemeinnützigen (Non-profit) Sektors und des freiwilligen Engagement hierin an der Volkswirtschaft sichtbar zu machen. Anheier und Salomon stellen fest, dass es so gut keine Statistiken über diesen Beitrag gibt, da freiwilliges Engagement schlicht keinen Marktpreis hat und somit unsichtbar, ja im volkswirtschaftlichen Sinne „wertlos" bleibt (Anheier/Salomon 1999: 49). Zusammen mit den Vereinten Nationen haben Salomon und andere ein

---

gendienste in den jeweiligen Zielländern zur Verfügung gestellt werden sollten, denn eine neue Administration hinzuzufügen.

[39] Ein Aktivist einer Entwicklungshilfeorganisation äußert gegenüber dem Autor hierzu die Vermutung, dass die Regierungschefs bei der Abspeckung des Verfassungsvertrages zum Vertrag von Lissabon wohl schlichtweg vergessen hätten, den Paragraphen zu streichen...

[40] Artikel 308: Erscheint ein Tätigwerden der Gemeinschaft erforderlich, um im Rahmen des Gemeinsamen Marktes eines ihrer Ziele zu verwirklichen, und sind in diesem Vertrag die hierfür erforderlichen Befugnisse nicht vorgesehen, so erläßt der Rat einstimmig auf Vorschlag der Kommission und nach Anhörung des Europäischen Parlaments die geeigneten Vorschriften (Europäische Union 2006).

Handbuch für Nationale Statistische Ämter entwickelt, mit dem diese den volkswirtschaftlichen Wert des gemeinnützigen Sektors in Satellitenkonten darstellen und den wirtschaftlichen Wert des freiwilligen Engagement beziffern können.[41] In Europa gibt es nur mäßigen Erfolg zu berichten: Lediglich Belgien, Frankreich und die Tschechische Republik haben das Handbuch seither angewandt und erste Ergebnisse vorgelegt, die allerdings beeindruckend sind: In Belgien ist der Sektor mit 5 % Anteil am Bruttosozialprodukt größer das Baugewerbe (4.4 %) und genauso groß wie alle Finanzdienstleistungen zusammen. Allerdings bleibt hierbei das Problem, dass innerhalb des Sektors das freiwillige Engagement ungemessen, also unsichtbar bleibt. Johns Hopkins entwickelt daher derzeit ein Modul, das Eingang in die regelmäßig stattfindenden Arbeitskräfteerhebungen der Internationalen Arbeitsorganisation (ILO) finden könnte, und somit erstmals über einen kontinuierlichen Zeitraum vergleichbare Daten zum Anteil des freiwilligen Engagements an den Volkswirtschaften liefern würde, was nach Salomon geradezu „revolutionär" wäre und das Interesse der Entscheidungsträger am freiwilligen Engagement signifikant erhöhen könnte (Salomon im Gespräch mit dem Autor, März 2008). Eingang in eine europäische Engagementpolitik hat die Erhebung solcher Daten nämlich noch nicht gefunden. Neben den genannten drei Ländern haben sich nach Auskunft von Salomon Portugal, Deutschland, Italien und Großbritannien interessiert gezeigt, Satellitenkonten zu erstellen. Das statistische Amt der EU, EUROSTAT, war zwar bei der Entwicklung des Handbuchs Anfang 2000 mit einbezogen, hat sich aber in der Folgezeit wiederholt zurückhaltend gezeigt, auf europäischer Ebene darauf hinzuwirken, dass solche Daten erhoben werden.[42]

Nun ist die Bezifferung des wirtschaftlichen Wertes freiwilliger Tätigkeit alles andere als ein unumstrittenes Thema, machen doch viele Gegner einer solchen Herangehensweise geltend, dass der Wert des freiwilligen Engagements ja gerade nicht darin liegt, ähnlich wie bezahlte Arbeit Leistungen zu erbringen und dass eine solche „Monetarisierung" des freiwilligen Engagements den Blickwinkel weg verlegt vom genuinen Wert des Engagements, nämlich in einer Gesellschaft soziales Kapital und sozialen Zusammenhang sowie Solidarität zu fördern: „Was ich kann, ist unbezahlbar", hieß das Motto des Internationalen Jahres der Freiwilligen in 2001 für Deutschland, in einer Kampagne des Rumänischen Nationalen Netzwerkes für freiwilliges Engagement ProVobis liest sich das 2008 „Es ist Zeit umzudenken – Edle Taten kann man nicht bezahlen". Befürwortend kann man hören, dass die Beschäftigung mit dem wirtschaftlichen Wert keinesfalls die einzige Herangehensweise sein solle, die Rolle des freiwilligen Engagements „wert" zu schätzen, aber dass harte Fakten nötig seien, um eine entsprechende Aufmerksamkeit und Anerkennung der breiten politi-

---

[41] Gemeinnützige Vereine finden sich natürlich bereits in Volkswirtschaftlichen Gesamtrechnungen wieder, allerdings über verschiedene Rubriken verteilt, je nachdem, woher das Einkommen eines Vereines stammt. Das international anerkannte und derzeit verwendete System der statistischen Bundesämter führt zu wenig hilfreichen Zuordnungen: Bekommt eine Organisation staatliche Gelder zur Grundfinanzierung, erscheint dies nicht mehr in der „Gemeinnütziger Sektor"-Kategorie (NPISH), sondern unter „Öffentliche Hand" (General government sector) (siehe Salomon u.a. 2007), was zu einer nur sehr ungenauen Gesamtbeschreibung des Sektors führt. Auch bleibt der gesamte Anteil an freiwillig geleisteter Arbeit in solchen Vereinen unsichtbar, von informeller freiwilliger Tätigkeit außerhalb solcher Vereine gar nicht zu sprechen.

[42] Einzige europäische Aktivität in diesem Bereich waren 2006 im Rahmen einer Erhebung zur Einkommens- und Lebenssituation in Europa (EU-SILC) Fragen zur „formellen und informellen" Beteiligung von Europäerinnen und Europäern an der Gemeinschaft, dessen Ergebnisse allerdings erst 2009 vorliegen werden.

schen Öffentlichkeit zu gewinnen. Es ist nicht Aufgabe des vorliegenden Beitrages, hier ein Urteil zu fällen. Tatsache ist allerdings, dass das Thema mehr und mehr Interesse findet, nicht zuletzt im gemeinnützigen Sektor selbst, wie die Tagungsthemen der Europäischen Freiwilligenuniversität 2005 in Luzern („Der Einfluss des Prozesses der Monetarisierung auf Freiwilligentätigkeit"), des CEV 2008 in Ljubljana („Putting Volunteering on the Economic Map of Europe") oder auch der Jahrestagung 2008 der Akademie für Ehrenamtlichkeit („Zwischen Eigenwert und Monetarisierung der Freiwilligenarbeit") zeigen.

Tabelle 1: Übersicht über engagementpolitische Maßnahmen der EU Institutionen und anderer Akteure[1]

Jahr	Institution	Name der Initiative	Inhalt	Politikbereich / Zielgruppe	Kategorie
1983	Europäisches Parlament	Resolution zur Freiwilligenarbeit (11525/83)	Ruft Kommission auf, Engagementpolitik zu entwickeln und legt detailliertes Programm hierfür vor	Horizontal	Deklaratorisch
1997	Europäischer Rat	Vertrag von Amsterdam, Erklärung 38	Anerkennung der Rolle freiwilliger Dienste für soziale Solidarität und der Wichtigkeit von Vereinen	Horizontal / Freiwilligendienste	Deklaratorisch
2001	Europäische Kommission	Weißbuch der Kommission „Neuer Schwung für die Jugend Europas" (KOM(2001) 681)	Richtet Offene Koordinierungsmethode OMK im Jugendbereich ein und erklärt hierbei Freiwilligenarbeit zu einer Priorität	Jugendliche	Deklaratorisch („policy"), und Infrastruktur (Kooperationsmechanismus OMK)
2004	Rat der Europäischen Union	Entschließung des Rates zu den gemeinsamen Zielsetzungen für die Freiwilligentätigkeit von Jugendlichen (13996/04)	Legt vier Handlungsschwerpunkte und Aktionskatalog für die Förderung freiwilliger Tätigkeiten von Jugendlichen vor	Jugendliche	Deklaratorisch („policy")
2004	Rat der Europäischen Union	Richtlinie des Rates über die Bedingungen für die Zulassung von Drittstaatsangehörigen zur Absolvierung (...) eines Freiwilligendienstes (2004/114/EG)	Gibt Bürgern aus Ländern außerhalb der EU die Möglichkeit, für einen Freiwilligendienst in der EU eine Aufenthaltsgenehmigung von 3 bis 12 Monaten zu erhalten	Jugendliche, Freiwilligendienst, Mobilität	Rechtsetzung
2006	CEV – Europäisches Freiwilligenzentrum	Manifest für Freiwilliges Engagement in Europa	Ruft Europäische Institutionen u.a. auf, eine eigene Engagementpolitik zu entwerfen, ein Europäisches Jahr für freiwilliges Engagement auszurufen und die Arbeit der nationalen Regierungen in der Engagementförderung im Rahmen einer OMK zu koordinieren	Horizontal	Deklaratorisch (Akteur der Zivilgesellschaft)
2006	Europäischer Wirtschafts- und Sozialausschuss	Stellungnahme „Freiwillige Aktivitäten, ihre Rolle in der europäischen Gesellschaft und ihre Auswirkungen" (1575/2006)	Seit 1983 erster Text, der sich ausschließlich mit freiwilligem Engagement las horizontalem Politikbereich beschäftigt	Horizontal	Deklaratorisch
2006	Rat der Europäischen Union	Entschließung des Rates über die Anerkennung des Wertes von nicht formalen und informellen Lernerfahrungen im europäischen Jugendbereich (2006/C168/01)	Ruft nach europäischen Standards, um nicht formale und informelle Lernerfahrung, wie sie im freiwilligen Engagement stattfinden, sichtbar gemacht und validiert werden können	Jugendliche / Lebenslanges Lernen	Deklaratorisch („policy")

[1] Tabelle zusammen gestellt vom Autor, Inspiration: Hilger (2008:9).

Jahr	Institution	Dokument	Beschreibung	Gemeinnützige Dienstleistungen	Rechtsetzung
2006	Rat der Europäischen Union	Richtlinie über das gemeinsame Mehrwertsteuersystem (2006/112/EG)	Sieht Befreiung für bestimmte gemeinnützige Tätigkeiten vor	Horizontal gültig für Aktionsprogramme	Rechtsetzung
2006	Europäische Kommission	Durchführungsbestimmungen für Haushaltsordnung der EU (1248/2006)	Erleichtert Anerkennung ehrenamtlich erbrachter Leistungen als Kofinanzierung zu Projekten	Horizontal	Finanzielle Unterstützung
seit 2006	Europäisches Parlament	Arbeitsgruppe zum freiwilligen Engagement	Verschiedene Initiativen wie eine Öffentliche Anhörung im Dezember 2006 und Projekt einer „Schriftlichen Erklärung" zur Unterstützung eines Europäischen Jahres des freiwilligen Engagements 2011	Horizontal	Deklaratorisch, Infrastruktur (Arbeitsgruppe)
2007	Rat der Europäischen Union	Entschließung des Rates über die Umsetzung der gemeinsamen Zielsetzungen für Freiwilligentätigkeit von jungen Menschen (14427/07)	Jugendminister machen die Entwicklung nationaler Strategien für die Freiwilligentätigkeit von jungen Menschen zur Priorität und fordern u.a. die Kommission auf, die Organisation eines Europäischen Jahres zu prüfen	Jugendliche	Deklaratorisch („policy")
2007-2013	Europäisches Parlament und Rat der EU	Aktionsprogramm „Jugend in Aktion" (1719/2006/EG) (in abgewandelter Form seit 1998)	Europäisches Freiwilligendienst EFD	Jugendliche / Freiwilligendienst	Finanzielle Unterstützung (Aktionsprogramm) und Infrastruktur
2007-2013	Rat der Europäischen Union und Parlament; Programmleitfaden: Kommission	Programm Europa für die Bürgerinnen und Bürger (1904/2006/EG) (in Fortsetzug von Aktionsprogramm zur Aktiven Europäischen Bürgerschaft 2004-2006)	Stellt Förderung für Bürgerprojekte, Städtepartnerschaften und Freiwilligenorganisationen bereit und erklärt ehrenamtliche Arbeit als Ausdruck einer aktiven europäischen Bürgerschaft zu einem horizontalen Thema	Aktive Bürgerschaft / Alle Altersgruppen	Finanzielle Unterstützung (Aktionsprogramm), Organisationell (Arbeitsgruppe)
2007	Europäische Kommission	Weißbuch Sport (KOM(2007) 391 endg.)	Kündigt mehr Zusammenarbeit der Mitgliedstaaten und lokalen Behörden zur Förderung ehrenamtlichen Engagements und eine Studie zum Engagement im Sport an.	Sport mit Schwerpunkt auf Jugend	Deklaratorisch („policy")
2007	Europäischer Rat	Vertrag von Lissabon (Nachfolger des gescheiterten Verfassungsvertrages)	Verleiht freiwilligem Engagement im Sport und in der Humanitären Hilfe „Vertragsrang" (Artikel 149 und 188)	Jugend / Jugend in Humanitärer Hilfe	Gesetzgeberisch (noch nicht ratifiziert!)
2008	Europäisches Parlament	Stellungnahme über Freiwilligentätigkeit als Beitrag zum wirtschaftlichen und sozialen Zusammenhalt (Marian Harkin, Gisela Kallenbach, 2007/2149(INI))	Ruf nach konsequenterer und übergreifender Maßnahmen der EU in der Engagementpolitik, „Plan V – for Valuing, Validating and ensuring Visibility of Volunteers"	Horizontal (zuständiger Ausschuss: Regionalpolitik)	Deklaratorisch

12 Zusammenfassung und Ausblick

Das vorgelegte Panorama an vor allem deklaratorischen und finanziellen, mitunter aber auch organisatorischen und gesetzgeberischen Maßnahmen der Institutionen der EU legt nahe, dass „Europa" in der Tat die Freiwilligen für sich entdeckt hat: Nach einem Frühstart 1983 und einer Flaute in den 1990ern, erscheint freiwilliges Engagement in den letzten Jahren gehäuft auf dem Radar gleich mehrerer Institutionen, wenn auch mit eindeutigem Schwerpunkt auf freiwilligen Aktivitäten von Jugendlichen, Freiwilligendiensten und der Mobilität von Freiwilligen. Jüngst hat sich hierzu die Debatte um eine Aktive Europäische Bürgerschaft gesellt, die als vielversprechend für weitere Maßnahmen der EU gelten kann. Sollte der Vertrag von Lissabon nach Ratifizierung in allen EU Staaten schließlich in Kraft treten, so hätte freiwilliges Engagement schließlich sogar Eingang in die Verträge gefunden.

Auch wenn sich das engagementpolitische Handeln der EU vor allem seit 2006 im Anschluss an die Veröffentlichung des CEV Manifestos für Freiwilliges Engagement in Europa verdichtet hat und eine Reihe v.a. der jüngsten deklaratorischen Verlautbarungen von EU-Institutionen, insbesondere des ESWA aber auch des Parlamentes, immer wieder zu einer strategischeren Herangehensweise aufrufen und eine Engagementpolitik aus einem Guss anregen, so kann man das dargestellte patchworkartige Sammelsurium an Maßnahmen wohl noch nicht als Strategie einer Engagementpolitik der EU bezeichnen. Es gibt immer noch politische Bereiche wie beispielsweise die Diskussion um soziale Dienstleistungen allgemeinen Interesses, in denen freiwilliges Engagement bislang eher abwesend ist, und gleichzeitig andere Bereiche wie die humanitäre Hilfe, wo es trotz Ablehnung der Zivilgesellschaft auf den Plan trat. Dabei kann nicht übersehen werden, dass das gesteigerte Interesse der EU-Institutionen am freiwilligen Engagement ihrer Bürgerinnen und Bürger nicht ganz frei von „institutionellem Eigeninteresse" (Smismans 2005: 123) zu sehen ist: Freise (2008: 2) spricht im Bereich der Zivilgesellschaft von einer „eierlegenden Wollmilchsau", die sich die Institutionen heranzüchten um beispielsweise die demokratische Legitimität ihres Handelns zu erhöhen und den (verlorenen) Kontakt mit den Bürgerinnen und Bürgern (wieder) herzustellen. Es wäre demnach kein Zufall, wenn freiwilligem Engagement eine besondere Rolle in der neu erstarkten Diskussion um die Unionsbürgerschaft und zur europäischen Identität zugedacht wurde.

Engagementpolitik ist als solche auch weiterhin kein Politikum für die EU, freiwilliges Engagement wird bislang hauptsächlich über seine Rolle in anderen sektorellen Politikbereichen beachtet. Soll also in Zukunft die Rolle von freiwilligem Engagement in anderen Bereichen, v.a. in „hard policy" Themen wie der Lissabon-Agenda oder dem Volkswirtschaftlichen Wert stärker betont werden? Dies könnte tendenziell eine größere Aufmerksamkeit der politischen Entscheidungsträger herbeiführen, aber gleichzeitig die instrumentalisierte Sichtweise noch verstärken. Oder soll Engagementpolitik als Selbstzweck, sozusagen als Politikbereich sui generis herausgestellt und auf eine eigene kohärente und umfassende Engagementpolitik hingearbeitet werden, die es aber womöglich mangels politischen Gewichts (oder rechtlicher Zuständigkeit der EU) nicht auf die politische Tagesordnung schafft? Nach Hilger (2008) ist unwahrscheinlich, dass in diesem Dilemma letztere Strategie derzeit Aussicht auf Erfolg hätte.

Nach Ansicht des Autors bedarf es hierfür aber auch noch einer tiefer gehenden Debatte über zentrale Konzepte wie beispielsweise die Frage nach der europäischen Dimension lokalen freiwilligen Engagements und seiner Rolle im Rahmen einer europäischen Identität, und über die Frage, was unter aktiver europäischer Bürgerschaft zu verstehen sei: Auch nach Anheier und Toepler (zitiert in Wasner 2005: 139) passt nämlich „das Vokabular bürgerschaftlichen Engagements (...) noch nicht so recht in die staatlich-administrative Kultur Brüssels." Vielleicht sollte zur Ehrenrettung der EU Institutionen aber angemerkt werden, dass wohl auch in vielen Mitgliedstaaten auf nationaler und lokaler Ebene noch kaum von einer Engagementpolitik aus einem Guss gesprochen werden kann, auch wenn die nötigen rechtlichen Handlungskompetenzen hierfür vorliegen würden und das nötige Vokabular zur aktiven Bürgerschaft zur Verfügung stünde.

Trotz des Artikels 308 und der beiden neuen Artikel im Vertrag von Lissabon wird sich engagementpolitisches Handeln der EU auch in der Zukunft weiter rechtlichen Handlungsschranken ausgesetzt sehen: In für eine Engagementpolitik wesentlichen Bereichen wie beispielsweise dem Versicherungs- oder gar dem Sozialschutz von Freiwilligen hat die EU keine Kompetenzen. Und manchmal fehlt es schlicht am politischen Willen, wie das Beispiel des gescheiterten Europäischen Vereinsstatuts zeigt. Aber eine Engagementpolitik auf EU-Ebene muss ja gar nicht zwangsläufig mit Europäischer Rechtsetzung oder zusätzlichen Richtlinien verbunden sein: Wie die Jugendpolitik zeigt, kann die EU ihren Mehrwert durch Anwendung „weicher" Instrumente wie der OMK unter Beweis stellen: Sie kann eine Kooperation der Regierungen der Mitgliedstaaten koordinieren und darauf hinarbeiten, dass sich diese über ihre nationale und lokale Engagementpolitik austauschen, ihre jeweiligen Maßnahmen vergleichen und voneinander lernen. Mit einer OMK zur Engagementpolitik (auch jenseits der Jugendfreiwilligenarbeit) wäre sicherlich ein großer Schritt getan, die verstreuten Aktivitäten der EU und die der Mitgliedstaaten zu bündeln und womöglich aus dem Flickwerk eine Europäische Strategie zu machen, die den Namen Engagementpolitik verdient.

Denn schließlich sind nach den bereits zitierten Eurobarometerumfragen immer noch 7 von 10 Bürgerinnen und Bürgern nicht freiwillig aktiv und profitieren somit nicht von den nachweislich positiven Auswirkungen freiwilligen Engagements, nicht zuletzt auf eine höhere Lebensqualität (siehe Meier/Stutzer 2008).

Literatur

Anheier, Helmut K./Salomon, Lester (1999): Volunteering in Cross-National Perspective: Initial Comparisons. In: Law and Contemporary Problems, Vol. 62, No. 4, S. 43-65

Anheier, Helmut K./Toepler, Stefan (2002): Bürgerschaftliches Engagement in Europa: Überblick und gesellschaftspolitische Einordnung, in: Aus Politik und Zeitgeschichte B9/2002, S. 31-38

Armstrong, Kenneth A. (2001): Civil Society and the White Paper – Bridging or Jumping the Gaps? Jean Monnet Working Paper N°6/01
   http://www.jeanmonnetprogram.org/papers/01/011601.rtf (Stand: 15.02.2008)

Armstrong, Kenneth A. (2002), Rediscovering Civil Society: The European Union and the White Paper on Governance, in: European Law Journal, vol. 8, no. 1, S. 102-132

Besson, Samantha/Utzinger, André. (2007): Introduction: Future Challenges of European Citizenship – Facing a Wide-Open Pandora's Box, European Law Journal 13(5), S. 573-590

CEV, The European Volunteer Centre (Centre européen du volontariat) (2006): Manifest für Freiwilliges Engagement in Europa. (Stand: 21.02.2008)
http://www.cev.be/data/File/CEVManifesto_EN_FR_DE.pdf

Coleman, James S. (1988): Social Capital in the Creation of Human Capital. In: American Journal of Sociology, 94, S. 95-120

Dekker, Paul (2004): The Sphere of Voluntary Associations and the Ideals of Civil Society: A West-European Perspective, in: Korea Observer, Vol. 35, Nr. 3, Autumn 2004, S. 391-415

De Schutter, Olivier. (2002): Europe in Search of its Civil Society, in: European Law Journal, vol. 8, no.2, S. 198-217

Europäische Kommission (1991): Vorschlag für eine Verordnung (EG) des Europäischen Parlamentes und des Rates über das Statut des europäischen Vereins, KOM(1991) 273-1

Europäische Kommission (2001): Weißbuch der Kommission: Neuer Schwung für die Jugend Europas, KOM(2001) 681

Europäische Kommission (2004): Eurobarometer Spezial 198: Europäisches Jahr der Menschen mit Behinderungen 2003

Europäische Kommission (2005a): Eurobarometer Spezial 223 „Social Capital", http://ec.europa.eu/public_opinion/archives/ebs/ebs_223_en.pdf (19.02.2008)

Europäische Kommission (2005b): Vorschlag für eine Entscheidung des Rates zur Einrichtung des Europäischen Fonds für die Integration von Drittstaatsangehörigen für den Zeitraum 2007-2013, KOM(2005)123 endgültig

Europäische Kommission (2005c): Mitteilung der Kommission: Bessere Rechtsetzung für Wachstum und Arbeitsplätze in der Europäischen Union", KOM(2005) 97

Europäische Kommission (2006a): Review Concerning the Establishment of a European Voluntary Humanitarian Aid Corps, Humanitarian Aid Office ECHO, März 2006 (nicht veröffentlicht)

Europäische Kommission (2006b): Änderung der Verordnung Nr. 2342/2002 mit Durchführungsbestimmungen zur Verordnung (EG, Euratom) Nr. 1605/2002 des Rates über die Haushaltsordnung für den Gesamthaushaltsplan der Europäischen Gemeinschaften (1248/2006), Amtsblatt 2006/L 227/3

Europäische Kommission (2006c): Standard Eurobarometer 65, http://ec.europa.eu/public_opinion/index_en.htm (19.02.2008)

Europäische Kommission (2007a); Eurobarometer Spezial 273 „Die Soziale Wirklichkeit in Europa", (Stand: 19.02.2008)
http://ec.europa.eu/public_opinion/archives/ebs/ebs_273_de.pdf

Europäische Kommission (2007b): Programm „Europa für die Bürgerinnen und Bürger", Programmleitfaden, veröffentlicht unter
http://eacea.ec.europa.eu/citizenship/guide/documents/programme_guide_de.pdf (Stand: 23.02.08)

Europäische Kommission (2007c): Weißbuch Sport, KOM(2007) 391 endgültig.

Europäische Kommission (2008): Flash Eurobarometer 213 „EU Citizenship". http://ec.europa.eu/public_opinion/index_en.htm (19.02.2008)

Europäisches Jugendforum (2006a): Evaluation study of Open Method of Coordination in the youth field (Stand: 18.02.2008)
http://www.jugendpolitikineuropa.de/static/common/jp_download.php/465/Evaluation%20FIN.pdf?WEBFORUM=h7bb1krk1u0cuo3f2jiq7u7va3

Europäischer Wirtschafts- und Sozialauschuss (2005): Stellungnahme „Vorschlag für einen Beschluss des Rates über die Aufstellung des Programms 'Prävention, Abwehrbereitschaft und Folgenbewältigung im Zusammenhang mit Terrorakten' für den Zeitraum 2007-2013. CESE 1496/2005

Europäisches Jugendforum (2006b): Shadow Report on the implementation of the third priority of the Open Method of Coordination in the youth field, voluntary activities, Brüssel

Europäisches Jugendforum (Hrsg.) (2006c): Evaluation Study of the Open Method of Coordination in the youth field, research conducted by Rahja, Nina/Sell, Anna, the Finnish Youth Research Institute, Brüssel

Europäisches Parlament (1983): Résolution sur le volontariat (11525/83), Brüssel, 16. Dezember 1983, Parlamentsarchiv ASSRE 431

Europäisches Parlament (1993): Legislative Entschließung mit der Stellungnahme des Europäischen Parlaments zu dem Vorschlag der Kommission an den Rat für eine Verordnung über das Statut des Europäischen Vereins (51993AP0001), Amtsblatt 1993/C 42/ 89

Europäisches Parlament (2007): Entschließung des Europäischen Parlaments zu der sozialen Verantwortung von Unternehmen: eine neue Partnerschaft (2006/2133(INI)), veröffentlicht am 13. März 2007

Europäisches Parlament (2008): Stellungnahme über Freiwilligentätigkeit als Beitrag zum wirtschaftlichen und sozialen Zusammenhalt (2007/2149(INI))

Europäisches Parlament und Rat der Europäischen Union (1998): Beschluss Nr. 1686/98/EG zur Einführung des gemeinschaftlichen Aktionsprogramms „Europäischer Freiwilligendienst für junge Menschen"

Europäisches Parlament und Rat der Europäischen Union (2006a): Beschluss Nr. 1719/2006/EG über die Einführung des Programms „Jugend in Aktion" im Zeitraum 2007-2013; Amtsblatt 2006/L 327/30

Europäisches Parlament und Rat der Europäischen Union (2006b): Beschluss Nr. 1904/2006/EG über das Programm „Europa für die Bürgerinnen und Bürger" zur Förderung einer Aktiven Europäischen Bürgerschaft 2007-2013

Europäisches Parlament und Rat der Europäischen Union (2006c): Beschluss Nr. 1720/2006/EG über ein Aktionsprogramm im Bereich des lebenslangen Lernens (2007-2013)

Europäische Union (1997): Vertrag von Amsterdam (...), Amtsblatt 1997/C340

Europäische Union (2001): Vertrag von Nizza, Amtsblatt Nr. C 80 vom 10. März 2001

Europäische Union (2006): Konsolidierte Fassung des Vertrages über die Europäische Union und des Vertrages zur Gründung der Europäischen Gemeinschaft, Amtsblatt 2006/ C321E/1

Europäische Union (2007): Vertrag von Lissabon zur Änderung des Vertrags über die Europäische Union und des Vertrags zur Gründung der Europäischen Gemeinschaft, unterzeichnet in Lissabon am 13. Dezember 2007, Amtsblatt 2007/C 306/01

Europäischer Wirtschafts- und Sozialausschuss (2006): Stellungnahme „Freiwillige Aktivitäten, ihre Rolle in der europäischen Gesellschaft und ihre Auswirkungen", 1575/2006

Freise, Matthias (2008): Was mein Brüssel eigentlich, wenn von Zivilgesellschaft die Rede ist? In: Forschungsjournal Neue Soziale Bewegungen, Jg. 21, Heft 2 (i.E.)

Friedrich, Dawid (2007): Old Wine in New Bottles? The Actual and Potential Contribution of Civil Society Organisations to Democratic Governance in Europe, RECON Online Working Paper 2007/08
http://www.reconproject.eu/main.php/RECON_wp_0708.pdf?fileitem=5456965 (Stand 13.02.2008)

Held, Markus (2003): La participation de la société civile dans l´environnement politique européen: Les ONG et le dialogue civil. Abschlussarbeit des Masterstudiums MA European Public Policies, London, Brüssel, Paris. (unveröffentlicht)

Hilger, Peter (2008): Engagement Policies in European Governance, in: Freise, Matthias (Hrsg.): European Civil Society. Baden-Baden: Nomos (i.E.)

Katrougalos, George S. (2007): The (Dim) Perspectives of the European Social Citizenship, Jean Monnet Working Paper 05/07
http://www.jeanmonnetprogram.org/papers/07/070501.pdf (Stand: 18.02.2008)

Kellner, Wolfgang (2001): Ehrenamt und / oder freiwilliges Engagement, Begriffe, Zahlen, Fakten, erschienen in Pöllinger Briefe, Heft 2/2001, S. 5-7 http://members.telering.at/bildungswerke/kompetenzentwicklung/Ehrenamt_Begriffe.pdf (Stand: 28.02.2008)

Kendall, Jeremy/Anheier, Helmut K. (1999): The third sector and the European Policy Process: An initial evaluation, Journal of European Public Policy, 6(2), S. 283-307

Knodt, Michèle/Finke, Barbara (Hrsg.) (2005): Europäische Zivilgesellschaft, Konzepte, Akteure, Strategien, Wiesbaden: VS Verlag für Sozialwissenschaften

Magnette, Paul (2007): How can one be European? Reflections on the Pillars of European Civic Identity, in: European Law Journal, Vol. 13, No. 5, S. 664-679

Meyer, Stephan/Stutzer, Alois (2008): Is Volunteering Rewarding in Itself? In: Economica (2008) 75, S. 39-59

Nissen, Silke (2004) : Europäische Identität und die Zukunft Europas. In: Aus Politik und Zeitgeschichte B 38/2004, Bundeszentrale für Politische Bildung, http://www.bpb.de/publikationen/IO6M95,2,0,Europ%E4ische_Identit%E4t_und_die_Zukunft_Europas.html (Stand: 19.02.2008)

Putnam, Robert (2000): Bowling Alone: The collapse and revival of American community. New York: Simon&Schuster, 2000

Rat der Europäischen Union (2004a): Entschließung des Rates (...) über gemeinsame Zielsetzungen für die Freiwilligentätigkeit von Jugendlichen (13996/04)

Rat der Europäischen Union (2004b): Richtlinie des Rates über die Bedingungen für die Zulassung von Drittstaatsangehörigen zur Absolvierung eines Studiums oder zur Teilnahme an einem Schüleraustausch, einer unbezahlten Ausbildungsmaßnahme oder einem Freiwilligendienst (2004/114/EG)

Rat der Europäischen Union (2006a): Richtlinie des Rates (...) vom 28. November 2006 über das gemeinsame Mehrwertsteuersystem, (2006/112/EG), Amtsblatt L 347 vom 11.12.2006, S. 1-118

Rat der Europäischen Union (2006b): Entschließung des Rates (...) über die Anerkennung des Wertes von nicht formalen und informellen Lernerfahrungen im europäischen Jugendbereich, Amtsblatt 2006/C168/01

Rat der Europäischen Union (2007): Entschließung des Rates (...) über die Umsetzung der gemeinsamen Zielsetzungen für Freiwilligentätigkeit von jungen Menschen (14427/07)

Rose, Richard (2006): First European Quality of Life Survey: Participation in Civil Society; European Foundation for the Improvement of Living and Working Conditions, Luxemburg: Office for Official Publications of the European Communities

Salomon, Lester (u.a.) (2007): Measuring Civil Society *and* Volunteering, Initial Findings from Implementation of the UN Handbook on Nonprofit Institutions, Working Paper No. 23, Baltimore: Johns Hopkins Centre for Civil Society Studies

Smismans, Stijn (2003): European Civil Society: Shaped by Discourses and Institutional Interests. In: European Law Journal, Vol 9, No 4, S. 473-495

Smismans, Stijn (2005): Europäische Institutionen und Zivilgesellschaft: Diskurse und Interessen, in: Knodt, Michèle/Finke, Barbara (Hrsg.): Europäische Zivilgesellschaft, Konzepte, Akteure, Strategien, Wiesbaden: VS Verlag für Sozialwissenschaften, 2005, S. 105-128

Tham, Barbara (2007): Europäische Bürgergesellschaft und Jugendpartizipation in der Europäischen Union. Centrum für angewandte Politikforschung (CAP), Forschungsgruppe Jugend und Europa, Ausgabe 9 5dezember 2007), http://www.cap-lmu.de/publikationen/2007/cap-analyse-2007-09.php (Stand: 20.02.2008)

Voicu, Bogdan (2005): Social capital: bonding or bridging Europe?, in Horațiu Rusu, Bogdan Voicu (Hrsg.) EU Integration Process from EAST to EAST: Civil Society and Ethnic Minorities in a Changing World, Sibiu: Psihomedia, 2005

Vereinte Nationen (2002): Resolution adopted by the General Assembly A/56/38: Recommendations on support for volunteering, http://www.unv.org/fileadmin/docdb/pdf/2007/N0147881.pdf (Stand: 20.02.2008)

Wasner, Barbara (2005): Europäische Institutionenpolitik und die Vernetzung sozialpolitischer Verbände, in: Knodt, Michèle/Finke, Barbara (Hrsg.): Europäische Zivilgesellschaft, Konzepte, Akteure, Strategien, Wiesbaden: VS Verlag für Sozialwissenschaften, 2005, S. 129-152

Abkürzungen

CEV	Europäisches Freiwilligenzentrum (Centre européen du volontariat / European Volunteer Centre)
EFB	Programm „Europa für die Bürgerinnen und Bürger"
EFD	Europäischer Freiwilligendienst
EU	Europäische Union
EuGH	Europäischer Gerichtshof
EVHAC	Englische Abkürzung für Deutsch „Europäisches Freiwilligencorps für Humanitäre Hilfe"
EWSA	Europäischer Wirtschafts- und Sozialausschuss
OMK	Offene Methode der Koordinierung
VN	Vereinte Nationen
UNV	United Nations Volunteers – Die Freiwilligen der VN

Matthias Freise

Zivilgesellschaft und Engagementpolitik in den neuen Mitgliedsstaaten der EU

1 Einleitung

Betrachtet man die zahlreichen aktuellen Studien zur politischen Kultur und Zivilgesellschaft in den postsozialistischen Staaten Mittel- und Osteuropas, so erscheint die Einschätzung durchaus plausibel, dass sich in diesen Ländern strukturschwache Zivilgesellschaften herausgebildet haben, die sich noch immer in einem Transformationsprozess befinden. Nach anfänglicher Euphorie kurz vor und nach der politischen Wende 1989/90 ist das bürgerschaftliche Engagement in freiwilligen Assoziationen jedweder Art auf dem Rückzug. Das Engagement in Vereinen, kirchlichen Organisationen, Umweltgruppen, Bürgerbewegungen, Parteien und Gewerkschaften sinkt leicht oder stagniert auf einem Niveau, das im Regionalvergleich deutlich unter dem der alten Demokratien Westeuropas, aber auch unter dem der postautoritären Demokratien Südeuropas und Lateinamerikas liegt. Dies gilt auch für die acht mittel- und osteuropäischen Länder, die im Mai 2004 der Europäischen Union beigetreten sind: Polen, Tschechien, die Slowakei, Ungarn, Slowenien und die drei baltischen Staaten Estland, Lettland und Litauen.[1] Allerdings hat sich hier die Aussicht auf Westintegration im Sinne von Christiane Frantz (2000) als Stabilitätsanker der Demokratisierung erwiesen. Es sind liberal-demokratische Regierungssysteme entstanden, wenngleich der Konsolidierungsprozess der postsozialistischen Gesellschaften noch lange nicht abgeschlossen ist (Ismayr 2004). Gleichzeitig ist Mittel- und Osteuropa in den vergangenen Jahren auch zum Experimentierfeld innovativer Engagementpolitik avanciert. Dies gilt sowohl für *Top-Down-Ansätze*, etwa im Bereich des Organisations- und Steuerrechts, als auch für *Bottom-Up-Strategien* einheimischer Stiftungen und NGOs, die anfangs vielfach durch westliche Förderinstitutionen angestoßen worden sind.

Insgesamt lässt sich rückblickend weder die optimistische Erwartung von O'Donnell und Schmitter (1986: 49) bestätigen, die für die Zeit nach dem Zusammenbruch der sozialistischen Systeme in Mittel- und Osteuropa ein explosionsartiges Anwachsen zivilgesellschaftlichen Engagements prognostizierten, noch trat das sehr pessimistische Szenario Ralf Dahrendorfs (1990) ein, der die postsozialistischen Gesellschaften Mittel- und Osteuropas als derartig beschädigt betrachtete, dass es etwa dreier Generationen bedürfe, um eine demokratiestützende Zivilgesellschaft zu re-etablieren.

---

[1] Zypern und Malta, die im Mai 2004 ebenfalls der Europäischen Union beigetreten sind, werden im vorliegenden Beitrag nicht behandelt.

Ziel des vorliegenden Beitrages ist es zunächst, die Entwicklungslinien in den neuen Mitgliedsstaaten der EU holzschnittartig nachzuzeichnen und die Ursachen aufzuzeigen, die heute die Strukturbesonderheiten der postsozialistischen Zivilgesellschaften prägen. Anschließend werden verschiedene Strategien zur Engagementförderung in Mittel- und Osteuropa vergleichend dargestellt und hinsichtlich ihrer Effektivität diskutiert. Es ist wichtig, darauf hinzuweisen, dass es keine einheitlichen politischen und sozialen Entwicklungslinien in Mittel- und Osteuropa zu beobachten gibt, postsozialistische Zivilgesellschaften aber durchaus einige Ähnlichkeiten aufweisen.

2 Partizipation in postsozialistischen Zivilgesellschaften

Typisch für die autoritären Regime Mittel- und Osteuropas war das Bestreben, die Bevölkerung in so genannte sozialistische Vorfeldorganisationen einzubinden. Bis zur *samtenen Revolution* 1989/90 existierten in allen Ländern zahlreiche solcher Organisationen, angefangen bei den Jugendvereinigungen und Gewerkschaften über die Kulturorganisationen bis hin zu Naturfreunden und Briefmarkensammlern, in denen ein Großteil der sozialistischen Bevölkerung mehr oder minder zwangsweise zusammengeschlossen war. Jan Kubik (2000: 184f.) stellt fest, dass der formale Organisationsgrad sozialistischer Gesellschaften – wenn auch unfreiwillig – weitaus höher gewesen ist als in allen anderen politischen Systemtypen. Weßels (2004: 177) kategorisiert postsozialistische Gesellschaften deshalb auch als „überorganisiert", vor allem im Bereich der Mitgliedschaften in Gewerkschaften und den sozialistischen Parteien, also in jenen Organisationen, die das sozialistische Regime als „zentrale Einrichtungen der Mobilisierung von oben" einsetzte.

Die Vorfeldorganisationen in den autoritären Regimen des real existierenden Sozialismus können sicherlich nicht als zivilgesellschaftliche Vereinigungen im liberal-demokratischen Sinne gekennzeichnet werden, waren sie doch abhängig vom Regime, standen zumeist in ideologischer Nähe zum Sozialismus und übten Repressionen auf Personen aus, die sich einer Mitgliedschaft verweigerten (vgl. Křen 2000: 197f.). Trotzdem erfüllten diese Organisationen in den sozialistischen Gesellschaften Funktionen, die denen von zivilgesellschaftlichen Vereinigungen in liberal-demokratischen Gesellschaften zumindest in Teilen sehr ähnlich sind. Sie fungierten als Sozialisationsagenturen, indem sie Gemeinschaft stifteten. Sie bildeten ein Rekrutierungsreservoir für politische Ämter und stellten Dienstleistungen für ihre Mitglieder und auch für Dritte bereit (vgl. Kubik 2000: 185). Insbesondere in den Sektoren Kunst und Kultur, Sport und Freizeit, Berufsvereinigungen, Wissenschaft und – wenn auch im begrenztem Maße – im Bereich der sozialen Dienstleistungen bildeten diese Organisationen einen wichtigen Bestandteil der staatlichen Leistungserstellung. Zdenka Mansfeldová et al. (2004: 101) bezeichnen diese Organisationen deshalb auch als „pseudozivilgesellschaftliche" Gruppierungen, die hochgradig organisiert waren.

Als die sozialistischen Regime zusammenbrachen und die neuen demokratisch gewählten Regierungen Assoziations- und Koalitionsfreiheit gewährten, waren die sozialistischen Vorfeldorganisationen mit ihrer breiten Mitgliederbasis wichtige Anknüpfungspunkte für die neu entstehenden Zivilgesellschaften. Zwar gab es nach 1990 auch viele Neugründungen. Aus den ehemaligen sozialistischen Vorfeldorganisationen entstanden jedoch gleichzeitig vielfach reformierte Nachfolgeorganisationen, die ihre enge Anbindung an den Staat ablegten und nun ihre Arbeit als unabhängige Organisationen fortsetzten. Und sie vereinen bis heute trotz einer anhaltenden Austrittswelle einen Großteil der Mitgliedschaften der Bürgerinnen und Bürger auf sich (Mansfeldová et al. 2004: 101ff.). Sie haben in Mittel- und Osteuropa z.T. erhebliche infrastrukturelle Ressourcen wie Vereinsheime, Sportstätten und Bildungswerke übernommen, die sie ihrer Mitgliedschaft heute zur Verfügung stellen können.

Mit Kubik (2000: 185) lassen sich drei Arten zivilgesellschaftlicher Organisationen unterscheiden, die im Transformationsprozess vom autoritären sozialistischen Regime zu einem demokratischen System in Erscheinung treten. Dies sind erstens die angeführten reformierten sozialistischen Vorfeldorganisationen, die nun tatsächlich unabhängig vom Staat agieren. Zweitens sind die für den neu gewonnenen Interessenpluralismus charakteristischen Absplitterungen von den Vorfeldorganisationen zu nennen. Hierunter fallen viele Organisationen, die durch das sozialistische Regime nach 1947 in einer *Nationalen Front* zwangsvereinigt wurden und nach der politischen Wende ihre Unabhängigkeit wieder anstrebten. Dazu gehören ebenfalls viele Freizeit- und Sportvereine, die z.T. ihre historischen Wurzeln im 19. Jahrhundert haben. Auch aus den sozialistischen Berufsvereinigungen sowie den Kultur- und Wissenschaftsverbänden sind zahlreiche solche Absplitterungen hervorgegangen (vgl. Frič 2001).

Schließlich ist mit Kubik (2000) auf die Neugründung von Organisationen zu verweisen, die häufig Institutionalisierungen zivilgesellschaftlicher Bewegungen darstellen. Sie sind in allen Bereichen des zivilgesellschaftlichen Lebens entstanden. In ihnen manifestierten sich häufig politische und soziale Strömungen, die in der Zeit des Sozialismus Repressionen ausgesetzt waren oder zumindest in einer Grauzone agierten. Hierunter fallen beispielsweise die vielen NGOs, darunter Menschenrechtsgruppen, Umweltschutzverbände und die lokalen Bürgerinitiativen. Sie stellen mittlerweile die weitaus meisten Organisationen in Mittel- und Osteuropa dar, sind jedoch häufig hinsichtlich ihrer Mitgliederschaft eher klein.

Hinzuzufügen sind zu dieser Klassifikation noch die wenigen Organisationen, die bereits vor der sozialistischen Machtergreifung nach 1945 existierten und durch das sozialistische Regime – auch wenn z.T. mit extremen Restriktionen – nicht gleichgeschaltet wurden. Diese Organisationen standen zumeist der katholischen Kirche nahe, die sich in den meisten sozialistischen Staaten zwar erheblichen Repressionen ausgesetzt sah, jedoch eine gewisse Autonomie gegenüber den sozialistischen Vorfeldorganisationen genoss. Viele dieser Organisationen haben ihre Arbeit nach dem Systemwechsel wieder aufgenommen.

Insgesamt verzeichnet der freiwillige Sektor seit der politischen Wende in den neuen EU-Mitgliedsländern einen geringen Organisationsgrad. Das Projekt *Consolidation of Democracy in Central and Eastern Europe* des *Wissenschaftszentrums Berlin für Sozialforschung* (WZB) bestätigt, dass sich die Bindung der postsozialistischen Bevölkerungen in freiwilligen Vereinigungen innerhalb von zehn Jahren deutlich gelockert hat. Diese Lockerung ist jedoch nicht zwangsläufig als Niedergang der Zivilgesellschaften zu betrachten, vielmehr stellt sie eine Normalisierung dar. Betrachtet man nämlich die organisatorische Bindung der Zivilgesellschaften genauer, stellt man fest, dass zwischen 1990 und 2001 Mitgliedschaften vor allem in den Parteien und in den Gewerkschaften zurückgegangen sind, also in jenen Organisationsformen, die sich auch als Hinterlassenschaften der sozialistischen Regime bezeichnen lassen (Weßels 2004: 177f). Wie Tabelle 1 zeigt, hat der Organisationsgrad ohne Gewerkschafts- und Parteimitgliedschaften in einigen Staaten zwischen 1990 und 2000 sogar leicht zugenommen.

Trotzdem sind die heutigen Zivilgesellschaften in den postsozialistischen Staaten strukturell eher schwach ausgeprägt. Etwa die Hälfte der Bürgerinnen und Bürger sind in den neuen Mitgliedsstaaten der EU heute nicht mehr Mitglied in einer freiwilligen Assoziation. Gleichzeitig ist die Zahl derjenigen, die Mitglied in mehreren Organisationen sind, deutlich zurückgegangen (Howard 2003).

Wie die verschiedenen sozialwissenschaftlichen Erhebungen des zivilgesellschaftlichen Sektors in Mittel- und Osteuropa gezeigt haben (vgl. z.B. Ulram/Plasser 2003; Pickel/Jacobs 2001), befand sich das Assoziationswesen in dieser Region in den vergangenen Jahren in einem weit reichenden Transformationsprozess. Nichts deutet darauf hin, dass dieser bereits abgeschlossen ist. Vermutlich wird sich die interne Restrukturierung des zivilgesellschaftlichen Sektors weiter fortsetzen.

Tabelle 1: Organisationsgrade der postsozialistischen Gesellschaften 1990/1991 und 2000/2001 (in Prozent)

	Organisationsgrade, alle Organisationen		Organisationsgrade ohne Gewerkschaften und Parteien		Veränderung (1990-2000)	
	1990/1991	2000/2001	1990/1991	2000/2001	Alle	ohne Gewerkschaften und Parteien
Tschechien*	76,1	51,9	60,1	47,4	-24,3	-12,7
Slowakei*	77,2	57,9	60,2	49,6	-19,3	-10,6
Ungarn	49,3	33,8	20,4	27,2	-15,5	6,8
Polen	35,4	18,5	17,6	13,7	-16,9	-3,9
Litauen	42,8	27,2	21,2	25,3	-15,7	4,1
Lettland	k.A.	k.A.	k.A.	k.A.	k.A.	k.A.
Estland	68,4	39,3	30,4	37,6	-29,1	7,2
Slowenien	63,1	61,5	47,8	52,0	-1,6	4,2

Quelle: Zusammenstellung aus Weßels (2004: 178).
Quelle des Datensatzes: PCP-Umfragen I und II (Kooperationsprojekt „The Post Communist Publics", WZB u.a.).
* 1990/1991 tschechischer bzw. slowakischer Teil der Tschechoslowakei.

3 Bürgerschaftliches Engagement in Mittel- und Osteuropa

Neben dem Organisationsgrad ist das Engagement ein wichtiger Indikator zur Beurteilung einer Zivilgesellschaft. Es leuchtet ein, dass Zivilgesellschaften unmittelbar auf die politische und soziale Teilnahme der Bürgerinnen und Bürger angewiesen sind. Ohne Engagement ist eine demokratiestützende Zivilgesellschaft nicht denkbar.

Engagement und Partizipation können dabei unterschiedliche Ausprägungen haben: privat, öffentlich, institutionalisiert oder nicht institutionalisiert (vgl. Weßels 2004: 189). Zu den institutionalisierten politischen Partizipationsformen gehört beispielsweise die Beteiligung der Bevölkerung an Wahlen. Hier lässt sich grundsätzlich in ganz Mittel- und Osteuropa eine im Vergleich zu den westeuropäischen Staaten deutlich geringere Wahlbeteiligung ausmachen (Neller/van Deth 2006).

Partizipation kommt aber nicht nur in der Beteiligung an Wahlen zum Ausdruck. Die Studie *Consolidation of Democracy in Central and Eastern Europe* hat weitere Indikatoren entwickelt, um postsozialistischen Gesellschaften zu untersuchen. Dabei handelt es sich einmal um private Formen (Zeitunglesen, eine politische Diskussion führen, Freunde von den eigenen Ansichten zu überzeugen versuchen), zum anderen um öffentliche (nicht institutionalisierte) Formen (politische Arbeit in der Gemeinde, Teilnahme an politischen Veranstaltungen und Demonstrationen, Kontaktieren von Politikern, für eine Partei arbeiten). Die Ergebnisse der Erhebung zeichnen für die postsozialistischen Staaten ein recht einheitliches Bild: Gut 70 % der Bürgerinnen und Bürger schätzen sich selbst mehr oder minder als politisch interessiert ein. Sie nehmen also an politischen Diskussionen im Bekanntenkreis teil und informieren sich regelmäßig über politische Prozesse (Weßels 2004: 191). Nicht institutionalisierte Formen politischen Engagements sind hingegen wesentlich weniger verbreitet. Nur ein sehr kleiner Teil der Bürgerinnen und Bürger gab im Jahr 2001 an, sich an politischen Veranstaltungen und Demonstrationen zu beteiligen. Fand die Oppositionsbewegung 1989/90 noch breite Unterstützung durch die Bevölkerungen der meisten sozialistischen Transformationsstaaten, ist das öffentliche Engagement gegenwärtig sehr gering. In der Literatur wird dabei als besonders bedenklich eingeschätzt, dass sich vor allem junge Menschen in der Altersgruppe 18 bis 30 Jahre eher selten bürgerschaftlich engagieren.[2] Die Ergebnisse der zweiten Erhebungswelle des *European Social Surveys* (ESS) aus dem Jahr 2004 bestätigen diese Befunde: In Mittel- und Osteuropa sind alle Formen der politischen Partizipation deutlich geringer ausgeprägt als in den westeuropäischen Vergleichsländern (Neller/van Deth 2006: 32f.).

Dies gilt auch für die Unterstützung von Engagement durch Spenden oder die Bereitstellung von finanziellen Ressourcen, etwa durch die Gründung einer Stiftung. Obwohl die Datenlage zur Philanthropie europäische Vergleiche nur sehr eingeschränkt zulässt, zeigt sich auch hier, dass die Spendenbereitschaft der postsozialistischen Bevölkerungen im Vergleich zu den etablierten Demokratien vergleichsweise schwach ausgeprägt ist (Priller/Sommerfeld 2005). Dies gilt nicht nur im absoluten Spendenaufkommen, sondern auch, wenn

---

[2] Vgl. hierzu z.B. die Länderstudien zu Mittel- und Osteuropa in Govaart (2001). Sie zeigen, dass in Mittel- und Osteuropa vor allem Studierende in Großstädten engagiert sind, die Beteiligung von jungen Menschen ansonsten aber unter den westeuropäischen Vergleichswerten liegt. Vgl. auch Juknevičius/Savicka (2003).

das Spendenaufkommen in Relation zum Bruttoinlandsprodukt gesetzt wird. Größter Empfänger von Spenden ist in ganz Mittel- und Osteuropa mit Ausnahme Tschechiens, Estlands und Lettlands die katholische Kirche. Andere zivilgesellschaftliche Organisationen haben es eher schwer, Mittel über die Akquise von Spenden einzuwerben.

Die wenigen großen Stiftungen sind häufig mit ausländischen Mitteln gegründet worden oder speisen sich aus staatlichen Fonds.[3] Pavol Frič (2001: 17) stellt am Beispiel Tschechiens fest, dass sich dieses reservierte Spendenverhalten nicht mit der geringen wirtschaftlichen Leistungsfähigkeit des Landes erklären lässt. Vielmehr stimmten in einer Studie der Tschechischen Akademie der Wissenschaften mehr als die Hälfte der Befragten der Aussage zu, nicht sie, sondern der Staat sei für die Finanzierung von gemeinnützigen, insbesondere sozialen Einrichtungen zuständig, weshalb sie Spenden ablehnten.

Zusammenfassend lässt sich feststellen, dass die verschiedenen Formen der Beteiligung der postsozialistischen Bürgerinnen und Bürger – sei es durch die Teilnahme an Veranstaltungen, sei es durch freiwilliges Engagement oder durch Spendenleistungen – im Unterschied zu westlichen Demokratien gering ausgeprägt sind (Weßels 2004: 190). Worin liegen die Ursachen für dieses Phänomen?

4 Strukturbesonderheiten postsozialistischer Zivilgesellschaften

Im Folgenden sollen nun Deutungsmuster aufgezeigt werden, mit denen sich die Entwicklungen der postsozialistischen Zivilgesellschaften erklären lassen, um daraufhin die besonderen Herausforderungen nachhaltiger Engagementpolitik in den Staaten Mittel- und Osteuropas darstellen zu können.

Marc Howard (2003) kommt in seiner Studie zu den Strukturbesonderheiten postsozialistischer Länder zu dem Ergebnis, dass sich für die dargestellten zivilgesellschaftlichen Entwicklungsmuster in Mittel- und Osteuropa ein ganzes Bündel an Erklärungen anführen lässt. Die vergleichsweise geringe politische Partizipation und die zurückgehenden Mitgliedschaften in freiwilligen Vereinigungen lassen sich demnach vornehmlich als Resultat persistenter Familien- und Freundschaftsnetzwerke kennzeichnen. Diesen kam im sozialistischen Alltag im Unterschied zu demokratischen Gesellschaften mit einem freien Assoziationswesen eine noch viel wichtigere Rolle für das Individuum zu. Da alle Ansätze eines gesellschaftlichen Pluralismus bereits im Keim erstickt wurden, nahm der weitaus größte Teil der Bevölkerung eine passiv-neutrale Position gegenüber dem Regime ein und zog sich in die Privatheit zurück, die vom Regime weitgehend unangetastet blieb. Hier war freie Rede möglich, hier war man bereit, sich zu engagieren (vgl. auch Mansfeldová/Szabó 2000: 97).

Familien- und Freundschaftsnetzwerke waren in sozialistischen Gesellschaften aber auch deshalb von großer Wichtigkeit für die Menschen, weil sie im wirtschaftlichen Alltag genutzt werden konnten. Es lässt sich zeigen, dass diese Netzwerke besonders in Mangelwirtschaften bei der Beschaffung knapper Güter wie etwa Automobilen und Ersatzteilen rege genutzt wurden (Howard 2003: 28). Diese privaten Strukturen haben sich in den vergangenen Jahren als weitgehend stabil erwiesen. Howard kann anhand von Tiefeninter-

---

[3] Vgl. hierzu die entsprechenden Länderstudien im *NGO Sustainability Index 2005* von USAID.

views in Russland und Ostdeutschland nachweisen, dass sich im Transformationsprozess Freundschaftsnetzwerke zwar gelockert haben, sie für die Menschen jedoch bis heute zentraler Bezugspunkt im Alltag sind, während das Erleben von Gemeinschaft in freien Assoziationen mit zunächst fremden Menschen eine sehr untergeordnete Rolle spielt. Dies erklärt auch, warum das soziale Vertrauen in postsozialistischen Gesellschaften stark ausgeprägt ist (vgl. auch Gabriel et al. 2002). In den qualitativen Interviews von Howard (2003: 110ff.), mit denen er die Einstellung von Bürgerinnen und Bürgern aus postsozialistischen Staaten gegenüber freiwilligen Vereinigungen erhebt, wird ersichtlich, dass ein Großteil der Befragten keine Vorteile aus einer Mitgliedschaft in voluntären Assoziationen erkennen kann. Hier müssen sie sich Satzungen und Mehrheitsentscheidungen unterwerfen, Mitgliedsbeiträge entrichten und mit Menschen kooperieren, deren Gesellschaft sie vielleicht nicht schätzen. Kurzum: Freiwilligen Vereinigungen werden keinerlei Vorteile gegenüber bestehenden sozialen Bindungen eingeräumt. Es erscheint plausibel, dass sich diese Ergebnisse auch auf die übrigen neuen Mitgliedsländer der EU übertragen lassen.

Der zweite Grund für die geringe Partizipation in freiwilligen Assoziationen ist das stark ausgeprägte Misstrauen gegenüber formalen Organisationen jedweder Art, auch wenn sie auf Freiwilligkeit beruhen. Dieses ist ebenfalls ein Relikt der sozialistischen Vergangenheit, in der die meisten Menschen in zahlreichen Organisationen – angefangen bei Gewerkschaften über Jugendclubs bis hin zu Frauengruppen – eingebunden waren. Die Mitgliedschaft war jedoch häufig obligatorisch. Sie sicherte in vielen Fällen persönliche Vorteile, oft waren Karrierechancen an Mitgliedschaften in sozialistischen Vorfeldorganisationen geknüpft. Viele Bürgerinnen und Bürger empfanden die Mitgliedschaft in diesen Organisationen als Zwang. Lediglich in wenigen politischen Vereinigungen wie etwa Hobby- und Freizeitclubs war die Mitgliedschaft freiwillig, dennoch bestand hier ebenfalls eine staatliche Kontrolle (Mansfeldová et al. 2004).

Es ist deshalb nicht verwunderlich, dass Freizeitvereine den mit Abstand größten Zulauf in den postsozialistischen Gesellschaften verzeichnen, während man politischen und sozialen Organisationen mit Misstrauen begegnet. Häufig lässt sich eine Gleichsetzung der kommunistischen Massenorganisationen mit den neuen freiwilligen Assoziationen beobachten. Insgesamt ist die Legitimität der freiwilligen Assoziationen in den Augen der postsozialistischen Bevölkerung eher gering ausgeprägt.

Das Misstrauen wurde zudem durch eine Reihe von Korruptionsskandalen bestärkt, in die Vertreter von freiwilligen Assoziationen verwickelt waren (Salamon/Anheier 1999: 32). Auch die wenig transparente Einbindung sozialistischer Nachfolgeorganisationen in die staatliche Wohlfahrtsproduktion hat diese Ablehnung weiter bestärkt (Frič 2001: 16). Nur wenige freiwillige Vereinigungen genießen großes Vertrauen, wie etwa in Tschechien die landesweit anerkannte Naturschutzbewegung *Regenbogen* oder die Pfadfinderschaften in Polen. Andere freiwillige Assoziationen müssen sich die Zustimmung der Bevölkerung erst langsam erarbeiten. Dabei stehen zivilgesellschaftliche Vereinigungen ihrerseits vor dem Problem, sich in starke Dachverbände zu integrieren. Grundsätzlich lässt sich in den zivilgesellschaftlichen Basisgruppen eine Ablehnung der Dachverbände beobachten, die als Beschränkung der Unabhängigkeit betrachtet werden (Frič 2001).

Das nachlassende Vertrauen der postsozialistischen Gesellschaften in die politischen Institutionen ist ein weiterer Grund, mit dem sich die Strukturbesonderheiten postsozialistischer Zivilgesellschaften erklären lassen. Es ist einerseits in dem generellen Misstrauen gegen den Staat begründet, mit dem im Sozialismus überwiegend schlechte Erfahrungen verbunden waren (Howard 2003: 43). Andererseits ist das sinkende Vertrauen in den Staat eng mit der Enttäuschung über die staatliche Leistungsfähigkeit verknüpft. Albert Hirschman (1982) stellt in seiner bahnbrechenden Studie *Engagement und Enttäuschung* fest, dass zivilgesellschaftliches Engagement an die ökonomische Entwicklung geknüpft ist. Hirschman kommt zu dem Ergebnis, dass die Enttäuschung des Einzelnen über die ökonomische Entwicklung zu nachlassendem Engagement für die Gemeinschaft führt. Verschiedene Erhebungen zur politischen Kultur in Mittel- und Osteuropa belegen, dass in nahezu allen Ländern die Zufriedenheit mit den Policy-Ergebnissen erheblich nachgelassen hat (Europäische Kommission 2004).

Angesichts der ökonomischen Entwicklung der Staaten ist dies allerdings nur zum Teil nachvollziehbar. Zwar erreicht die Arbeitslosigkeit fast überall ein stabil hohes Niveau, und die Länder erlebten in der zweiten Hälfte der 1990er Jahre eine ökonomische Krise. Alles in allem betrachtet wurde die Transformation des Wirtschaftssystems in den neuen Mitgliedsstaaten der EU jedoch im Vergleich zu anderen Transformationsstaaten relativ erfolgreich umgesetzt. Dass dennoch eine hohe Enttäuschung über die politische und ökonomische Entwicklung zu verzeichnen ist, lässt sich mit der sehr hohen Erwartungshaltung der postsozialistischen Gesellschaften erklären (Howard 2003). Liberal-demokratische Regierungssysteme wurden von weiten Teilen der sozialistischen Bevölkerung euphorisch als Garanten wirtschaftlichen Erfolges betrachtet. Gleichzeitig richten die Bürgerinnen und Bürger in postsozialistischen Gesellschaften hohe Ansprüche an den Staat, insbesondere im Bereich der wohlfahrtsstaatlichen Leistungen (Freise/Zimmer 2004). Hier kennen sie umfassende Wohlfahrtssysteme aus dem alten Regime, die wenigstens ein Mindestmaß an sozialer Sicherheit und einen bestimmten Lebensstandard sicherstellten. Diese Leistungen werden auch weiter vom Staat gefordert. Die Erhebung *Consolidation of Democracy in Central Europe* zeigt, dass weite Teile der postsozialistischen Bürgerinnen und Bürger der Aussage widersprechen, die Menschen sollten, anstatt sich auf den Staat zu verlassen, lernen, sich um sich selbst zu kümmern (Mansfeldová et al. 2004: 110). Da der Staat diesen hohen Ansprüchen nicht gerecht werden konnte, ist eine hohe Ausprägung von Systementtäuschung – kombiniert mit nachlassendem zivilgesellschaftlichem Engagement – in der Bevölkerung nicht verwunderlich.

Das im Vergleich zu Westeuropa geringer ausgeprägte bürgerschaftliche Engagement lässt sich zudem als Legitimationsdefizit zivilgesellschaftlicher Organisationen und Aktivitäten beschreiben. Es kommt vielerorts – wenngleich nicht in allen neuen EU-Ländern gleichermaßen – auch im Verhältnis zwischen Staat und zivilgesellschaftlichen Akteuren zum Ausdruck (Frič 2004). Wie bereits dargestellt, erreichte die zivilgesellschaftliche Opposition in allen Staaten 1989/90 einen Höhepunkt. Unmittelbar mit Inkrafttreten der neuen Verfassungen und der damit verbundenen Garantie des Vereinigungsrechts erlebte der zivilgesellschaftliche Sektor einen wahren Organisationsgründungsboom. Die neuen politischen Eliten standen dieser Entwicklung zunächst wohlwollend gegenüber, rekrutierten sie sich doch zu einem nicht unerheblichen Teil selbst aus den Oppositionsgruppen (Glenn 2001). Dieses anfängliche Wohlwollen der staatlichen Institutionen wich jedoch, als die gewählten Verfassungsorgane vor die schwierige Aufgabe des wirtschaftlichen und sozialen Umbaus gestellt wurden (Frič 2004: 218). Einerseits schwächte sich die Gründungseuphorie der ersten Jahre deutlich ab, und bei zahlreichen Bürgern ließen sich ein zunehmendes Desinteresse an öffentlichen Problemen und ein Rückzug in die Privatsphäre feststellen (Mansfeldová/Szabó 2000: 105). Andererseits begann die Regierung, eine eher „kühl reservierte Haltung" (Frič 2004: 223) gegenüber dem dritten Sektor und seinen Organisationen einzunehmen. Dies geschah vor dem Hintergrund einer wachsenden Infragestellung der Legitimität zivilgesellschaftlicher Organisationen, die aufgrund ihres nicht vorhandenen Wählermandats in ihrem Einfluss zurückgedrängt werden sollten.

Darüber hinaus hat sich bis heute in zahlreichen postsozialistischen Ministerialbürokratien ein ausgeprägter Etatismus erhalten, der neuartige Governance-Konzepte nur zögerlich adaptiert. Ein Beispiel hierfür ist die leidenschaftlich geführte Debatte in Tschechien Mitte der 1990er Jahre zwischen Staatspräsident Havel, der als glühender Verfechter einer starken Zivilgesellschaft auftrat, und Ministerpräsident Klaus (dem späteren Nachfolger Havels im Präsidentenamt), der der Zivilgesellschaft einen Mangel an Legitimität anlastete und ganz auf eine neo-liberale Reformpolitik setzte, bei der er vorrangig primär marktwirtschaftlich orientierte Lösungen favorisierte und zivilgesellschaftliche Gruppierungen hintanstellte (Potůček 1999). Mit der demokratischen Institutionalisierung und Konsolidierung ab Mitte der 1990er Jahre begann somit für die Zivilgesellschaft eine problematische Periode, die von Zeitzeugen als „Phase der Unsicherheit" charakterisiert wird (Celichowski 2004).

Mit Pavol Frič (2004) lassen sich zwei grundsätzliche Problemebenen benennen, mit denen das Verhältnis Staat – Zivilgesellschaft im postsozialistischen Transformationsprozess beschrieben werden kann. Demnach standen die neuen politischen Eliten vor der schwierigen Herausforderung, einerseits durch die Bereitstellung adäquater rechtlicher Rahmenbedingungen zivilgesellschaftliches Engagement überhaupt erst zu ermöglichen, andererseits aber nicht durch eine starke Zivilgesellschaft die Legitimität der demokratisch gewählten Institutionen in Frage zu stellen. Außerdem stellte sich ihnen die Aufgabe, die Zusammenarbeit mit der Zivilgesellschaft bei der staatlichen Leistungserstellung neu auszurichten, was insbesondere bei der Reform des umfassenden Sozialstaates sozialistischer Prägung dringlich und wichtig war. Im Ergebnis kann man feststellen, dass in den mittel- und osteuropäischen Ländern recht unterschiedliche Wege bei der Übertragung von Dienstleistungen an Nonprofit-Organisationen eingeschlagen wurden (Freise/ Zimmer 2004).

Der Einbeziehung von zivilgesellschaftlichen Akteuren in die Policy-Formulierung stehen sehr viele Regierungen und Parlamente hingegen eher ablehnend gegenüber. Dies ist nicht zuletzt eine Folge fehlender oder nicht schlagkräftiger Dachverbandsstrukturen zivilgesellschaftlicher Assoziationen in diesen Ländern, die typisch sind für postautoritäre Staaten (Frič 2004). War hier zunächst ein gemeinsames Agieren gegen das alte Regime vorrangig, wird nach dem geglückten Systemwechsel ein Grundproblem des Pluralismus offenbar: Einerseits ist die Koexistenz verschiedener Interessen, Ansichten und Lebensstile konstitutiv für liberale Demokratien, andererseits darf sich eine Zivilgesellschaft auch nicht atomisieren, wenn sie politischen Einfluss nehmen will. In den mittel- und osteuropäischen Ländern ist dieser schwierige Spagat noch nicht in Gänze gelungen.[4]

---

[4] Zum Funktionswandel von Zivilgesellschaften im Transformationsprozess vgl. ausführlich Lauth (1999).

5 Herausforderungen für Engagementpolitik in Mittel- und Osteuropa

Betrachtet man diese mittel- und osteuropäischen Strukturbesonderheiten aus einer policy-analytischen Perspektive, so wird ersichtlich, dass die größte Herausforderung einer nachhaltigen Engagementpolitik darin liegt, die Legitimität zivilgesellschaftlicher Aktivitäten zu stärken. Dies gilt sowohl für die organisierte Mitgliedschaft in freiwilligen Vereinigungen als auch für das organisatorisch nicht gebundene Engagement, das beispielsweise in informellen Netzwerken der Teilnahme an Demonstrationen, dem Unterschreiben von Petitionen oder in ethisch geprägtem Konsumverhalten zum Ausdruck kommt. Die Schlüsselkategorie für die Stärkung zivilgesellschaftlicher Aktivität ist dabei das soziale Vertrauen.

In Rückgriff auf Mark Granovetters (1973) Netzwerktheorie der *Weak Ties* wird in der Literatur zum sozialen Vertrauen häufig zwischen starken und schwachen Vertrauensverhältnissen unterschieden (Gabriel et al. 2004: 52ff.). Erstere basieren auf einem engen wechselseitigen Kennen und der häufigen Interaktion von Individuen. Sie sind im unmittelbaren Lebensumfeld des Menschen verortet. In Mittel- und Osteuropa sind diese Beziehungen innerhalb der Familie und im Freundeskreis wie gezeigt sehr stark ausgeprägt. Anders steht es hingegen um soziale Vertrauensbeziehungen zu Fremden und Institutionen, die sich für gewöhnlich nicht auf eine persönliche Erfahrungsgrundlage stützen können. Typischerweise weisen postsozialistische Gesellschaften ein sehr geringes Vertrauen in politische Institutionen auf. Wie die Ergebnisse der *European Values Study* verdeutlichen, hat das Vertrauen in politische Institutionen deutlich abgenommen. Aber nicht nur politische Institutionen wie Regierung, Parlament und kommunale Verwaltung sind betroffen, auch freiwillige Organisationen werden aufgrund ihrer vermeintlichen historischen Nähe zum Staat zu Zeiten des Sozialismus noch heute oft mit staatsnahen Zwangsvereinigungen assoziiert (Vlachová 2001).

Deshalb ist die vorrangige Aufgabe von Engagementpolitik in Mittel- und Osteuropa, Maßnahmen zu entwickeln, die das Vertrauen in Fremde und Institutionen steigern, um so eine gesellschaftliche Verankerung freiwilliger Organisationen zu erreichen. Dazu bedarf es insbesondere einer Legitimitätssteigerung auf horizontaler Ebene, also in allen Regionen der postsozialistischen Staaten. Andererseits gilt es auch, die Beziehungen zwischen staatlichen Institutionen und Zivilgesellschaft zu stärken. Eine demokratiestützende Zivilgesellschaft ist auf Wohlwollen und Kooperationsbereitschaft des Staates angewiesen. Nur wenn staatliche Institutionen die demokratische Legitimität der Zivilgesellschaft anerkennen, gelingt eine Etablierung. Deshalb ist auch die Zusammenarbeit mit politischen Eliten von großer Bedeutung. Diese müssen – etwa im Zuge von politischer Bildungsarbeit – mit freiwilligen Vereinigungen in Kontakt gebracht und zur Mitarbeit ermutigt werden.

Ein weiterer Schlüsselfaktor für die Etablierung demokratischer Zivilgesellschaften besteht in der Verbesserung der rechtlichen Rahmenbedingungen. Dabei ist zum einen auf die Wichtigkeit eines möglichst diversifizierten Sektors hinzuweisen, der alle Formen zivilgesellschaftlichen Engagements in sich vereint und sich nicht nur auf einzelne Betätigungsfelder beschränkt. Zum anderen kommt der Steigerung der zivilgesellschaftlichen Leistungsfähigkeit Bedeutung zu. Um eine Tragfähigkeit des Sektors zu erreichen, ist es wichtig, eine Professionalisierung zivilgesellschaftlicher Einrichtungen zu unterstützen und die Qualität der Leistungserstellung, insbesondere im Bereich der sozialen Dienstleistungen und im Bereich der anwaltschaftlichen Betätigungen, zu erhöhen.

Schließlich spielt die Erschließung einheimischer Ressourcen für die postsozialistischen Zivilgesellschaften eine große Rolle. Einerseits ist es notwendig, eine Kultur der Philanthropie zu stärken, die es der Zivilgesellschaft ermöglicht, sich langfristig ohne externe Hilfe zu finanzieren. Andererseits muss die öffentliche Hand, die sich in Westeuropa als wichtiger „Wachstumsmotor" (Salamon/Anheier 1999: 33) der Zivilgesellschaft erwiesen hat, bei der Finanzierung zivilgesellschaftlichen Engagements eine aktivere Rolle einnehmen.

Über diese Forderungen besteht in den zahlreichen Expertisen zur Demokratieförderung in Mittel- und Osteuropa weitgehende Einigkeit, über die Wahl der geeigneten Strategien lässt sich jedoch trefflich streiten.[5] Im Folgenden wird ein Überblick über die verschiedenen Instrumente gegeben, die in der mittel- und osteuropäischen Engagementpolitik zum Einsatz kommen.

6 Engagementpolitik in Mittel- und Osteuropa

Engagementpolitik in Mittel- und Osteuropa lässt sich grundsätzlich in *Top-Down-* und *Bottom-Up-Ansätze* unterteilen. *Top-Down*-Strategien zur Förderung bürgerschaftlichen Engagements setzen auf die Verbesserung der rechtlichen und politischen Rahmenbedingungen der Zivilgesellschaft auf nationaler, regionaler und kommunaler Ebene. Dem gegenüber stehen *Bottom-Up*-Ansätze, die auf der Ebene der Initiativen und zivilgesellschaftlichen Organisationen ansetzen und sich durch die Förderung des Engagements von unten entscheidenden Einfluss auf die Politikformulierung erhoffen.

6.1 Top-Down-Strategien

Wie bereits ausgeführt, haben es zivilgesellschaftliche Akteure in den postsozialistischen Staaten Mittel- und Osteuropas bei der Kooperation mit den repräsentativ konstituierten staatlichen Institutionen nicht immer leicht. Vielfach wird ihre Legitimation in Frage gestellt. Dies gilt insbesondere für die lokale Ebene. Dennoch lässt sich in den vergangenen Jahren in den meisten Mitgliedsstaaten hinter den Kulissen eine schleichende Indienstnahme freiwilliger Organisationen durch den Staat beobachten. So suchen viele Regierungen, die öffentlich die Legitimität zivilgesellschaftlichen Engagements in Frage stellen, im politischen Tagesgeschäft die Kooperation mit zivilgesellschaftlichen Assoziationen. Hana Frištenská, ehemalige Staats-sekretärin in der Prager Staatskanzlei, bestätigt dies im Interview mit dem Autor am Beispiel der Tschechischen Republik (Freise 2004: 107f.). Demzufolge nimmt die Zusammenarbeit zwischen allen Ministerien und zivilgesell-schaftlichen Organisationen überall dort zu, wo der Staat einen Rückzug anstrebt und Aufgaben im Sinne eines *Outsourcings* an freiwillige Organisationen zu übertragen sucht. Das gilt insbesondere für soziale Dienstleistungen, aber auch für den Umweltschutz, die Jugendpolitik

---

[5] Vgl. z.B. die Studie von Hyatt/Cooper/Knight (1998) sowie verschiedene Beiträge in Mendelson/Glenn (2002) und in Burnell (2000).

und viele weitere Politikfelder.[6] Dem Interesse des Staates, Engagement zu fördern, liegt folglich die Idee zugrunde, seinen Einflussbereich sukzessive zurückfahren zu können. Dazu werden jedoch zivilgesellschaftliche Organisationen benötigt, die diese Aufgaben effizient übernehmen können. Deshalb wurde in den neuen Mitgliedsländern der EU mit der Einführung spezieller Rechtsformen und steuerlichen Vergünstigungen experimentiert, die durchaus als innovativ bezeichnet werden können (Simon/Irish 2003).

Das Inkrafttreten des 1 %-Gesetzes in Ungarn 1995 markiert den Startschuss für eine ganze Reihe von Maßnahmen, die auf die nachhaltige finanzielle Absicherung der zivilgesellschaftlichen Sphäre zielen (Török 2005). Im Zuge der Diskussion um die Finanzierung von freiwilligen Organisationen griff man hier auf das italienische Kirchensteuergesetz von 1985 zurück, das es den Steuerzahlen gestattet, 0,8 % ihrer Einkommensteuer über die Finanzämter den Kirchen zuweisen zu lassen, wenn dies auf der Steuererklärung angegeben wird (Bullain 2004). In Ungarn weitete man diese Regelung aus. Hier können sich zivilgesellschaftliche Organisationen aller Art durch die Behörden den Status der Gemeinnützigkeit zuweisen lassen. Die einkommensteuerpflichtigen Bürgerinnen und Bürger können in der Steuererklärung eine Organisation ihrer Wahl angeben, der durch die Finanzbehörden ein Prozent des Steueraufkommens zugewiesen wird. Diese ungarische Neuerung ist von einigen Ländern Mittel- und Osteuropas in den vergangenen Jahren kopiert worden, so dass in der Literatur mittlerweile von einem *Percentage Club* gesprochen wird.[7] Zwischen 1998 und 2003 haben Litauen, die Slowakei, Polen und Rumänien ähnliche Steuergesetze verabschiedet. In Litauen können sogar bis zu zwei Prozent des Steueraufkommens an ausgewählte zivilgesellschaftliche Organisationen übertragen werden (Bullain 2004).

Erste Untersuchungen nach Inkrafttreten der Gesetze belegen, dass die Bevölkerung nur zögerlich von der Möglichkeit des Steuertransfers Gebrauch macht. In Ungarn tragen etwa ein Drittel der Steuerpflichtigen eine gemeinnützige Organisation in ihre Steuererklärung ein. In den übrigen Ländern ist die Resonanz zum Teil deutlich geringer, in Polen lag sie 2005 bei 2,9 % (Gumkowska 2005).

Studien zu den Auswirkungen der *Percentage*-Regelungen zeigen, dass sich in den Staaten durchaus positive Effekte bemerkbar machen (Bullain 2004). So konnte mit dem Steuerrecht eine deutliche Steigerung des Bekanntheitsgrades von zivilgesellschaftlichen Organisationen innerhalb der Bevölkerung erreicht werden, da diese verstärkt an die Öffentlichkeit treten und somit Aufmerksamkeit gewinnen, die ihnen zuvor nicht zuteil wurde. Sie sind dabei gezwungen, ein Höchstmaß an Transparenz an den Tag zu legen. Die meisten zivilgesellschaftlichen Organisationen bieten beispielsweise vorbildliche Rechenschaftsberichte an, die weit über die westlicher Organisationen hinausreichen (Kuti/Vajda 2000).

Zudem haben viele Organisationen damit begonnen, ihre Fundraising- und Marketingkonzepte zu professionalisieren. Verfügten viele Einrichtungen Anfang der 1990er Jahre nicht einmal über eine Spendenbüchse, feilen mittlerweile PR-Agenturen am Auftritt der Organisationen (Freise 2004).

---

[6] Vgl. hierzu auch die Länderstudien des Projektes *Future of Civil Society* (Zimmer/Priller 2004).
[7] Vgl. hierzu auch die Sonderausgabe 2004 des Social Economic and Law Journal des European Foundation Centre, das die *Percentage*-Regelungen in Mittel- und Osteuropa thematisiert: www.efc.be/publications/sealabstract.html. Vgl. auch die entsprechenden Länderberichte des International Centre for Not-for-Profit Law im Internet: www.icnl.org.

Diese Entwicklung wird nicht nur optimistisch betrachtet, denn die *Percentage*-Gesetzgebung hat die Konkurrenzsituation auf dem Spendenmarkt verschärft. Tierschützer treten nun gegen Menschenrechtsgruppen in den Ring, Umweltschützer versuchen Kulturvereine auszustechen, wenn es um die Verteilung der knappen Steuermittel geht. Dies wirkt zwar der beschriebenen Atomisierung der Zivilgesellschaft entgegen, konzentriert aber Spendenmittel dermaßen, dass kleine Organisationen, die keine Ressourcen für Werbung aufwenden können, kaum Mittelzuweisungen durch die Finanzämter erhalten. Dies ist durchaus bedenklich, spielt sich doch das bürgerschaftliche Engagement in der Regel in den vielen kleinen Vereinen und sonstigen lokalen Assoziationen ab.

Die Gesetzgebung hat sich zudem in einigen Staaten als zweischneidiges Schwert für die Engagementpolitik erwiesen. So wurde etwa in Litauen und der Slowakei nach Einführung der *Percentage*-Regelungen im Gegenzug die steuerliche Absetzbarkeit von Spenden an gemeinnützige Organisationen aus dem Gesetz gestrichen (Bullain 2004). Dies bedeutete für die Philanthropie in diesen Staaten einen erheblichen Rückschritt, stammt doch der Löwenanteil der privaten Zuwendungen an die Zivilgesellschaft bislang nicht aus den Einkommensteuerzuweisungen, sondern aus Einzelspenden und Spendenmit-gliedschaften.

Ein weiterer *Top-Down*-Ansatz zur Förderung von Engagement in den postsozialistischen Ländern ist die Einführung spezieller Rechtsformen, mit denen zivilgesellschaftliches Engagement einerseits und der Betrieb gemeinnütziger Einrichtungen andererseits erleichtert werden soll (Freise/Pajas 2004). In Ungarn, Polen, der Slowakei und Tschechien finden wir beispielsweise die speziellen Rechtsformen der *Public Benefit Corporation* bzw. des *Public Benefit Institute* vor, Organisationsformen, die es ermöglichen sollen, steuerlich begünstigt gemeinnützige Dienstleistungen ähnlich wie ein kommerzieller Betrieb zu produzieren (Simon/Irish 2003). Häufig handelt es sich dabei um ehemals staatlich betriebene Einrichtungen (Universitäten, Museen, Schlösser, Theater, Schwimmbäder, Sportplätze etc.), die im Zuge staatlicher Dezentralisierungspolitik in die Trägerschaft zivilgesellschaftlicher Organisationen (z.B. Kirchen, Sportverbände, Kulturvereine) übergeben worden sind, z.T. aber weiterhin unter staatlicher Aufsicht stehen. Auf der Grundlage von Kooperationsverträgen werden Dienstleistungen im öffentlichen Interesse steuerrechtlich begünstigt produziert. Die *Public Benefit Corporation* kann somit als Mischung aus einer klassischen Nonprofit-Organisation und einem staatlichen Anstaltsbetrieb klassifiziert werden (Freise/Pajas 2004). Diese speziellen Rechtsformen erfreuen sich in allen neuen Mitgliedsländern großer Beliebtheit, ermöglichen sie dem öffentlichen Sektor doch, über Kontrakte weiterhin Einfluss zu nehmen. Gleichzeitig werden zivilgesellschaftliche Akteure in die Lage versetzt, ehemals öffentliche Einrichtungen mit Hilfe einer eigenen Rechtsform eigenständig zu betreiben. Erste Analysen dieser Rechtsformen können noch kein einheitliches Bild über den Nutzwert der neuen Rechtsformen für das zivilgesellschaftliche Engagement zeichnen. Es bleibt vorläufig unklar, ob die neu geschaffenen Organisationen lediglich zur staatlichen Dezentralisierung eingesetzt werden oder ob damit auch der Weg zu einem verstärkten zivilgesellschaftlichen Engagement geebnet werden kann. Es ist allerdings davon auszugehen, dass sich *Public Benefit Organisations* stark differenzieren werden. Auf der einen Seite werden Einrichtungen stehen, die zwar formal unabhängig sind, aber *de facto* öffentliche Einrichtungen bleiben. Auf der anderen Seite werden vor allem im Kultur- und Freizeitsektor Organisationen entstehen, in denen bürgerschaftliches Engagement zum wichtigen Standbein avanciert (Freise/Pajas 2004).

Zusammenfassend kann festgehalten werden, dass *Top-Down*-Strategien zur Förderung des bürgerschaftlichen Engagements in Mittel- und Osteuropa vornehmlich auf die Schaffung geeigneter Rahmenbedingungen für zivilgesellschaftliche Organisationen abzielen. Die zugrunde liegende Idee ist dabei vielfach die Dezentralisierung der postsozialistischen Gesellschaft. Anderen Ansätzen zur Engagementförderung, wie z.B. dem Aufbau einer politischen Bildungsarbeit, kommt in den neuen Mitgliedsstaaten der EU von staatlicher Seite hingegen keine oder nur eine sehr untergeordnete Rolle zu (Stratenschulte/Piolot 2005). Dieser Aufgabe widmen sich vor allem auswärtige Förderorganisationen und auch vereinzelt einheimische Einrichtungen im Rahmen von *Bottom-Up*-Strategien.

6.2 Bottom-Up-Strategien

Betrachtet man die Engagementpolitik in den mittel- und osteuropäischen Ländern von unten, so stellt man fest, dass sie zumeist von auswärtigen Fördereinrichtungen angestoßen worden ist. Zwar belegt etwa Huster (2005) am Beispiel Tschechiens, dass auch aus den Oppositionsbewegungen Stiftungen wie etwa die *Olga-Havlová-Stiftung* und die Stiftung *Charta 77* entstanden sind, die sich der Förderung bürgerschaftlichen Engagements verschrieben haben. Im Verhältnis zu den auswärtigen Förderern spielen einheimische Einrichtungen in der Engagementpolitik aber nur eine untergeordnete Rolle. Immerhin lösen sich gegenwärtig viele Institutionen der politischen Bildungsarbeit *nolens volens* aus der Abhängigkeit von ausländischen Fördermitteln. Das gilt beispielsweise für die Serviceagenturen für den zivilgesellschaftlichen Sektor, die in allen mittel- und osteuropäischen Ländern entstanden sind. Dennoch werden externe Ressourcen auch weiterhin eine wichtige Rolle in Mittel- und Osteuropa spielen, insbesondere für den Arbeitsschwerpunkt politische Bildung bzw. für das anglo-amerikanische Pendant *Civic Education* (Freise 2004).

Zu den wichtigsten Trägern gehören auf kontinentaleuropäischer Seite vor allem die deutschen politischen Stiftungen, die allesamt Außenstellen in den östlichen Nachbarländern der Bundesrepublik Deutschland unterhalten, aber auch die Bundes- und die Landeszentralen für politische Bildung, die zwar nicht vor Ort präsent sind, jedoch zahlreiche Partnerorganisationen in den Ziel-Ländern unterstützen. Hinzu kommen verschiedene kirchliche und kirchennahe Trägerorganisationen sowie zahlreiche private Stiftungen und Vereine unterschiedlichster Größe und Ausrichtung. Die finanzstärkste Geberinstitution aus Deutschland ist die *Robert Bosch Stiftung* mit ihrem Tätigkeitsschwerpunkt „Völkerverständigung Mittel- und Osteuropa". Dabei ist auffällig, dass deutsche Träger im internationalen Vergleich sehr stark in Mittel- und Osteuropa vertreten sind. Vergleichbare Träger anderer europäischer Staaten sind etwa das *Olof Palme International Center* aus Schweden oder das *Dutch Centre for Political Participation* aus den Niederlanden (Freise 2005). Auf anglo-amerikanischer Seite treten vor allem die großen privaten Förderstiftungen prominent in Erscheinung, allen vor das *Open Society Institute* von US-Milliardär George Soros und die *Charles Stuart Mott Foundation*.

Die eingesetzten Strategien zur Aktivierung bürgerschaftlichen Engagements unterscheiden sich z.T. erheblich. Direkte Maßnahmen der politischen Bildungsarbeit machen einen Hauptteil der Arbeit der kontinentaleuropäischen Träger, insbesondere der deutschen politischen Stiftungen aus. Darunter fallen zunächst alle Anstrengungen, die auf die Weitergabe von Faktenwissen über Politik abzielen und als Grundlage für bürgerschaftliches Engagement begriffen werden. Dazu gehören die Vermittlung politischer Urteilsfähigkeit, insbesondere Kenntnisse über Demokratiemodelle und ihre Verfassungen, über die Organisation von Parlament, Regierung und Justiz sowie deren wechselseitige Kontrolle sowie über Parteien, Wahlen und Massenmedien (Mair 2000). Weitere Themen sind Grund- und Menschenrechte und zeitgeschichtliche Entwicklungen.

Politische Bildung in Mittel- und Osteuropa umfasst darüber hinaus Angebote, die auf die Weitergabe demokratischer Werte und Verhaltensweisen abzielen und Möglichkeiten der politischen Partizipation aufzeigen. Ein Schwerpunkt liegt dabei auf dem so genannten „politischen Dialog". Darunter lassen sich alle Tätigkeiten fassen, die einerseits der politischen Bildung ausgewählter Zielgruppen dienen, andererseits aber auch einen „Gedanken- und Erfahrungsaustausch über politische und soziale Rahmenbedingungen und Entwicklungen auf nationaler, regionaler und internationaler Ebene" (Pascher 2002: 60) befördern sollen. Die Instrumente sind dabei sehr ähnlich. Darunter fallen vor allem Seminare, Diskussionsforen, Tagungen und Konferenzen, die in aller Regel zusammen mit einheimischen Partnerorganisationen durchgeführt werden. Dabei kommen häufig externe Experten zum Einsatz, insbesondere Politiker, aber auch Verwaltungsfachleute und Vertreter von Arbeitgeber- und Arbeitnehmerverbänden sowie Wissenschaftler.

Grundsätzlich lassen sich zwei thematische Schwerpunkte der Bildungsarbeit europäischer Förderorganisationen ausmachen: Dies ist zum einen die Jugendarbeit und zum anderen der grenzüberschreitende Austausch, in dem ebenfalls vornehmlich Jugendliche angesprochen werden. Amerikanische Fördereinrichtungen, denen die geographische Nähe der europäischen Organisationen zur Zielregion Mittel- und Osteuropa fehlt, fördern im Rahmen ihrer *Grantmaking*-Programme eher Schulungszentren und so genannte *Umbrella Organizations* für Organisationen der Zivilgesellschaft und versuchen dabei, einen deutlich größeren Kreis an Kooperationspartnern aufzubauen, als dies etwa bei ihren deutschen Pendants der Fall ist.[8]

Gemeinsam ist amerikanischer und europäischer Förderarbeit, dass die Programme bewusst auf zivilgesellschaftliche Mittler und Multiplikatoren ausgerichtet sind, die aufgrund ihrer beruflichen Position oder ihres bürgerschaftlichen Engagements politische Bildungsarbeit in die Gesellschaft tragen können. Darunter fallen vor allem Lehrer, Journalisten, Verwaltungsbeamte, Gewerkschaftsfunktionäre sowie besonders engagierte Bürgerinnen und Bürger (Freise 2004). Angeboten für Journalisten wird dabei ein besonderes Augenmerk zuteil. Sie sollen für zivilgesellschaftliche Aktivitäten sensibilisiert werden. In der Tat belegt ein Blick in den Lokalteil einer beliebigen mittel- und osteuropäischen Zeitung, dass hier Meldungen aus dem Polizeibericht und den Pressemitteilungen der Rathäuser

---

[8] Vgl. zu den Strategien amerikanischer Fördereinrichtungen verschiedene Beiträge in Cox/Ikenberry/ Inoguchi (2000) sowie in Burnell (2000).

dominieren. Vereine und Bürgerinitiativen schaffen es im Vergleich zu Westeuropa nur selten, sich in den Medien zu präsentieren.

Ein weiteres wichtiges Instrument politischer Bildungsarbeit in Mittel- und Osteuropa durch externe Akteure stellt die Elitenförderung dar. Ziel ist, die zukünftige Führungsschicht in ihrer Entwicklung zu unterstützen und dabei insbesondere solche Personen zu fördern, die sich als „gute Demokraten" erweisen, indem sie sich etwa in zivilgesellschaftlichen Organisationen hervortun. Häufig werden junge Menschen unterstützt, die den Fördereinrichtungen weltanschaulich nahe stehen. Dabei legen die einzelnen externen Organisationen verschiedene Maßstäbe an. Während die Kriterien privater Stiftungen eher weit gefasst sind, müssen Bewerber bei den weltanschaulich gebundenen Einrichtungen entsprechende Anforderungen erfüllen (Freise 2004). Vor allem zwei Instrumente kommen zum Einsatz: zum einen Stipendienprogramme, die sich im Wesentlichen an Studierende richten und das Ziel verfolgen, künftige Entscheidungsträger in Politik, Verwaltung, Wirtschaft und Kultur durch finanzielle und ideelle Förderung mit den Wertvorstellungen der Geber bekannt zu machen und sie an diese zu binden. Zum anderen betätigen sich die externen Akteure als „Türöffner", indem sie Menschen, die sie für förderungswürdig halten, an entsprechende Stellen vermitteln.

Die direkte Förderung zivilgesellschaftlicher Organisationen und die Bereitstellung von Serviceeinrichtungen stellt ein weiteres wichtiges Instrument externer Demokratieförderung in Mittel- und Osteuropa dar. Vor allem die großen anglo-amerikanischen Förderstiftungen haben sich zunächst auf den Aufbau von Agenturen konzentriert, die eine Reihe von Diensten für zivilgesellschaftliche Organisationen bereitstellen. Darunter fallen Management-Schulungen für Führungskräfte, *Networking*-Dienste, die Distribution von Informationen über ausländische und einheimische Geldquellen sowie Rechtsberatung und andere *Consulting*-Dienste etwa bei der Gewinnung von Freiwilligen.

Die amerikanischen Förderorganisationen fassen unter dem Begriff *Civic Education* weiterhin verschiedene Bildungsangebote, die zumeist über ortsansässige Serviceeinrichtungen laufen und sich direkt an Führungskräfte in zivilgesellschaftlichen Organisationen richten. Darunter fallen Seminare und Kursangebote, die sich in erster Linie auf die Vermittlung von Kenntnissen in Öffentlichkeitsarbeit, im Vereinsrecht, im Fundraising, im Freiwilligenmanagement und im Human Resource Management, im Konfliktmanagement sowie in der Strategieentwicklung konzentrieren (Freise 2004).

Ein großer Unterschied hinsichtlich der Arbeit auswärtiger Förderorganisationen ist der Einsatz finanzieller Ressourcen. Die Vergabe finanzieller Zuwendungen (so genannte *Grants*) bestimmt das Tagesgeschäft der großen amerikanischen Fördereinrichtungen, die in Mittel- und Osteuropa in den Auf- und Ausbau zivilgesellschaftlicher Strukturen investieren. Sie erfolgt entweder direkt durch die Fördereinrichtungen oder durch für diesen Zweck geschaffene Tochterstiftungen, die Mittel anglo-amerikanischer Geber verteilen. Die *Grantmaking*-Programme verfolgen das Ziel, einerseits den Aufbau zivilgesellschaftlicher Initiativen zu fördern und andererseits die Arbeit bereits bestehender Organisationen zu unterstützen.

Obgleich die verschiedenen auswärtigen Trägerorganisationen die Bedeutung bürgerschaftlichen Engagements unisono betonen, fördert eine Untersuchung ihrer Förderziele erhebliche Unterschiede zu Tage, wenn der normative Gehalt von Demokratie und der Rolle des Bürgers in der Zivilgesellschaft erhoben wird. Hier stehen sich ein liberales und ein subsidiäres Verständnis politischer Bildung und externer Demokratieförderung gegenüber (Freise 2004). Entscheidend für den zumeist von deutschen Trägerorganisationen vertretenen *subsidiären Ansatz* ist der Gedanke eines hohen Maßes an Kooperation zwischen zivilgesellschaftlichen Akteuren und dem Staat, das eine starke Einbindung zivilgesellschaftlicher Organisationen bei der Erbringung wohlfahrtsstaatlicher Leistungen impliziert. Mit der politischen Bildungsarbeit wird deshalb häufig die Zielsetzung verbunden, Vertreter der Zivilgesellschaft und politische Entscheidungsträger „an einen Runden Tisch zu bekommen", um so möglichst subsidiäre Politikstile in den Zielländern zu fördern. Pate für dieses Konzept steht der auf dem Subsidiaritätsprinzip fußende deutsche Korporatismus, der eine weit reichende Beteiligung gesellschaftlicher Gruppen an der politischen Entscheidungsfindung beinhaltet. Diese wird auf allen politischen Ebenen angestrebt, vor allem jedoch lokal und regional.

Im anglo-amerikanischen *liberalen Konzept* ist die Zivilgesellschaft hingegen ein Raum, in dem die unterschiedlichen zivilgesellschaftlichen Akteure – ob in organisierter Form oder nicht – als Kontrollinstanzen staatlicher Macht fungieren und zugleich alternative Angebote zu staatlichen Dienstleistungen machen. Staat und Zivilgesellschaft sind in diesem Verständnis klar voneinander getrennt und stehen bisweilen in Konkurrenz zueinander. *Civic Education* amerikanischer Träger zielt deshalb häufig auf eine Stärkung der Selbstorganisierungsfähigkeit des Bürgers ab und versucht, eine Professionalisierung von zivilgesellschaftlichen Organisationen zu erreichen.

7 Zusammenfassung und Ausblick

Die Zivilgesellschaften in Mittel- und Osteuropa unterliegen auch 19 Jahre nach dem Systemwechsel einem anhaltenden Transformationsprozess, in dem sich typisch postsozialistische Entwicklungsmuster herausgebildet haben. Dazu gehört das ausgeprägte Misstrauen gegenüber zivilgesellschaftlichen Institutionen, die mit den sozialistischen Zwangsverbänden in Verbindung gesetzt werden, aber auch die Ablehnung politischer Bildungsarbeit, die häufig mit staatlicher Indoktrination gleichgesetzt wird. Bürgerschaftliches Engagement findet in Mittel- und Osteuropa deshalb vielfach außerhalb formaler Organisationen statt. Für eine gezielte Engagementpolitik stellt dies eine Herausforderung dar. Es spricht einiges dafür, dass bisherige Maßnahmen zwar hohe Ansprüche stellen, aber allenfalls moderaten Erfolg gezeigt haben (Quigley 2000). Gleichwohl kann den mittel- und osteuropäischen Regierungen nicht vorgeworfen werden, unzureichende Rahmenbedingungen für bürgerschaftliches Engagement geschaffen zu haben. Mit der Einführung der *Percentage*-Gesetzgebung wurde ein innovatives Steuerungsinstrument geschaffen, gleiches gilt für die Erprobung von Rechtsformen wie den *Public Benefit Corporations*.

Welche Strategien zur Engagementförderung erweisen sich vor dem Hintergrund zurückgehender auswärtiger Ressourcen als besonders sinnvoll? Sicher ist es unmöglich, die konkreten Leistungen von Engagementpolitik wie in einem Wirtschaftsbetrieb hinsichtlich Input und Output zu evaluieren und ihre Wirksamkeit zu messen. Allerdings wird die weitgehende Unkenntnis der jeweiligen Leistungsfähigkeit von *Bottom-Up*-Strategien und

Top-Down-Ansätzen durch das System der Zivilgesellschaftsförderung erschwert, das eine offensichtliche Abneigung gegenüber Evaluierungen an den Tag legt. Es würde Gefahr laufen, lieb gewonnene Arbeitsabläufe in Frage zu stellen und so die Legitimation der Förderprogramme zu beschädigen.

Grundsätzlich ist eine Evaluierung der verschiedenen Programme und ihrer Wirkungsmechanismen sicher nicht einfach, da es sich hier um ein komplexes Set von internen und externen Einflussgrößen handelt. Dennoch haben einige Fördereinrichtungen durchaus sinnvolle und aussagefähige Kriterien entwickelt. Beispielsweise verfolgt die *Robert Bosch Stiftung* sehr genau die berufliche und persönliche Entwicklung ihrer Stipendiaten und richtet spätere Förderprogramme an den besonderen Bedürfnissen ihrer Partner aus. Zwar hat die Stiftung damit auch noch kein allgemeingültiges Konzept, sie macht so aber immerhin ihr Handeln transparent und leistet einen wichtigen Beitrag zur Wirkungsanalyse ihrer Arbeit. Es wäre wünschenswert, wenn künftige Engagementförderung auf der Grundlage von Benchmarking-Verfahren betrieben wird und die Evalution von Maßnahmen einen höheren Stellenwert erhält. Initiativen wie das 2005 eingerichtete Forum „Zukunft der Demokratie" des Europarates, in dem *Best-Practice*-Beispiele der nationalen Engagementpolitiken gesammelt und dokumentiert werden sollen, können dazu einen Beitrag leisten.[9]

Literatur

Bullain, Nilda (2004): Explaining Percentage Philanthropy: Legal Nature, Rationales, Impacts. In: Social Economic and Law Journal. Herbst-Ausgabe/2004: http://www.efc.be/publications/sealabstract.html (Stand: 12.08.2006)

Burnell, Peter (Hrsg.) (2000): Democracy Assistance. International Co-operation for Democratization. London: Frank Cass

Celichowski, Jerzy (2003): Civil Society in Easten Europe: Growth without Engagement. In: Marlies Glasius/David Lewis/Hakan Seckinelgin (Hrsg.): Exploring Civil Society. Political and Cultural Contexts. London/New York: Routledge, S. 71-79

Cox, Michael/Ikenberry, John/Inoguchi, Takashi (Hrsg.) (2000): American Democracy Promotion. Impulses, Strategies, and Impacts. Oxford

Dahrendorf, Ralf (1990): Betrachtungen über die Revolution in Europa in einem Brief, der an einen Herrn in Warschau gerichtet ist. Stuttgart: Dt. Verlags-Anstalt

Europäische Kommission (2004): Eurobarometer 62 (Herbst 2004) „Public opinion in the European Union". Brüssel: EU-Kommission

Frantz, Christiane (2000): EU-Integration als Transformationsrahmen? Demokratische Konsolidierung in Polen durch die Europäische Union. Opladen: Leske + Budrich

Freise, Matthias (2004): Externe Demokratieförderung in postsozialistischen Transformationsstaaten. Münster: Lit

Freise, Matthias (2005): Demokratie-Bildung. Die Förderung der Zivilgesellschaft in Ostmitteleuropa. In: Osteuropa. Heft 8/2005, S. 83-93

Freise, Matthias/Pajas, Petr (2004): Organizational and Legal Forms of Nonprofit Organizations in Central Europe. In: Annette Zimmer/Eckhard Priller (Hrsg.): Future of Civil Society. Wiesbaden: VS Verlag für Sozialwissenschaften, S. 129-146

---

[9] Vgl. die Website des Europaratsforums: www.coe.int/T/E/Com/Files/Events/2005-democratie/.

Freise, Matthias/Zimmer, Annette (2004): Der Dritte Sektor im wohlfahrtsstaatlichen Arrangement der post-sozialistischen Visegrád-Staaten. In: Hein Kötz et. al. (Hrsg.): Non Profit Law Yearbook 2003. Köln: Carl Heymanns Verlag, S. 175-194

Frič, Pavol (2001): Giving and Volunteering in the Czech Republic. Prag, 2001 [= Unveröffentlichte Studie für die Civil Society Development Foundation, Prag]

Frič, Pavol (2004): Political Developments after 1989 and their Impact on the Nonprofit Sector. In: Annette Zimmer/Eckhard Priller (Hrsg.): Future of Civil Society. Making Central European Nonprofit Organizations Work. Wiesbaden: VS Verlag für Sozialwissenschaften, S. 217-240

Gabriel, Oscar et al. (2004): Sozialkapital und Demokratie. Zivilgesellschaftliche Ressourcen im Vergleich. Wien: WUV

Glenn, John K. (2001): Framing Democracy. Civil Society and Civic Movements in Eastern Europe. Stanford: Stanford Univ. Press

Govaart, Margriet-Marie (Hrsg.) (2001): Volunteering Worldwide. Utrecht: NUZW

Granovetter, Mark (1973): The Strength of Weak Ties. In: American Journal of Sociology. Heft 6/1973, S. 1360-1380

Gumkowska, Marta (2005): Wolontariat Filantropia. Raport Badań 2005. Warschau: KLON/JAWOR

Hirschman, Albert (1982): Engagement und Enttäuschung. Frankfurt/Main: Suhrkamp

Howard, Marc (2003): The Weakness of Civil Society in Post-Communist Europe. Cambridge. Cambridge Univ. Press

Huster, Diana (2005): Die Stiftungen in der zivilgesellschaftlichen Entwicklung und demokratischen Konsolidierung Tschechiens. Digitale Dissertation an der FU Berlin: www.diss.fu-berlin.de/2005/165/ (Stand: 12.08.2006)

Hyatt, Jenny/Cooper, Libby/Knight, Berry (1998): From Transition to Development: The Non-Profit Sectors of Central and Eastern Europe. London: Charities Evaluation Services

Ismayr, Wolfgang (2004): Die politischen Systeme Osteuropas im Vergleich. In: Ders. (Hrsg.): Die politischen Systeme Osteuropas. Opladen: Leske + Budrich, S. 9-68

Juknevičius, Stanislovas/Savicka, Aida (2004): From Restitution to Innovation: Volunteering in Postcommunist Countries. In: Paul Dekker/Loek Halman (Hrsg.): The Values of Volunteering. Cross-Cultural Perspectives. New York: Kluwer Academic, S. 127-142

Křen, Jan (2000): Die Tradition der tschechischen Demokratie. In: Manfred Hildermeier/Jürgen Kocka/Christoph Conrad (Hrsg.): Europäische Zivilgesellschaft in Ost und West. Begriff, Geschichte, Chancen. Frankfurt/Main, S. 179-202

Kubik, Jan (2000): Between the State and Networks of „Cousins": The Role of Civil Society and Noncivil Associations in the Democratisation of Poland. In: Nancy Bermeo/Peter Nord (Hrsg.): Civil Society before Democracy. Lessons from Nineteenth-Century Europe. Oxford: Oxford Univ. Press, S. 181-207

Kuti, Éva/Vajda, Agnes (2000): Citizen's votes for nonprofit activities. In: Laszlo Harsány (Hrsg.): 1%. Forint Votes for Civil Society Organizations. Budapest: Nonprofit Information and Training Center, S. 156-220

Lauth, Hans-Joachim (1999): Strategische, reflexive und ambivalente Zivilgesellschaften: Ein Vorschlag zur Typologie von Zivilgesellschaften im Systemwechsel. In: Heidrun Zinecker (Hrsg.): Unvollendete Demokratisierung in Nichtmarktökonomien. Amsterdam: Fakultas, S. 95-120

Mair, Stefan (2000): Germany's Stiftungen und Democracy Assistance: Comparative Advantages, New Challenges. In: Peter Burnell (Hrsg.): Democracy Assistance. International Co-operation for Democratization. London: Frank Cass, S. 128-149

Mansfeldová, Zdenka/Szabó, Máté (2000): Zivilgesellschaft im Transformationsprozeß Ost-Mitteleuropas: Ungarn, Polen und die Tschechoslowakei. In: Wolfgang Merkel (Hrsg.): Systemwechsel 5. Zivilgesellschaft und Transformation. Opladen: Leske + Budrich, S. 89-114

Mansfeldová, Zdenka et al. (2004): Civil Society in Transition: Civic Engagement and Nonprofit Organizations in Central and Eastern Europe after 1989. In: Annette Zimmer/Eckhard Priller (Hrsg.): Future of Civil Society. Making Central European Nonprofit Organizations Work. Wiesbaden: VS Verlag für Sozialwissenschaften, S. 99-119

Mendelson, Sarah/Glenn, John K. (Hrsg.) (2002): The Power and Limits of NGOs. A Critical Look at Building Democracy in Eastern Europe and Eurasia. New York: Columbia Univ. Press

Neller, Katja/van Deth, Jan (2006): Politisches Engagement in Europa. In: Aus Politik und Zeitgeschichte (Beilage zur Wochenzeitung Das Parlament). Heft 30-31/2006, S. 30-38

O'Donnell, Guillermo/Schmitter, Philippe (1986): Transition from Authoritarian Rule: Tentative Conclusions about Uncertain Democracies. Baltimore: Johns Hopkins Univ. Press

Pascher, Ute (2002): Die deutschen parteinahen politischen Stiftungen – Hybride Organisationen in der Globalisierung. Berlin: Logos

Pickel, Gert/Jacobs, Jörg (2001): Einstellungen zur Demokratie und zur Gewährleistung von Rechten und Freiheiten in den jungen Demokratien Mittel- und Osteuropas. Frankfurt/Oder 2001 [= Discussion Paper Nr. 2 des Frankfurter Instituts für Transformationsstudien]

Potůček, Martin (1999): Havel versus Klaus: Public Policy Making in the Czech Republic. In: Journal of Comparative Policy Analysis. Heft 1/1999, S. 163-176

Priller, Eckhard/Sommerfeld, Jana: Wer spendet in Deutschland? Eine sozialstrukturelle Analyse. Berlin 2005 [= WZB Discussion Paper SP1 2005 – 202]

Quigley, Kevin (2000): Lofty Goals, Modest Results: Assisting Civil Society in Eastern Europe. In: Marina Ottaway/Thomas Carothers (Hrsg.): Funding Virtue. Civil Society Aid and Democracy Promotion. Washington: Carnegie Endowment for International Peace, S. 191-215

Salamon, Letser M./Anheier, Helmut K. (1999): Der Dritte Sektor. Aktuelle Internationale Trends. Gütersloh: Verlag Bertelsmann Stiftung

Simon, Karla/Irish, Leon (2003): Tax Preferences for Non-Governmental Organizations. In: Maecenata Aktuell Nr. 38 (Februar 2003), S. 2-20

Stratenschulte, Eckart/Piolot, Nadine (2005): Europa bilden. Politische Bildung in (und für) Osteuropa. In: Osteuropa. Heft 8/2005, S. 49-58

Török, Marianna (2004): Percentage Philanthropy: An Introduction. In: Social Economic and Law Journal. Herbst-Ausgabe/2004: www.efc.be/publications/sealabstract.html (Stand: 12.08.2006)

Ulram, Peter/Plasser, Fritz (2003): Political Culture in East-Central and Eastern Europe: Empirical Findings 1990-2001. In: Detlef Pollack et al. (Hrsg): Political Culture in Post-Communist Europe. Burlington: Ashgate, S. 31-46

USAID (2005): NGO Sustainability Index 2005 for Central and Eastern Europe and Eurasia. Washington

Vlachová, Klara (2001): The Legitimacy of Democracy and Trust in the Political Institutions in the Czech Republic. In: Czech Sociological Review. Heft 1/2001, S. 13-33

Zimmer, Annette/Priller, Eckhard (Hrsg.) (2004): Future of Civil Society. Making Central European Nonprofit-Organizations Work. Darmstadt: VS Verlag für Sozialwissenschaften

6. Felder der Engagementpolitik

Birger Hartnuß/Frank W. Heuberger

Ganzheitliche Bildung in Zeiten der Globalisierung
Bürgergesellschaftliche Perspektiven für die Bildungspolitik

Trotz zahlreicher Beispiele guter Praxis steht die Debatte um eine Verknüpfung von Bürgergesellschaft und Bildungsreform erst am Anfang. Im vorliegenden Beitrag werden daher zunächst grundsätzliche Überlegungen zum Verhältnis von Bildung und bürgerschaftlichem Engagement angestellt. Dabei wird herausgearbeitet, welcher Stellenwert bürgerschaftlichen Kompetenzen für ein modernes Bildungsverständnis zukommt, was diese Kompetenzen ausmacht und wie sie erworben werden können. Hierbei stehen Fragen der Öffnung der Bildungseinrichtungen gegenüber dem lokalen Gemeinwesen, der Kooperation und Vernetzung sowie neue Partnerschaften etwa mit Unternehmen im Mittelpunkt. Welche Ansätze und Entwicklungen sich dabei bislang beobachten lassen, wird in einem Durchgang durch die Institutionen des öffentlichen Bildungssystems von den Kindertagesstätten über die Schulen bis hin zu den Fachhochschulen und Universitäten illustriert. Ein kritisches Resümee der Entwicklungen und Fortschritte in Theorie, Praxis und Politik im Überschneidungsbereich von Bildung und bürgerschaftlichem Engagement ist schließlich Ausgangspunkt für die Beschreibung von Herausforderungen an eine bürgergesellschaftlich orientierte Bildungspolitik.

1 Bürgerschaftliches Engagement und Bildung – zentrale Anknüpfungspunkte und wechselseitige Bezüge

Mit den gesellschaftspolitischen Vorstellungen von bürgerschaftlichem Engagement und Bürgergesellschaft, wie sie insbesondere die Enquete- Kommission „Zukunft des Bürgerschaftlichen Engagements" des Deutschen Bundestages erarbeitet hat, wurde eine Leitvorstellung entwickelt, die unmittelbar auf Fragen von Bildung und Erziehung verweist. Gegenüber älteren Diskussionen um das Ehrenamt zeichnet sich die aktuelle Debatte um das bürgerschaftliche Engagement durch den Bezug auf die Zivil- bzw. Bürgergesellschaft als Rahmenkonzept aus (vgl. Enquete-Kommission 2002).

Bürgerschaftliches Engagement als Bildungsfaktor und Bildungsort

Für den Zusammenhalt und die Zukunftsfähigkeit unserer Gesellschaft gewinnt bürgerschaftliches Engagement zunehmend an Bedeutung. Es ist daher auch nicht verwunderlich, dass die Frage danach, wie Bereitschaft und Motivation zum freiwilligen Engagement entstehen und welche Bedeutung die Zivilgesellschaft für unser Bildungssystem hat, zunehmend virulent werden. Denn das so verstandene bürgerschaftliche Engagement kommt in der Tat nicht von selbst und automatisch zustande, sondern bedarf entsprechender normativer Orientierungen und Handlungsdispositionen, die erworben werden müssen. Es geht um Verantwortungsübernahme auch in Situationen, in denen die Kosten dieses Handelns ihre möglichen Erträge für das Individuum übersteigen und in denen keine sanktionierte Pflicht zur Verantwortungsübernahme besteht. Ein solches Handeln charakterisiert Herfried Münkler als „freiwillige Selbstverpflichtung" der Bürgerinnen und Bürger (2000). Die hierfür erforderlichen normativen Orientierungen sowie das spezifische Wissen und Können werden in individuellen Bildungsprozessen erworben. Der „mündige, kompetente Bürger" wird damit zum Ziel moderner Bildung. Die ihn auszeichnenden Kompetenzen und Fähigkeiten werden am ehesten im konkreten Tun, im freiwilligen Engagement selbst angeeignet. Insofern ist bürgerschaftliches Engagement nicht lediglich ein Handlungstypus bzw. Handlungsfeld, sondern immer auch ein Bildungsziel und Bildungsort (vgl. Olk 2007). Dies gilt sowohl für die Sozialisation von Kindern und Jugendlichen als auch für Prozesse der Individuierung von Erwachsenen im Kontext lebenslangen Lernens.

Die Enquete-Kommission hat ausgehend von dem entworfenen Leitbild der aktiven Bürgergesellschaft sowohl individuelle als auch institutionelle Entwicklungsperspektiven für Bildung und Bildungspolitik aufgezeigt. Auf der individuellen Ebene geht es um die Frage, wie das Lernen von Bürgerschaftlichkeit gefördert werden kann und bürgerschaftliche Kompetenzen als Bildungsfaktor kenntlich gemacht werden können. Auf der institutionellen Ebene geht es um die Öffnung der Institutionen des Bildungs- und Erziehungssystems und ihre Einbettung in die lokale Bürgergesellschaft.

Auch Engagement muss gelernt werden

Die Basis für bürgerschaftliche Verhaltensdispositionen wird in Kindheit und früher Jugend gelegt. Frühzeitige Engagement- und Demokratieförderung ist daher eine Aufgabe sowohl von Familie als auch der pädagogischen Institutionen und Einrichtungen. Dabei kommt der Schule als pädagogischer Ort, der tendenziell alle Kinder und Jugendlichen erreicht, eine herausragende Bedeutung zu.

„Bürgerschaftliches Engagement wird gelernt. Elternhaus, pädagogische Einrichtungen wie Schulen, Kindergärten und Universitäten, aber auch Unternehmen und Verwaltungen tragen dazu bei, ob Engagement gelernt wird. Engagement kann jedoch nicht ‚gelehrt' werden, sondern braucht Vorbilder, Anregungen und Räume, in denen Verantwortungsübernahme für andere und eigene freiwillige Aktivitäten geprobt und eingeübt werden können. Gerade für junge Menschen sind ‚Vorbilder' wichtig, Engagierte aus ihrem unmittelbaren Lebensumfeld, die sie erleben und befragen können, von denen sie lernen und an denen sie sich orientieren können" (Enquete-Kommission 2002: 289). Die Enquete-Kommission hat den Erwerb bürgerschaftlicher Kompetenzen in erster Linie in den Zusammenhang des sozialen Lernens gestellt. Inzwischen hat sich in Anlehnung an Debatten im angelsächsischen Raum auch in Deutschland dafür der Begriff „civic education" durchgesetzt. Gemeint ist damit im Kern die Erziehung und Bildung zum „kompetenten, mündigen Bürger". Im

Begriff „civic education" bündeln sich Ansätze und Strategien der politischen Bildung, der Stärkung von Partizipation von Kindern und Jugendlichen, der demokratischen Gestaltung des Alltags in pädagogischen Einrichtungen sowie der Förderung von freiwilligem Engagement (vgl. Hartnuß 2007: 165). Ziel ist die Entwicklung bzw. Herausbildung von Bereitschaften und Fähigkeiten zur Mitbestimmung bei und Mitgestaltung von allgemeinen gesellschaftlichen und sozialen Belangen. Die Enquete-Kommission hat mit Blick auf die mit civic education verbundenen Anforderungen verschiedene Lebenswelten beleuchtet und Perspektiven für Familie, Schulen, Vereine und Verbände, Freiwilligendienste sowie Hochschulen und Universitäten entwickelt. In jüngster Zeit ist die Diskussion um ein neues Verständnis von Bildung zunehmend von der Perspektive der stärkeren Verknüpfung von informellen, nonformalen und formellen Lern- und Bildungsprozessen bestimmt. Dies drückt sich insbesondere in der Forderung nach der Gestaltung kommunaler Bildungslandschaften aus (vgl. Deutscher Verein 2007, Solzbacher 2007).

Die Bildungsinstitutionen öffnen ihre Türen

Für die Weckung der Bereitschaft zum Engagement ist es von zentraler Bedeutung, dass Institutionen insgesamt beteiligungsorientiert ausgestaltet sind. Dies gilt auch für öffentliche Einrichtungen in staatlicher oder kommunaler Trägerschaft – wie z.B. Schulen, Kindergärten und Jugendeinrichtungen. Sie sind potentielle Orte für engagierte Mitwirkung und Beteiligung. Am Beispiel der Schule lässt sich exemplarisch deutlich machen, dass die Öffnung der Bildungsinstitutionen für bürgerschaftliches Engagement weit über den Ausbau von bekannten Kooperationen mit Vereinen etwa in den Bereichen Sport oder Kultur hinaus geht und ein verändertes Selbstverständnis der Schule bewirkt. Diese Perspektive von Schule kennzeichnet die Enquete-Kommission unter der Überschrift ‚Von der Schulanstalt zum lokal und partnerschaftlich orientierten Lernzentrum'. In den vergangenen Jahren ist das Bewusstsein für einen verstärkten Austausch der Schule mit der Gesellschaft gewachsen ist. Schule kann nicht mehr als selbstreferenzielles System in strenger Arbeitsteilung bestehen, sondern bedarf der Öffnung, die die Mitglieder der Schulgemeinde ebenso einbezieht wie das kommunale und zivilgesellschaftliche Umfeld (vgl. Holzapfel 2000: 69; 2003: 230ff.).

In diesem Zusammenhang gewinnt ein neues Bild von Schule als „soziales Unternehmen" an Kontur. Adalbert Evers schlägt mit dem Modell „hybrider Organisationen" (Evers/Rauch/Stitz 2002) ein neues Analyseraster vor: Schulen, denen es gelingt, staatliche Einflüsse, die Einbettung der Schule in die Bürgergesellschaft und das Aufgreifen von Marktelementen positiv miteinander zu vermitteln, nennt er soziale Unternehmen. Dabei geht es sowohl um einen neuen Ressourcenmix als auch um die Vermittlung der unterschiedlichen Logiken und Steuerungsprinzipien der verschiedenen gesellschaftlichen Bereiche.

2   Die Modernisierung von Bildung durch bürgerschaftliches Engagement

Bürgerschaftliches Engagement im Zusammenhang von Bildung, Schule und Lernen zu diskutieren, ist bislang alles andere als selbstverständlich. Die aktuellen Debatten um die

Krise der Schule und um Perspektiven moderner Bildung verweisen jedoch auf überraschende Anknüpfungspunkte und Bezüge zwischen Bildung, Schule und bürgerschaftlichem Engagement. Die öffentliche Debatte um die PISA-Studie hat tiefe Verunsicherungen ausgelöst. Nachdem erste Reaktionen vor allem auf schulinterne Reorganisation und die Intensivierung kognitiver Wissensvermittlung gerichtet waren, gehen die Reformbestrebungen inzwischen erfreulicherweise auch in andere Richtungen, die neue Denk- und Handlungsoptionen sichtbar werden lassen.

Eine „neue" Bildungsdebatte?

Es ist sicherlich nicht völlig falsch, gegenwärtig von einer „neuen Bildungsdebatte" zu sprechen, die sich deutlich von den Diskussionen um eine Bildungsreform der vergangenen Jahre unterscheidet. Es geht ganz offensichtlich nicht mehr nur um kleinere Korrekturen, sondern um grundlegende Veränderungen, um eine konzeptionelle und institutionelle Neudefinition unseres Bildungs- und Erziehungssystems (vgl. Olk 2007). Diese Bemühungen um eine Neubestimmung von Bildung und Erziehung sind keineswegs auf Deutschland beschränkt, sondern lassen sich auch in anderen europäischen Ländern beobachten. In Europa befindet sich die Schule als Institution und das schulische Lernen insgesamt in einer Krise, so die niederländische Erziehungswissenschaftlerin Manuela du Bois-Reymond (2007). Die Anforderungen einer globalisierten Wissensgesellschaft, die tief greifenden Umbrüche im System der Arbeit und der Arbeitsbiographien und nicht zuletzt soziale Ausgrenzungsprozesse haben dazu beigetragen, dass wir völlig neue Formen des Lernens und der Bildung benötigen, um die gesellschaftlichen Herausforderungen meistern zu können (vgl. ebd.). „Junge Menschen in Europa sind heute aufgefordert, in einem System lebenslangen Lernens Lernbiographien zu entwickeln, um selbsttätig und aktiv auf überraschende Wendungen im Leben und eine unplanbare Zukunft reagieren zu können. Das sture Abarbeiten vorgegebener Lernpläne und Frontalunterricht, der die Schüler zu passiven Zuhörern degradiert, helfen hier nicht weiter. Aktive, selbstgesteuerte Lernstrategien, das Ausprobieren eigener Fähigkeiten und Fertigkeiten in gesellschaftlichen Echt-Situationen und die aktive Auseinandersetzung mit gesellschaftlichen Handlungsanforderungen sind gefordert" (Olk 2007).

Neue Konzepte von Bildung und Lernen bauen auf der grundlegenden Einsicht auf, dass neben dem formellen Lernen in der Schule zunehmend auch das außerschulische und informelle Lernen anerkannt, gefördert und mit dem schulischen Lernen verknüpft werden muss. Gelernt wird an vielen Orten, auch im bürgerschaftlichen Engagement. Hier liegt die zentrale Herausforderung, um Schule und bürgerschaftliches Engagement neu zu denken und damit sowohl für das bürgerschaftliche Engagement als auch für die Schule neue Perspektiven zu eröffnen.

Bildung ist mehr als Schule

Die geforderte grundlegende konzeptionelle und institutionelle Neudefinition unseres Bildungs- und Erziehungssystems zielt auf ein umfassendes Lern- und Bildungskonzept, das die unterschiedlichen Bildungsinstitutionen, Bildungsorte, Bildungsaufgaben und Bildungsprozesse in ein neues Verhältnis bringt, das Kindern und Jugendlichen optimale Bildungs- und Teilhabechancen bietet, sie auf die Bewältigung von Anforderungen des Alltags und der Zukunft vorbereitet und für eine gelingende Lebensführung rüstet. Unter der Überschrift „Bildung ist mehr als Schule!" wurde 2002 in den Leipziger Thesen (vgl. Bundesjugendkuratorium u.a.) ein erweitertes Bildungsverständnis formuliert, das aus der Perspektive der Jugendhilfe und bezugnehmend auf den bereits vor PISA entwickelten Reformperspektiven – man denke an die Bildungskommission in NRW 1995, an das „Forum Bildung" und insbesondere den Elften Kinder- und Jugendbericht – verstärkt sozialpädagogische Akzente setzt. Der zwölfte Kinder- und Jugendbericht, der von einer unabhängigen Sachverständigenkommission im Auftrag des BMFSFJ verfasst worden ist (vgl. BMFSFJ 2005), stellt dieses neue Bildungsverständnis in den Mittelpunkt seiner Analysen und Überlegungen.

Bildung zielt demnach auf eine allgemeine Lebensführungs- und Bewältigungskompetenz. Ein entsprechend erweitertes Bildungskonzept verbindet gleichauf mit Aufgaben der kulturellen und materiellen Reproduktion auch Aspekte der sozialen Integration und des sozialen Lernens (vgl. Rauschenbach/Otto 2004: 20ff). Der zwölfte Kinder- und Jugendbericht unterscheidet in seinem Bildungskonzept daher zwischen einem kulturellen, einem materiell-dinglichen, einem sozialen und einem subjektiven Weltbezug (vgl. BMFSFJ 2005: 110f.). Mit Bezug auf die kulturelle Welt geht es um die Aneignung des kulturellen Erbes. In der materiell-dinglichen Welt müssen Wissen und Kompetenzen erworben werden, die erforderlich sind, um sich mit der gegenständlichen Welt auseinanderzusetzen, sich diese anzueignen und weiterzuentwickeln. Der soziale Weltbezug zielt auf das Verstehen der sozialen Ordnung der Gesellschaft, die Auseinandersetzung mit den Regeln des kommunikativen Umgangs und der politischen Gestaltung des Gemeinwesens, aber auch auf die Entwicklung von Kompetenzen zur Beteiligung an der Gestaltung der sozialen Umwelt. Der subjektive Weltbezug markiert die Prozesse der Personwerdung, Identitätsbildung und Persönlichkeitsentfaltung als wichtige Bildungsdimensionen.

Bildung und Lernen werden in diesem Konzept verstanden als ein selbstgesteuerter erfahrungsbezogener Kompetenzbildungsprozess, als ein „anhaltender und kumulativer Prozess des Erwerbs der Fähigkeit zur Selbstregulierung und als subjektive Aneignung von Welt in der aktiven Auseinandersetzung mit und in diesen Weltbezügen" (ebd. 2005: 111) Voraussetzung für solche Bildungsprozesse sind Bedingungen und Gelegenheiten, konkrete Kontexte, in denen die Welt in diesen unterschiedlichen Dimensionen erschlossen werden kann. Hier geht es sowohl um Orte, an denen diese Zugänge möglich werden, als auch um Modalitäten, die es den Menschen ermöglichen, sich lernend mit der Welt auseinanderzusetzen (vgl. Olk 2007).

Identität sowie Fähigkeiten zur Teilnahme an Interaktionsprozessen sind untrennbar mit einem solchen Verständnis von Lernen und Bildung verbunden. Das Individuum ist dabei gefordert, eine „balancierende Ich-Identität" (Krappmann 1983) zu entwickeln. Zu den identitätsfördernden Qualifikationen gehören Empathie, Rollendistanz, Ambiguitätstoleranz, die Fähigkeit zur Identitätspräsentation sowie das diese Kompetenzen tragende Sprachvermögen. Die Ausprägung dieser Grundqualifikationen kommunikativen Handelns ist eine strukturelle Bedingung für den Fortgang der in einer Gesellschaft notwendigen Interaktionsprozesse (vgl. ebd.: 97ff.).

Bürgerschaftliches Engagement und moderne Bildung

Im Szenario des skizzierten erweiterten Bildungsverständnisses kommt bürgerschaftlichem Engagement ein hoher Stellenwert zu. Seine Bedeutung für Bildungsprozesse wird im zwölften Kinder- und Jugendbericht ausdrücklich hervorgehoben. Bildung umfasst demnach nicht nur kognitives Wissen, sondern auch soziales Lernen – Kompetenzen wie Kommunikations-, Kooperations- und Teamfähigkeit, Empathie und soziales Verantwortungsbewusstsein – sowie demokratisches Rüstzeug und bürgerschaftliche Kompetenzen – also Partizipations- und Mitbestimmungsfähigkeiten als mündige Bürgerinnen und Bürger.

Bürgerschaftliches Engagement ist dabei – wie bereits dargestellt – sowohl Bildungsfaktor bzw. -ziel als auch Bildungsort. Engagement und die dabei stattfindenden informellen Bildungsprozesse z.B. in Vereinen, Projekten und Initiativen eröffnen Möglichkeiten für ein informelles Lernen in lebensweltlichen Zusammenhängen, für ein gemeinsames Problemlösen zusammen mit anderen. Dabei steht der Erwerb von Wissen in engem Zusammenhang mit der Aneignung bürgerschaftlicher Kompetenzen. Wissen wird dadurch intensiver und nachhaltiger angeeignet; Teamfähigkeit und Verantwortlichkeit sind Teil des Lernvorgangs.

Informelles Lernen und bürgerschaftliches Engagement

Die Zusammenhänge zwischen freiwilligem Engagement und informellem Lernen wurden im Freiwilligensurvey 2004 auch empirisch erfasst. Demnach lässt sich freiwilliges Engagement als wichtiges informelles Lernfeld beschreiben. Im Engagement werden einerseits Fachwissen, andererseits soziale und organisatorische Kompetenzen erworben. Dies gilt besonders bei jungen Menschen. Sie erwerben durch ihr Engagement vielfach Fähigkeiten, die für sie persönlich wichtig sind. 55 % der Engagierten im Alter zwischen 14 und 30 geben an, dass das Engagement in sehr hohem bzw. hohem Maße Gelegenheiten zum Erlernen von Fähigkeiten bietet, die für sie persönlich wichtig sind (vgl. Gensicke u.a. 2006: 27ff.). Auch der Bericht über Bildung in Deutschland räumt dem informellen Lernen durch freiwilliges Engagement hohe Bedeutung ein. Der im Auftrag der Kultusministerkonferenz und des Bundesministeriums für Bildung und Forschung von einem Konsortium mehrerer einschlägiger Forschungsinstitute erstellte Nationale Bildungsbericht 2006 greift die Ergebnisse des Freiwilligensurveys auf und hebt die Möglichkeiten hervor, die das Engagement für die Herausbildung sozialer, organisatorischer und fachlicher Kompetenzen bietet (vgl. Konsortium Bildungsberichterstattung 2006: 64f.).

Dass in Settings des freiwilligen Engagements informelle Lernprozesse stattfinden und dabei Kompetenzen erworben werden, die für eine moderne Bildung hohe Bedeutung haben, belegen auch die Ergebnisse einer empirischen Studie der Technischen Universität Dortmund und des Deutschen Jugendinstituts zum informellen Lernen im Jugendalter (vgl. Düx u.a. 2008). Demnach verfügen in ihrer Jugend engagierte Erwachsene über mehr Erfahrungen und auch Kompetenzen als Nicht-Engagierte. Dies gilt insbesondere für Organisations-, Gremien- und Leitungskompetenzen. Diese Fähigkeiten werden durch freiwilliges Engagement besonders stark gefördert. An anderen Lernorten, etwa in der Schule, werden sie weniger vermittelt. Ein Zusammenhang besteht auch zwischen bürgerschaftlichem Engagement und den formalen Bildungsabschlüssen: Menschen, die sich in ihrer Jugend freiwillig engagiert haben, erreichen höhere Bildungsabschlüsse als Nicht-Engagierte. Das Engagement hat dabei auch berufsorientierende Wirkung. Jugendliche Engagierte ergreifen später deutlich häufiger Sozial-, Erziehungs- oder Gesundheitsberufe. Ein weiterer zentraler Befund der Studie betrifft die sozialisatorische Wirkung freiwilligen Engagements: Wer als Jugendlicher gesellschaftliche Verantwortung übernimmt, engagiert sich mit großer Wahrscheinlichkeit auch als Erwachsener. Früher Engagierte haben zudem ein stärkeres politisches Interesse und beteiligen sich häufiger an politischen und sozialen Aktivitäten als Nicht-Engagierte.

Engagement – nur etwas für die Bildungselite?

Die Empirie macht auf einen weiteren wichtigen Zusammenhang zwischen Bildung und bürgerschaftlichem Engagement aufmerksam. Die Ergebnisse des Freiwilligensurveys verweisen darauf, dass die Tatsache, ob sich jemand freiwillig engagiert oder nicht, in hohem Maße vom Bildungsstatus abhängt. „Für die Frage, ob Jugendliche aktiv sind und sich freiwillig engagieren, spielen Schulabschluss und Bildungsaspiration eine entscheidende Rolle" (vgl. Gensicke u.a. 2006: 180). Dies gilt insbesondere für Jugendliche unter 24 Jahren. Die Bindung an Kirche und die Größe des Freundeskreises sind weitere Merkmale, die freiwilliges Engagement erklären. „Es sind also in steigendem Maße die Jugendlichen mit höherem Bildungsstatus und die besser sozial Integrierten, die sich freiwillig engagieren." (ebd.). Dass das Engagement Jugendlicher vom Bildungsstand bestimmt ist, wird auch von anderen Untersuchungen wie der Shell-Jugendstudie bestätigt (vgl. Shell Deutschland Holding 2006).

Vor diesem Hintergrund wird die Frage nach der sozialen Selektivität bürgerschaftlichen Engagements immer bedeutsamer. Dabei ist freiwilliges Engagement nichts Schicksalhaftes, denn Bereitschaft und Motivation zum Engagement können erworben werden. Damit wiederum richtet sich der Blick auf die Gestaltung von Lern- und Erprobungsmöglichkeiten, die insbesondere die Schule allen Kindern und Jugendlichen bieten kann. Dass bürgerschaftliches Engagement nicht zwangsläufig vom Bildungsstand abhängt und durch angemessene Arrangements und Qualifizierungsangebote in der Schule auch lernschwache Schüler aus eher bildungsfernen Schichten für ein Engagement gewonnen werden können, darauf verweisen Praxiserfahrungen wie etwa das Projekt „Lernallianzen im Ruhrgebiet" (vgl. Hugenroth 2008).

3 Schule und Bürgergesellschaft

Bürgerschaftliches Engagement wird – wie dargestellt – seit einigen Jahren verstärkt als Bildungsfaktor diskutiert; die Herausbildung von Engagementbereitschaft und -motivation wird verortet im schulischen Bildungs- und Erziehungsauftrag (vgl. u.a. die Beiträge in Thole/Hoppe 2003). Dies jedenfalls gilt für die Protagonisten der Engagementförderung, jedoch noch selten für Bildungstheoretiker und -politiker. Bislang ist weder ein breiter gesellschaftlicher Diskurs darüber im Gange, warum „bürgerschaftliches Engagement" in der Schule betrieben werden sollte, noch hat das bürgerschaftliche Engagement Eingang gefunden in die allgemeinen pädagogischen Zielbestimmungen der Schule (vgl. Edelstein 2007).

Wenn jedoch – ausgehend von einem erweiterten Verständnis – Bildung nun also nicht nur kognitives Wissen, sondern auch soziales Lernen (Kompetenzen wie Kommunikations-, Kooperations- und Teamfähigkeit, Empathie und soziales Verantwortungsbewusstsein) sowie demokratisches Rüstzeug und bürgerschaftliche Kompetenzen (Partizipations- und Mitbestimmungsfähigkeiten als mündige Bürgerinnen und Bürger) umfasst, dann sind auch die pädagogischen Institutionen gefordert, Arrangements zur Verfügung zu stellen, die es ermöglichen, dass in der nachwachsenden Generation Bereitschaft und Fähigkeiten zur Übernahme von Verantwortung für das Gemeinwesen und zur aktiven Beteiligung an der Gestaltung des sozialen, kulturellen und politischen Lebens entwickelt werden. Ansätze einer civic education als Teil einer erweiterten Bildungsidee bedeuten dann, Lern- und Erfahrungsräume bereitzustellen, um „Bürgerschaftlichkeit" zu lernen. Solche Räume ermöglichen es, Engagementfelder und -formen kennen zu lernen, selbst ein Engagement auszuprobieren, Engagementrollen einzuüben und dabei soziale und bürgerschaftliche Kompetenzen zu erwerben.

Gemeinsinn als Bildungsauftrag der Schule?

Der Schule als einzige Einrichtung, die (grundsätzlich) alle Kinder und Jugendlichen erreicht, kommt dabei besondere Aufmerksamkeit zu. Aber auch wenn die Bedeutung bürgerschaftlicher Kompetenzen für ein modernes Verständnis von Bildung anerkannt wird, stellt sich dennoch die grundsätzliche Frage, ob die Institution Schule als eine tragende Säule des Bildungssystems strukturell überhaupt dazu in der Lage ist, diese Komponenten von Bildung zu vermitteln, entsprechende Lern- und Erfahrungsräume zu eröffnen und dabei auch noch mit anderen gesellschaftlichen Institutionen und Akteuren zu kooperieren, oder ob diese Anforderungen an die Schule eher naiv sind, von vornherein eine Überforderung bedeuten und von daher zum Scheitern verurteilt sind. Aus diesem Grunde lohnt sich ein analytischer Blick auf die Bedingungen in und die Differenzen zwischen schulischen Bildungsprozessen und solchen des bürgerschaftlichen Engagements. Mit einer Art (Un-)Verträglichkeitsprüfung zwischen den beiden Welten, macht Rauschenbach einige Spannungsfelder sichtbar (vgl. Rauschenbach 2005), die in ihrer typologischen Beschreibung zunächst auf die Verschiedenartigkeit von Schule und bürgerschaftlichem Engagement hinweisen:

- *Pflicht vs. Freiwilligkeit*: Zunächst und scheinbar banal – die Schule ist eine Pflichtveranstaltung, der die Wahlfreiheit des bürgerschaftlichen Engagements gegenüber steht.
- *Professionelle vs. freiwillige/ehrenamtliche Arbeit*: Schule ist in erster Linie von professioneller, bezahlter Arbeit akademisch ausgebildeter Pädagogen geprägt. Bürgerschaftliches Engagement dagegen lebt vom Engagement aus freien Stücken, nicht von bezahlter Arbeit.
- *Selektion vs. Kooperation*: Schule steht in dem strukturellem Zwang zur Leistungsbewertung und Differenzbildung. Sie ist damit ein Ort der Selektion. Bürgerschaftliches Engagement lebt vom gemeinschaftlichen Tun, vom gemeinsamen Handeln für eine Idee oder ein Vorhaben ohne direktem Leistungsdruck und Bewertung.
- *Lernwelt vs. Lebenswelt*: Schule ist eine eigenständige Lernwelt, die tendenziell vom persönlichen Lebensumfeld der Schüler abgekoppelt ist. Bürgerschaftliches Engagement entfaltet sich in aller Regel in lebensweltlichen Bezügen sozialer Orte und Nahräume. Dort werden sie im ganzheitlichen Sinne als Mensch wahrgenommen, wohingegen sie in der Schule vor allem Träger der Schülerrolle sind.
- *Fremdbestimmung vs. Selbstbestimmung*: Inhalte und Themen schulischen Lernens sind durch Curricula und Lernpläne weitgehend vorgegeben, Wahl- und Entscheidungsspielräume sind eingeschränkt. Im freiwilligen Engagement ist es dagegen offen, für welche Projekte ich mich entscheide. Im konkreten Engagement gibt es wiederum deutlich mehr Mitbestimmungs- und Mitgestaltungsmöglichkeiten als in der Schule.
- *Abstraktion vs. Verwertbarkeit*: Schulisches Lernen findet häufig ohne unmittelbaren Bezug auf konkrete Anlässe und direkte Verwertbarkeit statt, bleibt damit abstrakt. Bürgerschaftliches Engagement setzt in der Regel unmittelbar an realen Situationen an und versucht Lösungen für konkrete Anforderungen zu entwickeln.
- *Künstlichkeit vs. Ernsthaftigkeit*: Schulisches Lernen ist in der Regel „Vorratslernen" in einer „Als-ob-Situation", es ergeben sich aus künstlichen Lernarrangements keine direkten und unmittelbaren Folgen. Bürgerschaftliches Engagement dagegen ist stets Handeln in realen Situationen mit realen Konsequenzen des eigenen Tuns.

Die Beschreibung dieser Spannungsfelder zielt hier nicht auf eine Kritik der Schule, sondern soll zunächst nur vergegenwärtigen, dass die Bereiche Schule und Bürgerengagement unterschiedlichen Funktionslogiken unterliegen. Angesicht dieser analytischen Differenzen, für die es gute Gründe sowie natürlich auch viele Beispiele einer anderen Praxis gibt, lässt sich jedoch ableiten, dass sich Partizipation und Bürgerengagement als Bildungsziel nicht ohne weiteres, gewissermaßen als zusätzliche Bildungsaufgabe in traditioneller Form curricular in der Schule verankern lässt. Im Schulalltag stoßen daher Demokratie- und Engagement-Lernen, insbesondere wenn sie den schulischen Kernbereich des Unterrichts berühren, immer wieder an Grenzen von Notendruck, begrenzten Zeitbudgets, engen Lehrplanvorgaben und frontalen Methoden (siehe die Beiträge in Böhme/Kramer 2001).

Demokratie und Engagement als Teil der Schulkultur

Demokratie- und Engagement-Lernen kann nicht allein im Unterricht stattfinden; es braucht mehr als Information, Analyse, Aufklärung und Argumentation. Die Förderung von Partizipation und Bürgerengagement ist Teil der politischen Bildung, orientiert am Bild des kompetenten und mündigen Bürgers. Sie müssen als Prinzipien im Schulalltag spür- und erfahrbar sein und sich als Elemente der Schulkultur entfalten. „Die Schul- und Lernkultur selbst soll Demokratie-Lernen ermöglichen, indem Schüler durch eigene Erfahrungen und eigenes Handeln in der Schule den Sinn von Politik und Demokratie praktizieren, erleben und verstehen, um dann durch diese Demokratieerfahrungen politische Mündigkeit und Demokratiekompetenzen entwickeln zu können" (Henkenborg 2005: 265).

Eine solche Schul- und Lernkultur lässt sich jedoch nicht in einem künstlichen, hermetisch gegenüber der realen Lebenswelt abgeschotteten Lernort Schule entwickeln. Schule ist dabei auf die Kooperation mit außerschulischen Partnern und Akteuren angewiesen; sie muss sich hin zu ihrem Umfeld öffnen und selbst Teil und Ort des Gemeinwesens werden. Diese Forderung (einer gemeinwesenorientierten Schule) ist nicht neu und in den vergangenen Jahren haben Impulse für eine äußere Öffnung im Schulsystem spürbare Verbreitung gefunden. Eine Untersuchung des Deutschen Jugendinstituts macht darauf aufmerksam, dass es kaum noch eine Schule gibt, die keine Beziehungen zu Einrichtungen, Diensten und Organisationen im Wohnumfeld aufgebaut hat (vgl. Behr-Heintze/Lipski 2005). Die Aufnahme von Kontakten und die Kooperation von Schule mit außerschulischen Partnern sind eine wichtige Bereicherung für schulisches Leben und Lernen und eröffnen darüber hinaus neue Chancen auch für Engagement- und Demokratie-Lernen. Umgekehrt ist Kooperation allein jedoch noch kein Garant dafür, dass sich Schulen eine demokratische „Verfassung" geben und sich Partizipation als Gestaltungsprinzip schulischen Alltags manifestiert. Dafür bedarf es beider Seiten, gepaart mit einer äußeren Öffnung der Schule für Kooperationen, Partnerschaften, Bündnisse mit Akteuren der Zivilgesellschaft müssen sich Bürgerengagement und Demokratie im Selbstverständnis der Schule niederschlagen, und zwar derart, dass sich demokratische Spielregeln in den normalen Mechanismen und Abläufen des schulischen Alltags widerspiegeln und von allen in und an Schule Beteiligten erlebt werden.

Die Etablierung ‚bürgerschaftlicher Bildung' als Schulprinzip, die Notwendigkeit ihrer Verankerung als Teil der Schulkultur, lässt sich aus verschiedenen theoretischen Richtungen begründen (vgl. ausführlich Henkenborg 2005: 267):

- *demokratietheoretisch*: Demokratie braucht einen vorpolitischen Raum, in dem Erfahrungen von Partizipation, öffentlicher Interaktion und gerechter Kommunikation gemacht werden können (vgl. Honneth 2000: 282ff.). Eine demokratie- und engagementfreundliche Schulkultur fördert die Entwicklung demokratischer Motivationen und Verhaltensdispositionen.
- *schultheoretisch*: Schulkultur ist sowohl durch Strukturbedingungen (wie Schulpflicht, Selektionsfunktion, Bürokratie etc.) geprägt als auch durch Bedingungen der Einzelschule. Partizipations- und Engagementförderung sowie Kooperationen mit bürgerschaftlichen Akteuren und Organisationen können vor Ort kreativ gestaltet werden und damit die Schulkultur bereichern.

- *lerntheoretisch*: Das Bildungsziel „mündiger Bürger" lässt sich nicht durch Wissensvermittlung allein erreichen. Es benötigt vielmehr „bildende Erfahrungen" (Sliwka 2002) und „verständnisintensives Lernen" (Fauser 2002), wie sie durch ein offenes Diskussionsklima und reale Partizipationsmöglichkeiten im Schulalltag eröffnet werden.
- *sozialisations- und entwicklungstheoretisch*: Durch Demokratie-Lernen in der Schule werden Erfahrungen in der Mikropolitik der Schulpolis gesammelt, die als Grundlage für eine aufbauende Weiterentwicklung von Demokratiekompetenzen in komplexen Gesellschaftszusammenhängen erforderlich sind (vgl. Krappmann 2000: 80).

Schulkultur in diesem Sinne meint und braucht eine Kultur der Anerkennung und sozialen Wertschätzung. ‚Bürgerschaftlichkeit' erlernen Schüler dort, wo sie Selbstvertrauen durch die Erfahrung emotionaler Zuwendung, Selbstachtung durch die Erfahrung kognitiver Achtung und Selbstschätzung durch die Erfahrung von Solidarität und sozialer Wertschätzung entwickeln können. Werden diese Formen der Anerkennung im Schulalltag verweigert und begegnen Schüler statt dessen Einschüchterung, Beschämung, Gleichgültigkeit und Entwürdigung, werden auch Ansätze des Demokratie- und Engagement-Lernens misslingen (vgl. Henkenborg 2005: 267ff.). Demokratie-Lernen und moralisches Lernen brauchen eine demokratische Schulkultur, die sich an die Idee der gerechten Schulgemeinschaft, der Just Community (Lawrence Kohlberg), anlehnt. Dabei ist das Lernen am konkreten Gegenstand Prinzip; Fragen und Probleme, die in die Kompetenz der Schulgemeinde fallen, werden von ihr selbst mit basisdemokratischen Verfahren beantwortet und gelöst (siehe auch die Beiträge in Beutel/Fauser 2007).

Worum es bei der Etablierung bürgerschaftlicher Bildungsansprüche in der Schule geht, ist daher nicht weniger als ein Prozess schulischer Organisationsentwicklung, in der demokratische Prinzipien der Mitbestimmung und Mitgestaltung sowie die Öffnung der Schule hin zum Gemeinwesen Eingang finden in schulische Leitbilder und Selbstverständnisse, die sich im Schulalltag als Kultur der Teilhabe niederschlagen.

Ein bürgergesellschaftliches Leitbild von Schule

Ein bürgergesellschaftliches Leitbild von Schule zeichnet sich durch eine enge Verknüpfung und Kombination von Strategien der inneren und äußeren Öffnung von Schule aus. Wege der inneren Öffnung zielen darauf ab, durch neue Formen des Unterrichtens und Lernens Prinzipien wie Handlungsorientierung, eigentätiges und verständnisintensives Lernen zu stärken und dabei Erfahrungen der demokratischen Mitbestimmung und der Verantwortungsübernahme in realen Handlungs- und Entscheidungssituationen zu ermöglichen. Gleichzeitig geht es um die demokratische Gestaltung des Schulalltags insgesamt durch bspw. die Aufwertung der Rolle von Schüler- und Elternvertretungen, die Stärkung von Begegnungs- und Kooperationsformen und ein gemeinsames Engagement von Schülern, Lehrern und Eltern. Strategien der äußeren Öffnung zielen auf die Einbettung der Schulen in das umliegende Gemeinwesen, ihre Integration in die lokale Bürgergesellschaft. Durch die enge Zusammenarbeit mit öffentlichen Einrichtungen, zivilgesellschaftlichen Akteuren und auch Wirtschaftsunternehmen können schuluntypische Zugänge und Sichtweisen in

Prozesse des schulischen Lernens und Lebens einbezogen werden. Dadurch erfährt Schule eine lebensweltliche Öffnung und Bereicherung. Sie kann dadurch gleichzeitig für Aktivitäten und gemeinschaftliches Leben der Gemeinde aufgeschlossen werden und sich zu einem Zentrum des Gemeinwesens entwickeln. In diesem Zusammenhang geht es auch um den Aufbau vielfältiger Partnerschaften und Bündnissen, die Brücken zwischen Schule und lokaler Bürgergesellschaft bauen, zusätzliche Kompetenzen und Ressourcen erschließen und neue Formen der Zusammenarbeit zu gegenseitigem Vorteil ermöglichen. Kern eines bürgerschaftlich orientierten Leitbildes von Schule ist somit ein Selbstverständnis von Schule als demokratischem Ort und partnerschaftlich orientiertem Lernzentrum im Gemeinwesen (vgl. Enquete- Kommission 2002: 546, Evers/Rauch/Stitz 2002).

Schule braucht Partner

Einem solchen Leitbild von Schule gesellschaftliche Anerkennung zu verschaffen und sich ihm in der schulischen Realität zu nähern, ist freilich ein anspruchsvolles Projekt, bei dem die beschriebenen strukturellen Differenzen zwischen Schule und Bürgerengagement im Auge zu behalten sind. Sie sind jedoch nicht starr und unveränderlich, sondern können bearbeitet und gestaltet werden. Anknüpfungspunkte und Gestaltungschancen dafür finden sich in den aktuellen Bemühungen für ein umfassendes Lern- und Bildungskonzept. Dem darin zum Ausdruck kommenden Anspruch von Bildung, in dem auch bürgerschaftliche Kompetenzen verankert sind, kann freilich die Schule allein nicht gerecht werden. Es ist vielmehr geboten, schulische und außerschulische Bildungspotenziale bei der Gestaltung von Bildungsprozessen neu aufeinander zu beziehen. Formelle – also arrangierte und mit konkreten Lernerwartungen verbundene – Bildungsprozesse wie etwa im Unterricht gilt es mit solchen nonformaler und informeller Art, die weniger geplant und in der Regel auch außerhalb des Schulgebäudes stattfinden, zu verknüpfen. Ein neues, integriertes Bildungskonzept muss die üblich gewordene Arbeitsteilung und Spezialisierung der pädagogischen Institutionen neu definieren, traditionelle Rollenverständnisse und Zuweisungen überwinden und die pädagogischen Lern- und Bildungsprozesse miteinander verzahnen. Dies bedeutet letztlich, das Zusammenspiel von Familie, Schule, Kinder- und Jugendhilfe sowie vielfältiger weiterer gesellschaftlicher Akteure und Bildungsgelegenheiten neu zu bestimmen.

Angesichts der Fülle und Komplexität der schulischen Aufgaben kann es nicht genügen, von der Schule mit Verweis auf ihren Bildungs- und Erziehungsauftrag die Erarbeitung und Realisierung entsprechender Konzepte und Aktivitäten zu fordern, sie dabei aber letztlich allein zu lassen. Die Förderung bürgerschaftlichen Engagements ist eine allgemeine Aufgabe, für die ebenso wie die Schule auch andere gesellschaftliche Instanzen und Akteure Verantwortung tragen. Dies gilt nicht zuletzt auch für die Jugendhilfe, die als wichtige Sozialisationsinstanz ihren Auftrag mit Blick auf die Förderung von Engagement ebenso wie die Schule kritisch prüfen muss. Ansätze einer intensiven Kooperation bieten die Chance, Verantwortlichkeiten und Potenzen von Jugendhilfe und Schule zur Herausbildung und Stärkung von Engagement miteinander zu verknüpfen und synergetisch zu nutzen. Der Auftrag der Jugendhilfe, ihre fachlichen und fachpolitischen Leitbilder sowie nicht zuletzt die pädagogischen Rahmenkonzepte bieten dafür günstige Anknüpfungspunkte. Der 11. Kinder-

und Jugendbericht (vgl. BMFSFJ 2002: 153ff.) entwirft ein erweitertes Bildungsverständnis, das die Vermittlung von Wissen und Fertigkeiten mit der Aneignung von sozialen und reflexiven Kompetenzen verbindet. Dieses sozialpädagogisch aufgeladene Bildungsverständnis fordert die Jugendhilfe dazu auf, ihren Blick stärker den Bildungsinstitutionen, insbesondere der Schule zuzuwenden. Durch Ansätze einer Kooperation von Jugendhilfe und Schule können neue Formen für Mitbestimmung und Mitgestaltung in und von Schule erschlossen werden, mithin Partizipation als zentrales Prinzip einer nach innen und außen geöffneten Schule verankert und auf diese Weise ein Beitrag zur Demokratisierung von Schule geleistet werden. Dies gilt in besonderer Weise für Ansätze und Konzepte der Schulsozialarbeit als intensivste Form der Kooperation von Jugendhilfe und Schule (vgl. Hartnuß 2004).

Ganztagsschule als Chance

Mit Blick auf die bei der PISA-Studie erfolgreicher abschneidenden skandinavischen Länder wird in Deutschland gegenwärtig verstärkt auf den Ausbau von Ganztagsschulen gesetzt. Im Prozess der Weiterentwicklung und des Ausbaus von Ganztagsschulen gewinnen bürgerschaftliche Akzente vermehrt Beachtung und Anerkennung. Dabei bietet die Ausdehnung der täglichen Schulzeit und die dabei zum Tragen kommenden pädagogischen Konzepte innerhalb und außerhalb des Unterrichts vielfältige Anlässe und Gelegenheiten für Zusammenleben und -arbeiten im Sinne einer demokratischen und bürgerschaftlichen Gemeinschaft. Umgekehrt eröffnen bürgerschaftliche Perspektiven der Schule (nicht nur der Ganztagsschule) sowohl neue Chancen für Unterricht und Wissensvermittlung als auch für einen umfassenden Bildungsanspruch, der soziale und bürgerschaftliche Kompetenzen gleichbedeutend mit einschließt. Formen der Kooperation der Schule mit der Jugendhilfe sowie anderen Akteuren des Gemeinwesens können wichtige Beiträge für die Verbesserung der Bedingungen für Bildung, Erziehung und Betreuung liefern.

Bei der Verankerung bürgerschaftlichen Engagements in der Schule stellt sich jedoch die „Herausforderung, dies nicht im Sinne einer moralischen Aufgabe, als Appell misszuverstehen, als Pflicht zum Engagement und als Auftrag, Jugendliche moralisch von mehr Engagement zu überzeugen, sondern vielmehr die im bürgerschaftlichen Engagement innewohnenden eigenen Bildungschancen zu nutzen" (Rauschenbach 2005), also bürgerschaftliches Engagement nicht lediglich als Freizeit- und Rahmenprogramm zu instrumentalisieren.

Die Ganztagsschule bietet einen indirekten und direkten Ermöglichungsrahmen für die Stärkung von Engagement und Partizipation. Zu den indirekten Ermöglichungsfaktoren zählen insbesondere erweiterte Raum- und Zeitkonzepte, ein integratives, kooperationsoffenes Leitbild sowie eine ganzheitliche, lebensweltorientierte Gestaltungsperspektive der Ganztagsschule. Direkte Chancen für Engagement- und Partizipationsförderung liegen in der Innovation der Lehr- und Lernkultur, in konkreten Konzepten der civic education und community education sowie der äußeren Öffnung der Ganztagsschule für Kooperationen und Partnerschaften mit der Jugendhilfe und vielfältigen anderen Akteuren, Einrichtungen und Organisationen der Bürgergesellschaft (vgl. hierzu ausführlich B. Hartnuß/S. Maykus

2005). Chancen und Spielräume der Partizipations- und Engagementförderung in und durch Ganztagsschule entfalten sich jedoch nicht automatisch. Notwendig sind ihre konzeptionelle Herausstellung und die operative Übersetzung bestehender Potenziale in konkreten Konzepten und Projekten. Dafür gibt es keine Standardvorlagen. Die Analyse der jeweiligen Bedingungen und Besonderheiten der Einzelschule ist Ausgangspunkt für die Entwicklung altersgerechter Lern- und Erprobungssituationen mit Ernstcharakter. Chancen der Partizipations- und Engagementförderung steigen mit dem Organisationsgrad des Ganztagsschulbetriebs. Als entscheidend – und die organisatorischen Grenzen tendenziell kompensierend – erweist sich der erreichte Grad an Integriertheit von Konzepten der Partizipations- und Engagementförderung (civic education) in der Schule und ihre Verankerung im schulischen Leitbild.

4   Kita, Schule, Hochschule: ein Praxis-Check

Im Folgenden sollen Institutionen und Einrichtungen des Bildungs- und Erziehungssystems daraufhin beleuchtet werden, in welchen Bereichen und in welcher Form bürgerschaftliches Engagement in ihnen verankert ist.

Kindertagesstätten

Bereits im Bereich der frühkindlichen Bildung, Erziehung und Betreuung spielt bürgerschaftliches Engagement eine wichtige Rolle. In Kindertagesstätten hat Ehrenamt eine lange Tradition. So engagieren sich Elternbeiräte in den Kitas ihrer Kinder, Kirchengemeindenmitglieder oder ehrenamtliche Vereinsvorstände übernehmen die Rolle des Trägers, Elterninitiativen engagieren sich für die Gestaltung der Einrichtung. Die Vielfalt dieses Engagements ist in der explorativen Studie „Reichtum der Talente. Ehrenamtspool für Kindergärten" im Auftrag des Bundesfamilienministeriums sichtbar geworden (vgl. BMFSFJ 2006). Allerdings gibt es bislang kaum eine systematische Kooperation von Kitas mit Freiwilligen. Obwohl es in Kindertagesstätten und Kindergärten immer schon Kooperationen mit dem Gemeinwesen gegeben hat, sind die Ansätze, Modelle und Projekte in den letzten Jahren deutlich vielfältiger geworden. Und sie setzen vermehrt auf eine konzeptionelle Einbindung bürgerschaftlichen Engagements in den Alltag der Einrichtungen.

Das vom Bundesfamilienministerium geförderte Modellprojekt „Große für Kleine – Bürgerengagement in Kindertagesstätten" ist hierfür ein Beispiel. In den Jahren 2005 und 2006 wurden in Nürnberg, Bremen und Halle/Saale unter Einbindung der bestehenden Freiwilligenagenturen neue Wege beschritten, um bürgerschaftliches Engagement mit professioneller sozialer Arbeit in Kitas zu verbinden. Das Projekt wurde vom Institut für Soziale und Kulturelle Arbeit ISKA) Nürnberg wissenschaftlich begleitet. Erfahrungen, Chancen und Risiken sowie Empfehlungen für die Gewinnung von Engagierten und eine erfolgreiche Zusammenarbeit von Freiwilligen und Hauptamtlichen in Kindertagesstätten wurden in Form von Handbüchern dokumentiert. Die Öffnung der Kitas für bürgerschaftliches Engagement und ihre Einbettung im Gemeinwesen tragen zur sozialen Integration bei; Kitas werden zum Ort der Begegnung verschiedener Generationen. Zusätzliche Ressourcen werden für die Einrichtung erschlossen, das Kontaktnetz wird gestärkt, Leben und Alltag werden bereichert (vgl. BMFSFJ/ISKA 2006).

Eine besondere Form bürgerschaftlichen Engagements sind Kindertagesstätten, die aus privater Initiative in Elternträgerschaft betrieben werden. Zu den bekanntesten Einrichtungen zählen Kitas, die auf Grundlage reformpädagogischer Konzepte arbeiten (insbesondere Waldorf- und Montessori-Kindergärten). In den vergangenen Jahren sind darüber hinaus durch die Initiative von Eltern- oder Bürgervereinen vielerorts Kindertagesstätten entstanden, die durch ihre Angebote das Spektrum der Betreuungsangebote quantitativ wie qualitativ nicht unerheblich erweitert und bereichert haben.[1]

Kitas sind nicht nur Orte für engagierte Mitwirkung von Akteuren des Gemeinwesens. Frühkindliche Lern- und Bildungsprozesse können bereits demokratisches und bürgerschaftliches Handeln grundlegen und entwickeln. Der Kindergarten ist für viele Kinder ein Schlüsselerlebnis. Hier erleben sie das erste Mal eine größere Gruppe, müssen sich in dieser behaupten, eigene Rechte und die Rechte Anderer wie der Gemeinschaft akzeptieren lernen. Der Kindergarten bietet daher Gelegenheiten für Demokratie-Erleben, Partizipation und Verantwortungsübername (vgl. Preissing 2000, Klein/Vogt 2000). Bereits hier wie auch später in der Schule geht es darum, „am Kleinen das Große (zu) lernen" (von der Groeben 2000). Diese Überlegungen zur frühkindlichen Demokratieerziehung finden allmählich Eingang in die Neukonzipierung der Kindertagesstätten als Einrichtungen, in denen es nicht nur um Betreuung, sondern eben auch um Bildung geht. Für die Bestimmung des Bildungsauftrags der Kitas kommt dem Sozialen Lernen entscheidende Bedeutung zu (vgl. Liegle 2004: 117ff.).

Schulen

Eine zentrale Form der Einübung von Demokratie und Mitbestimmung in der Schule ist die *Schülerpartizipation*. Hierzu gehören die Übernahme formaler Funktionen wie Klassen- und Schülersprecher, die Mitgliedschaft in Schülerräten und Schulkonferenzen, aber auch die Mitarbeit bei Schülerzeitungen oder Projekten in der Schule. Inzwischen gibt es vielerorts Initiativen, die formalen Mitbestimmungsmöglichkeiten in der Schule auf eine breitere Basis zu stellen und damit das schulische Leben insgesamt zu demokratisieren. Der Aufbau von Klassenräten, Stufen- und Schulparlamenten verfolgt einen basisdemokratischen Ansatz, der Partizipation und Mitbestimmung jeder und jedes Einzelnen in der Schule von Anfang an ermöglicht (vgl. Edelstein 2008).

Zahlreiche gesellschaftliche Akteure und Organisationen bemühen sich intensiv seit einigen Jahren darum, *Möglichkeiten für Mitbestimmung und Mitgestaltung von Kindern und Jugendlichen* zu stärken. Partizipation ist zentrales Anliegen von Bundes- und Landesjugendringen. Stiftungen wie die Deutsche Kinder- und Jugendstiftung und die Stiftung Demokratische Jugend entwickeln neue Praxismodelle und beteiligen sich an ihrer Umsetzung. Servicestellen für Jugendbeteiligung sind Ansprechpartner und bieten vor Ort Unterstüt-

---

[1] Auf Kindertagesstätten in Elternträgerschaft kann an dieser Stelle nicht genauer eingegangen werden.

zung an. Das Förderprogramm „Demokratisch handeln", das bereits seit Beginn der 1990er Jahre ausgeschrieben wird, macht gute Projekte der demokratischen Mitwirkung von Schülern öffentlich, unterstützt sie und trägt auf diese Weise zur Weiterentwicklung demokratischer Perspektiven im Schulsystem bei (vgl. Beutel/Fauser 2001). Die Initiative „mitWirkung!" der Bertelsmann Stiftung hat von 2004 bis 2007 das empirische Wissen über bestehende Partizipationsmöglichkeiten erweitert, Konzepte und Modelle der Beteiligung weiterentwickelt und engagiert sich derzeit für die Umsetzung ihrer Ergebnisse in Modellkommunen. 2007 stellte der Carl Bertelsmann-Preis unter der Überschrift „Vorbilder bilden" das Thema „gesellschaftliches Engagement als Bildungsziel" in den Mittelpunkt. Im BLK-Programm „Demokratie lernen & leben" wurden zahlreiche Praxisbausteine und Anregungen erarbeitet, die in Schulen erprobt und umgesetzt werden können. Leider gab es für das Programm nach seinem Ausklang keine Anschluss- bzw. Transfermöglichkeit (siehe dazu weiter unten). Die Deutsche Gesellschaft für Demokratiepädagogik (DeGeDe) bemüht sich seither intensiv darum, die in dem Programm gesammelten Erfahrungen und Erkenntnisse in der schulischen Wirklichkeit zu verankern. Festzuhalten bleibt trotz vielfältiger Entwicklungen und Fortschritte, dass die Potenziale für Selbst- und Mitbestimmung von Schülern in der Schule längst nicht ausgeschöpft und deutlich verbesserungswürdig sind (vgl. Bertelsmann Stiftung 2007).

Wichtiger Ausdruck bürgerschaftlicher Öffnung von Schulen sind Formen der Zusammenarbeit mit Vereinen, Verbänden und anderen Einrichtungen im schulischen Umfeld. Es gibt im Prinzip keine Schule, die völlig hermetisch gegenüber ihrem Wohnumfeld existiert. *Schulkooperationen* mit Organisationen und Einrichtungen der Kinder- und Jugendarbeit, des Sports, der Kultur, des Natur- und Umweltschutzes etc. gehören zur Normalität im deutschen Schulsystem. Die Öffnung der Schulen für Kooperationen und Partnerschaften mit öffentlichen Einrichtungen und gesellschaftlichen Organisationen im schulischen Umfeld ist inzwischen in den Schulgesetzen aller Länder verankert. Externe Akteure, Ressourcen und Potenziale bereichern schulisches Leben, tragen zur Öffnung gegenüber dem Gemeinwesen bei und unterstützen erfahrungsorientiertes Lernen. Dies allein ist jedoch noch kein Hinweis auf eine Verankerung demokratischer und bürgergesellschaftlicher Prinzipien im Schulalltag (vgl. Behr-Heintze/Lipski 2005). Gleichwohl ist das Spektrum bürgerschaftlicher Initiativen in und für Schulen außerordentlich bunt und vielfältig. Dass dadurch schulische Wirklichkeit in verschiedensten Bereichen verändert wird, sei es im Umgang mit ökologischen und sozialen Problemen, die Auseinandersetzung mit Behinderung, Ungleichheit und Migration oder die Vorbereitung auf die Arbeitswelt, zeigt die Dokumentation der eingereichten Bewerbungen auf den Bürgerkulturpreis des Bayerischen Landtages 2005, der unter dem Motto „Bürgerschaftliches Engagement und Schule" stand (vgl. Glück 2006).

Projektunterricht ist eine etablierte Unterrichtsform; dabei arbeiten Schulen regelmäßig mit Externen und Partnern im schulischen Umfeld zusammen. Projekttage und Projektwochen tragen häufig dazu bei, dass der räumliche Rahmen der Schule überschritten wird und Schüler Erfahrungen in Realität und Alltag von Unternehmen, Einrichtungen und Organisationen machen. Sie sind damit ein wichtiger Baustein der äußeren und inneren Öffnung.

Auch *Sozialpraktika und Seitenwechselprojekte* sind inzwischen an vielen Schulen ein fester Bestandteil. Sie ermöglichen Schülern vielerorts Einblicke in fremde Lebenswelten und ermöglichen das Erproben von Verantwortungsübernahme und Engagement. Dabei kooperieren Schulen mit sozialen Einrichtungen und Organisationen wie bspw. Pflegeheimen, Krankenhäusern oder sozialen Projekten für Wohnungslose. Nicht selten unterstützen bei diesen Aktivitäten auch Freiwilligenagenturen und ähnliche Einrichtungen die Schulen mit Beratung, Begleitung und Vermittlung entsprechender Einsatzstellen. Über das Engagement in Praktika und Projekten erhalten die Schüler einen Nachweis.

In einigen Bundesländern besteht die Möglichkeit, freiwilliges Engagement – auch jenseits der von der Schule organisierten Projekte – mit einem *Beiblatt zum Zeugnis* oder einem *Engagement- und Kompetenznachweis* zertifizieren zu lassen. Auf diese Weise wird das Engagement der jungen Menschen anerkannt, die dabei erworbenen Qualifikationen werden sichtbar gemacht und das Zertifikat kann bei Bedarf bei der Bewerbung um einen Ausbildungs-, Studien- oder Arbeitsplatz genutzt werden.

Besondere Bedeutung hat im schulischen Kontext die *Beteiligung von Eltern* sowie die *Zusammenarbeit mit Elternfördervereinen*, die sich vielerorts gegründet haben. Über die traditionelle Arbeit der Elternvertretungen hinaus spielt die Unterstützung von Elterninitiativen und schulischer Fördervereine eine zunehmend größere Rolle. Dabei akquirieren sie nicht nur finanzielle Mittel für die Schule, sie bringen sich auch mit vielfältigen Aktivitäten in das Schulleben ein und fungieren bisweilen als Agenten für die Gewinnung und Vermittlung externer Kompetenzen (z.B. für Projektwochen). Nicht selten sind Fördervereine Träger für bestimmte Vorhaben und Projekte wie Schulfeste oder Schulkonzerte. Eltern sind aufgrund ihrer Vertrautheit mit dem sozialen Umfeld wie auch der schulischen Situation wichtige „Brückenbauer" zwischen Schule und Gemeinwesen (vgl. Olk 2007). In diesem Rahmen finden sich sowohl individuelle Formen des Elternengagements wie Vorleseprojekte oder die Beteiligung einzelner Eltern an Projekttagen, als auch kollektive Formen, in denen sich Eltern zusammen schließen, Kräfte bündeln und öffentlich für die Interessen ihrer Kinder und de Anliegen der Schule agieren.

Die intensivste Form von Elternengagement findet sich sicherlich bei *Schulen in Elternträgerschaft*. Ähnlich wie bei den Kindertagesstätten spielen auch hier reformpädagogische Ansätze eine besondere Rolle. Schulen in Elternträgerschaft finden sich insbesondere im Bereich der Grundschulen; sie sind inzwischen jedoch in allen Schulformen und -arten bis hin zum Gymnasium anzutreffen.[2]

An Bedeutung gewonnen haben in den vergangenen Jahren auch unterschiedliche Formen von *Patenschafts- und Mentoringprojekten*. Dabei geht es sowohl um Hilfen bei den Hausaufgaben, um Schlichtung von Konflikten und Schwierigkeiten im Schulalltag wie zu Hause als auch um Unterstützung bei Bewerbungen und den Einstieg in Ausbildung und Beruf. Das Spektrum dieser Aktivitäten ist inzwischen erheblich angewachsen. Insbesondere Senioren nutzen diese Möglichkeiten, um ihre Erfahrungen und Kompetenzen in der nachberuflichen Phase für das Gemeinwohl einzubringen. Sie bereichern damit den schulischen Alltag und bieten Kindern und Jugendlichen in der Schule Angebote, die von professionellen Pädagogen in dieser Form häufig nicht angeboten werden können.

Zwar gibt es im Bereich der Öffnung der Schule vielfältige Ansätze und Erfahrungen der Kooperation und Unterstützung, jedoch sind solche *Projekte und Vorhaben, in denen es*

---

[2] Auf Schulen in Elternträgerschaft kann im Rahmen des vorliegenden Beitrags nicht näher eingegangen werden.

ausdrücklich um die Verknüpfung von schulischen und außerschulischen Lernprozessen und um den Erwerb bürgerschaftlicher Kompetenzen geht, mit Blick auf die Gesamtheit unserer Schulen bislang noch schwach ausgeprägt. In diesem Zusammenhang hat in Deutschland seit einigen Jahren die Lehr-Lern-Methode des Service Learning an Bedeutung gewonnen.

Service Learning ist ein Lehr-Lernprinzip, das in Anlehnung an US-amerikanische Vorbilder seit wenigen Jahren auch in Deutschland erprobt und für die Bedingungen in deutschen Schulen weiterentwickelt wird (vgl. insbesondere Sliwka 2002, 2004). Es beinhaltet das Lernen gesellschaftlicher Verantwortung in Verbindung mit der praxisorientierten Vermittlung konkreter Wissensinhalte und der Öffnung der Schule gegenüber dem Gemeinwesen. In Deutschland hat die Freudenberg-Stiftung viel zur Adaptation dieses noch recht jungen Ansatzes beigetragen. Inzwischen hat sich ein bundesweites Netzwerk „Service Learning" gegründet, das sich um die Weiterentwicklung und Verbreitung des Instruments bemüht. In der Praxis werden Projekte des Service Learning vor allem von kommunalen Infrastruktureinrichtungen der Engagementförderung wie Freiwilligenagenturen, -zentren und Ehrenamtsbörsen unterstützt und vorangetrieben. Inzwischen wurde das Prinzip des Service-Learning auch auf Fachhochschulen und Universitäten übertragen, um die Übernahme gesellschaftlicher Verantwortung durch Studierende zu fördern (vgl. Baltes/Hofer/Sliwka 2007).

Baden-Württemberg ist das einzige Land, das das Lernen von gesellschaftlicher und sozialer Verantwortung in Form des *TOP SE* curricular im Rahmenlehrplan der Realschule verankert hat. Sogenannte themenorientierte Projekte sind Bestandteil des Kerncurriculums der Realschule. Jeder Schüler nimmt im Laufe seiner Realschulzeit an vier verschiedenen TOP teil: TA (Technisches Arbeiten), SE (Soziales Engagement), WVR (Wirtschaften/Verwalten/Recht) und BORS (Berufsorientierung). Sie sind verbindlich für die gesamte Klassenstufe und folgen vorgegebenen Richtlinien. Die TOP finden in einer der Klassenstufen 5 bis 10 statt. Sie umfassen insgesamt 72 Jahresstunden für die Schüler, d.h. in dem entsprechenden Schuljahr zwei Wochenstunden.

Das *Bundesnetzwerk Bürgerschaftliches Engagement (BBE)* bemüht sich seit seiner Gründung 2002 darum, bürgerschaftlichem Engagement als Bildungsfaktor und Bildungsziel Anerkennung zu verschaffen und die Institutionen des Bildungs- und Erziehungssystems für mehr Kooperation und Vernetzung mit der lokalen Bürgergesellschaft zu bewegen. Dabei greift es sämtliche hier skizzierten Ansätze und Entwicklungen auf, engagiert sich für ihre stärkere konzeptionelle Kopplung und praxiswirksame Vernetzung. Eine Arbeitsgruppe im BBE widmet sich eigens diesen Zielen. Mit einer Kongressreihe „Schule und Bürgergesellschaft" werden Praxisimpulse für die Verbreitung guter Ideen und Modelle, für Vernetzung und Kooperation mit dem Anspruch, bürgergesellschaftliche Anliegen in der Bildungspolitik zu verankern, verbunden. Seit 2004 findet jährlich ein Fachkongress mit unterschiedlichen Partnern und jeweils besonderen Schwerpunkten in verschiedenen Ländern und Regionen statt.

Hochschulen

Fachhochschulen und Universitäten kommt mit Blick auf Themen und Anliegen der Engagementförderung vor allem in ihrer Rolle als *Ausbildungseinrichtungen* Bedeutung zu. Hier kommt es darauf an, dass die künftigen Profis in Kitas und Schulen, aber auch in den zivilgesellschaftlichen Organisationen und Einrichtungen in Sport, Kultur, Natur- und Umweltschutz etc. Grundlagen und Wissen über bürgerschaftliches Engagement erwerben, für Fragen der Engagementförderung sensibilisiert werden und auf Kooperationen und Partnerschaften als Teil des beruflichen Selbstverständnisses vorbereitet werden. Bislang ist es jedoch noch nicht gelungen, diese Themen in den einschlägigen sozialwissenschaftlichen Ausbildungsgängen curricular zu verankern. Am ehesten finden sich Seminarangebote in den erziehungswissenschaftlichen und sozialpädagogischen Studiengängen. Diese Angebote stehen jedoch meist im Zusammenhang mit einer besonderen fachlichen Sensibilität oder aktuellen Forschungsvorhaben einzelner Hochschullehrer. Eine verbindliche Verankerung bürgergesellschaftlicher Themen besteht nicht. Im Fachstudium von Lehrern ist das Thema in der Regel gänzlich unbeleuchtet.

Gleichwohl ist in den vergangenen Jahren die Aufmerksamkeit für den Dritten Sektor und seine Organisationen auch an den Fachhochschulen und Universitäten gestiegen. Inzwischen wurden an mehreren Hochschulen Lehrstühle für Non-Profit-Management eingerichtet, die entsprechende Lehrangebote in die Ausbildung einbringen. An der Westfälischen Wilhelms-Universität Münster wurde ein Zentrum für Non-Profit-Management eingerichtet; hier existiert ein eigener Masterstudiengang „Nonprofit-Management und Governance". Dennoch ist ‚bürgerschaftliches Engagement' mit wenigen Ausnahmen bislang kein Schwerpunkt in den Kernausbildungsgängen; es findet sich in der Regel in den fakultativen Bereichen und Wahlpflichtfächern oder als Spezialthema in Aufbaustudiengängen.

Auch mit Blick auf die *Forschung zum bürgerschaftlichen Engagement* kommt den Universitäten und Fachhochschulen Bedeutung und Verantwortung zu. Zwar haben sich in den vergangenen Jahren an einigen wenigen Hochschulen Forschungszentren für „Zivilgesellschaft und Demokratie" (Uni Münster) oder für „Bürgerschaftliches Engagement" (Uni Paderbron) gegründet und einzelne Hochschulen haben intensive Forschung zu Themen der Gesundheits- und Sozialpolitik betrieben (z.B. Zentrum für zivilgesellschaftliche Entwicklung an der Evangelischen Fachhochschule Freiburg, Lehrstuhl für vergleichende Gesundheits- und Sozialpolitik an der Uni Giessen) und dabei bürgergesellschaftliche Aspekte einbezogen. An zahlreichen Standorten gibt es zudem kleinere, zumeist drittmittelfinanzierte regionale Forschungsprojekte. Dennoch lässt sich einschätzen, dass die Bürgergesellschaft als eigenständiger Forschungsgegenstand an deutschen Hochschulen bislang kaum entwickelt ist. Die Etablierung einer interdisziplinären und vernetzt arbeitenden Forschung zum bürgerschaftlichen Engagement steht weiterhin aus. Auch wenn seitens wissenschaftlicher Institute das Feld zunehmend bearbeitet wird (z.B. Wissenschaftszentrum Berlin für Sozialforschung (WZB), Maecenata Institut für Philanthropie und Zivilgesellschaft), ist der Wissenstand über bürgerschaftliches Engagement weiterhin dürftig, der Forschungsbedarf dementsprechend groß und die Agenda von Themen und Fragen umfangreich.

Die zentrale empirische Referenz ist bislang der Freiwilligensurvey von 1999 und 2004, der im Auftrag des Bundesfamilienministeriums von TNS Infratest Sozialforschung erstellt wurde. Die mittels Telefoninterviews durchgeführte repräsentative Bevölkerungsbefragung erlaubt erstmals Aussagen zum Ausmaß des freiwilligen Engagements in Deutschland. Der Survey kommt zu dem Kernergebnis, dass rund ein Drittel aller Bürgerinnen und Bürger in Deutschland in unterschiedlicher Form freiwillige Aufgaben übernehmen; Tendenz steigend. Die Studie ermöglicht zudem Aussagen zum bürgerschaftlichen Engagement im Vergleich der Geschlechter, unterschiedlicher Altergruppen, nach sozialer Herkunft und Bildungsstand sowie nicht zuletzt nach Ländern und räumlicher Lebenssituation. Durch den Wiederholungscharakter der Befragung sind ebenfalls Aussagen zur Entwicklung von Engagement und Engagementbereitschaft in einer Längsschnittperspektive möglich. Die dritte Erhebungswelle soll 2009 durchgeführt werden.

5 Unternehmen im Bildungsbereich: Corporate Citizenship auf dem Vormarsch

In den Diskussionen über die Reform des deutschen Bildungswesens nimmt die Suche nach außerschulischen Partnern und Unterstützern sowie die Öffnung der Bildungseinrichtungen zum Gemeinwesen eine zunehmend größere Rolle ein. Dabei kristallisieren sich Unternehmen aller Größenordnungen als Partner mit einem besonderen Status heraus. Formen der Kooperation und Unterstützung sind sowohl für die Bildungseinrichtungen von hohem Interesse – sie erwarten neue Ressourcen und Potenziale zur Erfüllung ihres Auftrages – als auch für die Unternehmen selbst, die durch ihre Einflussnahme auf Bildungsprozesse höhere Motivation und Lernbereitschaft potenzieller Mitarbeiter sowie insgesamt den Einzug unternehmerischen Denkens vor allem in den Schulen, aber auch an Universitäten und Fachhochschulen erhoffen.

An vielen deutschen Schulen haben sich bereits Projekte und längerfristige Partnerschaften mit Wirtschaftsunternehmen etabliert. In einer quantitativen Unternehmensbefragung des CCCD von 2007 (vgl. ebd.), an der sich 500 Unternehmen beteiligt haben, rangieren bei der Frage nach den wichtigsten Partnern für die Umsetzung ihres gesellschaftlichen Engagements Schulen und Kindergärten nach lokalen freiwilligen Einrichtungen bereits auf Platz zwei. Unternehmen stärken Bezüge zur Arbeitswelt, unterstützen bei der Einmündung in Arbeit und Beruf und bringen finanzielle Ressourcen und fachliches Know How ein. Die Landschaft solcher Kooperationsvorhaben und gemeinsamer Projekte im Rahmen von Corporate-Citizenship-Programmen der Unternehmen ist inzwischen extrem vielfältig. Inzwischen sind viele Unternehmen auch bereit, im Bereich von Bildung und Qualifizierung eine gesellschaftliche Führungsrolle (leadership) zu übernehmen (vgl. Heuberger 2009). Zu den wichtigsten Formen unternehmerischen Engagements im Bildungsbereich gehören:

- *Engagement zur beruflichen Orientierung, Berufswahl und -vorbereitung* (Betriebsführungen und Exkursionen, Berufspraktika, Bewerbungstrainings),
- *fächerbezogene Kooperationen* (Expertenvorträge im Unterricht, Einrichtung von Laboratorien, Fachunterricht und Projektunterricht in Betrieben, Schulungen und Unternehmenspraktika für Lehrer),

- *Unterstützung von Schulen durch Infrastrukturleistungen* (kostenlose Nutzung von Räumen, Technik, Material),
- *finanzielles Unterstützung von Schulen* (Spenden, Sponsoring),
- *Unterstützung bei der Gründung von Schülerfirmen* (fachliches Know How, Geld, Serviceleistungen),
- *Wettbewerbe und Preise* sowie
- *Seitenwechselprogramme, Engagementtage von Unternehmen, CC-Programme zur Unterstützung des Engagements von Mitarbeitern*.

Um Wirtschaftsunternehmen und Schulen stärker aufeinander zuzuführen, haben sich deutschlandweit rund 450 regionale Arbeitskreise „Schule – Wirtschaft" gegründet. Sie sind im Netzwerk „SchuleWirtschaft" zusammen geschlossen, in dem derzeit etwa 3.800 Unternehmensvertreter mitwirken. Der gemeinsame Nenner ihrer Bemühungen ist eine ökonomische Bildung der Schüler zur Vorbereitung ihres Berufslebens, nicht aber eine Ökonomisierung der Bildung.

Auch nach den Ergebnissen der aktuellen Studie des IFOK-Instituts (vgl. ebd. 2008), in der 1.800 Unternehmen in Deutschland befragt wurden – darunter Kleinbetriebe ebenso wie Global Player –, wird generell mehr Wirtschaft in der Schule gefordert. Dem stimmen insgesamt 87 % der Unternehmen zu. Ebenso viele sind davon überzeugt, dass die Kooperation zwischen Schule und Wirtschaft in Zukunft immer wichtiger werden wird. 99 % der Unternehmer schreiben sich einen gesellschaftlichen Bildungsauftrag zu, der den staatlichen Bildungsauftrag ergänzen soll. Dabei sind überregionale Allianzen zur Erfüllung des Bildungsauftrages ebenso wie die gezielte Qualifikation von Lehrern zentrale Forderungen. Unternehmen wünschen sich qualifizierte Pädagogen, die wissen, „wie die Wirtschaft tickt". Von daher stehen außerschulische Lernorte bei den Unternehmen hoch im Kurs.

Angesichts der struktureller Finanzprobleme öffentlicher Einrichtungen, nicht zuletzt der Schulen, ist eine Ausdehnung des Einflusses von Wirtschaftsunternehmen auf den Bildungssektor zu erwarten und bis zu einem gewissen Grade auch wünschenswert. Das Thema ist aber zu wichtig, als dass neben den hiermit eröffneten Chancen nicht auch die darin liegenden Gefahren benannt werden müssten. Die folgenden Überlegungen sollten in der aktuellen Bildungsreformdiskussion offensiv aufgegriffen werden:

- Bei aller wünschenswerten Unterstützung des Bildungssystems durch Wirtschaftsunternehmen gilt es, einer wirtschaftsorientierten Verengung des Bildungsbegriffs entgegenzuwirken. Angesichts des erweiterten Verständnisses von Bildung als selbstgesteuertem, erfahrungsbezogenen Kompetenzbildungsprozess muss an der Komplexität des schulischen Bildungs- und Erziehungsauftrag und seiner curricularen Verankerung festgehalten werden.
- Der gesetzlich verankerte und demokratisch legitimierte Auftrag des Staates in Fragen von Personalhoheit, Qualitätssicherung und -prüfung von Schule, ebenso wie die Aufrechterhaltung ihrer politischen, wirtschaftlichen und religiösen Neutralität sollte nicht leichtfertig zur Disposition gestellt werden.
- Nach aller Erfahrung sind Kooperationen zwischen Schulen und Wirtschaftsunternehmen nicht gleichmäßig und systematisch über die Bildungslandschaft verteilt, son-

dern folgen vor Ort vielfältigen persönlichen und eher zufälligen Präferenzen, Kontakten und Interessen. Dabei ist nicht zu übersehen, dass es eher privilegierte Schulen sind, die von ihrem Wirtschaftspartner profitieren. Somit werden bestehende Ungleichheiten im Schulsystem eher verstärkt und damit weniger denn mehr Chancengerechtigkeit erzeugt.

Über den Einfluss von Unternehmen in öffentlichen Schulen wurde bislang wenig Transparenz hergestellt. Der Bedeutung des Themas angemessen wäre ein breiter gesellschaftlicher Diskurs, der dem Diktum der gesellschaftlichen Öffnung von Schule auch Rechnung tragen würde.

6 Zum Stand der Dinge: Entwicklungen in Praxis, Fachwissenschaft und Bildungspolitik

Will man sich einen Überblick darüber verschaffen, welcher Stellenwert bürgerschaftliches Engagement in unserem Bildungssystem aktuell zukommt und welche Entwicklungen sich in diesem Feld in den vergangenen Jahren vollzogen haben, ist es sinnvoll, zwischen Praxis, fachwissenschaftlicher Debatte und bildungspolitischer Diskussion zu unterscheiden (vgl. Hartnuß 2008).

Praxis

In der Praxis der Engagementförderung und der Gestaltung von Lern- und Bildungsarrangements haben sich in den vergangenen Jahren zahlreiche Ansätze der Kooperation von Bildungseinrichtungen mit zivilgesellschaftlichen Organisationen und Akteuren weiterentwickelt und intensiviert. Es gibt neue Ansätze, die das Lernen von Bürgerschaftlichkeit in den Mittelpunkt stellen und dadurch der Bedeutung bürgerschaftlicher Kompetenzen für eine moderne Bildung praktische Relevanz geben. Zum Teil haben neue Formen der Verbindung von Bildungseinrichtungen und Bürgergesellschaft Einzug gehalten. Die meisten dieser Ansätze beziehen sich bislang auf die Schule als zentrale Säule des Bildungs- und Erziehungssystems, aber auch im Bereich der Kindertagesstätten sind durchaus Öffnungsentwicklungen erkennbar. Die Landschaft von Kooperationsvorhaben und gemeinsamen Projekten von Schule und Zivilgesellschaft ist inzwischen extrem vielfältig. In einigen Ländern werden diese Öffnungsbemühungen (zum Teil bereits seit vielen Jahren) durch eigene Programme unterstützt. Im Rahmen der Ganztagsschulentwicklung ist die Schulöffnung ein zentrales Gestaltungselement. Dabei werden viele kreative Ideen, Ansätze und Modelle erprobt. Die Praxis ist durchaus vielgestaltig und in der Gesamtheit des Bildungs- und Erziehungssystems inzwischen auch sichtbar. Das Thema wird dadurch auch zunehmend öffentlich diskutiert, wodurch es gewissermaßen „von unten" auch an gesellschaftspolitischer Relevanz gewinnt.

Fachwissenschaftliche Debatte

Legt man das Augenmerk auf den erziehungswissenschaftlichen Diskurs, ist es sicher nicht übertrieben, von einer inzwischen Einzug gehaltenen *neuen Bildungsdebatte* zu sprechen. Nicht zuletzt infolge der Rezeption der PISA-Ergebnisse wird eine grundlegende konzeptionelle und institutionelle Neudefinition unseres Bildungs- und Erziehungssystems gefordert. Dabei geht es um ein umfassendes Lern- und Bildungskonzept, das die unterschiedlichen Bildungsinstitutionen, Bildungsorte, Bildungsaufgaben und Bildungsprozesse in ein neues Verhältnis bringt, das Kindern und Jugendlichen optimale Bildungs- und Teilhabechancen bietet, sie auf die Bewältigung von Anforderungen des Alltags und der Zukunft vorbereitet und für eine gelingende Lebensführung rüstet. Der *zwölfte Kinder- und Jugendbericht* (vgl. BMFSFJ 2005) stellt dieses neue Bildungsverständnis in den Mittelpunkt seiner Analysen und Überlegungen. Hierbei kommt dem bürgerschaftlichen Engagement ein hoher Stellenwert zu und seine Bedeutung für Bildungsprozesse wird ausdrücklich hervorgehoben. Im fachwissenschaftlichen Diskurs – so lässt sich resümieren – ist die Bedeutung des bürgerschaftlichen Engagements für Bildungsprozesse erkannt und findet in den Bemühungen um ein neues Verständnis von Bildung bereits Platz. Allerdings sind wir noch weit davon entfernt, dass bürgerschaftliches Engagement als integraler Bestandteil eines modernen Bildungsverständnisses gelten würde. Konsens besteht über die Notwendigkeit grundlegender Bildungsreformen, über Strukturen und Formen des Lernens und der Bildung wird allerdings kontrovers diskutiert. Dies gilt auch für die Kennzeichnung bürgerschaftlichen Engagements als Bildungsfaktor und die Verknüpfung von schulischem und außerschulischem Lernen.

Bildungspolitik

Von Seiten der Bildungspolitik ist das Thema „bürgerschaftliches Engagement" bislang am ehesten mit Blick auf die Schule aufgenommen worden. PISA und die *PISA-Rezeption* in Deutschland bedeuteten zunächst jedoch vor allem Gegenwind für die scheinbar „weichen" und zweitrangigen Anliegen der Demokratie- und Engagementförderung in und durch Schule. Alle Reformüberlegungen zielten zunächst vor allem auf eine interne Reorganisation der Schule und den Ausbau und die intensivierte Vermittlung kognitiver Wissensbestände. Sie bilden – trotz eines breiten Erziehungs- und Bildungsauftrags – nach wie vor den Kernbereich des schulischen Alltags. Die Entwicklung sozialer Kompetenzen und die Ausprägung von Gemeinsinn werden bislang als Bestandteil des schulischen Auftrags nur ansatzweise in den Blick genommen. Erst der Ausbau von Ganztagsschulen infolge von PISA setzte hier andere Akzente. Ganztagsschulen gelten als wichtiges Instrument zur Behebung derjenigen Ursachen und Missstände im deutschen Schulsystem, die für das schlechte Abschneiden deutscher Schüler bei den großen internationalen Schulleistungstests identifiziert wurden.

Der Ausbau von *Ganztagsschulen* ist derzeit das wichtigste bildungspolitische Reformvorhaben. Es eröffnet vielfältige Möglichkeiten und Notwendigkeiten für Kooperation und Vernetzung mit dem Gemeinwesen. Die Ganztagsschule ist eine Chance und ein Einfallstor für innere und äußere Öffnungsprozesse, für die Verbindung von schulischem und außerschulischem Lernen und die Verankerung bürgergesellschaftlicher Ansprüche im Schulsystem. Die Ausdehnung der täglichen Schulzeit einerseits sowie die Entwicklung von mit ganztägigen Lernarrangements verbundenen innovativen pädagogischen Konzepten andererseits ziehen hohe Erwartungen auf sich. Auch hinsichtlich der Förderung von Partizipation und bürgerschaftlichem Engagement bestehen berechtigte Hoffnungen. Die Ganztagsschule bietet hierfür weitreichende Chancen und Möglichkeiten. Chancen und Spielräume der Partizipations- und Engagementförderung in und durch Ganztagsschule entfalten sich jedoch nicht automatisch. Notwendig sind ihre bildungspolitische und konzeptionelle Herausstellung und die operative Übersetzung bestehender Potenziale in konkreten Konzepten und Projekten (vgl. Hartnuß/Maykus 2005). Es geht damit letztlich um eine nachhaltige Einbindung von civic education in den Bildungsauftrag der Schule. Kurz: die Ganztagsschule ist Chance, aber kein Selbstläufer für bürgerschaftliches Engagement.

Die verstärkte Einführung von Ganztagsschulen sieht in ihrer Planung und Umsetzung länderspezifisch unterschiedlich aus. Bislang dominieren dabei die beiden Grundkonzepte „Ganztagsangebote" und „offene Ganztagsschule". Bei diesen Konzepten bleibt der Vormittagsunterricht weitgehend unberührt, nur am Nachmittag werden zusätzliche und freiwillige Angebote gemacht, z.B. Förderkurse, Hausaufgabenhilfe, Hobby- und Freizeitangebote („Bikini-Modell"). Die beschriebenen bürgergesellschaftlichen Perspektiven bleiben bei diesem Modell weitgehend unterbelichtet. Daneben arbeiten einige Länder mit Ganztagsschulen in der gebundenen Form, die ein „integriertes Modell" verkörpern. Dabei stehen die Aktivitäten am Vor- und Nachmittag in einem konzeptionellen Zusammenhang. Es werden erweiterte Lernangebote und Fördermaßnahmen in die Konzeption eingebunden, eine gemeinsame und individuelle Freizeitgestaltung ist konzeptionell berücksichtigt, alternative Unterrichtsformen und die Förderung sozialen Lernens haben einen festen Platz im Schulalltag. Nicht zuletzt gibt es hierbei auch zusätzliches Personal und neue Formen der Kooperation und Vernetzung. Erst mit dieser integrierten Form ergeben sich Entfaltungsmöglichkeiten, in den das Lernen von Engagement und Demokratie sowie die Öffnung der Schule hin zum lokalen Gemeinwesen über das Füllen von Betreuungszeiten am Nachmittag hinaus geht.

Das Programm *„Demokratie lernen & leben"* der Bund-Länder-Kommission für Bildungsplanung und Forschungsförderung (BLK) war von 2002 bis 2007 das sichtbarste bildungspolitische Signal für die Stärkung von Demokratie und bürgerschaftlichem Engagement in und durch Schule. Dieser bundesweite Arbeitszusammenhang, an dem sich 12 Länder mit insgesamt rund 180 Schulen beteiligten, hat in den fünf Jahren seines Bestehens die Entwicklung demokratischer Handlungskompetenzen und demokratischer Schulkultur in besonderer Weise vorangetrieben. In schulübergreifenden Lern- und Austauschprozessen wurde eine Vielzahl von fachlichen Standards und methodischen Vorgehensweisen der Demokratiepädagogik entwickelt. Nach dem Auslaufen des Programms im März 2007 steht nun die Frage an, wie das Erreichte auf breiter Ebene implementiert und im Schulsystem institutionalisiert werden kann. Denn der im Programm entwickelten Praxis an 180 Schulen stehen bundesweit über 40.000 Schulen gegenüber. Bislang gibt es keine systematische Verankerung sozialer und demokratischer Kompetenzen im Schulsystem. Auch an der Anerkennung von Schulen, die sich hierum bemühen, mangelt es bislang. Ein von der BLK ge-

Ganzheitliche Bildung in Zeiten der Globalisierung 483

tragenes Anschluss- und Transferprogramm, wie es zunächst angedacht war, hat es infolge der Föderalismusreform nicht gegeben. Was aus den Ergebnissen dieses erfolgreichen Programms wird und ob sie in praktische Schulentwicklung auf breiter Ebene einfließen können, liegt nun vor allen bei den Ländern (vgl. Fachbeirat des BLK-Programms „Demokratie lernen & leben"). Leider ist es bislang nur in einzelnen Ländern gelungen, Anschlussprogramme und -aktivitäten ins Leben zu rufen.

Mit der *Föderalismusreform* wurden zahlreiche Neuerungen im Zusammenspiel von Bund, Ländern und Kommunen vorgenommen. Im Bereich der Bildungspolitik wurde eine weitere Stärkung der Kompetenzen und Zuständigkeit der Länder erwirkt. Die Möglichkeiten des Bundes wurden dagegen erheblich eingeschränkt. Am Beispiel des BLK-Programms „Demokratie lernen & leben" werden die Auswirkungen der Reform besonders deutlich. Dass ein erfolgreiches Programm in Kooperation von Bund und Ländern mit beachtlichen Ergebnissen und Fortschritten im Bereich der Demokratieförderung in der Schule keinen Anschluss und keine bundesweite Transfermöglichkeit findet, ist eine bildungspolitische Niederlage. Der Weg, über die Bund-Länder-Kommission für Bildungsplanung und Forschungsförderung bundesweit Impulse zu geben und Schritte einzuleiten, um Engagement- und Demokratieförderung zu stärken, ist damit vorerst verbaut.

Und ein weiterer Punkt der vollzogenen Reform darf nicht unberücksichtigt bleiben: Bei der Neugestaltung der Kompetenzen und Zuständigkeiten im Bildungsbereich ist die kommunale Ebene weitgehend vergessen worden. Für die Verknüpfung schulischer und außerschulischer Bildungsprozesse und die Gestaltung lokaler und regionaler Bildungslandschaften ist die Kommune der entscheidende Ort. Die Öffnung der Schule für Kooperationen und Partnerschaften vor Ort im Gemeinwesen braucht Freiräume, Autonomie und auch Ressourcen auf der lokalen Ebene. Mit der Föderalismusreform wurde eine einseitige Konzentration von Aufgaben und Zuständigkeiten bei den Ländern vorgenommen. Bei ihnen liegt nun ein hohes Maß an Verantwortung, der sie gerecht werden müssen.

7 Was tun? Herausforderungen und Perspektiven für eine neue Bildungspolitik

Es ist bislang nicht gelungen, bürgerschaftliches Engagement in angemessener Form in den aktuellen Bildungsreformprozessen zu verankern. Die Bemühungen um eine bürgergesellschaftliche Öffnung der Bildungsinstitutionen und das Lernen von bürgerschaftlichem Engagement müssen daher aus den Nischen in das Zentrum der aktuellen Bildungsreformdebatten geführt werden.

Selbstbewusster argumentieren, die Diskurshoheit etablierter Bildungspolitik in Frage stellen!

Dies kann jedoch nur gelingen, wenn die Akteure der Bürgergesellschaft sich selbstbewusster als bislang zu Wort melden und ihre Ansprüche mit mehr Nachdruck einfordern. Dabei gilt es deutlich zu machen, dass diese Ansprüche nicht etwa eine zusätzliche Aufgabe für Schule darstellen, sondern dass es hierbei um den Kernauftrag der Schule selbst geht. Schule kann ihren Auftrag durch eine bessere Verzahnung unterschiedlicher Formen des Lernens und durch die Nutzung der Bildungspotenziale bürgerschaftlichen Engagements besser erfüllen. Mehr noch: Sie ist bei der Erfüllung ihrer Aufgaben in zunehmendem Maße auf bürgerschaftliches Engagement angewiesen (vgl. Olk 2007). Die Bemühungen um die Ausbildung sozialer, demokratischer und bürgerschaftlicher Kompetenzen und die dafür notwendigen Kooperationen von Schule mit dem Gemeinwesen müssen im Begriff der Schulqualität ihren Niederschlag finden. Schulen, die sich um Möglichkeiten für Mitbestimmung und Mitgestaltung bemühen, die mit Organisationen und Akteuren im Gemeinwesen zusammen arbeiten, sind bessere Schulen. Auf diese Zusammenhänge gilt es beharrlich, mit Nachdruck und stets aufs Neue öffentlich hinzuweisen und dadurch die bestehende Diskurshoheit etablierter, der engagementpolitischen Debatte skeptisch gegenüber stehender Bildungspolitiker in Frage zu stellen.

Die „Lagerfeuer" unterschiedlicher Fachdiskurse zusammenführen!

Die Diskussionen um Partizipation, Engagementförderung, ein umfassendes Bildungsverständnis und Ganztagsschule werden gegenwärtig nahezu parallel geführt, obgleich sie unmittelbare konzeptionelle Verknüpfungsmöglichkeiten bieten, die für eine innovative Gestaltung von Bildungsbedingungen junger Menschen zukünftig stärker zu betonen und in ihren Koppelungschancen zu nutzen sind. Ihre enge Verknüpfung, die sich in einem bürgerschaftlich orientierten Leitbild von Schule ausdrücken könnte, würde die Ansprüche der einzelnen Debatten in ihrer Intensität, Konsequenz und praktischen Implementierung deutlich steigern. Es kommt daher darauf an, die verschiedenen Diskurse stärker aufeinander zu beziehen und miteinander zu verknüpfen.

Gleiches gilt für die Bereiche der Demokratiepädagogik und der politischen Bildung. Ein stärkerer gegenseitiger Bezug sowie die Verknüpfung mit Möglichkeiten des freiwilligen Engagements in und außerhalb der Schule können Handlungs- und Sinnbezüge eröffnen. Anliegen der politischen Bildung können mit praktischem Tun verbunden werden. Der Erwerb von politischen Kenntnissen erfährt konkrete Kontexte und erfolgt dadurch nachhaltiger und effektiver. Auf der anderen Seite können damit auch die politischen Dimensionen freiwilligen Engagements gestärkt werden.

Praxis weiter entwickeln, Vernetzungen und Bündnisse stärken!

Die Verknüpfung von Schule und Bürgergesellschaft braucht Druck und Initiative sowohl „von oben" über Fachdiskurs und bildungspolitische Initiative als auch „von unten" durch eine lebendige Praxis guter Projekte und Modelle. Die bestehenden Ansätze gilt es daher zu stärken und fortzuentwickeln. Dabei sind Möglichkeiten des gegenseitigen Lernens und des Transfers erprobter Modelle von zentraler Bedeutung. Vernetzung, Bündnisse und Partnerschaften sind auch hier der richtige Weg, um erfolgreichen Ideen zu ihrer Verbreitung zu verhelfen. Den Ländern kommt hierbei eine besondere Verantwortung zu. Sie können durch eigene Programme, Vernetzungen und Aktivitäten zur Weiterentwicklung und Gestaltung bürgergesellschaftlicher Perspektiven von Schule beitragen. Infolge der Föderalismusreform sind die Länder hierbei in besonderer Weise gefordert.

Standards entwickeln und einfordern!

Inzwischen gibt es einen reichhaltigen Fundus an Erfahrungen, Ideen und Modellen für das Lernen von Bürgerschaftlichkeit und die Kooperation von Bildungseinrichtungen mit dem Gemeinwesen. Die gesammelten Erfahrungen gilt es aufzubereiten, so dass Modelle transparent und übertragbar werden. Dabei sind Qualitätskriterien zu entwickeln und zu sichern. Erfahrungen aus dem BLK-Programm „Demokratie lernen & leben", aus dem Feld des Service Learning oder auch aus dem Modellprojekt „Große für Kleine" im Bereich der Kindertagesstätten zeigen, dass dies erfolgreich möglich ist.

Die Profis auf Kooperationen vorbereiten!

Die Öffnung der Schule für Kooperationen und Partnerschaften mit der Bürgergesellschaft, für die Verschränkung unterschiedlicher Formen des Lernens braucht Qualifizierung und Weiterbildung. Die pädagogischen Profis in Schule und Gemeinwesen müssen bereits in ihrer Ausbildung auf ein neues Selbstverständnis vorbereitet werden, das Zusammenarbeit und Partnerschaften als konstitutives Element einschließt. Das nötige Wissen und die Kompetenzen für eine partnerschaftliche Kooperation zwischen den Institutionen des öffentlichen Bildungs- und Erziehungssystems mit der Bürgergesellschaft benötigen Verankerung in den Curricula der Ausbildungsgänge von Lehrern, Sozialpädagogen und müssen einfließen in die Konzepte von Fort- und Weiterbildung. Entsprechende Impulse und Vorstöße gilt es gezielt an die Kultusministerkonferenz und die Hochschulrektorenkonferenz heranzutragen und ihre Umsetzung einzufordern.

Das Engagement von Wirtschaftsunternehmen im Bildungsbereich stärken, Rollen und Grenzen klären!

Wirtschaftsunternehmen können und sollen sich stärker als bisher an der Erfüllung des gesellschaftlichen Auftrags zur Erbringung qualitativ hoher Bildung beteiligen. Dabei gilt es jedoch, einen umfassenden Anspruch von Bildung zu gewährleisten und diesen nicht ökonomistisch zu verengen. Als Teilnehmer und Partner sind Unternehmen in der aktuellen Bildungsreformdiskussion willkommen, nicht jedoch als dominierende Entscheider über die Ausrichtung schulischer Curricula und Bildungsinhalte. Aus diesem Grunde muss Bildung als öffentliches Gut auch weiterhin primär durch die Bereitstellung öffentlicher Mittel in seiner Qualität gewährleistet werden, denn nur so ist der Gefahr vorzubeugen, dass sich

Abhängigkeiten von privaten Zuwendungen nicht auf Bildungsinhalte übertragen. Unter Gerechtigkeitsgesichtspunkten sind bei der Ausweitung von Kooperationen zwischen Bildungseinrichtungen und Wirtschaftsunternehmen zudem disproportionale Ressourcenverteilungen im Blick zu behalten.

Zivilgesellschaftliche Forschung ausbauen!

Nach wie vor ist der Forschungs- und Wissensstand über bürgerschaftliches Engagement, seine Formen, die Wirkungsmechanismen, seine individuellen wie organisatorischen Bedingungen äußerst lückenhaft. Zwar gibt es mit dem Freiwilligensurvey eine gute Grundlage für eine Dauerbeobachtung des Feldes. Er liefert aus individueller Perspektive Daten über das Ausmaß des bürgerschaftlichen Engagements mit Blick auf die Gesamtbevölkerung und erlaubt Einschätzungen zu Entwicklungen und Veränderungen in diesem Bereich. Er ist von daher eine zentrale Säule für die Erforschung des Engagements. Nach wie vor aber mangelt es an valider Forschung über die Organisationen der Zivilgesellschaft, über das Engagement von und in unterschiedlichen Gruppen, auch über die Chancen und Perspektiven bürgerschaftlichen Engagements im Kontext gesellschaftlichen Wandels und sozialstaatlicher Reformprogramme. Dies gilt auch für die Zusammenhänge von Bildung, Lernen und freiwilligem Engagement. Von daher ist der Ausbau und die Intensivierung der Forschung im Feld der Zivilgesellschaft dringend erforderlich. Dabei kommt es auch darauf an, verschiedene Forschungsvorhaben stärker miteinander zu verknüpfen und multidisziplinäre Zusammenhänge herzustellen. Die Etablierung eines eigenen Forschungsschwerpunktes, beispielsweise im Rahmen der Deutschen Forschungsgemeinschaft, wäre hierzu sicherlich ein besonders wirksamer Schritt.

Bündnispartner gewinnen und öffentlichen Druck erhöhen!

Veränderungen im öffentlichen Bildungs- und Erziehungssystem sind kompliziert und langwierig. Massive Bedenken und Widerstände begleiten die Reformprozesse. Bürgergesellschaftliche Reformperspektiven haben es dabei häufig schwer, sich Gehör zu verschaffen. Daher ist es geboten, nicht nur hartnäckiger zu argumentieren, sondern auch mit schlagkräftiger Unterstützung. Bürgerschaftliche Akteure brauchen mehr Vernetzung und Bündelung sowie die Unterstützung aus Wissenschaft, Politik, Wirtschaft und Medien. Prominente Bündnispartner aus diesen Bereichen, die sich mit Anliegen der Engagement- und Demokratieförderung identifizieren, können die Bemühungen wirkungsvoll unterstützen und so den öffentlich Druck auf das Bildungs- und Schulsystem erhöhen. Der Dreh- und Angelpunkt ist dabei, ob es gelingt, die zentralen Planer und Entscheidungsträger aus Schulentwicklungs- und Bildungspolitik an den Tisch zu bekommen, sie von den Chancen und Notwendigkeiten einer bildungspolitischen und bildungspraktischen Verankerung bürgerschaftlichen Engagements zu überzeugen und gemeinsam mit ihnen Strategien ihrer Realisierung zu entwerfen.

Literatur

Baltes, Anna Maria/Hofer, Manfred/Sliwka, Anne (Hrsg.) (2007): Studierende übernehmen Verantwortung. Service Learning an deutschen Universitäten. Weinheim und Basel: Beltz Bibliothek

Behr-Heintze, Andrea/Lipski, Jens (2005): Schulkooperationen. Stand und Perspektiven der Zusammenarbeit zwischen Schulen und ihren Partnern. Ein Forschungsbericht des DJI. Schwalbach/Ts.: Wochenschau-Verlag

Bertelsmann Stiftung (2007): Vorbilder bilden. Gesellschaftliches Engagement als Bildungsziel. Carl Bertelsmann-Preis 2007. Gütersloh: Verlag Bertelsmann Stiftung

Beutel, Wolfgang/Fauser, Peter (Hrsg.) (2001): Erfahrene Demokratie. Wie Politik praktisch gelernt werden kann. Opladen: Leske + Budrich

Beutel, Wolfgang/Fauser, Peter (Hrsg.) (2007): Demokratiepädagogik. Lernen für die Zivilgesellschaft. Schwalbach/Ts.: Wochenschau-Verlag

Bildungskommission NRW (1995): Zukunft der Bildung – Schule der Zukunft. Denkschrift der Kommission „Zukunft der Bildung – Schule der Zukunft" beim Ministerpräsidenten des Landes Nordrhein-Westfalen. Neuwied/Kriftel/Berlin: Luchterhand

Böhme, Jeanette/Kramer, Rolf-Torsten (Hrsg.) (2001): Partizipation in der Schule. Theoretische Perspektiven und empirische Analysen. Opladen: Leske + Budrich

Bundesjugendkuratorium/Sachverständigenkommission für den Elften Kinder- und Jugendbericht/AGJ (2002): Bildung ist mehr als Schule – Leipziger Thesen. In: Forum Jugendhilfe, 26. Jg., Heft 3, S. 2

Bundesministerium für Jugend, Familie, Frauen und Gesundheit (Hrsg.) (1990): Achter Jugendbericht – Bericht über Bestrebungen und Leistungen der Jugendhilfe (BT-Drucksache 11/6576). Bonn

Bundesministerium für Familie, Senioren, Frauen und Jugend (Hrsg.) (1998): Zehnter Kinder- und Jugendbericht. Bonn

Bundesministerium für Familie, Senioren, Frauen und Jugend (Hrsg.) (2002): Elfter Kinder- und Jugendbericht. Bonn/Berlin

Bundesministerium für Familie, Senioren, Frauen und Jugend (Hrsg.) (2005): Zwölfter Kinder- und Jugendbericht. Bonn/Berlin

Bundesministerium für Familie, Senioren, Frauen und Jugend/ Institut für soziale und kulturelle Arbeit (Hrsg.) (2006): Reichtum der Talente. Ehrenamtspool für Kindergärten. Explorative Studie zu zivilgesellschaftlichem Engagement und frühkindlicher Bildung, Erziehung und Betreuung. Erstellt von Fuchs, Ulrike/Röbke, Thomas/Trejo, Felix, Berlin, Nürnberg

Bundesnetzwerk Bürgerschaftliches Engagement (Hrsg.) (2004): Bundesnetzwerk Bürgerschaftliches Engagement. Aktionsprogramm und Ziele. Profil der Projektgruppen. Statuten. Organisationsstruktur. Berlin

CCCD (Hrsg.) (2007): Corporate Citizenship. Gesellschaftliches Engagement von Unternehmen in Deutschland. Ergebnisse einer Unternehmensbefragung. Berlin: CCCD

Deutscher Verein für öffentliche und private Fürsorge (Hrsg.) (2007): Diskussionspapier des Deutschen Vereins zum Aufbau Kommunaler Bildungslandschaften. Berlin

du Bois-Reymond, Manuela/Diepstraten, Isabelle (2007): Neue Lern- und Arbeitsbiographien. In: Kahlert, Heike/Mansel, Jürgen (Hrsg.): Bildung, Berufsorientierung und Identität im Jugendalter. Weinheim und München: Juventa

Düx, Wiebken/Prein, Gerald/Sass, Erich/Tully, Claus J. (2008): Kompetenzerwerb im freiwilligen Engagement. Eine empirische Studie zu informellen Lernen im Jugendalter. Wiesbaden: VS Verlag für Sozialwissenschaften

Edelstein, Wolfgang (2008): Überlegungen zum Klassenrat: Erziehung zu Demokratie und Verantwortung. In: Die Ganztagsschule, H. 2

Edelstein, Wolfgang (2007): Schule und bürgerschaftliches Engagement. Vortrag auf der Tagung „Bürgergesellschaft und Bildung – Gesellschaftliches Engagement als Bildungsziel" der Bertelsmann Stiftung und des BBE, Berlin, 17.09.2007

Enquete-Kommission „Zukunft des Bürgerschaftlichen Engagements" (Hrsg.) (2002): Bericht. Bürgerschaftliches Engagement: auf dem Weg in eine zukunftsfähige Bürgergesellschaft. Opladen: Leske + Budrich

Evers, Adalbert/Rauch, Ulrich/Stitz, Uta (2002): Von öffentlichen Einrichtungen zu sozialen Unternehmen. Hybride Organisationsformen im Bereich sozialer Dienstleistungen. Berlin: edition sigma

Fachbeirat des BLK-Programms „Demokratie lernen & leben" (2007): Memorandum. Aufruf zur Fortführung einer erfolgreichen demokratiepädagogischen Initiative in den Schulen der Bundesrepublik Deutschland. Berliner Ergebniskonferenz des Programms am 2. und 3. März 2007

Fauser, Peter (2002): Lernen als innere Wirklichkeit. Über Imagination, Lernen, Verstehen. In: Neue Sammlung, Heft 2, S. 39-68

Gensicke, Thomas/Picot, Sibylle/Geiss, Sabine (2006): Freiwilliges Engagement in Deutschland 1999 – 2004. Ergebnisse der repräsentativen Trenderhebung zu Ehrenamt, Freiwilligenarbeit und bürgerschaftlichem Engagement, in Auftrag gegeben und herausgegeben vom Bundesministerium für Familie, Senioren, Frauen und Jugend. Wiesbaden: VS Verlag für Sozialwissenschaften

Glück, Alois (Hrsg.) (2006): Bürgerschaftliches Engagement. Initiativen für die Schule. Heidelberg/München/Landsberg/Berlin: Jehle Verlag

Hartnuß, Birger (2004): Bürgerschaftliches Engagement und Schulsozialarbeit. Möglichkeiten und Perspektiven der Engagementförderung in Kooperation von Jugendhilfe und Schule. In: Hartnuß, Birger/Maykus, Stephan (Hrsg.): Handbuch Kooperation von Jugendhilfe und Schule. Ein Leitfaden für Praxisreflexionen, theoretische Verortungen und Forschungsfragen. Berlin: Eigenverlag des Deutschen Vereins, S. 326-348

Hartnuß, Birger (2007): civic education. In Fachlexikon der Sozialen Arbeit. 6. Aufl., Baden-Baden: Nomos-Verlag, S. 165-166

Hartnuß, Birger (2008): Bildungspolitik und Bürgergesellschaft. In: Bürsch, Michael (Hrsg.): Mut zur Verantwortung. Mut zur Einmischung. Bürgerschaftliches Engagement n Deutschland. Bonn: Dietz Verlag, S. 80-101

Hartnuß, Birger/Maykus, Stephan (2005): Mitbestimmen, mitmachen, mitgestalten. Entwurf einer bürgergesellschaftlichen und sozialpädagogischen Begründung von Chancen der Partizipations- und Engagementförderung in ganztägigen Lehrarrangements. Expertise im Auftrag des BLK-Programms „Demokratie lernen & leben". Münster

Henkenborg, Peter (2005): Politische Bildung als Schulprinzip: Demokratie-Lernen im Schulalltag. In: Sander, Wolfgang (Hrsg.): Handbuch politische Bildung. Schwalbach/Ts.: Wochenschau-Verlag, S. 265-281

Heuberger, Frank/Oppen, Maria/Reimer, Sabine (2004): Der deutsche Weg zum bürgerschaftlichen Engagement von Unternehmen. 10 Thesen zu Corporate Citizenship in Deutschland. betrifft: Bürgergesellschaft, Nr. 12, Koschützke, Albrecht (Hrsg.), Bonn: Friedrich-Ebert-Stiftung

Heuberger, Frank (2009): Topmanagement in gesellschaftlicher Verantwortung. Wie Wirtschaftsführer in Deutschland gesellschaftliche Verantwortung wahrnehmen. Ergebnisse einer qualitativen Studie, Berlin: CCCD

Holtappels, Heinz Günter (1994): Ganztagsschule und Schulöffnung. Perspektiven für die Schulentwicklung. Weinheim/München: Juventa

Holtappels, Heinz Günter (1995): Ganztagserziehung als Gestaltungsrahmen der Schulkultur – Modelle und Perspektiven für ein zeitgemäßes Schulkonzept. In: ders. (Hrsg.): Ganztagserziehung in der Schule. Opladen: Leske + Budrich, S. 12-48

Holzapfel, Hartmut (2000): Bildung und aktivierender Staat. In: Mezger, Erika/West, Klaus W. (Hrsg.) (2000): Aktivierender Sozialstaat und politisches Handeln. Marburg: Schüren Verlag, S. 63-80

Holzapfel, Hartmut (2003): Schule und bürgerschaftliches Engagement. In: Enquete-Kommission „Zukunft des Bürgerschaftlichen Engagements" (Hrsg.): Bürgerschaftliches Engagement und Sozialstaat. Opladen: Leske + Budrich, S. 213-232

Honneth, Axel (2002): Das Andere der Gerechtigkeit. Aufsätze zur praktischen Philosophie. Frankfurt a.M: Suhrkamp

Hugenroth, Reinhild (2008): Schule und Engagement oder Wider die gespaltene Bürgergesellschaft. Gastbeitrag im Newsletter des BBE, 12/2008

IFOK GmbH (2008): Verantwortung übernehmen: Der Bildungsauftrag der Wirtschaft. In: Newsletter 04

Klein, Lothar/Vogt, Herbert (2000): Erzieherinnen im Dialog mit Kindern. Wie Partizipation im Kindergarten aussehen kann. Erziehung zu Verantwortung und Demokratie an der Bielefelder Laborschule. In: Büttner, Christian/Meyer, Bernhard (Hrsg.) Lernprogramm Demokratie. Möglichkeiten und Grenzen politischer Erziehung von Kindern und Jugendlichen. Weinheim und München: Juventa, S. 89-108

Konsortium Bildungsberichterstattung (Hrsg.) (2006): Bildung in Deutschland. Ein indikatorengestützter Bericht mit einer Analyse zu Bildung und Migration. Bielefeld

Krappmann, Lothar (1983): Soziologische Dimensionen der Identität. Strukturelle Bedingungen für die Teilnahme an Interaktionsprozessen. 8. Aufl., Stuttgart: Klett-Cotta

Krappmann, Lothar (2000): Politische Sozialisation in Kindheit und Jugend durch Partizipation in alltäglichen Entscheidungen – ein Forschungskonzept. In: Kuhn, H.-P./Krappmann, Lothar (Hrsg.): Sozialisation zur Mitbürgerlichkeit. Opladen: Leske + Budrich, S. 77-91

Liegle, Ludwig (2004): Der Bildungsauftrag des Kindergartens. In: Otto, Hans-Uwe/Rauschenbach, Thomas (Hrsg.): Die andere Seite der Bildung. Zum Verhältnis von formellen und informellen Bildungsprozessen. Wiesbaden: VS-Verlag für Sozialwissenschaften, S. 117-122

Maykus, Stephan (2002): Bildungsprozesse aus sozialpädagogischer Sicht. In: Soziale Arbeit, Heft 5, S. 183-190

Maykus, Stephan (2004): Kooperation von Jugendhilfe und Schule aus sozialpädagogischer Sicht: Sozialintegrative Optionen von Sozialpädagogik im Kontext der Schule. In: Hartnuß, Birger/Maykus, Stephan (Hrsg.): Handbuch Kooperation von Jugendhilfe und Schule. Frankfurt/M.: Eigenverlag des Deutschen Vereins

Maykus, Stephan (2005): Ganztagsschule und Jugendhilfe. Kooperation als Chance und Herausforderung für die Gestaltung von Bildungsbedingungen junger Menschen. Münster/Soest

Münkler, Herfried (2000): Ehre, Amt und Engagement. Wie kann die knappe Ressource Bürgersinn gesichert werden? In: Forschungsjournal Neue Soziale Bewegungen, H. 2, S. 22-32

Olk, Thomas (2007): Engagierte Bildung – Bildung mit Engagement? Zur Bedeutung des bürgerschaftlichen Engagements für die Bildungsreform. Eröffnungsvortrag auf der Fachtagung „Engagierte Bildung – Bildung mit Engagement? Bildung – Schule – Bürgerengagement in Ostdeutschland" am 4. und 5. Mai 2007 in Halle (Saale)

Olk, Thomas/Roth, Roland (2007): Mehr Partizipation wagen. Argumente für eine verstärkte Beteiligung von Kindern und Jugendlichen. Gütersloh: Verlag Bertelsmann Stiftung

Preissing, Christa (2000): Demokratie-Erleben im Kindergarten. Erziehung zu Verantwortung und Demokratie an der Bielefelder Laborschule. In: Büttner, Christian/Meyer, Bernhard (Hrsg.) Lernprogramm Demokratie. Möglichkeiten und Grenzen politischer Erziehung von Kindern und Jugendlichen. Weinheim und München: Juventa, S. 81-88

Rauschenbach, Thomas/Otto, Hans-Uwe (2004.): Die neue Bildungsdebatte. Chance oder Risiko für die Kinder- und Jugendhilfe? In: Otto, Hans-Uwe/Rauschenbach, Thomas (Hrsg.): Die andere Seite der Bildung. Zum Verhältnis von formellen und informellen Bildungsprozessen. Wiesbaden: VS-Verlag für Sozialwissenschaften, S. 9-29

Rauschenbach, Thomas (2005): Schule und bürgerschaftliches Engagement – zwei getrennte Welten? Anmerkungen zu einer schwierigen Beziehung. In: „Bürgerschaftliches Engagement als Bildungsziel (in) der Schule" Fachtagung am 29./30.10.2004 in Mainz. Tagungsdokumentation, Berlin: BBE

Shell Deutschland Holding (Hg.): Jugend 2006. Eine pragmatische Generation unter Druck. Frankfurt a.M. 2006

Solzbacher, Claudia (Hrsg.) (2007): Bildungsnetzwerke und regionale Bildungslandschaften. München: LinkLuchterhand

Sliwka, Anne (2002): Service Lernen an Schulen in Deutschland. Abschlussbericht des Pilotprojekts. Weinheim

Sliwka, Anne (2004): Service Learning: Verantwortung lernen in Schule und Gemeinde. In: Edelstein, Wolfgang/Fauser, Peter (Hrsg.): Beiträge zur Demokratiepädagogik. Eine Schriftenreihe des BLK-Programms „Demokratie lernen und leben". Berlin

Thole, Werner/Hoppe, Jörg (2003): Freiwilliges Engagement – ein Bildungsfaktor. Berichte und Reflexionen zur ehrenamtlichen Tätigkeit von Jugendlichen in Schule und Jugendarbeit. Frankfurt a.M.: Eigenverlag des Deutschen Vereins

von der Gröben, Annemarie (2000): Am Kleinen das Große lernen. Erziehung zu Verantwortung und Demokratie an der Bielefelder Laborschule. In: Büttner, Christian/Meyer, Bernhard (Hrsg.) Lernprogramm Demokratie. Möglichkeiten und Grenzen politischer Erziehung von Kindern und Jugendlichen. Weinheim und München: Juventa, S. 109-124

Martina Heitkötter/Karin Jurczyk

Freiwilliges Engagement von und für Familien: Politische Rahmungen

1 Einleitung

Familienpolitik und Engagementpolitik sind zwei verschiedene Politikfelder, die bislang nur selten in ihrem Zusammenhang und hinsichtlich ihrer Wechselwirkungen betrachtet worden sind (vgl. Klocke/Limmer/Lück 2001; Glück/Magel/Röbke 2004; Olk 2005). Im Alltag der Familienmitglieder, aber auch in der Familienbiografie sind diese jedoch vielfältig verknüpft: In der Schule leisten viele Eltern freiwillige Arbeit als Elternsprecher, umgekehrt profitieren sie von freiwilligen Schülerlotsen, die ihre Kinder über die Straße begleiten. Derartige Verknüpfungen ändern sich im Lebensverlauf, es bleibt jedoch ein Geben und Nehmen zwischen Familie und Zivilgesellschaft.

In diesem Sinn wird Familienpolitik nicht nur als Feld der Engagementpolitik betrachtet, sondern ein Perspektivenwechsel vollzogen: zum einen ist freiwilliges Engagement Ressource für Familienpolitik, zum andern ist Familie Ressource für Engagementpolitik. Die Verbindungen zwischen Familie und Engagement können entlang folgender Merkmale dargestellt werden:

- Familien bzw. ihre Mitglieder engagieren sich aktiv für die Gesellschaft allgemein.
- Familien bzw. ihre Mitglieder engagieren sich aktiv im Interesse der eigenen sowie für andere Familien.
- Familien sind Empfänger von freiwilligem Engagement, das Menschen in anderen Lebensformen für sie erbringen.
- Engagementempfänger oder -geber sind andere Familien, aber auch Personen ohne familialen Lebenszusammenhang.
- Es findet Austausch innerhalb sowie zwischen den Generationen statt, auch hier innerhalb wie außerhalb von Familiensystemen.

Im folgenden Beitrag sollen diese Verbindungslinien, die empirischen Ausgestaltungen ihrer Zusammenhänge sowie ihre politischen Rahmungen beleuchtet werden.

Es geht zum ersten darum zu zeigen, wie sich Familie wandelt und in welchen aktuellen und zukunftsorientierten familienpolitischen Feldern derzeit freiwilliges Engagement voraus- bzw. eingesetzt wird. Damit soll beobachtet werden, ob ein „Umbau der Ressortpolitik(en)" stattfindet (Abschnitt 2). Zweitens wird gefragt, wie die aktuelle Familienpolitik das Engagement von und für Familien beeinflusst und welche Verschiebungen derzeit zwischen den wohlfahrtspolitischen Akteuren (Abschnitt 3) stattfinden. Drittens betrachtet der

Beitrag auf der Grundlage der beiden Freiwilligensurveys unterschiedliche Aspekte freiwilligen Engagements von Familien bzw. von Eltern und zieht erste familienpolitische Schlussfolgerungen daraus (Abschnitt 4). In einem Fazit wird auch die Engagementpolitik daraufhin abgeklopft, inwieweit sie sensibel für die Belange von Familien ist; die Bedingungen für ein erweitertes Vereinbarkeitsmodell werden für beide Politikrichtungen dargelegt (Abschnitt 5).

Wesentlich aus dem disziplinären Blick von Familie und Familienpolitik argumentierend, werden wir die zentrale These vertreten, dass der derzeit so aktuelle Vereinbarkeitstopos der Familienpolitik nicht auf die Frage der Verbindung von Beruf und Familie reduziert werden kann, sondern im Sinn demokratischer Praxis der Bürgerinnen und Bürger dreipolig zu verstehen ist. Denn Bürgerrechte umschließen für beide Geschlechter das Recht auf gesellschaftliche Teilhabe an Familie, Erwerbsleben *sowie* an Zivilgesellschaft und Öffentlichkeit (vgl. Tronto 2000).

2 Neue Familien und neue Familienpolitik: Freiwilliges Engagement als Baustein

Die Thematisierung von freiwilligem Engagement von und für Familien hat auf dem Weg vom klassischen Ehrenamt zu modernen Formen eine lange, wenngleich inhaltlich eingeschränkte Tradition. Setzt man in der Zweiten Moderne an, so zeigt sich, dass sich im Zuge der Bürgerbewegungen der 1970 und 1980ger Jahre, insbesondere im Kontext der großstädtischen Kinderladenbewegung, familienbezogene Selbsthilfeinitiativen verbreiteten, bei denen es vor allem darum ging, einen dritten Weg zwischen privat-familialer und öffentlicher Kinderbetreuung zu finden (vgl. Gerzer-Sass 2003). Eltern organisierten sich selbst und kreierten damit neue Übergangsstellen zwischen privaten, staatlichen und marktlichen Räumen. Sie zeichneten sich dadurch aus, dass sie das scheinbar private und feminisierte Problem der sog. Vereinbarkeit von Beruf und Familie durch eine Erweiterung des Familiensystems und eine Öffnung der Kernfamilie zu bewältigen suchten, dabei aber dennoch am familialen Lebenszusammenhang ansetzten (ebd.: 100). Die Themen variierten mit dem Familienverlauf und spezifischen Familienkonstellationen von der Stillgruppe über die Elterninitiative zur Betreuung bis hin zu den multifunktionalen Mütterzentren (vgl. Gerzer-Sass et al. 2002). Die Partizipation von Familien bei der Gestaltung ihres Umfeldes war normativ aufgeladener Selbstzweck und funktionales Ziel zugleich. Das Ergebnis war eine neue Mischung von Professionellen, Semi-Professionellen, Eltern, die sich jedoch als Experten verstanden sowie Laien; sie trugen, oft konflikthaft, oft kreativ zur Verbesserung des Alltagslebens von Familien, im Nebeneffekt jedoch manchmal auch zur Politisierung des Privaten bei (Gerzer-Sass 2003: 103; Jurczyk/Oechsle 2007). Selbsthilfeinitiativen machten aber zweierlei transparent: erstens die Leistungen von Familie, v.a. die Bildung sozialen Kapitals, zweitens den Lerncharakter familialer und familiennaher privater Lebenswelten, die zu Kompetenzzuwächsen führten, wenn man an ihnen partizipierte.

Ebenso offensichtlich wurde, dass Selbsthilfegruppen Reaktionen auf gesellschaftlich bedingte Problemlagen waren. Der soziale Wandel von Familie lässt sich anhand der doppelten Entgrenzung von Familie und Erwerb im Rahmen des Postfordismus beschreiben (vgl. Jurczyk/Lange/Szymenderski 2005).

2.1 Der Wandel von Familie im Postfordismus

Im Verlauf der Industrialisierung, der sog. Ersten Moderne, – mit einem besonderen Schub nach 1945 – festigte sich in Deutschland ein Gesellschaftsmodell mit einem stabilen, arbeitsteiligen Verhältnis zwischen Familie und Erwerbsarbeit. Diese bildeten zwei voneinander relativ streng getrennte Sphären, die ideologisch fest verankert und mit klaren geschlechtsspezifischen Zuweisungen verbunden waren. Traditionelle Geschlechterverhältnisse waren zentraler, inhärenter Bestandteil der Arbeitsteilung zwischen Beruf und Familie, ungeachtet eines stets vorhandenen Anteils erwerbstätiger Mütter. Die Ernährerrolle des Mannes war unhinterfragt, Eltern waren meist verheiratet und lebten mit ihren Kindern in einem gemeinsamen Haushalt zusammen. Erwerbsarbeit fand zum größten Teil in dafür eigens bestimmten Räumen statt, z.B. in Büro- oder Fabrikgebäuden. So genannte Normalarbeitsverhältnisse, sozialrechtlich abgesicherte Vollzeiterwerbsarbeit mit stabilen, geregelten Arbeitszeiten dominierten. Seinen Beruf ergriff man(n) damals meist für das gesamte Leben.

Inzwischen hat sich dieses Bild grundlegend verändert. Seit den späten 1960er Jahren ist ein gesellschaftlicher und ökonomischer Wandel zu erkennen, der als ein Durchlässigwerden der Grenzen zwischen Arbeit und Leben, Privatem und Öffentlichem, Arbeitszeit und Freizeit – beschrieben werden kann (vgl. Jurczyk/Oechsle 2007; Gottschall/Voß 2003). Dabei verändert sich nicht nur die Erwerbswelt, sondern auch die Familie selber und – stets verschränkt mit beiden Sphären – die Geschlechterverhältnisse.

Im Zuge der Zweiten Moderne und ausgehend vom Konstrukt der Normalfamilie zeigen sich im Bereich **Familie** grundlegende Veränderungen hinsichtlich Form, zeitlicher und räumlicher Struktur, Eingebundenheit in gesellschaftliche Teilsysteme sowie der innerfamilialen Geschlechter- und Generationenverhältnisse.

Die *Haushalts- und Familienformen* sind heute von einer großen *Vielfalt und Dynamik* geprägt. Immer weniger Menschen leben dauerhaft in einer klassischen „Normalfamilie", als Ehepaar mit leiblichen Kindern. Von 1996 bis 2004 nahmen die „alternativen" Familienformen – dazu zählen Alleinerziehende, nichteheliche und gleichgeschlechtliche Lebensgemeinschaften mit Kindern – deutlich zu: Nur noch 74 % der Familien in Deutschland waren 2004 Ehepaare mit Kindern, 20 % der Familien waren hingegen Alleinerziehende und 6 % nichteheliche Lebensgemeinschaften mit Kindern (vgl. Statistisches Bundesamt 2006b). Die Geburtenrate ist auf 1,3 Kinder pro Frau gesunken, insbesondere nehmen kinderreiche Familien – mit Kindern unter 18 mit drei und mehr Kindern im Haushalt – deutlich ab: in den alten Bundesländern sinkt von 1972 ihr Anteil von 26 % auf 12 % im Jahr 2003 (BMFSFJ/FaFo 2005: 6).

Die Daten des Mikrozensus blenden hierbei aus, dass es nach Trennungen und Scheidungen häufig zu neuen Familienkonstellationen kommt, indem durch neue Partnerschaften zu den leiblichen Elternteilen mindestens ein sozialer Elternteil hinzutritt (vgl. Bien/Hartl/Teubner 2002). Im Anschluss an eine Trennung der Eltern spielt sich das Familienleben in unterschiedlicher Intensität in verschiedenen Haushalten ab. Immer mehr Erwachsene und Kinder machen im Verlauf ihres Lebens Erfahrungen in verschiedenen Formen familialer Organisation und erleben dabei mehrfach Wechsel zwischen verschiedenen Settings. Je nach familialer Situation sind Familien deshalb mit heterogenen Anforderungen bei der Alltagsgestaltung sowie der Verknüpfung von Erwerbsarbeit und Familienleben konfrontiert. Aber auch die „ganz normalen" Wechsel im Familienverlauf, wie bspw. der Auszug der Kinder, erfordern, die familiale Lebensführung biografisch neu zu gestalten. Allerdings können diese Veränderungen auch positiv gelesen werden: Patchworkfamilien ermöglichen, durch neue Partnerschaften nach Trennung und Scheidung, auch eine Vergrößerung der Familiennetze (vgl. Bien/Marbach 2003), und sog. Bohnenstangenfamilien eröffnen durch die längere Lebenserwartung die historisch erstmalige Chance für Enkel, ihre Großeltern und Urgroßeltern haushaltsübergreifend zu erleben (vgl. Lauterbach 2004).

Im Hinblick auf die Veränderung innerfamilialer Geschlechterverhältnissen hat die in den letzten Jahrzehnten zumindest in Westdeutschland *steigende Erwerbsbeteiligung von Müttern* besondere Bedeutung. 2005 waren 56 % der westdeutschen und 61 % der ostdeutschen Mütter erwerbstätig, allerdings in unterschiedlichen Arbeitszeitmustern. Die Vollzeitquote ostdeutscher Mütter ist immer noch mehr als doppelt so hoch wie die der westdeutschen Mütter (vgl. Statistisches Bundesamt 2006c). Während die Geburt von Kindern die Erwerbsbeteiligung von Frauen v.a. in Westdeutschland deutlich beeinflusst, indem sie ihre Erwerbstätigkeit unterbrechen und – zumindest zeitweise – reduzieren, verändern Väter ihre Erwerbsbeteiligung kaum, es steigt jedoch ihre Motivation, sich intensiver um Kinder zu kümmern (vgl. Matzner 2004). Es bleibt abzuwarten, ob sich die aktuell von 3,5 auf 7 % verdoppelte *Teilhabe von Vätern an Elternzeit* weiter verstärkt (vgl. Statistischen Bundesamtes 2007).

Zudem werden Familien aufgrund von Veränderungen im Geschlechterverhältnis und im Generationenverhältnis immer stärker zu Orten der Aushandlung von unterschiedlichen Motivlagen und Bedürfnissen. Unter anderem finden aufgrund der höheren Erwerbsbeteiligung von Frauen und der Orientierung an neuen Geschlechterbildern verstärkt Aushandlungen zwischen Männern und Frauen hinsichtlich der Arbeitsteilung in Familien statt. Der Datenreport 2006 zeigt, dass im Verlauf der letzten zwei Jahrzehnte die Zustimmung zur traditionellen Arbeitsteilung stark zurückgegangen ist, wenngleich auch hier Unterschiede zwischen Ost und West, den Geschlechtern sowie Alterskohorten bestehen bleiben (vgl. Statistisches Bundesamt 2006a).

Und schließlich erhöhen wachsende gesellschaftliche Ansprüche an die Eltern, vor allem die Mütter, z.B. bezüglich der Koproduktion mit der Schule sowie umgekehrt auch die Erwartungen und Ansprüche der Eltern selber an eine gute Erziehung sowie an eine Partnerschaft, die Anforderungen in den Familien zusätzlich. Institutionelle Arbeitsteilungen und Verantwortlichkeiten zwischen Familie, Betreuungs-, Bildungs- und Hilfesystemen sowie Zivilgesellschaft werden derzeit neu austariert (vgl. BMFSFJ 2005).

Eine große Bedeutung für neue Anforderungen an Familien hat die sich verändernde *Erwerbswelt*. Der Wandel von der nationalen Industrie- zur globalisierten Dienstleistungs- und Wissensgesellschaft einschließlich der zeitlichen und räumlichen Flexibilisierung der Erwerbswelt und wachsender berufsbiografischer Diskontinuität und Unsicherheit führt zu ambivalenten Entgrenzungsprozessen zwischen den Sphären Familie und Erwerbswelt (vgl. Jurczyk/Lange/Szymenderski 2005). Das sog. Normalarbeitsverhältnis hat in den letzten

Jahrzehnten zugunsten atypischer Beschäftigungsformen an Bedeutung verloren. Im Jahr 2005 umfassten atypische Beschäftigungsformen rund ein Drittel aller abhängig Beschäftigten, bei Frauen lag der Anteil sogar bei 54 % (vgl. Keller/Seifert 2007). Neben der *Pluralisierung der Beschäftigungsformen* lässt sich eine *Polarisierung der Arbeitzeiten* erkennen: Einerseits werden die Arbeitszeiten von Hochqualifizierten und von Führungskräften immer länger, regelmäßige Wochenarbeitszeiten zwischen 55 und 70 Stunden sind hier nichts Außergewöhnliches. Andererseits wachsen vor allem in Dienstleistungsbranchen gerade die Teilzeit- und Minijobs, während Vollzeitjobs abgebaut werden. Der allgemeine Trend zur Ausweitung von Schicht-, Nacht- und Wochenendarbeit sowie zur Vertrauensarbeitszeit ist dabei mit höheren gesundheitlichen Belastungen der Eltern verbunden. Die Flexibilisierung der Erwerbsarbeitzeit in den letzten Jahrzehnten im Tages- und Wochenverlauf betrifft inzwischen 84 % der abhängig Beschäftigten (vgl. Seifert 2007).

Erwerbsarbeit löst sich tendenziell auch von der Bindung an bestimmte Orte des Arbeitens. Studien zu Mobilität und Familie zeigen die neue Bedeutung von Umzugs- und Pendelmobilität. Etwa jeder sechste Erwerbstätige ist inzwischen in Deutschland aus beruflichen Gründen mobil (vgl. Schneider 2007). Dies hat insofern auch wesentliche Implikationen für die Bedeutung von freiwilligem Engagement für Familien insbesondere mit kleinen Kindern, die an einen neuen Ort gezogen sind, als bestehende soziale Netzwerke brüchig werden und neue erst aufgebaut werden müssen. Wechselseitige Unterstützung von Familien bzw. über Generationen hinweg erlangen unter wachsenden Mobilitätsanforderungen größeres Gewicht für die Alltagsorganisation. Der verstärkte Einsatz neuer Informations- und Kommunikationstechnologien forciert die *Flexibilisierung des Arbeitsortes*. Räumliche Entgrenzungen von Arbeit finden vor allem in Formen neuer Heimarbeit (z.B. Teleheimarbeit) oder intensivierter Außendienstarbeit (z.B. bei Beratertätigkeiten) statt. Konsequenz ist, dass die Erwerbstätigen die räumliche Strukturierung ihrer Arbeit zwischen Betrieb, Zuhause und Unterwegssein selbständiger organisieren müssen und können.

Erwerbsarbeit wird dichter, intensiver und subjektiver zugleich: *Verdichtung* meint, dass aufgrund des Abbaus von Personal, die Arbeit auf die verbleibenden Beschäftigten umverteilt wird und diese mehr leisten müssen. *Intensivierung* meint, dass um Arbeitsleistung zu erbringen, eine stärkere Mobilisierung mentaler, emotionaler und körperlicher Ressourcen notwendig wird. *Subjektivierung* heißt, dass Betriebe verstärkt die persönlichen Potenziale der Mitarbeiter über die engere Fachqualifikation hinaus als Quelle der wirtschaftlichen Produktivität nutzen (vgl. Moldaschl/Voß 2003). Insgesamt kann man von einem umfassenderen Zugriff auf die Beschäftigten sprechen, der mit dem Konzept des „Arbeitskraftunternehmers" analysiert wird (vgl. Voß/Pongratz 1998).

Diese „doppelten Entgrenzungsprozesse" ändern die Konstellationen, unter denen Fürsorge bislang erbracht und Familie hergestellt wurde; sie erfordern von Familien neue Gestaltungsleistungen im Rahmen ihrer alltäglichen Lebensführung. Dies gilt für die zeitlichen Rahmungen des Familienlebens wie für die Quantität und Qualität der räumlichen Kopräsenz. Häufig wechselnde Arbeitszeiten und -orte, die oft mit erhöhten psychischen und physischen Belastungen von erwerbstätigen Eltern einhergehen, erschweren verbindliche Beziehungen und verlässliche Fürsorgeleistungen, die Ausdünnung gemeinsamer Anwesenheiten und Aktivitäten über einen längeren Zeitraum hinweg machen es schwer, Familie als lebendiges Ganzes wahrzunehmen. Es kommt ein institutionelles „Mismatching" hinzu:

Familie und Erwerbsarbeit entgrenzen sich, aber die Kontextinstitutionen von Familie – Kindergarten und Schule, Behörden und Geschäfte, Firmen, Städtebau und Verkehrswesen – bleiben weitgehend starr am fordistischen Modell von Familien, das eine allzeit verfügbare Mutter voraussetzt. Damit verschwindet tendenziell die Selbstverständlichkeit von Gelegenheiten für ein Doing Family, die Möglichkeit der Beiläufigkeit der sozialen Interaktionen droht verloren zu gehen.

Mit diesen gesellschaftlichen Veränderungen rückt eine neue Perspektive auf Familie in den Vordergrund. Familie verändert sich aufgrund gesellschaftlichen Wandels von einer als selbstverständlich, als quasi naturgegeben angesehenen Ressource zu einer zunehmend voraussetzungsvollen Aktivität von Frauen, Männern, Kindern, Jugendlichen und älteren Menschen, die in Familien leben bzw. leben wollen. *Familie als Herstellungsleistung* fokussiert zum einen auf die Prozesse, in denen im alltäglichen und biographischen Handeln Familie als gemeinschaftliches Ganzes permanent neu hergestellt wird (Doing Family) (vgl. Jurczyk/Lange 2002), zum andern auf die konkreten, vielfältigen Praktiken und Gestaltungsleistungen der Familienmitglieder, um Familie im Alltag lebbar zu machen. Konzeptuell bedeutet dies eine Betonung des Handlungs- gegenüber dem institutionellen Paradigma von Familie (vgl. Daly 2003), in das unterschiedliche Akteure, nicht nur die Familienmitglieder selber, eingebunden sind. Familie als Lebens- und Lernzusammenhang ist so verstanden ein haushaltsübergreifendes Netzwerk emotionsbasierter, persönlicher Austauschbeziehungen, die um so mehr gestaltet werden müssen, je komplexer und dynamischer das Netz ist.

2.2 *Familienpolitik im Siebten Familienbericht: ein Wohlfahrtsmix*

Es ist offensichtlich, dass derartig gewandelte Familien einer Familienpolitik bedürfen, die im Hinblick auf freiwilliges Engagement über die Förderung von Familienselbsthilfeinitiativen im Sinn der 1970ger und 1980ger Jahre weit hinaus gehen muss. Hand in Hand mit dieser Neu-Fokussierung der Familienpolitik ging nicht zufällig die Durchsetzung einer aktivierenden Sozial- und Arbeitsmarktpolitik (vgl. Dingeldey 2006; Evers/Leggewie 1999; Mezger/West 2000), die i.S. von „workfare" statt „welfare" auf die Beschäftigungsfähigkeit aller erwachsenen gesellschaftlichen Mitglieder setzt, dabei in neuer Weise auf zivilgesellschaftliche Potenziale zurückgreift und diese systematisch in ihre Politikstrategien einbaut. Dabei wird es auch als Aufgabe der öffentlichen Hand angesehen, geeignete Rahmenbedingungen zu schaffen, damit zivilgesellschaftliches und individuelles Engagement ermöglicht und initiiert wird (vgl. Behrens et al. 2005).

Mit den Ministerinnen Renate Schmidt (2002-2005) und Ursula von der Leyen (2006-) wurde eine für Deutschland neue familienpolitische Ära eingeleitet. Familie wird vom randständigen, auf Kindergeld und Sonntagsreden begrenztes Thema zum „Erfolgsfaktor" für die Gesellschaft und in neuer Weise auch für die Wirtschaft erklärt und in den Mittelpunkt öffentlicher Aufmerksamkeit gerückt (vgl. BMFSFJ 2007). Das Familienbild von der klassischen Vater-Mutter-Kind-Familie wird modernisiert in Richtung fürsorglicher Praxis zwischen Generationen und Geschlechtern, die weder zwingend an Ehe noch einen Haushalt gebunden ist, und Mütterlichkeit um Erwerbstätigkeit und Väterlichkeit um Fürsorglichkeit angereichert. Familie wird dabei nicht mehr als selbstverständliche, quasi naturgegebene Ressource vorausgesetzt, sondern als eine alltägliche und biografische Herstellungsleistung ihrer Mitglieder, die gesellschaftlich kontextualisiert ist und der gesellschaftlichen Unterstützung bedarf, dabei aber gleichzeitig als Akteur gesehen wird. Die Umrisse dieser Familienpolitik wurden im Siebten Familienbericht der Bundesregierung skizziert (vgl. BMFSFJ 2006).

Als qualitative Orientierungspunkte für eine nachhaltige Familienpolitik, die durch die Schaffung sozialer, wirtschaftlicher und politischer Rahmenbedingungen auch „der nachwachsenden Generation ermöglicht, in die Entwicklung und Erziehung von Kindern zu investieren, Generationensolidarität zu leben und Fürsorge für andere als Teil der eigenen Lebensperspektive zu interpretieren" (vgl. Bertram/Rösler/Ehlert 2005), gelten sowohl Flexibilität als auch Verlässlichkeit. Sie reagieren auf die Besonderheit familialer Bedarfe: Flexibilität ist für Familien notwendig, weil personenbezogene Fürsorgearbeit und familiale Konstellationen wechselnde situative Anforderungen stellen. Verlässliche Rahmenbedingungen ermöglichen, dass Familien ihren Alltag kurz- und langfristig planen und organisieren können. Der Familienbericht konkretisiert dies hinsichtlich der drei Ressourcen, auf die Familien am dringendsten angewiesen sind: Zeit, Infrastruktur und Geld. Nachhaltige Familienpolitik versteht sich in diesem Sinne als ein Zusammenspiel von Zeit-, Infrastruktur- und Geldpolitik, um die Rahmenbedingungen der veränderten Lebenswirklichkeit von Familien dergestalt anzupassen, dass Familie auch in Zukunft lebbar ist.

Zeit ist eine bislang zu Unrecht vernachlässigte zentrale Ressource für Familienleben, denn ohne gemeinsame Zeit können sich Familien weder konstituieren noch als solche praktisch erfahren und auch keine Krisen bewältigen (vgl. Jurczyk/Lange 2006). Familien als Produzenten von materieller Versorgung, emotionaler Fürsorge und Bildung benötigen zeitliche Ressourcen und Spielräume, um ihre spezifischen Leistungen erbringen zu können. Geld wiederum ist eine unverzichtbare Ressource, um in einer Markgesellschaft zu überleben, aber auch, um die besonderen Belastungen durch Familie zumindest teilweise zu kompensieren. Und schließlich brauchen Familien Infrastrukturen, weil sie ihre Aufgaben nicht aus sich selbst heraus bewältigen können und weil sie verknüpft sind mit einem Netz familiennaher Institutionen wie Betreuungs-, Beratungs- und Familienbildungseinrichtungen, Schulen, Geschäften, Behörden etc.

Bei allen drei Ressourcen ist freiwilliges Engagement impliziert, dies zeigt sich v.a. in den entsprechenden Zukunftsszenarien, die im Siebten Familienbericht entwickelt wurden. Das Szenario zur Zeit ist unterteilt in Überlegungen zur Gestaltung der Alltagszeit sowie - Neuland beschreitend – zur Gestaltung des Lebensverlaufs. Ersteres bezieht sich auf eine familienverträgliche Arbeitszeitpolitik, die eine Flexibilität im Interesse von Familien in den Mittelpunkt stellt, sowie auf lokale Zeitpolitik (vgl. Heitkötter 2006). Ansatzpunkt ist hier die bessere Abstimmung der öffentlichen Taktgeber Schule und Kindergarten, Betrieb, Verkehr, Geschäfte und Behörden, da auf das fordistische Modell der allzeit verfügbaren Hausfrau und Mutter nicht mehr zurückgegriffen werden kann. Die Zielsetzung ist Zeitwohlstand für Familien und ihre Mitglieder in Anlehnung an eine, in Italien inzwischen in Gesetzesform gegossene Initiative „Il Tempi della Citta". In diesen Zeitwohlstand ist die Dimensionen der Integration von Familie in soziale Netzwerke sowie in den sozialen Nahraum einbegriffen (vgl. Heitkötter/Lange/Jurczyk 2004). Sie setzt aber auch voraus, dass andere gesellschaftliche Mitglieder bereit sind, Zeit für Familien zu „schenken". Instrumente einer solchen Zeitpolitik sind Zeitbüros und Mobilitätspakte, die lokale Zeitanbieter und -nachfrager auf einander abstimmen. Mindestens ebenso wichtig – insbesondere für die Realisierbarkeit von Kinderwünschen, ebenso aber für die Verbesserung der Lebensqualität von Eltern und Kindern sowie der älteren Generation und damit auch der Zukunftschancen von Kindern – ist das Aufbrechen des traditionellen Lebensverlaufs nach der Dreiteilung in die Phasen Kind/Arbeitsmarkt- bzw. Familienteilhabe/Rente. Die „Entzerrung des Lebensverlaufs" bedeutet die – vor allem durch tradierte Ausbildungs-, Berufs- und Arbeitsmarktstrukturen – jetzt enorm verdichtete sog. „Rushhour of Life" mit der Gleichzeitigkeit von Familiengründung und Berufsstart auseinander zu ziehen. Insbesondere bei der Argumentation für ein geschlechtsneutrales „Optionszeitenmodells", das bedeutet, in Unterbrechung der Erwerbsarbeit auch Zeit für andere, gesellschaftlich wichtige Fürsorge- und andere Teilhabeaufgaben gewinnen zu können, ist freiwilliges Engagement mitgedacht. Denn Optionszeiten bedeuten die vielfältige, nicht nur auf Kinderbetreuung bezogene Nutzung der „gewonnenen Jahre" durch die verlängerte Lebenserwartung. Veränderte Lebensverlaufsmodelle ermöglichen die Realisierung veränderter Generationenbeziehungen, wechselseitiger Fürsorge und Unterstützung sowie intensivierten, evtl. phasenspezifischen zivilgesellschaftlichen Engagements.

Das zweite Szenario bezieht sich auf den Komplex der Infrastrukturen für Familien. Es müssen nicht nur quantitativ ausreichende und qualitativ hochwertige Kinderbetreuungsgebote installiert werden. Darüber hinaus sind neue, post-fordistische Wohn- und Arbeitsformen, in denen Leben und Arbeiten sowie die verschiedenen Generationen wieder näher zusammengebracht werden, zu entwickeln und durch aktivierte Nachbarschaften sowie Stadtentwicklungs- und Gewerbeansiedlungspolitik zu fördern. Im Hinblick auf Kinderbetreuung geht es um passfähigere und flexiblere Angebote sowie um neue Verbundsysteme der Kinderbetreuung, die Familienbildungs- und Erziehungsberatungseinrichtungen, Tagespflege, Initiativen und Ehrenamt zu einem gelingenden und qualitativ hochwertigen Ganzen zusammenbinden. Dies geschieht keinesfalls nur im Hinblick auf eine bessere Vereinbarkeit für Eltern, sondern auch auf eine bessere Förderung von Kindern in immer kleiner werdenden und zunehmend überlasteten Familien. Neue Strukturen und Mischungen sind zu entwickeln, die über die klassische Einrichtungslogik ebenso hinausgehen wie über die abgegrenzten Handlungslogiken von Professionellen, Semiprofessionellen und Laien. Die sog. Familien- oder Eltern-Kindzentren und neuerdings auch die Mehrgenerationenhäuser bieten – idealtypisch – eine Vielfalt von Hilfen, Beratung, Bildung, Information und Kommunikation für alle Generationen an einem Ort. Sie sind mehr als die Summe von Angeboten, sie haben ein Konzept, das sich auf die besonderen Bedarfe der Region, der Kommune und des Viertels richtet. Als weiteres Element ist schließlich der Ausbau familiennaher Dienstleistungen zu nennen, der das Leben von Familien erheblich erleichtern kann – so diese die Nutzung bezahlen können. „Mehr Familie durch weniger Familie" – dies ist ein Konzept, das zwar das besonders deutsche Privatheitsdogma irritiert, aber in anderen Ländern zum Wohlergehen von Familien und ihrer Mitglieder beigetragen hat (vgl. Jurczyk/Olk/Zeiher 2004; Jensen et al. 2004).

Damit ist das dritte Szenario zu Geld im Blick. Wenig bekannt ist, dass Deutschland im Hinblick auf die finanzielle Förderung von Familien im europäischen Vergleich sogar etwas über dem Durchschnitt liegt. Deshalb geht es nicht um mehr Geld für Familien, sondern um die richtige Verteilung an die Bedarfsgruppen. Richtig bedeutet allerdings auch, die derzeit herrschende Zersplitterung in den Zuständigkeiten für einzelne familienpolitische Maßnahmen aufzuheben, dafür sollten alle monetären Transferleistungen in einer „Familienkasse" zusammengefasst werden. Dies dient nicht nur der Vereinfachung des Zugangs zu Leistungen, indem Familien einen einzigen Ansprechpartner haben, sondern der Vergrößerung des Einflusses durch eine solche Institution. Dies müsste auch die Vereinfachung des Systems steuerlicher Leistungen für Familien einschließen. In diesen Komplex gehört das einkommensabhängige Elterngeld, das seit 1.1.2007 Gesetz ist. Ohne ausreichende öffentlich gesicherte Kinderbetreuung und ohne hinreichend realisierte Arbeitsplatzgarantien für Eltern wird das Elterngeld ein zahnloser Tiger, wenn nicht gar einen „backlash" nach sich ziehen, insbesondere im Hinblick auf Geschlechtergerechtigkeit. Der sehr langsame Ausbau von Kinderbetreuungsplätzen nach dem TAG markiert beschleunigten Handlungsbedarf (vgl. DJI 2006, 2007). Freiwilliges Engagement ist im Hinblick auf das dritte Szenarium deshalb durchaus ambivalent als mögliches Sparpotenzial zu sehen, aber auch als Aktivierung von Gemeinsinn von und für Familien, insbesondere im Hinblick auf die Nutzung der gewonnenen Jahre der älter werdenden Generationen.

3   Beispielhafte Initiativen und Projekte für den Zusammenhang von Familien- und Engagementpolitik

Nachhaltige Familienpolitik im oben ausgeführten Sinne umfasst einen neuen Politiktyp, der sich durch folgende Merkmale auszeichnet, die gerade auch unter dem Blickwinkel der Handlungslogik von Bürgergesellschaft und des freiwilligen Engagements von und für Familien relevant sind:

- *Familienpolitik als gesamtgesellschaftliche Aufgabe bezieht einen erweiterten Kreises von Akteuren ein:* Um den vielschichtigen und komplexen Problemlagen, den Alltag von Familien insbesondere im Spannungsfeld zwischen Fürsorge für Kinder und Ältere sowie Erwerbsarbeit gerecht zu werden, sind neuartige, bereichsübergreifende Akteurskonstellationen erforderlich, die neben dem Sozialstaat und kommunaler Politik und Verwaltung auch Unternehmensverbände, Betriebe, Gewerkschaften sowie Organisationen des Dritten Sektors, also Vereine, Verbände, Freiwilligenagenturen etc. und nicht zuletzt die Familien selbst umfassen.
- *Verändertes Selbstverständnis und Funktionswandel staatlichen bzw. – kommunalpolitischen Handelns:* Unter dem Leitbild des „ermöglichenden", „aktivierenden" Sozialstaats treten vernetzungs- und verhandlungsorientierte sowie partizipative Politikformen in den Vordergrund und ergänzen wohl eher als ersetzen hierarchisch ausgerichtete Steuerungsstrategien. Politik und Verwaltung auf den verschiedenen Handlungsebenen nehmen damit eher eine z.T. initiierende und vor allem moderierende Rolle wahr.
- *Aufwertung der lokalen Ebene:* Angesichts der regional- und lokalspezifischen Ausprägungen neuer Formen der Erwerbstätigkeit, veränderter Generationen- und Geschlechterverhältnisse und der Pluralisierung von Lebensverhältnissen, greifen Standardlösun-

gen zunehmend zu kurz, um bedarfsgerechte Familien fördernder Rahmenbedingungen herzustellen. Für die Familienpolitik werden somit die regionale und vor allem kommunale – z. T. auch die kleinräumig stadtteilbezogene – Ebenen bedeutsamer.
- *Neue Bündnisstrategie:* Die vorangegangenen drei Merkmale werden in dem für die Familienpolitik neuartigen Handlungsansatz Bündnisse quer durch die Gesellschaft zu initiieren und zu unterstützen integriert. Ein Schwerpunkt wird dabei auf die Gewinnung von Akteuren aus dem Wirtschaftsbereich gelegt. Die im Jahr 2003 ins Leben gerufene „Allianz für Familie" auf Bundesebene (vgl. Mohn/von der Leyen 2007) und die „Lokalen Bündnisse für Familie" (vgl. BMFSFJ 2005) sind hier beispielhaft.

Nachfolgend betrachtet der Beitrag exemplarisch mit den Lokalen Bündnissen für Familie sowie dem Bereich der Selbsthilfe exemplarisch konkrete aktueller, Formen engagementbezogener Familienpolitik:

Lokale Bündnisse für Familie: Seit Beginn der Bundesinitiative „Lokale Bündnisse für Familie" im Januar 2004 hat die in Nürnberg entstandene Idee, örtliche Netzwerke zur konkreten Verbesserung der Lebens- und Arbeitsbedingungen für Familien zu gründen und vielfältige lokale Akteure für mehr Familienfreundlichkeit vor Ort zu aktivieren, bundesweit Schule gemacht. Lokale Bündnisse für Familie sind mittlerweile zu einer festen Größe der örtlichen Familienpolitik geworden. Mittlerweile sind über 400 solcher Bündnisse entstanden bzw. bereits existierende familienpolitisch ausgerichtete Zusammenschlüsse, wie etwa kommunale Familientische, der Initiative beigetreten. Eine Untersuchung der Prozessverläufe bei der Gründung hat gezeigt, dass Familienbündnisse nicht selten aus bündnisähnlichen Vernetzungen auch aus dem zivilgesellschaftlichen Kontext beispielsweise aus dem Bereich der Lokalen Agenda 21 oder anderen Netzwerken entstanden sind.[1] Entsprechend der thematischen Schwerpunkte der Initiative[2] – bessere Vereinbarkeit von Familie und Beruf sowie der Ausbau der öffentlichen Kinderbetreuung – sind es gerade die Unternehmen und Wirtschaftsverbände, die hier häufig eine zentrale Rolle spielen. Auch wenn ein gesteigertes Engagement von Unternehmen für Familien für eine familiengerechtere Arbeitswelt eine zentrale Voraussetzung für eine bessere Vereinbarkeit für Eltern darstellt, leisten auch Initiativen und Projekte einen wichtigen Beitrag, die auf bürgerschaftlichem Engagement aufbauen: Dass Familien sich gut selber helfen können und dass sie wichtige Beiträge zur Gestaltung eines familiengerechten Umfeldes leisten, hat sich in einem großen Teil der Lokalen Bündnisse für Familien gezeigt: immerhin 75 % von ihnen zeigten sich in der Gründungsphase der Bündnisse 2004 und 2005 gegenüber Familien partizipationsoffen (vgl. Heitkötter 2005). Wie die Beteiligung von Familien dann konkret in Form und Umfang ausgestaltet wird, ist von Standort zu Standort jedoch sehr unterschiedlich – sei es, dass Eltern beim Bau eines neuen Abenteuerspielplatzes mit Hand anlegen, also zu Akteure in konkreten Maßnahmen werden, oder sich als Interessenvertreter am politischen Prozess beteiligen.

---

[1] Die ist bei 27 % der untersuchten Standorte der Fall gewesen (Heitkötter/Schröder 2006).
[2] Trotz der programmatischen Schwerpunktsetzung zeichnet sich der überwiegende Teil der Bündnisse durch eine große thematische Breite verschiedener Handlungsfelder aus und damit einer Vielfalt an Beteiligten. (vgl. Heitkötter/Schröder 2006).

Der Blick in die Bündnispraxis zeigt, dass zumindest an einigen Standorten[3] mit den lokalen familienpolitischen Netzwerken vor Ort eine mehr oder weniger explizit engagementpolitische Strategie verfolgt wird. Diese Standorte sind sich offensichtlich bewusst, dass über die Aktivierung und Vernetzung von Akteuren aus der Wirtschaft und dem dritten Sektor hinaus ohne das gleichzeitige Engagement von Bürgerinnen und Bürgern eine Verbesserung der Rahmenbedingungen für Familien keine durchschlagenden Erfolge zu erzielen sind. Im Unterschied zu den praktischen Erfahrungen einiger Bündnisstandorte ist derzeit auf eher strategisch-programmatischer Ebene das zivilgesellschaftliche Potenzial der Lokalen Bündnisse für Familie noch nicht hinreichend bewusst und wird daher auch noch nicht zielgerichtet ausgeschöpft. Hier liegen noch ungenutzte Chancen der Bündnisstrategie im Sinne demokratisch-zivilgesellschaftlicher Praxis.

Lokale Bündnisse für Familien haben eine Vielzahl von Projekten unterstützt bzw. hervorgebracht, die zivilgesellschaftliches Potenzial vor Ort aktivieren und auf dem bürgerschaftliche Engagement von und für Familien aufbauen, von denen an dieser Stelle nur einige wenige beispielhaft genannt werden können.[4] So bieten etwa „Familienpatenschaften-Projekte", vermittelt durch Fachdienste wie der Allgemeine Soziale Dienst, mit Hilfe von freiwillig Engagierten niedrigschwellige Unterstützungsangebote bei Alltags- und Haushaltsorganisation für sozial belastete Familien, denen keine Familienangehörige oder Freunde zur Verfügung stehen. Oder so genannte „Stadtteilmütter-Projekte" betreiben mit Hilfe von ausländischen Mitbürgern Sprachförderung von Kindern mit Migrationshintergrund, indem meist Frauen aus Zuwandererfamilien und Kindergärten systematisch zusammenarbeiten: Beide Seiten fördern die sprachliche Entwicklung der Kinder. Die Stadtteilmütter besuchen die Familien mit Migrationshintergrund zuhause und unterstützen die Mütter darin, den Wortschatz, den die Kinder im Kindergarten lernen, den Kindern zuhause in der Muttersprache zu vermitteln. Mit diesem Programm wird aber nicht nur die Sprachentwicklung von zweisprachigen Kindern unterstützt, sondern gleichzeitig werden auch Mütter mit Migrationshintergrund aktiviert und vernetzt sowie deren Öffnung gegenüber dem Kindergarten und dem Stadtteil unterstützt.

Zahlreiche Projekte sind gezielt generationenübergreifend angelegt und unterstützen die Solidarität und wechselseitige Hilfe zwischen „Jung und Alt", sei es über Vorleseprojekte zwischen Kindergärten und Seniorenheimen, durch Computerkurse, die Jugendliche für Senioren anbieten oder durch Mentoren-Projekte, bei denen Erwachsene – meist „andere Eltern" – Jugendlichen beispielsweise bei der Berufsorientierung zur Seite stehen. Auch die Betreuungsprojekte sind wesentlich, die unter dem Stichwort „Leih-Oma/Opa-Service" aktive Senioren, die selbst vor Ort keine Enkelkinder haben, an junge Familien vermitteln, die meist ergänzend zur öffentlichen Kinderbetreuung zusätzlichen Betreuungs- und haushaltsbezogenen Unterstützungsbedarf haben. Grundsätzlich wird deutlich, dass über bürgerschaftlich ausgerichtete Familienpolitik nicht nur innerfamiliale Beziehungen unterstützt und gestärkt werden, sondern in besonderem Maße generationenübergreifende, außerfami-

---

[3] Zu nennen sind hier beispielsweise Augsburg oder eine Vielzahl von Städte und Gemeinden in Baden-Württemberg, wo die Bündnis-Idee auf einen engagementpolitisch gut vorbereiteten Boden gestoßen ist, da die Initiative „kommunale Familientische" explizit auf bürgerschaftliches Engagement setzt.
[4] Siehe Projektdatenbank der fachlichwissenschaftlichen Begleitprojekts am DJI unter www.dji/lokale-buendnisse.de sowie Glück/Magel/Röbke (2004)

liale Kontakte und Austauschbeziehungen. Programmatisch umgesetzt wird dies derzeit insbesondere im Aktionsprogramm „Mehrgenerationenhäuser" sowie in dem Modellprogramm der generationenübergreifenden Freiwilligendienste des BMFSFJ.[5]

Allerdings stößt die Politik der Netzwerke und der strategischen Kooperationen im Rahmen von Bündnissen auch an Grenzen (Olk 2005: 45): „Allen diesen dezentralen Formen strategischer Politik mit zivilgesellschaftlichen Akteuren ist gemeinsam, dass „Win-Win-Situationen" gesucht werden müssen. Die Grundidee ist: Diejenigen Akteure, die von einer bestimmten politischen Strategie profitieren, werden an kooperativen Problemlösungsformen beteiligt, um auf diese Weise synergetische Effekte zu erzeugen, die ohne eine solche Kooperation nie zustande kämen. […] Damit liegen natürlich auch die Grenzen solcher Strategien offen zu Tage. Wo sich divergierende bzw. konfligierende Interessenlagen auch auf dem Wege der Verhandlung nicht überbrücken lassen, werden Akteure nicht bereit sein, produktive Beiträge zu leisten, sondern die Suche nach gemeinsamen Lösungen torpedieren bzw. ganz aus diesen Bündnissen aussteigen." Angesichts dessen dürfen derartige Bündnisse trotz ihrer wichtigen Funktion und ihres aktivierenden Charakters für eine Vielzahl vormals familienpolitisch eher desinteressierter Akteure vor Ort nicht mit überzogenen Erwartungen überfordert werden, Für die Förderung von zivilgesellschaftlichem Engagement für und von Familien stellen sie dennoch eine wichtige familienpolitische Plattform auf lokaler Ebene dar.

Selbsthilfeinitiativen: Selbsthilfegruppen sind in ihrer Entstehung wie in ihrer Wirkungsweise familienbezogen. Allerdings ist das nicht immer explizit im Namen oder durch die bearbeitete Problemstellung deutlich wie bei Gruppen der Familienselbsthilfe, bei selbst organisierten Eltern-Kind-Gruppen oder bei Einzelgruppen wie „Selbsthilfegruppen gemeinsamer Sorge nach Trennung und Scheidung". Vielmehr geht der Selbsthilfebereich in typischer Weise in seiner Familienbezogenheit über das zu Grunde liegende Thema hinaus, da Selbsthilfegruppen ganzheitlich ausgerichtet sind und über die sozialen oder gesundheitlichen Themenstellungen hinaus alle Bereiche umfassen, die davon berührt werden, also auch das familiale Umfeld, Partnerschaft, Arbeit etc. (Thiel 2007: 39). Die NAKOS (Nationale Kontakt- und Informationsstelle zur Anregung und Unterstützung von Selbsthilfegruppen) hat 2004 eine Untersuchung zum Familienbezug bundesweiter Selbsthilfeorganisationen und -vereinigungen durchgeführt: 40 % der in der Untersuchung einbezogenen Organisationen haben einen expliziten oder impliziten Familienbezug. Gut zwei Drittel davon sind dem Themengebiet „Erkrankung und Behinderung" zuzuordnen und das restliche Drittel verteilt sich auf die Bereiche „Psycho-Soziales" und „Soziales" (vgl. Möller 2005). Bezogen auf die Mitwirkung von Selbsthilfeorganisationen in Lokalen Bündnissen für Familie bestehen zwar grundsätzlich Möglichkeiten hierzu, da an zahlreichen Bündnisstandorten auch Selbsthilfekontaktstellen vorhanden sind. Abgesehen von wenigen Einzelfällen ist ein Durchbruch zur Mitarbeit an den lokalen Bündnissen auf breiter Ebene allerdings bislang noch nicht gelungen (Thiel 2007: 42). Im Bereich der verstärkten institutionellen Verankerung von Selbsthilfe- und Engagementagenturen besteht noch familienpolitischer Handlungsbedarf.

---

[5] Siehe unter; www.mehrgenerationenhaeuser.de sowie www.bmfsfj.de/Politikbereiche/Freiwilliges-Engagement/freiwilligendienste-fuer-jedes-alter.html

Zusammenfassend lässt sich sagen, dass das Engagement von Familien im Rahmen von Selbsthilfe sowie auf das Gemeinwesen ausgerichtete politische Strategien einen mehrfachen Nutzen hat. Erstens können, wenn Familien selber eine Stimme bekommen, die differenzierten und wechselnden Bedarfe von Familien wahrgenommen und in Planungen, aber auch in Gestaltungsprozesse einbezogen werden; denn sie selber artikulieren am besten, was sie brauchen. Zweitens sind Familien und ihre Mitglieder Ko-Produzenten des Sozialen: Sie können ihre Potenziale in das Gemeinwesen einbringen und damit nicht nur für sich selber, sondern auch für die Fortentwicklung von Nachbarschaften, Initiativen und vernetzten Angeboten wie Familienzentren wertvolle Leistungen im Sinn zivilgesellschaftlichen Engagements erbringen. Auf diesem Weg können die Potenziale, anders als üblicherweise die Belastungen des demografischen Wandels sichtbar werden. Auf diesem Weg wird der Defizitblick auf Familien abgelöst durch die Fokussierung auf ihre Ressourcen und Potenziale, ihre Kreativität und Kompetenzen. Dadurch wird drittens eine Aktivierung von Familien möglich – im Sinne einer Herauslösung aus der teils als Belastung empfundenen isolierten Privatheit und die Erschließung von weiteren zivilgesellschaftlichen Potenzialen.

4 Familien und freiwilliges Engagement im Alltag und Lebensverlauf: Empirische Befunde der Freiwilligensurveys

Wie sieht nun empirisch betrachtet das freiwillige Engagement von Familien bzw. ihren Mitgliedern im Einzelnen konkret aus? Und welche familienpolitisch bzw. engagementpolitisch zu gestaltenden Einflussfaktoren können ausgemacht werden, um diese Ressource zu fördern oder ggf. auch zu schonen? Der nachfolgende Abschnitt geht diesen Fragen auf der Grundlage der Arbeit Geiss/Picot (2007) nach, die auf der Basis der Daten der Freiwilligensurveys von 1999 und 2004 den Zusammenhang von Familien bzw. Eltern und Zeit für freiwilliges Engagement näher untersucht haben. Sie berücksichtigen dabei folgende Aspekte: erstens den Umfang des Engagements bei Eltern und Personen ohne Kinder, zweitens die Differenzierung des Engagements nach Geschlecht zwischen Müttern und Vätern, drittens nach der jeweiligen Betreuungssituation des jüngsten Kindes sowie viertens nach dem Erwerbsstatus der Mütter. Geschlechter differenzierend untersucht wird auch das Engagement von Eltern bei der Pflege und Unterstützung älterer Familienangehöriger.

Die Autorinnen gehen von einem reproduktiven Generationenvertrag mit zivilgesellschaftlichen Leistungen insofern aus, als Eltern sowohl Leistungen im Rahmen des Aufwachsens und der Erziehung von Kindern als auch für ältere Menschen erbracht werden, die durch freiwilliges Engagement in verschiedenen Tätigkeitsfeldern, Organisationen und Institutionen auch anderen Kindern bzw. Jugendlichen und Älteren zugute kommen. Sie kommen in ihrer Untersuchung zu folgenden zentralen Ergebnissen:

Eine zentrale Voraussetzung für die Übernahme von freiwilligem Engagement ist neben dem Interesse an derartigen Tätigkeiten, dass genügend Zeit zur Verfügung steht, die dafür eingesetzt werden kann. Da Eltern aufgrund von Kindererziehung, Familienarbeit und Erwerbsarbeit eine zeitlich stark beanspruchte Bevölkerungsgruppe sind, stellt sich die Frage, in welchem Umfang und wie sich Eltern engagieren. Eltern engagieren sich trotz des engen Zeitbudgets aufgrund von Familien- und Erziehungsarbeit überdurchschnittlich und in steigenden Maße freiwillig: im Jahr 2004 haben 42 % der Befragten mit Kindern freiwillige Tätigkeiten übernommen (1999 40 %); deutlich seltener hingegen waren Männer und Frauen ohne Kinder im Haushalt freiwillig engagiert (34 % der Befragten). Jedoch macht sich beim Umfang des Engagements die zeitliche Beanspruchung von Eltern deutlich: Engagierte ohne Kinder investieren etwas mehr Zeit in freiwillige Tätigkeiten und engagieren sich häufiger mehr als drei Stunden pro Woche, wobei Eltern meistens (2004 40 %) bis zu zwei Stunden pro Woche einsetzen (vgl. Geiss/Picot 2007).

Auch hier bestätigt sich, dass die eigenen Kinder häufig der Anlass für die Eltern sind, sich freiwillig zu engagieren: 43 % der freiwilligen Tätigkeiten von Eltern kommen Kindern und Jugendlichen zugute. Meistens ist das elterliche Engagement der Zielgruppe „Kinder und Jugendliche" dabei mit den eigenen Kindern verknüpft. Der Löwenanteil des freiwilligen Engagements von Eltern ist im Bereich „Kindergarten und Schule" angesiedelt (ebd.). Kritisch zu sehen ist dabei, dass fast die Hälfte der Eltern ihr Engagement als Aufgabe bezeichnet, die „gemacht werden muss und für die sich sonst niemand findet". Da sich hinter elterlichem freiwilligem Engagement oft ein Beitrag zum reibungslosen Funktionieren von Institutionen verbirgt, werfen die Autorinnen zu Recht die Frage auf, inwieweit hier überhaupt von „freiwilligem" Engagement gesprochen werden kann. Werden auf diese Weise fehlende Ressourcen verschleiert bzw. auf dem Rücken der Familien abgefedert? Bürgerschaftliches Engagement, Selbsthilfe und Familienselbsthilfe sind sicher notwendig für die Gesellschaft und gewinnbringend für die Beteiligten. Gleichwohl dürfen sie nicht als kostengünstige Antwort auf soziale Problemlagen und Alltagsprobleme gehandelt werden, die Familien dann letztlich doch selbst bewältigen müssen (Notz 2007: 17). In diesem Sinne diskutieren Rinderspacher und andere zu Recht die Kehrseite der Bürgergesellschaft (vgl. Rinderspacher 2003): Die Verlagerung von bislang öffentlichen Aufgaben in der Verantwortungsbereiche von Bürgerinnen und Bürger – von der Renovierung der Klassenräume bis hin zur Pflege von Angehörigen – birgt neben der Chance auf Selbstorganisation, generationenübergreifendem Miteinander und Mitgestaltung auch die Gefahr, die Zeitbudgets der Bürgerinnen und Bürger und insbesondere von Eltern zu überfordern. Hier stellt sich eher die Frage, inwieweit eine familiensensible Engagementförderung zukünftig verstärkt auch auf eine Entlastung der mittleren Generation von Eltern, die sich – wie Geiss/Picot (2007) zeigen – sowohl in besonderem Maße für die nachfolgende wie für die vorangehende Generation engagieren[6] – hinwirken muss. Die steigende Engagementbereitschaft der über 55-Jährigen zeigt hier eine Perspektive auf.

Mütter engagieren sich seltener als Väter, wobei der Unterschied von sechs Prozentpunkten für den Erhebungszeitpunkt 2004 im Zusammenhang mit der Mehrfachtätigkeit von Frauen zu betrachten ist (vgl. Zierau 2001). Allerdings kann davon ausgegangen werden, dass sich das freiwillige Engagement von Vätern und Müttern wechselseitig bedingt: Der Vollzeitberufstätige Familienvater könnte sich ohne eine (ver-)sorgende Frau nicht in dem Maße freiwillig einbringen. Und umgekehrt könnte sich die typische weibliche Engagierte, die zumindest in Westdeutschland meist teilzeitbeschäftigt ist und in Partnerschaft

---

[6] Auch mit Blick auf die Pflege und Unterstützung von Älteren leisten laut Geiss/Picot 2007 Eltern einen überdurchschnittlichen Beitrag: Eltern, das heißt konkret Mütter, sind laut den Daten des 2. Freiwilligensurveys deutlich häufiger hauptsächlich für die Pflege von Angehörigen verantwortlich als Personen ohne Kinder. Pflegeleistungen werden also in der Elterngeneration – wie auch in der Altersgruppe ab 55 hauptsächlich von Frauen erbracht.

oder Familien lebt, ohne das Einkommen des Partners ebenfalls nicht im gegebenen Umfang engagieren (Klenner/Pfahl/Seifert 2001: 217f.).

Bei Eltern mit kleinen Kindern (unter drei Jahren) zeigt der Zeitvergleich zwischen 1999 und 2004, dass sich der Unterschied in der Engagementbeteiligung zwischen Vätern und Müttern von 15 Prozentpunkten auf acht Prozentpunkte fast halbiert hat. Interessanterweise machen die Daten des zweiten Freiwilligensurveys deutlich, dass sich Mütter durch Entlastungen insbesondere von privater Betreuungsarbeit häufiger freiwillig engagieren können und zwar ohne dass dies in Konkurrenz zu einer Erwerbstätigkeit steht. Zum einen ermöglicht der Trend zu mehr Mitverantwortung bei der Kinderbetreuung seitens der Väter von unter Dreijährigen eine gestiegene Engagementbeteiligung von Müttern mit Kindern in diesem Alter. Und zum anderen zeigen die Daten des zweiten Freiwilligensurveys, dass die Verfügbarkeit von außerhäuslicher Kinderbetreuung einen wichtigen Einflussfaktor für die Engagementbeteiligung insbesondere von Müttern darstellt: wenn eine Kindertagesbetreuung für Kinder im Vorschulalter zur Verfügung steht, erhöht sich die Engagementbeteiligung von Müttern von 27 % auf 44 %. Dabei spielt es keine Rolle, ob es sich um Halb- oder Ganztagsbetreuung handelt (ebd.).

Entgegen der Annahme, dass eine Erwerbstätigkeit von Müttern aufgrund der Mehrfachbelastung und des Zeitmangels die Engagementbeteiligung reduziert, zeigen die Ergebnisse von Geiss/Picot (2007), dass Teilzeit erwerbstätige Mütter im Vergleich zu nicht erwerbstätigen Hausfrauen, zu Vollzeit beschäftigten Müttern sowie im Vergleich zu arbeitslosen Müttern zu beiden Erhebungszeitpunkten die am häufigsten freiwillig engagierte Gruppe darstellt. Befürchtungen, dass eine verstärkte Erwerbstätigkeit von Müttern bzw. Frauen zu einem Rückgang von freiwilligem Engagement führen würde, werden durch die Ergebnisse des 2. Freiwilligensurveys also widerlegt.

Der Ausbau der öffentlichen Kindertagesbetreuung insbesondere für unter Dreijährige sowie Anreize für Väter vor allem von kleinen Kindern wie beispielsweise die neue Elternzeitregelung, sich verstärkt der Kinderbetreuung zu widmen, wirken demnach nicht nur positiv auf die Vereinbarkeit von familialer Fürsorge und Erwerbsarbeit. Sie stellen gleichzeitig zentrale, familienpolitisch zu gestaltende Faktoren dar, die das Zustandekommen von freiwilligem Engagement bei Eltern und dabei vor allem bei Müttern, positiv beeinflussen. Die aktuellen familienpolitischen Maßnahmen der Bundesregierung leisten also nicht nur einen Beitrag zur besseren Balance von Familie und Beruf – der zentrale Aspekt, unter dem sie hauptsächlich thematisiert werden –, sondern haben multidimensionale Effekte. Es handelt sich hier auch um wesentliche engagementpolitische Stellschrauben, über die verbesserte Rahmenbedingungen für mehr Engagement insbesondere von Müttern erzeugt werden können.

5 Engagementfördernde Familienpolitik setzt erweitertes Vereinbarkeitsmodell voraus

Bürgerschaftliches Engagement und Selbsthilfe können angesichts des brüchig gewordenen Modells der „Normalfamilie", neuer Geschlechterverhältnisse sowie angesichts wachsender Flexibilitäts- und Mobilitätsansprüche an Familien aus der Arbeitswelt als neue Formen sorgender Netze interpretiert werden, die familienbezogen, -ergänzend und -entlastend sind. Hierfür braucht es zum einen Zeit, Räume Ressourcen und Vernetzungen. Dies zu ermöglichen, muss Ziel politischer Strategien zur Förderung von Engagement für und von Familien sein. Das gilt als Anforderung sowohl an die Familienpolitik als auch an Engagementpolitik. Zur Stärkung von Familiennetzen als auch von bürgerschaftlichem Engagement ist es zum anderen wichtig, Infrastruktur- und Beratungseinrichtungen (wie Freiwilligenagenturen, Freiwilligen-Zentren, Selbsthilfekontaktstellen, Seniorenbüros) auf der lokalen Ebene zu sichern sowie auf allen politischen Ebenen und für alle Akteure eine konzeptionelle, institutionelle und persönliche Offenheit für Kooperationen zu befördern.

Die zentrale Herausforderung für die Familienpolitik besteht jedoch darin, den Blick auf Vereinbarkeit über die beiden Pole Familie und Beruf zu weiten und den Bereich des freiwilligen Engagements offensiv einzubeziehen. Dabei gilt es auch, Abgrenzungen herauszuarbeiten, welche alltagsbezogenen Aufgaben von Familien selber übernommen und welche durch den Staat geleistet werden, welche marktförmig zu organisieren sind und welche zivilgesellschaftlich, das heißt in Form von bürgerschaftlichem Engagement und Selbsthilfe, erbracht werden können und sollen. Es bedarf breiter gesellschaftlicher Diskurse und öffentlicher Orte, die der Verständigung hierüber dienen. Inwieweit lokale Bündnisse oder die Allianz für Familie für eine derartige Diskursfunktion geeignete Plattformen sind, ist fraglich, da deren Stärke in der Umsetzung konkreter Maßnahmen liegt und diese auf greifbare Erfolge ausgerichtet sind.

Mit Blick auf das Feld der Engagementpolitik besteht eine vordringliche Notwendigkeit darin, zur Kenntnis zu nehmen, dass die meisten Bürgerinnen und Bürger in familiale Fürsorgebeziehungen unterschiedlichster Art, die nicht nur auf Kinder bezogen sind, eingebunden sind. Die empirischen Daten haben gezeigt, dass sich Familien bereits überdurchschnittlich bürgerschaftlich engagieren. Gleichzeitig ist dieses Potenzial nicht unerschöpflich. Neben Ermöglichungsstrategien von Engagement von Familienmitgliedern sind daher ebenso Entlastungsstrategien – vor allem der mittleren Generation – von zuviel gleichzeitigen Anforderungen zu entwickeln. Dies gilt zumindest solange, wie die politischen Rahmungen enge Lebenslaufregime in der „rush hour" des Lebens vorgeben. Auf diesem Hintergrund bedeutet Generationensolidarität, das Engagementpotenzial insbesondere derjenigen ohne familiale Verpflichtungen bzw. der über 55-Jährigen mit Blick auf Familien zu realisieren.

Literatur

Behrens, Fritz/Heinze, Rolf G./Hilbert, Josef/Stöbe-Blossey, Sybille (Hrsg) (2005): Ausblicke auf den aktivierenden Staat. Von der Idee zur Strategie. Berlin: Edition sigma

Bertram, Hans/Rösler, Wiebke/Ehlert, Nancy (2005): Nachhaltige Familienpolitik. Zukunftssicherung durch einen Dreiklang von Zeitpolitik, finanzieller Transferpolitik und Infrastrukturpolitik. Berlin: Bundesministerium für Familie, Senioren, Frauen und Jugend

Bien, Walter/Hartl, Angela/Teubner, Markus (Hrsg) (2002): Stieffamilien in Deutschland. Eltern und Kinder zwischen Normalität und Konflikt. Opladen: Leske + Budrich

Bien, Walter/Marbach, Jan (Hrsg) (2003): Partnerschaft und Familiengründung. Opladen: Leske + Budrich

Bundesministerium für Familie, Senioren, Frauen und Jugend (Hrsg) (2005): Zwölfter Kinder- und Jugendbericht. Bildung, Betreuung und Erziehung vor und neben der Schule. Berlin: BMFSFJ

Bundesministerium für Familie, Senioren, Frauen und Jugend (Hrsg) (2006): Familie zwischen Flexibilität und Verlässlichkeit. Perspektiven für eine lebenslaufbezogene Familienpolitik. Siebter Familienbericht. Berlin: BMFSFJ

Bundesministerium für Familie, Senioren, Frauen und Jugend (Hrsg) (2007): Erfolgsfaktor Familie. Unternehmen gewinnen. Newsletter. Nr. 4(2007), S. 1-4

Bundesministerium für Familie, Senioren, Frauen und Jugend/Familienwissenschaftliche Forschungsstelle Baden-Württemberg (Hrsg) (2005): Familie ja, Kinder nein. Was ist los in Deutschland? Ausgabe 1-3. Berlin: BMFSFJ

Daly, Kerry (2003): Family Theory versus the Theories Families Live by. In: Journal of Marriage and Family 4 (2003), S. 771-784

Dingeldey, Irene (2006): Aktivierender Wohlfahrtsstaat und sozialpolitische Steuerung. In: Aus Politik und Zeitgeschichte 8/9(2006), S. 3-9

Deutsches Jugendinstitut (Hrsg) (2007): Untersuchung zum Ausbau der Kindertagesbetreuung für unter 3-jährige Kinder, 2006, DJI, 2007 (internes Arbeitspapier)

Evers, Adalbert/Leggewie, Claus (2006): Der ermunternde Staat. Vom aktiven Staat zur aktivierenden Politik. In: Gewerkschaftliche Monatshefte 6(1999), S. 331-340

Geiss, Sabine/Picot, Sibylle (2007): Familien und Zeit für freiwilliges Engagement. In: Heitkötter, Martina/Jurczyk, Karin/Lange, Andreas/Meier-Gräwe, Uta (Hrsg): Zeit für Beziehungen? Zeit in und Zeitpolitik für Familien, 2007 (In Vorbereitung)

Gerzer-Sass, Annemarie (2003): Familienselbsthilfe und bürgerschaftliches Engagement. In: Enquete-Kommission „Zukunft des Bürgerschaftlichen Engagements" Deutscher Bundestag (Hrsg): Bürgerschaftliches Engagement und Sozialstaat. Opladen: Leske + Budrich, S. 125-139

Gerzer-Sass, Annemarie/Erler, Wolfgang/Hönigschmid, Cornelia/Jaeckel, Monika/Kaufmann, Michael/Pettinger, Rudolf/Sass, Jürgen/von Tschilschke, Birgit (2002): Familienselbsthilfe und ihr Potential für eine Reformpolitik von ´unten´. Individuelle, familiale und gemeinwesenbezogene Wirkungen und Leistungen von Familienselbsthilfe. Hrsg. vom Bundesministerium für Familie, Senioren, Frauen und Jugend und dem Deutschen Jugendinstitut. Bonn: BMFSFJ

Glück, Alois/Magel, Holger/Röbke, Thomas (Hrsg) (2004): Neue Netze des bürgerschaftlichen Engagements. Stärkung der Familien durch ehrenamtliche Initiativen. Heidelberg/München/Berlin: Jehle

Gottschall, Karin/Voß, Günter (Hrsg) (2003): Entgrenzung von Arbeit und Leben. Zum Wandel der Beziehung von Erwerbstätigkeit und Privatsphäre im Alltag. München/Mering: Hampp

Heitkötter, Martina (2005): Lokale Bündnisse für Familie: Zwischenresümee und Herausforderungen aus wissenschaftlicher Sicht. In: Deutscher Gewerkschaftsbund (Hrsg): Lokale Bündnisse für Familie und Bürgerschaftliches Engagement. Dokumentation einer kooperativen Tagung am 15. März 2005 in Berlin. Berlin: Deutscher Gewerkschaftsbund, S. 12-21

Heitkötter, Martina (2006): Sind Zeitkonflikte des Alltags gestaltbar? Prozesse und Gegenstände lokaler Zeitpolitik am Beispiel des Zeit-Büro-Ansatzes. Frankfurt am Main/Berlin/Bern/Bruxelles/New York/Oxford/Wien: Peter Lang

Heitkötter, Martina/Lange, Andreas/Jurczyk, Karin (2004): Zeit in Familien – Zeitpolitik für Familien. In: Zeitpolitisches Magazin 3(2004), S. 1-4

Heitkötter, Martina/Schröder, Delia (2006): Lokale Bündnisse für Familie – Wie entstehen neue familienpolitische Arrangements vor Ort? In: Theorie und Praxis der Sozialen Arbeit 3(2006), S. 18-21

Jensen, An-Margritt/Ben-Srieh, Asher/Conti, Cinzia/Kutsar, Dagmar/Phádraig, Máire/Nic, Ghiolla/Nielsen Warming, Hanne (Hrsg) (2004): Children`s Welfare in Ageing Europe (COST). Vol. I, II. Trondheim: Estonia by Tartu University Press, 2004

Jurczyk, Karin/Lange, Andreas (2002): Familie und die Vereinbarkeit von Arbeit und Leben. Neue Entwicklungen, alte Konzepte. In: Diskurs 3(2002), S. 9-18

Jurczyk, Karin/Lange, Andreas (2006): Mothers little helper. Betriebe als Akteure der Kinderbetreuung. In: Bien, Walter/Rauschenbach, Thomas/Riedel, Birgit (Hrsg): Wer betreut Deutschlands Kinder? Weinheim: Beltz, S. 202-213

Jurczyk, Karin/Lange, Andreas/Szymenderski, Peggy (2005): Zwiespältige Entgrenzungen: Chancen und Risiken neuer Konstellationen zwischen Familien- und Erwerbstätigkeit. In: Mischau, Anina/Oechsle, Mechtild (Hrsg): Arbeitszeit – Familienzeit – Lebenszeit: Verlieren wir die Balance? Wiesbaden: VS Verlag für Sozialwissenschaften, 2005, S. 13-33

Jurczyk, Karin/Oechsle, Mechthild (Hrsg) (2007): Das Private neu denken. Erosionen, Ambivalenzen, Leistungen. Münster: Westfälisches Dampfboot, 2007

Jurczyk, Karin/Olk, Thomas/Zeiher, Helga (2004): German Children`s Welfare Between Economy and Ideology. In: Jensen, An-Margritt/Ben-Srieh, Asher/Conti, Cinzia/Kutsar, Dagmar/Phádraig, Máire/Nic, Ghiolla/Nielsen Warming, Hanne (Hrsg): Children`s Welfare in Ageing Europe (COST). Vol. II. Trondheim: Estonia by Tartu University Press, S. 703-770

Keller, Berndt/Seifert, Hartmut (2007): Atypische Beschäftigungsverhältnisse. Flexibilität, soziale Sicherheit und Prekarität. In: Keller, Berndt/Seifert, Hartmut (Hrsg): Atypische Beschäftigung. Flexibilisierung und soziale Risiken. Berlin: Ed. sigma, S. 11-25

Klenner Christine/Pfahl, Svenja/Seifert, Hartmut (2001): Ehrenamt und Erwerbsarbeit – Zeitbalance oder Zeitkonkurrenz? Forschungsprojekt im Auftrag des Ministeriums für Arbeit und Soziales, Qualifikation und Technologie des Landes Nordrhein-Westfalen. Düsseldorf: Schäfer Graphics

Klocke, Andreas/Limmer, Ruth/Lück, Detlev (2001): Das Ehrenamt im Umfeld der Familie. Die Bedeutung ehrenamtlicher Leistungen für junge Familien. Bamberg: Staatsint. für Familienforschung an der Universität Bamberg

Lauterbach, Wolfgang (2004): Die multilokale Mehrgenerationenfamilie. Zum Wandel der Familienstruktur in der zweiten Lebenshälfte. Würzburg: Ergon

Matzner, Michael (2004): Vaterschaft aus der Sicht von Vätern, Wiesbaden: VS Verlag für Sozialwissenschaften

Mezger, Erika/West, Klaus-W. (Hrsg) (2000): Aktivierender Sozialstaat und politisches Handeln. Marburg: Schüren

Mohn, Liz/von der Leyen, Ursula (2007): Familie gewinnt. Die Allianz und ihre Wirkungen. Gütersloh: Bertelsmann Stiftung

Moldaschl, Manfred/Voß, Günter (2003): Subjektivierung von Arbeit. München/Mering: Hampp

Möller, Bettina (2005): Der Stellenwert der Familie im Feld der Selbsthilfe – Der Gewinn eines neuen Blicks Familienbezogene, -entlastende und -ergänzende Bedeutung von Selbsthilfeorganisationen mit und ohne Familienbezug sowie Bedürfnisse und Interessen von Menschen mit seltenen Erkrankungen und Problemen auf der Suche nach Gleichbetroffenen und Selbsthilfegruppen – Ergebnisse einer Datenerhebung der NAKOS. In: DAG SHG e.V. (Hrsg): Selbsthilfegruppenjahrbuch 2005. Gießen: Focus Verlag, S. 91-101

Notz, Gisela (2007): Familie heute ... und was hat das mit bürgerschaftlichem Engagement zu tun? In: NAKOS (Hrsg): Familie und bürgerschaftliches Engagement. Hemmnisse überwinden, Kooperationen stärken, Netzwerke bilden. Dokumentation eines Workshops des Arbeitskreises „Bürgergesellschaft und Aktivierender Staat" der Friedrich-Ebert-Stiftung (FES) in Berlin am 15. und 16. November 2006. Berlin: NAKOS, S. 10-23

Olk, Thomas (2005): Zivilgesellschaftliche Verantwortung für eine neue Kultur des Aufwachsens. In: Bündnis für Familie (Hrsg): Familie und Zivilgesellschaft. Nürnberg: emwe-Verl., S. 21-47

Rinderspacher, P. Jürgen (2003): Zeit für alles – Zeit für nichts? Die Bürgergesellschaft und ihr Zeitverbrauch. Bochum: SWI-Verlag

Schneider, Norbert (2007): Berufliche Mobilität, Familie und Wohlbefinden. In: Körber-Stiftung: Arbeit! – Newsletter Deutscher Studienpreis 42(2007), S. 1-6. http://www.koerberstiftung.de/wettbewerbe/studienpreis/aktuelles/berufliche_mobilitaet_familie_und_wohlbefinden.pdf (Stand 01.08.2007)

Seifert, Hartmut (2007): Arbeitszeit – Entwicklungen und Konflikte. In: Aus Politik und Zeitgeschichte 4-5(2007), S. 17-24
Statistisches Bundesamt (Hrsg) (2006a): Datenreport 2006. Bonn: Statistisches Bundesamt
Statistisches Bundesamt (Hrsg) (2006b): Leben und Arbeiten in Deutschland, Sonderheft 1: Familien und Lebensformen. Ergebnisse des Mikrozensus 1996-2004, Wiesbaden: Statistisches Bundesamt
Statistisches Bundesamt (Hrsg) (2006c): Leben und Arbeiten in Deutschland. Sonderheft 2: Vereinbarkeit von Familie und Beruf. Ergebnisse des Mikrozensus 2005. Wiesbaden: Statistisches Bundesamt
Statistisches Bundesamt (Hrsg) (2007): Pressemitteilung des Statistischen Bundesamtes vom 16.05.2007
Thiel, Wolfgang (2007): „Familie" im Handlungsfeld der Selbsthilfe und Selbsthilfekontaktstellen. In: NAKOS (Hrsg): Familie und bürgerschaftliches Engagement. Hemmnisse überwinden, Kooperationen stärken, Netzwerke bilden. Dokumentation eines Workshops des Arbeitskreises „Bürgergesellschaft und Aktivierender Staat" der Friedrich-Ebert-Stiftung (FES) in Berlin am 15. und 16. November 2006. Berlin: NAKOS, S. 34-46
Tronto, Joan (2000): Demokratie als fürsorgliche Praxis. In: Feministische Studien extra 18(2000), S. 25-42
Voß, G. Günter/Pongratz, Hans (1998): Der Arbeitskraftunternehmer. Eine neue Grundform der ´Ware Arbeitskraft´? In: Kölner Zeitschrift für Soziologie und Sozialpsychologie 1(1998), S. 131-159
Zierau, Johanna (2001): Genderperspektive – Freiwilligenarbeit, ehrenamtliche Tätigkeit und bürgerschaftliches Engagement bei Männern und Frauen. In: Picot, Sibylle (Hrsg): Freiwilliges Engagement in Deutschland. Frauen und Männer, Jugend, Senioren und Sport. Schriftenreihe des Bundesministeriums für Familie, Senioren, Frauen und Jugend, Bd. 194.3, Stuttgart/Berlin/Köln: Kohlhammer, S. 15-110

Dietrich Thränhardt

Engagement und Integration

1 Einwanderungsgesellschaft zwischen Engagement und Panikattacken

Den Begriff Engagement kann man mit zwei unterschiedlichen Akzenten verwenden: einmal in Bezug auf Leidenschaft und überschießenden Idealismus und zum anderen in Bezug auf den durch solche Leidenschaft geprägten und meist unhonoriertem Einsatz – individuell oder kollektiv. Ich gehe im Folgenden zunächst eher auf den leidenschaftlichen und anschließend stärker auf den ehrenamtlichen Aspekt ein, um zu Klärungen zu kommen. Denn Leidenschaft ist eine wichtige und produktive Triebfeder, sie kann aber auch Trübungen des ruhigen Verstandes herbeiführen. Beides finden wir in der Debatte um Integration, ebenso wie „starkes langsames Bohren von harten Brettern mit Leidenschaft und Augenmaß" (Max Weber), das so viele Aktivisten über Jahre und Jahrzehnte betreiben.

Kulturelle Konflikte und Schein-Konflikte nehmen in Einwanderungsgesellschaften oft großen Raum ein, vor allem dann, wenn es keine anderen spektakulären öffentlichen Konflikte gibt. Europäische Gesellschaften sind heute hauptsächlich durch sozioökonomische und durch kulturelle Konfliktlinien bestimmt (Kriesi u.a. 2006). Dabei geht es nicht mehr wie in der Vergangenheit um die Spannung zwischen der Katholischen Kirche und dem Liberalismus oder zwischen Protestanten und Katholiken, sondern um Pluralisierung, Kommerzialisierung, Internationalisierung und Individualisierung von Gesellschaften, die traditionelle Lebensformen verändern. Migranten werden in diese Konflikte symbolisch einbezogen, indem sie einerseits als Symbol der Gefährdung der Tradition angeklagt werden (beispielsweise in der Agitation gegen den Bau von Moscheen und für die Bewahrung des „christlich-abendländischen" oder „europäischen" Charakters unserer Gesellschaft), andererseits als Symbol der Gefährdung liberal-aufklärerischer Werte, beispielsweise in der Kopftuch-Debatte oder bei den weit verbreiteten Klage über die angeblich massenhafte Verweigerung des Schwimmunterrichts durch moslemische Schülerinnen. Auch die Falsifizierung durch Nachfrage bei allen Kultusministerien hat nicht dazu geführt, dass diese Behauptung unterlassen würde (Interkultureller Rat 2007). Die saarländische Kultusministerin hat sie in ihrer Rolle als KMK-Vorsitzende jüngst wiederholt, nachdem ihr eigenes Ministerium kurz vorher dementiert hatte, dass ein Problem besteht (Ramelsberger 2008). Auch auf der sozioökonomischen Konfliktlinie werden Migranten als Problem definiert, indem sie einerseits als ökonomische Konkurrenten definiert werden, die zu hart oder zu unfairen Löhnen arbeiten (ein Beispiel war der berühmte, aber in der Realität nicht auffindbare polnische Klempner in Frankreich), andererseits aber auch als ökonomische Belastung („Einwanderung in den Wohlfahrtsstaat"). Sie werden also sowohl kritisiert, weil sie zu reich als auch, weil sie zu arm seien. Derartige Widersprüchlichkeiten sind nicht neu, man erinnere sich nur an die Vielfältigkeit und Widersprüchlichkeit der antisemitischen Klischees. Der historische Vergleich macht deutlich, dass entsprechende politisch-emotionale Aufladungen und Frontstellung auch schon im 19. Jahrhundert existierten, etwa gegen Polen in Deutschland, Iraner in England oder Italiener in Frankreich (Lucassen 2005).

An den gesellschaftlichen Spannungslinien entsteht vielfältiges und intensives Engagement, das sich in Politik, Kultur, Film, Literatur und Kunst manifestiert, sich zu weit verbreiteten und tief verinnerlichten Stereotypen und Weltbildern verdichtet und zum Grund für Ängste wird. Dabei werden neue Fronten gebildet, die Einheimische und Einwanderer einbeziehen. Die Medien vereinfachen und aktualisieren die entsprechenden Bilder und Vorstellungen ständig, was mit hohen Emotionalisierungsgraden einhergeht. Als „moral panic" werden diese Schübe kollektiver Erregung im Englischen bezeichnet. Wie intensiv derartige Auseinandersetzungen auch die Migranten betreffen, wird aus dem Vergleich des Wahlverhaltens der verschiedenen Einwanderergruppen in Deutschland klar. Im Wahlverhalten haben sich die innenpolitischen Kontroversen der letzten Jahrzehnte niedergeschlagen, in denen die Parteien unterschiedliche Standpunkte bezogen haben.

Schaubild 1: Das Wahlverhalten von Eingebürgerten und von Aussiedlern aus Polen, der ehemaligen Sowjetunion, Rumänien und der Türkei 2001/02

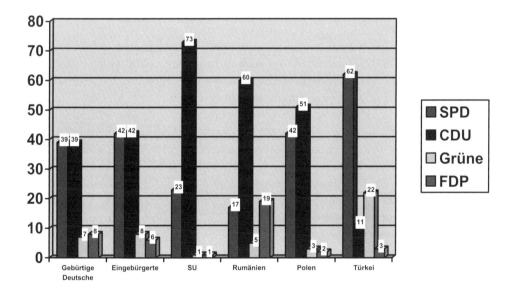

Grafik: Andreas Wüst; Quelle: Politbarometer.

Starkes und leidenschaftliches Engagement hat die Migrationsdebatte in den letzten Jahrzehnten geprägt, es hat die Politik und Gesellschaft der Bundesrepublik in den letzten Jahrzehnten mehr als alle anderen Themen bis zum Zerreißen angespannt. Das galt insbesondere für 1991/92, als Medien wie die Bild-Zeitung und der Spiegel Alarmstimmungen schürten, der damalige Bundeskanzler Kohl von einer „Staatskrise" sprach, und Attentäter sich im Einklang mit der Öffentlichkeit fühlten, wenn sie Asylbewerber-Unterkünfte angriffen, mit dem Höhepunkt einer zustimmenden Menge in Rostock. Dagegen formierten sich, ausgehend von einer Münchner Initiative um den Journalisten Giovanni di Lorenzo, mit den „Lichterketten" die größten Demonstrationen in der Geschichte der Bundesrepublik, mit dem Höhepunkt der Kundgebung in Berlin, zu der Bundespräsident Weizsäcker und alle Parteien außer der CSU aufgerufen hatten.

Heute finden wir eine neue Polarisierung, in der beiden Seiten mit hohem moralischem Anspruch auftreten. Auf der einen Seite gibt es die Kampagne gegen „Ehrenmorde" und die Unterdrückung der Frau durch Einwanderer mit moslemischem Hintergrund, in die Öffentlichkeit gebracht durch spektakuläre Morde und vertreten durch religionskritische Autorinnen moslemischer Herkunft wie Necla Kelek und Seyran Ates. In den Niederlanden ist die Kontroverse mit dem islamkritischen Film von Ayaan Hirsi Ali und Theo van Gogh weiter zugespitzt worden. Nach der Ermordung van Goghs gab es Wellen von Gewalt zunächst gegen islamische und anschließend gegen christliche Gotteshäuser und Einrichtungen. Eine Parallele war die dänische Kontroverse über die Mohammed-Karikaturen, in der mit dem hohen Gut der Pressefreiheit argumentiert wurde. Die anti-islamischen Anklagen erreichen eine hohe moralische Dichte und eine weitreichende Medienpräsenz, mit der Folge, dass ein sehr einprägsames und stereotypes Bild des moslemischen Mannes bzw. Moslems als Unterdrücker entsteht. Dies wiederum wird von anderen Autorinnen kritisiert, die darin eine ungerechtfertigte Herabsetzung einer ganzen Gruppe sehen und sich als Einwanderer aus islamischen Ländern persönlich angegriffen, beleidigt und im täglichen Leben behindert fühlen (Amirpur 2008).

Engagement ist also zwar begrüßenswert und notwendig, aber es ist normativ nicht immer zweifelsfrei und unumstritten und auch nicht immer zielführend – zuweilen gerade dann, wenn es mit hohem moralischem Überschuss vorgetragen und in Gesellschaften breit anerkannt wird. Im Fall der Verdammung und Ausgrenzung „der" Moslems kommt hinzu, das sich dabei gesellschaftliche Schließung und Legitimationsprozesse vollziehen, mit denen ältere Konflikte bewältigt und still gestellt und verdrängt werden. Nicht nur in Deutschland, sondern auch in anderen europäischen Ländern werden die bitteren Konflikte zwischen Liberalismus und Katholischer Kirche vergessen und harmonisiert – mit dem Argument, die europäischen Religionen seien durch einen Prozess der Aufklärung gegangen. Für den Konflikt zwischen Liberalismus und Katholizismus prägte Rudolf Virchow 1873 der Begriff „Kulturkampf", den Samuel Huntington mehr als hundert Jahre später mit „clash of cultures" wiedergab und insbesondere auf den Islam bezog. Gelegentlich ist die Gleichzeitigkeit von Harmonisierung alter Konflikte und neuer Ausgrenzung von unfreiwilliger Komik, etwa wenn die baden-württembergische Landesregierung 2006 den Einbürgerungsbehörden auftrug, die Toleranzfähigkeit von Bewerbern aus moslemischen Ländern daraufhin zu testen, ob sie mit einer eventuellen Homosexualität ihrer Kinder einverstanden sein würden. Einige Wochen später musste Minister Renner, eine Mitglied derselben Landesregierung, zurücktreten, weil er sich mit dem Bischof von Rottenburg-Stuttgart eben wegen der Toleranz gegenüber Homosexuellen angelegt hatte.

Es kommt also darauf an, nicht nur das Ausmaß, sondern auch die Richtung, die Konsistenz und die Effektivität von Engagement zu bestimmen und zu hinterfragen. Im Folgenden soll dazu zunächst nach dem Verhältnis von Engagement der Einwanderer und der

Ansässigen gefragt werden. Anschließend wird diskutiert, in welchen Zusammenhängen sich Engagement vollziehen kann und welche Rahmenbedingungen dazu nötig sind.

2   Auch kultureller Pluralismus ist legitim

Pluralismus, Partizipation und Öffentlichkeit sind anerkannte Leitvorstellungen unserer Gesellschaft. Dahinter steht die Idee der Entfaltung einer reichen, differenzierten und offenen Aktivitätslandschaft, in der sich jeder Einzelne nach seinem freien Willen betätigen, engagieren und weiterbilden kann. Jeder ist frei, sich mit anderen Menschen mit gleichen Zielen oder in gleicher Lage zu verbinden, um so die eigenen sozialen und kulturellen Bedürfnisse in der Gesellschaft zu vertreten und sich und die selbst gewählte Gruppe weiter zu entwickeln. Für die Integration und die ständige Adaption der Gesellschaft sind diese Bindungen und Mitgliedschaften in Gruppen mit unterschiedlichen Funktionen von großer Bedeutung. Derartige zivilgesellschaftliche Strukturen sind stärker als bürokratische Einrichtungen in der Lage, aktive Teilnahme und Orientierung zu ermöglichen und damit die Voraussetzungen für gesellschaftliche Integration zu schaffen.

Obwohl Ernst Fraenkel, der wichtigste deutsche Theoretiker des Pluralismus, seine Vorstellungen nach seinen Erfahrungen in den USA gerade auch im Hinblick auf die Legitimität von Unterschieden der Herkunft entwickelt hatte (Fraenkel 1973; Buchstein 1992), werden die Leitvorstellungen des Pluralismus und der Partizipation in der öffentlichen Debatte in positiver Weise meist nur auf einheimische Gruppen bezogen. Dagegen werden Eigenorganisationen von Einwanderergruppen vielfach mit dem offenen oder latenten Verdacht der „Desintegration" belegt oder nur wahrgenommen, wenn sie als gefährlich gelten. Einige wissenschaftliche Untersuchungen haben in problematischer Weise dieses Klima des Verdachts verstärkt, auch wenn aus den Daten der Untersuchungen derartige Gefahren gar nicht zu erkennen sind. „Man muss nur lesen können", hat ein Rezensent in Bezug auf die erste derart dämonisierende Veröffentlichung Wilhelm Heitmeyers und seiner Mitarbeiter in diesem Zusammenhang geschrieben (Santel 1998; Heitmeyer/Müller/Schröder 1997). In der Folge popularisierte die Gruppe um Heitmeyer den Begriff „Parallelgesellschaft", der zwar nach allen vorliegenden Analysen (zusammenfassend Halm/Sauer 2006) als Beschreibung der deutschen Einwanderungsgesellschaft unangemessen ist, sich aber in der Öffentlichkeit sehr verbreitet hat.

Wie Koopmans (2003, 2004) im Vergleich Deutschlands mit den Niederlanden und England in einer quantitativen Medien-Analyse herausgearbeitet hat, sind Zuwanderer-Organisationen im deutschen öffentlichen Diskurs vergleichsweise wenig sichtbar. Politische Auseinandersetzungen sind zwischen deutschen Repräsentanten und Institutionen *über* sie geführt und nicht von ihnen selbst ausgetragen worden. Dabei hat sich an ihrer Stelle ein ganzer Kranz von Fürsprechern etabliert, die bei Konflikten regelmäßig in Erscheinung treten: die Kirchen und in der Zeit von Ignaz Bubis auch der Zentralrat der Juden, die Wohlfahrtsverbände, die Ausländerbeauftragten auf den verschiedenen Ebenen, neuerdings auch der „Rat für Migration" – eine Vereinigung von Professoren. Diese Engagements sind verdienstvoll und sie haben sicherlich dazu beigetragen, xenophobe Zuspitzungen zu vermeiden bzw. zu bekämpfen und die Einwanderungs- und Integrationspolitik positiv zu beeinflussen. Geblieben ist aber der Eindruck, dass Migranten nicht für sich selbst sprechen, sondern Fürsprecher brauchen. Mit der Einbeziehung von Migrantenverbänden in die „Integrationsgipfel" bei der Bundeskanzlerin und in die „Deutsche Islamkonferenz" beim Bundesinnenminister seit 2006 ist diese Ausgrenzung durchbrochen worden, was den türkischen Verbänden 2007 auch die Gelegenheit zu einem spektakulären Boykott bot, als sie den Eindruck gewannen, sie würden zwar zu einer Inszenierung eingeladen, bei den eigentliche Entscheidungen über Einwanderung und Einbürgerung aber nicht einmal konsultiert (Thränhardt 2008).

Während die Zuwanderung in den ehemaligen Kolonialländern zum großen Teil aus den früheren Kolonien stammte, koloniale Eliten in die Mutterländer kamen, Ideen des antikolonialen Befreiungskampfes mitbrachten und rassistische Stereotypen überwinden mussten, beruhte die deutsche Anwerbepolitik auf vertragsmäßigen Beziehungen. Sie war in Distanz zur Ausbeutung der „Fremdarbeiter" in der Kriegszeit von vornherein umfassend organisiert und schloss institutionalisierte Betreuung ein. Staat und Wohlfahrtsverbände einigten sich dazu auf eine Verteilung nach religiösen und nationalen Kriterien: Die Arbeitnehmer und ihre Familien aus den „katholischen Nationen" Italien, Spanien, Portugal und – schon vor der Unabhängigkeit – Kroatien wurden von der Caritas betreut, die Griechen von der Diakonie und die Türken, Marokkaner, Tunesier ebenso wie die übrigen Jugoslawen von der Arbeiterwohlfahrt (Puskeppeleit/ Thränhardt 1990). Die Rundfunksender richteten besondere „Gastarbeiter-Programme" ein – all dies auch in Abwehr einer befürchteten Beeinflussung aus der DDR und zur sozialen Kontrolle großer Gruppen allein stehender Männer. Die Geschichte der Zuwanderung in die DDR war durch andere Faktoren gekennzeichnet, wobei der herausragendste unter ihnen wohl die Abschottung der einheimischen Gesellschaft von den eingesetzten ausländischen Arbeitnehmern war (vgl. Weiss/ Dennis 2005).

In den Anfangsjahren hatte die Betreuung der ausländischen Arbeitnehmer in der alten Bundesrepublik stark paternalistische Züge. Die Klienten wurden als hilfe- und erziehungsbedürftige Wesen gesehen und in Veröffentlichungen entsprechend beschrieben. Selbsthilfe-Aktivitäten waren nicht erwünscht und galten als gefährlich, auch im Zusammenhang mit den antiautoritären Ideen der studentischen 68er-Bewegung, die auf die revolutionäre Aktivierung von „Randgruppen" setzte und dabei auch auf die „Gastarbeiter" abstellte. Die Caritas sanktionierte noch 1974 Sozialberater, die in ihrer Freizeit partizipatorische Arbeit mit Migranten betrieben, mit Kündigungen (Puskeppeleit/Thränhardt 1990: 119). Erst im Laufe der Zeit milderten sich diese Gegensätze und die Wohlfahrtsverbände passten ihre Praxis stärker an ihre eigene Selbsthilfe-Rhetorik an. Mit den Flüchtlingsströmen der 1990er Jahre und den erbitterten politischen Auseinandersetzungen darum gab es zudem auch ein breites neues Potential an Bedürftigen, die in einer deutlich problematischeren Lage waren als die Anwerbe-Ausländer. Neue politische Frontstellungen waren die Folge.

Im Zusammenhang mit der Eingruppierung der „Ausländer" als „Randgruppe" (z. B. Spiegel-Redaktion 1973), als „Zeitbombe", „sozialer Sprengstoff", „Belastung", „Problem" oder „Türkenproblem" wurden immer wieder Defizit-Bilder beschworen, in denen die Zuwanderer als gefährlich oder als hilfsbedürftig erschienen. In dem Begriff „Ausländer-Pädagogik" wurde diese Idee eines kulturellen Defizits sehr explizit formuliert. Mit der Konzipierung verbindlicher Integrations- und Einbürgerungsprogramme für die Zuwanderer und auch für die neuerdings als „Bestandsausländer" bezeichneten schon lange im Land Lebenden werden diese Gedanken wieder aufgegriffen, wenn auch in anderer Terminologie. Zwischen diesem Defizitansatz und der sonstigen Hochschätzung der Mittelmeerkulturen besteht ein Spannungsverhältnis, insbesondere in Bezug auf die italienischen und spanischen Zuwanderer. Im öffentlichen Diskurs und auch in vielen wissenschaftlichen Veröffentlichungen wird diese Spannung aufgelöst, indem Defizite nicht mehr wie in den 1960er und 1970er Jahren EU-Europäern, sondern umstandslos (und entgegen den Fakten) nur noch den Einwanderern aus der Türkei und Nichteuropäern zugeschrieben werden. Ganz entsprechend sind in vielen Migrations-Untersuchungen in den letzten Jahren nur noch türkischen Zuwanderer berücksichtigt worden, was die Aussagekraft derartiger Arbeiten stark einschränkt.

Sollen wissenschaftliche Analysen die Wirklichkeit erhellen, Orientierung bieten und insofern auch für die politische und soziale Praxis wertvoll sein, so kommt es darauf an, alle Informationsquellen auszuschöpfen und theoretisch sauber und differenziert zu argumentieren. Gerade in der Diskussion um die Vereine und Selbsthilfe-Gruppen von Einwanderern ist das nicht selbstverständlich. Nicht nur in der Öffentlichkeit, sondern auch in wissenschaftlichen Veröffentlichungen wird vielfach der Verdacht mangelnder Integration oder desintegrativer Heimatorientierung erhoben oder die Vereine werden andererseits romantisiert. Noch problematischer ist es, dass Zuwanderer-Vereine meist nicht als ein Element des bundesdeutschen Pluralismus betrachtet werden, sondern als Sonderphänomen separiert werden. Die aktuellen Vorstellungen einer staatlich organisierten Integration von Einwanderern stehen dann jedoch – so wertvoll sicherlich Sprach- und Orientierungskurse sind – in einem Spannungsverhältnis zu Pluralismus und Partizipation, insofern sie explizit oder implizit auf Anpassung angelegt sind und damit das Grundrecht auf Vertretung der eigenen Interessen beschränken. Aktualisiert wird dies durch die Kopftuch-Debatte, in der ein Randphänomen in den Mittelpunkt gerückt und symbolisch als Exklusionsmerkmal beschrieben wird.

3 Zuwanderer-Vereine: integrierend oder desintegrierend?

Lange Zeit ist die Bedeutung von Selbsthilfegruppen für die Integration von Zuwanderern in Deutschland zögerlich thematisiert worden. Nur wenige Publikationen nehmen eine Bestandsaufnahme bestehender Strukturen vor bzw. befassen sich mit den unterschiedlichen Formen von Selbsthilfe (Fijalkowski/Gillmeister 1997; Institut für Politikwissenschaft/Zentrum für Türkeistudien 1999). Ebenso liegen im deutschen Sprachraum nur relativ wenige Publikationen zu Struktur und Funktion von ethnischen Gemeinschaften bzw. Netzwerken vor (Heckmann 1992; Thränhardt/Hunger 2000; Weiss/Thränhardt 2005), aus denen sich Erkenntnisse über Selbsthilfestrukturen ableiten lassen. Die Frage, inwieweit Selbstorganisationen bzw. ethnische Gemeinschaften integrationsfördernd oder integrationshemmend seien, wurde in der Vergangenheit eher polarisierend erörtert (Elwert 1982; Esser 1986). Herkunftsbezogene Organisationen wurden dabei entweder insgesamt als wertvoll oder insgesamt als problematisch beschrieben – eine offensichtlich unsinnige und zu einfache Dichotomie. Erst in letzter Zeit hat eine differenziertere Diskussion begonnen, die dabei bestimmte Formen der Selbsthilfe mit bestimmten Funktionen in Beziehung setzt (vgl. z.B. zur Frage der zivilgesellschaftlichen Bedeutung von Selbsthilfeorganisationen Jungk 2005).

Im wissenschaftlichen Ansatz Hartmut Essers und seiner Mitarbeiter werden soziale Eigenaktivitäten von Zuwanderern als problematisch gekennzeichnet, indem sie definitorisch als selbstausgrenzend oder ausgegrenzt betrachtet werden. Zu Grunde liegt dem eine Vorstellung rationaler Wahlmöglichkeiten, in der mangelnder Zugang zum allgemeinen gesellschaftlichen System als Ursache für separierende Aktivitäten beschrieben wird. Die Untersuchung von Diehl/Urbahn/Esser (1998) stellt Migrantenorganisationen mit „Heimatlandorientierung" solchen mit „Aufnahmeorientierung" gegenüber und geht damit davon aus, dass das Interesse am Herkunftsland notwendigerweise die Integration in Deutschland behindern werde (ähnlich Huth 2003). Diehl (2002: 14 f.) sieht in herkunftshomogenen Vereinigungen sogar ein potentielles Konfliktpotential: „Ethnisch homogene Vereinigungen stellen dennoch Netzwerke dar, innerhalb derer Unzufriedenheit etwa über den gesellschaftlichen oder ökonomischen Status der eigenen ethnischen Gruppe oder auch die politische Situation in den Herkunftsländern schneller kommuniziert und in kollektives Handeln umgesetzt werden können ... Unpolitische Vereinigungen können somit eine Art „Mikromobilisierungskontexte" darstellen, die zwar keinesfalls eine hinreichende, aber dennoch eine notwendige Bedingung für die Entstehung manifester Konflikte entlang ethnischer Linien darstellen können." In ihrer Untersuchung türkischer Selbstorganisationen definiert Diehl (2002: 3) Partizipation in einem „ethnisch homogenen Verein als die – kontingente – Wahl der ‚ethnischen Option' ... das heißt die Herausbildung und Institutionalisierung eines ethnischen Vereinssektors wird ebenso wie die Verfestigung intraethnischer Heiratsmuster oder die Herausbildung immigrantenspezifischer Bildungsmuster als das aggregierte Ergebnis individueller (zumindest partieller) Segregationsentscheidungen betrachtet." Die Partizipation in einer ethnischen Vereinigung wird damit also als bewusste Entscheidung *gegen* Integration betrachtet.

Obwohl es sicherlich richtig ist, dass in modernen Marktgesellschaften der allgemeine und offene Zugang zu allen Positionen und Ressourcen Strukturprinzip ist und breite Chancen eröffnet, wird der zitierte Ansatz weder der realen Komplexität strukturierter Gesellschaften mit ihren Netzwerken und Schichtungen, wie sie etwa Bourdieu (1983) beschrieben hat, noch den besonderen Bedingungen einer Einwanderungsgesellschaft gerecht. Vor allem für die erste Einwanderergeneration ist es wichtig, Gelegenheiten zur Adaption zu schaffen.

Bestimmte soziale Bereiche und institutionelle Angebote, die formal allen offen stehen, können von Migranten nicht genutzt werden. „Viele von ihnen können die Angebote der Institutionen des Aufnahmelandes aufgrund ihrer Bildungsziele und anderer Faktoren, auch die Möglichkeiten zum freiwilligen Engagement, nicht nutzen." (Hoppe 2003: 25). „Die restriktive Ausländergesetzgebung, die Sprachschwierigkeiten, der enorme bürokratische Apparat sowie die Übergriffe von Rechtsradikalen, so eine Migrantin, alles das zwinge, die Hilfe anderer in Anspruch zu nehmen, die ähnliche Situationen kennen." (Hoppe 2003: 27). Einwanderer-Netzwerke existieren nicht notwendigerweise in einer Enklave, sondern gehen Verbindungen mit der einheimischen Gesellschaft ein, können Brücken zwischen Herkunfts- und Aufnahmekultur bilden, sind von dieser einheimischen Umgebung beeinflusst und passen sich ihren Funktionsgesetzen an. Netzwerke werden auch zur politischen Eigenvertretung genutzt und können auch dazu dienen, integrationshemmende Faktoren innerhalb der Gesellschaft abzubauen. Als ein Beispiel seien hier die spanischen Elternvereine genannt, die sich sehr früh für die schulische Integration ihrer Kinder in den allgemeinen Unterricht einsetzten, in einer Zeit, als einige Bundesländer noch auf separate Beschulung setzten (Sánchez Otero 2003; Thränhardt 2005). „Oft sind die ethnischen Vereine erste Anlaufstelle für mittelständische Unternehmen des Herkunftslandes, die transnational operieren und in Deutschland investieren wollen." (Gaitanides 2003: 44). Selbstorganisation per se mit „Rückzug in die ethnische Enklave" (Diehl 2002) zu identifizieren, impliziert ein Integrationskonzept, das an einer völligen Assimilation orientiert ist und letztlich kulturelle Pluralität ausschließt.

Schon für die Zusammenschlüsse der Vertriebenen nach dem Krieg haben eine entsprechend positive Rolle gespielt: „Ihr Verdienst war, dass die Vertriebenen aus Objekten des Geschehens zu Trägern ihres Schicksals wurden. Durch ihr aktives Mitwirken an der Vertriebenengesetzgebung halfen sie, die materiellen Voraussetzungen zur Integration der Vertriebenen zu schaffen … Das Organisationswesen des Vertriebenen hat somit nachhaltig zum sozialen, nicht immer aber zum politischen Frieden beigetragen." (Frantzioch 1987: 159 f.) Es machte sich gerade durch seinen Erfolg ebenso wie die Vertriebenenpartei BHE langfristig überflüssig und verlor mit der sozialen, wirtschaftlichen und politischen Integration der Vertriebenen und dem Alterungsprozess der „Erlebnisgeneration" seine Bedeutung (Neumann 1968). Integration und intergenerational auch Assimilation wurde hier wie in vielen andren Fällen gerade dadurch erreicht, dass auf der Basis gleicher politischer Rechte und eigener Vereinigungen soziale und wirtschaftliche Gleichstellung durchgesetzt wurde, in diesem Fall einschließlich des „Lastenausgleichs", einer gewissen Umverteilung von denen, die alles behalten hatten, an die, die alles verloren hatten.

Will man die Frage entscheiden, ob separate Organisation oder die Einbindung in allgemeine Organisation vorteilhafter für die Gesellschaft und die Einwanderer sind, so kommt es darauf an, in welcher Form mehr und spezifischeres soziales Kapital geschaffen und vermehrt wird. Dies wird in unterschiedlichen sozialen Bereichen unterschiedlich sein. So ist im rational organisierten Unternehmensbereich wahrscheinlich, dass gleichberechtigte Einbindung und Partizipation die besten Ergebnisse bringt. Die Beiträge und die Erfolge der Migranten bei der gewerkschaftlichen Organisation und bei den Betriebsratsstrukturen sind dafür ein hervorragender Beleg (zur vergleichsweise positiven Bilanz Deutschlands in diesem Bereich Penninx/Roosblad 2001; neuere Daten bei Halm/Sauer 2005). Migranten werden hier weniger als Migranten und mehr als funktional integrierte Angehörige des Unternehmens identifiziert. In anderen Bereichen kann dies durchaus anders sein, wie im Folgenden am Beispiel von Elternvereinen exemplarisch dargestellt werden soll. Auch der internationale Vergleich macht klar, dass schematische Rezepte problematisch sind. Überlegene Einwanderungsgruppen werden danach trachten, ihr soziales Kapital zu wahren, weiter zu entwickeln und zu vernetzten. Unterlegene Gruppen können versuchen, es zu vermehren, entweder indem sie in den einheimischen Gruppen partizipieren, am einheimischen Sozialkapital teilhaben und dazu beitragen, es weiter zu vermehren, oder indem sie eigenen Gruppen bilden, in denen ein Aufholprozess organisiert wird.

4 Exemplarische Belege für die Integrationsqualität herkunftshomogener Vereine

Wie unterkomplex und simplifizierend es ist, Selbsthilfe-Organisationen schematisch nach ihrer Orientierung auf Deutschland oder auf das Heimatland positiv oder negativ zu qualifizieren oder sie sogar generell als Integrationshemmnis zu betrachten, hat Martin Sökefeld (2005) am Beispiel der Aleviten-Vereine demonstriert. Er zeichnet die Re-Konstituierung einer in der Türkei diskriminierten religiösen Gemeinschaft in Deutschland nach, deren Mitglieder sich in den 1970er und 1980er Jahren eher säkular-politisch definiert hatten und sich im Zuge der allgemeinen kulturalistischen Wende ihren Wurzeln zuwandten. Mit ihrer Organisation bewirkte sie einen Integrationsschub in Deutschland, der sich in Bildungs- und Berufserfolgen und in Einbürgerungszahlen verifizieren lässt. Auf der Grundlage einer derart gesicherten und gefestigten Position kam es dann in einer zweiten Phase zu humanitär-solidarischer Hinwendung zum Herkunftsland Türkei. Die Organisation bildete den Mantel für eine Milieubildung, in der sozialer Zusammenhang, soziale Orientierung und insbesondere Leistungsorientierung vermittelt und gemeinschaftliches Engagement freigesetzt wurden – ein Modellfall bürgerschaftlicher Orientierung, nach der in der Literatur über die Gefahren der Individualisierung und den Zerfall von Milieus so sehr gesucht wird. Den Mitgliedern und insbesondere den Jugendlichen wird in den alevitischen Gemeinschaften ein Werte- und Normensystem vermittelt, das sie zu erfolgreichen und verantwortlichen Mitgliedern der deutschen Gesellschaft macht, ohne dabei die Heimatverbundenheit aufzugeben. Da wir mit etwa 400.000 Aleviten türkischen Ursprungs in Deutschland rechnen können, darunter mehrheitlich eingebürgerte Deutsche, ist auch das Potential dieser Aktivierung groß.

In der deutschen Diskussion sind Aleviten als Gruppe bisher wenig präsent und bekannt – eben weil sie sich gut integrieren und unspektakulär bleiben. Sökefeld hat beschrieben, wie es in einer bestimmten historischen Situation zu einer produktiven Neuformierung einer Gemeinschaft kommen kann. Dass dies gerade in Deutschland geschieht und aus Deutschland wiederum auf die Türkei ausstrahlt, hängt mit der Religionsfreiheit und der Legitimität des Pluralismus in unserem Land zusammen – im Gegensatz zur heutigen Situation in der Türkei, wo die Religion trotz aller Auflockerungserscheinungen immer noch ein Mündel des Staates ist und wo trotz des offiziellen Laizismus an der Identität der Nation mit der sunnitischen Mehrheitsreligion festgehalten wird.

Ähnlich lässt sich die Erfolgsgeschichte der spanischen Elternvereine charakterisieren, allerdings mit einem längeren historischen Vorlauf. Schon wenige Jahre nach der Einwanderung bildeten sich flächendeckend Elternvereine, in denen sich ein großer Teil der spanischen Einwanderer organisierte, die damals überwiegend Familien gegründet hatten und mit der unzureichenden Versorgung ihrer Kinder in Schule und Kindergarten konfrontiert waren. In enger Koordination mit allen relevanten Akteuren – spanische Priester, Sozialberater, Lehrer, Konsulate und Botschaften – formierte sich ein Bundesverband, der eine gezielte Politik der Integration in das deutsche Schulsystem, der besonderen Förderung der Kinder im deutschen Halbtagssystem (Hausaufgabenhilfe) und des Zusatzunterrichts in der spanischen Sprache formulierte. Dieses Konzept wurde gegenüber den deutschen Stellen durchgesetzt und mit den spanischen Eltern kontinuierlich diskutiert. Kontinuierliche Elternbildung und die Stärkung der Erziehungsfähigkeit waren dann ein weiterer entscheidender Punkt des Konzepts. In dieser Hinsicht wurde in den spanischen Elternvereinen wohl mehr geleistet als in durchschnittlichen deutschen Familien.

Das Konzept der spanischen Elternvereine ist nach wie vor überzeugend, die Erfolge sind greifbar und deutlich (Thränhardt 2005). Hier ist systematisch soziales Kapital geschaffen worden. Frustrierend ist allerdings für die spanischen Aktivisten die deutsche Diskussion, in der oft in simplifizierender Weise Heimatorientierung gegen Integration ausgespielt wird. Dies drückt der heutige Vorsitzende der Elternvereine, Riesgo Alonso, aus, wenn er sagte: „Die Confederacion musste immer wieder mit der Ignoranz der Umwelt kämpfen. Nicht nur, dass viele Politiker und öffentliche Akteure weiterhin die Bedeutung der Migrantenselbsthilfeorganisationen für das Gelingen der Migrations- und Integrationsprozesse verkennen. Auch die strategischen Grundentscheidungen der Confederacion stoßen immer wieder auf den durch Vorurteile und Unkenntnis über Wesen und Prozesse der Migration verursachten Widerstand ... Heute gibt es wieder Politiker, so zum Beispiel in der hessischen Landesregierung, die einen Gegensatz zwischen Erlernen der Muttersprache und Integration der Mitglieder zu konstruieren versuchen, obwohl das Beispiel der Spanier in Deutschland ... genau das Gegenteil lehrt." (Riesgo Alonso 2003: 57).

Während in der Politik erst in den letzten Jahren eine europäische Koordination einsetzte und auch die wissenschaftliche Komparatistik eher zögernd anlief, koordinierten sich die spanischen Elternvereine schon in den 1970er Jahren europaweit. Eine zweite komparative Ebene ist der Vergleich der Bildungserfolge der verschiedenen Einwanderergruppen in Deutschland. Hier wird deutlich, dass es enorme Differenzen zwischen den einzelnen Nationalitäten gibt und dass diese Differenzen über die Jahre und die gemessenen Bereiche konsistent bleiben. Dies betrifft die Integration im Schulsystem und die Schulerfolge ebenso wie die Beteiligung am muttersprachlichen Unterricht. Die Unterschiede, die sich dabei zeigen, sind gravierend und können nicht mit Faktoren der sozialen Struktur, der Bevölkerungsdichte oder anderen sozialen Gegebenheiten erklärt werden. Die gilt vor allem für die Differenz zwischen dem faszinierenden Bildungserfolg der spanischen Jugendlichen und dem Misserfolg der italienischen Jugendlichen, die in allen Berechnungen an der letzten Stelle liegen (einige Flüchtlingsgruppen mit extremen Schicksalen ausgenommen).

Während die Organisationsdichte bei den Spaniern auf 50 Prozent geschätzt wird, sind es bei den Italienern nur sechs Prozent. Seit den frühen Arbeiten Breitenbachs (1982) hat die Diskrepanz zwischen Spaniern und Italienern Fragen aufgeworfen. In der NRW-Studie haben wir darauf hingewiesen, dass noch 1999 die italienischen Vereine überwiegend keinen selbständigen Rechtsstatus hatten, während die Spanier diesen Status schon in den 1970er Jahren erreicht hatten (Institut für Politikwissenschaft 1999). Auch die Diskrepanz beim Bildungserfolg ist aufgewiesen worden (Thränhardt 1998; 2000). Mit dem exakten Nachvollzug der Organisationsentwicklung hat die Analyse einen gewissen Abschluss erreicht. Es wird sichtbar, wie über Qualität und Quantität von Organisation soziales Kapital gebildet wird.

Es gibt eine breite Palette von Aktivitäten anderer Herkunftsgruppen, die in eine Gesamtdarstellung einbezogen werden könnten. Als Beispiel seien die erfolgreichen koreanischen Vereine genannt, die mit dem Erfolg dieser Gruppe in wirtschaftlicher und sozialer Hinsicht verbunden sind (Yoo 1996). Eine Darstellung der Eigenaktivitäten der Iraner in

Deutschland fehlt leider bisher, sie würde allem Anschein nach zu einem ähnlichen Ergebnis kommen. Auch die Aktivitäten der herkunftsheterogenen Vereine sind bisher wenig untersucht worden (vgl. dazu Institut für Politikwissenschaft 1999).

Wie stark ethnische Vereine mit ihrer Umgebung vernetzt sind, wird aus der Gesamtbefragung in Nordrhein-Westfalen deutlich (Institut für Politikwissenschaft 1999). Die Vereine geben ganz überwiegend an, mit anderen Selbstorganisationen und auch mit Parteien und Landes- und Kommunalbehörden zusammenzuarbeiten oder Kontakt zu haben. Auch hieraus wird klar, dass sie nicht von Vornherein als isolierend und abgrenzend charakterisiert werden können. Gleiches gilt für die Analyse der Aufgabenfelder, denen sich die Vereine widmen.

Tabelle 1: Zusammenarbeit zwischen Selbstorganisationen und deutschen Stellen

Kontinent	Zusammenarbeit mit:				
	Selbst-organisation	Ausländer-Beirat	Parteien	Kommunen	Land
Afrika	64	27	18	24	12
Asien	58	42	8	21	4
Europa	71	51	14	49	13
Lateinamerika	75	25	25	50	-
Heterogen	84	42	48	68	20

Quelle: Institut für Politikwissenschaft 1999: 41

Tabelle 2: Zielgruppenorientierte Angebote

Zielgruppe	% von allen Organisationen	Zielgruppe	% von allen Organisationen
Mädchen/Frauen	49	Senioren	27
Jugendliche	46	Arbeitnehmer	18
Kinder	41	Arbeitslose	18
Ratsuchende	30	Sonstige	10
Jungen/Männer	29		

Quelle: Institut für Politikwissenschaft 1999: 53

Wir finden eine Fülle an zielgruppenorientierten Aktivitäten auf breiter Basis. Es kann angenommen werden, dass Vereine in Bezug auf die Breite des Angebots und die Intensität der Orientierung im Alltag formalen Beratungsinstitutionen überlegen sind.

Auch wenn der jeweilige Erfolg der herkunftshomogenen Migrantenorganisationen bis zum Beginn der Einbürgerungswelle anhand der Nationalitätenstatistik gut dokumentiert werden konnte (Thränhardt 2000), so ist doch die Arbeit auch der herkunftsheterogenen Organisationen nicht zu unterschätzen. Der Wettbewerb der Bertelsmann-Stiftung (2003) hat deutlich gemacht, wie breit und vielfältig diese Ansätze sind und wie aktivierend sie sich auf das städtische Leben auswirken können.

5 Perspektiven

Einwanderer werden in Deutschland ebenso wie in anderen Ländern meist als Objekte einheimischer Bemühungen gesehen. In der Öffentlichkeit werden ihre Defizite hervorgehoben und es ergibt sich ein Betreuungs-, Kontroll- und Gefährlichkeitsdiskurs. Auch in den Medien sind Migranten extrem wenig als Akteure präsent, sondern deutsche Akteure diskutieren über sie. Der *assimilationist turn* (Brubaker 2001) hat diesen Effekt in den letzten Jahren verstärkt und zum Aufbau wohlfahrtsstaatlicher Integrationsinstitutionen geführt. In Bezug auf islamische Gruppen besteht ein Klima des Verdachts.

Bei der Betrachtung der Erfolge und Misserfolge von Migrantengruppen ist das eigene Engagement sehr wichtig gewesen, es unterscheidet erfolgreiche von weniger erfolgreichen Gruppen. Engagement kann dabei sowohl in herkunftsspezifischen wie in integrativen Zusammenhängen betrieben werden. Es umfasst Aktivitäten im Beschäftigungsbereich ebenso wie im Bereich der Bildung, der Partizipation und der Selbstorganisation. Dabei zeigen sich Asymmetrien und Diskrepanzen, die mit Machtgefällen und Inklusionsmechanismen im Aufnahmeland, mit mitgebrachten Einstellungen und kulturellem Kapital mit Organisations- und Artikulationsprozessen im Einwanderungsprozess zu tun haben.

Wie die Bestandsaufnahme von Halm/Sauer (2005, 35) für Nordrhein-Westfalen anhand der Kriterien des Freiwilligen-Surveys zeigt, gleichen die Organisationsraten von türkischen Migranten in etwa denen der Einheimischen, und zwar mit zwei gleichgewichtigen Schwerpunkten in allgemeinen Organisationen, vor allem in den Gewerkschaften, Sportvereinen und Berufsverbänden, und besonderen gruppenbezogenen Organisationen, insbesondere im den Bereichen Religion, Kultur und wiederum Sport. 53 % der Migranten aus der Türkei sind organisiert, davon je 33 % nur in türkischen und 33 % nur in deutschen Vereinigungen und 15 % sowohl in deutschen als auch in türkischen Vereinigungen.

Das Spektrum der tatsächlichen Aktivitäten innerhalb der Organisationen ist bei den türkischstämmigen Migranten geringer als bei den Deutschen. Wie bei den Deutschen arbeiten Frauen eher im Innenbereich der Organisationen, Männer sind stark im Führungsbereich vertreten. Für die Zukunft wird es darauf ankommen, Migranten-Engagement und allgemeine Strukturen noch stärker zu vernetzen, ob nun in pluralistischer Form der Zusammen- und Eigenarbeit von Migrantenorganisationen mit anderen Organisationen, den Parteien, Verbänden und Behörden oder in monistischer Form der Einzelmitgliedschaft, wie es bisher schon in den Gewerkschaften und bei den betrieblichen Vertretungen so erfolgreich der Fall ist. Wie Dirk Halm am Beispiel der Freiwilligen Feuerwehr ausgeführt hat, ist schon das weitere Bestehen und Funktionieren der existierenden Strukturen von der verstärkten Einbeziehung von Migranten abhängig. Andernfalls drohen enorme finanzielle und soziale Kosten.

Eine Voraussetzung für einen Pluralismus ohne Schieflagen sind volle Bürgerrechte der Migranten, also die Einbürgerung. Hier ist trotz aller Bekenntnisse zur Integration wenig geschehen. Im Gegenteil: Mit der Verschärfung der Voraussetzungen und der Öffnung für mehrfache Staatsangehörigkeit für EU-Bürger und Menschen aus Ländern, die grundsätzlich nicht ausbürgern auf der einen Seite und dem Ausschluss von Türken und Südosteuropäern auf der anderen Seite (Thränhardt 2008) wird die existierende rechtliche Asymmetrie noch verstärkt, begleitet von einem Klima des Verdachts in der Öffentlichkeit gegenüber

Muslimen (Halm 2008). Eine weitere Voraussetzung ist ein leistungsfähiger Staat, insbesondere in Bezug auf die Bildungskompetenz der Schulen. Hält man beispielweise an der Halbtags- und Selektionsschule fest, so kann auch das beste Engagement nur begrenzt ausgleichend wirken. Die deutsche Halbtagsschule verlässt sich weitgehend auf die Unterstützung und die Unterstützungskompetenz der Eltern und ihre Kenntnis des entsprechenden kulturellen Umfeldes. Ist diese nicht vorhanden, so ist dies nur schwer zu ersetzen. Mit der frühen Selektion und dem geringen Mitteleinsatz in Grundschule und Kindergarten werden zudem gerade den meisten Einwandererkindern keine weit reichenden Teilhabemöglichkeiten eröffnet. Statt der Figur des „katholischen Arbeitermädchens vom Lande", mit dem Dahrendorf vor vierzig Jahren das Bildungsdefizit beschrieben hat, haben wir es nun mit der Figur des italienischen und türkischen Migrantenjungen aus den Innenstadtvierteln zu tun (Hunger/Thränhardt 2006).

Literatur

Amirpur, Katayun (2008): Zerrbilder des Islams. Eine Polemik, In: Thränhardt, Dietrich (Hrsg.): Entwicklung und Migration, Berlin: Lit, S. 238-251
Beauftragte der Bundesregierung für Migration, Flüchtlinge und Integration (2003): Migranten sind aktiv. Zum gesellschaftlichen Engagement von Migrantinnen und Migranten, Bonn
Bertelsmann-Stiftung (2003). Auf Worte folgen Taten. Gesellschaftliche Initiativen zur Integration von Zuwanderern, Gütersloh
Bourdieu, Pierre (1983): Ökonomisches Kapital, kulturelles Kapital, soziales Kapital. In: Kreckel, Reinhard (Hrsg.): Soziale Ungleichheiten. Göttingen: Schwarz & Co
Breitenbach, Barbara von (1982): Italiener und Spanier als Arbeitnehmer in der Bundesrepublik Deutschland. München: Kaiser
Brubaker, Rogers (2001): The Return of Assimilation? Changing Perspectives on Immigration and its Sequels in France, Germany, and the United States. In: Ethnic and Racial Studies, Vol. 24, S. 531-548
Buchstein, Hubertus (1992): Politikwissenschaft und Demokratie. Wissenschaftskonzeptionen und Demokratietheorie sozialdemokratischer Nachkriegspolitologen in Berlin, Baden-Baden: Nomos
Diehl, Claudia (2002): Die Partizipation von Migranten in Deutschland. Rückzug oder Mobilisierung? Opladen: Leske + Budrich
Diehl, Claudia/Urbahn, Julia/Esser, Hartmut (1998): Die soziale und politische Partizipation von Zuwanderern in der Bundesrepublik Deutschland, Bonn: Friedrich-Ebert-Stiftung
Elwert, Georg (1982): Gesellschaftliche Integration durch Binnenintegration? In: Kölner Zeitschrift für Soziologie und Sozialpsychologie 34, S. 717-731
Esser, Hartmut (1986): Ethnische Kolonien: ‚Binnenintegration' oder gesellschaftliche Isolation? In: Hoffmann-Zlotnik, J.H.P. (Hrsg.): Segregation oder Isolation. Die Situation von Arbeitsmigranten im Aufnahmeland. Mannheim: S. 106-117
Esser, Hartmut (2007): Sprache und Integration. Die sozialen Bedingungen und Folgen des Spracherwerbs von Migranten. Frankfurt a. M.: Campus
Fijalkowski, Jürgen/Gillmeister, Helmut (1997): Ausländervereine – ein Forschungsbericht. Über die Funktion von Selbstorganisationen für die Integration heterogener Zuwanderer in eine Aufnahmegesellschaft – am Beispiel Berlins. Reihe Völkervielfalt und Minderheitenrechte in Europa, 5, Berlin
Frantzioch, Marion (1987): Die Vertriebenen. Hemmnisse und Wege ihrer Integration, Berlin

Fraenkel, Ernst (1973): Reformismus und Pluralismus. Hamburg: Hoffmann und Campe
Gaitanides, Stefan (2003): Freiwilliges Engagement und Selbsthilfepotential von Familien ausländischer Herkunft und Migrantenselbstorganisationen – Anforderungen an die Politik auf Bundes-, Landes- und kommunaler Ebene. In: Beauftragte der Bundesregierung für Migration, Flüchtlinge und Integration: Migranten sind aktiv. Zum gesellschaftlichen Engagement von Migrantinnen und Migranten, Bonn, S. 36-52
Halm, Dirk (2008): Der Islam als Diskursfeld. Bilder des Islams in Deutschland. Wiesbaden: VS Verlag für Sozialwissenschaften
Halm, Dirk/Sauer, Martina (2006): Parallelgesellschaft und ethnische Schichtung, in: APUZ 1-2/2006, S. 18-24
Halm, Dirk/Sauer, Martina (2005): Freiwilliges Engagement von Türkinnen und Türken in Deutschland, Essen: Stiftung Zentrum für Türkeistudien.
Heckmann, Friedrich (1992): Ethnische Minderheiten, Volk und Nation. Stuttgart: Enke Verlag
Heitmeyer, Wilhelm/Müller, Joachim/Schröder, Helmut (1997): Verlockender Fundamentalismus. Türkische Jugendliche in Deutschland. Frankfurt a. M.: Suhrkamp
Hoppe, Jörg Rainer (2003): Freiwilliges Engagement von Migrantinnen und Migranten in bestimmten Sozialräumen. In: Beauftragte der Bundesregierung für Migration, Flüchtlinge und Integration: Migranten sind aktiv. Zum gesellschaftlichen Engagement von Migrantinnen und Migranten, Bonn, S. 23-35
Hunger, Uwe/Thränhardt, Dietrich (2006): Der Bildungserfolg von Einwandererkindern in den westdeutschen Bundesländern. Diskrepanzen zwischen der PISA-Studie und den offiziellen Schulstatistiken. In: Auernheimer, G. (Hrsg.): Schieflagen im Bildungssystem. Die Benachteiligung der Migrantenkinder, Opladen: Leske + Budrich, S. 51-67
Huth, Susanne (2003): Freiwilliges Engagement von Migrantinnen und Migranten – Rechercheergebnisse. In: Beauftragte der Bundesregierung für Migration, Flüchtlinge und Integration: Migranten sind aktiv. Zum gesellschaftlichen Engagement von Migrantinnen und Migranten. Bonn, S. 14-22
Institut für Politikwissenschaft der Universität Münster (1999): Bestandsaufnahme der Potentiale und Strukturen von Selbstorganisationen von Migratinnen und Migranten mit Ausnahme der Selbstorganisationen türkischer, bosnischer und maghrebinischer Herkunft in Nordrhein-Westfalen. In: Ministerium für Arbeit, Soziales und Stadtentwicklung, Kultur und Sport des Landes Nordrhein-Westfalen (Hrsg.): Selbstorganisationen von Migrantinnen und Migranten in NRW. Wissenschaftliche Bestandsaufnahme, Düsseldorf, S. 11-74
Interkultureller Rat (2007): Muslimische Mädchen und der Schwimmunterricht. Auswertung einer Umfrage des Clearingprojekts „Zusammenleben mit Muslimen" bei der Kultusministerien der Länder, http://www.google.de/search?q=muslimische+m%C3%A4dchen+und+der+schwimmunterricht&ie=utf-8&oe=utf&aq=t&rls=org.mozilla: de:official&client=firefox-a
Jungk, Sabine (2005): Selbsthilfe-Förderung in Nordrhein-Westfalen, In: Weiss, Karin/Thränhardt, Dietrich (Hrsg.): Erfolg in der Nische? Die Vietnamesen in der DDR und in Ostdeutschland, Münster: Lit, S. 135-155
Koopmans, Ruud (2004): Migrant mobilization and political opportunities: variations among German cities and a comparison with the United Kingdom and the Netherlands, In: Journal of Ethnic and Migration Studies, 30, S. 449-470
Koopmans, Ruud (2003): How national citizenship shapes transnationalism: a comparative analyses of migrant and minority claims-making in the Germany, Great Britain and the Netherlands, In: Joppke, Ch./Morawska, E. (Hrsg.):: Towards Assimilation and Citizenship: Immigrants in Liberal Nation States, London: Palgrave Macmillan, S. 195-238
Kriesi, Hanspeter et al. (2006): Globalization and the Transformation of the National Political Space: Six European Countries Compared, in: European Journal of Political Research 45, S. 921-956

Lucassen, Leo (2005): The Immigrant Threat. The Integration of Old and New Migrants since 1850, Urbana. University of Illinois Press

Neumann, Franz (1968): Der Bund der Heimatvertriebenen und Entrechteten 1950-1960, Meisenheim

Penninx, Rinus/Roosblad, Judith (Hrsg.) (2001): Trade Unions, Immigration, and Immigrants in Europe, 1960-1993: A Comparative Study of the Attitudes and Actions of Trade Unions in Seven West European Countries, New York: Berghahn Books

Puskeppeleit, Jürgen/Thränhardt, Dietrich (1990): Vom betreuten Ausländer zum gleichberechtigten Mitbürger. Perspektiven der Beratung und Sozialarbeit, der Selbsthilfe und Artikulation und der Organisation und Integration der eingewanderten Ausländer aus den Anwerbestaaten in der Bundesrepublik Deutschland, Freiburg:

Ramelsberger, Annette (2008): Schäuble verspricht neue Moscheen. In: Süddeutsche Zeitung Nr. 63, 14.3.2008

Riesgo Alonso, Vicente (2003): Bunde der spanischen Elternvereine in der Bundesrepublik Deutschland. In: Beauftragte der Bundesregierung für Migration, Flüchtlinge und Integration 2003: Migranten sind aktiv. Zum gesellschaftlichen Engagement von Migrantinnen und Migranten, Bonn, S. 53-59

Sánchez Otero, Jose (2003): Der Beitrag von sozialer Netzwerkbildung bei Migranteneltern zur Integration: das Beispiel der spanischen Elternvereine, Solingen: Landeszentrum für Zuwanderung Nordrhein-Westfalen

Santel, Bernhard (1998): Töten für den Islam? In: FAZ, 13.7.1998

Sökefeld, Martin (2005): Integration und transnationale Orientierung: Alevitische Vereine in Deutschland, In: Weiss, Karin/Thränhardt, Dietrich (Hrsg.): Erfolg in der Nische? Die Vietnamesen in der DDR und in Ostdeutschland, Münster: Lit, S. 47-68

Spiegel-Redaktion (Hrsg.) (1973): Unterprivilegiert. Eine Studie über sozial benachteiligte Gruppen in der Bundesrepublik Deutschland, Neuwied: Luchterland

Thränhardt, Dietrich (1998): Inklusion und Exklusion: Die Italiener in Deutschland. In: Alborino, Roberto/Pölzl, Konrad (Hrsg.): Italiener in Deutschland. Teilhabe oder Ausgrenzung, Freiburg: Lambertus, S. 15-46

Thränhardt, Dietrich (2000): Einwandererkulturen und soziales Kapital. Eine komparative Analyse. In: Thränhardt, Dietrich/Hunger, Uwe (Hrsg.): Einwanderer-Netzwerke und ihre Integrationsqualität in Deutschland und Israel. Münster/Freiburg: Lit/Lambertus, S. 15-52

Thränhardt, Dietrich (2005): Spanische Einwanderer schaffen Bildungskapital: Selbsthilfe-Netzwerke und Integrationserfolge in Europa. In: Weiss, Karin./Thränhardt, Dietrich (Hrsg.): Erfolg in der Nische? Die Vietnamesen in der DDR und in Ostdeutschland. Münster: Lit, S. 93-111

Thränhardt, Dietrich (2008): Einbürgerung. Rahmenbedingungen, Motive und Perspektiven des Erwerbs der deutschen Staatsangehörigkeit, Bonn: Friedrich-Ebert-Stiftung

Weiss, Karin/Thränhardt, Dietrich (2005): SelbstHilfe. Wie Migranten Netzwerke knüpfen und soziales Kapital schaffen, Freiburg: Lambertus

Yoo, Yung-Sook. (1996): Koreanische Immigranten in Deutschland. Interessenvertretung und Selbstorganisation, Hamburg: Verlag Dr. Kovac

Dietmar Dathe/Eckhard Priller

Der Dritte Sektor in der Arbeitsmarkt- und Beschäftigungspolitik

1 Einleitung

Zivilgesellschaft versteht sich als Selbstorganisation von Bürgerinnen und Bürgern und deren freiwilliges Engagement in einer Vielzahl von Organisationsformen, z.B. in Vereinen, Verbänden, Initiativen oder Stiftungen. Diese Organisationen werden als institutioneller Kern oder Infrastruktur der Zivilgesellschaft angesehen und häufig unter dem Gesichtspunkt der Abgrenzung zu Staat und Markt unter dem Begriff „Dritter Sektor" zusammengefasst (Anheier et al. 2000). Die Organisationen des Dritten Sektors bilden jenen gesellschaftlichen Bereich, der zwischen den Polen Markt, Staat und Familie angesiedelt ist. Sie sind durch eine formale Struktur, organisatorische Unabhängigkeit vom Staat, eigenständige Verwaltung, gemeinnützige Ausrichtung und freiwilliges Engagement gekennzeichnet. Im täglichen Leben begegnen uns diese Organisationen in unterschiedlichen Bereichen und Funktionen: Ob in der Freizeit, in der Kultur, bei sozialen Diensten oder in lokalen, beruflichen und politischen Interessenvertretungen, ob als Vereine, Verbände, Stiftungen, gemeinnützige GmbHs oder Genossenschaften: Sie sind in ihrer Gesamtheit inzwischen, mehr oder weniger unbemerkt, unentbehrlich für das Funktionieren der Gesellschaft geworden. Historisch bedingt sind dabei – besonders durch das Subsidiaritätsprinzip – enge Verbindungen zwischen den zivilgesellschaftlichen Organisationen und dem Staat entstanden.

Im Unterschied zu anderen Gesellschaftsbereichen fallen die Einschätzungen und Analysen zur Zivilgesellschaft und vor allem zur Entwicklung der Dritte-Sektor-Organisationen vorwiegend positiv aus (vgl. Enquete-Kommission 2002; Reimer 2006). Hervorgehoben werden dabei in erster Linie die zahlenmäßige Zunahme der Organisationen und ein Anwachsen des Engagements der Bürger. Die Zahl aller gegenwärtig in Deutschland existierenden Dritte-Sektor-Organisationen ist zwar nicht exakt zu beziffern. Indessen belegen vorhandene Angaben zu Teilbereichen ein beachtliches Wachstum. So ist die Zahl der eingetragenen Vereine, die mit über 80 % den größten Anteil am Dritten Sektor haben, in der letzten Zeit beträchtlich gestiegen. Im Jahr 2005 wurden in den Vereinsregistern rund 594.000 Vereine geführt; jährlich lassen sich hier ca. 15.000 Vereine neu eintragen. Entsprechend hat die Vereinsdichte stark zugenommen. Während im Jahre 1960 nur rund 160 Vereine je 100.000 Einwohner gezählt wurden, waren es 2003 etwa 700 und 2005 bereits 725 Vereine je 100.000 Einwohner (Vereinsstatistik 2005).

Doch auch das Stiftungswesen hat sich in Deutschland in den vergangenen Jahren beträchtlich ausgeweitet. Ende 2007 verfügte Deutschland mit 15.449 bürgerlich-rechtlichen Stiftungen weltweit über den zweitgrößten Stiftungssektor nach den USA (rund 67.000

Stiftungen im Jahre 2004). Mehr als zwei Drittel der heutigen Stiftungen sind nach 1945 entstanden, wobei man seit den 1990er Jahren von einem wahren „Stiftungsboom" sprechen kann. Während 1990 die Zahl der jährlich neu errichteten Stiftungen bei rund 200 lag, wurden seit 1995 pro Jahr mehr als 300 Stiftungen neu gegründet; seit 2000 sind es sogar jährlich über 700 Stiftungen. Im Jahre 2007 wurde der bisherige Spitzenwert mit 1.134 Stiftungsneugründungen erreicht. Zurückzuführen ist die gestiegene Popularität der Rechtsform der Stiftung u.a. auf Gesetzesänderungen, die administrative und steuerliche Erleichterungen schufen, aber auch auf neue Formen, z.B. die Bürgerstiftung, an der sich mehrere Bürgerinnen und Bürger, Institutionen oder Unternehmen beteiligen können (Bundesverband Deutscher Stiftungen 2005).

Neben der Zunahme der Dritte-Sektor-Organisationen haben sich gleichzeitig das Engagement und die Mitwirkung der Bürger in diesen Organisationen enorm verstärkt. Bereits in den 1990er Jahren wurden in Deutschland über 41 Mio. Mitglieder gezählt, und rund 17 Mio. Menschen engagierten sich damals regelmäßig mit einem messbaren zeitlichen Aufwand ehrenamtlich in solchen Organisationen. Weitere inzwischen durchgeführte Untersuchungen, die neben dem Engagement in zivilgesellschaftlichen Organisationen auch jenes in anderen Einrichtungen und Gremien (z.B. ehrenamtliche Funktion in der Kommunalvertretung oder als Schöffe bei Gericht) berücksichtigen, weisen für 1999 bereits 21 Mio. Ehrenamtliche (34 % der Bevölkerung ab 14 Jahren) und für 2004 sogar eine Zahl von 23,4 Mio. (36 % der Bevölkerung ab 14 Jahren) aus (Gensicke 2006).

2 Zur arbeitsmaktpolitischen Relevanz des Dritten Sektors

2.1 Der arbeitsmarktpolitische Hintergrund

In engem Zusammenhang mit der Einbindung in die staatliche sozialpolitische Aufgabenrealisierung ist über die letzten Jahrzehnte eine zunehmende arbeitsmarktpolitische Relevanz des Dritten Sektors zu konstatieren (Zimmer/Priller 2007). Seit den 1960er Jahren, vor allem aber in den 1990er Jahren, kann man eine kontinuierliche Zunahme von Beschäftigungsverhältnissen in seinen Organisationen verzeichnen. Während im Jahre 1990 in der alten Bundesrepublik in diesem Bereich 1,3 Mio. Menschen auf Vollzeit- oder Teilzeitstellen oder als geringfügig Beschäftigte gezählt wurden, gab es 1995 im vereinigten Deutschland dort bereits 2,1 Mio. Arbeitsplätze. Gegenwärtig wird ihre Zahl auf mehr als drei Millionen geschätzt. Genaue Angaben zur Zahl der Arbeitsplätze und zur Struktur der Beschäftigungsverhältnisse liegen zurzeit nicht vor. Dies erschwert nicht nur Aussagen zur allgemeinen Entwicklung der Beschäftigungsentwicklung im Dritten Sektor, sondern auch die Einschätzungen zu den spezifischen Auswirkungen der Arbeitsmarkt- und Beschäftigungspolitik auf seine Organisationen. Gleichwohl lassen sich anhand partiell vorliegender Daten eine Reihe von wesentlichen Tendenzen sichtbar machen.

So sind bei den beschäftigungsintensiven Dritte-Sektor-Organisationen mit ihren Einrichtungen im Gesundheits- und Sozialbereich derzeit deutliche Trends zur Flexibilisierung der Beschäftigung und insbesondere einer Zunahme von Teilzeitbeschäftigung festzustellen, die als beispielgebend für den gesamten Arbeitsmarkt interpretiert werden. Hervorgehoben wird darüber hinaus, dass die spezifischen Arbeitsformen in diesen Organisationen sowie die enge Verbindung zwischen bürgerschaftlichem Engagement und beruflicher Tätigkeit für den Einzelnen sowohl als Chance zur Integration in den Arbeitsmarkt wie auch als sinnvolle Brücke dorthin in besonderen Lebensphasen fungieren können (Priller/Zimmer 2006). Spezielle Beschäftigungschancen bieten sich demnach für Frauen, denen aufgrund flexibler Arbeitszeitgestaltung die Vereinbarkeit von beruflicher Tätigkeit und familiären Aufgaben hier offenbar besser gelingt als in anderen Bereichen. Doch auch für Ältere, die sonst keine Beschäftigungschancen mehr haben oder in den letzten Jahren ihrer Berufskarriere ihre Berufs- und Lebenserfahrungen in anderen Gebieten einbringen wollen, können sich in Dritte-Sektor-Organisationen Beschäftigungsmöglichkeiten auftun, die den Übergang in die Rente verträglicher gestalten (Priller 2006).

Eine Reihe von Untersuchungen wie jene des Johns Hopkins Comparative Nonprofit Sector Project[1] haben empirisch für die 1990er Jahre die besondere arbeitsmarktpolitische Bedeutung des Dritten Sektors auf der volkswirtschaftlichen Ebene aufgezeigt. Die arbeitsmarktpolitische Relevanz der gemeinnützigen Organisationen ist demnach im Beobachtungszeitraum kontinuierlich gewachsen und der Dritte Sektor kann auf eine besonders positive Beschäftigungsentwicklung zurückblicken. Während 1990 rund 1.018.000 Beschäftigte in Vollzeitäquivalenten gezählt wurden, waren es 1995 rund 1.441.000. Insgesamt waren im Jahr 1995 im deutschen Dritten Sektor rund 2,1 Millionen Personen sozialversicherungspflichtig beschäftigt. Für die zweite Hälfte der 1990er Jahre wurde in unterschiedlichen Untersuchungen ein unvermindert hohes Wachstum des Sektors in Deutschland ermittelt und bis zum Jahr 2000 mit fast drei Millionen beschäftigten Personen in den gemeinnützigen Organisationen gerechnet. Allerdings fehlen für die Entwicklung im jüngsten Zeitraum bislang ausreichende Daten für den gesamten Sektor, da eine Wiederholung der Untersuchungen der Johns Hopkins-Studie nicht erfolgt und ihre Anlage als Dauerbeobachtung bislang in Deutschland nicht gelungen ist.

Der vorliegende Beitrag analysiert im ersten Teil zurückliegende und aktuelle Entwicklungstendenzen deshalb nur auf der Grundlage der zu einzelnen Bereichen des Dritten Sektors vorhandenen Angaben zur Anzahl der Arbeitsplätze. Er geht der Frage nach, ob der Dritte Sektor weiterhin neue Arbeitsplätze schafft. Gleichzeitig wird versucht aufzudecken, wie die gegenwärtigen Beschäftigungsverhältnisse qualitativ zu charakterisieren sind. Als Datenquellen werden Angaben aus der Gesamtstatistik der Bundesarbeitsgemeinschaft der Freien Wohlfahrtspflege und Berechnungen des Instituts für Arbeitsmarkt- und Berufsforschung (IAB) auf der Grundlage des IAB-Betriebspanels herangezogen. Einschränkend ist hervorzuheben, dass beide Quellen nur einen Ausschnitt des Dritten Sektors reflektieren und nicht den gesamten Sektor abbilden. Der zweite Teil des Beitrages konzentriert sich auf die Auswirkungen der Arbeitsmarkt- und Beschäftigungspolitik im Rahmen der Hartz-Reformen auf den Dritten Sektor. Dabei wird untersucht, welche Rolle Dritte-Sektor-

---

[1] Das international vergleichende Projekt wurde von der Johns Hopkins-Universität in Baltimore (USA) initiiert und seit 1990 koordiniert. Es erfasst den Dritten Sektor in ausgewählten Ländern quantitativ in seiner ökonomischen Struktur (Beschäftigte, Ehrenamtliche, Tätigkeitsspektrum, Leistungsumfang, Finanzvolumen, Quellen und Verwendung der finanziellen Mittel) und qualitativ in seinen historischen, gesellschaftlichen und politischen Dimensionen. Die deutsche Teilstudie wurde in der zweiten Projektphase von Annette Zimmer (Universität Münster) und Eckhard Priller (WZB) geleitet.

Organisationen zur Umsetzung der staatlichen Reformpolitik spielen und welche Folgen dies für sie selbst und die betroffenen Beschäftigten hat.

2.2 Phasen der Beschäftigungswirksamkeit

Im Rückblick auf die letzten 15 Jahre lässt sich konstatieren, dass der Dritte Sektor nicht durchgängig auf gleichem Niveau neue Arbeitsplätze geschaffen hat und sich durchaus markante Einschnitte in der Entwicklung abzeichnen. Dies ist nicht zuletzt als Folge und Auswirkung von unterschiedlichen arbeitsmarkt- und beschäftigungspolitischen Maßnahmen anzusehen. Seit Beginn der 1990er Jahre sind drei Phasen auszumachen. Sie lassen sich teilweise aus den Ergebnissen der ersten beiden Phasen des Johns Hopkins Project erkennen, reflektieren sich aber auch in jüngeren Angaben der Freien Wohlfahrtspflege zur Beschäftigungsentwicklung (vgl. Abbildung 1).

Abbildung 1: Beschäftigte in der Freien Wohlfahrtspflege 1970-2004

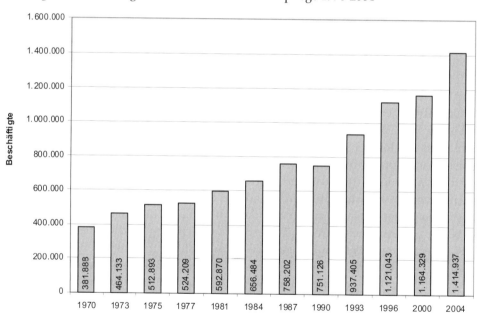

Quelle: Gesamtstatistik 2004 der Bundesarbeitsgemeinschaft der Freien Wohlfahrtspflege e.V.

Die drei Phasen sind wie folgt zu charakterisieren:
Die erste Phase, die etwa den Zeitraum bis 1998 umfasste, zeichnete sich durch ein absolutes Wachstum der versicherungspflichtigen Beschäftigungsverhältnisse im Dritten Sektor aus (Phase des absoluten Wachstums). Dieser Aufschwung war verbunden sowohl mit einer bedeutenden Expansion der Bereiche, in denen gemeinnützige Organisationen tätig wurden, als auch mit der Zunahme der Organisationen an sich. Dazu hat in einem hohen Maße die Indienstnahme der Organisationen zur Umsetzung und Durchsetzung staatlicher sozi-

alpolitischer Zielstellungen beigetragen. Einen besonderen Stellenwert hatten dabei bekanntlich der Umbau in Ostdeutschland und die Schaffung von Strukturen des Dritten Sektors, wie sie in den alten Bundesländern bereits bestanden. Neben starken Professionalisierungstendenzen in ausgewählten Bereichen des Dritten Sektors (Soziale Dienste, Gesundheitswesen) zeichnete sich in anderen Bereichen (Umwelt, Internationale Aktivitäten) eine dynamische Konjunktur des bürgerschaftliche Engagements ab.

Eine zweite, relativ kurze Phase, die sich um die Jahre 1999 bis 2001 erstreckte, ist durch eine Stagnation bei der Zahl der Arbeitsplätze zu charakterisieren (Phase der Stagnation). Mit dem Beginn der sozialpolitischen Umsteuerung und dem verstärkten Rückgang der staatlichen Mittel für die Finanzierung des Dritten Sektors entstanden offensichtlich keine weiteren Arbeitsplätze mehr. Der zunehmende Druck wirtschaftlicher Effizienzkriterien führte sogar insgesamt zu einem rückläufigen Arbeitsvolumen: eine Entwicklung, wie sie bislang nur aus den Sektoren Markt und Staat bekannt war. Dies äußerte sich darin, dass zunehmend Vollzeitstellen durch Teilzeitstellen ersetzt wurden. Die durch den Rückgang des Beschäftigungsvolumens entstehenden Lücken (wie zum Beispiel in der sozialen Betreuung und Beratung) versuchte ein Teil der Organisationen u. a. durch eine Ausweitung des freiwilligen Engagements und eine breite Verteilung der Aufgaben auf die vorhandenen Beschäftigten zu kompensieren.

In der dritten Phase, die etwa 2002 begann und in der wir uns gegenwärtig noch befinden, haben die Dritte-Sektor-Organisationen aus den sozialpolitischen Reformen und Umbrüchen entstandene Einschränkungen und Repressionen offenbar gut bewältigt. Sie haben sich mit den Veränderungen der Situation „eingerichtet" und für ihren Bereich Lösungen gefunden, die auch wieder zu einem Zuwachs an Arbeitsplätzen führen. Im Bereich der Wohlfahrtspflege hat u. a. der umfangreiche Einsatz von Arbeitsgelegenheiten mit Mehraufwandsentschädigung dazu beigetragen. Die neuerliche Wachstumsphase betrifft aber offensichtlich nicht alle Bereiche des Dritten Sektors in gleichem Maße. Die Analysen des IAB verweisen beispielsweise auf der Grundlage der Daten des IAB-Betriebspanels auf kein weiteres Wachstum in den Bereichen des Sozial- und Gesundheitswesens.

Gleichzeitig ist nicht zu übersehen, dass durch die jährlich 15.000 neu gegründeten Vereine und aktuell jährlich über 1.000 neu eingerichteten Stiftungen ständig zusätzliche Aufgabenfelder für den Dritten Sektor hinzukommen oder Bereiche – wie zum Beispiel jener der Kinderbetreuung – beträchtlich anwachsen. Kennzeichen dieser dritten Phase ist die bemerkenswerte Zunahme atypischer Beschäftigungsverhältnisse, d. h. die Zahlen der Teilzeitarbeitsplätze und der befristeten Arbeitsplätze steigen beträchtlich an, die Zahl der Vollzeitarbeitsplätze geht hingegen weiter zurück. Außerdem sind Tendenzen einer zunehmenden Kombination von regulärer (bezahlter) und freiwilliger (unbezahlter) Arbeit zu finden, die verstärkt zur Entgrenzung der ehemals klar voneinander getrennten Bereiche führt.

2.3 Probleme und Risiken der aktuellen Beschäftigungsentwicklung

Welche Entwicklungstendenzen kennzeichnen die gegenwärtige Entwicklungsphase im Einzelnen und wie sind die Beschäftigungsverhältnisse im Dritten Sektor gegenwärtig zu charakterisieren? Zunächst ist näher auf den Bereich der Freien Wohlfahrtspflege einzugehen, da hier zumindest bis 2004 eine Reihe verwertbarer statistischer Daten vorliegt und dieser Bereich zugleich den Kern des Dritten Sektors in Deutschland darstellt.

Nach den Angaben der Wohlfahrtsverbände weist vieles auf ein beträchtliches Wachstum in diesem Bereich in den letzten Jahren hin. So ist die Zahl der Einrichtungen von 2000 bis 2004 um 6 % und die Anzahl der Beschäftigten sogar um 22 % gestiegen. Allerdings basiert der Beschäftigungszuwachs hauptsächlich auf einer Zunahme bei den Teilzeitkräften und den geringfügig Beschäftigten um 39 %. Innerhalb des Zeitraums von vier Jahren nahm die Anzahl der Teilzeitkräfte und der geringfügig Beschäftigten um 186.034 zu. Die Gesamtzahl dieser Beschäftigten stellt mit 663.637 rund 46,7 % und damit fast die Hälfte der Beschäftigungsverhältnisse in den Wohlfahrtsverbänden. Die Gesamtzahl der ehrenamtlich sozial Engagierten weist die Gesamtstatistik der Freien Wohlfahrtspflege seit den letzten Berichtszeiträumen unverändert mit 2,5 bis 3 Millionen aus.

Die besondere Rolle der atypischen Beschäftigungsverhältnisse im Dritten Sektor kommt auch durch die Angaben des IAB zum Ausdruck (vgl. Tabelle 1).

Tabelle 1: Atypische Beschäftigungsverhältnisse im Dritten Sektor 2004

	Dritter Sektor	**Durchschnitt alle Sektoren**
Teilzeit	40 %	21 %
Befristung	13 %	6 %
Geringfügig	11 %	11 %
Aushilfe/Praktikanten	3 %	3 %

Quelle: IAB-Betriebspanel 2004 (Berechnungen des IAB)

Im Dritten Sektor waren nach diesen Angaben im Jahr 2004 mit 40 % rund doppelt so viele Teilzeitkräfte wie im Durchschnitt aller Beschäftigten in Deutschland (21 %) tätig. Bei den befristeten Arbeitsverhältnissen waren es im Dritten Sektor mit 13 % sogar mehr als doppelt so viele Beschäftigte wie im Gesamtdurchschnitt (6 %). Hingegen bestehen bei den geringfügig Beschäftigten sowie bei Aushilfen und Praktikanten keine Unterschiede zwischen Drittem Sektor und dem Durchschnitt aller Sektoren.

Im Vergleich zu den Angaben über den Dritten Sektor aus Untersuchungen der 1990er Jahre zeigen sich beträchtliche Veränderungen. Nach den Ergebnissen des Johns Hopkins Project waren 1990 lediglich 27 % und 1995 nur 34 % der Mitarbeiter im gesamten Dritten Sektor teilzeitbeschäftigt. Der Anteil der geringfügig Beschäftigten lag nach den Ergebnissen einer Organisationsbefragung aus dem Jahr 1997 noch bei 6 %. Teilzeitarbeit und geringfügige Beschäftigung sind also im Dritten Sektor stark angewachsen und sie dominieren inzwischen die Arbeitsverhältnisse.

Wurden diese Tendenzen lange Zeit als besonderer Vorteil und als Kennzeichen für flexible Beschäftigungsverhältnisse im Dritten Sektor angesehen, ergeben sich aufgrund der beschriebenen Entwicklungen heute Fragen nach den Grenzen der Entwicklung zu atypischen Beschäftigungsverhältnissen. Dies trifft auch für IAB-Angaben zum Frauenanteil zu, der stark zugenommen hat, so dass 2004 bereits von vier Arbeitsplätzen drei von Frauen besetzt waren. Andere Analysen weisen auf die geringe Entlohnung hin. Aus den Organisationen des Dritten Sektors werden deshalb erste Forderungen nach einem Mindestarbeitslohn gestellt.

3 Hartz-Reformen und Dritter Sektor

3.1 *Hartz-Reformen*

Von der Arbeitsmarkt- und Beschäftigungspolitik gingen in der Vergangenheit und gehen bis in die Gegenwart wichtige Impulse für die Anzahl der bezahlten Arbeitsplätze im Dritten Sektor aus. Während dies zum Beispiel in den 1990er Jahren in den neuen Bundesländern bestimmte Regelungen für Arbeitsbeschaffungsmaßnahmen (ABM) belegen, liefern gegenwärtig die Hartz-Reformen ein beeindruckendes Bild für einen entsprechenden Einfluss. Insgesamt haben die vier Gesetze für moderne Dienstleistungen am Arbeitsmarkt („Hartz I-IV"), die zwischen Januar 2003 und Januar 2005 in Kraft getreten sind, Organisation und Inhalte der Arbeitsmarktpolitik in Deutschland tiefgreifender verändert als jede andere gesetzliche Neuregelung zuvor:

- Schon die Vorschläge der Kommission „Moderne Dienstleistungen am Arbeitsmarkt" (Hartz-Kommission) beruhten auf einem Paradigmenwechsel hin zu einer *aktivierenden* Arbeitsmarktpolitik („Eigenaktivität auslösen – Sicherheit einlösen", bekannter unter dem Begriffspaar Fördern und Fordern). Aktivierung sieht im Kern vor, finanzielle Unterstützung an die Bereitschaft der Betroffenen zu knüpfen, sich selbst um Arbeit zu bemühen und dazu auch angebotene Dienstleistungen anzunehmen. Im Kern wird damit Arbeitslosigkeit nicht mehr als ein Struktur- oder Nachfrageproblem (fehlende Arbeitsplätze) gesehen, sondern auf ein Angebotsproblem reduziert.
- Die *betriebswirtschaftliche* Ausrichtung der Geschäftspolitik der Bundesagentur für Arbeit auf die Kostenreduzierung für die Versichertengemeinschaft und den Bund (Rechtskreis SGB III): Die Bundesregierung verfolgt daher das Ziel einer frühzeitigen Intervention zur Vermeidung von Langzeitarbeitslosigkeit. Besonders die Minimierung von Kosten für die gesamte Volkswirtschaft ist in den Blickpunkt der Bundesagentur für Arbeit geraten. Diese Strategie führt insbesondere zu Konflikten im Bereich der Grundsicherung (SGBII) (vgl. Deutscher Bundestag 2006: 62).
- Die Zusammenlegung von Arbeitslosen- und Sozialhilfe zur *Grundsicherung für Arbeitsuchende* (Arbeitslosengeld II) und die gleichzeitige Aufspaltung der öffentlichen Arbeitsverwaltung in zwei Rechtskreise mit unterschiedlichen institutionellen Gegebenheiten und Verfahrensregeln.

Im Folgenden sollen die Auswirkungen dieser Änderungen auf das beschäftigungspolitische Engagement und die arbeitsmarktpolitische Funktion des Dritten Sektors analysiert und Schlussfolgerungen aus engagementpolitischer Perspektive gezogen werden.

3.2 Auswirkungen der Hartz-Reformen auf den Dritten Sektor

3.2.1 Arbeitsgelegenheiten mit Mehraufwandsentschädigung (MAE) [2]

Von Beginn an standen die Arbeitsgelegenheiten mit MAE in den Verhandlungen zwischen der Bundespolitik und den Wohlfahrtsverbänden im Mittelpunkt[3]: So heißt es in der Pressemitteilung der Bundesarbeitsgemeinschaft der Freien Wohlfahrtspflege (BAGFW) vom 06.09.04 (Einsatz für Zusatzjobs im sozialen Sektor): „Zusatzjobs bieten langzeitarbeitslosen Arbeitsuchenden eine Möglichkeit, sich wieder in den Berufsalltag einzufinden und dadurch ihre *Chancen auf eine reguläre Beschäftigung* zu erhöhen. Die Wohlfahrtsverbände haben gegenüber der Bundesregierung ihre Bereitschaft signalisiert, bei diesem Prozess einen wesentlichen Beitrag zu leisten, entsprechende Arbeitsgelegenheiten zur Verfügung zu stellen und die Schaffung von Zusatzjobs ... aktiv zu unterstützen".

In der Pressemitteilung der BAGFW vom 15.09.04 („Zusatzjobs im sozialen Bereich schaffen neue Perspektiven für Arbeitsuchende und für soziale Dienste") heißt es u. a.: „Unser gemeinsames Ziel ist es, die durch die Arbeitsmarktreformen geschaffenen Möglichkeiten zielstrebig zu nutzen, um Langzeitarbeitslosen neue Wege in die Beschäftigung zu eröffnen. Zusatzjobs im sozialen Bereich können dazu neue Perspektiven für die Arbeitsuchenden schaffen". Im Schlussbericht des Ombudsrates wird festgestellt: „Nach Mitteilungen der Wohlfahrtsverbände an die Mitglieder des Ombudsrates werden im breiten Spektrum der sozial-karitativen Arbeit noch eine Vielzahl von Beschäftigungsmöglichkeiten gesehen, die bislang nicht genutzt werden" (Ombudsrat 2006: 9f.).

In Nordrhein-Westfalen wurden Einrichtungen und Unternehmen der Wohlfahrtspflege danach befragt, warum sie sich mittlerweile, trotz der anfänglichen Skepsis, in erheblicher Intensität an der Umsetzung des Instrumentes Arbeitsgelegenheiten mit MAE beteiligen. Erkennbar wurden vier Argumentationsmuster (vgl. SÖSTRA 2008: 14):
a) das Auftragsargument: In der Satzung ist die „Unterstützung Arbeitsloser" klar festgeschrieben und gebietet somit eine Beteiligung auch an der Umsetzung von Arbeitsgelegenheiten.
b) das Gestaltungsargument: Dieses Argument folgt der Devise, nur wer sich beteiligt, kann auf eine Verbesserung hinwirken.
c) das Ausschließlichkeitsargument: Vor Ort gebe es kaum ein anderes Instrument der Arbeitsmarktpolitik, daher komme man der Umsetzung dieses Instrumentes nicht vorbei.
d) das Kompetenzargument: Die jahrelang aufgebaute Kompetenz könne für bessere Ergebnisse sorgen, als wenn das Feld unerfahrenen Unternehmen überlassen bliebe.

Arbeitsgelegenheiten mit Mehraufwandsentschädigung (§ 16 Abs. 3 SGB II) sollen im öffentlichen Interesse (vom BMAS wird, in Übereinstimmung mit den Wohlfahrtsverbänden,

---

[2] Auch als Zusatzjobs, Soziale Arbeitsgelegenheiten oder 1-Euro-Jobs bezeichnet.
[3] Die andere Option, Arbeitsgelegenheiten mit Entgeltvariante nach § 16 Abs. 3 Satz 1 SGB II, begründet ein sozialversicherungspflichtiges Beschäftigungsverhältnis zum ortsüblichen/tariflichen Arbeitsentgelt. Sie müssen nicht zwingend im öffentlichen Interesse liegen und/oder zusätzlich sein, der Förderumfang ist nicht gesetzlich vorgegeben und die Förderdauer sollte 6 bis 9 Monate nicht überschreiten.

"im öffentlichen Interesse" adäquat mit gemeinnützig bzw. gemeinwohlorientiert interpretiert) und zusätzlich sein. D.h., sie sollen unmittelbar den Interessen der Allgemeinheit und nicht privaten, erwerbswirtschaftlichen Zwecken dienen. Als zusätzlich gelten Aufgaben, die sonst nicht, nicht in diesem Umfang oder nicht zu diesem Zeitpunkt verrichtet werden würden.

Diese Voraussetzungen kann man, wenn auch nicht sehr „trennscharf" formuliert, als generelle Anforderungen an eine öffentlich geförderte Beschäftigung akzeptieren. Hinzu kommen aber weitere Bedingungen: Die Annahme von solchen Arbeitsgelegenheiten ist *verpflichtend* („Test der Arbeitsbereitschaft")[4]: Wer eine solche Maßnahme ablehnt, wird mit einer 30-prozentigen, im Wiederholungsfall einer weiteren 30-prozentigen Kürzung des Arbeitslosengeldes II bedroht. Die Sanktionen können bis zum völligen Entzug der monetären Unterstützung führen. Bei Menschen unter 25 Jahren entfällt die Leistung sofort für drei Monate.

Derartige Arbeitsgelegenheiten begründen darüber hinaus kein Arbeitsverhältnis im Sinne des Arbeitsrechts („Beschäftigungsverhältnisse ohne Arbeitsvertrag"). Während der Teilnahme steht dem Betreffenden kein reguläres Arbeitsentgelt, sondern eine „angemessene" Mehraufwandsentschädigung zu.[5] Dagegen haben Träger der Wohlfahrtsverbände versucht, eigene Standards zu formulieren, von denen einige Beispiele anzuführen sind:

- So heißt es in einem Appell der BAG Katholische Jungendsozialarbeit vom 01.12.04: „Die Bundesarbeitsgemeinschaft Katholische Jugendsozialarbeit (BAG KJS) sieht die Gefahr, dass Arbeitsgelegenheiten, insbesondere für sozial oder individuell benachteiligte junge Menschen den Einstieg in eine prekäre Beschäftigung darstellen oder in eine Sackgasse enden können. Aus diesem Grunde ist die Vermittlung von Arbeitsgelegenheiten grundsätzlich als nachrangig zu betrachten".
- Selbstverpflichtungserklärung der AWO als Träger von Arbeitsgelegenheiten mit Mehraufwandsentschädigung vom 28.01.05: „Es werden nur solche Teilnehmer in Arbeitsgelegenheiten eingesetzt, die hierzu freiwillig bereit und für die Mitarbeit in sozialen Einrichtungen hinreichend motiviert sind".
- Das Diakonisches Werk der Evangelischen Kirche im Rheinland formulierte folgende Standards für Arbeitsgelegenheiten in ihrem Verantwortungsbereich (2005: 14f.):
  - Arbeitsgelegenheiten dürfen nicht in einer beruflichen oder persönlichen Sackgasse für die Betroffenen enden.
  - Kirche und Diakonie werden sich nicht daran beteiligen, qualifizierte und tarifliche Stellen abzubauen und sozialpolitisch nicht zu verantwortende Beschäftigungsverhältnisse zu fördern.

---

[4] Was im Prinzip *workfare* heisst, also der Verpflichtung zu gemeinnütziger Arbeit bei dem Bezug von Sozialtransfers.
[5] Die Höhe der Mehraufwandsentschädigung ist nicht gesetzlich geregelt (eine maximale Höhe von 200 € pro Monat, eine Förderdauer von bis zu 12 Monaten und eine Wochenarbeitszeit von 30 Stunden werden von der Bundesagentur als Orientierungswerte angegeben). Die Bundesagentur für Arbeit orientiert darüber hinaus auf eine Trägerpauschale von bis zu 300 € pro Monat und Teilnehmerplatz, wovon die Mehraufwandsentschädigung zu zahlen ist und die Kosten des Trägers für die erforderliche Qualifizierung und sozialpädagogische Betreuung.

- Kirche und Diakonie werden genau darauf achten, dass durch die zu schaffenden Arbeitsgelegenheit die Aufgabenstellungen des Ehrenamtes nicht gefährdet werden.
- Es ist zwingen darauf zu achten, dass die Arbeitsgelegenheiten das Mittel der letzten Wahl darstellen.
- Die arbeitsgelegenheitsgebenden Stellen übernehmen Verantwortung für die Teilnehmenden. Die Beschäftigungszeit sollte für Qualifizierungsangebote zur beruflichen und sozialen Integration genutzt werden.

3.2.2 Zur quantitativen Entwicklung der Arbeitsgelegenheiten mit MAE

Seit ihrer Einführung sind Arbeitsgelegenheiten mit MAE, innerhalb des Rechtskreises SGB II, das am häufigsten eingesetzte arbeitsmarktpolitische Instrument (vgl. Tabelle 2). Gleichzeitig ist es nicht das *Ultima ratio*- Mittel der Arbeitsmarktpolitik.[6]

Auffallend ist der hohe Anteil der unter 25-Jährigen, der bis jetzt (mit Ausnahme Ostdeutschlands im Jahre 2007) den Anteil der über 50-Jährigen übertrifft. Gemessen am Kriterium „1 Jahr und länger" arbeitslos[7] oder auch mit Blick auf ein Durchschnittsalter der Teilnehmer zwischen 36 und 38 Jahren steht der/die ältere langzeitarbeitslose Arbeitsuchende offensichtlich nicht in dem Maße im Mittelpunkt wie ursprünglich angekündigt (vgl. Tabelle 1)

---

[6] Nach einer Aussage von Heinrich Alt (Vorstandsmitglied BA) vom 18.09.07 hatten bereits zu diesem Zeitpunkt fast alle Langzeitarbeitslosen eine Arbeitsgelegenheit durchlaufen (vgl. BAGFW 2008: 30).
[7] Dieses Kriterium ist sicher nur bedingt geeignet, Langzeitarbeitslosigkeit zu quantifizieren.

Tabelle 2: Angaben zur Struktur der Teilnehmer in Arbeitsgelegenheiten mit MAE (ohne zugelassene kommunale Träger)

	Deutschland			Bundesgebiet West			Bundesgebiet Ost		
	2005	2006	2007	2005	2006	2007	2005	2006	2007
Teilnehmerbestand (in 1.000)	193	276	261	97	147	147	96,5	128,5	114
Anteil an Beschäftigung schaffenden Maßnahmen (in %)	86,6	84,0	83,8	94,0	92,2	90,4	63,9	76,2	76,6
Anteil an allen arbeitsmarktpolitischen Instrumenten (in %)	46,3	40,0	35,8	45,2	37,8		47,4	42,6	
Struktur der Eintritte:									
Anteil Frauen (in %)	39,3	39,1	39,9	34,2	35,0	37,6	44,9	44,6	46,0
Unter 25 Jahre (in %)1	24,6	23,6	21,5	25,1	23,3	20,9	24,0	24,0	22,3
50 und älter (in %)1	17,9	19,1	20,5	15,0	16,9	18,5	21,2	22,1	23,6
Durchschnittsalter1	36,8	37,1		35,9	36,6		37,7	37,9	
Geringqualifizierte1	47,3	X2	X2	60,6	X2	X2	32,8	X2	X2
Durchschnittl. Dauer der Arbeitslosigkeit vor Eintritt (Monate) 1	15,6	14,1	14,1	14,0	14,2	14,3	17,0	13,9	13,8
Anteil 1 Jahr und länger arbeitslos vor Eintritt (in %)1	33,9	28,2	28,1	28,5	28,3	26,6	39,9	28,1	30,4

Datengrundlage: Statistik der BA und eigene Berechnungen.
1) 2007: Einschl. Arbeitsgelegenheiten mit Entgeltvariante. – 2) Ab 2006 keine Daten verfügbar.

Tabelle 3: Ausgewählte Merkmale der Arbeitsgelegenheiten mit MAE (ohne zugelassene kommunale Träger)

	Deutschland		Bundesgebiet West		Bundesgebiet Ost	
	2005	2006	2005	2006	2005	2006
Durchschnittl. Dauer in Monaten	5,7	5,1	5,4	4,9	5,9	5,3
Mit Qualifizierungsanteilen (in %)		27,7		23,1		34,0
Durchschnittl. Wochenarbeitszeit (Std.)	28,3	28,6	28,9	29,2	27,7	27,7
Durchschnittl. MAE/Stunde (in €)	1,25	1,26	1,27	1,26	1,24	1,25
Durchschnittl. Maßnahmekosten-pauschale pro Teilnehmer/Monat (in €)	322	258	370	298	269	203

Quelle: Statistik der BA.

Die durchschnittliche Dauer der Arbeitsgelegenheiten mit MAE, die im Vergleich zwischen 2005 und 2006 noch gesunken ist (vgl. Tabelle 2), ist weit von dem entfernt, was etwa das Diakonische Werk der Evangelischen Kirche im Rheinland gefordert hatte: „Die durchschnittliche Durchführungsdauer der Arbeitsgelegenheiten von einem halben Jahr ist weder für die Betroffenen noch für die Einrichtungen sinnvoll, da eine qualitative Einarbeitung und Qualifizierung sowie eine Erprobung in der Praxis kaum zu schaffen ist. Durch politische Einflussnahme auf die ARGE vor Ort sollte eine Verlängerung auf durchschnittlich zwölf Monate erreicht werden" (2005: 20). Die gerade von Vertretern des Dritten Sektors geforderte Verknüpfung von Arbeitsgelegenheiten mit MAE mit der Qualifizierung der Teilnehmer ist nicht die Regel geworden. Inwieweit ein Zusammenhang zwischen den deutlich sinkenden Maßnahmekosten und den Qualifizierungsanteilen besteht, kann anhand der publizierten Daten leider nicht verifiziert werden.

Misst man die Effizienz eines arbeitsmarkpolitischen Instruments an den Eingliederungsquoten[8], so zeigt Tabelle 3 eindeutig, dass Arbeitsgelegenheiten in der

Tabelle 4: Eingliederungsquoten (EQ) bezogen auf Arbeitsgelegenheiten (ohne zugelassene kommunale Träger)

	09/05 bis 08/06	09/06 bis 08/07
AGH	16,7	17,3
davon:		
Entgeltvariante	28,0	32,7
Mehraufwandsvariante	16,3	16,5

Quelle: Statistik der BA.

Entgeltvariante deutlich denen in der Mehraufwandsvariante überlegen sind. Darum scheint es umso erstaunlicher, dass Arbeitsgelegenheiten in der Entgeltvariante 2005 nur einen Anteil von 3,9 %, 2006 von 5,8 % und 2007 von 6,9 % an allen Arbeitsgelegenheiten ausmachen. *Betriebswirtschaftlich* macht dies möglicherweise Sinn, weil die Maßnahmekostenpauschale (pro Teilnehmer und Monat) im Vergleich der Arbeitsgelegenheiten mit MAE zu den Arbeitsgelegenheiten mit Entgelt 2005 nur 29,9 % ausmacht und 2006 24,2 %.

Ordnet man die in Tabelle 4 aufgeführten Einsatzfelder Kinderbetreuung/Jugendhilfe und Gesundheit/Pflege grob dem sozialen Bereich zu, was selbstverständlich nicht mit dem Dritten Sektor oder der Freien Wohlfahrtspflege gleichzusetzen ist, so waren im Dezember 2006 [9] rd. 27 % der Arbeitsgelegenheiten mit MAE diesem Bereich zuzurechnen. Darüber hinaus können die Betreffenden in der Freien Wohlfahrtspflege auch für Verwaltungstätigkeiten, Garten und Landschaftspflege, Hausmeisterdienste oder handwerkliche Arbeiten eingesetzt werden (vgl. Diemer/Wiedemeyer 2007).

---

[8] Die Eingliederungsquote (definiert als sozialversicherungspflichtig Beschäftigte/Austritte insgesamt * 100) gibt an, wie viele Maßnahmeteilnehmer sich stichtagsbezogen 6 Monate nach Austritt aus der Maßnahme in einer sozialversicherungspflichtigen Beschäftigung befinden. Zu den berücksichtigten sozialversicherungspflichtigen Beschäftigungsverhältnissen gehören auch öffentlich geförderte Beschäftigungsverhältnisse.
[9] Den zum Zeitpunkt der Ausarbeitung dieses Beitrages aktuell verfügbarsten Daten.

Tabelle 5: Einsatzfelder für Arbeitsgelegenhciten mit MAE (Bestand Dezember 2006) (ohne zugelassene kommunale Träger)

Anteile in %	
Infrastrukturverbesserung	23,8
Umweltschutz und Landschaftspflege	23,5
Kinderbetreuung und Jugendhilfe	13,5
Gesundheit und Pflege	13,3
Beratungsdienste	8,0
Erziehung und Bildung	7,4
Kunst und Kultur	5,8
Sport	2,1
Wissenschaft und Forschung	0,5

Quelle: Statistik der BA.

Bezüglich des Umfanges der Arbeitsgelegenheiten im Dritten Sektor oder bei der Freien Wohlfahrtspflege findet man neben einer allgemeinen Aussage, wie: „Die Diakonie ist eine der zentralen Akteure bei der Umsetzung dieses arbeitsmarktpolitischen Instruments" (Diemer/Wiedemeyer 2007: 9) quantitative Daten nur äußerst spärlich:

- In einer Pressemitteilung des Diakonischen Werkes der EKD vom 16.08.05 wird von bundesweit 40.000 Zusatzjobs in diakonischen Einrichtungen gesprochen.
- Nach einer Pressemitteilung des Deutschen Caritasverbandes vom 09.08.05 wurden bis zum Juni 2005 in Einrichtungen und Diensten des Deutschen Caritasverbandes 17.350 Arbeitsgelegenheiten mit MAE angeboten, wovon 72 % besetzt waren.
- Eine von der Caritas im Juli 2007 durchgeführte Erhebung unter (ausgewählten) 2.035 Einrichtungen und Diensten sowie einer Vollerhebung bei den 175 Caritas-Beschäftigungsgesellschaften ergab, dass in diesen Einrichtungen rd. 34.000 Zusatzjobber beschäftigt waren (vgl. Fix/Vogt-Wuchter 2007).

3.2.3 Evaluation des Einsatzes von Arbeitsgelegenheiten mit MAE

Das vom Gesetzgeber zur generellen Hartz IV-Evaluierung beauftragte Institut für Arbeitsmarkt- und Berufsforschung (IAB) bei der Bundesagentur für Arbeit gelangte bisher u.a. zu folgenden Resultaten: Schon 2005 machten Arbeitsmarktforscher auf die Gefahr der Verdrängung regulärer Beschäftigung aufmerksam, wenn Arbeitsgelegenheiten in großem Stil eingesetzt würden (vgl. Cichorek u.a. 2005). Die Studie von Wolff/Hohmeier (2006) gelangte zu dem Schluss, dass die Förderung durch Zusatzjobs wenig zielgruppenorientiert sei, dass die Heranführung an den ersten Arbeitsmarkt seitens der Fallmanager selbst als unrealistisch eingeschätzt wird und auch die Kontrolle der Durchführung bei den Trägern sehr mangelhaft ist. Eine Studie von Kettner/Rebien (2007) kommt zu dem Ergebnis, dass es infolge der Arbeitsgelegenheiten mit MAE zu massiven Verdrängungseffekten regulärer Arbeitsplätze kommt und gleichzeitig die Übernahmechancen sehr gering sind. In einer

2008 veröffentlichten Studie zogen Kettner/Rebien (auf der Basis von Daten von Anfang 2005) u.a. folgende Schlüsse:

- Während der Maßnahmeteilnahme ist die Chance der Ein-Euro-Jobber, in eine reguläre Beschäftigung wechseln zu können, geringer als für vergleichbare Nicht-Teilnehmer (sogenannter Einsperreffekt).
- Die Teilnahme an einem Zusatzjob führt auch zwei Jahre nach Maßnahmeeintritt nicht zur Beendigung der Bedürftigkeit.
- Gemessen am Eingliederungseffekt sind die Maßnahmen für unter 25-Jährige ineffektiv. Gleichzeitig ist aber diese Altersgruppe, gemessen am Arbeitslosenbestand im SGB II, überproportional an derartigen Maßnahmen beteiligt gewesen.

Ein Bericht des Bundesrechnungshofes traf 2006 zu den Arbeitsgelegenheiten mit MAE folgende Einschätzung: Die Zusätzlichkeit sei in der Mehrzahl der untersuchten Fälle zumindest zweifelhaft und die Kontrolle der Maßnahmen seitens der ARGEn mangelhaft (Bundesrechnungshof 2006).

Im Rahmen des gemeinsamen Monitoring von Freier Wohlfahrtspflege und Bundesregierung zu den sogenannten „Agenda 2010"- Gesetzen haben Träger der Freien Wohlfahrtspflege den Einsatz von Arbeitsgelegenheiten mit MAE in ihrem Verantwortungsbericht evaluiert. Das Diakonische Werk der Evangelischen Kirche im Rheinland gab eine Untersuchung (Oktober 2005 bis März 2007) zur Umsetzung von Arbeitsgelegenheiten in ihrem Verantwortungsbereich im Auftrag (vgl. Diemer/Wiedemeyer 2007). Die Autoren gelangen zu folgendem Fazit:

„Die Ergebnisse der Studie belegen zweierlei: Es gilt wahrzunehmen, dass sich durch die Ein-Euro-Jobs unter der Hand eine Form der öffentlich geförderten Beschäftigung etabliert hat, deren Umsetzungsstandards deutlich unter dem Niveau früherer Konzepte liegen und über die daher diskutiert werden muss ... Zum anderen zeigt sich, dass die Ausgrenzung benachteiligter Zielgruppen am Arbeitsmarkt durch die Ein-Euro-Jobs nicht nennenswert aufgebrochen werden kann (Diener/Wiedemeyer 2007: 21).

Im Ergebnis einer Expertenbefragung im Bistum Limburg[10] wurde festgehalten: „Arbeitsgelegenheiten werden überwiegend ambivalent bewertet. Unter sozialer Rücksicht stellen Zusatzjobs in der Regel, insbesondere für erwerbsfähige Hilfebedürftige mit multiplen Vermittlungshindernissen, eine wichtige Stütz-, Orientierungs- und auch Qualifizierungsfunktion dar. Sozialpolitisch und insbesondere beschäftigungspolitisch bieten sie ... nur im Ausnahmefall die ersehnte Integration in den ersten Arbeitsmarkt" (Wagner 2007: 48).

Die Notwendigkeit einer Abkehr von der alleinigen Fokussierung auf Arbeitsgelegenheiten mit MAE fand schließlich in einer Gemeinsamen Erklärung von Deutschem Gewerkschaftsbund (DGB), Arbeiterwohlfahrt Bundesverband (AWO), Deutschem Paritätischem Wohlfahrtsverband und Diakonischem Werk seinen Ausdruck: „Die bisherige Schwer-

---

[10] „Im September 2006 wurden ausgewählte ehren- und hauptamtliche Akteure aus dem Bistum Limburg zu ihren Erfahrungen im Themenfeld Hartz IV befragt; im Oktober 2006 wurden alle Pfarreien im Bistum Limburg nach ihren Aktivitäten zu Arbeitslosigkeit/Armut/Hartz IV befragt" (Wagner 2007: 3).

punktsetzung in der Praxis auf Arbeitsgelegenheiten mit Mehraufwandsentschädigung (sog. 1-Euro-Jobs) beruht auf falschen fiskalischen Anreizen durch verschiedene Etats bei den Arbeitsgemeinschaften und Optionskommunen sowie auf unzureichend auf den Einzelfall ausgerichtete Maßnahmen" (DGB u.a. 2006: 2).

3.3 Die Diskussion zu neuen Wegen der öffentlich geförderten Beschäftigung

3.3.1 Dritter Arbeitsmarkt

Schon im Verlaufe des Jahres 2006 setzte eine Debatte um eine Weiterentwicklung öffentlich geförderter Beschäftigung mit intensiver Beteiligung der Träger der Freien Wohlfahrtspflege, ein. Im Mai 2006 wurden Überlegungen einer Arbeitsgruppe „Alternative Beschäftigungsformen" bei der Bundesagentur für Arbeit (BA 2006) bekannt. Ausgehend von der Feststellung, dass bei bis zu 400.000 langzeitarbeitslosen Beziehern von Arbeitslosengeld II ab 25 Jahren aufgrund multipler Problemlagen kaum Chancen auf Integration in den regulären (ersten) Arbeitsmarkt bestünden und eine vorübergehend geförderte Beschäftigung im zweiten Arbeitsmarkt (wie Arbeitsgelegenheiten) bei diesem Personenkreis häufig nichts bewirkt, sei ein ergänzender Lösungsansatz (auch als Alternative zu workfare) erforderlich: Herstellung gesellschaftlicher Akzeptanz für eine dauerhaft öffentliche Beschäftigung in einem sozialpolitisch motivierten Arbeitsmarkt. Die Verwirklichung dieser Perspektive setze eine umfassende Strategie voraus:

- Identifizierung sinnstiftender und gemeinwohlorientierter Beschäftigungsfelder im lokalen Sozialraum,
- Schaffung dauerhafter sozialversicherungspflichtiger Beschäftigungsmöglichkeiten (z.B. in Integrationsbetrieben),
- lokale Akteure übernehmen die Verantwortung im Sinne der lokalen Ökonomie.

In die gleiche Stoßrichtung, nämlich die Schaffung dauerhafter sozialversicherungspflichtiger Beschäftigungsmöglichkeiten für den Personenkreis, dem eine vorübergehend geförderte Beschäftigung im zweiten Arbeitsmarkt häufig nicht hilft, argumentierten 2006 viele Organisationen mit ihren Vorschlägen (vgl. u.a. AWO 2006, Buntenbach 2006, Deutscher Caritasverband 2006).

Abgelehnt wurde dagegen der Begriff „Dritter Arbeitsmarkt", wie ihn die „Arbeitsgruppe Arbeitsmarkt" wieder in die Debatte einbrachte.[11] Er würde einer falschen Hierarchisierung und Stigmatisierung von sogenannten ersten, zweiten und drittem Arbeitsmarkt Vorschub leisten und diese Einteilung wäre darüber hinaus wenig trennscharf, da es auch auf dem ersten Arbeitsmarkt direkt und indirekt subventionierte Arbeitsplätze gebe. Annelie Buntenbach verwendet dagegen den Begriff „ehrlicher zweiter Arbeitsmarkt", ehrlich in

---

[11] Die Einsetzung der Arbeitsgruppe Arbeitsmarkt unter Leitung von Franz Müntefering wurde am 23.08.06 im Bundeskabinett beschlossen. Sie soll dem Bundeskabinett Lösungsvorschläge in ausgewählten arbeitsmarktpolitischen Feldern unterbreiten.

dem Sinne, dass für einen Teil der Betreffenden der zweite Arbeitsmarkt keine „Brückenfunktion" in den ersten Arbeitsmarkt bilden könne. Andere Diskussionsteilnehmer, wie die AWO, sprechen lieber von einem „Differenziertem Arbeitsmarkt", um damit zum Ausdruck zu bringen, dass es um die grundsätzliche Durchlässigkeit zwischen den verschiedenen Fördermöglichkeiten gehe.

In dem von der „Arbeitsgruppe Arbeit" am 9.05.07 vorgelegten Endbericht (BMAS 2007) wurden Lösungsvorschlägen für die Langzeitarbeitslosen mit multiplen Vermittlungshemmnissen und für Regionen mit besonders verfestigter Langzeitarbeitslosigkeit unterbreitet, die sich bisher in zwei Programmen niedergeschlagen haben:

Job Perspektive (ab 01.10.07): Mit diesem Programm sollen bis 2009 insgesamt 100.000 zusätzliche sozialversicherungspflichtige Arbeitsplätze für Menschen über 18 Jahre geschaffen werden, die länger als ein Jahr arbeitslos sind und auf absehbare Zeit nicht in den ersten Arbeitsmarkt integriert werden können. Der (Bundes-) Beschäftigungszuschuss kann bis zu 75 % des tariflichen oder ortsüblichen Arbeitsentgeltes betragen, es soll sich in der Regel um Vollzeitstellen handeln. Die Förderdauer beträgt bis zu 24 Monate und kann anschließend unbefristet verlängert werden, wenn eine Erwerbstätigkeit ohne diese Tätigkeit nicht möglich ist. Bis 31.03.08 konnten nur zusätzliche und im öffentlichen Interesse liegende Beschäftigungsfelder gefördert werden, danach auch rein gewerbswirtschaftlich ausgerichtete Arbeiten auf dem ersten Arbeitsmarkt.[12] In der entsprechenden Anhörung im Bundestagsausschuss Arbeit und Soziales wurde seitens der BAGFW grundsätzlich die Schaffung dauerhaft öffentlich geförderter Beschäftigung begrüßt. Ebenfalls wird die Orientierung an tariflichen Lohnstrukturen gut geheißen, der die Betreffenden (bei Vollzeit) von aufstockenden Leistungen unabhängig macht, obwohl der Niedriglohnbereich nicht verlassen wird. Kritik erfährt, dass Sanktionen nicht ausgeschlossen sind (vgl. BAGFW 2007).

Bundesprogramm Kommunal-Kombi (01.01.08 – 31.12.09): Hiermit sollen Personen befristet gefördert werden, die aufgrund der Schwäche der regionalen Wirtschaft nicht wieder in Arbeit finden. In 79 Kreisen und kreisfreien Städten mit besonders hoher und verfestigter Langzeitarbeitslosigkeit sollen bis zu 100.000 sozialversicherungspflichtige Beschäftigungsmöglichkeiten für eine Dauer von maximal drei Jahren geschaffen werden. Gefördert werden Personen, die seit mindestens zwei Jahren arbeitslos sind und seit mindestens 12 Monaten Arbeitslosengeld II beziehen. Der Lohnkostenzuschuss an den Arbeitgeber beträgt 50 % des Bruttoarbeitsentgelts, jedoch maximal 500 Euro. Zusätzlich übernimmt der Bund die Kosten der Sozialversicherungsbeiträge des Arbeitgebers von bis zu 200 Euro.[13] Arbeitgeber sollen in erster Linie auf kommunaler und auf Kreisebene gewonnen werden und die Arbeiten sollen zusätzlich und im öffentlichen Interesse sein: „Denkbar ist ein breites Spektrum kommunaler Aufgaben, z.B. in der Sportförderung, in Schulen, in Bibliotheken, im Touris-

---

[12] Lt. einer Pressemitteilung der Bundestagsfraktion Bündnis 90/Die Grünen vom 29.02.08 waren bis zu diesem Zeitpunkt nur 1.600 Stellen zustande gekommen.
[13] Die BAGFW ermittelte anhand des Tariflohnes von Mecklenburg-Vorpommern und der vorgesehenen 30 Stundenwoche einen Nettolohn von 820 bis 840 Euro. Im Ergebnis bedeute dies, dass Teilnehmer am Bundesprogramm Kommunal-Kombi weiterhin auf Leistungen des SGB II angewiesen wären (vgl. BAGFW 2008: 31).

mus, in der Betreuung von Kindern, Jugendlichen und älteren Menschen" (Schmachtenberg 2007: 4).[14]

3.3.2 Bürgerarbeit

Zwischen dem sogenannten Dritten Arbeitsmarkt und Bürgerarbeit gibt es vielfältige Überschneidungen. In einem Positionspapier von Klaus Brandner[15] wird als Beschäftigungsmöglichkeit ausdrücklich auch die sogenannte Bürgerarbeit genannt: „Hinzu kommt das Gebiet der Bürgerarbeit, welches nicht mit ehrenamtlicher Betätigung zu verwechseln ist. Hier geht es beispielsweise um Angebote im kirchlichen Bereich wie die Hilfe in Kirchenarchiven und -bibliotheken oder aber die Unterstützung von Sportvereinen (Mitarbeit Breitensport) und zusätzliche kulturelle Angebote" (Brandner 2007: 9). In einer Information der Regionaldirektion Sachsen-Anhalt-Thüringen der BA heißt es mit Blick auf das Modellprojekt „Bürgerarbeit"[16], dass sich dessen grundlegende Intentionen und Ansätze im neu geschaffenen Beschäftigungszuschuss gemäß § 16a SGB II (Job Perspektive) sowie im Bundesprogramm „Kommunal-Kombi" wiederfinden.

Der Begriff Bürgerarbeit ist bekanntlich nicht neu. Schon im Abschlussbericht der Kommission für Zukunftsfragen der Freistaaten Bayern und Sachsen hat dieser Begriff eine zentrale Rolle gespielt (vgl. Kommission für Zukunftsfragen 1997: 146ff.). Hier wird er definiert als „freiwilliges soziales Engagement", „jenseits der Erwerbsarbeit und jenseits der Arbeitspflicht für Sozialhilfeempfänger", sie soll „nicht entlohnt, aber belohnt" werden.

Daran gemessen, sind die jetzt praktizierten „Modellversuche" weit vom ursprünglichen Konzept der Bürgerarbeit entfernt. Der Modellversuch Bürgerarbeit in Sachsen-Anhalt-Thüringen verfolgt folgende Ziele (vgl. BA, RD Sachsen-Anhalt-Thüringen 2008: 6):

- Bürgerarbeit soll zeigen, dass es möglich ist, im Non-Profit-Bereich genügend Stellen zu akquirieren, so dass Arbeitslose, die auf dem ersten Arbeitsmarkt keine Chance haben, über Bürgerarbeit integriert werden können und eine für die Allgemeinheit sinnvolle Tätigkeit ausüben.
- Über konkrete Arbeitsangebote ist es möglich, zu lokalisieren, wer wirklich arbeitslos ist. Somit werden gleichzeitig die Bewerberbestände überprüft und aktualisiert.
- Bürgerarbeit kann Schwarzarbeit erheblich einschränken.
- Bürgerarbeit soll belegen, dass ein solches Modell mit aktuellen vorhandenen Mitteln der aktiven und passiven Arbeitsmarktförderung bezahlt werden kann und in der Summe nicht teurer als die Finanzierung der Arbeitslosigkeit ist.

---

[14] In einer Antwort auf eine parlamentarische Anfrage gab der Staatssekretär im BMAS, Detlef Scheele, am 28.03.08 an, dass nach dem Stand vom 18.03.08 insgesamt Anträge für 660 Stellen eingegangen sind. Ursache für die bisherige geringe Inanspruchnahme dürfte der relativ niedrige Bundeszuschuss sein.
[15] Zu diesem Zeitpunkt noch Arbeits- und Sozialpolitischer Sprecher der SPD-Bundestagsfraktion.
[16] Dieses Modellprojekt wurde 2006 in Sachsen-Anhalt gestartet. Nach einem „Laborversuch" in der Lebenshilfe Werk Magdeburg gGmbH (Träger Deutscher Paritätischer Wohlfahrtsverband, LV Sachsen-Anhalt) wurde das Projekt in weiteren Orten (u.a. Bad Schmiedeberg) etabliert. Ende Februar 2008 gab es in Sachsen-Anhalt insgesamt 519 Beschäftigungsverhältnisse. Im Sommer 2007 wurde das Projekt auf Thüringen ausgedehnt, wo bisher 136 Stellen geschaffen worden sind. Das Projekt soll fortgeführt werden.

Arbeitslose müssen ein vierstufiges System durchlaufen: In der ersten Stufe erfolgt ein Beratungsgespräch, in der zweiten Stufe werden die marktnahen Kunden vermittelt, in der dritten Stufe werden Maßnahmen, wie Weiterbildung, angeordnet. Erst wenn geförderte und ungeförderte Maßnahmen nicht zum Ziel führen, wird Bürgerarbeit als vierte Stufe angeboten.

Im ersten „Flächenversuch" in Bad Schmiedeberg (rd. 4.200 Einwohner) wurden 331 Arbeitslose aus beiden Rechtskreisen zum Beratungsgespräch eingeladen: 20 % haben sich danach in eine ungeförderte Beschäftigung abgemeldet. Für 16 % wurden Maßnahmen vorrangig im Bereich der Qualifizierung initiiert. Nach weiteren Abmeldungen von Arbeitslosen, die sich für den Bezug von Arbeitslosengeld unter erleichterten Bedingungen (§ 428 SGB III) entschieden, und jenen, die zu keiner Mitwirkung bereit waren, sind von 331 Arbeitslosen 126 verlieben, denen das Angebot der Bürgerarbeit unterbreitet wurde. „Bei Arbeitslosen, die sich nicht in Bürgerarbeit einbringen wollen, wird die Reduzierung von Leistungen zu prüfen sein" (BA, RD Sachsen-Anhalt-Thüringen 2008: 9).

Das Zentrum für Sozialforschung Halle, das mit der Evaluierung des ersten „Flächenversuches" beauftragt war, gelangte u.a. zu dem Resultat, dass sich die „Bürgerarbeiter" sowohl in sozialer als auch in fachlicher Hinsicht durch ein recht hohes Maß an employability auszeichneten; d.h. trotz (oder wegen?) des vierstufige Auswahlsystem kommt es zu Creaming-Effekten, noch verstärkt durch die Anforderungen der potentiellen Arbeitgeber: „Das heißt aber auch: Personen mit ausgeprägten Vermittlungshemmnissen kamen kaum in den Vorzug von Bürgerarbeit" (Hauss/Steiner 2007: 5).

Es hat sich somit genau die Gefahr bestätigt, die Erlinghagen schon angesichts des Bürgerarbeitsmodells der Zukunftskommission beschrieben hatte: *„Genau die Menschen, die aufgrund mangelnder Qualifikationen vom Erwerbsarbeitsmarkt ausgeschlossen sind, wären in dieser Konzeption die ersten, die ... nicht nur erwerbslos, sondern auch bürgerarbeitslos würden"* (Erlinghagen 2001: 35).

Auch bei Job Perspektive ist ein mehrstufiges Auswahlverfahren Teil des Programms. Weigert sich der erwerbsfähige Hilfebedürftige eine solche Stelle anzunehmen bzw. beendet er das geförderte Beschäftigungsverhältnis, so ist eine Absenkung/Wegfall der Sozialtranfers vorgesehen.

3.4 Offene Fragen der Ausgestaltung einer langfristig geförderten öffentlichen Beschäftigung

Beschäftigungsfelder im Dritten Sektor: Die Beschäftigungsfelder, die hier gesehen werden, werden z.T. doch sehr allgemein bzw. nur in Beispielform beschrieben oder nur auf der lokalen Ebene verortet. Die meisten der benannten Beispiele waren schon typische Fälle der Anwendung von Ein-Euro-Jobs. Eine weiteres Problem stellt das Verhältnis von vergüteter Bürgerarbeit und bürgerschaftlichem Engagement dar: Warum soll beispielsweise die Hilfe in Kirchenarchiven und -bibliotheken oder aber die Unterstützung von Sportvereinen noch im Rahmen des bürgerschaftlichen Engagements erfolgen, wenn sie im Rahmen einer vergüteten Bürgerarbeit erledigt werden können?

Zielgruppen: Nach Schätzungen von Koch/Kupka (2007) umfasst die potenzielle Zielgruppe (zum Stand Dezember 2005) gut 555.000 Personen (über 25 Jahre, 2 Jahre und länger arbeitslos, mit gesundheitlichen Einschränkungen oder ohne Berufsausbildung). Nach einer engeren Definition (gesundheitliche Einschränkungen und ohne Berufsausbildung) umfasst die Zielgruppe noch rd. 130.000 Personen. Je enger man die potentielle Zielgruppe fasst, desto geringer sind die Kosten und desto geringer wird der potentielle Widerstand gegen derartige Programme ausfallen, desto größer werden aber auch die individuellen Vermittlungshemmnisse sein: „Dies kann jedoch nur funktionieren, wenn die Maßnahmen und Beschäftigungsfelder gut auf die Zielgruppe abgestimmt sind, und zwar auf die Ressourcen wie auch auf die Beschränkungen" (Koch/Kupka 2007: 27). Wie das Beispiel des Modells Bürgerarbeit in Bad Schmiedeberg zeigt, sinkt mit wachsen Hemmnissen die Bereitschaft der potentiellen Arbeitgeber, entsprechende Personen einzustellen.[17] Gleichzeitig entstehen dadurch auch Stigmatisierungseffekte.

Ausgestaltung der Beschäftigungsverhältnisse: Obwohl der BAGFW und die darin vertretenen Verbände von Anfang an immer wieder auf die Freiwilligkeit der Maßnahmen drangen, eben um eine entsprechende Motivation voraussetzen zu können, ist in den aktuellen arbeitsmarktpolitischen Programmen am Sanktionscharakter durchgehend festgehalten worden. Sanktionen, die immerhin auf die Sicherung des Existenzminimums zielen. Sicher repräsentieren die hier diskutierten Bürgerarbeitsmodelle keine Reinform des workfare-Ansatzes, aber der mehrstufige Ausleseprozess enthält Elemente davon, indem „unechte" Arbeitslose identifiziert und abgeschreckt werden sollen (vgl. Heinz u.a. 2007).

Regierung und Verbände stimmen darin überein, dass langfristig geförderte öffentliche Beschäftigungsverhältnisse sozialversicherungspflichtig sein müssen, mit Ausnahme der gesetzlichen Arbeitslosenversicherung. Begründet wird dies mit der Vermeidung von „Verschiebebahnhöfen" bzw. „Drehtüreffekten" zwischen den verschiedenen Rechtskreisen. Dagegen wäre einzuwenden, dass der Ausschluss von der Arbeitslosenversicherung nur eine neue Form der Sonderbeschäftigung begründet: „Auch wenn Beiträge zur Arbeitslosenversicherung aus alternativer Beschäftigung keinen Anspruch auf Arbeitslosengeld über dem Grundsicherungsbedarf begründen dürften, würden sie doch eine soziale Durchlässigkeit ‚nach oben', d.h. aus dem Regelkreis der Fürsorge in den der Versicherten, schaffen. Und welchen Sinn macht es, weiterhin ‚Maßnahmeketten' verhindern zu wollen, wenn bestimmte Personen eingestandenermaßen dauerhaft nur öffentlich gefördert erwerbstätig sein können?" (Bartelheimer 2006: 7f.).

Die jetzt diskutierten Entgelthöhen verlassen den Niedriglohnbereich nicht; „sie sind möglicherweise nicht einmal existenzsichernd, so dass sie je nach Lage der Bedarfsgemeinschaft nicht einmal den – aufstockenden – Alg-II-Bezug beenden könnten (ebenda: 8). Vor allem in Ostdeutschland, wo Löhne von 800 Euro auf dem ersten Arbeitsmarkt durchaus keine Seltenheit sind, stellt demgegenüber eine 30-Wochenstunden-Bürgerarbeit als vergleichsweise gut bezahlte Tätigkeit da, woraus auch Ablehnung entsteht (vgl. Hauss/Steiner 2007).

---

[17] Auch die bisherige geringe Inanspruchnahme des Programms Job Perspektive könnte darin begründet sein.

4 Schlussfolgerungen und Perspektiven – offenen Fragen einer Engagementpolitik im Feld von Arbeitsmarkt und Beschäftigung

Der Dritte Sektor hat durch die Zunahme an Arbeitsplätzen ein wachsendes arbeitsmarktpolitisches Gewicht erhalten. Gleichzeitig ist nicht zu übersehen, dass seine Organisationen eine wichtige Rolle bei der Umsetzung staatlicher Arbeitsmarkt- und Beschäftigungspolitik spielen. Dies spielt in der öffentlichen Argumentation bislang so gut wie keine Rolle und führt letztlich zu einer Unterbewertung des Sektors. Gleichzeitig dürfen Untersuchungen zur arbeitsmarktpolitischen Wirkung des Dritten Sektors nicht auf die unmittelbare Beschäftigungswirkung beschränkt bleiben. Qualitative Aspekte der Beschäftigung im Dritten Sektor sind künftig stärker zu berücksichtigen, um auf Faktoren wie Überlastung, schlechte Arbeitsbedingungen und geringe Entlohnung aufmerksam zu machen.

Tendenzen der Zunahme atypischer Beschäftigung müssen zwar nicht mit Entwicklungen zu prekärer Beschäftigung einhergehen, auszuschließen ist ein solcher Zusammenhang aber auch im Dritten Sektor nicht. Da gerade hier die Kombination von regulärer Arbeit und freiwilligem Engagement zunimmt und die Grenzen zwischen beiden Bereichen verschwimmen, ist diesen Fragen mehr Aufmerksamkeit zu schenken.

Die Praxis im Feld der Arbeitsmarkt- und Beschäftigungspolitik nach der Hartz-Reform zeigt, dass es oft die gleichen Problemlagen sind, denen sich die Akteure gegenübersehen, daraus aber nicht unbedingt die gleichen Schlüsse gezogen werden: So reichen die Forderungen z.B. bezüglich der Ein-Euro-Jobs von ihrer Abschaffung bis hin zu ihrer Dauerstellung und Entfristung.

Die anfängliche fast ausschließliche Fokussierung der Akteure des Dritten Sektors auf dieses arbeitsmarktpolitische Instrument, bei dem gleichzeitigen Versuch, hier gegenüber der Praxis der ARGEn auch eigene Standards durchzusetzen, muss als gescheitert angesehen werden. Dafür ist der Umstand verantwortlich, dass Arbeitsgelegenheiten mit Mehraufwandsentschädigung vor dem Hintergrund der „Philosophie" der Hartz-Reformen gesehen werden müssen: Aktivierung (im genannten Sinne) und betriebswirtschaftliche Ausrichtung des Einsatzes arbeitsmarktpolitischer Instrumente, unter den Bedingungen einer Aufspaltung der öffentlichen Arbeitsverwaltung in zwei Rechtskreise. Unter diesen Voraussetzungen mussten eigene Standards der Umsetzung, wie Freiwilligkeit der Maßnahmeteilnehmer, Arbeitsgelegenheiten als Mittel der letzten Wahl usw., notgedrungen ins Leere laufen.

Die aktuell diskutierten und zum Teil schon praktizierten Modelle einer längerfristigen öffentlich geforderten Beschäftigung sind deshalb wichtig, weil sie eine Abkehr von dem Paradigma „Hauptsache Arbeit" (auf dem allgemeinen Arbeitsmarkt) bedeuten. Gleichwohl bleiben diese Modelle der „Philosophie" der Hartz-Reformen größtenteils noch verhaftet.

Viel intensiver als bisher muss das Problem der Beschäftigungs- und Einsatzfelder im Dritten Sektor diskutiert werden. Der Verweis seitens der Politik, „im Non-Profit-Bereich seien genügend Stellen zu akquirieren", kann nicht die alleinige Maßgabe für eine Engagementpolitik im Feld der Arbeitsmarkt- und Beschäftigungspolitik sein. Hier ist auch kritisch das Modell der sogenannten Bürgerarbeit als arbeitsmarktpolitisches Instrument zu hinterfragen.

Weiteren Forschungs- und Klärungsbedarf besteht vor allem hinsichtlich der künftigen Funktion und des künftigen Gewichts des Dritten Sektors als sozialer Arbeitsmarkt. Zu klären ist ebenfalls der Zusammenhang von Bürgerarbeit und *paid volunteers*. Schließlich stellt sich auch die Frage, wie sich durch zunehmende Entgrenzungen zwischen Erwerbsarbeit bürgerschaftlichen Engagements die Strukturen im Dritten Sektor verändern.

Literatur

Anheier, Helmut K./Priller, Eckhard/Zimmer, Annette (2000): „Die zivilgesellschaftliche Dimension des Dritten Sektors". In: Hans-Dieter Klingemann/Friedhelm Neidhardt (Hrsg.): Zur Zukunft der Demokratie. Herausforderungen im Zeitalter der Globalisierung. WZB-Jahrbuch 2000. Berlin: edition sigma, S. 71-98

Arbeiterwohlfahrt (AWO) (2006): Für einen Differenzierten Arbeitsmarkt zur Integration langzeitarbeitsloser Menschen – Plädoyer der Arbeiterwohlfahrt -, Berlin

Bartelheimer, Peter (2006): Alternativen zu Zusatzjobs – ein Konzept der Bundesagentur. Überlegungen einer Arbeitsgruppe Alternative Beschäftigungsformen in der BA, www.monitor-arbeitsmarkt.de

Brandner, Klaus (2007): Job Perspektive: Arbeit für Langzeitarbeitslose ohne Chancen auf dem regulären Arbeitsmarkt, Berlin

Bundesagentur für Arbeit (BA) (2006): Alternative Beschäftigungsformen im Bereich des SGB II, Standardpräsentation, Nürnberg

Bundesagentur für Arbeit (BA): Regionaldirektion Sachsen-Anhalt-Thüringen (2008): Qualitätssiegel Bürgerarbeit, Halle

Bundesarbeitsgemeinschaft der Freien Wohlfahrtspflege (BAGFW) (2007): Stellungnahme der Bundesarbeitsgemeinschaft der Freien Wohlfahrtspflege e.V. (BAGFW) für die Anhörung im BT-Ausschuss Arbeit und Soziales am 2. Juli 2007, Berlin

Bundesarbeitsgemeinschaft der Freien Wohlfahrtspflege (BAGFW) (2008): Jahresbericht 2007, Berlin

Bundesministerium für Arbeit und Soziales (BMAS) (2007): Bericht der „Arbeitsgruppe Arbeitsmarkt", Berlin

Bundesrechnungshof (2006): Bericht an den Haushaltsausschuss und an den Ausschuss für Arbeit und Soziales des Deutschen Bundestages nach § 88 Abs. 2 BHO. Durchführung der Grundsicherung für Arbeitsuchende. Wesentliche Ergebnisse der Prüfungen im Rechtskreis des Zweiten Buches Sozialgesetzbuch, Bonn

Bundesverband Deutscher Stiftungen (Hrsg.) (2005): Verzeichnis Deutscher Stiftungen. Berlin

Buntenbach, Annelie (2006): Positionspapier: Öffentlich geförderte Beschäftigung, Berlin

Cichorik, Anne/Koch, Susanne/Walwei, Ulrich (2005): Erschweren „Zusatzjobs" die Aufnahme einer regulären Beschäftigung? (IAB Kurzbericht, Ausgabe Nr.8/18.5.2006), Nürnberg

Deutscher Bundestag (2006): Bericht 2006 der Bundesregierung zur Wirksamkeit moderner Dienstleistungen am Arbeitsmarkt, BT-Drs. 16/3982, Berlin

Deutscher Caritasverband (2006): Stellungnahme des Deutschen Caritasverbandes zur Anhörung der „AG Arbeitsmarkt" zum Thema „Dritter Arbeitsmarkt" am 18. Oktober 2006, Freiburg/Berlin

DGB/AWO/Deutscher Paritätischer Wohlfahrtsverband/Diakonisches Werk (2006): Mehr Beschäftigung für Benachteiligte schaffen – Thesen zur Weiterentwicklung von öffentlich geförderter Beschäftigung, Berlin

Diakonisches Werk der Evangelischen Kirche im Rheinland (2005): Arbeit um jeden Preis, Düsseldorf

Diemer, Sabine/Wiedemeyer, Michael (2007): „Ein-Euro-Jobs" – umstritten und dringend reformbedürftig, Düsseldorf

Enquête-Kommission „Zukunft des Bürgerschaftlichen Engagements" (2002): Bericht. Bürgerschaftliches Engagement: auf dem Weg in eine zukunftsfähige Bürgergesellschaft. Schriftenreihe, Bd. 4. Opladen: Leske + Budrich

Erlinghagen, Marcel (2001): Die sozialen Risiken „Neuer Ehrenamtlichkeit". Zur Zukunft des Ehrenamtes am Beispiel der „Bürgerarbeit", in: Aus Politik und Zeitgeschichte, B 25-26/2001, S. 33-38

Fix, Birgit/Vogt-Wuchter, Beatrix (2007): Caritas überprüft ihre Zusatzjobs, in: Neue Caritas, 19/2007, S. 22-25

Gensicke, Thomas (2006): „Bürgerschaftliches Engagement in Deutschland". In: Aus Politik und Zeitgeschichte, Beilage zur Wochenzeitung Das Parlament, B 12/2006, S. 9-16

Gesamtstatistik der Bundesarbeitsgemeinschaft der Freien Wohlfahrtspflege e. V. (2004). Berlin. Internet: http://www.bagf.de

Hauss, Friedrich/ Steiner, Christine (2007): Bürgerarbeit in Sachsen-Anhalt und Thüringen – der Modellversuch in Bad Schmiedeberg. Manuskript des Vortrages auf der Tagung: „Drei Jahre SGB II: Was können wir wissen? Was sollen wir tun? Was dürfen wir hoffen?", veranstaltet vom Institut für Arbeitsmarkt- und Berufsforschung (IAB) und der Evangelischen Akademie Loccum

Heinz, Christine/Hense, Christine/Koch, Susanne/Osiander, Christopher/Sprenger, Christian 2007): Modellversuch Bürgerarbeit: Zwischen Workfare und Sozialem Arbeitsmarkt (IAB Forschungsbericht, Nr. 14/2007), Nürnberg

Kettner, Anja/Rebien, Martina (2007): Soziale Arbeitsgelegenheiten: Einsatz und Wirkungsweise aus betrieblicher und arbeitsmarktpolitischer Perspektive (IAB Forschungsbericht, Nr. 2/2007), Nürnberg

Koch, Susanne/Kupka, Peter (2007): Geförderte Beschäftigung für leistungsgeminderte Langzeitarbeitslose? Expertise im Auftrag der Friedrich-Ebert-Stiftung, Bonn

Kommission für Zukunftsfragen der Freistaaten Bayern und Sachsen (1997): Erwerbstätigkeit und Arbeitslosigkeit in Deutschland: Entwicklung, Ursachen und Maßnahmen, Teil III: Maßnahmen zur Verbesserung der Beschäftigungslage, Bonn

Ombudsrat (2006): Grundsicherung für Arbeitsuchende. Schlussbericht, Berlin

Priller, Eckhard (2006): „Beschäftigung und sozialer Zusammenhalt – Ältere zwischen Markt und Staat". In: Jens U. Prager/André Schleiter (Hrsg.): Länger leben, arbeiten und sich engagieren. Chancen werteschaffender Beschäftigung bis ins Alter. Gütersloh. Verlag Bertelsmann Stiftung

Priller, Eckhard/Zimmer, Annette (2006): „Dritter Sektor: Arbeit als Engagement". In: Aus Politik und Zeitgeschichte, Beilage zur Wochenzeitung Das Parlament, B 12/2006, S. 17-24

Reimer, Sabine (2006): Die Stärke der Zivilgesellschaft in Deutschland. Berlin: Maecenata Verlag

Schmachtenberg, Rolf (2007): Bundesprogramm Kommunal-Kombi (BBE-Newsletter, 25/2007), Berlin

SÖSTRA (2008): Modellprojekt GemeinwohlArbeit NRW – Gesamtbericht der Evaluation, Berlin

Vereinsstatistik (2005): V & M Service GmbH. Konstanz. Internet: http://www.npo-info.de

Wagner, Thomas (2007): Hartz IV im Bistum Limburg: Ergebnisse zu Umfragen im Winter 2006/2007 (Frankfurter Arbeitspapiere zur gesellschaftsethischen und sozialwissenschaftlichen Forschung, FagsF 48), Frankfurt/M

Wolff, Joachim/Hohmeyer, Katrin (2006): Förderung von arbeitslosen Personen im Rechtskreis des SGB II durch Arbeitsgelegenheiten: Bislang wenig zielgruppenorientiert (IAB Forschungsbericht, Nr. 10/2006), Nürnberg

Wolff, Joachim/Hohmeyer, Katrin (2008): Für ein paar Euro mehr: Wirkungen von Ein-Euro-Jobs (IAB Kurzbericht, 2/2008), Nürnberg.

Zimmer, Annette/Priller, Eckhard (2007): Gemeinnützige Organisationen im gesellschaftlichen Wandel. Ergebnisse der Dritte-Sektor-Forschung. Wiesbaden: VS Verlag für Sozialwissenschaften, 2. Auflage

Jürgen Matzat

Ehrenamtliches Engagement, kollektive Selbsthilfe und politische Beteiligung im Gesundheitswesen

„Gesundheit" ist nicht gerade das erste Feld, das einem beim Nachdenken über bürgerschaftliches Engagement einfällt. Da ist der Sport, da ist das Soziale, der Kinder- und der Seniorenbereich, nicht zu vergessen: die freiwillige Feuerwehr. Aber auch in Sachen Gesundheit sind Bürger engagiert: für die eigene Gesundheit, für die Gesundheit von Angehörigen und für die Gesundheit von Anderen. Sie tun es vereinzelt und informell, gemeinsam in Gruppen oder organisiert in einschlägigen Verbänden. Unübersehbar ist die Vielfalt, und daher können in diesem Beitrag auch nur ausgewählte Schlaglichter geworfen werden. Völlig unberücksichtigt bleiben – wie so oft in dieser Debatte – die sechs Siebtel des Eisbergs, die unter der Wasseroberfläche unsichtbar bleiben, in unserem Fall: die gesundheitsbezogenen Hilfeleistungen, die in Familie, Nachbarschaft und Gemeinde völlig informell, spontan und unorganisiert vollbracht werden. Die Rede ist von Menschen, die das als völlig „selbstverständlich" empfinden, die niemals auf die Idee kämen sich als „Ehrenamtler" oder „bürgerschaftlich Engagierte" zu bezeichnen, die nicht von Journalisten interviewt werden, deren Fotos nicht in der Tageszeitung erscheinen, die keinen Orden erhalten, ja nicht einmal die „EhrenamtsCard" beantragen, die ihnen freien Eintritt in Schwimmbad und Museum verschaffen würde. Ihnen sind im Übrigen auch Enquête-Kommissionen, Tagungen und wissenschaftliche Werke ziemlich egal (und natürlich auch gänzlich unbekannt). Sie forschen auch nicht nach Motiven oder Gratifikationen; sie tun einfach das Selbstverständliche.

Die Leser dieser Zeilen allerdings haben gute Gründe, nicht von der Selbstverständlichkeit des Selbstverständlichen auszugehen und es dabei zu belassen, sondern Fragen zu stellen, Diskussionen zu führen und Ideen zu entwickeln. Das ist für sie das Selbstverständliche. Hierzu die folgenden Anmerkungen zum bürgerschaftlichen Engagement im Gesundheitswesen – wobei die Selbsthilfe-Bewegung am ausführlichsten dargestellt werden soll. Die Leserin und der Leser sollen Gelegenheit erhalten, den Charakteristika dieser speziellen Engagement-Form nachzuspüren: der eigenen Betroffenheit im wahrsten Sinne des Wortes.

Formen Bürgerschaftlichen Engagements im Gesundheitswesen

Bei allen denkbaren Überschneidungen und Mischformen wird hier von drei Grundtypen ausgegangen:

A) individuelle Hilfeleistung auf dem Boden sozialer und moralischer Einstellungen
B) gesellschaftspolitisches Engagement, getragen von kritischen Einstellungen gegenüber Institutionen und Versorgungsstrukturen,
C) Engagement aus unmittelbarer persönlicher Betroffenheit (Selbsthilfe).

Nur kursorisch soll jene Art sozialen Engagements *(Typ A)* behandelt werden, die sich noch recht deutlich an klassischen Formen des persönlichen Helfens, der Nächstenliebe, der Krankenpflege etc. orientiert bzw. in entsprechenden, oft religiösen oder humanistischen Traditionen ihre Wurzeln hat. So findet man bei einer Internetrecherche im Frühjahr 2007 nach jeweils eigenen Angaben etwa 379.000 freiwillige Helfer beim Deutschen Roten Kreuz, 35.000 beim Malteser Hilfsdienst, 18.000 bei der Johanniter-Unfallhilfe und 11.000 beim Arbeiter-Samariter-Bund, die z.B. in Rettungs- und Krankentransportdiensten tätig sind. Dies ist sicherlich die am stärksten öffentlich sichtbare Erscheinung von bürgerschaftlichem Engagement im Gesundheitswesen. Kein Fußballspiel, kein Rock-Konzert, keine Kirmes, ohne dass die Männer und Frauen mit dem roten Kreuz (oder vergleichbaren Symbolen) am Ärmel einsatzbereit zur Stelle wären. Und es dürfte im öffentlichen Bewusstsein auch fest verankert sein, dass diese „erste Hilfe" zumindest zu Teilen von Freiwilligen geleistet wird. Die Nähe zum nicht ganz freiwilligen Engagement im Rahmen des Zivildienstes und zum Freiwilligen Sozialen Jahr spielt hier eine wichtige Rolle. Manch einer und eine findet so den Zugang zu diesen Organisationen und bleibt dann über seine Dienstpflicht-Zeit hinaus freiwillig dabei.

Deutlich stiller ist es um die Helfergruppen in Gesundheitsinstitutionen. Sie sind teilweise zusammengeschlossen in der Evangelischen und Ökumenischen Krankenhaus- und Altenheimhilfe, mitunter nach Farbe ihrer Kittel auch als „Grüne Damen" bekannt (worunter sich übrigens auch einige wenige Herren finden), von denen mehr als 10.000 in ca. 700 Gruppen in Deutschlands Kliniken und Heimen Patienten ehrenamtlich Hilfe und Beistand anbieten. Darüber hinaus gibt es an vielen Krankenhäusern unorganisierte (bzw. nur lokal organisierte) Helfergruppen. Sie haben Zeit, sie hören zu, sie lesen vor, sie lotsen durch die verwirrenden Abteilungen einer großen Institution, sie erledigen Besorgungen für bettlägerige Patienten usw.

In vielen Krankenhäusern gibt es neben solchen ehrenamtlichen Helfern auf den Stationen auch eine(n) offiziell bestellte(n) Patientenfürsprecher(in). In Hessen werden sie beispielsweise auf Grundlage des Krankenhausgesetzes (§ 7) von der Stadtverordnetenversammlung bzw. vom Kreistag in ihr Amt berufen, welches sie dann ehrenamtlich ausüben.

Seit den 1980er Jahren ist in Deutschland eine Diskussion über Hospize (sozusagen gute Orte für ein menschenwürdiges Sterben) in Gang gekommen. Daraus haben sich bis heute etwa 150 stationäre Hospize und etwa 1.450 ambulante Hospizdienste entwickelt, in denen nach Angaben der Bundesarbeitsgemeinschaft Hospiz neben einigen wenigen Hauptamtlichen etwa 80.000 Menschen ehrenamtlich tätig sind.

Eine gänzlich neue Bürgerinitiative ist die Aktion Demenz, die versucht, durch Aktivierung von Bürgerengagement „demenzfreundliche Kommunen" zu schaffen (www.aktion-demenz.de). Ohne Zweifel ein Problembereich, der zukünftig die Leistungsfähigkeit unserer professionellen Versorgungssysteme bei weitem überfordern würde, wenn man sie damit alleine ließe.

An dieser Stelle sei auch die Deutsche Lebensrettungsgesellschaft (DLRG) erwähnt, für die über 48.000 ehrenamtliche Helfer an etwa 5.000 Badestellen Wache halten. Man würde sie zunächst eher dem Sport- und Freizeitbereich zuordnen. Aber ihre Tätigkeit hat natürlich eminent bedeutsame Auswirkung auf die Gesundheit der dort versammelten Menschen, mitunter auf Leben und Tod.

Bei der Telefonseelsorge, die von den beiden großen Kirchen in bemerkenswerter ökumenischer Eintracht getragen wird, sind mehr als 7.000 Menschen bundesweit ehrenamtlich als Berater tätig. Wohl verfügt ein erheblicher Teil von ihnen über einschlägige professionelle Ausbildungen (etwa als Psychologen oder Seelsorger), ihren Dienst hier tun sie jedoch in ihrer Freizeit. Darauf werden sie in relativ aufwendigen Fortbildungsprogrammen speziell vorbereitet – sicherlich für viele Beteiligte ein wichtiger Anreiz im Sinne von kostenloser Möglichkeit zur Selbsterfahrung und zur beruflichen Weiterqualifikation. Die Telefonseelsorge erreicht man 24 Stunden pro Tag, an 365 Tagen im Jahr, d.h. also vor allem auch dann, wenn nachts und an Wochenenden die professionellen Dienste der gesundheitlichen und psychosozialen Versorgung geschlossen sind. Wie man sich leicht vorstellen kann, ist dies gerade für Menschen in akuten Krisen, für Suchtkranke, für vereinsamte Behinderte usw. von höchster Bedeutung. Die Telefonseelsorge ist die wichtigste Einrichtung zur Suizid-Prophylaxe. Es ist nicht übertrieben, zu formulieren: deren ehrenamtlichen Berater retten manches Menschenleben. Die Anrufenden können völlig anonym bleiben. Mit diesem extrem „niederschwelligen Angebot" haben die Berater die Chance, auch mit solchen Menschen in Kontakt zu kommen und ihnen einen Weg zu regulären Instanzen unseres Gesundheitswesens zu zeigen, die sonst große Mühe hätten, sich dort zu orientieren.

Wenn der Suchtbereich schon erwähnt wurde, so müssen hier die mehreren tausend (persönliche Mitteilung von Rolf Hüllinghorst, Geschäftsführer der Deutschen Hauptstelle für Suchtgefahren) freiwilligen Suchtkrankenhelfer angesprochen werden, die im Rahmen der Abstinenzverbände (s.u.) Ausbildungen erhalten und dann dort in der Betreuung von Suchtkranken und der Stabilisierung von neuen Abstinenten tätig werden, vor allem aber auch draußen im realen Leben, in Betrieben, in Vereinen, in Kirchengemeinden, in der Nachbarschaft und in ihrem persönlichen Bekanntenkreis. Ein großer Teil der Suchterkrankungen in Deutschland wird in diesem ehrenamtlichen Laiensystem (oft in enger Kooperation mit Sucht-Beratungsstellen) „behandelt". Das Engagement als freiwilliger Suchtkrankenhelfer erwächst in der Regel aus persönlicher Betroffenheit (d.h. einer eigenen Suchterkrankung oder der von Angehörigen) und hat daher eine starke Überschneidung mit der Sucht-Selbsthilfe (s.u.).

Eine interessante Zwischenstellung zwischen den *Typen A (s.o.) und B (s.u.)* nahmen die Laienhelfer in der Psychiatrie ein. Sie nannten sich später lieber „Bürgerhelfer", um so zu symbolisieren, dass sie nicht nur humanitäre Einzelfallhilfe für Psychiatrie-Patienten leisten wollten (Besuchsdienste auf der Station, Organisation von Veranstaltungen und Ausflügen, Begleitung bei Behördengängen und Einkaufsbummel usw.), sondern sich auch als Anwälte und Interessenvertreter ihrer „Schützlinge" verstanden und damit automatisch auch zu sachkundigen Kritikern des psychiatrischen Versorgungssystems wurden. Im Dachverband Gemeindepsychiatrie arbeiten sie mit Betroffenen- und Angehörigengruppen sowie mit sympathisierenden Fachleuten sozusagen „quadrologisch" zusammen. Gemeinsam mit der Deutschen Gesellschaft für Soziale Psychiatrie und der vor allem auf den parlamentarischen

Raum zielenden Aktion Psychisch Kranke bildeten sie eine Speerspitze der Psychiatriereform-Bewegung in Deutschland, noch bevor sich die Angehörigen und schließlich die Psychiatrie-Erfahrenen selber organisierten. Seitdem dies aber der Fall ist, schwindet die Advokaten-Funktion dieser engagierten Bürgerhelfer.

Ebenfalls nur erwähnt werden soll – als zweiter Typus von bürgerschaftlichem Engagement im Gesundheitswesen – die stärker politisch und auf Strukturen des Gesundheitswesens ausgerichteten Initiativen *(Typ B)*. Hier ist in erster Linie die sog. „Gesundheitsbewegung" gemeint (Göpel 2004), in der sich seit den 80er Jahren eine Vielzahl von kritischen Fachleuten aus Medizin, Pflege, Psychotherapie, Sozialarbeit usw. zusammenfanden, zu denen aber von Anfang an, und später in wachsender Zahl, Patienten hinzustießen. Vereint waren sie in ihrer (aus unterschiedlichen Perspektiven) kritischen Sicht des Gesundheitswesens, und die berühmte Ottawa-Charta der WHO (www.euro.who.int) diente vielen als programmatische Plattform. Sie litten alle unter schlechter Versorgung und/oder schlechten Versorgungsstrukturen, manche Professionelle als Opfer und Täter zugleich. Dazugehörige Schlagworte wären etwa: „Drei-Minuten-Medizin", „stumme Medizin", „seelenlose Medizin", „Apparate-Medizin", „chemische Keule", „medizinisch-industrieller Komplex" – und dem gegenüber die Forderung nach einer „sprechenden", „ganzheitlichen", „psychosomatischen", „patientenorientierten" Medizin. Wie andere soziale Bewegungen auch (z.B. Frauenbewegung, Friedensbewegung, Ökologiebewegung) blieb die Gesundheitsbewegung insgesamt weitgehend unorganisiert oder besser gesagt: organisationsarm. Immerhin gab es einige Großereignisse, bei denen sie öffentlich in Erscheinung trat und für Furore sorgte, etwa die eindrucksvollen Gesundheitstage in Berlin (1980) und Hamburg (1981). Der deutlich gesunkene Zulauf zu Folgeveranstaltungen 1984 in Bremen und 1987 in Kassel, sowie das völlig missglückte Revival im Jahre 2000 in Berlin lassen indes darauf schließen, dass diese Bewegung entweder ihren Elan verloren hat, Gemeinsamkeit stiftende Elemente sich aufgelöst haben oder andere Ausdrucksformen gefunden wurden. Dazu wäre etwa die Ausbildung kleiner, meist örtlicher „Bewegungs-Institutionen" zu zählen wie Gesundheitsläden, Patientenberatungsstellen, Frauen-Gesundheitszentren, Selbsthilfe-Kontaktstellen (s.u.) oder ähnliches. Hier arbeitet zwar inzwischen meist hauptamtliches Personal (oft unterbezahlt und auf unsicheren Arbeitsplätzen), aber vielfach gibt es noch engagierte gesundheitsbewegte Profis im Umfeld, die anderswo ihr Geld verdienen, sich hier aber ehrenamtlich engagieren, indem sie kostenlos Beratung anbieten, Informationsveranstaltungen organisieren usw. Auch die bezahlten Mitarbeiter selber sind in aller Regel über ihre Stundenkontingente hinaus engagiert und aktiv. Die Grenzen zwischen Haupt-, Neben- und Ehrenamt sind in diesem Bereich außerordentlich fließend.

Andere „Gesundheits-Bewegte" haben den Marsch durch die Institutionen des Gesundheitswesens angetreten und sitzen nun in Kliniken, Praxen und Gesundheitsämtern – der eine oder die andere sogar auf einem Chefsessel. Von solchen Menschen wird weitgehend unorganisiert, sozusagen ganz privat und also von keiner Statistik erfasst, mancherlei Bürgerengagement im Gesundheitswesen an den Tag gelegt. Man denke beispielsweise an die unentgeltliche Betreuung von Asylanten oder Folter- und Katastrophenopfern, an Auslandseinsätze im Urlaub etwa bei „Médecins sans frontières", an friedenspolitisches Engagement in der IPPNW, an Vorstandstätigkeit in einem örtlichen Psychiatrie-Verein oder ähnliches. Der Psychiater und Soziologe Klaus Dörner erklärt in seinem „Lehrbuch der ärztlichen Grundhaltung" (Dörner 2001: 184) die „Gemeindeverantwortung des Arztes" sogar zu einem Essential: „Ich kann mich schwerlich, von besonderen Bedingungen abgesehen, einen guten Arzt nennen, wenn ich nicht fortlaufend an einem gemeindemedizinischen Projekt beteiligt bin" (Dörner 2001; 187) – und das natürlich ehrenamtlich.

Selbstverständlich ist solches Engagement nicht auf Menschen beschränkt, die sich als der Gesundheitsbewegung zugehörig empfinden. Und deshalb sei an dieser Stelle auch auf Engagement-Formen verwiesen, die nicht unbedingt von solchen gesellschaftskritischen Einstellungen motiviert sein müssen, jedoch durchaus als politisch und auf das Gesundheitssystem bezogen gelten können: die Mitarbeit in Gremien der Selbstverwaltungsorgane von Ärzteschaft und gesetzlichen Krankenkassen. Wie auch immer diese Einrichtungen zu bewerten sind, es sind Körperschaften des öffentlichen Rechts, die quasi-staatliche Funktionen wahrnehmen, etwa für ein funktionierendes, hochwertiges Gesundheitswesen in unserem Lande zu sorgen; und es engagieren sich darin Freiwillige – allerdings mitunter bei saftigen Sitzungsgeldern.

Die ehrenamtliche Mitwirkung „sachkundiger Personen", meist aus Selbsthilfe-Organisationen, in Gremien des Gesundheitswesens wird unten gesondert behandelt (vgl. Absatz über „Politische Mitwirkung").

Hier ist auch die AIDS-Hilfe als ein bekanntes Beispiel zu nennen (vgl. Deutsche AIDS-Hilfe 2002). Sie ging hervor aus einer Bewegung von Betroffenen, medizinischen Fachleuten und engagierten Bürgern, die nicht nur eine neue Infektionskrankheit, sondern auch die damit verbundene gesellschaftliche Diskriminierung bekämpfen wollten. Ursprünglich im wesentlichen getragen von den sogenannten Risikogruppen in der Bevölkerung, und insofern gleichermaßen Ausdruck von Selbsthilfe wie von bürgerschaftlichem Engagement, hat sie sich zu einer schlagkräftigen Lobby-Organisation (der Deutschen AIDS-Hilfe e.V.) entwickelt, und sie hat mit staatlicher Förderung ein nahezu flächendeckendes Netz von Fachberatungsstellen aufgebaut. Der Anteil ehrenamtlicher Arbeit (oft von Betroffenen oder Gefährdeten) ist nach wie vor bedeutsam.

Das Beispiel der AIDS-Hilfe leitet über zu einem dritten Sektor von bürgerschaftlichem Engagement *(Typ C)*, der im Gesundheitsbereich eine ganz besondere Rolle spielt: Das Engagement aus eigener, direkter, persönlicher, man möchte sagen: körperlicher Betroffenheit. Patienten schließen sich zusammen und werden aktiv in Selbsthilfegruppen und Selbsthilfe-Organisationen (Matzat 2004). Die Selbsthilfe-Bewegung findet schwerpunktmäßig (ca. dreiviertel aller Gruppen) im Gesundheitsbereich statt und hat hier auch historisch gesehen zentrale Wurzeln. Man denke an die Anonymen Alkoholiker und ähnliche Organisationen im Suchtbereich, aber auch an die großen Behindertenverbände.

Die Selbsthilfebewegung im Gesundheitswesen

Die Rolle von Selbsthilfegruppen im Gesundheitswesen wird gerne als die einer „vierte Säule" beschrieben (Matzat 2002) – neben den Praxen der niedergelassenen Ärzte, den Krankenhäusern und dem öffentlichen Gesundheitsdienst. Ergänzend möchte man hinzufügen, dass sie sich zu einer wichtigen Säule des Gemeinwesens überhaupt entwickelt haben, zumal ja nicht alle Gruppen dem Gesundheitsbereich zuzuordnen sind. In keinem

Lande Europas hat die Selbsthilfebewegung, ihre finanzielle Förderung und ihre fachliche Unterstützung eine solche Verbreitung und Ausdifferenzierung gefunden wie in Deutschland (Thiel 1995). In vielen Nachbarländern gilt das als vorbildlich. „Die Selbsthilfe", tritt in dreierlei Weise in Erscheinung: in Form von Selbsthilfe*gruppen*, Selbsthilfe-*Organisationen* und Selbsthilfe-*Kontaktstellen*. So hat es auch seinen Niederschlag in der deutschen Gesetzgebung gefunden (vgl. § 20 c SGB V und § 29 SGB IX).

Die Zahl der örtlichen Selbsthilfegruppen wird aufgrund von empirisch gestützten Hochrechnungen auf 70.000 bis 100.000 geschätzt mit ca. 3 Millionen Mitgliedern. (Zum Vergleich: Die im Deutschen Bundestag vertretenen Parteien haben ca. 2 Millionen Mitglieder.) Basis hierfür sind empirische Erhebungen, die von der wissenschaftlichen Begleitforschung im Rahmen zweier Modellprogramme der Bundesregierung in den 1980er und 1990er Jahren durchgeführt wurden (Braun et al. 1997). Exaktere Zahlen sind aus zwei Gründen nur schwer zu erheben: Zum einen besteht auch unter Fachleuten keine absolute Übereinstimmung in der Frage der genauen Definition, welche Gruppierung noch (bzw. schon nicht mehr) dazu gezählt werden sollte. Zum zweiten blühen viele Selbsthilfegruppen im Verborgenen. Sie haben nicht den Status eines eingetragenen Vereins, sie sind keinem Dachverband und keiner Wohlfahrtsorganisation angeschlossen, und insofern sind sie für Forscher nicht immer so leicht aufzufinden.

Allein im Gesundheitsbereich haben sich mehr als 100 überregionale Selbsthilfe-Organisationen von chronisch kranken und behinderten Menschen mit ca. 1 Million Mitgliedern in der Bundesarbeitsgemeinschaft Selbsthilfe von Menschen mit Behinderung und chronischer Erkrankung und ihren Angehörigen e.V. zusammengeschlossen.

Die Deutsche Hauptstelle für Suchtfragen (DHS) bildet das Dach für eine große Anzahl von Gruppen der Abstinenz- und Selbsthilfeverbände in der Suchtkrankenhilfe: Blaues Kreuz in Deutschland (BKD), Blaues Kreuz in der Evangelischen Kirche (BKE), Bundesarbeitsgemeinschaft der Freundeskreise für Suchtkrankenhilfe (BAG), Deutscher Guttempler-Orden (I.O.G.T.) und Kreuzbund. (Die Anonymen Alkoholiker gehören – entsprechend ihrem Unabhängigkeits-Gebot – der DHS *nicht* an.)

„In Deutschland treffen sich wöchentlich fast 200.000 Menschen in 7.500 Sucht-Selbsthilfegruppen" (Hüllinghorst 2001). Nach Thematik (Art des Krankheitsbildes), weltanschaulichem Hintergrund (meist christlich-humanistischer Art) und Grad der Integration in das reguläre Versorgungssystem (hohe Akzeptanz bei vielen Profis, auch nach eigenem Verständnis ein „Glied in der Behandlungskette") sind in der Sucht-Selbsthilfe Besonderheiten festzustellen, die sie von anderen Selbsthilfe-Bereichen unterscheiden (Hüllinghorst 2007).

Ein umfangreiches Adressenverzeichnis von bundesweiten Selbsthilfevereinigungen („Grüne Adressen") wird jährlich von der NAKOS (Nationalen Kontakt- und Informationsstelle zur Anregung und Unterstützung von Selbsthilfegruppen) der Deutschen Arbeitsgemeinschaft Selbsthilfegruppen e.V. zusammengestellt und aktualisiert. Die Ausgabe 2007/08 enthält insgesamt über 400 „Grüne Adressen", die auch auf CD-Rom und im Internet verfügbar sind (www.nakos.de).

In etwa 300 Städten und Kreisen der Bundesrepublik lassen sich lokale Anlaufstellen identifizieren, an die sich alle Interessierten, ob Betroffene, Angehörige oder Fachleute, wenden können, um Fragen bezüglich Selbsthilfegruppen zu klären, und zwar unabhängig von der spezifischen Thematik. Dort hat man den besten Überblick über die Selbsthilfegruppen-Szene vor Ort, vor allem auch über die Vielzahl der „unorganisierten" Gruppen, die den o.g. Dachverbänden *nicht* angehören. Ein entsprechendes Verzeichnis von Selbsthilfegruppen-Unterstützungsstellen („Rote Adressen") wird ebenfalls von der NAKOS herausgegeben.

Selbsthilfegruppen

Der Fachverband Deutsche Arbeitsgemeinschaft Selbsthilfegruppen e.V. definiert folgendermaßen:

> „Selbsthilfegruppen sind freiwillige, meist lose Zusammenschlüsse von Menschen, deren Aktivitäten sich auf die gemeinsame Bewältigung von Krankheiten, psychischen oder sozialen Problemen richten, von denen sie – entweder selber oder als Angehörige – betroffen sind. Sie wollen mit ihrer Arbeit keinen Gewinn erwirtschaften. Ihr Ziel ist eine Veränderung ihrer persönlichen Lebensumstände und häufig auch ein Hineinwirken in ihr soziales und politisches Umfeld. In der regelmäßigen, oft wöchentlichen Gruppenarbeit betonen sie Authentizität, Gleichberechtigung, gemeinsames Gespräch und gegenseitige Hilfe. Die Gruppe ist dabei ein Mittel, die äußere (soziale, gesellschaftliche) und die innere (persönliche, seelische) Isolation aufzuheben. Die Ziele von Selbsthilfegruppen richten sich vor allem auf ihre Mitglieder und nicht auf Außenstehende; darin unterscheiden sie sich von anderen Formen des Bürgerengagements. Selbsthilfegruppen werden nicht von professionellen Helfern geleitet; manche ziehen jedoch gelegentlich Experten zu bestimmten Fragestellungen hinzu." (Deutsche Arbeitsgemeinschaft Selbsthilfegruppen 1987).

Die klassischen Bestimmungsstücke von Ehrenamtlichkeit und bürgerschaftlichem Engagement sind in dieser Definition enthalten: Freiwilligkeit, Unentgeltlichkeit, (relative) Verbindlichkeit. Hinzu kommt als zentrales und differenzierendes Kriterium die eigene Betroffenheit. Hier wird die Wirkung der Gruppenselbsthilfe „nach innen" betont, auf die unmittelbar Beteiligten und Engagierten, ohne die soziale und politische Dimension auszuklammern. Es geht im Wesentlichen um Probleme, zu deren Lösung individuelle Erkenntnis- und Veränderungsprozesse beitragen können, weniger um die Interessenvertretung und die Hoffnung auf Veränderung Anderer oder der Verhältnisse. Als eine besondere Ausprägung gelten die sog. Gesprächs-Selbsthilfegruppen. Im Vordergrund ihrer Arbeit steht die emotionale Be- oder Verarbeitung von Krankheiten und Krisen. Sie machen sich in besonderer Weise das Gruppenprinzip und die Heilkraft des Wortes zu nutze. „Reden hilft!" heißt ein dazu passender Slogan. Meist etwa sechs bis zwölf Personen treffen sich zu wöchentlichen Sitzungen von ca. 90 Minuten Dauer. Diese Art Selbsthilfegruppe steht in der Tradition der professionellen Psychotherapie, man könnte verkürzt sagen, es handelt sich um eine „Gruppentherapie ohne Therapeut". Hier wird im Engagement betroffener Bürger ein Beitrag zur psychologisch-psychotherapeutischen Basisversorgung der Bevölkerung im weitesten Sinne geleistet. Gesprächs-Selbsthilfegruppen haben ihre Stärke in der Bearbeitung seelischer Probleme im Sinne neurotischer, psychosomatischer oder funktioneller Störungen, aber auch bei der seelischen Verarbeitung anderer Krankheiten und Krisen (vgl. Söllner 2003). Sie stiften neues „Kohärenzgefühl" im Sinne des Salutogenese-Konzepts (Antonovsky

1997) (vgl. Thiel 2001) und tragen so zu Genesung und Gesunderhaltung bei. Ihre Gruppendynamik lebt von der unmittelbaren persönlichen Begegnung, von der Entwicklung vertrauensvoller kontinuierlicher Beziehungen untereinander, von Offenheit und Selbstenthüllungsbereitschaft, von Introspektion und Einfühlung, von aktivem Zuhören und dem Angebot neuer Sichtweisen, ausgehend von den Lebens- und Leidenserfahrungen der anderen Betroffenen. Viele Mitglieder solcher Selbsthilfegruppen haben auch schon in irgendeiner Form professionelle psychotherapeutische Hilfe erfahren, von wenigen Beratungsgesprächen etwa im Rahmen von stationären Reha-Maßnahmen über längerfristige ambulante Behandlungen bis zu Aufenthalten in psychiatrischen oder psychosomatisch-psychotherapeutischen Fachkliniken (vgl. Höflich et al. 2007). Sie suchen Selbsthilfegruppen auf als eine Form der Nachsorge, als „Auffrischung" bei erneuten Problemen oder auch parallel als Ergänzung zu einer Einzeltherapie. Ihre Therapieerfahrungen, egal ob eher enttäuschend, durchaus heilsam oder sogar hochgradig idealisiert, bringen sie in die Selbsthilfegruppen-Arbeit mit ein. Sie sind keineswegs naive Dilettanten, die eher noch weiteren Schaden anrichten, so wie es in der Anfangsphase der Selbsthilfegruppen-Bewegung von vielen Fachleuten befürchtet wurde. Vielmehr ist Laienkompetenz im psychosozialen Bereich (Müller-Kohlenberg 1996) weiter verbreitet und sehr viel wirksamer als man gemeinhin annimmt (und manchen professionellen Helfern lieb ist). Gerade in Deutschland mit seinem besonders umfangreichen psychotherapeutischen Versorgungssystem und seiner tiefenpsychologischen Tradition ist entsprechendes Wissen längst in Alltagssprache und Alltagswissen eingesickert. Andererseits besteht selbstverständlich ein gewisses Risiko, dass sich Einzelne zu guruhaften Mini-Therapeuten aufschwingen, dass persönliche Abhängigkeiten entstehen, dass ernsthafte seelische Probleme übersehen oder vernachlässigt werden. Nach nun dreißigjähriger Praxiserfahrung in der Anregung, Unterstützung und Beratung solcher Selbsthilfegruppen lässt sich allerdings sagen, dass diese Gefahr wohl als eher gering einzuschätzen ist. Die unkontrollierte Überhitzung von Emotionen kommt selten vor; das sehr viel häufigere Problem ist die Verflachung, der Ausbruch von Langeweile, ein Trend zum Kaffeeklatsch. Dass dies unbewusste Abwehrstrategien der Gruppen zur Vermeidung von Konflikten und „heißen Themen" sein können, zeigt sich in supervisionsartigen Beratungsgesprächen mit Fachleuten – falls solche von den Gruppen in Anspruch genommen werden (Matzat 2007).

In der Debatte über Selbsthilfegruppen und ihre segensreichen Wirkungen wird dies allzu gerne vergessen: Selbsthilfegruppen liefern nicht nur einen Out-put (Hilfe, Unterstützung, Information, Erfahrungsaustausch etc.), sondern sie benötigen auch einen In-put, und der muss praktisch ausschließlich von den Mitgliedern selber kommen. Man ist hier, je nach Situation, Helfer und Hilfeempfänger zugleich (auf englisch daher auch „mutual aid", also *wechselseitige* Hilfe). In der Selbsthilfegruppen-Sitzung wird nicht mehr „geboten" als die Teilnehmer zu geben bereit sind; der (scheinbare) Widerspruch zwischen Altruismus und Egoismus, der auch am Rande der Ehrenamts-Debatte gelegentlich diskutiert wird, ist in der Selbsthilfegruppe tendenziell aufgehoben. Wer jedoch solche Ressourcen nicht (oder nicht mehr, oder noch nicht wieder) aktivieren kann (vgl. Grawe/Grawe-Gerber 1999), für den wird der Selbsthilfegruppen-Ansatz eben nicht in Frage kommen. Person und „Methode" müssen zueinander passen, sonst ist erfolgreiche Arbeit nicht zu erwarten. Aus diesem Grund sind Selbsthilfegruppen auch *nicht* wie übliche Versorgungsangebote planbar und als

„Leistungserbringer" verlässlich; aus diesem Grunde kann die Teilnahme *nicht* „verschrieben" werden; und aus diesem Grunde können sie *keinen* „Versorgungsauftrag" übernehmen.

Auch kleine, innen-orientierte Selbsthilfegruppen haben objektiv Auswirkungen auf das Gesundheitswesen als Ganzes, selbst wenn es subjektiv zunächst gar nicht ihre oberste Zielsetzung sein mag. Das Engagement vieler Einzelner wirkt aller Orten und immer häufiger in die konkrete Ausgestaltung der Arzt-Patient-Beziehung hinein und schafft so auf Dauer eine „kritische Masse", von der ein verändernder Einfluss auf das Gesundheitssystem insgesamt erwartet werden darf. Eine (vielleicht gar nicht mehr ganz so) „stille Revolution", wie Michael Lukas Moeller (vgl. Krause-Girth 2007), ein früher Protagonist der Selbsthilfe-Bewegung in Deutschland, es einmal nannte. Eine Rheuma-Patientin drückt es so aus: „Ich bin eine Langzeitkranke, kurerfahren, weiß, was mir gut tut, sage, was ich will und was ich kann. Wie aber ergeht es Anfängern? Bei Gesprächen, die ich mit Mitpatienten führte, wurde mir klar, dass ich durch meine Selbsthilfegruppe ein mündiger Patient geworden bin" (Flöter 2001). Selbsthilfegruppen arbeiten also an der Entwicklung zum „mündigen Patienten", einem neuen, noch etwas utopischen Leitbild unseres Gesundheitswesens. Selbsthilfegruppen sind Bürgerinitiativen für Gesundheit, gerade auch für seelische Gesundheit, einem Bereich, in dem die WHO in Zukunft mit die verbreitetsten und volkswirtschaftlich teuersten Störungen vermutet (vgl. Matzat 2004 b und 2007).

Das hier am Typus der Gesprächs-Selbsthilfegruppe Ausgeführte gilt in vielerlei Weise ebenso für Selbsthilfegruppen zu anderen gesundheitlichen Themen, etwa bezüglich Motivation und Engagement, Struktur und Qualität der Beziehungen, oder Kontinuität und Drop-out-Probleme, wenn es auch oft nicht so reflektiert wird (z.B. die Bedeutung von Setting-Variablen wie Größe und Sitzungs-Frequenz). Wesentliche Unterschiede bestehen in der Bedeutung, die der Beschaffung und Verbreitung von Informationen und unmittelbarem eigenem Handeln zugeschrieben wird. Information über diagnostische und therapeutische Möglichkeiten bis hin zu sogenannten „shared decision making" (Härter et al. 2005), über spezialisierte Praxen und Kliniken, über Rechtsansprüche (etwa auf Reha-Maßnahmen, auf Schwerbehinderten-Ausweis etc.) und Hilfsmittelversorgung, über Nach- und Nebenwirkung, über Lebensumstellung (z.B. Ernährung und Alltagsbewältigung). Und aktives Handeln, etwa in Form von gemeinsamer Krankengymnastik (ggf. im warmen Wasser), Wandern und Basteln oder dem gemeinsamen Besuch kultureller Veranstaltungen. Es soll alles zur Behandlung der Erkrankung und zur Linderung der Beschwerden getan werden; und es ist die Integration ins Alltagsleben, das „Leben mit der Krankheit" zu schaffen. Es wird eine neue Form der „Normalität" gesucht, die bestmögliche Lebensqualität.

Darüber hinaus werden oft Aktivitäten entfaltet zur Aufklärung der Bevölkerung über die jeweilige Krankheit. Damit sollen Vorurteile und Ängste abgebaut bzw. Stigmatisierung entgegengewirkt werden, und wenn möglich zu vorbeugenden bzw. Früherkennungs-Maßnahmen ermuntert werden. Hier erfüllen Selbsthilfegruppen mit großem Engagement Aufgaben der Prävention und der Gesundheitsförderung aus bürgerlicher Mitverantwortung für die Gesundheit der gesamten Bevölkerung.

Selbsthilfegruppen nach dem 12-Schritte-Programm

Ein ganz besonderer Fall, weitgehend unabhängig vom Gesundheitssystem und nicht auf finanzielle Förderung angewiesen, sind die Anonymen oder 12-Schritte-Selbsthilfegruppen. Sämtliche Anonymous-Gruppen haben ihre jeweiligen Programme und Verfahrensweisen von den Anonymen Alkoholikern (AA) abgeleitet. Ihre Gemeinschaften werden seit jeher „vom Prinzip der Freiwilligkeit und Selbstverantwortlichkeit geprägt" (Emotions Anonymous Interessengemeinschaft o.J.: 10). Wie ließe sich Bürgerschaftliches Engagement besser definieren?

Es gibt entsprechende Regelwerke zur Gestaltung der Gruppenarbeit und zur Revision des eigenen Lebens. Häufig werden diese zu Beginn der Sitzungen („Meetings") auszugsweise vorgelesen. Anonymous-Gruppen sind stets „offen"; d.h. jederzeit können neue Betroffene hinzustoßen, ohne weitere Regularien, wenn sie nur den ernsthaften Wunsch haben, von ihrer Sucht loszukommen, emotional gesund zu werden und diese Gesundheit zu erhalten. Es gibt keine formale Mitgliedschaft, keine Vereinsvorstände, Satzungen o.ä. „In einer Gruppe sind alle Mitglieder gleichermaßen mitverantwortlich für das, was in der Gruppe geschieht. Wir brauchen keine Autoritätspersonen, die als 'Leiter' der Gruppe auftreten. Alle sind gleich wichtig", heißt es dort (a.a.O.). Eine Art „Nicht-Organisation" nach basisdemokratischen Idealen mit geradezu urchristlichen Zügen. Und das Wunder ist: es funktioniert, überall auf der Welt, jedenfalls für eine große Anzahl von Menschen. Der Sitzungsleiter hat im Wesentlichen die Aufgabe, das Wort zu erteilen; eine Rolle, die in bestimmten Zeitabständen wechseln soll. Die Redebeiträge werden stets eingeleitet mit einer Art Bekenntnis („Ich heiße Peter, und ich bin Alkoholiker", oder „Ich heiße Brigitte, und ich bin magersüchtig"), womit der sonst üblichen Verleugnung von Krankheiten demonstrativ ein Ende gemacht werden soll, und sie bestehen aus Erzählungen über das eigene Schicksal, die Erkrankung, Versuche zu ihrer Bewältigung, Rückfälle und Rückschläge, wichtige Ereignisse aus der vergangenen Woche oder aus der Lebensgeschichte, Pläne und Vorhaben für die Zukunft, Ängste und Freuden. Die Gesprächsregeln der Anonymous-Gruppen verbieten es, nachzufragen oder Ratschläge zu geben; jeder spreche über sich selbst. Diese Redeweise ist für viele Menschen zunächst befremdlich, insbesondere wenn sie bereits über andere Gruppenerfahrung verfügen. Dennoch finden natürlich psychologische Resonanzphänomene statt. Was eben von anderen gesagt wurde, löst kognitive und vor allem emotionale Reaktionen in den Zuhörern aus und wird ihre nächsten Redebeiträge beeinflussen. Dies um so mehr, da Anonymous-Gruppen vom jeweiligen Krankheitsbild her äußerst homogen zusammengesetzt sind – so jedenfalls die Selbstwahrnehmung der Mitglieder. Und das ist ihnen auch besonders wichtig. Die Ähnlichkeit der Lebensläufe ist für neue Gruppenmitglieder oft frappierend. „Die anderen erzählen *meine* Geschichte!", sagen sie. Dies trägt enorm zur Gruppenkohäsion bei und erleichtert Prozesse des Lernens am Modell. Je ähnlicher das Modell, desto stärker die Identifikation und eine positive Übertragung, psychoanalytisch gesprochen. Hieraus ergibt sich auch die große Bedeutung von Veteranen als lebenden Beweisen für die Wirksamkeit der Selbsthilfegruppen-Arbeit: „Ich bin jetzt seit zehn Jahren trocken, dank AA". Und die dabei mit verkündete Botschaft lautet: „Was ich kann, das könnt Ihr auch!" Erfolgreiche Gruppenmitglieder sind lebendige Hoffnung und Ansporn, selber ebenfalls Verantwortung zu übernehmen und einen eigenen Beitrag zur

Genesung zu leisten. Und zwar *mit*, und *durch,* zugleich aber auch *für* die anderen Gruppenmitglieder. „Du allein kannst es, aber Du kannst es nicht allein", heißt es bei den Anonymen Alkoholikern. Die Gruppe, die Beziehung ist es, der die Heilkraft im Wesentlichen zugeschrieben wird.

Die Gesprächsregeln der Anonymous-Gruppen, die im Grunde eine Aneinanderreihung von Monologen vorschreiben, sind allerdings nicht jedermanns Sache. Viele vermissen das Dialogische, das einfühlsame Nachfragen, die spontane Äußerung von Mitgefühl, den hilfreichen Tip, was man tun und wie man sich verhalten könnte, vielleicht auch gelegentlich Auseinandersetzung, Debatte und Konfrontation. Schließlich geht man doch in eine Selbsthilfegruppe, weil man in Not ist und neue Wege finden muss. Da möchte man doch Reaktionen spüren, Rückmeldungen hören, Hinweise bekommen. Andere dagegen schätzen genau jene Gesprächsregeln, weil sie dem Sprechenden alleine die Bestimmung darüber überlassen, wann er wovon wie viel preisgeben möchte. Man muss nicht fürchten, dass „nachgebohrt" wird, und sogar Schweigen über mehrere Sitzungen würde toleriert. Es unterbleibt dann allerdings auch der womöglich hilfreiche Anstoß. Erkenntnis- und Lernprozesse in Gruppen, das wissen auch Psychotherapeuten, können mitunter „stellvertretend" von anderen Mitgliedern durchgemacht werden und für die Beobachtenden von großem Nutzen sein. Wieder spielt die Moeller´sche „identifikatorische Resonanz" (Moeller 1978) eine Rolle. Und allein die Tatsache, dass jemand sich aufmacht zur Gruppensitzung, die Nähe der Leidensgenossen sucht (und auch aushält), mag für ihn schon einen positiven Entwicklungsschritt bedeuten. Immerhin anerkennt er seine (Selbst)Hilfebedürftigkeit, er hat neue Hoffnung geschöpft (die er auf die Selbsthilfegruppe richtet) und eine völlig passive Patientenrolle aufgegeben. Und Hoffnung ist nachweislich ein ganz zentraler Erfolgsfaktor – bei der Genesung von einer Krankheit, wie im Leben überhaupt.

Eine andere Eigenheit der Anonymous-Gruppen drückt sich bereits in ihrer Namensgebung aus: Das Gruppenmitglied braucht seine Identität nicht preiszugeben. Die Anrede mit Vornamen ist obligatorisch, Angaben zur Person werden nicht verlangt, es gibt keinerlei schriftliche Aufzeichnungen, keine Aktenführung. Die Aufforderung „Was Du in diesen vier Wänden hörst, lass' es hier!" hängt in vielen Räumen, die von Anonymous-Gruppen für ihre „Meetings" genutzt werden. Diese Schweige(selbst)verpflichtung und die weitgehende Anonymität sind gerade für Menschen mit Suchtkrankheiten oder anderen psychischen Störungen von großer Bedeutung, um ihre Ängste vor gesellschaftlicher Missachtung und ganz realen Nachteilen zu dämpfen. Ein wahrhaft „niederschwelliges Angebot", um es in der Sprache der Sozialtechnokratie auszudrücken.

Ein weiteres Spezifikum von Anonymous-Gruppen ist ihr Konzept von „Spiritualität" (vgl. Murken 1994). Ihr Programm basiert auf dem „Vertrauen in eine Macht, die größer ist als wir selbst und wirkt durch die Liebe und die Annahme in der Gruppe" (a.a.O.: 7). Auch dieses polarisiert potentielle Interessenten natürlich. Die einen wollen „mit Kirche nichts am Hut haben"; andere glauben, genau darin ihr Heil und ihre Heilung zu finden. In der Programmatik der Anonymous-Gruppen ist von einer „höheren Macht" die Rede, allerdings so, „wie jeder von uns sie versteht". Es handelt sich also nicht – wie z.B. bei sektenartigen Gruppierungen – um vorgegebene Glaubenssätze, und es gibt auch keine diesbezüglichen Autoritäten („Gurus"), sondern lediglich die Aufforderung, den eigenen Egozentrismus zu überwinden und sich in größere Bedeutungszusammenhänge eingebettet zu sehen. Ein bisschen bescheidener sein, auch in der Grandiosität des Leidens. Gewiss bringen hier viele Gruppenmitglieder ihre christlichen Gottesvorstellungen ein, für andere aber reicht es durchaus, in der Gruppe selber eben jene „höhere Macht" zu sehen, mit deren Hilfe man z.B. „trocken" bleiben kann, was dem vereinzelten Alkoholiker zuvor nicht gelungen war. Dennoch, die christlich-religiösen Wurzeln der Anonymous-Bewegung sind in ihrer historischen Entstehungsgeschichte in den USA deutlich zu finden. Etwa die Analogie zum Bekennen (Beichten) vor der Gemeinschaft der Gläubigen, aus der man nicht verstoßen wird, wenn man nur bereut und um Wiedergutmachung bemüht ist. Oder die „zwölf Schritte", die an die Zehn Gebote erinnern. Oder das „Blaue Buch" der AA, eine Art Bibel der Bewegung. Anonymous-Gruppen tagen auch besonders häufig in Räumlichkeiten von Kirchengemeinden.

Das Anonymous-Konzept hat eine bemerkenswerte Verbreitung gefunden, geographisch über die ganze Welt, thematisch über verschiedene Süchte, auch für Angehörige von Suchtkranken und für Menschen mit anderen emotionalen oder gesundheitlichen Problemen. Diese Gruppen stellen wohl die erfolgreichste Laienbewegung im Gesundheitsbereich dar. In den USA sind sie extrem populär, werden oft fast gleichgesetzt mit der Selbsthilfegruppen-Bewegung. In Deutschland spielen sie in der öffentlichen, z.T. auch in der fachöffentlichen Debatte über Selbsthilfegruppen und deren Förderung vor allem deswegen nur eine untergeordnete Rolle, weil sie weitgehend „Experten-fern" arbeiten, und weil sie finanzielle Unterstützung von außen ebenso ablehnen wie politische Stellungnahme und lobbyistische Interessenvertretung. In ihrem ganzen Ansatz sind sie radikal Individuum-zentriert („*Ich* muss das erste Glas stehen lassen!"); aber der 12. Schritt ihres Programms verpflichtet doch dazu: „Nachdem wir durch diese Schritte ein seelisches Erwachen erlebt haben, versuchen wir, diese Botschaft an andere Alkoholiker weiterzugeben". Mit manchmal geradezu messianischem Eifer wird die frohe Botschaft verkündet, dass die Gruppenselbsthilfe zur „Trockenheit" verholfen hat. Die analytische Trennung zwischen Selbsthilfe und ehrenamtlichem Engagement für andere Trinker ist bei den Anonymen Alkoholikern gar nicht vorzunehmen. Das eine geht nicht ohne das andere.

Verbandlich organisierte Selbsthilfe

Ganz anders als mit den weitgehend innen-orientierten Selbsthilfe*gruppen* oder den politisch bewusst abstinenten Anonymous-Gruppen verhält es sich mit den großen Selbsthilfe-*Organisationen*. Sie sind sehr wohl in der gesundheits- und sozialpolitischen Arena präsent, jede für sich, oft aber auch vertreten durch ihre Dachorganisationen, wie Bundesarbeitsgemeinschaft Selbsthilfe von Menschen mit Behinderung und chronischer Erkrankung und ihren Angehörigen (BAG SELBSTHILFE) oder Deutscher Paritätischer Wohlfahrtsverband (DPWV) (vgl. Englert/Niermann 1996). Diese nehmen in dem schwer überschaubaren Feld eine Mediatoren- und Bündelungsfunktion wahr, teilweise sogar eine gewisse ordnungspolitische Funktion in der Vermittlung zwischen Selbsthilfe-"Szene", Staat und Öffentlichkeit. Zugehörigkeit zu solchen Dachverbänden kann als ein Hinweis auf Seriosität gesehen werden.

Sie nehmen Einfluss auf Gesetzgebungsverfahren, werden als Sachverständige gehört und vertreten die Interessen der Betroffenen ähnlich einer „Patientengewerkschaft", etwa im Rahmen der sogenannten Patientenvertretung nach §140 f SGB V (s.u.). Sie sind weitgehend anerkannte Partner der Krankenkassen und der Rentenversicherung, der Ärzteschaft und in einigen Fällen auch der pharmazeutischen Industrie; und mitunter streiten sie auch engagiert mit ihren Partnern. Sie legen Wert auf eine möglichst große Mitgliedschaft (in etlichen Fällen schon Zehntausende), denn das Argument der großen Zahl wiegt schwer in unserer Verbände-Demokratie. (Schwierig ist es da natürlich für die Zusammenschlüsse von Menschen mit seltenen Erkrankungen, deren Mitgliederzahl per definitionem begrenzt ist.)

Besonders wichtig ist den Vertretern dieser Verbände immer wieder der Hinweis auf ihre demokratische Legitimation (neben der durch die Betroffenen-Kompetenz). Die Regeln und Gepflogenheiten des Vereinswesens kommen – zumindest auf Bundes-, oft auch auf Landes- und manchmal auf Ortsebene – zur Geltung. Es gibt Mitgliedsbeiträge, Satzungen, Vorstandswahlen, Delegiertenversammlungen, Rechenschaftsberichte, Rechnungsprüfungen etc.

Hier wird ein ungeheures Potenzial an bürgerschaftlichem Engagement eingesetzt, ohne das sich die gesundheitliche Selbsthilfebewegung in ihrer Breite gar nicht hätte entfalten können. Allerdings unterscheidet sich der persönliche Einsatz in der Selbsthilfe von dem in vielen anderen Feldern bürgerschaftlichen Engagements dadurch, dass er im wesentlichen von ganz erheblichem Leidensdruck, der im wahrsten Sinne am eigenen Leibe erfahren wird, motiviert ist und gerade im Falle von chronischen Krankheiten und Behinderungen naturgemäß oft über lange Zeiträume hinweg praktiziert wird (werden muss). Insofern ist dieses Engagement auch nicht ganz „freiwillig". Schließlich ist zu betonen, dass man es hier stets mit solchen Menschen zu tun hat, die in spezifischer Weise gehandicapt und benachteiligt sind, ihre Aktivitäten also noch gegen einen zusätzlichen Widerstand ausführen, der zu den bei anderen Menschen üblichen Hindernissen oder Ausreden hinzukommt (etwa Mangel an Zeit, Informationen oder materiellen Ressourcen). Selbsthilfe-Engagement von Betroffenen verdient also doppelte Anerkennung!

In ihrer Struktur ähneln manche dieser großen Selbsthilfe-Organisationen schon fast den Wohlfahrtsverbänden, mit ihrem föderalen Aufbau auf Bundes- und Landesebene, mit hauptamtlichen Geschäftsstellen und mit hochgradig professionell erbrachten Dienstleistungen, für die eigenen Mitglieder wie für andere Betroffene. Die Führung bleibt jedoch in Händen ehrenamtlicher Vorstände, in aller Regel selber Betroffene, die dann mit allerlei strukturellen Problemen zu kämpfen haben (Kirchner 2007). Am Beispiel der Lebenshilfe erörtert Wagner-Stolp (2003) sehr differenziert das spannungsreiche Verhältnis zwischen Elternselbsthilfe, freiwilligem sozialen Engagement im sozial- und gesellschaftspolitischen Kontext und professioneller Behindertenhilfe. Schon auf Landesebene (von der Arbeit vor Ort ganz zu schweigen) wird der Löwenanteil an Mitarbeit jedoch von Ehrenamtlichen erbracht, oft bei minimaler Unterstützung durch hauptamtliche Kräfte und äußerst geringer Finanzausstattung, wie eine Untersuchung im Auftrag des Deutschen Paritätischen Wohlfahrtsverbandes, Landesverband Nordrhein-Westfalen (2001) noch einmal dokumentierte. Insbesondere was die Patienteninformation angeht, hat sich hier ein bemerkenswertes Know-how angesammelt. Vielfach unterstützen wissenschaftliche Beiräte und Expertengremien die Selbsthilfe-Organisationen. Manche Verbandszeitschriften imponieren durch kreative, mitunter recht witzige Titel, etwa die „mobil" der Rheuma-Liga, der „Wecker" der Narkolepsie Gesellschaft, das „Trotzdem" der Kleinwüchsigen, der „Kieselstein" der Stotterer, die „Klopfzeichen" für Mukoviszidose-Kranke oder der „Bauchredner" des DCCV (Morbus Crohn und Colitis ulcerosa Vereinigung).

Eine höchst problematische „Nebenwirkung" der steigenden und inzwischen weithin anerkannten fachlichen Kompetenz auf Seiten der Selbsthilfe, gepaart mit den dort vorherrschenden hohen moralischen Werten von Engagement, Solidarität und Zuwendungsbereitschaft, liegt allerdings darin, dass staatliche Stellen und zuständige Institutionen des Gesundheitswesens die Selbsthilfe nur allzu gerne, und zwar mit zunehmender Häufigkeit, als wohlfeile Abschiebemöglichkeit für unliebsame oder schwierige Fälle sehen. Selbsthilfe droht, zum „billigen Jakob" der psychosozialen Versorgung zu werden, und den Aktivsten womöglich ein heftiges „burn-out" (vgl. Janota 2007). Gerade in Zeiten verknappter Mittel und der sog. „Kostenexplosion im Gesundheitswesen" ist die Gefahr der Instrumentalisierung von Selbsthilfe und freiwilligem Engagement im Gesundheitswesen nicht von der Hand zu weisen. Hier wäre es allerdings auch Aufgabe der Selbsthilfe, Grenzen deutlich zu machen und sich gegen solchen Missbrauch zu wehren. Aber: „Allzu schnell passt sich die Bürger-Engagementbewegung" – und gleiches gilt wohl auch für den Sonderfall der Selbsthilfe-Bewegung – dieser Logik an: Sie bietet sich feil für Dienstleistungen, errechnet, dass sie billiger wirtschaftet bei gleicher Zuverlässigkeit", so befürchtet auch Konrad Hummel (2000), selber einer der Protagonisten der Debatte über bürgerschaftliches Engagement in unserem Land.

Information ist die ganz große Stärke der Selbsthilfe-Organisationen. Hier wird einer der zentralen Mängel unseres Medizinsystems zumindest teilweise kompensiert. Patienten wollen nämlich, jedenfalls zum ganz überwiegenden Teil, Bescheid wissen. Sie wollen aufgeklärt werden, und zwar in einer für sie verständlichen Sprache, über diagnostische Maßnahmen und die schließlich daraus resultierende Diagnose, über therapeutische Möglichkeiten und Alternativen, über Prognose und Rehabilitationsverfahren. Und sie wollen über die emotionale Bedeutung ihrer Krankheit, über seelische und soziale Folgen sprechen, über ihre Angst und Verzweiflung, über Scham und Hoffnungslosigkeit. Mit diesen Bedürfnissen werden sie jedoch in unserem Medizinsystem allzu oft allein gelassen (vgl. Gottschlich 1998). In zwei Schlagworten: Information und Kommunikation, das sind aus Patientensicht die beiden schlimmsten Lücken in unserer gesundheitlichen Versorgung. Nach einer Untersuchung in sechs europäischen Ländern (Deveugele et al. 2002) dauert das durchschnittliche Hausarzt-Gespräch in Deutschland 7,6 Minuten, was einen unehrenhaften Platz als Schlusslicht unter den untersuchten Gesundheitssystemen bedeutet. Um die Visiten am Krankenhausbett dürfte es nicht besser bestellt sein. Eine Untersuchung (Häuser/Schwebius 1999) ergab „vier Minuten pro Patient, eine Minute pro Angehörigen".

Zumindest die erste Lücke wird also recht erfolgreich von den Selbsthilfe-Organisationen geschlossen, wie eine aktuelle Untersuchung von Kühner et al. (2006) auch empirisch zeigen konnte. Man kann bei ihnen Standardbroschüren erhalten, die Krankheitsbilder allgemeinverständlich erklären, Tips zur Ernährungsumstellung, Gymnastik, Vorsorgeuntersuchung geben, auch Aufklärung über Diagnose- und Behandlungsmöglichkeiten, schließlich Information über Rechtsansprüche etwa auf Kuren und Rehabilitationsmaßnahmen oder einen Schwerbehindertenausweis und entsprechende Vergünstigungen. Selbsthilfe-Organisationen leisten in diesem Sinne Bildungsarbeit, und sie tragen zum „Empowerment" (vgl. Stark 1996) der Betroffenen bei. Durch Lektüre der regelmäßig erscheinenden Verbandszeitschriften kann man sich über neue Erkenntnisse und Entwicklungen auf dem Laufenden halten. Die Materialien mancher Selbsthilfe-Organisationen haben mitunter eine solch hohe fachliche Qualität erreicht, dass sie auch in Kliniken und Praxen, von Fachleuten und Kassenvertretern mit Gewinn gelesen werden und so dazu beitragen, dass die Betroffenenperspektive auch dort endlich wahrgenommen wird. Eine Anerkennung des „Expertentums aus Betroffenheit" zeigt sich auch in der Beteiligung von Patienten aus Selbsthilfegruppen als „Co-Therapeuten", etwa für den Themenbereich „Alltags- und Krankheitsbewältigung", an ansonsten von Fachkräften durchgeführten Patientenschulungs-Programmen (vgl. Ehlebracht-König/Böwisch 2007). Und auch das gibt es schon: betroffene Eltern bilden (ehrenamtlich, versteht sich) professionelle Helfer fort (vgl. Pechbrenner et al. 2006).

Während in der „reinen Gruppenselbsthilfe" zwischen der Rolle des Helfenden und des Hilfe-Empfangenden je nach Bedarf, nach Situation und nach Ausmaß der momentan vorhandenen Ressourcen oszilliert wird und man davon ausgeht, dass auf Dauer jedes Mitglied etwa ebenso viel einbringt wie es gewinnt, hat sich in vielen Ortsgruppen der Selbsthilfe-Organisationen eine klarere Rollen- und Arbeitsteilung herausgebildet. Hier gibt es „Leiterinnen" und „Kassenwarte", „Öffentlichkeitsbeauftragte" und „Delegierte". Es ist allgemeine Übung (und wird auch von allen Beteiligten als legitim angesehen), dass sich Gruppenmitglieder, vor allem aber neue Interessenten, auch individuell, sozusagen privat und gerne auch außerhalb der Gruppensitzung (manchmal sogar „jederzeit") an die Gruppenleiter wenden können, um sich von ihnen persönlich beraten zu lassen. Statt des Beratens *miteinander* im Sinne des wechselseitigen Erfahrungsaustausches in der Gruppe wird hier nun ein Leidensgenosse fast wie ein Klient betreut (vgl. Janota 2007). Dies geschieht ehrenamtlich auf der Basis eigener persönlicher Erfahrung, die von beiden am Beratungsprozess Beteiligten für umfangreicher oder valider gehalten wird als jene des Neulings – meist natürlich vollkommen zurecht. Diese Beratungstätigkeit wird von manchen Selbsthilfe-Organisationen und ihren Gruppierungen auch durchaus als eine Art Dienstleistungsangebot nach außen propagiert und nicht nur neuen Betroffenen, sondern manchmal auch dem professionellen System angeboten (etwa persönliche Besuche zu Hause oder am Krankenhausbett oder die Durchführung von Informationsveranstaltungen in Kliniken für die dort behandelten Patienten, zukünftig vielleicht auch mal für das Personal). Etliche Selbsthilfe-Organisationen bemühen sich sehr darum, ihre „ehrenamtlichen Mitarbeiter" (ganz so, wie es auch in anderen Bereichen des bürgerschaftlichen Engagements diskutiert oder bereits praktiziert wird) in speziellen Schulungskursen auf diese Rolle vorzubereiten und so die angebotene Beratung zu verbessern. Hierfür wird entsprechendes Fachpersonal als Dozenten einbezogen. Typischer Weise beziehen sich solche Fortbildungen fast immer auf medizinische Themen, nur höchst selten auf die eigentlichen Selbsthilfe-Aktivitäten, vor allem Fragen der Gruppenselbsthilfe. Auf jeden Fall dokumentieren solche Schulungsangebote die beachtlichen Bemühungen von Selbsthilfe-Organisationen, für ihre Informationsangebote „die Qualität zu sichern". Ein bemerkenswertes Beispiel hierfür ist der „Leitfaden für Beraterinnen" der Frauenselbsthilfe nach Krebs (Kirchner et al. 2005).

Selbsthilfe-Kontaktstellen

Selbsthilfe-Kontaktstellen gelten als das dritte Element der Selbsthilfe. Sie sind die zentrale Infrastruktur vor Ort für diese Form bürgerschaftlichen Engagements aus eigener Betroffenheit. Viele von ihnen sind aus der Bewegung heraus entstanden (daher auch der Begriff: „Bewegungs-Institutionen"). Sie stehen sozusagen mit einem Bein in der professionellen und mit dem anderen in der Selbsthilfe-Welt. Der Begriff „Selbsthilfe-Kontaktstelle", „Kontaktstelle für Selbsthilfegruppen" o.ä. hat sich in den letzten 25 Jahren zu einem Terminus Technicus entwickelt, der auf ein Arbeitsgebiet mit spezieller Fachlichkeit, mit eigenen Fähigkeiten, Fertigkeiten und Werthaltungen hinweist (vgl. Balke/Thiel 1991, Braun et al. 1997, Bobzien et al. 2006, Deutsche Arbeitsgemeinschaft Selbsthilfegruppen 1987 und 2001, Matzat 1999). In den „gemeinsamen und einheitlichen Grundsätzen" der GKV zur Umsetzung des damaligen § 20, Abs. 4, SGB V wird er folgendermaßen bestimmt:

> „Selbsthilfekontaktstellen sind örtlich oder regional arbeitende professionelle Beratungseinrichtungen mit hauptamtlichem Personal. Träger sind in der Regel Vereine, Kommunen oder Wohlfahrtsverbände. Sie stellen themen- bzw. indikationsübergreifend Dienstleistungsangebote bereit, die auf die Unterstützung und Stabilisierung von Selbsthilfeaktivitäten abzielen. Eine Hauptzielgruppe von Selbsthilfekontaktstellen sind Bürger, die noch nicht Teilnehmer bzw. Mitglieder von Selbsthilfegruppen sind, sondern sich informieren und beraten lassen möchten. Die Motivation zur Teilnahme an Selbsthilfegruppen ist ein wesentlicher Arbeitsbereich für Selbsthilfekontaktstellen. Auf Wunsch unterstützen sie aktive Betroffene bei der Gruppengründung. Bestehenden Selbsthilfegruppen bieten sie infrastrukturelle Hilfen wie z.B. Räume, Beratung und supervisorische Begleitung in schwierigen Gruppensituationen oder bei Problemen an. Selbsthilfekontaktstellen stärken die Kooperation und Zusammenarbeit von Selbsthilfegruppen und Professionellen (insbesondere Ärzten). Durch Öffentlichkeitsarbeit (beispielsweise die Durchführung von Selbsthilfetagen) tragen Selbsthilfekontaktstellen zur größeren Bekanntheit und Akzeptanz von Selbsthilfegruppen bei. Selbsthilfekontaktstellen sind Agenturen zur Stärkung der Eigenverantwortung und gegenseitigen freiwilligen Hilfe. Sie nehmen eine Wegweiserfunktion im System der gesundheitlichen und sozialen Dienstleistungsangebote wahr und verfolgen rehabilitative und präventive Zielsetzungen. Selbsthilfekontaktstellen verbessern die Infrastruktur für die Entstehung und Entwicklung von Selbsthilfegruppen." (Spitzenverbände der Krankenkassen 2000, zit. nach Selbsthilfegruppenjahrbuch 2000: S. 168-176, der Deutschen Arbeitsgemeinschaft Selbsthilfegruppen e.V.).

Anders gesagt: sie verbessern die örtliche Infrastruktur (oder stellen sie überhaupt erst zur Verfügung) für die Realisierung von Engagement bei Betroffenen. Die Begleitforschung zu zwei Modellprogrammen der Bundesregierung (vgl. Braun et al. 1997) hat ergeben, dass in Regionen mit einer solchen spezialisierten Einrichtung mehr Selbsthilfegruppen zu mehr Themen entstehen und dass diese stabiler arbeiten. Eine aktuelle empirische Untersuchung in der Schweiz (Stremlow 2006) konnte statistisch den Zusammenhang zeigen zwischen personeller Ausstattung und Alter bzw. fachlicher Erfahrung einer Selbsthilfe-Kontaktstelle einerseits und Anzahl sowie Themenvielfalt der Selbsthilfegruppen in ihrem Einzugsbereich andererseits. Man könnte sagen: hier wird „Sozialkapital" in der Gemeinde gebildet und vermehrt.

Unter den Experten herrscht weitgehende Einigkeit über dieses Konzept, wenn auch die konkrete Ausgestaltung der Praxis vor Ort wegen der unterschiedlichen personellen und finanziellen Bedingungen eine große Varianz zeigt. Eine Regelfinanzierung für solche Einrichtungen gibt es bislang nicht. Jede muss sich um ihre individuelle Mischfinanzierung (z.B. durch Land, Kommune, Krankenkassen, Eigenmittel des Trägers und private Spenden) bemühen, und zwar Jahr für Jahr erneut. Das bedeutet einen erheblichen Aufwand an Zeit und Arbeitskraft, die besser den eigentlichen Aufgaben der Selbsthilfe-Unterstützung zugute kommen sollten, und es stellt die dringend gebotene personelle Kontinuität permanent in Frage.

Selbsthilfe-Kontaktstellen sind also als Einrichtungen zu verstehen, die zwar selber (definitionsgemäß) professionell betrieben werden (in einigen Fällen unter Beteiligung ehrenamtlicher Mitarbeiter), aber ihrerseits bürgerschaftliches Engagement im gesundheitlichen Bereich, eben im Setting der Selbsthilfegruppen und Selbsthilfe-Organisationen, anregen und fördern, ja vielfach überhaupt erst ermöglichen. Um so unverständlicher ist unter diesem Aspekt die vielerorts völlig unzureichende Förderung der Selbsthilfe-Kontaktstellen durch Länder und Kommunen, die doch angeblich so großes Interesse an der Aktivierung bürgerschaftlichen Engagements, an einer „neuen Kultur des Helfens", an der Bildung und Vermehrung von „Sozialkapital", an Selbsthilfe und Bürgerbeteiligung haben. Fachpolitische Einschätzungen wie die von Bindert und Assion (2001) oder Breitkopf (2001), die auch durch tatsächlich praktizierte Bundes- bzw. Landespolitik tendenziell gedeckt sind, oder die Empfehlungen des Deutschen Vereins für öffentliche und private Fürsorge (1998) zur Selbsthilfeförderung auf kommunaler Ebene, gibt es leider von staatlicher Seite allzu selten. Und die faktische Förderung durch die öffentlichen Hände lässt meist sehr zu wünschen übrig.

Auch die Förderung von Selbsthilfe-Kontaktstellen durch die GKV, der hier vom Gesetzgeber eigens die Möglichkeit von pauschalen Zuschüssen eingeräumt wurde, war bisher völlig unzureichend und nicht bedarfsgerecht (vgl. Priester 2007).

Selbsthilfe-Kontaktstellen sind neben Freiwilligenagenturen, Ehrenamtsbörsen und Seniorenbüros (vgl. Beitrag von Jakob in diesem Band) *die* zentralen Einrichtungen vor Ort zur Aktivierung und Verstetigung von bürgerschaftlichen Engagement – aus eigener Betroffenheit, für sich und für andere (vgl. Thiel 2002 und 2007 a).

Aus der „alternativen Ecke" zum anerkannten Partner

Die fachliche Wertschätzung und öffentliche Anerkennung von Selbsthilfegruppen ist keineswegs selbstverständlich und bestand nicht von Anfang an (vgl. Matzat 1998). Bis Ende der 1970er Jahre wurden sie praktisch überhaupt nicht zur Kenntnis genommen – von den Fachleuten nicht, von den Krankenkassen nicht, von Politik und Verwaltung nicht. Eine Wende wurde eingeleitet durch Forschungsprojekte an Universitäten (Moeller 1978, Moeller 2007, Moeller et al. 1984, Trojan 1986), die ein ungewöhnliches öffentliches Echo fanden. Offenbar war die Zeit reif. (Zur Rolle der Forschung für die Entwicklung der Selbsthilfe-Bewegung in Deutschland vgl. Borgetto 2001, Matzat 2000.) Seither hat sich ein enormer Wandel vollzogen, der seinen vorläufigen Höhepunkt fand, als 1992 *„Selbsthilfegruppen und -*

kontaktstellen" erstmals in einem Gesetzestext auftauchten, nämlich im § 20 SGB V, jenes Sozialgesetzbuches, welches die Leistungen der gesetzlichen Krankenkassen regelt. Hier wurde den Kassen nun im Rahmen der Gesundheitsförderung ausdrücklich erlaubt, die Selbsthilfe zu fördern. Leider wurde aus verschiedenen Gründen viel zu wenig Gebrauch davon gemacht. Im Jahre 1996 sollte der Paragraph im Rahmen von Sparmaßnahmen sogar gänzlich gestrichen werden. Durch vielfältigen politischen und fachlichen Widerstand konnte dies jedoch wenigstens für den Teilbereich der Selbsthilfe-Förderung abgewehrt werden. Offenbar wurde das hier ruhende „Sozialkapital" in letzter Minute entdeckt. In der Praxis blieb es aber dabei, dass die gesetzlichen Krankenkassen ihre Förderung weiterhin unabgestimmt und intransparent auf niedrigstem Niveau hielten. Ein fachliches oder gesundheitspolitisches Engagement für die Selbsthilfe, welches den Versicherten ja zugute gekommen wäre und zu Kostenreduzierung hätte beitragen können, war nicht erkennbar. Dies war Anlass für die neue Bundesregierung, in ihrer „Gesundheitsreform 2000" durch eine Revision des § 20 SGB V, die „Stärkung der Selbsthilfe" auf die Tagesordnung zu setzen. Nun wurde den gesetzlichen Krankenkassen vorgeschrieben, pro Jahr 1,- DM pro Versicherten (also insgesamt ca. 72 Millionen DM) zur Förderung von Selbsthilfegruppen, -organisationen und -kontaktstellen auszugeben.

Die vom Gesetzgeber verlangten „gemeinsamen und einheitlichen Grundsätze" wurden am 10. März 2000 verabschiedet. Als für die Selbsthilfe „maßgebliche Spitzenorganisationen" wurden die Bundesarbeitsgemeinschaft Selbsthilfe von Menschen mit Behinderung und chronischer Erkrankung und ihren Angehörigen (BAG SELBSTHILFE) (damals noch: Bundesarbeitsgemeinschaft Hilfe für Behinderte – BAGH), der Deutsche Paritätische Wohlfahrtsverband (DPWV) und die Deutsche Arbeitsgemeinschaft Selbsthilfegruppen (DAG SHG) anerkannt. Später kam die Deutsche Hauptstelle für Suchtfragen (DHS) hinzu. Die vom Gesetz jetzt eindeutig vorgeschriebene Selbsthilfegruppen-Förderung wurde von der GKV jedoch nie vollständig realisiert: nach Angaben des Bundesministeriums für Gesundheit (BMG) wurde der Selbsthilfe 2006 im Durchschnitt lediglich 71 % der gesetzlich vorgeschrieben Summe zur Verfügung gestellt (Priester 2007). Stiefkinder der GKV-Förderung blieben nach wie vor die Selbsthilfe-Kontaktstellen, die als Infrastruktur zur fachlichen Anregung, Unterstützung und Beratung vor allem auf pauschale Zuschüsse angewiesen sind, um ihre Informations- und Beratungsleistungen verlässlich und qualifiziert für alle Bürger erbringen zu können. Der Gesetzgeber entschloss sich daher erneut zu einer Revision. Der neue § 20 c SGB V lautet nun seit 1.1.2008:

> Die Krankenkassen und ihre Verbände fördern Selbsthilfegruppen und -organisationen, die sich die gesundheitliche Prävention oder die Rehabilitation von Versicherten bei einer der im Verzeichnis nach Satz 2 aufgeführten Krankheiten zum Ziel gesetzt haben, sowie Selbsthilfekontaktstellen im Rahmen der Festlegungen des Absatzes 3. [Bis 30.6.08] Die Spitzenverbände der Krankenkassen beschließen gemeinsam und einheitlich [Ab 1.7.08] Der Spitzenverband Bund der Krankenkassen beschließt ein Verzeichnis der Krankheitsbilder, bei deren gesundheitlicher Prävention oder Rehabilitation eine Förderung zulässig ist; sie haben die Kassenärztliche Bundesvereinigung und die Vertretungen der für die Wahrnehmung der Interessen der Selbsthilfe maßgeblichen Spitzenorganisationen zu beteiligen. Selbsthilfekontaktstellen müssen für eine Förderung ihrer gesundheitsbezogen Arbeit themen-, bereichs- und indikationsgruppenübergreifend tätig sein.

(2) [Bis 30.6.08] Die Spitzenverbände der Krankenkassen beschließen gemeinsam und einheitlich [Ab 1.7.08] Der Spitzenverband Bund der Krankenkassen beschließt Grundsätze zu den Inhalten der Förderung der Selbsthilfe und zur Verteilung der Fördermittel auf die verschiedenen Förderebenen und Förderbereiche. Die in Absatz 1 Satz 2 genannten Vertretungen der Selbsthilfe sind zu beteiligen. Die Förderung kann durch pauschale Zuschüsse und als Projektförderung erfolgen.
(3) Die Ausgaben der Krankenkassen und ihrer Verbände für die Wahrnehmung der Aufgaben nach Absatz 1 Satz 1 sollen insgesamt im Jahr 2006 für jeden ihrer Versicherten einen Betrag von 0,55 Euro umfassen; sie sind in den Folgejahren entsprechend der prozentualen Veränderung der monatlichen Bezugsgröße nach § 18 Absatz 1 des Vierten Buches anzupassen. Für die Förderung auf der Landesebene und in den Regionen sind die Mittel entsprechend dem Wohnort der Versicherten aufzubringen. Mindestens 50 Prozent der in Satz 1 bestimmten Mittel sind für kassenartenübergreifende Gemeinschaftsförderung aufzubringen. Über die Vergabe der Fördermittel aus der Gemeinschaftsförderung beschließen die Krankenkassen oder ihre Verbände auf den jeweiligen Förderebenen gemeinsam nach Maßgabe der in Absatz 2 Satz 1 genannten Grundsätze und nach Beratung mit den zur Wahrnehmung der Interessen der Selbsthilfe jeweils maßgeblichen Vertretungen von Selbsthilfegruppen, -organisationen und -kontaktstellen. Erreicht eine Krankenkasse den in Satz 1 genannten Betrag der Förderung in einem Jahr nicht, hat sie die nicht verausgabten Fördermittel im Folgejahr zusätzlich für die Gemeinschaftsförderung zur Verfügung zu stellen."

Als Ursachen für die mangelhafte Umsetzung der gesetzlichen Vorschrift ist ein Mix aus Vorurteilen, mangelnder Sachkenntnis und einer gewissen „System-Inkompatibilität" zu vermuten. Die GKV orientiert sich ja traditionell am Versicherten-Bezug (in der Selbsthilfegruppe arbeiten jedoch Versicherte *verschiedener* Kassen zusammen), an der Einzelleistung, die der Kassenarzt nach Gebührenordnung abrechnen kann (im Gegensatz dazu besteht die Arbeit in und mit Selbsthilfegruppen vor allem aus „Komplexleistungen") und an der Abtretung von Sachkompetenz und Entscheidungsverantwortung an die Leistungserbringer (also vor allem die Ärzteschaft) bei weitestgehendem Rückzug auf eine eigene Rolle als Kostenträger. „Eigenbeteiligung" der Patienten wird traditionell jedoch nur finanziell gesehen, nicht als Mitwirkung i.S. eines „koproduktiven Potentials" oder gar i.S. von eigenem Expertentum aus Betroffenen-Kompetenz.

Außerdem zeigte sich hier, dass in diesem wichtigen gesellschaftlichen Bereich des Gesundheitswesens von den herrschenden Kräften das bürgerschaftliche Engagement von Betroffenen in Selbsthilfegruppen und Selbsthilfe-Organisationen keineswegs immer begrüßt und gefördert wird, sondern oft eher beargwöhnt, gescheut und behindert. Die Beteiligung von besser informierten und qualifizierten Patienten als „Ko-Produzenten von Gesundheit" (Badura/Schellschmidt 1999), aber auch als Interessenvertretung von Betroffenen gegenüber Kostenträgern und Leistungserbringern waren bislang in unserem selbstverwalteten Gesundheitswesen in keiner Weise vorgesehen, und man tut sich auch jetzt noch sehr schwer damit. Slogans wie „Der Patient steht im Mittelpunkt" oder „Die neue Macht im Gesundheitswesen" drücken bestenfalls eine Vision aus, die Bekenntnisse zu „Kooperation" und „Partnerschaft" bestenfalls den guten Willen einzelner. Rhetorik statt realer Beteiligung kennzeichnet gegenwärtig (noch) die Lage (Thiel 2007 b). Anscheinend wird weder der „Demokratie-Gewinn" noch der ökonomische Nutzen (vgl. Engelhardt et al. 1995) gesehen, der von einem stärkeren Engagement der Betroffenen zu erwarten ist – umso mehr natürlich, je angemessener es gefördert wird.

In Analogie zum SGB V (das sich auf die Gesetzliche Krankenversicherung bezieht) ist seit 1.7.2001 im SGB IX (Reha-Gesetz) in § 29 auch den Rehabilitationsträgern die Förderung der Selbsthilfe als eine Leistung zur medizinischen Rehabilitation vorgeschrieben. Dort heißt es:

„Selbsthilfegruppen, -organisationen und -kontaktstellen, die sich die Prävention, Rehabilitation, Früherkennung, Behandlung und Bewältigung von Krankheiten und Behinderungen zum Ziel gesetzt haben, sollen nach einheitlichen Grundsätzen gefördert werden."

Dieser Paragraph begründet jedoch kein „Leistungsrecht", nach dem die Selbsthilfe Förderung verlangen könnte. Er blieb daher in der Praxis völlig folgenlos.

Zwar ist es sehr zu begrüßen, dass der Gesetzgeber hier (zumindest rhetorisch) zusätzliche Förderer der Selbsthilfe ins Boot holt. Der Staat muss jedoch die praktische Umsetzung überwachen und seinerseits glaubhaft machen, dass er sich dadurch nicht aus der eigenen Verantwortung zurückziehen will. Eine anstehende Aufgabe ist es, die Aktivitäten der verschiedenen Zuschussgeber zu koordinieren und für eine möglichst faire, abgestimmte und sinnvolle Verteilung der Mittel zu sorgen (selbstverständlich unter Beteiligung der Betroffenen), ohne dass Antrags-, Abrechnungs- und Überprüfungsbürokratismen überhand nehmen oder die Selbsthilfe „eingekauft" bzw. zu Marketing-Zwecken missbraucht wird. Selbsthilfe-Förderung ist und bleibt eine gesamtgesellschaftliche Gemeinschaftsaufgabe!

Politische Mitwirkung

Seit dem 01.01.2004 wirken gemäß § 140 f SGB V sog. „sachkundige Personen" als Patientenvertreter in den Gremien des Gemeinsamen Bundesausschusses mit (vgl. Danner/Matzat 2005, 2007). Sie haben damit die Möglichkeit, die Erfahrungen von Patienten mit dem Versorgungsgeschehen im Gesundheitswesen in die Entscheidungsfindung beim Gemeinsamen Bundesausschuss, dem höchsten Gremium der gemeinsamen Selbstverwaltung im deutschen Gesundheitswesen, einzubringen. Darüber hinaus kann die Patientenperspektive nunmehr mit eigenständigem Gewicht in den Beratungen zur Ausgestaltung des Leistungsvolumens der gesetzlichen Krankenversicherung Berücksichtigung finden. Ein Mitentscheidungsrecht steht den Patientenvertretern bislang allerdings nicht zu.

Nach der sog. Patientenbeteiligungsverordnung des BMG gibt es zwei Säulen der Patientenbeteiligung, nämlich einerseits die im Deutschen Behindertenrat (DBR) zusammengeschlossenen Betroffenen-Organisationen und andererseits die sog. Beraterverbände: Deutsche Arbeitsgemeinschaft Selbsthilfegruppen (DAG SHG), Bundesarbeitsgemeinschaft der Patientenstellen (BAGP) und Verbraucherzentrale Bundesverband (vzbv). Die Entsendung der bislang etwa 200 von ihnen benannten „sachkundigen Personen" nehmen sie gemeinsam und einvernehmlich vor. Die Aufgaben der Patientenvertreter im Gemeinsamen Bundesausschuss werden ehrenamtlich wahrgenommen (Plamper/Meinhardt 2008).

Auf Länderebene gibt es ähnliche Ausschüsse, in denen ebenfalls Patientenvertreter – hunderte an der Zahl – beteiligt sind.

Neben dieser „System-Beteiligung" werden Patientenvertreter seit neustem ebenfalls einbezogen in die Erstellung sog. Nationaler Versorgungsleitlinien, die Ärzten (wie auch Patienten) wissenschaftlich fundierte („evidence based") Hinweise für die Behandlung einzelner Krankheiten an die Hand geben sollen (vgl. Weinbrenner et al. 2007). Erfahrungen und Lösungsvorschläge von Patienten(organisationen) sollen auf diese Weise zur Verbesserung der Versorgung beitragen. Es versteht sich von selbst, dass diese neue Bürgerbeteiligung im Gesundheitswesen (Francke/Hart 2001, Dierks et al. 2006) die hier engagierten „Laien" (wie die Fachmediziner sagen würden) mit erheblichen Anforderungen konfrontiert und ihnen eine hohe Mitverantwortung für den Bestand und die Funktionsfähigkeit unseres gesundheitlichen Versorgungssystem aufbürdet.

Allein das Hinzukommen von Dritten, hier der Patientenvertreter, wird das bestehende System sicherlich „verstören". Fragen werden gestellt und Zweifel angemeldet, der Argumentationsbedarf wächst; andererseits fließen neue Ideen, Rückmeldungen von Nutzerseite und das Erfahrungswissen der Patientenvertreter in die Entscheidungsprozesse ein. Bleibt nur zu hoffen, dass die „Verstörung" zu einer günstigen Neuorganisation des Systems führt. Jedenfalls weht jetzt ein Hauch von Transparenz durch den Gemeinsamen Bundesausschuss und durch die Landesauschüsse, ja durch das Gesundheitssystem insgesamt – falls solch eine windige Metapher an dieser Stelle erlaubt ist.

Literatur

Antonovsky, Aaron (1997): Salutogenese. Zur Entmystifizierung der Gesundheit. Tübingen: DGVT
Badura, Bernhard/Schellschmidt, Henner (1999): Sozialwissenschaftlicher Gutachtenteil. In: Badura, Bernhard et al.: Bürgerorientierung des Gesundheitswesens. Baden-Baden: Nomos
Balke, Klaus/Thiel, Wolfgang (Hrsg.) (1991): Jenseits des Helfens. Professionelle unterstützen Selbsthilfegruppen. Freiburg: Lambertus
Bindert, Franz-Josef/Assion, Cornelia (2001): Gesundheitspolitische Erwartungen an die Selbsthilfe im deutschen Gesundheitswesen. In: Borgetto, Bernhard/von Troschke, Jürgen (Hrsg.): Entwicklungsperspektiven der gesundheitsbezogenen Selbsthilfe im deutschen Gesundheitswesen. Freiburg (Schriftenreihe der Deutschen Koordinierungsstelle für Gesundheitswissenschaften, Bd. 12)
Bobzien, Monika et al. 2006: Selbsthilfe unterstützen. Fachliche Grundlagen für die Arbeit in Selbsthilfekontaktstellen und anderen Unterstützungseinrichtungen. Ein Leitfaden. Hrsg. von NAKOS (Nationale Kontakt- und Informationsstelle zur Anregung und Unterstützung von Selbsthilfegruppen) Berlin: Eigenverlag
Borgetto, Bernhard/von Troschke, Jürgen (Hrsg.) (2001): Entwicklungsperspektiven der gesundheitsbezogenen Selbsthilfe im deutschen Gesundheitswesen. Freiburg (Schriftenreihe der Deutschen Koordinierungsstelle für Gesundheitswissenschaften, Bd. 12)
Braun, Joachim et al. (1997): Selbsthilfe und Selbsthilfeunterstützung in der Bundesrepublik Deutschland. Stuttgart: Kohlhammer
Breitkopf, Helmut (2001): Gesundheitliche Selbsthilfe in Nordrhein-Westfalen aus fachpolitischer Sicht. In: Kemming, Herbert et al. (Hrsg.): Stadt der Zukunft. Neue Impulse für eine nachhaltige Infrastrukturpolitik. Dortmund: Institut für Landes- und Stadtentwicklungsforschung
Danner, Martin/Matzat, Jürgen (2005): Patientenbeteiligung beim Gemeinsamen Bundesausschuss – ein erstes Resümee. In: Verhaltenstherapie & Psychosoziale Praxis 1/2005, S. 141-144

Danner, Martin/Matzat, Jürgen (2007): Weiterentwicklung der Psychotherapie aus Patientensicht – oder: Zum Unbehagen im Gemeinsamen Bundesausschuss. In: Forum Psychotherapeutische Praxis, 7 (2), S. 76-77
Deutsche AIDS-Hilfe (Hrsg.) (2002): AIDS Selbst Hilfe Berlin: Eigenverlag
Deutsche Arbeitsgemeinschaft Selbsthilfegruppen (1987): Selbsthilfegruppen-Unterstützung. Ein Orientierungsrahmen. Gießen: Eigenverlag
Deutsche Arbeitsgemeinschaft Selbsthilfegruppen (2001): Selbsthilfekontaktstellen. Empfehlungen der DAG SHG e.V. zu Ausstattung, Aufgabenbereich und Arbeitsinstrumenten. Gießen: Eigenverlag
Deutscher Paritätischer Wohlfahrtsverband, LV Nordrhein-Westfalen (Hrsg.) (2001): Gesundheitsselbsthilfe in Nordrhein-Westfalen – Leistungsspektrum und Unterstützungsbedarf. Wuppertal: Eigenverlag
Deveugele, Myriam et al. (2002): Consultation length in genereal practice : cross sectional study in six European countries. In: British Medical Journal, 2002, 325, 472 ff.
Dierks, Marie-Luise et al. (2006): Bürger und Patientenorientierung im Gesundheitswesen. Gesundheitsberichterstattung des Bundes, Heft 32. Berlin: Robert Koch-Institut
Dörner, Klaus (2001): Der gute Arzt. Lehrbuch der ärztlichen Grundhaltung. Stuttgart: Schattauer
Emotions Anonymous Interessengemeinschaft: Information für die Öffentlichkeit. o.O. (Eigenverlag) o.J. (4. Auflage)
Ehlebracht-König, Inge/Bönisch, Angelika (2007): Beispiel einer qualitätsgesicherten Schulung bei Patienten mit Spondylitis ankylosans. In: Praxis Klinische Verhaltensmedizin und Rehabilitation, 75, S. 33-39
Engelhardt, Hans Dietrich et al. (1995): Was Selbsthilfe leistet. Ökonomische Wirkungen und sozialpolitische Bewertung. Freiburg: Lambertus
Englert, Gerhard/Niermann, Thomas (1996): Die Bedeutung von Selbsthilfegruppen für behinderte und chronisch kranke Menschen. In: Zwierlein, Eduard (Hrsg.): Handbuch Integration. Neuwied: Luchterhand
Flöter, Elisabeth (2001): Erfahrungsberichte einer Rehamaßnahme. In: mobil 2/2001, S. 58
Francke, Robert/Hart, Dieter (2001): Bürgerbeteiligung im Gesundheitswesen. Baden-Baden: Nomos
Göpel, Eberhard (2004): Gesundheit bewegt. Frankfurt: Mabuse
Gottschlich, Maximilian (1998): Sprachloses Leid. Wege zu einer kommunikativen Medizin. Die heilsame Kraft des Wortes. Wien: Springer
Grawe, Klaus/Grawe-Gerber, Marianne (1999): Ressourcenaktivierung. Ein primäres Wirkprinzip der Psychotherapie. In: Psychotherapeut, 2, 1999, S. 63-73
Härter, Martin et al. (Hrsg.) (2005): Gemeinsam entscheiden – erfolgreich behandeln. Neue Wege für Ärzte und Patienten im Gesundheitswesen.
Häuser, Winfried/Schwebius, Phillip (1999): Vier Minuten pro Patient, eine Minute pro Angehörigen. In: Psychosom. med. Psychol. 49, S. 168-170
Höflich, Anke et al. (2007): Selbsthilfegruppen für psychisch und psychosomatisch Kranke – Versorgungsangebot, Inanspruchnahme, Wirksamkeit. Bremerhaven: Wirtschaftsverlag NW
Hüllinghorst, Rolf (2001): Selbsthilfegruppen für Suchtkranke: zwischen allen Stühlen? In: Selbsthilfegruppenjahrbuch 2001. Gießen: Deutsche Arbeitsgemeinschaft Selbsthilfegruppen, S. 53-61
Hüllinghorst, Rolf (2007):Von der Entzugsklinik in die Selbsthilfegruppe. Zur therapeutischen Kette in der Suchthilfe. In: Deutsche Arbeitsgemeinschaft Selbsthilfegruppen (Hrsg.): Selbsthilfegruppenjahrbuch 2007. Gießen: Eigenverlag, S. 43-49
Hummel, Konrad (2000): Bürger sucht Gesellschaft. Freiwilliges Engagement von Menschen und die Dialektik seiner politischen Förderung. In: Blätter der Wohlfahrtspflege, Heft 11+12, 2000, S. 241-247

Janota, Bernd (2007): Neue Anforderungen an die Selbsthilfe – oder: Ein Tag im Leben von Frau Hellmann. In: Deutsche Arbeitsgemeinschaft Selbsthilfegruppen (Hrsg.): Selbsthilfegruppenjahrbuch 2007. Gießen: Eigenverlag, S. 71-80

Kirchner, Christine (2007): Führung von Selbsthilfeorganisationen. In: Deutsche Arbeitsgemeinschaft Selbsthilfegruppen (Hrsg.): Selbsthilfegruppenjahrbuch 2007. Gießen: Eigenverlag, S. 81-87

Kirchner, Christine et al. (2005): Beratung in der Selbsthilfe am Beispiel der Frauenselbsthilfe nach Krebs. Essen: BKK Bundesverband

Krause-Girth, Cornelia (2007): Die Gruppe, das Paar und die Liebe. Zum Wirken von Michael Lukas Moeller. Gießen: Psychosozial-Verlag

Kühner, Sophie et al. (2006): Wissen Mitglieder von Selbsthilfegruppen mehr über Brustkrebs? Wissen zu Erkrankung, Behandlung und Prävention bei Patientinnen im Vergleich. In: Psychother. Psych. Med., 56, S. 432-437

Matzat, Jürgen (1998): Anders helfen – Selbsthilfegruppen und Fachleute arbeiten zusammen. In: Haland-Wirth, Trin et al.: Unbequem und engagiert. Gießen: Psychosozial-Verlag

Matzat, Jürgen (1999): Kontaktstellen für Selbsthilfegruppen – Professionelle Hilfe zur Selbsthilfe. In: Günther, Peter, Rohrmann, Eckhard (Hrsg.): Soziale Selbsthilfe – Alternative, Ergänzung oder Methode sozialer Arbeit? Heidelberg: Universitätsverlag C. Winter

Matzat, Jürgen (2004): Wegweiser Selbsthilfegruppen – Eine Einführung für Laien und Fachleute. Gießen: Psychosozial-Verlag

Matzat, Jürgen (2007): „Psycho"-Gruppen – Eine besondere Herausforderung für die Selbsthilfe. In: Deutsche Arbeitsgemeinschaft Selbsthilfegruppen (Hrsg.): Selbsthilfegruppenjahrbuch 2007. Gießen: Eigenverlag, S. 106-111

Moeller, Michael Lukas (1978): Selbsthilfegruppen. Reinbek: Rowohlt. (TB: Reinbek: Rowohlt, 1996)

Moeller, Michael Lukas (2007): Anders helfen. Selbsthilfegruppen und Fachleute arbeiten zusammen. Gießen: Psychosozial-Verlag

Moeller, Michael Lukas et al. (1984): Psychologisch-therapeutische Selbsthilfegruppen. Stuttgart: Kohlhammer

Müller-Kohlenberg, Hildegard (1996): Laienkompetenz im psychosozialen Bereich. Opladen: Leske + Budrich

Murken, Sebastian (1994): Religiosität, Kontrollüberzeugung und seelische Gesundheit bei Anonymen Alkoholikern. Frankfurt: Europäischer Verlag der Wissenschaften

Pechbrenner, Gert et al. (2006): Selbsthilfe mit besonderem Anspruch. Die Elternhilfe für Kinder mit Rett-Syndrom in Deutschland e.V. bietet Fortbildungsseminare für Fachleute an: In: Deutsche Arbeitsgemeinschaft Selbsthilfegruppen (Hrsg.): Selbsthilfegruppenjahrbuch 2006. Gießen: Eigenverlag

Plamper, Evelyn/Meinhardt, Michael (2008): Patientenvertreterbeteiligung an Entscheidungen über Versorgungsleistungen in Deutschland. Die Perspektive der Patientenvertreter im Gemeinsamen Bundesausschuss und der Bundesgeschäftsstelle für Qualitätssicherung. In: Bundesgesundheitsbl. – Gesundheitsforsch. – Gesundheitsschutz, 1/2008, S. 81-88

Priester, Klaus (2007): Krankenkassen schöpfen Finanzspielräume bei der Selbsthilfefinanzierung bei weitem nicht aus. In: Deutsche Arbeitsgemeinschaft Selbsthilfegruppen (Hrsg.): Selbsthilfegruppenjahrbuch 2007, S. 163 ff

Spitzenverbände der Krankenkassen (2000): Gemeinsame und einheitliche Grundsätze der Spitzenverbände der Krankenkassen zur Förderung der Selbsthilfe gemäß §20 Abs. 4 SGB V. In: Deutsche Arbeitsgemeinschaft Selbsthilfegruppen (Hrsg.): Selbsthilfegruppenjahrbuch 2000, Gießen: Eigenverlag, S. 168-176

Söllner, Wolfgang (2003): Selbsthilfegruppen. In: Uexküll, Thure von (Hrsg.): Psychosomatische Medizin. München: Urban & Fischer

Stark, Wolfgang (1996): Empowerment. Neue Handlungskompetenzen in der psychosozialen Praxis. Freiburg: Lambertus

Stremlow, Jürgen (2006): Die Bedeutung der Kontaktstellen für die Förderung der Selbsthilfegruppen in der Schweiz. In: Deutsche Arbeitsgemeinschaft Selbsthilfegruppen (Hrsg.): Selbsthilfegruppenjahrbuch 2006. Gießen: Eigenverlag

Thiel, Wolfgang (1995): Selbsthilfegruppen und ihre Unterstützung aus internationaler Perspektive. In: Wohlfahrt, Norbert, Breitkopf, Helmut: Selbsthilfegruppen und soziale Arbeit. Freiburg: Lambertus

Thiel, Wolfgang (2001): Welche Bedeutung hat die salutogenetische Sichtweise für Selbsthilfegruppen? In: Deutsche Arbeitsgemeinschaft Selbsthilfegruppen (Hrsg.): Selbsthilfegruppenjahrbuch 2001. Gießen: Eigenverlag, S. 156-162

Thiel, Wolfgang (Hrsg.) (2002): Mit Profil ins Netzwerk. Selbsthilfekontaktstellen, Freiwilligenagenturen und Seniorenbüros. NAKOS-Extra Nr. 33. Berlin: Eigenverlag

Thiel, Wolfgang (2007a): Bürgerschaftliches Engagement, Selbsthilfe und Welfare Mix. In: Deutsche Arbeitsgemeinschaft Selbsthilfegruppen (Hrsg.): Selbsthilfegruppenjahrbuch 2007. Gießen: Eigenverlag

Thiel, Wolfgang (2007b): Bürgerschaftliches Engagement und Selbsthilfe – eine ebenso skeptische wie erwartungsvolle Wortmeldung. www.nakos.de/site/data/Be_Enquete_Thiel2007.pdf

Trojan, Alf (Hrsg.) 1986: Wissen ist Macht. Frankfurt: Fischer

Wagner-Stolp, Wilfried (2003): Elternselbsthilfe und Lebenshilfe – eine Beziehung, die in Spannung hält. In: Wilken, Udo, Jeltsch-Schudel, Barbara (Hrsg.): Eltern behinderter Kinder. Empowerment – Kooperation – Beratung. Stuttgart: Kohlhammer

Weinbrenner, Susanne et al. (2007): Der Methodenreport 2007 des nationalen Programms für VersorgungsLeitlinien – Hintergrund und Inhalt. In: Zeitschrift für ärztliche Fortbildung und Qualität im Gesundheitswesen, 101 4, S. 269-275

Thomas Klie

Bürgerschaftliches Engagement in der Pflege

1 Vorbemerkung

„Who cares" fragt der 7. Familienbericht der Bundesregierung (BMFSFJ 2006: 254 ff.): Care oder im von seiner Bedeutung etwas kontaminierten deutschen Begriff „Fürsorge" wird in modernen Gesellschaften zu einer knappen Ressource. Das gilt für die Fürsorge für Kinder ebenso wie für Menschen mit Behinderung und Pflegebedarf – insbesondere im hohen Alter. Gilt hier das freiwillige Engagement als Ausfallbürge für erodierende Familienpflegebereitschaften und Ressourcen? Und für die begrenzte Leistungsfähigkeit sozialstaatlicher Leistungen? So wird es nicht funktionieren. Aber ohne den Faktor Bürgerschaftliches Engagement wird es keine auf Integration ausgerichtete Pflege in der Breite der Gesellschaft geben.

Basare in Pflegeheimen zur Weihnachtszeit, grüne Damen im Krankenhaus, Kinderchöre im Altenclub – diese traditionellen Bilder von Engagierten im Pflegesektor verweisen auf lange Traditionen „bürgerlichen" Engagements im Pflegesektor. Sie gilt es nicht gering zu schätzen, sie greifen aber zu kurz, wenn es darum geht im Kontext der Bürgergesellschaftsdiskussion über eine neue Vergesellschaftung des Aufgabenfeldes Pflege nachzudenken, das vor grundlegenden demographischen und kulturellen Herausforderungen steht. Die zivilgesellschaftliche Fundierung des Themas nimmt die normativen Grundlagen in den Blick, die mit der Zivilgesellschaft verbunden sind (Teilhabe, Toleranz, Menschenrechte, Nachhaltigkeit etc.), die Bedeutung des Dritten Sektors und seiner besonderen Qualität (Selbstorganisation, Gemeinwohlorientierung) aber auch die besondere Interaktionsqualität der Akteure (jenseits von Herrschaft, Tausch) sowie die Suche nach einer guten Gesellschaftsordnung, die die Verwiesenheit der gesellschaftlichen Sektoren aufeinander reflektiert (weder Staat noch Markt noch der private Sektor können Wohlfahrt allein gewährleisten). In diesem Beitrag werden basierend auf dem Konzept des Wohlfahrtspluralismus, Engagementpotenziale in der Pflege ausgelotet und konzeptionell verankert.

2 Bürgerschaftliches Engagement und Wohlfahrtspluralismus

Das Bürgerschaftliche Engagement erlebt eine Renaissance, wenn man denn von einer solchen sprechen kann angesichts der durchaus auch neu zu nennenden zivilgesellschaftlichen Ausrichtung dessen, was heute unter Bürgerschaftlichem Engagement verstanden wird (vgl. Klie/Ross 2005). Auf Ehrenamt, auf Freiwilligendienste, auf Selbsthilfe werden allenthalben Hoffnungen gegründet, um wohlfahrtsstaatliche Errungenschaften für verschiedene Bevölkerungsgruppen bei gleichzeitig reduzierter Leistungsfähigkeit des Staates zu erhalten. Dabei ist dieses Anliegen unterschiedlich stark ausgeprägt, bzw. ernsthaft Gegenstand sozialpolitischer Umbaumaßnahmen: Dies gilt vor allem dort, wo voraussetzungslos auf das Bürgerschaftliche Engagement und das Ehrenamt gesetzt wird und die Selbsthilfefähigkeit der Gesellschaft als Legitimation für den Rückbau von Sozialleistungen benutzt wird. Andererseits ist den Kritikern vorzuhalten, die in der Neuakzentuierung des Bürgerschaftlichen Engagements lediglich eine derartige Legitimationsstrategie sozialpolitischer Kürzungen vermuten, dass die Leistungsfähigkeit eines auf Generationengerechtigkeit setzenden Sozialstaates in alter Tradition der Subsidiaritätskonzepte (Nell-Breuning 1990) sowohl auf leistungsfähige informelle Netze verwiesen ist wie auch auf einen produktiven Sektor des Bürgerschaftlichen. Dass in einer bürgerschaftlich getragenen Wohlfahrtsstaatlichkeit auch eine besondere Qualität zivilgesellschaftlicher Art steckt, wird für die besonders bedeutsam, die einen fürsorgerisch totalitären Sozialstaat zurückweisen.

In diesem Beitrag soll die Bedeutung des Bürgerschaftlichen Engagements bezogen auf das Feld der Pflege und Betreuung heraus gearbeitet werden. Aufgebaut wird auf dem politikwissenschaftlichen Ansatz des Wohlfahrtspluralismus (vgl. Evers/Svetlik 1981; Evers/Olk 1996; Klie/Ross 2005). Der Ansatz des Welfare Mix geht davon aus, dass Wohlfahrt immer in einem Mix produziert wird. Dabei spielen verschiedene gesellschaftliche Akteure eine Rolle, in ihren verschiedenen Handlungsformen, unterschiedlichen Motiven und Interessen. Dabei hängt in einem modernen Staat Wohlfahrt vom gelingenden und gut inszenierten Zusammenspiel bzw. Mix von Staat, Markt, Drittem Sektor und dem informellen Sektor (Haushalte und Familien) ab. Eine so verstandene gemischte Wohlfahrtsproduktion ist ein alltägliches Phänomen und dies nicht erst heute. Dies gilt für die Kindererziehung, es gilt aber auch für das Feld der Pflege und Betreuung und die Aktivitäten zur gesellschaftlichen Integration von Menschen mit Behinderungen. Sie für eine nachmoderne Gesellschaft im demographischen Wandel bei begrenzter Leistungsfähigkeit des Sozialstaates und sich verändernder Solidarität in Familien und sozialen Netzwerken anzupassen bzw. neu zu formulieren, wird als Voraussetzung für eine nachhaltige Sicherung von Pflege und Betreuung verstanden. Dabei spielt das Feld der Pflege und Betreuung von und für ältere Menschen im wohlfahrtspluralistischen Diskussionszusammenhang eine besondere Rolle. Es handelt sich beim Welfare Mix nicht um ein Rezept für einen bestimmten Cocktail an Hilfemixturen, das einfach anzurichten wäre. Bei einer nicht nur analytischen nachvollzogenen, sondern strategisch ausgerichteten wohlfahrtspluralistischen Diskussion handelt es sich um einen vor allem voraussetzungsvollen Politikansatz, von dem keiner behaupten sollte, er sei einfach zu realisieren. Auf der persönlichen Ebene der Bürgerinnen und Bürger trifft er auf je unterschiedliche Lebenslagen (vgl. Schulz-Nieswandt 2006) sowie unterschiedliche Bedarfssituationen, Mentalitäten und Ressourcen. Beispielsweise zuzulassen, dass fremde, bürgerschaftlich Engagierte sich beteiligen an der Bewältigung einer privaten Lebenssituation, ist keineswegs selbstverständlich. So ist es in kulturell eher hermetisch abgeschlossenen gesellschaftlichen Gruppierungen, etwa in bestimmten Migrantengruppen kaum vorstellbar, Dienstleistungen auf Märkten zur Bewältigung der Pflegebedürftigkeit einzukaufen oder überhaupt professionelle, in einem Aufgabenfeld zuzulassen, das ganz wesentlich verstanden wird als Bewährungsprobe für familiäre Solidarität (vgl. Schnepp 2002). Wiederum wurde in bestimmten gesellschaftlichen Milieus eine manifeste Sozialstaatserwartung habitualisiert, die auch im Bereich der Pflege nicht von einer Teil- sondern Vollkaskoverantwortung des Staates ausgeht. Gleichwohl sind faktisch Welfare-Mix-Phänomene verbreitet, wenn auch mitnichten als solche immer begriffen und bewusst gestaltet. Aber auch auf der institutionellen Ebene, etwa der Erbringer von sozialen und pflegerischen Dienstleistungen, trifft eine Welfare Mix Logik nicht nur auf Akzeptanz. In rein erwerbswirtschaftlich ausgerichteten Betrieben, etwa von Pflegediensten mit einer expliziten Profitorientierung, geht es primär darum, möglichst viele Dienstleistungen am Markt refinanziert durch die Sozialversicherung zu „verkaufen". Sich als Akteure eines Welfare Mixes in dem Verkauf der eigenen Dienstleistung zurückzuhalten, nicht etwa über Strategien der Qualitätssicherung Domänen für die Erbringung von pflegerischen Leistungen zu erkämpfen und zu verteidigen, fällt nicht nur schwer, sondern ist auf den ersten Blick nicht zu vereinbaren mit einer erwerbswirtschaftlichen Ausrichtung von Pflegediensten. Wohlfahrtsverbände in ihren unterschiedlichen Handlungslogiken: Hier Marktanbieter, dort intermediäre Instanz, dort Anwalt der Klienten, können wohlfahrtspluralistische Konzepte eher aufnehmen, auch wenn es bei einer stärkeren Verselbständigung von Einzelbetrieben und Kostenstellen ohnehin schwerer fällt, sich im wesentlichen gemeinwirtschaftlich auszurichten und zu verstehen. Nimmt man allerdings in den Blick, dass volkswirtschaftlich niemals alle notwendigen Pflegeleistungen aus dem Sektor Nursing und Care als Dienstleistungen erbracht und bezahlt werden, sei es nun aus Privatmitteln oder aus Mitteln sozialer Sicherungssysteme wird deutlich, dass bei einer Gesamtbetrachtung alle Akteure im Sektor der Pflege auf wohlfahrtspluralistische Bewältigungsformen angewiesen sind. Die relative finanzielle Stabilität der Pflegeversicherung basiert einzig und allein auf der unerwartet hohen Familienpflegebereitschaft, das heißt auf der Leistungsfähigkeit des informellen Sektors. Wäre diese so nicht gegeben, wären die Pflegedienste in ihren Entgeltniveaus höchst wahrscheinlich schon längst nicht mehr dort, wo sie heute sind. Die Verteidigung eines vergleichsweise, insbesondere aus haushaltsökonomischer Perspektive betrachtet, hohen Preisniveaus für pflegerische Dienstleistungen, kennt als Voraussetzung, die limitierte Inanspruchnahme dieser Leistungen durch die Berechtigten.[1] Gemeinwirtschaftliche mit erwerbswirtschaftlichen Zielsetzungen und Logiken in Verbindung zu bringen, ist im Zusammenhang mit wohlfahrtspluralistischen Ansätzen eine wichtige Herausforderung auf institutioneller Ebene. Auf der staatlichen Ebene konkurrieren immer noch, wenn auch moderat, liberale, konservative und sozialdemokratische Modelle und Konzepte sozialstaatlicher Sicherung auch im Bereich der Pflege. Sie akzentuieren unterschiedlich die Beiträge des Marktes (besonders im liberalen Politikansatz akzentuiert), der Familie (eher in konservativen Politikansätzen) und die des Staates (eher sozialdemokratische Politikkonzepte). Wohlfahrtspluralismus versucht eine Verbindung, eine Melange aus unterschiedlichen Steuerungslogiken. Dabei wird bei einer jeweils interessengeleiteten Sozialpolitik über das Bestandsinteresse bestimmter Akteure (Sozialversicherungen, Anbieter sozialer Dienstleistungen auf Märkten ‚Wohlfahrtsverbänden) in klassisch korporatistischen Strukturen verteidigt, als ein allein auf die Produktion möglichst großer Wohlfahrt ausgerichtete Politik betrieben. Für alle Akteure bietet aber ein wohlfahrtspluralistischer Ansatz interessante,

---

[1] Der europaweit zu beobachtende Einsatz von osteuropäischen Haushaltshilfen im Bereich Pflege und Betreuung zeigt auf, welche Preise haushaltsökonomisch verträglich sind und welche Dienstleistungen nachgefragt würden.

häufig sie auf ihre auch ideologischen Wurzeln zurückführbare Strategien der Modernisierung. Als Megatrends eines wohlfahrtspluralistischen Diskurses (vgl. Evers/Olk 1996; Klie/Ross 2005) lassen sich vier ausmachen, die die Diskussion auch im Bereich der Pflege und Betreuung bestimmen.

1. Da ist zunächst die neue Bedeutung des informellen Sektors. Das Vorhandensein und die Leistungsfähigkeit von Familien, Nachbarschaften und anderen informellen Netzwerken ist konzeptionell und politisch in den vergangenen Jahrzehnten eher vernachlässigt worden. Man hat auf Familien gesetzt, ohne die Voraussetzungen dafür zu schaffen, dass sie sich in einer modernen Gesellschaft auch weiter so entfalten, wie dies der Wohlfahrtsstaat voraussetzt. Im Bereich der Pflege und Betreuung wirkt sich eine Vernachlässigung der Familienpolitik in den letzten Jahrzehnten in dem allein demographisch schon voraussagbaren Rückgang des so genannten Pflegepotenzials aus.

2. Hinzu tritt ein Mentalitätswandel in der Bevölkerung, der die Pflegebereitschaft, die die Finanzierung der Pflegeversicherung heute vergleichsweise stabil gehalten hat, so nicht mehr voraussetzen lässt. Wenn wir aber weiter auf das Primat der innerfamiliaren Solidarität als Hauptproduktionsstelle von Wohlfahrt auch im Feld der Pflege und Betreuung setzen, gewinnt der informelle Sektor auch als ein durch entsprechende Rahmenbedingungen zu fördernder und in den Blick zu nehmender Sektor an Bedeutung. Nicht zu letzt durch die Einführung der Pflegeversicherung und die europarechtlichen Kontexte hat die Bedeutung des Marktes von Humandienstleistungen in Haushalt und in Pflege und Betreuung an Bedeutung gewonnen. Der Zuwachs an Pflegediensten geht im Wesentlichen auf das Konto erwerbswirtschaftlich orientierter Anbieter. Die Landschaft der Anbieter von Humandienstleistungen hat sich und wird sich weiter diversifizieren. Sie ist derzeit noch stark überformt durch sozialstaatliche Regulierungen. Überwiegend in Schattenmärkten etablieren sich neue Humandienstleistungsangebote, wobei die ökonomische Theorie in integrierten Humandienstleistungen eines der Wachstumsfelder der Wirtschaft schlechthin sieht.

3. Ein dritter Megatrend liegt in der Revision der Rolle des Staates, der sich zunehmend aus der des Gewährenden zurücknimmt zugunsten einer gestaltenden und gewährleistenden Funktion (vgl. Blanke et al. 2004). Auch hier ist die Pflegeversicherung in gewisser Weise paradigmatisch: Setzt sie doch nicht mehr auf eine Vollversorgung der Pflegebedürftigen, sondern auf eine Art Teilkaskokonzeption, so hält etwa das SGB XI zahlreiche appellative Regelungen, die auf eine neue Kultur des Helfens abheben und die gemeinsame Verantwortung aller Akteure einfordern (§ 8 Abs. 2 SBG XI). Dabei spielt die Verschränkung von Bundes-, Landes- und kommunaler Ebene mit einer Neubestimmung der Rolle des Staates eine zentrale Rolle, dies nicht zuletzt nach der Föderalismusreform durch die Änderung des Grundgesetzes vom Juli 2006.[2]

4. Dass das Bürgerschaftliche Engagement als fester Bestandteil des Welfare Mix sowohl strategisch als auch operativ als vierter Megatrend zu identifizieren ist (Klie/Ross 2005), lässt sich inzwischen konsentieren. Dass es sich dabei noch keineswegs um einen konsistenten Politikansatz und eine konsistente Steuerungsstrategie handelt, ist nicht zu bestreiten (vgl. Olk 2006). Es ändert aber nichts daran, dass die neue Bedeutung des Bürgerschaftlichen Engagements auf allen Ebenen, wenn auch nur postulierend zum Ausdruck

---

[2] vgl. Grundgesetz für die Bundesrepublik Deutschland (GG)

gebracht wird. Im Feld der Pflege lässt sich dies etwa an den durchaus kritisch zu betrachtenden Bemühungen ablesen, in das SGB XI auch Leistungen zur Förderung Bürgerschaftlichen Engagements aufzunehmen, ohne allerdings die bisherige Leistungskonzeption der Pflegeversicherung auf ihre Welfare Mix Tauglichkeit hin zu prüfen und einer Revision zu unterziehen. Bürgerschaftliches Engagement älterer Menschen im Kontext von Pflege und Betreuung steht damit in einem größeren Zusammenhang politischer Neuausrichtung, einer auf die Sicherung der Wohlfahrt gerichteten Sozialpolitik und ist mehr Ernstfall, als es die anekdotische Zusammenstellung gelungener und lobenswerter Initiativen Bürgerschaftlichen Engagements glauben lässt.

3 Ältere Menschen und Bürgerschaftliches Engagement

Pflege als Engagementfeld ist potentiell etwas für alle Altersgruppen: FSJler sind hier ebenso anzusprechen wie ältere Menschen. Und es geht mitnichten primär um Beteiligung an Pflegeaufgaben i.e.S. sondern vielmehr um die Sorge um Lebensqualität und Teilhabe behinderter Menschen mit Pflegebedarf.[3] Diese kann sehr unterschiedlich eingelöst werden: durch persönliche Begleitung, durch indirekte Förderung (Spenden, Kultur) oder durch advokatorische Begleitung und der auf die Institutionen bezogene Qualitätssicherung. In besonderer Weise sind es ältere Menschen, die sich im Feld der Pflege engagieren.

Die Konstellation ist für programmatische Aussagen selten günstig. Von einer gerontologischen Win-Win Konstellation lässt sich reden. Bürgerschaftliches Engagement, Engagement generell entfaltet seinen Nutzen für ältere Menschen, die sich engagieren und gleichzeitig stiftet das Engagement Älterer Nutzen für die Gesellschaft. Sind es die ältere Menschen, lassen sich die Potenziale des Alters entfalten, von denen der 5. Altenbericht in seinen Facetten erzählt (BMFSFJ 2005). Schon Detlev Knopf hat in den 1980er Jahren die Produktivität des Alters theoretisch begründet, konzeptionell entfaltet und empirisch gerade auch im Kontext unterschiedlicher Engagementformen illustriert (vgl. Knopf 1995). Engagement kann dem Kompetenzerhalt aber auch -erwerb dienen in seinen verschiedenen Dimensionen. Die Effekte von Aktivität im Alter und Engagement auf die gesundheitliche Prävention werden ebenso betont (vgl. BMFSFJ 2005: 156 ff.) wie die Bedeutung des Engagements für die soziale Integration (ebd.: 341). Die in der Altruismusforschung differenzierten Motivebenen, die generell für freiwilliges Engagement angeführt werden (vgl. Klie/Evers 1999), differenzieren zwischen ökonomischen, psychologischen und soziologischen. In einem weiteren Sinne hat auch freiwilliges Engagement zumeist einen ökonomischen Nutzen. Damit ist nicht primär das paid voluntary angesprochen, sondern (auch) andere, im weiteren Sinne ökonomische Nutzen können mit dem Engagement verbunden sein. Auf einer psychologischen Ebene ist Bürgerschaftliches Engagement von hoher Bedeutung für die Sinnfindung und -konstruktion, gerade für Menschen, die sich nicht allein in einer bestimmten Religiosität aufgehoben wissen. Aber auch für diese kann ein Engagement Ausdruck ihrer weltanschaulichen und religiösen Überzeugungen sein. Schließlich äußern gerade ältere Menschen in ihrem Engagement ihre Verantwortung für das Gemeinwesen und lösen sie ein und tra-

---
[3] Es gibt keine Pflegebedürftigkeit ohne Behinderung i.S.d. § 2 SGB IX.

gen so auf einer soziologischen Ebene zur Stabilität der Gesellschaft heute, aber auch unter dem Aspekt der Generationengerechtigkeit für morgen bei. Auch diese Motivebene lässt sich gerade bei älteren Menschen empirisch besonders gut nachzeichnen: Etwas für die Gesellschaft tun, zählt gerade bei ihnen zu den ausgesprochen wichtigen Motiven (vgl. Gensicke/Picot/Geiss 2006: 287). Schließlich helfen Formen Bürgerschaftlichen Engagements sowohl das Fremd- als auch das Selbstbild älterer Menschen zu korrigieren und können so einen Beitrag zur Korrektur von Altersleitbildern leisten, deren Bedeutung für die gesellschaftliche Stellung, aber auch für das Selbsterleben unbestritten ist (vgl. Tews 1995). Dabei darf alle Apostrophierung der Sinnhaftigkeit und des Nutzens freiwilligen Engagements von und für Ältere nicht über gesundheitliche, soziale, aber auch psychologische Problemkonstellationen im Alter hinwegsehen lassen und einer eindimensionalen Aktivitätshypothese zur Renaissance verholfen werden, die letztlich ein dichotomes Altersbild befördert: Hier die guten aktiven Alten und dort die älteren Menschen, deren gesellschaftlicher Wert auch in Frage steht (vgl. Zeman 2000). Der Nutzen für die Gesellschaft durch das Engagement älterer Menschen dürfte unbestritten sein. Sie können in vielfältiger Weise Kompetenzen vermitteln auf einer objektiven, aber auch auf eine persönlich subjektive Weise. Sie können gerade auch für andere ältere Menschen Beiträge zur sozialen Teilhabe erbringen und dies auch für ansonsten von Marginalisierung bedrohten Bevölkerungsgruppen, aber auch vernachlässigte Themen. Der allgemeine wirtschaftliche Nutzen, der durch das freiwillige Engagement insgesamt gestiftet wird, wird viel zu wenig kommuniziert. Der Zusammenhalt der Generationen kann durch das Engagement Älterer deutlich befördert und staatliche Sicherungslücken beziehungsweise Felder des Marktversagens auch durch Engagement geschlossen oder aber in politisch wirksamer Weise auf es verwiesen werden. Das Reservoir engagierter älterer Menschen ist mitnichten ausgeschöpft. Aussagen für die Bundesrepublik insgesamt zu treffen ist insofern gefährlich, als notwendige Differenzierungen dabei aus dem Blick geraten. Sowohl zwischen den verschiedenen Bundesländern gibt es erhebliche Differenzen, als auch zwischen Siedlungstypen, ob urban oder ländlich etwa (vgl. Rosenbladt 2001).[4] Auch zwischen den sozialen Milieus lassen sich deutliche Unterschiede in den Engagementformen, aber auch -niveaus finden. Gerade im Kontext des für Pflege besonders bedeutsamen gemeinwesenorientierten Engagements finden sich deutliche Milieudifferenzierungen in den Engagementbereitschaften, die gegenläufig sind zu den Bereitschaften in traditioneller Weise Pflegeaufgaben in familiaren Kontexten zu übernehmen (vgl. Blinkert/Klie 2004).

Die gerontologische Win-Win Situation, Nutzen für sich selbst und für die Gesellschaft, ist auf den ersten Blick sehr evident, auf den zweiten Blick verlangt sie nach Differenzierung, die sowohl gerontologische Wissensbestände aufnehmen, als auch die Empirie zum freiwilligen Engagement in seinen notwendigen und möglichen Differenzierungen. Es bleibt aber dabei, das Thema Ältere und freiwilliges Engagement ist heute und für die Zukunft ein ganz zentrales und darf nicht gleichgesetzt werden mit einer billigen Funktionalisierung der älteren Menschen im Sinne eines Pflichtjahres, das in der Tat keinen Sinn macht und in der Gefahr steht, ältere Menschen in ihrer Eigenaktivität und Verantwortung zu entwerten.

---

[4] Sonderauswertung der Bundesländer BMFSFJ 2000; Klie/Ross/Hoch/Heimer 2004 Sonderauswertung Baden-Württemberg

Abbildung 1: Pflegekulturelle Orientierungen: Präferenzen für die Versorgung eines nahen Angehörigen in verschiedenen sozialen Milieus

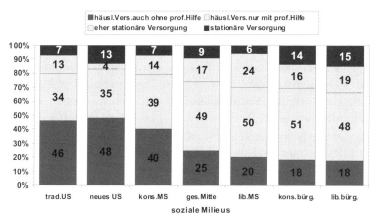

Annaberg / Unna 2005/06

Blinkert/Klie 2006

4 Freiwilliges Engagement im Kontext von Betreuung und Pflege: Vom Phänomen zum Konzept

Eingangs wurde betont, dass Welfare Mix Konstellationen nicht nur in der Kindererziehung, sondern an vielen gesellschaftlichen Handlungsfeldern alltägliche Realität sind. Das gilt auch für das Feld der Betreuung und Pflege. Das, was sich empirisch beschreiben und in Musterkommunen beeindruckend nachzeichnen lässt, ist mitnichten Ergebnis eines konsistenten sozialpolitischen Gesamtkonzeptes. Nun kann man fragen, ob dies überhaupt wünschenswert ist, da es eine Gefahr darstellen könnte, freiwilliges Engagement in einer Art und Weise zu strukturieren und mit Vorgaben zu versehen, dass es dies grad um seine Eigensinnigkeit bringen könnte. Auf der anderen Seite wissen wir, dass genau die bürgerschaftliche Mitverantwortung in ihrer Einlösung von Strukturen, von Leitbildern und von förderlichen Umständen abhängt, ohne die es sich nicht in der möglichen Weise entfalten kann und wird. Insofern wird es für erforderlich gehalten, dem freiwilligen Engagement älterer Menschen auch im Kontext von Betreuung und Pflege ein Rahmenkonzept zur Seite zu stellen, dass es unter unterschiedlichen Bedingungen in der Lage ist zu befördern. Dabei sollte eine Konzeptionalisierung, wo immer sie sich niederschlägt, sei es in kommunalen Strategien der Förderung, in den gesetzlichen Rahmenbedingungen für freiwilliges Engagement oder in seiner sozialstaatlichen Verankerung, etwa im SGB drei Ebenen beinhalten: Es muss normativ begründet sein, strategisch konzipiert und operativ arrangiert. Für die normative Begründung bietet sich das Konzept der Zivilgesellschaft an. Die strategische Konzeptionierung nimmt freiwilliges Engagement älterer Menschen nicht nur als ein Phänomen wahr, sondern gibt ihm auch einen Platz in Politik und Gesellschaft und reflektiert etwa die förderlichen und hinderlichen Faktoren bisheriger korporatistischer Strukturen. Schließlich verlangt die systematische Förderung Bürgerschaftlichen Engagements auf der operativen Ebene bestimmte Methoden und Handlungsformen, die günstige Arrangementkonstellationen schaffen (vgl. Klie/Ross 2005). Beispiele für gelingenden und die drei Ebenen der Konzeptionierung berücksichtigenden Welfare Mix basierten Engagements lassen sich vielfältig finden:

- Hospizarbeit

Seit einigen Jahrzehnten gehört die Hospizarbeit zu den wichtigen gesellschaftlichen Bewegungen, in denen sich freiwilliges Engagement und das Thema Sterben in Verbundenheit formiert. In einer Zeit zunehmender Säkularisierung aber auch Institutionalisierung des Sterbens wird versucht, die Sterbenden in neuer Weise in die Gesellschaft zurückzuholen. 80 % der Bevölkerung geben an, zu Hause sterben zu wollen, 80 % sterben aber in Institutionen, zunehmend in Pflegeheimen und immer noch im großen Maße in Krankenhäusern (vgl. Student 2004). Freiwillige dienen insbesondere in ambulanter Hospizarbeit als Brückenbauer in die Häuslichkeit, aber auch in die Institutionen, und leisten wenn man so will eine modernere Gestaltung des Sterbens in der Kultur der Gemeinwesen. Am Beispiel der Hospizarbeit lässt sich zeigen, dass eine breite Bewegung in der Bevölkerung in der Lage ist, auch Einfluss auf rechtliche Rahmenbedingungen etwa in der Ausgestaltung der Finanzierung von Hospizen zu nehmen, bis hin zu einer zwar immer noch nicht recht befriedigenden, aber doch strukturenstiftenden Finanzierung ambulanter Hospizarbeit. Durch systematische Qualifizierungsmaßnahmen wird der auch im gerontologischen Kontext so wichtige Kompetenzaspekt betont. Unter Welfare Mix Gesichtspunkten werden fachliche Standards formuliert, Rollenkonzepte der Akteure im Palliative Care aber reflexiv weiterentwickelt.[5]

- Bürgerschaftliches Engagement und Lebensqualität im Alter (BELA)

Ein weiteres gelungenes Beispiel für die Einbeziehung gerade älterer Menschen im Kontext von Pflege und Betreuung findet sich in dem Baden Württembergischen Projekt BELA. In einer empirischen Studie zu Engagementformen und ihren Hintergründen in den Baden Württembergischen Heimen wurde Grundlagenwissen generiert, das sich sowohl strategisch als auch operativ nutzen lässt (Klie/Hoch/Pfundstein 2005).In dem BELA Projekt wird programmatisch die Lebensqualität älterer Menschen mit dem Bürgerschaftlichen Engagement verbunden und zwar in doppelter Weise: Für diejenigen, die sich engagieren, als auch für diejenigen, für die sich Menschen engagieren. Die Lebensqualität in Heimen wird häufig als bedroht beschrieben und erlebt. Dafür trägt auch in hohem Maße die Gefährdung der sozialen Integration in Heimen und die fehlende soziale Kontrolle bei. Bürgerschaftliches Engagement für Heime und für Bewohner in Heimen kann hierbei ein wichtiger Lebensaspekt sein. Dies hat das BELA Projekt in beeindruckender Weise sichtbar werden lassen. Dabei handelt es sich um eine diskrete Teilhabesicherung, die in Heimen geleistet wird durch die unterschiedlichsten Formen und persönlichen Stile des Engagements. Dass dabei keine Pflegeaufgaben im klassischen Sinne im Vordergrund des Engagements und seiner Ausprägung stehen, macht die empirische Begleitforschung deutlich: Es geht also nicht um die Beseitigung von Personalengpässen in den Grundaufgaben von Pflege, sondern letztlich

---

[5] vgl. konzeptionelle Grundlagen von Palliative Care insbesondere im Pflegeheimkontext Wilkening/Kunz 2003

um eine Fortsetzung alter Traditionen der Öffnung von Heimen hin zum Gemeinwesen und für das Gemeinwesen. (vgl. Hummel 1982)

- Wohngruppen in geteilter Verantwortung

Wohngruppen für pflegebedürftige Menschen, insbesondere für Menschen mit Demenz gehören heute zu den paradigmatischen Trendsettern in der Pflegelandschaft. Auch hier gibt es höchst unterschiedliche Erscheinungsformen. Dominant sind von ambulanten Diensten betriebene Wohngruppen von bis zu zehn oder zwölf Personen. Die klassische stationäre Einrichtung bedient sich der Wohngruppenkonzeptionsmodule zur konzeptionellen Neuausrichtung ihrer Einrichtung im Sinne der Dezentralisation in organisatorischer und baulicher Hinsicht. Im Kontext des Welfare Mixes interessant sind Wohngruppen, in denen systematisch versucht wird, die Verantwortung für die Pflege- und Betreuung, vor allen Dingen auch den Alltag zwischen Angehörigen, Engagierten, beruflich Tätigen und Professionellen zu teilen.[6] In diesen Wohngruppen, etwa in Brandenburg, in Kirchheim-Teck oder in denen des Freiburger Modells, wird die im Heimgesetz vorausgesetzte Gesamtverantwortung aufgelöst zu Gunsten einer verhandelten „geteilten Verantwortung". Der ökonomische Nutzen des Engagements wird auch in Preisen sichtbar und die Aufsichtsbehörden werden provoziert, in dieser modernen Form einer auch sehr sensiblen fairen Verteilung von Solidaritätsaufgaben die Anwendung bestehender Gesetze zu reflektieren (vgl. Deutscher Verein 2006). Noch sind die Wohngruppen in geteilter Verantwortung ein quantitativ betrachtetes Randphänomen der Wohngruppenlandschaft. Ideologisch und konzeptionell beziehen aber Wohngruppen gerade aus dem dort möglichen neuartigen Welfare-Mix ihre Attraktivität und Legitimation. Im Freiburger Memorandum wurden Prinzipien und Grundsätze niedergelegt, die als Referenzrahmen für einen neuen Wohlfahrtsmix in der Pflege dienen können.[7]

In den Wohngruppen ist – weitergehender als in der Hospizarbeit – behandelbar, wer welche Aufgaben übernimmt in der direkten Pflege, in der Haushaltsführung und all dem, was zum Gelingen des Alltag und seiner Gestaltung beiträgt. Die professionelle Verantwortung bleibt bei den Profis. Anders als aber etwa im SGB XI vorgegeben, wird die Leistungserbringung nicht an eine ganz bestimmte Berufsgruppe und einen ganz bestimmten Dienst gekoppelt.

- Pflegebudget

Auch das Projekt Pflegebudget dient der Erprobung neuer Wohlfahrtsmixturen im Kontext von Pflege und Betreuung. Hier spielt eine zentrale Rolle für die Welfare-Mix-Architekturen das Case Management, das konstitutiv zum Konzept des Pflegebudgets hinzugehört. Im Pflegebudget sind die Pflegebedürftigen und ihre Vertreter berechtigt, sich die Pflegeleistung selbst einzukaufen und zu arrangieren. Es ist eine selbstbestimmtere und lebensweltlich reflexivere Gestaltung und Nutzung von Pflegeressourcen möglich. Dabei bleibt es bei der Zuschusskonzeption der Pflegeversicherung, die immer nur einen kleinen Teil des Gesamtbedarfs abdecken helfen kann. Diesen begrenzten Teil so effizient wie möglich im Sinne der Lebensqualität aber auch der Pflegequalität zu gestalten, ist Aufgabe des Case Manage-

---

[6] vgl. www.freiburger-modell.de
[7] www.freiburger-modell.de

ments in Zusammenarbeit mit und für die Pflegebedürftigen und ihre sozialen Netzwerke. Gelingt es, Dienstleistung auf Märkten, Hilfe durch Freiwillige, familiare Unterstützung und staatlich garantierte Steuerung durch professionelles Miteinander zu verbinden. – diesen Pflegemix zu organisieren, darin liegt die Kunst des Case Managements, genau diese Verbindung dürfte eine strukturelle und auch methodische Voraussetzung für gelingende Wohlfahrtsmixturen in Pflege- und Betreuung sein.

Die Begleitforschung zum Pflegebudget macht deutlich, dass schon heute der Mix in der Pflege zu den Selbstverständlichkeiten eines normalen Pflegearrangements gehört und welche Bedeutung insbesondere das informelle Netz für die Pflege hat. Im Verlauf des Pflegebudgetprojektes wird deutlich, dass sich diese Mixturen durch andere Leistungsformen und die Unterstützung durch Case Management in beeindruckender Weise mit beeinflussen lassen, wie dies etwa die Zahlen zu den Effekten, zu den Veränderungen vor und nach Einführung des Pflegebudgets in einem Arrangement deutlich machen.

Gerade das Projekt Pflegebudget macht deutlich, dass eine systematische und strukturelle Förderung von Welfare Mix Konstellationen in Pflege und Betreuung auch auf der gesetzgeberischen Ebene Konsequenzen fordert und nicht kompatibel ist mit einer domänesichernden Finanzierung bestehender Strukturen im ambulanten und stationären Sektor. Insofern ist das Welfare Mix Thema politischer als viele es glauben.

Es lassen sich vielfältige weitere Beispiele gelingender wohlfahrtspluralistischer Strukturen und Formen bürgerschaftlichen Engagements im Kontext von Pflege und Betreuung nennen. Dazu gehört etwa auch das Projekt Pflegebegleiter,[8] in dem in Qualifikationsmaßnahmen ehrenamtliche Helfer für die ambulante Pflege gesucht, gefördert und in Pflegearrangements einbezogen werden, mit großer Resonanz in der Bevölkerung. Dazu gehören auch die vielfältigen Formen der Aktivitäten in Alzheimergesellschaften in Deutschland, sei es in Brandenburg die Betreuungsdienste oder die Betreuungsgruppen in Baden-Württemberg, die bis hinein in die Formulierung des Pflegeleistungsergänzungsgesetzes im Jahre 2001 ihren Niederschlag gefunden haben. Auch hier möchte man dem Bürgerschaftlichem Engagement einen besonderen Platz einräumen, leider eher additiv konzeptioniert, als strukturell im Leistungsrecht verankert.

5 Perspektiven und Resümee

Es setzt eine an good governance orientierte Handlungsweise der Administration voraus, die eher in Regelsystemen denkt als in Zuständigkeiten. Es verlangt auf der kommunalen Ebenen nach einer partizipativen Sozialplanung, die den Welfare Mix ebenso zur Grundlage macht, wie den Megatrend des Bürgerschaftlichen Engagements als Trend der Weiterentwicklung des Wohlfahrtsstaates. Auf der sublokalen Ebene können sich Methoden des Quartiersmanagements anbieten, die dort, wo es nicht naturwüchsig ist, Formen Bürgerschaftlichen Engagements unterstützen. Auf der Fallebene bewährt sich das Case Management für die Architektur fachlich tragfähiger, und tatsächlich stabiler und fairer Welfare Mix Konstellation. Am Beispiel der Pflegesicherung ließe sich auf der Makroebene die For-

---

[8] ausführliche Informationen über www.pflegebegleiter.de

derung erheben, dass die Pflegeversicherung infrastrukturell gemischte Arrangements und fachliche Qualität sichert und entsprechende Anreize gibt. Auf der Mesoebene wären Planungsverpflichtungen auf der Landesebene einzulösen beziehungsweise zu schaffen, die eine Kultur- und Infrastrukturentwicklung initiieren sowie die Märkte beobachten, die Humandienstleistungen im Kontext von Pflege und Betreuung vorhalten (inklusive des Schwarzmarktes). Auf der Mikroebene hätte ein Case Management kulturell angepasst und fachlich tragfähige Arrangements zu sichern und entsprechend des gesetzlichen Auftrages die Einlösung der Infrastrukturverantwortung sicher zu stellen. Somit sind als grobe Skizze Eckpunkte markiert, die als Voraussetzung für eine nachhaltige Pflegesicherung, die auf Welfare Mix Konstellationen und Formen Bürgerschaftlichen Engagements basieren, gelten.

Nun ist der Ansatz des Wohlfahrtspluralismus, aber auch die Förderung Bürgerschaftlichen Engagements keine einfache und immer eine mit Ambivalenzen begleitete politische Forderung. So verbinden sich mit einem so formulierten Ansatz Chancen, die insbesondere darin zu sehen sind, dass sowohl Welfare Mix Ansätze als auch die Förderung Bürgerschaftlichen Engagements integrativ wirken, wichtige fiskalische Effekte zeitigen können, in einem umfassenderen und ganzheitlicheren Sinne Qualität schaffen und sichern, Machtverhältnisse ausbalancieren helfen, kulturentwickelnd wirken, demokratische Teilhabeformen auch im Feld der Pflege und Betreuung etablieren und Teilhabe von Menschen mit Behinderungen und ihren Angehörigen sichern helfen. Die Gefahren dürfen aber nicht übergangen werden: Sowohl Welfare Mix Ansätze, als auch Budgetkonzepte, aber auch eine weitgehende Einbeziehung Bürgerschaftlichen Engagements können dazu beitragen, dass verbriefte Rechtsansprüche relativiert werden beziehungsweise entsprechende Strategien auslösen. Es setzt Steuerungskompetenzen voraus, die sowohl auf der Planungs- als auch auf der Fallebene im Case Management einzulösen sind und birgt Selektionsgefahren: Es kann auch immer und wird auch immer Verlierer gesellschaftlicher Integrationsprozesse geben: Nicht alle mögen im Sinne eines Bürgerschaftlichen Engagements erreicht werden und nicht alle gehören zu den attraktiven Zielgruppen, auf die sich Freiwillige beziehen. Welfare Mix Konstellationen setzen auf Fragilität, die auch gefährlich werden können, wenn die Mischungsverhältnisse nicht mehr stimmen. Insbesondere die Akzentuierung des Megatrends Bürgerschaftliches Engagement provoziert eine Funktionalisierung desselben im Sinne des Rückbaus sozialstaatlicher Verantwortung und entsprechender Sozialleistungen. Gleichwohl, es gibt keine Alternative bei der Neuausrichtung in Pflege und Betreuung und in der Engagementförderung. Und wer etwas anderes behauptet, geht an evidenten Entwicklungen sowohl demographischer als auch sozialer Art vorbei: Die Stabilität unserer sozialstaatlichen Sicherungssysteme gerade im Bereich der Pflege und Betreuung setzt auf eine traditionelle Rollenteilung zwischen den Geschlechtern und einem traditionellen Rollenverständnis, insbesondere von Frauen in Familien (BMFSFJ 2006).[9] Dies wird in der Zukunft so nicht mehr „verfügbar" sein und ist auch unter Fairnessgesichtspunkten so nicht weiter naiv postulierbar, wie es manche familiare Revisionismusäußerungen von Politikern nahe legen. Wohlfahrtspluralistische Ansätze, gerade im Bereich der Pflege und Betreuung, laden ein zur Revision staatlicher Steuerungskonzepte, professioneller Rollenverständnisse, aber auch

---

[9] vgl. hier etwa die Differenzierungen von traditionalen und modernen Familienmodell im 7. Familienbericht, das sich auch für Aufgaben der Pflege älterer Menschen ausbuchstabieren ließe.

unternehmerischer Strategien und kommunaler Verantwortung. Damit verbindet sich mit dem hier vorgestellten Ansatz eine weitgehende Programmatik mit durchaus innovativen Potenzialen. Will man Modellprojekte, lokale Dynamiken mit beispielgebender Wirkung nicht lediglich als Anekdoten, sondern als beispielgebende Konzepte für mögliche Revisionen wohlfahrtsstaatlicher Strategien nutzen, wird man die genannten Beispiele ernster nehmen müssen, als das bislang der Fall ist. Sie machen gleichzeitig Mut, das Soziale neu zu denken in einer Zeit, in der die demographischen Hochrechnungen, aber auch die ökonomischen von manchen kulturpessimistisch und resignativ in die Zukunft der sozialen Sicherung im Falle der Pflegebedürftigkeit denken lassen mit dem zynischen Ausstiegsszenario von den Patientenverfügungen niedergelegten Behandlungs- und Pflegeverzichten bis hin zu Formen der aktiven Euthanasie. Die Attraktivität einer auf der Vereinseitigung des Selbstbestimmungsaspektes von Würde abhebenden Sterbehilfediskurses mag als Warnzeichen dafür gelten, dass – wie in archaischen Gesellschaften – Desintegrationsprozesse für hilfebedürftige Menschen sowohl in das Selbstkonzept, als auch in das Bild einer modernen Gesellschaft aufgenommen werden (Klie/Student 2006). Dagegen steht die symbolische Integrations- und Teilhabezusage des bürgerschaftlichen Engagements. Sie steht aber auch für die in jedem differenzierten Zivilgesellschaftskonzept[10] aufgehobene Doppelfunktion der Bürgerschaft: Wohlfahrt kozuproduzieren als Partner anderer Sektoren und kritisch einfordernde Kraft zu sein, wenn es um die normativen Grundlagen der Zivilgesellschaft und ihre Verteidigung geht: als kritische Begleiter von Heimen, im Betreuungswesen, als öffentliche Awareness für die Angelegenheiten im Care Sektor oder als kritische Alternative zu Bestehendem.

Ein solches Verständnis der Bedeutung von Bürgerengagement im Care Sektor verlangt nach einer grundlegend neuen Grammatik der Pflegesicherung. Freiwilliges Engagement ist dann eben nicht eine „Leistungsergänzung" zur Teilkaskoversicherung sondern grundlegend für die soziale Architektur der Pflegesicherung. Das verlangt nach Infrastrukturförderung und Kulturentwicklung, das legt ein verändertes Leistungsdesign der Pflegeversicherung nahe und setzt eine öffentliche Diskussion voraus, die die Zukunft der Pflege nicht auf die Frage der Finanzierbarkeit der Pflegeversicherung reduziert: sie war damals als sie geschaffen wurde Ergebnis einer Konglomeratslogik (Dietz 2002), politisch strategisch ein Erfolg aber keineswegs auf Nachhaltigkeit angelegt. Sie kennt heute schon unterschiedliche Verlierergruppen: Menschen in prekären Netzwerkkonstellationen (Blinkert/Klie 2006a: 202ff.) und Hauptpflegepersonen in traditionellen Milieus, die ohne fremde Hilfe die Pflege allein „meistern" (Zank/Schacke 2004).

„Who cares?" Diese Frage gehört mitten in die Gesellschaft, in die Bürgerschaft. Dies zu leisten, gegen eine vereinfachende Delegationsmentalität in der Gesellschaft in Richtung Staat oder Familie ist Aufgabe bürgerschaftlichen Engagements, im Tun, im Disput und im Einfordern. Die nachfolgenden Prüfsteine für eine nachhaltige Sicherung der Pflege reflektieren den größeren Zusammenhang, in dem eine Engagementpolitik in der Pflege steht:

---

[10] Zur Begriffsdefinition vgl. www.zze-freiburg.de

Prüfsteine für eine nachhaltige Reform der Pflegesicherung

Vorbemerkung
Die Reform der Pflegesicherung steht auf der politischen Agenda. 2008 wurde das Pflege-Weiterentwicklungsgesetz verabschiedet. Es beinhaltet eine Reihe von Impulsen für die Stärkung bürgerschaftlichen Engagements in der Pflege. Eine Reform der Finanzierung der Pflegesicherung und eine Neufassung des Pflegebegriffes sind für die nächsten größeren Reformschritte der Pflegesicherung vorgesehen. Die Deutsche Gesellschaft für Gerontologie und Geriatrie hat 10 Prüfsteine für eine nachhaltige Reform der Pflegeversicherung formuliert. In ihnen spielt der Welfare Mix, das bürgerschaftliche Engagement und die geteilte Verantwortung eine bedeutende Rolle. Insofern werden diesem Beitrag Prüfsteine in Auszügen angefügt, um die entfaltete Diskussion um den Welfare Mix in einen größeren Zusammenhang einer Strukturreform der Pflegesicherung zu stellen.

Prüfstein I:
Inwieweit wird im Rahmen einer Reform der Pflegesicherung ein pflegewissenschaftlich basierter und an andere Bedarfslagen anschlussfähiger Pflegebedürftigkeitsbegriff verwendet bzw. erarbeitet?

Der Pflegebedürftigkeitsbegriff des SGB XI ist nicht pflegewissenschaftlich hergeleitet. Er bildet selektiv Pflege- und hauswirtschaftliche Bedarfe ab und legt im Wesentlichen in dem von der Pflegeversicherung verfolgten Konzept der Teilleistung für Teilbedarfe, Voraussetzungen für die sozialrechtlich verbrieften Transferleistungen fest. Er ist nicht in der Lage, den gesamten Pflegebedarf abzubilden und dient auch nicht als Grundlage für die Gestaltung und Steuerung des Pflegeprozesses. Faktisch führt er zur Vernachlässigung sowohl fachlich als auch subjektiv relevanter Pflege- und Betreuungsbedarfe und in Verbindung mit dem geltenden Sachleistungsprinzip zu einer Unterstützung eher somatisch orientierter Pflege zu Lasten anderer Dimension von Pflegebedürftigkeit. Es steht außer Frage, dass auf der Ebene einer versicherungsbasierten Pflegesicherung eine vollständige Abdeckung des Pflegerisikos weder finanziell möglich, noch kulturell wünschenswert ist. Insofern wird man auf die ein- oder andere Weise die sozialstaatlichen Leistungen selektiv auszugestalten haben: entweder durch einen selektiven Pflegebedürftigkeitsbegriff oder aber durch andere Mechanismen, die auf eine Limitierung von Sozialleistungen und ihre Nachfrage ausgerichtet sind. Gleichwohl wird man um dem Anspruch einer „State of the Art" Pflege gerecht zu werden und den professionellen Anspruch der Pflegekräfte in die Praxis umsetzen zu können, auch sozialrechtlich einen pflegewissenschaftlich fundierten Pflegebedürftigkeitsbegriff zu verwenden haben. Jede Bürgerin und jeder Bürger, der pflegebedürftig ist, hat einen Anspruch darauf, dass all das, was fachlich geboten ist, auch anerkannt, dass entsprechende Leistung angeboten und bei Beachtung einer subsidiären Sozialstaatlichkeit, zumindest bei Mittellosigkeit, auch sozialstaatlich garantiert wird.

Prüfstein II:
Inwieweit erfolgt die Feststellung der Hilfebedarfe im Zusammenhang mit Pflegebedürftigkeit im Rahmen von interdisziplinären Assessmentinstrumenten?

Assessmentinstrumente dienen dazu, auf der Basis gesicherter Wissensbestände den Gesundheitszustand unter für die Lebensqualität relevanten sozialen Gesichtspunkten systematisch abzubilden, und Hilfebedarfe und Unterstützungsnotwendigkeiten sichtbar werden zu lassen. Die Feststellung der Pflegebedürftigkeit erfolgt heute auf der Grundlage von Begutachtungsrichtlinien, die stark am Konzept des sozialrechtlichen Pflegebedürftigkeitsbegriffes orientiert sind. Für die Zukunft wird es darauf ankommen, die unterschiedlichen Hilfebedarfe im Zusammenhang mit der Pflegebedürftigkeit aufeinander bezogen festzustellen und nach Möglichkeit ebenso aufeinander bezogene Hilfen mit den Pflegebedürftigen und seinen Angehörigen auszuhandeln und zu vereinbaren. Die Assessmentinstrumente müssen hinreichend sensibel sein, um lebensweltlich bedeutsame Bedarfsausprägungen aber auch Lebensgewohnheiten und Präferenzen abzubilden. Sie dienen dazu, eine an pflegebedürftigen Patienten ausgerichtete Hilfe zu gewährleisten. An verschiedenen Stellen wird an der Entwicklung und an der Erprobung von Assessmentinstrumenten im Zusammenhang von Pflegebedürftigkeit gearbeitet. Insbesondere im geriatrischen Bereich liegen Erfahrungen mit multi- oder interdisziplinär entwickelten Assessmentinstrumenten vor. Sie verbindlich in das Leistungsgeschehen einer Pflegesicherung einzubeziehen, ist Grundlage einer am Individuum ausgerichteten und fachlich fundierten Gestaltung der Pflege und Betreuung. Es wird in der Zukunft darum gehen, derartige Instrumente zu entwickeln, zu erproben und zu implementieren. Sie lassen sich verbinden mit der rechtlich erheblichen Feststellung von Hilfebedarfen und der Vermittlung von Leistungsansprüchen. Sie sind eng mit der professionellen Gestaltung von Pflegeprozessen verbunden und können sicherstellen, dass auch interprofessionelle Zusammenarbeit gelingt. Sie bieten darüber hinaus dem Pflegebedürftigen und seinen Angehörigen die Möglichkeit, sich selbst ein angemessenes Bild von der gesundheitlichen Situation in relevanten Bedarfssituationen zu machen und bilden die Grundlage für einen Aushandlungsprozess über das, was an Hilfen zu den Leistungen ausgehandelt werden soll.

Prüfstein III:
Inwieweit werden Funktionen und Methoden des Case Management in der Pflege sichergestellt und in ihrer Entwicklung unterstützt?

Die Beratung Pflegebedürftiger und ihrer Angehörigen, die Unterstützung in der Gestaltung der Pflegearrangements, das situativ-advokatorische Eintreten für Pflegebedürftige sowie die Gestaltung und Eröffnung von Hilfe- und Leistungsoptionen sind für die Bewältigung von Pflegebedürftigkeit wichtige Aufgaben und Bausteine. Die Beratung Pflegebedürftiger heute kann nicht überzeugen. Das Case Management, in seinen unterschiedlichen Lesarten, hat international aber inzwischen auch in Deutschland seine Methoden und Funktionen etabliert mit einem eigenen professionellen Handlungsmodus, der in hohem Maße angemessen erscheint für die Begleitung von Pflegebedürftigen und ihren Angehörigen. Case Managementerfahrungen im Kontext mit Pflegebedürftigkeit weisen überdies darauf hin, dass es dazu beiträgt, unnötige Heimaufnahmen zu verhindern, Überforderungssituationen abzumildern und zu einer angemesseneren Hilfegestaltung einen wichtigen Beitrag zu leisten. Case Management ist überdies eine wichtige Grundlage, um das Zusammenwirken familiärer Unterstützung, professioneller Pflege, bürgerschaftlich angebotener Hilfen sowie anderer beruflicher Dienstleistungen produktiv miteinander zu verschränken. Von einer nachhaltigen Pflegesicherung wird man nur dann sprechen können, wenn es gelingt, Case Managementfunktionen und -methoden im Gesundheits- und Pflegewesen verbindlich aber auch infrastrukturell zu verankern.

Prüfstein IV:
Inwieweit gelingt es, allen Pflegebedürftigen unabhängig von der Ausgestaltung des Pflegearrangements die Fachlichkeit insbesondere im Sinne der Pflegeprozessgestaltung verbindlich anzubieten und sicherzustellen?

Das geltende Leistungsrecht der Pflegeversicherung legt sehr viel Wert auf Pflegefachlichkeit sowie die Instrumente der Qualitätssicherung. Sowohl im ambulanten als auch im stationären Bereich ist die Pflegedienstleistung sowohl an Struktur- als auch an Prozessqualitätsmerkmale gebunden. Es wird eher rudimentär auf Aspekte der Ergebnisqualität geachtet. Dort wo Pflegebedürftige ausschließlich von Familienangehörigen oder anderen informellen Netzwerken versorgt werden oder aber sich anderer Hilfen außerhalb des zugelassenen Systems der Pflegedienste bedienen, fehlt es weithin an Angeboten von Pflegefachlichkeit, wenn man einmal von den Pflegeberatungsbesuchen (gem. § 37 Abs. 3 SGB XI) absieht. Hier fehlen Verbindungen zwischen einem verbindlichen Assessment im Rahmen der Feststellung der Pflegebedürftigkeit und einem entsprechenden Monitoring mit einer pflegefachlich ausgerichteten Pflegeprozessplanung und Aushandlung des Pflegearrangements. Unabhängig davon, welches Regime der Pflegesicherung und der Pflegeleistung gewählt wird, muss dem Anspruch der Pflegeversicherung, Pflegefachlichkeit zu garantieren, Rechnung getragen werden. Ein solches Verständnis von pflegefachlicher Begleitung setzt einerseits ein verändertes bzw. anders akzentuiertes Qualifikationsprofil der Pflegefachkräfte voraus und eine andere sozialrechtliche Ausgestaltung der Leistungsansprüche versus Infrastrukturverantwortung in der Pflegesicherung. Genau dies scheint unabdingbar zu sein, um den künftigen Bedarfen und der Entwicklung von Dienstleistungsmärkten im Kontext von Pflege Rechnung zu tragen. Dabei lassen sich unterschiedliche Optionen der Sicherstellung der Pflegefachlichkeit denken: sie können eng verbunden sein mit der gesamten Gestaltung der Dienstleistung im Kontext von Pflege und Betreuung. Sie können auch selbst gestaltete Pflegearrangements verbindlich begleiten.

Prüfstein V:
Inwieweit sind die Leistungsarten und Leistungsformen sozialstaatlicher Pflegeversicherung in der Lage, flexibel auf spezifische Bedarfsausprägungen zu reagieren, sich mit anderen Hilfen zu ergänzen und abzustimmen und lebensweltlich geprägte Arrangements zu sichern?

Das bisherige Leistungsrecht der Pflegeversicherung kennt auf der einen Seite eine ganze Reihe unterschiedlicher Leistungen und Leistungsarten. Die Pflegeversicherung sieht dabei auch Kombinationsleistungen vor, etwa zwischen Pflegegeld und Pflegesachleistung. Gleichwohl ist das geltende Pflegeversicherungsrecht sehr stark mit dem Sachleistungsprinzip verbunden und engt damit mögliche Flexibilisierungen der Leistungserbringung deutlich ein. Dies begünstigt Bedarfsverfehlungen und Formen brauchbarer Illegalität in der Leistungserbringung. Die effiziente Nutzung der begrenzten Mittel der Pflegeversicherung wird eher behindert. Insofern sollte sowohl bei den Leistungsarten als auch bei den Leistungsformen eine stärkere Flexibilisierung zugelassen werden, die drei unterschiedliche, aber auch nebeneinander auszugestaltende Varianten kennt: Zum einen sollte es gelingen, medizinisch-pflegerische, rehabilitative und pflegerisch-betreuerische Leistungen integriert zu erbringen. Hierzu können die Ansätze der integrierten Versorgung wichtige Beiträge leisten, insbesondere dann, wenn es sich um eine Pflegebedürftigkeitssituation mit einem hohen medizinisch-pflegerischen Aufwand etwa nach Krankenhausaufenthalt oder in palliativen Situationen handelt. Gerade dann sind integrierte Versorgungsformen in hohem Maße angemessen. Eine zweite Variante liegt in der flexiblen Ausgestaltung von Leistungspaketen durch Leistungserbringer, die freigestellt sind von einer strengen Beachtung des heute noch geltenden Verrichtungsbezuges. Basierend auf dem Assessment und den so zugewiesenen Geldbeträgen könnten Dienstleister in die Lage versetzt werden, flexible Leistungspakete anzubieten und aus einer Hand zu erbringen. Eine dritte Variante liegt in der Leistungsform von Budgets, die stärker autonomieorientierten Pflegearrangements die Möglichkeit geben, eigenständig ihr Pflegearrangement zu gestalten und entsprechende Leistungen einzukaufen. Sowohl das trägerübergreifende Budget im Rahmen des SGB IX aber auch das aktuell erprobte Pflegebudget im Rahmen des SGB XI zeigen auf, wie derartige Budgetlösungen im Einzelfall ausgestaltet sein können. Gerade das Nebeneinander der unterschiedlichen Varianten wird helfen, einen produktiven Wettbewerb zu entfalten.

Prüfstein VI:
Inwieweit wird die Generierung von gesicherten Wissensbeständen zu dem „State of the Art" in der Pflege gefördert und eine multidisziplinäre und interprofessionelle Qualitätssicherung unterstützt?

Im medizinischen Bereich liegen inzwischen über 900 Leitlinien vor, die Wissensbestände fachgebietsbezogen auf unterschiedlichen Evidenzniveaus zugänglich machen und Entscheidungskorridore für die behandelnden Ärzte bieten. Im Bereich der Pflege liegen vier nationale Standards als monodisziplinäre vor, die Wissensbestände der Fachpflege in besonders relevanten Aufgabenfeldern der Pflege in konsentierter Form zusammenfassen und der Praxis zugänglich machen. Die interdisziplinär angelegten Qualitätsniveaus der BUKO-QS bemühen sich zunächst für den stationären Bereich und zu besonders relevanten Themenstellungen, evidenzbasierte Qualitätsindikatoren vorzulegen, die ein interprofessionell abgestimmtes Handeln für die Pflegebedürftigen erwartbar machen. Diese unterschiedlichen Anstrengungen um Qualitätsentwicklung laufen bisher weithin nebeneinander her. Unabhängig davon, wo und durch wen ein Pflegebedürftiger gepflegt wird, hat er Anspruch darauf, dass Kenntnisse über gute Pflege ihm zugute kommen. Dies gilt im Übrigen auch und gerade dort, wo Nicht-Professionelle und wo nicht zugelassene Pflegedienste an der Pflege beteiligt sind. Um eine so verstandene Qualitätsentwicklung zu verstetigen, bedarf es einer entsprechenden Institutionalisierung der Erarbeitung und Implementierung der unterschiedlichen Instrumente der Qualitätssicherung. Diese darf in ihrer Zielrichtung nicht alleine auf die Sozialleistungen hin ausgerichtet sein, sondern muss auch andere Akteure als Adressaten kennen. Von daher bietet es sich an, eine unabhängige Institution zu schaffen, etwa ein Deutsches Institut für Qualitätsentwicklung in Pflege und Betreuung, das in der Lage ist, derartige Aufgaben zu übernehmen.

Prüfstein VII:
Unterstützt die Pflegesicherung eine bessere Vereinbarkeit von Erwerbsarbeit und Pflege, eine verträgliche Familienpflegebereitschaft und setzt sie die vorhandenen Mittel für diese Zwecke effizient ein?

Der größte pflegerische Anteil wird weiterhin in den Familien geleistet. Überwiegend werden Pflegeaufgaben in Deutschland von Partnern sowie den Kindern und Schwiegerkindern übernommen. Dabei spielen Frauen die dominante Rolle. Ohne die historisch in dieser Weise unbekannte Pflegebereitschaft, in qualitativer und quantitativer Hinsicht, wäre die Pflegeversicherung finanziell schon längst am Ende. Die Pflegebereitschaft ist von dem Gesetzgeber der Pflegeversicherung unterschätzt worden. Diese für die Zukunft in angemessener Weise zu erhalten, zu unterstützen und den Kreis derer, die sich in den informellen Netzwerken für Pflegeaufgaben mitverantwortlich fühlen können zu erweitern, wird eine der zentralen Aufgaben künftiger Pflegepolitik sein. Die Pflegeversicherungsreformdiskussion bezieht sich zu stark auf den institutionellen Sektor der Heime und Pflegedienste. Die derzeitigen Instrumente zu einem breiteren Pflegesicherungskonzept reichen von der Gewährung eines Pflegegeldes, von Unterstützungsleistungen für pflegende Angehörige, bis hin zu Steuererleichterungen und arbeitsrechtlichen Veränderungen im Beamten- und Arbeitsrecht. Sie können konzeptionell noch nicht in jeder Hinsicht befriedigen. Das zentrale sozialversicherungsrechtliche Instrument der Unterstützung der Familienpflegebereitschaft, das Pflegegeld, wird in der Bevölkerung positiv aufgenommen und dankbar angenommen. Inwieweit es zur Erhaltung der Pflegebereitschaft beiträgt und Impulse zur fachlich angemessenen Pflege leistet, bleibt dabei weithin unbekannt. Sicher ist allerdings, dass nicht immer von einer zweckentsprechenden Verwendung des Pflegegeldes ausgegangen werden kann: Sie dient für viele Familien als Sicherung eines bestimmten Einkommensniveaus und Lebensstandards. Es wird eingesetzt, um selbst beschaffte Pflegekräfte zu bezahlen ohne dass es sich um Angehörige und Ehrenamtliche handelt, wie es der Gesetzgeber vorgesehen hat. Im Bereich des Sozialhilferechtes wird auf indirekte Weise das Assistenzmodell auf Arbeitgeberbasis mit dem Pflegegeld in Verbindung gebracht. Diese Anzeichen für eine inkonsistente Konzeption einerseits und nicht unbedingt zweckentsprechender Verwendungen des Pflegegeldes andererseits, geben Anlass, das Konzept des Pflegegeldes zu überprüfen. Auch bei der Pflegesicherung mit begrenzten sozialstaatlichen Ressourcen wird man stärker als in der Vergangenheit auf eine zielgenaue Verwendung von Sozialleistungen Acht geben müssen, es sei denn, man nimmt weiterhin den ökonomisch nicht bestreitbaren Grenznutzen informaler Bewältigungsstrategien und Schattenwirtschaften in Kauf. Die Gratifikationsfunktion des Pflegegeldes muss nicht abhängig sein von der Intensität der Pflegebedürftigkeit. Insofern ließe sich auch ein Pflegegeld kindergeldbasiert denken, das nachweisfrei Verwendung finden kann. Soll das Pflegegeld dazu dienen, die Pflegebereitschaft und -fähigkeit von Personen zu stärken, die erwerbstätig oder zumindest -fähig sind, wäre die Gewährung eines Pflegegeldes mit Lohnersatzfunktion, ähnlich dem Erziehungsgeld, angemessen. Solche Lösungen wären etwa bei Personen zu bedenken, die auf Erwerbsarbeit verzichten, diese einschränken oder zeitweise aufgeben. Eine Gewährung des Pflegegeldes wäre aber auch für Personen denkbar, die Arbeit suchend sind. Das Pflegegeld für Personen zu gewähren, überzeugt unter dem Gesichtspunkt der gezielten Unterstützung der Pflegebereitschaft nicht. Eine Revision des Konzeptes des Pflegegeldes und anderer

Maßnahmen zur Unterstützung der Pflegebereitschaft, wäre ein Beitrag zur nachhaltigen Sicherung der Pflege.

Prüfstein VIII:
Unterstützt eine Reform der Pflegesicherung neue Versorgungsformen, die sich abheben von der strikten Trennung zwischen ambulant und stationär?

Das Pflegeversicherungsrecht geht bislang von einer strikten Trennung zwischen stationären Versorgungsregimen und ambulanten aus. Die stationäre Finanzierung folgt ganz eigenen Regeln: sie folgt immer noch dem Konzept des All-inclusive-Modells aus dem Krankenhaussektor. Die groß angelegten Bemühungen um Pflegereferenzmodelle sind strikt stationär ausgerichtet. Es ist unbestritten, dass es auch und gerade in der Zukunft stationäre Versorgungsformen für pflegebedürftige Menschen geben muss und wird. Diese sind zu diversifizieren und mit Formen gesundheitlicher Versorgung zu verschränken, insbesondere in der letzten Lebensphase. Es besteht aber in doppelter Hinsicht eine Gefahr: Zum einen kann angesichts der demographischen Entwicklung und der sozialen Wandlungsprozesse die Nachfrage nach Heimplätzen deutlich steigen, in einer Weise dass sie die Leistungsfähigkeit des Sozialstaates überschreiten kann. 1,9 Millionen Heimplätze im Jahr 2050 wären ein solches „Datum". Vor allem besteht weiterhin die Gefahr der sozialen Exklusion von Personengruppen, die in Heimen leben. Insofern scheint es als bedeutsam, Deinstitutionalisierungsprozesse zu unterstützen, Prinzipien der geteilten Verantwortung auch in stationären Settings möglich zu machen, und andere kollektive Formen der Versorgung Pflegebedürftiger wohnortnah auch rechtlich zu ermöglichen und zu unterstützen, um den Prinzipien Welfare-Mix basierter Versorgungskonzepte Raum zu geben. Will man solche Entwicklungen befördern, wird es darauf ankommen, die sozialstaatlichen Leistungen zwischen ambulant und stationär durchlässiger zu gestalten. Vor allem wird es darum gehen, ökonomische Anreize zu vermeiden, die eine stationäre Versorgung befördern. Schließlich wird es vom Patienten aus gedacht, auch darum gehen müssen, seine Rolle in kollektiven Versorgungssettings, insbesondere in Heimen, zu stärken, ihn gegebenenfalls mit Hilfe von außen stehenden Dritten zu empowern. Dazu reichen die bisherigen Konzepte, die im Heimgesetz vorgesehen sind, alleine nicht aus. Es müssten wirkungsvolle Mitgestaltungs- und Verantwortungsformen sein, die durch revidierte Prinzipien der Leistungsgewährung (etwa auch Teilbudgets in Heimen) stärker unterstützt würden als es bislang der Fall ist.

Prüfstein IX:
Inwieweit löst sich die Finanzierung der Pflegesicherung von einer allein Lohnnebenkosten basierten und erschließt weitere Finanzierungsoptionen?

Die Diskussion um die zukünftige Finanzierung der Pflegeversicherung steht im Vordergrund der aktuellen Diskussion um die Zukunft der Pflegeversicherung. Hier ist vergleichsweise kurzfristig Handlungsbedarf gegeben, da die Reserven der Pflegeversicherung aufgebraucht werden. Bisherige Maßnahmen und Überlegungen: erhöhte Beiträge für Kinderlose, Einbeziehung der Rücklagen der privaten Pflegeversicherungen sind nicht dazu angetan, eine nachhaltige Pflegesicherung zu garantieren. Man wird neue Finanzierungsquellen erschließen müssen, um eine wirksame soziale Pflegesicherung, auch für die Zukunft, aufrechterhalten zu können. Es kommen unterschiedliche Optionen in Betracht: eine

Erhöhung des Beitragssatzes, gesonderte Fonds, finanziert aus Abgaben. Auch steuerfinanzierte Beiträge kommen in Betracht. Die Umstellung der Pflegeversicherung auf ein kapitalgedecktes System erscheint, angesichts der mittelfristig zu erwartenden demographischen Entwicklung als kaum zielführend. Die Finanzierungsvarianten sollten auch unter dem Gesichtspunkt geprüft werden, inwieweit sie in der Lage sind, eine Umstellung der Leistungen der sozialen Pflegesicherung zu unterstützen. Verzichtet man etwa auf das Pflegegeld in der bisherigen Höhe, würde dieses zu einer stärkeren Inanspruchnahme anderer Leistungen der Pflegesicherung führen, dem durch Co-Payments vorgebeugt werden müsste. Die Personengruppen, die nicht zu Co-Payments in der Lage sind, bedürften entsprechender nachrangiger Absicherungen, die regelmäßig steuerfinanziert wären. Auch infrastrukturelle Vorkehrungen verlangen nach Elementen einer Strukturreform der Pflegesicherung, die je nach Finanzierungsstrategie, unterschiedliche Partner einbeziehen könnte und müsste. Insofern wird dafür plädiert, die Frage der künftigen Pflegesicherung, niemals unabhängig von einer Revision des Leistungsrechtes und der Leistungsformen zu diskutieren. Dass eine vollständige Übernahme des Pflegerisikos einkommensunabhängig nicht in Betracht kommt, dürfte allen Beteiligten klar sein. Dies sagt allerdings nichts über die Höhe der sozialstaatlichen Leistungen. Dabei wird es bei der Höhe der Leistungen sowohl auf den politischen Konsens ankommen, als auch darauf, wie sich eine unterschiedlichen ökonomischen Ansprüchen genügende Infrastruktur aufrechterhalten und finanzieren lässt: für die Haushalte erschwinglich, betriebswirtschaftlich erträglich und volkswirtschaftlich möglich. Dass bei der Frage der Finanzierung „moralökonomische" Gesichtspunkte eine Rolle spielen, ist gerade bei der Pflegesicherung besonders evident: Es geht dort auch um die Frage der Einlösung von Solidaritätsnormen und ihre Anpassung an veränderte Werthaltungen aber auch demographische Konstellationen.

Literatur

Blanke, Bernhard/Lamping, Wolfram/Schridde, Henning/Plaß, Stefan (2001): Vom Aktiven zum aktivierenden Staat. Leitbilder, Konzepte und Strategien zur Reform des öffentlichen Sektors. Wiesbaden: VS Verlag für Sozialwissenschaften

Blinkert, Baldo/Klie, Thomas (2004): Solidarität in Gefahr? Pflegebereitschaft und Pflegebedarfsentwicklung im demografischen und sozialen Wandel. Die „Kasseler Studie". Hannover: Vincentz Network Verlag

Blinkert, Baldo/Klie, Thomas (2006): Pflegekulturelle Orientierung. Die Annaberg-Unna-Studie, hekt. Man.

Blinkert, Baldo/Klie, Thomas (2006a): Die Zeiten der Pflege. In: Zeitschrift für Gerontologie und Geriatrie, Volume 39, Number 6. Darmstadt: Steinkopff Verlag, S. 202-210

BMFSFJ – Bundesministerium für Familie, Senioren, Frauen und Jugend (Hrsg.) (2005): Fünfter Bericht zur Lage der älteren Generation in der Bundesrepublik Deutschland. Potenziale des Alters in Wirtschaft und Gesellschaft. Der Beitrag älterer Menschen zum Zusammenhalt der Generationen. Bericht der Sachverständigenkommission. Berlin.
http://www.bmfsfj.de/RedaktionBMFSFJ/Abteilung3/Pdf-Anlagen/fuenfter-altenbericht,property=pdf,bereich=,rwb=true.pdf (Stand 01.04.2007)

BMFSFJ – Bundesministerium für Familie, Senioren, Frauen und Jugend (Hrsg.) (2000): Freiwilliges Engagement in Deutschland. Ergebnisse der Repräsentativerhebung zu Ehrenamt, Freiwilligenarbeit und Bürgerschaftlichem Engagement. Schriftenreihe Bd. 194. 1-3. Stuttgart

BMFSFJ – Bundesministerium für Familie, Senioren, Frauen und Jugend (Hrsg.) (2006), 7. Familienbericht Familie zwischen Flexibilität und Verlässlichkeit. Perspektiven für eine lebenslaufbezogene Familienpolitik. BT Drucksache 16/1360
http://www.bmfsfj.de/doku/familienbericht/download/familienbericht_gesamt.pdf (Stand 05.02.2007)

Deutscher Verein für öffentliche und private Fürsorge e.V. (Hrsg.) (2006): Arbeitshilfe zur Anwendung des Heimgesetzes auf moderne Wohn- und Betreuungsformen für ältere Menschen. Berlin

Dietz, Berthold (2002): Die Pflegeversicherung. Ansprüche, Wirklichkeiten und Zukunft einer Sozialreform. Wiesbaden: VS Verlag für Sozialwissenschaften

Evers, Adalbert/Olk, Thomas (Hrsg.) (1996): Wohlfahrtspluralismus. Vom Wohlfahrtsstaat zur Wohlfahrtsgesellschaft. Opladen: Westdeutscher Verlag

Evers, Adalbert/Svetlik, Ivan (Hrsg.) (1993): Balancing pluralism: New welfare mixes in care for the elderly Public Policy and Social Welfare. Aldershot, Brookfield, Hong Kong, Singapore, Sydney: Avebury

Gensicke, Thomas/Picot, Sibylle/Geiss, Sabine (2006): Freiwilliges Engagement in Deutschland 1999 – 2004. Ergebnisse der repräsentativen Trenderhebung zu Ehrenamt, Freiwilligenarbeit und bürgerschaftlichem Engagement. Durchgeführt im Auftrag des Bundesministeriums für Familie, Senioren, Frauen und Jugend. Wiesbaden: VS Verlag für Sozialwissenschaften

Hummel, Konrad (1982): Öffnet Die Altersheime! Gemeinwesenorientierte, Ganzheitliche Sozialarbeit mit Alten Menschen. Weinheim, Basel: Beltz Verlag

Klie, Thomas/Evers Adalbert (1999): Zur Neuausrichtung kommunaler Alterssozialpolitik oder: Nach dem Pflegeversicherungsgesetz- freiwilliges kommunales Engagement? In: Schmidt, Roland/Entzian, Hildegard/Giercke, Klaus-Ingo/Klie, Thomas (Hrsg.): Die Versorgung pflegebedürftiger alter Menschen in der Kommune. Daseinsvorsorge, Leistungserbringung und bürgerschaftliche Verantwortung in der Modernisierung der Pflege, Frankfurt: Mabuse Verlag, S. 39-48

Klie, Thomas/Hoch, Hans/Pfundstein, Thomas (2005): bela – Bürgerschaftliches Engagement für Lebensqualität im Alter. Schlussbericht zur „Heim- und Engagiertenbefragung" Projektträger: Ministerium für Arbeit und Soziales Baden-Württemberg. http://www.bela-bw.de/Dokumente/BELA-Erhebung-Schlussberich-aktuell.pdf (Stand 10.04.2007)

Klie, Thomas/Ross, Paul.-St. (2005): Wie viel Bürger darf's denn sein!? Bürgerschaftliches Engagement im Wohlfahrtsmix – eine Standortbestimmung in acht Thesen. In: Archiv für Wissenschaft und Praxis der sozialen Arbeit. 36. Jg., 04/2005. Frankfurt a. M.

Klie, Thomas/Ross, Paul-Stefan/Hoch, Hans/Heimer, Franz-Albert/Scharte Ulrike (2004): Bürgerschaftliches Engagement und Ehrenamt in Baden-Württemberg. 1. Wissenschaftlicher Landesbericht 2002/2003 Stuttgart: Ministerium für Arbeit und Soziales Baden-Württemberg (Hrsg.)

Klie, Thomas/Student, Christoph (2006): Die Patientenverfügung. was sie tun können um richtig vorzusorgen. 9. neu bearbeitete und aktualisierte Auflage. Freiburg: Herder Verlag

Knopf, Detlev (Hrsg.) (1995): Die Produktivität des Alters. 3. unv. Auflage. Berlin: Deutsches Zentrum für Altersfragen

Nell-Breuning, Oswald von (1990): Baugesetze der Gesellschaft. Solidarität und Subsidiarität. durchgesehene Neuausgabe, Freiburg im Breisgau: Herder Verlag

Olk, Thomas (2006): Zivilgesellschaft, bürgerschaftliches Engagement und Sozialkapital – Ressourcen für sozialräumliche Revitalisierungs-prozesse. In: Regiestelle E&C der Stiftung Sozialpädagogisches Institut Berlin (Hrsg.): Dokumentation der Konferenz vom 03.-04.11.2004 „Zivilgesellschaft stärken – Bürgerschaftliches Engagement in E&C – Gebieten fördern" http://www.eundc.de/download/25002.pdf [Stand 08.05.2007] S. 6-18

Rosenbladt, Bernhard von (Hrsg.) (2002): Freiwilliges Engagement in Deutschland. Freiwilligensurvey 1999. Ergebnisse der Repräsentativerhebung zu Ehrenamt, Freiwilligenarbeit und bürgerschaftlichem Engagement. Band 1: Gesamtbericht. Stuttgart: Kohlhammer
Schnepp, Wilfried (2002): Familiale Sorge in der Gruppe der russlanddeutschen Spätaussiedler. Funktion und Gestaltung. Bern: Verlag Hans Huber
Student, Christoph (Hrsg.) (2004). Das Hospizbuch. Freiburg im Breisgau: Lambertus
Tews, Hans-Peter (1995): Altersbilder. Über Wandel und Beeinflussung von Vorstellungen vom und Einstellungen zum Alter. 2. Auflage. Köln: Kuratorium Deutsche Altershilfe
Schulz-Nieswandt, Frank (2006): Sozialpolitik und Alter. Aus der Reihe Grundriss Gerontologie, Tesch-Römer. Clemens (Hrsg.) Stuttgart: Kohlhammer
Wilkening, Karin/Kunz, Roland (2003): Sterben im Pflegeheim. Perspektiven und Praxis einer neuen Abschiedskultur. Göttingen: Vandenhoeck und Ruprecht Verlag
Zank, Susanne/Schacke, Claudia (2004): Entwicklung eines standardisierten Messinstrumentes zur Erstellung von Belastungsprofilen und zur Evaluation von Entlastungsangeboten für pflegende Angehörige demenzkranker Patienten (BMFSFuJ-Nr. 68432), Abschlussbericht Phase 1. http://ipg.psychologie.fu-berlin.de/projekte/Abschlu%DF Bericht_LEANDER_Phase1.pdf, [Stand: 04.06.2007]
Zeman, Peter (2000): Alter(n) im Sozialstaat und die Mikropolitik der Pflege. Regensburg: Transfer Verlag

Internetlinks

www.freiburger-modell.de
www.pflegebegleiter.de
www.pflegebudget.de

Heike Walk

Umweltengagement: Im Spannungsfeld zwischen nachhaltiger Entwicklung und ökologischer Modernisierung

Der gegenwärtige umweltpolitische und klimapolitische Diskurs bezieht sich im Wesentlichen auf zwei Leitbilder: das der „nachhaltigen Entwicklung" und das der „ökologischen Modernisierung" (Weidner 2005). Während ersteres die Integration von ökologischen, sozialen und ökonomischen Interessen sucht, steht letzteres Leitbild für eine umweltgerechte Umgestaltung der Produktionsprozesse sowie des Konsumverhaltens in der Gesellschaft. Beide Leitbilder sind nicht nur als inhaltliche Reaktionen auf Globalisierungsprozesse bzw. globale Verhandlungen anzusehen, sondern hier zeigen sich auch gesellschaftliche Veränderungsprozesse hinsichtlich neuer Engagementformen, die dem Bild der umweltbewegten Naturfreunde und den Anti-Atom-Protesten nicht mehr ganz entsprechen. Zunehmender Ökonomisierungsdruck auf weite Bereiche des sozialen Zusammenhalts, Auswirkungen globaler Verhandlungssysteme sowie sicherheitspolitische Erwägungen haben vor allem auch in diesem Engagementfeld starke Spuren hinterlassen. Die Themenbereiche Klima- und Energiepolitik haben an Bedeutung gewonnen und setzen dementsprechend als wichtige Handlungsfelder der Umweltpolitik viele neue Akzente für bürgerschaftliches Engagement.

Gleichzeitig sind in diesem Engagementfeld immense Zielkonflikte zwischen den verschiedenen Strategien nachhaltiger Entwicklung zu beobachten. Schauen wir uns bspw. den gegenwärtig boomenden Bereich der Bioenergie an, so ist aus Klimaschutzgründen der schnellstmögliche Abschied von den fossilen Brennstoffen dringend erforderlich. Aber das Erdöl 1:1 durch Biokraftstoffe zu ersetzen, ist aus Sicht des Naturschutzes bzw. hinsichtlich einer ausreichenden Produktion von Nahrungsmitteln nicht ratsam. Hierüber gibt es demzufolge heftig widerstreitende Interessen und Positionen, nicht nur in der Politik, sondern auch unter den zivilgesellschaftlichen Akteuren. In dem Maße, in dem alternative und erneuerbare Energien ihr Nischendasein verlassen, stellen sich Fragen nach der Nachhaltigkeit bzw. den Auswirkungen auf Biodiversität, Landwirtschaft, Wälder und Weltmärkte. Der Umweltbereich zeichnet sich durch eine außerordentlich große Bandbreite an freiwilliger Arbeit aus. Neben der Vereins- und Verbandsarbeit gibt es Aktivitäten von Projektgruppen, Bürgerinitiativen, kirchlichen Vereinigungen, kommunalen Zusammenschlüssen, Aktionsbündnissen, Unternehmensinitiativen, Gruppen der Lokalen Agenda 21, Finanzbeteiligungen in Form von Bürgersolaranlagen und Freiwilligenprogramme, wie bspw. das Freiwillige Ökologische Jahr.

Umfrageergebnisse zeigen, dass der Bedrohung durch Umweltrisiken in der Öffentlichkeit zunehmend mehr Bedeutung beigemessen wird: Im Special Eurobarometer „The attitudes of European citizens towards the environment" von 2004/05 wurde bestätigt, dass die EU-Bürger dem Umweltschutz mehr Bedeutung beimessen als wirtschaftlicher Wettbewerbsfähigkeit. 60 % aller EU-Bürger sind der Meinung, dass die Entscheidungsträger umweltpolitischen Erwägungen bei der Entscheidungsfindung genauso viel Bedeutung beimessen sollten wie Wirtschaftsfaktoren. Das größte Vertrauen in diesem Bereich wird den Umweltverbänden entgegengebracht (42 %), während gleichzeitig die EU als die wirksamste Ebene für umweltpolitische Entscheidungen betrachtet wird (European Commission 2005).

Das hohe öffentliche Ansehen für umweltpolitische Themen bzw. eine umweltfreundliche Einstellung ist aber keinesfalls gleichzusetzen mit einem hohen Engagement im Umweltbereich. Denn die tatsächlichen Engagementzahlen, die im Freiwilligensurvey des Bundesministeriums für Familie, Senioren, Frauen und Jugend 1999 und 2004 erhoben wurden, liegen weit hinter diesen Angaben zurück.[1] Dem gesamten Engagementbereich Umwelt, Natur und Tierschutz werden rund 600.000 Freiwillige zugerechnet, was etwas 2,5-3 % aller ehrenamtlich Engagierten in Deutschland entspricht (Mitlacher/Schulte 2005, Gensicke 2006).

Klagten Umweltschützer vor dreißig Jahren noch darüber, dass die Anzeichen für eine zunehmende Umweltzerstörung keinen Eingang in die politischen Entscheidungsprozesse finden, so argumentieren kritische Umweltwissenschaftler heute eher, dass die Aussagen über den Zustand der Welt einem hegemonialen Umweltdiskurs unterliegen, der auf spezifische gesellschaftliche Naturverhältnisse zurückzuführen ist. Als gesellschaftliche Naturverhältnisse wird zunächst allgemein das Beziehungsgeflecht zwischen Individuen, Gesellschaft und Natur beschrieben. Was im öffentlichen Diskurs als Umweltprobleme oder ökologische Risiken verhandelt wird, wird im Diskurs über die Krise gesellschaftlicher Naturverhältnisse als Kritik am gesellschaftlichen Umgang mit den Problemen bzw. Risiken bezeichnet (Becker/Jahn 2003).

Im nachfolgenden Beitrag, der das Engagementfeld Umwelt, Natur- und Klimaschutz abstecken soll, werden zunächst die historischen Stationen der Umweltbewegung in Deutschland (West und Ost) nachgezeichnet. Anschließend folgt ein Abschnitt über die verschiedenen Diskurse, die für das Engagementfeld prägend sind und eine Aufarbeitung der öffentlichen Wahrnehmung. Wer engagiert sich eigentlich für die Umwelt und welche Organisationsformen bildeten sich im Verlauf der Zeit heraus? Hintergrundinformationen zu diesen Aspekten sind ein notwendiger Bestandteil, um das Engagementfeld hinreichend beschreiben zu können. Von daher wird auch ein knapper Einstieg in die Klima- bzw. Energiepolitik, die grundsätzlich neue gesellschaftliche Bearbeitungsformen hervorgerufen hat, präsentiert.

---

[1] www.bmfsfj.de, Zugriff am 25.9.2006.

1 Natur- und Umweltschutz im Wandel

Im Gegensatz zum westdeutschen Nachkriegsnaturschutz, den die Bundhosen tragende „Wandervogel-Generation" beherrschte (Engels 2005), kennzeichnete die Umweltbewegung der 1970er Jahre eine größere Vielfalt an politischen Zielen, Interessen und Handlungsformen. In der Regel werden mit der „neuen" Umweltbewegung vor allem die im Zuge der Neuen Sozialen Bewegung aktiven Initiativen und Gruppen gefasst, die für Belange des Natur- und Umweltschutzes und der politischen Ökologie aktiv eintreten (Roose/Rucht 2002). Natürlich knüpfen diese an ältere Bewegungen – wie bspw. die Heimatschutz- und die Lebensreformbewegung – an, unterscheiden sich aber durch veränderte gesellschaftliche, politische und ökonomische Rahmenbedingungen, auf die nachfolgend noch näher eingegangen wird.

Die Anfänge der Phase der politischen Ökologie und des Umweltschutzes in Westdeutschland können etwa um 1970 ausgemacht werden. Zwar wurden schon Anfang der 1960er Jahre einige Forderungen der Umweltbewegung auch Parteiprogramm: Willy Brand forderte schon im Bundeswahlkampf 1961 den „blauen Himmel über der Ruhr" und mit dem ‚Sofortprogramm Umwelt' (1970) und dem Umweltprogramm (1971) begann die Bundesregierung eine Reformpolitik, die sich allerdings an nachsorgenden, additiven Maßnahmen orientierte. Das kapitalistische Wachstumsmodell wurde von Seiten der Politik keinesfalls in Frage gestellt.

Bis Mitte der 1980er Jahre war die Umweltbewegung in Teilen mit einer generellen Kapitalismus- und Konsumkritik verbunden und sah in den fatalen Umweltfolgen des Wirtschaftens – am markantesten in der nuklearen Gefahr – eine selbstzerstörerische Tendenz des „Kapitalistischen Systems". Die Umweltbewegung wollte in erster Linie das politische System herausfordern bzw. verändern und versuchte, kleine Gegengesellschaften aufzubauen oder in kleinen Gruppen den „Ausstieg" zu praktizieren. Diese radikalen Ansätze der Umweltbewegung finden sich in vielen westlichen Ländern (in den USA, in Frankreich, Deutschland, dem UK oder den Niederlanden). Z.T. knüpften sie auch direkt an den Zielen der revolutionären Bestrebungen der Studentenbewegungen an.

In einer der ersten Studien von Amery, Mayer-Tasch und Meyer-Abich (1978) über den bürgerlichen Ungehorsam zur Energiepolitik in den 1970er Jahren heben sie den Massenprotest gegen die Kernkraftwerke Brokdorf und Wyhl gar als Ausdruck der Krise der repräsentativen Demokratie hervor. Mit den durch die Kernenergiedebatte losgetretenen Protesten wurden nicht nur die politischen Entscheidungen öffentlich breitenwirksam in Frage gestellt, sondern auch die Debatte über die ökologischen Grenzen der sozioökonomischen Expansionsmöglichkeiten eröffnet. Amery, Mayer-Tasch und Meyer-Abich schreiben hierzu: „Die im militanten Protest gegen die Kernkraft – zumindest auch – manifest gewordene »große Weigerung« vieler Bürger, sich den angeblichen Sachzwängen unserer Industriekultur bedingungslos zu unterwerfen, findet in den von Kleinkollektiven unterschiedlicher Reichweite weltweit versuchten Formen alternativer Lebensführung ihre positive Entsprechung" (Amery/Mayer-Tasch et al. 1978: 11).

Von Seiten der Politik wurde zunächst relativ hilflos auf die Bürgerproteste reagiert und oftmals zu Gegengewalt und Verunglimpfung der Protestierenden gegriffen, dann aber relativ schnell auf eine Strategie umgeschwenkt, die die Bürgeraktionen durch finanzielle und organisatorische Unterstützung in eine Phase verwaltbarer Planungskooperation zu überführen suchte (Bungarten 1978: 213). Mit dem Einzug der Grünen in den Bundestag[2] erlangte das Umweltthema eine hohe Priorität im politischen Alltag und im öffentlichen Bewusstsein. Die Forderungen nach dem ökologischen Umbau der Industriegesellschaft schienen sich durchsetzen zu können, die Zahl der gesetzlichen Regelungen stieg enorm an, bis schließlich 1986 das Bundesumweltministerium eingerichtet wurde. Die Umweltbewegung war in dieser Zeit konfrontiert mit zahlreichen Identitätsproblemen, denn nicht von allen Gruppen wurde der ‚Gang durch die Institutionen' befürwortet.

Vor allem in den 1990er Jahren trug das immer dichter werdende Netz von lokal, national und global agierenden Umweltgruppen dazu bei, dass die Institutionalisierung der Umweltbewegung erheblich vorangetrieben wurde. Auch auf EU- und transnationaler Ebene kann in diesem Zeitraum ein enormes Anwachsen an umweltpolitischen Regulierungen festgestellt werden. Gleichzeitig gewann eine andere Debatte immer mehr an Bedeutung: Der Standort Deutschland-Debatte gelang es vor dem Hintergrund wachsender Arbeitslosigkeit, mangelnder Investitionen und Abwanderung von Unternehmen, Ökologisierungsprozesse als Hemmnis für wirtschaftliches Wachstum anzuprangern. Die ausschließliche Orientierung auf ökologische Ideen und Visionen konnte sich nicht mehr durchsetzen, stattdessen wurde die Vereinbarkeit von Ökonomie und Ökologie gefordert. Gleichzeitig wurden im Zuge der Standortdebatte auch die Partizipationsmöglichkeiten der Bürgerinnen und Bürger mit Blick auf wirtschaftliche Effizienzkriterien bewertet. Die Beteiligung wurde für das Hinauszögern von Verwaltungsverfahren und für Behinderungen der wirtschaftlichen Entwicklung verantwortlich gemacht. Durch so genannte Beschleunigungsgesetze versuchte man in der Folge die Partizipation wieder einzuschränken. Durch das Investitionserleichterungs- und Wohnbaulandgesetz wurde die Durchführung der Umweltverträglichkeitsprüfung – samt der öffentlichen Beteiligung – dem eigenen Ermessen überlassen. Durch das Verkehrswegeplanungsbeschleunigungsgesetz wurde die Partizipation der Öffentlichkeit bei der Umweltverträglichkeitsprüfung im Raumordnungsverfahren bei den Verkehrswegen in den neuen Bundesländern herausgenommen. Das Maßnahmengesetz zum Baugesetzbuch sah vor, dass die vorgezogene Bürgerbeteiligung dann nicht durchgeführt wird, wenn ‚dringender Wohnbedarf' besteht. Und schließlich wurde im Planvereinfachungsgesetz festgelegt, dass bei Verkehrswegen unter Zugrundelegung enger Fristen, die Plangenehmigung auch ohne jegliche Beteiligung (wenn Einwände nicht zu erwarten sind) sowie Klagen ohne aufschiebende Wirkung durchgeführt werden können. Für viele Umweltorganisationen und -gruppen bedeuteten die Beschleunigungsgesetze einen dramatischen Rückschritt, denn die Mitsprache an staatlichen Entscheidungen wurde auf ein Minimum an Informationsrechten reduziert.

---

[2] Die Grünen zogen 1983 zum ersten Mal in den Bundestag ein, nachdem es vorher schon Erfolge bei diversen Landtagswahlen und der Europawahl gegeben hatte.

2 Der andere Blickwinkel: die DDR-Umweltbewegung

Eine gänzlich andere Entwicklungsgeschichte nahm die Umweltbewegung in der DDR.

In Ostdeutschland entwickelte sich unter dem Dach der Kirchen eine sehr begrenzte lokale Gegenkultur. Zwar herrschten in der DDR für soziale Bewegungen sehr ungünstige Bedingungen und umweltpolitisches Engagement war zum Teil mit einem sehr hohen persönlichen Risiko verbunden. Dennoch können bereits Anfang der 1970er Jahre erste Ansätze für ein ökologisches und umweltpolitisches Engagement identifiziert werden (Nölting 2002). Eng gekoppelt an das kirchliche Engagement bildeten sich zunächst kirchliche Umweltgruppen heraus. Ohne eigene wissenschaftliche Forschungen durchführen und ohne umweltpolitisch intervenieren zu können, konzentrierten sich die Gruppen auf die Information der Öffentlichkeit über gravierende Umweltschäden und auf die Initiierung einer kritischen Debatte über das herrschende Naturverständnis und die Folgen der Industrialisierung.

Die zunehmende Unterdrückung einer öffentlichen Umweltdebatte durch das SED-Regime und der äußerst repressive Umgang mit den Umweltschützenden hatten zur Folge, dass die ostdeutsche Umweltbewegung sich in die staatsfeindliche Opposition zurückzog. Nölting schreibt hierzu: „Die Gruppen waren klein, weitgehend informell strukturiert und verhielten sich zuweilen konspirativ. Ihre Treffen fanden meist im kirchlichen oder privaten, also im quasi nichtöffentlichen Rahmen statt. Zwischen den Gruppen bestanden meist nur Kontakte auf der Basis persönlicher Beziehungen, weil verbindliche Kooperationsformen und Zusammenschlüsse die Verwundbarkeit der Gruppen gesteigert hätten" (Nölting 2002: 57). Die staatliche Repression führte schließlich Mitte/Ende der 1980er Jahre dazu, dass sich mehrere oppositionelle Gruppen radikalisierten (Gensichen 1994). 1986 bspw. gründete sich die Berliner Umweltbibliothek und machte es sich zur Aufgabe, unabhängige Umweltinformationen für alle Bürgerinnen und Bürger zur Verfügung zu stellen. Neben ihrer Funktion als Anlaufstelle für Informationen und Kontaktadressen gaben sie auch die illegale Zeitschrift „Umweltblätter" heraus. Ein weiterer Zusammenschluss war von großer Bedeutung für die Umweltschützer: Das ökologische Netzwerk Arche[3] erreichte eine breitenwirksame (auch bundesdeutsche) Aufmerksamkeit durch den illegal gedrehten Film „Bitteres aus Bitterfeld", in dem marode Industrieanlagen, Waldsterben und Altstadtverfall in der DDR dokumentiert wurden. Jede Umweltaktion hatte in der Folge mit zum Teil massiven Repressionsmaßnahmen durch Staatssicherheit zu rechnen, die von Schikanen im Berufsleben bis zu Festnahmen führen konnten (Nölting 2002).

Parallel zu den o.g. Entwicklungen wurde in der DDR quasi auf Anordnung „von oben" noch ein ganz anderes umweltpolitisches Engagement vorangetrieben: Die SED gründete 1980 vor dem Hintergrund des gestiegenen Interesses der Bevölkerung am Natur- und Umweltschutz die „Gesellschaft für Umwelt und Natur". Die rund 40.000 Mitglieder widmeten sich zunächst vor allem der Mitwirkung in Naturschutzgebieten, waren systemkonform und thematisierten die Umweltzerstörung innerhalb der DDR-Strukturen nicht. Mitte der 1980er Jahre gründeten sich dann allerdings im Rahmen der Gesellschaft so ge-

---

[3] Das Netzwerk Arche hatte eine sehr rege dezentralisierte Aktivitäten, fast immer im Schutz der Kirche und aus diesem Netzwerk rekrutierte sich der Kern der ostdeutschen „Grünen Partei", die Anfang 1989 gegründet wurde.

nannte Interessengemeinschaften, die sich zum Teil auch gegen den städtischen Umweltschutz richteten und sich auch den sozialen Problemen und ihren Ursachen im Wirtschaftssystem zuwandten.

Vor allem aufgrund der politischen Rahmenbedingungen kann nicht von einer geeinten Umweltbewegung in der DDR gesprochen werden, sondern eher von vereinzelten und zersplitterten Umweltgruppen (Gensichen 1994), die zusammen genommen allerdings von einem ausgeprägten umweltpolitischen Engagement zeugen. Die Stärke des umweltpolitischen Engagements zeigt sich in der Wendezeit: Auf der letzten Sitzung des DDR-Ministerrates wurde ein Nationalschutzprogramm verabschiedet, dass als überaus erfolgreich eingestuft werden kann. Die meisten kirchlichen Gruppen transformierten sich nach dem Ende der DDR zu Aktionsgruppen oder Ortsverbänden.

3   Kontroverse Diskurse und öffentliche Aufmerksamkeit

Deutlich wurde in den vorangegangenen Kapiteln, dass sich Umweltschutz und -politik aus einer Vielzahl von Problemen, Positionen und Interessen zusammensetzen. Die Berichterstattung in den Medien sowie der Einbezug unterschiedlichster sozialer Gruppen wie der Naturwissenschaften, des Umweltschutzes, der Politik, der Betroffenen etc. in eine öffentliche Diskussion sind einflussreiche Faktoren für die Herausbildung spezifischer Engagementformen. Die Wahrnehmung der Wirklichkeit wird durch öffentliche und private Diskurse strukturiert, allerdings unterliegen diese sprachlich vermittelten Deutungsschemen ständiger Veränderung. Foucault (1974) wies darauf hin, dass die jeweils vorherrschenden Diskurse beständig durch andere Deutungen herausgefordert werden, die Durchsetzung spezifischer Problemdeutungen wiederum hängt mit den gesellschaftlichen Machtstrukturen zusammen. D. h. die selektiven Filter sowohl der Massenmedien als auch der vorherrschenden institutionellen Praktiken autorisieren einen bestimmten Personenkreis, der eine ‚Problemrahmung' vornehmen kann (Brand/Fürst et al. 2002).

Diskursive Strukturierungen, so schreibt Feindt, „beeinflussen die Durchsetzungschancen für verschiedene Politikansätze" (Feindt 2002). Im Umweltbereich können folgende Diskursverschiebungen ausgemacht werden: Eine besondere öffentliche Aufmerksamkeit bekam die Anti-Atomkraftbewegung durch die Bauplatzbesetzung des geplanten Atomkraftwerks Wyhl im Februar 1975. Die offene Konfrontation zwischen den Demonstrierenden und der Polizei erregte große öffentliche Aufmerksamkeit und gleichzeitig verschob sich der öffentliche Diskurs langsam vom Umwelt- zum Risikodiskurs. Diese Verschiebung des Diskurses wurde vor allem auch durch die Veröffentlichung der ersten Studie des Club of Rome, den „Grenzen des Wachstums" (Meadows 1972) vorangetrieben. Für die Umweltbewegung wurde in der Folge die fossilistische Produktionsweise kapitalistischer Systeme als Bedrohung für die Menschheit angesehen und führte zu einer Phase der umweltpolitischen Polarisierung zwischen den Umweltengagierten und der Politik (SRU 1996).

Die Häufung großindustrieller Unfälle Mitte der 1980er Jahre (Bhopal, Tschernobyl, Rheinverseuchung) führte in der Bundesrepublik zu einer Intensivierung des Risikodiskurses (vgl. Beck 1986). Feindt (2002) schreibt zur Etablierung des Risikodiskurses, dass er quasi als Dach für ökonomische, ökologische, gesundheitliche und andere Themen fungierte und damit mehr oder weniger den Weg für den Nachhaltigkeitsdiskurs ebnete. Der Risikodiskurs erlaubte das Zusammendenken sehr unterschiedlicher Positionierungen und Erklärungen.

Eine äußerst interessante Strukturierung des deutschen Diskurses zu nachhaltiger Entwicklung nimmt die Studie von Brand und Jochum (2000) vor. Vor dem Hintergrund einiger zentraler Dokumente umweltpolitischer Institutionen[4] sowie den Positionspapieren politischer und gesellschaftlicher Akteure arbeiten sie vier dominante Rahmungen im deutschen Nachhaltigkeitsdiskurs heraus: ein marktliberales Gesellschaftsmodell, das an der Funktionsfähigkeit des Marktes und dem Erhalt des westlichen Wohlstandmodells festhält, versus ein egalitäres Gesellschaftsmodell, das sich an den Prinzipien sozialer Gerechtigkeit orientiert und ein selbst beschränkendes Wohlstandsmodell fordert. Diese zwei Rahmungen werden durch ein weiteres Gegensatzpaar ergänzt, nämlich die technozentristische Position, für die die technische Innovation die entscheidende Bedingung nachhaltiger Entwicklung ist, versus einer ökozentrischen Position, die den Respekt vor der Natur und eine Anpassung an die Kreisläufe der Natur ins Zentrum rücken. Damit zeichnet sich der Umweltbereich als ein äußerst diversifiziertes Politikfeld aus, in dem vielfältigste, z.T. extrem ideologische Positionen miteinander konkurrieren.

Die Auseinandersetzung mit den Kommunikationsmethoden bzw. der Öffentlichkeitsarbeit der Umweltbewegung weist noch auf einen ganz anderen Zusammenhang hin: Die Umweltbewegung war in der Vergangenheit eher zurückhaltend was den Einsatz von Werbung und Reklame zum Zwecke der Informationsvermittlung und Öffentlichkeitsarbeit anbelangte. Umweltschutz sollte informativ und aufklärerisch sein und sich keinesfalls an den Werbestrategien der Konsumgesellschaft orientieren (Wöbse 2005). In einer sehr anschaulichen Aufarbeitung der visuellen Geschichte der Naturschutz- und Umweltbewegung zeigt Wöbse (2005), welch bedeutsame Rolle der Einsatz von Grafik und Fotografie vereinzelt für die Umweltbewegung gespielt hat bzw. vor allem auch heute spielt. Dramatische Inszenierungen und Kampagnen sind nicht erst seit Greenpeace ein wichtiges Mittel der Umweltbewegung, allerdings diente deren Perfektionierung dem Umweltverband dazu, zum Taktgeber im Umweltschutz zu avancieren. Darüber hinaus lieferte Greenpeace dank der dramatischen Inszenierung des Kampfes von David gegen Goliath der Umweltbewegung Ende der 1990er Jahre neue Heldengestalten: Abenteurer, die mit Leib und Seele gegen die Missetaten transnationaler Konzerne kämpfen – das waren natürlich imageträchtigere Bilder als die ‚sit ins' der Birkenstockträger in den 1980er Jahren. Protest und Widerstand wurden als Event wieder salonfähig. Allerdings, so kritisiert Wöbse, sind diese Inszenierungen nach wie vor die Ausnahme: Der Großteil der alltäglichen Arbeit des Natur- und Umweltschutzes ist nicht auf die visuelle Inszenierung ausgerichtet, womit sich die Bewegung ihres Erachtens nach ein großes Potenzial für die Vermittlung von Informationen und die Schaffung von Akzeptanz in der Bevölkerung vergibt.

---

[4] Das Umweltgutachten 1994 des SRU sowie den Bericht der Enquete-Kommission „Schutz des Menschen und der Umwelt" von 1994. Ein weiterer wichtiger Beitrag zur deutschen Debatte war die von BUND und Misereor in Auftrag gegebene Studie „Zukunftsfähiges Deutschland".

4 Wer engagiert sich für die Umwelt?

Bislang wurden in diesem Beitrag die Begrifflichkeiten Umweltbewegung und Umweltaktivisten relativ unsystematisch verwendet, obgleich die Bestandteile der Bewegung natürlich einer genaueren Erläuterung bedürfen. Um den Charakter einer Umweltbewegung beschreiben zu können, werden in den wissenschaftlichen Untersuchungen folgende drei Bereiche beleuchtet: In der Regel erfolgt in den Analysen eine quantitative Untersuchung von Zeitungsberichten zu Umweltprotesten, werden Fallstudien zu lokalen Umweltaktivitäten durchgeführt und Befragungen von Umweltorganisationen vorgenommen (Rootes 2002). Je nach Datenquelle und Aktivität variieren auch die Teilnehmer bzw. Mitglieder erheblich. Die Teilnahme an Umweltprotesten erfordert keinen kontinuierlichen Einsatz und stellt daher eine tendenziell weniger starke Form des Engagements dar als die aktive Mitgliedschaft (Roose/Rucht 2002). Die Anzahl der Umweltproteste, über die in der nationalen Presse berichtet wurde[5], ging Ende der 1980er und Anfang der 1990er Jahre zurück, stieg aber Mitte der 1990er deutlich an und erreichte Ende der 1990er Jahre fast das Niveau von zehn Jahren zuvor. Für die letzten Jahre ist allerdings wieder ein deutliches Abfallen der Anzahl der Proteste zu verzeichnen (Roose/Rucht 2002: 34). Auch ging die Zahl der Teilnehmenden an den Protesten seit Ende der 1980er Jahre deutlich zurück.

Was die Untersuchungen der Mitglieder in Umweltorganisationen anbelangt, so wird zwischen formellen bzw. passiven Mitgliedern und aktiven Mitgliedern unterschieden. Die formellen Mitgliederzahlen, vor allem der großen deutschen Umweltverbände World Wide Fund for Nature (WWF), Greenpeace, Naturschutzbund Deutschland (NABU) und Bund für Umwelt und Naturschutz Deutschland (BUND) sind in den letzten Jahren deutlich gestiegen (Roose/Rucht 2002). Auch mittelgroße und kleinere nationale Organisationen konnten ihre Mitgliederzahlen verbessern. Letztere hatten allerdings geringere Wachstumszahlen zu verzeichnen. Anders gestaltet sich das Bild für die aktiven Mitgliederzahlen: Obgleich die wesentlich schlechtere Datengrundlage hier berücksichtigt werden muss, lässt sich ein allgemeiner Rückgang der Aktivisten festhalten.

Die Mitgliederzahlen der anerkannten Umwelt- und Naturschutzverbände beziffert der Deutsche Naturschutzring, dem rund 100 Mitgliedsverbände angehören, mit über 5 Millionen.[6] Insgesamt weist der Umweltbereich weniger Mitgliedschaften als andere Engagementbereiche auf. Allerdings gibt es in diesem Bereich häufig die Unterstützungsform der Förderer, bspw. reden die Umweltorganisationen Greenpeace und World Wide Fund for Nature (WWF) von Förderern statt von Mitgliedern.[7]

Der Freiwilligensurvey von 2004 benennt den Verein als die am häufigsten genannte Organisationsform im Umweltbereich, weit dahinter zurück liegen der Verband, die Initiative und die selbst organisierten Gruppen. Im Vergleich zum Freiwilligensurvey von 1999 gab es einen Trend zu Vereinen und vor allem auch zu staatlichen und kommunalen Ein-

---

[5] Unter Protest wurden sehr unterschiedliche Phänomene zusammengefasst: Unterschriftensammlungen, Eingaben bei Planstellungsverfahren, Demonstrationsmärsche, Mahnwachen und Platzbesetzungen.
[6] www.dnr.de.
[7] Weder Greenpeace noch der WWF (World Wide Fund for Nature) gehören zu den Mitgliedern des DNR, sie gehören aber von ihren Fördererzahlen zu den Großen unter den Organisationen (Greenpeace nennt ca. 550.000 und der WWF 300.000 Förderer, www.greenpeace.de; www.wwf.de).

richtungen. Ein weiterer Trend liegt im Anstieg des Durchschnittsalters: Der Anteil an den freiwilligen Tätigkeiten ist vor allem in der Altersgruppe der 40-59-Jährigen gestiegen. Die Zahl der hochengagierten Personen, die monatlich 20 Stunden und mehr aufbringen, ist im Vergleich mit den anderen Engagementfeldern mit 28 % relativ groß. Als Triebfeder des Engagements werden überwiegend altruistische Motive und ein großes Verantwortungsbewusstsein für Natur und Umwelt benannt (Mitlacher/Schulte 2005). Um die Veränderungen des Engagementfelds nachvollziehen zu können, bedarf es neben der Erläuterung der Motivlage der Engagierten auch der Information über die veränderten Rahmenbedingungen für das Engagement. Die meisten der Umweltverbände vor allem auf der lokalen und regionalen Ebene werden ausschließlich ehrenamtlich getragen (Klein/Löw 2006). Gleichzeitig kann vor allem bei den großen Umweltverbänden in den letzten Jahren ein Strukturwandel in Richtung Professionalisierung beobachtet werden, der in der Folge zu einer zunehmenden öffentlichen Aufmerksamkeit führte. Während in den 1970er Jahren die Umweltbewegung eher von autonomen Basisinitiativen geprägt war, so lässt sich seit den 1990er Jahren eher von einer Phase der Bewegungsorganisationen sprechen. Durch die erheblichen finanziellen Zuschüsse konnte sich ein einflussreiches ökologisches Expertentum herausbilden, das sich enorm professionalisiert hat. Neben der Erstellung von Studien, der Entwicklung von Konzepten für verschiedenste Umweltbereiche sowie der Mitarbeit in den unterschiedlichsten Gremien auf kommunaler und lokaler Ebene zeigt sich die Professionalisierung auch in der organisatorischen Umstrukturierung vieler Umweltorganisationen sowie in der Nutzung von Marketingmethoden in der Öffentlichkeitsarbeit (Brand 1999).

Die Erfolge im Umweltbereich sind verbunden mit zum Teil hohen Anforderungen an freiwilliges und ehrenamtliches Engagement, die sich u.a. auch aus den gesetzlich festgelegten Beteiligungsmöglichkeiten ergeben. Im Bundesnaturschutzgesetz ist die Beteiligung von Umweltgruppen und -initiativen geregelt und durch die so genannte Verbandsklage noch ausgeweitet worden. Die Beteiligungsmöglichkeiten erfordern aber häufig auch ein hohes Fachwissen und zeitliche Ressourcen von den Engagierten. Darüber hinaus stellt die Arbeit auf internationaler bzw. europäischer Ebene neue Anforderungen an die Umweltorganisationen, nicht nur was die Kooperationsformen anbelangt, sondern auch hinsichtlich der Information und Expertise. Auf EU-Ebene haben die großen Umweltverbände mittlerweile ihre Lobbytätigkeiten institutionalisiert (nähere Erläuterungen in Abschnitt 6).

5 Neue Engagementtypen: Die Lokale Agenda 21 und das Freiwillige Ökologische Jahr

Während auf der internationalen und europäischen Ebene eher Lobbypolitik von Experten gefragt ist, überwiegen auf der lokalen Ebene Informations- und Projektarbeit in Vereinen, Protestgruppen, Betroffeneninitiativen und Lokale Agenda 21-Projekte. Letztere sind mit Blick auf die neuen kooperativen Formen der Bürgerbeteiligung hervorzuheben, denn zu den besonderen Merkmalen der vielen Projekte der Lokale Agenda 21 zählen vor allen Dingen die integrativen Strategien der Problembearbeitung. Die Verwaltung ist in vielen Agenda 21-Projekten nicht nur einbezogen, sie besitzt häufig einen zentralen Stellenwert in der themenspezifischen Zusammenarbeit: Die Projekte sind auf die Kooperation und Unterstützung der Bürgermeister und Stadträte angewiesen. Die Agenda-Arbeit ist ganz und gar nicht auf konfrontative Protestpolitik ausgelegt, sondern versucht „best practice"-Modelle sowie Kampagnen zu initiieren. Brand und Fürst betonen deshalb ihre Funktion als „Kommunikationsmotor und Vernetzungsagentur kommunaler Entwicklung in Richtung nachhaltige Entwicklung" (Brand/Fürst et al. 2002: 54). Die Aufgabe der Agenda 21-Projekte sehen die beiden Autoren vor allem auch darin, Lernnetzwerke zu schaffen, Transfer- und Diffusionsprozesse in Verwaltung, Wirtschaft und Alltagsleben anzustoßen. Ganz anders als die Einschätzung von Amory, Mayer-Tasch und Meyer-Abich Ende der 1970er Jahre, die weiter oben präsentiert wurde, kommen Brand und Fürst in ihrer aktuellen Studie zu der Einschätzung, dass die Stoßrichtung der Lokalen Agenda 21 nicht darauf abzielt, das repräsentative Demokratiemodell in Frage zu stellen, sondern im Gegenteil bestehende Institutionen zu stärken.

Im europäischen Vergleich gehört Deutschland zu den Ländern, die erst relativ spät begonnen haben, Lokale Agenda 21-Prozesse zu initiieren.[8] Für 2005 ermittelte Agenda-Transfer, die Agentur für Nachhaltigkeit, in Deutschland über 2600 kommunale Beschlüsse. Das sind knapp über 20 % aller deutschen Städte, Gemeinden und Kreise, wobei hier ein starkes Ost-Westgefälle zu erkennen ist. Die neuen Bundesländer können als Nachzügler bezeichnet werden und unterscheiden sich auch deutlich in der inhaltlichen Ausrichtung der Themen. In Ostdeutschland sind Themen wie Arbeitslosigkeit bzw. die Schaffung von Arbeitsplätzen vorherrschend, während im Westen Umwelt- und Naturschutz, Klima, Energie und Mobilität eine wichtige Rolle einnehmen (Kern et al. 2002).

Insgesamt besteht ein deutlicher Unterschied zwischen den Lokale Agenda-Prozessen, die „Top-down" oder aber „Bottom-up" angestoßen wurden. Während die „Top-down"-Projekte häufig kaum in der Bevölkerung verankert sind und mit Akzeptanzproblemen zu kämpfen haben, zeigt sich bei den von unten initiierten Projekten, dass durch die fehlende Kooperation mit der Verwaltung die Projekte häufig auf der Entscheidungsebene von den politischen Vertretern bzw. Zuständigen blockiert werden. In der Folge können sich aufgrund der Folgenlosigkeit der Bemühungen dann bei den Engagierten große Frustrationen einstellen. Die „Bottom-up" organisierten Agenda-Aktivisten verfügen in der Regel nicht über genügend Ressourcen und Druckmittel, um ihre ggf. konträren Ideen und Interessen gegenüber den Verwaltungsangestellten durchzusetzen (Schophaus 2001).

Eine weitere Besonderheit der Agenda 21-Projekte im Klima- bzw. Energiebereich ist die zunehmende Kooperation mit (umweltfreundlichen) Unternehmen. Gerade in diesem Bereich gibt es eine Menge an unternehmerischen Aktivitäten in den Agenda-Projekten. Bspw. wirbt auf der Berliner Lokale Agenda 21-Homepage das Energieunternehmen Vattenfall für eine gemeinsame Kampagne gegen alte, Energie verschwendende Haushaltsgeräte. Die Agenda 21-Projekte zeichnen sich also nicht nur durch eine enge Kooperation mit der Verwaltung, sondern auch durch viele gemeinsame Aktivitäten mit Unternehmen aus.

---

[8] Zu den Vorreitern zählen Großbritannien und Schweden. In Großbritannien wird im Zusammenhang mit den Lokale Agenda 21-Projekten darauf verwiesen, dass die lokale Demokratie Ende der 1980er/Anfang der 1990er Jahre eine allgemeine Legitimationskrise durch die drastischen Einschränkungen, die auf Thatchers Politik zurückzuführen sind, zu verzeichnen hatte. Darüber hinaus spielen allerdings auch politisch-institutionelle Faktoren, die Größe und Handlungsautonomie der Kommunen eine Rolle. In Großbritannien gibt es rund 500 Councils, während in Deutschland über 14.000 Städte, Gemeinden und Kreise existieren (Kern/Koll/Schophaus 2002).

Eine weitere neue Engagementform, der ein erhebliches Entwicklungspotenzial gerade in der Jugendgeneration zugesprochen wird, ist das Freiwillige Ökologische Jahr. Das Freiwillige Ökologische Jahr (FÖJ) wurde 1993 eingeführt und wird von den Bundesländern durchgeführt, d.h. die Landesbehörden lassen ein oder mehrere Träger zu, welche die Betreuung und Koordination des FÖJ übernehmen. Das FÖJ ist ein Angebot zur beruflichen Orientierung für Jugendliche bis zum 27. Lebensjahr und ermöglicht ein 6-18-monatiges Vollzeit-Engagement im Umwelt- und Naturschutz. Die Besonderheit des Vollzeit-Engagements liegt darin, dass die FÖJ-Teilnehmenden eine vertragliche Vereinbarung über die Ableistung des freiwilligen Jahres abschließen, dafür erhalten sie eine pädagogische Begleitung, Sozialversicherung und ein monatliches Taschengeld. Die Bundesländer erhalten für die FÖJ-Stellen Zuschüsse aus unterschiedlichen nationalen und europäischen Programmen, allerdings variiert die Finanzausstattung zwischen den einzelnen Ländern erheblich. Im Jahr 2005 wurden bundesweit 1.870 FÖJ-Stellen eingerichtet (Haack 2006). Das Ziel des FÖJ ist, junge Menschen an das Themenfeld heranzuführen und erste Untersuchungen bestätigen, dass es „für viele junge Menschen der Grundstein für ein lebenslanges Engagement im Natur- und Umweltschutz" (Haack 2006:91) darstellt. Mit der Einrichtung des FÖJ wird damit eine aktive Engagementförderung im Jugendbereich betrieben, die als erfolgreiches Modell auch für andere Bereiche genutzt werden könnte. Ein Nachteil des FÖJ ist, dass nur größere Natur- und Umweltschutzunternehmen, die über finanzielle und personelle Ressourcen verfügen, sich FÖJ-Stellen leisten können.

6 Auswirkungen der globalen und europäischen Verhandlungssysteme

Um die Dynamik des Umweltengagements der letzten Jahrzehnte zu erfassen, müssen auch die Entwicklungen bzw. Veränderungen der politischen Landschaft auf der europäischen und internationalen Ebene in den Blick genommen werden. Nicht zuletzt durch die Konferenz für Umwelt und Entwicklung ist die globale Ebene als Diskussionsforum und Verhandlungsebene für die Umweltbewegung bedeutsam geworden. Spätestens seit Anfang der 1990er Jahre reisen Vertreter von Umweltgruppen, NGOs, verstärkt zu den internationalen Verhandlungen. Obgleich die Einflussmöglichkeiten von NGOs umstritten sind (Walk/ Brunnengräber 2000), wächst die Zahl der teilnehmenden NGOs von Jahr zu Jahr. Gerade im Umweltbereich haben sich die neuen multilateralen Verhandlungssysteme durchgesetzt: Das United Nations Environment Programme (UNEP) beziffert die Zahl der multilateralen Umweltabkommen auf über 200, die die unterschiedlichsten umweltpolitischen Problembereiche verregeln (UNEP 2005). Einige davon sind völkerrechtlich verbindlich wie bspw. die Klimarahmenkonvention oder die Konvention über biologische Vielfalt, andere sind auf den good will der beteiligten Staaten angewiesen. Die Zunahme der Regelungen auf der internationalen Ebene basiert auf der Erkenntnis, dass viele Umweltmaßnahmen nur sinnvoll auf der internationalen Ebene zu bearbeiten sind, aber vor allem auch aufgrund der Angst von Nationalstaaten vor Wettbewerbsnachteilen durch verstärkte Umweltregulierungen.

In der internationalen Klima- und Energiepolitik wie auch in anderen Politikbereichen steht die Bereitstellung von Expertise zumeist an der Spitze der Aufgaben und Leistungen, die NGOs anbieten und die ihre Einbindung in transnationale Konferenz- und Verhandlungsrunden begründen. Damit stellt diese eine wichtige strategische Ressource dar. Die Teilnahme bzw. Kooperation mit NGOs kann sehr unterschiedlich sein, bei einigen internationalen Konferenzen wurden einzelne NGO-Aktivisten in offizielle nationale Delegationen aufgenommen. Dadurch wird nicht nur der Zugang zu Informationen und zu den Entscheidungsakteuren erweitert, sondern es werden auch bessere Artikulations- und Einflussmöglichkeiten geschaffen.

Eine spezifische Aktionsform der NGOs auf globaler Ebene ist die sorgfältige Beobachtung von Unternehmen, Staaten und internationalen Organisationen. Die häufige Verwendung der Silbe „watch" im Namen vieler Organisationen (Germanwatch, CorporateWatch, Global Trade Watch usw.) hebt diesen Aspekt hervor. NGOs bezeichnen ihre Funktion selbst meist als Wächterfunktion, um ihre Rolle in der internationalen Politik zu kennzeichnen (Walk/Brunnengräber 2000). Die Vernetzung von NGOs über Ländergrenzen hinweg ist oftmals die Voraussetzung dafür, dass die Aufgaben der Beobachtung und Identifizierung von Problemen überhaupt bewältigt werden können.

Auch die Europäische Union hat in den letzten Jahren ihre Aktivitäten im Umwelt- und Energiebereich erheblich ausgedehnt. Häufiges Argument für die verstärkten Aktivitäten in diesem Themenfeld war, dass der Anpassungsdruck der Nationalstaaten auf den internationalen Märkten durch die Regulation in der EU reduziert werden könnte. Entsprechend der nationalstaatlichen Aktivitäten haben auch die Umweltverbände ihre Arbeit auf der EU-Ebene ausgeweitet. Vor allem die großen Umweltorganisationen betreiben Lobbying und Informationsvermittlung in Brüssel. Gerade auf dieser Ebene sind bedeutsame Programme, Richtlinien und Verordnungen erlassen worden.[9] Bis zur Osterweiterung im Mai 2005 kam es zu einer Fülle umwelt- und energiepolitischer Regulationen, die vor allem durch eine relativ stabile Koalition aus dem Rat der Umweltminister, dem Generaldirektorat Umwelt und dem Europäischen Parlament möglich wurde.

Gleichzeitig belegt eine Untersuchung von Roose (2003) über die Umweltverbände in der europäischen Politik, dass nur für sehr wenige Organisationen die EU-Arbeit Priorität hat. Bei zwei Drittel der 30 untersuchten Umweltverbände in Deutschland und Großbritannien ist die Arbeit zur EU marginal. Nur in vier Fällen machte die EU-Arbeit mehr als die Hälfte der politischen Arbeit aus und bei sechs Organisationen befasste sich zumindest ein Arbeitsbereich überwiegend mit EU-Politik.

Die Beteiligung der Umweltverbände erfolgt vor allem über die EU-Kommission und die vielen Arbeitsgruppen und Komitees, die sich rund um die Kommission gebildet haben. Durch die Einbeziehung zivilgesellschaftlicher Interessen erhöht sich sowohl die Legitimitätsgrundlage der Kommission als auch die Expertise und Information. Demzufolge finden sich in vielfältigen Programmen Forderungen zur Ausweitung von Beteiligungsmöglichkeiten und Beteiligungsverfahren. Systematische Untersuchungen zu Strategien, Arbeitsweise und Aktivitätsformen der Umweltverbände auf europäischer Ebene haben Hey und Brendle (1994) für vier europäische Länder vorgelegt. In ihrer Untersuchung kommen sie hinsichtlich der Beteiligung von Umweltverbänden zu dem Ergebnis, dass die Verwaltung der EU „eine Auslese zwischen ‚konstruktiven' und ‚destruktiven' Beiträgen" (Hey/Brendle 1994: 23) betreibt. Dieses Ergebnis wird auch von der Studie von Swyngedouw, Page und Kaika (2002)

---

[9] Seit Anfang der 1970er Jahre wurden insgesamt sechs Umweltaktionsprogramme verabschiedet.

bestätigt. Vor dem Hintergrund dreier Fallstudien im Wassersektor weisen sie nach, dass die Partizipation von Interessengruppen sehr unterschiedlich und subjektiv erfolgte. Häufig waren es staatliche Institutionen, die als so genannte gate-keeper fungierten und vor allem die Umweltgruppen einbezogen, die einer Privatisierung offen gegenüber standen, während andererseits Interessengruppen, die „kritische bzw. radikale" Positionen vertraten, gar nicht erst versuchten, an den supranationalen Governance-Arrangements zu partizipieren.

7 Vom Umwelt- und Naturschutz zum Klima- und Energiethema

Wie schon bei den Ausführungen zu den Diskursen dargelegt wurde, war das Umweltthema immer auch eng gekoppelt an die Themenfelder Klima und Energie sowie Sicherheitspolitik. Die Konkurrenz um die Aneignung fossiler Energieträger hat in der Vergangenheit zu vielen politischen Spannungen und Konflikten geführt und auch in den Ressourcenkonflikten der Gegenwart kommt dies besonders gut zum Ausdruck. Die Rolle der natürlichen Ressourcen in den gegenwärtigen Kriegen ist enorm: Die beiden Irak-Kriege von 1991 und 2003 sowie die Intervention in Afghanistan legen Zeugnis einer neuen geostrategisch ausgerichteten Ressourcenpolitik ab, in der energie- und sicherheitspolitische Interessen ineinander greifen. Es würde den Rahmen dieses Beitrages sprengen, auf die Bedeutung der Energiepolitik in den Kriegen der Gegenwart einzugehen, allerdings sollten die unterschiedlichen Strategien der Klima- und Energiepolitik dargelegt werden, sind diese doch für ein Verständnis der gegenwärtigen Ausrichtung der Umweltbewegung von großer Bedeutung. Die Klima- und Energiepolitik reicht in alle Lebens- und Wirtschaftsbereiche hinein und betrifft gesellschaftliche Akteure, Unternehmen und Institutionen auf lokaler, nationaler und internationaler Ebene. Der Energiehunger der Industriestaaten ist nach wie vor ungebrochen und die gegenwärtige Struktur des Energieverbrauchs ist vor allem durch die Nutzung fossiler Energieträger wie Kohle, Öl und Gas geprägt. Inhaltlich geht es bei der Energiepolitik um den sparsamen Umgang mit Ressourcen, die Herstellung effizienter Produkte sowie die Nutzung erneuerbarer Energien. Bei der Umstrukturierung der Energieversorgung spielen die umweltpolitischen Gruppen insofern eine besondere Rolle, da sie die verschiedenen Akteure für das Thema sensibilisieren und aktivieren können.

Der globale Klimawandel – dies wird mit jeder Katastrophe offensichtlicher – ist eine der größten Bedrohungen des 21. Jahrhunderts. Sowohl in der breiten Öffentlichkeit als auch in der Fachdiskussion werden nur selten die Ursachen für den Klimawandel diskutiert, die tief in das fossilistische Energiesystem eingeschrieben sind. Gleichzeitig werden die gesammelten Indizien für einen globalen Klimawandel immer umfangreicher: Das Intergovernmental Panel on Climate Chance (IPCC) geht davon aus, dass die Temperatur im 21. Jahrhundert weiter zwischen 1,4 und 5,8 Grad Celsius ansteigen wird. Auch wenn einzelne Wetterextreme nicht eindeutig auf den Klimawandel zurückzuführen sind, so haben dennoch die Katastrophenhäufigkeit sowie die Intensität und die Dauer dieser Ereignisse zugenommen. Ohne eine deutliche Emissionsreduktion lassen sich die Auswirkungen der Erderwärmung nicht mehr eindämmen. Zwar sind unterschiedliche Gase für den anthropogenen Treibhauseffekt verantwortlich, allerdings ist der Anteil von energiebedingten CO_2-

Emissionen mit über 50 % am größten.[10] Die Reduktion von CO_2 wiederum setzt eine fundamentale Umorientierung des Energiesektors voraus, die zunächst vor allem mit den Technologien der erneuerbaren Energien bzw. mit Energieeffizienz verbunden wurden.

Seit wenigen Jahren wird im Zusammenhang mit der Einsparung von CO2-Emissionen auch die Atomenergieproduktion wieder auf die Agenda gesetzt bzw. von einigen Akteuren gar die Atomenergie als Schlüsseltechnologie zur Emissionsminderung in die Diskussion eingebracht. Dies zeigt eine Verlagerung des Diskurses weg von den fundamentalen Sicherheitsproblemen der Kerntechnik, die die bundesrepublikanische Gesellschaft in den 1980er Jahren bewegte, hin zu ökonomischen Fragen der Energieversorgung und des Klimaschutzes.

8 Zusammenfassung und Ausblick

Die Anfang der 1970er Jahre entstehende Umweltbewegung bot auch einen willkommenen sozialen Ort, um sich über Krisenphänomene repräsentativer Demokratien auszutauschen. Damit vollzog sich in Deutschland eine Politisierung der Umweltbewegung, die im weltweiten Vergleich durchaus als Sonderweg bezeichnet werden kann. In den 1980er Jahren wurde nicht zuletzt durch den Einzug der Grünen in den Bundestag eine Institutionalisierung der Umweltbewegung vorangetrieben, die nicht nur zur Professionalisierung der Umweltgruppen beitrug, sondern auch zu einem zunehmend kooperativen Politikstil führte.

Um auf die Leitbilder zurückzugreifen, die in diesem Beitrag beschrieben wurden, so konnte sich das Leitbild der ökologischen Modernisierung durch eine veränderte Betrachtungsweise durchsetzen, in der die durch wirtschaftlichen Wettbewerb angetriebenen Innovationsprozesse nicht nur als Ursache, sondern auch als Lösung der Umweltprobleme aufgefasst wurden. In der Folge wird damit der Umweltschutz als Teil der marktwirtschaftlichen Reformstrategie angesehen, mit Hilfe derer „die Realos der Umweltbewegung und die ökologischen Ja-Sager der Industrie" (Huber 2001) verbunden werden können. Die Entwicklung des FCKW-freien Kühlschranks und des 3-Liter-Autos, die von Umweltorganisationen angestoßen wurden, sind hier nur einige Beispiele, die zu nennen wären.

Die Diskursverschiebung von der Umweltpolitik zur Nachhaltigkeit machte die Herausbildung des Leitbilds der ökologischen Modernisierung letzlich möglich. Mit dem Konzept der nachhaltigen Entwicklung wurde ein sehr breiter Zugang zur Umweltproblematik gefunden. Diverse Zielkonflikte zwischen ökologischen, ökonomischen und sozialen Problemen konnten in diesem Konzept integriert werden: Nachhaltigkeit kann demzufolge, wie Brand formuliert, „wirtschaftsnah, sozialreformerisch und kapitalismus- oder industrialismuskritisch ausbuchstabiert werden. Aber es ist ein integratives Leitbild, das Vernetzungen zwischen Akteuren und Themenfeldern, neue Formen des bürgerschaftlichen Engagements und neue Formen dialogischer Politik begünstigt" (Brand 1999: 252).

Nur vereinzelt melden sich im Modernisierungsdiskurs auch kritische Stimmen zu Wort: Durch die voranschreitenden Globalisierungsprozesse befindet sich die Umwelt, so

---

[10] Daneben spielen auch Methan (CH_4), Fluorchlorkohlenwasserstoffe (FCKW), Distickstoffoxid (N_2O), troposphärisches Ozon (O_3), wasserstoffhaltige Fluorkohlenwasserstoffe (HFC), perfluorierte Kohlenwasserstoffe (PFC), Schwefelhexafluorid (SF6) und stratosphärischer Wasserdampf eine nicht unerhebliche Rolle.

schreiben bspw. Bello et al. (2003), „in der Globalisierungsfalle". Mit der politischen Bearbeitung des Klimaproblems auf der internationalen Ebene wurde zwar ein wichtiger Schritt in Richtung gemeinsamer Problembearbeitung getan. Allerdings bewirkte die gleichzeitig einsetzende nationalstaatliche Untätigkeit, dass auch den vielen klimapolitisch Engagierten zu wenige Handlungsmöglichkeiten an die Hand gegeben wurden. Weder konnten die klimapolitisch aktiven Gruppen und Initiativen auf lokaler und nationaler Ebene auf klare Zuständigkeiten und Verregelungen zurückgreifen, noch waren sie in der Lage, auf internationaler Ebene ihr Interesse einzubringen. Nur vereinzelt reichten die Ressourcen und die Expertise, um sich auf supranationaler Ebene bei den Klimaverhandlungen Gehör zu verschaffen.

Zu beobachten ist demzufolge, dass sich gerade auf der europäischen und internationalen Ebene die wirtschaftlichen Interessen wesentlich besser durchsetzen konnten als die Anliegen der Umweltgruppen. Mit der Etablierung der flexiblen Mechanismen (bspw. dem Emissionshandel) ist in erster Linie ein neuer, lukrativer Markt mit neuen Geschäftsfeldern für spezialisierte Unternehmen geschaffen worden. Viele umweltpolitische Gruppen und Initiativen haben sich auf diesen neuen ökologischen Modernisierungskurs eingestellt und engagieren sich für neue Technologien im Bereich erneuerbarer Energien und Energieeffizienz. Die Lokale Agenda 21-Projekte sind für die neuen vernetzenden Diskussionen die entsprechenden Handlungsplattformen. Was die Verhandlungsmodi anbelangt, so treten an die Stelle konfrontativer Risikokonflikte zunehmende dialogische Verfahren der sozialen Verständigung über (unterschiedliche Wahrnehmungen und Bewertungen von) Risiken, tritt eine reflexive Rationalisierung von Verfahren der Dissensklärung und Konsensfindung.

In der Folge verfolgen viele Initiativen und Projekte kooperative Strategien, die sich zum Teil auf die Verwaltung und zum Teil auf die (umweltfreundlichen) Unternehmen orientieren. Umgekehrt werden auch vom unternehmerischen und staatlichen Sektor vielfältigste Projekte und Programme angestoßen. Der Stellenwert, der dem freiwilligen Engagement in diesem Bereich zukommt, steigt – dies belegen die zunehmenden Unterstützungsangebote und Freiwilligenprogramme. Dabei stellen die Lokalen Agenda 21-Projekte und das Freiwillige Ökologische Jahr sicherlich die prominentesten Beispiele dar. Allerdings beklagen viele Ehrenamtliche nach wie vor die fehlende Anerkennung ihrer Arbeit durch Politik und Verwaltung.

Gerade im Umweltbereich sind die Anforderungen an das Fachwissen und die Professionalisierung enorm gestiegen. Viele der Aufgaben im Umweltschutz sind heutzutage ehrenamtlich kaum noch zu erfüllen. Gleichzeitig finden sich gerade in diesem Bereich kaum Fort- und Weiterbildungstraditionen, die Laien die Zugangsmöglichkeiten erleichtern. Umgekehrt haben die Vereine und Initiativen wenige Informationen über die Situation der derzeit Engagierten bzw. des Engagementpotenzials im Umweltbereich (Klein/Löw 2006). Ohne diese Informationen ist es natürlich außerordentlich schwierig, Ideen zu entwickeln, um potenziell Interessierte zum Engagement zu gewinnen und engagementfreundliche Strukturen aufzubauen, die die Schwelle zur Beteiligung möglichst gering halten.

Literatur

Amery, Carl/Mayer-Tasch, Peter Cornelius/Meyer-Abich, Klaus Michael (1978): Energiepolitik ohne Basis. Vom bürgerlichen Ungehorsam zu einer neuen Energiepolitik. Frankfurt a.M.: Fischer Taschenbuch

Beck, Ulrich (1986). Risikogesellschaft. Auf einem Weg in eine andere Moderne. Frankfurt/Main: Suhrkamp

Becker, Egon/Jahn, Thomas (2005): Umrisse einer kritischen Theorie gesellschaftlicher Naturverhältnisse. In: Böhme, Gernot/Manzei, Alexandra (Hrsg.) (2005): Kritische Theorie der Technik und der Natur. München: Wilhelm Fink, S. 91-112

Bello, Walden/Bullard, Nicola/Sachs, Wolfgang/Shiva, Vandana (Hrsg.) (2003): Die Umwelt in der Globalisierungsfalle. Das Buch zum Kongress von Attac, BUND und Greenpeace in Kooperation mit der Heinrich-Böll-Stiftung und dem Wuppertal Institut für Klima, Umwelt, Energie. Hamburg: vsa

Brand, Karl-Werner (1999): Transformationen der Ökologiebewegung. In: Klein, Ansgar/Legrand, Hans-Josef/Leif, Thomas (Hrsg.): Neue Soziale Bewegungen. Impulse, Bilanzen und Perspektiven. Wiesbaden: Westdeutscher Verlag, S. 237-256

Brand, Karl-Werner/Fürst, Volker/Volker/Lange, Hellmuth/Warsewa, Günter (2002): Bedingungen einer Politik für Nachhaltige Entwicklung. In: Balzer, Ingrid/Wächter, Monika (Hrsg.): Sozialökologische Forschung. Ergebnisse der Sondierungsprojekte aus dem BMBF-Förderschwerpunkt. München: ökom Verlag, S. 91-110

Brand, Karl-Werner/Jochum, Georg (2000): Der deutsche Diskurs zu nachhaltiger Entwicklung. München: MPS-Texte 1/2000

Bungarten, Harald H. (Hrsg.) (1978): Umweltpolitik in Westeuropa. Schriften des Forschungsinstituts der deutschen Gesellschaft für Auswärtige Politik. Bonn: Europa Union Verlag

Engels, Jens Ivo (2005): „Politischer Verhaltensstil": Vorschläge für ein Instrumentarium zur Beschreibung politischen Verhaltens am Beispiel des Natur- und Umweltschutzes. In: Engels, Jens Ivo (Hrsg.): Natur- und Umweltschutz nach 1945. Konzepte, Konflikte, Kompetenzen. Franfurt a.M.: Campus, S. 184-202

European Commission (2005): The attitudes of European citizens towards environment. Summary. In: Special Eurobarometer 217/ Wave 62.1 – TNS Opinion & Social.

Feindt, Peter Henning (2002): Gemeinsam gegen Niemand. Der Umwelt- und Nachhaltigkeitsdiskurs in Deutschland. In: FJNSB 4, S. 20-28

Gensichen, Hans-Peter (1994): Das Umweltengagement in den evangelischen Kirchen in der DDR. In: Pauke, Horst (Hrsg.): Umweltgeschichte und Umweltzukunft 2. Umweltgeschichte: Wissenschaft und Praxis. Marburg: BdWi-Verlag, S. 65-83

Gensicke, Thomas (2006): Bürgerschaftliches Engagement in Deutschland. In: Aus Politik und Zeitgeschichte 12/2006 (Bürgerschaftliches Engagement): S. 9-16

Haack, Silke (2006): Das Feiwillige Ökologische Jahr, In: Bremer, Sina/Erdmann, Karl-Heinz/Hopf, Till (Hrsg.): Freiwilligenarbeit im Naturschutz. Münster: Landwirtschaftsverlag, S. 91-98

Hey, Christian/Brendle, Uwe (1994): Umweltverbände und EG. Strategien, politische Kulturen und Organisationsformen. Opladen: Westdeutscher Verlag

Huber, Joseph (2001): Allgemeine Umweltsoziologie. Wiesbaden, Westdeutscher Verlag

Kern, Kristine/Knoll, Claudia/Schophaus, M. (2002): Die Lokale Agenda 21. Ein innerdeutscher und internationaler Vergleich. In: Forschungsjournal Neue Soziale Bewegungen 4, S. 40-48

Klein, Ansgar/Löw, Martina (2006): Ausmaß und Potential des freiwilligen Engagements im Bereich des Natur- und Umweltschutzes, In: Bremer, Sina/Erdmann, Karl-Heinz/Hopf, Till (Hrsg.): Freiwilligenarbeit im Naturschutz. Münster: Landwirtschaftsverlag, S. 43-54

Meadows, Dennis (1972): Die Grenzen des Wachstums. Bericht des Club of Rome zur Lage der Menschheit. Stuttgart: DVA

Mitlacher, Günther/Schulte, Ralf (2005): Steigerung des ehrenamtlichen Engagements in Naturschutzverbänden, Bundesamt für Naturschutz.

Nölting, Benjamin (2002): Strategien und Handlungsspielräume lokaler Umweltgruppen in Brandenburg und Ostberlin 1980-2000. Beiträge zur kommunalen und regionalen Planung. Frankfurt a.M.: Peter Lang.

Roose, Jochen (2003): Die Europäisierung der Umweltbewegung. Umweltorganisationen auf dem langen Weg nach Brüssel. Wiesbaden: Westdeutscher Verlag

Roose, Jochen/Rucht, Dieter (2002): Unterstützung der Umweltbewegung. Rückblick und Perspektiven. In: FJNSB 4, S. 29-39

Rootes, Christopher (Ed.) (2002): Environmental Protest in Western Europe, Oxford/New York: Oxford University Press

Schophaus, Malte (2001): Bürgerbeteiligung in der lokalen Agenda 21 in Berlin. In: Discussion Paper FS II 01-306 Wissenschaftszentrum Berlin für Sozialforschung.

Swyngedouw, Erik/Page, Ben/Kaika, Maria (2002). Sustainability and Policy Innovation in a Multi-Level Context: Crosscutting Issues in the Water Sector. In: Heinelt, Hubert/Getimis, Panagiotis/Kafkalas, Grigoris/Smith, Randall/Swyngedouw, Erik (2002): Participatory Governance in Multi-Level Context: Concepts and Experience, Opladen: Leske + Budrich, S. 107-131

UNEP, United Nations Environment Programme (2005): Comparative Analysis of Compliance Mechanisms under Selected Multilateral Environmental Agreements, Nairobi: UNEP

Walk, Heike/Brunnengräber, Achim (2000): Die Globalisierungswächter. NGOs und ihre transnationalen Netze im Konfliktfeld Klima. Münster: Westfälisches Dampfboot

Weidner, Helmut (2005): Deutsche Klimapolitik. Zwischen globaler Gerechtigkeit und nationalem Gemeinwohl. In: WZB Mitteilungen 2005, Heft 109, S. 11-15

Wöbse, Anna-Katharina (2005): Zur visuellen Geschichte der Naturschutz- und Umweltbewegung: Eine Skizze. In: Brüggemeier, Franz-Josef (Hrsg.) (2005): Natur- und Umweltschutz nach 1945. Konzepte, Konflikte, Kompetenzen. Frankfurt a.M.: Campus, S. 222-246

7. Engagementpolitik als Demokratiepolitik

Roland Roth

Engagementförderung als Demokratiepolitik: Besichtigung einer Reformbaustelle

Die aktuelle politische Debatte über Bürgerengagement ist von einer zumeist eher latenten Kontroverse durchzogen. Auf der einen Seite finden wir die Auffassung, die besonders im konservativen Spektrum zuhause ist, Engagementpolitik und Demokratie hätten nur indirekt miteinander zu tun. Engagementpolitik wird als Stärkung einer vorpolitischen Sphäre gemeinwohlorientierten Handelns verstanden. Bürgergesellschaft wird nicht als Politikum, sondern allenfalls subsidiär gedacht, d.h. sie ersetzt oder entlastet staatliches Handeln und sorgt für den nötigen gesellschaftlichen Zusammenhalt (von der Leyen/Schäuble 2009). Leitbilder dieser Sichtweise sind das Vereinswesen und das Ehrenamt. So kann sich die Forderung nach einer Stärkung der kommunalen Ebene in der Weiterführung einer traditionellen Lesart kommunaler Selbstverwaltung sehen, die vor allem die sachgerechte und bürgernahe „Verwaltung" betont. Die engere Zone der Politik bleibt fest in der Hand von politischen Eliten, die sich vor allem in der Wahlkonkurrenz auszuweisen und zu bewähren haben, aber ansonsten „für" die Bürgerinnen und Bürger agieren und diese von eigenem politischem Engagement entlasten.

Auf der anderen Seite, die stärker im linken Spektrum angesiedelt ist, wird Engagementpolitik wesentlich als Demokratiepolitik verstanden. „Mehr Demokratie wagen", Empowerment von Bürgerinnen und Bürgern, die Demokratisierung von Institutionen und Lebensbereichen, eine veränderte Staatlichkeit, die Demokratisierung repräsentativer Demokratien durch direkt-demokratische Formen sind in dieser Perspektive wesentliche Flankierungen einer nachhaltigen Engagementpolitik. Engagierte, aktive Bürgerinnen und Bürger und ihre Zusammenschlüsse werden als Voraussetzung und Kraftquelle demokratischer Gemeinwesen wiederentdeckt. Ihre Leitbilder sind Bürgerinitiativen und neue soziale Bewegungen. Angestrebt wird ein Umbau liberaler Demokratien in Richtung „citizen democracy", in der wesentliche Lebenszusammenhänge in die Reichweite einer aktiven Bürgerschaft gebracht werden. Dies setzt eine Rücknahme repräsentativer Alleinvertretungsansprüche und von Parteienprivilegien voraus. Die öffentliche Verwaltung kann sich nicht mehr ausschließlich an den Vorgaben der politischen Spitze orientieren, sondern muss die Bürger selbst als Auftraggeber, Mitgestalter und Koproduzenten ins Boot holen. Notwendig ist es ferner, korporatistische Verhandlungssysteme aufzubrechen. Unter den gegebenen Einflussbedingungen kann „citizen democracy" zudem kein national begrenztes Projekt sein. Es steht vielmehr ein demokratischer Um- und Neubau transnationaler Politik auf der Tagesordnung.

Dieser Beitrag unternimmt den Versuch, einige Aufgaben und Möglichkeiten, aber auch Hindernisse und Grenzen für eine engagementpolitische Demokratieentwicklung auszuloten.

1 Demokratie und Engagement – ein schwieriges Verhältnis

Das Verhältnis von bürgerschaftlichem Engagement und Demokratie ist keineswegs eindeutig. Engagierte Bürgerinnen und Bürger bilden das lebendige Zentrum jeder Zivilgesellschaft. Aber eine starke Zivilgesellschaft und eine konsolidierte demokratische Ordnung gehen nicht notwendig zusammen. Ein solcher „civil society determism" (Li 1999) wird zwar gerne in verschiedenen Lesarten in Anspruch genommen, hält aber einer empirischen Überprüfung nicht stand (Kopecky/Mudde 2008).[1] Historisch und mit Blick auf Gegenwartsgesellschaften müssen wir vielmehr zur Kenntnis nehmen, dass es durchaus lebendige, an Zusammenschlüssen reiche Zivilgesellschaften ohne politische Demokratie gegeben hat und noch immer gibt (vgl. Bermeo/Nord 2000). Die deutsche Geschichte ist dafür besonders instruktiv, hatte sich doch das sprichwörtliche Vereinswesen bereits im vordemokratischen 19. Jahrhundert und zur Kaiserzeit prächtig entwickelt – teilweise wohl auch als Ersatz für verwehrte und eingeschränkte politische Vereinigungs- und Gestaltungsrechte.

Nach allen geläufigen Maßstäben verfügte auch die erste deutsche parlamentarische Demokratie über ein reiches Assoziationswesen, das sich jedoch nicht als demokratisches Bollwerk, sondern eher als günstiges Aktionsfeld für die schließlich erfolgreiche nationalsozialistische Bewegung erwies (Berman 1997). Für Irritationen sorgt heute der Umstand, dass seit der Vereinigung zwar das Vereinswesen in den neuen Bundesländern kräftig an Boden gewonnen hat, aber dieser bürgerschaftliche Zugewinn nicht mit einer verstärkten Unterstützung der demokratischen Ordnung einhergeht – eher scheint das Gegenteil der Fall (zu den aktuellen demokratischen Einstellungspotentialen in West und Ost vgl. Embacher 2009). Das Bild wird noch bunter, wenn wir aktuelle internationale Vergleiche heranziehen. Für die unterschiedlichsten politischen Regime behaupten zivilgesellschaftliche Akteure dieser Länder die Existenz einer „starken" Zivilgesellschaft (Heinrich 2007; Heinrich/Fioramonti 2008). Allerdings wird umgekehrt nicht ernsthaft konstatiert, dass „schwache" oder „schlechte" Zivilgesellschaften demokratieförderlich seien.

Offensichtlich ist das Zusammenspiel von Zivilgesellschaft und Demokratie komplizierter, als üblicherweise angenommen wird. Die Gründe sind vielfältig. Nationale Entwicklungspfade, aber auch regionale oder globale Kontexte können als Gelegenheitsstrukturen eine wichtige Rolle spielen, wie z.B. für den „Demokratieexport" nach dem Ende des Kalten

---

[1] Die Autoren unterscheiden drei Versionen des „zivilgesellschaftlichen Determinismus". In der stärksten Version wird Demokratie wesentlich in der Zivilgesellschaft angesiedelt. In einer zweiten Version wird die Existenz einer aktiven und freien Zivilgesellschaft zu einem Definitionsmerkmal von Demokratie, in der schwächsten Version wird eine freie Zivilgesellschaft als eine notwendige Voraussetzung für eine Konsolidierung demokratischer Herrschaft angesehen (Kopecky/Mudde 2008: 307). Bereits Gabriel u.a. kamen in ihrer vergleichenden Analyse des Verhältnisses von Demokratie und Sozialkapital, als dem zentralen Mehrprodukt der Zivilgesellschaft, zu einem uneindeutigen Ergebnis: „Wie in allen bisher vorgelegten Studien konnten wir auch in dieser Arbeit keinen völlig überzeugenden Nachweis dafür vorlegen, dass die Ausstattung einer Gesellschaft mit sozialem Kapital dazu beiträgt, die Probleme des gesellschaftlichen und politischen Zusammenlebens zu bewältigen" (Gabriel u.a. 2002: 263).

Krieges (eine Zwischenbilanz dieser Phase bietet z.B. Diamond 2008). Wenn wir uns auf die innergesellschaftlichen Faktoren zivilgesellschaftlicher Dynamik beschränken, verdienen zumindest drei demokratieförderliche Konstellationen besondere Aufmerksamkeit. Positive, sich wechselseitig verstärkende Verknüpfungen sind dann am wahrscheinlichsten, wenn:

a. zivilgesellschaftliche Vereinigungen weitgehend demokratischen bzw. demokratieförderlichen Normen verpflichtet sind und eine Sphäre der „Zivilität" begründen, in denen das Alltagsverhalten von gegenseitigem Respekt und Toleranz geprägt ist,
b. das politische System auf möglichst umfassende demokratische Beteiligung setzt und der engagierten Bürgerschaft Gestaltungsräume überlässt,
c. engagementpolitische Optionen bestehende Ungleichheiten in den Engagementchancen korrigieren und eine möglichst egalitäre Beteiligung ermöglichen,
d. Engagement in ein breites Spektrum institutionell garantierter und klug darauf abgestimmter demokratischer Handlungsformen eingebettet ist,
e. die Austauschbeziehungen mit den andern Gesellschaftsbereichen (Staat, Ökonomie, Gemeinschaften etc.) den Eigensinn der Zivilgesellschaft nicht beschädigen, sondern respektieren und fördern.

Zu a) Dass Zivilgesellschaften und ihre Zusammenschlüsse normativ nicht notwendig und umfassend auf Zivilität (Gewaltfreiheit, Kompromissbereitschaft, Respekt, Vertrauen, Anerkennung etc.) gepolt sind, zeigen nicht zuletzt die vielfältigen undemokratischen, antisozialen oder fundamentalistischen Zusammenschlüsse (rechtsextreme Vereinigungen, Hass-Gruppen aller Art, gewaltbereite Szenen, Korruptionsnetzwerke, mafiaähnliche Seilschaften etc.), mit denen in „realen" Zivilgesellschaften stets zu rechnen ist (vgl. Roth 2004; Roßteuscher 2008). Die demokratische Substanz von Zivilgesellschaften erweist sich daher weniger darin, unzivile Erscheinungsformen gänzlich zu vermeiden, sondern in der Existenz eines demokratischen Hauptstroms und in dessen Fähigkeit zur Korrektur und Erneuerung, zu „civic renewal" (Fullinwider 1999) und „civil repair" (Alexander 2006: 193ff.). Demokratisch starke Zivilgesellschaften zeichnen sich nicht durch die Abwesenheit von antidemokratischen Gruppierungen aus, sondern durch ihre Fähigkeit, sie mit zivilgesellschaftlichen Mitteln (z.B. durch öffentliche Debatten, Zivilcourage, öffentliche Mobilisierungen) einzudämmen und zu korrigieren.

Auch jenseits ihrer „dunklen Seiten" sind „reale" Zivilgesellschaften keine Inseln der Freien und Gleichen. Sie sind, wie neuere Ländervergleiche eindrucksvoll demonstrieren (Salamon u.a. 1999 und 2004), geprägt von historischen und aktuellen Konfliktlinien, von sozialen und politischen Ungleichheiten, und sie entwickeln eigene Herrschaftsstrukturen und Formen des Ausschlusses. Darum ist stets aufs Neue zu fragen, ob es gelingt, den impliziten Gerechtigkeits- und Gleichheitsansprüchen gerecht zu werden, die mit Begriffen wie soziales und bürgerschaftliches Engagement verknüpft sind. Sie stehen im Zentrum der Vorstellung einer institutionell ausgestalteten und rechtlich garantierten, inklusiven und demokratischen Bürgerschaft („full citizenship"), die schon sehr früh als Leitidee von T. H. Marshall (1992) für die Nachkriegsära im Sinne umfassender ziviler, politischer und sozialer Bürgerrechte – bei fortbestehender sozialer Ungleichheit und Klassenstruktur – formuliert wurde. Mit dem Ende des „kurzen Traums immerwährender Prosperität" (Lutz 1984) geriet auch dieses Leitbild einer sozialstaatlich garantierten Bürgerschaft ins Wanken. Wenn unter Bedingungen wachsender Ungleichheiten auf mehr Engagement gesetzt wird, wächst die Gefahr, durch die gesellschaftlich sehr ungleich verteilte Fähigkeit zum Engagement solche Ungleichheiten – gewollt oder ungewollt – politisch noch zu verstärken.

Zudem sollte mit der sozialstaatlich garantierten Bürgerschaft jene Anerkennung als Bürgerin und Bürger verbunden sein, die dem zivilen Umgang im öffentlichen Leben eine solide Grundlage verschafft. Dass sich Marshalls evolutionäre Erwartungen zunehmender bürgerschaftlicher Gleichheit nicht erfüllt haben, gehört zu den großen Hypotheken der neueren Debatte über das Verhältnis von Engagement und demokratischer Entwicklung (vgl. Hirschman 1995; Bulmer/Rees 1996). So kann es nicht verwundern, dass der Bedarf an Zivilität – jenseits einer stets präsenten gegenwartsunfrohen konservativen Rhetorik – zunehmende Aufmerksamkeit erfährt (z.B. Nunner-Winkler 2008; Reichenbach 2008).

Zu b) Hatten sich die dominierenden demokratischen Leitbilder der westlichen Demokratien in den ersten beiden Nachkriegsjahrzehnten noch dadurch ausgezeichnet, dass sie ihre Bürgerschaft weitgehend vom politischen Engagement entlasteten und Politik zur professionellen Angelegenheit konkurrierender Parteieliten machten, so zeigte sich in den sozialbewegten partizipatorischen Aufbrüchen seit Mitte der 1960er Jahre, dass diese Entlastungen vom Engagement wohl zu weit gegangen sind. Es folgten lange Krisendiskurse, die sich um die Blockade zwischen institutioneller Politik und einer überraschend aktiven und unbequemen Bürgerschaft sorgten. Auch wenn solche Krisendiagnosen unter dem neuen Stichwort „Postdemokratie" (vg. Crouch 2008) oder der Diagnose einer „exklusiven" und „gesteuerten" Demokratie (Schier 2000; Müller 2004; Wolin 2008) aktuell eher an Brisanz gewonnen haben, gibt es gleichzeitig eine breite Suchbewegung, die auf eine Demokratisierung repräsentativer Demokratien drängt. Sie kann für sich weltweit eine Fülle von neuen politischen Beteiligungsangeboten ins Feld führen, die verstärkten Engagementwünschen aus der Bürgerschaft einen legitimen Rahmen jenseits von Protest, Widerspruch und Apathie eröffnen (Fung/Wright 2003; Smith 2005).

Zum politischen Engagement laden heute über die repräsentativen Formen hinaus z.B. Bürgerforen und Planungszellen, Zukunftswerkstätten und Bürgerhaushalte ein. Sachvoten (Bürgerbegehren, Bürgerentscheid) und Personalvoten (Direktwahl von BürgermeisterInnen) sind mit der Ausbreitung der süddeutschen Kommunalverfassung auf lokaler Ebene üblich geworden. Zumeist stehen diese Beteiligungsangebote unter vielfältigen Vorbehalten. Sie haben oft nur deliberativ beratenden Charakter, sind auf wenige Themen begrenzt und zeitlich befristet, haben unverbindlichen Projektstatus, sprechen nur wenige an und lassen die Kerninstitutionen repräsentativer Demokratie und deren Entscheidungsmacht unverändert. Ihr innovatives Potential ist noch weitgehend ungenutzt (Gastil/Levine 2005; Geißel 2008; Goodin 2008; Kersting 2008; Kißler 2008). Zudem verdichten sich diese demokratischen Engagementangebote in der Regel auf den politischen Ebenen, die – wie die Kommunalpolitik – insgesamt mit geringer Gestaltungsmacht und bescheidenen Ressourcen ausgestattet sind. Dennoch handelt es sich bei diesen mehr oder weniger weit reichenden und bereits geglückten Versuchen der Vitalisierung, Vertiefung und Demokratisierung liberaler Demokratien um notwendige Anstrengungen, erweiterte Handlungsräume für bürgerschaftliches Engagement zu schaffen.

Zu c) Bislang ist bürgerschaftliches Engagement kein Korrektiv, sondern eine Verstärkung sozialer Ungleichheiten. Es ist in hohem Maße vom Bildungsstatus abhängig. Egalitär gedachte Leitbilder einer aktiven Bürgerschaft geraten dadurch in eine Schieflage, laufen sie doch Gefahr, durch die Betonung und Förderung von bürgerschaftlichem Engagement ohnehin bereits privilegierte Bevölkerungsgruppen zusätzlich zu stärken, die Kluft zu den partizipationsfernen Schichten zu vertiefen und damit neue politische Ungleichheiten zu erzeugen[2]. Es gilt also, gezielt gegenzusteuern und gerade Jugendlichen aus benachteiligten Schichten den Zugang zum freiwilligen Engagement zu erleichtern.

Zu d) Engagementpolitik prämiert einen bestimmten Typus von politischer Einflussnahme. Engagementräume werden von Aktiven bevölkert, die bereit sind, mehr Zeit als andere zu investieren, und die in der Regel mehr Erfahrungen, Wissen und kommunikative Kompetenz einbringen können als andere Mitbürgerinnen. Auch wenn die durch Umfragen erhobene Bereitschaft zum Engagement keineswegs ausgeschöpft ist und entsprechende Vermittlungs- und Förderagenturen erhebliche Zugewinne an Engagement verbuchen können, ist es weder vorstellbar noch wünschenswert, dass Demokratie ausschließlich auf Engagement setzt. Ohne repräsentative, direktdemokratische, deliberative und assoziative Formen sind Demokratien in Flächenstaaten nicht denkbar. Engagementpolitik kann in all diesen Formen eine Rolle spielen, aber diese Formen halten auch jeweils entlastende Rollen bereit, die nur geringes Engagement voraussetzen (z.B. Wahlbeteiligung, Beteiligung an einem Bürgerentscheid, passive Mitgliedschaft in Verbänden und Parteien).

Neben den zeitlichen und sachlichen Grenzen von Engagement gilt es auch seine sozialen Voraussetzungen im Blick zu haben. Engagement setzt Abkömmlichkeit voraus, die biographisch, im Rahmen geschlechtsspezifischer Arbeitsteilung und entlang sozialer Lagen und Ressourcen sehr unterschiedlich ausfällt. Dem sollte eine Mischung von Beteiligungsformen Rechnung tragen, die verhindert, dass wichtige politische Entscheidungen als „Beute" der Engagierten zu Lasten der Passiven werden. Die aktuelle Situation scheint jedoch eher durch das Gegenteil geprägt. Ein repräsentativer Überhang drängt intensive und engagierte Formen an den Rand – und vergrößert dadurch Legitimations-, Repräsentations- und Akzeptanzlücken. Die Kreativität des bürgerschaftlichen Engagements bleibt weitgehend ungenutzt, Beteiligungswünsche werden enttäuscht oder in Nischen abgedrängt. Gefragt ist stattdessen ein intelligentes institutionelles Design, das ein Maximum an Engagement ermöglicht, ohne die Grundnorm der politischen Gleichheit auszuhebeln.

Zu e) Die zivilgesellschaftliche Sphäre hat zwar mit ihren vielfältigen Assoziationen ein eigenes und eigensinniges institutionelles Rückgrat, sie ist aber auf vielfältige Austauschbeziehungen mit Politik und Wirtschaft, mit Familien und anderen Gemeinschaftsformen

---

[2] Neuere Befunde bestätigen die Dringlichkeit und das Gewicht dieser Aufgabe. „Nach den Ergebnissen des Freiwilligensurveys von 2004 sind nur 22 % der Jugendlichen mit niedrigem Bildungsstatus engagiert gegenüber 43 % der Jugendlichen mit hohem Abschluss bzw. hoher Bildungsaspiration. Umgekehrt sind nur 18 % der Jugendlichen mit hohem Bildungsstatus in keinerlei gemeinschaftliche Aktivität involviert, aber mehr als ein Drittel aller Jugendlichen mit niedrigem Status" (Gensicke u.a. 2006: 197). Mit höherem Bildungsstatus steigt auch die Intensität des freiwilligen Engagements. „Mehr Jugendliche mit hohem Bildungsstatus üben mehr als eine Tätigkeit aus, ihr Engagement ist häufiger mit einer regelmäßigen zeitlichen Verpflichtung verknüpft und/oder findet mehrmals pro Woche statt" (Gensicke u.a. 2006: 198).

angewiesen. Diese Austauschbeziehungen können demokratisches Engagement fördern, erleichtern und unterstützen, es aber auch blockieren, untergraben und zerstören. Schon früh ist in der Auseinandersetzung mit süditalienischen Verhältnissen auf einen „amoralischen Familialismus" aufmerksam gemacht worden, der eher der Mafia als demokratischen Verhältnissen zuarbeitet. Die Auseinandersetzungen um die Sozialreformen der „Agenda 2010" bieten ein weiteres Beispiel dafür, wie politische Interventionen das Engagementpotential in der Bevölkerung verändern – sei es, indem sie zunächst Proteste auslösen, sei es, indem sie zu einem Abbau sozialer Bürgerrechte und damit zumindest längerfristig zur Reduzierung des Engagementpotentials beitragen.

Um ein vollständigeres Bild zu erlangen wäre dieses horizontale Zusammenspiel im lokalen oder nationalen Raum noch um eine vertikale Dimension zu ergänzen. Transnationale Prozesse und Entscheidungen – wie z.B. die Regulierung der Finanzströme, der Klimawandel oder grenzüberschreitende Migrationsprozesse – führen nicht nur zur Herausbildung von Ansätzen einer globalen Zivilgesellschaft mit eigenen Einflusschancen (wie z.B. die Mobilisierung zu Gipfeltreffen der G 8), sondern können sich auch auf lokale und nationale Engagementbedingungen auswirken. Ein positives Beispiel ist der Lokale Agenda 21-Prozess im Anschluss an den Rio-Gipfel von 1992; auch das Modell der Bürgerhaushalte kann als demokratische Beteiligungschance begriffen werden, die zunächst im brasilianischen Porto Alegre erprobt wurde[3].

Für eine auf die Stärkung von demokratischen Gestaltungsmöglichkeiten angelegte Engagementpolitik ergeben sich aus diesen Vorüberlegungen einige Hinweise:

- Nicht jede Engagementförderung ist auch demokratieverträglich oder gar demokratiestärkend. Dabei geht es nicht um gute Absichten, sondern um die realen Effekte. Die ungleiche Verteilung von individuellen Ressourcen, institutionellen Zugängen und Beteiligungserfahrungen gilt es stets – in korrigierender Absicht – zu berücksichtigen, soll Engagementförderung nicht zur weiteren Privilegierung der ohnehin politisch Aktiven und Durchsetzungsfähigen führen. Ohne entsprechende Korrektive führt Engagementförderung „naturwüchsig" zu mehr politischer Ungleichheit, die den angestrebten demokratischen Zugewinn durch Beteiligung aufzuzehren droht.
- Die demokratische Substanz des Engagements muss in und von den Assoziationen der Zivilgesellschaft selbst erzeugt werden. Anders als in Pluralismustheorien häufig unterstellt, die Zivilgesellschaft analog zu Markt denken, ist Zivilgesellschaft nicht Ergebnis einer unsichtbaren Hand, die aus dem Zusammenspiel von egoistischen Interessenverbänden, bornierten Vereinen und autoritären oder exklusiven Vereinigungen demokratischen Nutzen werden lässt.
- Auch das demokratische Potential zivilgesellschaftlicher Assoziationen ist in hohem Maße abhängig von Erfahrungen und Einstellungen, die sie nicht selbst erzeugen können, sondern die in Gemeinschaften, in staatlichen Institutionen und in der Wirtschaft zirkulieren.

---

[3] Danilo Streck (2006) hat diese demokratiepädagogische Dimension des Experiments Bürgerhaushalt herausgearbeitet, wo es ja nicht zuletzt darum gegangen ist, gerade jene Bevölkerungsgruppen an einem komplizierten Haushaltsplanungsprozess zu beteiligen, die nur über minimalste Bildungsvoraussetzungen verfügen.

- Engagementpolitik ist so anzulegen, dass der Eigensinn zivilgesellschaftlicher Assoziationen (freiwillig, selbst gewählt, ohne Erwerbszweck etc.) gewahrt wird. Versuche, sie „von oben" und „von außen" zu formatieren oder gar herzustellen, dürften gegenläufige Nebenwirkungen hervorbringen und keine dauerhafte Prägekraft besitzen.
- Wie auch in anderen Lebensbereichen sollte für Engagementpolitik als erste Maxime gelten, keinen Schaden zu stiften („do no harm!"). Zweitens muss es stets darum gehen, Beteiligungsbarrieren abzusenken, die ansonsten Engagement zum Exklusivgut der Bessergestellten und -gebildeten werden ließen. Drittens muss Engagementförderung selbst in ihren Methoden und Anreizen demokratische Normen verkörpern. Viertens kann Engagementpolitik nur erfolgreich sein, wenn sie einen realen Zugewinn an Gestaltungsmöglichkeiten für die Beteiligten versprechen kann.

Nachfolgend sollen einige Berührungsflächen zwischen Engagement und Demokratie näher beleuchtet werden. Weitere systematische Überlegungen und empirische Beispiele sollen dazu dienen, die Umrisse einer demokratischen Reformagenda kenntlich zu machen, die es in ihren konkreten Dimensionen erst noch zu entwickeln gilt. Ausgangspunkt ist die aktuelle Engagementdebatte.

2 Auf dem Wege zur „aktiven Gesellschaft"?

Wer heute für bürgerschaftliches Engagement eintritt, kann nicht (mehr) überraschen. Auch wenn die Wortwahl wechselt (bürgerschaftliches Engagement, freiwilliges Engagement, Ehrenamt etc.), sind dessen Vorzüge längst in aller Munde. Es ist vermessen und kartiert (nicht zuletzt durch die vielbändigen Veröffentlichungen der Enquete-Kommission des Bundestags „Zukunft des bürgerschaftlichen Engagements), hat eigene Institutionen zu seiner Verbreitung hervorgebracht (z.B. Freiwilligenagenturen, Seniorenbüros und Selbsthilfekontaktstellen) und ist längst zur Förderbedingung staatlicher Programme (etwa gegen Rechtsextremismus oder für städtische Problemquartiere) geworden. Umrisse einer staatlichen Engagementpolitik zeichnen sich ab.

Auch wenn es noch vieles zu entdecken gibt, kann bereits heute erstaunen, was alles durch gesellschaftliches Engagement verbessert werden soll. Gesellschaftliches Engagement gilt als „Kitt" der Gesellschaft, es hilft bei der Integration von Zugewanderten und mehr oder weniger großen gesellschaftlichen „Rand"gruppen, es fördert Vertrauen in Mitmenschen und Institutionen, unterstützt die Kooperation zwischen Menschen und damit auch die wirtschaftliche Entwicklung. Es gilt als privilegierter Lernort für den Erwerb demokratischer Tugenden und festigt so die politische Kultur des Landes.

Für die freiwillig und unentgeltlich Engagierten selbst winkt reicher „Lohn". Sie erweitern ihren Horizont, erwerben wichtige Fähigkeiten (z.B. soziale Kompetenzen), knüpfen hilfreiche soziale Netze, fördern ihre Gesundheit, haben Spaß, gestalten die Gesellschaft mit und können zudem ein gutes Gewissen haben, weil sie ihren Obolus für die „gute" Gesellschaft geleistet haben. In Deutschland können wir besonders zufrieden sein, landen wir doch bei Vergleichsstudien häufiger als bei anderen Themen im oberen Drittel. Zudem müssen wir bei diesem Thema nicht in die verbreitete Klage einstimmen, dass früher alles besser gewesen sei. Umfängliche Studien – wie die beiden Freiwilligensurveys von 1999 und 2004 (Gensicke u.a. 2006) – verweisen darauf, dass sich das ohnehin auf hohem Niveau befindliche freiwillige Engagement in den letzten Jahren noch gesteigert habe und zudem enorme Potentiale an Engagementwilligen existieren, die auf günstige Gelegenheiten warten.

So ist es nur folgerichtig, dass auch die Bildungsdebatte das Thema für sich entdeckt hat. Im Engagement kann informell eine Menge gelernt werden (Rauschenbach u.a. 2006). Der Ernstcharakter des Engagements vermittelt jene „life skills", die in abgeschotteten, bestenfalls auf Probehandeln ausgelegten Schulräumen in der Regel Hausverbot haben. Immerhin gibt es in anderen westlichen Demokratien beachtliche Traditionen, Bildungseinrichtungen für gesellschaftliches Engagement zu öffnen und die darin gemachten Erfahrungen in schulischen Curricula zu verankern. Auch wenn „civic education" und „service learning" weithin bildungspolitische Fremdwörter geblieben sind, gibt es auch in der Bundesrepublik erste systematische Ansätze – wie das Programm „Demokratie lernen & leben" der Bund-Länder-Kommission für Bildungsplanung und Forschungsförderung (BLK) – und gute Beispiele. etwa TOP SE, das curricular verankerte „Themenorientierte Projekt Soziales Engagement" in Baden-Württembergs Realschulen (vgl. die Übersicht von Hartnuß 2007).

Was wie eine Erfolgsgeschichte oder gar wie ein Selbstläufer wirkt, fällt bei einer genaueren Betrachtung freilich widersprüchlich aus. Die Terraingewinne des gesellschaftlichen Engagements sind bislang eher bescheiden geblieben. Bei den großen gesellschaftlichen Reformen der letzten Jahre, wie z.B. der Föderalismusreform oder den „Hartz-Gesetzen", spielte bürgerschaftliches Engagement keine Rolle, galt es doch den politisch Verantwortlichen als „schön, aber nicht belastbar". Selbst dem BLK-Programm „Demokratie lernen & leben" blieb eine institutionelle Weiterführung verwehrt, und auch der zivilgesellschaftliche Anteil der Bundesprogramme gegen Rechtsextremismus wurde drastisch reduziert (vgl. Roth 2006). Auch wenn sich im politischen Bereich wohl niemand offen gegen bürgerschaftliches Engagement ausspricht, droht die strukturelle Randständigkeit.

Diese Tendenz wird durch eine wissenschaftliche Debatte unterstützt, die überwiegend den Abschied von allzu großen Erwartungen nahe legt. Wie bereits die engen Verwandten „Sozialkapital" und „Zivilgesellschaft" ereilt auch das „freiwillige Engagement" das Schicksal, dass viele der erwarteten Segnungen nur unter besonderen Bedingungen, aber keineswegs immer, für alle und unter allen Umständen eintreten. Beide Erfahrungen legen mehr Bescheidenheit nahe. Dieser Beitrag versucht gegen eine solche Anspruchsreduktion an die demokratiepolitischen Impulse der Engagementdebatte anzuknüpfen. Ohne weiter reichende institutionelle Reformen, so die Vermutung, dürfte es kaum gelingen, den demokratischen Schatz des „freiwilligen Engagement" zu heben. Dies machen nicht zuletzt die Mitbestimmungs- und Gestaltungsansprüche deutlich, die das gesellschaftliche Engagement heute weitgehend auszeichnen. Bevor auf diese politische Dimension näher eingegangen wird, sei an einige zeitdiagnostische und gesellschaftsanalytische Impulse erinnert, die Anregungen für die aktuelle engagementpolitische Debatte versprechen.

Wenn Gesellschaften ihr Leitbild von „passiv" auf „aktiv" umstellen, also auf Engagement setzen, hat dies vielfältige Ursachen und Konsequenzen. Dieser Wechsel deutete sich in der Bundesrepublik und anderen westlichen Demokratien irgendwann in den 1960er Jahren an, hat aber erst in den letzten beiden Jahrzehnten an allgemeiner Anerkennung gewonnen. Im Rückblick erscheint die Bundesrepublik, wie ihre westlichen Vorbilder, als eine „Disziplinargesellschaft", die vor allem auf Autorität und Sekundärtugenden wie Ordnung, Fleiß und Anstand setzt. „Sicherheit" galt über Jahrzehnte als erfolgreichstes Wahlkampfversprechen. Gegen erste Irritationen, wie z.B. die „Halbstarken"-Proteste oder die „Schwabinger Krawalle", wurde noch zu Beginn der 1960er Jahre das Konzept einer „formierten Gesellschaft" mit autoritären „Leitlinien stabilitätskonformen Verhaltens" empfohlen (Schäfer 1967). Jürgen Habermas charakterisierte die damals vorherrschende Orientierung als „staatsbürgerlichen Privatismus": Man beteiligte sich zwar pflichtbewusst an politischen Wahlen, verzichtete aber weitgehend auf gesellschaftliches Engagement zugunsten des privaten Glücks. Die Konformitätserwartungen des öffentlichen Lebens waren so übermächtig, dass selbst kritische Philosophen Schriften mit dem Titel „Versuch über die Schwierigkeit nein zu sagen" (Heinrich 1964) verfassten.

Erst in der zweiten Hälfte der 1960er Jahre mehrten sich die Stimmen, die auf Protest, Widerspruch, Mitsprache, Beteiligung und andere Formen des Engagements setzten. „In den letzten Jahren", formulierte Michel Foucault, der Archäologe der Disziplinargesellschaft, im Jahr 1978, „hat sich die Gesellschaft verändert und die Individuen ebenso; sie sind mannigfaltiger, unterschiedlicher und unabhängiger. Es gibt mehr und mehr Kategorien von Leuten, die nicht unter dem Zwang der Disziplin stehen, so dass wir die Entwicklung einer Gesellschaft ohne Disziplin denken müssen. Die herrschende Klasse ist stets durchdrungen von der alten Technik. Es ist jedoch evident, dass wir uns in der Zukunft von der Disziplinargesellschaft von heute trennen müssen" (Foucault 1978: 672f.).

In der Bundesrepublik waren es vor allem die jugendlich geprägten Protestbewegungen, die mit der Jahreszahl 1968 in Verbindung gebracht werden, aber auch ihr „bürgerliches" Pendant, die Bürgerinitiativen, die auf Engagement setzten. Zur gleichen Zeit entwarf der damalige Vordenker und spätere Generalsekretär der FDP, Karl-Hermann Flach, das Leitbild des Initiativbürgers, der sich als Bürgerinitiative im Singular in alle Angelegenheiten des Gemeinwesens einmischen sollte. Gerade die aufkommenden Bürgerinitiativen machten in ihren Anliegen deutlich, dass es ihnen um eine Alltagspolitik ging, die häufig jenseits der im engeren Sinne politischen Institutionen angesiedelt war: Etwa wenn es der erfolgreichen Initiative „Kind im Krankenhaus" darum ging, dass es Eltern möglich sein müsse, die eigenen Kinder bei einem Klinikaufenthalt auch jenseits der knapp bemessenen Besuchszeiten zu betreuen. Unter dem Eindruck von Protest und Bürgerinitiativen entwickelten einige Großstädte erstmals gezielte Beteiligungsangebote (Bürgerforen etc.).

Der erste systematische Versuch, gesellschaftstheoretisch und reformpolitisch auf eine aktive Bürgerschaft zu setzen, wurde 1968 in den USA von Amitai Etzioni vorgelegt. Er widmete seine voluminöse „Active Society" den „active ones", jenen „new social groups out of passivity" (Etzioni 1968: 14). Auch wenn uns heute der kybernetisch-technologische Gestaltungs- und Steuerungsoptimismus, der das Werk durchzieht, fremd und naiv erscheinen muss, so kreist seine „postmoderne" Gesellschaftsanalyse um eine Leitfrage, die hochaktuell ist: Wie müssen gesellschaftliche und politische Institutionen beschaffen sein, die einen sinnvollen Gebrauch vom gestiegenen Engagementpotential der Aktiven machen? Etzioni schlägt als Antwort u.a. einen neuen Gesellschaftsvertrag vor, der ein dynamisches Aushandeln von Selbstverwirklichungs- und Gestaltungsansprüchen der Engagierten einerseits und den institutionellen Reformanforderungen andererseits ermöglicht.

Im westeuropäischen Kontext hat vor allem der französische Soziologe Alain Touraine zur gleichen Zeit ein Forschungsprogramm entwickelt, das die zeitgenössischen Protest- und Reformimpulse verstärken, die Freiheitsimpulse der Individuen aufgreifen und ihre historischen Möglichkeiten zur bewussten gesellschaftlichen Selbstgestaltung herausarbeiten sollte (vgl. Touraine 1973). Anders als Etzioni, der die Gegenkräfte seiner „aktiven Gesellschaft" eher am Rande behandelte, widmete Touraine den Gegenspielern seiner auf Selbstbestimmung und aktive Selbstgestaltung ausgerichteten, „postmodernen" Gesellschaft große Aufmerksamkeit. Die technokratischen und professionellen Kader, die am Gegenbild einer „programmierten" Gesellschaft arbeiten, hatten sich bereits Anfang der 1980er Jahre, so Touraine (1984) in einer Zwischenbilanz, weitgehend durchgesetzt und einen Zuwachs an aktiver Selbst- und Gesellschaftsgestaltung zumindest in der französischen Gesellschaft erfolgreich verhindert. Der Abschied von der „Disziplinargesellschaft" gestaltete sich offensichtlich schwierig.

Gerade in ihrem großen theoretisch-analytischen Schwung setzen diese frühen Entwürfe einer „aktiven Bürgergesellschaft"[4] einige Merkpunkte, die auch in der aktuellen Debatte über die demokratischen Potentiale des gesellschaftlichen Engagements mehr Beachtung verdienen:

- Offensichtlich gibt es eine in vielfältigen Formen aktive Bürgerschaft, die immer wieder eigene Lebensentwürfe und Gestaltungsansprüche hervorbringt. Sie verbindet nicht selten Engagement mit dem Bedürfnis nach politischer Teilhabe und Mitbestimmung, „oft in unkonventionellen Bahnen" (Gensicke/Geiss 2006: 310) und häufig in vergleichsweise politikfernen gesellschaftlichen Bereichen.
- „The active ones" und ihre Protagonisten stellen jedoch nur eine gesellschaftliche Teilgruppe, zumeist eine Minderheit dar, die in den bestehenden Institutionen und ihren Routinen auf machtvolle Gegenspieler trifft. Für diese genügt zumeist institutionelles Beharrungsvermögen, um sich durchzusetzen und partizipative Ansprüche zu entmutigen. Der im Engagement enthaltene Gestaltungsanspruch bedroht deren Definitionsmacht. Wer Engagement fordert und fördert, bewegt sich deshalb in einem umkämpften Terrain.
- Auch wenn es eine Vielfalt von sozialen Prozessen gibt, die in Richtung „aktive Gesellschaft" weisen (die z.B. als Krise der sozialstaatlichen Institutionen, als Wertewandel oder Individualisierungsprozesse beschrieben werden), haben sich bislang alle Konzepte blamiert, die einen mehr oder weniger zwangsläufigen Übergang zur „aktiven Gesellschaft" unterstellt haben. Auch mit der Reproduktion von bürokratischen, professionellen und technokratischen Eliten, mit Blockaden und Stillstand oder der Erneuerung der Disziplinargesellschaft in zeitgemäßer Form ist stets zu rechnen.

---

[4] Auf eine Auseinandersetzung mit den vielfältigen Konzepten einer Zivil- oder Bürgergesellschaft – wie sie später besonders vor dem Hintergrund der Aufbrüche in den Sowjetgesellschaften in Ost- und Mitteleuropa in den 1980er Jahren, in der Opposition gegen die Diktaturen Lateinamerikas und nicht zuletzt in den durch die Arbeiten von Robert Putnam ausgelösten Debatten über eine zivilgesellschaftliche Fundierung westlicher Demokratien entwickelt wurden – wird hier bewusst verzichtet (vgl. Klein 2001; Chambers/Kymlicka 2002; und zahlreiche Beiträge dieses Bandes).

3 Gesellschaftliches und politisches Engagement – getrennte Welten oder fließende Übergänge?

Im Rückblick fällt auf, dass gesellschaftliches Engagement heute weniger politisch ambitioniert und fordernd auftritt. Wenn überhaupt, sind es allenfalls pragmatische und selbst begrenzte Forderungen, die offensichtlich nicht zu weit gehenden Gesellschaftsentwürfen anregen. In der aktuellen Debatte über Wege zur Förderung des bürgerschaftlichen Engagements zeichnet sich deshalb die Gefahr ab, dass die im Engagement vorgebrachten politischen Gestaltungsansprüche unterschätzt werden (vgl. Evers 2002) – und damit zugleich der Widerstand, auf den die Ausweitung von Engagement und Beteiligung in vielen Bereichen trifft. Einige Hinweise auf das Engagement von Jugendlichen, das oft seismographischen Charakter hat, sollen diese ambivalente Situation illustrieren:

„Voll normal" lautet das jugendsprachlich formulierte Fazit einer neueren Studie zum Verhältnis von Jugend und Politik (Roller u.a. 2006). Jugendliche haben demnach – wie auch Erwachsene – ein durchaus großes politisches Interesse (auch im Vergleich mit anderen EU-Ländern, vgl. Gensicke/Geiss 2006) und gleichzeitig ein geringes Vertrauen in politische Parteien und Parlamente. Eine neuere Jugendstudie hat in der Europäischen Union für das politische Interesse einen Durchschnittswert von 82 % ermittelt; in Deutschland sind 87 % an der Politik ihres Landes interessiert. 73 % – in Deutschland 81 % – zeigen an der lokalen und regionalen politischen Ebene Interesse, wobei in urbanen Räumen lebende, gebildete und ältere Jugendliche in Regel stärker politisch interessiert sind (Gallup 2007: 52).

Der Rückzug der Jugendlichen aus der konventionellen Politik (sinkende Mitgliedszahlen der Parteien, sinkende Wahlbeteiligung) sei nicht spektakulär, sondern bewege sich in den Bahnen der Erwachsenen. Sie teilten deren Parteien- und Politikerverdrossenheit, zeigten „aber keine resignative Abwendung von der Politik" (Gensicke/Geiss 2006: 309). Die Daten des DJI-Jugendsurveys von 2003 ergeben folgendes Bild: 80 % der 16- bis 29-Jährigen beteiligen sich an Wahlen, 60 % an Unterschriftensammlungen, 32 % an Demonstrationen, 27 % arbeiten in Mitbestimmungsgremien in Betrieb, Schule und Ausbildungsstätte mit, 23 % nehmen an öffentlichen Diskussionen teil, 10 % sind aktive Nichtwähler, 9 % beteiligen sich an einem Boykott, 5 % arbeiten in einer Bürgerinitiative mit und nur 2 % bekennen sich zu aktiver Parteiarbeit (Gaiser u.a. 2006: 244). Konventionelle Formen der politischen Beteiligung stehen zwar an der Spitze, aber demonstrative Formen, inklusive Boykott finden ihre Anhänger. Das reale politische Engagement von Jugendlichen dürfte sogar höher liegen, weil die standardisierten Umfragen feste und konventionelle Formen überbewerten und neue, vor allem von Jugendlichen entwickelte und genutzte Formen des Engagements (Internetblogs etc.) häufig vernachlässigen.

Gallup (2007: 22ff.) berichtet, dass nur jeder fünfte junge Europäer (EU 27) zwischen 15 und 30 Jahren Mitglied in Vereinigungen ist. Bei den EU 15 sind es durchschnittlich 26 %. Deutschland gehört mit 46 % Organisationsmitgliedschaft zur Spitzengruppe. Die Hälfte aller Mitgliedschaften entfällt in der EU auf Sportvereine; in Deutschland liegt der Anteil der Sportvereine bei 72 %. Aber nur sehr niedrige 4 % sind Mitglied in Jugendorganisationen. Unterdurchschnittlich ist auch die Mitgliedschaft in Gewerkschaften und politischen Parteien.

Beim freiwilligen Engagement schneidet Deutschland ebenfalls überdurchschnittlich, aber weniger gut ab. Im Mittel der EU 15 sind 17 % freiwillig engagiert, in Deutschland sind es 22 %, die Slowakei verweist dagegen auf 30 % Engagierte. Die Niederlande haben als Spitzenreiter der EU 15 eine Quote von 28 %, Dänemark von 26 % freiwillig Engagierten. Auch Österreich, Belgien und Finnland liegen noch vor der Bundesrepublik. Großbritannien hat danach nur eine niedrige Engagementquote von 16 % vorzuweisen (Gallup 2007: 28).

Die Analyse des Verhältnisses von politischem und sozialem Engagement steht vor zusätzlichen Problemen. So unterschätzt der Freiwilligensurvey – auch nach eigenem Bekunden – systematisch politische Partizipation, weil er auf verbindliche organisationsorientierte Beteiligungsformen fixiert ist. „Während 2004 36 % der Bevölkerung in einem verbindlichen Sinne öffentlich partizipieren, betrifft die verbindliche politische Partizipation allerdings nur 2,5 % der Bevölkerung" (Gensicke/Geiss 2006: 319). Wie stark dabei lose und spontane Formen vernachlässigt werden, machen die erhobenen organisatorischen Kontexte deutlich (1999 – 63 % in Parteien, 20 % öffentliche Einrichtungen, 6 % Vereine und Verbände, 10 % Initiativen; 2004 – 52 % in Parteien, 23 % öffentliche Einrichtungen, 14 % Vereine und Verbände, 10 % Initiativen). Verglichen mit dem DJI-Jugendsurvey stellt der Freiwilligensurvey (hier allerdings für die gesamte Bevölkerung) die Verhältnisse auf den Kopf.

Nicht nur durch Vorentscheidungen über den Typus des erfragten Engagements, sondern auch durch den gewählten Politikbegriff ergeben sich erhebliche Unterschiede, wie etwa die hohen Werte für Formen der Mitbestimmung in Schule und Arbeit oder für Boykottaktivitäten im Jugendsurvey verdeutlichen. Ein enges, staatszentriertes Politikverständnis wird diese Engagementformen in der Regel vernachlässigen. Der Umfang und die Formen politischer Beteiligung werden häufig auch unterschätzt, wenn Zivilgesellschaft und Staat auch dort als strikt getrennte Bereiche betrachtet werden, wo Zivilgesellschaft in den staatlichen Bereich hineinragt. Wenn Menschen sich freiwillig in staatlichen bzw. kommunalen Einrichtungen betätigen, prägen sie durch Ko-Produktion öffentliche Aufgaben und Leistungen: „Vor allem öffentliche Schulen, Kindergärten, Krankenhäuser, Hospize, Behinderteneinrichtungen und Altenheime sind hier zu nennen, aber auch die an kommunale Einrichtungen gebundene freiwillige Feuerwehr sowie das lokale Bürgerengagement" (Gensicke/Geiss 2006: 312).

Wie wenig ein staatsfixiertes Politikverständnis taugt, um aktuelle Formen des politischen Engagements zu erfassen, war schon an den Entwürfen von Etzioni, Foucault und Touraine deutlich geworden. Vor allem die neuen sozialen Bewegungen haben in der Folge systematisch zu einer Politisierung vormals „unpolitischer" Bereiche beigetragen (Geschlechterverhältnis, Technikwahl, Naturverhältnis, Konsumstile etc.). Hier sei nur exemplarisch auf zwei neuere Themenfelder verwiesen:

- Die Schnittfläche von Zivilgesellschaft und Unternehmen hat in jüngster Zeit erheblich an politischer Dynamik gewonnen. Einerseits verpflichten sich Unternehmen mehr oder weniger freiwillig und folgenreich, „gute Bürger" zu sein (Corporate Citizenship, Corporate Social Responsibility etc.) und müssen sich in der Folge auch an diesen Maßstäben messen lassen. Ob diese, zunächst mit wachsenden Erwartungen verbundene Unternehmenspraxis die aktuelle Finanz- und Wirtschaftskrise überleben wird und sogar als Strategie einen weiteren Aufschwung erfährt, die das verlorene Vertrauen von

Kunden und Konsumenten zurück zu gewinnen hilft, lässt ich noch nicht absehen. Zum anderen sind „aktive Konsumenten" zu einem ernstzunehmenden Akteur geworden, der durch ethisch-politisch motivierte Kaufentscheidungen je nach Branche erheblichen Druck entfalten kann. Ohne die Bedeutung dieser „Politik mit dem Einkaufswagen" (Baringhorst u.a. 2007) überzeichnen zu wollen, gingen von ihr in den letzten Jahren deutlich mehr regulative Impulse aus, die Unternehmen auf ethische Maßstäbe verpflichteten, als etwa von Regierungen.

- Selbsthilfegruppen, Protestbewegungen und Alternativszenen haben über die Jahre die Institutionen und Etappen des Lebenslaufs zumindest in dem Sinne politisiert, dass Alternativen eingefordert werden und möglich sind. Dies beginnt bei der Pränataldiagnostik, gilt für die Geburt, die Varianten der Kindererziehung und vieles andere mehr, aber auch für den Umgang mit Krankheiten, mit Alter und Sterben. Hospizinitiativen bemühen sich um menschenwürdige Formen, den letzten Lebensabschnitt zu gestalten. Brustkrebs-Initiativen fordern einen anderen Umgang mit dieser todbringenden Krankheit. Die Schwulenbewegung hat in der Bundesrepublik erheblich dazu beigetragen, dass sich seuchenpolizeiliche Ansätze im Umgang mit AIDS nicht durchsetzen konnten. Die Liste der Beispiele ließe sich lange fortsetzen. Gemeinsam ist ihnen, dass mal mehr, mal weniger offensiv institutionell eingespielte Formen der Behandlung und Verwaltung von Lebenslagen, sowie die sie tragenden Professionen herausgefordert werden. Alberto Melucci hat, Touraines Kritik an der programmierten Gesellschaft aufnehmend, in diesen alternativen kulturellen Codes sogar die eigentliche politische Herausforderung der neuen sozialen Bewegungen gesehen (Melucci 1996).

In den Freiwilligensurveys finden wir deutliche Spuren dieses erweiterten Politikverständnisses. In der öffentlichen Debatte werden häufig Spaß und Geselligkeit hervorgehoben, wenn es um die Erwartungen geht, die vor allem von Jugendlichen mit freiwilligem Engagement verbunden werden. Offen bleibt dabei, woran die Engagierten eigentlich Spaß haben. Eine genauere Analyse ihrer Motive bringt interessant Aufschlüsse. Die Aussage „Ich will durch mein Engagement die Gesellschaft zumindest im Kleinen mitgestalten" findet bei zwei Dritteln der freiwillig Engagierten volle Zustimmung. „Wenigstens teilweise wird dieses Motiv sogar von fast allen Engagierten angegeben" – nämlich von 95 % (Gensicke/Geiss 2006: 322). Selbst im größten und vergleichsweise politikfernen Bereich Sport und Bewegung erheben noch 59 % der Engagierten voll und ganz diesen Anspruch. „Erstaunlich ist aber auch, dass fast die Hälfte des Engagements der Bürgerinnen und Bürger (wenigstens teilweise) politisch gemeint ist (48 %). Mit einem Fünftel der Engagierten, die ihr Engagement sogar voll und ganz als politisch motiviert einstufen (absolut 7, 5 % der Bevölkerung), ist der Prozentsatz deutlich höher als der jener 2,5 %, die sich selbst als freiwillig für politische Zwecke engagiert eingestuft haben" (Gensicke/Geiss 2006: 323f.).

In dieses Bild beachtlicher politischer Gestaltungsansprüche passen auch die Verbesserungswünsche, die von den freiwillig Engagierten vorgebracht werden. Rund 28 % der Engagierten fordern quer durch alle Altersgruppen mehr Anerkennung durch Hauptamtliche in den Organisationen. Fast 60 % der 14- bis 24-Jährigen wünschen Finanzmittel für Projekte und mehr als 50 % eine bessere Bereitstellung von Räumen (Gensicke u.a. 2006:

223). Forderungen, die auf die eigene finanzielle Besserstellung zielen, liegen deutlich hinter den letzten beiden Forderungen. Sie lassen sich, ergänzt durch die Wünsche nach Weiterbildung (34 %) und fachlicher Unterstützung (30 %), durchaus als Forderungen lesen, die auf eine Erweiterung und Ausgestaltung der eigenen selbst bestimmten Handlungsmöglichkeiten im Engagement hinauslaufen.

In eine ähnliche Richtung deuten auch die Daten einer aktuellen Eurobarometer-Umfrage. Den 15-30 Jährigen jungen Europäer wurde auch die Frage vorgelegt, was sie zu mehr Beteiligung in der Gesellschaft motivieren könnte. An der Spitze der gewählten Antworten liegen mit 81 % Konsultationen, bevor sie betreffende Entscheidungen getroffen werden. In Deutschland beträgt der Wert 71 %. Beteiligung und Mitbestimmung werden von den Jugendlichen selbst zur wichtigsten Voraussetzung für ein verstärktes gesellschaftliches Engagement gemacht. Umgekehrt lässt sich vermuten, dass fehlende Konsultationen, d.h. die Nicht-Berücksichtigung der Perspektiven und Interessen der Jugendlichen, eine zentrale Alltagserfahrung ist. Die Antworten sind vermutlich auch eine Reaktion auf das politische Defizit bestehender Engagementangebote. Dass sich 74 % der Befragten (in Deutschland sogar 76 %) für mehr Freiwilligen-Programme aussprechen, zeigt die enorme Wertschätzung solcher Engagement- und Lernformen bei jungen Menschen.

Immerhin 70 % (in Deutschland sind es 64 %) sprechen sich für verpflichtende Bildungsprogramme in Schulen aus, die für freiwilliges Engagement fit machen. Konventionelle Formen der Beteiligung landen dagegen weit abgeschlagen. Ein abgesenktes Wahlalter halten nur 19 % (in Deutschland 18 %) für ein geeignetes Mittel, um Engagement zu fördern. Größer ist die Unterstützung allerdings bei der unmittelbar betroffenen Gruppe der 15-19 Jährigen, die immerhin zu 32 % für eine abgesenktes Wahlalter votiert (Gallup 2007: 37f.). Bei den älteren Befragten liegen die Erwartungen an die jeweiligen Maßnahmen niedriger als bei den jüngeren.

Auffällig sind die überaus moderaten Mittel, mit denen die jungen Menschen ihrer Stimme Gewicht geben wollen. Deliberative Wünsche erzielen Spitzenwerte. Offensichtlich fehlt es an kommunikativen Brücken zu den politischen Entscheidern. Jugendliche setzen europaweit zu 29 % auf Debatten mit Politikern, zu 16 % auf eine Parteimitgliedschaft, zu 13 % auf Demonstrationen, zu 11 % jeweils auf Petitionen, eine NGO- oder Gewerkschaftsmitgliedschaft. In Deutschland sieht die Hitliste anders aus: 24 % Parteimitgliedschaft, 22 % Diskussionsbeteiligung, 20 % Demonstration (Gallup 2007: 43). Bei den jüngeren Befragten ist die Demonstrationsneigung stärker ausgeprägt. Diese Einschätzungen sind jedoch nicht mit dem faktischen Verhalten identisch. 28 % der Befragten (in Deutschland 15 %) unterzeichneten im letzten Jahr eine Petition, 24 % (in Deutschland 27 %) beteiligten sich an Internetforen, 20 % (in Deutschland 19,5 %) beteiligten sich an einer Demonstration, 11 % (in Deutschland 14,6 %) an einer NGO, 8 % (in Deutschland 7 %) in einer Gewerkschaft, 5 % (in Deutschland 4,3 %) in einer politischen Partei oder politischen Aktionsgruppe (Gallup 2007: 47 und 109).

Was Fahmy (2006) mit Blick auf die britischen Verhältnisse betont, lässt sich vor dem Hintergrund dieser Daten verallgemeinern: Die Distanz junger Menschen zur konventionellen Politik ist (noch) nicht auf ein allgemeines politisches Desinteresse zurückzuführen oder auf eine mangelnde Bereitschaft zum freiwilligen Engagement. Die Kluft zur konventionellen Politik ist vielmehr Ergebnis einer wahrgenommenen Distanz, fehlender Kommunikation und Einflusslosigkeit, die in der Konsequenz eher unkonventionelle und gemeindebezogene Formen der Einflussnahme nahe legt. Ohne institutionelle Reformen, die neue Wege der Beteiligung ermöglichen, und den Ausbau von Engagementmöglichkeiten, die eigensinnige Gestaltungsmöglichkeiten erlauben, wird die Kluft zur konventionellen Politik nicht kleiner werden.[5]

4 Demokratiefördernde Dimension des bürgerschaftlichen Engagements

Es liegt auf der Hand, dass den aktiven und partizipativen Formen des Engagements eine wichtige politische, genauer Demokratie fördernde Wirkung zukommen kann. Die Befunde der Freiwilligensurveys (Gensicke u.a. 2006) geben einige Anhaltspunkte, wodurch sie unterstützt werden kann: Wenn „Mitgestalten im Kleinen" als das stärkste Motiv für bürgerschaftliches Engagement angesehen wird, geht es um die Ausgestaltung solcher Möglichkeiten, um entsprechende „Passungen". Wer sich beteiligt, will mitbestimmen. Hier liegen auch wesentliche Barrieren für traditionelle Großorganisationen, nicht zuletzt die politischen Parteien (vgl. Mielke 2007), dieses Engagementpotential anzuziehen. Ihr Rollenangebot an Mitglieder und zur Mitwirkung bereite Menschen ist in der Regel eher lausig ausgestattet. Die Gestaltungsansprüche der freiwillig Engagierten stellen deshalb eine Herausforderung für Institutionen (an ihr Personal, an ihre Routinen und Arbeitsteilung) dar, die bürgerschaftliches Engagement mobilisieren wollen.[6] Statt sich dieser Zumutung zu stellen, ist es wesentlich einfacher, auf subalterne Hilfskräfte (wie ABM- und MAE-Kräfte) zu setzen und ansonsten über nachlassendes Engagement zu klagen.

Wie sehr Gestaltungschancen zählen, lässt sich z.B. an der besondere Attraktivität von jugendgeführten Organisationen („youth led organizations") verdeutlichen, die sich schon aus biografischen Gründen ständig neu erfinden müssen und damit jeder neuen Aktivengeneration ein Maximum an Gestaltungsmöglichkeiten bieten können. Während sich in den USA „youth led organizations" um „harte" Themen wie Drogen und Gewalt kümmern und gesellschaftliche Anerkennung finden (Kim/Sherman 2006), fehlt es in der Bundesrepublik noch weithin an entsprechender Wertschätzung und Förderung, obwohl es durchaus Organisationen gibt, die Jugendliche nicht mit symbolischen und spielerische Formen der Beteiligung abspeisen, sondern anspruchsvolle Projekte realisieren.[7]

Trotz der stets vorhandenen pragmatischen und geselligen Motive ist das gegenwärtige Engagement von Jugendlichen auch stark durch altruistische und moralische Motive gekennzeichnet. Vor allem junge Menschen wollen – wie ihre vielfältigen Mobilisierungen für „distant issues", etwa jüngst die beachtlichen Mobilisierungen einer jugendlichen „Ge-

---

[5] John Gastil (2008) hat eine eindrucksvolle Palette von Möglichkeiten am Beispiel der USA zusammen getragen. Im Zentrum steht die Überzeugung: „Conversation is the soul of democracy". Die aus der Werbebranche adaptierten Public Relation Strategien, die heute die öffentliche politische Kommunikation vielfach prägen, ist als Propaganda das Gegenteil einer auf Verständigung orientierten deliberativen Praxis – zum Siegeszug von PR vgl. Miller/Dinan 2008.
[6] Dies wird bei der Lektüre des umfangreichen Handbuchs zum Qualitätsmanagement für bürgerschaftliches Engagement bei der Arbeiterwohlfahrt deutlich (GOS 2007).
[7] Ein eindrucksvolles Beispiel bietet der Verein „Schüler helfen Leben", der bereits seit 1992 Unterstützungsprojekte in den kriegszerstörten Ländern von Ex-Jugoslawien durch Kampagnen wie den Sozialen Tag verwirklicht (zu den Lernchancen vgl. Roth/Lang 2007).

neration Heiligendamm" gegen den G 8-Gipfel 2007 an der Ostsee zeigen – sozial, ökologisch und global verantwortlich handeln, d.h. Verantwortung für ihre – nicht nur eng, sondern zuweilen auch global verstandene – Gemeinschaft übernehmen (vgl. Rucht/Roth 2008).

Politik im engeren Sinne ist selbst zwar kein bevorzugter Engagementbereich, aber neue Formen des Engagements sind längst zu einer bedeutenden Quelle politischen Handelns geworden. Im Aufschwung befinden sich – nicht nur in Deutschland, sondern in allen westlichen Demokratien – selbst organisierte, projektorientierte, unkonventionelle Formen des politischen Handelns (z.B. in Bürgerinitiativen, Selbsthilfegruppen, sozialen Bewegungen etc.). Symptomatisch ist z.B. das Selbstverständnis der globalisierungskritischen Organisation „attac", die nicht nur zu Protesten mobilisiert, sondern sich selbst auch als alternative „Volkshochschule" im Themenfeld Globalisierung versteht und entsprechend Sommerakademien und Informationsveranstaltungen anbietet. Solche Initiativen wirken als „demokratischer Phönix" (Norris 2002), der den sichtbaren Rückgang in den konventionellen Formen politischer Beteiligung kompensieren könnte, wenn seine Impulse auch zu einer Modernisierung der konventionellen Politik beitrügen. Trotz programmatischer Konzessionen (z.B. mit der Formel „Netzwerkpartei" bei der CDU) wird das partizipative und selbstverantwortliche Lern- und Politikverständnis bislang institutionell wenig anerkannt und genutzt.

Dass sich die demokratiepolitische Lesart von Engagementpolitik in der Bundesrepublik schwer tut, ist offensichtlich. Praktisch dominiert ein allenfalls subsidiäres Verständnis. Mit der Stärkung der Zivilgesellschaft und des sozialen Kapitals werde – aus dieser Sicht – zugleich die demokratische politische Kultur gefördert und damit würden die gesellschaftlichen Grundlagen liberaler Demokratien verbessert. An einen Umbau des Systems der politischen Interessenvermittlung oder dem Abbau der Dominanz elitendemokratischer Verfahren wird nicht gedacht, auch wenn dies von prominenter Seite von Zeit zu Zeit angemahnt wird. Die subsidiäre Lesart kann sich zudem auf prominente Intellektuelle wie Robert Putnam beziehen. Im offiziellen politischen Spektrum gibt es kaum Anwälte für ein demokratiepolitisch anspruchsvolleres Projekts. Es fehlen offensichtlich Einsicht und/oder Leidensdruck. Öffentliche Verwaltung und Parteipolitik gelten als die eigentlichen Widerstandsnester gegen eine Ausweitung von Bürgerengagement und Bürgerbeteiligung. Die Bürger jedenfalls, so zeigen vorliegende Evaluationen (z.B. die Begleitforschung zur Engagementförderung in Baden-Württemberg und die Daten des Freiwilligensurveys), sind nicht das Problem, wenn es darum geht, mehr Demokratie zu wagen.

Aber es gibt anspruchsvolle Großversuche, wie z.B. das Programm „soziale Stadt", das gerade auf das Engagement von üblicherweise partizipationsfernen benachteiligten Bevölkerungsgruppen setzt. Die seit dem Jahr 2000 in Gang gesetzten Bundesprogramme zur Stärkung einer demokratischen Zivilgesellschaft gegen Fremdenfeindlichkeit, Rechtsextremismus, Antisemitismus und Gewalt, die 2006 in eine weitere Runde gingen, bieten reichhaltig Anschauungsmaterial, wo Möglichkeiten und Grenzen einer demokratischen Engagementförderung durch den Staat liegen, zumindest liegen könnten (vgl. Roth/Benack 2003; Roth 2006). Auch das wechselhafte Schicksal des Reformmodells „Bürgerkommune" verdient in dieser Hinsicht besondere Aufmerksamkeit, stellt es doch den Versuch dar, Kommunalpolitik aus bürgerschaftlicher Perspektive neu zu erfinden (vgl. Roth 2006a).

5 Engagementpolitischer Reformbedarf

„How can we become a citizen culture, a country whose inhabitants think it normal, right and even pleasurable to be concerned with and actively involved in public affairs? ... And by public affairs is not just meant the relationships of inhabitants to the state and government, but also to all those institutions intermediate and mediating between the individual and the state which we call civil society..." (Crick 2001: 1).

Bernard Crick fasst prägnant die demokratischen Ambitionen von Engagementpolitik zusammen. Dass sie in Frageform und als Aufgabe formuliert sind, verweist auf Barrieren, die es zu überwinden gilt. So könnte und müsste eine demokratiepolitische Flankierung des Engagements dazu beitragen, hinlänglich bekannte Schieflagen der bestehenden Engagementkultur zu korrigieren. Exklusivität und Exklusion prägen auch das freiwillige Engagement. Bildung und soziale Schicht sorgen vielfach für den ungleichen Zugang zum Engagement. Dies gilt selbst für die aktive Mitgliedschaft in Sportvereinen, dem größten niedrigschwelligen und zugleich politikfernsten Feld des organisierten Engagements (vgl. Roth/Olk 2007). Ein exkludierender Bürgerstatus verstärkt den Ausschluss deren, die lediglich Einwohner sind, wie z.B. Kinder oder Menschen mit ausländischem Pass. Hinzu kommen geschlechtsspezifische Barrieren, die nicht zuletzt mit dem größeren Anteil von Frauen an der Familienarbeit zu tun haben. Die vorherrschende geschlechtsspezifische Arbeitsteilung reproduziert sich auch im gesellschaftlichen Engagement: „im Sinne eines vermehrt sachlich-technischen, repräsentierenden und Interessen vertretenden Engagements bei Männern und eines mehr personenbezogenen, auf Hilfe und Betreuung ausgerichteten weiblichen Engagements, das sich häufig auf Kinder, Jugendliche, ältere Menschen und andere Gruppen richtet" (Gensicke/Geiss 2006: 321). Allerdings lassen sich zwischen 1999-2004 nach den Daten des Freiwilligensurveys leichte Angleichungen beobachten, die dann besonders deutlich ausfallen, wenn sich Männer vermehrt in der Kinderbetreuung einbringen. Exklusivität scheint auch entlang der Altersgruppen verbreitet, jedenfalls fällt der Anteil des Generationen übergreifenden freiwilligen Engagements bislang vergleichsweise bescheiden aus (vgl. Schenkel 2007). Das Wachstum unzivilen Engagements, z.B. in Gestalt rechtsradikaler Szenen, stellt nicht nur zahlreiche ostdeutsche Regionen vor ernsthafte Probleme.

Gute Beispiele und einschlägige Modellprogramme machen jedoch deutlich, dass keine dieser Barrieren unüberwindlich ist. „Dass das freiwillige (,bürgerschaftliche') Engagement in Deutschland trotz der angespannten ökonomischen Lage und der Parteien- und Politikerverdrossenheit zwischen 1999 und 2004 zugenommen hat, ist ein positives Signal für die Zukunft der Zivilgesellschaft in Deutschland. Dieses Signal wird dadurch verstärkt, dass das Engagement in einigen Gruppen besonders zugenommen hat, die 1999 dem Engagement weniger nahe standen, nämlich bei älteren Menschen, Arbeitslosen, Migranten, neuen Bundesbürgern, teilweise bei den Frauen" (Gensicke/Geiss 2006: 324). Für diese hoffnungsvolle Bewertung wird auch die deutlich gewachsene Zahl der zum Engagement Bereiten, eine verbesserte Infrastruktur und das positiver gewordene Image des Engagements angeführt (Gensicke/Geiss 2006: 325f.).

So wichtig diese Faktoren sind: Ohne eine demokratiepolitische Öffnung der Kerninstitutionen wird Bürgerengagement randständig bleiben. Auch wenn wir heute mit einiger

Berechtigung Skepsis gegenüber epochalen Entwürfen einer „aktiven Gesellschaft" hegen, bestätigt sich deren Grundannahme auch in kleiner Münze: Ohne demokratische Reformen in zentralen gesellschaftlichen Institutionen wird es keine nachhaltig aktive Bürgerschaft geben. Dies ist z.B. die Botschaft der intensiven Debatte über die „innere" und „äußere Öffnung" der Schulen als praktischer Voraussetzung für eine auf Engagement gestimmte Schulkultur (vgl. Evers 2002; Hartnuß 2007).

Für die Wohlfahrtsverbände wurden schon vor Jahren entsprechende Leitsätze formuliert, die nichts an Aktualität verloren haben:"Freiwilliges Engagement kontrolliert und korrigiert (reguliert) einen überbürokratischen, überregulierten und überprofessionellen Wohlfahrtsstaat... Freiwilliges Engagement gedeiht auf Dauer nur dort, wo Institutionen für ein hohes Maß an Eigeninitiative und Engagement offen sind und die Bereitschaft besteht, Freiwillige unkompliziert in Mitwirkungs- und Verantwortungsstrukturen einzubinden. Freiwilliges Engagement bedarf der Anerkennung. Die wichtigste Form der Anerkennung ist es, freiwilliges Engagement nicht mehr als ‚fünftes Rad am Wagen' anzusehen, sondern es als konstitutiv für eine offene, demokratisch organisierte und vom Gestaltungswirken der Bürger getragene Gesellschaft anzuerkennen" (Zinner 1999: 369).

Wer sich heute engagiert, will sich in die eigenen Verhältnisse einmischen und nicht als subalterne Hilfskraft verkümmern. Für die dazu notwendigen und förderlichen institutionellen Rahmenbedingungen braucht es nicht nur praktische Phantasie und einen langen Atem, sondern auch politische Debatten, worauf nicht zuletzt die befragten Jugendlichen der Europäischen Union bestehen.

Was Engagementpolitik ist, wissen wir einigermaßen. Mögliche Umrisse sind detailliert im Bericht der Enquete-Kommission des Bundestags „Zukunft des Bürgerschaftlichen Engagements" (2002) skizziert worden. Bürgerschaftliches Engagement ist demnach eine Ressource, die (auch) durch staatliche Politik gehegt und vermehrt werden kann, indem die individuellen Voraussetzungen und Anreize für Engagement verbessert (Bürgerrechte, Lernchancen, Absicherungen, Nachteilsausgleich, Ermöglichung, Anerkennung etc.), gemeinschaftliche Handlungsmöglichkeiten gefördert (Vereinsrecht, Gemeinnützigkeit, Vernetzung, Empowerment, Infrastrukturförderung etc.) und die Öffnung zentraler ökonomischer gesellschaftlicher und politischer Institutionen für Engagementbereite vorangetrieben wird (z.B. corporate citizenship, demokratische Schulen, beteiligungsorientierte Gesetze, Programme und Verwaltungen). Engagementpolitik gewinnt ihr spezifisches Profil durch das Zusammenspiel von solchen individuellen, kollektiven und institutionellen Ermöglichungsstrategien. Auch nach dem UN-Jahr der Freiwilligen (2001) und dem Abschluss der Enquete-Kommission „Zukunft des bürgerschaftlichen Engagements" kann von einer integrierten Engagementpolitik in der Bundesrepublik jedoch noch nicht geredet werden. Immerhin ist es gelungen, einige institutionelle Fixpunkte zu schaffen (vor allem das Bundesnetzwerk Bürgerschaftliches Engagement, ein Unterausschuss Bürgerschaftliches Engagement im Bundestag und entsprechende Arbeitsgruppen und Initiativen im BMFSFJ), die die Hoffnung nähren, dem Wunschkonzert der Enquete könnten Taten folgen.

Die vorliegenden Zwischenbilanzen (Bürsch 2008; Dettling 2008; Embacher/Lang 2008; Olk 2008, sowie die Einleitung sowie die verschiedenen Beiträge dieses Bandes) fallen ambivalent aus. Hilfreiche Fortschritte im Kleinen, ausgebliebener Erfolg im Großen: Das dürfte die Stimmungslage am besten kennzeichnen. Gerade die großen Reformen („Agenda

2010", Föderalismusreform, Gesundheitsreform etc.) und die seit Mitte 2008 angesagte Krisenpolitik sind durch einen fast vollständigen Verzicht auf die Mobilisierung bürgerschaftlichen Engagements geprägt. Stattdessen droht die Abwrackprämie zur krisenpolitischen Botschaft zu werden, die Bürgerinnen und Bürger nur in ihrer Konsumentenrolle anspricht. Die parallelen bürgerschaftlichen Mobilisierungen in den USA, die mit der Kandidatur und Präsidentschaft Barack Obamas verbunden sind, verdeutlichen, dass es Alternativen gibt.

Grundsätzlich sollte das Gewicht staatlicher Politik für die Engagemententwicklung weder unter- noch überschätzt werden. Meist reagiert staatliche Politik auf „Druck von unten", d.h. sie versucht durch Partizipationsangebote und Beteiligungsverfahren Kritik und unkonventionelles politisches Engagement zu kanalisieren. Gelegentlich trägt staatliche Politik unbeabsichtigt zu einem proaktiven, bewegungsförmigem Engagement bei – wie im Falle der Schwulenbewegung, die in Deutschland erst nach der Liberalisierung des § 175 im Jahre 1969 einsetzte und erst im Jahre 1972 ihre erste Demonstration zustande brachte, oder in jüngerer Zeit mit den Mobilisierungen gegen die „Hartz"-Gesetze. Positive politische Signale, wie z.B. die Parole „mehr Demokratie wagen" der ersten sozialliberalen Koalitionsregierung von 1969, können zu einer breiten bürgerschaftlichen Aufbruchstimmung beigetragen. Der schnelle Niedergang der Arbeitslosenproteste nach dem Wahljahr 1998 steht für ein konträres Beispiel administrativ erfolgreicher Kooptation, die von Engagement entlastet hat. Geringe Fördersummen des zuständigen Ministeriums reichten aus, um eine ohnehin stark professionalisierte Aktivenszene von der Straße zu holen, auf die sie erst nach der Verkündung der „Agenda 2010" für einige Zeit zurückkehrte, ohne sich dauerhaft, wie angestrebt, in Sozialforen zu organisieren und politische Gestaltungskraft zu entfalten.

Als Zwischenbilanz lässt sich festhalten, dass staatliche Politik für Engagement stets eine Rolle spielt – welche, ist jedoch nur begrenzt antizipierbar. Eine gezielte und an ihren Zielen überprüfte Engagementpolitik gehört bislang zu den raren Ausnahmen. Je stärker Kernbereiche politischer Machtentfaltung ins Spiel kommen, desto bürgerferner und etatistischer sind bislang die politischen Strategien ausgefallen.

6 Demokratiepolitische Herausforderungen

Wer eine „google"-Suche startet, wird unschwer feststellen, dass Demokratiepolitik kein geschützter und eindeutiger Begriff ist. Auffällig ist, dass er in Österreich offensichtlich wesentlich gebräuchlicher ist als hierzulande. Er taucht in allen Kontexten auf, die für ein demokratisches Gemeinwesen von Interesse sein könnten. Einmal geht es um die Förderung von Bürgerbegehren, um Akteneinsichts- und Informationsrechte und andere Stärkungen von politischen Bürgerrechten. Ein anderes Mal kommen Bildungs-, Medien- oder Kulturpolitik als Bereiche von Demokratiepolitik zur Sprache. Schließlich geht es großflächig um die Erweiterung, Renovierung und Vitalisierung repräsentativer Demokratien und die Entfaltung einer demokratischen politischen Kultur. Von Demokratiepolitik ist aber auch die Rede, wenn Maßnahmen gegen Rechtsextremismus, die Stärkung der kommunalen Einnahmen und Kompetenzen oder eine Politik zugunsten von Grundeigentümern zur Debatte steht. Selbstverständlich sind heute auch feministische Lesarten von Demokratiepolitik (vgl. Appelt 2003).

Schon diese erste Übersicht macht deutlich, dass Demokratiepolitik ähnlich der Engagementpolitik auf mehreren Ebenen anzusiedeln ist. *Individuell* geht es um die Stärkung der Bereitschaft und der Fähigkeit zum demokratischen politischen Engagement und um die Ausgestaltung und Vitalisierung politischer und ziviler Bürgerrechte; *politische Handlungsfelder und Programme* werden nach ihrem Beitrag zur Stärkung demokratischer Teilhabe befragt, *politische Kultur* wird inspiziert und auf negative Entwicklungstendenzen durch Aktionsprogramme reagiert, eine *veränderte Staatlichkeit* wird eingefordert, die in der Beteiligung der Bürgerinnen und Bürger ein wesentliches Qualitätsmerkmal sieht, und last not least geht es um *Verfassungsfragen*, d.h. um Entscheidungen über die Ausgestaltung von politischen Verfahren und Institutionen.

Auffällig ist die geringe wissenschaftliche Aufmerksamkeit, die eine derart vielschichtig angelegte Demokratiepolitik bislang gefunden hat[8]. Erst in jüngster Zeit verstärkt sich das Interesse an möglichen Instrumenten und Verfahren, die zu einem demokratischen Zugewinn beitragen könnten (z.B. Kersting 2008; Vetter 2008; von Winter/Mittendorf 2008). Gleichwohl kann sich Demokratiepolitik auf einige nationale und internationale Trends und Herausforderungen der letzten Jahrzehnte beziehen, die bereits im Entwicklungsbericht der Vereinten Nationen „Deepening democracy in a fragmented world" (UNDP 2002: 10f.) zusammengefasst wurden und nichts an Aktualität verloren haben:

Transitionen/Übergänge zur Demokratie: Zwischen 1980 und 2002 haben 81 Staaten bedeutsame Schritte in Richtung Demokratie unternommen, 33 Militärregime wurden durch zivile Regierungen abgelöst. Von diesen 81 neuen Demokratien sind jedoch nur 47 – gemessen am demokratisch bescheidenen westlich liberalen Modell – vollständig demokratisch, viele jedoch in einem eher fragilen Zustand. Iliberale Rückentwicklungen lassen sich auch in zahlreichen „alten" Demokratien beobachten (Zakaria 2003). Die zahlreichen Transformationen nach dem Zusammenbruch des Ostblocks haben deutlich werden lassen, dass es weder ein selbst tragendes Modell westlicher Demokratien gibt, noch dass es als Blaupause „exportierbar" ist. Mit den vielfältigen Transformationserfahrungen in den neuen Bundesländern ist die Bundesrepublik auch im eigenen Land demokratiepolitisch gefordert.

Transnationale Demokratie: Im Jahre 2000 gab es 37.000 registrierte internationale Nichtregierungsorganisationen (NGOs), ein Fünftel mehr als 1990. Aber nur ein Sechstel davon kommt aus den Entwicklungsländern. Auch wenn die Zahl der NGOs mit konsultativem Status und ihr Zugang zum UN-System ausgeweitet wurden, sind ihnen zentrale Bereiche (Generalversammlung, Sicherheitsrat) verschlossen geblieben. Dramatisch ist das Demokratiedefizit in den internationalen Wirtschaftsorganisationen. Obwohl in der WTO jedes Land eine Stimme hat, fallen alle wichtigen Entscheidungen in so genannten „green room"-meetings, zu denen nur die führenden Mächte Zugang haben. Sieben ökonomisch dominante Mächte – Frankreich, Deutschland, Japan, Russland, Saudi Arabien, GB und die USA – verfügen über 46 % der Stimmrechte in der Weltbank und über 48 % im IWF. Mit dem Bedeutungsgewinn transnationaler Entwicklungen (Stichwort Globalisierung) steht auch deren demokratische Kontrolle und Gestaltung auf der politischen Agenda. Die Fortschritte sind bislang mehr als bescheiden (vgl. Roth/Rucht 2009).

---

[8] Es gibt selbstverständlich Ausnahmen. So hat sich Claus Offe immer wieder mit den Herausforderungen und möglichen Antworten beschäftigt, die von aktuellen Fehlentwicklungen liberaler Demokratien ausgehen (vgl. Offe 2003).

Transformationen westlicher Demokratien: Ein Zentrum dieser Transformationen bildet die nachlassende Integrationskraft der traditionellen repräsentativ-demokratischen Institutionen bei gleichzeitigem Zuwachs an schwächer verfassten, unkonventionellen Formen des politischen Engagements (zum Niedergang der Parteimitgliedschaften und der Wahlbeteiligung in den letzten 20 Jahren vgl. UNDP 2002: 69). Ein paralleler Strukturwandel lässt sich in der Bundesrepublik im freiwilligen sozialen Engagement beobachten, der bei insgesamt steigender Bereitschaft zum Engagement zu einer Krise des klassischen Ehrenamts geführt hat. Was sich vollzieht, ist kein Zerfallsprozess. Aber die Strukturwandlungen im sozialen und politischen Bürgerengagement bieten genügend Anlass, über angemessene institutionelle Passungen nachzudenken. Pippa Norris spricht – vermutlich etwas zu euphorisch – von einem „demokratischen Phönix", der eine Neuerfindung des politischen Aktivismus hervorgebracht habe (Norris 2002).

Besonders bedrohlich scheint die Rolle des großen Geldes in der Subversion konventioneller demokratischer Politik. Dies gilt nicht nur für den boom-Sektor politische Korruption, sondern besonders für die Wahlkampf- und Parteienfinanzierung. Für den Wahlkampf 2000 in den USA spendeten Großunternehmen 1,2 Mrd. USD, 14mal mehr als die Gewerkschaften und 16mal mehr als alle übrigen Interessengruppen. In Indien stellten Großunternehmen 1996 ungefähr 80 % aller Parteigelder (UNDP 2002: 68). Der kritische Kommentar des Entwicklungsberichts: „Where money plays a decisive role in politics, it turns unequal economic power into unequal political advantage and undermines the principle of „one person, one vote" (UNDP 2002: 67).

Weiter wird auf das Schrumpfen öffentlicher Räume, auf die Privatisierung öffentlicher Güter und Dienstleistungen und auf die damit einhergehende Schwindsucht politischer Gestaltungsspielräume verwiesen. Bedrohlich sei auch die wachsende soziale Ungleichheit und die gestiegene Abhängigkeit der Medien und damit der öffentlichen Meinung von einigen wenigen transnationalen Konzernen. Dies sind bereits die Erscheinungen, die aktuell im Kern der Debatte über den Weg in eine Postdemokratie stehen (Crouch 2008; Wolin 2008).

Damit ist der Bedarf demokratischer Erneuerungen sicherlich nicht erschöpfend benannt. Deutlich wird, dass es nicht um Luxusprobleme geht, ausgelöst durch eine Mischung von mehr freier Zeit, besserer Bildung, gesicherten materiellen Bedürfnissen und gestiegenen Selbstgestaltungserwartungen einer postmaterialistisch gestimmten Mittelschicht. Vielmehr geht es um die demokratische Bearbeitung ernster Problemlagen westlicher Demokratien. Gemeinsamer Nenner von Demokratiepolitik ist die Annahme, dass es demokratieförderliche Gestaltungsoptionen in der Wahl politischer Verfahren und Institutionen gibt, die auf veränderte gesellschaftliche Anforderungen, Proteste, Gestaltungsansprüche und Bedürfnisse antworten. Sie ist angemessen nur als Mehrebenenansatz zu konzipieren. Ihr Leitbild ist eine starke bzw. gestärkte Demokratie, die sich u.a. daran ausweist, wie weit es gelingt,

- Bürgerrechte und Teilhabegarantien zu stärken,
- eine möglichst breite Palette demokratischer Verfahren und Formen zu etablieren, die sich wechselseitig stärken und nicht blockieren

- demokratische Gestaltungsspielräume in möglichst vielen/allen Lebensbereichen zu erhalten bzw. zu eröffnen,
- Empowerment für bislang politisch und sozial randständige gesellschaftliche Gruppen zu betreiben und dadurch die soziale und politische Inklusion zu steigern und
- die Beschränkung von demokratischer Beteiligung auf nachrangige politische Ebenen und Politikbereiche aufzubrechen.

Dazu kann Engagementpolitik einen Beitrag leisten. Wichtig ist jedoch die Feststellung, dass Demokratiepolitik sich nicht in Engagementpolitik erschöpfen kann, sondern zusätzlich andere Wege und Instrumente benötigt.

Literatur

Alexander, Jeffrey C. (2006): The Civil Sphere. Oxford: Oxford University Press
Appelt, Erna (2003): Identität, Diversität und Demokratie. Grundsätzliche Überlegungen zu einer feministischen Demokratiepolitik. In: Grabner, Petra/Wolfgruber, Elisabeth (Hrsg.): Politik und Geschlecht. Innsbruck-Wien-München: Studien Verlag, S. 11-28
Armory, Ariel C. (2004): The Dubious Link. Civic Engagement and Democratization. Stanford: Stanford University Press
Baringhorst, Sigrid/Kneip, Veronika/März, Annegret/Niesyto, Johanna (Hrsg.) (2007): Politik mit dem Einkaufswagen. Unternehmen und Konsumenten als Bürger in der globalen Mediengesellschaft. Bielefeld: transcript Verlag
Berman, Sheri (1997): Civil Society and the Collapse of the Weimar Republic. In: World Politics 49(1997), S. 401-429
Bermeo, Nancy/Nord, Philip (eds.) (2000): Civil Society Before Democracy: Lessons from Nineteenth Century Europe. Lanham: Rowman & Littlefield
Bertelsmann Stiftung (Hrsg.) (2007): Kinder- und Jugendbeteiligung in Deutschland. Entwicklungsstand und Handlungsansätze. Gütersloh: Bertelsmann Stiftung
Bertelsmann Stiftung (Hrsg.) (2007): Vorbilder bilden – Gesellschaftliches Engagement als Bildungsziel. Gütersloh: Bertelsmann Stiftung
Biegi, Mandana u.a. (Hrsg.) (2008): Demokratie, Recht und Legitimität im 21. Jahrhundert. Wiesbaden: VS Verlag für Sozialwissenschaften
Bulmer, Martin/Rees, Anthony M. (eds.) (1996): Citizenship Today. The Contemporary Relevance of T. H. Marshall. London: UCL Press
Chambers, Simone/Kymlicka, Will (Hrsg.) (2002): Alternative Conceptions of Civil Society. Princeton: Princeton University Press
Crick, Bernard (2001): Introduction. In: ders. (ed.): Citizens: Towards a Citizenship Culture. Oxford: Blackwell
Crouch, Colin (2008): Postdemokratie. Frankfurt a.M.: Suhrkamp
Dettling, Daniel (Hrsg.) (2008): Die Zukunft der Bürgergesellschaft. Herausforderungen und Perspektiven für Staat, Wirtschaft und Gesellschaft. Festschrift für Warnfried Dettling. Wiesbaden: VS Verlag für Sozialwissenschaften
Diamond, Larry (2008): The Spirit of Democracy. The Struggle to Build Free Societies Throughout the World. New York: Times Books
Embacher, Serge (2009): „Demokratie! Nein danke?" Demokratieverdruss in Deutschland. Bonn: Dietz Verlag
Embacher, Serge/Lang, Susanne (2008): Bürgergesellschaft. Lern- und Arbeitsbuch. Bonn: Dietz Verlag

Enquete-Kommission „Zukunft des Bürgerschaftlichen Engagements" des Deutschen Bundestags (2002): Auf dem Weg in eine zukunftsfähige Bürgergesellschaft. Bericht. Opladen: Leske + Budrich

Evers, Adalbert (2002): Bürgergesellschaft und soziales Kapital. Die politische Leerstelle im Konzept Robert Putnams. In: Haus, Michael (Hrsg.): Bürgergesellschaft, soziales Kapital und lokale Politik. Opladen: Leske + Budrich, S. 59-75

Etzioni, Amitai (1998): The Active Society. A Theory of Societal and Political Processes. New York: The Free Press

Fahmy, Eldin (2006): Young Citizens. Young People's Involvement in Politics and Decision Making. Aldershot: Ashgate

Foucault, Michel (1978): Die Disziplinargesellschaft in der Krise, In: ders., Dits et Ecrits. Schriften, Dritter Band, Frankfurta.M.: Suhrkamp 2003, S. 671-674

Fung, Archon/Wright, Erik Olin (eds.) (2003): Deepening Democracy: Institutional Innovations in Empowered Participatory Governance. London: Verso

Gabriel, Oscar W./Kunz, Volker/Roßteutscher, Siegrid/van Deth, Jan W. (2002): Sozialkapital und Demokratie. Zivilgesellschaftliche Ressourcen im Vergleich. Wien: WUV-Universitäts-Verlag

Gastil, John/Levine, Peter (eds.) (2005): The Deliberative Democracy Handbook. Strategies for Effective Civic Engagement in the 21st Century. San Francisco: John Wiley

Gastil, John (2008): Political Communication and Deliberation. London u.a.: Sage

Geißel, Brigitte (2008): Wozu Demokratisierung der Demokratie? Kriterien zur Bewertung partizipativer Arrangements. In: Vetter, Angelika (Hrsg.): Erfolgsbedingungen lokaler Bürgerbeteiligung. Wiesbaden: VS Verlag für Sozialwissenschaften, S. 29-48

Gensicke, Thomas/Geiss, Sabine (2006): Bürgerschaftliches Engagement: Das politisch-soziale Beteiligungsmodell der Zukunft? In: Hoecker, Beate (Hrsg.): Politische Partizipation zwischen Konvention und Protest. Opladen: Barbara Budrich, S. 308-328

Gensicke, Thomas/Picot, Sibylle/Geiss, Sabine (2006): Freiwilliges Engagement in Deutschland 1999-2004. Wiesbaden: VS Verlag für Sozialwissenschaften

Gille, Martina/Sardei-Biermann, Sabine/Gaiser, Wolfgang/de Rijke, Johann (2006): Jugendliche und junge Erwachsene in Deutschland. Lebensverhältnisse, Werte und gesellschaftliche Beteiligung 12- bis 29-Jähriger, Wiesbaden: VS Verlag für Sozialwissenschaften

GOS (Gesellschaft für Organisationsentwicklung und Sozialplanung) (Hrsg.) (2007): Handbuch Qualitätsmanagement Bürgerschaftliches Engagement in der AWO. Bonn: GOS

Goodin, Robert E. (2008): Innovating Democracy. Democratic Theory and Practice After the Deliberative Turn. Oxford: Oxford University Press

Hartnuß, Birger (2007): Bildungspolitik und Bürgergesellschaft, In: betrifft: Bürgergesellschaft. 5 Jahre Bericht der Expertenkommission „Zukunft des Bürgerschaftlichen Engagements". Bonn: FES

Heinrich, Klaus (1964): Versuch über die Schwierigkeit nein zu sagen. Frankfurt/M: Suhrkamp

Heinrich, V. Finn (Hrsg.) (2007): CIVICUS Global Survey of the State of Civil Society. Vol. 1 Country Profiles. Bloomfield: Kumarian Press

Heinrich, V. Finn/Fioramonti, Lorenzo (Hrsg.) (2008): CIVICUS Global Survey of the State of Civil Society. Vol. 2 Comparative Perspectives. Bloomfield: Kumarian Press

Hirschman, Albert O. (1984): Engagement und Enttäuschung. Über das Schwanken der Bürger zwischen Privatwohl und Gemeinwohl. Frankfurt a.M. Suhrkamp

Hirschman, Albert O. (1995): Denken gegen die Zukunft. Frankfurt a.M.: Fischer

Kersting, Norbert (Hrsg.) (2008): Politische Beteiligung. Einführung in dialogorientierte Instrumente politischer und gesellschaftlicher Partizipation. Wiesbaden: VS Verlag für Sozialwissenschaften

Heuberger, Frank W. (2008): Weichen für die Zukunft stellen. Aktuelle Herausforderungen an Corporate Citizenship in Deutschland. In: Bürsch, Michael (Hrsg.): Mut zur Verantwortung – Mut zur Einmischung. Bürgerschaftliches Engagement in Deutschland. Bonn: Dietz Verlag, S. 111-122

Kim, Jee/Sherman, Robert F. (2006): Youth as Important Civic Actors: From Margins to the Center. In: National Civic Review, (95) 1, S. 3-6

Kißler, Leo (2008): Kooperative Demokratie. Zum Qualifizierungspotential von Bürgerengagement. In: Von Winter, Thomas/Mittendorf, Volker (Hrsg.): Perspektiven der politischen Soziologie im Wandel von Gesellschaft und Staatlichkeit. Festschrift für Theo Schiller. Wiesbaden: VS Verlag für Sozialwissenschaften, S. 103-119

Klein, Ansgar (2001): Der Diskurs der Zivilgesellschaft. Politische Kontexte und demokratietheoretische Bezüge der neueren Begriffsverwendung. Opladen: Leske + Budrich

Konsortium Bildungsberichterstattung (Hrsg.) (2006): Bildung in Deutschland. Ein indikatorengestützter Bericht mit einer Analyse zu Bildung und Migration. Bielefeld: Bertelsmann

Kymlicka, Will/Norman, Wayne (1994): Return of the Citizen. In: Ethics 104 (1994) 2, S. 352-381

Li, Xiaorong (1999): Democracy and Uncivil Societies. A Critique of Civil Society Determinism. In: Fullinwider, Robert K. (Hrsg.): Civil Society, Democracy, and Civic Renewal. Boston/Oxford: Rowman & Littlefied, S. 403-420

Lynen von Berg, Heinz/Roth, Roland (Hrsg.) (2003): Programme und Maßnahmen gegen Rechtsextremismus wissenschaftlich begleitet. Aufgaben, Konzepte und Erfahrungen. Opladen: Leske + Budrich

Marinetto, Michael (2003): Who Wants to be an Active Citizen? The Politics and Practice of Community Involvement. In: Sociology 37 (2003) 1, S. 103-120

Marshall, Thomas H. (1992): Bürgerrechte und soziale Klassen: Zur Soziologie des Wohlfahrtsstaats. Frankfurt/New York: Campus

Melucci, Alberto (1996): Challenging Codes. Collective Action in the Information Age, Cambridge: Cambridge University Press

Mielke, Gerd (2007): Auf verlorenem Posten? Parteien in der Bürgergesellschaft. In: Forschungsjournal Neue Soziale Bewegungen 20 (2007) 4, S. 63-71

Miller, David/Dinan, William (2008): A Century of Spin. How Public Relations Became the Cutting Edge of Corporate Power. London/Ann Arbor: Pluto Press

Müller, Ulrich (Hrsg.) (2004): Gesteuerte Demokratie. Wie neoliberale Eliten die Politik beeinflussen. Hamburg: VSA

Norris, Pippa (2002): Democratic Phoenix. Reinventing Political Activism. Cambridge: Cambridge University Press, 2002

Nunner-Winkler, Gertrud (2008): Funktional ausdifferenzierte Gesellschaften und keine Moral? Ziviltugendhaftigkeit als notwendige Bedingung der Stabilisierung demokratischer Gesellschaften. In: Plath, Ingrid/Graudenz, Ines/Breit, Heiko (Hrsg.): Kultur – Handlung – Demokratie. Dreiklang des Humanen. Wiesbaden: VS Verlag für Sozialwissenschaften, S. 67-88

Offe, Claus (2003): Herausforderungen der Demokratie. Zur Integrations- und Leistungsfähigkeit politischer Institutionen. Frankfurt/New York: Campus Verlag

Olk, Thomas (2008): Hat sich Engagementpolitik etabliert? In: Bürsch, Michael (Hrsg.): Mut zur Verantwortung – Mut zur Einmischung. Bürgerschaftliches Engagement in Deutschland. Bonn: Dietz Verlag, S. 156-175

Putnam, Robert D. (Hrsg.) (2001): Gesellschaft und Gemeinsinn. Sozialkapital im internationalen Vergleich. Gütersloh: Bertelsmann Stiftung

Rauschenbach, Thomas/Düx, Wiebken/Sass, Erich (Hrsg.) (2006): Informelles Lernen im Jugendalter. Vernachlässigte Dimensionen der Bildungsdebatte. Weinheim und München: Juventa

Reichenbach, Roland (2008): „Von dem erlaubten moralischen Schein" – Zur Bedeutung von Zivilität und Anstand. In: Plath, Ingrid/Graudenz, Ines/Breit, Heiko (Hrsg.): Kultur – Handlung – Demokratie. Dreiklang des Humanen. Wiesbaden: VS Verlag für Sozialwissenschaften, S. 89-107

Roller, Edeltraud/Brettschneider, Frank/van Deth, Jan W. (Hrsg.) (2006): Jugend und Politik: „Voll Normal". Der Beitrag der politischen Soziologie zur Jugendforschung, Wiesbaden: VS Verlag für Sozialwissenschaften

Roßteutscher, Sigrid (2008): Undemokratische Assoziationen. In: Brodocz, André/Llanque, Marcus/Schaal, Gary S. (Hrsg.): Bedrohungen der Demokratie. Wiesbaden: VS Verlag für Sozialwissenschaften, S. 61-76

Roth, Roland (unter Mitarbeit von Anke Benack) (2003): Bürgernetzwerke gegen Rechts. Evaluierung von Aktionsprogrammen und Maßnahmen gegen Rechtsextremismus und Fremdenfeindlichkeit. Bonn: Friedrich Ebert Stiftung

Roth, Roland (2004): Die dunklen Seiten der Zivilgesellschaft – Grenzen einer zivilgesellschaftlichen Fundierung von Demokratie. In: Klein, Ansgar/Kern, Kristine/Geißel, Brigitte/Berger, Maria (Hrsg.): Zivilgesellschaft und Sozialkapital. Herausforderungen politischer und sozialer Integration. Wiesbaden: VS Verlag für Sozialwissenschaften, S. 41-64

Roth, Roland (2006): Abschied von der Zivilgesellschaft. Kritische Anmerkungen zur zweiten Runde der Bundesprogramme gegen Rechtsextremismus und Fremdenfeindlichkeit. In: Forschungsjournal Neue Soziale Bewegungen, Heft 4 (19) 2006, S. 6-15

Roth, Roland (2006): Bürgerorientierung, Bürgerengagement, Corporate Citizenship – Bürgerschaft als Akteur des Stadtmanagements. In: Sinning, Heidi (Hrsg.): Stadtmanagement. Strategien zur Modernisierung der Stadt(-Region) Dortmund: Dortmunder Vertrieb, S. 132-143

Roth, Roland/Lang, Susanne (2007): Evaluation der Initiative „Schüler Helfen Leben" und ihres Sozialen Tages 2006 im Rahmen der Partnerschaft mit NOKIA Deutschland. Berlin: CCCD

Roth, Roland/Olk, Thomas (2007): Vereine als bürgerschaftliche Lernorte. In: Bertelsmann Stiftung (Hrsg.): Kinder- und Jugendbeteiligung in Deutschland. Entwicklungsstand und Handlungsansätze. Gütersloh: Verlag Bertelsmann Stiftung, S. 205-220

Roth, Roland/Rucht, Dieter (2009): Global Governance – eine kritische Perspektive auf internationale Institutionen am Beispiel von Weltbank, IWF und WTO. Berlin: WZB (i.E.)

Rucht, Dieter/Roth, Roland (2008): Globalisierungskritische Netzwerke, Kampagnen und Bewegungen. In: Roth, Roland/Rucht, Dieter (Hrsg.) (2008): Die sozialen Bewegungen in Deutschland seit 1945. Ein Handbuch. Frankfurt/New York: Campus, S. 493-512

Rouner, Leroy S. (Hrsg.) (2000): Civility. Notre Dame: University of Notre Dame Press

Salamon, Lester H. u.a. (1999): Global Civil Society. Dimensions of the Nonprofit Sector. Baltimore: Johns Hopkins

Salamon, Lester H. u.a. (2004): Global Civil Society. Dimensions of the Nonprofit Sector. Vol. Two, Bloomfield: Kumarian Press

Schäfer, Gert (1967): Leitlinien stabilitätskonformen Verhaltens, In: ders./Nedelmann, Carl (Hrsg.): Der CDU-Staat. Studien zur Verfassungswirklichkeit der Bundesrepublik, München: Szczesny, 238-256

Schenkel, Martin (2007): Bürgerschaftliches Engagement und informelle Bildung – Zum Bildungsmix in der Zivilgesellschaft, In: betrifft: Bürgergesellschaft. 5 Jahre Bericht der Expertenkommission „Zukunft des Bürgerschaftlichen Engagements". Bonn: FES

Schier, Steven E. (2000): By Invitation Only. The Rise of Exclusive Politics in the United States. Pittsburgh: University of Pittsburg Press

Smith, Graham (2005): Beyond the Ballot. 57 Democratic Innovations from Around the World. A Report for the POWER Inquiry. Exeter: Short Run Press, (www.powerinquiry.org)

UNDP (2002): Deepening democracy in a fragmented world. Human Development Report 2002. New York/Oxford: Oxford UP

Streck, Danilo R. (2006): Erziehung für einen neuen Gesellschaftsvertrag. Oberhausen: Athena-Verlag

The Gallup Organization (2007): Youth Survey Among People Aged Between 15-30 in the European Union. European Commission, Flash Eurobarometer 202

Touraine, Alain (1973): Production de la société. Paris: Seuil

Touraine, Alain (1984): Le retour de l'acteur. Paris: Fayard

Von der Leyen, Ursula/Schäuble, Wolfgang (2009): Was die Gesellschaft zusammenhält. In: Frankfurter Allgemeine Zeitung vom 06.01.2009

Wolin, Sheldon S. (2008): Democracy Incorporated. Managed Democracy and the Spector of Inverted Totalitarianism. Princeton/Oxford: Princeton University Press

Zakaria, Fareed (2003): The Future of Freedom: Illiberal Democracy at Home and Abroad. New York/London: Norton

Zinner, Georg (1999): Freiwilliges Engagement und die Anforderungen an eine fachlich-rationale Unterstützungsstruktur. In: Kistler, Ernst/Noll, Heinz-Herbert/Priller, Eckhard (Hrsg.): Perspektiven gesellschaftlichen Zusammenhalts. Empirische Befunde, Praxiserfahrungen, Messkonzepte, Berlin: Edition Sigma, S. 367-369

Autorenverzeichnis

Aner, Kirsten, Dr. rer. pol., wiss. Mitarbeiterin im Institut für Sozialpädagogik und Soziologie der Lebensalter der Universität Kassel

Backhaus-Maul, Holger, Dipl.-Soz., MA., wissenschaftlicher Mitarbeiter an der Martin-Luther-Universität Halle-Wittenberg und Mitglied im Vorstand der Aktiven Bürgerschaft e.V. (Berlin).

Bauerkämper, Arnd, Dr. phil., Geschäftsführender Leiter des Berliner Kollegs für Vergleichende Geschichte Europas und Professor für Geschichte des 19. und 20. Jahrhunderts am Friedrich-Meinecke-Institut der Freien Universität Berlin

Bogumil, Jörg, Dr. rer. soc., Professur für Öffentliche Verwaltung, Stadt- und Regionalpolitik an der Fakultät für Sozialwissenschaft der Ruhr-Universität Bochum

Brand, Karl-Werner, Dr. phil. habil., apl. Professor für Soziologie an der TU München. Langjähriger Leiter der Münchner Projektgruppe für Sozialforschung e. V (MPS). Seit 2008 freiberuflich im Rahmen des Beratungsbüros „Sustainability Research Consulting" tätig.

Braun, Sebastian, Dr. phil habil. Dr. soc., Professor an der Humboldt-Universität zu Berlin, Forschungszentrum für Bürgerschaftliches Engagement

Brickenstein, Christine, Bachelor in Politikwissenschaft (Universität Tübingen) und Master in International Studies (Otago University, Neuseeland). 2006 bis 2007 Wissenschaftliche Hilfskraft am Institut für Politikwissenschaft der Universität Tübingen.

Dathe, Dietmar, Dr. oec., wiss. Mitarbeiter im Wissenschaftszentrum Berlin für Sozialforschung, Projektgruppe Zivilengagement

Evers, Adalbert, Dr. rer. pol., Professor für vergleichende Gesundheits- und Sozialpolitik an der Justus-Liebig-Universität Giessen

Freise, Matthias, Dr. phil., seit 2004 Leiter der Nachwuchsgruppe „Europäische Zivilgesellschaft und Multilevel Governance am Institut für Politikwissenschaft der Westfälischen Wilhelms-Universität Münster

Hammerschmidt, Peter, Dr. phil. habil., Professor für Grundlagen der Sozialen Arbeit an der Hochschule München

Hartnuß, Birger, Dipl.-Päd., Referent in der Leitstelle „Bürgergesellschaft und Ehrenamt" in der Staatskanzlei Rheinland-Pfalz

Haus, Michael, Dr. habil., Wissenschaftlicher Assistent am Institut für Politikwissenschaft der Technischen Universität Darmstadt. Seit 2007 einer von vier SprecherInnen des Arbeitskreises Lokale Politikforschung der Deutschen Vereinigung für Politische Wissenschaft

Heitkötter, Martina, Dr. rer. pol. M.A, seit 2003 als wissenschaftliche Referentin am Deutschen Jugendinstitut (DJI) in den Abteilungen Familie und Jugend. Seit 2006 verantwortlich für den Bereich „familienbezogene Infrastruktur und örtliche Familienpolitik" in der Abteilung Familie und Familienpolitik am DJI

Held, Markus, M.A., Dipl. Soz.-päd., Direktor des Europäischen Freiwilligenzentrums CEV in Brüssel (Centre européen du volontariat, www.cev.be) und Vorstandsmitglied der European Social Platform in Brüssel (www.socialplatform.org)

Heuberger, Frank W., Dr. phil., Leiter der „Leitstelle Bürgergesellschaft und Ehrenamt" in der Staatskanzlei Rheinland-Pfalz, Mitgründer des CCCD – Centrum für Corporate Citizenship Deutschland

Holtkamp, Lars, PD Dr. rer. soc., Vertetungsprofessur für Politik und Verwaltung, Institut für Politikwissenschaft an der FernUniversität Hagen im Lehrgebiet Politikfeldanalyse und Verwaltungswissenschaft

Igl, Gerhard, Dr. iur., Professor für Öffentliches und Sozialrecht, geschäftsführender Vorstand des Instituts für Sozialrecht und Sozialpolitik in Europa und geschäftsführender Vorstand des Juristischen Seminars der Christian-Albrechts-Universität zu Kiel

Jakob, Gisela, Dr. phil., Professorin für Theorie und Methoden der Sozialen Arbeit an der Hochschule Darmstadt

Jurczyk, Karin, Dr., Leiterin der Abteilung Familie und Familienpolitik am Deutschen Jugendinstitut e.V., München.

Klein, Ansgar, PD Dr. phil., Geschäftsführer des Bundesnetzwerkes Bürgerschaftliches Engagement (BBE), Berlin, Politikwissenschaftler und Soziologe, Privatdozent für Politikwissenschaften an der Universität Bremen

Klie, Thomas, Dr. jur., Professor für öffentliches Recht und Verwaltungswissenschaften an der Evangelischen Fachhochschule Freiburg, seit 1999 nebenberuflich Rechtsanwalt in Freiburg

Lang, Susanne, Dr. phil., geschäftsführendes Vorstandsmitglied des CCCD – Centrum für Corporate Citizenship Deutschland (www.cccdeutschland.org). Außerdem freiberufliche Politikberaterin für Zivilgesellschaft/bürgerschaftliches Engagement im In- und Ausland.

Liebig, Reinhard, Dr. phil., Dipl.-Sozialwissenschaftler, wissenschaftlicher Mitarbeiter an der Technischen Universität Dortmund (Fakultät Erziehungswissenschaft und Soziologie, Forschungsverbund Deutsches Jugendinstitut/TU Dortmund)

Maaser, Wolfgang, Dr. theol. habil., Professor für Ethik an der Ev. Fachhochschule Rheinland-Westfalen-Lippe

Matzat, Jürgen, Diplom-Psychologe, Psychologischer Psychotherapeut; seit 1977 an der Klinik für Psychosomatik und Psychotherapie der Justus-Liebig-Universität Gießen, einer der Gründer und langjähriges Vorstandsmitglied der Fachorganisation Deutsche Arbeitsgemeinschaft Selbsthilfegruppen e.V.; seit 1987 Leiter der Kontaktstelle für Selbsthilfegruppen in Gießen

Olk, Thomas, Dr. phil. habil., Professor für Sozialpädagogik und Sozialpolitik an der Martin-Luther-Universität Halle Wittenberg, Philosophische Fakultät III – Erziehungswissenschaften, Vorsitzender des Sprecherrates des Bundesnetzwerkes Bürgerschaftliches Engagement (BBE), Berlin

Priller, Eckhard, Dr. sc., Wissenschaftlicher Mitarbeiter am Wissenschaftszentrum Berlin

Roth, Roland, Dr. phil., Professor für Politikwissenschaft am Fachbereich Sozial- und Gesundheitswesen der Hochschule Magdeburg/Stendal

Rauschenbach, Thomas, Dr. phil. habil., Professor für Sozialpädagogik an der Technischen Universität Dortmund. Direktor und Vorstandsvorsitzender des Deutschen Jugendinstitutes e.V.

Schmid, Josef, Dr. rer. pol., Professor für Politikwissenschaft an der Universität Tübingen

Thränhardt, Dietrich, Dr. rer.soc. Professor em. für Politikwissenschaft, Schwerpunkt Vergleichende Politikwissenschaft und Migrationsforschung an der Universität Münster, Fellow der Transatlantic Academy, Washington D.C.

Walk, Heike, PD Dr., Politikwissenschaftlerin, stellvertretende Geschäftsführerin am Zentrum Technik und Gesellschaft der Technischen Universität Berlin.

Neu im Programm Politikwissenschaft

Hermann Adam
Bausteine der Wirtschaft
Eine Einführung
15. Aufl. 2009. 433 S. Mit 85 Abb. u. 31 Tab.
Br. EUR 24,90
ISBN 978-3-531-15763-4

Dieses Lehrbuch ist ein seit vielen Jahren bewährtes Standardwerk. Alle volkswirtschaftlichen Grundbegriffe und Zusammenhänge, die man kennen muss, um die aktuellen politischen, wirtschaftlichen und gesellschaftlichen Probleme in Deutschland unter den weltwirtschaftlichen Bedingungen der Globalisierung zu verstehen, werden mit einfachen Worten erklärt. Inhalt und Darstellungsweise sind auf Studierende der Politik- und Sozialwissenschaften und der Volkswirtschaftslehre in den Anfangssemestern zugeschnitten. Darüber hinaus ist das Buch für Sozial- und Gemeinschaftskundelehrer sowie für Teilnehmer an politischen Bildungsveranstaltungen eine wertvolle Hilfe.

Sonja Blum / Klaus Schubert
Politikfeldanalyse
2009. 191 S. (Elemente der Politik) Br.
EUR 14,90
ISBN 978-3-531-16389-5

Politikfeldanalyse fragt danach, was politische Akteure tun, warum sie es tun und was sie damit bewirken. Ihr Ziel ist, systematisches Wissen über Politik für die Politik bereitzustellen. Entsprechend der Zielsetzung der Reihe „Elemente der Politik" gibt dieser Band einen einführenden Überblick über
- das Verhältnis zwischen Politikwissenschaft und Politikfeldanalyse
- die wichtigsten theoretischen und methodischen Zugänge
- zentrale Begriffe (z. B. Akteure, Institutionen, Steuerungsinstrumente)
- den sog. „Policy-Cycle" sowie
- Ursachen und Erklärungen für politische Veränderungen

Thomas Meyer
Soziale Demokratie
Eine Einführung
2009. 308 S. Mit 11 Tab. Br. EUR 24,90
ISBN 978-3-531-16814-2

In vielen Demokratien wurden in den letzten Jahren zahlreiche soziale Errungenschaften in Frage gestellt oder schrittweise abgebaut. Dieser Band führt in die theoretischen, ökonomischen und praktischen Grundlagen der Sozialen Demokratie ein und bietet somit eine wichtige Alternative zu neoliberalen Politikentwürfen.

Erhältlich im Buchhandel oder beim Verlag.
Änderungen vorbehalten. Stand: Juli 2009.

www.vs-verlag.de

VS VERLAG FÜR SOZIALWISSENSCHAFTEN

Abraham-Lincoln-Straße 46
65189 Wiesbaden
Tel. 0611.7878-722
Fax 0611.7878-400

Neu im Programm Politikwissenschaft

Margret Johannsen
Der Nahost-Konflikt
2., akt. Aufl. 2009. 167 S. Mit 10 Abb.
(Elemente der Politik) Br. EUR 14,90
ISBN 978-3-531-16690-2

Der Inhalt: Entstehung und Entwicklung des Konflikts: Konfliktregion Naher Osten - Die Ursprünge des Konflikts zwischen Arabern und Juden um Palästina - Die großen israelisch-arabischen Kriege - Der palästinensische Widerstand zwischen Gewaltlosigkeit und bewaffnetem Befreiungskampf - Der Friedensprozess: Voraussetzungen des Friedensprozesses - Ziele der Kontrahenten - Stationen des Friedensprozesses - Konfliktanalyse: Konfliktgegenstände - Die Akteure

Der Nahostkonflikt ist ein Schlüsselelement der internationalen Beziehungen. In diesem Buch werden sowohl der Kern des Konflikts als auch die internationalen Dimensionen auf knappem Raum dargestellt.

Thomas Meyer
Was ist Demokratie?
Eine diskursive Einführung
2009. 235 S. Br. EUR 19,90
ISBN 978-3-531-15488-6

Der Inhalt: Wurzeln und Erfahrungen - Theoretische Grundlagen - Typen moderner Demokratie - Die Realität moderner Demokratie - Die Transformation der Demokratie - Transnationale Demokratie - Probleme als Demokratie - Demokratie-/Zivilisationsleistung auf Widerruf?

Die Demokratie ist in der Gegenwart mannigfaltigen Bedrohungen ausgesetzt. Dieses Buch führt in die geschichtlichen Grundlagen und die Bedingungen der Demokratie ein.

Sven-Uwe Schmitz
Konservativismus
2009. 170 S. Mit 12 Abb.
(Elemente der Politik) Br. EUR 16,90
ISBN 978-3-531-15303-2

Der Inhalt: Ideengeschichte vor- und frühkonservativen Denkens - Vor-Konservativismus als Anti-Absolutismus - Früh-Konservativismus vor 1789 als Gegen-Aufklärung - Konservatismus als Anti-Revolutionismus - Politische Romantik 1806-1815 - Anfänge konservativer Bewegungen und Parteien in Deutschland

Der Konservativismus ist eine der wichtigsten politischen Strömungen der Moderne und prägt das politische Denken seit mehr als 200 Jahren. In diesem Buch wird der Konservativismus auf knappem Raum klar und verständlich vorgestellt.

Erhältlich im Buchhandel oder beim Verlag. Änderungen vorbehalten. Stand: Juli 2009.

www.vs-verlag.de

VS VERLAG FÜR SOZIALWISSENSCHAFTEN

Abraham-Lincoln-Straße 46
65189 Wiesbaden
Tel. 0611.7878 - 722
Fax 0611.7878 - 400